lonely planet

Bali, Lombok & Nusa Tenggara

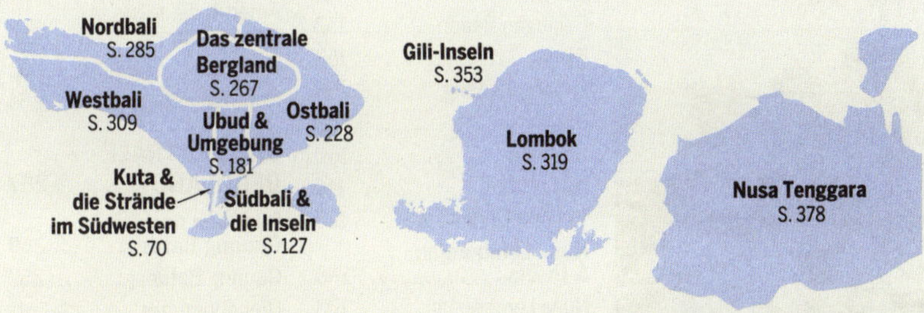

Virginia Maxwell,
Mark Johanson, Sofia Levin, MaSovaida Morgan

REISEPLANUNG

Willkommen auf Bali, Lombok & Nusa Tenggara . . 4
Übersichtskarte 6
Balis, Lomboks & Nusa Tenggaras Top 18 8
Gut zu wissen 18
Bali, Lombok & Nusa Tenggara für Einsteiger . 20
Was gibt's Neues? 22
Wie wär's mit 23
Monat für Monat 26
Reiserouten 30
Aktivitäten 38
Reisen mit Kindern 54
Essen & Trinken wie die Locals 58
Regionen im Überblick 66

NORMAN ONG/SHUTTERSTOCK ©

PURA TANAH LOT S. 312

SONY HERDIANA/SHUTTERSTOCK ©

BALINESISCHE TÄNZERIN S. 472

REISEZIELE

KUTA & DIE STRÄNDE IM SÜDWESTEN 70
Kuta & Legian 72
Seminyak 89
Kerobokan 102
Umalas 109
Canggu 110
Echo Beach 117
Pererenan Beach 118

SÜDBALI & DIE INSELN 127
Denpasar 129
Sanur 137
Halbinsel Bukit 147
Jimbaran 147
Das Landesinnere von Bukit 151
Balangan Beach 152
Bingin 153
Padang Padang 156
Ulu Watu 158
Ungasan 160
Nusa Dua 161
Tanjung Benoa 165
Nusa Lembongan & Inseln 168
Nusa Lembongan 168
Nusa Ceningan 176
Nusa Penida 177

UBUD & UMGEBUNG 181
Ubud 183
Bedulu 220
Nördlich von Ubud . . . 221
Sebatu 221
Tegallalang 221
Tampaksiring 222
Südlich von Ubud 223
Mas 223
Blahbatuh 225
Batuan 226
Sukawati 226
Batubulan 227
Abiansemal 227

OSTBALI 228
Gianyar 229
Klungkung (Semarapura) 229
Bangli 234
Sidemen 235
Gunung Agung 237
Küstenstraße nach Kusamba 240
Kusamba 241
Padangbai 243
Manggis 246
Candidasa 247
Amlapura 251
Tirta Gangga 252
Amed & die Küste im fernen Osten 255
Tulamben 263
Nordostküste 265

DAS ZENTRALE BERGLAND 267
Rund um den Gunung Batur 269
Gunung Batur 269
Umgebung des Gunung-Batur-Kraters . . 271
Danau Batur 271
Rund um den Danau Bratan 275
Bedugul 275
Candikuning 276
Danau Buyan & Danau Tamblingan 278
Munduk 279
Rund um den Gunung Batukau 281
Die Antosari-Straße . . . 283

NORDBALI 285
Yeh Sanih 287
Singaraja 288
Lovina 290

Inhalt

Seririt 299
Pemuteran 300
Banyuwedang 305
Labuhan Lalang 306
Nationalpark Bali Barat . . 306

WESTBALI 309

Cemagi 311
Tabanan 311
Südlich von Tabanan 312
Nördlich von Tabanan . . . 313
Balian Beach 314
Die Küste von Jembrana 315
Palasari & Belimbingsari 317
Gilimanuk 318

LOMBOK 319

West-Lombok 324
Mataram 324
Senggigi 328
Südwestliche Halbinsel 334
Tanjung Desert 334
Gili Gede & die Südwest-Gilis 335
Im Norden & Zentrum von Lombok . 337
Gunung Rinjani 337
Sire 338
Nordwestküste 339
Senaru 339
Sembalun-Tal 340
Tetebatu 341
Süd-Lombok 343
Kuta 343
Gerupuk 349
Ekas 350
Selong Blanak 350

GILI-INSELN 353

Gili Trawangan 357
Gili Meno 368
Gili Air 371

NUSA TENGGARA . . 378

Sumbawa 380
Jelenga 381
Maluk 382
Rantung Beach & Umgebung 382
Sumbawa Besar 383
Pulau Moyo 385
Gunung Tambora 386
Pantai Lakey 387
Sape 389
Inseln Komodo & Rinca 389
Komodo 390
Rinca 393
Flores 393
Labuan Bajo 395
Ruteng 404
Wae Rebo 406
Bajawa 407
Rund um Bajawa 409
Riung 410
Ende 411
Kelimutu 413
Moni 414
Paga 416
Maumere 417
Waiara 418
Wodong 419
Alor-Archipel 422
Kalabahi 423
Westtimor 424
Kupang 425
Soe 430
None 431
Kefamenanu 432
Temkessi 433
Rote 434
Nemberala 434
Rund um Nemberala 435
Sumba 436
Waingapu 436
Westsumba 440

DIE REGION VERSTEHEN

Bali, Lombok & Nusa Tenggara aktuell 448
Geschichte 450
Alltagsleben & Religion 461
Kunst & Kultur 472
Architektur 483

PRAKTISCHE INFORMATIONEN

Natur & Umwelt 492
Allgemeine Informationen 500
Verkehrsmittel & -wege 512
Gesundheit 520
Sprache 526
Register 538
Kartenlegende 546

SONDERSEITEN

Bali, Lombok & Nusa Tenggara: Abseits der üblichen Pfade 36
Aktivitäten 38
Beste Strände 119
Alltagsleben & Religion 461
Kunst & Kultur 472

Willkommen auf Bali, Lombok & Nusa Tenggara

Gesegnet mit reichen Kulturen, herrlichen Landschaften und einigen der besten Stränden der Welt sind diese Tropeninseln ebenso verführerisch wie paradiesisch.

Insel der Götter

Balis reiche und vielschichtige Kultur ist in allen Bereichen des täglichen Lebens spürbar: von den Blütenblättern, die überall für die Götter bereitgelegt werden, über farbenfroh gekleidete Einheimische, die in einer Prozession zu einem Tempelfest schreiten, bis hin zu traditionellen Musik- und Tanzdarbietungen überall auf der Insel. Fast alles hat hier eine spirituelle Bedeutung. Balis Mitte wird von hohen Vulkanen des Zentralmassivs und von Bergtempeln wie dem Pura Luhur Batukau (einer der geschätzt 10 000 Inseltempel) beherrscht; der höchste Gipfel, der Gunung Agung, gilt als spirituelles Zentrum der Insel.

Eine Insel, viele Ziele

Auf Bali kann man sich im Chaos von Kuta verlieren, in den Genüssen von Seminyak und Kerobokan schwelgen, an den Stränden im Süden surfen oder auf Nusa Lembongan relaxen. Wer's familienfreundlich mag, fährt nach Sanur, für einen romantischen Ausflug eignet sich die Halbinsel Bukit. Ein Trip nach Ubud führt ins Herz von Bali – hier kommt man der Kultur der Insel am nächsten. Doch egal wohin man fährt – diese Insel wird ihre Besucher immer verzaubern.

Lombok & die Gilis

Zwar haben die Erdbeben von 2018 auf Lombok und den Gilis schwere Schäden angerichtet, doch der besondere Reiz dieser Eilande ist immer noch spürbar. Die innere Stärke der Einwohner, die sich zusammengetan haben, um ihre Heimat wiederaufzubauen, ist beispielhaft. Und auch wenn der Weg noch lang und voller Herausforderungen ist, so bleibt die Stimmung doch auf geradezu trotzige Weise gelassen. Denn sind schneeweiße Strände, eine farbenfrohe Unterwasserwelt und malerische Reisterrassen an den Hängen von Indonesiens zweithöchstem Vulkan nicht Grund genug, noch einmal von vorn anzufangen?

Nusa Tenggara

Über einen Mangel an Abwechslung kann man auf diesen Inseln östlich von Bali wahrlich nicht klagen. Zahllose unberührte Sandstrände, Tauch- und Surfspots von Weltrang, heiße Quellen, spektakuläre Wasserfälle und jede Menge Wandermöglichkeiten machen die Inselgruppe zu einem Paradies für Aktivurlauber. Auch kulturell sind die Inseln faszinierend, denn in Hunderten von Dörfern zelebrieren die Bewohner noch immer animistische Rituale und uralte Stammestraditionen.

YAVUZ SARIYILDIZ/SHUTTERSTOCK ©

Warum ich Bali liebe

Von MaSovaida Morgan, Autorin

Als ich zum ersten Mal nach Bali kam, machte das friedliche Paradies meiner Träume erstmal einen eher hektischen Eindruck. Auf Instagram wirkt ein Ort ja häufig schöner. Meine Vorstellungen waren also von dem geprägt, was ich auf meinem Smartphone sah. Doch später entdeckte ich tatsächlich Landschaften wie perfekte Bilder und auch Inseln der Ruhe inmitten des Trubels. So konnte ich mich mit den zwei Seiten Balis anfreunden. Denn diese Insel ist Touristenhochburg und friedliche Utopie zugleich, und sie beflügelt die Spiritualität all ihrer Besucher. Hier wird jeder Schritt zum Gebet – aber erst nach einer Opfergabe für die Götter!

Mehr Informationen über die Autoren gibt es auf S. 547

Oben: Reisfelder in Ubud (S. 181)

Bali, Lombok & Nusa Tenggara

0
40 km
116° O
Gili Trawangan
Prachtvolles Morgenrot nach durchfeierten Nächten (S. 357)
Gili-Inseln
Herrliches Tauchen in glasklarem Wasser (S. 353)
Canggu
Herrliche Strände, verlockende Restaurants (S. 109)
Akar Akar
Kayangan
Bayan
Obel Obel
Tulamben
Amed Village
Culik
Aas
Amed Coast
Gunung Seraya (1175 m)
Amlapura
Gili Meno
Gili Trawangan
Gili Air
Gili-Inseln
Gondang
Tanjung
Bangsal
Sajang
Sugian
Sembalun Lawang
Danau Segara Anak
Gunung Rinjani (3726 m)
Gunung Nangi (2230 m)
Labuhan Pandang
Gunung Rinjani National Park
Gunung Sabiris (865 m)
Mangsit
Senggigi
LOMBOK
Labuhan Lombok
Swela
Selat Lombok
Ampenan
Mataram
Pringgasela
Pringgabaya
Kotaraja
Anjani
Mantang
Masabagik Timur
Kediri
Gerung
Sakra
Labuhan Haji
Praya
Karangsari
Semaya
Tanglad
Tanjung Desert
Bangko Bangko
Lembar
Pelangan
Sekotong
Mujur
Tanjung Luar
Selat Atlas
Sengkol
Montongsapah
Selong Blanak
INDISCHER OZEAN
Pengantap
Mawan
Kuta
Awang
Ekas
Tanjung Ringgit
Kaliantan
Maluk
Gili Saya
WEST-NUSA TENGGARA
Strände der Halbinsel Bukit
Eine Perlenkette aus purem Sand (S. 147)
Tanjung Desert
Surfen auf einer legendären, unfassbaren Welle (S. 334)
Komodo National Park
Ein reiches marines Ökosystem, das unvergessliche Abenteuer bietet (S. 391)
Bali
Lombok
Nusa Tenggara
Bali, Lombok & Nusa Tenggara
HÖHEN
2000 m
1500 m
1000 m
500 m
100 m
0

Bali, Lombok & Nusa Tenggara: Top 18

Tempelprozessionen auf Bali

1 Der Reisende gönnt sich gerade eine kurze Pause in einem der vielen Cafés, sagen wir, in Kuta oder Ubud, wenn plötzlich das Gamelan ertönt. Der Verkehr kommt sogleich zum Stehen, ein Trupp festlich gekleideter Leute rauscht vorbei. Sie tragen üppige Obstpyramiden, Sonnenschirme mit Quasten und einen pelzigen, maskierten Barong, eine Mischung aus Löwe und Hund. Sodann verschwindet die Tempelprozession (S. 470) genauso unvermittelt, wie sie gekommen ist, und hinterlässt ein flüchtiges Funkeln von Gold, weißer Seide und Hibiskus. Das geschieht täglich Dutzende Male auf Bali.

Strände auf der Halbinsel Bukit

2 Eine kleines Fleckchen aus weißem Sand ragt aus dem blauen Wasser des Indischen Ozeans empor und füllt eine Bucht unter einem Kalksteinfelsen, der von tiefgrüner tropischer Schönheit umkleidet wird. Das ist einfach idyllisch. An der Westküste der Halbinsel Bukit (S. 147) im Süden Balis liegen viele Strände, wie etwa Balangan Beach, Bingin und Padang Padang. Hier betreiben Familien Surfer-Bars, die auf Stelzen über dem Wasser schweben und einen Blick auf die Brandung bieten. Es ist einfach toll, sich eine Liege zu ergattern und sich von den Wellen einlullen zu lassen. Unten: Balangan Beach (S. 152)

TROPICAL STUDIO/SHUTTERSTOCK ©

2

MARIUS DOBILAS/SHUTTERSTOCK ©

3

KRAKENPLACES/SHUTTERSTOCK ©

4

CHRISTOPH LISCHETZKI/ALAMY STOCK PHOTO ©

Glückseligkeit im Spa

3 Ob es nun um eine Komplettsanierung für Leib und Seele geht oder einfach um den Wunsch nach ein bisschen Gelassenheit: Bali-Besucher verbringen viele glückliche Stunden damit, sich massieren, schrubben, parfümieren, verwöhnen und baden zu lassen – am Strand, in einem Garten wie beim Taksu Spa (S. 189) in Ubud oder in stilvoller Umgebung. Die balinesischen Massagetechniken, das Strecken, Dehnen, Walzen und der Druck mit Handballen und Daumen, erzeugen ein Gefühl umfassender Ruhe – einfach perfekt für den Urlaub.

Luxuriöse Unterkünfte

4 Auf einer Insel, die Gelassenheit hochhält, darf man zu Recht prächtige Hotels und schicke Resorts erwarten. Da gibt es Rückzugsorte wie das Katamana (S. 104) am Strand von Kerobokan oder in Seminyak im Süden Balis oder die fantastischen Hotels auf den Klippen über den weißen Sandstränden der Halbinsel Bukit. Weitere besuchenswerte Resorts von berühmten Architekten finden sich in den Flusstälern von Ubud und in entlegenen, idyllischen Küstenregionen rund um die ganze Insel. Oben: Mandapa (S.189)

KRISTINA VACKOVA/SHUTTERSTOCK ©

5

ALEKSANDAR TODOROVIC/SHUTTERSTOCK ©

6

Balis Tauchspots

5 Die legendäre Pulau Menjangan (S. 300) begeistert: Hier braucht man eine Sauerstoffflasche nach der anderen. Es gibt etliche Möglichkeiten zur Erkundung einer Insel, die für ihre Korallenwände berühmt ist. Unter den Wellen von Nusa Penida dagegen fühlt man sich ganz klein, wenn die Mantarochen über einen dahingleiten. Und falls man glaubt, das sei jetzt alles gewesen, stößt man auf einen 2,5 m langen Gotteslachs, der über einem schwebt und einen mit prüfendem Blick anschaut. Ganz oben: Nusa Penida (S. 177)

Ubud

6 Balis künstlerisches Herz hat eine unwiderstehliche spirituelle Ausstrahlung. Die Straßen sind voller Galerien, wunderschöne Darbietungen, die die reiche Kultur der Insel präsentieren, schmücken abends die Bühnen. Museen würdigen die Arbeiten derjenigen, die sich hier inspirieren ließen. Unterdessen wandern Leute durch die Reisfelder auf der Suche nach dem perfekten Platz für die Lotosposition, um die Möglichkeiten des Lebens zu durchdenken. Ubud (S. 181) ist eine Geisteshaltung und ein wunderbarer Seinszustand.

Oben: Vorführung im Ubud Palace (S. 183)

7

ASIANDREAM/GETTY IMAGES ©

8

HEMIS/ALAMY STOCK PHOTO ©

HAGEN PRODUCTION/SHUTTERSTOCK ©

Kutas Nächte sind lang

7 Modische Cafés und Bars in Seminyak, Sitzplätze unter freiem Himmel, wo beim Sonnenuntergang alles noch schöner aussieht, sind nur der Anfang. Daneben lockt das pralle Leben am Double Six Beach. Später am Abend laden Kutas (S. 70) Weltklasse-Clubs, in denen internationale DJs ihr Programm abziehen, ein. Vor Sonnenaufgang saugen dann die härteren Clubs, etwa die Sky Garden Lounge (S. 86), die Leute an wie ein schwarzes Loch, um sie dann einige Stunden später in den Morgen zu entlassen. Oben links: Strandbar in Kuta (S. 70)

Die Strände von Canggu

8 Canggu (S. 109) ist eigentlich eher ein Ort, der in der Vorstellung und nicht in der Realität existiert, vor allem wenn man bedenkt, dass diese Gegend noch vor einigen Jahren nur aus Reisfeldern bestand. Heute steht dieser Ort jedoch für Spaß an Stränden wie Batu Bolong (S. 110), für wildes Offshore-Surfen und für unvergessliche Nächte in einer rasch wachsenden Szene origineller Cafés und Restaurants. Jeder findet hier sein Lieblingsvergnügen und verwandelt Canggu in seinen ganz persönlichen Ort. Zudem öffnen ständig ganz neue Locations.

Surfen auf Bali

9 In Monaten mit einem „r" im Namen sollte man Richtung Osten zum Surfen gehen, ansonsten eher nach Westen, etwa zu den Breaks von Padang Padang (S. 156). Bali war das erste Land in Asien, in dem gesurft wurde, und es zeigt noch immer keine Ermüdungserscheinungen. Surfer brausen auf Motorrädern mit Surfbrettern im Gepäck rund um die Insel. Bleiben die Wellen irgendwo aus, fährt man einfach fünf Minuten weiter. Auf jeden Fall sollte man Balian Beach nicht auslassen. Oben: Padang Padang (S. 156)

Meeresfrüchte in Jimbaran

14 Frische Garnelen, mariniert in Limette und Knoblauch und über Kokosnussschalen gegrillt. Ein zartes Pink nach dem Sonnenuntergang am Horizont. Funkelnde Sterne am nächtlichen Himmel. Ein eiskaltes Bier. Eine vorbeiziehende Musikgruppe, die den Macarena spielt. Alles schön ... aber auch den Grillimbiss mit Fisch, etwa den Warung Ramayana (S. 150) in Jimbaran, darf man auf gar keinen Fall auslassen. Hier gibt es Platten voller Meeresfrüchte, die erst am Morgen frisch vom Strand direkt zum Markt geliefert wurden.

Komodo National Park

15 Diese Inselgruppe (S. 391) gehört zu den großartigsten Naturschönheiten der Welt. Ihr Unterwasserökosystem ist so reichhaltig, dass die Unesco es zu einem geschützten Biosphärenreservat und zum Weltnaturerbe erklärt hat. Zur einzigartigen Flora und Fauna der Inseln gehört der seltene *ora* (Komododrache). Dieser Archipel ist ein Paradies für Aktivurlauber und bietet erstklassige Möglichkeiten zum Wandern, Schnorcheln und Tauchen sowie zur Naturbeobachtung.

Unten: Komodowaran (S. 394)

14

CONSTANTIN STANCIU/SHUTTERSTOCK ©

15

TETYANA DOTSENKO/SHUTTERSTOCK ©

FENKIEANDREAS/SHUTTERSTOCK ©

MAZUR TRAVEL/SHUTTERSTOCK ©

ALEYNIKOV PAVEL/SHUTTERSTOCK ©

Unterwasserwelt der Gilis

16 Für Taucher auf hohem Niveau gibt es kaum einen besseren Platz als die Gilis. Sie sind von prächtigen Korallenriffen umgeben, die vor Leben nur so strotzen – ein schönes Beispiel ist Meno Wall (S. 368). Gerätetauchen ist hier ziemlich angesagt. Weil das Riff vom Strand aus leicht zu erreichen ist, kann man hier aber auch herrlich schnorcheln. Sehr wahrscheinlich gibt es dabei Schildkröten zu sehen. Wie wäre es mit Schnorcheln auf einem höheren Level? Dann heißt es: einfach einmal Apnoetauchen probieren. Oben: Meno Wall (S. 368)

Pura Luhur Ulu Watu

17 Achtung Affen! Einer der heiligsten Tempel ist der Pura Luhur Ulu Watu (S. 158), der im Südwesten auf hohen Klippen thront. Im 11. Jh. betete hier erstmals ein Priester aus Java. Schreine und religiöse Stätten reihen sich am Rand des Abgrunds aneinander. Von hier lohnt ein Blick über den Ozean mit seinen Wogen, die mit gleichförmiger Präzision ans Ufer schlagen. Bei Sonnenuntergang gibt es Tanzdarbietungen, während die Affen geduldig auf eine Banane warten – oder auf die Sonnenbrillen der Touristen. Oben rechts: Kecak-Vorführung (S. 473)

Schnorcheln

18 Auf Bali gibt es jede Menge Orte, an denen man in Schwimmflossen und Taucherbrille schlüpft und in eine andere, wunderschöne Welt eintaucht. Wer in Tulamben (S. 263) nur ein wenig hinausschwimmt, sieht den gespenstischen Geist eines gesunkenen Frachters oder schwebt ein paar Meter über den Meerestieren, die sich rund um die Riffwand vor Pulau Menjangan tummeln. Die Mangroven von Nusa Lembongan locken unzählige bunte Fische an. Alternativ begibt man sich einfach in die ruhigen Gewässer vor einem Strand, beispielsweise von Sanur, und schaut sich in Ruhe um.

Gut zu wissen

Weitere Hinweise im Kapitel „Praktische Informationen“ (S. 499)

Währung
Rupiah (Rp)

Sprache
Bahasa Indonesia (Indonesisch), Balinesisch und Sasak (Lombok). Nusa-Tenggara-Inseln haben eigene Sprachen.

Visa
Visa sind bei der Ankunft einfach zu bekommen, es sei denn, man möchte länger als 30 Tage im Land bleiben.

Geld
Geldautomaten sind in den meisten Städten verbreitet, aber nicht in Dörfern. Kreditkarten werden in teureren Einrichtungen akzeptiert.

Mobiltelefone
Preiswerte lokale SIM-Karten (ab 5000 Rp ohne Guthaben)werden überall verkauft. 3G und schneller sind auf Bali und Lombok die Regel. Jedes moderne Gerät funktioniert.

Zeit
Indonesia Central Time (Mitteleuropäische Winterzeit plus sieben Stunden)

Reisezeit

Hochsaison (Juli, Aug. & Dez.)

- Die Übernachtungspreise steigen um 50 % oder mehr.
- Viele Hotels werden schon weit im Voraus gebucht; in den besten Restaurants muss man reservieren.
- Zu Weihnachten und Neujahr ist es genauso teuer und überfüllt.

Zwischensaison (Mai, Juni & Sept.)

- Jetzt ist das beste Wetter (weniger feucht).
- Es gibt oft gute Übernachtungsangebote, und auch Last-Minute-Buchungen sind möglich.
- Die beste Zeit für viele Aktivitäten, darunter auch Tauchen.

Nebensaison (Jan.–April, Okt. & Nov.)

- Überall gibt es Angebote und gute Flugpreise.
- Regenzeit – allerdings halten sich die Niederschläge in Grenzen.
- Mit Ausnahme von Vulkanwanderungen sind alle denkbaren Freizeitaktivitäten möglich.

Webseiten

Bali Advertiser (www.baliadvertiser.biz) Journal für die auf Bali lebenden Ausländer (Expats) mit Insidertipps und guten Kolumnisten.

Bali Discovery (www.balidiscovery.com) Wöchentliche Zusammenstellung von Nachrichten; darüber hinaus Hotelangebote.

The Beat Bali (http://thebeatbali.com) Umfassender Überblick über Nachtleben, Musik- und andere Veranstaltungen.

Lombok Guide (www.thelombokguide.com) Umfassende Seite mit den wichtigsten Touristenzielen.

Gili Life (www.facebook.com/Gililife) Lokale Kultur und News.

Sumba Information (www.sumba-information.com) Umfangreiche Seite mit Infos zu Sumba in Nusa Tenggara.

Lonely Planet (www.lonelyplanet.com/bali) Informationen zu Reisezielen, Hotelbuchungen, Reiseforum und mehr.

Wichtige Telefonnummern

Landesvorwahl Indonesien	☎+62
Polizei	☎110
Feuer	☎113
Medizinischer Notfall	☎119

Wechselkurse

Eurozone	1 €	17 500 Rp
Schweiz	1 sFr	14 153 Rp
USA	1 US$	14 800 Rp

Unter www.xe.com gibt es immer tagesaktuelle Wechselkurse.

Tagesbudget Bali

Preiswert: Unter 80 US$

- Zimmer im Gästehaus/in einer Familie: unter 50 US$
- Preiswertes Essen und Getränke, Mahlzeiten unter 5 US$
- Strände: kostenfrei

Mittelteuer: 80–250 US$

- Zimmer im Mittelklassehotel: 50–150 US$
- Ausgehen mit Essen und Getränken: ab 20 US$
- Wellnessbehandlungen: 10–40 US$

Teuer: Über 250 US$

- Zimmer im Luxushotel/-resort: über 150 US$
- Üppig Ausgehen: über 40 US$
- Auto mit einem Fahrer pro Tag: 60 US$

Tagesbudget Lombok

Preiswert: Unter 5 US$

- Zimmer im Gästehaus/in einer Familie: 7–10 US$
- Preiswertes Essen und Getränke in einem Warung: Mahlzeiten unter 5 US$
- Schnorchelausleihe: kostenfrei

Mittelteuer: 25–100 US$

- Bungalow mit Klimaanlage: 20–60 US$
- Ausgehen mit Essen und Getränken: ab 20 US$
- Massage: 7–15 US$

Teuer: Über 100 US$

- Zimmer im Luxushotel/-resort: über 100 US$
- Feines Essen mit Getränken: über 5 US$
- Auto mit einem Fahrer pro Tag: 60 US$

Öffnungszeiten

Typische Öffnungszeiten sind:

Banken Montag bis Donnerstag 8–14, Freitag 8–12, Samstag 8–11 Uhr

Behörden Montag bis Donnerstag 8–15, Freitag 8–12 (nicht überall gleich geregelt)

Geschäfte und Touristenbedarf Tgl. 9–20 Uhr oder länger

Postämter Montag bis Freitag 8–14 Uhr, in Touristenzentren länger

Restaurants & Cafés Tgl. 8–22 Uhr

Ankunft auf Bali, Lombok & Nusa Tenggara

Ngurah Rai International Airport, Bali Ein Taxi nach Kuta kostet 80 000 Rp, nach Seminyak 130 000 Rp und nach Ubud 300 000 Rp.

Lombok International Airport Ein Taxi nach Kuta kostet 150 000 Rp, 180 000 Rp nach Mataram, 300 000 Rp nach Senggigi und 350 000 Rp nach Bangsal.

El Tari Airport, West Timor Taxis vom Flughafen nach Kupang kosten 70 000 Rp. Ein *ojek* (Motorradtaxi) kostet 30 000 Rp.

Gilimanuk, West Bali Die Busfahrt vom Depot in der Nähe des Fährhafens zum Denpasar Ubung Terminal kostet 45 000 Rp; *bemos* (Kleine Lieferwagen) verlangen 5000 Rp mehr.

Weitere Infos zu **Unterwegs vor Ort** siehe S. 514

Bali, Lombok & Nusa Tenggara für Einsteiger

Weitere Infos gibt's im Abschnitt „Praktische Informationen" (S. 499).

Checkliste

- Gültigkeit des Reisepasses überprüfen, er muss mindestens noch sechs Monate nach der Ankunft in Indonesien gültig sein. Unbedingt darauf achten, es wird streng kontrolliert.
- Vorher am besten Karten von Bali auf die App von Google Maps laden, um sie auch offline nutzen zu können. In Nusa Tenggara sind Karten aus Papier nützlicher.
- Die Bank oder den Kreditkartenanbieter über die Reise informieren, damit Karten nicht gesperrt werden.

An alles gedacht?

- Adapter für Indonesien
- Mückenspray und Sonnencreme, beides sehr wichtig, aber vor Ort schwer zu finden oder sehr teuer
- Kleiner Schirm
- Wasserflasche

Top-Tipps für die Reise

- Nie in der Nähe von Wasserleitungen im Meer schwimmen. Man will nicht wissen, was genau da drin ist. Wasser, das man nicht kennt, meiden – starke Brandungsrückströmungen können tödlich sein.
- Auf der Website Refill My Bottle (www.refillmybottle.com) sind Hotels und Restaurants gelistet, die gratis oder für eine geringe Gebühr Wasserflaschen mit sauberem Trinkwasser auffüllen.
- Langsam reisen; so entspannt sein, wie die Leute in dieser Region.

Dresscode

- Am Strand oder am Pool gilt oben ohne bei Frauen als anstößig. Ansonsten spaziert man nicht in Badekleidung herum.
- Freizeitkleidung, Shorts, Sommerkleidung, kurzärmlige Oberteile, Sandalen etc. sind tagsüber passend.
- In gehobenen Restaurants ist förmlichere Kleidung angebracht (lange Hosen für Männer; Kleider, Röcke, lange Hosen für Frauen).
- Manche Nachtlokale erlauben keine Männer in ärmellosen Tops.
- Keine Kleidung mit dem Aufdruck von Alkoholmarken tragen – viele Einheimische fühlen sich davon gestört.

Schlafen

Auf Bali und Lombok gibt es eine große Bandbreite an Unterkünften für jeden Geldbeutel; auf Nusa Tenggara ist die Auswahl kleiner. Bei einer Reise im August oder über Weihnachten/Neujahr sollte man weit im Voraus buchen.

Homestays & Guesthouses Familiengeführte Gasthäuser bieten einen Einblick ins einheimische Leben.

Hostels Speziell für Taucher und Surfer auf Lombok und den Gilis.

Hotels Das Angebot reicht von einfachen, strohgedeckten Strandbungalows über Boutiquebungalows bis zu mehrstöckigen Gebäuden in üppigen Gärten mit Pool und Restaurant.

Resorts In dieser Region (und besonders auf Bali) gibt es einige der besten und erschwinglichsten Ferienanlagen der Welt.

Villas Oft mit Privatpool, Fahr- und Haushaltsservice, für einen echten Luxusaufenthalt.

Geld

Die Währung ist Rupiah (Rp). Es gibt Münzen im Wert von 50 Rp, 100 Rp, 200 Rp, 500 Rp, 1000 Rp sowie Scheine zu 1000 Rp (selten), 2000 Rp, 5000 Rp, 10 000 Rp, 20 000 Rp, 50 000 Rp und 100 000 Rp.

Feilschen

Beim Einkaufen in dieser Region kann das Feilschen großen Spaß machen. Hier drei Schritte zum Erfolg:

➡ Den Wert des Gegenstands selbst einschätzen.

➡ Den Verkäufer nach seinem Preis fragen, um eine Grundlage fürs Handeln zu haben.

➡ Das erste Gegenangebot kann zwischen einem und zwei Dritteln dieses Preises liegen.

➡ Wenn der Preis nicht passt, einfach gehen – vielleicht lässt er dann im Preis nach.

➡ Hat man einen Preis genannt, ist der verpflichtend – man muss kaufen, wenn der Verkäufer das Angebot annimmt.

Trinkgeld

Restaurants Ein prozentuales Trinkgeld wird nicht erwartet; wenn der Service gut war, sind 5000 Rp oder 10 % oder mehr angemessen.

Service Dem Dienstleister (Fahrer, Portier, Masseur, Bedienung etc.) das Geld direkt in die Hand geben; 5000 Rp bis 10 000 Rp oder 10 % bis 20 % der Gesamtsumme ist großzügig.

Hotels Die meisten Mittelklasse- und alle Luxushotels schlagen 21 % für Steuern und Service auf die Rechnung auf.

Spas Nicht verpflichtend, aber 5 % bis 10 % sind angemessen.

SONY HERDIANA/SHUTTERSTOCK ©

Seminyak Beach (S. 90)

Etikette

Indonesier sind zwar locker, aber es gibt Verhaltensregeln.

Körpersprache Wenn man etwas überreicht, dann stets mit beiden Händen. Keine Gefühlsausbrüche in der Öffentlichkeit, beim Sprechen nicht die Hände auf die Hüften legen (das gilt als aggressiv).

Kleidung Nicht zu viel Haut zeigen, auch wenn viele einheimische Männer Shorts tragen. Frauen sollten sich an keinem Pool oder Strand oben ohne zeigen.

Fotografieren Vor dem Fotografieren um Erlaubnis bitten, gegebenenfalls durch Gesten und Mimik.

Heilige Stätten In Andachtsstätten Respekt zeigen, beim Besuch von Tempeln und Moscheen die Schuhe ausziehen und sich anständig kleiden.

Essen

Bali ist ein großartiges Reiseziel, was das Essen angeht. Die lokale Küche – egal ob ganz balinesisch oder mit Einflüssen aus dem restlichen Indonesien und Asien – lebt von den frischen, regionalen Zutaten und Gewürzen. Man genießt sie am Straßenrand in Warungs (einfachen, landestypischen Lokalen) oder in gehobenen Restaurants, selbst ausgefallenere Geschmäcker kommen dort auf ihre Kosten.

In Nusa Tenggara ist das Essen nicht ganz so kreativ, aber leckere Mahlzeiten findet man problemlos. Auf Lombok und den Gilis am besten einfach zubereiteten, frisch gefangenen Fisch oder Meeresfrüchte bestellen.

Was gibt's Neues?

Pura Lempuyang

Dass diese auf einem Hügel bei Gunung Lempuyang gelegene Tempelanlage sich zu einem echten Touristenmagneten entwickelt hat, liegt an den strengen Sicherheitsvorkehrungen, die für einen Besuch des ähnlich ehrwürdigen Tempels Pura Besikah gelten. Die Anlage ist eines der wichtigsten Heiligtümer Ostbalis. (S. 254)

Wasserfälle von Munduk

Für alle Fans von Wasserfällen gibt es einen neuen Geheimtipp. Aufgrund neuer Zufahrtswege lassen sich ehemals schwer zugängliche Fälle wie die von Banyu Wana Amertha leichter erreichen. Dieses Naturschauspiel im Zentralgebirge der Insel, mitten im üppigen Regenwald, bietet einen Einblick in die ursprüngliche Lebensweise der Balinesen. (S. 279)

Omnia

Dieser moderne Mega-Day-Club an der Spitze der Halbinsel Bukit ist der heißeste Hip-Hop-Hotspot auf ganz Bali. Von der auf beeindruckende Weise geometrisch angelegten Freiluftbar aus hat man einen herrlichen Blick auf die Wellen, die sich unten an zerklüfteten Klippen brechen. (S. 160)

Freediving/Apnoetauchen

Mit angehaltenem Atem zu tauchen entwickelt sich zu einer immer beliebteren Alternative zum Gerätetauchen und Schnorcheln – besonders bei Jemeluk im Osten Balis und auf den Gili-Inseln. (S. 255)

Rastplätze für digitale Nomaden

Neue Wohn- und Arbeitsmöglichkeiten für die Internetcommunity, wie das Outsite in Canggu, machen es ortsunabhängigen Unternehmern noch leichter, im Paradies zu leben und dabei produktiv zu sein. (S. 112)

Full Circle

Dass der moderne australische Coffee-House-Style auch in Ubud voll eingeschlagen hat, ist dieser edlen Rösterei zu verdanken. (S. 207)

Love Anchor Market

Der Wochenendbasar im Love Anchor, dem hippen Dinner- und Shopping-Hotspot von Canggu, bietet einmalige Gelegenheiten zum Kauf von Hand hergestellter Mitbringsel einheimischer Künstler. (S. 116)

Mandalika Resort Area

Die Arbeiten an dem drei Milliarden US-Dollar teuren Gebiet bei Kuta im Süden von Lombok sind zurzeit in vollem Gange. Geplant ist ein Rückzugsort mit Strandzugang für die Schönen und Reichen. (S. 349)

Pulau Moyo

Noch vor drei Jahren gab es nur ein Hotel auf dieser paradiesischen Insel vor Sumbawa. Heute wetteifern ein halbes Dutzend Unterkünfte und zwei Tauchschulen um die Gunst der Besucher. (S. 385)

Gili Gede

Neue Schnellbootverbindungen nach Bali sowie einige der besten Schnorchelmöglichkeiten der Region haben zur Popularität dieser Insel vor Lombok beigetragen. (S. 335)

Kerewe Beach

Preiswerte Unterkünfte haben diesen Promi-Geheimtipp in Westsumba erschwinglich gemacht. Die Strände und Surfspots von Weltrang sind nun offen für alle. (S. 445)

Weitere Empfehlungen und Beschreibungen gibt's unter lonelyplanet.com/indonesia

Wie wär's mit ...

Strände

Seminyak Beach Dieser lange Sandstrand bietet ideale Wellen sowohl zum Schwimmen als auch zum Surfen. Unbedingt den tollen Sonnenuntergang erleben! (S. 90)

Jimbaran Beach Sanfte Wellen, sauberer Sand und jede Menge Restaurants laden dazu ein, hier ganze Tage im Liegestuhl zu verbringen. (S. 147)

Padang Padang Beach Toller weißer Sand und damit unter anderen der beste Ort, um Surfer zu beobachten. (S. 156)

Strände von Nusa Lembongan Kleine verträumte Buchten, zwischen denen man hin- und herwandern kann, plus fabelhafte Schwimmbedingungen. (S. 168)

Strände auf den Gilis Die Gilis bieten rundum herrliche Strände mit weißem Sand, schöne Schnorchelmöglichkeiten und einem immerwährenden touristischen Flair. (S. 353)

Selong Blanak Eine idyllische Bucht auf Lombok mit einem Strand, der viele Besucher, die zum ersten Mal hierher kommen, in grenzenloses Erstaunen versetzt. (S. 350)

Senggigi Sanft geschwungene Buchten mit palmengesäumten, unberührten Stränden locken Besucher an diesen Ort nördlich von Lomboks Ferien-Hotspot. (S. 328)

Kuta An diesem Strandabschnitt auf Lombok mit seinen Buchten aus schneeweißem Sand kann man gut und gern eine ganze Woche verbringen. (S. 70)

Westsumba Ein malerisch geschwungener Strand nach dem anderen. (S. 440)

Tempel

Pura Luhur Batukau Einer der bedeutendsten Tempel Balis liegt an einem dunstigen, entlegenen Ort, der tief in alter Spiritualität verwurzelt ist. (S. 281)

Pura Taman Ayun Ein wunderschöner, mit einem Wassergraben umgebener Tempel mit einer königlichen Vergangenheit; Pura Taman Ayun ist Teil des Unesco-Weltkulturerbes, das die balinesische Reisanbautradition würdigt. (S. 314)

Pura Lempuyang Dieser an den Ausläufern des Lempuyang gelegene *pura* ist älter als die meisten balinesischen Tempel und gilt als eines der wichtigsten Heiligtümer der Insel. (S. 254)

Pura Luhur Ulu Watu Dieser Tempel ist gleichermaßen bedeutsam wie beliebt. Hier gibt es beeindruckende Ausblicke, schöne Tanzaufführungen bei Sonnenuntergang und hier lebende Affen. (S. 158)

Nachtleben

Seminyak Strandclubs, wo die Cocktails irgendwie besser schmecken, weil man dabei die Brandung hören kann. (S. 89)

Kuta Überall nur unerschöpflicher Elan und eine verrückte Mischung aus Partygängern, die jede Facette der balinesischen Vergnügungssucht auskosten. (S. 70)

Legian Strandbars und Sitzsäcke im Sand, wo das Glitzern des Sonnenuntergangs ins Funkeln der Sterne übergeht. (S. 72)

Echo Beach Richtung Westen reihen sich kurzlebige Strandbars wie Perlen auf einer Kette aneinander; in einigen wird regelmäßig Party gemacht. (S. 117)

Gili Trawangan Der Ort für dröhnende Rhythmen und pulsierende Partystimmung, und das an jedem Abend (und Tag!) der Woche. (S. 357)

Senggigi In den Strandbars folgt auf den Cocktail zum Sonnenuntergang gern eine lärmende Karaoke-Nacht. (S. 328)

Kultur

Tanz Eine strikte Choreografie und strenge Disziplin sind die typischen Merkmale des wunderschönen, melodischen balinesischen Tanzes. (S. 472)

Gendang beleq Tanzvorführungen mit großen Trommeln und kriegerischen Figuren stehen im Zentrum mehrerer Festivals in Senggigi auf Lombok. (S. 474)

Gamelan Das kleine Orchester mit Bambus- und Bronzeinstrumenten schafft einen unvergesslichen Hörgenuss, besonders bei Aufführungen und Festlichkeiten. (S. 474)

Genggong Die Musiker auf Lombok nutzen bei ihren Aufführungen einfache Instrumente wie die Bambusflöte, den Klopfer und die *rebab*, eine zweisaitige, gebogene Laute. (S. 475)

Malerei Im 20. Jh. schmolzen balinesische und westliche Stilrichtungen zusammen, und das Resultat ist oft außergewöhnlich. Einige der schönsten Kunstwerke können in den Museen von Ubud bestaunt werden. (S. 475)

Opfergaben Sie sind kunstvoll und allgegenwärtig auf Bali. (S.481)

Ikat Bunte, handgewebte Textilien mit geometrischen oder wellenförmigen Mustern sind typisch für die Region. Echte Sammlerstücke findet man im Osten Sumbas. (S. 478)

Tauchen & Schnorcheln

Gili Trawangan Erstklassige Tauchschulen und jede Menge Schildkröten sorgen für spektakuläre Unterwassererlebnisse hier auf Gili T. (S. 357)

Gili Gede Gut informierte Schnorchler ziehen die südwest-

GUITAR PHOTOGRAPHER/SHUTTERSTOCK ©

FROLOVA_ELENA/SHUTTERSTOCK ©

Oben: Pura Taman Ayun (S. 314)
Unten: Traditionelle balinesische Opfergaben (S. 481)

lichen Gili-Inseln ihren Schwestern im Norden vor. (S. 335)

Belongas Zwei berühmte Tauchplätze – der Magnet und die Kathedralen – locken erfahrene Taucher mit der Aussicht auf Schwärme von Teufelsrochen. (S. 352)

Gili Kondo Wer auf dieser „Geheiminsel" nahe der Hafenstadt Labuhan Lombok schnorcheln geht, hat das kristallklare Wasser ganz für sich allein. (S. 342)

Tulamben Das Wrack des US-Truppentransporters *Liberty* ist eines der beliebtesten Tauchziele auf Bali. (S. 263)

Komodo National Park
Ein reichhaltiges maritimes Ökosystem beschert Tauchern unvergessliche Unterwasserabenteuer an einem entlegenen Ort. (S. 391)

Alor-Archipel Wenig besuchte Tauchplätze, die sich zum Erkunden komplett unberührter Riffe voller leuchtender Weich- und Steinkorallen eignen. (S. 422)

Monat für Monat

TOP-EVENTS

Pasola, Februar & März

Galungan, wechselnde Daten

Indonesischer Unabhängigkeitstag, 17. August

Ubud Writers & Readers Festival (Literaturfestival), Oktober

Bali Arts Festival (Kunst- und Kulturfestival), Juni bis Juli

Februar

Trotz Regenzeit erwacht Bali jetzt zu neuem Leben, denn der Januar ist vorbei und mit ihm auch die ruhige Zeit nach der Hochsaison um Weihnachten. Zu diesem Zeitpunkt gibt es viele Übernachtungsschnäppchen.

Bau Nyale Festival

Am Strand Pantai Seger in der Nähe von Kuta wird der aalähnliche Fisch *nyale* gefangen. Der Abend bietet dann verschiedene Dichterlesungen, Gamelan-Musik und dauert in der Regel bis zum Morgengrauen. Das Festival kann auch im März stattfinden. (S. 347)

Pasola

Dieses in Lamboya im Westen Sumbas stattfindende Turnier zweier speerschwingender Reitermannschaften in Ikat-Gewändern ist eines der aufwendigsten (und blutigsten) Erntefeste in ganz Asien. Wird im März auch in Wanokaka veranstaltet.

März

Die Regenzeit geht zu Ende und die Massen flauen ab – nun ist Nebensaison, besonders rund um den Nyepi-Tag, wenn sogar viele Nicht-Balinesen sich in die Stille begeben.

Nyepi (Tag der Stille)

An Balis Hindu-Fest Nyepi begeht man das Ende des alten und den Anfang des neuen Jahres. Es ist von Passivität gekennzeichnet, um die bösen Geister davon zu überzeugen, dass Bali unbewohnt ist – und sie für ein weiteres Jahr fernbleiben dürfen. Für die Balinesen ist dies ein Tag der Meditation und der inneren Einkehr. Für Ausländer gelten weniger strenge Regeln, solange sie ihre Wohnung oder ihr Hotel nicht verlassen. Die Zeit um Nyepi herum eignet sich perfekt für einen Bali-Aufenthalt – am Vorabend finden farbenfrohe Feste statt, und das erzwungene Nichtstun kann auch sehr inspirierend wirken. (S. 468)

April

Die Inseln trocknen nach der Regenzeit langsam aus; es kommen wieder mehr Besucher, aber nicht übermäßig viele. Ein weiterer Monat, den Insider als guten Reisemonat für Bali und Lombok empfehlen.

Bali Spirit Festival

Ein sehr beliebtes Yoga-, Tanz- und Musikfestival, das von den Betreibern des Yoga Barn in Ubud ausgerichtet wird. Es gibt über 100 Workshops, Konzerte und einen Markt. Wer vorher oder nachher noch an einem Retreat oder einem anderen Event teilnimmt, intensiviert seine Erfahrung. Termin ist Anfang April oder Ende März. (S. 198)

Ubud Food Festival

Bei diesem dreitägigen Feinschmeckerfestival

Oben: Zeremonie im Pura Tirta Empul (S. 223)
Unten: Bali Kite Festival (S. 137) in Sanur

stehen unterschiedlichste Köstlichkeiten der indonesischen Küche im Mittelpunkt. Zu den Attraktionen gehören Kochvorführungen, Workshops, Filme, Diskussionen, Märkte und kulinarische Ausflüge. (S. 198)

Juni

Nun wird es am Flughafen voller, aber dennoch ist der Juni noch ein ebenso günstiger Reisemonat wie der Mai. Jede Menge Surfer und Sonnenanbeter genießen die Brandung von Bukit.

Bali Arts Festival

Dies ist das wichtigste Event im balinesischen Kulturkalender. Hauptveranstaltungsort ist das Kulturzentrum Taman Wedhi Budaya in Denpasar. Bei dem Festival sieht man traditionelle balinesische Tänze wie Legong, Gambuh, Kecak, Barong und Baris von Gruppen aus den Dörfern des Landes, die hier um die heimische Ehre gegeneinander antreten. Findet von Mitte Juni bis Mitte Juli statt. (S. 130)

Juli

Neben dem August ist der Juli der zweitvollste Monat auf Bali. Es ist nicht leicht, eine passende Unterkunft zu finden. Von den Massen an Urlaubern geht eine besondere Energie aus, die man aber auch genießen kann.

Bali Kite Festival

In Südbali schweben das ganze Jahr über Drachen in

der Luft. Sie sind oft riesengroß (über zehn Meter) und jagen den Piloten eine Heidenangst ein. Eine Erklärung dafür ist, dass die Drachen bei den Göttern als Bittsteller um reiche Ernten dienen. Während der Festtage (S. 137) ist der Himmel voll von riesigen Gebilden.

Surf-Wettbewerbe

Die genauen Namen und Sponsoren wechseln jedes Jahr, aber es finden den ganzen Juli oder August hindurch internationale Spitzenwettbewerbe im Surfen am Padang Padang Beach statt. Die touristische Hochsaison fällt mit der Hochsaison der Wellen zusammen.

August

In diesem Monat sind die meisten Touristen auf Bali, und es werden jedes Jahr mehr. Für diese Zeit sollten Zimmer- und Tischreservierungen weit, weit im Voraus getätigt werden, und man muss mit Touristenmassen rechnen.

Indonesischer Unabhängigkeitstag

Am 17. August feiert ganz Indonesien seine seit 1945 erklärte Unabhängigkeit von den Niederländern. Fahnen flattern im Wind, und Heerscharen von Schulkindern marschieren begeistert die großen Straßen der Insel entlang. Der Verkehr wird gestaut (wie auch schon Tage vorher, wenn geprobt wird), und es gibt ein großes Feuerwerk.

Ubud Village Jazz Festival

Bei diesem jährlich stattfindenden, zweitägigen Festival treten zahlreiche internationale Jazzgrößen auf. (S. 198)

GALUNGAN & KUNINGAN

Galungan, das an den Tod des Tyrannen Mayadenawa erinnert, ist eines der größten Feste auf Bali. Die Einheimischen feiern mit einem Festessen und dem Besuch ihrer Familie. Die Feierlichkeiten finden ihren Höhepunkt im Kuningan-Fest, bei welchem die Menschen von Bali ihren Göttern Dank sagen und sich von ihnen verabschieden.

Jedes Dorf auf Bali feiert Galungan und Kuningan in großem Stil. Auch Besucher sind herzlich willkommen.

Im 210-tägigen *wuku-* (oder *pawukon-*)Kalender sind die Festtermine aufgeführt. Nachstehend sind die Termine für die Galungan- und Kuningan-Feierlichkeiten aufgeführt:

Jahr	Galungan	Kuningan
2019	22. Juli	5. Jan. & 3. Aug.
2020	19. Feb. & 16. Sept.	29. Feb. & 26. Sept.
2021	14. April & 10. Nov.	24. April & 20. Nov.

Oktober

Zwar verdunkeln der Jahreszeit entsprechend immer mal wieder Regenwolken den Himmel, doch meistens ist das Wetter angenehm, und die Inselbewohner gehen ihren alltäglichen Geschäften nach. Außer in Ubud werden die Besuchermassen langsam weniger.

Ubud Writers & Readers Festival (Literaturfestival)

Als eine der wichtigsten literarischen Veranstaltungen des Landes lockt das Festival Schriftsteller und Leser aus aller Welt in Scharen hierher, um die Schriftstellerei zu feiern – besonders all die Publikationen, die irgendwie mit Bali zu tun haben. Es gibt jedes Jahr ein Thema, und berühmte Autoren, deren Werk zum Thema passt, nehmen daran teil. (S. 198)

Bali Vegan Festival

Dieses in Ubud und Canggu stattfindende Festival zielt darauf ab, Neulingen das vegane Leben schmackhaft zu machen. Drei Tage lang stehen Gespräche, Kochvorführungen, Workshops und Filme auf dem Programm. (S. 198)

November

Es wird feuchter, aber noch nicht wirklich so nass, als dass man die Inseln nicht mehr in vollen Zügen genießen

könnte. Normalerweise ist der November, was die Belegung durch Touristen angeht, ein ruhiger Monat. Daher kann man tolle Unterkünfte zu günstigen Preisen finden.

Perang Topat

Dieser „Reiskrieg" auf Lombok ist lustig und findet in Pura Lingsar direkt bei Mataram statt. Dazu gehört ein Umzug mit kostümierten Leuten; Hindus und Wetu Telu bewerfen sich mit *ketupat* (klebrigem Reis). Perang Topat kann auch im Dezember stattfinden.

Dezember

Kurz von den Weihnachts- und Neujahrsfeiertagen erstürmen wahre Besuchermassen Bali. Die meisten Hotels und Restaurants sind ausgebucht und alle sind beschäftigt; im Süden nimmt die Energie manische Züge an.

Peresean

Kriegsführungskunst auf Lombok. Die Wettstreiter kämpfen bei nacktem Oberkörper mit Rattan-Stöcken und rindsledernen Schilden. Die Wettkämpfe finden normalerweise jedes Jahr gegen Ende des Monats in Mataram statt, aber Vorführungen lassen sich eigentlich an jedem größeren Feiertag beiwohnen. (S. 324)

Reiserouten

1 WOCHE

Bali von seiner schönsten Seite

Diese sieben Tage auf dem Weg zu Top-Sehenswürdigkeiten vergehen wie im Flug.

Los geht es an einem Strandhotel in **Seminyak, Kerobokan** oder **Canggu**; man geht shoppen und an den Strand. Am Ende eines Tagesausflugs zu dem von Affen bewohnten Tempel **Ulu Watu** steht ein Abendessen mit Meeresfrüchten an der **Jimbaran Bay**.

Im Osten führt der Weg über die Küstenstraße zu den wilden Stränden, wie denen bei **Pura Masceti**, danach in die kultivierte königliche Stadt **Klungkung (Semarapura)** mit ihren Ruinen. Richtung Norden geht es dann ins atemberaubende **Sideman**, wo Reisterrassen, grüne Flusstäler und wolkenverhangene Berge eine Symbiose bilden. Weiter führt die Reise Richtung Westen nach **Ubud**, dem Höhepunkt jeder Rundfahrt.

Wer sich ein bisschen verwöhnen möchte, sollte in einem der vielen Hotels mit Blick über Flüsse und Reisfelder absteigen. Nach den Anwendungen in einem der Spas locken die Restaurants der Stadt. Balis kultureller Reichtum zeigt sich in Ubud am besten. Jeden Abend finden Tanzvorführungen statt; zahllose Kunsthandwerker präsentieren ihre Waren, darunter auch Holzschnitzer aus **Mas**. Eine Wanderung durch die Reisfelder und zu den Flusstälern bietet sich ebenso an wie ein Besuch in einer Gemäldegalerie.

MACIEJ MATLAK/SHUTTERSTOCK ©

Oben: Pura Taman Saraswati (S. 215), Ubud

Rechts: Seminyak Beach (S. 90)

ASIATRAVEL/SHUTTERSTOCK ©

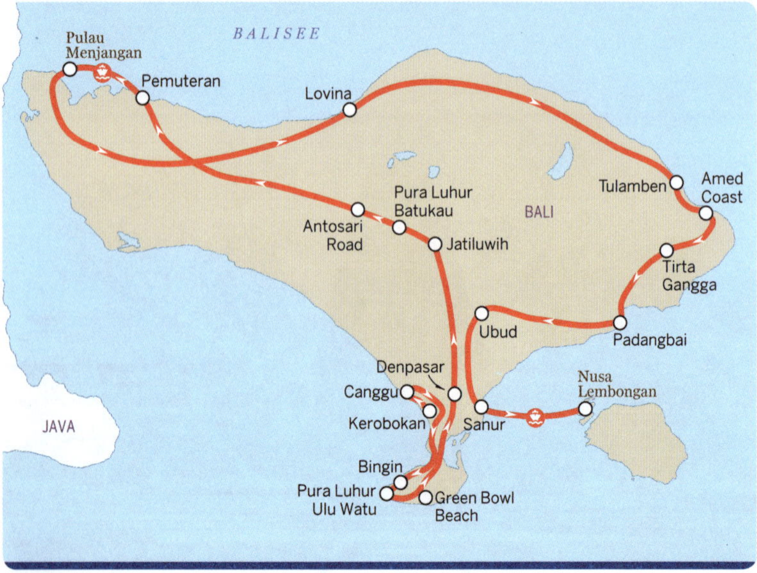

3 WOCHEN

Bali zum Genießen

Empfehlenswert ist eine Unterkunft in **Kerobokan** in Strandnähe. Auf jeden Fall sollte man die trendigen Restaurants und Cafés von **Canggu** besuchen. Vielleicht gibt es ja auch die Möglichkeit, Surfen zu lernen, bevor man gen Süden nach **Bingin** mit seinen Pensionen an den Klippen mit Meeresblick weiterfährt. Dann geht es auf der kurzen Route runter ins spirituelle Zentrum (und Heimat der Affen) der Halbinsel Bukit: **Pura Luhur Ulu Watu** und auch die versteckten Strände an der Südspitze Balis, wie etwa der **Green Bowl Beach**, sind einen Abstecher wert.

Auf der Fahrt durch **Denpasar** locken die regionalen Restaurants und das Museum. Als Nächstes sind die uralten balinesischen Reisfelder an der Reihe. Ein Beispiel sind die Reisterrassen von **Jatiluwih**, danach geht es weiter zum idyllischen **Pura Luhur Batukau**. Auf der **Antosari Road** führt die Tour über die Berge mit einer Zwischenpause in einem entlegenen Hotel am Wegesrand. Westlich geht es dann nach **Pemuteran**, dessen Hotels und Resorts Entspannung neu definieren. Es empfiehlt sich, bei **Pulau Menjangan** im für Korallen bekannten Bali Barat National Park zu tauchen oder zu schnorcheln.

An der Küstenstraße nach **Tulamben** bietet sich ein Halt in **Lovina** an. Hier wollen viele einen Frachter aus dem Zweiten Weltkrieg unter Wasser erkunden. An der **Amed Coast** sollte man ein wenig chillen, bevor es zur kurzen Spritztour nach **Tirta Gangga** sowie auf Wanderungen durch Reisfelder und grüne Hügel hinauf zu entlegenen Tempeln geht. Dann folgt **Padangbai** und über Nebenstraßen **Ubud**. Dort kehrt man in sein Lieblingscafé ein und lässt die Welt an sich vorbeiziehen, oder man legt die Strapazen der Reise in einem Spa ab. Vielleicht lockt auch die Übernachtung in einem der charakteristischen Privathäuser, nachdem man tagsüber leichte Wanderungen durch die Reisfelder gemacht und abends die vielen Tanzvorführungen bestaunt hat.

Wenn man dann wieder frisch und munter ist, nimmt man ein Schnellboot von **Sanur** zur **Nusa Lembongan**. Auf dieser kleinen Insel mit ihren Strandhotels - von einfach bis halbwegs vornehm - steht die Zeit für die Reisenden still, und das alles in einer Atmosphäre mit hervorragenden Surf-, Schnorchel- und Tauchbedingungen.

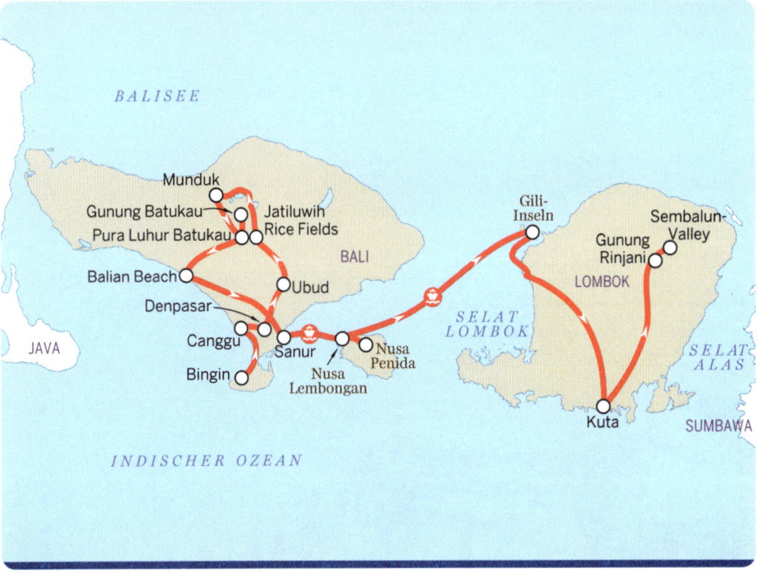

3 WOCHEN

Ganz Bali & Lombok

Auf der Tour zu den interessantesten Sehenswürdigkeiten und Orten auf ganz Bali, Lombok und den Gilis besucht man sechs Inseln und zahllose Strände.

Vorzugsweise beginnt die Reise am Strand von **Bingin**. Dort kann man sich bestens vom Jetlag erholen. Das nahe **Canggu** ist Balis heißester Szenespot. Weiter geht es mit einem echt balinesischen Lunch in **Denpasar** und dann mit einer Fahrt die Hügel hinauf nach **Ubud**, dessen reichhaltiges kulturelles Erbe zu einem Aufenthalt von zwei oder drei Tagen einlädt. Die jahrhundertealten **Reisterrassen von Jatiluwih** gehören aufgrund ihrer langen Tradition des Reisanbaus zum Unesco-Welterbe.

Dann weiter nach **Munduk**, das einen Blick zur Nordküste und dem Meer bietet. Hier sollte unbedingt eine Wanderung eingeplant werden, denn die Umgebung bietet Wasserfälle, hübsche Dörfer, wilde Obstbäume und Reisfelder, die wie Bänder an den Bergen kleben. Weiter geht es nach Süden zum wunderbaren Tempel **Pura Luhur Batukau.** Von hier bietet sich die Besteigung von Balis zweithöchstem Berg, dem **Gunung Batukau** an. Anschließend sorgt der **Strand von Balian** für die nötige Ruhepause.

Danach geht es von **Sanur** weiter über die Wellen nach **Nusa Lembongan**, der Insel im Schatten der großen Schwester **Nusa Penida**. Die Insel ist vom Süden und Osten Balis gut sichtbar und lässt sich als Tagesausflug besuchen. Von den Klippen bieten sich faszinierende Ausblicke, und die Unterwasserwelt lädt zum Tauchen ein.

Von Nusa Lembongan gibt es eine direkte Schiffsverbindung zu den **Gilis**. Auch hier locken Bootstouren durch das türkisblaue Wasser rund um die Inseln. Man kann auch mit dem Schiff nach Senggigi fahren, sollte aber dort die Hotels links liegen lassen und weiter nach Süden reisen. Die Südküste von Lombok bei **Kuta** bietet sensationelle Strände und Surfreviere für furchtlose Surfer. Die kaum befahrenen Nebenstraßen im Inneren der Insel locken neugierige Reisende mit Lust auf Abenteuer. Hier finden sich in kleinen Dörfern noch alte Handwerkskünste. Viele dieser Straßen führen die Flanken des Vulkans **Gunung Rinjani** hinauf, der das üppige und abgelegene **Sembalun Tal** beschützt.

PIOTR SKIEJKA/SHUTTERSTOCK ©

WERNERMUELLERSCHELL/SHUTTERSTOCK ©

Oben: Ulu Watu (S. 158)
Links: Strandschaukel, Gili Air (S. 371)

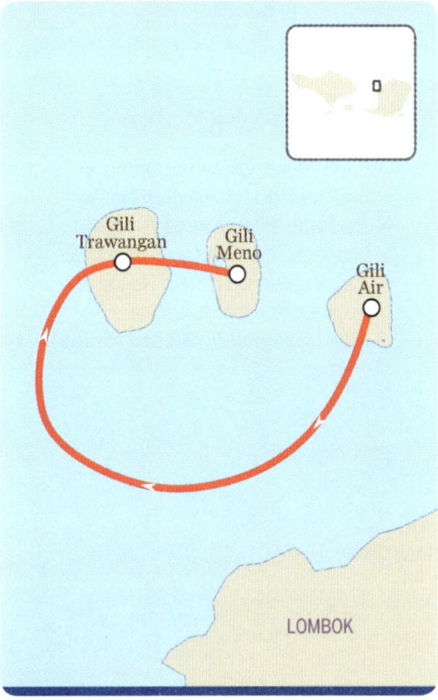

1 WOCHE Die Gili-Inseln in einer Woche

Diese drei kleinen Pünktchen aus weißem Sand vor Lombok können leicht Ziel der gesamten Reise sein, denn hier locken Tauchen, Essen, Partys und Sonnenbaden. Der ideale Ort, um sich mit dem Inselleben vertraut zu machen, ist **Gili Air**, wo der Hauptstrand ein Tropenparadies ist. Hier kann man ein oder zwei Tage nichts tun außer lesen, sich abkühlen, in einer Yogaschule neue Asanas üben oder frische Meeresfrüchte zu günstigen Preisen genießen.

Anschließend steht **Trawangan** auf dem Programm, wo ein aktiverer Aufenthalt wartet. Ein Tag beginnt hier mit einem morgendlichen Tauchgang, etwa am Shark Point, es folgt ein veganes Mittagessen mit anschließendem Nickerchen. Danach steht ein Bummel über die sandigen Wege der Insel an, dann ein Sundowner an der Westküste. Abends locken die Rhythmen der Partys.

Endstation ist **Gili Meno**, wo es eigentlich wenig zu tun gibt, außer über die reine Wüstenlandschaft der Insel nachzugrübeln. Wer einmal genug vom Strand hat, kann beim Schnorcheln die Unterwasserskulptur Nest erkunden oder am Binnensee Reiher beobachten.

2 WOCHEN Surfing Bali

Ein Surf-Trip auf Balis startet in der Nähe von Kuta. Der Surfspot Halfway Kuta eignet sich sehr gut für Anfänger; am **Legian Beach** ist die Brandung etwas stärker. **Batu Bolong**, auch Canggu genannt, liegt im Norden der Bucht in der Nähe von **Kerobokan** und zeichnet sich durch hellen Sandstrand und seine relaxte Partyszene aus.

Weiter im Westen liegt der klassische Surfertreffpunkt **Balian Beach** mit seinen großartigen Wellen an der Mündung des Balian River. Fährt man noch weiter die Südküste im Westen Balis hinauf, so stößt man auf ein Dorf namens **Medewi**, an dessen Point Break man auf langen Wellen direkt in die Flussmündung surfen kann.

Die Rundreise endet in Südbali, wo mit dem Surfsport der Tourismus auf der Insel erst so richtig begann. Am Strand von **Balangan** verlaufen die Wellen über ein seichtes Riff; **Bingin** kann mit kurzen, aber perfekten Lefthander-Barrels punkten. Der extrem flache Lefthander Reef Break in **Padang Padang** ist sehr anspruchsvoll. **Ulu Watu**, der berühmteste Surfspot auf Bali, verfügt über sieben verschiedene Breaks. Am besten einfach schauen, wohin die anderen Surfer paddeln, und ihnen folgen!

Bali, Lombok & Nusa Tenggara: Abseits der üblichen Pfade

UM ANTOSARI & MAYONG

Wer die Straße zwischen Antosari und Mayong nimmt, kommt an Reisfeldern und -terrassen, duftenden Gewürzdörfern, Kaffeeplantagen und einem äußerst Instagram-tauglichen Tal mit Reisanbau nahe Subuk vorbei. (S. 283)

AIR PANAS BANJAR

Diese heißen Quellen westlich von Lovina versickern inmitten üppiger tropischer Pflanzen und verfügen über drei öffentliche Schwimmbäder, die von grimmigen Stein-Nagas (mythische schlangenartige Kreaturen) gespeist werden. (S. 298)

KEROBOKAN

Kerobokan hat mehr als genug Touristen, aber wer ein paar Kilometer von seinem berüchtigten Gefängnis gen Osten läuft, wird touristenfreie Straßen entdecken, die von Geschäften gesäumt sind, die eine faszinierende Auswahl an lokalen Produkten herstellen und verkaufen. (S. 102)

SIKKA

Dieses charmante Dorf am Meer, vom Trans-Flores Highway abzweigend 6 km südlich von Maumere entfernt, ist eine der ersten portugiesischen Siedlungen von Flores und verfügt über eine stattliche Kathedrale aus dem 19. Jh. (S. 412)

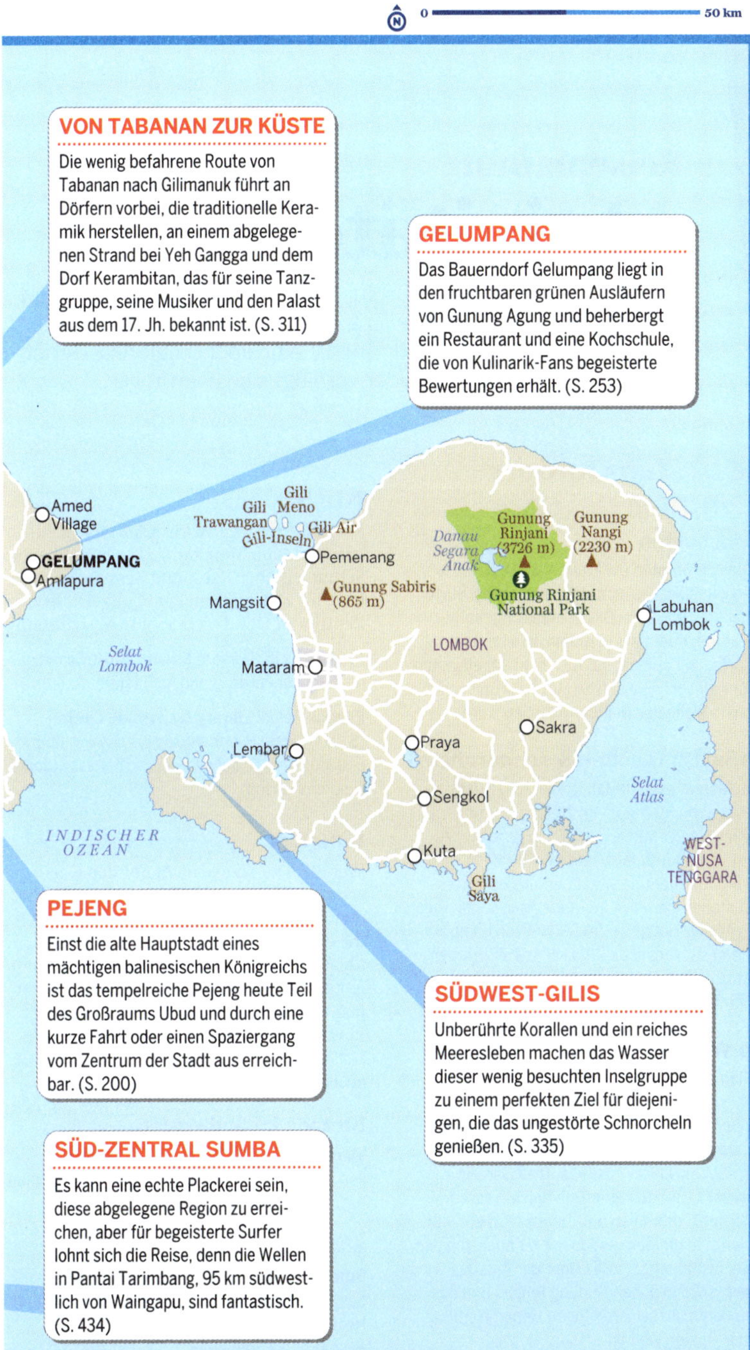

VON TABANAN ZUR KÜSTE

Die wenig befahrene Route von Tabanan nach Gilimanuk führt an Dörfern vorbei, die traditionelle Keramik herstellen, an einem abgelegenen Strand bei Yeh Gangga und dem Dorf Kerambitan, das für seine Tanzgruppe, seine Musiker und den Palast aus dem 17. Jh. bekannt ist. (S. 311)

GELUMPANG

Das Bauerndorf Gelumpang liegt in den fruchtbaren grünen Ausläufern von Gunung Agung und beherbergt ein Restaurant und eine Kochschule, die von Kulinarik-Fans begeisterte Bewertungen erhält. (S. 253)

PEJENG

Einst die alte Hauptstadt eines mächtigen balinesischen Königreichs ist das tempelreiche Pejeng heute Teil des Großraums Ubud und durch eine kurze Fahrt oder einen Spaziergang vom Zentrum der Stadt aus erreichbar. (S. 200)

SÜDWEST-GILIS

Unberührte Korallen und ein reiches Meeresleben machen das Wasser dieser wenig besuchten Inselgruppe zu einem perfekten Ziel für diejenigen, die das ungestörte Schnorcheln genießen. (S. 335)

SÜD-ZENTRAL SUMBA

Es kann eine echte Plackerei sein, diese abgelegene Region zu erreichen, aber für begeisterte Surfer lohnt sich die Reise, denn die Wellen in Pantai Tarimbang, 95 km südwestlich von Waingapu, sind fantastisch. (S. 434)

Reiseplanung

Aktivitäten

Die Region ist ein perfekter Ort für Aktivitäten im Freien. Sie bietet großartige Tauch- und Surfreviere, Wanderungen durch Reisfelder oder auf Vulkane. Wer lieber drinnen bleibt, kocht regionale Gerichte, bastelt eigene Souvenirs oder verbiegt sich beim Yoga.

Die besten Outdoor-Abenteuer

Prima surfen

Am weltberühmten Ulu Watu auf Bali zu surfen, ist ein Erlebnis, das sich jeder ernsthafte Surfer einmal gönnen sollte. Die direkte Umgebung, mit Padang Padang und Bingin, ist ebenfalls großartig. In Lombok findet sich im abgelegenen Tanjung Desert eine Lefthander-Tube, die schon als beste Welle der Welt beschrieben wurde.

Großartig tauchen & schnorcheln

Pulau Menjangan auf Bali ist einfach spektakulär, egal ob man sich nur treiben lässt oder an einer Wand entlangtaucht. Ein gesunkenes Frachtschiff aus dem Zweiten Weltkrieg in Tulamben und Korallenriffe sind ebenfalls beliebte Tauchstellen. Jemeluk in Amed genießt den Ruf eines Apnoe-Hotspots. Im Südwesten Lomboks befinden sich gesunde Riffe voll mit maritimem Leben, und das Meer vor den Gili-Inseln ist berühmt für seine außergewöhnlichen Korallen.

Top-Wanderwege

Auf Bali ist die üppige, duftende Landschaft voller Wasserfälle rund um Munduk schlicht atemberaubend. In Ubud und den umliegenden Reisfeldern gibt es wunderschöne Wanderwege für große und kleine Ausflüge. Tirta Gangga ist bekannt für smaragdgrüne Reisterrassen, großartige Panoramen und Tempel. Auf Lombok erholen sich die Gemeinden immer noch von den 2018er Erdbeben (S. 323), aber der Aufstieg auf den 3726 m hohen Gunung Rinjani und das Sembaluntal an seinen Hängen ziehen Wanderer aus der ganzen Welt an.

Kurse

Spezialkurse und Workshops gibt es zuhauf auf Bali. Man kann alles lernen – von Schnitzen über Batik und Schmuckherstellung bis zu traditionellem Tanz. Diese zwei Zentren in Ubud bieten viele Aktivitäten:

ARMA (S. 215) Kurse in Malerei, Batik, Schnitzerei, Tanz, Hinduismus und Architektur.

Pondok Pekak Library & Learning Centre (S. 193) Große Bandbreite an Kursen von Tanz und Musik bis zu Schnitzerei und Bahasa Indonesia (indonesisch).

Kochen

Wer auch zu Hause nicht auf den Geschmack Indonesiens verzichten will, für den gibt es auf Bali mehrere Kochschulen, die einem vom Einkauf auf dem Markt über Grundlagen der Küche bis hin zu fortgeschrittenen Techniken alles beibringen. Häufig unterrichten Köche, die weit über Bali hinaus bekannt sind. Am Ende isst man, was man gekocht hat! Hier sind einige der besten:

Strände im Südwesten

Warung Eny (S. 105) Eny zeigt in ihrem winzigen *warung* (Imbissstand) in Kerobokan, wie man balinesisch kocht.

Südbali & die Inseln

Bumbu Bali Cooking School (S. 165) Kurse des schon lange hier ansässigen Kochbuchautors Heinz von Holzen in seinem ausgezeichneten Restaurant in Südbali.

Balinese Cooking Class (S. 141) Balinesisch kochen am Strand von Sanur.

Ubud

Casa Luna Cooking School (S. 195) Halbtageskurse zu Kochtechniken, Zutaten und dem kulturellen Hintergrund der balinesischen Küche.

Balinese Farm Cooking School (S. 221) Einheimische bieten vegetarische, vegane und omnivore Kurse in einem Dorf nördlich von Ubud.

Ostbali

Bali Asli (S. 253) Restaurant und Kochschule bei Amlapura, wo es zu großartigem Essen auch noch ein spektakuläres Panorama gibt.

Smiling Buddha Restaurant (S. 263) Balinesische Gerichte in Bioqualität in Aas.

Nordbali

Warung Bambu (S. 293) Ausflüge zum Markt und klassische balinesische Gerichte in Pemaron bei Lovina.

Santai Warung (S. 304) Ausgezeichnetes, indonesisches Restaurant in Pemuteran, das Kochkurse anbietet.

KUNST- UND DESIGNKURSE IN UBUD

Ubud ist eine wahre Brutstätte von Kulturworkshops und Kursen. Einen Kurs zu belegen ist eine tolle Art, ein Stückchen Bali mit nach Hause zu nehmen. Hier eine Kursauswahl:

Nirvana Batik Course (S. 193) Ein- bis fünftägige Kurse in Batiktechniken.

Studio Perak (S. 195) Silberschmieden im balinesischen Stil.

Ida Bagus Anom (S. 224) Traditionelle Maskenschnitzerei, südlich der Stadt.

Wayan Karja Painting (S. 193) Mal- und Zeichenkurse bei einem berühmten Künstler der Region.

Threads of Life Indonesian Textile Arts Center (S. 193) Kurse in Textilkunde in einer renommierten Galerie.

Radfahren

Radfahrer gehören auf Balis viel befahrenen Straßen immer häufiger zum normalen Anblick. Der Hauptvorteil beim Radeln durch Bali ist das besondere Erlebnis, denn man wird förmlich komplett in die Landschaft aufgesogen: Man lauscht dem Wind, der in den Reisfelder säuselt, oder den Klängen eines traditionellen Orchesters (*gamelan*) und nimmt den Duft der Blumen in sich auf. Die Ruhe auf den Nebenstraßen macht den Lärm der verstopften Straßen des Südens mehr als wett.

Einige Leute halten das Radfahren in tropischen Regionen für nicht machbar, aber wenn die Tour durch ebenes Gelände oder bergab geht, sorgt eine leichte Brise für eine gute Abkühlung.

Bali

Südlich von Denpasar bis Sanur im Osten und im Westen von Kerobokan nach Kuta sind die Straßen sehr voll und eng. Aber auf der restlichen Insel gibt es viele Touren, die durch die reichhaltige tropische Schönheit des Landes führen. Wer etwas ganz anderes sucht, für den sind die immer noch einsamen Wege auf Nusa Penida zu empfehlen.

Beliebte Touren starten hoch oben in den Bergen, z. B. in Kintamani oder Bedugul. Der Veranstalter bringt die Teilnehmer dorthin, die Abfahrt erfolgt dann über relativ einsame Bergstraßen. Dabei kann man dann die üppige Landschaft, das Leben in den Dörfern und die tropischen Düfte genießen.

In den Kosten von 40 bis 80 US$ sind die Miete für Fahrrad und Ausrüstung sowie ein Mittagessen inbegriffen. Auch der Transport zu/von den Hotels in Südbali und Ubud ist normalerweise darin enthalten; die Abholung von einem Hotel in Kuta kann schon um 6.30 Uhr in der Früh sein. Die Touren dauern in der Regel von 8.30 bis 16 Uhr und gehen über lange Strecken an der Küste entlang. Es gibt auch viele Zwischenstopps. Nicht alle Veranstalter geben Helme aus. Also immer auf einen Helm pochen.

Empfehlenswerte Veranstalter:

Archipelago Adventure (☎0851 0208 1769, mobil 0812 3850517; www.archipelago-adventure.com; Erw./Kind ab 55/45 US$) Bietet eine große Auswahl an Touren an, sogar auf Java. Auf Bali werden Touren durch die Reisfelder von Jatiluwih und rund um den Danau Buyan durchgeführt, außerdem Mountainbiking ab Kintamani.

Bali Bike-Baik Tours (☎0361-978052; www.balibike.com; Touren ab 500 000 Rp) Touren ab Kintamani bergab. Der Schwerpunkt liegt auf lebensnahen Erlebnissen; deshalb wird häufig in kleinen Dörfern und bei Reisbauern angehalten.

Bali Eco Cycling (☎0361-975557; www.baliecocycling.com; Touren Erw./Kind ab 50/30 US$) Die Touren starten in Kintamani und führen auf kleinen Straßen durch üppige Vegetation Richtung Süden nach Ubud; andere Touren stellen das bäuerliche Leben in den Vordergrund.

Banyan Tree Cycling Tours (S. 195) Tagestouren zu einsamen Dörfern in den Bergen oberhalb von Ubud. Die Firma gehört dem einheimischen Bagi und ist sehr beliebt. Die Touren legen auf Begegnungen mit den Dorfbewohnern wert; außerdem gibt es eine Extremtour.

Bung Bung Adventure Biking (S. 253) In Tirta Gangga ansässig. Die Touren führen über Nebenstraßen in den fruchtbaren Osten Balis, der von den anderen Veranstaltern weitgehend ignoriert wird.

C.Bali (S. 273) Bietet hervorragende Radtouren rund um den Gunung Batur und den See an. Etwas ganz anderes als die nullachtfünfzehn Touren.

Lombok

Lombok ist ideal zum Radfahren. In den besiedelten Gegenden sind die Straßen eben, gut gepflastert, und der Verkehr ist insgesamt weniger chaotisch als auf Bali.

Östlich von Mataram befinden sich einige Sehenswürdigkeiten, die gut auf einer Tagestour erkundet werden können: z. B. zuerst südlich über Gunung Pengsong nach Banyumulek und dann zurück nach Mataram. Einige Küstenstraßen ähneln einer Achterbahn. Eine schöne Strecke führt von Senggigi Richtung Norden nach Pemenang über eine spektakuläre, kürzlich ausgebesserte Asphaltstraße. Wer dann noch Kraft hat, kann zurück den steilen Anstieg über den Pusuk Pass wagen.

Auf den Gili-Inseln können Fahrräder als Fortbewegungsmittel gemietet werden; Trawangan (S. 357) ist am besten für eine Erkundungstour geeignet.

Ausrüstung

Professionelle Radfahrer werden sicherlich die wichtigsten Teile ihre eigenen Ausrüstung mitbringen wollen. Erstklassige Sachen, die es sonst nirgendwo gibt, hat aber auch Bali Bike Hire (S. 109) auf Lager. Freizeitradler können Fahrräder und Helme in vielen Orten leihen, aber sie sind häufig im schlechten Zustand; im Zweifel fragt man in der eigenen Unterkunft.

TOP RADTOUREN AUF BALI

Auf einer so kleinen Insel wie Bali kann man sich eigentlich nicht wirklich verfahren. Die unten genannten Gebiete eignen sich gut für Radtouren.

ORT	DETAILS
Halbinsel Bukit	Klippen, Höhlen und Strände an der West- und Südküste; Strandpromenade in Nusa Dua; unbedingt das Gebiet um den Flughafen meiden (Staugefahr)
Zentrales Bergland	Anspruchsvoll; Erkundung des Danau Bratan, Danau Buyan und Danau Tamblingan; bergab zur Nordküste über Munduk und ab Candikuning über Nebenstraßen nach Süden
Ostbali	Küstenstraße mit Stränden; nördlich der Küste liegen einsame Reisterrassen; in der Region Sideman finden sich gute Unterkünfte für Radfahrer
Nordbali	Lovina ist ein guter Ausgangspunkt für Tagestouren zu entlegenen Wasserfällen und Tempeln; Radfahrer, die Bali umrunden, lieben die Resorts an der Nordostküste
Nusa Lembongan	Überschaubar und mit Stränden, die für jede Tour ein gutes Ziel sind; über die coole schmale Hängebrücke geht es nach Nusa Ceningan
Nusa Penida	Für Profis, die ihr Rad mitbringen; fast ohne Verkehr, mit Aussicht aufs Meer, steile Klippen, weiße Strände und dichter Urwald
Ubud	Hier sind viele Veranstalter ansässig; schmale Bergstraßen führen zu historischen Bauwerken und vorbei an atemberaubenden Reisterrassen
Westbali	Reisfelder und dichten Urwald bieten Touren in und rund um Tabanan, Kerambitan und Bajera; weiter westlich führen Nebenstraßen zu Bergflüssen, einsamen Stränden und versteckten Tempeln

Radfahrer, Lombok (S. 319)

Tauchen & Schnorcheln

Bali und Nusa Tenggara sorgen mit warmem Wasser, ausgedehnten Korallenriffen und überreichem Meeresleben für ideale Tauch- und Schnorchelabenteuer. Verlässliche Tauchschulen und andere Anbieter an der gesamten Küste des Landes bilden absolute Anfänger aus oder bieten anspruchsvolle Ausflüge für erfahrene Taucher.

Eine Schnorchelausrüstung gibt es überall in der Nähe zugänglicher Schnorchelspots, aber es lohnt sich auf jeden Fall, die eigene Ausstattung mitzubringen, um auch die weniger frequentierten Küstenabschnitte auszuprobieren.

Tauch- & Schnorchelreviere

Bali

Balis spektakuläre Tauchgebiete ziehen Reisende von nah und fern an. Erfahrene Taucher werden die Herausforderungen von Nusa Penida (S. 177) genießen, auch die Mantarochen und 2,5 m langen Gotteslachse; für Anfänger und Schnorchler ist das wohl eine Nummer zu groß. Spektakuläre 30-m-Wände erwarten Taucher und Schnorchler, unabhängig von Alter und Erfahrung, vor Pulau Menjangan (S. 300). Tulamben (S. 263) mit dem gesunkenen Frachtschiff aus dem Zweiten Weltkrieg ist ein Ort für Taucher und Schnorchler, die sehr gut schwimmen können.

Lombok

Der Südwesten Lomboks rühmt sich gesunder Riffe voller Leben. Taucher und Schnorchler müssen hier sehr gut schwimmen können.

Gili-Inseln

Taucher und Schnorchler aller Niveaus und Altersstufen kommen hierher, um vielfältige Ausflüge im wunderschönen Meer zu genießen. An manchen Stellen braucht man Taucherfahrung.

Komodo & Rinca

Diese isolierten Inseln bieten mit das tollste Taucherlebnis in Indonesien, wenn nicht sogar weltweit. Es ist eine Region, die beherrscht wird von starken Strömungen und kalten Auftrieben, weil hier die wärmere Floressee auf die kältere Selat Sumba (Sumbastraße) trifft. Unter diesen Bedingungen gedeiht üppiges Plankton, die Nahrungsgrundlage einer erstaunlichen Viel-

VERANTWORTUNGSVOLLES TAUCHEN

Beim Tauchen sollte man unbedingt auf folgende Hinweise achten und einen eigenen Beitrag dazu leisten, die Schönheit und ökologische Stabilität der Riffe zu bewahren:

- Über Riffen nie den Anker auswerfen und mit dem Boot nicht auf ein Riff aufsetzen.
- Keine Meereslebewesen berühren und niemals die Ausrüstung über Riffe schleppen.
- Vorsicht beim Umgang mit den Flossen! Selbst wenn man nichts berührt, können die Bewegungen des Wassers empfindliche Lebewesen verletzen. Aus dem gleichen Grund sollte man auch keinen Sand aufwirbeln.
- Umsichtig tauchen, damit man nicht gegen das Riff stößt.
- Keine Muscheln oder Korallen aufsammeln oder kaufen und keine archäologischen Stätten unter Wasser plündern (damit sind vor allem Wracks gemeint).
- Immer den gesamten eigenen Abfall wieder mitnehmen – und möglichst auch fremden, falls man etwas findet. Plastikmüll ist für die Meeresbewohner sehr gefährlich.
- Keine Fische füttern.
- Den Einfluss auf Meerestiere so gering wie möglich halten. Auf gar keinen Fall versuchen, auf dem Panzer einer Schildkröte zu reiten.

falt an Meeresbewohnern. Mantarochen und Wale ziehen auf ihren Wanderungen vom Indischen Ozean zum Südchinesischen Meer vorbei, Delfine sind im Meer zwischen Komodo und Flores häufig, und es besteht die Chance, Weißspitzen-Riffhaie zu sehen, die mehr Angst vor den Tauchern haben als umgekehrt. Die Korallen sind fast unberührt. Von April bis September, wenn man am besten Tauchen kann, gibt es hier viele Tauchsafaris. Tauchanbieter in Labuan Bajo (S. 395) auf Flores organisieren Ausflüge und verleihen Ausrüstung.

Sumbawa

Gute Riffe mit Steilwänden findet man überall um Pulau Moyo (S. 385).

Alor-Archipel

Tauchen in Alor ist eine ganz besondere Erfahrung mit unverdorbenen Riffen und gesunden Weich- und Hartkorallen. Es gibt Steilwände, Abhänge, Höhlen, Felsnadeln, Riffe und beeindruckendes „Muckdiving". Weitere Informationen s. S. 422.

Ausrüstung

Wer nicht pingelig ist, findet alles, was er braucht auf Bali, den Gilis und Lombok (Qualität, Größe und Alter der Ausrüstung können unterschiedlich sein). Wer seine eigenen Sachen mitbringt, bekommt normalerweise eine Ermäßigung. Zu den kleinen, einfach mitzubringenden Gegenständen gehören Schutzhandschuhe, zusätzliche Gurte, Silikonschmiermittel und Ersatzbirnen für Tauch- oder Blitzlampen. Sauerstoffflaschen und Bleigurte sind in der Regel im Tauchpreis inbegriffen. Sonstige empfehlenswerte Ausrüstung:

Maske, Schnorchel & Flossen Diese Sachen nehmen nicht zu viel Platz weg, und sie passen dann mit Sicherheit. Schnorchelausrüstungen kosten ab etwa 50 000 Rp pro Tag und sind oft ziemlich abgenutzt.

Tauchflaschen & Bleigürtel Sind normalerweise im Preis für den Tauchgang eingeschlossen.

Dünner, langer Neoprenanzug Zum Schutz vor stechenden Tieren und Verletzungen durch Korallen. Wer eine spezielle Größe benötigt, sollte allerdings seinen eigenen Anzug mitbringen. Für das Tauchen vor Nusa Penida sollte dieser Wetsuit mindestens drei Millimeter dick sein, da durch die Brandung kaltes Wasser (18° C) nach oben gebracht wird.

Atemregler & Druckmesser In den meisten Tauchshops bekommt man ganz ordentliche Geräte.

Tauchschulen

Die großen Tauchschulen in den Touristenzentren können Ausflüge zu den schönsten

Tauchrevieren in ihrer Region arrangieren. Die Entfernungen sind zuweilen sehr groß, daher ist es besser, relativ nah am Urlaubsort zu bleiben.

Ein Ausflug kostet ungefähr 60 bis 100 US$ pro Person für zwei Tauchgänge, die Ausrüstung ist im Preis inbegriffen. Inzwischen werden die Preise auch häufig in Euro angegeben.

Überall dort, wo man gut tauchen kann, gibt es auch Tauchshops. Meistens liegen dort einige Riffe in einer leicht mit dem Boot erreichbaren Entfernung. Zu den empfehlenswerten Orten mit Shops gehören u. a.:

Bali

- Amed (S. 255)
- Lovina (S. 290)
- Nusa Lembongan (S. 168)
- Nusa Penida (S. 177)
- Padangbai (S. 243)
- Pemuteran (S. 300)
- Sanur (S. 137)
- Tulamben (S. 263)

Lombok

- Kuta (S. 343)
- Senggigi (S. 328)

Gili-Inseln

- Gili Air (S. 371)
- Gili Meno (S. 368)
- Gili Trawangan (S. 357)

Sumbawa

- Pulau Moyo (S. 385)
- Pantai Lakey (S. 387)

Flores

- Labuan Bajo (S. 395)

Einen Tauchanbieter finden

Ganz allgemein ist das Tauchen hier sicher, mit einem guten Standard bei der Ausbildung der Angestellten und Wartung der Ausrüstung. Es gibt Dekompressionskammern in Sanur auf Bali und im Rumah Sakit Harapan Keluarga (S. 522) in Mataram in Westlombok. Hier ein paar Tipps, um einen gut ausgerüsteten und sicheren Tauchanbieter zu finden:

Sind die Angestellten gut ausgebildet und qualifiziert? Am besten nach Zertifikaten fragen – kein seriöser Anbieter wird deswegen beleidigt sein. Lehrer müssen „full instructor" sein, um unterrichten zu dürfen. Um Taucher mit Tauchschein bei einem Tauchgang im Riff zu führen, müssen die Leiter mindestens eine Ausbildung zum „rescue diver", besser zum „dive master" haben.

Gibt es Sicherheitsausrüstung an Bord? Ein Tauchboot sollte mindestens Sauerstoff und ein Erste-Hilfe-Set dabeihaben. Ein Funkgerät oder Handy ist ebenfalls wichtig.

Ist die Bootsausrüstung in Ordnung und die Luft sauber? Das ist für einen Tauchanfänger oft am schwersten zu beurteilen. Als Test sollte man an der Luft riechen: Ein Ventil etwas öffnen und einatmen. Luft, die trocken und ein bisschen nach Gummi riecht, ist in Ordnung. Riecht sie nach Öl oder Abgasen, bedeutet das, dass der Anbieter die Luft nicht korrekt filtert.

Wenn die Ausrüstung zusammengestellt ist, gibt es dann große Luftlöcher? Bei Tauchanbietern gibt es immer mal wieder kleine Lecks in der Ausrüstung; wenn Luft jedoch irgendwo *laut* zischend entweicht, muss die Ausrüstung ausgetauscht werden.

Achtet der Anbieter auf Umweltschutz? Gute Tauchanbieter erklären, dass man Korallen nicht anfasst oder Muscheln aus dem Riff entfernt. Sie arbeiten mit den örtlichen Fischern zusammen, um sicherzustellen, dass bestimmte Gebiete geschützt sind. Manche säubern sogar Strände.

Tauchen für Anfänger

Wer noch nicht oder nicht so gut tauchen kann, das Scuba-Tauchen aber erlernen möchte, hat in dieser Region verschiedene Möglichkeiten, darunter auch Pakete, die Unterricht und preiswerte Unterkunft an einem hübschen Ort beinhalten.

KURS	DETAILS	PREIS
Anfänger-/Schnupperkurs	Perfekt für alle, die mal ausprobieren wollen, ob ihnen das Tauchen gefällt	60–100 US$
Basiszertifikat	3- oder 4-tägige Kurse zum Erlernen der Grundlagen; oft in Resorts	300–400 US$
Open-Water-Zertifikat	Internationaler PADI-Standard, überall anerkannt	350–500 US$

Geführte Touren

Standardisierte Besichtigungsfahrten sind ein bequemer und beliebter Weg, einige der Sehenswürdigkeiten der Insel zu besuchen. Es gibt unzählige Anbieter, die im Prinzip alle das gleiche Produkt und die gleiche Leistung verkaufen. Viel interessanter sind da die spezialisierten Tourveranstalter, die ihre Kunden abseits der Touristenpfade führen, ihnen unvergessliche Erlebnisse bescheren und eine andere Seite von Bali zeigen. Schließlich kann man sich auch seine eigene, individuelle Tour zusammenstellen zu lassen.

Standard-Tagestouren

Die Touren beginnen meist mit der Abholung vom Hotel in weißen, klimatisierten Minibussen. Die Preise reichen von 250 000 bis 700 000 Rp für im Wesentlichen gleiche Touren, sodass ein Preisvergleich lohnend ist. Dabei empfiehlt es sich, vor allem auf folgende Punkte zu achten:

- Wird das Mittagessen an einem riesigen Touristenbüfett oder an einem interessanteren Ort serviert?
- Wie viel Zeit verbringt man in Touristenläden?
- Gibt es einen kompetenten, gut Englisch sprechenden Reiseleiter?
- Wird man morgens zwar abgeholt, muss dann aber an einem zentralen Ort auf einen anderen Bus warten?

Spezialtouren

Viele Tourveranstalter auf Bali bieten aber auch Erlebnisse, die von denen der Standardtouren abweichen. Wer sich für das Land und seine Kultur interessiert, kann in diesem Rahmen z. B. an einer Beerdigungszeremonie teilnehmen oder entlegene Dörfer besuchen, in denen sich der Alltag seit Jahrzehnten kaum verändert hat. Oft wird dabei auf die Klischee-Touribusse verzichtet, stattdessen ist man in ungewöhnlichen Fahrzeugen oder Wagen mit sehr hohem Komfort unterwegs.

Hanafi (S. 89) Dieser legendäre Tourveranstalter sitzt in Kuta und bietet individualisierte Ausflüge aller Art, für Familien wie für Paare, und ist LGBT-freundlich.

JED (S. 502) Von Bürgern gegründet, organisiert hoch angesehene Touren in kleine Dörfer, teilweise mit Übernachtung.

Suta Tours (☎0361-462666, 0361-466783; www.sutatour.com; Preise variieren) Organisiert Standardtouren und auch Besuche von Beerdigungszeremonien und Tempelfesten, Märkten sowie Ausflüge nach Wunsch.

Wandern & Trekken

Natürlich kann man ein ganzes Jahr lang in dieser Region umherwandern und hat immer noch nicht alles gesehen, was die Inseln zu bieten haben. Da die Inseln

HIGHLIGHTS FÜR WANDERER: BALI

Wandern auf Bali macht wirklich Spaß. Überall auf der Insel gibt es viel zu erleben; der Startpunkt liegt oft direkt beim Hotel. Die Wanderungen können von einer Stunde bis zu einem Tag dauern.

ORT	DETAILS
Danau Buyan & Danau Tamblingan	Natürliche Bergseen, wenig Leute, gute Guides
Gunung Agung	Sonnenaufgänge und einsam gelegene Tempel
Gunung Batukau	Neblige Aufstiege in den Wolken, wenig Leute
Gunung Batur	Mühselig, aber wie aus einer anderen Welt
Munduk	Üppige, nach Gewürzen duftende, zerklüftete Landschaft mit vielen Wasserfällen
Das Gebiet Sideman	Reisterrassen, üppig bewachsene Hügel und einsame Tempel; komfortable Unterkünfte für Wanderer
Bali Barat National Park	Einsame, wilde Landschaft, wilde Tiere
Tirta Gangga	Reisterrassen, herrliche Aussichten, entlegene Bergtempel
Ubud	Wunderschöne Wanderungen zwischen einer Stunde und einem Tag; Reisfelder und -terrassen, Flusstäler mit Urwald und historische Bauwerke

Komodo National Park (S. 391)

aber nun einmal relativ klein sind, kann man an vielen Stellen einfach einmal das Gelände kennenlernen, beispielsweise im Rahmen leicht zu arrangierender Tageswanderungen. Guides führen Besucher auf Vulkane herauf, und größere Touranbieter befördern Gruppen in abgelegene Regionen oder zu smaragdgrünen Tälern voller Reisterrassen. Für das Wandern in den Bergen benötigt man feste, hohe Wanderschuhe, für Spaziergänge im Flachland genügen solide Wandersandalen.

Wandern auf …

Bali

Bali ist für Wanderer gut geeignet. Egal wo man untergekommen ist, kann man dort Tipps einholen und zu Entdeckungen und Abenteuern aufbrechen. Ubud (S. 181), die Gegend um Sideman und Munduk (S. 279) liegen erst einmal auf der Hand. Die angrenzenden Seen Danau Tamblingan und Danau Buyan (S. 278) sind auch ideal für Erkundungstouren, besonders seit zwei verschiedene Gruppen hervorragender einheimischer Wanderführer dort ihre Dienste anbieten. Selbst vom überfüllten Kuta oder Seminyak aus kann man einfach zum Strand gehen, sich dort rechts halten und dann in nördlicher Richtung so weit an der beeindruckenden Brandung entlanglaufen, wie man möchte, und dabei die Zeichen von zivilisiertem Leben langsam schwinden sehen.

Für herausfordernde Wanderungen, die schon ans Bergsteigen grenzen, eignen sich Gunung Agung (S. 237) oder Gunung Batur (S. 269). Aktuell herrscht für den Agung eine offizielle Warnstufe 3 (wachsam) sowie eine Sperrzone von 4 km um den Krater, und auch um Batur gibt es eine Sperrzone aus Sorge vor möglichen Ausbrüchen. Hier gibt es ganz verschiedene Routen, die aber alle nicht länger als einen Tag dauern. Auf Bali gibt es keine Trekkingtouren durch entlegene Wildnis, außer die Vulkanaufstiege und Tagesausflüge im Bali Barat National Park (Taman Nasional Bali Barat). Meistens macht man jedoch nur Tagesausflüge vom nächstgelegenen Dorf aus. Man bricht dazu oft schon vor Sonnenaufgang auf, um den Wolken und Nebelschwaden zu entgehen, die die Gipfel in der Regel bis mittags eingehüllt haben. Auf keiner der Touren ist eine Campingausstattung nötig.

HIGHLIGHTS FÜR WANDERER: LOMBOK

Lombok bietet Spaziergänge und Wanderungen, die genauso abgelegen oder anspruchsvoll sind wie die Insel selbst – manchmal auch beides.

ORT	DETAILS
Air Terjun Sindang Gila	Einer von vielen Wasserfällen auf den nördlichen Hängen von Rinjani
Gilis	Inselumrundungen für Strandliebhaber
Gunung Rinjani	Tolles Trekking; zuerst geht es auf den 3726 m hohen Gipfel, dann runter in einen Krater mit einem heiligen See und heißen Quellen
Sembalun Valley	Wanderungen an den nach Knoblauch duftenden Hängen des Rinjani
Tetebatu	Reisfeldwanderungen, die zu rauschenden Wasserfällen führen

Lombok

Der Gunung Rinjani lockt Wanderer aus der ganzen Welt an. Er ist nicht nur der zweitgrößte Vulkan Indonesiens, sondern hat auch eine kulturelle und spirituelle Bedeutung für die verschiedenen Bewohner der Region. Und dann ist da noch seine umwerfende Schönheit: ein 6 km breiter kobaltblauer See etwa 600 m unter dem Rand der gewaltigen Caldera gelegen.

Ein orts- und sachkundiger Führer ist auf den Bergwegen unabdingbar, denn jedes Jahr verunglücken hier Menschen. Geführte Touren auf den Gunung Rinjani können in Sembalun Valley, Senaru und Tetebatu organisiert werden. Für Informationen über die Auswirkungen der Erdbeben 2018 siehe S. 323.

Sumbawa

Der Hauptanziehungspunkt ist der massive, besteigbare Gunung Tambora (2722 m), einer seiner Ausbrüche war so heftig, dass er das gesamte Erdklima verändert hat. Von seinem Gipfel aus hat man einen spektakulären Ausblick über die 6 km breite Caldera, in der ein zweifarbiger See liegt. Außerdem reicht der Blick endlos über den Ozean bis nach Gunung Rinjani.

Komodo & Rinca

Der Nationalpark Komodo (S. 391) bietet ausgezeichnete Wandergelegenheiten. Neben kurzen Wanderungen gibt es auch einen langen Weg und viele Abenteuerpfade mit bis zu 10 km Länge. Ein Wanderweg steigt auf den 538 m hohen Gunung Ara, vom Gipfel bietet sich ein weiter Ausblick.

Flores

Den atemberaubend schönen Gunung Inerie (2245 m), einen Vulkan bloße 10 km von Bajawa entfernt, zu erklimmen ist schwierig, aber es lohnt sich.

Ausrüstung

Führer bringen sicher ein paar Dinge mit, aber man sollte sich nicht darauf verlassen und selbst etwas einpacken. Je nach Art der Wanderung ist Folgendes sinnvoll:

- Taschenlampe
- Warme Kleidung, wenn es in höhere Regionen geht (es kann da oben ganz schön kühl werden).
- Wasserdichte Kleidung, weil es immer und überall anfangen kann zu regnen; in den Bergen ist es zumindest fast immer neblig.
- Gute Wandersandalen, -schuhe oder -stiefel, denn diese Sachen kann man auf keinen Fall vor Ort kaufen.

Sicherheit beim Wandern & Trekken

Wer zu einer Trekkingtour aufbricht, sollte die folgenden Punkte beherzigen, damit er die Tour genießen kann und gesund zurückkehrt:

- Die von den Behörden erhobenen Gebühren zahlen und die erforderlichen Genehmigungen unbedingt mitführen. Meistens sind die Gebühren bereits im Honorar des Führers enthalten und das ist in manchen Fällen sogar verhandelbar.
- Nur wer gesund und fit ist, sollte zu einer längeren Wanderung aufbrechen.
- Verlässliche Informationen über die Bedingungen auf der Strecke sind unbedingt notwendig; so kann z. B. das Wetter umschlagen, es kann unten sonnig, aber oben auf den Bergen kalt und regnerisch sein.
- Der Guide muss wissen, dass man nur Strecken geht, die man auch vom Können her bewältigen kann.

➡ Wichtig ist eine ordentliche Ausrüstung. Je nach Strecke und Jahreszeit gehört dazu auch unbedingt eine Regenausrüstung und zusätzliches Trinkwasser. Auch eine Taschenlampe kann recht nützlich sein; denn der Guide hat häufig keine.

Rafting

Rafting ist auf Bali beliebt, besonders als Tagesausflug von Südbali oder Ubud aus. Die Veranstalter holen ihre Teilnehmer ab, bringen sie zum Einstiegspunkt, stellen die Ausrüstung sowie einen Leiter der Tour zur Verfügung und bringen dann abends alle wieder zurück in ihre Hotels. Die ideale Zeit ist die Regenzeit (November bis März) oder direkt danach. Zu anderen Zeiten kann es sein, dass der Wasserstand in den Gewässern zu niedrig ist.

Einige Veranstalter nutzen den Sungai Ayung (Ayung River) bei Ubud; hier gibt es zwischen 25 und 33 Stromschnellen der Klasse II bis III (d. h. durchaus spannend, aber nicht wirklich gefährlich). Der Sungai Telagawaja (Telagawaja River) bei Muncan im Osten Balis ist auch sehr beliebt. Er ist rauer als der der Ayung und die Landschaft ist hier wilder.

Es gibt meist Rabatte; danach fragen! Diese Veranstalter sind empfehlenswert:

Bio (☎ 0361-270949; www.bioadventurer.com; Erw./Kind ab 500 000/850 000 Rp) Auf einem Riverboard oder einem Tube-Reifen kommt man dem Wasser viel näher. Touren in den Westen Balis.

Mason Adventures (Bali Adventure Tours; ☎ 0361-721480; www.masonadventures.com; Adventure House, Jl Ngurah Rai Bypass; Raftingtouren ab 695 000 Rp) Sungai Ayung; auch Kajaktouren im Angebot.

Mega Rafting (☎ 0361-246724; www.megaraftingbali.com; Erw./Kind ab 79/69 US$) Trips auf dem Sungai Ayung.

Sobek (☎ 0361-729016; www.balisobek.com; Rafting ab 52 US$) Touren auf dem Sungai Ayung und Sungai Telagawaja.

Spas & Massagen

Bali ist voll von Salons und Spas, in denen man sich heilen, verwöhnen, erfrischen lassen kann oder sich auf andere Art um seine persönlichen Bedürfnisse, körperlich wie geistig, kümmert. Ein Spa-Besuch steht bei vielen Touristen ganz oben auf der Wunschliste – und der Wellnesssektor wächst ständig. Viele bieten aktuelle Trends und ganz neue Therapien an. Vielleicht lohnt es sich, einen *balian* (ein traditioneller Heiler) zu besuchen?

In praktisch jeder Straße in Seminyak oder Ubud gibt es Angebote für Massagen, Ganzkörperpeelings, Fischspas oder Haarkuren zuhauf. Wem eine Klimaanlage und Privatsphäre nicht so wichtig sind, kann richtige Schnäppchen machen. Für eine luxuriöse Behandlung sind Hotels und gehobenere Spas die richtige Wahl. Hier ein paar Vorschläge für den Anfang:

Taksu Spa (S. 189) In dieser Oase in Ubud kann man eine Massage genießen und beim Mittagessen entspannen.

Sundari Day Spa (S. 103) Ein Kerobokan-Favorit, der neben dem üblichen Luxus auch Heilrituale anbietet.

Jari Menari (S. 90) Verwöhnung pur in der Filiale in Tanjung Benoa oder dem Original in Seminyak.

Jamu Wellness (S. 141) Wunderbare Peelings und Gesichtsbehandlungen sowie Haarentfernung in Sanur.

Surfen

Das Surfen auf Bali brachte den Tourismus in der Region in den 1960er-Jahren erst so richtig in Schwung. Auch viele Einheimische haben mittlerweile mit dem Surfen begonnen und man sagt ihnen nach, ihr Surfstil sei durch die Anmut des traditionellen Tanzes geprägt.

Surfen auf Bali

Da die Dünung vom Indischen Ozean kommt, liegen die Surfreviere an der Südseite der Insel und seltsamerweise an der Nordwestküste von Nusa Lembongan; hier strömt das Wasser in die Meerenge zwischen der Insel und der balinesischen Küste.

Während der Trockenzeit (April bis September) hat die Westküste die besten Breaks, da die Passatwinde aus Südosten kommen; dann funktioniert es auch auf Nusa Lembongan am besten. Während der Regenzeit bietet sich die Ostküste von

Surfer, Sumbawa (S. 380)

Nusa Dua bis Padangbai an. Bei Nordwind oder Windstille gibt es an der Südküste der Halbinsel Bukit doch immer noch einige Breaks.

Beachtenswert ist, dass bei den besten Breaks fast immer auch gute Strände liegen, die den gleichen Namen tragen.

Um diese Surfspots zu erreichen, leihen sich viele ein Motorrad mit Surfboardhalterung oder ein Auto mit Fahrer und Surfboardträger. Beide Möglichkeiten sind leicht zu organisieren.

Balangan

Auf der Jalan Pantai Balangan kommt man zu den Surfer-Bungalows (*surfer crash pads*) und den Parkplätzen bei den Strandcafés von Balangan. Balangan (S. 152) ist ein schneller Lefthander über einem flachen Riff, wo bei Niedrigwasser kein Surfen möglich ist, aber bei Mittelwasser mit Wellen über 1,20 m gute Surfbedingungen herrschen; bei Wellen von 2,40 m ist es einfach zauberhaft.

Balian

Bei der Mündung des Sungai Balian (Balian River; S. 314) im Westen Balis gibt es einige Peaks. Der beste Break ist ein angenehmer, gleichmäßiger Lefthander, der bei Mittel- bis Hochwasser gut funktioniert, es sei denn, es ist windig. Unterkunftsmöglichkeiten gibt es in der Form von einfachen bis luxuriösen Pensionen.

Batu Bolong

Nördlich von Kerobokan am nördlichen Zipfel der Bucht hat Batu Bolong (oft auch Canggu genannt; S. 109) einen hübschen Strand mit hellem Sand, wo man viele Surfer und eine coole Party-Szene antrifft. Die optimale Welle ist in Batu Bolong 1,50 m bis 1,80 m hoch. Hier gibt es einen richtig guten Righthander, in den man gut einsteigen kann und der bei Hochwasser am besten ist.

Bingin

Dieser Spot (S. 153) ist über einen Klippenweg erreichbar und kann schon mal überlaufen sein. Am besten ist es hier bei einer 1,80-m-Dünung; dann entstehen kurze, aber perfekte Lefthand-Barrels. Die Klippen an der Rückseite des Strandes sind von verschiedensten Unterkünften gesäumt.

Impossibles

Dieser anspruchsvolle Riff Break (S. 157) direkt nördlich von Padang Padang hat drei sich verändernde Peaks mit schnellen Lefthander-Tubes, die sich bei perfekten Bedingungen zusammenschließen.

Keremas & Ketewel

Diese beiden Strände liegen nordöstlich von Sanur (S. 137). An beiden finden sich Righthand-Breaks, die bei Ebbe knifflig sind und bei über 1,80 m zumachen. Die Brandung ist das ganze Jahr über recht gleichmäßig; übernachten kann man in dem Surfer-Resort Komune (S. 241).

Rund um Kuta

Für das erste Bad im warmen Indischen Ozean eignen sich die Breaks am Strand von Kuta hervorragend. Bei Full Tide ist die beste Stelle in der Nähe des Life-Saving-Clubs am südlichen Ende der Strandstraße. Bei Low Tide locken die Tubes bei Halfway Kuta (S. 77); das ist wahrscheinlich die für Anfänger am besten geeignete Stelle zum Üben. Wer noch nicht richtig in Form ist, sollte mit den Beach Breaks beginnen, aber selbst die müssen mit Respekt genommen werden.

Weiter nördlich am Legian Beach (S. 73) können die Breaks sehr mächtig sein, Left- und Righthander gibt es auf der Höhe der Strandbars in der Nähe der Jalan Melasti und Jalan Padma.

Schwieriger wird es an den Riffen südlich der Beach-Breaks, ungefähr 1 km vom Strand entfernt. Kuta Reef (S. 73) ist ein ausgedehntes Korallenriff und bietet die unterschiedlichsten Möglichkeiten. Man kann in 20 Minuten dorthin paddeln, die einfachere Lösung ist aber, mit dem Boot zu fahren. Hier bricht eine klassische Lefthander, die bei Mid bis High Tide und einem 1,50-m- bis 1,80-m-Dünung am schönsten ist. Dann bekommt sie am Riff eine wunderbare Inside Tube.

Medewi

An der Südküste von Westbali liegt Medewi (S. 316) mit einer sanften Lefthander. Mit etwas Glück bietet dieser Point Break einen langen Ritt bis weit in die Flussmündung hinein. Die Welle hat einen großen Drop, der wieder ansteigt und zu einer guten Inside-Section wird. In der Nähe gibt es einige Unterkünfte.

Nusa Dua

In der Regenzeit gibt es einige gute Riff-Breaks im Osten der Insel. Beim Riff vor Nusa Dua (S. 161) herrscht eine sehr gleichmäßige Dünung. Der Haupt-Break

Surfreviere auf Bali & Lombok

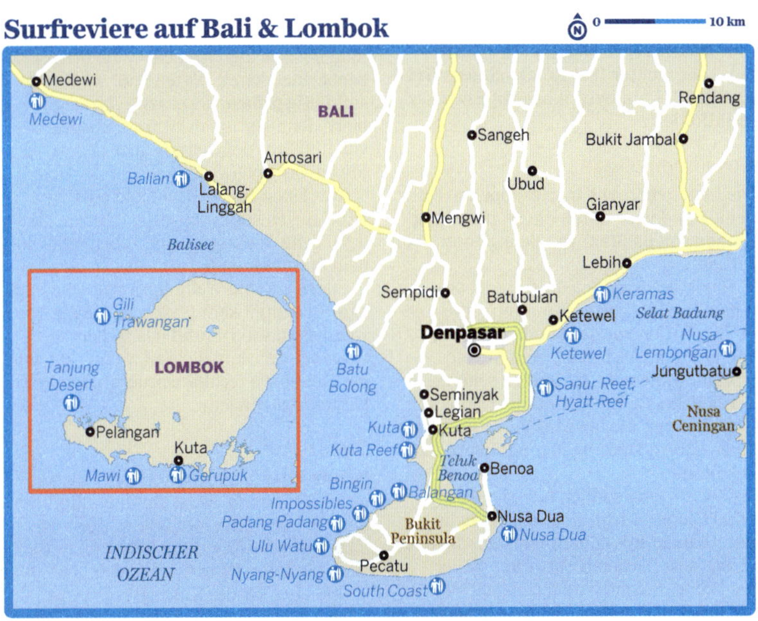

DAS WILDE BALI

Wer an das wilde Bali denkt, denkt wohl häufig an rotgesichtige Australier, die in Kuta bis zum Morgengrauen Bintang saufen. Das ist nicht unbedingt falsch, aber es gibt auch ein anderes wildes Bali. Dieses will **Aaranya Wildlife Odysseys** (www.aaranya.com.au; unterschiedliche Preise), ein wissenschaftlich orientierter, australischer Tourveranstalter, den Reisenden nahebringen: nämlich die Natur selbst.

Auf individuellen, siebentägigen Ausflügen abseits der ausgetretenen Pfade Balis und Nusa Penidas erkunden Interessierte die entfernten Lebensräume faszinierender Tiere – etwa des endemischen, vom Aussterben bedrohten Balistar und von Reptilien wie Waranen und Nattern-Plattschwänzen. Die Guides sind bekannte, auf die Fauna Balis – ganz besonders auf Reptilien – spezialisierte Feldforscher und Biologen, die ein umfassendes Wissen über die Ökosysteme der Insel und darüber hinaus vermitteln. Es ist möglich, Seite an Seite mit diesen Profis zu schnorcheln (oder zu tauchen, falls man einen Tauchschein besitzt), zu wandern, Höhlen zu erforschen und Vögel zu beobachten. Für die meisten dieser Aktivitäten ist eine körperliche Fitness angebracht. Die Touren und Preise sind flexibel und können persönlichen Wünschen, Reiseterminen, Orten, Aktivitäten, der Art der Unterkunft und der Gästezahl angepasst werden.

Am besten informiert man das Team per E-Mail über seine Interessen – und keine Sorge: Nach einem harten Tag voller Abenteuer gibt es auch viel Bintang.

liegt 1 km vor dem Strand südlich von Nusa Dua – um dorthin zu gelangen, geht man am besten am Golfplatz entlang und hält nach den noch verbliebenen Fitzelchen des Gegar Beach vor dem riesigen Resort Mulia Ausschau, wo es einige Boote gibt, die die Surfer hinausbringen. Hier gibt es dann sowohl Left- als auch Righthander, die auf einer kleinen Dünung bei Ebbe oder Mittelwasser gut gehen. Etwas weiter nördlich, vor dem Club Med gelegen, wartet ein schnell rasender rechter Riff-Break namens **Sri Lanka**, der am besten bei Mittelwasser funktioniert.

Nusa Lembongan

Die Insel gehört zur Inselgruppe um Nusa Penida und wird durch die Selat Badung (Straße von Badung) von Balis Südostküste getrennt.

Das Meer ist hier sehr tief und so entsteht eine enorme Brandung, die sich an den Riffen vor der Nordwestküste von Lembongan bricht. Vom Strand aus ist Shipwrecks (S. 168) zu sehen, der beliebteste Break mit einer langen Righthander, die bei Mid Tide und einem einer 1,50-m-Dünung einen tollen Barrel bekommt.

Etwas weiter südlich befindet sich Lacerations (S. 170), eine sehr schnelle Righthander mit hohlen Wänden, die über einem sehr flachen Riff bricht – daher der Name „Schnittwunden". Noch weiter im Süden gibt es eine kleinere, benutzerfreundliche Lefthander, genannt Playgrounds (S. 170). Man sollte auf jeden Fall berücksichtigen, dass Surfen auf Lembongan bei Ostwind am besten ist, also in der Trockenzeit.

Padang Padang

Nur kurz etwas zu Padang (S. 156): Dieser superflache, linke Riff-Break liegt vor einem sehr beliebten Strand und unterhalb einiger etwas einfacherer Unterkünfte, wo man übernachten *und* dabei die Breaks beobachten kann. Diesen Spot sollte man sorgfältig prüfen, bevor man ihn ausprobiert, denn der Break ist recht anspruchsvoll und funktioniert nur über 1,80 m bei Mittel- bis Hochwasser.

Wer keine Tubes, Backhand oder Forehand surfen kann, sollte nicht herauspaddeln, denn Padang ist eine Tube. Nach dem Start rast man durch das Wasser bis ins Barrel. Keine Welle für Ängstliche und ganz bestimmt kein Platz zum Surfen, wenn es zu voll ist (und das ist beispielsweise immer dann der Fall, wenn im Laufe des Jahres die recht anspruchsvollen Wettkämpfe stattfinden).

Sanur

Sanur Reef (S. 140) bietet hohle Wände und tolle Barrels. Es ist ein unbeständiger Surf und beginnt einer 1,80-m-Dünung, aber wenn die Brandung über 2,40 m ist, ist es ein tolles Ding und bei über 3 m Weltklasse. Vor der Küste gibt es noch andere Riffe, die meisten davon sind gut zum Surfen geeignet.

Hyatt Reef, etwa 2 km vor der Küste, bietet eine unbeständige Righthander, die bei High Tide einen super Ritt bietet. Eine klassische Righthander bricht vor dem Grand Bali Beach Hotel.

Serangan

Die Erschließung von Pulau Serangan (Turtle Island) hat zu riesigen Abbrüchen auf der Süd- und Ostseite der Insel geführt. Paradoxerweise haben die Veränderungen des Küstenverlaufs zu einer stetigeren Wellenbildung geführt. Außerdem hat der Damm die Insel viel leichter erreichbar gemacht, und mehrere *warung* (Imbisstände) liegen nun am Wasser, wo die Wellen rechts und links als fast 1 m hohe Dünungen brechen.

Südküste

Die äußerste Südküste am Ende der Halbinsel Bukit (S. 147) eignet sich zu jeder Jahreszeit zum Surfen – der Wind muss allerdings von Norden kommen, oder es muss windstill sein. Man sollte früh hier sein, um auflandigen Wind zu vermeiden. Die Halbinsel ist von Riffs umgeben, und es gibt jede Menge große Swells. Der Zugang ist allerdings ein Problem, denn die Küste besteht nur aus Klippen. Wer nach **Nyang-Nyang** möchte, muss über 500 Stufen bewältigen.

Ulu Watu

Wenn die Brandung am Kuta Riff 1,50 m bis 1,80 m erreicht, bietet Ulu Watu (S. 158), der berühmteste Break Balis, mindestens 1,80 m bis 2,40 m Swell. Er liegt weit vor der südlichen Küste der Bucht, dadurch ist auch die Brandung größer als vor Kuta.

Teluk Ulu Watu (Ulu-Watu-Bucht) ist ein Paradies für Surfer – einheimische Kids wachsen die Boards, besorgen Getränke und tragen die Boards runter in die Höhle, in der der Zugang zu den Wellen liegt. Die beliebten Cafés sorgen für Verpflegung, und es gibt Unterkünfte für jeden Geldbeutel.

Ulu Watu bietet ungefähr sieben verschiedene Breaks. **Corner** liegt direkt rechts vor der Küste. Das ist eine schnell brechende, hohle Lefthander mit etwa 1,80 m. Das Riff unter diesem Break liegt extrem dicht unter dem Wasser, also besser nicht mit dem Kopf zuerst aufkommen. Bei High Tide beginnt der **Peak**, eine gute Welle bei 1,50 m bis 2,40 m. Gelegentlich bilden sich noch größere Wellen direkt rechts davon. Starten kann man direkt hier oder etwas weiter außerhalb. Eine erstklassige Welle.

Eine weitere Lefthander startet an den Klippen an der südlichen Seite der Bucht. Sie bricht dort in großen Swells und bei 2,10 m verläuft die Lefthander bis zu einem Tempel am Südende der Bucht. Weit hinter dem Peak liegt ein verborgenes Riff („bombora"), das **Bommie** genannt wird. Hier ist eine weitere große Lefthander, die erst bei einem Swell von mindestens 3 m richtig gut wird. An einem normalen Tag mit 1,50 m bis 1,80 m gibt es auch südlich vom Peak Breaks.

Am besten ist es, zu schauen, wohin andere Surfer paddeln, und ihnen zu folgen. Und bei Unsicherheit ruhig immer fragen. Es ist allemal besser, ein bisschen zu wissen als gar nichts. Man klettert zuerst runter in die Höhle und paddelt von dort hinaus. Wenn der Swell groß ist, zieht es den Surfer zuerst nach rechts. Aber keine Angst – man kann problemlos um das Whitewater am Kliff herumpaddeln. Wer wieder zurück an Land will, muss versuchen, die Höhle zu treffen. Wenn der

ALTERNATIVE AKTIVITÄTEN

Wie wäre es mal mit etwas ganz anderem? Es gibt da so einige Möglichkeiten:

Canyoning Cunca-Wulang-Kaskaden (S. 398), 30 km südöstlich von Labuan Bajo auf Flores, ist ein beliebtes Canyoning-Ziel.

Höhlenwandern Es gibt zwei Höhlen nahe Labuan Bajo (S. 395), die eine Wanderung wert sind: Gua Batu Cermin und Gua Rangko. Beide sind leicht zu erreichen und mit oder ohne Führer zu erkunden.

Kitesurfing Ziele sind die Halbinsel Ekas Peninsula im Südwesten Lomboks und Pantai Lakey im Osten Sumbawas.

Swell groß ist, orientiert man sich an der Südseite der Höhle, da die Strömung Richtung Norden verläuft.

Surfen auf Lombok

Auf Lombok kann man superb surfen, denn hierher kommen nur wenige Touristen; deshalb hat man die Breaks in der Regel fast für sich alleine.

Gerupuk

Diese riesige Bucht 7 km östlich von Kuta bietet gleich vier Breaks, man findet also immer eine Welle, egal wie das Wetter oder die Gezeiten sind.

Bumbang ist außerordentlich zuverlässig: Am besten ist diese Righthander über einem flachen Riff bei auflaufender Flut. Sie ist für jedes Können geeignet und kann das ganze Jahr gesurft werden. **Gili Golong** ist am besten bei Mid bis High Tide zwischen Oktober und April. **Don-Don** braucht zum Brechen einen größeren Swell, kann aber während des ganzen Jahres toll sein. Außerdem gibt es noch **Kid's Point** (oder Pelawangan), die nur bei großen Swells bricht, aber dann mit einem super Barrel. Alle Wellen erreicht man nur mit dem Boot.

Mawi

Die fantastische Bucht von Mawi, 18 km westlich von Kuta gelegen, bietet eine tolle Lefthander mit Barrels, die zum Schluss zu einer Tube wird. Die beste Zeit zum Surfen ist während der Trockenzeit im Zeitraum von Mai bis Oktober bei ablandigem Ostwind und einem Südwest-Swell. Leider gibt es unter Wasser spitze Felsen und Korallen und die See ist kabbelig, man muss deswegen hier sehr vorsichtig sein.

Tanjung Desert

Tanjung Desert liegt an einem extrem entlegenen Ort auf Lombok und hat eine legendäre, wenn nicht gar unglaubliche Welle, die vom Magazin *Tracks* zur „besten Welle der Welt" gewählt wurde. Sie ist nur für sehr erfahrene Surfer geeignet und ist wie ein launisches Ungeheuer, und das in einer Gegend, die für lange Flauten bekannt ist.

An einem guten Tag kann diese Lefthander-Tube einen 300 m langen Ritt ermöglichen, der an Größe vom Take-off bis zum Close-out anschwellen kann (Achtung: und über rasierklingenscharfen Korallen liegt). Tanjung Desert funktioniert nur wirklich gut, wenn es einen ernst zu nehmenden Groundswell gibt – Mai bis September ist ideal. Bei Ebbe sind Helm und Schuhe zu empfehlen.

Ekas

Diese abgelegene Bucht im Südosten von Lombok bietet zwei benutzerfreundliche Breaks. **Outside Ekas** ist eine lange Lefthander mit hohlen Wänden, die unter einer Klippenwand bricht und ideal für erfahrenere Surfer ist. **Inside Ekas** eignet sich für alle Surfer, sie bricht lang in der Bucht. Die größten Swells gibt's von April bis November, aber sie sind ziemlich beständig; es kann das ganze Jahr über gesurft werden.

Die Halbinsel Ekas ist auch ideal für Kite- und Windsurfen.

Surfen auf den Gili-Inseln

Auch wenn es vor allem als Tauchmekka bekannt ist, bietet Gili Trawangan auch Surfgelegenheiten vor der Südspitze der Insel. Es ist eine schnelle Righthander, die in zwei Abschnitten bricht, einer etwas steiler über flachen Korallen. Die besten Zeiten sind von Dezember bis März oder an einem windstillen Tag der Hochsaison.

Surfen auf Sumbawa

Weit ab von ausgetretenen Pfaden gibt es an der Südwestküste Sumbawas weiße Strände mit ausgezeichneter Brandung, die Wellen von **Lakey Peak** und **Lakey Pipe** im Südosten ziehen das ganze Jahr über Surfer an.

Direkt südlich von Maluk liegt **Supersuck**, der immer wieder zur besten Lefthander der Welt gewählt wird. Regelmäßig kommen Surfer vom North Shore auf Hawaii zum Surfen hierher – was etwas heißen will – und viele, erfahrene Surfer nennen es das beste Barrel ihres Lebens. In der Trockenzeit (Mai bis Oktober) ist es am besten.

Surfen auf Rote

Im umwerfenden Pantai Nemberala gibt es den weltberühmten **T-Land** Break, einen legendären Lefthander. Der Höhepunkt der Surfsaison liegt zwischen Juni und September.

Ausrüstung mitbringen oder ausleihen?

Normalerweise reicht ein kleines Board für die kleineren Breaks, aber ein paar Zentimeter mehr beim Board schaden auch nicht. Für die größeren Wellen – 2,40 m und mehr – braucht man eine ordentliche Boardlänge. Für einen Surfer mit durchschnittlicher Größe und Figur ist ein Board um die sieben Fuß (2,1 m) perfekt geeignet.

Wer mehr als zwei oder drei Boards ins Land bringen will, wird sicherlich bei der Einreise ins Land Probleme mit dem Zoll bekommen, da die Beamten glauben, dass die Boards vor Ort verkauft werden sollen.

In Kuta und im übrigen Süden von Bali gibt es Surf Shops. An den meisten beliebten Surf Breaks werden die unterschiedlichsten Boards (ab etwa 100 000 Rp pro Tag) und Ausrüstungen verliehen. Und wer eine Reparatur benötigt, muss sich nur umhören: Es gibt jede Menge hilfsbereite Leute.

Sonstige empfehlenswerte Ausrüstung, die man mitbringen sollte:

- Solides Gepäck für den Flug
- Tragegurt für das Board
- Feste Schuhe für die steinigen Klippen
- Das Lieblingswachs – für Pingelige
- Neoprenanzug oder Riff-Booties
- Neopren-Oberteil, Rash Vest oder einen anderen Schutz gegen Sonne, Riffe und Felsen
- Helm für schwierige Bedingungen (und zum Motorradfahren)

Yoga

Es gibt so viele Möglichkeiten, auf Bali Körper und Geist zu entspannen. Vielen genügt es bereits, die Insel einfach nur zu betreten, um den Stress von sich abfallen zu lassen, aber falls mehr gewünscht ist, bietet ein Yogakurs die Chance, einige Pranayama (Atemübungen) zu erlernen und biegsam zu werden. Es gibt weniger Yogastudios als die allgegenwärtigen Spas (manche bieten ebenfalls Yoga an), aber es werden immer mehr.

Den Kurs wählt man am besten nach Stil und Schwierigkeitsgrad aus: Entspannende Yinkurse sind toll für Yoga-Neulinge oder Erholungssuchende. Im feuchten Klima Balis ist es nicht verkehrt, mit einem Slow Flow zu beginnen, selbst für diejenigen mit Yogaerfahrung.

Ubud ist auf jeden Fall die Yogahauptstadt Balis, jährlich zieht das Bali Spirit Festival (S. 198) dort viele Besucher an. Das Festival ist in der Yoga Barn (S. 191) entstanden – dem Yoga-Epizentrum auf Bali. Ständig werden neue Studios in Ubud eröffnet, Radiantly Alive (S. 191) und Intuitive Flow (S. 191) gehören hier zu den Besten.

In Kerobokan ist Jiwa Yoga (S. 103) auf Hot Yoga im Bikram-Stil spezialisiert, für alle, die so richtig ins Schwitzen kommen wollen.

Seminyak Yoga Shala (S. 90) hat dynamische Ashtanga-Kurse im Angebot oder auch Hatha Yoga, was für Anfänger besser geeignet ist.

Yoga mit umwerfendem Panorama gibt es im Blue Earth Village (S. 256) im Osten Balis oder im Sanurs Power of Now Oasis (S. 141).

Selbst wenn man nicht in einem todschicken Hotel wohnt, ermöglichen viele dieser Unterkünfte eine Schnupperstunde, um dem Lifestyle mal nah zu sein. Wer es schafft, an einem Samstag mit den Hühnern aufzustehen, kann die Yogastunde (und das Spa) von W Bali – Seminyak (S. 104) ausprobieren. Wie wäre es mit ein bisschen Öko-Lodge-Leben im Serenity Eco Guesthouse (S. 111) in Canggu oder mit einer Yogastunde nach dem Surfen im Hotel Komune (S. 241) in Keramas?

Reiseplanung

Reisen mit Kindern

Mit Kindern in diesem Teil der Welt herumzureisen ist eine bereichernde Erfahrung. Die Einheimischen betrachten Kinder als Teil der Gemeinschaft, sodass jeder Verantwortung für sie übernimmt. Kinder aller Altersstufen genießen sowohl die Aufmerksamkeit als auch die vielen Abwechslungen, die den Urlaub für sie wie auch für die Erwachsenen so unvergesslich machen.

Top-Ziele für Kids

Kuta & Legian, Bali Obwohl es hier total voll und verrückt ist, manchmal auch etwas heruntergekommen, locken Strandresorts sowie Surfstunden und alle möglichen billigen Souvenirs Kinder und Teenager gleichermaßen.

Nusa Dua, Bali Riesige Strandresorts mit Kinderprogramm, riffgeschützter Strand und mäßiger Verkehr.

Sanur, Bali Resorts am Strand, riffgeschützter Strand, mäßiger Verkehr und nah an vielen familienfreundlichen Attraktionen.

Ubud, Bali Hier gibt es viel zu sehen und zu tun (Wanderungen, Affen, Märkte und Geschäfte). Die Abende erfordern unter Umständen etwas mehr Kreativität, um die Kinder bei Laune zu halten, aber viele werden sicher auch in den Bann der Tanzvorführungen gezogen.

Senggigi, Lombok Einfache, ruhige Hotels am Strand; wenig Verkehr, riffgeschützter Strand mit sanften Wellen.

Gili Air, Gili-Inseln Die kleinste der Gilis; gut zum Surfen, viele Annehmlichkeiten und Aktivitäten für Touristen, z. B. Schnorcheln.

Bali, Lombok & Nusa Tenggara für Kinder

Kinder sind hier ein echter Pluspunkt, vor allem auf Bali, wo die Einheimischen großes Interesse für jedes reisende Kind zeigen, dem sie begegnen. Eltern sollten lernen, das Alter und Geschlecht ihres Kindes auf Bahasa Indonesia zu sagen – *bulan* (Monat), *tahun* (Jahr), *laki-laki* (Junge) und *perempuan* (Mädchen). Höfliche Fragen nach den Kindern des Gegenüber, egal ob anwesend oder nicht, sind ebenfalls angebracht.

Was für die Kids besonders toll ist, sind die vielfältigen Outdoor-Abenteuer. Aber auch kulturelle Vergnügungen sind für Kinder interessant.

Tanz

Bestimmt todlangweilig, richtig? Falsch! Etwas ganz Besonderes ist ein abendlicher Barong-Tanz im Palast von Ubud (S. 183) oder im Pura Dalem Ubud (S. 214) – die beiden Orte scheinen bis hin zu den Fackeln direkt aus dem Film *Tomb Raider* zu stammen. Ein balinesischer Legong ist für Zappelphilippe wahrscheinlich nicht das Richtige, aber im Barong gibt es Affen, Monster, eine Hexe und Ähnliches.

Märkte

Wenn die jungen Entdecker einen Tempel besuchen, brauchen sie einen Sarong. Kluge Eltern geben ihnen auf dem Markt 100 000 Rp und lassen sie laufen. Die Händler werden entzückt sein, wenn die kleinen Kunden mit dem Feilschen beginnen und ein ganz buntes Outfit zusammenstellen.

Tempel

Da gibt es sehr spannende: Goa Gajah (S. 220) in Bedulu besitzt eine tiefe Höhle, in der Eremiten gelebt haben; man betritt sie durch das Maul eines Monsters. Pura Luhur Batukau (S. 281) liegt in einem unzugänglichen Urwald in der Gegend von Gunung Batukau mit einem kühlen Teich und wird durchströmt von einem wilden Fluss.

ELIZAVETA GALITCKAIA/SHUTTERSTOCK ©

Ubud Monkey Forest (S. 188)

Highlights für Kinder

Die besten Strände

Kuta Beach (S. 72) Surfschulen.

Sanur Beach (S. 140) Kinder lieben es, in den sanften Wellen zu planschen.

Batu Bolong Beach (S. 110) Hier hängen die coolen Kids aller Altersstufen ab.

Bester Wasserspaß

Pulau Menjangan, Nordbali (S. 300) Bestes Schnorchelrevier der ganzen Insel.

Weekuri Lagoon, West Sumba Was könnte besser sein, als einen schwarzen Gummiring zu mieten und sich im kühlen, kristallklaren Wasser treiben zu lassen.

Wanderungen durch Reisfelder, Ubud Wer mal was anderes erleben will, wandert mitten durch matschiges Wasser voller Enten, Frösche und anderer lustiger Kriechtiere.

Beste Plätze zum Herumtollen

Bali Treetop Adventure Park, Candikuning (S. 277). Hier können Kinder wie die Affen herumtollen.

Waterbom Park, Tuban (S. 77) Ein riesiger Wasserspielplatz.

Beste Tierbegegnungen

Ubud Monkey Forest, Ubud (S. 188) Affen und Tempel!

Bali Bird Park, südlich von Ubud (S. 188) Außergewöhnliche Vögel und Reptilien zum Bestaunen.

Die besten coolen alten Sachen

Tirta Empul, nördlich von Ubud (S. 223) In dem alten Wasserpalast und Park mögen Kinder besonders die Pools, die übrigens an Indiana Jones erinnern.

Reiseplanung

Die wichtigste Entscheidung bei einer Reise mit Kindern betrifft den Standort.

Übernachten

Es gibt viele Übernachtungsmöglichkeiten, die besonders für Familien geeignet sind.

➡ Ein Hotel mit Pool, Klimaanlage und Strandnähe bringt Kindern viel Spaß, ist sehr bequem und ideal, um auch den Erwachsenen Ruhepau-

SICHERHEIT

Die Hauptgefahrenquellen für Kinder – und damit auch für Erwachsene – sind der Verkehr und die schlechten Gehwege in den viel besuchten Gegenden.

Das, was westliche Eltern an Sicherheitsvorkehrungen für unverzichtbar halten, wie etwa Aufsichten am Strand und andere Einrichtungen, fehlt hier unter Umständen völlig. Nur wenige Restaurants stellen Hochstühle zur Verfügung, an Aussichtspunkten fehlen oft Sicherungen, die die Kinder vorm Hinabstürzen schützen, und in Geschäften stehen zerbrechliche Gegenstände häufig in für Kinder erreichbarer Höhe.

Mit Blick auf die anhaltende Tollwut auf Bali sollte man Kinder von streunenden Hunden und Katzen fernhalten.

Auch sollten Eltern, bevor sie ihre Kinder an irgendwelchen Aktivitäten teilnehmen lassen, die Sicherheitslage prüfen. Nur weil ein Veranstalter von Raftingtouren Familienkarten verkauft, heißt das nicht, dass er besonders um die Sicherheit der Kinder bemüht ist.

sen zu ermöglichen. Glücklicherweise gibt es in diesem Bereich viel Auswahl.

➡ Viele größere Resorts auf Bali bieten tagsüber und abends ein Kinderprogramm mit vielen Aktivitäten. Die besseren Anlagen haben spezielle, bewachte Poolbereiche und andere Spielmöglichkeiten für Kinder.

➡ Viele Hotels und Gästehäuser bieten, unabhängig von ihrer Preiskategorie, einen sogenannten „Familienplan", ein gemeinsames Zimmer für Eltern mit Kindern bis zu zwölf Jahren, in dem diese umsonst übernachten können. Für ein Zustellbett hingegen verlangen Hotels oft zusätzlich Geld, allerdings bieten viele auch Familienzimmer für bis zu vier Personen.

➡ Familien können auch in villenähnlichen Einheiten in der südwestlichen Strandregion von Bali übernachten. Innerhalb der eigenen kleinen Wohneinheit hat man einen Pool und oft mehr als einen Fernseher. Kochnischen ermöglichen das Kochen von vertrauten Speisen und die relative Abgeschiedenheit verführt zum ungestörten Nickerchen.

➡ Viele Hotels kümmern sich gern um einen Babysitter für tagsüber oder abends.

➡ Das Hotelpersonal ist in der Regel sehr hilfsbereit und improvisierfreudig; man sollte also immer nachfragen, wenn man etwas für die Kinder braucht.

➡ Die kleinen Reisenden fühlen sich vielleicht in Privatunterkünften bei einheimischen Familien oder in Gästehäusern, besonders in Ubud, sehr wohl, weil sie dort fast zur Familie gehören und miterleben können, wie diese ihre Opfergaben darbringt oder was Kinder ihres Alters tagsüber so machen.

Was gehört ins Gepäck?

Große Supermärkte und Geschäfte wie z. B. Carrefour in Südbali führen fast alles, was man von zu Hause kennt, auch westliche Lebensmittel. Windeln, vertraute Babynahrung, verpackte H-Milch, Milchpulver und Ähnliches sind auf Bali leicht zu bekommen, können aber auf Nusa-Tenggara schwerer zu beschaffen sein.

Babys & Kleinkinder

➡ Tragetuch oder etwas Ähnliches: Die Straßen und Wege der Inseln eignen sich nicht für Kinder- und Sportwagen.

➡ Tragbare Wickelunterlage, Waschlotion etc. (es gibt kaum Wickelmöglichkeiten).

➡ Kindersitze für das Auto: Weder Leihwagen noch Mietwagen mit Fahrer sind damit ausgestattet.

Sechs bis zwölf Jahre

➡ Ferngläser für junge Entdecker, um wilde Tiere, Reisterrassen, Tempel, Tänzer und andere interessante Dinge besser sehen zu können.

➡ Eine tolle Kamera beziehungsweise ein Handy mit der Möglichkeit zur Videoaufnahme, um neuen Spaß in die „öden" Besichtigungstouren der Erwachsenen zu bringen.

Essen mit Kindern

Mit der ganzen Familie essen zu gehen macht hier besonders viel Spaß. Kinder werden von kinderfreundlichen Angestellten häufig wie Götter behandelt. Nicht selten besteht man darauf, das Kind zu nehmen (insbesondere kleine Babys) und damit den Eltern ein wenig Ruhe zu zweit zu verschaffen.

Besonders auf Bali sind alle sehr entspannt, weil Kinder noch Kinder sein dürfen. Es gibt viele Spitzenlokale in Seminyak und anderswo, wo Kinder in der Nähe herumtoben, während die Eltern gepflegt essen können.

Wenn die Kinder kein scharfes Essen mögen, sollte man mit der regionalen Küche besser vorsichtig sein. Für Kleinkinder gibt es fast überall Bananen, Eier, Obst und *bubur* (Reis, der in Hühnerbrühe zu Mus gekocht wird).

Viele *warungs* servieren auf Wunsch ihre Speisen ohne Soßen, wie etwa Reis ohne Beilagen, gebratenes Tempe oder Tofu, Hähnchen, gekochtes Gemüse und gekochtes Ei. Und auch die Lieblingsspeisen von Kindern, so etwa Burger, Hähnchen-Sticks, Pizza und Nudeln, sind weit verbreitet. Im Süden Balis sind auch Fast-Food-Ketten häufig anzutreffen.

Reiseplanung

Essen & Trinken wie die Locals

Tolles Essen – oder schwieriges Essen? Zugegeben: Es dauert ein wenig, die schmackhaften Gerichte dieser Region zuzubereiten, doch sie zu genießen fällt niemandem schwer – denn die Vielfalt und Qualität der hiesigen Küche ist einfach unschlagbar.

Essen rund ums Jahr

Regenzeit (Oktober–April)

Dies ist die Zeit der tropischen Früchte – Rambutans, Salaks, Durians, Drachenfrüchte, Mangostane, Ananas, Bananen, Mangos, Guaven und Litschis gibt es jetzt im Überfluss. Das Ubud Food Festival im April präsentiert drei Tage lang alles, was die indonesische Küche an Vielfalt und Neuheiten zu bieten hat.

Trockenzeit (Mai–September)

Kokosnüsse und Papayas sind das ganze Jahr über beliebt. Nach dem Ende der Reisernte beginnt am 1. Mai eine zweimonatige Festzeit. Bis zum 30. Juni wehen zu Ehren der Reis- und Fruchtbarkeitsgöttin Dewi Sri überall Fahnen, werden Schreine errichtet und traditionelle Speisen zubereitet.

Kulinarische Genüsse

Top-Restaurants

Bali Asli (S. 253), Amlapura Dieses Restaurant mit Kochschule bietet ein exzellentes *nasi campur* und einen atemberaubenden Ausblick.

Sardine (S. 106), Kerobokan Mitten im Trubel von Südbali befindet sich diese Oase im Reisfeld. Sehr gute Meeresfrüchte, großartige Bar.

Hujon Locale (S. 207), Ubud Das stilvolle, gemütliche Restaurant von Will Meyrick liegt auf sympathische und köstliche Weise voll im Trend.

Warung Goûthé (S. 115), Canggu Hier gibt es den besten französischen Mittagstisch in ganz Bali. Wechselnde Tagesgerichte.

El Bazar (S. 347), Kuta (Lombok) Authentische mediterrane Küche in trendigem Ambiente.

Coco Beach (S. 332), Senggigi Abgelegenes Strandlokal, in dem es frische Meeresfrüchte und ein wundervolles Madrascurry gibt.

Ruby's (S. 376), Gili Air Dem Küchenchef, nach dem dieses Restaurant benannt ist, gelingt einfach alles – von Burgern bis zu veganen Currys.

Sari Rasa (S. 412), Ende So mancher Stammgast kriegt nie genug vom hauseigenen *ayam goreng* – gebratenen Huhn mit gewürzten Kokosraspeln.

Depot Bambu Kuning (S. 427), Kupang Einer der besten Orte in Westtimor, um saftiges *se'i babi* (geräuchertes Schweinefleisch) zu essen.

Gut & günstig

Der gängigste Ort, um auswärts zu essen, ist ein Warung, ein traditionelles Lokal am Straßenrand. In den größeren Städten findet man alle paar Meter eins und auch in den meisten Dörfern gibt es zwei oder drei. Es sind günstige und einfache Restaurants, in denen es entspannt zugeht. Man sitzt mit Fremden an einem Tisch und sieht der Welt und ihrem Treiben zu. Das Essen ist frisch und überall verschieden. Oft wird das Angebot in einer Vitrine im Eingang ausgestellt. Man kann sich sein eigenes *nasi campur* (Reisgericht) zusammenstellen oder einfach Reis nach Art des Hauses bestellen.

Es gibt unendlich viele Warung-Gerichte. Besonders beliebt sind *babi kecap* (geschmortes Schweinefleisch in süßer Sojasauce), *ayam goreng* (gebratenes Huhn), *urap* (gedünstetes Gemüse mit Kokosnuss), *lawar* (Salat aus gehackten Kokosnüssen, Knoblauch und Chili mit Fleisch und Blut vom Huhn oder Schwein), gebratener Tofu oder Tempeh in süßer Soja- oder Chilisauce, geröstete Erdnüsse, salzige Fische oder Eier, *perkedel* (gebackener Maiskuchen) sowie verschiedene *sates* mit Hühner-, Ziegen- oder Schweinefleisch. Auf Lombok ist *ayam taliwang* (über Kokosnussschalen gegrilltes Huhn mit Tomaten-Chili-Limetten-Dip) die wichtigste Spezialität, in Westtimor ist es ein möglichst saftiges *se'i babi*.

Regionale Spezialitäten

Reis

Reis ist ein Grundnahrungsmittel in diesem Teil Indonesiens und wird als Gabe der Götter verehrt. Zu jeder Mahlzeit gibt es Reis in großen Mengen, und alles, was ohne Reis serviert wird, gilt als *jaja*, also als Snack. Reis ist Hauptbestandteil vieler wohlriechender, würziger Speisen, deren übrige Zutaten wie Beilagen mit ihm zusammen gereicht werden. Meist werden diese auch klein gehackt, damit sie besser zu den Reiskörnern passen und um das Essen mit der Hand zu erleichtern. Auf Bali trägt gedünsteter Reis mit gemischten Zutaten den Namen *nasi campur*. Dieses typisch balinesische Gericht kann man morgens, mittags oder abends essen. Auf den anderen Inseln der Region ist vor allem *nasi goreng* (gebratener Reis) sehr beliebt.

Von *nasi campur* gibt es so viele Variationen wie es Warungs gibt. So wie im Westen ein Sandwich mit den unterschiedlichsten Zutaten belegt werden kann, so bietet jeder Warung sein ganz eigenes *nasi campur* an, wobei Preis, Geschmack und Zutaten erheblich voneinander abweichen können. Das Geheimnis eines guten *nasi campur* liegt oft im Fond, der dem Fisch bzw. dem Schweine- oder Hühnerfleisch sein spezielles Aroma verleiht, und im hauseigenen Sambal, das dem Ganzen entweder genau den richtigen Kick gibt oder – falsch dosiert – den Mund in Flammen setzt. Zu einer typischen Mahlzeit gehören vier oder fünf Speisen, darunter eine kleine Portion Huhn oder Schwein (denn Fleisch ist teuer), Fisch, Tofu oder Tempeh (fermentierter Kuchen aus Sojabohnen), Eier, verschiedene Gemüse und knusprige *krupuk* (gewürzte Reiskräcker).

Rindfleisch kommt nur selten auf den Tisch, denn Kühe gelten auf Bali als heilig. Die „Beilagen" werden beim Servieren zusammen mit dem hauseigenen Sambal rund um den Reis herum arrangiert. Normalerweise ist das Essen nicht besonders heiß, denn es wird meist schon morgens zubereitet.

Sambal

Die Einheimischen mögen ihre Mahlzeiten gern stark gewürzt und vor allem auf Lombok kann das Essen ganz schön feurig sein. Die balinesische Küche ist eher mild, doch die Einheimischen fügen vielen Gerichten ein wenig Sambal hinzu. Um herauszufinden, wie scharf dieses ist, sollte man es immer erst probieren, bevor man es unter das Essen rührt. Wer scharfes Essen nicht mag, sollte nach *tanpa sambal* (ohne Chili-

PREISE

Die in diesem Buch angegebenen Durchschnittspreise gelten für einen Hauptgang oder eine Hauptmahlzeit.

**$** weniger als 60 000 Rp (unter 4 US$)

**$$** 60 000–250 000 Rp (4–17 US$)

**$$$** mehr als 250 000 Rp (über 17 US$)

ALPHONSINE SABINE/SHUTTERSTOCK ©

KHAFIDMUKRIYANTO/SHUTTERSTOCK ©

Oben: *Nasi campur*
Rechts: *Gado Gado*
(S. 62)

paste) fragen. Die meisten jedoch werden sicher gern ein wenig *tamba* (mehr) Sambal mögen!

Und noch etwas: Falls das handelsübliche, sehr süße Billig-Sambal auf den Tisch kommt, sollte man nach „balinesischem Sambal" fragen. Dadurch kommt man nämlich in den Genuss unterschiedlichster authentischer Sambals, denn natürlich hat jeder balinesische Koch sein eigenes Lieblingsrezept zu dieser Sauce. Und wenn man jetzt noch die vielen Sambals aus anderen Teilen Indonesiens (vor allem von der Insel Lombok) hinzurechnet, dann kommen eine Menge Variationen zusammen, darunter die folgenden:

Sambal bajak Dieses sehr gängige javanesische Sambal ist eine cremig-würzige Tomatensauce mit gehackten Chilischoten und gebratenen Schalotten mit Palmzucker.

Sambal balado Chillis, Schalotten, Knoblauch und Tomaten werden kurz in Öl angebraten und ergeben ein besonders pikantes Sambal.

Sambal matah Ein balinesisches Rohkost-Sambal aus dünn geschnittenen Schalotten, kleinen Chilistückchen, Shrimppaste und Zitronengras. Göttlich.

Sambal plecing Dieses Sambal von der Insel Lombok besteht aus würzigem Chili in Tomatensauce. Die Schärfe breitet sich ganz langsam im Mund aus.

Sambal taliwang Noch ein Sambal aus Lombok, dieses Mal mit speziellen Pfeffersorten, Knoblauch und Shrimppaste. Eines der wenigen echten kulinarischen Highlights der Insel und sehr beliebt auf Bali, wo man für würziges Huhn nach Lombok-Art schwärmt.

Festliche Speisen

Auf Bali dient das Essen nicht nur dem Genuss und der Ernährung. Wie alles auf Bali ist auch das Essen ein wesentlicher Bestandteil der täglichen Rituale und spielt auch bei der Götterverehrung eine wichtige Rolle. Die Speisefolge richtet sich dabei nach der Art des Anlasses. Das bei Weitem festlichste Gericht ist *babi guling* (Spanferkel), das bei Übergangszeremonien wie einer Hochzeit, dem Dreimonatssegen eines Babys oder dem Zähneschleifen eines Jugendlichen serviert wird.

Babi guling ist ein balinesisches Festmahl, wie es typischer nicht geht. Ein ganzes Schwein wird mit Chilischoten, Kurkuma, Ingwer, Galgant, Schalotten, Knoblauch, Koriandersamen und aromatischen Blättern gefüllt, mit Kurkuma- und Kokosnussöl bestrichen und auf einen Holzstab aufgespießt. Durch stundenlanges Drehen über offenem Feuer nimmt das Fleisch das Aroma der Gewürze und der Feuerstelle an und die Kruste bekommt eine urig-rauchige Note. Wer nicht das Glück hat, zu einem Fest eingeladen zu werden, kann *babi guling* überall auf Bali in Garküchen, Warungs und Cafés probieren.

Bebek oder *ayam betutu* (geräucherte Ente oder geräuchertes Huhn) ist ein weiteres Festtagsgericht. Das Geflügel wird mit Gewürzen gefüllt, in Kokosnussrinde und Bananenblätter eingewickelt und einen ganzen Tag lang über glimmenden Reishülsen und Kokosnussschalen geschmort.

Bei Hochzeiten wird häufig *jukut ares* serviert, eine leichte, aromatische Brühe aus Bananenstielen und gehacktem Huhn oder Schwein. Ein Saté-Gericht für besondere Gelegenheiten ist *sate lilit,* eine aromatische Kreation aus gehacktem Fisch, Huhn oder Schwein mit Zitronengras, Galgant, Schalotten, Chili, Palmzucker, Kaffernlimetten und Kokosmilch. Das Ganze wird portionsweise auf Stäbchen gespießt und gegrillt.

Auf Flores ist *tapa kolo* (über Kohlen in Bambus gekochter Reis mit Huhn oder Schwein) ein beliebtes Festtagsgericht.

Küche der Sasak

Das Volk der Sasak auf Lombok bekennt sich größtenteils zum Islam, daher haben die vielen balinesischen Schweinefleischgerichte keinen Platz in seiner Ernährung, die aus Fisch, Huhn, Gemüse und Reis besteht. Dass das Wort „Lombok" auf Indonesisch „Chili" bedeutet, ergibt Sinn, denn gerade die Sasak mögen es gern besonders würzig.

Ares ist ein Gericht aus Chili, Kokosmilch und Bananenpalmenmark, manchmal wird Huhn oder anderes Fleisch hinzugefügt. *Sate pusut* ist eine köstliche Kreation aus fein gehacktem Fisch, Huhn oder Rindfleisch, Kokosmilch, Knoblauch, Chili und anderen Gewürzen. Das Ganze wird um einen Zitronengrasstiel gewickelt und gegrillt.

MÄRKTE

Pasar (Märkte) bieten einen Einblick in die Vielfalt und Frische der lokalen Produkte, die zumeist ein oder zwei Tage nach der Ernte aus den Bergen ins Tal transportiert werden – manchmal sogar noch eher. Die Atmosphäre ist lebhaft und bunt. Körbe voll mit frischem Obst und Gemüse, mit Blumen und Gewürzen sowie mit rotem, schwarzem und weißem Reis fallen ins Auge. Auch sieht man tote und lebende Hühner, frisch geschlachtete Schweine, Sardinen, Eier, knallbunte Kuchen, vorgefertigte Opfergaben oder Zutaten dafür. An manchen Ständen wird *es cendol* (ein bunter eisgekühlter Kokosnussdrink), *bubur* (Reisporridge) oder *nasi campur* zum Frühstück angeboten.

Da es keine Kühlanlagen gibt, werden die Waren in kleinen Portionen präsentiert und sind zum sofortigen Verkauf bestimmt. Feilschen wird erwartet.

Essen ohne Fleisch

Indonesien ist ein Paradies für Vegetarier. Tofu und Tempeh gehören zu den Grundnahrungsmitteln und viele leckere Gerichte kommen ohne Fleisch aus, darunter *nasi saur* (Reis mit gerösteten Kokosraspeln, Tofu, Tempeh, Gemüse und Eiern), *urap* (gedünstetes Gemüse mit Kokosraspeln und Gewürzen), *gado gado* (Tofu und Tempeh mit gedünstetem Gemüse, gekochten Eiern und Erdnusssauce) sowie *sayur hijau* (grünes Blattgemüse wie etwa *kangkung* – Wasserspinat – mit Tomaten-Chili-Sauce).

Auch gibt es fleischlose Varianten von *nasi campur* mit frischem Pfannengemüse, Salaten, Tofu und Tempeh. Wenn man ein Curry oder eine Gemüsepfanne wie *cap cay* bestellt, hat man üblicherweise die Wahl zwischen einer Fleisch-, einer Fisch- und einer vegetarischen Variante.

Zahlreiche Lokale servieren vegetarische Pastagerichte und Salate nach westlicher Art und einige rein vegetarische Restaurants bieten auch vegane Gerichte an.

Ein paar Grundregeln

Die Einheimischen essen normalerweise mit der rechten Hand, mit der man alles Gute gibt und empfängt. Die linke Hand ist für alles Unangenehme und Unheilvolle zuständig (sowie für rituelle Waschungen). Es ist üblich, sich vor dem Essen die Hände zu waschen, auch wenn Besteck benutzt wird. In den meisten Restaurants befindet sich außerhalb der Toiletten ein Waschbecken. Wer es den Einheimischen gleichtun will, reinigt seine Hände nach der Mahlzeit in der auf dem Tisch stehenden Wasserschüssel, denn das Ablecken der Finger ist nicht gern gesehen.

Wer von Einheimischen zu einem Essen in ihrem Haus eingeladen wird, sollte sich nicht wundern, wenn die Gastgeber einen immer wieder zum Essen auffordern, aber man darf einen Nachschlag oder eine Zutat, die man nicht mag, stets höflich ablehnen.

Wann wird gegessen?

Die meisten Einheimischen sparen sich ihren Appetit für das Mittagessen auf. Oft starten sie ihren Tag auf dem Markt, und zwar mit einer Tasse starkem schwarzem Kaffee und einigen süßen *jaja* (Snacks) – wie etwa farbenfrohen Tempelkeksen, klebrigen Reiskuchen, gekochten Bananen mit Schale, *pisang goreng* (gebackenen Bananen) und *kelopon* (Reisbällchen mit süßer Füllung). Beliebte Früchte sind die wegen ihrer schuppigen Schale so bezeichnete Schlangenfrucht und die Jakobsfrucht, die auch mit Gemüse geschmort sehr gut schmeckt.

Der berühmte *bubuh injin* (Pudding aus schwarzem Reis mit Palmzucker, Kokosraspeln und Kokosmilch), der sich auf vielen Dessertkarten findet, ist in Wirklichkeit eine Frühstückszutat, mit der es sich sehr gut in den Tag starten lässt. Auf dem Markt ist morgens etwas ganz Ähnliches erhältlich, nämlich der leckere *bubur kacang hijau*, ein Pudding aus grünen Mungbohnen mit Ingwer und Schraubenbaumblättern, der warm und mit Kokosmilch serviert wird.

Zu Hause oder im Warung sind die Mahlzeiten für den gesamten Tag am

Oben: Balinesisches Strandrestaurant

Links: Traditionelle balinesische Süßigkeiten

CAHAYA IMAGES/SHUTTERSTOCK ©

DIE SECHS AROMEN BALIS

Verglichen mit den Essensgewohnheiten anderer indonesischer Inseln ist die balinesische Küche kräftiger und lebendiger und ein Gericht besteht meist aus zahlreichen Zutaten. Alle Mahlzeiten sollen jene sechs Aromen (süß, sauer, würzig, salzig, bitter und beißend) enthalten, die die Sinne anregen und Gesundheit und ein langes Leben versprechen.

Ingwer, Chili und Kokosnuss sind ebenso beliebt wie die Kerzennuss (nicht zu verwechseln mit der australischen Macadamianuss). Die beißende Mischung aus frischem Galgant und Kurkuma trifft auf die Schärfe roher Chilischoten, auf die komplexe Süße von Palmzucker, Tamarinde und Shrimppaste sowie auf die reinen und frischen Aromen von Zitronengras, Calamondinorange, Kaffernlimette und Koriandersamen.

Anklänge an südindische, malaysische und chinesische Aromen zeugen von Jahrhunderten der Migration und des Seehandels. Zahlreiche Zutaten sind auf diese Weise auf die Insel gelangt: Den anspruchslosen Chili haben die Portugiesen mitgebracht, Schlangenbohne und Pak Choi die Chinesen und den Reisersatz Maniok die Holländer. Und auf echt balinesische Art wählten die Köche der einzelnen Dörfer die feinsten und haltbarsten neuen Zutaten aus und passten sie der örtlichen Küche und den Essgewohnheiten der Menschen an.

späten Vormittag fertig zubereitet und das Mittagessen findet gegen elf Uhr statt, wenn alles noch frisch ist. Das Mittagessen ist die Hauptmahlzeit, was übrig bleibt, wird abends gegessen – oder von Touristen, die lange schlafen und dementsprechend spät zum Lunch erscheinen. Desserts sind selten. Zu besonderen Anlässen gibt es frisches Obst oder Kokosnusseis als Nachspeise.

Wohin zum Essen?

Was das leibliche Wohl angeht, da bietet Bali eine unendlich große Auswahl. Hier findet man jede Art von Küche, jeden Stil und etwas für jeden Geldbeutel. Genau diese Vielfalt und Qualität machen Bali zu einem Topreiseziel für Gourmets.

Restaurants Bali ist ein Magnet für junge, talentierte Küchenchefs, denn die Betriebskosten sind niedrig. Im Süden Balis und vor allem in Ubud gibt es jede Menge coole und originelle Restaurants, wie man sie eher in Sydney oder San Francisco vermuten würde. Auf Lombok fährt man am besten nach Kuta oder Gili T.

Cafés Nette Cafés im westlichen Stil findet man auf Bali, Lombok und den Gilis, aber sonst nicht so oft in Nusa Tenggara. Der Kaffee stammt häufig aus regionalem Anbau.

Warungs Günstige Lokale mit köstlichem Essen. In Nusa Tenggara sind die Ausdrücke Warung und *rumah makan* (Restaurant) vielfach gleichbedeutend.

Garküchen Einheimische jeglicher Couleur essen an einfachen Marktständen oder halten einen jener *pedagang* (Straßenhändler) an, die süße und herzhafte Snacks von ihren Fahr- oder Motorrädern aus verkaufen.

Getränke

Am Strand gibt es meist einen Verkäufer, der den Sonnenhungrigen kaltes Bier verkauft. Wer es etwas gesitteter, stilvoller und geselliger mag, geht in eines der vielen Lokale in Seminyak, Kerobokan oder Canggu. Doch ganz egal, wo man ist – eines der entspannten balinesischen Cafés, in denen frische Säfte, köstlicher Kaffee und eine Auswahl alkoholischer Getränke angeboten werden, ist immer in der Nähe.

Bier

Biertrinker sind auf Bali am richtigen Ort, denn ein frisches Helles der indonesischen Nationalmarke Bintang ist überall zu haben. Bali-Hai-Bier klingt vielversprechend, ist es aber nicht.

Wein

Weinliebhaber sollten vor allem eine dicke Brieftasche haben. Dank zahlreicher guter Hotels und Restaurants ist Wein aus den besten Lagen der Welt zwar jederzeit verfügbar, aber er ist auch hoch besteuert.

So kostet etwa ein australischer Wein von mittlerer Qualität rund 50 US$ pro Flasche.

Was die lokalen Weinproduzenten angeht, so ist gegen das Unternehmen Artisan Estate, das die Importzölle dadurch umgeht, dass es zerquetschte Trauben aus Westaustralien einführt, noch am wenigsten einzuwenden. Hatten Wine in Nordbali ist bei all denen beliebt, die süße Roséweine mögen. Und auch die Firma Two Islands hat eine gewisse Fangemeinde.

Lokale Spirituosen

Bei großen Zusammenkünften trinken balinesische Männer reichlich *arak*, einen fermentierten Wein, der aus Reis oder Palmen oder... anderem gewonnen wird. Doch generell sind die Einheimischen keine großen Liebhaber harter Getränke. Vor gepanschtem *arak* sollte man sich in Acht nehmen. Er ist zwar selten, kann aber giftig sein.

Frische Säfte

Regionale Erfrischungsgetränke ohne Alkohol gibt es auf Märkten, bei Straßenhändlern, in einigen Warungs und in vielen Cafés. Sie sind lecker und von der Farbe her ein wenig psychodelisch – und sie verursachen keinen Kater! Eines der beliebtesten Getränke auf Bali ist *cendol*, eine interessante Mischung aus Palmzucker, Kokosmilch und Crushed Ice.

Kaffee & Tee

Viele Restaurants im westlichen Stil bieten importierte Kaffee- und Teesorten sowie lokale Produkte an, von denen einige sehr gut sind. Die teuerste – und am meisten überschätzte – indonesische Kaffeesorte ist der eigentümliche *kopi luwak*. Dieser Kaffee, der rund 200 000 Rp pro Tasse kostet, ist nach dem katzenartigen Zibet *(luwak)* benannt, der auf Sulawesi, Sumatra und Java vorkommt und gern reife Kaffeekirschen frisst. Ursprünglich wurden nur vereinzelt intakte Kaffeebohnen aus den Exkrementen der Tiere gesammelt und zu einer angeblich besonders würzigen Kaffeesorte verarbeitet. Doch inzwischen ist die Nachfrage nach dieser Art Kaffee derart gestiegen, dass massive Probleme an der Tagesordnung sind – von betrügerischen Forderungen bis zu dokumentierten Fällen von Tierquälerei.

Regionen im Überblick

Bali und Nusa Tenggara bestehen aus etlichen grundverschiedenen und unverwechselbaren Regionen. Auf Bali steuern die meisten Besucher die Küstenstädte und Inseln an der Südküste sowie die magische Stadt Ubud im Landesinneren an. Wer die ausgetretenen Touristenpfade meiden möchte, kann die Landschaften und Küsten in Ost-, West- und Nordbali sowie das großartige, vulkanisch geprägte Zentralgebirge erkunden.

Östlich von Bali liegt die Inselwelt von Nusa Tenggara, zu der Lombok, die Gili-Inseln, Sumbawa, die Inseln Komodo und Rinca, Sumba, Flores, Rote und der Alor-Archipel gehören. Die indonesische Region Westtimor teilt sich mit dem unabhängigen Staat Timor-Leste eine Insel ganz im Osten des Archipels. Westtimor ist traumhaft schön und vom modernen Massentourismus praktisch unberührt.

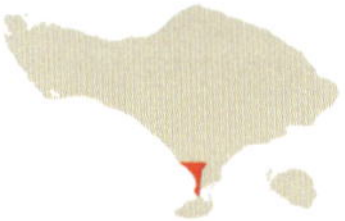

Kuta & die Strände im Südwesten

Strände
Nachtleben
Shoppen

Kuta Beach

Kutas berühmter Sandstrand erstreckt sich 12 km weiter an Legian, Seminyak, Kerobokan und Canggu entlang, bevor er unweit des Pererenan Beach endet. Überall gibt es Strandbars; die Stimmung ist lustig.

Partytime

Die Restaurants und Cafés in Seminyak, Kerobokan und Canggu zählen zu den besten auf Bali. Einige bieten einen tollen Blick auf den Sonnenuntergang. In Kuta nimmt das Nachtleben großen Raum ein; in Bars und Clubs ist die ganze Nacht was los.

Seminyak und seine Shops

Ein Besuch auf Bali ist schon wegen der Shopping-Möglichkeiten in Seminyak und Kerobokan lohnend; das Angebot ist überwältigend.

S. 70

Südbali & die Inseln

Strände
Surfen
Tauchen

Balangan Beach

Strände finden sich überall im Süden Balis: Kleine Buchten mit weißem Sand, wie Balangan und Bingin, sind idyllisch und laden dazu ein, sich auf einer Strandliege niederzulassen und die Brandung zu beobachten.

Ulu-Watu-Breaks

Man muss die Breaks an der Westküste der Halbinsel Bukit preisen: Ulu Watu ist in der ganzen Welt berühmt; die Vielzahl der Breaks ist Weltklasse. Coole Pensionen bieten Übernachtungsmöglichkeiten.

Unter Wasser bei Nusa Penida

Die besten Tauchgründe liegen vor den Inseln. Nusa Penida bietet anspruchsvolle Bedingungen und Klippen unter Wasser, wo man unter Umständen große Meerestiere erspähen kann.

S. 127

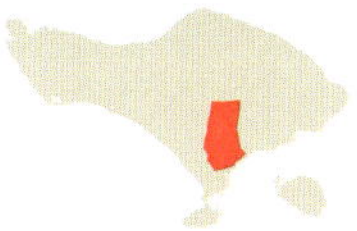

Ubud & Umgebung

Kultur
Wellness
Wanderungen

Tänzer & Künstler

Ubud ist der Nabel der balinesischen Kultur: Abends finden traditionelle Tanz- und Musikaufführungen sowie Marionettentheater statt. Zudem ist es die Heimat talentierter Künstler, darunter Holzschnitzer, die die Masken für die Aufführungen anfertigen.

Spas

Spas jeglicher Art sind der Inbegriff des gesunden Genießens in Ubud. Hier gibt es viele Angebote für Geist und Körper.

Natur

Die Reisfelder rund um Ubud gehören zu den malerischen Seiten Balis. Man kann einstündige Spaziergänge oder Tageswanderungen machen und die Flusstäler, kleine Dörfer und die Natur genießen.

S. 181

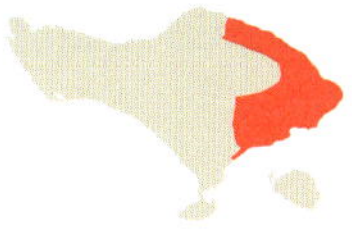

Ostbali

Strände
Wanderungen
Geschichte

Amed

Strände gibt es viele an Balis Ostküste, aber am meisten los ist im Nordosten der Insel, in einigen coolen Fischerdörfern, die gemeinsam unter dem Namen Amed bekannt sind.

Reisefeld-Wanderungen

Der Osten bietet einige der schönsten Reisfelder und Landschaften. In der Gegend rund um Sideman und Tirta Gangga mit ihren vielen Wanderwegen über grüne Hügel und durch fruchtbare Täler hat man wirklich die Qual der Wahl.

Vergangenheit

In der Stadt Klungkung (Semerapura) befindet sich ein bewegendes Monument, die Ruine eines Palastes, dessen Bewohner – ein König, seine Familie und ihr Hofstaat – 1908 lieber rituellen Selbstmord begingen, als sich den Holländern zu ergeben.

S. 228

Zentrales Bergland

Wanderungen
Kultur
Einsamkeit

Wandern bei Munduk

Im Zentrum der Insel gibt es Wandermöglichkeiten rund um Vulkane und Seen. Die sternförmig von Munduk ausgehenden Wege führen zu diesen Zielen und durch Gewürzplantagen und Wälder zu Wasserfällen.

Ein toller Tempel

Pura Luhur Batukau trifft die Seele derer, die diesen bedeutenden Tempel besuchen. Dies ist ein mystischer Ort.

Einsame Wanderungen

In den Bergen ist es kühler und die Luft einzigartig. Nach dem Besuch des einsamen Pura Luhur Batukau bietet sich ein Aufenthalt in den abgelegenen Lodges an oder auch Wanderungen durch die vulkanischen Berge und an den Seen Danau Buyan und Danau Tamblingan.

S. 267

Nordbali

Resorts
Entspannung
Tauchen

Resorts in Pemuteran

Das halbmondförmige Strandhotel in Pemuteran zählt zu den Attraktionen Nordbalis. Die Hotels sind schön und bilden ein kleines Hotelviertel ganz nah am Pulau Menjangan.

Ruhe in Lovina

Am hellbraunen und grauen Strand von Lovina lässt man sich auf einer Matte nieder und lässt den Tag einfach nur vorbeiziehen. Selbst die Brandung ist ganz sanft: Ein Großteil der Nordküste ist von vorgelagerten Riffen geschützt.

Pulau Menjangan

Pulau Menjangan macht seinen Superlativen alle Ehre. Eine 30 m hohe Korallenwand unweit der Küste erfreut Taucher und Schnorchler mit einer Vielfalt von Fischen und Lebewesen.

S. 285

Westbali

Surfen
Strände
Reisfelder

Medewi Breaks

Wegen der Wellen am Balian Beach ist hier eine kleine Surfer-Community mit einfachen Pensionen und vornehmen Unterkünften entstanden. Hier trifft man sich mit Einheimischen, die die Gewässer gut kennen. Weiter westlich liegt Medewi.

Balian Beach

Balian Beach ist der Hauptstrand im Westen, ein guter Ort zum Abhängen, auch für Nicht-Surfer. Das Angebot an Unterkünften ist erfreulich, von hip bis vornehm.

Tabanan

Die Unesco hat dem balinesischen Bewässerungssystem im Reisanbau (Subak) den Status des Weltkulturerbes verliehen. In der Gegend rund um Tabanan gibt es einige der schönsten Reisfelder und ein kleines Museum sowie den Tempel Pura Taman Ayun.

S. 309

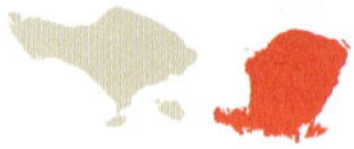

Lombok

Wandern
Küste
Tropischer Schick

Gunung Rinjani

Der Vulkan Gunung Rinjani beherrscht das nördliche Lombok. Wanderwege führen hinauf zur Caldera. Dort gibt es einen Kratersee, heiße Quellen und einen rauchenden Minikegel.

Die Südküste

Lomboks Südküste ist Natur im Urzustand. Der grandiose, aber keineswegs beschauliche Küstenstreifen spricht für sich, und die Wellen machen ihn zu einem Paradies für Surfer. Menschenleere Strände bieten fantastische Bademöglichkeiten.

Sire

In der Gegend von Sire kann man komplett in tropischen Schick eintauchen, und zwar in einigen herrlichen Resort-Hotels, die Bambus und Reet geschickt mit einer Verwöhnatmosphäre verbinden.

S. 319

Gili-Inseln

Tauchen
Strände
Entspannen

Korallenriffe

Die Korallenriffe der Gilis sind voll von faszinierendem Meeresleben; eine Begegnung mit Meeresschildkröten ist fast sicher. Dutzende Tauchschulen bieten eine riesige Auswahl unterschiedlichster Kurse an – für Anfänger, Amateure und Fortgeschrittene.

Strände auf Gili Air

Mit Sonnencreme, Matte und Wasser geht es schon morgens los, um Gili Air zu umrunden. Unterwegs kann man an jedem Strand verweilen.

Gili Meno

Fast jeder hat schon mal von dem ultimativen Strand geträumt: Palmen, weißer Sand, türkisfarbenes Wasser und dazu eine Bambushütte, in der es kühle Getränke und frischen Fisch gibt. Dieser Traum könnte auf Meno Wirklichkeit werden.

S. 353

Nusa Tenggara

Natur
Tauchen
Dorfkultur

Komodo-Nationalpark

Die Inselgruppe zeichnet sich durch ihre außergewöhnliche Flora und Fauna aus sowie durch Landschaften, die fürs Wandern, Tauchen und Schnorcheln wie gemacht sind. Es gibt also mehr zu erleben als nur den Komodowaran, jene Eidechse, die den Namen der Hauptinsel trägt.

Alor-Archipel

Hier gibt es viele erstklassige Orte zum Tauchen, aber nur wenige sind so lohnenswert (und menschenleer) wie die kristallklaren Buchten der Alor-Inseln.

Dörfer in Westtimor

Die Bewohner etlicher Dörfer in der gebirgigen Region haben ihre traditionellen Stammesdialekte, ihre Gesetze und die Bienenkorbform der Häuser beibehalten.

S. 378

Reiseziele

Nordbali
S. 285
Das zentrale
Bergland
S. 267
Westbali
S. 309
Ubud &
Umgebung
S. 181
Ostbali
S. 228
Kuta &
die Strände
im Südwesten
S. 70
Südbali &
die Inseln
S. 127
Gili-Inseln
S. 353
Lombok
S. 319
Nusa Tenggara
S. 378

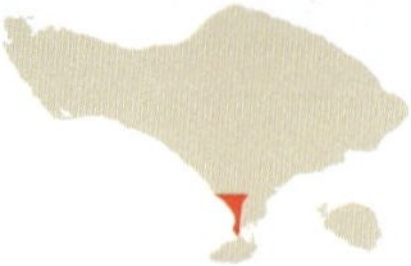

Kuta & die Strände im Südwesten

Inhalt ➜

Kuta & Legian 72
Seminyak 89
Kerobokan.................. 102
Umalas 109
Canggu....................... 109
Echo Beach 117
Pererenan Beach 118

Gut essen

- ➜ Sardine (S. 106)
- ➜ Ginger Moon (S. 97)
- ➜ Sangsaka (S. 105)
- ➜ One Eyed Jack (S. 115)
- ➜ Warung Goûthé (S. 115)

Schön übernachten

- ➜ Oberoi (S. 91)
- ➜ Samaya (S. 94)
- ➜ Alila Seminyak (S. 104)
- ➜ Katamama (S. 104)
- ➜ Hotel Tugu Bali (S. 113)

Auf nach Kuta & Seminyak!

Lebhaft und hektisch geht es in diesem Landstrich zu, der sich an den fantastischen Küstenstreifen im Süden Balis schmiegt. An diesem Strand, der Richtung Norden fast bis zum Flughafen reicht, beginnt und endet für viele Reisende der Besuch der Insel.

In Seminyak und Kerobokan gibt es Restaurants, Cafés, Designer-Boutiquen, Spas und Ähnliches im Überfluss. Kuta und Legian sind dagegen erste Wahl für alle, die ausgelassen durchfeierte Nächte, preiswerte Shirts und einen sorglosen Familienurlaub im Sinn haben. Weiter nördlich rund um Canggu liegt die aufregendste Region auf Bali: Hier konkurrieren tolle Strände mit verlockenden Cafés und einem überwältigenden Nachtleben.

Läden, Clubs, sagenhaftes Essen, billiges Bier, Sonnenuntergänge und Trubel – all das gehört einfach dazu. Aber gerade, wenn man sich fragt, was das alles mit Bali zu tun hat, mit der Insel, die doch angeblich so sehr von Spiritualität geprägt ist, taucht eine religiöse Prozession auf. Und schon weiß man die Antwort.

Reisezeit

➜ Balis Beliebtheit steigt stetig. Die beste Zeit für einen Besuch in Kuta, Seminyak und den Nachbarorten liegt außerhalb der Hochsaison (Juli, August sowie rund um Weihnachten und Neujahr). Ferien und Feiertage in anderen Teilen der Welt lassen die Besucherzahlen in die Höhe schnellen; dann kann es richtig schwierig werden, einen Tisch in den besten Restaurants zu bekommen, in Läden zu stöbern und ein Zimmer mit Aussicht zu buchen.

➜ Viele Urlauber bevorzugen deshalb die Monate April bis Juni und September; dann ist es insgesamt trockener und etwas kühler, und der Besucherandrang ist geringer.

➜ Zum Surfen an der Südküste Balis oder um einfach nur in der Surfkultur zu schwelgen, eignet sich am besten die Surfsaison, die für die Westküste gilt: April bis September.

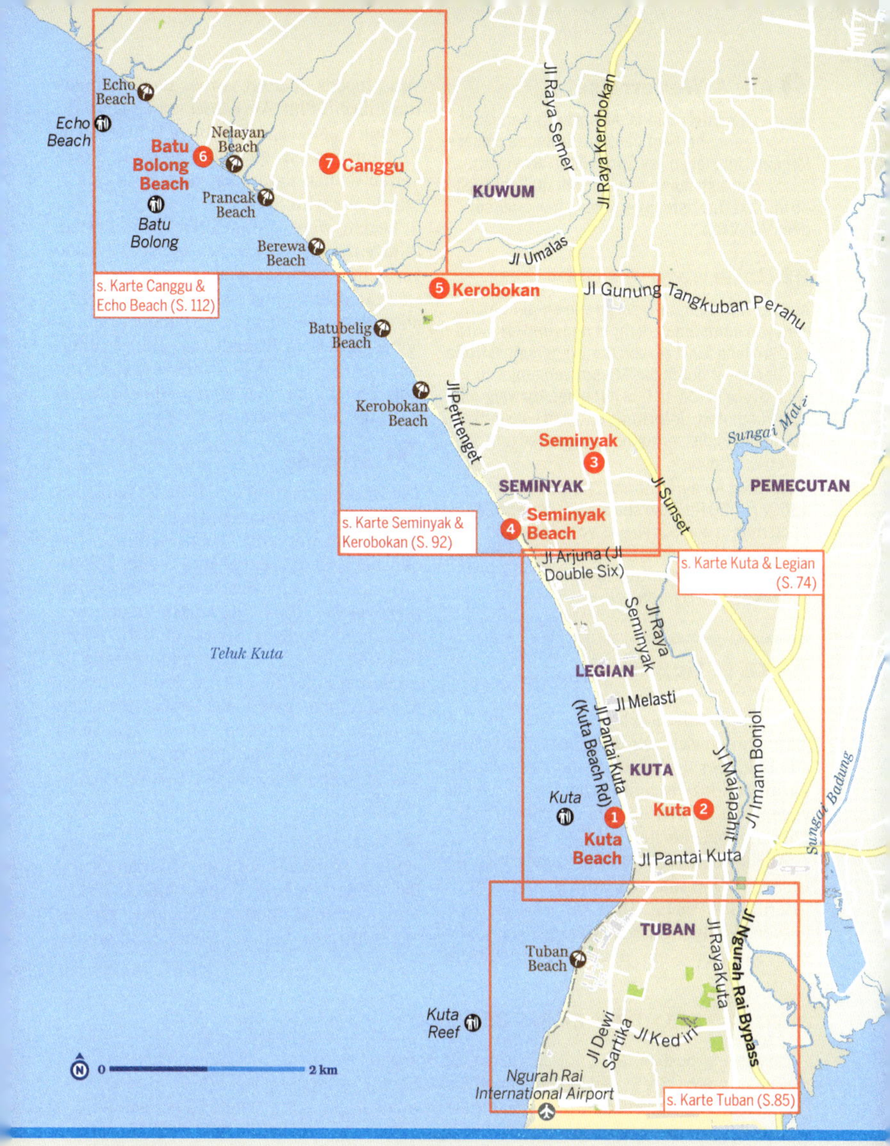

Highlights

1 **Kuta Beach** (S. 72) An dem Strand abhängen, der die ersten Touris nach Bali lockte.

2 **Kutas Nachtleben** (S. 85) Die Nacht durchfeiern in Kutas durchgeknallten Clubs.

3 **Seminyak** (S. 89) Beim Shoppen in den Boutiquen und Designer-Outlets alle guten Vorsätze über Bord werfen.

4 **Seminyaks Sonnenuntergänge** (S. 99) Mit einem Bier vom Strandverkäufer oder von einer schicken Bar den Sonnenuntergang genießen.

5 **Kerobokan** (S. 102) Eine Mahlzeit in einem der vielen fabelhaften Restaurants auf Weltniveau genießen.

6 **Batu Bolong Beach** (S. 110) In der angesagten Strand-/Surfszene bequatschen, wo man sich eine Erfrischung gönnt.

7 **Canggu** (S. 109) Zwischen Reisfeldern und Villen an gewundenen Gassen ein Lokal, eine Bar oder ein Geschäft entdecken.

An- & Weiterreise

Ngurah Rai International Airport (oft Denpasar Airport genannt) liegt ganz am Südende dieser Region. Um diesen Teil Südbalis zu erreichen, muss man sich durch den Verkehr quälen, egal ob im Taxi, Touristenbus, Mietwagen oder auf dem Motorrad.

Unterwegs vor Ort

Auf der Bali-Madara-Mautstraße entgeht man dem schlimmsten Verkehr in und rund um Kuta. 12,7 km lang führt sie von der Umgehungsstraße bei Denpasar durch das Mangrovengebiet zu einer Stelle bei Nusa Dua mit einer Abzweigung zum Flughafen. Unterwegs hat man eine gute Aussicht auf die bedrohten Mangroven und den Hafen von Benoa.

Die Maut für ein Motorrad/Auto beträgt 4500/11 000 Rp. Man spart auf jeden Fall Zeit, wenn man in den Süden will, vor allem nach Nusa Dua. Aber auf dem Weg nach Norden staut es sich immer an der Kreuzung mit der Umgehungsstraße Jl Ngurah Rai.

Kuta & Legian

☎0361 / 46 660 EW.

Laut und hektisch geht es in Kuta und Legian zu, den Zentren des Massentourismus auf Bali. Der Trubel und ununterbrochene Lärm sind inzwischen berüchtigt durch die vielen, oft übertriebenen Medienberichte über unmögliche Touristen.

Auch wenn viele Bali-Besucher hier als Erstes Station machen, sind die Orte nicht jedermanns Sache. In Kuta gibt es viele hässliche enge Gassen voll billiger Cafés und Surfshops, ein unaufhörlicher Strom von Mopeds knattert vorbei, dazu kommen unzählige T-Shirt-Verkäufer und Leute, die lautstark „Massagen“ anbieten. Brandneue Einkaufszentren und Ableger von Hotelketten deuten daraufhin, dass Kuta immer attraktiver wird.

Legian zieht etwas ältere Semester an (einige behaupten, hierher kämen die Kuta-Fans, nachdem sie geheiratet haben). Der Ort ist nicht weniger kommerziell, verfügt aber über eine lange Reihe familienfreundlicher Hotels in Strandnähe. Tuban unterscheidet sich atmosphärisch kaum von Kuta und Legian, hat aber einen höheren Anteil an Pauschalurlaubern.

Strände

Die Hauptattraktion von Kuta ist natürlich der Strand. An dem Sandstreifen, der sich über 12 km weit von Tuban Richtung Norden nach Kuta, Legian und weiter bis Seminyak und Echo Beach erstreckt, ist immer was los: Die Leute surfen, lassen sich massieren, treiben Sport, chillen, feiern und und und ... Der Sonnenuntergang ist im Süden Balis die Zeit, zu der alle zusammenkommen. Wenn die atmosphärischen Bedingungen stimmen, ist ein Schauspiel in schillerndem Magenta zu bewundern, das beinahe jedes Feuerwerk in den Schatten stellt.

★ Kuta Beach STRAND

(Karte S. 74) Hier nahm der Tourismus auf Bali seinen Anfang – wen wundert's? Dezent agierende fliegende Händler verkaufen Softdrinks und Bier, Snacks und andere

WO DER BALI-TOURISMUS BEGANN

Der Strandtourismus auf Bali setzte ein, als Bob und Louise Koke, ein Weltenbummlerpaar aus den USA, in den 1930er-Jahren ein kleines Guesthouse am praktisch menschenleeren Kuta Beach eröffneten. Die Gäste, überwiegend Urlauber aus Europa und den USA, wurden in strohgedeckten Bungalows in einem idealisierten balinesischen Stil untergebracht. In weiser Voraussicht brachte Bob den Einheimischen das Surfen bei, denn das hatte er zuvor auf Hawaii gelernt.

Ende der 1960er-Jahre begann sich Kuta wirklich zu verändern, denn damals entwickelte es sich zu einer Station auf der Hippie-Route zwischen Australien und Europa. Anfang der 1970er-Jahre waren Losmen (kleine balinesische Hotels) in hübschen Gärten und Esslokale entstanden, Händler boten Magic Mushrooms feil, und die Atmosphäre war angenehm entspannt. Geschäftstüchtige Balinesen nutzten die Gelegenheit, mit Touristen und Surfern ins Geschäft zu kommen. Oft gingen sie Partnerschaften mit Ausländern ein, denen jeder Vorwand recht war, länger zu bleiben.

Das Dorf Legian weiter im Norden entstand Mitte der 1970er-Jahre als Alternative zu Kuta. Zuerst war es eine ganz eigenständige Ortschaft, allerdings lässt sich heute kaum noch feststellen, wo die eine endet und die andere beginnt.

TEMPELFESTE

Tempelfeste auf Bali sind ziemlich beeindruckend, und man stößt recht unerwartet auf sie, sogar in den abgelegensten Ecken der Insel. Jeder der Tempel, von denen es auf der Insel Tausende gibt, hat einen „Tempelgeburtstag" namens *odalan*. Er wird einmal im balinesischen Jahr gefeiert, das 210 Tage kennt, oder jeden 354. bis 356. Tag nach dem *saka*-Kalender (einer der zwei balinesischen Kalender).

Odalan sind richtig große Feste, und selbst der einsamste Tempel wird an diesem besonderen Tag plötzlich zum Leben erwachen. Menschen kommen aus weit entfernten Dörfern, um teilzunehmen. Geschäftsinhaber in Südbali geben ihren Angestellten grummelnd frei.

Das eindeutigste Anzeichen eines Tempelfestes ist eine lange Schlange von Frauen in traditioneller Tracht, die elegant, mit wunderschönen, zu riesigen Pyramiden arrangierten Opfergaben auf ihrem Kopf zum Tempel ziehen.

In der Zwischenzeit rufen die verschiedenen *pemangku* (Tempelwächter und Priester für Tempelrituale) die Götter an, damit diese zu Besuch kommen

Es geht die ganze Nacht weiter mit Musik und Tanz – wie eine große Kirmes mit Essen, Vergnügungen, Glücksspielen, voller Farben und Durcheinander. Wenn schließlich das Morgengrauen naht, endet die Unterhaltung langsam, die *pemangku* empfehlen den Göttern, wieder in den Himmel zurückzukehren und den Menschen, sich müde auf den Weg nach Hause zu machen.

Gaumenfreuden, man kann Surfboards, Strandliegen und Sonnenschirme ausleihen (der verhandelbare Preis liegt bei 10 000 bis 20 000 Rp) oder sich einfach in den Sand fallen lassen. Die hiesigen Sonnenuntergänge sind bereits Legende.

Legian Beach STRAND

(Karte S. 74) Legian Beach, die Verlängerung von Kuta Beach nach Norden, ist etwas ruhiger, denn hier verläuft keine laute Straße parallel zum Strand, und es sind auch weniger Leute da.

Pantai Patra Jasa STRAND

(Karte S. 85) Das versteckte Kleinod ist über eine winzige Zufahrtsstraße zu erreichen, die an einem Zaun auf der Nordseite des Flughafens verläuft. Hier gibt es Schatten, einige kleine Warungs (Imbissstände) und den Blick auf landende Flugzeuge, aber kaum jemals viele Menschen. Ein hübscher Strandspaziergang führt nach Norden zum Kuta Beach.

Double Six Beach STRAND

(Karte S. 74) Wenn man von Legian Richtung Norden geht, wird der Strand weniger voll, bis zum äußerst beliebten Double Six Beach. Den ganzen Tag über ist der Strand Schauplatz spontaner Fußball- und Volleyballspiele. Außerdem ist es ein guter Platz, um feiernde Einheimische kennenzulernen. Nach starken Regenfällen können Wasserverschmutzungen auftreten.

Kuta Reef Beach STRAND

(Karte S. 85; Pantai Segara) Manche Leute nennen diesen Strand „Pantai Jerman"; der Name bezieht sich auf einen längst vergessenen frühen Touristen. Es gibt Bierverkäufer und Surfboard-Vermieter, ansonsten geht es angenehm ruhig zu.

Tuban Beach STRAND

(Karte S. 85) Der Strand von Tuban hat seine Vor- und Nachteile. Im Süden sind breite und sandige Abschnitte vorhanden, in der Nähe der Discovery Mall verschwindet der Strand jedoch gänzlich.

Sehenswertes

Bali Sea Turtle Society AUFZUCHTSTATION

(Karte S. 74; ☎0811 388 2683; www.baliseaturtle.org; Kuta Beach; ⊙Anlage 24 Std., Freisetzung April–Okt. 16.30 Uhr) Die Bali Sea Turtle Society ist eine Umweltgruppe, welche die Oliv-Bastardschildkröte schützen will. Es ist eine der verantwortungsvolleren Schildkröten-Aufzuchtstationen auf Bali. Sie entlässt die geschlüpften Jungtiere vom Kuta Beach in den Ozean. Wer mag, reiht sich in die Schlange ein, um eine Babyschildkröte in einem kleinen Plastikwasserbecken in Empfang zu nehmen, zahlt eine kleine Spende und schließt sich der Gruppe an, um die Tiere auszusetzen. Ausgezeichnete Informationstafeln erläutern die Hintergründe.

Am besten eine Stunde vor der geplanten Zeit hingehen, um nachzufragen, ob das Freilassen auch stattfindet.

Kuta & Legian

0
500 m
A
B
C
D
E
F
G
1
2
3
4
s. Karte Seminyak & Kerobokan (S. 92)
Kimia Farma
48
27
19
60
53
69
Jl Arjuna
(Jl Double Six)
52
31
70
Jl Nakula
62
3
56
13
Jl Pura Bagus Taruna (Jl Werkudara)
22
24
Jl Pantai Arjuna
Gate
46
Gang Legian Tewogah
23
32
33
Jl Raya Seminyak
LEGIAN
5
54
Jl Padma Utara
Jl Padma (Jl Yudistra)
15
58
Jl Sahadewa
Gate
Jl Melasti
Central Kuta Money Exchange
Jl Pura Puseh
Sungai Mati
Jl Nakula
4
Jl Nakula
38
Jl Sunset
66
Jl Dewi Sri
55
Jl Dewi Sri
51
Jl Patih Jelantik

Jl Ngurah Rai Bypass
Jl Sunset
BIMC
Kura-Kura Bus
s. Karte Tuban (S. 85)
Central Kuta Money Exchange
Kimia Farma
Jl Imam Bonjol
Sungai Mati
Trans-Sarbagita
Jl Majapahit
Jl Blambangan
Jl Selamet
Jl Raya Kuta
Hanafi
Bemo Corner
Jl Buni Sari
Jl Bakung Sari (Jl Singasari)
Jl Tengal Wangi
Kuta Sq
Jl Pantai Kuta
Perama
Poppies Gang I
Gang Sorga
Gang Bedugul
KUTA
Poppies Gang II (Jl Batu Bolong)
Jl Legian
Jl Lebak Bene (Jl Benesari)
Jl Benesari
(Jl Pantai Banjar Pande Mas)
Kuta Beach
Beach Walkway
Teluk Kuta

Kuta & Legian

Highlights
1 Kuta Beach C7

Sehenswertes
2 Bali Sea Turtle Society C8
3 Double Six Beach A1
4 Dream Museum Zone E2
5 Legian Beach B3
6 Memorial Wall D6
7 Site of Sari Club D6
8 Vihara Dharmayana Temple E8

Aktivitäten, Kurse & Touren
9 5GX Bali D5
10 Halfway Kuta B7
11 Jamu Traditional Spa C5
12 Pro Surf School C5
13 Rip Curl School of Surf A1

Schlafen
14 Bali Bungalo C6
15 Bali Mandira Beach Resort B4
16 Bendesa D6
17 Berlian Inn D7
18 Cheeky Piggy Hostel D7
19 Double-Six A1
20 Fashion Hotel D5
21 Hotel Ayu Lili Garden D5
22 Hotel Kumala Pantai B2
23 Island C2
24 Jayakarta Hotel B2
25 Kayun Hostel Downtown D6
26 Kuta Bed & Breakfast Plus E8
27 La Costa Central C1
28 Mimpi Bungalows D7
29 Poppies Bali D7
30 Puri Agung Homestay D7
31 Puri Damai B1
32 Sari Beach Hotel B3
33 Sri Beach Inn C3
34 Stones C5
35 Un's Hotel C5

Essen
36 Ajeg Warung C8
37 Balcony C5
38 Balé Udang F2
39 Bemo Corner Coffee Shop E7
40 Fat Chow C6
41 Jamie's Italian C7
42 Kopi Pot D6
43 Kuta Market E8
44 Made's Warung D7
45 Mama's German Restaurant D5
46 Mozzarella B2
Plantation Grill .... (s. 19)
47 Poppies Restaurant D7
48 Saleko C1
49 Stakz Bar & Grill D6
50 Sushi Tei C6
51 Take D4
52 Warung Asia B1
53 Warung Murah B1
54 Warung Yogya C3
55 Wooyoo E3
56 Zanzibar A1

Ausgehen & Nachtleben
57 Apache Reggae Bar D7
58 Bali Beach Shack C4
59 Bounty E7
60 Cocoon A1
Double-Six Rooftop .... (s. 19)
61 Engine Room D6
62 Jenja C1
63 Sky Garden Lounge D6
64 Velvet C6

Shoppen
Beachwalk .... (s. 50)
65 Carrefour G5
66 Luke Studer E3
67 Naruki Surf Shop D6
68 Rip Curl D6
69 Sriwijaya Batik B1
70 Summer Batik B1
71 Surfer Girl E7

Dream Museum Zone MUSEUM

(Karte S. 74; ☎0361-849 6220; www.facebook.com/dmzbali/; Jl Nakula 33X; 110 000 Rp, Kinder unter 3 J. frei; ⊙9–22 Uhr;) Dieses Museum bedeutet Spaß für die ganze Familie mit einer Sammlung von rund 120 interaktiven, lebensgroßen Wandmalereien, die lebendig werden – genauer gesagt, einen 3-D-Effekt bieten – wenn man sich vor ihnen fotografiert. Es gibt 14 Abteilungen, man kann also zwischen Indonesien, Jurassic Park, Ägypten und anderem wählen.

Memorial Wall MONUMENT

(Karte S. 74; Jl Legian) An die internationalen Dimensionen des Bombenattentats von 2002 erinnert die Gedenkwand, an der Menschen aus vielen Ländern den Opfern die Ehre erweisen. Hier stehen die Namen der 202 identifizierten Opfer, darunter 88 Australier und 35 Indonesier. Allmählich wirkt die Gedenkstätte ziemlich vernachlässigt. Der Parkplatz gegenüber ist alles, was vom zerstörten Sari Club geblieben ist, dem Ort des Bombenanschlags.

Mads Lange's Tomb HISTORISCHER ORT

(Karte S. 85; Jl Tuan Langa) Mads Lange, ein dänischer Kopra-Händler und Abenteurer des 19. Jhs., etablierte im Jahr 1839 eine erfolgreiche Handelsfirma in der Nähe des heutigen Kuta. Er vermittelte gewinnbringend zwischen lokalen Rajas (Fürsten oder Prinzen) und den Niederländern, die von Norden her einwanderten. Mit seinem Geschäft ging es allerdings in den 1850er-Jahren bergab, und er starb unversehens, als er gerade im Begriff stand, nach Dänemark zurückzukehren. Sein restauriertes Grab befindet sich auf dem Gelände, auf dem er lebte, in einer ruhigen, von Bäumen beschatteten Gegend am Fluss. Lange züchtete Dalmatiner und die Einheimischen sind heute noch überzeugt davon, dass jeder Hund mit einem Anflug von Schwarz und Weiß das Blut aus dieser Zucht in sich trägt.

Vihara Dharmayana Temple BUDDHISTISCHER TEMPEL

(Karte S. 74; Chinesischer Tempel; Jl Blambangan; ⌚8–20 Uhr) Der beinahe 200 Jahre alte buddhistische Tempel ist ein farbenfroher Ort der Ruhe, der sich etwas abseits der üblichen Pfade befindet. Im Innenhof wird Weihrauch entzündet.

Aktivitäten

Von Kuta aus ist es kein Problem, irgendwo im Süden Balis Surfen, Segeln, Tauchen oder Raften zu gehen und trotzdem rechtzeitig zum Beginn der blauen Stunde bei Sonnenuntergang zurück zu sein. Freizeitparkbesuche und entspannende Wellnessanwendungen sind ebenfalls beliebte Aktivitäten.

Surfen

Der Beach-Break vor der Küste unweit des Hotels Istana Rama, der **Halfway Kuta** (Karte S. 74) genannt wird, ist bei Anfängern sehr beliebt. Anspruchsvollere Breaks finden sich an den Sandbänken vor Legian, rund um das Ende der Jl Padma und am **Kuta-Riff**, das sich ungefähr 1 km vor Kuta Reef Beach im Meer befindet.

Die Surferszene ist in Kuta nicht zu übersehen. Große und kleine Geschäfte verkaufen Surfausrüstung und -boards der großen Marken. Viele Stände an den Seitenstraßen verleihen Surfbretter (für verhandelbare 50 000 Rp pro Tag) und Bodyboards, reparieren Dellen und verkaufen neue und gebrauchte Bretter. Einige organisieren auch den Transport zu Surf-Spots in der Nähe. Gebrauchte Boards in gutem Zustand kosten durchschnittlich 200 US$.

Waterbom Park WASSERPARK

(Karte S. 85; ☎0361-755676; www.waterbom-bali.com; Jl Kartika Plaza; Erw./Kind 535 000/385 000 Rp; ⌚9–18 Uhr) Dieser Wasserpark liegt auf 3,8 ha eines tropischen Gartens. Es gibt verschiedene Wasserrutschen (zwei Dutzend insgesamt, darunter die „Climax"), Schwimmbecken, ein Flow-Rider zum Surfen und eine Fahrt auf dem „trägen Fluss". Andere Vergnügungen sind ein Food Court, eine Bar und ein Spa.

Pro Surf School SURFEN

(Karte S. 74; ☎0361-751200; www.prosurfschool.com; Jl Pantai Kuta; Unterricht pro Tag ab 675 000 Rp) Die renommierte Schule direkt am Kuta Beach bringt seit Jahren Anfängern den aufrechten Stand auf dem Brett bei. Angeboten werden Kurse auf jedem Niveau (auch halb-private) sowie ein Ausrüstungs- und Boardverleih. Es gibt Betten im Schlafsaal (ab 150 000 Rp), einen Swimmingpool und ein cooles Café.

Rip Curl School of Surf SURFEN

(Karte S. 74; ☎0361-735858; www.ripcurlschoolofsurf.com; Jl Arjuna; Unterricht ab 700 000 Rp) Normalerweise verkaufen Universitäten Shirts mit ihrem Logo; hier ist es genau umgekehrt: Die Beachwear-Firma sponsert eine Schule. Kurse auf jedem Niveau werden an verschiedenen Orten im Süden angeboten; außerdem existieren auch spezielle Kinderkurse. In Sanur besitzt die Schule eine eigene Anlage zum Kitesurfen, Windsurfen, Tauchen, Wakeboarden und zum Stehpaddeln (SUP).

Jamu Traditional Spa SPA

(Karte S. 74; ☎0361-752520, 165; www.jamutraditionalspa.com; Jl Pantai Kuta, Alam Kul Kul; 1 Std. Massage ab 350 000 Rp; ⌚9–19 Uhr) Die ruhigen Massageräume des Resort-Hotels öffnen sich zu einem hübschen Innenhof mit Garten. Wer schon immer Teil eines Fruchtcocktails sein wollte, findet hier die Gelegenheit dazu – es gibt Behandlungen u. a. mit tropischen Nüssen, Kokosnuss und Papayas, oft in Form von Duftbädern.

5GX Bali VERGNÜGUNGSPARK

(Reverse Bungy; Karte S. 74; ☎0878 6063 5464; 99 Jl Legian Kaja; pro Person 250 000–350 000 Rp; ⌚11–15 Uhr) Bei dieser in Neuseeland entworfenen und lila beleuchteten Attraktion hängt eine Kapsel mit Platz für zwei bis drei

Passagieren an elastischen Seilen zwischen zwei Türmen. Sie wird dann mit ca. 200 km/h senkrecht in die Höhe geschossen, um dann wild zu hüpfen, sich zu drehen und die Insassen zwischen Lachen und Schrecken hin- und herzureißen. Zuzusehen macht fast genauso viel Spaß.

Upside Down World VERGNÜGUNGSPARK
(☎0361-847 3053; www.upsidedownworldgroup.com; Jalan Bypass Ngurah Rai 726; Erw./Kind 100 000/50 000 Rp; ⌚9–21 Uhr; 👪) Spaß für die ganze Familie, in der Upside Down World gibt es lauter Zimmer, die auf dem Kopf stehen. Fotos, die dort gemacht werden, sind super witzig. Es gibt ganz alltägliche Räume wie eine Küche, aber auch ein spezielles Bali-Zimmer mit aufwendigen Schnitzereien. Nur die Fantasie setzt diesem der Schwerkraft trotzenden Vergnügen Grenzen.

Schlafen

Kuta, Legian und Tuban verfügen über Hunderte Unterkünfte. In Tuban und Legian sind es überwiegend Hotels der Mittel- und Spitzenklasse; preiswerte Zimmer findet man am besten in Kuta und im südlichen Legian. Die allermeisten Hotels verfügen über Klimaanlage und Swimmingpool. Dutzende neue Mittelklassehäuser werden von Hotelketten überall hochgezogen, viele liegen allerdings in ungünstiger Lage.

Sämtliche Unterkünfte westlich der Jalan Legian liegen nicht weiter als zehn Gehminuten vom Strand entfernt.

Kuta

★**Hotel Ayu Lili Garden** HOTEL $
(Karte S. 74; ☎0361-750557; ayuliligardenhotel@yahoo.com; nahe Jl Lebak Bene; Zi. mit Ventilator/Klimaanlage ab 195 000/250 000 Rp; ❄📶🏊) In einer relativ ruhigen Gegend in Strandnähe bietet das altmodische familiengeführte Hotel 22 Zimmer im Bungalowstil. Die Standards sind hoch, und wer noch etwas drauflegt, bekommt weitere Annehmlichkeiten, z. B. einen eigenen Kühlschrank.

★**Kuta Bed & Breakfast Plus** GUESTHOUSE $
(KBB, Karte S. 74; ☎0818 568 364, 0821 4538 9646; kutabnb@gmail.com; Jl Pantai Kuta 1E; Zi. ab 100 000 Rp; ❄📶) Neun komfortable Zimmer werden in dem ausgezeichneten Gästehaus direkt gegenüber Bemo Corner vermietet. Alle Standards sind vorhanden. Das Haus liegt zu Fuß zehn Minuten vom Strand und zehn Fahrminuten vom Flughafen entfernt. Es besitzt eine schöne Dachterrasse mit Blick auf die Skyline von Kuta; auch zum Nachtleben ist es nicht weit.

Cheeky Piggy Hostel HOSTEL $
(Karte S. 74; ☎0361-475 3919; Poppies Lane I; B/Zi. 75 000/170 000 Rp; ❄📶🏊) Inmitten eines Ortes voller Touristen, ist dieses gemütliche kleine Hostel in einer Seitenstraße von Kuta ideal, um andere Reisende zu treffen. Es gibt einen kleinen Pool, gratis Pfannkuchen und billiges Bier.

Kayun Hostel Downtown HOSTEL $
(Karte S. 74; ☎0361-758442; www.kayun-downtown.com; Jl Legian; B inkl. Frühstück ab 100 000 Rp; ❄📶🏊) Im Herzen von Kuta, ganz in der Nähe der Nightlife-Szene, ist dieses Hostel der richtige Ort für alle, die vor allem Party machen wollen. Es ist in einem eleganten Kolonialgebäude untergebracht, hat Sinn für Stil und ein kleines Tauchbecken. In den Schlafsälen stehen 4 bis 20 Betten, Vorhänge sorgen für Privatsphäre.

Mimpi Bungalows HOTEL $
(Karte S. 74; ☎0361-751848; mimpibungalowkuta@gmail.com; Gang Sorga; Zi. 300 000–600 000 Rp; ❄📶🏊) Die billigsten unter den zwölf Zimmern im Bungalowstil bieten wohl das beste Preis-Leistungs-Verhältnis (sie sind mit Ventilatoren ausgestattet). Im schattigen Garten blühen Orchideen, der Swimmingpool hat schöne Ausmaße.

Bendesa HOTEL $
(Karte S. 74; ☎0361-754366; www.bendesaaccommodation.com; nahe Poppies Gang II; Zi. ab 200 000 Rp; ❄📶🏊) Die 42 Zimmer in einem dreistöckigen Gebäude blicken auf einen hübschen Poolbereich. Erstaunlicherweise bleibt es hier trotz des erheblichen Getümmels rundum ruhig. In den billigsten Zimmern gibt es nur Kaltwasser (einige mit Badewanne) und Ventilatoren. WLAN steht in einzelnen Zimmern in der Nähe der Lobby zur Verfügung.

Berlian Inn HOTEL $
(Karte S. 74; ☎0361-751501; nahe Poppies Gang I; EZ/DZ ab 135 000/210 000 Rp; ❄) Die 27 Zimmer in den zweistöckigen Gebäuden liegen, was den Stil betrifft, eine Stufe über den üblichen Budgetunterkünften. Sie sind angenehm ruhig, mit Ikat-Tagesdecken und ungewöhnlich gestalteten Freiluftbädern ausgestattet. Die teureren Zimmer verfügen über Klimaanlage und Heißwasser.

Puri Agung Homestay GUESTHOUSE $
(Karte S. 74; ☎0361-750054; nahe Gang Bedugul; Zi. mit Ventilator/Klimaanlage ab 120 000/200 000 Rp; ❄) Verkaterte Partygänger werden die zwölf dunklen Zimmer (nur mit Kaltwasser) in diesem attraktiven kleinen Haus mit einem winzigen grottenartigen Garten zu schätzen wissen. Wer nicht zu den Vampiren zählt, findet im Obergeschoss hellere Zimmer. Das Haus wird von einer zauberhaften Familie geleitet, ein Novum angesichts der Tatsache, dass sich Hotelketten in Kuta breit machen.

★ **Un's Hotel** HOTEL $$
(Karte S. 74; ☎0361-757409; www.unshotel.com; Jl Benesari; Zi. mit Ventilator/Klimaanlage 380 000–490 000 Rp; ❄@📶🏊) Der etwas versteckte Eingang passt perfekt zur Grundstimmung dieser abgeschiedenen Unterkunft, bei der die Bougainvilleen bis zu den Balkonen hinaufwachsen. Die 30 geräumigen Zimmer in den beiden zweistöckigen Gebäuden (das südliche ist ruhiger) sind mit Antiquitäten und bequemen Korbliegen ausgestattet. Zum Strand ist es nicht weit.

Bali Bungalo HOTEL $$
(Karte S. 74; ☎0361-755109; www.bali-bungalo.com; nahe Jl Pantai Kuta; Zi. 270 000–600 000 Rp; ❄📶🏊) Große Zimmer in Strandnähe, aber weit entfernt von Störfaktoren: Diese Kombination macht hauptsächlich die Attraktivität des älteren Hotels mit 40 Zimmern aus. Es ist gepflegt, und es gibt Statuen von tänzelnden Pferden und einen Swimmingpool, der zum Plantschen einlädt. Die Zimmer befinden sich in zweistöckigen Gebäuden und verfügen über Innenhöfe bzw. Veranden; nicht in allen ist WLAN vorhanden.

Fashion Hotel HOTEL $$
(Karte S. 74; ☎0361-849 6688; www.fashionbalilegian.com; Jl Legian 121; Zi. ab 420 000 Rp; ❄📶🏊) Das früher einmal kitschige Love F Hotel im Herzen Kutas wurde renoviert und kürzlich als Fashion Hotel Legian neu eröffnet – aber das kühle, moderne Design ist immer noch angemessen überkandidelt. In der Lobby gibt es sogar einen Laufsteg, wo sich durch Spiegel und Lichteffekte jeder wie ein Model fühlt. Auf dem Dach befinden sich ein Whirlpool und eine Bar, in der abends Party gemacht wird.

Poppies Bali HOTEL $$$
(Karte S. 74; ☎0361-751059; www.poppiesbali.com; Poppies Gang I; Zi. 1 980 000–2 130 000 Rp; ❄@📶🏊) Diese üppig-grüne Anlage mit ihren 20 strohgedeckten Hütten und Outdoor-Bädern gilt in Kuta als wahre Institution. Bei den Betten stehen beispielsweise Kingsize und Twins (zwei getrennte Betten) zur Auswahl. Rund um den Swimmingpool stehen Steinskulpturen und Springbrunnen in einem hübschen Garten, der einen beinahe vergessen lässt, dass man sich im Herzen von Kuta befindet.

Stones RESORT $$$
(Karte S. 74; ☎0361-300 5888; www.stoneshotelbali.com; Jl Pantai Kuta; Zi. inkl. Frühstück ab 110 US$; ❄📶🏊) Diese riesige, neu gebaute Ferienanlage, die gegenüber dem Kuta Beach aufragt, protzt förmlich mit einem riesigen Pool, einem vertikalen Garten und 308 Zimmern in fünfgeschossigen Gebäuden. Das Design ist hip und modern, Hightech-Geräte gibt es in Hülle und Fülle. Das Stones gehört zur wachsenden Zahl der Megahotels in dieser Gegend und ist an das Marriott angegliedert. Einige Zimmer haben sogar eine Badewanne auf dem Balkon.

Legian

La Costa Central HOTEL $
(Karte S. 74; ☎0812 8041 7263; Jl Nakula; Zi. inkl. Frühstück 280 000 Rp; ❄📶🏊) In einem mehrstöckigen Gebäude in einer relativ ruhigen Seitenstraße in Legian begeistert dieses gemütliche und preiswerte Hotel mit seinen blitzblanken Zimmern, seinem üppigen Garten und seinem erfrischenden Swimmingpool Backpacker. Die Zimmer verfügen über Annehmlichkeiten wie Mini-Kühlschrank und Badeprodukte, und die Mitarbeiter sind freundlich und hilfsbereit. Wer etwas mehr Privatsphäre sucht, wird den dritten Stock bevorzugen.

Sri Beach Inn GUESTHOUSE $
(Karte S. 74; ☎0361-755897; Gang Legian Tewngah; Zi. mit Ventilator/Klimaanlage 200 000/350 000 Rp; ❄📶) Auf verschiedenen Pfaden geht es ins Zentrum des alten Legian; wenn oben die Palmen rauschen, ist es nicht mehr weit bis zu diesem Gästehaus mit seinen fünf Zimmern, zu dem ein Garten gehört. Der höhere Preis steht für Warmwasser, Klimaanlage und Kühlschrank. Das Haus bietet günstige Monatsmieten an.

★ **Puri Damai** GUESTHOUSE $$
(Karte S. 74; ☎0361-730665; www.puridamai.com; Jl Werkudara; Apt. 1-/2-Schlafzimmer 70/140 US$; ❄📶🏊) Das exquisite kleine Hotel, das

etwas versteckt in der Nähe des Double Six Beach steht, ist eine elegante Wahl. Betreiber ist Made, der Doyen des Made's-Warung-Imperiums. Die zwölf Wohneinheiten sind ziemlich große Apartments mit voll ausgestatteten Küchen, Ess- und Wohnbereichen, Terrassen und Balkons. Die kompakte Anlage ist üppig grün, die Einrichtung entspannt tropisch.

Island GUESTHOUSE **$$**
(Karte S. 74; ☎0361-762722; www.theislandhotelbali.com; Gang Abdi; B/Zi. inkl. Frühstück ab 150 000/300 000 Rp; ❄@📶🏊) Das Island, eine der wenigen Flashpacker-Unterkünfte auf Bali, ist nicht gerade leicht zu finden. Versteckt im attraktiven Labyrinth aus winzigen Gassen westlich der Jalan Legian steht dieses schicke Hotel an der Kreuzung der Gangs 19, 21 und Abdi. Es besitzt einen Luxusschlafsaal mit zwölf Betten.

Sari Beach Hotel HOTEL **$$**
(Karte S. 74; ☎0361-751635; www.thesaribeach.com; nahe Jl Padma Utara; Zi. inkl. Frühstück 65–80 US$; ❄📶🏊) Zu diesem Strandhotel mit gutem Preis-Leistungs-Verhältnis geht es, immer den Ohren nach, eine lange Gasse hinunter in Richtung Brandungsrauschen. Das Haus lässt sich nur als betagt bezeichnen: Es fühlt sich an wie eine Zeitschleife aus den 1980er-Jahren, ist allerdings perfekt für einen Strandurlaub ohne viele Extras. Zu den 21 Zimmern gehören Patios, die besten sind außerdem mit großen Badewannen ausgestattet. Auf dem grasbewachsenen Gelände finden sich jede Menge kleine Statuen und Wasserspiele.

Jayakarta Hotel RESORT **$$**
(Karte S. 74; ☎0361-751433; www.jayakartahotelsresorts.com; Jl Pura Bagus Taruna; Zi. inkl. Frühstück 1 100 000–2 400 000 Rp; ❄@📶🏊) Das Jayakarta steht gegenüber einem langen schattigen Strandabschnitt. Das palmenbestandene Gelände, mehrere Swimmingpools und verschiedene Restaurants sorgen für seine Beliebtheit besonders bei Gruppen und Familien. Geräte zum Haareflechten am Pool verpassen Kindern den Ferien-Look. Die 331 Zimmer in zwei- und dreigeschossigen Gebäuden sind groß. Allerdings gibt es nicht in jedem Zimmer WLAN.

Hotel Kumala Pantai HOTEL **$$**
(Karte S. 74; ☎0361-755500; www.kumalapantai.com; Jl Werkudara; Zi. inkl. Frühstück 1 100 000–3 800 000 Rp; ❄@📶🏊) Die 173 Zimmer sind groß und haben Marmorbäder mit separater Dusche und Badewanne. Die dreistöckigen Gebäude stehen auf einem üppig grünen Gelände gegenüber dem beliebten Double Six Beach. Viele Zimmer sind mit Kühlschrank und Mikrowelle ausgestattet – danach einfach nachfragen.

Double-Six RESORT **$$$**
(Karte S. 74; ☎0361-730466; www.double-six.com; Double Six Beach 66; Zi. inkl. Frühstück ab 3 900 000 Rp; ❄📶🏊) Das gigantische 5-Sterne-Resort hat sich einige Extravaganzen von Vegas abgeschaut. Die 146 geräumigen Zimmer gegenüber dem luxuriösen 120-m-Pool haben alle Strandblick und Fernseher im Bad, einige auch einen Whirlpool auf dem Balkon. Außerdem steht rund um die Uhr ein Butlerservice bereit. Dazu kommen eine

ABSEITS DER ÜBLICHEN PFADE

SEITENSTRASSEN IN LEGIAN

Da man ständig Autos, Motorrädern, Schleppern, Hunden und schlammigen Fußwegen ausweichen muss, fühlt man sich in Kuta und Legian manchmal gar nicht wie im Urlaub. Es ist ein ziemlich intensives Erlebnis und kann stressig sein. Vielleicht kommt schon bald die Sehnsucht nach einsamen Orten, an denen man nichts hört, außer dem Rascheln der Palmwedel und dem Gesang der Vögel.

Ob man dafür einen Ausflug aufs Land machen muss? Nein, man kann in ruhigere Ecken fliehen, ohne die Stadt verlassen zu müssen. Hinter den Einkaufsstraßen verbergen sich oft noch nicht erschlossene Gebiete und einfache Wohnbezirke, in denen Einheimische leben.

In Legian kann man jeder der schmalen *gang* (Gassen) in das Gebiet folgen, das von Jl Legian, Jl Padma, Jl Padma Utara und Jl Pura Bagus Taruna begrenzt wird und sich schnell auf schmalen Wegen wiederfinden, die an Häusern Einheimischer vorbeiführen, gelegentlich auch an einem schlichten Warung oder Laden. Einfach herumspazieren und die Stille genießen, die vom Rascheln der Palmwedel und dem Gesang der Vögel nur noch betont wird.

riesige Bar auf der Dachterrasse (S. 86) und mehrere Restaurants, darunter das renommierte Plantation Grill (S. 84).

Bali Mandira Beach Resort HOTEL $$$
(Karte S. 74; ☎ 0361-751381; www.balimandira.com; Jl Padma 2; Zi. 150–360 US$;) Gärten voller Strelitzien bestimmen die Atmosphäre in dieser Ferienanlage mit 191 Zimmern und Komplettservice in vier vierstöckigen Gebäuden mit individuellen Garteneinheiten. Die Innenausstattung der Hütten ist topmodern, die Badezimmer liegen teilweise im Freien. In beinahe dramatischer Lage befindet sich ein Swimmingpool auf der Spitze einer steinernen Zikkurat (in der ein Spa untergebracht ist) – und vom Café bietet sich ein weiter Blick auf das Meer.

Tuban

An dem zuweilen gar nicht vorhandenen Tuban Beach reiht sich ein großes Hotel ans andere. Sie sind vor allem bei Gruppenreisenden beliebt; viele bieten spezielle Aktivitäten für Kinder an.

Patra Jasa Bali Resort & Villas RESORT $$$
(Karte S. 85; ☎ 0361-935 1161; www.thepatrabali.com; Jl Ir H Juanda; Zi. inkl. Frühstück 1 300 000–2 500 000 Rp;) Diese unaufdringliche Ferienanlage am südlichsten Ende von Tuban unweit des Kuta Reef Beach ist sehr ruhig, liegt aber dank des Strandwegs trotzdem dicht am Geschehen. Das weitläufige Gelände bietet zwei Pools und üppige Gartenanlagen. Die 228 Zimmer besitzen Standard-Charme; von den Terrassen der allein stehenden Häuser genießt man einen schönen Blick aufs Meer.

Essen

Lokale gibt es hier in Hülle und Fülle. Touristencafés mit einem günstigen Angebot an indonesischen Standardgerichten, Sandwiches und Pizza sind allgegenwärtig.

Wer die entspannte Atmosphäre eines Traveller-Cafés sucht, sollte durch die Gassen schlendern und nach den Menschenmassen Ausschau halten. Für einen Snack und Bier auch um 4 Uhr morgens finden sich überall Circle-K-Läden, die rund um die Uhr geöffnet haben.

Die Großrestaurants an der Jalan Sunset sollte man meiden. Sie rühren eifrig die Werbetrommel, leiden aber unter Verkehrslärm und richten sich an Touristen.

Kuta

Ajeg Warung BALINESISCH $
(Karte S. 74; ☎ 0822 3777 6766; Kuta Beach; Hauptgerichte ab 20 000 Rp; ⌚ 8–22 Uhr) Der schlichte Imbissstand mit Tischen im Schatten steht direkt am Kuta Beach. Hier werden besonders frische lokale Gerichte serviert, wie sie selten zu finden sind, mit Blick auf die Brandung. Dort, wo die Jalan Pantai Kuta nach Norden abdreht, betritt man den Strand und geht dann 100 m auf dem Strandweg nach Süden.

Bemo Corner Coffee Shop CAFÉ $
(Karte S. 74; ☎ 0812-397 3313; www.facebook.com/bemocappucino; Jl Pantai Kuta 10A; Hauptgerichte ab 40 000 Rp; ⌚ 8–21 Uhr) Das entzückende kleine Café mit offener Frontseite ist eine attraktive Oase in unmittelbarer Nachbarschaft des alltäglichen Trubels an der Jalan Legian. Es gibt ausgezeichnete Kaffeegetränke, Smoothies und zwanglose Gerichte wie Sandwiches sowie riesige traditionelle Frühstücksangebote mit Eiern, Speck, Würstchen usw.

Wooyoo EIS $
(Karte S. 74; ☎ 0822 3652 7735; Jl Dewi Sri 18F; Eis ab 20 000 Rp; ⌚ 10–22 Uhr) Was gibt es an einem tropisch heißen Ort Besseres als Eis? Die Softeis-Leckereien stammen von einer bekannten koreanischen Marke, die für ihre reichhaltigen, cremigen Wirbel berühmt ist. Das Eis gibt es im Becher, in der Waffel oder auf süßem „Schneckenbrot". Als Toppings sind u. a. süßes Popcorn, Schokoladenraspel und Churros im Angebot. Der Essbereich pflegt einen rustikalen, offenen Stil.

Kuta Nachtmarkt INDONESISCH $
(Karte S. 85; Jl Blambangan; Hauptgerichte 15 000–25 000 Rp; ⌚ 18–24 Uhr) Dies ist das Territorium der Essensstände und Plastikstühle. Es wimmelt nur so von Einheimischen und Leuten aus der Tourismusbranche, die heiße Leckereien direkt aus dem Wok, Gegrilltes und andere frische Speisen futtern.

Kuta-Markt MARKT $
(Karte S. 74; Jl Raya Kuta; ⌚ 6–16 Uhr) Dieser Markt ist nicht gerade groß zu nennen, aber seine Popularität garantiert konstante Umsätze. Hier sind einige der ungewöhnlichen Früchte von Bali zu finden, beispielsweise die Mangostanfrucht.

KUTA-COWBOYS ABGESATTELT

An den Stränden im Süden von Bali sind sie überall zu sehen: muskulöse junge Männer mit Tattoos, langen Haaren und guten Manieren. Die Kuta-Cowboys, wie sie genannt werden, bringen frischen Wind in das Klischee von der jungen Asiatin und dem älteren Mann aus dem Westen. Jahrzehntelang haben Frauen aus Japan, Australien und anderen Ländern an Balis Stränden eine Begleitung gefunden, die ihr Bedürfnis nach Romantik, Abenteuer oder was auch immer stillt.

Die Dynamik zwischen diesen Ausländerinnen und balinesischen Männern ist komplexer als der simple Austausch von Geld und sexuellen Diensten (was auf Bali im Übrigen verboten ist): Die Kuta-Cowboys werden zwar nicht direkt für Sex entlohnt, aber ihre Begleiterinnen bezahlen in der Regel ihr Essen, kaufen Geschenke und kommen eventuell für weitere Ausgaben wie die Miete auf.

Dieses bekannte Bali-Phänomen geriet 2010 mit der Veröffentlichung der unterhaltsamen Dokumentation *Cowboys in Paradise* (im Internet unter www.cowboysinparadise.com) in die Schlagzeilen. Regisseur Amit Virmani sagt, die Idee zu dem Film sei ihm nach einem Gespräch mit einem jungen Balinesen gekommen. Dieser erklärte, er wolle „Sex-Diener japanischer Mädchen" werden, wenn er groß sei. Der Streifen beleuchtet das Leben der Kuta-Cowboys und untersucht den ökonomischen und emotionalen Preis für die flüchtigen Affären mit den Touristinnen.

★Take JAPANISCH **$$**
(Karte S. 74; ☎ 0361-759745; www.take.ramarestaurantsbali.com; Jl Patih Jelantik; Hauptgerichte 70 000–300 000 Rp; ⏰ 11–24 Uhr; 📶) Wer unter der traditionellen Stoffabschirmung vor dem Eingang dieses immer weiter expandierenden Restaurants hindurchtaucht, entflieht Bali und landet in einer entspannten Version von Tokio. Hyperfrische Sushi, Sashimi und mehr werden unter den aufmerksamen Augen eines großartigen Kochteams hinter einer langen Theke zubereitet. Der Chefkoch ist regelmäßig frühmorgens auf dem jimbarischen Fischmarkt zu finden.

★Poppies Restaurant INDONESISCH **$$**
(Karte S. 74; ☎ 0361-751059; www.poppiesbali.com; Poppies Gang I; Hauptgerichte 50 000–135 000 Rp; ⏰ 8–23 Uhr; 📶) Das im Jahr 1973 eröffnete Poppies war eins der ersten Restaurants in Kuta (Poppies Gang I ist sogar nach ihm benannt). Beliebt ist es wegen seiner eleganten Gartenanlage und der Speisekarte mit gehobener balinesischer, westlicher und thailändischer Küche. Die *rijsttafel* (eine Auswahl indonesischer Gerichte, die mit Reis serviert werden) sowie Fisch und Meeresfrüchte haben viele Fans.

Fat Chow ASIATISCH **$$**
(Karte S. 74; ☎ 0361-753516; www.fatchowbali.com; Poppies Gang II; Hauptgerichte ab 65 000 Rp; ⏰ 9–23 Uhr; 📶) Das Fat Chow ist eine schicke und moderne Variante des traditionellen Cafés mit offener Front. An langen Picknicktischen, kleinen Tischen und Liegen werden Speisen mit asiatischem Akzent serviert. Viele der kreativen Gerichte laden zum Teilen ein. Empfehlenswert sind beispielsweise der knackige asiatische Salat, Schweinefleischbrötchen, Tokio-Garnelen und das authentische Pad Thai.

Sushi Tei SUSHI **$$**
(Karte S. 74; ☎ 0361-849 6496; www.sushitei.co.id; Jl Pantai Kuta, Beachwalk, 1. Etage; Hauptgerichte 40 000–100 000 Rp; ⏰ 11–23 Uhr) In diesem gehobenen Sushi-Outlet mit Blick auf die Brandung können sich die Gäste eine Brise um die Nase wehen lassen. Die Sushi-Karte ist lang, die Qualität hoch. Dazu kommen oft Spezialangebote mit einem unglaublichen Preis-Leistungs-Verhältnis. Außerdem gibt es eine gute Getränkekarte und eine Happy Hour zum Sonnenuntergang.

Balcony INTERNATIONAL **$$**
(Karte S. 74; ☎ 0361-757409; www.thebalconybali.com; Jl Benesari 16; Hauptgerichte 50 000–170 000 Rp; ⏰ 6–23 Uhr) Das Balcony mit seinem luftigen tropischen Design liegt oberhalb des Getümmels auf der Jalan Benesari. Für einen guten Start in den Tag empfiehlt sich das ein oder andere von der langen Frühstückskarte. Abends stehen Pasta, gegrilltes Fleisch und wenige indonesische Klassiker zur Wahl; alles nett angerichtet. Das Lokal eignet sich perfekt für eine spontane Verabredung am Abend.

Made's Warung
INDONESISCH $$

(Karte S. 74; ☎0361-732130; www.madeswarung.com; Jl Pantai Kuta; Hauptgerichte ab 60 000 Rp; ⏲8–23 Uhr) Made's war der ursprüngliche Touristen-Warung in Kuta. Über die Jahre ist die mehr und mehr verwestlichte indonesische Speisekarte von der Konkurrenz oftmals kopiert worden. Klassische Gerichte wie *nasi campur* (Reis mit verschiedenen Beilagen) werden in offenen Räumlichkeiten serviert, die an die Zeit erinnern, als die touristischen Hot Spots in Kuta noch mit Gaslaternen beleuchtet wurden.

Kopi Pot
CAFÉ $$

(Karte S. 74; ☎0361-752614; www.kopipot.com; Jl Legian; Hauptgerichte ab 43 000 Rp; ⏲7–23 Uhr; 📶) Das von Bäumen beschattete Kopi Pot ist sehr beliebt, besonders wegen des Kaffees, der Milchshakes und der unzähligen Desserts. Der Essbereich mit Bar im Freien erstreckt sich über mehrere Ebenen und liegt etwas versetzt von der unzumutbaren Jalan Legian.

Mama's German Restaurant
DEUTSCH $$

(Karte S. 74; ☎0361-761151; www.bali-mamas.com; Jl Legian; Hauptgerichte ab 65 000 Rp; ⏲24 Std.) Wenn man sich erst mal an die Servicekräfte im Dirndl gewöhnt hat, fühlt man sich beinahe schon wie in München, nur eben viel schweißtreibender. Die Speisekarte ist typisch deutsch mit einer riesigen Auswahl an Würsten, Braten und Schweinesteaks vom hauseigenen Schlachter (zu den wurstlosen Gerichten zählen u. a. Burger, Nudeln, Pizza). Getrunken wird literweise Bintang vom Fass.

Stakz Bar & Grill
AUSTRALISCH $$

(Karte S. 74; ☎0361-762129; Jl Benesari; Hauptgerichte 40 000–140 000 Rp; ⏲8–24 Uhr; 📶) Von Vegemite auf Toast und einem Flat White zum Frühstück, einer Potato Cake Roll oder einer Fleischpastete am Nachmittag und einem Aussie-Burger mit allem (einschließlich Rote Bete, Ei und Ananas) zum Abendessen, bietet das Stakz reine Aussie-Kost. Schon morgens umlagern Stammgäste die Bar; Anzahl der Tätowierungen übertreffen die der Kleidungsstücke.

Jamie's Italian
ITALIENISCH $$$

(Karte S. 74; ☎0361-762118; www.jamieoliver.com; Jl Pantai Kuta; Hauptgerichte ab 245 000 Rp; ⏲12–23 Uhr) Diese Filiale von Jamie Olivers Kette, eine von 40 weltweit, präsentiert wie erwartet eine kreative, saisonale Speisekarte. Die Gerichte zerstören Klischees, aber auch den Inhalt der Brieftasche. Burger sind hier zum gleichen Preis zu haben wie in NYC. Es gibt Tische in den Innen- und Außenbereichen. Der Service und die Aufmachung sind auf Hochglanz poliert.

Legian

Saleko
INDONESISCH $

(Karte S. 74; ☎0361-738170; Jl Nakula 4; Hauptgerichte ab 15 000 Rp; ⏲Mo–Sa 8–13, So 9–13 Uhr; 🌶) Wer bisher noch kein *masakan padang* probiert hat, hat noch nicht wirklich indonesisch gegessen. Das Saleko ist ein toller Ort, um dieses einfache, köstliche und billige Street Food aus Sumatra zu testen. Wer sich traut, sollte auf das pikante Grillhähnchen und den Fisch einen Klecks vulkanisches Sambal geben – das nicht für empfindliche Touristengaumen „entschärft" worden ist. Für Vegetarier gibt es leckeren Tofu, gekochte Jackfrucht und aromatische Aubergine.

Alle Gerichte sind halal – und es wird kein Alkohol ausgeschenkt.

Warung Murah
INDONESISCH $

(Karte S. 74; ☎0361-732082; Jl Arjuna; Hauptgerichte 20 000–35 000 Rp; ⏲8–23 Uhr) Das Mittagessen läuft in diesem authentischen Warung, der auf Fisch und Meeresfrüchte spezialisiert ist, wie am Schnürchen. Eine Auswahl an gegrilltem Fisch steht bereit; wer Geflügel bevorzugt, kann sich für das saftige *sate ayam* (Hühner-Satay) entscheiden, das zudem noch ein Schnäppchen ist. Das Lokal erfreut sich mittags ungeheurer Beliebtheit; am besten kommt man gleich um 12 Uhr. Und nicht das Sambal vergessen!

Warung Yogya
INDONESISCH $

(Karte S. 74; ☎0812 3995 5321; Jl Padma Utara; Hauptgerichte ab 25 000 Rp; ⏲8–22 Uhr) Der einfache, blitzsaubere Warung liegt versteckt im Zentrum von Legian. Auf den Tisch kommen herzhafte Portionen lokaler Gerichte zu Preisen, die fast schon Einheimische verlocken könnten.

Warung Asia
ASIATISCH $

(Karte S. 74; www.warungasia.com; Jl Werkudara 5; Hauptgerichte ab 50 000 Rp; ⏲13.30–22.30 Uhr; 📶) Dieser beliebte Warung im ersten Stock serviert sowohl indonesische Klassiker als auch Thaigerichte, und die Bedienungen sind sogar für Bali-Standards fröhlich. Abends wird es feuchtfröhlich und laut.

Mozzarella ITALIENISCH, FISCH & MEERESFRÜCHTE $$
(Karte S. 74; ☎0361-751654; www.mozzarella-resto.com; Jl Padma Utara; Hauptgerichte 70 000–200 000 Rp; ⏲7–23 Uhr; 📶) Unter den Strandrestaurants an der autofreien Zone in Legian ist das Mozzarella das beste. Die italienischen Gerichte, die hier serviert werden, sind authentischer als bei den meisten Mitbewerbern. Auch frischer Fisch steht auf der Karte; der Service ist wirklich gut, und die Gäste haben die Wahl, ob sie ihr Abendessen im Freien bei Mondschein oder im abgeschirmten Speisesaal zu sich nehmen möchten. Auch ein toller Platz für ein ruhiges Frühstück am Strand.

Balé Udang INDONESISCH $$
(Mang Engking; Karte S. 74; ☎0815 2904 0654; www.baleudang.com; Jl Nakula 88; Hauptgerichte ab 45 000 Rp; ⏲11–22 Uhr) Das große Restaurant, in dem Gerichte aus ganz Indonesien serviert werden, ist so etwas wie ein Spiegel für den Inselstaat. Verschiedene strohgedeckte Speisepavillons stehen zwischen Teichen und Wasserspielen. Die lange Speisekarte konzentriert sich auf frischen Fisch und Meeresfrüchte. Der Service ist freundlich und flott.

Zanzibar INTERNATIONAL $$
(Karte S. 74; ☎0361-733529; Jl Arjuna; Hauptgerichte 50 000–120 000 Rp; ⏲7–23 Uhr) Der beliebte Patio befindet sich gegenüber einem belebten Abschnitt des Double Six Beach. Zur Zeit des Sonnenuntergangs wird es hier richtig voll; den schönsten Blick hat man von den Tischen auf der Terrasse im zweiten Stockwerk. Auf der Karte stehen u. a. die Nasi-Familie und die Burger-Bande. Wenn es hier zu voll ist, stellen viele der Mitbewerber in der Nachbarschaft eine gute Alternative dar.

Plantation Grill MODERNE AUSTRALISCHE KÜCHE $$$
(Karte S. 74; ☎0361-734300; www.plantationgrillbali.com; 4. Etage, Double-Six Hotel, Double Six Beach 66; Hauptgerichte 200 000–850 000 Rp; ⏲18–24 Uhr) Das farbenfrohe Schild draußen lässt keinen Zweifel daran, dass dieses vornehme Hotel-Restaurant dem Imperium des australischen Küchenchefs Robert Marchetti entsprungen ist. Die luxuriös tropische Einrichtung versetzt die Gäste in die 1920er-Jahre. Die Speisekarte präsentiert große Steaks sowie Fisch und Meeresfrüchte mit einigen Spezialitäten zu wilden Preisen, z. B. Hummer Thermidor (855K!). Die schicke Bar ist ein Rückzugsort für einen Fantasie-Cocktail.

Tuban

★ **Pisgor** INDONESISCH $
(Karte S. 85; Jl Dewi Sartika; Snacks ab 2000 Rp; ⏲10–22 Uhr) Alle möglichen Köstlichkeiten tauchen aus den ununterbrochen brutzelnden Fritteusen dieses schmalen Ladenlokals in der Nähe des Flughafens auf. Das *pisang goreng* (gebratene Bananen) sollte man sich nicht entgehen lassen; auch esoterischere Gerichte wie *ote-ote* (Gemüsekuchen) stehen zur Wahl. Sehr zu empfehlen ist eine bunte Mischung, die mit rohen Chilischoten akzentuiert wird.

Warung Nikmat INDONESISCH $
(Karte S. 85; ☎0361-764678; Jl Bakung Sari 6A; Hauptgerichte 15 000–30 000 Rp; ⏲8–21 Uhr) Das alteingesessene javanische Lokal ist für sein breites Angebot an authentisch indonesischen Gerichten bekannt, darunter Rinder-Rendang (Curry), *perkedel* (gebackene Maiskuchen), Garnelenkuchen, *sop buntut* (Ochsenschwanzsuppe) sowie diverse Currys und Gemüsegerichte. Wer vor 14 Uhr kommt, hat die beste Auswahl.

Pantai FISCH & MEERESFRÜCHTE $$
(Karte S. 85; ☎0361-753196; Jl Wana Segara; Hauptgerichte 50 000–150 000 Rp; ⏲10–23 Uhr; 📶) Die Lage gibt bei dieser Strandbar mit Grill den Ausschlag. Das Essensangebot ist durch und durch touristisch (Fisch & Meeresfrüchte, indonesische Klassiker, Pasta usw.), aber die Lage mit Blick auf den Ozean ist einfach hinreißend. Jedes Jahr wird der Laden ein bisschen schicker und teurer, aber nicht wirklich abgehoben. Das Pantai liegt am Strandweg, ein ganzes Stück hinter der Lippo Mall Kuta (S. 87).

B Couple Bar 'n' Grill FISCH & MEERESFRÜCHTE $$
(Karte S. 85; ☎0361-761414; Jl Kartika Plaza; Hauptgerichte 60 000–200 000 Rp; ⏲11–24 Uhr) Eine dynamische Mischung aus wohlhabenden einheimischen Familien und internationalen Touristen lässt sich in diesem schicken Laden gegrillte Meeresfrüchte im Jimbaran-Stil schmecken. Billardtische, Sportübertragungen und Livemusik runden das Angebot ab, während in den offenen Küchen die Kochfeuer aufflackern.

Kafe Batan Waru INDONESISCH $$
(Karte S. 85; ☎0361-897 8074; www.batanwaru.com; Jl Kartika Plaza, Lippo Mall Kuta; Hauptgerich-

te ab 60 000 Rp; ⌚11–23 Uhr) Der Tuban-Ableger des renommierten Lokals in Ubud ist die aufgepeppte Version eines Warung mit ausgezeichneter, kreativer asiatischer und einheimischer Küche. Außerdem gibt es guten Kaffee, leckere Backwaren und kinderfreundliche Gerichte. Das Lokal hat einen neuen exponierten Standort vor der glamourösen Lippo Mall (S. 87).

Ausgehen & Nachtleben

Am Strand den Sonnenuntergang zu erleben, hat eine große Anziehungskraft. Die Leute genießen ihn bei einem Drink in einem Café mit Meerblick oder beim Bier von einem der fliegenden Händler. Später nimmt das legendäre Nachtleben Fahrt auf. Zahlreiche Partygänger verbringen den frühen Abend in einer angesagten Kneipe in Seminyak, arbeiten sich dann Richtung Süden vor und versacken schließlich irgendwo.

Die schicken Clubs in Seminyak sind bei Schwulen und Heteros gleichermaßen populär. In Kuta und Legian ist ein gemischtes Publikum zu finden.

The Beat (www.beatmag.com) listet Clubs und andere Locations auf.

Tuban

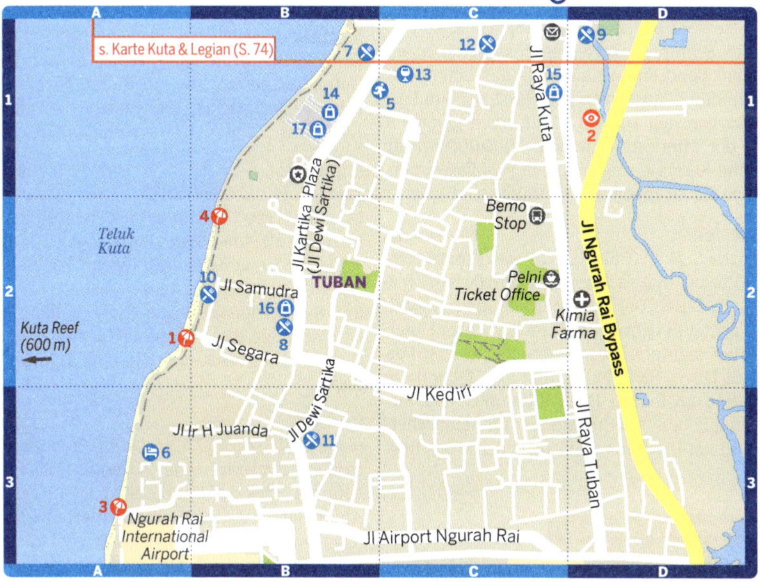

Tuban

Sehenswertes
1 Kuta Reef Beach A2
2 Mads Lange's Tomb D1
3 Pantai Patra Jasa A3
4 Tuban Beach B2

Aktivitäten, Kurse & Touren
5 Waterbom Park C1

Schlafen
6 Patra Jasa Bali Resort & Villas A3

Essen
7 B Couple Bar 'n' Grill B1
8 Kafe Batan Waru B2
9 Kuta Night Market D1
10 Pantai B2
11 Pisgor B3
12 Warung Nikmat C1

Ausgehen & Nachtleben
13 DeeJay Cafe C1

Shoppen
14 Discovery Mall B1
15 Joger C1
16 Lippo Mall Kuta B2
17 Periplus Bookshop B1
Sogo .... (s. 17)

★Velvet BAR

(Karte S. 74; ☎0361-846 4928; Jl Pantai Kuta, Beachwalk, Level 3, Kuta; ⏲ab 23 Uhr) Der Blick auf den Sonnenuntergang von dieser großen Terrassenbar mit Café an der Strandseite der Beachwalk-Einkaufspassage ist unschlagbar. Von Mittwoch bis Sonntag verwandelt sich das Velvet nach 22 Uhr in einen Club. Wer mag, kann sich eine Liege für zwei schnappen.

★Double-Six Rooftop BAR

(Karte S. 74; ☎0361-734300; www.doublesixrooftop.com; Double Six Beach 66; Legian; ⏲15–23 Uhr; 📶) Haie, die in den Aquarien entlang der Wände schwimmen, schicke Lounges, eine Kommandostelle und Gasfackeln: Die pompöse Bar über dem Double-Six Hotel könnte der Schlupfwinkel eines Bösewichts in einem Bond-Film sein. Der fantastische Blick auf den Sonnenuntergang lässt sich am besten von den runden Plattformen genießen – der Mindestumsatz von 1 000 000 Rp für eine Reservierung gilt auch fürs Essen, perfekt für Gruppen. Die Getränke sind teuer.

★Jenja CLUB

(Karte S. 74; ☎0361-882 7711; www.jenjabali.com; TS Suites, Jl Nakula 18, Legian; ⏲Mi & Do 10–16, Fr & Sa 10–17 Uhr) Der sehr schicke, durchgestylte Nachtclub befindet sich im TS Suites Hotel. Über mehrere Ebenen verteilt, bringen DJs mit Disco, R&B, Funk, Soul und Techno die Gäste auf Touren. Das Publikum ist eine Mischung aus wohlhabenden Einheimischen und auf Bali lebenden Ausländern. Das Restaurant serviert hochpreisige Speisen, die sich gut zum miteinander Teilen eignen.

Bali Beach Shack BAR

(Karte S. 74; ☎0819 3622 2010; www.balibeachshack.com; Jl Sahadewa, Legian; ⏲Di–So 15–23 Uhr) Die tolle Open-Air-Bar unterhält am Abend ihre Gäste mit Live-Musik von Pop bis Country und mit Travestie-Shows.

Sky Garden Lounge CLUB

(Karte S. 74; www.skygardenbali.com; Jl Legian 61, Kuta; ab 99 000 Rp; ⏲24 Std.) Der Glitzerpalast, der sich über mehrere Ebenen erstreckt, kokettiert mit Höhenbeschränkungen in seiner Dachterrassenbar mit Blick auf das funkelnde Kuta. Weitere Merkmale sind Spitzen-DJs, ein Café im Erdgeschoss und Möchtegern-Paparazzi. Der wahrscheinlich kultigste Club in Kuta bietet stündliche Getränke-Specials und ein Buffet. Hier verkehren Backpacker, betrunkene Teenies, Einheimische auf der Pirsch und andere.

Engine Room CLUB

(Karte S. 74; ☎0361-755188; www.engineroombali.com; Jl Legian 89, Kuta; ⏲18–4 Uhr) Der grelle, zur Straße hin offene Club präsentiert als Anmache Go-go-Girls in Käfigen. Wenn der Abend voranschreitet, tanzen fast alle Gäste und lassen allmählich die Hüllen fallen. Es ist eine wilde Party über vier Ebenen voller Genuss und Musik, u. a. Hip-hop, Trap und Rap.

Cocoon CLUB

(Karte S. 74; ☎0361-731266; www.cocoon-beach.com; Jl Arjuna, Legian; ⏲10–24 Uhr) Ein riesiger Pool mit Blick auf Double Six Beach ist der Ankerplatz für diesen ambitionierten Club (Hemden mit Alkohol-Werbung sind nicht erlaubt!), der rund um die Uhr mit Partys und Events aufwartet. Liegestühle und VIP-Bereiche umgeben den Pool. Nachts legen DJs zu Themenabenden auf.

Bounty CLUB

(Karte S. 74; Jl Legian, Kuta; ⏲22–3 Uhr) Das Bounty ist in einem nachgemachten Segelschiff in einer Mini-Einkaufspassage für Lebensmittel und Getränke untergebracht. Die riesige Open-Air-Disko stampft die ganze Nacht zu Hiphop, Techno, House und Party-Tracks. Schaumpartys, Go-go-Tänzerinnen, Travestieshows und billiger Schnaps fachen naturgemäß auch die Rauflust an.

Apache Reggae Bar BAR

(Karte S. 74; Jl Legian 146, Kuta; ⏲20–2 Uhr) Das Apache ist einer der ruppigeren Läden und

NICHT VERSÄUMEN

SUNDOWNER

Auf Bali entfalten Sonnenuntergänge regelmäßig ein faszinierendes Spektakel in Rot-, Orange- und Purpurtönen. An einem kalten Getränk zu nippen und dabei zum Takt der Brandung dieses kostenlose Schauspiel zu betrachten, ist die Hauptaktivität um 18 Uhr. Freundliche Einheimische bieten dafür Plastikstühle im Sand und billiges, kaltes Bintang (20000 Rp) an.

In Kuta steuert man am besten das autofreie südliche Ende des Strandes an; in Legian ist der beste Platz der Strandabschnitt, der nördlich der Jalan Padma beginnt und zum Südende der Jalan Pantai Arjuna verläuft.

brechend voll mit Einheimischen und Gästen, von denen viele nur auf ein Abenteuer aus sind. Die Musik ist zwar richtig laut, aber das Hämmern im Kopf am nächsten Tag stammt zweifellos von den in Strömen fließenden Drinks, die aus riesigen Plastikkrügen ausgeschenkt werden.

DeeJay Cafe CLUB
(Karte S. 85; ☎ 0361-758880; Jl Kartika Plaza 8X, Kuta Station Hotel, Tuban; ⏲ 1–11 Uhr) Der richtige Ort, um den Abend ausklingen zu lassen (oder den Tag zu beginnen). Haus-DJs legen Tribal, Underground, Progressive, Trance, Electro und anderes auf. Hardcore-Raver stellen einen Großteil des Publikums.

Shoppen

In Kuta häufen sich billige Kitschläden (zu den beliebtesten Souvenirs gehören Flaschenöffner in Penisform) und coole Surferläden. An der Jalan Legian verbessert sich die Qualität der Geschäfte in Richtung Norden. Nach und nach finden sich immer mehr nette kleine Boutiquen, besonders an der Jalan Arjuna, wo sich auch Großmärkte für Stoffe, Kleidung und Kunsthandwerk befinden; Basar-Atmosphäre kommt auf. Weiter nach Seminyak hinein ergeben sich wirklich fabelhafte Einkaufsmöglichkeiten.

INSIDERWISSEN

DER PARTY FOLGEN

Balis trendigste Clubs liegen in einem Radius von etwa 300 m um die topbewertete Sky Garden Lounge. Der Unterschied zwischen Ausgehen und Clubben ist bestenfalls verschwommen, eines geht ins andere über, während die Nacht voranschreitet (oder der Morgen heraufdämmert). Die meisten Bars verlangen keinen Eintritt und haben oft spezielle Getränkeangebote und „Happy Hours", die über verschiedene Zeitspannen bis nach Mitternacht laufen. Schlaue Partygänger folgen den Specials von Lokal zu Lokal und freuen sich über eine Partynacht mit erheblichem Rabatt (Clubbesitzer locken mit Getränkeangeboten Kunden an, die schließlich keine Lust mehr haben, wieder zu gehen).Es lohnt sich übrigens auch, auf Flyer mit Coupons für Preisnachlässe auf Getränke zu achten.

Die Atmosphäre in den Clubs auf Bali reicht vom entspannten Flair der Surfer-Spelunken bis zu durchorganisierten Nachtclubs mit langen Getränkekarten und Horden beflissener Kellner. In einigen Clubs in Kuta ist die Zahl der Prostituierten stark gestiegen.

★ Luke Studer SPORT- & OUTDOORAUSRÜSTUNG
(Karte S. 74; ☎ 0361-894 7425; www.studersurfboards.com; Jl Dewi Sri 7A, Legian; ⏲ 9–20 Uhr) Der legendäre Boardbauer Luke Studer arbeitet in diesem großen Hochglanzladen. Er hat Shortboards, Retro Fishes, Single Fins und klassische Longboards im Angebot, die man fertig kaufen oder nach eigenen Wünschen anfertigen lassen kann.

Sriwijaya Batik TEXTILIEN
(Karte S. 74; ☎ 0878-6150 0510; Jl Arjuna 19, Legian; ⏲ 9–18 Uhr) Das Sriwijaya Batik stellt Batik- und andere Stoffe auf Bestellung in unzähligen Farben her. Es macht großen Spaß, sich hier umzusehen.

Surfer Girl BEKLEIDUNG
(Karte S. 74; ☎ 0361-752693; www.surfer-girl.com; Jl Legian 138, Kuta; ⏲ 9.30–23 Uhr) Das zuckersüße Logo dieser lokalen Legende sagt schon alles über den riesigen Laden für Mädchen jeden Alters: Hier gibt es Kleidung, Surfausrüstung, Bikinis und viele andere Sachen in jeder denkbaren Bonbonfarbe.

Rip Curl SPORT- & OUTDOORAUSRÜSTUNG
(Karte S. 74; ☎ 0361-754455; www.ripcurl.com; Jl Legian 62, Kuta; ⏲ 9–23 Uhr) Weg mit dem trübseligen Schwarz und her mit den knalligen Farbtupfern! Die größte Niederlassung des Surfwear-Giganten auf Bali besitzt eine riesige Auswahl an Strand- und Badebekleidung sowie Surfboards.

Beachwalk EINKAUFSZENTRUM
(Karte S. 74; www.beachwalkbali.com; Jl Pantai Kuta; ⏲ So–Do 10.30–22.30, Fr & Sa 10–24 Uhr) Der riesige Gebäudekomplex mit Freiluftmall, Hotel und Eigentumswohnungen gegenüber Kuta Beach ist fest in der Hand internationaler Ladenketten von Gap bis Starbucks. Wasserspiele bringen Bewegung in den allgemeinen Einkaufsglitzer. Wer sich hier auf die Suche macht, wird bestimmt irgendwann fündig.

Lippo Mall Kuta EINKAUFSZENTRUM
(Karte S. 85; ☎ 0361-897 8000; www.lippomalls.com; Jl Kartika Plaza, Tuban; ⏲ 10–22 Uhr) Diese große Einkaufspassage im Süden Balis verschärft das Verkehrschaos auf den miserab-

NICHT VERSÄUMEN

KUTAS BELIEBTESTER LADEN

Die Menschenmassen vor der Tür sehen aus, als wollten sie eine Bank stürmen. Drinnen herrscht das reine Chaos. Willkommen in der Bali-Legende **Joger** (Karte S. 85; ☎0361-752523; www.jogerjelek.com; Jl Raya Kuta; ⏰10–20 Uhr), dem beliebtesten Geschäft im Süden. Kein Besucher aus einem anderen Teil Indonesiens dächte auch nur daran, die Insel ohne einen rehäugigen Plastikwelpen (4000 Rp) oder eins von Tausenden T-Shirts mit einem ironischen, komischen oder einfach unverständlichen Spruch (die allermeisten in begrenzter Auflage) zu verlassen. Vorsicht: Die Zustände in dem vollgestopften Laden sind nicht gerade gesundheitsfördernd.

len Straßen von Tuban. Zu einem riesigen Matahari-Warenhaus gesellen sich massenhaft internationale Ladenketten, Restaurants und ein Supermarkt.

Sogo WARENHAUS
(Karte S. 85; ☎0361-769555; Jl Kartika Plaza, Discovery Mall; ⏰10–22 Uhr) Dieses schicke japanische Warenhaus genießt geradezu internationalen Kultstatus.

Summer Batik TEXTILIEN
(Karte S. 74; ☎0361-735401; Jl Arjuna, Legian; ⏰9.30–17 Uhr) Obwohl die meisten anderen Märkte verschwunden sind, gibt es an der Jalan Arjuna noch ein paar Batik-Großhändler, die inmitten des Baubooms der Hotelketten ihren Platz behaupten. Dieser hier präsentiert in einem engen kleinen Laden einen Aufruhr an Farben und Tausende Muster.

Discovery Mall EINKAUFSZENTRUM
(Karte S. 85; ☎0361-755 522; www.discoveryshoppingmall.com; Jl Kartika Plaza, Tuban; ⏰10–22, Sa & So bis 22.30 Uhr) Die ebenso wuchtige wie beliebte geschlossene Einkaufsmeile in Tuban besetzt einen erheblichen Teil des Uferstreifens. Das Gebäude ragt auf das Wasser hinaus und steckt voller Läden aller Art, darunter das große Warenhaus Centro und das trendige Sogo.

Carrefour EINKAUFSZENTRUM
(Karte S. 74; ☎0361-847 7222; Jl Sunset, Kuta; ⏰8–22 Uhr) Die große Filiale der französischen Discount-Kette vereint viele kleine Läden (für Bücher, Computer, Bikinis usw.) mit einem riesigen Supermarkt. Hier kann man sich mit Grundnahrungsmitteln eindecken, außerdem gibt es eine große Abteilung mit Fertiggerichten und einen Food Court. Die Kehrseite lässt sich nicht leugnen: Es ist ein Einkaufszentrum.

Periplus Bookshop BÜCHER
(Karte S. 85; ☎0361-769757; Jl Kartika Plaza, Discovery Mall, 1. Etage; ⏰10–22 Uhr) Große Auswahl an neuen Titeln.

Naruki Surf Shop SPORT- & OUTDOORAUSRÜSTUNG
(Karte S. 85; ☎0361-765772; Jl Lebak Bene; ⏰10–20 Uhr) Der Laden, einer von Dutzenden Surfshops in den Gassen von Kuta, bietet eine große Auswahl an Boards zu gängigen Preisen zum Kauf an.

ℹ Praktische Informationen

NOTFÄLLE

Tourist Police Station (Karte S. 85; ☎0361-224111; 170 Jl Kartika; ⏰24 Std.)

Tourist Police Post (MKarte S. 74; ☎0361-784 5988; Jl Pantai Kuta; ⏰24 Std.) Eine Außenstelle der Hauptwache direkt gegenüber dem Strand; mit ihrem Auftreten wirken die Beamten wie eine Art balinesisches *Baywatch*.

MEDIZINISCHE VERSORGUNG

BIMC (Karte S. 74; ☎0361-761263; www.bimcbali.com; Jl Ngurah Rai 100X; ⏰24 Std.) An der Umgehungsstraße östlich von Kuta unweit des Einkaufszentrums Bali Galeria. Die moderne Klinik führt Untersuchungen durch, macht Hotelbesuche und organisiert Rücktransporte aus medizinischen Gründen. Ein Besuch kann 100 US$ oder mehr kosten. In Nusa Dua gibt es eine weitere Niederlassung.

Kimia Farma (Karte S. 74; ☎0361-755622; Jl Pantai Kuta 102; ⏰24hr) Die Filiale der lokalen Apothekenkette ist gut sortiert und führt auch Dinge, die schwer zu bekommen sind, wie das Mittel gegen lästige Partygänger am frühen Morgen: Ohrstöpsel. Weitere Filialen sind in **Tuban** (Karte S. 85; ☎0361-757472; Jl Raya Kuta; ⏰24 Std.) und **Legian** (Karte S. 74; ☎0361-734970; Jl Legian 504; ⏰24 Std.) vorhanden.

GELD

Central Kuta Money Exchange (Karte S. 74; ☎0361-762970; www.centralkutabali.com; Jl Raya Kuta 168; ⏰8–18 Uhr) Die vertrauenswürdige Wechselstube handelt mit zahlreichen Währungen. Sie hat viele Filialen, darunter eine in **Legian** (Karte S. 74; Jl Melasti; ⏰8.30–21 Uhr), und Schalter in einigen Circle-K-Lebensmittelläden.

POST

Agenturen, die Post verschicken, sind weit verbreitet.

Hauptpost (Karte S. 85; ☎ 0361-754012; Jl Selamet; ⌚ Mo–Do 7–14, Fr bis 11, Sa bis 13 Uhr) Das kleine, effiziente Postamt an einer kleinen Straße östlich der Jalan Raya Kuta hat Erfahrung mit dem Verschicken großer Pakete.

TOURIST INFORMATION

Es gibt keine offizielle Tourist Information, die irgendwie von Nutzen wäre. Läden, die sich als „Touristeninformationszentrum" anpreisen, sind normalerweise kommerzielle Reisebüros oder, schlimmer noch, Agenturen zur Vermittlung von „Ferienwohnungen mit Teilnutzungsrecht".

REISEBÜROS

Hanafi (Karte S. 74; ☎ 0821 4538 9646; www.hanafi.net; Jl Pantai Kuta) Der legendäre Tourführer hat seine Basis in Kuta. Passgenaue Ausflüge jeder Art, egal ob für Familien oder Paare. Dieser legendäre Touranbieter sitzt in Kuta und hat individuelle Touren aller Art im Angebot, für Familien oder Paare und leitet auch das charmante Kuta Bed & Breakfast Plus (S. 78). LGBT-freundlich.

ℹ An- & Weiterreise

BEMO

Bemos (Minibusse als Sammeltaxis) verkehren zwischen Kuta und dem Tegal-Terminal in Denpasar – der Fahrpreis beträgt etwa 10 000 Rp. Die Route beginnt an der Jalan Raya Kuta kurz vor der Kreuzung mit Jalan Pantai Kuta, macht eine Schleife am Strand vorbei, verläuft auf der Jalan Melasti und zurück vorbei an Bemo Corner (S. 81) zur Rückfahrt nach Denpasar.

Es gibt eine **Bemo-Haltestelle** (Karte S. 85) nahe Jl Raya Kuta für einen unregelmäßigen Busdienst zwischen Kuta und Tuban.

BUS

Für die öffentlichen Busse zu allen Zielen auf Bali müssen Traveller zuerst zum entsprechenden Terminal in Denpasar fahren. Für die Touristen-Shuttles wird an den Straßen in großem Stil geworben.

Perama (Karte S. 74; ☎ 0361-751551; www.peramatour.com; Jl Legian 39; ⌚ 7–22 Uhr) ist der wichtigste Shuttlebus-Betreiber vor Ort. Für einen Aufschlag von 10 000 Rp werden Passagiere vom Hotel abgeholt bzw. dort hingebracht (das sollte man bei der Buchung mit den Mitarbeitern vereinbaren). Normalerweise gibt es täglich mindestens eine Busverbindung zu den fahrplanmäßigen Zielen, darunter Lovina (125 000 Rp, 4½ Std.), Padangbai (75 000 Rp, 3 Std.) und Ubud (60 000 Rp, 1½ Std.).

Trans-Sarbagita (Karte S. 74; ☎ 0811 385 0900; Jl Imam Bonjol; 3000 Rp; ⌚ 5–21 Uhr), Balis öffentlicher Busverkehr, bedient vier Routen, die auf dem zentralen Parkplatz direkt südlich der Istana Kuta Galleria aufeinandertreffen. Zu den Zielen gehören u. a. Denpasar, Sanur, Jimbaran und Nusa Dua.

Kuta ist ein Knotenpunkt der äußerst nützlichen **Kura-Kura-Touristenbusse** (Karte S. 74; ☎ 0361-757070; www.kura2bus.com; Jl Ngurah Rai Bypass, EG, DFS Galleria; Fahrten 20 000-80 000 Rp, 3-/7-Tagespass ab 150 000/250 000 Rp; 📶).

SCHIFF

Pelni Ticket-Büro (Karte S. 85; ☎ 0623 6175 5855, 0361-763963; www.pelni.co.id; Jl Raya Kuta 299; ⌚ Mo–Fr 8–12 & 13–16, Sa 8–13 Uhr) Hier gibt es Fahrpläne und Fahrkarten für die nationale Schiffslinie.

ℹ Unterwegs vor Ort

ZUM/VOM FLUGHAFEN

Ein Minibus kostet vom Flughafen bis Tuban 200 000 Rp, nach Kuta 250 000 Rp und nach Legian 260 000 Rp. Für die Fahrt zum Flughafen empfiehlt sich aus Kostengründen ein Taxi mit Taxameter. Ein Motorradtaxi kostet etwa die Hälfte eines regulären Taxis.

TAXI

Angesichts des Verkehrs kann eine Fahrt von Kuta nach Seminyak mehr als 150 000 Rp kosten und länger als 30 Minuten dauern; zu Fuß über den Strand geht es schneller.

Seminyak

☎ 0361 / 6140 EW.

Seminyak ist der Lebensmittelpunkt von zahlreichen Ausländern, die auf der Insel wohnen – viele von ihnen besitzen Boutiquen, entwerfen Kleidung, surfen oder gehen allem Anschein nach keinerlei Beschäftigung nach. Es mag unmittelbar nördlich von Kuta und Legian liegen, aber in vielerlei Hinsicht, nicht zuletzt durch seinen ungreifbaren Sinn für Stil, fühlt sich Seminyak an, als läge es auf einer anderen Insel.

Seminyak erscheint dynamisch mit Dutzenden Restaurants und Clubs und einer Vielzahl an Kreativen, Designerläden und Galerien. Weltklasse-Hotels säumen den Strand – und was für einen Strand! Er ist so breit und sandig wie der in Kuta, aber deutlich weniger bevölkert.

Seminyak geht nahtlos in das weiter nördlich gelegene Kerobokan über – tatsächlich ist die genaue Grenzlinie zwischen beiden Orten genauso unklar wie die meisten anderen geografischen Details auf Bali. Man kann ohne Weiteres den ganzen Urlaub in Seminyak verbringen.

Strände

Kuta Beach wird übergangslos zu Legian und dann zu Seminyak. Weil er nur begrenzt über Straßen zugänglich ist, ist am Strand in Seminyak meist weniger los als in Kuta. Das bedeutet auch, dass die Strände weniger gut überwacht werden und die Wasserqualität seltener geprüft wird. Die Gefahr riskanter Brandungsrückströmungen ist immer gegeben, besonders in Richtung Norden.

★ Seminyak Beach STRAND
Eine Liege und ein eiskaltes Bintang bei Sonnenuntergang am Strand – das ist pure Magie. Ein wunderschöner Strandabschnitt befindet sich unweit des Pura Petitenget: hier ist es meist weniger bevölkert als weiter südlich in Kuta.

Sehenswertes

BIASA ArtSpace GALERIE
(☎0361-730308; www.biasagroup.com; Jl Raya Seminyak 34; ⌚9–21 Uhr) GRATIS 2005 gegründet zeigt BIASA ArtSpace die Arbeiten aufstrebender indonesischer und internationaler Künstler. In der Galerie gibt es wechselnde Ausstellungen unterschiedlichster Kunstformen, von Malerei und Fotografie bis zu Bildhauerei und Installationen. Im Obergeschoss befinden sich eine Minibibliothek und ein Restauratorenatelier.

Pura Petitenget HINDUTEMPEL
(Jl Petitenget) Nördlich der Hotels an Jalan Pantai Kaya Aya und gegenüber vom Strand steht Pura Petitenget, ein bedeutender Tempel, an dem zahlreiche religiöse Zeremonien abgehalten werden. Er gehört zu einer Kette von Meerestempeln, die sich vom Pura Luhur Ulu Watu auf der Halbinsel Bukit nach Norden bis Pura Tanah Lot in Westbali hinzieht.

Petitenget heißt frei übersetzt „magischer Kasten"; es ist der liebevoll gehütete Besitz des legendären Priesters Nirartha aus dem 16. Jh., der die balinesische Religion weiterentwickelt haben soll und diesen Ort häufig aufgesucht hat.

Der Tempel ist berühmt für seine Jahresfeiern im balinesischen 210-Tage-Kalender. Er steht direkt neben dem Pura Masceti.

Pura Masceti HINDUTEMPEL
(Jl Petitenget) In diesem Tempel beten Bauern für ein Ende der Rattenplage, und umsichtige Bauunternehmer bitten mit Opfergaben um Vergebung, bevor sie eine weitere Villa in die Reisfelder setzen.

SEMINYAKS GEWUNDENES RÜCKGRAT

Das Herz von Seminyak schlägt entlang der gewundenen Jalan Kayu Aya (alias Jl Oberoi/Jl Laksmana). Sie führt von der belebten Jalan Basangkasa in Richtung Strand und biegt dann nach Norden ab, um als Jalan Petitenget einen Teil von Seminyak zu durchqueren. Unzählige Restaurants, hochpreisige Boutiquen und Hotels säumen die Straße, während sie sich durch Seminyak und weiter nach Kerobokan hindurchschlängelt. Dank der mittlerweile vorhandenen Gehwege sind Schaufensterbummel und ein Spaziergang von Café zu Café sehr viel angenehmer geworden. Jetzt sind es die im Verkehr feststeckenden Autofahrer, die vor Zorn rauchen.

Aktivitäten

★ Jari Menari SPA
(☎0361-736740; www.jarimenari.com; Jl Raya Basangkasa 47; Massagen ab 435 000 Rp; ⌚9–21 Uhr) Jari Menari wird seinem Namen vollauf gerecht – er bedeutet „tanzende Finger": Der Körper wird sozusagen zu einer einzigen glücklichen „Tanzfläche", denn das durchweg männliche Personal setzt ausgeprägt rhythmische Massagetechniken ein. Zudem wird auch Massage-Unterricht (ab 170 US$) angeboten.

Prana SPA
(☎0361-730840; www.pranaspabali.com; Jl Kunti 118X; Massagen ab 510 000 Rp; ⌚9–22 Uhr) Als palastartige maurische Fantasie kommt das wohl am prächtigsten eingerichtete Spa auf Bali daher. Das Prana bietet alles von der einfachen einstündigen Massage bis zur Gesichtspflege und allen möglichen Schönheitsbehandlungen.

Seminyak Yoga Shala YOGA
(☎0361-730498; www.seminyakyogashala.com; Jl Basangkasa; Unterricht ab 140 000 Rp) In dem schnörkellosen Yogastudio gibt es täglich

Unterricht in verschiedenen Stilrichtungen, darunter Ashtanga, Mysore und Yin Yoga.

Bodyworks SPA
(☎0361-733317; www.bodyworksbali.com; Jl Kayu Jati 2; Massage ab 295 000 Rp; ⏲9–22 Uhr) Wachsbehandlung, die Haare frisieren, die Wehwehchen aus den Gelenken reiben – all das und mehr steht auf der Angebotsliste dieses äußerst populären Wellnesscenters im Herzen von Seminyak.

Chill SPA
(☎0361-734701; www.chillreflexology.com; Jl Kunti; Behandlungen pro Std. ab 250 000 Rp; ⏲10–22 Uhr) Der Name sagt alles: Dieser Zen-Ort hat sich der Reflexzonenmassage verschrieben; zu den Angeboten gehört auch eine Ganzkörper-Druckpunktmassage.

Surf Goddess SURFEN
(☎0858 997 0808; www.surfgoddessretreats.com; Wochenpaket mit Privatzi. ab 2495 US$) Surf-Urlaub für Frauen einschließlich Unterricht, Yoga, Mahlzeiten und Unterkunft in einem schicken Gästehaus, das sich in den Gassen von Seminyak befindet.

Schlafen

Seminyak besitzt ein breites Angebot an Unterkünften, von Weltklasse-Strandresorts bis zu bescheidenen Hotels, die versteckt in den kleineren Gassen liegen. Hier beginnt außerdem das sogenannte Villenland, das sich nordwärts durch die schwindenden Reisfelder bis nach Canggu hinzieht. Für viele Leute ist eine private Villa mit dazugehörigem Swimmingpool ein wahr gewordener Urlaubstraum.

Unmengen von Mittelklassehäusern, die zu Hotelketten gehören, verpassen ihrem Namen den vermeintlich attraktiven Zusatz „Seminyak", selbst wenn sie so weit entfernt liegen wie in Denpasar.

Inada Losmen GUESTHOUSE $
(☎0361-732269; putuinada@hotmail.com; Gang Bima 9; EZ/DZ ab 150 000/180 000Rp) Dieses besonders günstige Gästehaus ist ziemlich versteckt gelegen in einer Gasse hinter dem Bintang-Supermarkt, nur wenige Schritte von Clubs, Strand und anderen Seminyak-Vergnügen entfernt. Die zwölf Zimmer sind klein und recht dunkel.

Ned's Hide-Away GUESTHOUSE $
(☎0361-731270; waynekelly1978@gmail.com; Gang Bima 3; Zi. mit Ventilator/Klimaanlage ab 180 000/300 000 Rp; ❄📶) Auch wenn die Standards etwas gesunken sind, bleibt das Ned's eine gute und günstige Unterkunft mit 16 Zimmern; einige sind sehr schlicht, andere etwas vornehmer. WLAN steht nur an der Rezeption zur Verfügung.

Raja Gardens GUESTHOUSE $$
(☎0361-934 8957; www.jdw757.wixsite.com/rajagardens; bei Jl Camplung Tanduk; Zi. mit Ventilator/Klimaanlage ab 500 000/700 000 Rp; ❄📶🏊) Dieses altmodische Gästehaus, das im Jahr 1980 eröffnet wurde, befindet sich auf einem weitläufigen, grasbewachsenen Gelände mit Obstbäumen und liegt sehr ruhig, beinahe am Strand.

Villa Kresna BOUTIQUEHOTEL $$
(☎0361-730317; www.villakresna.com; Jl Sarinande 17; Zi./Villa ab 800 000/1 130 000 Rp; ❄📶🏊) Nur 50 m sind es von diesem schnuckeligen, eigenwilligen Anwesen, das versteckt an einer kleinen Gasse liegt, bis zum Strand. Die 22 mit Kunstwerken eingerichteten Wohneinheiten sind überwiegend Suiten; sie haben ein hübsches Design mit öffentlich und privaten Innenhöfen. Ein kleiner, kurviger Pool zieht sich durch das Gelände.

Sarinande HOTEL $$
(☎0361-730383; www.sarinandehotels.com; Jl Sarinande 15; Zi. inkl. Frühstück 630 000–680 000 Rp; ❄📶🏊) Die 26 Zimmer mit ausgezeichnetem Preis-Leistungs-Verhältnis liegen in älteren zweigeschossigen Gebäuden rund um einen kleinen Pool. Die Ausstattung ist ein bisschen altmodisch, aber in gutem Zustand. Zu den Annehmlichkeiten zählen Kühlschränke, Satelliten-TV und DVD-Player – und es gibt ein Café. Der Strand ist zu Fuß in drei Minuten zu erreichen.

Mutiara Bali HOTEL $$
(☎0361-734966; www.mutiarabali.com; Jl Braban 77; Zi./Villa ab 1 125 000/2 900 000 Rp; ❄📶🏊) Die 17 separaten Villen bieten ein gutes Preis-Leistungs-Verhältnis; jede verfügt über einen offenen Lounge-Bereich, der sich zu einem eigenen Tauchpool hin öffnet. Die Hotelzimmer besitzen alle die üblichen Annehmlichkeiten und auch große Balkone zum Faulenzen.

★ **Oberoi** HOTEL $$$
(☎0361-730361; www.oberoihotels.com; Jl Kayu Aya; Zi. inkl. Frühstück ab 4 600 000 Rp; ❄@📶🏊) Das wunderbar unaufdringliche Oberoi bietet seit dem Jahr 1971 einen Rückzugsort in Strandnähe und präsentiert sich

Seminyak & Kerobokan

0 — 500 m
E F G H
1 2 3 4 5 6 7
Nook (150 m)
Bali Bike Hire (2 km)
Central Kuta Money Exchange
Reza Art 2 (300 m)
Jl Gunung Tangkuban Perahu
Sari Kembar (650 m)
Jl Petitenget
KEROBOKAN
Jl Raya Kerobokan
Jl Raya Mertanadi
Bali Bike Rental
Jl Pangkung Sari
Kimia Farma
ChannelOne
My Basket Bali (700 m); Rainbow Tulungagung (700 m); Yoga Batik (700 m); Victory Art (1 km)
Jl Braban
Jl Sunset
Jl Kayu Aya (Jl Laksmana & Jl Oberoi)
Jl Basangkasa
SEMINYAK
Jl Sarinanade
Jl Kunti
Jl Drupadi
Jl Sarinande
Jl Plawa
Jl Camplung Tanduk (Jl Dhyana Pura & Jl Abimanyu)
Jl Raya Seminyak
Seminyak Beach
s. Karte Kuta & Legian (S. 74)
16 106 61 76 14 101 72 33 38 57 5 73 56 99 60 121 49 51 111 113 48 25 52 96 116 64 84 117 68 42 114 104 43 46 66 44 95 70 13 88 79 112 85 98 91 105 10 45 41 18 89 65 58 9 12 67 55 100 118 97 34 35 23 31 74 26 77 20 93 40 3 29 80 86

Seminyak & Kerobokan

Highlights

1 Seminyak Beach ... C4

Sehenswertes

2 Batubelig Beach ... B2
3 BIASA ArtSpace ... G7
4 Kerobokan Beach ... B3
5 Kerobokan Jail ... G1
6 Pura Masceti ... C4
7 Pura Petitenget ... C4

Aktivitäten, Kurse & Touren

8 Bodyworks ... C4
9 Chill ... H6
10 Jari Menari ... G5
11 Jiwa Bikram ... D2
12 Prana ... H6
13 Seminyak Yoga Shala ... G4
14 Sundari Day Spa ... F1

Schlafen

15 Alila Seminyak ... C3
16 Brown Feather ... E1
17 Buah Bali Villas ... C3
18 Casa Artista ... E5
19 Grand Balisani Suites ... B2
20 Inada Losmen ... G6
21 Katamama ... C3
22 Legian ... C4
23 Luna2 Studiotel ... E6
24 M Boutique Hostel ... D2
25 Mutiara Bali ... E4
26 Ned's Hide-Away ... G6
27 Oberoi ... D5
28 Pradha Villas ... D4
29 Raja Gardens ... F7
30 Samaya ... C4
31 Sarinande ... E6
32 Taman Ayu Cottage ... D2
33 Villa Bunga ... E1
34 Villa Karisa ... F6
35 Villa Kresna ... E6
36 W Bali – Seminyak ... B2

Essen

37 Bali Bakery ... D4
38 Barbacoa ... F1
39 Biku ... D3
40 Bintang Supermarket ... G7
41 Café Moka ... G5
Café Seminyak ... (s. 40)
42 Corner House ... F4
43 Divine Earth ... G4
44 Earth Cafe & Market ... F4
45 Fat Gajah ... G5
46 Ginger Moon ... E4
47 Gourmet Cafe ... D2
48 Grocer & Grind ... E4
49 Gusto Gelato & Coffee ... G3
50 La Lucciola ... C4
51 L'Assiette ... G4
52 Mama San ... F4
53 Merah Putih ... D2
54 Motel Mexicola ... D4
55 Nalu Bowls ... G6
56 Naughty Nuri's ... G3
57 Pasar Kerobokan ... G1
58 Rolling Fork ... H6
59 Saigon Street ... D3
60 Sangsaka ... E3
61 Sardine ... F1
62 Sarong ... D2

im raffinierten balinesischen Stil. Sämtliche Unterkünfte verfügen über eigene Veranden, und wer es sich leisten kann, genießt Extras wie eine ummauerte Villa, Meerblick und eigenen Swimmingpool. Alles – vom Café mit Blick über den quasi hauseigenen Strandabschnitt bis hin zu den zahlreichen luxuriösen Details – lädt zum wunderbaren Verweilen ein.

★ Samaya VILLA $$$

(☎ 0361-731149; www.thesamayabali.com; Jl Kayu Aya; Villa ab 725 US$; ❄ 📶 🏊) Zurückhaltend, aber sehr kultiviert: Das Samaya zählt in Südbali zu den besten Unterkünften direkt am Strand. Es vermietet insgesamt 52 Villen in einem luxuriösen modernen Stil, jede verfügt über einen eigenen Swimmingpool. Manche Wohneinheiten befinden sich auf einem Grundstück, das weiter vom Wasser entfernt liegt. Das Essen ist, beim Frühstück angefangen, hervorragend.

Casa Artista GUESTHOUSE $$$

(☎ 0361-736749; www.casaartistabali.com; Jl Sari Dewi 17; Zi. inkl. Frühstück 175–195 US$; ❄ 📶 🏊) In diesem kultivierten Gästehaus kann man buchstäblich vor Freude tanzen, denn der Besitzer, ein professioneller Tangotänzer, gibt auch Unterricht. Die zwölf kompakten Zimmer mit Namen wie „Leidenschaft" und „Inspiration" sind in einem eleganten zweistöckigen Haus an einem Swimmingpool untergebracht. In einigen hängen Kristallleuchter; das Frühstück wird im eigenen Patio serviert.

Legian HOTEL $$$

(☎ 0361-730622; https://lhm-hotels.com/legian-bali/en; Jl Pantai Kaya Aya; Suite/Villa inkl. Frühstück ab 600/900 US$; ❄ @ 📶 🏊) Das Legian ist grell und protzig – einer der Gründe, warum Leute, die im eigenen Jet nach Bali einfliegen, so gerne hier absteigen. Alle 79 Zimmer werden als Suiten bezeichnet,

63 Sea Circus C4
Shelter Cafe .... (s. 55)
64 Sisterfields E4
65 Taco Beach Grill H6
66 Ultimo E4
67 Wacko Burger F6
68 Warung Aneka Rasa F4
69 Warung Eny D2
70 Warung Ibu Made G4
71 Warung Kita D2
72 Warung Sobat G1
73 Warung Sulawesi E2
74 Warung Taman Bambu H6
75 Watercress C1

Ausgehen & Nachtleben
76 40 Thieves F1
77 Bali Joe F6
78 Ku De Ta D5
79 La Favela F4
80 La Plancha E7
81 Mirror D2
82 Mrs Sippy C3
83 Potato Head B3
84 Red Carpet Champagne Bar F4
85 Revolver E4
86 Ryoshi Seminyak House of Jazz G7
87 Warung Pantai B2
88 Zappaz E4

Unterhaltung
Upstairs Lounge Cinema Club .... (s. 43)

Shoppen
89 Ashitaba G5
90 Ayun Tailor C1
91 Bamboo Blonde F4
92 Bathe D1
93 Biasa G7
94 Carga D3
95 Cotton Line by St Isador F4
96 Divine Diva F4
97 Domicil G6
98 Drifter Surf Shop E4
99 Geneva Handicraft Centre F3
100 Indivie G6
101 JJ Bali Button G1
102 Kevala Home D1
103 Kody & Ko D4
Lily Jean .... (s. 115)
104 Lucy's Batik G4
105 Lulu Yasmine F4
106 Mercredi F1
107 Milo's D4
108 Namu C3
109 Niconico D5
110 Periplus Bookshop D4
111 Pourquoi Pas G4
112 Prisoners of St Petersburg F4
113 Purpa Fine Art Gallery G4
Quarzia Boutique .... (s. 107)
114 Sandio G4
115 Seminyak Village D4
116 Souq G4
117 Thaikila F4
118 Theatre Art Gallery G6
119 Tribali D2
120 Tulola D2
Uma & Leopold .... (s. 44)
White Peacock .... (s. 115)
121 You Like Lamp G3

selbst wenn es sich hierbei lediglich um große Zimmer handelt („Studios" genannt). Das Hotelgebäude befindet sich auf einem kleinen Steilhang direkt am Strand und bietet einen entsprechend schönen Panoramablick. In der Ausstattung mischen sich traditionelle Materialien mit modernem Flair.

Luna2 Studiotel BOUTIQUEHOTEL $$$
(☎ 0361-730402; www.luna2.com; Jl Sarinande 20; Zi. inkl. Frühstück 280–450 US$; ❄ 📶 🏊) Ist es Mondrian? Ist es Roy Lichtenstein? Schwer zu sagen, welche modernen Künstler die Inspiration für dieses spektakuläre Hotel lieferten. Das Ergebnis ist jedenfalls verblüffend. Die 14 verwegen gestalteten Studio-Apartments verfügen über Küchen, technische Spielereien, Balkons und Zugang zur Dachterrassenbar mit Meerblick. Ein Kino mit 16 Plätzen zeigt Filme, und der Swimmingpool ist ganze 25 m lang.

Pradha Villas VILLA $$$
(☎ 0361-735446; www.pradhavillas.com; Jl Kayu Jati 5; Villa ab 3 100 000 Rp; ❄ 📶 🏊) Referenzpunkt in Seminyak: Die elf Villen liegen nur wenige Gehminuten von einigen der besten Restaurants und vom Strand entfernt. Die Einheiten variieren in der Größe, jede hat aber einen eigenen ummauerten Bereich mit einem Swimmingpool. Whirlpools sorgen für einen besonders romantischen Touch; nach dem Aufwachen wartet ein Frühstück, das die liebenswürdigen Mitarbeiter genau nach Wunsch zubereiten.

Villa Karisa HOTEL $$$
(☎ 0361-730317; www.villakresna.com; Jl Sarinande 17; Zi./Villa ab 1 390 000/2 800 000 Rp; ❄ 📶 🏊) Nur 50 m sind es von diesem schnuckeligen, eigenwilligen Anwesen, das versteckt an einer kleinen Gasse liegt, bis zum Strand. Die 22 mit Kunstwerken eingerichteten Wohneinheiten sind überwiegend Suiten;

sie haben ein hübsches Design mit öffentlich und privaten Innenhöfen. Ein kleiner, kurviger Pool zieht sich durch das Gelände.

Essen

Die Restaurantszene in Seminyak konzentriert sich auf die Jalan Kayu Aya, darüber hinaus gibt es praktisch überall Lokale für jeden Geldbeutel. Manche Restaurants verwandeln sich im Laufe des Abends in Clubs. Umgekehrt haben einige Bars und Clubs auch gutes Essen anzubieten. Abgesehen davon ist man in Seminyak nie weit von einem wohlschmeckenden Kaffee entfernt, denn der Ort besitzt eine blühende Café-Kultur.

Warung Taman Bambu BALINESISCH $

(☎0361-888 1567; Jl Plawa 10; Hauptgerichte ab 28 000 Rp; ⏲10–22 Uhr; 📶) Der klassische Warung erscheint von der Straße aus sehr schlicht, aber die gemütlichen Tische und die vielen frischen und gut gewürzten Gerichte sorgen dafür, dass er überdurchschnittlich abschneidet. Gleich rechts daneben gibt es einen kleinen Stand mit *babi guling* (Spanferkel).

Warung Aneka Rasa INDONESISCH $

(☎0812 361 7937; Jl Kayu Aya; Hauptgerichte ab 25 000 Rp; ⏲7–19 Uhr) Im Herzen von Seminyaks anspruchsvoller Einkaufsmeile bleibt dieser bescheidene Warung auf dem Boden der Tatsachen. In dem einladenden Café mit offener Front werden alle indonesischen Klassiker zubereitet. Es ist ein Zufluchtsort vom Trubel.

Bali Bakery CAFÉ $

(☎0361-738033; www.balibakery.com; Jl Kayu Aya; Seminyak Sq. Hauptgerichte 40 000–70 000 Rp; ⏲7.30–22.30 Uhr; 📶) Das Beste in der Open-Air-Mall am Seminyak Square ist diese Bäckerei mit ihren schattigen Tischen und der langen Speisekarte mit Backwaren, Salaten, Sandwiches und anderen Köstlichkeiten. Hier kann man gut ein bisschen ausruhen, bevor es wieder ans Shoppen geht.

Warung Ibu Made INDONESISCH $

(Jl Basangkasa; Hauptgerichte ab 15 000 Rp; ⏲7–19 Uhr) An dieser belebten Ecke der Jalan Raya Seminyak sind die Woks mitten im Getümmel von morgens bis abends fast pausenlos im Einsatz. Im Schatten eines riesigen Banyanbaums wird hier an mehreren

VARIATIONEN DER STRASSENNAMEN

Eine kleine Gasse wird hier *gang* genannt, und die meisten dieser Gassen auf Bali besitzen kein Straßenschild und oft nicht einmal einen Namen. Einige werden mit dem Namen einer angrenzenden Straße bezeichnet, Jalan Padma Utara ist beispielsweise die Gasse, die von derJalan Padma nach Norden führt.

Gleichzeitig haben einige Straßen in Kuta, Legian und Seminyak mehr als einen Namen. Viele Straßen sind inoffiziell nach einen bekannten Tempel und/oder Firmensitz benannt. In den letzten Jahren wurde versucht, den Straßen offizielle – und meist typisch balinesische – Namen zu geben. Aber die alten inoffiziellen Namen, von denen einige Straßen sogar mehrere haben, sind noch allgemein verbreitet.

Im Folgenden sind die alten (inoffiziellen) und die derzeit amtlichen Namen von Norden nach Süden aufgelistet.

ALT (INOFFIZIELL)	AKTUELL (OFFIZIELL)
Jl Oberoi/Jl Laksmana	Jl Kayu Aya
Jl Raya Seminyak	Nördlicher Abschnitt: Jl Basangkasa
Jl Dhyana Pura/Jl Abimanyu	Jl Camplung Tanduk
Jl Double Six	Jl Arjuna
Jl Pura Bagus Taruna	Jl Werkudara
Jl Padma	Jl Yudistra
Poppies Gang II	Jl Batu Bolong
Jl Pantai Kuta	Jl Pantai Banjar Pande Mas
Jl Kartika Plaza	Jl Dewi Sartika
Jl Segara	Jl Jenggala
Jl Satria	Jl Kediri

Ständen Essen frisch zubereitet. Für eine Erfrischung sorgt der Saft junger Kokosnüsse.

Café Seminyak CAFÉ $

(☎ 0361-736967; Jl Raya Seminyak 17; Hauptgerichte 50 000–90 000 Rp; ⌚ 7–22 Uhr) Direkt vor dem belebten Bintang-Supermarkt bietet dieser herrlich entspannte Laden ausgezeichnete Smoothies und Sandwiches aus frisch gebackenem Brot.

Café Moka CAFÉ $

(☎ 0361-731424; www.cafemokabali.com; Jl Basangkasa; Backwaren 15 000–35 000 Rp; ⌚ 7–22 Uhr; ❄) In der beliebten Bäckerei mit Café können die Gäste Backwaren im französischen Stil (frisches Baguette!) genießen. Viele entfliehen der Hitze und vertreiben sich hier stundenlang bei kleinen französischen Leckereien die Zeit. Das Schwarze Brett quillt über von Mietangeboten für Villen.

Bintang Supermarket SUPERMARKET $

(☎ 0361-730552; www.bintangsupermarket.com; Jl Raya Seminyak 17; ⌚ 7.30–22.30 Uhr) In diesem großen Supermarkt ist immer was los. Besonders beliebt ist der Lebensmittelladen bei auf Bali lebenden Ausländern, die die günstigen Preise und die breite Auswahl an Lebensmitteln, darunter gutes Obst und Gemüse, zu schätzen wissen. Sonnencreme, Insektenspray und anderes sind hier ebenfalls günstig zu haben.

★ **Shelter Cafe** AUSTRALISCH $$

(☎ 0813 3770 6471; www.sheltercafebali.com; Jl Drupadi; Hauptgerichte 55 000–95 000Rp; ⌚ 8–18 Uhr; 📶) Dieses Café im zweiten Stock ist tagtäglich von den Jungen und Schönen von Seminyak bevölkert. Der Kaffee ist stark und die Acai-Bowls hochaufgestapelt (sie stammen von Nalu Bowls (S. 97), der Acaibar im Erdgeschoss). Mit der großen Speisekarte voll gesundem Essen ist es der beste Ort für einen Brunch in Seminyak, außerdem ein Kulturzentrum, mit Veranstaltungen wie Pop-up-Modeläden und Wochenendpartys.

★ **Sisterfields** CAFÉ $$

(☎ 0361-738454; www.sisterfieldsbali.com; Jl Kayu Cendana 7; Hauptgerichte 85 000–140 000 Rp; ⌚ 7–22 Uhr; 📶) Das trendige Sisterfields serviert klassisches australisches Frühstück wie Avocadomus und fantasievollere Gerichte wie Lachs Benedict und Salat mit in Ahornsirup geröstetem Kürbis. Auch Lieblingsgerichte von Hipstern wie Pulled-Pork-Brötchen und Shakshuka sind hier zu haben. Sitzen können die Gäste in einer Nische, an der Theke oder im Hinterhof. In der Nähe gibt es noch mehrere andere Cafés mit gutem Kaffee.

★ **Ginger Moon** ASIATISCH $$

(☎ 0361-734533; www.gingermoonbali.com; Jl Kayu Aya 7; Hauptgerichte 65 000–195 000 Rp; ⌚ 12–23 Uhr; 📶 👪) Der Australier Dean Keddell gehört zu einer ganzen Anzahl junger Köche, die auf Bali engagiert wurden, um hier Restaurants aufzubauen. Seine Kreation ist ein sehr ansprechendes, luftiges Lokal mit Holzschnitzereien und Palmen. Die Speisekarte präsentiert eine Art „Best of" der Klassiker. Sie werden in Portionen serviert, die zum Teilen und Probieren einladen. Besonders empfehlenswert sind u. a. die Blumenkohlpizza und ein spezielles Hähnchen-Curry. Es ist auch eine gute Kinderkarte vorhanden.

Mama San FUSION $$

(☎ 0361-730436; www.mamasanbali.com; Jl Raya Kerobokan 135; Hauptgerichte 90 000–200 000 Rp; ⌚ 12–15 & 18.30–23 Uhr; ❄ 📶) Das stilvolle Lokal im Lagerhaus-Format, eins der beliebtesten Restaurants in Seminyak, erstreckt sich über mehrere Ebenen; an den unverputzten Ziegelwänden hängen Fotos. Die Speisekarte hat ihren Schwerpunkt bei kreativen Gerichten aus ganz Südostasien. Eine lange Cocktail-Karte liefert flüssigen Balsam für die Mojito-Freunde und listet viele Zutaten mit tropischen Aromen auf.

Sea Circus INTERNATIONAL $$

(☎ 0361-738667; www.seacircus-bali.com; 22 Jl Kayu Aya; Hauptgerichte ab 75 000 Rp; ⌚ 7.30–22 Uhr; ✎) Mit cartoonhaften Zirkuswandmalereien in Pastell geschmückt, serviert dieser großartige Laden frische und leckere Gerichte, inspiriert von der Küche Asiens, Australiens und Amerikas. Brunch ist super beliebt und bietet Lieblingsgerichte wie Acai-Bowls, Rührei mit Chili und das „Katerfrühstück". Die Cocktails, Tacos und Abendessen wie eine Sommerthunfisch-Poke-Bowl sind auch hervorragend.

Nalu Bowls HEALTH FOOD $$

(☎ 0812 3660 9776; www.nalubowls.com; Jl Drupadi; 60 000–80 000 Rp; ⌚ 7.30–18 Uhr) Von der Kultur Hawaiis und tropischen Zutaten inspiriert, sorgte diese Kette von Acai-Bowl-Läden für Aufsehen auf Bali. Das Flagship-Restaurant Seminyak liegt in einer kleinen Bar unter dem Shelter Cafe, aber die Schlange davor reicht manchmal um den Block, alle stehen für frisches Obst und

Smoothie-Bowls mit hausgemachtem Müsli und Bananen an.

Fat Gajah ASIATISCH $$
(☎0851 0168 8212; Jl Basangkasa 21; Teigtaschen 52 000–110 000 Rp; ⌚11–23 Uhr; 📶) Im Fat Gajah dreht sich alles um Teigtaschen und Nudeln, die vorwiegend aus Bio-Zutaten zubereitet werden. Es gibt sie gebraten oder gedämpft mit innovativen Füllungen wie Rindfleisch-Rendang, Black Pepper Crab, *Kimchi*-Tunfisch oder Lamm mit Zitronengras. Außerdem gibt es eine Auswahl an kleinen asiatischen Gerichten. Der zusätzliche Speisesaal ist sehr attraktiv.

Motel Mexicola MEXIKANISCH $$
(☎0361-736688; www.motelmexicolabali.com; Jl Kayu Jati 9; Hauptgerichte ab 60 000 Rp; ⌚11–1 Uhr) Das Motel Mexicola ist kein durchschnittlicher Tacos-Laden, sondern ein Spektakel, das der tropischen Version eines Nachtclubs nacheifert. Das riesige Lokal ist in kitschigem Neonfarben und mit Palmen herausgeputzt.

Das Essen ist gegenüber den Getränken sekundär: weiche Maistortilla-Tacos, gefüllt mit Tempura-Garnelen oder geschnetzeltem Schweinefleisch neben fleischhaltigen Hauptgerichten. Cocktails, die in Kupferkesseln serviert werden, sind an einem milden Abend eine Wohltat.

Divine Earth VEGAN $$
(☎0361-731964; www.divineearthbali.com; Jl Raya Basangkasa 1200A; Hauptgerichte 70 000–140 000 Rp; ⌚7–23 Uhr; ❄📶✎) 🍃 Das vegetarische Bio-Restaurant, ein Ableger des vielgeliebten Earth Cafe, bietet auch leckeres veganes Essen und Rohkost an. Bekannter ist es vielleicht für seinen Upstairs Lounge Cinema Club (S. 100); dort können die Gäste selbst Essen und Getränke mitbringen und sich Klassiker, Arthouse- und Dokumentarfilme ansehen.

Corner House CAFÉ $$
(☎0361-730276; www.cornerhousebali.com; Jl Laksmana 10A; Hauptgerichte 35 000–125 000 Rp; ⌚7–23 Uhr; 📶) Mit glatten Betonböden, nackten Glühbirnen, abgeschabten Wänden und Mobiliar im Vintage-Stil ist das höhlenartige Café fast ein Seminyak-Klischee. Das Corner House ist ein beliebtes Lokal zum Brunchen, außerdem gibt es hier fantastischen Kaffee, großes Frühstück, hausgemachte Wurst im Blätterteig und Steak-Sandwiches. Zum Haus gehören auch ein kleiner schattiger Hof und ein herrlich entspannter, luftiger Essbereich im Obergeschoss.

Rolling Fork ITALIENISCH $$
(☎0361-733 9633; Jl Kunti 1; Hauptgerichte ab 80 000 Rp; ⌚8.30–23 Uhr; 📶) Die winzige Trattoria serviert ausgezeichnete italienische Küche. Zum Frühstück gibt es fantastische Backwaren und ausgezeichneten Kaffee. Mittags und abends kommen leckere authentische Pastagerichte, Salate, Fisch und Meeresfrüchte und mehr auf den Tisch. Der Speisesaal im Freien besitzt einen entzückenden Retro-Charme; die italienischen Besitzer setzen hierbei genau den richtigen Akzent.

Taco Beach Grill MEXIKANISCH $$
(☎0361-854 6262; www.tacobeachgrill.com; Jl Kunti 6; Hauptgerichte 70 000–120 000 Rp; ⌚10–23 Uhr; 📶) Das entspannte Café mit offener Fassade ist so munter wie eine mit Chili gewürzte Salsa und berühmt für seine *Babi-guling*-Tacos. Offensichtlich ist es eine gute Idee, Balis berühmte Spanferkel mit mexikanischen Aromen zu vereinen. Auf die Gäste warten die üblichen mexikanischen Standardgerichte sowie gute Säfte, Smoothies und Margaritas.

Wacko Burger BURGER $$
(☎0821 4401 0888; www.wackoburger.com; Jl Drupadi 18; Hauptgerichte ab 50 000 Rp; ⌚12–21.30 Uhr) Es ist, als sei man gestorben und in einem Comfort-Food-Paradies gelandet. Die Burger in diesem Laden werden von den Gästen heiß geliebt, ebenso die Zwiebelringe, Pommes frites, Shakes und anderes. Dazu stehen alle möglichen Sorten Soßen und würzige Zutaten zur Auswahl. Die Tische stehen im Freien in einem überdachten Patio mit Blick auf die Reisfelder.

Ultimo ITALIENISCH $$
(☎0361-738720; www.balinesia.co.id; Jl Kayu Aya 104; Hauptgerichte 70 000–180 000 Rp; ⌚16–1 Uhr) Das riesige, immer gut gefüllte Restaurant befindet sich in einem Viertel von Seminyak, in dem es an Lokalen wirklich nicht mangelt. Es gibt Tische mit Blick auf den Straßentrubel, hinten in einem der Gärten oder im Innenraum. Die Gäste können die überraschend authentische Speisekarte studieren und den Rest dem Heer von Servicekräften überlassen.

Earth Cafe & Market VEGETARISCH $$
(☎0851 0304 4645; www.earthcafebali.com; Jl Kayu Aya; Hauptgerichte 60 000–100 000 Rp; ⌚7–23 Uhr; 📶✎) 🍃 Die guten Vibes in die-

sem vegetarischen Café mit dazugehörigem Laden entspringen der biologisch-dynamischen Grundhaltung. Kreative Salate, Sandwiches oder vegane Vollkornleckereien und Rohkost-Köstlichkeiten stehen zur Wahl. Geradezu berühmt ist die sechsgängige „Planetenplatte". Die Getränkekarte umfasst frische Säfte und Detox-Drinks.

Grocer & Grind CAFÉ $$
(☎0361-730418; www.grocerandgrind.com; Jl Kayu Jati 3X; Hauptgerichte (abends) ab 85 000 Rp; ⏲7–22 Uhr; ❄📶) Auf den ersten Blick könnte man meinen, man säße in einem schicken Café in Sydney, aber wer sich umsieht, entdeckt unmissverständlich Bali. Klassische Sandwiches, hausgemachte australische Pasteten, frische Salate und große Frühstücksangebote sind in dieser südbalinesischen Restaurantkette sehr beliebt.

La Lucciola FUSION $$$
(☎0361-730838; Jl Petitenget; Hauptgerichte 120 000–400 000 Rp; ⏲9–23 Uhr) Von den Tischen im ersten Stockwerk des schicken Strandrestaurants hat man einen schönen Blick auf die Rasenfläche, den Sand und die Brandung. Die Bar lockt viele Bewunderer des Sonnenuntergangs an, die meisten bleiben zum Abendessen. Die Speisekarte präsentiert eine kreative Mischung internationaler Gerichte mit einer Tendenz in Richtung italienische Küche.

Ausgehen & Nachtleben

So wie der Blick gegen 2 Uhr morgens allmählich verschwimmt, verwischt sich in Seminyak auch der Unterschied zwischen Restaurant, Bar und Club. Zwar fehlen echte Hardcore-Clubs, in denen man den Morgen begrüßen kann (oder umgekehrt), doch die Unentwegten ziehen zu fortgeschrittener Stunde weiter Richtung Süden in die Ausläufer von Kuta und Legian.

Zahlreiche Bars und Kneipen säumen die Jalan Camplung Tanduk. Allerdings beschweren sich die lärmempfindlichen Anwohner, wenn es zu laut wird.

★ La Favela BAR
(☎0812 4612 0010; www.lafavela.com; Jl Kayu Aya 177X; ⏲17 Uhr bis spät; 📶) Ein geheimnisvoller Eingangsbereich verführt die Gäste in die unkonventionelle Atmosphäre des La Favela, das zu den coolsten und originellsten Nachtlokalen auf Bali zählt. Drinnen führt eine verwirrende Tour von schummrigen Cocktaillounges, die wie Flüsterkneipen wirken, und antiken Speisezimmern bis in Bars, die mit Graffiti übersät sind. Nach 23 Uhr werden die Tische beiseite geräumt, um Platz für DJs und eine Tanzfläche zu schaffen.

Beliebt ist auch das zugehörige Gartenrestaurant mit seiner mediterran beeinflussten Speisekarte.

SONNENUNTERGÄNGE IN SEMINYAK

Dort, wo die Jalan Camplung Tanduk am Strand endet, haben Gäste die Wahl: Links, wo sich schlichte bis schicke Strandbars aneinanderreihen, trifft man auf sandige Ausgelassenheit. Rechts geht es zu den angesagten Beachclubs wie dem Ku De Ta oder zu fröhlichen fliegenden Händlern, die billiges Bintang, einen Plastikstuhl und manchmal auch ziemlich schlechte Gitarrenmusik anzubieten haben.

★ Revolver CAFÉ
(☎0851 0088 4968; www.revolverespresso.com; off Jl Kayu Aya; Kaffee 28 000–55 000 Rp, Hauptgerichte ab 55 000 Rp; ⏲7–24 Uhr; 📶) Es geht eine winzige Gasse hinunter und durch schmale Holztüren hinein in diese Bar von der Größe einer Streichholzschachtel, die allerdings eine ausgezeichnete Kaffeeauswahl bietet. Nur wenige Tische stehen in dem kreativ im Retrostil gestalteten Raum, der wie ein Wildwest-Saloon aufgemacht ist; einen der Tische sollte man sich schnappen und leckere, frische Happen zum Frühstück oder Mittagessen genießen.

Ryoshi Seminyak House of Jazz BAR
(☎0361-731152; www.ryoshibali.com; Jl Raya Seminyak 17; ⏲12–24 Uhr, Musik Mo, Mi & Fr ab 21 Uhr) Die Seminyak-Niederlassung der balinesischen Kette japanischer Restaurants präsentiert an drei Abenden pro Woche Live-Jazz auf einer intimen Bühne unter einem traditionell gedeckten Strohdach. Hier treten Spitzentalente aus Bali und anderen Teilen der Welt auf.

Red Carpet Champagne Bar BAR
(☎0361-737889; www.redcarpetchampagnebar.com; Jl Kayu Aya 42; ⏲13–16 Uhr) Mehr als 200 Sorten Champagner stehen in dieser übertrieben glamourösen Bar an der Modemeile von Seminyak zur Auswahl. Hier kann man über den roten Teppich tänzeln und ein paar Flöten des namensgebenden Ge-

tränks hinunterstürzen, dabei eine Auster schlürfen und ein paar aufgeputzte Fräcke in Augenschein nehmen. Zur Straße hin ist die Bar offen (aber erhöht), sodass die Gäste auf die Massen hinabschauen können.

40 Thieves BAR
(☎0878 6226 7657; www.facebook.com/40thieves.bali; Jl Petitenget 7; ⊙Mo–Do 8–14, Fr & Sa bis 16 Uhr; 📶) Man findet diese versteckte Bar, eine Mondscheinkneipe im New Yorker Stil, über Mad Ronin, einem japanischen Ramenrestaurant im trendigen Teil von Seminyak. Das stimmungsvolle Lokal ist vollgestopft mit Erinnerungsstücken wie alten Landkarten und Fahrrädern. Die Gäste sind eine gute Mischung von Expats, Touristen und Einheimischen. Es gibt kein Ladenschild, wenn man es nicht findet, einfach im Mad Ronin nachfragen.

La Plancha BAR
(☎0878 6141 6310; www.laplancha-bali.com; bei Jl Camplung Tanduk; ⊙9–23 Uhr) Die größte unter den Strandbars am Strandweg südlich der Jalan Camplung Tanduk präsentiert sich mit den allgegenwärtigen farbenfrohen Sonnenschirmen und Sitzsäcken im Sand und einer typischen Strandkarte (Pizza, Nudeln usw.). Nach Sonnenuntergang werden Strandpartys mit DJs veranstaltet.

Ku De Ta CLUB
(☎0361-736969; www.kudeta.net; Jl Kayu Aya 9; ⊙ab 8 Uhr bis spät; 📶) Im Ku De Ta wimmelt es nur so von Balis schönen Menschen (einschließlich derer, die es noch werden wollen). Szenegänger perfektionieren tagsüber ihren „gelangweilten" Blick, indem sie auf den hübschen Strandabschnitt starren und an ihrem Getränk nippen. Der Sonnenuntergang lockt Massen herbei, die an den Tischen eins der vielfältigen Gerichte verspeisen. Die Musik dröhnt mit wachsender Intensität durch den Abend. Die Special Events sind legendär.

Bali Joe SCHWULE & LESBEN
(☎0361-300 3499; www.balijoebar.com; Jl Camplung Tanduk; ⊙16–3 Uhr; 📶) Eine von mehreren lebhaften LGBTIQ-Locations in dieser Gegend. Drag Queens und Go-Go-Tänzerinnen rocken allabendlich das Haus.

Zappaz BAR
(☎0361-742 5534; Jl Kayu Aya 78; ⊙11–24 Uhr) Allabendlich bearbeitet der Brite Norman Findlay die Tasten in dieser netten Pianobar, in der er sein leidenschaftliches Spiel in vielen Jahren noch immer nicht ganz perfektioniert hat. Eine engagierte Coverband lockt fröhliche Zuschauermengen an. Das Essen ist eher durchschnittlich.

☆ Unterhaltung

Upstairs Lounge Cinema Club KINO
(☎0361-731964; www.divineearthbali.com/cinema; Jl Raya Basangkasa 1200A; ⊙Filme um 20 Uhr) Hochmoderne Vorstellungen aktueller, klassischer, Arthouse- und ungewöhnlicher Filme in einem gemütlichen, kleinen Kino. Wer unten im Divine Earth Café (S. 98) etwas Essbares erstanden hat, muss hier keinen Eintritt zahlen.

Shoppen

In Seminyak gibt es fast alles: Designerboutiquen (Bali besitzt eine blühende Modeindustrie), angesagte Retro-Läden, schicke Galerien, Kaufhäuser und Werkstätten im Familienbetrieb.

Die Gegend mit den besten Einkaufsmöglichkeiten beginnt an der Jalan Raya Seminyak ungefähr auf Höhe des Bintang-Supermarkts und führt über die Jalan Basangkasa nach Norden. Dann verzweigt sich die Shoppingmeile in die Jalan Kayu Aya und Jalan Kayu Jati, während die Jalan Raya Kerobokan Richtung Norden führt, hinein ins eigentliche Kerobokan.

Unterwegs sollte man versuchen, nicht in eins der weit klaffenden Löcher zu stolpern, die sich auf den Gehwegen auftun.

★ **Souq** HAUSHALTSWAREN
(☎0822 3780 1817; www.souqstore.co; Jl Basangkasa 10; ⊙8–20 Uhr) In diesem glitzernden High-Concept-Store mit auf Bali entworfenen Haushaltswaren und Bekleidung begegnen sich Orient und Asien. Im zugehörigen kleinen Café werden Frühstück und Mittagsgerichte sowie guter Kaffee und kaltgepresste Säfte serviert.

★ **Drifter Surf Shop** MODE & ACCESSOIRES
(☎0361-733274; www.driftersurf.com; Jl Kayu Aya 50; ⊙9–23 Uhr) Hochwertige Surfmode, Surfboards und sonstige Ausrüstung, coole Bücher und Marken wie Obey und Wegener. Die Waren in diesem Laden, den zwei schlaue Surfertypen eröffnet haben, sind für ihre Individualität und die hohe Qualität bekannt.

★ **Ashitaba** KUNST & KUNSTHANDWERK
(☎0361-737054; Jl Raya Seminyak 6; ⊙9–21 Uhr) In Tenganan, dem Aga-Dorf in Ostbali, ent-

stehen die kunstvollen Rattangegenstände, die hier verkauft werden. Behälter, Schalen, Börsen und mehr (ab 50 000 Rp) zeigen feinste Webkunst.

★ Indivie KUNST & KUNSTHANDWERK
(☎ 0361-730927; www.indivie.com; Jl Raya Seminyak, Made's Warung; ⊙ 10–23 Uhr) Arbeiten von jungen Designern, die auf Bali leben, werden in dieser faszinierenden Hochglanzboutique ausgestellt.

Bamboo Blonde BEKLEIDUNG
(☎ 0361-731864; www.bambooblonde.com; Jl Kayu Aya 61; ⊙ 10–22 Uhr) Aufgeputzte sportliche oder sexy Kleider und eher formelle Bekleidung locken Kundinnen in diese nette Designerboutique (eine von elf auf der gesamten Insel). Alle Artikel sind auf Bali entworfen und hergestellt worden.

Theatre Art Gallery KUNST & KUNSTHANDWERK
(☎ 0361-732782; Jl Raya Seminyak; ⊙ 9–20 Uhr Der Laden ist auf alte und nachgebaute *Wayang*-Puppen spezialisiert, wie sie im traditionellen balinesischen Theater verwendet werden. Die lebendigen Gesichter anzusehen, die den Blick zu erwidern scheinen, ist ein Genuss.

Thaikila BEKLEIDUNG
(☎ 0361-731130; www.thaikila.com; Jl Kayu Aya; ⊙ 9–21 Uhr) „Der Traumbikini aller Frauen", lautet das Motto dieser einheimischen Marke, die mit ihren Minikleidungsstücken ein großes Statement abgibt. Die Badebekleidung ist ein französisches Design und wird auf Bali hergestellt. Wer etwas Schickes für den Strand sucht, wird hier fündig.

Kody & Ko KUNST
(☎ 0361-737359; www.kodyandko.com; Jl Kayu Jati 4A; ⊙ 9–21 Uhr) Die vielfarbigen Kriechtiere im Schaufenster geben in diesem dynamischen Laden für Kunst und Dekorationsgegenstände den Ton an. Angeschlossen ist eine große Galerie mit regelmäßigen Ausstellungen.

Uma & Leopold BEKLEIDUNG
(☎ 0361-737697; www.umaandleopold.com; Jl Kayu Aya 77X; ⊙ 9–21 Uhr) Luxusbekleidung und schicke Kleinigkeiten, die man anzieht, bevor man sie abstreift ... Entworfen auf Bali von einem französischen Paar.

Lily Jean BEKLEIDUNG
(☎ 0811 398 272; www.lily-jean.com; Jl Kayu Jati 8, Seminyak Village, 1. Etage; ⊙ 9–22 Uhr) Der Designerladen, der überwiegend auf Bali hergestellte Waren verkauft, kombiniert gekonnt internationale Faszination mit einheimischen Motiven.

Seminyak Village EINKAUFSZENTRUM
(☎ 0361-738097; www.seminyakvillage.com; Jl Kayu Jati 8; ⊙ 9–22 Uhr; 📶) Vor ein paar Jahren waren hier noch Reisfelder: Das neue, klimatisierte Einkaufszentrum verdient Anerkennung dafür, dass es diskret zurückgesetzt von der Straße liegt. Die Auswahl an Geschäften ist erfreulich einheimisch, auf drei Ebenen finden sich auch einige bekannte Namen wie Lily Jean. Die kleinen Karren, die an vielversprechende balinesische Designer vermietet werden, sind ein netter Zug.

Prisoners of St Petersburg MODE & ACCESSOIRES
(☎ 0361-736653; Jl Kaya Aya 42B; ⊙ 10–20 Uhr) Einige der heißesten jungen Designer von Bali stecken hinter dieser vielfältigen und sich immer weiter entwickelnden Kollektion von Damenbekleidung und Accessoires.

Biasa BEKLEIDUNG
(☎ 0361-730766; www.biasagroup.com; Jl Raya Seminyak 36; ⊙ 9–21 Uhr) Dies ist das Hauptgeschäft der auf Bali ansässigen Designerin Susanna Perini. Ihre Kollektion mit eleganter Tropenbekleidung für Männer und Frauen kombiniert stilsicher Baumwolle, Seide und Stickerei.

Milo's BEKLEIDUNG
(☎ 0361-822 2008; www.milos-bali.com; Jl Kayu Aya 992; ⊙ 10–20 Uhr) Dieser legendäre einheimische Designer von eleganter Seidenkleidung besitzt einen prächtigen Laden mitten auf der Modemeile. An den auffälligen Orchideenmustern kann man sich gar nicht sattsehen.

Niconico BEKLEIDUNG
(☎ 0361-738875; www.niconicoswimwear.com; Jl Kayu Aya; ⊙ 9–21 Uhr) Der deutsche Designer Nico Genge hat eine Modelinie für Dessous, Resortwear und Badebekleidung, die Glitzer meidet und stattdessen einen etwas subtileren Look pflegt. In Seminyak gibt es mehrere Filialen; diese hier präsentiert die gesamte Kollektion und hat noch eine Kunstgalerie im Obergeschoss.

Sandio SCHUHE
(☎ 0361-737693; www.facebook.com/sandio.bali; Jl Basangkasa; ⊙ 10–20 Uhr) Schuhe und Sandalen von formell bis lässig zu tollen Preisen. Hier lässt sich z. B. die Fußbekleidung erset-

zen, die gern beim Scooterfahren verloren geht.

Domicil HAUSHALTSWAREN
(☎0818 0569 8417; www.domicil-living.com; Jl Raya Seminyak 56; ⏲10–22 Uhr) Fassade trifft auf Handelsware: Alles in diesem attraktiven Haushaltswarenladen ist mit einem kolonialen Flair entworfen.

Quarzia Boutique BEKLEIDUNG
(☎0361-736644; Jl Kayu Aya; ⏲10–21 Uhr) Lässige Baumwollkleidung entworfen mit knalligen Farben und viel Flair, getragen mit souveräner Haltung.

White Peacock HAUSHALTSWAREN
(☎0361-733238; Jl Kayu Jati 1; ⏲9–20 Uhr) In dem Laden im Stil einer ländlichen Hütte gibt es pfiffige Kissen, Tagesdecken, Tischdecken und mehr.

Lulu Yasmine BEKLEIDUNG
(☎0361-736763; www.luluyasmine.com; Jl Kayu Aya; ⏲9–22 Uhr) Die Designerin Luiza Chang lässt sich auf ihren Reisen durch die Welt zu ihren eleganten Kollektionen von Damenbekleidung inspirieren.

Periplus Bookshop BÜCHER
(☎0361-736851; Jl Kayu Aya, Seminyak Sq; ⏲8–22 Uhr) Eine große Filiale der inselweiten Kette von großzügig ausgestatteten Buchhandlungen. Hier finden sich genügend Designbücher, um sogar noch die Garage im „Balistil" einzurichten, außerdem Bestseller, Magazine und Zeitungen.

Lucy's Batik TEXTILIEN, BEKLEIDUNG
(☎0361-736098; www.lucysbatikbali.com; Jl Raya Basangkasa 88; ⏲9.30–21 Uhr) Bei Lucy's kann man die schönste Batik erstehen – für Männer und Frauen. Hemden, Kleider, Sarongs und Taschen sind überwiegend handgewebt oder handbemalt. Auch Meterware gibt es in diesem Laden zu kaufen.

Cotton Line by St Isador TEXTILIEN
(☎0361-738836; Jl Kaya Aya 44; ⏲9–21 Uhr) Die Werkstätten im Obergeschoss produzieren hübsche Bettwäsche, Kissen und andere Dinge, die aus Stoffen aus ganz Asien hergestellt werden.

Divine Diva BEKLEIDUNG
(☎0361-732393; www.divinedivabali.com; Jl Kayu Aya 1A; ⏲9–19 Uhr) Ein eher schlichter Laden voller auf Bali hergestellter flotter, fröhlicher Sachen für vollere weibliche Figuren. Die hauseigenen Schneider arbeiten auf Wunsch auch nach Maß.

ℹ Praktische Informationen

GEFAHREN & ÄRGERNISSE

In Seminyak gibt es allgemein sehr viel weniger Grund sich zu ärgern als in Kuta und Legian. Jedoch sollte man sich über Warnhinweise besonders hinsichtlich Brandung und Wasserverschmutzung informieren.

MEDIZINISCHE VERSORGUNG

Kimia Farma (☎0361-735860; Jl Raya Kerobokan 140; ⏲8–23 Uhr) Die Apotheke an einer der größeren Kreuzungen gehört zur besten Apothekenkette auf Bali und führt die ganze Palette verschreibungspflichtiger Medikamente.

GELD

Geldautomaten sind an allen Hauptstraßen zu finden.

Central Kuta Money Exchange (www.centralkutabali.com; Jl Kaayu Aya, Seminyak Sq; ⏲8.30–21.30 Uhr) Zuverlässige Wechselstube.

POST

Postagentur (☎0361-761592; Jl Raya Seminyak 17, Bintang Supermarkt; ⏲8–20 Uhr) Günstig gelegen und freundlich.

ℹ An- & Weiterreise

Der Kura-Kura-Touristenbus (S. 89) befährt eine Route, die Seminyak mit Umalas im Norden und Kuta im Süden verbindet, allerdings nur unregelmäßig.

Taxis mit Taxameter kann man problemlos heranwinken. Eine Fahrt vom Flughafen mit einem Taxi des Airport-Kartells kostet etwa 250 000 Rp, ein reguläres Taxi zum Flughafen etwa 150 000 Rp. Man kann dem Straßenverkehr ein Schnippchen schlagen, das Klima schonen und einen schönen Spaziergang machen: Ganz einfach am Strand Richtung Süden laufen; Legian befindet sich nur etwa 15 Minuten entfernt.

Blue Bird (☎0361-701111; www.bluebirdgroup.com) bietet den wohl zuverlässigsten Taxi-Service an.

Kerobokan

☎0361 / 13 815 EW.

Nahtlos schließt sich Kerobokan im Norden an Seminyak an. Der Ort vereint einige der besten Restaurants und Einkaufsmöglichkeiten auf Bali, einen üppigen Lebensstil und noch mehr Strände.

Schicke neue Ferienanlagen und Villen-Bauprojekte wechseln sich ab. Ein bekanntes Wahrzeichen ist das berüchtigte Gefängnis von Kerobokan.

Strände

Kerobokan Beach STRAND

Am Strand von Kerobokan, der von luxuriösen Ferienanlagen und trendigen Clubs gesäumt wird, geht es überraschend ruhig zu. Weil er nicht so gut zugänglich ist, bleiben die Massen fern. Sämtliche Straßen, die von der Jalan Petitenget nach Westen führen, enden als Sackgassen an verschiedenen Bauprojekten. Zu erreichen ist der Strand von Süden her vom Seminyak Beach oder zu Fuß vom Batubelig Beach. Gleich nördlich des W Bali Hotels gibt es fliegende Händler und Strandliegen.

Der direkteste Zugang ist jedoch, ganz einfach durch den Beachclub Potato Head (S. 107) oder das W Bali Hotel (S. 104) zu spazieren. Die Brandungswellen sind hier etwas kräftiger als weiter im Süden; beim Baden ist also besondere Vorsicht geboten.

Batubelig Beach STRAND

Der Strand ist hier zwar etwas schmaler, aber es gibt ein paar schöne – prächtige wie schlichte – Plätze, um etwas zu trinken. Zu erreichen ist er leicht über die Jalan Batubelig. Hier ist ein guter Startplatz für einen hübschen Spaziergang entlang des geschwungenen Sandstreifens nach Nordwesten zu den beliebten Stränden bis hin zum Echo Beach.

Allerdings fließen etwa 500 m weiter nördlich ein Fluss und eine Lagune ins Meer, manchmal sind sie kaum vorhanden, manchmal aber bis zu 1 m tief – nach Regenfällen sogar noch tiefer. In diesem Fall gelangt man über die kleine Fußgängerbrücke über die Lagune zur Bar La Laguna (S. 115), in der man ein Taxi rufen kann.

Aktivitäten

★ **Sundari Day Spa** SPA

(☎ 0361-735073; www.sundari-dayspa.com; Jl Petitenget 7; Massagen ab 250 000 Rp; ⏲ 10–22 Uhr) Das sehr empfehlenswerte Spa ist darum bemüht, die Dienstleistungen eines 5-Sterne-Resorts anzubieten, ohne dessen hohe Preise zu verlangen. Die Massageöle und andere Zaubermittel sind aus biologischem Anbau, und es gibt eine umfangreiche Palette an Therapien und Behandlungen.

Jiwa Yoga YOGA

(☎ 0361-841 3689; https://jiwabikram.com; Jl Petitenget 78; Unterricht ab 150 000 Rp; ⏲ 9–20 Uhr) Der schmucklose Laden in günstiger Lage bietet verschiedene Arten von Yogaunterricht an, darunter Bikram, Hot flow und Yin.

Schlafen

M Boutique Hostel HOSTEL $

(☎ 0361-473 4142; www.mboutiquehostel.com; Jl Petitenget 8; B ab 125 000 Rp; ❄ @ 📶 🏊) Die Betten im M Boutique sind Alkoven in einem Schlafsaal; die Gäste haben also mehr Privatsphäre. Jeder ist mit Rollo, ausklappbarem Tisch, Leselampe und Steckdose ausgestattet. Der ordentlich gemähte Rasen und ein kleiner Tauchpool sind zusätzliche Pluspunkte des Hostels. Insgesamt eine zeitgemäße Option für Flashpacker.

Brown Feather GUESTHOUSE $$

(☎ 0361-473 2165; www.brownfeather.com; Jl Batu Belig 100; Zi. 500 000–800 000 Rp; ❄ 📶 🏊) An der Hauptstraße, aber mit der Rückseite zu den Reisfeldern, verströmt das kleine Hotel holländisch-javanesischen Kolonialcharme. Die Zimmer kombinieren Einfachheit mit altertümlichen Merkmalen; dies zeigt sich beispielsweise an den Holzschreibtischen und den Waschbecken, die aus alten Singer-Nähmaschinen herstellt wurden. Für den Blick auf die Reisfelder sollte man Zimmer 205 oder 206 buchen. Es gibt außerdem einen hübschen kleinen Swimmingpool und einen kostenlosen Fahrradverleih.

Grand Balisani Suites HOTEL $$

(☎ 0361-473 0550; www.balisanisuites.com; Jl Batubelig; Zi. 85–220 US$; ❄ 📶 🏊) Was für ein Standort! Die Anlage mit kunstvollen Schnitzereien steht direkt am beliebten Batubelig Beach. Die 96 großen Zimmer sind standardmäßig mit Teakmöbeln eingerichtet und besitzen Terrassen (einige mit toller Aussicht). WLAN beschränkt sich auf die öffentlichen Bereiche.

Villa Bunga HOTEL $$

(☎ 0361-473 1666; www.villabunga.com; Jl Petitenget 18X; Zi. 500 000–500 000 Rp, Apt. ab 600 000 Rp; ❄ 📶 🏊) Das Hotel mit 13 Zimmern ist ein ausgezeichnetes Angebot im Herzen von Kerobokan. Die Zimmer befinden sich in zweistöckigen Gebäuden rund um einen kleinen Swimmingpool. Sie sind ebenfalls klein, aber modern und mit Kühlschränken ausgestattet.

Taman Ayu Cottage HOTEL $$

(☎ 0361-473 0111; www.thetamanayu.com; Jl Petitenget; Zi. inkl. Frühstück 660 000–960 000 Rp;

) Das Hotel hat nicht nur ein tolles Preis-Leistungs-Verhältnis, sondern liegt auch fantastisch. Die meisten der 52 Zimmer befinden sich in zweigeschossigen Gebäuden rund um einen Swimmingpool, der von alten Bäumen beschattet wird. Alles wirkt ein bisschen in die Jahre gekommen, aber wenn man die Rechnung bekommt, ist das vergessen. Es stehen auch Familienzimmer und Villen zur Verfügung.

★ Buah Bali Villas VILLA **$$$**
(0361-847 6626; www.thebuahbali.com; Jl Petitenget, Gang Cempaka; Villa ab 4 600 000 Rp;) Die kleine Anlage umfasst nur sieben Villen, jeweils mit ein oder zwei Schlafzimmern. Wie bei vielen anderen Villenhotels in der Nähe hat jede Wohneinheit ihren eigenen Pool in einem ummauerten Gelände und einen hübschen Wohnbereich im Freien. Die Lage ist fantastisch: lokale Hotspots sind zu Fuß in fünf Minuten zu erreichen.

★ Katamana BOUTIQUEHOTEL **$$$**
(0361-302 9999; www.katamama.com; Jl Petitenget 51; Zi. ab 3 500 000 Rp) Der gleiche architektonische Wagemut, der dazu führt, dass Potato Head so oft kopiert wird, zeigt sich auch in dem Hotel des Clubs. Hier sind die Details aber üppig und raffiniert. Entworfen von dem Indonesier Andra Matin, verfügt es über 57 Suiten in einem Zusammenspiel von javanischen Ziegeln, balinesischem Stein und anderen einheimischen Materialien. Es gibt riesige Fenster, großzügige Sitzbereiche und private Terrassen und Balkone.

★ Alila Seminyak RESORT **$$$**
(0361-302 1888; www.alilahotels.com; Jl Taman Ganesha 9; Zi. ab 5 500 000 Rp;) Die ausgedehnte Ferienanlage besitzt eine Spitzenlage – dort, wo die Strände (und das Nachtleben) von Seminyak und Kerobokan aufeinander treffen. Die sage und schreibe 240 Zimmer gehören zu unterschiedlichen Kategorien. Die günstigten schauen auf den Garten, wer mehr zu zahlen bereit ist, bekommt Strandblick und ein größeres Zimmer. Die sandige Farbpalette reicht von Beige bis Hellbraun.

W Bali – Seminyak RESORT **$$$**
(0361-473 8106; www.wretreatbali.com; Jl Petitenget; Zi. inkl. Frühstück ab 4 900 000 Rp;) Wie in vielen W-Hotels setzt man hier eher auf Originalität als auf Komfort (wie sieht es mit einer „Extreme Wow"-Suite aus?). An der Lage an einem wellenumtosten Strandabschnitt und an der Aussicht gibt es wirklich nichts zu meckern. Bars und Restaurants von schick bis hip und lächelnde Mitarbeiter existieren in Hülle und Fülle. Die teuren Zimmer haben alle Balkons, allerdings nicht immer mit Meerblick.

Die Woobar ist ein toller Ort für einen Dämmerschoppen; zu den Zwei-für-einen-Cocktails in der Happy Hour wird eine kostenlose Pizza serviert (16–18 Uhr).

Essen

Gusto Gelato & Coffee EISCAFÉ **$**
(0361-552 2190; www.gusto-gelateria.com; Jl Raya Mertanadi 46; Eis ab 25 000 Rp; 10–22 Uhr;) Balis bestes Eis wird den ganzen Tag über frisch zubereitet. Die Geschmacksrichtungen sind einzigartig, z. B. das reichhaltige Oreo; ebenso überraschend wie köstlich sind Tamarinde und *kamangi* (Limonenbasilikum). Auch die Klassiker sind vertreten. Nachmittags wird es hier sehr voll.

Biku FUSION **$$**
(0361-857 0888; www.bikubali.com; Jl Petitenget 888; Hauptgerichte 40 000–95 000 Rp; 8–23 Uhr;) Das äußerst beliebte Biku ist in einem 150 Jahre alten *joglo* (traditionelles javanisches Haus) aus Teakholz untergebracht und bewahrt dessen zeitlose Atmosphäre. Die Karte kombiniert indonesische und andere asiatische Gerichte mit westlichen Einflüssen; das Biku nennt das „tropisches Comfort Food". Die Burger werden wie die Desserts in den Himmel gelobt. Eine Tischreservierung ist unerlässlich. Es gibt auch eine gute Speisekarte für Kinder.

Der Laden ist auch zum High Tea beliebt (11–17 Uhr; 110 000 Rp pro Pers.). Der kann im asiatischen Stil serviert werden – mit Samosas, Frühlingsrollen usw. und grünem oder Oolongtee – oder traditionell mit Gurkensandwiches usw.

Gourmet Cafe CAFÉ **$**
(0361-473 7324; www.balicateringcompany.com; Jl Petitenget 77A; Snacks ab 30 000 Rp; 7–21 Uhr;) Das exklusive Deli-Café, das die Bali Catering Company betreibt, serviert eine Auswahl fantasievoller kleiner Köstlichkeiten. Zahlreiche Leute verbringen den ganzen Tag damit, gegen die Verlockungen des Mangoeises anzukämpfen – oftmals vergeblich –, andere erliegen den Croissants aus der hauseigenen Bäckerei.

NICHT VERSÄUMEN

WARUNGS IN KEROBOKAN

Kerobokan erscheint eher hochpreisig, aber es ist auch mit zahlreichen guten Restaurants gesegnet, die authentische einheimische Gerichte servieren. Zu den besten gehören:

Warung Eny (☎0361-473 6892; warungeny@yahoo.com; Jl Petitenget 97; Hauptgerichte ab 35 000 Rp; ⏲8–23 Uhr) Die namensgebende Eny kocht alles selbst in diesem winzigen, vorne offenen *warung*, der hinter diversen Topfpflanzen fast verschwindet. Die Meeresfrüchte – z. B. in Knoblauch geschmorte große Garnelen – sind köstlich, und die meisten Zutaten stammen aus Bio-Erzeugung. Eny bietet außerdem hervorragende Kochkurse an.

Warung Sulawesi (☎0821 4756-2779; Jl Petitenget 57B; Hauptgerichte ab 35 000 Rp; ⏲7–20 Uhr) Hier sitzt man an einem Tisch in einem ruhigen Familienanwesen und genießt das frische balinesische und indonesische Essen, das im klassischen Warung-Stil serviert wird. Das heißt, einen Reis auswählen und dann aus dem faszinierenden Angebot an Gerichten (das um 12 Uhr mittags am vielfältigsten ist) etwas aussuchen. Die grünen Bohnen sind ein Gedicht!

Warung Kita (Jl Petitenget 98A; Hauptgerichte ab 25 000 Rp; ⏲Mo–Sa 9–19.30 Uhr) Ein javanischer Halal-Klassiker. Reis aussuchen (z. B. den duftenden gelben), dann aus dem köstlichen Angebot etwas auswählen, z. B. Tempeh in süßer Chilisoße, *sambal terung* (pikante Auberginen), *ikan sambal* (pikanter gegrillter Fisch) und andere Tagesspezialitäten. Die meisten Beschriftungen sind auf Englisch.

Sari Kembar (☎0361-847 6021; Jl Teuku Umar Barat 99; Hauptgerichte ab 15 000 Rp; ⏲8–22 Uhr) Eins der besten Lokale auf Bali für *babi guling* (am Spieß gebratenes Spanferkel, gefüllt mit Chili, Kurkuma, Knoblauch und Ingwer) liegt etwas zurückgesetzt von der verkehrsreichen Straße etwa 1,5 km östlich der Kreuzung mit der Jalan Raya Kerobokan. Außer dem saftigen, marinierten Schweinefleisch gibt es u. a. butterzarte, mit Maniokblättern gefüllte Ente und Würstchen. Die Gerichte werden ganz einfach zubereitet und schmecken umwerfend gut.

Warung Sobat (☎0361-731256; Jl Pengubengan Kauh 27; Hauptgerichte 37 000–100 000 Rp; ⏲11–22.30 Uhr; 📶) Das Sobat liegt in einem bungalow-artigen großen Ziegelbau mit offenen Seiten. Das altmodische Restaurant ist spezialisiert auf frischen balinesischen, aber italienisch angehauchten Fisch und Meeresfrüchte (reichlich Knoblauch!). Die Preise sind außergewöhnlich, was allein schon an den qualitätsbewussten Expats zu erkennen ist, die sich jeden Abend in Scharen einfinden.

Pasar Kerobokan MARKT $

(Obstmarkt; Ecke Jl Raya Kerobokan & Jl Gunung Tangkuban Perahu; ⏲7–22 Uhr) Balis unterschiedliche Klimazonen (heiß und feucht in der Nähe des Meeres, kühl und trocken an den Vulkanhängen) bringen es mit sich, dass in den engen Grenzen der Insel so ziemlich jedes Obst und Gemüse angebaut werden kann. Hier stehen sie alle zum Verkauf, darunter sind fremdartige Früchte, beispielsweise die genoppten Mangostanfrüchte. An etlichen Ständen werden ausgewählte schmackhafte Snacks zubereitet, und es gibt einen kleinen Nachtmarkt.

★ **Sangsaka** INDONESISCH $$

(☎0812 3695 9895; www.sangsakabali.com; Jl Pangkung Sari 100; Hauptgerichte 80 000–180 000 Rp; ⏲Di–So 18–24 Uhr) An einer Gasse in Kerobokan gelegen, serviert das entspannte Restaurant harmonisch komponierte Versionen indonesischer Gerichte aus allen Teilen des Inselreichs. Viele werden über verschiedenen Sorten Holzkohle zubereitet, die je nach Herkunft des Gerichts variieren. Der Essbereich ist mit Holz dekoriert, besitzt aber ein bisschen mehr Eleganz als man es sonst gewohnt ist. Zum Lokal gehört auch eine gute Bar.

★ **Saigon Street** VIETNAMESISCH $$

(☎0361-897 4007; www.saigonstreetbali.com; Jl Petitenget 77; Hauptgerichte 50 000–175 000 Rp; ⏲11–1 Uhr; 📶) Modern, dynamisch und brechend voll: Mit seiner mondänen Einrichtung lockt das vietnamesische Restaurant die aufgeregten Massen an. Serviert werden kreative vietnamesische Gerichte wie pfeffrige Betelblätter, gefüllt mit langsam gegartem Oktopus; zudem gibt es eine eindrucksvolle Auswahl an Reispapierrollen, außerdem Currys, *pho* (Reisnudelsuppe) und Fleisch, das über aromatischem Kokosnussholz gegrillt wird. Auf der Cocktailkarte steht u. a. der „Bang-bang"-Martini, eine eisgekühlte, alkoholschwangere Herrlichkeit. Unbedingt einen Tisch reservieren!

★ Sardine FISCH & MEERESFRÜCHTE **$$**
(☎0811 397 8111; www.sardinebali.com; Jl Petitenget 21; Dinner-Hauptgerichte ab 200 000 Rp; ⏲11.30–16 & 18–23 Uhr; 📶) Fisch und Meeresfrüchte frisch vom berühmten Jimbaran-Markt sind in diesem eleganten, aber freundlichen, lässigen, aber stilvollen Restaurant der Renner. Untergebracht ist es in einem schönen Bambuspavillon; von den Tischen im Freien blickt man auf einen privaten Sonnenblumengarten und einen hübschen Koiteich. Ein Besuch in der originellen Bar ist ein absolutes Muss – sie hat bis 1 Uhr morgens geöffnet. Die Karte wechselt häufig, um immer das Frischeste anzubieten. Tischreservierung ist nötig.

Merah Putih INDONESISCH **$$**
(☎0361-846 5950; www.merahputihbali.com; Jl Petitenget 100X; Hauptgerichte 80 000–200 000 Rp; ⏲12–15 & 18–23 Uhr) Merah Putih bedeutet „Rot und Weiß"; das sind die Farben der indonesischen Flagge. Der Name passt perfekt zu diesem ausgezeichneten Restaurant, das Gerichte aus dem ganzen Inselreich auf den Tisch bringt. Die kleine Karte ist in traditionelle und moderne Speisen unterteilt – letztere kombinieren indonesische Aromen mit verschiedenen Lebensmitteln. Der hochgewölbte Speiseraum wirkt ultramodern, der Service ist ausgezeichnet.

Sarong FUSION **$$$**
(☎0361-473 7809; www.sarongbali.com; Jl Petitenget 19X; Hauptgerichte 120 000–180 000 Rp; ⏲18.30–22.45 Uhr; 📶) In der Küche des eleganten Sarong spiegelt sich ganz Asien wider; die kleinen Portionen sind bei Leuten beliebt, die den ganzen Abend auskosten möchten und die geräumige Bar genießen. Kinder sind leider nicht willkommen. Im Freien kann man unter dem Sternenzelt dinieren.

Watercress CAFÉ **$$**
(☎0851 0280 8030; www.watercressbali.com; Jl Batubelig 21A; Hauptgerichte ab 75 000 Rp; ⏲7.30–23 Uhr; 🅿📶) Das von Bäumen beschattete Straßencafé ist besonders bei Hipstern angesagt und macht ein Bombengeschäft. Neben herzhaftem Frühstück und Gourmet-Burgern präsentiert es vitaminreiche Hauptgerichte und Salate. Ausgezeichneter Kaffee, Bier vom Fass und Cocktails sind weitere Gründe, hier mal vorbeizuschauen. Vor dem Haus gibt es einen hübschen kleinen Gartenbereich.

Naughty Nuri's INDONESISCH **$$**
(☎0361-934 7391; www.naughtynurisseminyak.com; Jl Raya Mertanadi 62; Hauptgerichte ab 60 000 Rp; ⏲11–22 Uhr) Dieses Nuri orientiert sich am Original in Ubud und bietet einen sehr viel größeren Außenbereich. Erstaunlicherweise ist der Besuch des Lokals für Touristen aus ganz Indonesien ein Muss; sie verzehren hier Schweinerippchen, die jedoch nicht sehr zart sind. Das ursprüngliche Markenzeichen – der Wahnsinns-Martini – steht weiterhin auf der Karte.

L'Assiette FRANZÖSISCH **$$**
(☎0361-735840; www.lassietterestaurantbali.wordpress.com; Jl Raya Mertanadi 29; Hauptgerichte ab 140 000; ⏲Mo–Sa 10–23 Uhr; 📶) Der riesige ruhige Garten hinter dem luftigen Café ist der perfekte Ort, um eine *salade niçoise* oder jeden anderen der frischen und leckeren französischen Klassiker zu genießen. Wer mit *steak frites* oder einer *terrine* nicht glücklich wird, für den gibt es auch asiatisch angehauchte Gerichte. Das Lokal teilt sich den Standort mit dem Antiquitätengeschäft Pourquoi Pas.

Barbacoa BRASILIANISCH **$$$**
(☎0361-739235; www.barbacoa-bali.com; Jl Petitenget 14; Hauptgerichte 180 000–250 000 Rp; ⏲12–24 Uhr; 📶) Das Barbacoa ist ein eindrucksvoller Ort mit aufsteigenden Balkendecken, farbenfrohen Mosaikböden und Blick auf die Reisfelder (noch). Beim Essen dreht sich alles um Fleisch vom Grill; an den Wänden stapelt sich das Feuerholz, das zur Zubereitung der lateinamerikanischen Gerichte gebraucht wird.

Ausgehen & Nachtleben

Einige der trendigeren Restaurants in Kerobokan verfügen über schicke Bars, die abends länger geöffnet bleiben, während der Beachclub Mrs Sippy tagsüber der Trink-Hotspot ist.

★ Mrs Sippy CLUB
(☎0361-335 1079; www.mrssippybali.com; Jl Taman Ganesha; Eintritt 100 000 Rp; ⏲10–21 Uhr) Dieser mediterrane Strandclub bietet praktisch alles – Alkohol, internationale DJs, einen Salzwasserpool und Tauchplattfor-

men auf drei Ebenen. Aktuell ist es kein Nachtclub (die Nachbarn haben sich dafür einfach zu oft beschwert), aber bietet die besten Partys am Tag und am frühen Abend in Südbali.

★ Potato Head CLUB
(☎0361-473 7979; www.ptthead.com; Jl Petitenget; ⏲11–2 Uhr; 📶) Balis bekanntester Beach-Club ist auch einer der besten. Wer vom Strand oder über die lange Zufahrt von der Jalan Petitenget hierher kommt, findet vielfältige Vergnügen von einem ansprechenden Pool bis zu Restaurants, wie dem piekfeinen Kaum und dem Zero-Waste Ijen, sowie einen Pizzagarten, reichlich Loungemöbel und Rasenflächen, um am Abend unter den Sternen abzuhängen.

Mirror CLUB
(☎0811 399 3010; www.mirrorbali.id; Jl Petitenget 106; ⏲Mi–Sa 23–4 Uhr) Der Club steht bei den in Südbali lebenden Ausländern hoch im Kurs; ihnen gehören möglicherweise die Designerläden, die andere Gäste ein paar Stunden früher aufgesucht haben. Die Innenräume wirken ein bisschen wie ein Gemäuer aus einem Harry-Potter-Buch. Mainstream-Electronica plärren aus dem Soundsystem.

Warung Pantai BAR
(Batubelig Beach; ⏲8–21 Uhr) Die Behörden lassen die improvisierten Trinkbuden, die an diesem einladenden Strandabschnitt gleich nördlich des W Bali Hotels auftauchen, regelmäßig einreißen. Aber das Pantai, mit seinen bunt zusammengewürfelten Tischen und der prächtigen Sicht auf die Brandung und den Sonnenuntergang, hatte bisher mehr Leben als eine Katze und bietet seinen Gästen auch weiterhin hartnäckig günstige Getränke an.

Shoppen

★ Purpa Fine Art Gallery KUNST
(☎0819 9940 8804; www.purpagallerybali.com; Jl Mertanadi 22; ⏲Mo–Sa 10–18 Uhr) Diese alteingesessene Galerie hat einige der allerbesten balinesischen Künstler ausgestellt bis hin zu den bekanntesten Namen aus den 1930er-Jahren wie Spies, Snell and Lempad. In regelmäßigen Abständen werden Sonderausstellungen präsentiert.

★ Bathe SCHÖNHEIT, HAUSHALTSWAREN
(☎0812 384 1825; www.facebook.com/bathestore; Jl Batu Belig 88; ⏲10–19 Uhr) Handgemachte Kerzen, Lufterfrischer, Öle zur Aromatherapie, duftende Badesalze und Haushaltswaren aus diesem Laden, der wie eine französi-

ABSEITS DER ÜBLICHEN PFADE

KUNSTHANDWERK-HOTSPOT

Östlich von Seminyak und Kerobokan liegen an mehreren Straßen alle möglichen interessanten Geschäfte, die Haushaltswaren, Glaskugeln, Stoffe und andere faszinierende Waren herstellen und verkaufen. Vom Gefängnis in Kerobokan geht es auf der Jalan Gunung Tangkuban Perahu etwa 2 km nach Osten und dann weiter Richtung Süden auf der – Achtung! – Straße mit demselben Namen (schließlich sind wir auf Bali).

Eine kaufwütige Freundin nennt diese bestimmte Jalan Gunung Tangkuban Perahu „die Straße des Staunens"; hier ist eine Ansammlung von Geschäften mit alter Seemannsausrüstung und primitiver Kunst zu finden. Weiter südlich wird sie zur Jalan Gunung Athena mit Haushaltswaren und Kunst, führt dann als Jalan Kunti II nach Osten und endet schließlich an der belebten Kreuzung mit Jalan Sunset und Jalan Kunti.

Yoga Batik (☎0813 5309 3344; Jl Gunung Athena 17; ⏲Mo–Sa 10–18 Uhr) Eine riesige Vielfalt der typisch indonesischen Stoffe.

Rainbow Tulungagung (☎0812-594 0391; Jl Gunung Athena 1; ⏲Mo–Sa 8–22 Uhr) Handwerkskunst aus Marmor und Stein. Die Seifenspender kann man leicht mit nach Hause nehmen.

My Basket Bali (☎0361-994 3683; https://my-basket-bali.business.site; Jl Gunung Athena 39B; ⏲Mo–Sa 10–17 Uhr) Alles, was aus Fasern gewebt werden kann, ist hier zu finden. Die Körbe sehen gut aus und sind praktisch.

Victory Art (☎0812 3681 67877; Jl Gunung Tangkuban Perahu; ⏲8–17 Uhr) Das Eckgeschäft ist vollgestopft mit faszinierenden Arbeiten neuer Kunst. Verschiedenartige primitive Gesichter glotzen aus dem Warenangebot hervor, das von indigenen Kulturen aus ganz Indonesien inspiriert ist.

sche Apotheke aus dem 19. Jh. wirkt, intensivieren noch die romantische Atmosphäre einer Villa. Das Geschäft befindet sich zwischen hochpreisigen Boutiquen.

Tulola SCHMUCK
(☎0361-473 0261; www.shoptulola.com; Jl Petitenget; ⏱11–19 Uhr) Dies ist der Schmuckladen des bekannten balinesisch-amerikanischen Designers Sri Luce Rusna. Die Luxusartikel werden auf Bali hergestellt und in dieser exklusiven Boutique präsentiert.

Ayun Tailor BEKLEIDUNG
(☎0821 8996 5056; Jl Batubelig; ⏱10–18 Uhr) Ayun ist eine ausgezeichnete Schneiderin. Man braucht nur in einem von Balis zahlreichen Textilkaufhäusern Batik oder anderen Stoff zu kaufen, und sie macht daraus ein Kleidungsstück für einen Mann, eine Frau oder ein Kind. Man kann auch sein Lieblingshemd mitbringen, damit sie eine Kopie herstellt. Tolle Preise.

Mercredi HAUSHALTSWAREN
(☎0812 4634 0518; https://mercredi.business.site; Jl Petitenget; ⏱9–21 Uhr) Modische Kissen, mit denen sich jedes langweilige Sofa in ein sprühendes Mode-Statement verwandeln lässt, zählen zu jenen Artikeln, die in diesem stilvollen Laden mit hübsch gestalteten Haushaltswaren zum Kauf feilgeboten werden.

Kevala Home HAUSHALTSWAREN
(☎0361-473 5869; www.kevalaceramics.com; Jl Batubelig; ⏱9–19 Uhr) Die auf Bali entworfene und hergestellte hochwertige Keramik ist ein hervorragendes Beispiel der einheimischen Töpferkunst.

Geneva Handicraft Centre KUNST & KUNSTHANDWERK
(☎0361-733542; www.genevahandicraft.com; Jl Raya Kerobokan 100; ⏱9–20 Uhr) Touristen-Vans parken in großer Zahl auf der weiten Fläche vor diesem vielstöckigen Kaufhaus mit indonesischem Kunsthandwerk. Und das mit gutem Grund: Die Qualität ist gut, die festgesetzten Preise sind fair.

Tribali SCHMUCK
(☎0818 0541 5453; Jl Petitenget 12B; ⏱Mo–Sa 9–18 Uhr) Rustikaler Schmuck und Accessoires mit einem Luxus-Hippie-Flair werden in derben Schaukästen gezeigt.

Carga HAUSHALTSWAREN
(☎0361-847 8180; https://carga.business.site; Jl Petitenget 886; ⏱9–21 Uhr) Dieser wunderschöne Laden liegt in ausreichender Entfernung von der Kakophonie der Jalan Petitenget in einem alten, von Palmen beschatteten Haus. Die hier angebotennen Haushaltswaren – von schick bis skurril – stammen aus ganz Indonesien.

Pourquoi Pas ANTIQUITÄTEN
(Jl Raya Mertanadi 29; ⏱9–20 Uhr) Der französischen Familie, die hinter L'Assiette (S. 106) steht, gehört auch das angrenzende Antiquitätengeschäft. Es steckt voller Schätze, die aus allen Regionen der indonesischen Inselwelt und Südostasiens stammen.

Namu BEKLEIDUNG
(☎0361-279 7524; www.namustore.com; Jl Petitenget 23X; ⏱9–20 Uhr) Die Designerin Paola Zancanaro entwirft bequeme und lässige Freizeitkleidung für Damen und Herren, die auch im Urlaub Wert auf Stil legen. Die Stoffe sind wunderbar griffig, oft handelt es sich um handbemalte Seide.

JJ Bali Button KUNST & KUNSTHANDWERK
(www.jjbalibutton.com; Jl Gunung Tangkuban Perahu 5; ⏱Mo–Sa 9–17 Uhr) Unzählige Perlen und Knöpfe aus Muscheln, Plastik, Metall und anderen Materialien gibt es in diesem Geschäft, das auf den ersten Blick wie ein Bonbonladen aussieht. Kunstvoll geschnitzte Holzknöpfe kosten etwa 800 Rp. Manches Kind musste hier schon „bestochen" werden, damit es weiterging.

You Like Lamp HAUSHALTSWAREN
(☎0813-3868 0577; Jl Raya Mertanadi 52; ⏱Mo–Sa 9–17 Uhr) Aber ja, machen wir. Alle Arten von reizenden kleinen Papierlampions – viele sind für Teelichter geeignet – werden hier billig gleich tütenweise verkauft. Das Gewünschte ist nicht zu finden? Die Mitarbeiter, die auf dem Boden sitzend für Nachschub sorgen, werden es sofort anfertigen.

ℹ Praktische Information

Central Kuta Money Exchange (www.centralkutabali.com; Jl Raya Kerobokan 51; ⏱8.30–21.15 Uhr) Zuverlässige Wechselstube.

ℹ An- & Weiterreise

Obwohl der Strand verlockend nahe zu sein scheint, führen doch nur wenige Straßen und Gassen von Osten aus tatsächlich dorthin. Auf der Jalan Raya Kerobokan kann es zu längeren, abgasgeschwängerten Verkehrsstaus kommen.

Der Kura-Kura-Touristenbus (S. 89) befährt eine Route, die Seminyak mit Umalas im Norden und Kuta im Süden verbindet, allerdings nur unregelmäßig.

Taxis mit Taxameter kann man heranwinken. Blue Bird (www.bluebirdgroup.com) bietet den zuverlässigsten Service.

Unterwegs vor Ort

Bali Bike Rental (☎0855 7467 9030; www.balibikerental.com; Jl Raya Kerobokan 71; Miete pro Tag ab 10 US$; ⊙8–19 Uhr) Eine Alternative zu den Tausenden selbstständiger Motorradverleiher auf Bali. Für den Aufpreis bekommt man ein Motorrad in Topzustand mit besonders sauberen Helmen, Pannendienst und mehr. Auch schnellere, leistungsstärkere Motorräder stehen bereit.

CANGGU & UMGEBUNG

Die Region Canggu, nördlich und westlich von Kerobokan, ist das Gebiet auf Bali, das am schnellsten wächst. Ein Großteil der Erschließung konzentriert sich auf den Bereich entlang der Küste und ist mit dem endlos langen Strand verbunden, der trotz ungezügelter Bautätigkeit weitgehend menschenleer erscheint. Kerobokan geht landeinwärts in Umalas und nach Westen in Canggu über, während das benachbarte Echo Beach eine einzige Baustelle ist.

Abgeschottete Villen locken auf Bali lebende Ausländer an, die auf Motorrädern oder in klimatisiertem Komfort an den verbliebenen Reisbauern vorbeibrausen. Der Verkehr könnte die ultimative Rache des gemeinen Bürgers sein: Der Straßenbau hinkt ein Jahrzehnt hinter dem Siedlungsbau her. Inmitten dieses Labyrinths aus allzu engen Gassen finden sich unkonventionelle Cafés, trendige Restaurants und ansprechende Geschäfte. Immer dem Rauschen der Brandung nach geht es zu herrlichen Stränden wie etwa dem in Batu Bolong.

Um bei den ständigen Neueröffnungen einigermaßen auf dem Laufenden zu bleiben, besucht man am Besten die Website www.cangguguide.com.

An- & Weiterreise

Man muss den Transport selbst organisieren, sei es mit einem Wagen samt Chauffeur, einem Motorrad oder einem Taxi. In den Strandregionen herrscht üblicherweise ein Taximonopol vor, das mindestens 150 000 Rp für eine Fahrt nach Seminyak berechnet.

Schlechte, enge und verstopfte Straßen halten einen tagsüber häufig auf. Falls möglich, einfach die Abkürzung am Strand entlang nehmen.

Umalas

☎0361

Nördlich von Kerobokan wechseln sich Villen von auf Bali lebenden Ausländern mit Reisfeldern ab. Unterwegs warten in den Seitenstraßen nette Überraschungen wie ein hübscher Warung oder ein wunderbar exzentrisch wirkender Laden.

Geführte Touren

★**Bali Bike Hire** RADFAHREN
(☎0361-202 0054; www.balibikehire.com; Jl Raya Semer 61; Miete pro Tag ab 60 000 Rp) In diesem Laden, der von leidenschaftlichen Fahrradfreaks betrieben wird, hat man die Qual der Wahl zwischen verschiedenen Bikes in Topqualität. Die Inhaber haben jede Menge Tipps, wie man über Balis oftmals kurvenreiche Straßen navigiert, und bieten ausgezeichnete geführte Touren an.

Essen

In den kleinen Straßen östlich der Jalan Raya Kerobokan kann man interessante Warungs entdecken, in denen abwechslungsreiche Küche auf den Tisch kommt.

★**Nook** INTERNATIONAL $$
(☎0361-847-5625; www.facebook.com/nookbali; Jl Umalas I; Hauptgerichte 50 000–160 000 Rp; ⊙8–23 Uhr; 📶) Das entspannte Open-Air-Café, sehr hübsch inmitten der Reisfelder gelegen, ist wegen seiner kreativen Herangehensweise an die asiatische und westliche Küche beliebt. Das moderne Flair mischt sich mit tropischen Aromen. Außerdem gibt es gutes Frühstück und Burger. Am schönsten sitzt man an den Tischen, die sich auf der hinteren Holzterrasse befinden.

Bali Buda CAFÉ $$
(☎0361-844 5935; www.balibuda.com; Jl Banjar Anyar 24; Hauptgerichte ab 23 000 Rp; ⊙8–22 Uhr; ❄📶🖉) Die ansprechende Außenstelle des Originals in Ubud verkauft all die ausgezeichneten Backwaren und Bio-Lebensmittel, die man erwarten kann. Das kleine Café serviert gesunde Säfte und Smoothies plus eine Auswahl an überwiegend vegetarischer Küche. Wie wäre es beispielsweise mit einem Stopp zum Frühstück auf dem Weg zum Tanah Lot? Zu einem Zeitpunkt,

an dem die meisten Leute den Tempel besuchen – am Vormittag.

Shoppen

Reza Art 2 ANTIQUITÄTEN
(☎0821 9797 4309; Jl Mertasari 99; ⏲10–18 Uhr) Unmengen von Lampen in vielen Größen wechseln sich in diesem Laden, der mehr einer Schatzsuche als einem Einzelhandelsgeschäft ähnelt, mit maritimen Antiquitäten und Krimskrams (z. B. alte Schiffstelegrafen und Steuerruder) ab.

Canggu

☎0361 / 7090 EW.

Canggu ist eher eine Geisteshaltung als ein Ort. Es ist der Allerweltsname für ein Gebiet voller Villen zwischen Kerobokan und Echo Beach. Hier ist eine stets verlockende Ansammlung von Läden zu finden, besonders von entspannten Cafés.

Drei größere Strips haben sich herausgebildet und sie alle führen zu den Stränden hinunter: zwei entlang der gewundenen Jalan Pantai Berawa und einer an der Jalan Pantai Batu Bolong. Als Destination für einen längeren Aufenthalt oder für Tagesausflüge aus anderen Teilen Balis ist das Gebiet sehr beliebt. Ein etwa 1 km langer Abschnitt der Jalan Pantai Berawa, die in der Nähe des Canggu Clubs verläuft, bildet das eigentliche Zentrum von Canggu.

STRANDSPAZIERGANG

Normalerweise kann man die 4 km zwischen Batubelig Beach und Echo Beach in etwa ein bis zwei Stunden zurücklegen. Es ist ein faszinierender Spaziergang: Unterwegs gibt es Tempel, winzige Fischereilager, eine tosende Brandung, zahlreiche Surfer, coole Cafés und Strandleben in allen Ausprägungen zu sehen. Der einzige Haken besteht darin, dass nach heftigen Regenfällen manche Wasserläufe so stark anschwellen, dass man sie nicht mehr durchqueren kann, besonders derjenige gleich nordwestlich von Batubelig. In jedem Fall empfiehlt es sich, seine Sachen in einem wasserdichten Beutel zu verstauen, falls man irgendwo hindurchwaten muss.

An jedem der größeren Strände stehen Taxis, wenn man nicht denselben Weg zurückgehen möchte.

Strände

Die Strände des Canggu-Gebiets setzen den Sandstreifen fort, der bereits in Kuta beginnt. Die Bandbreite reicht vom angesagten Platz zum Abhängen bis zu fast menschenleeren Stellen – letztere sind oft schon zehn gemächliche Gehminuten von den stark bevölkerten Abschnitten entfernt zu finden.

★**Batu Bolong Beach** STRAND
(Parken Motorrad/Auto 2000/5000 Rp) Der Strand in Batu Bolong ist der beliebteste in der Region Canggu. Dort findet sich sehr oft eine gute Mischung aus Einheimischen, auf Bali lebenden Ausländern und Besuchern ein, die in den Cafés abhängen, surfen oder dem Geschehen vom Strand aus zuschauen. Man kann sich Strandliegen und Sonnenschirme ausleihen, und überall sind Bierverkäufer zu sehen.

Es gibt auch Surfboards zu mieten (100 000 Rp pro Tag) und man kann Surfunterricht nehmen. Dominiert wird die Gegend von der jahrhundertealten Anlage Pura Batumejan.

Berawa Beach STRAND
(Parken Motorrad/Auto 2000/3000 Rp) Berawa Beach (auf einigen Schildern steht „Brawa Beach") besitzt ein paar Surfercafés an der aufgewühlten See. Der graue vulkanische Sand fällt steil ins schäumende Wasser ab. Hinter Finn's Beach Club liegt der riesige Besitz des Modemachers Paul Ropp.

Prancak Beach STRAND
Einige Getränkeverkäufer und ein großer Parkplatz sind die wesentlichen Versorgungseinrichtungen an diesem Strand, der meist ziemlich leer bleibt. Der große Tempel ist der Pura Dalem Prancak. Am Berawa Beach bietet sich ein netter, 1 km langer Spaziergang über den von Wellen umtosten Sand an. Bekannt ist er für die spontanen Volleyball-Matches.

Nelayan Beach STRAND
Eine Ansammlung von Fischerbooten und Hütten markiert diesen sanften Strandabschnitt in Nelayan Beach gegenüber dem „Villenland". Abhängig vom Wasserstand des Flusses ist ein Spaziergang von hier zu den Stränden in Prancak und Batu Bolong leicht möglich.

Sehenswertes

Pura Batumejan HINDUTEMPEL
(Pantai Batu Bolong) Oberhalb des Batu Bolong Beach steht die jahrhundertealte Anlage Pura Batumejan mit einem faszinierenden pagodenähnlichen Tempel.

Pura Dalem Prancak HINDUTEMPEL
(Pantai Prancak) Der große Tempel ist häufig Schauplatz umfangreicher Zeremonien.

Aktivitäten

Als beliebter Surf-Spot ziehen die Strände in der Canggu-Gegend am Wochenende viele Einheimische und auf Bali lebende Ausländer an. Die Zufahrt zu den Parkplätzen kostet normalerweise 5000 Rp; es gibt Cafés und Warungs für alle, die sich im Wasser oder beim Zuschauen Appetit geholt haben.

Finn's Recreation Club GESUNDHEIT & FITNESS
(☎0361-848 3939; www.finnsrecclub.com; Jl Pantai Berawa; Tagespass Erw./Kind 450 000/300 000 Rp; ⏲6–21 Uhr) Balis Expats spielen im Finn's Recreation Club Federball bis zum Umfallen. Der Club ist die New-Age-Version einer Anlage, die man während des Raj erwartet hätte. Die riesige, perfekt begrünte Rasenfläche ist fürs Krocketspiel sorgfältig gepflegt. Auch Gäste können bei Tennis, Squash, Polo oder Kricket, im Spa oder im 25-m-Becken ins Schwitzen kommen. Bei vielen Villen ist der Gästepass in der Miete enthalten. Beliebt ist der grellbunte **Splash Waterpark**.

Amo Beauty Spa SPA
(☎0361-907 1146; www.amospa.com; Jl Pantai Batu Bolong 69; Massagen ab 230 000 Rp; ⏲8–22 Uhr) Da hier einige der Topmodels Asiens entspannen, kommt man sich vor, als sei man in eine Fotosession der Vogue gestolpert. Neben Massagen werden weitere Dienstleistungen von Haarpflege bis zu Pediküre und Waxing für beide Geschlechter angeboten. Eine Buchung im Voraus ist zu empfehlen.

Schlafen

In Canggu gibt es alle Arten von Unterkünften. Die Anzahl der Gästehäuser, die sich „Surf Camps" nennen, hat sich stark erhöht. Für längerfristige Aufenthalte kann man sich nicht nur online informieren, sondern auch das Schwarze Brett im Warung Varuna (S. 114) konsultieren.

Serenity Eco Guesthouse GUESTHOUSE $
(☎0361-846 9257, 0361-846 9251; www.serenityecoguesthouse.com; Jl Nelayan; B/EZ/DZ inkl. Frühstück 175 000/205 000/495 000 Rp; ❄📶🏊) Dieses Hotel ist eine Oase inmitten der Sterilität der ummauerten Villen, geleitet von jungem und unerfahrenem (aber liebenswertem) Personal. Die Zimmer reichen von Einzelzimmern mit Gemeinschaftsbad bis zu recht netten Doppelzimmern mit eigenem Bad (einige mit Ventilator, andere mit Klimaanlage). Das Gelände ist exzentrisch; zum Nelayan-Strand sind es nur fünf Gehminuten. Es gibt Yoga-Unterricht (ab 110 000 Rp), man kann Surfboards und Fahrräder ausleihen.

Das Haus unternimmt Anstrengungen, um seinen CO_2-Ausstoß zu minimieren.

Big Brother Surf Inn GUESTHOUSE $
(☎0812 3838 0385; www.big-brother-surf-inn-canggu.bali-tophotels.com/en; Jl Pantai Berawa 20; Zi. 40 US$; ❄📶🏊) Die schicke Version eines traditionellen balinesischen Gästehauses zeigt klare Linien und reichlich minimalistisches Weiß. Die sechs Zimmer sind luftig und verfügen über Sitzbereiche im Freien mit Blick auf einen kleinen Garten. Dort gibt es auch einen Grill und einen Pool. Das Haus liegt ruhig, in guter Entfernung von der Straße; trotz des Namens ist es unwahrscheinlich, dass die Albernheiten der Gäste in einer TV-Realityshow zu sehen sein werden.

Canggu Surf Hostel HOSTEL $
(☎0813 5303 1293; www.canggusurfhostels.com; Jl Raya Semat; B 100 000–160 000 Rp, Zi. 400 000 Rp; ❄📶🏊) Das gut ausgestattete Hostel hat zwei Standorte; einer liegt um die Ecke an der Jalan Pantai Berawa. Es gibt Schlafräume mit acht und vier Betten und separate Zimmer. Die Gäste können sich an den zahlreichen Gemeinschaftsbereichen, Pools, Küchen und dem abschließbaren Surfboard-Abstellraum erfreuen.

Widi Homestay PRIVATUNTERKUNFT $
(☎0819 3626 0860; widihomestay@yahoo.co.id; Jl Pantai Berawa; Zi. ab 250 000 Rp; ❄📶) Hier herrscht keine falsche Hipster-Atmosphäre mit aufgesetzten nihilistischen Plattitüden; es handelt sich einfach um eine makellos saubere, freundliche familiengeführte Privatunterkunft. Die vier Zimmer verfügen über warmes Wasser und Klimaanlage; der Strand liegt knapp 100 m entfernt.

★ Sedasa BOUTIQUEHOTEL $$
(☎0361-844 6655; www.sedasa.com; Jl Pantai Berawa; Zi. inkl. Frühstück 700 000–890 000 Rp;) Das Sedasa, zugleich intim und stilvoll, besitzt eine zurückhaltende balinesische Eleganz. Die zehn großen Zimmer blicken auf einen kleinen Pool und sind mit Designermöbeln ausgestattet. Die Sitzsäcke auf der Dachterrasse sind ein netter Platz, um mit einem Buch zu entspannen. Unten gibt es ein Bio-Café. Zu Fuß sind es fünf Minuten bis zum Strand; außerdem gibt es einen Fahrradverleih und einen Shuttle-Dienst nach Seminyak – beides kostenlos.

Outsite CO-LIVING $$
(www.outsite.co; Jl Pantai Batu Bolong 45; Zi. ab 50 US$;) Zielgruppe von Outsite ist die stetig wachsende Zahl digitaler Nomaden auf Bali. Fünf Bungalows im traditionellen Javastil und der stimmungsvolle Pool bieten ihnen einen gemütlichen Ort zum Aufladen zwischen spontaner Produktivität. Outsite liegt in einem Reisfeld, was es zu einem friedlichen und inspirierenden Ort für einen Arbeitsurlaub macht – das WLAN ist schnell und stabil, und mit den Smoothie Bowls des im Preis enthaltenen Frühstücks beginnt man den Tag schmackhaft. Mindestaufenthalt zwei Nächte; Mitglieder von Outsite erhalten Rabatte.

Calmtree Bungalows GUESTHOUSE $$
(☎0851 0074 7009; www.thecalmtreebungalows.com; Jl Pantai Batu Bolong; Zi. ab 640 000 Rp;) Mitten im Zentrum von Batu Bolong bietet der Familienbetrieb zehn Wohneinheiten im traditionellen Stil rund um einen Swimmingpool. Innerhalb der strohgedeckten Wände verbindet sich Rustikales mit Modernität. Die Badezimmer liegen im Freien. Es gibt keine Klimaanlage, aber Ventilatoren – passend zur Atmosphäre. Tolle Servicekräfte.

Coconuts Guesthouse Canggu GUESTHOUSE $$
(☎0878 6192 7150; www.facebook.com/pg/coconutsguesthouse.com; Jl Pantai Batu Bolong; Zi. ab 75 US$;) Die fünf luftigen Zimmer in dem modernen Gästehaus verfügen über viel Komfort. Einige bieten einen hübschen Blick auf die (verbliebenen) Reisfelder, alle sind mit Kühlschrank ausgestattet und haben eine entspannende Wirkung. Im Loungebereich auf dem Dach kann man die Sonnenuntergänge genießen oder in den 10-m-Pool eintauchen. Die Entfernung zum Batu-Bolong-Strand beträgt nur 700 m.

Legong Keraton HOTEL $$
(☎0361-473 0280; www.legongkeratonhotel.com; Jl Pantai Berawa; Zi. 820 000–1 400 000 Rp;

Canggu & Echo Beach

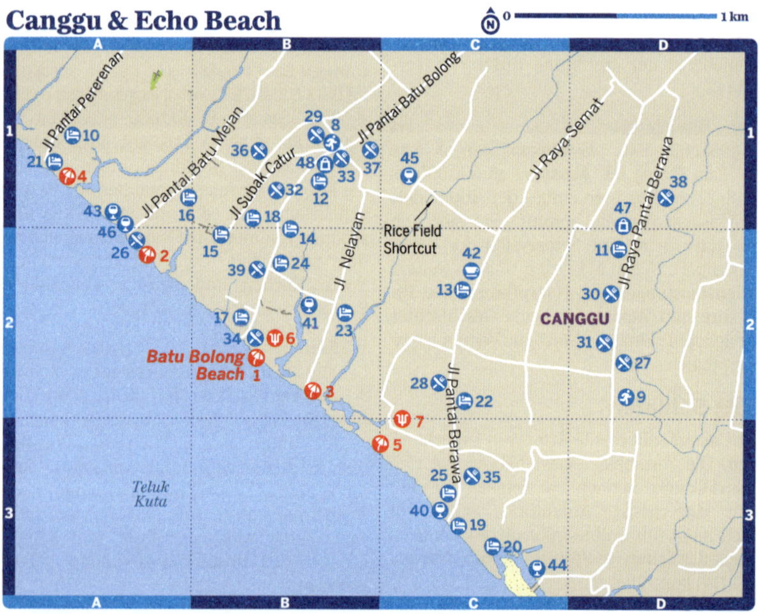

❄@📶🏊) Der Canggu-Boom hat die gepflegte Ferienanlage mit 40 Zimmern am Strand erreicht. Das Gelände liegt im Schatten von Palmen, der Pool grenzt an den Strand. Die besten Zimmer befinden sich in Bungalow-Einheiten mit Blick auf die Brandung. Lange lag das Hotel abgeschieden, jetzt liegt es mitten im Zentrum.

★ **Hotel Tugu Bali** HOTEL $$$
(☎0361-473 1701; www.tuguhotels.com; Jl Pantai Batu Bolong; Zi. inkl. Frühstück ab 400 US$; ❄@📶🏊) Das exquisite Hotel direkt am Batu Bolong Beach verwischt die Grenzen zwischen Unterkunft und Kunstgalerie. Das gilt besonders für die Walter-Spies- und Le-Mayeur-Pavillons, in denen Erinnerungsstücke aus dem Leben der Künstler die Zimmer schmücken. Es gibt ein Spa und eine hochklassige Strandbar: Ji. Die erstaunliche Sammlung von Antiquitäten und Kunstwerken beginnt in der Lobby und zieht sich durch das gesamte Hotel.

Slow BOUTIQUEHOTEL $$$
(☎0361-209 9000; http://theslow.id; Jl Pantai Batu 97; Zi. ab 2 400 000 Rp; ❄📶🏊) Das Hotel hebt den Designanspruch in Canggu mit seinem „tropischen Brutalismus". Der Stil des Slow wird definiert von eleganten Räumen mit klaren Linien, natürlichen Farben, üppigen Hängepflanzen und der ausgefallenen, persönlichen Kunstsammlung des Eigentümers. Die Zimmer sind groß und verfügen über jeglichen modernen Komfort.

Lv8 Resort Hotel RESORT $$$
(☎0361-894 8888; www.lv8bali.com; Jl Discovery 8; Zi. ab 3 000 000 Rp; ❄📶🏊) Direkt an einer Biegung der Lagune und gegenüber Berawa Beach macht die helle, luftige Ferienanlage das beste aus ihrem lang gestreckten, schmalen Grundstück. Auch die kleinsten der 124 Zimmer sind groß, haben Balkons und Sitzecken. Von einigen Zimmern hat man einen weiten Meerblick, zu anderen gehört ein eigenes Tauchbecken.

Canggu & Echo Beach

Highlights
1 Batu Bolong Beach ... B2

Sehenswertes
Berawa Beach ... (s. 19)
2 Echo Beach ... A2
3 Nelayan Beach ... B2
4 Pererenan Beach ... A1
5 Prancak Beach ... C3
6 Pura Batumejan ... B2
7 Pura Dalem Prancak ... C3

Aktivitäten, Kurse & Touren
8 Amo Beauty Spa ... B1
9 Finn's Recreation Club ... D2

Schlafen
10 Andy's Surf Villa ... A1
11 Big Brother Surf Inn ... D2
12 Calmtree Bungalows ... B1
13 Canggu Surf Hostel ... C2
14 Coconuts Guesthouse Canggu ... B2
15 Echo Beach Resort ... B2
16 Echoland ... A1
17 Hotel Tugu Bali ... B2
18 Koming Guest House ... B1
19 Legong Keraton ... C3
20 Lv8 Resort Hotel ... C3
21 Pondok Nyoman Bagus ... A1
22 Sedasa ... C2
23 Serenity Eco Guesthouse ... B2
24 Slow ... B2
25 Widi Homestay ... C3

Essen
26 Beach House ... A2
Betelnut Cafe ... (s. 12)
27 Bungalow ... D2
28 Creamery ... C2
29 Deus Ex Machina ... B1
Dian Cafe ... (s. 26)
30 Green Ginger ... D2
31 Indotopia ... D2
32 Mocca ... B1
33 Monsieur Spoon ... B1
34 Old Man's ... B2
35 One Eyed Jack ... C3
36 Shady Shack ... B1
37 Warung Bu Mi ... B1
38 Warung Goûthé ... D1
39 Warung Varuna ... B2

Ausgehen & Nachtleben
40 Finns Beach Club ... C3
41 Gimme Shelter Bali ... B2
42 Hungry Bird ... C2
Ji ... (s. 17)
43 La Brisa ... A1
44 La Laguna ... C3
45 Pretty Poison ... C1
46 Sand Bar ... A1

Shoppen
Dylan Board Store ... (s. 33)
47 It Was All a Dream ... D1
48 Love Anchor ... B1

Essen

★ Creamery
EIS $

(☎ 0819 9982 5898; www.facebook.com/CreameryBali; Jl Pantai Berawa 8; Eisbecher ab 35 000 Rp; ⌚ 11.30–22.30 Uhr) Hausgemachte Eiscreme erhält in diesem fröhlichen Laden eine ganz eigene Bedeutung, weil jede Portion dank flüssigem Stickstoff einzeln hergestellt wird. Die Eisbecher sind in ihrer Schlichtheit dekadent – wenn man möchte, kann man selbst einen kreieren oder ein Eissandwich oder einen Milchshake genießen, wenn's nicht ganz so üppig sein soll.

Warung Varuna
INDONESISCH $

(☎ 0818 0551 8790; www.facebook.com/warungvaruna; Jl Pantai Batu Bolong 89A; Hauptgerichte 20 000–40 000 Rp; ⌚ 8–22.30 Uhr) Das günstigste Angebot für tolles einheimisches Essen in Strandnähe: Das Varuna kombiniert ausgezeichnete balinesische Gerichte mit einem Herz für Surfer. Das Nasi Goreng (gebratener Reis) gibt es in mehreren kreativen Versionen; im Angebot sind auch Säfte, Smoothies und gegrillte Sandwiches. Der Warung serviert außerdem gutes, herzhaftes westliches Frühstück. Am Schwarzen Brett hängen viele Listen mit Mietangeboten für Villen und Zimmer.

Warung Bu Mi
INDONESISCH $

(☎ 0857 3741 1115; www.facebook.com/warungbumi; Jl Pantai Batu Bolong 52; Mahlzeiten 25 000–40 000 Rp; ⌚ 8–22 Uhr) Klassisches balinesisches Warung-Essen. Die Gäste können sich eine Reisvariante aussuchen (z. B. den lokalen Favoriten nussig-rot) und dann aus der Vitrine aus verschiedenen Gerichten etwas zusammenstellen. Unbedingt die frittierten Maisbällchen probieren! Der schlichte, saubere Innenraum ist mit langen Tischen eingerichtet.

Bungalow
CAFÉ $

(☎ 0361-844 6567; www.bungalowlivingbali.com; Jl Pantai Berawa; Hauptgerichte ab 40 000 Rp; ⌚ Mo–Sa 8–18 Uhr; ❄) Dieses Café steht gerade weit genug von der Straße entfernt, dass die Gäste nicht in einer Abgaswolke sitzen. Dass es zum gleichnamigen Einrichtungskaufhaus gehört, ist leicht am stilvollen Retrochic zu erkennen. Die Gäste können auf der Veranda mit ihrer wackeligen Holzumrandung entspannen und sich an der riesigen Auswahl an Kaffeegetränken, Säften, Smoothies, Sandwiches, Salaten und Desserts erfreuen.

Indotopia
VIETNAMESISCH $

(☎ 0822 3773 7760; www.facebook.com/IndotopiaCanggu; Jl Pantai Berawa 34; Hauptgerichte ab 40 000 Rp; ⌚ 8–22 Uhr; 📶) Die Reisnudelsuppen *(pho)*, die in dem auch als „Warung Vietnam" bekannten Laden in Schalen serviert werden, sind einfach köstlich. Reichlich gutes Rindfleisch verbindet sich mit perfekten Nudeln und duftendem Gemüse. Darf es etwas Süßes sein? Dann sind Saigon Bananen-Crêpes zu empfehlen.

Betelnut Cafe
CAFÉ $

(☎ 0821 4680 7233; Jl Pantai Batu Bolong; Hauptgerichte ab 50 000 Rp; ⌚ 8–22 Uhr; ❄ ✎ 📶) Das strohgedeckte Café mit einem freundlichen Freiluftspeisesaal im Obergeschoss verströmt Hippie-Flair. Die Karte tendiert Richtung gesunde Küche, aber auch wieder nicht zu sehr – wer mag, bekommt auch Pommes frites. Es gibt Säfte und viele gemüselastige Hauptgerichte, außerdem leckere Backwaren und nette Shakes.

Monsieur Spoon
CAFÉ $

(www.monsieurspoon.com; Jl Pantai Batu Bolong; Snacks ab 25 000 Rp; ⌚ 6.30–21 Uhr; ❄) Wunderbare Backwaren im französischen Stil – das Mandelcroissant schmeckt großartig – sind die Spezialität dieser kleinen balinesischen Café-Kette. Hier kann man Gebäck, Sandwiches aus perfekt gebackenem Brot und feine Kaffeegetränke an einem Tisch im Garten oder im Innenraum genießen.

Green Ginger
ASIATISCH $

(☎ 0878 6211 2729; www.elephantbali.com/green-ginger; Jl Pantai Berawa; Mahlzeiten ab 55 000 Rp; ⌚ 8–21 Uhr; 📶 ✎) Das attraktive kleine Restaurant am sich rasch wandelnden Strip in Canggu ist auf frische, leckere vegetarische Speisen und Nudelgerichte aus ganz Asien spezialisiert.

★ Mocca
CAFÉ $$

(☎ 0361-907 4512; www.facebook.com/themocca; Gg Nyepi; Hauptgerichte 60 000–90 000 Rp; ⌚ 7am-10pm) Abseits des Getümmels der Jl Batu Bolong ist dieser verborgene Schatz in Canggu gleichzeitig charmantes Café und Boho-Conceptstore. Man sitzt überall wunderbar, egal ob unten im Garten oder oben im Freien auf dem Patio, beides voller Palmen und Vintageholzmöbel. Großartiger Service und eine lange Speisekarte mit unterschiedlicher Küche lassen die Stunden hier schnell vergehen.

★ **One Eyed Jack** JAPANISCH $$

(☎0819 9929 1888; www.oneeyedjackbali.com; Jl Pantai Berawa; kleine Gerichte 45 000–90 000 Rp; ⌚17–24 Uhr) *Izakaya,* die japanische Art des Kneipenbesuchs, bei dem Gruppen von Freunden gemeinsam trinken und sich das Essen auf Gemeinschaftstellern teilen, wird in diesem wunderbaren kleinen Restaurant beispielhaft umgesetzt. Der Küchenchef ist ein Veteran des international bejubelten Nomu; die Gerichte sind hervorragend. Winzige Appetithappen im Taco-Stil, Hähnchen-*tsukune*-Slider und Brötchen mit gegrilltem Schweinefleisch verleiten dazu, auch noch eine zweite Portion zu bestellen. Nicht zu vergessen die Cocktails auf Teebasis.

★ **Warung Goûthé** BISTRO $$

(☎0878 8947 0638; www.facebook.com/warung goutthe; Jl Pantai Berawa 7A; Hauptgerichte ab 60 000 Rp; ⌚Mo–Sa 9–17 Uhr) Hervorragend zubereitete und angerichtete leckere Mahlzeiten sind das Markenzeichen dieses Cafés mit offener Front. Die sehr kleine Speisekarte wechselt täglich und richtet sich nach dem, was frisch zu haben ist. Die französischen Besitzer können ein einfaches Hähnchen-Sandwich zu einem unvergesslichen Geschmackserlebnis erheben. Allein die Desserts sind ein Grund vorbeizuschauen, wenn man in der Nähe ist.

★ **Deus Ex Machina** CAFÉ $$

(Temple of Enthusiasm; ☎0811 388 150; www.deuscustoms.com; Jl Batu Mejan 8; Hauptgerichte 60 000–170 000 Rp; ⌚7–23 Uhr; 📶) Die surreale Location inmitten der Reisfelder von Canggu hat viele Gesichter. Für hungrige Gäste ist es ein Restaurant-Café plus Bar, für Kauflustige ein Modelabel, für Kulturinteressierte eine Galerie mit aktueller Kunst, für Musikliebhaber ein Veranstaltungsort für Live-Auftritte lokaler Punk-Bands (Sonntagnachmittag), für Biker ist es ein Motorradladen nach Maß; wer sich den Bart stutzen lassen möchte, für den ist es ein Barbier …

Old Man's INTERNATIONAL $$

(☎0361-846 9158; www.oldmans.net; Jl Pantai Batu Bolong; Hauptgerichte ab 50 000 Rp; ⌚8–24 Uhr) In dem beliebten Biergarten mit Blick auf den Batu Bolong Beach fällt die Entscheidung nicht leicht, wo man sich hinsetzen möchte, um einen Drink zu genießen. Das Essensangebot zur Selbstbedienung zielt auf Surfer und Möchtegern-Surfer ab: Burger, Pizza, Fish & Chips, Salate. Die Mittwochabende sind eine Institution, aber auch freitags (Live Rock'n' Roll) und sonntags (DJs) geht die Post ab.

🍷 Ausgehen & Nachtleben

★ **La Laguna** COCKTAILBAR

(☎0812 3638 2272; www.lalagunabali.com; Jl Pantai Kayu Putih; ⌚9–24 Uhr; 📶) La Laguna, ein Ableger des La Favela in Seminyak (S. 99), ist eine der charmantesten Bars auf Bali. Sie kombiniert einen Beatnik-Look mit maurischem Dekor und glitzernden Minilichtern. Es lohnt sich, die ausgefallene Gestaltung zu erkunden, um dann auf einer Couch, einem Liegesofa, an einem Tisch im Innenraum oder einem Picknicktisch im Garten Platz zu nehmen. Die Drinks sind gut, das Essen ist lecker (Hauptgerichte ab 80 000 Rp).

Um stilvoll hierher zu kommen, geht man den Strand entlang und nimmt dann die Fußgängerbrücke über die Lagune.

Ji BAR

(☎0361-473 1701; www.jiatbalesutra.com; Jl Pantai Batu Bolong, Hotel Tugu Bali; ⌚17–23 Uhr) Das Ji, ohne Weiteres die verlockendste Bar in Canggu, ist eine Fantasie aus historischen chinesischen und balinesischen Holzschnitzereien und reichhaltiger Dekoration. Von der Terrasse im ersten Stock hat man einen wunderschönen Blick, den man bei exotischen Cocktails, Sake und japanischen Häppchen genießen kann.

Pretty Poison BAR

(☎0812 4622 9340; www.prettypoisonbar.com; Jl Subak Canggu; ⌚16–24 Uhr) Die Bar des Pretty Poison blickt auf einen traditionellen Skate Bowl aus den 1980er-Jahren; das Surfboard ist also nicht das einzige Board, das hier zur Geltung kommt. Der seit Langem auf Bali lebende australische Surfer Maree Suteja ist der Betreiber dieser Bar; sie ist ein wunderbarer Ort zum Abhängen bei günstigem Bier und Live-Bands. Da wir uns in Canggu befinden, werden Kleidungsstücke mit dementsprechendem Logo verkauft. Das Pretty Poison liegt in der Nähe des chaotischen Shortcuts durch die Reisfelder.

Hungry Bird CAFÉ

(☎0898 619 1008; www.facebook.com/hungry birdcoffee; Jl Raya Semat 86; ⌚Mo–Sa 8–17 Uhr; 📶) Als einer der wenigen echten Third-Wave-Kaffeeröster auf Bali braut das Hungry Bird ausgezeichneten sortenreinen Kaffee. Der javanische Besitzer weiß unglaublich viel über dieses Thema und röstet vor Ort

Bohnen aus ganz Indonesien; Kaffeeverkostungen *(cupping sessions)* sind möglich, wenn man sich vorher telefonisch anmeldet. Auch das Essen ist hervorragend (Bio-Eier und Backwaren); das Lokal eignet sich perfekt für einen Brunch.

Gimme Shelter Bali BAR
(☎0812 3804 8867; www.facebook.com/gimmeshelterbali; Jl Lingkar Nelayan 444; ⏰7–15 Uhr) Perfekt für alle, denen Musik gar nicht laut genug sein kann. Gimme Shelter bietet regelmäßig der alternativen Musikszene der Insel eine Bühne, den Rock-'n'-Roll-, Rockabilly- und Punkbands. Es ist einer der wenigen Läden in Canggu, die auch noch nach Mitternacht geöffnet haben.

Finns Beach Club BAR
(☎0361-844 6327; www.finnsbeachclub.com; Jl Pantai Berawa; ⏰9–23 Uhr; 📶) Finns, ein riesiges aus Bambus gebautes Ungetüm, beherrscht diesen Strandabschnitt. Es existiert ein riesiger Swimmingpool und ein anregendes Soundsystem. Hipster-Typen füllen die Sitzbereiche, Gruppen auf der Jagd nach der richtigen Sonnenbräune umgeben den Swimmingpool.

Eine Liege kostet heftige 500 000 Rp pro Tag; ein Handtuch ist im Preis enthalten. Es gibt eine große Bar und verschiedene Leckereien, beispielsweise „nitro ice cream". Das Essensangebot bewegt sich im üblichen Rahmen (Hauptgerichte ab 135 000 Rp).

Man sollte nicht vergessen, dass der gegrillte Maiskolben, der drinnen für 65 000 Rp auf der Karte steht, bei einem fröhlichen fliegenden Händler am Strand für den erstaunlichen Touristenpreis von 10 000 Rp zu haben ist.

Shoppen

★ Love Anchor MARKT
(☎0822 3660 4648; www.loveanchorcanggu.com; Jl Pantai Batu Bolong 56; ⏰Mo–Fr 8–24, Basar Sa & So 9–17 Uhr) Dieses Canggudorf im traditionellen *joglo*-Stil voller Holz und Palmen erfüllt Hipstern alle Wünsche rund ums Essen und Shoppen. Man kann mit einem Bintang entspannen oder sich mit allem Möglichen von Pizzas und Burgern bis zu Smoothies und veganem Essen stärken, bevor man durch die Boutiquen und Surfläden bummelt.

Auf dem Open-Air-Bazar am Wochenende (Sa & So 9–17 Uhr) gibt es alles – von balinesischen Souvenirklassikern (eine runde Rattantasche gefällig?) bis zu schicken, maßgefertigten Lederwaren und feinem Schmuck von Goldschmieden aus der Region.

It Was All A Dream MODE & ACCESSOIRES
(☎0811 388 3322; Jl Pantai Berawa 14B; ⏰10–19 Uhr) Hochwertige Ledertaschen, lustige Sonnenbrillen, Vintage-Jeans, Basics aus Jersey, bestickte Kaftane und einiges mehr. Diese hippe Boutique verkauft Originelles zu vernünftigen Preisen. Inhaber ist ein französisch-amerikanisches Designerpaar, das auf Bali lebt.

Dylan Board Store SPORT- & OUTDOORAUSRÜSTUNG
(☎0819 9982 5654; www.dylansurfboards.com; Jl Pantai Batu Bolong; ⏰10–20 Uhr) Der berühmte Big-Wave-Surfer Dylan Longbottom betreibt diesen Surfboardladen für Maßanfertigungen. Als talentierter Boardbauer entwirft er Bretter für Anfänger und Profis. Viele seiner Designs hat er auf Lager, so dass die Kunden sie gleich mitnehmen können.

Praktische Informationen

Geldautomaten und die üblichen Läden und Märkte findet man auf der Hauptstraße Canggus, Jl Pantai Berawa.

An- & Weiterreise

Das Taxikartell am Flughafen berechnet 250 000 Rp für eine Taxifahrt.

Man erreicht Canggu von Süden her, wenn man der Jl Batubelig in westlicher Richtung in Kerobokan fast bis zum Strand folgt und dann nach Norden abbiegt, auf einer gewundenen Straße vorbei an riesigen Villen und Geschäften von Expats. Der Weg über die stets verstopfte Jl Raya Kerobokan dauert viel länger.

Von Kuta oder Seminyak aus kostet es mindestens 150 000 Rp mit dem Taxi in die Gegend um Canggu zu fahren. Taxis fahren nicht vorbei, sodass man keines anhalten kann, aber jeder Laden wird eines rufen.

Unterwegs vor Ort

Eine gute Gegend zum Motorradfahren – viele der Landstraßen sind kaum breit genug für ein Auto, geschweige denn zwei. Die schmale Straße, die „Reisfeldabkürzung" genannt wird, ist das perfekte Beispiel dafür, dass vernünftige Straßenplanung und -bau in der Region um Canggu einfach fehlen. Es gibt Websites voller Fotos von Wagen, die in den Reis gestürzt sind, weil sie dachten, die Straße hätte zwei Spuren.

Straßennamen sind bestenfalls vage: „Jl Pantai Berawa" heißt eine ganze Reihe von anscheinend getrennten Straßen.

Echo Beach

0361

Mit einem der beliebtesten Surf-Breaks auf Bali hat Echo Beach in Sachen Popularität inzwischen die kritische Marke erreicht; Surfshops gibt es hier in Hülle und Fülle. Die Bautätigkeit hat dieser Gegend nicht gerade gut getan, direkt im Osten steht eine hässliche, vorübergehend ruhende Ferienanlage. Wenn es hier zu voll wird, braucht man lediglich ungefähr 200 m Richtung Osten am Strand entlang zu gehen, um für sich alleine zu sein.

Die herrlichen Sonnenuntergänge – und die hohen Wellen – locken die Massen an, die ihre von dem rosigen Schimmer gefärbten Drinks genießen.

Strände

Echo Beach STRAND

(Pantai Batu Mejan) Surfer und diejenigen, die ihnen gerne zusehen, strömen in Scharen an diesen Strand. Grund ist der High Tide Lefthander, der regelmäßig eine Höhe von über 2 m erreicht. Der graue Sand direkt vor den Bauprojekten kann bei Flut komplett verschwinden, aber östlich wie westlich davon liegen breitere Strände. Batu Bolong Beach befindet sich 500 m weiter östlich.

Schlafen

Echo Beach Resort APARTMENT $$

(0787881440; www.echobeach.co.id; Jl Mundu Catu; Apt. ab 900 000 Rp;) Die Apartmentanlage erhebt sich über die Villen rundum. Es gibt neun Wohneinheiten mit einem Schlafzimmer in verschiedenen Kategorien. Einige verfügen über Meerblick, andere über einen eigenen Pool. Alle sind mit einer Küchenzeile ausgestattet. Das Gelände ist ruhig, das Dekor hell und spartanisch. Es gibt eine schöne Dachterrasse mit weitem Blick übers Wasser. Der Strand liegt zu Fuß etwa 300 m entfernt.

Koming Guest House GUESTHOUSE $$

(0819 9920 0996; www.komingguesthouse.com; Jl Munduk Catu; Zi. ab 500 000 Rp;) Umgeben von anderen Villen verfügt diese hier über vier Zimmer auf zwei Etagen. Die unteren haben direkten Zugang zum Pool. Die beiden Zimmer im Obergeschoss haben Terrassen, von denen aus ein kleines Stück vom Ozean zu sehen ist. Alle sind mit Kühlschränken und einfachen Möbeln ausgestattet. Vorsicht ist bei einigen gekachelten Badezimmern geboten: Sie sind nach einem Partyabend nicht zu empfehlen.

Echoland GUESTHOUSE $$

(0361-887 0628; www.echolandbali.com; Jl Pantai Batu Mejan; B ab 180 000 Rp, Zi. mit Ventilator/Klimaanlage ab 435 000/500 000 Rp;) Es gibt 17 separate Zimmer und Schlafsäle in dieser kompakten zweistöckigen Anlage, die etwa 300 m vom Strand entfernt liegt. Die Lounge auf dem Dach hat einen angenehmen Schattenspender und einen schönen Ausblick. Yogakurse werden ab 80 000 Rp pro Stunde angeboten.

Essen

Samadi Bali HEALTH FOOD $

(0812 3831 2505; www.samadibali.com; Jl Padang Linjong 39; Mittagsgerichte 46 000–80 000 Rp; 8–19 Uhr;) Eine Pension, ein Yogastudio, ein ganzheitliches Behandlungszentrum und ein Biocafé – alles auf einmal: Samadi Bali ist der Ort für Wellness mitten im trendigen Canggu. Der beliebte Samadi Biomarkt am Sonntag eignet sich super dafür, chemiefreie Lebensmittel und andere Produkte zu kaufen. Die Speisekarte im gesundheitsbewussten Café umspannt die ganze Welt von indischen Thalis bis zu spanischem Gazpacho.

Dian Cafe INDONESISCH $

(0813 3875 4305; Jl Pura Batu Mejan; Hauptgerichte ab 30 000 Rp; 8–22 Uhr) Traditionelle indonesische und westliche Standardgerichte kommen in diesem Freiluftcafé lediglich wenige Meter vom Strand zu günstigen Preisen auf den Tisch.

Shady Shack VEGETARISCH $$

(0819 1639 5087; www.facebook.com/theshadyshackbali; Jl Tanah Barak 53; Hauptgerichte 50 000–95 000 Rp; 7.30–22 Uhr;) Das bezaubernde Café unter großen Bäumen besitzt das Flair eines einfachen kolonialen Landhauses in der Karibik. Tische stehen im Garten und im Speisesaal mit viel Holz und riesigen offenen Fenstern. Die Speisekarte umfasst eine lange Liste von Mahlzeiten, Wraps und Säften. Die meisten sind vegan und/oder vegetarisch. Empfehlenswert sind beispielsweise das Heidelbeermüsli, der wunderbare Halloumi-Burger oder die grandiosen Desserts.

Beach House CAFÉ $$

(Echo Beach Club; 0361-747 4604; www.echobeachhouse.com; Jl Pura Batu Mejan; Hauptgerichte 55 000–95 000 Rp; 7–23 Uhr;) Das Restaurant mit Bar ist eine Echo-Beach-Ikone. Von Plätzen in der ersten Reihe (Tische, Sofas, Picknicktische) kann man den Surfern zusehen. Es gibt eine eindrucksvolle Vitrine mit grillfertigen Fleischspießchen sowie Fisch und Meeresfrüchten, außerdem ein leckeres Frühstück und eine Mittagskarte. Die abendlichen Barbecues sind sehr beliebt – besonders das am Sonntag, wenn Livemusik gespielt wird.

Ausgehen & Nachtleben

Einen Drink zu genießen und dabei die Surf Break zu beobachten, hat am Echo Beach Tradition. Gleich westlich der größten Häufung von Cafés ist eine Kette von kurzlebigen Strandbars aufgetaucht, die wenig mehr sind als Bambushütten. Sie bieten Sitzsäcke im Sand und kaltes Bier. Allerdings können sie über Nacht weg sein, vor allem wenn an dieser Stelle gebaut wird.

La Brisa INTERNATIONAL

(☎0811 394 6666; www.labrisabali.com; Jl Pantai Batu Mejan, Gang La Brisa; ⏲Mo–Sa 7–23 Uhr, So ab 11 Uhr; 📶) Das neueste Mitglied der trendigen La-Familie auf Bali (La Plancha, La Favela, La Sicilia und La Laguna): La Brisa liegt direkt am Strand von Echo Beach in Canggu. Dieses Restaurant widmet sich ganz dem Meer, es ist aus dem Holz alter Fischerboote gebaut und die Bar entsprechend mit Fischernetzen, Angeln und antiken Bojen dekoriert.

Sand Bar BAR

(Echo Beach; ⏲ab 10 Uhr bis spät) Diese Bar befindet sich gleich westlich einer größeren Gebäudeansammlung am Echo Beach. Hier werden an vielen Abenden kaltes Bier und preiswerte Drinks bis zum Morgengrauen ausgeschenkt. Die Gäste sitzen auf Sitzsäcken, Stühlen oder im Sand. An manchen Abenden spielen Bands bis weit nach Mitternacht.

Wenn man Richtung Westen am Strand entlanggeht, trifft man auf eine lange Reihe von Bambus-Strandbars mit einfachem Essen und billigem Bier.

An- & Weiterreise

Eine örtliche Taxi-Kooperative bringt Gäste nach Seminyak und zu anderen Zielen im Süden. Kostenpunkt ab 150 000 Rp.

Pererenan Beach

☎0361

Der Abschluss des ausgedehnten Sandstreifens, der in der Nähe des Flughafens beginnt, Pererenan Beach, verändert sich rasend schnell. Auf der ganzen Strecke bis zur Tanah Lot Straße entstehen Villen und andere Gebäude inmitten der im Verschwinden begriffenen Reisfelder. Es wird nicht mehr allzu lange dauern, bis diese Gegend nicht mehr von dem Echo-Beach-Gebiet zu unterscheiden ist.

Pererenan Beach STRAND

Der nördlichste unter den Stränden der Canggu-Region ist aus Sicht der Bauunternehmer als nächster dran. Villen, Gästehäuser und Strandbars sind nicht weit von dem dunklen Sand und den ordentlichen Wellen zu finden. Vom Echo Beach hierher sind es nur 300 m Richtung Westen über Sand und Felsformationen (oder 1 km auf der Straße). Fliegende Händler verkaufen Bier und vermieten Liegen und Surfboards.

Andy's Surf Villa BUNGALOW $$

(☎0818 567 538; www.andysurfvilla.com; Jl Pantai Pererenan; Zi. 450 000–700 000 Rp; ❄📶🏊) Fünf kleine Bungalows rund um einen kompakten Innenhof werden von einer zauberhaft freundlichen balinesischen Familie betreut; bis zu zwölf Leute können die gesamte Anlage mieten und dann eine Nonstop-Party feiern. Der Strand liegt lediglich 200 m entfernt.

Pondok Nyoman Bagus GUESTHOUSE $$

(☎0361-848 2925; www.facebook.com/PondokNyomanBagus; Jl Pantai Pererenan; Zi. 500 000–700 000 Rp; ❄📶🏊) Gleich hinter dem Pererenan Beach bietet dieses beliebte Gästehaus insgesamt 14 Zimmer mit Terrassen und Balkons in einem modernen zweistöckigen Gebäude. Das i-Tüpfelchen bildet ein toller Infinity-Pool auf dem Dach.

In dem dazugehörigen Restaurant werden eher durchschnittliche Gerichte serviert – dafür aber ist der Blick auf das Meer einfach sensationell.

An- & Weiterreise

Wenn es auf der Straße Tanah Lot voll ist, kann es weit über eine Stunde dauern, Seminyak zu erreichen. Taxis kosten 150 000 Rp aufwärts.

ALINA_DANILOVA/SHUTTERSTOCK ©

Beste Strände

Bali und viele Inseln von Nusa Tenggara sind umrahmt von Stränden, deren Farbschattierungen von weiß bis schwarz reichen; die Brandung ist mal wild, mal zahm. Die Strände ziehen massenhaft Besucher an, die hier in der Sonne liegen, Yoga machen, laufen, surfen, schnorcheln, tauchen und einfach eine schöne Zeit verleben. Bei der großen Auswahl findet sich für jeden das Passende.

Inhalt

➡ Strände
➡ Surfen
➡ Tauchen
➡ Unterwasserwelt

Oben: Küstenlinie von Kuta (S. 70)

1. Balangan Beach (S. 152) 2. Kuta Beach (S. 343), Lombok
3. Gili Trawangan (S. 357)

Strände

In diesem Teil von Indonesien gibt es viele tolle Strände. Sie sind hier nach Regionen aufgelistet. Jedes der fünf Gebiete bietet zahlreiche unterschiedliche Sandstrände zum Genießen.

Von Tuban bis Echo Beach

Dieser Strand hat Bali berühmt gemacht. Er beginnt gleich nördlich des Flughafens und erstreckt sich etwa 12 km nach Nordwesten bis zum Pererenan Beach (S. 118). Die „Spielwiese" hat zahlreiche Facetten und spricht ganz unterschiedliche Besuchergruppen an – Surfer, Familien, Eigenbrötler, Partygänger usw.

Auf der Halbinsel Bukit

Am Fuß der Klippen an der Westküste der Bukit-Halbinsel (S. 127) liegen kleine Buchten mit weißem Sand, z. B. in Balangan, Bingin und Padang Padang. Die Strände sind mitunter schwer zu erreichen. Belohnt wird der Aufwand jedoch durch einen schönen Blick auf die Brandung, kleine Bambus-Warungs, die Bintang verkaufen, und herrliches Wasser.

An der Ostküste

Ein riesiger Halbmond aus schwarzem Sand, der von den Vulkanhängen des Gunung Agung stammt, nimmt nördlich von Sanur seinen Anfang und reicht bis auf die Ostseite der Insel (S. 228). Manche Strandabschnitte sind menschenleer, an anderen tummeln sich Surfer, noch häufiger sind aber Tempel und der ganz normale balinesische Alltag zu sehen.

Im Süden von Lombok

Der beste Kuta Beach liegt gar nicht auf Bali. An der Südküste von Lombok (S. 343) in Ost-West-Richtung von *diesem* Kuta wartet ein Dutzend traumhafter Buchten auf Besucher. Außer weißem Sand gibt es dort oft nicht viel.

Auf den Gilis

Die Gili-Inseln (S. 353) – Trawangan, Meno und Air – sind jeweils von schönen Sandstränden umschlossen. Unser Vorschlag: Die große Runde drehen, die Strandbüfetts probieren, vor der Küste schnorcheln und einfach genießen.

1

2

1. Suluban Beach (S. 159), Ulu Watu 2. Tanjung Desert (S. 334)
3. Kuta Beach (S. 72)

Surfen

Viele Leute kommen hauptsächlich zum Surfen in diese Region; die Surferkultur ist inzwischen Teil des modernen Bali geworden. Der Surfer-Lebensstil mag hier maßvoller sein, die Breaks sind es nicht.

Kuta Beach

Kuta Beach (S. 72), Balis ursprünglicher Surferstrand, ist immer noch ein Hit. Der Wirkung dieses endlos langen Sandstrands, der mit seinen unaufhörlichen Breaks direkt vor der Küste Surfer anlockt, kann man sich kaum entziehen. Und man lernt hier ohne großen Aufwand Surfen. Surfschulen gibt es reichlich, Kurse zu jeder Tageszeit.

Ulu Watu

Die legendärsten Surf-Möglichkeiten auf Bali findet man in Ulu Watu (S. 158). Hier erreicht die Kette von Breaks entlang der Küste der Halbinsel Bukit ihren Höhepunkt. Die Bedingungen sind eine Herausforderung und man kann ganze Tage damit verbringen, die Szene auszukundschaften.

Nusa Lembongan

Die Insel Nusa Lembongan (S. 168) eignet sich bestens für tagelanges Surfen. Breaks – per Boot zugänglich – liegen vor der Küste jenseits der Riffe. Außerdem gibt es günstige Unterkünfte und eine gute Sicht auf das Geschehen, was die Wahl des richtigen Augenblicks erleichtert.

Tanjung Desert

Tanjung Desert (Desert Point; S. 334) auf Lombok findet großen Zuspruch – und das nicht nur bei Surfern, die sich selbst auf die Schulter klopfen, weil sie bis zu diesem abgelegenen Ort vorgedrungen sind. Die unbeständige Break (ihre Saison reicht nur von Mai bis September) ist selbst für sehr erfahrene Surfer schwer zu meistern, lohnt sich aber für alle.

Supersuck

Supersuck (S. 382) an der Südwestküste Sumawas wird immer wieder als bester Left Break der Welt bewertet. Er ist so gut, dass sogar Surfer von Hawaiis North Shore regelmäßig zum Surfen herkommen.

KRISTINA VACKOVA/SHUTTERSTOCK ©

1. Mantarochen, Nusa Penida (S. 177) **2.** Schnorchlerin erkundet das Wrack der *Liberty* (S. 263), Tulamben **3.** Gili Trawangan (S. 357) **4.** Koralle, Pulau Menjangan (S. 300)

2

DUDAREV MIKHAIL/SHUTTERSTOCK ©

4

Tauchen

Die Inseln besitzen nicht nur tolle Tauchreviere, es gibt auch viele gute Tauchshops, die alles rund um die Entdeckungsreisen unter Wasser anbieten. Vom einfachen Steilwandtauchen bis zu anspruchsvollen Freiwassertauchgängen, bei denen riesige Meeresgeschöpfe ins Blickfeld kommen, findet jeder etwas, das seinen Fähigkeiten und Wünschen entspricht.

Tulamben

Tulamben (S. 263) erscheint wie ein Dorf an der Küstenstraße von Ostbali, bis man all die Tauchshops entdeckt. Die große Attraktion hier liegt direkt vor der Küste: Ein altes Schiff, die *Liberty,* sank während des Zweiten Weltkriegs. Vom Ufer aus kann man direkt zum Wrack tauchen.

Gili Trawangan

Gili Trawangan (S. 357) ist ein erstklassiges Tauch- und Schnorchelzentrum. Hier gibt es tolle Stellen zum Erkunden der Gewässer rund um alle drei Gilis. Apnoetauchen ist hier beliebt, man kann direkt von den Stränden losschnorcheln und es gibt Riffe in alle Richtungen.

Nusa Penida

Das wenig bekannte Nusa Penida (S. 177) ist von einer Art Unterwasser-Themenpark umgeben. Die Bedingungen sind oft schwierig – die Dienste eines ausgezeichneten Tauchshops sind unerlässlich –, aber dafür besteht die Chance, riesige Mondfische und Mantarochen zu sehen.

Pulau Menjangan

Pulau Menjangan (S. 300) ist Balis bekanntestes Tauch- und Schnorchelgebiet und besitzt viele hervorragende Spots. Das Tauchen hier ist ein faszinierendes Erlebnis – tropische Fische, Weichkorallen, gute Sichtverhältnisse, Höhlen und ein spektakulärer Riffhang.

Komodo & Rinca

Die Gewässer rund um diese Inseln (S. 390), wo die Floressee und Selat Sumba (Sumba Strait) verschmelzen, zeigen eine erstaunliche Vielfalt an Meereslebewesen und Korallen.

Meeresleben, Pulau Menjangan (S. 300)

Unterwasserwelt

In den Küstengewässern vor den Inseln leben vielfältige Korallen, Seetang, Fische und andere Meeresbewohner; das gesamte indonesische Seegebiet wurde 2014 zu einer Schutzzone für Mantarochen erklärt. Auch beim Schnorcheln bekommt man viel von der Unterwasserwelt zu sehen, die größeren Meerestiere sind hingegen meist nur beim Tauchen zu entdecken.

Delfine

Delfine sind rund um die Inseln zu finden. Vor Lovina (S. 494) werden sie als Attraktion gehandelt. Doch es ist ebenso wahrscheinlich, auf der Fahrt mit dem Schnellboot zwischen Bali und den Gilis oder beim Tauchen in der Nähe der Inseln Komodo und Rinca in Nusa Tenggara Delfinschulen zu sehen.

Haie

Haie (S. 494) haben immer etwas Dramatisches. Nur sehr selten werden in dieser Region sehr große Tiere wie Weiße Haie gesichtet. Sie werden hier nicht als große Bedrohung eingeschätzt. Auf den Gilis kann man am Shark Point häufig Riffhaie beobachten.

Meeresschildkröten

Meeresschildkröten (S. 495) kommen hier ebenfalls vor, sind aber hochgradig gefährdet. Lange galten sie den Balinesen als Delikatesse; deshalb kämpfen Umweltschützer beständig darum, sie vor Wilderern zu bewahren. Besonders rund um die Gilis kann man sie aber noch entdecken.

Diverse Meeresbewohner

Kleine Fische und Korallen finden sich rund um die Inseln. Der bevorzugte erste Anlaufpunkt aller Bali-Besucher ist Menjangan (S. 300). Die alltägliche Faszination geht von der farbenfrohen Schönheit der Korallen, Schwämme, spitzenartigen Gorgonien, Seesterne, Clownfische und anderen Arten aus.

Südbali & die Inseln

Inhalt ➡

Denpasar ... 129
Sanur ... 137
Bukit Peninsula ... 147
Jimbaran ... 147
Balangan Beach ... 152
Padang Padang ... 156
Ulu Watu ... 158
Nusa Dua ... 161
Tanjung Benoa ... 165
Nusa Lembongan ... 168

Gut essen

- Bumbu Bali (S. 165)
- Depot Cak Asmo (S. 131)
- Men Gabrug (S. 133)
- Deck Cafe & Bar (S. 175)

Schön übernachten

- Temple Lodge (S. 154)
- Belmond Jimbaran Puri (S. 148)
- Sofitel Bali Nusa Dua Beach Resort (S. 163)
- Rock'n Reef (S. 157)
- Alila Villas Uluwatu (S. 161)
- Tandjung Sari (S. 141)

Auf nach Südbali!

Niemand hat Bali wirklich gesehen, der den Süden der Insel nicht vollständig erkundet hat. Die Hauptstadt der Insel, Denpasar, breitet sich mit ihrem Zentrum mit traditionellen Märkten, geschäftigen Shoppingmalls, tollen Esslokalen und jeder Menge balinesischer Geschichte und Kultur in alle Himmelsrichtungen aus, wobei sogar die Gefahr besteht, dass Seminyak, Kuta und Sanur von ihr geschluckt werden.

Die Halbinsel Bukit – die südliche Region Südbalis – zeigt ganz unterschiedliche Gesichter. Im Osten präsentiert sich Tanjung Benoa als Spielplatz am Strand mit Resorts für Pauschaltouristen, während Nusa Dua versucht, mit abgeschiedenen 5-Sterne-Hotels Ordnung ins Chaos zu bringen. Die Südküste bietet schicke Resorts an den Klippen, doch die richtige Action spielt sich eigentlich an der Westseite ab. Kleine Buchten und Strände, an denen feudale Gästehäuser und Luxus-Öko-Resorts verstreut liegen, punkten mit ihrem coolen Flair und sagenhaften Surfmöglichkeiten.

Weiter im Osten prägt Nusa Penida den Horizont, doch in ihrem Windschatten verlockt Nusa Lembongan, das perfekte Inselparadies, dazu, sich von Bali zurückzuziehen.

Reisezeit

- Die beste Reisezeit für einen Besuch Südbalis sind die Monate außerhalb der Hochsaison im Juli, August und den Wochen um Weihnachten und Neujahr. Zu dieser Zeit schießen die Besucherzahlen in die Höhe und die Zimmer sind von Bingin bis Tanjung Benoa und von Sanur bis Nusa Lembongan oft ausgebucht. Viele Urlauber ziehen deshalb April bis Juni und den September vor.
- Die Surfbedingungen an der Westküste der Halbinsel Bukit mit Weltklasse-Breaks sind von Februar bis November super, wirklich sagenhaft aber von Mai bis August.
- Wer sich in die Breaks von Nusa Lembongan stürzen will, sollte Oktober bis März anpeilen.

Highlights

1 Jimbaran (S. 147) Sich in einem der Meeresfrüchte-Lokale Hummer grillen lassen.

2 Bingin (S. 153) Sich eine tolle nostalgische Unterkunft in den Seitengassen suchen.

3 Ulu Watu (S. 158) In den ultimativen Wellen dieses hochgelobten Hotspots surfen.

4 Sanur (S. 137) Beobachten, wie der Vollmond über Nusa Penida aufgeht und ein geheimnisvolles Leuchten über Land und Meer erzeugt.

5 Denpasar (S. 129) Sich die leckerste Mahlzeit aller Zeiten für gerade einmal 2 US$ schmecken lassen.

6 Nusa Lembongan (S. 168) Die Insel Bali zugunsten ihrer beschaulichen kleinen Schwester verlassen, die eine ideale Mischung aus Spaß und Unterhaltung bietet.

7 Tauchen bei Nusa Penida (S. 177) Mit den Mantarochen und anderen großen Fischen in den anspruchsvollen Gewässern dieser geheimnisvollen Insel schwimmen.

An- & Weiterreise

In den meisten Gebieten Südbalis ist man nie weit vom Flughafen entfernt. Die Anbindung hängt auch von den häufig verstopften Straßen ab, obgleich die Mautstraße eine kurze Fahrt zwischen Sanur und Nusa Dua verspricht. Schnelle Boote bedienen Nusa Lembongan und die Inseln.

DENPASAR

☎ 0361 / 962 900 EW.

Ausufernd, hektisch und stetig wachsend: Balis Hauptstadt stand in den vergangenen fünf Jahrzehnten oft im Mittelpunkt der Entwicklung zu Wachstum und Wohlstand auf der Insel. Sie mag abschreckend und chaotisch erscheinen, aber wer etwas Zeit im relativ reichen Regierungs- und Geschäftsbezirk Renon verbringt, wird eine vornehmere Seite entdecken.

Denpasar ist vielleicht nicht gerade ein Tropenparadies, aber es gehört mit zum „echten Bali" wie die Reisfelder und die Tempel oben auf den Klippen. Für fast eine Million Einheimische ist die Stadt Dreh- und Angelpunkt auf dieser Insel, und dementsprechend befinden sich hier ihre Einkaufszentren und Parks. Am reizvollsten sind jedoch die authentischen Restaurants und Cafés, die sich um die aufstrebende Mittelschicht bemühen.

Geschichte

Denpasar, was „neben dem Markt" bedeutet, war vor der Kolonialzeit ein bedeutendes Handelszentrum und Sitz der örtlichen Rajahs (Fürsten oder Prinzen). Die Niederländer gewannen Mitte des 19. Jhs. die Kontrolle über den Norden Balis, aber die Übernahme des Südens begann erst 1906. Nachdem die drei balinesischen Prinzen ihre Paläste in Denpasar zerstört und sich in eine selbstmörderische letzte Schlacht gestürzt hatten – einen rituellen *puputan* –, machten die Holländer Denpasar zu einem wichtigen Kolonialzentrum. Als Balis Tourismusindustrie in den 1930er-Jahren ihren Aufschwung begann, wohnten die meisten Besucher in einem oder zwei Regierungshotels im Zentrum.

Die nördliche Stadt Singaraja blieb bis nach dem Zweiten Weltkrieg der niederländische Verwaltungssitz; dieser wurde dann aber wegen des neuen Flughafens nach Denpasar verlegt. 1958, einige Jahre nach der indonesischen Unabhängigkeit, wurde die Stadt schließlich die offizielle Hauptstadt der Provinz Bali. In jüngerer Zeit sind Einwanderer aus Java und ganz Indonesien dazugekommen. Sie lassen sich von den guten Möglichkeiten in Schulen, Geschäften, der Bauindustrie und der enormen Tourismuswirtschaft locken. Denpasars Randbezirke gehen inzwischen in Sanur, Kuta, Seminyak und Kerobokan über.

Sehenswertes

★ Bajra Sandhi Monument MONUMENT

(Denkmal für den Kampf des Volkes von Bali; ☎ 0361-264517; Jl Raya Puputan, Renon; Erw./Kind 20 000/10 000 Rp; ⏲ 9–18 Uhr) Das riesige Denkmal in der Mitte eines beliebten Parks ist so großartig wie sein Name. In dem Bauwerk, das etwas an den Borobudur auf Java erinnert, spüren Dioramen der Geschichte Balis nach. Interessant ist, dass bei der Darstellung der Schlacht gegen die Niederländer im Jahr 1906 der sitzende König von Badung ein leichtes Ziel abgibt. Wer die Wendeltreppe hinaufgeht, genießt einen schönen 360-Grad-Panoramablick.

Museum Negeri Propinsi Bali MUSEUM

(☎ 0361-222680; Jl Mayor Wisnu, Erw./Kind 50 000/25 000 Rp; ⏲ Sa–Do 7.30–15.30, Fr 7.30–13 Uhr) Das Museum ist so etwas wie das British Museum oder das Smithsonian der balinesischen Kultur. Hier gibt es alles, doch im Gegensatz zu den besagten Institutionen von Weltrang müssen sich die Besucher hier selbst um die Bedeutung der Exponate kümmern. Und das heißt, dass dieses Museum etwas mehr kuratorischen Einsatz – und einige neue Glühbirnen – gebrauchen könnte. Die meisten Exponate sind auf Englisch beschriftet. Das Museum besteht aus mehreren Gebäuden und Pavillons, darunter viele Beispiele balinesischer Architektur. Sie beherbergen prähistorische Objekte, traditionelle Artefakte, Barong (eine mythologische Löwe-Hund-Kreatur), rituelle Objekte und eine umfassende Ausstellung von Textilien.

Mitarbeiter des Museums spielen oft auf einem Bambus-Gamelan zauberhafte Musik; am besten legt man seinen Besuch auf den Nachmittag, denn dann ist es nicht voll. Und außerdem sollte man den sogenannten selbsternannten Guides keine Beachtung schenken, die nichts zu bieten haben und bloß mit 5 US$ oder 10 US$ in der Tasche abmarschieren wollen.

Das **Hauptgebäude** präsentiert unten eine Sammlung von prähistorischen Objekten, darunter Steinsarkophage sowie Stein- und Bronzewerkzeuge. In den oberen

Etagen sind traditionelle Artefakte zu bestaunen, beispielsweise Gegenstände, wie sie bis heute im Alltag in Gebrauch sind. Aufmerksamkeit verdienen die kunstvollen Tragekörbe aus Holz und Schilfrohr, die zum Transport von Kampfhähnen benutzt werden, sowie die winzigen Körbchen für Kampfheuschrecken.

Der **Nördliche Pavillon** ist im Stil eines Tabanan-Palasts errichtet. Er beherbergt Tanzkostüme und Masken, darunter eine unheimliche *rangda* (Hexenwitwe), einen vor Gesundheit strotzenden Barong und eine Barong-Landung-Figur, die sich durch ihre enorme Körpergröße auszeichnet.

Die geräumige Veranda des **Zentralen Pavillons** zeigt sich von Palastpavillons des Karangasem-Königreichs (mit Sitz in Amlapura) inspiriert; die Rajahs hielten dort Audienzen ab. Die Exponate stehen in Zusammenhang mit der Religion auf Bali; zu sehen sind zeremonielle Objekte, Kalender und Priestergewänder.

Im **Südlichen Pavillon** beeindrucken die opulenten Ausstellungen von Textilien, darunter *endek* (eine balinesische Webmethode mit vorgefärbten Fäden), Doppel-Ikat (Webstoff), *songket* (Silber- und Goldbrokatstoffe, die mit fließender Schusstechnik handgefertigt wurden) und *prada* (Verwendung von Blattgold-, Gold- oder Silberfäden bei balinesischen Trachten).

Puputan Square PARK

(Jl Gajah Mada) Die relativ kleine urbane Freifläche gedenkt des heldenhaften, aber selbstmörderischen Widerstands der Rajahs von Badung gegen die vordringenden Niederländer im Jahr 1906. Ein Denkmal stellt eine balinesische Familie in heroischer Pose dar; sie schwenken die Waffen, können gegen die Gewehre der Niederländer jedoch nichts ausrichten. Die Frau hält auch Edelsteine in der linken Hand – wie die Frauen vom Badung-Hof, die angeblich ihren Schmuck auf die niederländischen Soldaten schleuderten, um sie zu verhöhnen.

Der Park ist bei den Einheimischen zur Mittagszeit beliebt, zum Sonnenuntergang kommen Familien. Die Verkäufer haben Hühner-Satay, andere Snacks sowie Getränke im Angebot. An den Wochenenden strömen häufig Drachenflieger jeden Alters hierher.

Pura Maospahit TEMPEL

(ab Jl Sutomo) Errichtet wurde der Tempel im 14. Jh., also zu der Zeit, als die Majapahit aus Java auf der Insel ankamen. Im Jahr 1917 wurde der Tempel durch ein Erdbeben zerstört, mittlerweile jedoch umfassend restauriert. Die ältesten Bauelemente befinden sich hinten im Tempel, am interessantesten sind allerdings die großen Garuda-Statuen und der gigantische Batara Bayu.

Pura Jagatnatha HINDUTEMPEL

(Jl Surapati) GRATIS Der Staatstempel wurde 1953 erbaut und ist dem höchsten Gott Sanghyang Widi gewidmet. Seine Bedeutung liegt zum Teil im Bekenntnis zum Monotheismus. Obwohl die Balinesen viele Götter anerkennen, sorgt der Glaube an einen höchsten Gott (der viele Erscheinungsformen annehmen kann) dafür, dass der balinesische Hinduismus mit dem ersten Prinzip der Pancasila – dem „Glauben an einen Gott" – übereinstimmt.

Der *padmasana* (Schrein) aus weißen Korallen besteht aus einem leeren Thron (Symbol für den Himmel) auf der kosmischen Schildkröte und zwei *naga* (mythische schlangenartige Gestalten), die das Fundament der Welt symbolisieren. Die Wände sind mit Schnitzereien von Szenen aus *Ramayana* und *Mahabharata* geschmückt.

Zwei größere Feste werden hier jeden Monat bei Vollmond und bei Neumond veranstaltet, bei denen es *wayang kulit* (Schattenspiel mit Lederpuppen) zu sehen gibt.

Taman Wedhi Budaya KULTURZENTRUM

(☎0361-222776; ab Jl Nusa Indah; ⏲Mo–Do 8–15, Fr–Sa bis 13 Uhr) Dieses Kunstzentrum in einem weitläufigen Komplex befindet sich im Osten der Stadt. Das architektonisch aufwendige Gebäude beherbergt eine Kunstgalerie mit einer interessanten Sammlung. Es lohnt sich allerdings nur vorbeizukommen, wenn ein Event auf dem Programm steht. Von Mitte Juni bis Mitte Juli erwacht das Zentrum immer zum Leben, denn dann findet das Bali Arts Festival statt mit Tanz, Musik und Ausstellungen von Kunsthandwerk aus ganz Bali. Bei beliebteren Veranstaltungen sollte man seine Eintrittskarten im Zentrum im Voraus buchen.

Aktivitäten & Kurse

Kube Dharma Bakti MASSAGE

(☎0361-749 9440; Jl Serma Mendara 3; Massage pro Std. 100 000 Rp; ⏲9–22 Uhr) Viele Balinesen können sich gar nicht vorstellen, sich von jemandem massieren zu lassen, der nicht blind ist. Staatlich geförderte Schulen bieten relativ lange Kurse an, um Blinde in Reflexologie, Shiatsu-Massage, Anatomie und vielem mehr auszubilden. In diesem luftigen Gebäude, das intensiv nach Salben und Ölen duftet, können sich die Kunden aus dem breiten Therapieangebot das für sie Passende auswählen.

Indonesia Australia Language Foundation SPRACHKURS
(IALF; ☎ 0361-225243; www.ialf.edu; Jl Raya Sesetan 190) Die beste Institution für ernsthafte Kurse in Bahasa Indonesia, wie die Sprache Indonesiens offiziell heißt.

Feste & Events

★ **Bali Arts Festival** DARSTELLENDE KÜNSTE
(www.baliartsfestival.com; Taman Wedhi Budaya; ⏲ Mitte Juni–Mitte Juli) Das alljährlich stattfindende Festival im Taman Wedhi Budaya-Kunstzentrum ist eine gute Gelegenheit, die vielen verschiedenen traditionellen Tänze, aber auch Musik und Kunsthandwerk auf Bali kennenzulernen. Die Produktionen des *Ramayana*- und *Mahabharata*-Balletts sind vom Feinsten, und die Eröffnungszeremonie samt dem Umzug durch Denpasar ist ein beeindruckendes Spektakel. Eintrittskarten dafür sind im Allgemeinen vor den Veranstaltungen erhältlich; das Programm steht auf der Website und ist auch in der Tourist Information in Denpasar zu bekommen.

Das Festival ist für Scharen dörflicher Tanz- und Musikgruppen das Ereignis des Jahres. Die Konkurrenz ist groß, denn bei jeder Vorführung spielt der Lokalstolz mit („unser Kecak ist besser als euer Kecak" usw.). Hier gut abzuschneiden, bringt ein Dorf für das ganze Jahr auf einen guten Kurs. Einige Events werden in einem Amphitheater mit 6000 Plätzen veranstaltet. Dieser Ort führt Besuchern die Massenanziehungskraft der traditionellen balinesischen Kultur vor Augen.

Schlafen

In Denpasar gibt es zahlreiche neue Hotelketten in mittlerer Preislage, aber es besteht eigentlich kein zwingender Grund, überhaupt hier zu übernachten – es sei denn, jemand möchte sich in den Lichterglanz der Großstadt stürzen. Die meisten Besucher logieren in den Touristenorten im Süden und unternehmen nur einen Tagesausflug nach Denpasar.

Nakula Familiar Inn GUESTHOUSE $
(☎ 0361-226446; www.nakulafamiliarinn.com; Jl Nakula 4; Zi. 200 000–300 000 Rp; ❄📶) Die acht Zimmer in diesem lebhaft-urbanen Familienanwesen sind sauber und verfügen über einen kleinen Balkon – und somit steht das Nakula schon seit ewigen Zeiten bei Backpackern hoch im Kurs. Geboten werden ein hübscher Hof und ein Café in der Mitte. Bemos auf der Strecke Tegal–Kereneng fahren über die Jalan Nakula.

Inna Bali HOTEL $$
(☎ 0361-225681; http://inna-bali-denpasar.denpasararea-hotels.com/en; Jl Veteran 3; Zi. 400 000–1 000 000 Rp; ❄📶🏊) Das Inna Bali bietet einen schlichten Garten, einen riesigen Banyan-Baum und einen gewissen nostalgischen Charme. Das Hotel wurde bereits im Jahr 1927 erbaut und war damals das bedeutendste Touristenhotel auf der ganzen Insel. Die Zimmerausstattung ist Standard, aber viele Zimmer haben eine total schattige Veranda. Im Rahmen von Renovierungsmaßnahmen, die noch nicht ganz abgeschlossen sind, wurde bereits eine schöne Fassade im Kolonialstil ergänzt, und ein anständiges Straßencafé gibt es hier inzwischen auch. Wer die **Ngrupuk-Paraden**, die am Tag vor dem Nyepi-Festival stattfinden, sehen will, ist hier gut aufgehoben, denn sie ziehen vor dem Hotel vorbei. Die erfahrenen Mitarbeiter können viele Geschichten erzählen.

Essen

Denpasar wartet mit einer guten Auswahl an indonesischem und balinesischem Essen auf. Die schlauen Einheimischen und Expats haben natürlich jeweils ihre ganz individuellen Lieblingswarungs und -restaurants.

Neue Lokale eröffnen regelmäßig in der Jalan Teuku Umar, während sich in Renon zig sagenhafte Esslokale in der Jalan Cok Agung Tresna zwischen der Jalan Ramayana und der Jalan Dewi Madri sowie in der Letda Tantular aneinanderreihen.

★ **Depot Cak Asmo** INDONESISCH $
(☎ 0361-256246; Jl Tukad Gangga; Hauptgerichte ab 15 000 Rp; ⏲ 9.30–23 Uhr) Am besten gesellt man sich zu den Staatsbeamten und Studenten der nahen Uni, um sich die hervorragenden Gerichte, die in der quirligen Küche auf Bestellung zubereitet werden, schmecken zu lassen. Empfehlenswert sind die buttrigen, knusprigen *cumi cumi* (Calamari) in *telor asin*, einer himmlischen Panade aus Eiern und Knoblauch. Die geeisten Obstsäfte sind eine erfrischende Köstlichkeit. Und mit Hilfe der englischen Speisekarte klappt die Bestellung auch im Handumdrehen. Das Lokal ist halal, Alkohol gibt es deshalb keinen.

Denpasar

Ubung Bus & Bemo Terminal (1,5 km)
Wangaya Bemo Terminal
Jl Setiabudi
Jl Sutomo
Jl Kartini
Jl Pattimura
Jl Suli
Jl Nakula
19
18
9
Jl Kedondong
Jl Werkudara
Jl Sahedawa
Jl Veteran
Jl Belimbing
Jl Melati
Jl Kamboja
Jl Plawa
5
Jl Karna
Jl Durian
Jl Arjuna
20
8
15
Gunung Agung Bemo Terminal (200 m); Poltabes Denpasar (1 km)
Jl Gajah Mada
Jl Surapati
Kereneng Bemo Terminal
25
26
22
Jl Thamrin
Jl Sumatra
Jl Udayana
4
3
2
21
Jl Hasanudin
Jl Sugianyar
Jl Kapten Agung
Jl Imam Bonjol
Tegal Bemo Terminal
Jl Diponegoro
Jl Udayana
Jl Jayagiri
Jl Nusakambangan
23
Jl Cok Agung Tresna
12
Letda Tantular
Jl Teuku Umar
24
Kimia Farma
RENON
SANGLAH
Damri Office
Australisches Konsulat
7
16
Nasi Uduk Kebon Kacang (1,2 km)
RSUP Sanglah Hospital
Paviliun Amerta Wing International
Jl Nias
13
Jl Tukad Gangga
Jl Pulau Kanrata
Jl Diponegoro
Jepun Bali (750 m); Benoa Harbour (6 km)

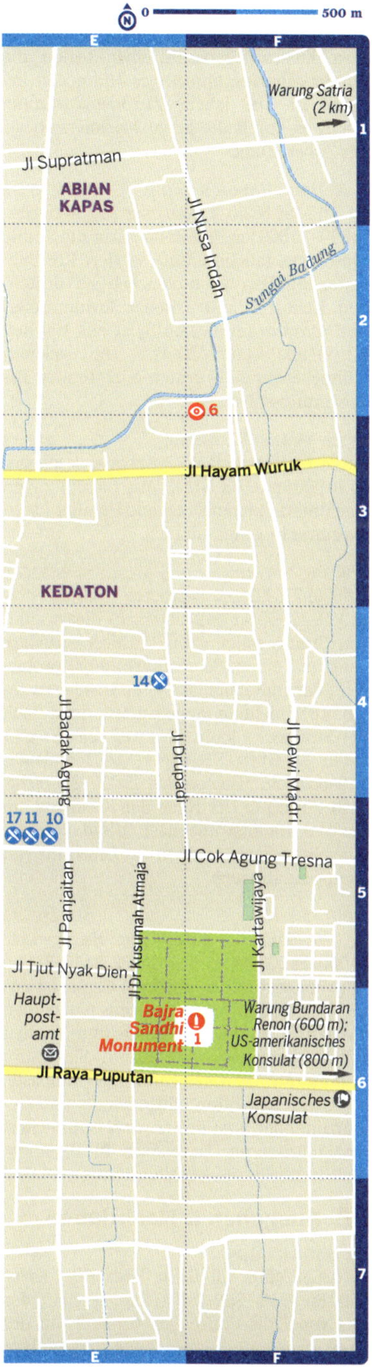

Denpasar

Highlights
1 Bajra Sandhi Monument F6

Sehenswertes
2 Museum Negeri Propinsi Bali C3
3 Puputan Square B3
4 Pura Jagatnatha C3
5 Pura Maospahit A2
6 Taman Wedhi Budaya F2

Aktivitäten, Kurse & Touren
7 Kube Dharma Bakti B6

Schlafen
8 Inna Bali B2
9 Nakula Familiar Inn B2

Essen
10 Ayam Goreng Kalasan E5
11 Bakso Supra Dinasty E5
12 Café Teduh B5
13 Depot Cak Asmo D6
14 Men Gabrug E4
15 Pasar Malam Kereneng D2
16 Pondok Kuring C6
17 Warung Lembongan E5
18 Warung Satria C2
19 Warung Wardani B2

Ausgehen & Nachtleben
20 Bhineka Djaja B2

Shoppen
21 Kampung Arab B3
22 Maju B3
23 Mal Bali B5
24 Matahari B5
25 Pasar Badung A3
26 Pasar Kumbasari A3

Es gibt zwei weitere Restaurants mit dem gleichen Namen, beide in Denpasar, die Teil derselben Kette sind.

★ Men Gabrug BALINESISCH $
(Jl Drupadi; Snacks ab 10 000 Rp; ⌚ Mo–Sa 8–18 Uhr) Eine beliebte süße Leckerei für Balinesen jeden Alters ist *jaje laklak* – runde Reismehlscheiben, die in einer Gusseisenpfanne im Freien zubereitet werden und nur so nach Kokosnuss duften. Eine der besten Locations, um diese Köstlichkeit kennenzulernen, ist dieser Familienbetrieb, in dem direkt auf der Straße gekocht wird.

Die perfekte Begleitung: *rujak kuah pindang*, der auf Bestellung frisch zubereitet wird und junges Gemüse mit Chili und Fischsauce kombiniert.

Bakso Supra Dinasty BALINESISCH $
(☎0812-3488 8712; Jl Cok Agung Tresna; Hauptgerichte ab 15 000 Rp; ⊙Mo–Sa –22 Uhr) Wer auch nur einmal die Suppe gekostet hat, die an diesem kleinen Stand aus den dampfenden Gefäßen kommt, wird sicher zustimmen, dass der Name (übersetzt: Fleischklößchen Super Dynasty) absolut zutreffend ist. Die Brühe ist üppig, und die Fleischklößchen strotzen nur so vor Aroma.

Warung Wardani INDONESISCH $
(☎0361-224398; Jl Yudistira 2; Nasi Campur ab 35 000 Rp; ⊙8–16 Uhr) Von der kleinen Gaststube am Eingang sollte sich niemand täuschen lassen – es gibt noch einen erheblich größeren Speisebereich draußen hinter dem Haus. Das *nasi campur* (Reis mit Beilagen) ist vom Feinsten und lockt die Leute tagtäglich in Scharen zum Mittagessen an.

Warung Bundaran Renon BALINESISCH $
(☎0361-234208; Jl Raya Puputan 212; Mahlzeiten ab 40 000 Rp; ⊙9–17 Uhr) Dieses einen Tick teurere *babi-guling*-Lokal (Spanferkel) bietet hervorragende Mittagsgerichte mit besagtem Spanferkel. Die Gäste kommen sich hier ein bisschen wie in einem Vorstadthaus vor, und es gibt auch einen schattigen Patio.

Pondok Kuring INDONESISCH $
(☎0361-234122; Jl Raya Puputan 56; Mahlzeiten ab 20 000 Rp; ⊙10–21.30 Uhr) Spezialität dieses Lokals sind die Gerichte der Sunda-Bevölkerung von Westjava. Die sehr scharfen Gemüse, Fleisch und Meeresfrüchte verdanken ihr Aroma einer Fülle von Kräutern. Trügerisch einfach ist der hervorragende *lalapan*. Das schicke Restaurant besitzt einen Speiseraum mit künstlerischer Note sowie einen hübschen, beschaulichen Garten hinter dem Haus.

Warung Lembongan INDONESISCH $
(☎0361-221437; Jl Cok Agung Tresna 6C; Mahlzeiten 17 000–25 000 Rp; ⊙8–22 Uhr) Siberfarbene Klappstühle an langen Tischen im Schatten einer knallgrünen Markise vor dem Haus – diese Details sind schnell vergessen, sobald man die Spezialität des Hauses vorgesetzt bekommt: das leicht gebratene, aber doch herrlich knusprige Hühnchen, das wie die oberste Schicht einer perfekten Crème brûlée anmutet. Die zweite Spezialität des Warung Lembongan ist die pikante *sop kepala ikan* (Fischsuppe).

Ayam Goreng Kalasan INDONESISCH $
(☎0361-472 2938; Jl Cok Agung Tresna 6; Hauptgerichte 15 000–25 000 Rp; ⊙8–22 Uhr) Der Name sagt eigentlich schon alles: Das Brathuhn (*ayam goreng*) ist nach einem Tempel auf Java (Kalasan) benannt, einer Region, die für ihr scharfes, knuspriges Hühnchen bekannt ist. Das leichte Zitronengrasaroma erhält es durch die lange Marinierzeit vor der Zubereitung.

Nasi Uduk Kebon Kacang INDONESISCH $
(☎0812 466 6828; Jl Teuku Umar 230; Mahlzeiten 12 000–25 000 Rp; ⊙9–23 Uhr) Das zur Straße hin offene, tadellose Café serviert Köstlichkeiten aus Java wie *nasi uduk* (süß duftenden Kokosreis mit frischer Erdnusssoße) und *lalapan* (einfachen Salat aus frischen Zitronenbasilikumblättern). Die leckeren Hühnchengerichte ernten hier immer Begeisterungsstürme.

Pasar Malam Kereneng MARKT $
(Kereneng Night Market; Jl Kamboja; Mahlzeiten ab 10 000 Rp; ⊙18–5 Uhr) Auf diesem tollen Nachtmarkt bieten Dutzende Händler Essen bis zum Morgengrauen feil.

Warung Satria INDONESISCH $
(☎0361-235993; Jl Kedondong; Hauptgerichte 15 000–25 000 Rp; ⊙9–21 Uhr) In dieser ruhigen Straße sollte man die Meeresfrüchte-Satay mit einem Schalotten-Sambal probieren – oder aus den makellosen Displays wählen. Aber nicht zu lange warten, denn nach der Mittagszeit kann alles weg sein. Es gibt einen **zweiten Standort** (☎0361-464602; Jl Supratman; Hauptgerichte 15 000–25 000 Rp; ⊙10–20 Uhr) in der Nähe der Kreuzung, an der die Hauptstraße nach Ubud von der Umgehungsstraße östlich des Zentrums von Denpasar abzweigt.

Café Teduh INDONESISCH $
(☎0361-221631; ab Jl Diponegoro; Hauptgerichte 12 000–25 000 Rp; ⊙So–Fr 10–22, Sa 10–23 Uhr; 📶) Versteckt in einer kleinen Gasse, ist das Café Teduh eine kleine Oase aus hängenden Orchideen, Bäumen, Blumen und Teichen mit Springbrunnen. Probieren Sie *ayam dabu-dabu* (gegrilltes Huhn mit Chilipaste, Tomaten, Schalotten, Zitronengras und Gewürzen) oder *nasi bakar cumi hitam* (Reis und marinierter Tintenfisch in Bananenblatt verpackt und gegrillt).

Ausgehen & Nachtleben

★ **Bhineka Djaja** KAFFEE
(☎0361-224016; Jl Gajah Mada 80; Kaffee 7000 Rp; ⊙Mo–Sa 9–15 Uhr) Das Geschäft, der Sitz von Balis Coffee Co., verkauft auf der Insel angebaute Kaffeebohnen und zaubert

einen irren Espresso, den man sich an zwei winzigen Tischen schmecken lassen kann und währenddessen das rege Treiben auf der alten Geschäftsstraße von Denpasar beobachtet.

Shoppen

Märkte

Die großen traditionellen Märkte von Denpasar liegen in einem relativ überschaubaren Gebiet. Das erleichtert den Besuch; schwierig ist es dagegen, sich in dem Gewühl über viele Etagen zurechtzufinden. Für die Märkte wie für andere Aspekte des Lebens auf Bali gilt: Sie sind im Wandel begriffen. Supermärkte der großen Ketten drängen in ihren Geschäftsbereich, und die aufblühende Mittelschicht bevorzugt Läden wie Carrefour, weil sie mehr Importwaren führen. Aber die öffentlichen Märkte sind noch nicht am Boden. Hier finden sich durch und durch balinesische Waren wie Tempelgaben, zeremonielle Kleider und Lebensmittel, die ausschließlich auf dieser Insel erhältlich sind, darunter zahlreiche Mangostane-Sorten.

Pasar Badung MARKT
(☎ 0361-224361; Jl Gajah Mada; ⏲ 24 Std.) Morgens und abends ist Balis größter Lebensmittelmarkt ein großartiger Ort zum Stöbern und Handeln, mit Lebensmitteln aus der ganzen Insel, darunter Obst und Gewürze.

Pasar Kumbasari MARKT
(Jl Gajah Mada; ⏲ 8–18 Uhr) Kunsthandwerk und eine Fülle herrlicher Stoffe und Gewänder mit Goldapplikationen zählen zu den Waren, die auf diesem gigantischen Markt am anderen Flussufer des Pasar Badung verkauft werden. Leider sieht man hier auch, dass die Einkaufszentren mittlerweile ihren Tribut fordern: Viele Stände sind unbesetzt.

Kampung Arab MARKT
(Jl Hasanudin & Jl Sulawesi) Hier finden sich Juweliere und Geschäfte mit Edelmetallen, die von Kaufleuten aus dem Nahen Osten und Indien geführt werden.

Textilien

Wenn der schillernde Kampung Arab aufhört, folgt man der Jalan Sulawesi nach Norden, bis die Straßen erneut erstrahlen, diesmal wegen der vielen Stoffgeschäfte. Batikstoffe, Baumwolle und Seide sind in Farben erhältlich, die Barbie wie eine Vogelscheuche dastehen lassen. Die Läden befinden sich unmittelbar östlich des Pasar Badung. Viele haben sonntags geschlossen.

★ **Jepun Bali** TEXTILIEN
(☎ 0361-726526; Jl Raya Sesetan, Gang Ikan Mas 11; ⏲ nach tel. Vereinbarung) Hier fühlt man sich wie in der Privatausgabe des Museum Negeri Propinsi Bali: Gusti Ayu Made Mardiani hat sich vor Ort einen Namen mit ihrer *endek*-Kleidung (traditioneller Sarong) und *songket*-Kleidung (Gewebe mit Gold- und Silberfäden) gemacht, die mithilfe traditioneller Techniken hergestellt wird. Es besteht die Möglichkeit, ihrem reizenden Zuhause und ihrem Atelier im Süden von Denpasar einen Besuch abzustatten und sich die alten Geräte in Betrieb anzuschauen; anschließend kann man in ihren wunderschönen Seiden- und Baumwollsachen schwelgen.

Maju TEXTILIEN
(☎ 0361-224003; Jl Sulawesi 19; ⏲ 9–18 Uhr) Der kleine Laden, der sich zwischen einer ganzen Reihe von Fabrik-Outlets östlich von Pasar Badung versteckt, ist dennoch etwas Besonderes. Hier gibt es nämlich eine große Auswahl echter balinesischer Batikarbeiten. Farben und Dekor sind manchmal atemberaubend, die Preise allerdings nicht – die sind ganz reell und klar angegeben.

Einkaufszentren

Sonntags sind die Einkaufspassagen westlichen Zuschnitts proppenvoll mit Einheimischen; die Markenwaren sind echt.

Die meisten Malls haben einen Foodcourt mit Ständen, an denen frische asiatische Kost serviert wird, sowie Fastfood-Läden.

Matahari EINKAUFSZENTRUM
(☎ 0361-237364; www.matahari.co.id; Jl Teuku Umar; ⏲ 10–21 Uhr) Hauptfiliale des Kaufhauses sowie viele andere Geschäfte.

Mal Bali EINKAUFSZENTRUM
(☎ 0361-246180; www.ramayana.co.id; Jl Diponegoro 103, ⏲ 10–22 Uhr) Hier in der größten Mall, dem Ramayana Department Store, ist immer etwas los. Es beherbergt auch einen großen Supermarkt, einen Food Court und viele Bekleidungsgeschäfte

Praktische Informationen

MEDIZINISCHE VERSORGUNG

Denpasar verfügt über zahlreiche medizinische Dienste, die für die ganze Insel zuständig sind.

BaliMed Hospital (☎ 0361-484748; www.balimedhospital.co.id; Jl Mahendradatta 57) Auf der Seite von Denpasar, wo Kerobokan liegt. Dieses private Krankenhaus bietet eine Reihe von medizinischen Dienstleistungen. Eine Basiskonsultation kostet 250 000 Rp.

RSUP Sanglah Hospital (Rumah Sakit Umum Propinsi Sanglah; ☎0361-227911; www.sanglahhospitalbali.com; Jl Diponegoro; ⏲24 Std.) Das allgemeine Krankenhaus der Stadt verfügt über Personal, das Englisch spricht, und eine Notaufnahme. Es ist das beste Krankenhaus der Insel, der Standard ist jedoch nicht mit dem entwickelter Länder zu vergleichen. Ein separater Flügel nimmt sich gut versicherter Ausländer an.

Paviliun Amerta Wing International (☎0361-247250, 0361-232603; ab Jl Pulau Bali).

Kimia Farma (☎0361-227811; Jl Diponegoro 125; ⏲24 Std.) Die Hauptstelle der auf der ganzen Insel vertretenen Apothekenkette bietet die größte Auswahl an verschreibungspflichtigen Medikamenten auf Bali.

POLZEI

Polizei (☎0361-227711, 0361-424346; Jl Supratman) Hier kümmert man sich um Probleme aller Art.

POST

Hauptpost (☎0361-223565; Jl Raya Puptuan; ⏲Mo–Fr 8–21, Sa bis 20 Uhr) Die beste Anlaufstelle auch für ungewöhnliche Wünsche in Sachen Post (wie Surfbretter und andere große Gegenstände). Ein Fotokopierzentrum und ein Geldautomat gehören mit dazu.

ℹ An- & Weiterreise

FLUGZEUG

In den Flugplänen der Fluglinien steht oft einfach „Denpasar"; Balis Ngurah Rai International Airport, wie der Flughafen offiziell heißt, befindet sich 12 km südlich näher an Kuta.

BEMO & MINIBUS

In der Stadt gibt es mehrere Bemo- und Minibus-Terminals – wer mit dem Bemo auf Bali herumfährt, muss oft die Route über Denpasar nehmen und dann mit einem Bemo (7000 Rp) von einem Terminal zum anderen fahren.

Ein Hinweis: Das Bemo-Netz weist Unregelmäßigkeiten auf, und die Fahrpreise haben eher etwas von Näherungswerten und sind manchmal völlig subjektiv. Die Busfahrer versuchen bisweilen, Touristen mindestens 25 % mehr abzuknöpfen.

Ubung

Ein gutes Stück im Norden der Stadt befindet sich an der Straße nach Gilimanuk der **Ubung Bus- & Bemo-Terminal** (Jl HOS Cokroaminoto); er fungiert als Drehscheibe für Fahrten nach Nord- und Westbali. Von hier verkehren auch Fernbusse – neben den Bussen, die den Terminal 12 km nordwestlich in Mengwi ansteuern.

REISEZIEL	FAHRPREIS
Gilimanuk (für die Fähre nach Java)	45 000 Rp
Mengwi-Terminal	15 000 Rp
Munduk	60 000 Rp
Singaraja (via Pupuan oder Bedugul)	70 000 Rp

Batubulan

Der Busbahnhof liegt sehr unpraktisch 6 km nordöstlich von Denpasar an der Straße nach Ubud; er ist zuständig für Fahrtziele im Osten der Insel und für Zentralbali.

REISEZIEL	FAHRPREIS
Amlapura	25 000 Rp
Padangbai (für die Fähre nach Lombok)	20 000 Rp
Sanur	10 000 Rp
Ubud	20 000 Rp

Tegal

Im Westen der Stadt befindet sich das **Tegal Bemo-Terminal** (Jl Imam Bonjol), das Kuta und die Halbinsel Bukit bedient.

REISEZIEL	FAHRPREIS
Flughafen	15 000 Rp
Jimbaran	17 000 Rp
Kuta	15 000 Rp

Kereneng

Östlich der Innenstadt verkehren vom Busbahnhof Kereneng Bemo-Terminal Bemos nach Sanur (10 000 Rp).

Wangaya

Der **kleine Busbahnhof** in der Nähe des Stadtzentrums (Jl Kartini) ist der Ausgangspunkt für Bemo-Fahrten ins nördliche Denpasar und zum außerhalb Richtung Norden gelegenen Ubung-Busterminal (8000 Rp).

Gunung Agung

Dieser **Terminal** (Jl Gunung Agung) in der Nordwestecke der Stadt (auf die orangefarbenen Schilder achten) befindet sich in der Jalan Gunung Agung; die Bemos verkehren von hier aus nach Kerobokan und nach Canggu (15 000 Rp).

BUS

Fernbusse nutzen den Ubung Bus- & Bemo-Terminal, der sich ein gutes Stück nördlich der Stadt befindet. Die meisten Fernbusse halten auch am **Mengwi-Terminal** (Jl Mengwi-

Mengwitani). Das **Damri-Büro** (☎ 0361-232793; Jl Diponegoro) verkauft Fahrkarten für die Fernbusse.

ZUG

Auf Bali fahren zwar keine Züge, doch verkauft die staatliche Eisenbahngesellschaft Tickets über Reiseagenturen in Denpasar. Die Busse fahren am nahen Damri-Büro ab und verkehren nach Ostjava, wo in Banyuwangi Anschluss zu den Zügen nach Surabaya, Yogyakarta und Jakarta sowie zu anderen Destinationen besteht. Die Fahrpreise und Fahrzeiten sind mit denen für den Bus vergleichbar, die klimatisierten Züge sind jedoch komfortabler, sogar in der Economy Class.

Unterwegs vor Ort

BEMO

Bemos befahren verschiedene weitschweifige Routen von und zwischen den vielen Bus-/Bemo-Bahnhöfen in Denpasar. Sie stehen aufgereiht zu verschiedenen Zielen an jedem Bahnhof, oder man kann versuchen, sie irgendwo auf den Hauptstraßen anzuhalten – dabei auf die Zielangabe über der Windschutzscheibe achten.

TAXI

Wie immer sind die Taxis von **Blue Bird Taxi** (www.bluebirdgroup.com) am zuverlässigsten.

SANUR

☎ 0361 / 38 453 EW.

Viele halten Sanur für „genau richtig", denn hier fehlen die meisten Ärgernisse, die man weiter westlich vorfindet, und es gibt eine gute Mischung von Restaurants und Bars, die nicht alle zu Resorts gehören.

Der Strand ist zwar schmal, wird aber von einem Riff und Wellenbrechern geschützt, sodass Familien mit Kindern sich gern und gefahrlos in die schimmernden Wellen stürzen. Sanur verfügt über eine gute Auswahl an Übernachtungsmöglichkeiten und es hat eine günstige Lage als Ausgangspunkt für Tagesausflüge. Seinen hiesigen Spottnamen als „verschnarchter" Ort hat es wirklich nicht verdient.

Sanur erstreckt sich über etwa 5 km entlang der Küstenlinie nach Osten, die üppig grünen, gartenmäßig gestalteten Resortgelände grenzen direkt an den Sandstrand.

NICHT VERSÄUMEN

DIE STRANDPROMENADE VON SANUR

Die Strandpromenade von Sanur begeistert Einheimische wie auch Touristen schon vom ersten Tag an. Sie ist mehr als 4 km lang, schlängelt sich an zig Resorts, Strandcafés, Fischerbooten aus Holz, die gerade repariert werden, und allerlei eleganten alten Villen vorbei, die wohlhabende Expats, die dem Zauber Balis erlegen sind, vor Jahrzehnten erbauten. Wer hier entlangspaziert, kann übers Meer bis nach Nusa Penida schauen.

Auch für Urlauber, die nicht in Sanur wohnen, gibt die Strandpromenade ein nettes Ziel für einen Tagesausflug oder auch einen Zwischenstopp unterwegs ab.

Grand Bali Beach Hotel (Jl Hang Tuah) Das weitläufige, in der Sukarno-Ära erbaute Hotel wird nach und nach immer weniger. Politiker vor Ort, die den Riesenkasten schlichtweg scheußlich fanden, setzten die berühmte Anordnung um, dass kein Gebäude höher als eine Kokospalme sein darf.

Schildkrötenbecken (Strandpromenade) Eine engagierte Ausstellung über die gefährdeten Meeresschildkröten auf Bali, bei der in der Regel einige frisch geschlüpfte Tiere zu bestaunen sind.

Kleiner Tempel (Strandpromenade) Mitten im Touristenrummel steht dieser kleine Schrein im Schatten riesiger Bäume.

Batu Jimbar (☎ 0361 737498; www.villabatujimbar.com; Beachfront Walk, Villen ab US$ 1400) Gleich nördlich des alten Hyatt weist diese Villa samt Grundstück eine schillernde Geschichte auf: Sie wurde 1975 von dem berühmten Architekten Geoffrey Bawa aus Sri Lanka umgestaltet, Mick Jagger und Jerry Hall wurden hier inoffiziell 1990 getraut, und es haben hier schon viele Berühmtheiten logiert – von Yoko Ono bis zu Sting oder Fergie. Wer über ein ähnlich üppiges Budget verfügt, kann sich hier einquartieren.

Fischerboote (Strandpromenade) Gleich südlich vom alten Hyatt erstreckt sich ein Areal, in dem bunte Fischerboote an Land unter Bäumen repariert werden.

Sanur

0 500 m
Taman Festival Bali (3 km); Ubud (33 km)
Matahari Terbit
Rocky Fast Cruises
Öffentl. Schiffe
Scoot
Perama
Jl Hang Tuah
US-amerik. Konsulat (500 m); Warung Bundaran Renon (500 m); Denpasar (6 km)
Museum Le Mayeur 1
Abfahrt der Schnellboote nach Nusa Lembongan & zu den Gili-Inseln
Jl Danau Bratan
Locked Gate
Jl Danau Buyan
Jl Segara Ayu
Jl Danau Tondano
Jl Pantai Sindhu
Kimia Farma
Sanur Beach
Jl Danau Tamblingan
Jl Ngurah Rai Bypass
Strandpromenade
Jl Tirtanadi
Kuta (15 km)
Jl Danau Poso
Jl Kesumasari
Jl Cemara
Jl Mertasari
Selat Badung

Westlich der am Strand gelegenen Hotels verläuft die belebte Hauptstraße, Jalan Danau Tamblingan, mit Hoteleingängen und Unmengen von Touristenläden, Restaurants und Cafés.

Die gesundheitsschädliche, vom Verkehr nahezu erstickte Jalan-Ngurah-Rai-Umgehungsstraße führt um die Westseite des Resort-Bezirks herum und ist die Hauptverbindung nach Kuta und zum Flughafen. Hier möchte sich niemand draußen aufhalten.

Sehenswertes

★ Museum Le Mayeur MUSEUM
(☎0361-286201; Jl Hang Tuah; Erw./Kind 50 000/25 000 Rp; ⊙Sa–Do 8–15.30, Fr 8.30–12.30 Uhr)
Der Künstler Adrien-Jean Le Mayeur de Merpres (1880–1958) kam 1932 auf Bali an und heiratete drei Jahre später die wunderschöne, gerade einmal 15-jährige Legong-Tänzerin Ni Polok. Das Paar lebte in diesem Anwesen, als Sanur noch ein beschauliches Fischerdorf war. Nach dem Tod des Künstlers wohnte Ni Polok weiterhin in diesem Haus, bis sie dann 1985 verstarb. Allen Problemen mit der Sicherheit und Konservierung der Gemälde zum Trotz – einige bedeutende Werke von Le Mayeur wurden für stolze 150 000 US$ verkauft – sind fast 90 der Bilder Le Mayeurs hier ausgestellt.

Das Haus ist ein interessantes Beispiel für Architektur im balinesischen Stil – zu erkennen etwa an den wunderschön geschnitzten Fensterläden, die die Geschichte von Rama und Sita aus der *Ramayana* nacherzählen.

Im Museum sind fast 90 Gemälde von Le Mayeur in einem naturalistischen balinesischen Interieur aus geflochtenen Fasern ausgestellt. Einige der frühen Werke Le Mayeurs sind impressionistische Bilder, die von seinen Reisen durch Afrika, Indien, den Mittelmeerraum und den Südpazifik inspiriert sind. Gemälde aus seiner frühen Periode auf Bali sind romantische Darstellungen des täglichen Lebens und der schönen balinesischen Frauen – häufig Ni Polok. Die Arbeiten aus den 1950er-Jahren sind in sehr viel besserem Zustand und präsentieren sich in den lebhaften Farben, die später unter jungen balinesischen Künstlern populär

Sanur

Highlights
1 Museum Le Mayeur ... C1

Sehenswertes
2 Fishing Boats ... C6
3 Grand Bali Beach Hotel ... C2
4 Sanur Beach ... C6
5 Small Temple ... D4
6 Stone Pillar ... B6
7 Turtle Tanks ... C3

Aktivitäten, Kurse & Touren
8 Bali Stand Up Paddle ... B7
Balinese Cooking Class ... (s. 26)
9 Crystal Divers ... C5
10 Glo Day Spa & Salon ... B6
11 Jamu Wellness ... C4
12 Power of Now Oasis ... B7
13 Rip Curl School of Surf ... B7
14 Surya Water Sports ... C6

Schlafen
15 Agung & Sue Watering Hole I ... C1
16 Batu Jimbar ... C5
17 Fairmont Sanur Beach Bali ... C6
18 Gardenia ... B7
19 Hotel Peneeda View ... C5
20 Hyatt Regency Bali ... C6
21 Keke Homestay ... C4
22 Kesumasari ... C6
23 La Taverna Suites ... C3
24 Maison Aurelia Sanur ... C5
25 Pollok & Le Mayeur Inn ... C1
26 Puri Santrian ... B7
27 Tandjung Sari ... C3
28 Yulia 1 Homestay ... C3

Essen
29 Byrdhouse Beach Club ... C3
30 Café Smorgås ... C4
31 Char Ming ... C6
32 Genius Cafe ... A7
33 Hardy's Supermarket ... C5
34 La Playa Cafe ... C6
35 Massimo ... C6
Minami ... (s. 29)
36 Nasi Bali Men Weti ... C2
37 Pasar Sindhu Night Market ... B3
38 Porch ... C4
Pregina Warung ... (s. 49)
39 Sari Bundo ... B6
40 Sunday Market ... B7
41 Three Monkeys Cafe ... C4
42 Warung Babi Guling Sanur ... B2
43 Warung Mak Beng ... C1
44 Warung Pantai Indah ... C5

Ausgehen & Nachtleben
45 Fire Station ... B6
46 Kalimantan ... C3

Shoppen
47 A-Krea ... C4
48 Ganesha Bookshop ... C3
49 Nogo ... C4
50 To~ko ... B6

wurden. Einen Blick wert sind die eindringlichen Schwarz-Weiß-Fotos von Ni Polok.

Taman Festival Bali VERGNÜGUNGSPARK
(Jalan Padang Galak 3) Eine der ungewöhnlichsten Attraktionen Balis: Taman Festival Bali ist ein verlassener Themenpark etwa 20 Autominuten nördlich von Sanur. Einige sagen, dass der 8 ha große Park im Jahr 2000 seine Pforten geschlossen hat, nachdem seine 5 Mio. US$ schwere Laseranlage vom Blitz getroffen wurde. Aber es ist wahrscheinlicher, dass die asiatische Wirtschaftskrise Schuld daran war.

Heute beherbergt der Park eine Vielzahl von überwucherten Anlagen, darunter ein künstlicher Vulkan und eine Krokodilgrube.

Sanur Beach STRAND
Der Sanur Beach beschreibt einen Bogen in südwestlicher Richtung und erstreckt sich über mehr als 5 km. Er ist meist sauber und insgesamt recht beschaulich – wie der Ort selbst ja auch. Die vorgelagerten Riffe bewirken, dass die Brandung sich auf ein paar winzige Wellen beschränkt, die das Ufer umspielen. Von ein paar unerfreulichen Ausnahmen abgesehen, sind die Resorts am Sandstrand eher bescheiden, weshalb der Strand nicht überlaufen ist.

Bali Orchid Garden GÄRTEN
(☎ 0361-466010; www.baliorchidgardens.com; Coast Rd; 100 000 Rp; ⏲ 8–18 Uhr) Dank des warmen Klimas auf Bali und der fruchtbaren Vulkanerde gedeihen hier Orchideen. In diesen Gärten kann man Tausende Orchideenarten in ganz unterschiedlichem Ambiente bewundern. Der Garten liegt 3 km nördlich von Sanur in der Jalan Ngurah Rai, gleich hinter der großen Kreuzung mit der Küstenstraße; er lässt sich prima auf dem Weg nach Ubud besuchen.

Steinsäule MONUMENT
(ab Jl Danau Poso) Die Säule, die in einer schmalen Gasse auf der linken Seite steht, wenn man Richtung Pura Belangjong blickt, ist Balis ältestes Artefakt; sie lässt alte Inschriften sehen, die von den Siegen der Streitkräfte künden, die sich vor mehr als tausend Jahren zugetragen haben. Diese Inschriften sind in Sanskrit und bezeugen den hinduistischen Einfluss 300 Jahre vor Ankunft des Majapahit-Hofes.

Aktivitäten

Wassersport

Das ruhige Meer von Sanur und die beständige Brise machen den Ort automatisch zu einem Zentrum der Wind- und Kitesurfer.

Die unregelmäßigen Breaks von Sanur – die Gezeiten bringen oft keine Wellen hervor – treten entlang des vorgelagerten Riffs auf. Das beste Surfrevier heißt **Sanur Reef**, ein rechter Break vor dem Grand Bali Beach Hotel. Eine weitere gute Location trägt den Namen **Hyatt Reef**; sie befindet sich – ja, richtig geraten – vor dem alten Bali Hyatt.

Bei Surya Water Sports besteht die Möglichkeit, ein Boot zu den Wellen hinaus zu bekommen (S. 141).

★ **Rip Curl School of Surf** KITESURFEN
(☎ 0361-287749; www.ripcurlschoolofsurf.com; Beachfront Walk, Sanur Beach Hotel; Kitesurf-Unterricht ab 1 100 000 Rp, Verleih pro Std. ab 550 000 Rp; ⏲ 8–17 Uhr) Sanurs durch ein Riff geschütztes Gewässer und die beständig wehende Brise sorgen für gute Bedingungen zum Kitesurfen. Die Saison dauert von Juni bis Oktober. Rip Curl vermietet auch Bretter zum Windsurfen und zum Stehpaddeln (inkl. SUP-Yoga für 450 000 Rp pro Std.) sowie Kajaks.

PULAU SERANGAN

Auch als Turtle Island (Schildkröteninsel) bekannt, ist Pulau Serangan ein Beispiel für alles, was mit Balis Umwelt schiefgehen kann. Die kleine Insel (100 ha) vor der Mangroveküste südlich von Sanur wurde in den 1990er-Jahren von Suhartos Sohn Tommy als Standort für ein neues Bauprojekt erwählt. Mehr als die Hälfte der ursprünglichen Insel verschwand unter einer neuen Geländeaufschüttung von über 300 ha. Die Wirtschaftskrise in Asien zog bei dem Plan den Stecker. Seither ist nicht viel passiert.

Inzwischen gibt es auf dem ursprünglichen Teil der Insel noch die beiden kleinen, armen Fischerdörfer **Ponjok** und **Dukuh**, außerdem einen von Balis heiligsten Tempeln, **Pura Sakenan**, gleich östlich des Damms. Architektonisch ist er unbedeutend, aber größere Feste ziehen massenhaft Gläubige an, besonders während des Kuningan-Festes.

Einige Schnellboote zu den Gili Islands und nach Lombok legen hier ab.

Bali Stand Up Paddle WASSERSPORT
(☎0813 3823 5082; www.bali-standuppaddle.org; Jl Cemara 4B; Verleih pro Std. 350 000 Rp, Unterricht pro 90 Min. 350 000 Rp) Dieses Spezialgeschäft hat gute Tipps auf Lager und verkauft oder verleiht Ausrüstung; und außerdem wird Unterricht erteilt. Auch Windsurfen und Kitesurfen stehen hier auf dem Programm.

Surya Water Sports WASSERSPORT
(☎0361-287956; www.balisuryadivecenter.com; Jl Duyung 10; ⌚8–20 Uhr; 🚸) Von den Wassersportzentren am Strand ist Surya das größte. Parasailing (338 000 Rp pro Person) oder Windsurfen (473 000 Rp pro Std.) sind möglich. Oder man mietet ein Kanu und paddelt über das glatte Wasser (203 000 Rp pro Std.).

Spas & Yoga

★ **Power of Now Oasis** YOGA
(☎0878 6153 4535; www.powerofnowoasis.com; Beachfront Walk, Hotel Mercure; Unterricht ab 120 000 Rp) Hier können interessierte Urlauber eine Yogastunde in einem stimmungsvollen Bambuspavillon mit Blick auf den Sanur Beach genießen. Es werden unterschiedliche Leistungsniveaus angeboten. Yoga bei Sonnenaufgang ist ganz besonders beliebt.

★ **Jamu Wellness** SPA
(☎0811 389 9930; www.jamuwellnessbali.com; Jl Danau Tamblingan 140; 1 Std. Massage 195 000 Rp; ⌚9–21 Uhr) Dieses reizende Spa verfügt über sagenhafte neue Einrichtungen und bietet eine ganze Palette von Behandlungen an, darunter die beliebte Erde-Blumen-Körpermaske und das Kemirinuss-Peeling.

Glo Day Spa & Salon SPA
(☎0361-282826; https://glo-day-spa.business.site/; Jl Danau Poso 57, Gopa Town Centre; Massage 1 Std. ab 225 000 Rp; ⌚8–18 Uhr) Hier ein Insidertipp von einem der zahlreichen Expats in Sanur. Das Glo legt, im Gegensatz zu zahlreichen anderen Spas, keinen besonderen Wert auf ein schickes Ambiente, sondern gibt klaren Linien den Vorzug, was schon an der Auslage zu erkennen ist. Der Service und die Behandlungen umfassen aber das ganze Spektrum – von Haut- und Nagelpflege bis hin zu Massagen und Therapien.

Kurse

Balinese Cooking Class KOCHEN
(☎0361-288009; www.santrian.com; Puri Santrian, Beachfront Walk; 90 Min. Unterricht ab 70 US$; ⌚Mi & Fr) Dank der Küche direkt am Strand ist dies eine wirklich unvergessliche Location, um die authentische balinesische Kochkunst zu erlernen. Für einen kleinen Aufpreis gibt es zusätzlich auch noch einen Marktbesuch, bei dem die erforderlichen Zutaten beschafft werden.

Crystal Divers TAUCHEN
(☎0361-286737; www.crystal-divers.com; Jl Danau Tamblingan 168; Tauchgänge ab 890 000 Rp) Dieses professionelle Tauchgeschäft verfügt über ein eigenes Hotel (das Santai) und einen großen Pool zum Tauchen. Es ist besonders für Anfänger zu empfehlen, aber die Latte an Kursen ist lang, darunter auch PADI-Kurse im offenen Gewässer (7 450 000 Rp).

Schlafen

Am Strand

Zwischen den größeren Resorts gibt es einige kleinere Hotels direkt am Strand, die sogar erstaunlich erschwinglich sind.

Pollok & Le Mayeur Inn PRIVATUNTERKUNFT $
(☎0812 4637 5364; sulaiman.mei1980@gmail.com; Jl Hang Tuah, Museum Le Mayeur; Zi. mit Ventilator/Klimaanlage ab 250 000/350 000 Rp; ❄📶) Die Enkel des verstorbenen Künstlers Le Mayeur de Merpres und seiner Frau Ni Polok führen diesen kleinen Gasthof. Er befindet sich im Areal des Museums Le Mayeur (S. 139) und bietet eine preiswerte Unterkunft am Strand. Die 17 Zimmer fallen unterschiedlich groß aus, deshalb sollte man sie sich zeigen lassen.

Kesumasari GUESTHOUSE $$
(☎0361-287824; villa_kesumasari@yahoo.com; Jl Kesumasari 6; Zi. ab 500 000 Rp; ❄📶🏊) Das Einzige, was zwischen den Gästen und dem Strand steht, ist ein kleiner Schrein. Hinter den Veranden zum Relaxen lassen die geschnitzten balinesischen Türen in vielen Schattierungen nicht auf die Farborgie schließen, die die Gäste in den 15 eigenwilligen Zimmern dieses Familienbetriebs erwartet.

★ **Tandjung Sari** HOTEL $$$
(☎0361-288441; www.tandjungsarihotel.com; Jl Danau Tamblingan 41; Bungalows inkl. Frühstück ab 3 200 000 Rp; ❄@📶🏊) Das Tandjung Sari, eines der ersten Boutiquehotels auf Bali, floriert seit seiner Eröffnung 1967 und wird bis heute für seinen Stil hochgelobt. Die 29 Bungalows im traditionellen Stil sind mit Kunsthandwerk und Antiquitäten ausgestattet.

DRACHEN ÜBER SANUR

Wer in Südbali unterwegs ist, bemerkt ganz unwillkürlich die Unmengen Drachen, die fast das ganze Jahr über am Himmel stehen. Diese Kreationen sind oft riesengroß (mit einer Spanne von 10 m und mehr und einem Schweif, der es auf erstaunliche 160 m bringt) – und sie fliegen in Höhen, die so manchem Piloten Kopfschmerzen bereiten. Viele haben eine Vorrichtung zum Lärmerzeugen, *gaganguan* genannt, die ein gespenstisches Summen und Brummen hervorbringt, das sich bei jedem Drachen anders anhört. Wie vieles auf Bali, so haben auch Drachen spirituelle Wurzeln: Sie sollen den Göttern in die Ohren flüstern, dass eine reiche Ernte wünschenswert wäre. Für viele Balinesen sind diese Überflieger jedoch einfach ein nettes Hobby – das allerdings eine Schattenseite hat, denn wenn so ein Monster zu Boden stürzt, kann es jemanden verletzen oder gar töten.

Jedes Jahr im Juli begeben sich Hunderte Teams aus dem In- und Ausland – allen Gefahren zum Trotz – zu der freien Fläche nördlich von Sanur zum **Bali Kite Festival**. Sie wetteifern ein paar Stunden lang in unterschiedlichen Kategorien wie originellstes Design oder auch Flugdauer um allerlei Ehrungen. Das Spektakel spielt sich rund um den flachen Landstrich hinter dem Sandstrand von **Pantai Padang Galak** ab, etwa 1 km von Sanur die Küste hinauf. Von Mai bis Oktober können Interessierte hier beim balinesischen Drachensteigen zuschauen.

Die reizenden Mitarbeiter sind eine Wonne. Freitags und sonntags studieren einheimische Kinder um 15 Uhr am Pool balinesische Tänze ein.

La Taverna Suites HOTEL **$$$**
(☎0361-288497; http://latavernasuites.com; Jl Danau Tamblingan 29; Zi. 150–180 US$; ❄@☜≋) Das Taverna, eines der ersten Hotels in Sanur, wurde zu einer Anlage mit ausschließlich Suiten umgestaltet, hat sich seinen schlichten Charme mit künstlerischem Touch jedoch bewahrt. Die hübschen Areale und Wege, die die Gebäude verbinden, brummen nur so vor kreativer Energie und versorgen die 38 nostalgischen Wohneinheiten im Bungalowstil mit einem Flair von dezentem Luxus.

Hotel Peneeda View HOTEL **$$$**
(☎0361-288425; www.peneedaviewhotel.com; Jl Danau Tamblingan 89; Zi. ab 166 US$; ❄@☜≋) Ein weiteres einfaches, kleines Hotel am Strand ist das Peneeda – eine gute Wahl für Gäste, die auf Sonne, Sand und einen Zimmerservice zu überaus erschwinglichen Preisen Wert legen. Die 56 Zimmer sind etwas in die Jahre gekommen, aber der schmale Strand und der Preis sind schlichtweg unschlagbar. In den Gemeinschaftsbereichen gibt's kostenloses WLAN.

Fairmont Sanur Beach Bali RESORT **$$$**
(☎0361-3011888; www.fairmont.com; Jl Kesumasari 8; Zi. ab 3 530 000 Rp; ❄@☜≋) Dieses wuchtige Hotel mit seinen 120 eleganten Suiten und Villen, verteilt auf einem weitläufigen Areal inklusive eines 50 m langen Infinity-Pools ragt am Strand von Sanur auf. Es gibt sich betont modern, und so finden sich Hightech-Freuden zuhauf. Außerdem verlocken hier feudale Spa-Angebote und Restaurants sowie ein hypermodernes Fitnessstudio. Für die kleinen Gäste ist ein eigener Pool vorhanden und es gibt auch einen Spielplatz.

Hyatt Regency Bali RESORT **$$$**
(www.bali.regency.hyatt.com; Jl Danau Tamblingan) *Das* Wahrzeichen schlechthin am Strand von Sanur, das ehemalige Bali Hyatt, wurde mit einem etwas nobleren Namen bedacht und noch dazu kürzlich umgestaltet.

Puri Santrian HÜTTEN, BUNGALOWS **$$$**
(☎0361-288009; www.santrian.com; Jl Cemara 35; Zi. 130–300 US$; ❄☜≋) Wild wuchernde Gärten, drei große Pools mit Springbrunnen, ein Tennisplatz und die Lage direkt am Strand, aber auch die 199 komfortablen, gut ausgestatteten Zimmer machen das Puri Santrian zu einer beliebten Wahl. Viele Zimmer befinden sich in vom Stil her älteren Bungalows, andere in Blocks mit einem oder zwei Obergeschossen. Auf dem Programm steht ein empfehlenswerter balinesischer Kochkurs (S. 141).

In Strandnähe

Die Hotels in der Nähe der Jalan Danau Tamblingan sind nur ein kurzes Stück zu Fuß vom Strand, den Cafés und den Geschäften entfernt. Da es ihnen am Sandstrand mangelt, bemühen sie sich meist mehr um das Wohl ihrer Gäste als die Hotels direkt am Meer – und erschwinglicher sind sie außerdem.

Keke Homestay GUESTHOUSE $
(☎0361-472 0614; www.keke-homestay.com; Jl Danau Tamblingan 100; Zi. mit Ventilator/Klimaanlage ab 350 000/400 000 Rp; ❄📶) Das Guesthouse liegt 150 m in einer *gang* (Gasse) von der lauten Straße entfernt. Backpacker werden gleich herzlich in die reizende Familie aufgenommen (die oft damit beschäftigt ist, den Göttern Opfergaben darzubringen). Die fünf ruhigen, sauberen Zimmer haben einen Ventilator oder eine Klimaanlage.

Agung & Sue Watering Hole I GUESTHOUSE $
(☎0361-288289; www.wateringholesanurbali.com; Jl Hang Tuah 35; Zi. 275 000–400 000 Rp; ❄📶) Das Guesthouse existiert schon seit ewigen Zeiten. Es liegt ideal, um morgens in aller Frühe das Schiff nach Nusa Lembongan oder zu den Gili-Inseln zu erreichen, und traditionelle Gastfreundschaft wird hier großgeschrieben. Die Zimmer sind Standard, aber das Bier ist hier wirklich kalt, und der Sanur Beach lässt sich in nur fünf Minuten zu Fuß erreichen. Weiter südlich befindet sich Agung & Sue Watering Hole II, eine weitere schöne Budgetoption mit einem Pool und Zimmern ab 250 000 Rp.

Yulia 1 Homestay GUESTHOUSE $
(☎0361-288089; yulia1homestay@gmail.com; Jl Danau Tamblingan 38; Zi. inkl. Frühstück mit Ventilator/Klimaanlage ab 250 000/350 000 Rp; ❄📶🏊) Das beschauliche Guesthouse, ein Familienbetrieb, liegt in einem hübschen Garten mit Blumen und Palmen, in dem die Vögel zwitschern. Die Zimmer fallen unterschiedlich groß aus (einige haben nur kaltes Wasser und Ventilator), aber ein Kühlschrank steht in allen. Der Bereich um das kleine Tauchbecken zum Erfrischen ist nett, um eine Weile zu entspannen.

Gardenia GUESTHOUSE $$
(☎0361-286301; www.gardeniaguesthousebali.com; Jl Mertasari 2; Zi. 650 000–755 000 Rp; ❄📶🏊) Das Gardenia hat – wie die gleichnamige Blume mit den zahlreichen Blütenblättern – viele Facetten. Die sieben Zimmer sind Visionen in Weiß und liegen ein gutes Stück von der Straße zurückversetzt. Die hübschen Veranden gehen auf ein Tauchbecken zum Erfrischen in einem netten Hof hinaus. Vorne lockt ein gutes Café.

Maison Aurelia Sanur HOTEL $$$
(☎0361-472 1111; http://preferencehotels.com/maison-aurelia; Jl Danau Tamblingan 140; Zi. 100–160 US$; ❄📶🏊) Das total stilvolle Hotel mit drei Obergeschossen, das vom Strand am weitesten entfernt liegt, ist eine spannende Ergänzung in der Hauptgeschäftsstraße von Sanur. Die 42 Zimmer sind geräumig, haben Balkon und tun sich mit einem herrlich beruhigenden Dekor hervor. Alles wirkt vornehm, und zum Komfort trägt ein Kühlschrank auf dem Zimmer bei.

Essen

Entlang der Strandpromenade kann man in einem traditionellen offenen Pavillon oder in einer gemütlichen Bar etwas essen, ein Getränk zu sich nehmen oder einfach nur die Meeresbrise genießen. Obwohl es in der Jalan Danau Tamblingan jede Menge einfallsloser Lokale gibt, finden sich auch ein paar Highlights darunter.

Nasi Bali Men Weti BALINESISCH $
(Jl Segara Ayu; Mahlzeiten ab 25 000 Rp; ⏲7–13 Uhr) Dieser einfache Kiosk bereitet hervorragendes *nasi campur* zu, den klassischen balinesischen Mittagsteller mit mehreren verschiedenen Gerichten. Alles ist total frisch und wird, während man in der unvermeidlichen Schlange wartet, zusammengebrutzelt. Schmecken lassen kann man sich sein Essen dann auf einem kleinen Plastikhocker.

Sari Bundo INDONESISCH $
(☎0361-281389; Jl Danau Poso; Hauptgerichte ab 20 000 Rp; ⏲24 Std.) Das tadellose, zur Straße hin offene Lokal im Padang-Stil ist eines von vielen am südlichen Ortsrand von Sanur. Die Gäste haben die Qual der Wahl unter einer breiten Auswahl an frischen und sehr scharfen Gerichten. Das Curry-Huhn ist jedenfalls eine feurige Köstlichkeit, die die Zunge veranlasst, einen zu lieben oder zu hassen.

Warung Mak Beng BALINESISCH $
(☎0361-282633; Jl Hang Tuah 45; Mahlzeiten 35 000 Rp; ⏲8–21 Uhr) In diesem beliebten Lokal wird keine Speisekarte benötigt: Man kann sowieso nur den legendären Fisch vom Grill (*ikan laut goreng*) bestellen, der mit allerlei Beilagen und einer leckeren Suppe serviert wird. Der Service ist flott, in der Luft liegt ein würziger Duft, und die Gäste aller Couleurs sind total happy.

Warung Babi Guling Sanur BALINESISCH $
(☎0361-287308; Jl Ngurah Rai Bypass; Hauptgerichte ab 25 000 Rp; ⌚10–22 Uhr) Im Gegensatz zu vielen anderen *babi-guling*-Lokalen (auf Bali, die ihre Spanferkel vorgekocht von Großhändlern beziehen, wird in diesem kleinen Warung alles frisch hinter dem Haus zubereitet. Das Fleisch ist saftig und verdeutlicht, dass persönliches Engagement doch seine Vorzüge hat.

Porch CAFÉ $
(☎0361-281682; www.flashbacks-chb.com; Jl Danau Tamblingan 111, Flashbacks; Hauptgerichte ab 50 000 Rp; ⌚7–22 Uhr; ❄📶) Das Café in einem traditionellen Holzgebäude bietet eine leckere Mischung an Speisen für Leib und Seele wie Burger und frische Backwaren wie Ciabattas. Am besten macht man es sich an einem der Tische auf der Veranda gemütlich oder verzieht sich in die klimatisierte Gaststube. Das Café ist zum Frühstücken beliebt; und die Liste der frischen Säfte ist lang. Der High Tea steht ebenfalls hoch im Kurs (150 000 Rp für 2 Pers.).

Pasar Sindhu Night Market MARKT $
(ab Jl Danau Tamblingan; ⌚5–23 Uhr) Dieser Markt verkauft frisches Gemüse, Trockenfisch, scharfe Gewürze, verschiedene Haushaltswaren und viele verlockende balinesische Gerichte.

Sonntagsmarkt MARKT $
(☎0812 1888 3343; www.facebook.com/sundaymarketsanur; Jl Mertasari, Mercure Resort Sanur; ⌚10–18 Uhr, letzter So im Monat) Lokale Anbieter verkaufen Bioprodukte, Fertiggerichte, Kunsthandwerk und vieles mehr auf diesem Monatsmarkt.

Hardy's Supermarket SUPERMARKT $
(☎0361-282705; Jl Danau Tamblingan 136; ⌚8–22 Uhr) Lebensmittel und Gebrauchswaren gibt es in diesem großen Supermarkt, der alle Arten von lokalen und importierten Lebensmitteln sowie eine Reihe von Souvenirs im zweiten Stock zu sehr günstigen Preisen anbietet.

★ **Genius Cafe** CAFÉ $$
(☎0877 0047 7788; http://geniuscafebali.com; Mertasari Beach; Hauptgerichte ab 65 000 Rp; ⌚7–22 Uhr) Diese Drehscheibe für Entrepreneurship, die Teil eines wachsenden, Netzwerks von Strandclubs ist, serviert auch köstliche Speisen und Getränke an einem atemberaubenden Platz am Meer. Nur zu empfehlen: Ingwer-Latte, frisches Kokoswasser mit Lavendel und Drachenfrüchten, die Glücksschale mit rohem Salat, Avocado, frischen Kräutern, Nüssen, Samen und anderen feinen Dingen.

Obwohl dies hauptsächlich ein Ort zum Verweilen, Snacken und der Geselligkeit ist, finden hier auch regelmäßig spannende Gespräche über Naturschutz und Umwelt statt.

★ **Char Ming** ASIATISCH $$
(☎0361-288029; www.charming-bali.com; Jl Danau Tamblingan N97; Hauptgerichte ab 95 000 Rp; ⌚5–23 Uhr) Hier gibt es asiatische Fusion-Küche mit französischen Akzenten. Auf einer Tafel werden täglich die frischen Meeresfrüchte aufgelistet, die nur darauf war-

PRIESTER & KÜNSTLER

Sanur war einer der Orte, den Westler bei ihrer Entdeckung Balis vor dem Zweiten Weltkrieg bevorzugten. Die Künstler Miguel Covarrubias, Adrien Jean Le Mayeur de Merpres und Walter Spies, die Anthropologin Jane Belo und die Choreografin Katharane Mershon lebten alle eine Zeitlang hier. Die ersten Touristen-Bungalows tauchten in Sanur in den 1940er- und 1950er-Jahren auf, und noch mehr Künstler, darunter der Australier Donald Friend (dessen Possen ihm den Spitznamen Lord Devil Donald eintrugen), ließen sich in Sanur nieder.

Während dieser Zeit wurde Sanur von einsichtigen Priestern und Scholaren regiert, die sowohl die Möglichkeiten als auch die Bedrohungen erkannten, die der expandierende Tourismus mit sich brachte. Sie gründeten außerdem Dorfkooperativen, die Land besaßen und ins Tourismusgeschäft einstiegen, um sicherzustellen, dass ein großer Teil des wirtschaftlichen Ertrags in der Gemeinde blieb.

Bis heute haben die Priester großen Einfluss. Sanur ist eine der wenigen Gemeinden, die immer noch von Angehörigen der Brahmanenkaste regiert werden. Der Ort ist bekannt als Heimat von Zauberern und Heilern und als ein Zentrum der schwarzen wie der weißen Magie. Das *kain poleng* genannte schwarz-weiße Tuch symbolisiert die Balance zwischen Gut und Böse und ist ein Sinnbild für Sanur.

ten, auf dem Grill zu landen. Auf alle Fälle sollte man auf Gerichte aus der Region achten, von denen viele eine moderne Note aufweisen. Die total aufgestylte Location lässt opulente Gemälde und Schnitzereien sehen, die aus nostalgischen, alten Gebäuden aus Java und Bali stammen.

★ Three Monkeys Cafe ASIATISCH $$
(☎0361-286002; www.threemonkeyscafebali.com; Jl Danau Tamblingan; Hauptgerichte 62 000–199 000 Rp; ⏲11–23 Uhr; 📶) Diese Filiale des sagenhaften Originals in Ubud ist keineswegs ein müder Abklatsch. In diesem Café auf zwei Etagen dudelt abends cooler Jazz zur Untermalung, an manchen Abenden sind Liveauftritte angesagt. Das Café liegt ein gutes Stück von der Straße zurückversetzt, und die Gäste können sich die exzellenten Kaffeekreationen auf einem der Sofas oder den Stühlen schmecken lassen. Die kreative Speisekarte bietet eine Mischung aus westlicher und pan-asiatischer Küche.

Byrdhouse Beach Club INTERNATIONAL $$
(☎0361-288407; www.facebook.com/byrdhouse beachclubbali; Segara Village, Sanur Beach; Hauptgerichte ab 60 000 Rp; ⏲6–24 Uhr; 📶) Sonnenliegen, ein Pool, ein Restaurant, eine Bar und Tischtennisplatten sind in diesem Strandclub geboten, und somit kann man hier locker den ganzen Tag am Strand verbringen. Welche Events, wie beispielsweise eine Filmvorführung oder Essstände mit besonderen Köstlichkeiten, gerade auf dem Programm stehen, verrät Facebook. Aber für das leibliche Wohl ist mit internationalen Speisen von Burgern bis Sushi natürlich immer gesorgt.

Pregina Warung BALINESISCH $$
(☎0361-283353; Jl Danau Tamblingan 106; Hauptgerichte 45 000–90 000 Rp; ⏲11–23 Uhr) Klassische balinesische Entengerichte und Publikumslieblinge wie *sate* (Satay) sind die Pfeiler der interessanten Speisekarte dieses Restaurants. Serviert werden einheimische Gerichte, die jedoch weit über die faden Touristenvarianten hinausgehen. Es lohnt, eines der Gerichte mit Ente zu probieren. Der Speiseraum weist ein dezentes, schickes Holzdekor auf und zeigt alte Fotos von Bali.

Minami JAPANISCH $$
(☎0812 8613 4471; Beachfront Walk; Hauptgerichte ab 60 000 Rp; ⏲10–23 Uhr) Mit seinem minimalistischen weißen Dekor, der freundlichen Atmosphäre unter freiem Himmel und der breiten Auswahl an megafrischem Fisch ist dieses original japanische Restaurant ein toller Tipp am Sanur Beach.

Warung Pantai Indah CAFÉ $$
(Beachfront Walk; Hauptgerichte 30 000–110 000 Rp; ⏲9–21 Uhr) Die Gäste sitzen in diesem zeitlosen Strandcafé auf ramponierten Stühlen an Tischen mit den Zehen im Sand. Die Spezialität des Warung sind die frischen Meeresfrüchte vom Grill und die preiswerten balinesischen Gerichte.

Café Smorgås CAFÉ $$
(☎0361-289361; www.cafesmorgas.com; Jl Danau Tamblingan; Mahlzeiten 58 000–135 000 Rp; ⏲7–22 Uhr; ❄📶🖊) Ein schöner Ort mit Korbstühlen auf einer großen Terrasse draußen und einer gut funktionierenden Klimaanlage drinnen. Auf der Speisekarte steht eine gesunde Auswahl an frischen, entgiftenden Säften und Salaten, plus Comfortfood wie Burger und Sandwiches. Es gibt auch leckeres Frühstück und Desserts.

Massimo ITALIENISCH $$
(☎0361-288942; www.massimobali.com; Jl Danau Tamblingan 206; Mahlzeiten 55 000–200 000 Rp; ⏲11–23 Uhr) Innen kommen sich die Gäste vor wie in einem Café in Mailand, draußen wie in einem balinesischen Garten – eine Kombination, die zusammenpasst wie Spaghetti Bolognese. Pasta, Pizza und vieles mehr werden mit original italienischer Note zubereitet. Keine Zeit für eine Essenspause? Dann vielleicht rasch vorne am Tresen ein leckeres Gelato auf die Hand mitnehmen.

La Playa Cafe FISCH & MEERESFRÜCHTE $$
(☎0821 4794 4514; Jl Duyung, Sanur Beach; Mahlzeiten 50 000–250 000 Rp; ⏲8–22 Uhr) In diesem gastfreundlichen Grillrestaurant inmitten von Palmen und Fischerbooten, das sich auf Meeresfrüchte spezialisiert hat, können die Gäste die Brandung hören und sehen, wie sich der Mond im Wasser spiegelt. Der Teller mit Meeresfrüchten vom Grill strotzt nur so vor Knoblauch – lecker!

Ausgehen & Nachtleben

Fire Station PUB
(☎0361-285675; Jl Danau Poso 108; Hauptgerichte ab 80 000 Rp; ⏲16 Uhr bis spät) In diesem vorne offenen Pub herrscht ein bisschen nostalgisches Hollywoodflair. An den Wänden hängen Porträts im Stil von Hollywoodaufnahmen aus den 1960er-Jahren; man rechnet fast schon damit, den jungen Dennis Hopper hinten herumschleichen zu sehen. Jedenfalls können sich die Gäste Krüge mit

Sangria und andere interessante Getränke zum guten Kneipenessen (Hauptgerichte ab 99 000 Rp) sowie zu vielen Spezialitäten schmecken lassen, die auf der abwechslungsreichen Speisekarte stehen. Unbedingt ein belgisches Bier bestellen – ein Duvel.

Kalimantan BAR
(Borneo Bob's; ☎0361-289291; Jl Pantai Sindhu 11; Hauptgerichte ab 40 000 Rp; ⊙7.30–23 Uhr) Diese alteingesessene Kneipe besticht mit ihrem nostalgischen Südpazifik-Charme unter dem Reetdach und ist eine von mehreren lässigen Bars in dieser Straße. Die Gäste können sich die preiswerten Drinks unter den Palmen im großen, schattigen Garten schmecken lassen. Für das Essen mit mexikanischer Note (Hauptgerichte ab 47 000 Rp) werden Chilischoten aus eigenem Anbau verwendet.

Shoppen

★ **Ganesha Bookshop** BÜCHER
(☎0361-970320 www.ganeshabooksbali.com; Jl Danau Tamblingan 42; ⊙10–18 Uhr) Eine Filiale der besten Buchhandlung auf Bali für ambitionierte Leser.

To~ko BEKLEIDUNG
(☎0361-282477; Jl Danau Poso 51A; ⊙Mo–Sa 10–22 Uhr) Dieses spannende Geschäft in einem kleinen Komplex mit Ateliers präsentiert einheimische Designer. Ausschau halten sollte man nach den unter ökologischen Gesichtspunkten entworfenen Kleidungsstücken von Maya Nursari. Ihre Sachen sind topaktuell, schlicht – und in Schwarz-Weiß gehalten.

A-Krea BEKLEIDUNG
(☎0361-286101; Jl Danau Tamblingan 51; ⊙9–21 Uhr) Das A-Krea ist ein prima Laden, um ein Souvenir zu erstehen. Es kann mit einem breiten Sortiment an Artikeln aufwarten, die in diesem attraktiven Geschäft auf Bali entworfen und hergestellt wurden. Die angebotenen Kleidungsstücke, Accessoires, Haushaltswaren und vieles mehr sind hier allesamt handgemacht.

Nogo TEXTILIEN
(☎0361-288765; www.nogobali.com; Jl Danau Tamblingan 104; ⊙9–20 Uhr) Am besten einfach nach dem Webstuhl aus Holz vor diesem feudalen Geschäft Ausschau halten, das mit „Bali Ikat Centre" für sich Werbung macht. Die Produkte sind wunderschön und lassen sich in den klimatisierten Räumen bestens würdigen.

Praktische Informationen

MEDIZINISCHE VERSORGUNG

Kimia Farma (☎0361-271611; Jl Danau Tamblingan 20; ⊙8–22 Uhr) Zuverlässige einheimische Apothekenkette.

GELD

Die Geldwechsler haben hier einen zweifelhaften Ruf. Es gibt aber Geldautomaten in der Jalan Danau Tamblingan sowie in diversen Banken.

An- & Weiterreise

BOOT/SCHIFF

Schnellboote (Preise sind destinationsabhängig) Die Unmengen von Schnellbooten, die nach Nusa Lembongan, Nusa Penida, Lombok und zu den Gili-Inseln verkehren, fahren an einem Strandabschnitt südlich der Jalan Hang Tuah ab. Keines der Schiffe benutzt einen Steg. Man sollte sich also darauf einstellen, durchs Wasser zum Boot waten zu müssen. Die meisten Unternehmen verfügen über Wartebereiche im Schatten am Strand.

Öffentliche Schiffe (einfache Fahrt 150 000 Rp) Es verkehren regelmäßig, dreimal am Tag, Schiffe nach Nusa Lembongan und Nusa Penida vom Strand am Ende der Jalan Hang Tuah (einfache Fahrt 50 000 Rp, 40 Min.)

Rocky Fast Cruises (☎0821 4404 0928; www.rockyfastcruise.com; Jl Hang Tuah 41; Hin- & Rückfahrt 500 000 Rp; ⊙8–20 Uhr) Das Büro des Unternehmens für seine Verbindungen nach Nusa Lembongan (Hin- & Rückfahrt 500 000 Rp, 9, 11, 13 und 14.30 Uhr.

Scoot (☎0361-285522; www.scootcruise.com; Jl Hang Tuah; Hin- & Rückfahrt Erw./Kind 400 000/280 000 Rp ⊙8–20 Uhr) Das Unternehmen hat ein Büro für sein Netz an Schiffsverbindungen nach Nusa Lembongan, Lombok und zu den Gili-Inseln (Hin- & Rückfahrt Erw./Kind 400 000/280 000 Rp). Schiffe nach Lembongan fahren viermal täglich (9.30, 11.45, 13.30, 17.15 Uhr).

TAXI

Das Taxikartell am Flughafen hat einen Festpreis von 250 000 Rp für Sanur festgesetzt.

TOURISTEN-SHUTTLEBUS

Der Kura-Kura-Touristenbus (S. 517) bietet eine Linie, die Sanur mit Kuta und Ubud verbindet. Die Busse verkehren stündlich und kosten 80 000 Rp.

Das **Büro von Perama** (☎0361-751875; www.peramatour.com; Jl Hang Tuah 39; ⊙7–22 Uhr) befindet sich im Warung Pojok am nördlichen Ende der Stadt. Fahrtziele sind beispielsweise Ubud (50 000 Rp, 1 Std.), Padangbai (75 000 Rp, 2 Std.) und Lovina (125 000 Rp, 3 Std.).

HALBINSEL BUKIT

Die südliche Halbinsel Bukit (was auf Bahasa-Indonesisch „Hügel" bedeutet) mit ihrem heißen, trockenen Klima ist bei Urlaubern sehr beliebt – von den abgesonderten Gebieten in Nusa Dua bis zu den vergnüglichen Rückzugsorten entlang der Südküste.

Einer der echten Hotspots Balis ist die boomende Westküste (die oft allgemein Pecatu genannt wird) mit ihren Stränden, die sich wie auf einer Perlenkette aneinanderreihen. Am Balangan Beach stehen die Unterkünfte etwas wackelig auf Sand, während die Klippen in Bingin und anderswo mit individuellen Lodges gesprenkelt sind. Jeden Tag erscheinen neue Unterkünfte auf der Bildfläche. Die meisten bieten Aussicht auf die turbulenten Gewässer, die auf der ganzen Strecke nach Süden bis zum bedeutenden Tempel Ulu Watu weltberühmte Surfbreaks aufweisen.

An der Südküste östlich und westlich von Ungasan liegen mehrere riesige Resorts auf den Klippen, die herrliche Ausblicke über den endlosen Ozean bieten. Nusa Dua und Tanjung Benoa sind hingegen um das Wohl traditionellerer Pauschaltouristen bemüht, die sich ein rundum gelungenes Urlaubserlebnis wünschen.

An- & Weiterreise

Man benötigt einen fahrbaren Untersatz – Taxi, Mietwagen oder Motorrad – um Bukit zu erkunden. Eine Gebühr in Höhe von 5000 Rp pro Vehikel ist für die Nutzung derZugangsstraßen zum Strand fällig.

Jimbaran

0361 / 44 376 EW.

Gleich südlich von Kuta und dem Flughafen verlockt die Teluk Jimbaran (Jimbaran-Bucht) mit ihrem reizvollen sichelförmigen weißen Sandstrand und dem blauen Meer, an dessen Ufer sich zig Meeresfrüchte-Warungs (Straßenlokale) entlangziehen. Im Süden endet die Bucht an einer mit Büschen bestandenen Landspitze, auf der das Four Seasons Jimbaran Bay zu Hause ist.

Jimbaran gilt trotz wachsenden Zulaufs immer noch als entspannte Alternative zu Kuta und Seminyak weiter nördlich (es liegt direkt südlich vom Flughafen, das ist schlichtweg unschlagbar!). Die Märkte bieten einen faszinierenden Einblick in das lokale Leben.

Strände

★ Jimbaran Beach STRAND

Der 4 km lange, geschwungene Sandstrand von Jimbaran, einer der tollsten Strände Balis, ist meist sauber, und ein Mangel an Lokalen, in denen Snacks, etwas zu trinken oder Meeresfrüchte zum Abendessen angeboten werden, besteht hier mit Sicherheit nicht; auch Sonnenliegen gibt es zu mieten. Die Bucht wird von einem durchgängigen Korallenriff geschützt; die Brandung ist hier deshalb weniger stark als im beliebten Kuta weiter im Norden, wobei aber dennoch Wellen auftreten, an denen Bodysurfer ihren Spaß haben.

Tegalwangi Beach STRAND

4,5 km südwestlich von Jimbaran liegt Tegalwangi am Fuß eines Steilhangs aus Kalkstein. Dies ist die erste einer ganzen Kette verlockender Sandbuchten entlang der gesamten Westküste der Halbinsel Bukit. Ein kleiner Parkplatz befindet sich vor dem Tempel Pura Segara Tegalwangi. Hierher wenden sich besonders die Menschen, die ein Anliegen an die Meeresgötter haben.

Normalerweise steht hier ein einzelner Händler, der Erfrischungen verkauft, damit sich die Besucher stärken können, bevor sie den kurzen, aber rauen Weg über die schlechten Pfade hinunter zum Strand zurücklegen (oder auch hinterher). Direkt südlich davon erstreckt sich auf den Klippen das riesige Resort Ayana.

Sehenswertes

★ Fischmarkt in Jimbaran MARKT

(Jimbaran Beach; 6–17 Uhr) Ein beliebter Zwischenstopp beim Morgenspaziergang über die Halbinsel Bukit ist der abwechslungsreiche, hektische – und durchaus auch stinkende – Fischmarkt; jedenfalls empfiehlt es sich, aufzupassen, wohin man tritt. Bunt gestrichene Boote liegen an der Küste, während riesige Kisten mit allem möglichen Meeresgetier verhökert werden – von kleinen Sardinen bis hin zu furchterregenden Langusten. Hier tobt das pralle Menschenleben.

Es bietet sich an, Meeresfrüchte hier zu kaufen und sie sich von einem der Warungs zubereiten zu lassen. Oder man kauft zwischen 6 und 7 Uhr direkt von den Fischerbooten. Ein Straßenverkäufer hat köstlichen Zuckerrohrsaft für 10 000 Rp im Angebot.

Morgenmarkt MARKT
(Jl Ulu Watu; ⌚6–12 Uhr) Der Morgenmarkt ist einer der schönsten der Insel und das gleich aus mehreren Gründen: Dank seiner Kompaktheit gibt es viel zu sehen, ohne endlos herummarschieren zu müssen. Die einheimischen Köche schwören auf die Qualität der hier angebotenen Obst- und Gemüsesorten (Wer hat schon jemals einen derart großen Kohlkopf gesehen?) und die Händler haben sich an die herumbummelnden Touristen gewöhnt.

Pura Ulun Siwi HINDUTEMPEL
(Jl Ulu Watu) Gegenüber dem Morgenmarkt steht dieser ebenholzfarbene Tempel aus dem 18. Jh. – ein verschlafener Fleck, in dem es jedoch an Feiertagen hoch hergeht: Dann kommen Scharen von Gläubigen, um ihre Opfergaben darzubringen und Räucherstäbchen zu entzünden.

Schlafen

Sari Segara Resort WELLNESSHOTEL $
(☎0361-703647; www.sarisegara.com; Jl Pantai Kedonganan; Zi. ab 190 000 Rp;) Ein seltenes Schnäppchen inmitten der teuren Resorts von Jimbaran. Dieses ehemalige Spa ist älter und etwas heruntergekommen, aber auf eine ästhetisch interessante Weise. Besonderheiten sind der riesige Pool, der von Statuen und reichlich Wildblumen umgeben ist (mit einer Pool-Bar), und der freundliche Besitzer, der die Gegend kennt und großartige Ratschläge zum Fischmarkt gibt.

Keraton Jimbaran Resort HOTEL $$
(☎0361-701961; www.keratonjimbaranresort.com; Jl Mrajapati; Zi. ab 1 400 000 Rp; @) Das eher bescheidene Keraton liegt am gleichen idyllischen Strand von Jimbaran wie die teureren Resorts in der Nachbarschaft auch und bietet für ein Stranddomizil wirklich viel fürs Geld. Die 102 Zimmer verteilen sich auf ein- und zweistöckige Wohneinheiten im Bungalowstil. Das weitläufige Hotelareal ist mit wild wuchernder Vegetation bestanden, wie sie für Bali typisch ist.

Hotel Puri Bambu HOTEL $$
(☎0361-701468; www.hotelpuribambu.com; Jl Pengeracikan; Zi. ab 950 000 Rp; @) Das unauffällige Puri Bambu liegt gerade einmal 200 m vom Strand entfernt und ist ein älteres, aber gut geführtes Hotel – mit dem besten Preis-Leistungs-Verhältnis in Jimbaran. Die 48 Standardzimmer (einige mit Badewanne) befinden sich in zweigeschossigen Gebäuden, die sich um einen großen Pool gruppieren.

★ **Belmond Jimbaran Puri** RESORT $$$
(☎0361-701605; www.belmond.com; ab Jl Ulu Watu; Cottages ab 7 200 000 Rp; @) Dieses luxuriöse Resort am Strand befindet sich auf einem schönen Grundstück, zu dem ein labyrinthartiger Pool gehört, von dem aus das offene Meer zu sehen ist. Die 64 Cottages und Villen verfügen über einen eigenen Garten und eine große Terrasse; das Design der Zimmer ist schick – was auch für die in den Boden eingelassenen Badewannen gilt. Das Belmond Jimbaran Puri ist ein nobles, aber dennoch dezentes Resort.

Four Seasons Jimbaran Bay RESORT $$$
(☎0361-701010; www.fourseasons.com; Jl Bukit Permai; Villen ab 700 US$; @) Jede der 147 Villen hier ist in typisch balinesischem Design konzipiert – mit einem geschnitzten Zugang, der sich zu einem Wohnpavillon unter freiem Himmel öffnet mit Blick auf ein Tauchbecken. Das Resort liegt an einem Hügel mit Aussicht auf den Jimbaran Beach, der nur ein kurzes Stück zu Fuß entfernt ist. Von den meisten Villen bietet sich ein sagenhafter Blick über die Bucht.

Hotel Intercontinental Bali RESORT $$$
(☎0361-701888; www.bali.intercontinental.com; Jl Ulu Watu; Zi. ab 260 US$; @) Mit seinen 419 Zimmern mutet das Intercontinental eigentlich schon wie eine kleine Stadt am Strand an. Es ist mit balinesischer Kunst und Kunsthandwerk ausgestaltet und bemüht sich somit, dem riesigen Resort etwas Lokalkolorit zu verleihen. Durch das Areal ziehen sich Unmengen miteinander verbundener Pools. Das Intercontinental bietet einen guten Club für die Kids und liegt an einem wunderschönen Strandabschnitt.

Essen

Jimbarans Fisch- und Meeresfrüchtelokale (sie lassen sich in drei Gruppen zusammenfassen) bereiten allabendlich – und die meisten von ihnen auch mittags – frische Meeresfrüchte auf dem Grill zu und locken Touristen aus ganz Südbali an. Die seitlich offenen Lokale sind direkt am Strand und eignen sich perfekt, um die Brise vom Meer oder den Sonnenuntergang zu genießen. Die Tische und Stühle stehen im Sand am Rand des Wassers. Am besten ist es, schon vor Sonnenuntergang zu kommen, um sich einen passenden Tisch auszusuchen und das Sonnenspektakel bei ein paar Bierchen auf sich wirken zu lassen, bevor das Abendessen beginnt.

Die Teller mit Meeresfrüchten und Fisch in etlichen Varianten werden mittlerweile zu Festpreisen verkauft, was dem Gast den Aufwand erspart, sich einen Fisch auszusuchen, ihn abwiegen zu lassen und dann nach Gewicht bezahlen zu müssen (was bei Einheimischen bisher immer große Heiterkeit ausgelöst hat). Trotzdem sollte man diese Variante vorziehen und vor der Zubereitung den Preis aushandeln. Im Allgemeinen sind ein Meeresfrüchtefest, Beilagen und ein paar Bierchen für unter 20 US$ pro Person zu genießen. Hummer (ab 30 US$) schlägt natürlich erheblich mehr zu Buche, aber wer den eigenen Hummer vorher auf dem Fischmarkt kauft, hält die Preise niedrig.

Die besten Lokale marinieren den Fisch in Knoblauch und Limettensaft und besprenkeln ihn mit Chili und Öl, während er auf Kokosnussschalen gegrillt wird. Die dicken Rauchwolken, die über der Kohle aufsteigen, gehören mit zum Flair – was auch für die herumziehenden Musiker gilt, die fröhliche Hits im Stil von „Macarena" nachspielen. In nahezu allen Restaurants ist es möglich, mit der Kreditkarte zu bezahlen. Ein Teller mit gemischten Meeresfrüchten vom Grill kostet zwischen 90 000 und 350 000 Rp.

Fisch- & Meeresfrüchtelokale am nördlichen Abschnitt

Die nördlichen Meeresfrüchtelokale liegen südlich des Fischmarkts in der Jalan Kedonganan und in der Jalan Pantai Jimbaran. Hierher chauffieren Taxifahrer in der Regel ihre hungrigen Fahrgäste, sofern diese keine anderen Wünsche äußern. Die meisten dieser Lokale ähneln Restaurants; Tische stehen drinnen und draußen im geharkten Sand. Das Flair ist hier allerdings nicht so amüsant wie an den beiden anderen Abschnitten weiter im Süden.

Jimbaran Bay Seafood FISCH & MEERESFRÜCHTE **$$**
(JBS; ☎0851-0172 5367; www.jimbaranbayseafoods.com; Jl Pantai Kedonganan; frische Meeresfrüchte ab 20 000 Rp/110 g; ⏱11–22 Uhr) Die Speisekarte versichert ihren Gästen, man solle sich in Anbetracht der Preise nur keine Sorgen machen. Das JBS gehört zu den Restaurants am relativ biederen nördlichen Strandabschnitt und ist dank seiner riesigen Auswahl an Tischen besonders einladend. Die Gäste können geschützt drinnen, auf der betonierten Terrasse oder auch draußen Platz nehmen – und mit den Füßen im Sand herumspielen.

Jimbaran

Jimbaran

Highlights
1 Jimbaran Beach A2
2 Jimbaran Fish Market A1

Sehenswertes
3 Morning Market B2
4 Pura Ulun Siwi B2

Schlafen
5 Belmond Jimbaran Puri A3
6 Four Seasons Jimbaran Bay A3
7 Hotel Intercontinental Bali A3
8 Hotel Puri Bambu B1
9 Keraton Jimbaran Resort A2
10 Sari Segara Resort B2

Essen
11 Jimbaran Bay Seafood A1
12 Made Bagus Cafe A3
13 Warung Bamboo A2
14 Warung Ramayana A2

Ausgehen & Nachtleben
15 Jimbaran Beach Club A3

Shoppen
16 Jenggala Keramik Bali Ceramics B3

Fisch- & Meeresfrüchtelokale am mittleren Abschnitt

Die Meeresfrüchte-Restaurants am mittleren Strandabschnitt Jimbarans gruppieren sich als kompakte, aber stimmungsvolle Einheit direkt südlich der Jalan Pantai Jimbaran und Jalan Pemelisan Agung. Es sind die einfachsten Läden mit altmodischen Strohdächern und weit offenen Seiten. Der Strand ist hier ein bisschen weniger gepflegt, Fischerboote liegen oben auf dem Sand. Riesige Stapel von Kokosnussschalen warten neben den Feuerstellen auf ihren Einsatz.

Warung Bamboo FISCH & MEERESFRÜCHTE $$
(☎0361-702188; ab Jl Pantai Jimbaran; Gerichte 80 000–200 000 Rp; ⏲10–23 Uhr) Der Warung Bamboo fällt einen Tick ansprechender aus als die Lokale in seiner Umgebung, die alle einen gewissen rauen Charme aufweisen. Die Speisekarte könnte unkomplizierter nicht sein: Die Gäste suchen sich ihre Meeresfrüchte aus; die Beilagen und Soßen sind im Preis inbegriffen.

Warung Ramayana FISCH & MEERESFRÜCHTE $$
(☎0361-702859; ab Jl Pantai Jimbaran; Hauptgerichte ab 80 000 Rp; ⏲8–23 Uhr) Fischerboote liegen vor diesem schon seit ewigen Zeiten beliebten Lokal verstreut am Strand. Die Meeresfrüchte werden bereits am frühen Morgen mariniert, und den ganzen Abend raucht der Grill. Auf der Speisekarte stehen Festpreise, was sehr sinnvoll ist, denn so entfällt das lange Gefeilsche.

Fisch- & Meeresfrüchtelokale am südlichen Abschnitt

Die südlichen Meeresfrüchtelokale (auch Muaya-Gruppe genannt) bestehen aus einer kompakten, fröhlichen Ansammlung von ungefähr einem Dutzend Lokalen am Südende des Strands. Ein Parkplatz befindet sich an der Jalan Bukit Permai. Der Strand ist hier sehr gepflegt und mit schönen Bäumen bestanden.

Made Bagus Cafe FISCH & MEERESFRÜCHTE $$
(☎0361-701858; ab Jl Bukit Permai; Gerichte 80 000–200 000 Rp; ⏲8–22.30 Uhr) Das Lokal liegt etwas versteckt am nördlichen Ende der südlichen Lokalgruppe. Die Mitarbeiter, die an dem schmalen Streifen mit Tischen am Strand bedienen, strahlen viel Charme aus. Besonders empfehlenswert ist die gemischte Meeresfrüchteplatte – und am besten gleich um einen Nachschlag der Soße bitten, denn die schmeckt wirklich total lecker hier.

Ausgehen & Nachtleben

Das Nachtleben findet ausschließlich an den den Fischrestaurants statt. Sie schließen gegen 22 Uhr. Dann brechen Nachteulen Richtung Norden, zu den hellen Lichtern von Kuta – und darüber hinaus – auf.

Jimbaran Beach Club CAFÉ
(☎0361-709959; www.jimbaranbeachclub.com; Jl Bukit Permai Muaya; Mindestkonsum 200 000 Rp; ⏲8–23 Uhr; 📶) Falls die Bucht von Jimbaran nicht reizvoll genug war, kann diese

AUSVERKAUF DER HALBINSEL BUKIT

Viele Umweltschützer halten die stets trockene Halbinsel Bukit für eine Art Omen, welche Herausforderungen dem übrigen Bali noch bevorstehen, denn die Landnutzung übersteigt die Wasservorräte erheblich. Die kleinen Gästehäuser, die sich früher wie an einer Perlenschnur oberhalb der Strände an der Westseite entlangzogen, werden nach und nach durch große Neubauten ersetzt, die Unmengen an Wasser schlucken. Neben dem weitläufigen Pecatu-Indah-Komplex reduzieren immer mehr Projekte die herrlichen Kalksteinklippen, um Platz für riesige Wohnkomplexe aus Beton zu schaffen, darunter auch das umstrittene Kempinski Hotel nahe Nusa Dua.

Es existieren nur wenige Kontrollen, die das Wachstum regulieren; unter den vielen Fahrzeugen, die auf der Jalan Ulu Watu im Stau stehen, sind zahllose Wassertrucks, die zu Hunderten den Durst dieser Gegend löschen. Unterdessen hat ungezügelter Straßenbau an der Südküste zu einem Boom beim Bau von Villen geführt, die meist über einen eigenen Pool verfügen.

Grundlegende Bemühungen, um die weitläufigen Mangroven an der Benoa Bay im Süden der Halbinsel Bukit zu retten, haben begonnen. Gleichzeitig zielt eine Organisation namens Project Clean Ulu Watu (www.projectcleanuluwatu.com) darauf ab, das Gebiet zu säubern, indem sie Abfallmanagementsysteme installiert und die Öffentlichkeit über bewährte Verfahren informiert.

Strandbar mit einem langen Pool direkt am Sandstrand aufwarten. Jedenfalls ist der Club recht edel. Die Gäste können hier eine bequeme Sonnenliege und einen Sonnenschirm mieten und sich dann auch noch etwas von der langen Speise- und Getränkekarte bestellen.

Rock Bar BAR

(☎0361-702222; www.ayanaresort.com/rockbarbali; Jl Karang Mas Sejahtera, Ayana Resort; ⏲16–12, Fr & Sa bis 1 Uhr; 📶) Die überaus beliebte Bar ist der Star tausender Hochglanzartikel, die über Bali geschrieben wurden, und befindet sich 14 m über dem tosenden Indischen Ozean. Kein Wunder, dass bei Sonnenuntergang die Wartezeit auf den Lift, der zur Bar führt, mehr als eine Stunde betragen kann. Und einen Dresscode gibt es auch: keine Unterhemden, keine Rucksäcke. Für das leibliche Wohl der Gäste sorgen von der Mittelmeerküche inspirierte Barsnacks.

Shoppen

Jenggala Keramik Bali Ceramics KERAMIK

(☎0361-703311; www.jenggala.com; Jl Ulu Watu II; ⏲8–20 Uhr) In diesem modernen Lagerhaus werden wunderschöne Keramikartikel angeboten – populäre balinesische Mitbringsel. Außerdem gibt es hier eine Werkstatt, in der die Kunden bei einer Tasse Kaffee bei der Produktion zuschauen können. Keramikkurse werden sowohl für Erwachsene als auch für Kinder angeboten. Man kann sogar Gefäße selbst bemalen und somit eigene Kunstwerke schaffen (sie werden gebrannt und können dann fünf Tage später abgeholt werden).

An- & Weiterreise

Jede Menge Taxis warten bei den Warungs am Strand, um die Gäste nach dem Abendessen wieder nach Hause zu fahren (etwa 150 000 Rp nach Seminyak, bei wenig Verkehr). Einige Meeresfrüchte-Warungs bieten nach vorheriger telefonischer Vereinbarung einen kostenlosen Transport an. Empfehlenswert ist es, eine Transportpauschale auszuhandeln, wenn man während der Stoßzeiten unterwegs ist (16–20 Uhr). An Sonntagen ist es überraschend ruhig auf den Straßen.

Der Kura-Kura-Touristenbus (S. 517) fährt über Jimbaran zum Drehkreuz Kuta. Die Busse verkehren alle zwei Stunden und kosten 50 000 Rp.

Das Landesinnere von Bukit

☎0361

Im Vergleich zu den idyllischen Randgebieten wartet das hügelige Herz der Bukit-Halbinsel kaum mit Sehenswürdigkeiten auf. Aber der Aufstieg auf den namensgebenden, 200 m hohen Hang (*bukit* bedeutet „Hügel“ auf Indonesisch) wird belohnt mit einem Blick über den Süden Balis. In diesem Gebiet entsteht derzeit der Garuda Wisnu Kencana Cultural Park.

Sehenswertes

Garuda Wisnu Kencana Cultural Park HINDUMONUMENT

(GWK; ☎0361-700808; www.gwkbali.com; Jl Raya Ulu Watu; 100 000 Rp; ⏲9–22 Uhr; 👪) Nach jahrelangen missglückten Starts ist die Entstehung des gigantischen Garuda Wisnu Kencana Cultural Park in vollem Gange. Das im August 2018 fertiggestellte Herzstück ist ein beeindruckendes 120 m hohes Denkmal mit einer 66 m hohen Garuda-Statue und dem größten Vishnu-Denkmal der Welt. Der Traum eines Größenwahnsinnigen soll durch ein Einkaufszentrum und eine Galerie ergänzt werden. Momentan gibt es aber nur die Statue, was den saftigen Eintrittspreis nicht rechtfertigt.

Essen

Bali Buda CAFÉ $

(☎0361-701980; www.balibuda.com; Jl Ulu Watu 104; Süßes ab 20 000 Rp; ⏲7–19 Uhr) Eine kleine Filiale der hervorragenden Bäckereikette mit Café, die auf der ganzen Insel vertreten ist.

Nirmala Supermarket SUPERMARKT $

(☎0361-705454; Jl Ulu Watu; ⏲7–22 Uhr) Nützlich für Gebrauchswaren und Lebensmittel; auch ein guter Orientierungspunkt an einer wichtigen Kreuzung.

Information

Geldautomaten gibt es beim Nirmala Supermarket.

An- & Weiterreise

Man benötigt einen eigenen fahrbaren Untersatz, um hier herumzukommen. Tagsüber kann der Verkehr schrecklich sein. Etwa 2 km südlich des Garuda Wisnu Kencana Cultural Parks befindet sich eine wichtige Kreuzung mit einem nützlichen Wahrzeichen, dem Nirmala Supermarkt – von hier aus sind alle Punkte des Bukits gut erreichbar.

Balangan Beach

☎0361

Der lange, flache Streifen am Fuß der felsigen Klippen ist voller Palmen und sieht aus wie ein Band aus fast weißem Sand, das malerisch mit Sonnenschirmen gesprenkelt ist. Surfer-Bars, Cafés in Bretterbuden und sogar etwas dauerhaftere Guesthouses reihen sich am Ufer auf. Dort absorbieren auch einige nicht mehr ganz so schlanke Besucher aus der Ersten Welt die Sonnenstrahlen – nicht weit von den Abwässern der Dritten Welt. Das Ganze wirkt ein wenig wie der Wilde Westen.

Strände

Am nördlichen Strandende steht ein kleiner Tempel, der **Pura Dalem Balangan**. Strandhütten aus Bambus ziehen sich am Südende entlang. Hier hängen die Urlauber faul herum, wobei sie mit einem Auge das Treiben am flotten linken Surfbreak beobachten. Bei Ebbe kann man nicht surfen, in der Midtide dagegen schon, bei einem Wellengang ab 1,20 m; richtig klasse wirds bei 2,40 m.

Der Strand lässt sich über Trampelpfade von den beiden Parkplätzen aus erreichen: Der nördliche Parkplatz befindet sich in der Nähe des wenig besuchten Tempels, der südliche liegt oberhalb der Strandbars ein wenig landeinwärts.

Balangan Beach STRAND
Ein langer, flacher Streifen am Fuße felsiger Klippen. Er ist von Palmen bedeckt und wird von einem fast weißem Sandband umgeben, auf dem Sonnenschirme farbige Akzente setzen.

Schlafen

Der Balangan Beach kann mit einigen etablierten Guesthouses oben auf den Steilklippen aufwarten, fünf Minuten von der Brandung entfernt. Unten im Sand gestaltet sich die Szenerie erheblich spontaner, aber ausgesprochen charmant. Jedenfalls besteht hier die Möglichkeit, in den Bars neben den Bintang-Bierkästen ein fensterloses, kleines Reetzimmer zu mieten; mehr als 250 000 Rp darf der Spaß nach dem entsprechenden Gefeilsche allerdings nicht kosten.

Zahlreiche Gästehäuser liegen an der Zufahrtstraße, die von der Jalan Ulu Watu abzweigt, viele davon sind allerdings weit vom Strand entfernt.

Santai Bali Homestay BUNGALOW $
(☎0338-695942; www.facebook.com/santaiwarungbalihomestay; ab 250 000 Rp) Die 19 kargen Zimmer in diesem barackenartigen Bungalow liegen direkt am Sandstrand von Balangan Beach und sind somit ideal für Surfer und Leute, die gern am Strand herumhängen und Wert auf einen schnellen Zugang zum Wasser legen. Das zugehörige Restaurant bietet Tische und Stühle am Strand. Mittwochs und Samstags gibt's BBQ am Strand.

Balangan Sea View Bungalow GUESTHOUSE $
(☎0851 0080 0499; www.balanganseaviewbungalow.com; ab Jl Pantai Balangan; Zi. mit Ventilator/Klimaanlage ab 350 000/475 000 Rp, Bungalow ab 975 000 Rp; ❄📶🏊) Ein Schwung Bungalows mit Strohdach (einige mit Mehrbettzimmern) wird hier angeboten. Die 25 Zimmer gruppieren sich um einen 14 m langen Pool in einem attraktiven Areal; einige davon haben Meerblick.

La Joya HOTEL $$
(☎0811 399 0048; www.la-joya.com; Jl Pantai Balangan; Zi. 100–130 US$; ❄📶🏊) Von sämtlichen Angeboten am Balangan Beach ist dieser Luxusferienpark die beste Adresse. Geboten werden Hotelzimmer, Bungalows und Villen. Es gibt 21 verschiedene Wohneinheiten, die sich jedoch alle einer herrlichen Lage auf dem üppig bewachsenen Hotelareal erfreuen. Wellenlinien dominieren das Ambiente von den Zimmern bis hin zur Poollandschaft. Der Strand ist nach einem kurzen Spaziergang zu erreichen.

Flower Bud Bungalows GUESTHOUSE $$
(☎0816 472 2310, 0828 367 2772; www.flowerbudbalangan.com; ab Jl Pantai Balangan; Zi. inkl. Frühstück ab 570 000 Rp; 📶🏊) Auf einer Anhöhe liegen die 14 Bambusbungalows in einem weitläufigen, schönen Areal in der Nähe eines klassischen nierenförmigen Pools. Die Deko hat etwas von Robinson Crusoe, und ein kleines Spa gibt es auch noch.

Essen

Nerni Warung INDONESISCH $
(☎0813 5381 4090; Hauptgerichte ab 30 000 Rp) Das einfache Lokal am Südende des Sandstrands bietet von seinem Café einen tollen Blick. Nerni hat ein wachsames Auge auf alles. Die einfachen Schlafräume (ab 200 000 Rp) sind jedenfalls sauberer als die

der Konkurrenz. Nerni wirkt manchmal etwas mürrisch, lächelt aber innerlich. Könnte man jedenfalls meinen.

Nasa Café CAFÉ $
(Mahlzeiten ab 30 000 Rp; ⏲8–23 Uhr) In der schattigen Bambusbar, die auf Pfeilern über dem Sandstrand thront, können die Gäste durch das herunterhängende Reetdach einen Rundumblick auf das strahlend blaue Band aus tosenden Wellen werfen. Die einfachen indonesischen Gerichte stimmen auch gleich auf die vier sehr spartanischen Zimmer (etwa 200 000 Rp) an der Bar ein. Das Café ist eines von vielen in diesem Stil, die es hier gibt.

An- & Weiterreise

Balangan Beach liegt 6,2 km von der Jalan Ulu Watu entfernt an der Jalan Pantai Balangan. An der Kreuzung mit dem Nirmala Supermarkt (S. 151) in Richtung Westen abbiegen.

Ein Taxi von Kuta und Umgebung kostet etwa 150 000 Rp pro Stunde für die Hin- und Rückfahrt samt Wartezeit.

Bingin

☎0361

Bingin mit seiner sich ständig verändernden Szene kann mit einer Menge unkonventioneller, schicker Unterkünfte aufwarten, die auf den Klippen sowie unten am weißen Sandstrand, dem Bingin Beach, verteilt liegen. Die Jalan Pantai Bingin, eine gute Straße, zweigt von der Jalan Melasti (nach dem Wirrwarr von Unterkunftsschildern Ausschau halten) ab und verästelt sich nach 1 km in ein Gassengewirr.

Die Szenerie ist wunderschön: Die bewaldeten Klippen ziehen sich bis zu den Surfercafés hinunter und zum schäumenden Rand des blauen Meeres. Der Strand unten lässt sich über einen steilen Pfad in fünf Minuten zu Fuß erreichen. Die Brandung ist hier oft wild, doch der mit Felsen übersäte Sand ist beschaulich, und die tosenden Wellen haben etwas Hypnotisierendes.

Ein älterer Anwohner kassiert am Abzweig in der Nähe vom Parkplatz 5000 Rp für den Pfad zum Strand hinunter.

Strände

Bingin Beach STRAND
Bingin ist einer der klassischen Surfbreaks von Bukit und auch als Strandtreffpunkt mit spektakulärer Aussicht bekannt. Sie erreichen den Strand über eine lange Treppe vom Kliff aus.

Angesichts des Fußwegs vom abgeschiedenen Parkplatz runter zum Bingin Beach ist man geneigt, sein Board einfach oben zu lassen – aber das wäre ein Fehler. Die Wellen hier sind zur Midtide am besten, wenn sie mit ca. 1,80 m Höhe kurze, aber perfekte *left-hand barrels* bilden. Super, wenn man jemand an Land hat, der die Aktion im Meer dokumentiert.

Schlafen

Der Ort ist einer der coolsten auf der Halbinsel Bukit, um zu übernachten. Zahlreiche Privatquartiere liegen verstreut an den Klippen oder in der Nähe – und somit ein gutes Stück von der Hauptstraße entfernt. Einfache Unterkünfte finden sich auch unten an der Klippe unweit des Wassers in einer Reihe von Behausungen aus Bambus und Reet für Surfer.

Olas Homestay PRIVATUNTERKUNFT $
(☎0857 3859 5257; http://olashomestaybali.com; Jl Labuan Sait; Zi. ab 300 000 Rp; ❄📶) Diese familiengeführte Surfer-Unterkunft in Bingin ist eine exzellente Wahl – mit üppigem Grün, fünf Zimmern inkl. Klimaanlage und Warmwasser. Die Besitzer sind super nett und können Flughafenabholungen, Surfkurse, Touren und Mietwagen organisieren.

Adi's Homestay BUNGALOWS $
(☎0816 297 106, 0815 5838 8524; Jl Pantai Bingin; Zi. mit Ventilator/Klimaanlage ab 300 000/450 000 Rp; ❄📶) Die neun Zimmer im Bungalowstil gehen auf einen hübschen Garten hinaus und sind gemütlich. Die Unterkunft befindet sich in einer sehr schmalen Gasse in der Nähe des Parkplatzes am Strand. Ein kleines Café gehört ebenfalls mit dazu.

Chocky's Place GUESTHOUSE $
(☎0818 0530 7105; www.chockysplace.com; Bingin Beach; Zi. ab 300 000 Rp; 📶) Am Fuß der Treppen und direkt am Bingin Beach liegt dieses klassische Surferguesthouse. Angeboten werden gemütliche Quartiere, die ganz unterschiedlich ausfallen – von reizenden Zimmern mit herrlicher Aussicht bis hin zu einfachen Unterkünften mit Gemeinschaftsbad. Das dazu gehörige Bambusrestaurant befindet sich direkt am Strand; hier kann man prima andere Backpacker treffen und gemeinsam ein paar kühle Bierchen kippen.

Balangan Beach & Ulu Watu

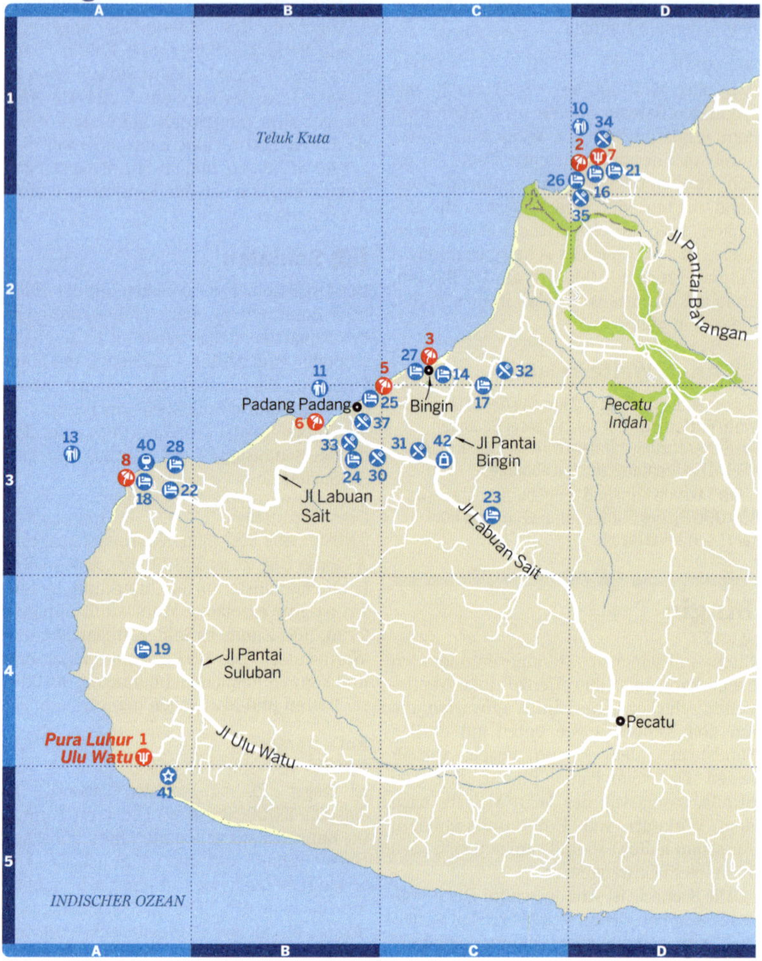

Bingin Garden GUESTHOUSE $

(0816 472 2002; tommybarrell76@yahoo.com; ab Jl Pantai Bingin; Zi. mit Ventilator/Klimaanlage 320 000/460 000 Rp;) Im Bingin Garden herrscht eine entspannte Atmosphäre wie auf einer Hacienda. Die acht Zimmer im Bungalowstil liegen in einem ausgetrockneten Garten mit einem großen Pool. Das Guesthouse befindet sich hinter den Klippen und etwa 300 m von dem Pfad entfernt, der zum Strand hinunterführt. Geleitet wird es von dem verwegenen einheimischen Surfer Tommy Barrell und seiner reizenden Frau.

★ **Temple Lodge** BOUTIQUEHOTEL $$

(0857 3901 1572; www.thetemplelodge.com; ab Jl Pantai Bingin; Zi. inkl. Frühstück 90–230 US$;) „Mit künstlerischem Touch und wunderschön" beschreibt diese Ansammlung von Hütten und Cottages aus Reet, Treibholz und anderen natürlichen Materialien nur annähernd. Jede Wohneinheit thront auf den Klippen über den Surfbreaks, und vom Infinity-Pool, aber auch von einigen der neun Quartieren aus, bietet sich ein herrlicher Blick. Die Gäste können vor Ort ihre Mahlzeiten bestellen, und zudem findet hier morgends Yoga-Unterricht statt.

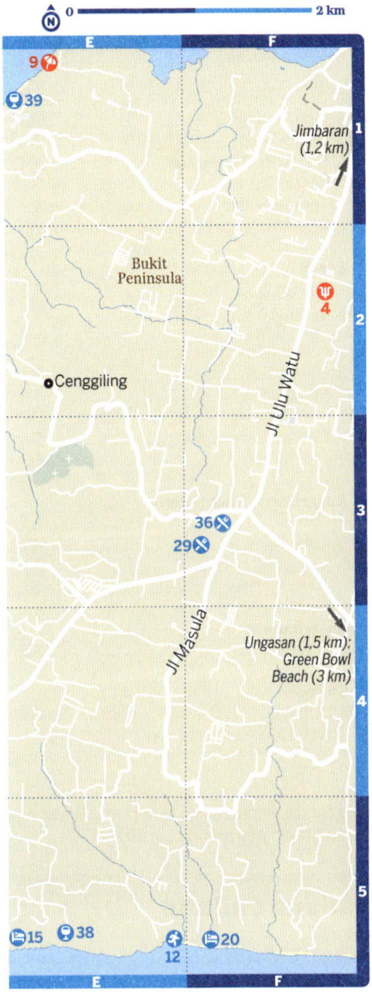

Mick's Place BOUTIQUEHOTEL $$
(☎0812 391 3337; www.micksplacebali.com; ab Jl Pantai Bingin; Zi. ab 100 US$, Villa ab 300 US$;) Im Mick's, einem „Spielplatz" mit Hippie-Schick, können es die Gäste stilvoll krachen lassen – es sind nie mehr als 16 Urlauber da. Sieben Bungalows mit künstlerischem Touch und eine Luxusvilla stehen auf dem Hotelareal mit üppiger Vegetation. Das türkisblaue Wasser im briefmarkengroßen Infinity-Pool entspricht dem türkisblauen Meer weiter unten. Tagsüber genießen die Gäste einen 180-Grad-Blick auf die berühmten Surfbreaks.

Kembang Kuning Bungalows GUESTHOUSE $
(☎0361-743 4424; www.binginbungalows.com; ab Jl Pantai Bingin; Zi. ab 75 US$;) Das Quartier mit dem besten Preis-Leistungs-Verhältnis an den Klippen bietet zwölf Zimmer in modernen bungalowartigen Blöcken mit einem Obergeschoss. Auf dem Grundstück wuchert die angelegte Vegetation, doch der eigentliche Reiz ist der Infinity-Pool am Rand des Kalkgesteins samt den zahlreichen Sonnenliegen mit einem sensationellen Ausblick.

Mu GUESTHOUSE $$
(☎0361-895 7442; www.mu-bali.com; ab Jl Pantai Bingin; Bungalows ab 90 US$;) Die 16 überaus individuellen Bungalows mit Reetdach liegen verstreut auf einem Grundstück, das von einem Infinity-Pool an den Klippen dominiert wird. Alle verfügen über einen Wohnbereich im Freien und Schlafzimmer mit Klimaanlage, manche über einen Whirlpool mit Aussicht. Einige Wohneinheiten bieten Mehrbettzimmer zum Übernachten. Ein hervorragendes Café und ein Yoga-Studio gehören auch zur Anlage.

Secret Garden GUESTHOUSE $$
(☎0816 474 7255; Zi. ab 750 000 Rp;) Das geschmackvolle und total entspannte Guesthouse bietet offene Bambusbungalows mit Futonbetten und ein Design, das die natürliche Umgebung mit einbezieht. Geführt wird es von einem japanischen Surfer und Fotografen, der sich mit den Wellen hier bestens auskennt. Das Secret Garden liegt oben auf einem Hügel in der Nähe des Pfads, der zum Strand hinunterführt.

Essen

★ **Cashew Tree** CAFÉ $
(☎0813 5321 8157; www.facebook.com/thecashewtreebingin; Jl Pantai Bingin; Mahlzeiten ab 55 000 Rp; ⌚8–22 Uhr;) Dieses Café gilt in Bingin als die Location schlechthin, um abzuhängen. Surfer und Strandvolk treffen sich hier im großen Garten, um lecker vegetarisch zu essen. Auf der Speisekarte stehen Burritos, Salate, Sandwiches und Smoothies. Aber auch für einen Drink bietet sich das Lokal an. Am Donnerstagabend geht es immer ganz besonders hoch her; denn dann strömen die Gäste von der ganzen Küste herbei, um die hier auftretenden Livebands zu hören.

Balangan Beach & Ulu Watu

Highlights
1 Pura Luhur Ulu Watu A4

Sehenswertes
2 Balangan Beach D1
3 Bingin Beach C2
4 Garuda Wisnu Kencana Cultural Park F2
5 Impossibles Beach C3
6 Padang Padang Beach B3
7 Pura Dalem Balangan D1
Pura Mas Suka .... (s. 20)
8 Suluban Beach A3
9 Tegalwangi Beach E1

Aktivitäten, Kurse & Touren
10 Balangan D1
11 Padang Padang B3
12 Sundays Beach Club E5
13 Ulu Watu A3

Schlafen
14 Adi's Homestay C2
15 Alila Villas Uluwatu E5
16 Balangan Sea View Bungalow D1
17 Bingin Garden C3
Chocky's Place .... (s. 14)
18 Delpi Uluwatu Beach Rooms A3
Flower Bud Bungalows .... (s. 16)
19 Gong Accommodation A4
20 Karma Kandara F5
Kembang Kuning Bungalows .... (s. 27)
21 La Joya D1
22 Mamo Hotel A3
Mick's Place .... (s. 14)
Mu .... (s. 27)
23 Olas Homestay C3
24 PinkCoco Bali B3
25 Rock'n Reef B3
26 Santai Bali Homestay D1
Secret Garden .... (s. 14)
27 Temple Lodge C2
28 Uluwatu Cottages A3

Essen
29 Bali Buda F3
30 Buddha Soul B3
31 Bukit Cafe C3
32 Cashew Tree C2
33 Mango Tree Cafe B3
34 Nasa Café D1
35 Nerni Warung D2
36 Nirmala Supermarket F3
37 Om Burger B3

Ausgehen & Nachtleben
38 Omnia E5
39 Rock Bar E1
40 Single Fin A3
Warung Delpi .... (s. 8)

Unterhaltung
41 Kecak Dance A5

Shoppen
42 Drifter C3
White Monkey Surf Shop .... (s. 30)

Shoppen

Drifter MODE & ACCCESSOIRES $
(☎0817 557 111; http://driftersurf.com; Jl Labuan Sait; Hauptgerichte ab 50 000 Rp; ⏲7.30–21 Uhr) Direkt an der Abzweigung nach Bingin bietet diese Filiale des genialen Seminyak Surf Shop auch ein tolles Café (Hauptgerichte ab 55 000 Rp) und eine Galerie. Es werden hier sämtliche Drifter-Surfutensilien verkauft, und außerdem kann man es sich noch an einem der Tische drinnen oder draußen gemütlich machen, um sich so ziemlich den besten Kaffee, den Bukit zu bieten hat, sowie allerlei Snacks, gesunde Frühstücks- und Mittagsgerichte und verführerische Kuchen schmecken zu lassen.

An- & Weiterreise

Ein Taxi mit Gebührenzähler kostet ab Kuta etwa 250 000 Rp; die Fahrt dauert, je nach Verkehr, mindestens eine Stunde. Ein älterer Anwohner verlangt 3000/5000 Rp in der Nähe einer Kreuzung für das Parken eines Motorrads/Autos; von dort führt ein Weg runter zum Strand.

Padang Padang

☎0361

Padang Padang Beach und Impossibles Beach sind der Stoff, aus dem die Tropenträume von Surfern sind. Die Kulisse von blanken Felsen vermittelt ein Gefühl von Abgeschiedenheit, das sich in Kuta oder Seminyak nicht einstellt. Mittlerweile hat sich hier auch eine total coole Szene entwickelt – mit starken Cafés, flippigen Quartieren und den üblichen Surfgeschäften.

Der gleichnamige Strand befindet sich in der Nähe der Jalan Labuan Sait und lässt sich ziemlich einfach erreichen. Unmittelbar östlich davon stellt der Impossibles Beach dann schon eine größere Herausforderung dar. Felsen und die Flut machen den Anmarsch von Padang Padang oft unmöglich.

Strände

Es gibt hier zwei Strände die bei erfahrenen Surfern beliebt sind.

Rund 100 m westlich der Jalan Pantai Bingin ist in der Jalan Melasti ein weiterer Abzweig in Richtung Meer zu erkennen. Dieser asphaltierten Straße folgt man für 700 m und hält dabei nach einem verkritzelten Schild an der Wand Ausschau, auf dem **Impossibles Beach** steht. Wer diesen Pfad nimmt, versteht schnell, warum der Strand so heißt. Die Wanderung ist die reinste Tortur, dafür wartet zur Belohnung am Ende eine einsame Bucht mit cremefarbenem Sand zwischen den Felsbrocken. Für Surfer bietet dieser anspruchsvolle äußere Reefbreak drei veränderliche Wellengipfel mit schnellen linken Tube-Abschnitten, die sich bei idealen Bedingungen verbinden können.

Padang Padang (oder einfach nur Padang) ist eine kleine, aber feine Bucht in der Nähe der Hauptstraße nach Ulu Watu – genauer gesagt an der Stelle, wo ein Bach ins Meer fließt. Erfahrene Surfer strömen hierher wegen der Tubes. Samstags und in Vollmondnächten steigt eine Party am Strand, mit gegrillten Meeresfrüchten und Musik bis zum Morgengrauen.

Das Parken bereitet an Padang Padang keine Probleme, obwohl es 2000/5000 Rp pro Motorrad/Auto kostet. Es ist nur ein kurzes Stück zu Fuß durch einen Tempel und einen gepflasterten Weg hinunter zum Strand, an dem man um Bananen für die Affen und eine Zugangsgebühr für den Strand gebeten wird (2000/5000 Rp pro Motorrad/Auto). Schatten gibt es immer wieder mal in der Nähe des Sandstrands, und ein paar einfache Warungs (Imbissständen) stellen die Versorgung sicher. Die Strandbarszene des berühmten Films *Eat Pray Love* wurde übrigens hier gedreht.

Abenteuerlustige können einen erheblich längeren, fast einsamen weißen Sandstrand anpeilen, der am Westufer des Flusses beginnt. Am besten erkundigt man sich bei einem Einheimischen nach dem Weg oder nimmt die sehr steile Treppe beim Thomas Homestay an der Hauptstraße.

Schlafen

Wer richtig nah an den Wellen wohnen möchte, sollte sich für eines der Guesthouses an den Klippen entscheiden, die sich alle über einen steilen Pfad von der Steilküste erreichen lassen. Der besagte Pfad beginnt am Ende einer verwinkelten Gasse, die 200 m von der Jalan Labuan Sait, gleich westlich vom Om Burger, liegt.

★ **Rock'n Reef** BOUTIQUEHOTEL **$$**
(☎0813 5336 3507; www.rock-n-reef.com; Impossibles Beach; Zi. inkl. Frühstück 105–125 US$; ❄📶) Sieben individuelle Bungalows sind in die Klippen am Impossibles Beach gebaut. Alle bieten einen sagenhaften Blick auf den Ozean direkt davor. Jeder Bungalow weist ein rustikales, aber künstlerisches Design aus natürlichen Materialien wie Stuck und Treibholz auf. Es gibt private Balkons und Sonnenterrassen. In einem Café werden den ganzen Tag über einfache indonesische Mahlzeiten serviert. Während der Surf-Hochsaison kann man sich einen Aufenthalt hier allerdings so ziemlich aus dem Kopf schlagen.

PinkCoco Bali HOTEL **$$**
(☎0361-895 7371; http://pnkhotels.com; Jl Labuan Sait; Zi. 75–135 US$; ❄📶🏊) Einer der Pools dieses romantischen Hotels ist passenderweise pink gefliest. Die 25 Zimmer verfügen über Terrasse oder Balkon – und lassen auch noch einen künstlerischen Touch erkennen. Mexiko dominiert allenthalben als opulentes Motiv, und zwar in Form einer ansprechenden Mischung aus weißen Wänden und kühnen Tropenfarben, die Akzente setzen. Für das Wohl von Surfern wird gesorgt, und außerdem gibt es Fahrräder und andere Ausrüstung zu mieten.

Essen

★ **Bukit Cafe** AUSTRALISCH **$**
(☎0822 3620 8392; www.bukitcafe.com; Jl Labuan Sait; Hauptgerichte 40 000–75 000 Rp; ⏲7–22 Uhr; 🖉) Für einen Brunch nach australischer Art, aus frischen, lokalen Zutaten, ist das Bukit Cafe unschlagbar. Zu den herausragenden Gerichten gehören vegane Pfannkuchen, Smoothies und Guacamole. Das gastfreundliche Open-Air-Café ist unglaublich ansprechend.

Mango Tree Cafe CAFÉ **$$**
(☎0878 6246-6763; Jl Labuan Sait 17; Hauptgerichte 60 000–120 000 Rp; ⏲7–23 Uhr) Dieses Café auf zwei Ebenen bietet eine lange Speisekarte, auf der jede Menge gesunde Köstlichkeiten zu finden sind. Die Brötchen der Sandwiches und leckeren Burger sind jedenfalls erstaunlich gut. Dic Salate, Suppen, Frühstücks-Burritos und vieles mehr sind frisch und interessant. Außerdem gibt es hier gute Säfte und eine Getränkekarte

mit anständigen Drinks. Mit etwas Glück gelingt es einem sogar, einen Tisch unter dem Mangobaum zu ergattern, nach dem das Café benannt ist. Die Inhaberin Maria ist schlichtweg reizend.

Buddha Soul CAFÉ $$
(☎0821-1214 0470; www.facebook.com/buddhasoul; Jl Labuan Sait 99X; Hauptgerichte 50 000–150 000 Rp; ⏲7.30–22 Uhr; 📶✎) Dieses total entspannte Café am Straßenrand bietet eine Terrasse im Freien, auf der so gesunde Bio-Mahlzeiten wie Calamari vom Grill, Hühnchensalat oder Linsenburger munden.

Om Burger BURGER $$
(☎0819 9905 5232; Jl Labuan Sait; Hauptgerichte ab 55 000 Rp, Burger ab 75 000 Rp; ⏲7–22 Uhr; 📶) „Superfood-Burger" sind der Verkaufsschlager in diesem Lokal, das oben im ersten Stock auch noch eine schöne Aussicht bietet. Die Burger sind wirklich super – und supergroß. Spezialität des Hauses ist der Shaka-Burger (mit Wagyu-Rind), aber der vegetarische Nasi-Goreng-Burger ist wahrlich etwas ganz Besonderes. Auf der Speisekarte stehen weitere Gerichte, die von Gesundheitsbewusstsein zeugen: Pommes von gebackenen Süßkartoffeln, Säfte, die vor Unmengen von Vitaminen nur so strotzen, und vieles mehr.

Da sich das Lokal großer Beliebtheit erfreut, muss man abends oft auf einen freien Tisch warten.

BALIS GRÖSSTE WELLE

Zu gewissen Zeiten ist die Welle von **Ulu Watu** die größte und wuchtigste auf Bali. Sie ist der Stoff, aus dem Träume und Albträume sind – und mit Sicherheit nichts für Anfänger! Seit den frühen 1970er-Jahren, als die Welle in der legendären Surfdoku *Morning of the Earth* von sich reden machte, zieht Ulu Watu Surfer aus aller Welt wegen der Leftbreaks an, die den Anschein haben, als würden sie niemals aufhören.

Teluk Ulu Watu (Ulu Watu Bay) ist ein großartiges Set-up für Surfer – Einheimische wachsen einem das Board und holen Getränke. Das Board muss man jedoch zunächst treppab durch eine Höhle tragen, um zum Spot zu gelangen. Es gibt sieben verschiedene Breaks und die Bedingungen ändern sich kontinuierlich.

Shoppen

White Monkey Surf Shop SPORT & OUTDOOR
(☎0853 3816 7729; www.instagram.com/whitemonkey_surfshop; Jl Labuan Sait 63; Surfbrettverleih gebraucht/neu 150 000/250 000 Rp; ⏲10–21 Uhr) Dieser tolle kleine Surfladen verkauft und verleiht Surfbretter sowie alle weiteren Ausrüstungsgegenstände rund ums Surfen.

An- & Weiterreise

Ein Taxi (mit Taxameter) kostet von Kuta aus etwa 200 000 Rp und braucht, je nach Verkehrsaufkommen, mindestens eine Stunde.

Ulu Watu

☎0361

Ulu Watu hat sich als allgemeine Bezeichnung für die Südwestspitze der Halbinsel Bukit eingebürgert. Hier gibt es einen hochverehrten Tempel, aber auch die sagenhaften Surfbreaks gleichen Namens.

Etwa 2 km nördlich des Tempels ragt eine dramatische Klippe auf; von hier führen Treppen zum Meer und zum Suluban Beach hinab. Es ziehen sich allerlei Cafés und Surfläden auf den nackten Felsen bis zum Meer hinunter. Die Aussicht ist traumhaft schön, und die Location ist auch schon ziemlich angesagt.

Sehenswertes & Aktivitäten

In Ulu Watu gibt's viele Läden, die Surfbretter verkaufen und vermieten (100 000 Rp bis 150 000 Rp pro Stunde) sowie Reparaturen und Zubehör anbieten.

★**Pura Luhur Ulu Watu** HINDUTEMPEL
(ab Jl Ulu Watu; Erw./Kind 30 000/20 000 Rp, Parken 2000 Rp; ⏲7–19 Uhr) Der bedeutende Tempel thront am äußersten Rand der Südwestspitze der Halbinsel, oberhalb der Felsklippen, die steil in die unaufhörliche Brandung abfallen. Zu erreichen ist er durch ein ungewöhnliches bogenförmiges Portal, das von Ganesha-Statuen flankiert wird. Ganesha ist der Gott der Weisheit, zu erkennen an seinem Elefantenkopf und den vier Armen. Die Innenwände aus Korallengestein sind von kunstvollen Schnitzereien mit Darstellungen von Balis mythologischer Tierwelt bedeckt.

Nur gläubige Hindus dürfen den kleinen inneren Tempel betreten, der auf der vorstehenden Landspitze errichtet ist. Doch auch der Blick von den Klippen auf die endlose

Dünung des Indischen Ozeans ist fast schon spirituell. Es empfiehlt sich, bei Sonnenuntergang um die Spitze der Klippe auf die linke (südliche) Seite des Tempels zu gehen; dort ist weniger Trubel.

Ulu Watu ist einer von mehreren bedeutenden Tempeln für die Meeresgeister an der Südküste Balis. Im 11. Jh. gründete der javanische Priester Empu Kuturan hier den ersten Tempel. Die Anlage wurde durch Nirartha ergänzt, einen weiteren javanischen Priester, der für die Ufertempel in Tanah Lot, Rambut Siwi und Pura Sakenan bekannt ist. Nirartha zog sich für die letzten Tage seines Lebens, als er *moksa* (Freiheit von weltlichem Begehren) erlangt hatte, nach Ulu Watu zurück.

Der beliebte traditionelle Kecak-Tanz wird bei Sonnenuntergang im Tempelgelände aufgeführt.

Suluban Beach STRAND
(Ulu Watu) Während die anderen zu den Surfbreaks von Ulu Watu hinauspaddeln, kann man es sich hier am Sandstrand in megadramatischer Umgebung bequem machen: Der Strand ist von Kalksteinklippen und Höhlen umgeben. Bevor der steile Weg hinunter zum Strand angetreten wird, sollte man sich allerdings über die Gezeiten informieren.

Schlafen

Die Klippen oberhalb der Hauptwellen von Ulu Watu sind von Unterkünften in verschiedenen Preislagen gesäumt. Da die meisten Leute wegen der tollen Aussicht hier sind, ist eine gute Qualität der Zimmer leider nicht immer gewährleistet.

Delpi Uluwatu Beach Rooms GUESTHOUSE $
(balibrook@juno.com; Ulu Watu; Zi. ab US$ 45) Die sechs einfachen Zimmer an den Klippen klappern Tag und Nacht im Takt der Brandung. Das Guesthouse liegt direkt in den Felsen zwischen diversen Bars und bietet sich für Leute an, die 24 Stunden am Tag den Blick auf die Wellen genießen wollen. Zwischen den Surfsaisons ist es geschlossen. Die Preise für längere Aufenthalte sind verhandelbar.

★ **Uluwatu Cottages** BUNGALOWS $$
(☎0857 9268 1715; www.uluwatucottages.com; ab Jl Labuan Sait; Zi. ab 79 US$; ❄📶🏊) Die 14 Bungalows liegen in einem weitläufigen Areal direkt auf der Klippe verstreut, gerade einmal 400 m östlich der Cafés von Ulu Watu (etwa 200 m ab der Jalan Labuan Sait). Die Wohneinheiten sind komfortabel, verfügen über eine eigene Terrasse und bieten eine wirklich traumhafte Aussicht. Der Pool ist groß und super, um einen Tag zu vertrödeln.

Gong Accommodation GUESTHOUSE $$
(☎0361-769976; Jl Pantai Suluban; Zi. 450 000–550 000 Rp; 📶🏊) Die 20 sauberen Zimmer verfügen über eine gute Ventilation und heißes Wasser und gehen auf ein kleines Grundstück mit einem hübschen Pool hinaus. Von einigen Wohneinheiten im ersten Stock ist in der Ferne der Ozean zu sehen, sie verfügen über Fernseher und Klimaanlagen. Das Guesthouse liegt etwa 1 km südlich des Cafés an den Klippen von Ulu Watu. Die Wirtsleute sind reizend. Preiserhöhung durch kürzlich durchgeführte Renovierung.

Mamo Hotel HOTEL $$
(☎0361-769882; www.mamohoteluluwatu.com; Jl Labuan Sait; Zi. inkl. Frühstück 700 000–800 000 Rp; ❄📶🏊) Direkt am Zugang zum Areal oberhalb der Wellen von Ulu Watu ist dieses moderne Hotel mit 30 Zimmern eine gute und gediegene Wahl. Das zweigeschossige Hauptgebäude gruppiert sich um einen Pool, außerdem gibt es gegenüber ein einfaches Café mit sanfter Brise.

Essen & Ausgehen

★ **Single Fin** BAR
(☎0361-769941; www.singlefinbali.com; Jl Mamo; ⏲Mo–Sa 8–21, So bis 13 Uhr; 📶) Von diesem dreistufigen Café aus lässt sich der endlose Wellengang über dem Indischen Ozean, den nur die Surfer durchbrechen, wenn die Wellen hoch genug sind, gut beobachten. Die Getränke sind hier nicht billig (oder sehr gut), aber das Essen (Hauptgerichte 65 000 bis 165 000 Rp) lecker, die Sonnenuntergänge der Knaller und die Sonntagabend-Parties die besten der Halbinsel.

Der angeschlossene Poke-Bowl-Laden, Coco & Poke, hat denselben Betreiber. Die Bowls fangen bei 75 000 Rp und werden von Montag bis Samstag von 11 bis 19 Uhr und

AFFIGE PLÜNDERER

Pura Luhur Ulu Watu ist die Heimat zahlreicher grauer Affen. Wenn die gierigen kleinen Kerle nicht gerade tatkräftig Unzucht treiben, schnappen sie nach Sonnenbrillen, Handtaschen, Hüten – nach allem in Reichweite. Vorsicht ist angesagt! Wer einen Aufstand anzetteln will, schält ihnen eine Banane ...

am Sonntag bis 21 Uhr zubereitet. Für Vegetarier gibt es eine Tofubowl.

★ **Omnia** CLUB
(☎0361-848 2150; https://omniaclubs.com/bali; Jl Belimbing Sari; Eintritt variiert je nach Tag und Veranstaltung, siehe Website für Details; ⊙11–22.30 Uhr) Ganz im Süden der Halbinsel Bukit gelegen ist Balis heißester neuer Tagesclub ein sonniger Anziehungspunkt für Liebhaber von House- und Hip-Hop-Beats. Die imposante Architektur der modernen Cube Bar ist ein atemberaubender Blickfang. Ein Blick über die Glasbarrieren der Terrasse gibt den Blick frei auf zerklüftete Klippen, ein üppiges Dächermeer und hypnotisierende azurblaue Wellen.

Es gibt einen beeindruckenden Infinity-Pool, der sich nahtlos in das Ozean-Panorama einfügt, umgeben von edlen Sonnenliegen. Cocktails sind originell und das Essen umfasst eine breite Palette von Cuisines und Zubereitungsarten. Dieser Spielplatz ist Erwachsenen vorbehalten (21+). Reservierung empfohlen.

Warung Delpi CAFÉ
(☎0819 9998 2724; ⊙7–21 Uhr; 📶) Das entspannte Delpi liegt auf einer Klippe etwas abgeschieden von den anderen Cafés und kann mit einer tollen Aussicht aufwarten. Ein Teilbereich thront auf einem gigantischen Betonpilz auf einem Felsen oberhalb der Brandung. Das Essen ist einfach (Hauptgerichte 55 000 Rp bis 85 000 Rp); das beliebteste Gericht ist der Rindfleisch-*Rendang*, langsam gegart mit lokalen Gewürzen.

Unterhaltung

★ **Kecak Dance** TANZ
(Pura Luhur Ulu Watu, ab Jl Ulu Watu; 100 000 Rp; ⊙Sonnenaufgang) Auch wenn die Tanzvorführung ganz offensichtlich auf Touristen abzielt, gilt sie wegen der herrlichen Location in einem kleinen Amphitheater in der wild wuchernden Vegetation des Pura Luhur Ulu Watu als eine der hübschesten der ganzen Insel. Der Blick übers Meer ist ebenso erhebend wie der Tanz. In der Hochsaison ist hier immer viel los.

An- & Weiterreise

Am besten lässt sich die Region Ulu Watu mit einem eigenen fahrbaren Untersatz erkunden. Aber Achtung: Die Polizei richtet oft Kontrollpunkte in der Nähe von Pecatu Indah ein, um Touristen aus dem Westen zu überprüfen, die mit dem Motorrad herumgondeln. Schon für Gesetzeswidrigkeiten wie einen losen Kinngurt am Helm wird ein Bußgeld fällig.

Wer von Osten auf der Jalan Labuan Sait zu den Cafés an den Klippen von Ulu Watu kommt, stößt als Erstes auf eine Zufahrtstraße zum Parkplatz in der Nähe der Klippen. Nach dem Überqueren der Brücke führt eine Seitenstraße zu einem weiteren Parkplatz, von dem aus sich die Cafés an den Klippen im Rahmen eines hübschen kurzen Spaziergangs von gerade einmal 200 m erreichen lassen.

Ein Taxi hier heraus kostet von Kuta mindestens 200 000 Rp; die Fahrt dauert eine Stunde oder länger, da die Straßen ständig verstopft sind.

Ungasan

☎0361 / 14 221 EW

Während es in Ulu Watu darum geht, die Surfer-Kultur zu feiern, feiert Ungasan das Ich. Von Kreuzungen unweit des ansonsten unscheinbaren Dorfes zweigen Straßen zur Südküste ab, wo einige der exklusivsten Resorts Balis am Meer zu finden sind. Während in der Ferne die unendlichen türkisblauen Wasser des Indischen Ozeans hypnotisch heranrollen, fällt es schwer, nicht zu denken, man habe das Ende der Welt erreicht, wenn auch ein sehr komfortables.

Hinter den zerklüfteten Felswänden verbirgt sich so manche winzige Bucht mit weißem Sandstrand. Einige sind mittlerweile mit Nobelresorts zugebaut, andere warten noch auf ihre Entdeckung – der Weg dorthin führt über die gefährlichen Treppen in den Klippen.

Sehenswertes & Aktivitäten

Green Bowl Beach STRAND
(Jl Pura Batu Pageh; Parken 5000 Rp) Der Green Bowl Beach ist einer der Strände Bukits, die nach Süden hin ausgerichtet sind. Er lässt sich über einen netten, aber schweißtreibenden Spaziergang 300 Betonstufen hinunter erreichen, die in der Nähe des Pura-Batu-Pageh-Tempels und des gescheiterten Bali Cliff Resort ihren Anfang nehmen. Unter der Woche ist dieses Stück Sandstrand gar nicht überlaufen, am Wochenende lockt es allerdings jede Menge Leute an – darunter auch etliche ziemlich hartnäckige Händler. Abgesehen vom Strand gibt es hier auch Höhlen, Fledermäuse und Affen. Und das Meerwasser schillert in einem intensiven Türkisblau.

Pura Mas Suka HINDUTEMPEL
Dieser winzige Tempel – er ist einer von insgesamt sieben, die den Meeresgöttern geweiht sind – lässt sich über eine kurvenreiche schmale Straße erreichen, die sich durch eine überwiegend öde Landschaft mit rotem Gestein windet. Die Szenerie ändert sich dramatisch, beim Erreichen des Karma Kandara Resorts (s. u.), das sich um den Tempel ausbreitet. Der Pura Mas Suka ist ein Paradebeispiel für einen balinesischen Tempel am Meer. Er ist allerdings häufig geschlossen, was man im Hinterkopf behalten sollte, bevor der beschwerliche Weg über den holprigen Pfad dorthin angetreten wird.

Sundays Beach Club STRANDCLUB
(☎ 0811 942 11101; www.sundaysbeachclub.com; Jl Pantai Selatan Gau; Tagespass Erw./Kind 450 000/200 000 Rp; ⏲ 9–22 Uhr) Der private Strandclub liegt am Fuß einer Klippe an einem kleinen Strand mit feinem weißen Sand wie Puder. Hier können sich die Gäste einen Tag lang nach Herzenslust verhätscheln lassen und in allerlei Aktivitäten stürzen. Im Eintrittspreis inbegriffen ist ein Verzehrgutschein in Höhe von 250 000 Rp (150 000 Rp für Kids), der in den Bars und Spa-Pavillons am Strand allerdings schnell wieder verprasst ist. An den Wochenenden legen nachmittags DJs auf, bei Sonnenuntergang stehen Feuerwerke auf dem Programm, und es fährt sogar ein Lift die Klippe hinauf und hinunter, was allerdings nicht unumstritten ist.

Schlafen

★ **Alila Villas Uluwatu** RESORT $$$
(☎ 0361-848 2166; www.alilahotels.com/uluwatu; Jl Belimbing Sari; Zi. inkl. Frühstück ab 800 US$; ❄@🛜🏊) Dieses optisch beeindruckende, weitläufige Resort wurde in einem modernen, künstlerisch angehauchten Stil konzipiert, der leicht und luftig wirkt, aber zugleich einen Hauch von Luxus verströmt. Das Alila mit 85 Wohneinheiten bietet einen charmanten Service in einem Ambiente, in dem der blaue Ozean mit dem Grün der (vom Hotel bestellten) Reisfelder in der Umgebung kontrastiert. Das Resort liegt 2 km von der Jalan Ulu Watu entfernt.

Karma Kandara RESORT $$$
(☎ 0361-848 2200; www.karmaresorts.com; Jl Villa Kandara Banjar; Villa ab 450 US$; ❄@🛜🏊) Dieses wunderschöne Resort schmiegt sich in die Hügel, die sanft bis zum Meer hinunter abfallen. Steinpfade verlaufen zwischen den von Mauern umgebenen Villen, die von Bougainvilleen bewachsen sind; bemalte Türen setzen Akzente. Jedenfalls herrscht hier das Flair eines tropischen Bergorts. Das Restaurant Di Mare (Gerichte 15–30 US$) ist durch eine kleine Brücke mit dem gabelförmigen Gelände verbunden; ein Aufzug fährt zum Strand hinunter.

An- & Weiterreise

Für den Transport ist man auf sich allein gestellt. Taxis von Seminyak können leicht 200 000 Rp kosten und benötigen weit über eine Stunde.

Nusa Dua

☎ 0361

Nusa Dua heißt wörtlich übersetzt „Zwei Inseln“ – obwohl es tatsächlich nur kleine, erhöhte Landzungen sind, jeweils mit einem kleinen Tempel. Aber Nusa Dua ist sehr viel besser bekannt als Balis bewachte Anlage für Resort-Hotels. Es ist ein riesiges, supergepflegtes Gelände, wo man mit dem Passieren der Wachen den Rest der Insel hinter sich lässt. Verschwunden ist das bezaubernde Chaos der restlichen Insel.

Nusa Dua wurde in den 1970er-Jahren erbaut und so konzipiert, dass es den Wettbewerb mit anderen internationalen Strandresorts auf der ganzen Welt nicht scheuen muss. Die balinesische „Kultur“ in Form von komprimierten Theater- und Tanzvorführungen wird allabendlich praktisch herangekarrt – ein Versuch, Nusa Dua weniger wie einen künstlichen Urlaubsort am Meer wirken zu lassen.

Mit mehr als 20 großen Resorts und tausenden Hotelzimmern wird Nusa Dua den Erwartungen halbwegs gerecht, wenn es ausgebucht ist, in der Nebensaison vermittelt es aber einen eher desolaten Eindruck.

Sehenswertes

★ **Pasifika Museum** MUSEUM
(☎ 0361-774935; www.museum-pasifika.com; Bali Collection Shopping Centre, Block P; 100 000 Rp; ⏲ 10–18 Uhr) Wenn nicht gerade eine Gruppe aus einem der Resorts in der Umgebung da ist, hat man das Museum so ziemlich für sich allein. Die Sammlung von Kunst der Pazifikkulturen umfasst mehrere Jahrhunderte und beinhaltet über 600 Gemälde; die Tikis sollte man keinesfalls versäumen. Die einflussreiche Welle europäischer Künstler, die auf Bali Anfang des

PANDAWA BEACH

Ein alter Steinbruch an der entlegenen Südküste der Halbinsel Bukit wurde zu einem Hindu-Heiligtum samt Strandattraktion umfunktioniert. Nach dem Bezahlen eines stolzen Eintrittspreises (10 000 Rp) an die Aufseher (die gern ein Bintang kippen), geht es auf einer Straße nach unten, die sich dramatisch durch die Kalksteinklippen schneidet. Große Statuen, die Hindu-Gottheiten darstellen, sind in Nischen in den Fels gehauen. Ganz unten zieht sich dann ein langer Sandstrand entlang, der Pandawa Beach; unter der Woche liegt er ziemlich verlassen da, von ein paar Seetangfarmern aus dem Dorf einmal abgesehen. Am Wochenende unternehmen die Balinesen allerdings gern mal einen Tagesausflug hierher.

Einige Warungs (Imbissstände) verkaufen Erfrischungsgetränke; man kann sich eine Sonnenliege leihen, und das durch das Riff geschützte Meer eignet sich auch gut zum Schwimmen. Und so ist er zu erreichen: An der Hauptstraße, der Jalan Dharmawangsa, zwischen Ungasan und Nusa Dua nach den Schildern zum Pandawa Beach Ausschau halten; er befindet sich 2 km in Richtung Dorf hinunter, Parkmöglichkeiten gibt es beim Sandstrand.

20. Jhs. von sich reden machten, ist gut repräsentiert. Ausschau halten sollte man nach Werken von Arie Smit, Adrien-Jean Le Mayeur de Merpres und Theo Meier. Auch Werke von Matisse und Gauguin sind zu bewundern.

Pura Gegar HINDUTEMPEL

(Straßenmaut 2500 Rp) Unmittelbar südlich des Gegar Beach befindet sich ein Felsvorsprung mit einem guten Café und einem Pfad, der zum Pura Gegar hinaufführt, einem kompakten Tempel im Schatten von knorrigen alten Bäumen. Die Aussicht ist sagenhaft, und es sind sogar Schwimmer zu sehen, die in den Süden zu diesem seichten, ruhigen Gestade rund um die Steilklippe gekommen sind, um dem Wasserspaß zu frönen. Von der Strandpromenade in Nusa Dua führt ein hübscher Spazierweg zum Tempel hinauf. Es besitzt einen großen, schattigen Parkplatz.

Pura Bias Tugal HINDUTEMPEL

(Jl Pantai Mengiat) Hübscher balinesischer Tempel am Meer.

Aktivitäten

Die Strände von Nusa Dua sind sauber und werden geharkt; ein vorgelagertes Riff fängt die Brandung ab, sodass die Wellen gleich null sind.

Alle Resorthotels verfügen über ein kostspieliges Spa mit einem breiten Spektrum an Therapien, Behandlungen sowie schlicht und ergreifend pure Entspannung. Die Spas des Westin (S. 164) und St. Regis Hotels (S. 164) werden besonders gelobt. Sie stehen nicht nur Hotelgästen offen; der Preis für eine Massage beginnt ab 100 US$.

★ **Strandpromenade** SPAZIERGANG

Eine der schönsten Attraktionen von Nusa Dua ist die 5 km lange Strandpromenade, die sich vom Pura-Gegar-Tempel im Süden durch den ganzen Ferienort meist am Strand entlang durch Tanjung Benoa im Norden zieht.

Nusa Dua SURFEN

Während der Regenzeit bietet das Riff von Nusa Dua sehr beständige Wellen. Die Hauptwelle liegt 1 km dem Strand vorgelagert im Süden von Nusa Dua – genau gesagt beim Gegar Beach (dort kann man sich ein Boot für 200 000 Rp mieten, um zur Welle hinaus zu gelangen). Es gibt Lefts und Rights, die bei geringer Dünung bei Ebbe oder mittlerem Gezeitenstand gut funktionieren.

Gegar Beach STRAND

(ab Jl Nusa Dua Selatan; 3000 Rp; 👪) Der Gegar Beach, einst ein Juwel von einem Strand, ist seit der Errichtung des Mulia Resorts mit 700 Zimmern auf die Größe eines Juwels zusammengeschrumpft. In den öffentlich zugänglichen Bereichen finden sich allerlei Cafés, Sonnenliegen zum Ausleihen und Wassersportmöglichkeiten (Kajak- oder Stehpaddel-Miete 100 000 Rp pro Std.); am Wochenende wird es hier voll. Die Boote zum Surfbreak von Nusa Dua jenseits des Riffs kosten 200 000 Rp.

Man darf auch den makellosen öffentlichen Sandstrand vor den Resorts nutzen.

Bali National Golf Resort GOLF

(☎ 0361-771791; www.balinationalgolf.com; Kawasan Wisata; Platzgebühr ab 900 000 Rp; ⏰ 6–19 Uhr) Der 18-Loch-Platz schlängelt sich durch Nusa Dua und kann sogar noch

Nusa Dua

mit einem feudalen Clubhaus aufwarten. Der Golfplatz erstreckt sich über mehr als 6500 m.

Schlafen

Die Resorts von Nusa Dua ähneln sich irgendwie alle: Sie sind groß – manche sogar riesig –, und es sind die meisten internationalen Hotelketten vertreten. Viele befinden sich direkt am beschaulichen Strand.

Bedeutende Hotelimperien wie Westin und Hyatt haben enorm viel investiert und jede Menge Annehmlichkeiten ergänzt wie kunstvolle Pools oder ein Tagescamp für die Kids. Andere Hotels erwecken den Eindruck, als hätte sich seit ihrer Eröffnung in den 1970er-Jahren zur Blütezeit der Suharto-Ära nur wenig verändert.

★ Sofitel Bali Nusa Dua Beach Resort RESORT **$$$**
(☎ 0361-849 2888; www.sofitelbalinusadua.com; Jl Nusa Dua; Zi. ab 200 US$; ❄@🛜🏊) Das Sofi-

Nusa Dua

Highlights
1 Pasifika Museum C2

Sehenswertes
2 Pura Bias Tugal D2
3 Pura Gegar B4

Aktivitäten, Kurse & Touren
4 Bali National Golf Resort B3
5 Beach Promenade C1
6 Gegar Beach B4

Schlafen
7 Grand Hyatt Bali C2
8 St Regis Bali Resort C3
9 Westin Resort C1

Essen
10 Nusa Dua Beach Grill B4
11 Warung Dobiel B2
12 Warungs B3

Shoppen
13 Bali Collection C2

tel nimmt einen Teil des Resortgürtels ein. Geboten wird hier ein weitläufiger Pool, der sich an den 415 Zimmern entlangschlängelt, sodass die Gäste von der Terrasse einiger Zimmer direkt hineinspringen können. Die Blöcke mit den Zimmern sind riesig; von vielen kann man zumindest einen Blick aufs Wasser erhaschen. Der opulente Sonntagsbrunch des Hotels (11–15 Uhr) zählt zu den besten auf ganz Bali; er kostet ab 400 000 Rp.

Grand Hyatt Bali RESORT $$$

(☎ 0361-771234; www.hyatt.com/en-US/hotel/indonesia/grand-hyatt-bali/balgh; Zi. ab 200 US$; ❄@🛜🏊) Das Hyatt, mit seinen 636 Zimmern schon fast so eine Art kleine Stadt, besteht aus mehreren Bereichen, von denen einige besser sind, andere weniger gut. Manche Zimmer im West Village gehen auf den Parkplatz für Taxis hinaus; von den vier „Dörfern" liegen das East und South Village am schönsten. Der flussartige Pool (einer von sechs) ist riesig und hat eine Wasserrutsche. Im Kinderclub werden die Kids tagelang bespaßt.

St. Regis Bali Resort RESORT $$$

(☎ 0361-847 8111; www.stregisbali.com; Kawasan Pariwisata; Suite ab 480 US$; ❄@🛜🏊) Dieses opulente Resort in Nusa Dua stellt die meisten anderen in den „Sand". Hier ist für wirklich jeden erdenklichen Luxus gesorgt – von Elektronik bis zum Mobiliar, vom Marmor bis zum Privatbutler. Pools gibt es zuhauf, und die 123 Wohneinheiten sind riesig. Wer stilvoll entspannen möchte, sollte sich für die Poolsuite mit Meerblick entscheiden.

Westin Resort RESORT $$$

(☎ 0361-771906; www.westin.com/bali; Jl Kw Nusa Dua Resort; Zi. ab 200 US$; ❄@🛜🏊) Das Westin, das einem großen Tagungszentrum angeschlossen ist, verfügt über eine klimatisierte Lobby (eine Seltenheit!) und weitläufige öffentlich zugängliche Bereiche. Die Gäste in den 433 Zimmern kommen in den Genuss der besten Pools in Nusa Dua – mit Wasserfällen und allen möglichen anderen Elementen, die einen Wasserspielplatz kennzeichnen. Der Kids Club bietet umfangreiche Einrichtungen und Aktivitäten. Zum Resort gehört auch eine kleine Shoppingmall; es ist mit dem **Bali International Convention Centre** (☎ 0361-771906; www.baliconvention.com) verbunden.

Essen

Es gibt Dutzende von Restaurants, die in den riesigen Hotels Resortpreise verlangen. Gäste, die nicht dort logieren, können einfach vorbeikommen, beispielsweise auf einen üppigen Sonntagsbrunch im Sofitel.

Gute Warungs liegen geballt an der Ecke der Jalan Srikandi und der Jalan Pantai Mengiat. In der letztgenannten Straße befinden sich direkt vor dem zentralen Tor diverse Esslokale im Freien, die eine nette, schlichte Alternative darstellen, in Nusa Dua essen zu gehen. Einen Preis für seine Gastronomie bekommt sicher keines, aber die meisten übernehmen den Transport.

Warungs INDONESISCH $

(ab Jl Terompong; Mahlzeiten ab 20 000 Rp; ⏲ 8–22 Uhr) Die beste Möglichkeit, sich in Nusa Dua und Umgebung frische und leckere einheimische Gerichte schmecken zu lassen.

Warung Dobiel BALINESISCH $

(☎ 0361-771633; Jl Srikandi 9; Mahlzeiten ab 40 000 Rp; ⏲ 9–16 Uhr) Inmitten der öden Straßen von Nusa Dua bietet das Dobiel ein authentisches Esserlebnis. Jedenfalls ist es eine gute Anlaufstelle, um *babi guling* (Spanferkelbraten) zu probieren. Die Schweinefleischsuppe eignet sich bestens, um die Geschmacksknospen zu wecken, und die Jackfruit duftet nur so vor Aroma. Die Gäste sitzen auf Barhockern oder gemeinsam am Tisch; der Service gerät allerdings manchmal zur Geduldsprobe, außerdem wird das Lokal bisweilen von Reisegruppen heimgesucht. Achtung: Man sollte sich keine „Ausländerpreise" aufbrummen lassen.

Hardy's SUPERMARKT $

(☎ 0361-774639; www.hardysretail.com; Jl Ngurah Rai Bypass; ⏲ 8–22 Uhr) Diese riesige Filiale der hiesigen Supermarktkette liegt etwa 1 km westlich des Haupttors. Neben Gemischtwaren gibt es hier alles, was man so braucht, und zwar zu normalen Preisen, nicht zu Resortpreisen.

Nusa Dua Beach Grill INTERNATIONAL $$

(☎ 0851 0043 4779; www.nusaduabeachgrill.com; Jl Pura Gegar; Hauptgerichte ab 85 000 Rp; ⏲ 8–22.30 Uhr) Das in warmen Farben gehaltene Café ist eine prima Anlaufstelle für Tagesausflügler; es liegt etwas versteckt beim Mulia Resort südlich des Gegar Beach. Die Getränkekarte ist lang, die Meeresfrüchte sind frisch, und die entspannte Strandatmosphäre ist einfach berauschend.

Shopping

Bali Collection EINKAUFSZENTRUM
(☎ 0361-771662; www.bali-collection.com; ab Jl Nusa Dua; ⊙ 10–22 Uhr) Oft leer, bis auf die vielen Verkäufer im Sogo Department Store, das bis auf Gefriertemperatur runtergekühlt wird. Dieses sicherheitsbewusste Einkaufszentrum macht trotzdem unermüdlich weiter. Ketten wie Starbucks und Bali-Marken wie Animale wechseln sich mit langweiligen Souvenir-Geschäften ab.

Praktische Informationen

GELD

Geldautomaten finden sich im Einkaufszentrum Bali Collection, in einigen Hotellobbys sowie im riesigen Hardy's-Kaufhaus etwas außerhalb am Jalan Ngurah Rai Bypass.

An- & Weiterreise

Die Bali Mandara Toll Road (Maut: Motorrad/Auto 4000/11 000 Rp) verkürzt die Fahrzeit von Nusa Dua zum Flughafen und nach Sanur.

BUS

Der Kura-Kura-Touristenbus (S. 517) fährt auf zwei Routen und verbindet Nusa Dua mit dem Verkehrsknotenpunkt Kuta. Die Busse verkehren alle zwei Stunden und kosten 50 000 Rp.

Das Trans-Sarbagita-Bussystem (S. 516) auf Bali steuert auch Nusa Dua an, und zwar auf der Route, die den Jalan Ngurah Rai Bypass hinauf und dann um Sanur herum nach Batabulan führt.

SHUTTLEBUSSE

Am besten erkundigt man sich, ob das gebuchte Hotel einen Shuttlebus-Service anbietet, bevor man ein Taxi ruft. Ein kostenloser **Shuttlebus** (☎ 0361-771662; www.bali-collection.com/Shuttlebus; ⊙ 9–22 Uhr) verbindet etwa im Stundentakt ganz Nusa Dua und die Resorthotels in Tanjung Benoa mit dem Shoppingcentre Bali Collection. Schöner ist aber natürlich ein Spaziergang über die herrliche Strandpromenade dorthin.

TAXI

Ein Taxi vom Flughafen kostet 150 000 Rp; ein Taxi mit Gebührenzähler zum Flughafen hinaus kommt erheblich preiswerter. Taxis von/nach Seminyak schlagen im Schnitt mit 150 000 Rp für die Fahrt von 45 Minuten zu Buche; bei starkem Verkehr kann sich der Preis aber auch verdoppeln.

Tanjung Benoa

☎ 0361

Die Halbinsel Tanjung Benoa erstreckt sich von Nusa Dua etwa 4 km in Richtung Norden bis zum Dorf Benoa. Sie ist flach und voller familienfreundlicher Resort-Hotels, die meisten rangieren im Mittelklassebereich. Tagsüber röhren Dutzende motorisierter Sportboote durchs Wasser. Reisegruppen, die in Bussen eintreffen, versprechen sich hier einen aufregenden Tag am Wasser, z. B. beim Ritt auf der Banane und bei sonstigem Nervenkitzel.

Insgesamt ist Tanjung Benoa ein recht ruhiger Ort, wobei die Bali-Mandara-Mautstraße es möglich macht, sich flott ins nächtliche Vergnügen von Kuta und Seminyak zu stürzen.

Sehenswertes

Das Dorf Benoa ist ein toller kleiner Fischerort, der sich für einen schönen Spaziergang anbietet. Wer durch die schmalen Gassen an der Spitze der Halbinsel streift, erlebt eine multikulturelle Orgie. Nur 100 m voneinander entfernt befinden sich entlang der Jl Segara Lor nämlich der bunt bemalte **chinesische buddhistische Tempel** (Jl Segara Lor), eine **Moschee** mit Kuppel (Jl Segara Lor) und ein **Hindutempel** (Jl Segara Lor) mit einem reizvoll geschnitzten Dreifach-Eingang. Der Eintritt ist zu allen frei. Schön ist auch der Blick vom geschäftigen Kanal auf den Hafen. Benoa hat allerdings auch eine Schattenseite: Gemeint ist der illegale Handel mit Schildkröten in den Seitengassen, den zu unterbinden die Polizei sich durch Razzien bemüht.

Aktivitäten & Kurse

★ **Bumbu Bali Cooking School** KOCHEN
(☎ 0361-774502; www.balifoods.com; Jl Pratama; Kurs mit/ohne Marktbesuch 95/85 US$; ⊙ Mo, Mi & Fr 6–15 Uhr) Diese allseits gelobte Kochschule im gleichnamigen Restaurant bemüht sich, zu den Ursprüngen der balinesischen Kochkunst vorzudringen. Die Kurse beginnen mit dem Besuch des Fisch- und Morgenmarkts von Jimbaran in der Früh um sechs Uhr, anschließend geht es ab in die große Küche, und zum Schluss gibt es ein selbst zubereitetes Mittagessen.

★ **Jari Menari** SPA
(☎ 0361-778084; www.jarimenarinusadua.com; Jl Pratama; Massage ab 435 000 Rp; ⊙ 9–22 Uhr)

Diese Zweigstelle des berühmten Originals in Seminyak bietet dieselben exquisiten Massagen an, die ausschließlich von fachkundigen (männlichen) Masseuren vorgenommen werden. Wegen des Transports einfach anrufen.

Benoa Marine Recreation WASSERSPORT

(BMR; ☎0361-772438; www.bmrbali.com; Jl Pratama; ⏲8–16 Uhr) Dies ist der größte der vielen Wassersportanbieter in Tanjung Benoa. Es gibt einen Café-Bereich namens Whacko Beach Club, der als Anbahnungsort für Verkaufsgespräche dient.

Schlafen

Das Ostufer von Tanjung Benoa ist von bescheidenen Resorts im mittleren Preissegment gesäumt, die vor allem auf Gruppen abzielen. Sie sind familienfreundlich, bieten Programme für Kinder und haben viele Stammgäste, die dann mit Transparenten begrüßt werden, auf denen beispielsweise „Welcome back, Familie Maier!" steht. Es gibt außerdem auch ein paar einfache Gästehäuser.

Pondok Hasan Inn GUESTHOUSE $

(☎0361-772456; hasanhomestay@yahoo.com; Jl Pratama; Zi. inkl. Frühstück ab 250 000 Rp; ❄📶) Ungefähr 20 m von der Hauptstraße entfernt liegt dieses familienfreundliche Privatquartier. Der Familienbetrieb bietet elf tadellose Zimmer mit heißem Wasser; das Frühstück ist inbegriffen. Die Fliesen auf der Veranda draußen spiegeln nur so; sie steht den Gästen aller Zimmer zur Verfügung. Und ein kleiner Garten ist auch noch vorhanden.

Rumah Bali GUESTHOUSE $$

(☎0361-771256; www.bedandbreakfastbali.com; etwas abseits der Jl Pratama; Zi. inkl. Frühstück ab 90 US$, Villa ab 250 US$; ❄@📶🏊) Das Rumah Bali ist die Luxusversion eines balinesischen Dorfes des Kochbuchautors Heinz von Holzen, der auch das hiesige Restaurant Bumbu Bali betreibt. Die Gäste haben hier die Qual der Wahl zwischen großen Familienzimmern und privaten Villen (einige haben drei Schlafzimmer) mit eigenem Tauchbecken und Küche. Außerdem gibt es noch einen großen Pool für alle und einen Tennisplatz. Der Strand ist nur ein kurzes Stück zu Fuß entfernt.

Tanjung Benoa 0 ——— 500 m

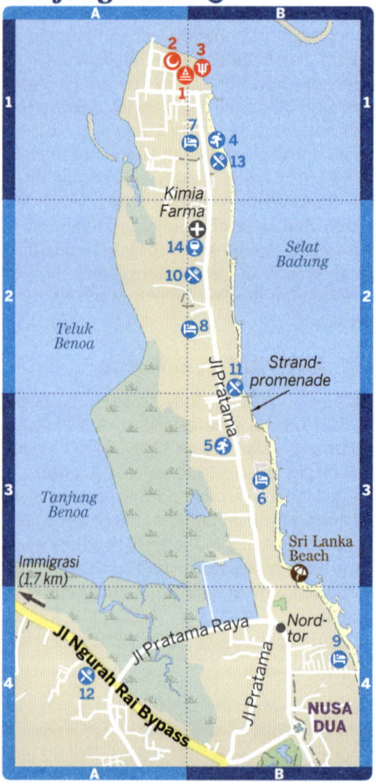

Tanjung Benoa

Sehenswertes
- 1 Caow Eng Bio A1
- 2 Moschee A1
- 3 Pura Dalem Ning Lan Taman Beji B1

Aktivitäten, Kurse & Touren
- 4 Benoa Marine Recreation B1
- Bumbu Bali Cooking School .... (s. 11)
- 5 Jari Menari B3

Schlafen
- 6 Conrad Bali B3
- 7 Pondok Hasan Inn B1
- 8 Rumah Bali B2
- 9 Sofitel Bali Nusa Dua Beach Resort B4

Essen
- 10 Bali Cardamon B2
- 11 Bumbu Bali 1 .... B2
- 12 Hardy's A4
- 13 Tao B1

Ausgehen & Nachtleben
- 14 Atlichnaya Bar B2

WASSERSPORT

In den Wassersportzentren in der Jalan Pratama stehen tagsüber Tauchen, Bootsausflüge, Windsurfen und Wasserskifahren auf dem Programm. Jeden Morgen rollen im Konvoi Busse mit Tagesausflüglern aus ganz Südbali an, und um 10 Uhr schweben die Parasailer auch schon über dem Meer.

Alle Zentren sind voller zwielichtiger Verkäufer, deren Job es ist, den Urlaubern den Bananenbootausflug ihrer Träume zu verhökern, während die Kunden mit glasigen Augen in einem Verkaufszentrum mit Reetdach und Café sitzen. Jedenfalls sollte jeder, bevor er etwas unterschreibt, die Ausrüstung und den Ruf des Unternehmens prüfen, denn so mancher Tourist ist bei einem Unfall schon ums Leben gekommen.

Zu den etablierten Wassersportanbietern gehört Benoa Marine Recreation (BMR; 0361-772438; www.bmrbali.com; Jl Pratama; 8–16 Uhr). Wie durch Zauberhand verlangen alle Veranstalter so ziemlich dieselben Preise. Im Hinterkopf sollte man haben, dass diese „offizielle Preisliste" jedoch nur eine Grundlage zum Feilschen ist. Folgende Wassersportaktivitäten werden angeboten (jeweils mit Durchschnittspreis):

Bananenboot-Fahrten Wilde Fahrten für zwei Personen, die versuchen, sich in der aufblasbaren Frucht, die auf den Wellen tanzt, über Wasser zu halten (20 US$/15 Min.).

Ausflüge mit dem Glasbodenboot Eine trockene Möglichkeit, die Kreaturen im seichten Wasser in Augenschein zu nehmen, ohne dabei nass zu werden (50 US$ pro Std.).

Jetskifahren In rasantem Tempo unter Ausstoß von Abgasen geht es dahin (30 US$/15 Min.).

Parasailing Kultig; man schwebt im Schlepptau eines Schnellboots übers Wasser (25 US$/15 Min.).

Schnorcheln Im Ausflug inbegriffen sind die Ausrüstung und die Fahrt mit dem Boot zum Riff (40 US$ pro Std.).

Eine nette Möglichkeit, den Strand zu genießen, bietet sich im Tao Restaurant; hier kann man für den Preis eines Drinks die Sonnenliegen in Resort-Qualität und den Pool nutzen.

Conrad Bali RESORT $$$
(0361-778788; www.conradbali.com; Jl Pratama 168; Zi. inkl. Frühstück 200 US$;) Die Luxusherberge in Tanjung Benoa, das riesige Conrad, kombiniert einen modernen balinesischen Look mit einem erfrischend lässigen Stil. Die 353 Zimmer sind groß und mit Bedacht konzipiert. Einige Wohneinheiten haben einen Patio mit Treppen zum 33 m langen Pool hinunter, wodurch sich die Sporteinlage am Morgen einfach gestaltet. Die Bungalows verfügen über eine private Lagune, und auf die Kinder wartet ein großer Club.

Essen & Ausgehen

★ **Bumbu Bali 1** BALINESISCH $$
(0361-774502; www.balifoods.com; Jl Pratama; Hauptgerichte ab 100 000 Rp, Menü ab 325 000 Rp; 12–21 Uhr) Der seit ewigen Zeiten hier ansässige Kochbuchautor Heinz von Holzen, seine Frau Puj und ihr gut ausgebildetes, engagiertes Personal servieren exquisit gewürzte Gerichte in diesem noblen Restaurant. Viele Gäste entscheiden sich für eines der opulenten Menüs. Die Kochkurse (S. 165) am Montag, Mittwoch und Freitag (ab 85 US$) sind überaus empfehlenswert.

Es gibt einen zweiten Standort (Nummer zwei) 500 m nördlich auf der Jl Pratama.

Bali Cardamon ASIATISCH $$
(0361-773745; www.balicardamon.com; Jl Pratama 97; Hauptgerichte 55 000–120 000 Rp; 10–22 Uhr) Das ambitionierte Restaurant liegt einen Tick besser als die anderen Lokale an der Fressmeile Jalan Pratama. Es überzeugt mit seiner kreativen Küche, die Einflüsse aus ganz Asien aufgreift. Hier kommen so hervorragende Gerichte wie Schweinebauch mit Sternanis auf den Tisch. Die Gäste sitzen unter den Frangipani-Bäumen oder nehmen im Speiseraum Platz.

Tao ASIATISCH $$
(0361-772902; www.taobali.com; Jl Pratama 96; Hauptgerichte 85 000–210 000 Rp; 8–22 Uhr;) Das Tao mit seinem privaten, leuchtend weißen Sandstrand bietet einen großen geschwungenen Pool, der sich zwischen den Tischen dahinschlängelt. Das Essen ist eine

abwechslungsreiche Mischung aus ganz Asien – aber für die Banausen gibt es auch ein Club-Sandwich.

Atlichnaya Bar BAR
(☎0813 3818 9675; www.atlichnaya.com; Jl Pratama 88; ⌚8 Uhr bis spät 📶) Eine lebhafte und gesellige Alternative zu den steifen Hotelbars ist diese brummende Bar, in der eine lange Latte von Mixgetränken auf den Tisch kommt und sogar Massagen (ab 50 000 Rp) angeboten werden. Auf der Speisekarte stehen preiswerte und leckere indonesische und westliche Gerichte.

ℹ Praktische Informationen

Kimia Farma (☎0361-916 6509; Jl Pratama 87; ⌚8–22 Uhr) Eine zuverlässige Apothekenkette.

ℹ An- & Weiterreise

Ein Taxi vom Flughafen kostet 200 000 Rp. Gelegentliche Bemos (Minibusse) pendeln die Jalan Pratama (5000 Rp) hinauf und hinunter – nach 15 Uhr sind sie allerdings dünn gesät.

Ein kostenloser **Shuttlebus** (☎0361-771662; www.bali-collection.com/shuttle-bus; ⌚9–22 Uhr), der etwa jede Stunde verkehrt, verbindet Nusa Dua mit den Resorthotels von Tanjung Benoa und dem Einkaufszentrum Bali Collection. Oder aber man flaniert über die Strandpromenade dorthin und freut sich an der schönen Aussicht, anstatt sich in den Bus zu setzen. Viele Restaurants übernehmen den Transport von den Hotels in Nusa Dua und Tanjung Benoa.

NUSA LEMBONGAN & INSELN

Schaut man übers offene Meer südöstlich von Bali, dominiert die dunstige Masse von Nusa Penida den Blick. Doch für viele Urlauber liegt das eigentliche Augenmerk auf Nusa Lembongan, das sich im Schatten seines erheblich größeren Nachbarn versteckt. Hier gibt es tolle Möglichkeiten zum Surfen, super Tauchreviere, verführerische Strände und ein entspanntes Flair, das Urlauber zu schätzen wissen.

Das früher oft übergangene Nusa Penida lockt mittlerweile zwar immer mehr Gäste an, doch die dramatischen Ausblicke und das unveränderte Dorfleben wollen dann doch von jedem individuell erkundet werden. Das winzige Nusa Ceningan liegt zusammengekauert zwischen größeren Inseln. Von Lembongan bietet sich das beliebte Eiland für einen flotten Tagesausflug an.

Die Inseln waren viele Jahre lang eine arme Region. Karge Böden und Süßwassermangel machen den Reisanbau unmöglich, als Grundnahrungsmittel werden hier Feldfrüchte wie Mais, Maniok und Bohnen angebaut. Die Haupteinnahmequelle ist jedoch Seetang – und seit einiger Zeit natürlich auch der Tourismus.

Nusa Lembongan

☎0366 / 7529 EW.

Nusa Lembongan, einst das Eldorado von Surfern, die in Bretterhütten hausten, macht Furore. Ja, es gibt durchaus noch einfache Zimmer mit Aussicht auf die Wellen und tolle Sonnenuntergänge, doch können die Urlauber heute auch in Boutiquehotels logieren und sich ein sagenhaftes Essen bestellen.

Der neue Wohlstand bringt natürlich auch Veränderungen mit sich: Man sieht junge Burschen, die auf ihren Motorrädern 300 m zur Schule fahren, Tempel, die kostspielig restauriert werden, Hotels mit zig Stockwerken, die gerade im Bau sind – und die Zeit definiert sich plötzlich durch die Ankunft eines Touristenschiffes, für das es noch immer keinen Steg zum Anlegen gibt. Doch obwohl Nusa Lembongan immer beliebter wird, schafft es die Insel, eine beschauliche Atmosphäre zu bewahren. Man kann zwar schon noch die Ohren spitzen und einen Hahn krähen oder eine Kokosnuss herunterfallen hören, aber man muss sich auch darauf einstellen, plötzlich in einem Stau festzustecken.

Strände

Jungutbatu Beach STRAND
Der Strand, eine überwiegend schön geschwungene Bucht mit weißem Sand und klarem blauem Wasser, bietet Ausblicke zum Vulkan Gunung Agung auf Bali. Der hübsche Spazierweg an der Kaimauer verlockt zum Bummeln, und zwar vor allem – ja, richtig geraten! – bei Sonnenuntergang. Dümpelnde Boote sorgen dafür, dass die Idylle nicht zum totalen Klischee gerät. Der einst starke Geruch nach getrocknetem Seetang nimmt langsam ab, seit das ganze verfügbare Land für den Tourismus genutzt wird.

Pantai Tanjung Sanghyang STRAND
(Mushroom Bay) Diese herrliche Bucht, die inoffiziell nach den vorgelagerten Pilzko-

rallen Mushroom Bay genannt wird, kann mit einem sichelförmigen, strahlend weißen Sandstrand aufwarten. Tagsüber wird die Stille manchmal von den Bananenboot-Fahrern oder Paraseglern gestört. Aber ansonsten ist dies der reinste Traumstrand.

Die interessanteste Möglichkeit, von Jungutbatu herzukommen, ist ein Spaziergang über den Pfad, der am südlichen Ende des Hauptstrands beginnt und etwa einen Kilometer an der Küste entlangführt. Alternative: ab Jungutbatu ein Boot oder Motorrad nehmen.

Pantai Selegimpak STRAND

Der lange, gerade Strand wird im Allgemeinen von kleinen Wellen umspielt und vermittelt ein Gefühl von Abgeschiedenheit, wenn da nicht ein paar Gästehäuser unterhalb der Ebbelinie Kaimauern errichtet hät-

Nusa Lembongan

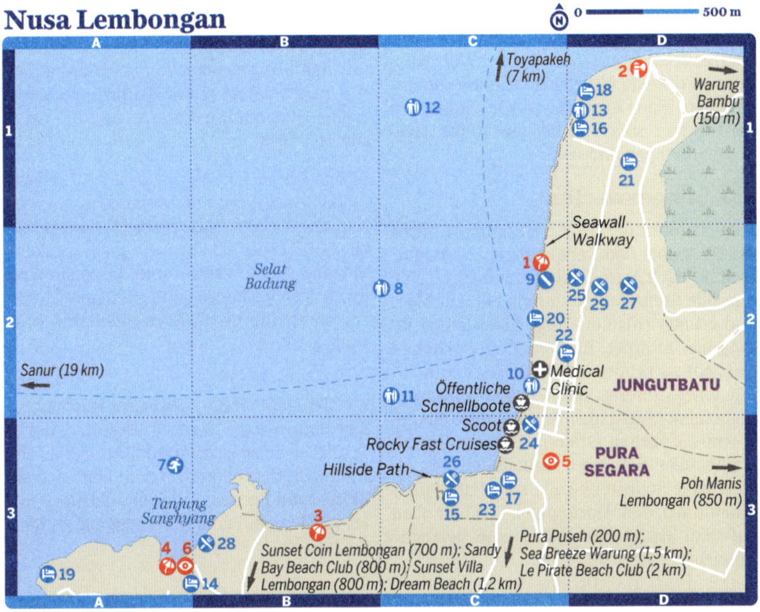

Nusa Lembongan

Sehenswertes

1 Jungutbatu Beach ... C2
2 Lighthouse ... D1
3 Pantai Selegimpak ... B3
4 Pantai Tanjung Sanghyang ... A3
5 Pura Segara ... C3
6 Sacred Tree ... A3

Aktivitäten, Kurse & Touren

7 Bounty Cruise ... A3
Bounty Pontoon ... (s. 7)
8 Lacerations ... C2
9 Lembongan Dive Center ... C2
10 Monkey Surfing ... C2
11 Playgrounds ... C2
12 Shipwrecks ... C1
13 Thabu Surf Lessons ... D1
World Diving ... (s. 20)

Schlafen

14 Alam Nusa Huts ... A3
15 Batu Karang ... C3
16 Indiana Kenanga ... D1
17 Lembongan Island Beach Villas ... C3
18 Pemedal Beach ... D1
19 Point Resort Lembongan ... A3
20 Pondok Baruna ... C2
21 Pondok Baruna Frangipani ... D1
22 Secret Garden Bungalows ... C2
23 Ware Ware Surf Bungalows ... C3

Essen

24 99 Meals House ... C3
25 Bali Eco Deli ... D2
26 Deck Cafe & Bar ... C3
27 Green Garden Warung ... D2
28 Hai Bar & Grill ... B3
29 Pondok Baruna Warung ... D2

ten. Somit gestaltet sich der Durchgang bei Flut schwierig. Etwa 200 m weiter östlich am Küstenpfad, genau gesagt an der Stelle, wo er nach oben über eine Anhöhe führt, befindet sich eine ganz kleine Bucht mit einem Flecken Sand, guten Möglichkeiten zum Schwimmen und einem winzigen Warung.

Dream Beach STRAND
Ein Stück eine Gasse hinunter erstreckt sich an der Südwestseite der Insel der Dream Beach, ein 150 m tiefes Stück weißer Sandstrand mit tosender Brandung und sagenhaft blauem Wasser. Aus der richtigen Perspektive betrachtet ist der Anblick herrlich – bis man das scheußliche Hotel entdeckt, das an einem Ende errichtet wurde. Außerdem wird es hier aufgrund der vielen Tagesausflügler unangenehm voll.

Sehenswertes

Vom Hauptort der Insel, **Lembongan**, reicht der Blick über den Kanal mit zig Seetangfarmen bis nach Nusa Ceningan hinüber – eine reizvolle Szenerie mit klarem, blauem Meer und grünen Hügeln. Einige Cafés haben inzwischen eröffnet, um von dieser schönen Aussicht zu profitieren. Die Ortschaft kann mit einem interessanten Markt aufwarten und einem großartigen alten Banyan-Baum.

Am nördlichen Ortsrand, wo die Hauptstraße über die Insel vorbeiführt, gibt es eine lange Steintreppe, die zum Pura Puseh hinaufführt, dem Dorftempel. Von hier oben auf dem Hügel bietet sich eine herrliche Aussicht.

Das Dorf **Jungutbatu** ist beschaulich, wenngleich in den Gassen die Motorräder dröhnen und die Lastwagen rumpeln. Im Pura-Segara-Tempel samt seinem riesigen heiligen Baum finden oft Zeremonien statt. Am Nordende der Ortschaft ragt der Leuchtturm mit Metallbasis auf. Wer der Straße etwa 1 km gen Osten folgt, gelangt zum Tempel Pura Sakenan.

Aktivitäten

Surfen

Die beste Zeit zum Surfen ist während der Trockenzeit (April–Sept.), wenn der Wind von Südosten weht. Für Anfänger ist die Location nicht geeignet, und sogar für Könner kann es hier gefährlich werden. Es gibt am Riff drei Hauptwellen, die alle den entsprechenden Namen haben. Von Norden nach Süden sind das Shipwrecks, Lacerations und Playgrounds. Je nach Lage der Unterkunft kann man direkt zum nächstgelegenen Break hinauspaddeln; bei Ebbe muss man allerdings ein Stück zu Fuß gehen, wofür Schuhe ein Muss sind. Für die jeweils entfernteren Wellen ist es besser, ein Boot zu mieten. Die Preise lassen sich aushandeln; sie beginnen ab 70 000 Rp für die einfache Fahrt – man muss dem Skipper dann nur sagen, wann man wieder zurückfahren möchte. Ein vierter Break – Racecourses – tritt manchmal südlich vom Shipwreck auf.

In der Brandung kann es hier ziemlich voll werden, selbst wenn auf der Insel eigentlich nicht viel los ist – die Charterboote aus Bali bringen manchmal im Rahmen eines Tagesausflugs ganze Gruppen zum Surfen her, was mit mindestens 1 000 000 Rp zu Buche schlägt.

Thabu Surf Lessons SURFEN
(☎0812 4620 2766; http://thabusurflessons.webs.com; Erw./Kind abhängig von Level & Gruppengröße ab 450 000/400 000 Rp) Sehr professioneller Surfunterricht, Privat- und Gruppenkurse im Angebot, Preise sind inklusive Rücktransport zum Break, Surfschuhe und Rash Vests.

Monkey Surfing SURFEN
(☎0821 4614 7683; www.monkeysurfing.com; Jungutbatu Beach; Surfbrett Miete pro Tag ab 110 000 Rp, Unterricht ab 600 000 Rp; ⏲8–19 Uhr) In diesem Geschäft am Strand können Surfbretter und Bretter zum Stehpaddeln gemietet werden, und eine Anleitung gibt es auch noch dazu.

Tauchen

★ **World Diving** TAUCHEN
(☎0812 390 0686; www.world-diving.com; Jungutbatu Beach; Einführungstauchkurs 940 000 Rp, Kurs im offenen Gewässer 5 500 000 Rp) Das Unternehmen World Diving mit Sitz in Pondok Baruna ist überaus renommiert. Es bietet das ganze Spektrum an Kursen sowie Exkursionen zum Tauchen in Tauchrevieren rund um Nusa Lembongan und Nusa Penida. Die Ausrüstung ist absolut hochwertig.

Lembongan Dive Center TAUCHEN
(☎0821 4535 2666; www.lembongandivecenter.com; Jungubatu Beach; ein einzelner Tauchgang kostet ab 550 000 Rp, Kurs im offenen Gewässer 4 950 000 Rp) Ein empfehlenswertes einheimisches Tauchzentrum.

Schnorcheln

Schön schnorcheln kann man gleich bei Tanjung Sanghyang und dem **Bounty-Ponton**, aber auch in den Revieren an der

TAUCHEN RUND UM DIE INSELN

Rund um die Inseln gibt es tolle Tauchmöglichkeiten – von seichten, geschützten Riffen, die sich überwiegend auf der Nordseite von Lembongan und Penida befinden, bis hin zu anspruchsvollem Strömungstauchen im Kanal zwischen Penida und den anderen beiden Inseln. Umsichtige Einheimische haben ihre Gewässer vor Dynamitfischerei durch abtrünnige Fischerboote geschützt, sodass die Riffe relativ intakt sind. Und ein positiver Nebeneffekt des Tourismus ist, dass die Einheimischen nicht mehr so sehr auf die Fischerei angewiesen sind. 2012 wurden die Inseln zum Nusa Penida Meeresschutzgebiet erklärt, das über 20 000 ha des umliegenden Gewässers umfasst.

Wer sich für einen Tauchausflug von Padangbai oder Südbali aus entscheidet, sollte sich ausschließlich an renommierte Veranstalter halten, denn die Bedingungen sind hier oft vertrackt und gute Ortskenntnisse wirklich wichtig. Im Hinterkopf behalten sollte man, dass das offene Gewässer rund um Penida selbst für erfahrene Taucher ein Wagnis darstellt. Tauchunfälle passieren regelmäßig und jedes Jahr kommen Menschen ums Leben, die in den Gewässern rund um die Insel ihre Tauchkünste erproben.

Wer sich an einen der empfehlenswerten Anbieter auf Nusa Lembongan hält, ist von Anfang an dicht am Geschehen. Eine besondere Attraktion sind die großen Meereskreaturen wie beispielsweise Schildkröten, Haie und Mantarochen. Der große (3 m von Finne zu Finne) und ungewöhnliche *mola mola* (Mondfisch) lässt sich von Mitte Juli bis Oktober manchmal bei den Inseln sehen, während die Mantarochen von Juni bis Oktober oft südlich von Nusa Penida herumschwimmen.

Zu den schönsten Tauchrevieren zählen **Blue Corner** und **Jackfish Point** vor Nusa Lembongan sowie **Ceningan Point** an der Spitze. Der Kanal zwischen Ceningan und Penida ist bekannt fürs Strömungstauchen; hier ist es besonders wichtig, mit einem zuverlässigen Veranstalter unterwegs zu sein, der die schnell wechselnden Strömungen und anderen Bedingungen wirklich beurteilen kann. Ein plötzlicher Wasseranstieg kann kaltes Wasser aus dem offenen Meer in Reviere wie **Ceningan Wall** spülen. Dabei handelt es sich um einen der tiefsten natürlichen Kanäle der Welt, der Fische aller Arten und Größen anlockt.

Zu Tauchrevieren, die in der Nähe von Nusa Penida liegen, gehören **Crystal Bay**, **SD**, **Pura Ped**, **Manta Point** und **Batu Aba**. Davon eignen sich Crystal Bay, SD und Pura Ped auch für Tauchanfänger, außerdem kann man hier auch schön schnorcheln.

Nordküste der Insel. Ab etwa 200 000 Rp pro Stunde besteht die Möglichkeit, ein Boot zu chartern – der Preis richtet sich nach der Nachfrage, der Entfernung und der Anzahl der Passagiere. Ein Ausflug zu den anspruchsvollen Gewässern von Nusa Penida kostet für drei Stunden ab 300 000 Rp; zu den Mangroven in der Nähe ist auch mit rund 300 000 Rp zu rechnen. Die Schnorchelausrüstung kann man für rund 50 000 Rp pro Tag ausleihen.

Die Bedingungen zum Strömungsschnorcheln sind an den mit Mangroven bestandenen Kanälen westlich vom Ceningan Point, zwischen Lembongan und Ceningan, gut.

Bounty Pontoon SCHNORCHELN
Gute Schnorchelmöglichkeiten gibt es direkt am Bounty-Ponton am Jungutbatu Beach.

Schiffsausflüge

Mehrere Ausflugsboote bieten Tagestrips von Südbali nach Nusa Lembongan an. Zu den Leistungen gehören der Hoteltransfer in Südbali, einfache Wassersportarten, Schnorcheln, Bananenbootfahrten, Inseltouren und ein Mittagsbüfett. Die Trips können einen ganzen Tag einnehmen.

Island Explorer Cruise SCHIFFSAUSFLUG
(☎0361-728088; http://islandexplorercruises.com; Erw./Kind ab 1 400 000/740 000 Rp) Das große Boot des Unternehmens bildet die Basis für allen möglichen Wasserspaß im Rahmen eines Tagesausflugs. Das Unternehmen verfügt jedoch auch über ein Segelschiff und über Schnellboote, mit denen Transfers abgewickelt werden. Die Schiffe fahren am Benoa Harbour ab. Das Unternehmen ist dem Coconuts Beach Resort angeschlossen.

Bounty Cruise SCHIFFSAUSFLUG
(☎0361-726666; www.balibountycruises.com; Jl Wahana Tirta 1, Denpasar; Erw./Kind 119/59 US$, ⏲7–23 Uhr) Die Boote legen am knallgelben Bounty-Ponton mit Wasserrutschen und an-

BEWOHNER DER MEERE

In den Gewässern rund um Nusa Lembongan, Ceningan und Penida tummeln sich einige wirklich imposante Kreaturen: riesige Mantarochen, schwerfällige *mola mola* (Mondfische) und viele mehr. Auch wenn die zahllosen Taucher, die diese reichen Gewässer erkunden, diese Tiere regelmäßig sichten, so ist über die Ökologie des Gebiets nur wenig bekannt – was dann doch erstaunlich ist.

Eine Gruppe namens **Marine Mega Fauna** (www.marinemegafauna.org) arbeitet mittlerweile daran, dass sich das ändert. Aufgrund umfassender Feldstudien wächst nach und nach das Verständnis, was genau da draußen herumschwimmt. Eine Entdeckung gleich zu Anfang: Wie Wale, so weisen auch Mantarochen eine Markierung auf, die es einfach macht, das individuelle Tier zu identifizieren. Die Website der Gruppe strotzt nur so vor spannenden Informationen, außerdem können Interessierte bei öffentlichen Vorträgen am Dienstag- und Donnerstagabend in den Secret Garden Bungalows (S. 172) Genaueres erfahren.

dern Unterhaltungsmöglichkeiten an. Am Benoa Harbour fahren die Schiffe ab.

Wandern & Radfahren

Die Insel lässt sich an einem Tag zu Fuß oder auch mit dem Fahrrad umrunden, was natürlich noch schneller geht. Jedenfalls lernt man so die erstaunlich abwechslungsreiche Szenerie dieser kleinen Insel kennen. Ausgangspunkt ist ein Bergpfad, der bei Jungutbatu beginnt. Es gilt dann unterwegs nach Tanjung Sanghyang allerlei Hindernisse zu überwinden, die die Erschließung der Insel mit sich gebracht hat; aber mit ein bisschen Tarzan-Abenteuergeist kommt man auf dem schwer erkennbaren Pfad dann doch voran (Achtung: Dieser Streckenabschnitt lässt sich mit dem Fahrrad nicht bewerkstelligen – die Straße weiter landeinwärts benutzen).

Weiter geht es zum Dorf Lembongan, wo man die schmale Hängebrücke berquert, um nach Nusa Ceningan zu gelangen. Eine Alternative ist, vom Dorf Lembongan die asphaltierte Straße ein Stück bergauf zu gehen, nämlich bis zu einem spannenden Hügel, der dann nach Jungutbatu hinunterführt, wodurch sich der Rundweg auf etwa einen halben Tag verkürzt.

Wer die Insel komplett zu Fuß erkunden möchte, bleibt nun auf der befestigten Straße, die zwischen Nusa Lembongan und Nusa Ceningan am Kanal entlangführt. Nach einem Abstecher bergauf in unwegsames Gelände schlängelt sich der Weg wieder nach unten und führt an den Mangroven entlang bis zum Leuchtturm.

Fahrräder für eine Inseltour lassen sich problemlos zum Preis von rund 40 000 Rp pro Tag mieten.

Schlafen

Die Zimmer und Annehmlichkeiten werden im Allgemeinen immer feudaler, je weiter nach Süden und Westen man am Meer entlang zur Mushroom Bay kommt.

Jungutbatu

Viele Unterkünfte in Jungutbatu haben dem Surferschuppen-Image abgeschworen und geben sich immer nobler. Aber es gibt durchaus noch Billigbleiben im Inselinneren mit kaltem Wasser und Ventilator.

★ **Pondok Baruna** GUESTHOUSE $
(☎ 0812 394 0992; www.pondokbaruna.com; Jungutbatu Beach; Zi. ab 400 000 Rp; ❄ 📶 🏊) Das dem Veranstalter World Diving, einem einheimischen Tauchunternehmen, angeschlossene Guesthouse bietet sagenhafte Zimmer mit Terrasse und Meerblick. Die sechs exklusiveren Zimmer gruppieren sich um ein Tauchbecken hinter dem Strand. Und dann gibt es noch acht weitere Zimmer im Pondok Baruna Frangipani, das zurückversetzt zwischen Palmen um einen großen Pool herum arrangiert ist. Die Mitarbeiter unter der Regie von Putu sind total nett.

Secret Garden Bungalows GUESTHOUSE $
(☎ 0813 5313 6861; www.bigfishdiving.com; Jungutbatu Beach; Zi. mit Ventilator/Klimaanlage 250 000/450 000 Rp; ❄ 📶 🏊) 🍃 Das Guesthouse ist Big Fish Diving angeschlossen. Geboten werden neun Zimmer im Bungalowstil mit kaltem Wasser und Ventilator auf einem Grundstrück ein Stück hinter dem Strand, das im Schatten von Palmen liegt. Gleich in der Nähe gibt es auch einige neuere Bungalows mit Klimaanlage. Für 100 000 Rp können die Gäste vor Ort am Yoga-Unterricht teilnehmen. Und Marine Mega Fauna (S. 172) veranstaltet hier regelmäßig Vorträge über die beeindruckende Meeresökologie rund um die Inseln.

★ Pemedal Beach GUESTHOUSE $$
(☎0822 4477 2888; www.pemedalbeach.com; Jungutbatu Beach; Zi. ab 975 000 Rp; ❄📶🏊) Das hübsche Guesthouse ist eine erschwingliche Bleibe für Leute, die gern in der Nähe eines Sandstrands wohnen möchten. Die 20 Bungalows liegen versetzt hinter dem Infinity Pool.

Pondok Baruna Frangipani GUESTHOUSE $$
(☎0823 3953 6271; www.pondokbarunafrangipani.com; Jungutbatu; Zi. inkl. Frühstück ab 1 000 000 Rp; ❄📶🏊) Das feudalere Schwester-Guesthouse des Pondok Baruna liegt direkt am Meer. Das Frangipani bietet acht geräumige, luxuriöse bungalowähnliche Zimmer und einen Pool, der eine anständige Größe aufweist. Es ist eine reizende Anlage, aber die Betreiber sind nicht die freundlichsten.

★ Indiana Kenanga BOUTIQUEHOTEL $$$
(☎0366-559 6371; www.indiana-kenanga-villas.com; Jungutbatu Beach; Zi. 240–400 US$; ❄📶🏊) Zwei feudale Villen und 18 schicke Suiten liegen geschützt in der Nähe des Pools hinter dem Strand mit den nobelsten Hotelanlagen Lembongans. Der französische Designer und Inhaber hat das Hotel mit Buddhastatuen, dunkelroten Sesseln und anderen Extravaganzen ausgestattet. Im Restaurant stehen ganztägig Meeresfrüchte und verschiedene andere Überraschungen auf der Speisekarte; alles wird von einem fachkundigen Küchenchef zubereitet. Und eine Crêperie am Pool ist ebenfalls vorhanden.

In den Hügeln

Der steile Hang südlich von Jungutbatu bietet tolle Ausblicke und eine stetig wachsende Zahl luxuriöser Zimmer. Die am höchsten gelegenen Zimmer in manchen Herbergen versprechen eine grandiose Aussicht über das Wasser auf Bali (an klaren Tagen kann man dem Gunung Agung zuwinken), aber solche Sahnestücke haben ihren Preis: über 120 steile Betonstufen geht es hinauf. Ein motorradfreundlicher Weg verläuft oben auf dem Hügel, gut für beinschonenden Hol- und Bringservice.

Ware Ware Surf Bungalows GUESTHOUSE $$
(☎0812 397 0572, 0812 380 3321; www.warewaresurfbungalows.com; Zi. inkl. Frühstück ab 750 000 Rp; ❄📶🏊) Die neun Wohneinheiten in diesem Guesthouse am Hang sind eine Mischung aus rechteckigen und runden Gebäuden mit Reetdach und Balkon. Die großen Zimmer (einige nur mit Ventilator) sind mit einem Rattansofa ausgestattet und haben ein großzügiges Bad. Das Café punktet mit seiner spektakulären, luftigen Lage auf einer wuchtigen Klippe mit Holzterrasse.

Batu Karang HOTEL $$$
(☎0366-559 6376; www.batukaranglembongan.com; Zi. inkl. Frühstück ab 3 250 000 Rp; ❄@📶🏊) Das feudale Resort mit einer großzügigen Poollandschaft thront auf einem terrassierten Hügel. Einige der 25 Luxuswohneinheiten präsentieren sich im Stil einer Villa und haben mehrere Zimmer und ein privates Tauchbecken. Alle verfügen über ein offenes Bad und eine Holzterrasse mit sagenhafter Aussicht. Direkt beim Pfad am Hügel bietet sich das Deck Cafe & Bar des Hotels für eine nette Pause mit einem Gourmetsnack oder einem Drink an.

Lembongan Island Beach Villas VILLA $$$
(☎0813 3856 1208; www.lembonganresort.com; Villa ab 3 800 000 Rp; ❄📶🏊) Elf Luxusvillen ziehen sich von der Lobby direkt an einer Ecke des Jungutbatu Beach den Hügel hinauf. Die Wohneinheiten sind mit komfortablen Rattansonnenliegen und Hängematten ausgestattet und verfügen über eine große Küche. Von den überdachten Balkonen genießen die Gäste einen herrlichen Blick über Bali.

Tanjung Sanghyang

So stellt sich jeder seine private Schatzinsel vor. Die auch als Mushroom Bay bezeichnete Location bietet einen schönen Strand, jede Menge Bäume, die sich sanft darüber neigen, und so ziemlich die stimmungsvollsten Unterkünfte auf Lembongan. Von Jungutbatu kann man zu Fuß herkommen, fahren (25 000 Rp) oder sich ein Boot (80 000 Rp) nehmen.

Alam Nusa Huts GUESTHOUSE $
(☎0819 1662 6336; Zi. ab 475 000 Rp; ❄📶) Die kleine Anlage liegt nicht einmal 100 m vom Strand entfernt. Die vier Bungalows stehen in einem wild wuchernden Garten; jeder hat ein offenes Bad und eine Terrasse. Für die Innenausstattung wurden viel edles Holz und Bambus verwendet. Die Mitarbeiter sind überaus herzlich.

Weitere Unterkünfte auf Lembongan

Poh Manis Lembongan GUESTHOUSE $
(☎0821 4746 2726; Zi. ab 43 US$; ❄🛜🏊) Wenn Nusa Lembongan ein Refugium ist, dann ist dieses Guesthouse ein Refugium von Nusa Lembongan. Das Poh Manis thront auf einer Klippe in der Südostecke der Insel mit herrlicher Aussicht auf die beiden anderen Nusas. Der Poolbereich ist hübsch, und die zehn hellen und luftigen Zimmer mit viel Holz haben ihren ganz besonderen Charme.

Sunset Coin Lembongan GUESTHOUSE $$
(☎0812 364 0799; www.sunsetcoinlembongan.com; Sunset Bay; Zi. inkl. Frühstück ab 1100 000 Rp; ❄🛜🏊) Diese Ansammlung von zehn Cottages wird von einer genialen Familie geführt und bietet alles, was man sich unter einem Inselrefugium so vorstellt. Das Guesthouse liegt in der Nähe von einem Flecken Sandstrand, der Sunset Bay heißt. Die Wohneinheiten im *lumbung*-Stil (Reisscheune mit Reetdach) haben eine Terrasse und einen Kühlschrank.

Sunset Villa Lembongan GUESTHOUSE $$
(☎0812 381 9023; www.sunsetvillaslembongan.com; Sunset Bay; Zi. 56–77 US$; ❄🛜🏊) Die zwölf modernen Bungalows in einem ruhigen Grundstück mit schnell wachsender Vegetation gruppieren sich um einen großen Pool. Die Wohneinheiten haben eine Terrasse und einen Sitzbereich, manche auch einen Kühlschrank und Flachbildfernseher. Die großen Bäder im Freien weisen Natursteinelemente auf.

Point Resort Lembongan RESORT $$$
(www.thepointlembongan.com; Suite ab 150 US$, Villa ab 290 US$; ❄🛜🏊) Rund 500 m westlich von Tanjung Sanghyang liegt dieses gleichnamige Resort mit vier feudalen Suiten und einer Villa mit zwei Zimmern. Die Aussicht ist sagenhaft, und sollte ein Piratenschiff aufkreuzen, können die Gäste zuschauen, wie es an den Felsen unterhalb des Infinity-Pools zerschellt. Die Wohneinheiten sind hell und luftig und haben einen hübschen Sitzbereich.

Essen

Fast jede Unterkunft betreibt ein Café, das – sofern nicht anders angegeben – indonesische und westliche Gerichte ab ca. 50 000 Rp serviert. Aber es gibt auch viele gute Restaurants ohne Hotelbetrieb.

Supermärkte finden sich in der Nähe der Bank, aber die Auswahl ist, sofern man nicht gerade eine Wasser-Cracker-Diät führt, klein.

Jungutbatu

★**Green Garden Warung** INDONESISCH $
(☎0813 374 1928; Hauptgerichte 20 000–50 000 Rp; ⏲7–22 Uhr; 🌿) Versteckt in einem Garten an einer Seitenstraße am Jungutbatu Beach serviert dieser Warung leckere Smoothie-Bowls und kreative indonesische Gerichte, von denen viele vegetarisch sind. Die Eigentümer spenden einen Teil ihres Erlöses an lokale Schulen und sind gerade dabei, fünf Gästezimmer herzurichten.

Bali Eco Deli CAFÉ $
(☎0812 3704 9234; www.baliecodeli.net; Jungutbatu; Hauptgerichte ab 40 000 Rp; ⏲7–22 Uhr) 🍃 Dieses unwiderstehlich Café gilt als enorm umweltfreundlich und ist dafür bekannt, dass es viel für die Gemeinde tut. Aber was es für seine Gäste tut, kann sich auch sehen lassen: Hier verlocken frisches, kreatives Frühstück in zig Varianten, gesunde Snacks, köstliche Backwaren, leckerer Kaffee und Säfte sowie allerlei Salate – und das alles wird in einem netten Garten serviert.

Pondok Baruna Warung INDONESISCH $
(Jungutbatu; Hauptgerichte ab 50 000 Rp; ⏲8–22 Uhr) Der gastronomische Zweig des Baruna-Imperiums tut sich mit so ziemlich dem besten Essen auf der ganzen Insel hervor. Hier verlocken hervorragende balinesische Gerichte, aber auch allerlei leckere Currys. Und so mancher Gast hat sich hier schon nicht nur einen Schoko-Brownie, sondern gleich zwei bestellt.

99 Meals House INDONESISCH, CHINESISCH $
(Jungutbatu Beach; Hauptgerichte ab 20 000 Rp; ⏲8–22 Uhr) Das absolute Schnäppchen! Frittierter Reis, Omeletts, chinesische Gemüsepfannen und vieles mehr werden in diesem Lokal im Freien am Strand von der Familie zubereitet.

★**Warung Bambu** FISCH & MEERESFRÜCHTE $$
(☎0813 3867 5451; Jungutbatu; Hauptgerichte 35 000–90 000 Rp; ⏲9–22 Uhr) An der Straße zu den Mangroven, hinter dem Leuchtturm, serviert dieses Lokal hervorragende Gerichte mit Meeresfrüchten. Die Speisekarte des Familienbetriebs bietet das, was den Fischern ins Netz gegangen ist. Die Tische stehen auf einer großen, überdachten Terrasse

mit Sandboden. Tagsüber kann man mit etwas Glück die Aussicht auf den Vulkan Gunung Agung genießen, bei Nacht schillern die Lichter von Bali.

In den Hügeln

★ Deck Cafe & Bar CAFÉ $$
(http://thedecklembongan.com; Hauptgerichte ab 60 000 Rp; ⌚7.30–23 Uhr; 📶) Die schicke Cafébar des Hotels Batu Karang liegt direkt am Hauptpfad am Hügel. Serviert werden kreative Drinks von der ellenlangen Getränkekarte und leckere Snacks (das Café hat eine gute Bäckerei) plus feudale Pubgerichte – und die schöne Aussicht gibt es gratis dazu. Sonntags legt ein DJ auf.

Tanjung Sanghyang

★ Hai Bar & Grill INTERNATIONAL $$
(☎0361-720331; www.haitidebeachresort.com/hai-bar-and-grill; Hai Tide Beach Resort; Hauptgerichte 59 000–160 000 Rp; ⌚7–22 Uhr; 📶) Diese weit offene Bar mit dem entsprechenden weiten, offenen Blick auf die Bucht und die Sonnenuntergänge ist die schickste Restaurantbar von Tanjung Sanghyang. Die Speisekarte präsentiert sich als Kombination aus asiatischen und westlichen Gerichten, und es gibt Leckereien wie frisch gebackene Muffins. Wer hier isst, darf den Pool benutzen, und an manchen Abenden werden im Freien Filme gezeigt. Und wer sich in Jungutbatu abholen lassen möchte, ruft einfach an.

Weitere Restaurants auf Lembongan

Sandy Bay Beach Club INTERNATIONAL $$
(☎0828 9700 5656; www.sandybaylembongan.com; Sunset Bay; Hauptgerichte ab 60 000 Rp; ⌚8.30–22.30 Uhr; 📶) Dieser ansprechende Strandclub strapaziert das Dekor aus gebleichtem Holz schon übermäßig, er liegt aber sagenhaft an einem netten kleinen Sandstrand namens Sunset Beach (manchmal auch Sandy Bay Beach genannt). Die Speisekarte schlägt einen weiten Bogen von Asien nach Europa – mit einem Abstecher nach „Burgerville". Die Abende mit Meeresfrüchten vom Grill sind sehr beliebt.

Praktische Informationen

Die **Medical Clinic** (Konsultation ab 250 000 Rp; ⌚8–18 Uhr) in einem modernen Gebäude im Dorf ist versiert, wenn es darum geht, kleinere Surf- und Tauchverletzungen oder Probleme mit den Ohren zu behandeln.

Wer hier einen Aufenthalt plant, sollte am besten ausreichend Bargeld in Rupien mitbringen. Es gibt zwar vier Geldautomaten auf der Insel, doch denen geht oft das Bargeld aus oder sie nehmen ausländische Karten nicht an.

An- & Weiterreise

Für die Anreise nach Nusa Lembongan – und auch für die Rückfahrt – gibt es mehrere Alternativen, von denen sich einige recht zügig gestalten. Aber Achtung: Jeder, der aussieht als hätte er genügend Geld für ein Schnellboot, der wird auch auf ein Schnellboot gebucht; und Vorsicht vor Veranstaltern, die schnelle Überfahrten bei Nacht anpreisen, diese sind nicht zu empfehlen, denn dabei ist es auch um die Sicherheit der Passagiere in den meisten Fällen ziemlich schlecht bestellt.

Da die Schiffe vor der Küste ankern und nicht an einem Steg anlegen, müssen sich die Passagiere auf nasse Füße gefasst machen. Es empfiehlt sich auch, möglichst auf schweres Gepäck zu verzichten. Trolleys sind im Wasser, am Strand und auf Trampelpfaden nur für eine Lachnummer gut. Gepäckträger schultern das Gepäck für 20 000 Rp (die man ihnen auch wirklich bezahlen sollte!). Sie versuchen auch, einen zu einem bestimmten Hotel zu führen, um eine Provision zu kassieren.

Öffentliche Schnellboote (Jungutbatu Beach, einfache Fahrt 200 000 Rp) Die Schiffe legen zehnmal täglich, zw. 8.30 und 17.30 Uhr, am Nordende des Sanur Beach nach Nusa Lembongan ab; die Fahrt dauert 30 Minuten.

Rocky Fast Cruises (☎0361-283624; www.rockyfastcruise.com; Jungutbatu Beach; einfache Fahrt/Hin- & Rückfahrt 300 000/500 000 Rp) Die Firma hat mehrere große Schiffe täglich im Einsatz, die 30 Minuten unterwegs sind.

Scoot (☎0361-285522; 0812 3767 4932; www.scootcruise.com; Jungutbatu Beach; einfache Fahrt Erw./Kind 400 000/280 000 Rp) Es finden täglich ein paar Überfahrten statt; jede dauert 30 Minuten.

Unterwegs vor Ort

Da die Insel recht überschaubar ist, lassen sich die meisten Orte leicht zu Fuß erreichen. Autos und kleine Motorräder (60 000 Rp pro Tag) und Fahrräder (40 000 Rp pro Tag) lassen sich überall problemlos mieten. Die einfache Fahrt mit einem Motorrad oder einem Pickup kostet 15 000 Rp mit Trend nach oben. Eine wirklich unerfreuliche Entwicklung sind die neuen Golfwagen in der Größe eines SUV; sie werden überwiegend von Touristen angemietet, die eine dicke Zigarre für den perfekten Reisebegleiter halten.

Nusa Ceningan

0366 / 37 581 EW.

Das winzige Inselchen ist durch eine schmale gelbe **Hängebrücke**, die sich reizend über die Lagune spannt, mit Nusa Lembongan verbunden. Durch die Brücke ist es recht einfach, Nusa Ceningan zu erkunden. Neben der Lagune voller Rahmen für die Seetanggewinnung sind diverse kleine landwirtschaftlich genutzte Flächen und ein Fischerdorf sehenswert. Nusa Ceningan ist eine recht hügelige Insel, und wer Lust dazu hat, kann beim Wandern oder Radfahren immer wieder von oben einen Blick auf die schöne Landschaft werfen. Die größeren Straßen wurden asphaltiert, was die Insel erschließbar macht, aber es geht dennoch sehr ländlich hier zu.

Im Südwesten gibt es einen **Surfbreak**, der nach seiner Lage am Ceningan Point benannt ist – eine exponierte linksdrehende Welle.

Sehenswertes

Blue Lagoon LAGUNE

An dieser steilen Bucht mit Blick auf die Bandung Strait stürzen atemberaubende türkisfarbene Wellen in zerklüftete schwarze Felsformationen. Schilder weisen Ultramutige darauf hin, wo Klippenspringen möglich ist (wer sich angesprochen fühlt, sollte die Gezeiten checken und seine Grenzen kennen). Ein Holzschild am Ende der Jl Sarang Burung weist den Weg durch Palmen.

Geführte Touren

Wer Nusa Ceningan wirklich genießen möchte, sollte an einem Ausflug mit Übernachtung von JED (S. 502) teilnehmen, einer Kulturorganisation, die Interessierten einen tiefgehenden Einblick ins dörfliche und kulturelle Leben auf der Insel vermittelt. In der Tour inbegriffen sind die Unterkunft bei einer Familie in einem Dorf, die einheimischen Mahlzeiten, eine spannende Exkursion mit den Seetangarbeitern sowie der Transport von/nach Bali.

Schlafen & Essen

Le Pirate Beach Club PENSION **$$**

(0811 388 3701, Reservierungen 0361-733493; https://lepirate.com/nusa-ceningan/; Jl Nusa Ceningan; Zi. inkl. Frühstück ab 700 000 Rp;) Das Guesthouse ist in fröhlichem Türkis und Weiß gehalten, es dominiert Inselkitsch im Retroschick. Die Anlage besteht aus klimatisierten Strandhäuschen, in denen bis zu vier Personen in Etagenbetten übernachten können; außerdem gibt es auch Häuschen für zwei Personen. Das beliebte Restaurant liegt am kleinen nierenförmigen Pool und bietet einen weiten Blick über den Kanal. Wer hier übernachten möchte, muss mindestens zwei Übernachtungen buchen.

Secret Point Huts GUESTHOUSE **$$**

(0819 9937 0826; www.secretpointhuts.com; Zi. ab 80 US$;) In der Südwestecke der Insel mit Blick auf den Surfbreak von Ceningan Point liegt dieses reizende kleine Resort mit einem winzigen Strand und einer

AUS FÜR DEN SEETANG

Nur wenige Fans von Speiseeis wissen das, aber eigentlich sind sie den Seetangfarmern von Nusa Lembongan, Nusa Ceningan und Nusa Penida zu großem Dank verpflichtet. Carrageen, ein Emulgator, der beim Eindicken von Speiseeis wie auch von Käse und vielen anderen Produkten zum Einsatz kommt, wird aus Seetang gewonnen, der hier angebaut wird.

Wer eine Runde durch die Dörfer dreht, sieht – und riecht – die riesigen Flächen, die zum Trocknen des Seetangs genutzt werden. Ein Blick ins Wasser offenbart den Flickenteppich aus kultivierten Seetangfeldern. Die Inseln bieten sich für die Produktion besonders an, denn das Wasser ist seicht und reich an Nährstoffen. Der getrocknete rote und grüne Seetang wird zur Endverarbeitung dann in die ganze Welt exportiert.

Wie lange noch, ist allerdings die Frage. Der Anbau von Seetang bedeutet harte Arbeit und winzigen Ertrag. Noch vor zehn Jahren arbeiteten 85 % der Bevölkerung von Lembongan als Seetangfarmer, heute reduziert sich diese Zahl rasant, denn immer mehr Leute sind im boomenden Tourismus tätig – mit vergleichsweise besserem Einkommen und erheblich einfacherer Arbeit.

Und Nusa Penida liegt hinter diesem Trend nur unwesentlich zurück. Als einmal jemand einen Seetangfarmer, der sich jetzt als Guide verdingt, fragte, ob ihm seine frühere Arbeit fehle, verzog er sein Gesicht nur zu einem Lächeln.

Bar oben auf den Klippen. Die Zimmer befinden sich in Bungalows im *lumbung-Stil* (Reisscheune) und haben ein Bad im Freien.

An- & Weiterreise

Um Nusa Ceningan zu erreichen, fährt man zuerst nach Nusa Lembongan und überquert dann zu Fuß oder mit dem Motorrad die kurze Brücke.

Nusa Penida

☎0366 / 37 581 EW.

Die Insel taucht in den Reiserouten von Backpackern erst allmählich auf. Und somit gibt es auf Nusa Penida natürlich noch jede Menge zu entdecken. Jedenfalls ist hier alles noch so ursprünglich, dass die Antwort auf die Frage auf der Hand liegt, die da lautet: Wie würde Bali aussehen, wenn nie irgendwelche Touristen kämen? Es gibt nur eine Handvoll Sehenswürdigkeiten und Aktivitäten im eigentlichen Sinn; am besten kommt man her, um die Insel zu erkunden, sich zu entspannen und sich dem gemächlichen Tempo anzupassen, das für das Leben hier so charakteristisch ist.

Die etwa 37 000 Einwohner sind überwiegend Hindus, doch gibt es auch eine Muslimgemeinde in Toyapakeh. Nusa Penida diente einst als Verbannungsort für Kriminelle und andere Unerwünschte aus dem Königreich Klungkung (heute Semarapura) und hat immer noch einen irgendwie düsteren Ruf. Doch die Insel gilt auch als Zentrum der Wiedergeburt: Der legendäre Bali-Star wird hier gerade wieder heimisch gemacht, eine Vogelart, die in der Wildnis schon fast ausgestorben war. Und das Besucherzentrum in der Nähe von Ped floriert.

Sehenswertes

Die Insel ist ein Kalksteinplateau mit einem Streifen Sandstrand an der Nordküste; schön ist der Blick übers Meer bis zu den Vulkanen auf Bali hinüber. An der Südküste erheben sich 300 m hohe Kalksteinklippen, die steil ins Meer abfallen. Vor der Küste liegen etliche kleine Inselchen – es ist eine zerklüftete, spektakuläre Landschaft. Im Innern ist die Insel hügelig mit karg erscheinenden Anbauflächen und altertümlichen Dörfern. Weil es wenig regnet, sind Teile der Insel ausgedörrt. Zu erkennen sind allerdings noch die Überreste ehemaliger Reisterrassen.

Strände gibt es hier nur wenige, darunter allerdings einige spektakuläre.

PENIDAS DÄMON

Nusa Penida ist die legendäre Heimat von Jero Gede Macaling, einem Dämon, der den Barong-Landung-Tanz angeregt hat. Viele Balinesen glauben, dass die Insel ein verzauberter Ort mit *angker* (böser Macht) sei – was paradoxerweise aber eben genau ihren Reiz ausmacht. Tausende Balinesen strömen alljährlich zu religiösen Zeremonien nach Nusa Penida, um die bösen Geister zu beschwichtigen.

Aktivitäten

Nusa Penida tut sich mit Tauchrevieren auf Weltklasseniveau hervor. Die meisten Gäste buchen über einen Tauchladen auf Nusa Lembongan. Zwischen Toyapakeh und Sampalan bietet sich die wunderschöne, ebene Küstenstraße für tolle Radtouren an. Alle anderen Straßen eignen sich für Mountainbiker. Wer ein Fahrrad mieten möchte, sollte sich einfach ein bisschen umhören, es dürfte so etwa 40 000 Rp pro Tag kosten.

Quicksilver WASSERSPORT
(☎0361-721521; www.quicksilver-bali.com; Erw./Kind 110/55 US$) Auf dem Programm stehen Ausflüge ab Bali (Start ist am Benoa Harbour). Ein großes Schiff, das vor Toyapakeh ankert, ist Ausgangsbasis für alle möglichen Wassersportarten. Auch Exkursionen in die Dörfer werden angeboten.

Praktische Informationen

GEFAHREN & ÄRGERNISSE

Es haben sich immer wieder Unfälle ereignet, an denen Schiffe beteiligt waren, die von Bali zu den umliegenden Inseln unterwegs waren. Diese Schiffsverbindungen werden nicht überwacht und es existiert auch keine Sicherheitsbehörde im Fall von Problemen. Man sollte deshalb selbst Vorsichtsmaßnahmen ergreifen (S. 518).

GELD

Die beiden Geldautomaten sind gelegentlich außer Betrieb oder ohne Bargeld. Nur für den Fall sollte man ausreichend Rupien mitbringen.

TOURIST INFORMATION

Penida Tours (S. 179) ist eine super Anlaufstelle für Informationen zur gesamten Insel.

FREIWILLIGENDIENST

Es sind verschiedene Umwelt- und Hilfsorganisationen auf Nusa Penida aktiv; somit werden Volontäre für eine Fülle von Projekten benötigt.

Sie müssen in der Regel eine Gebühr bezahlen (etwa 10–20 US$ pro Tag, abhängig vom Aufenthalt), in der die Unterkunft mit inbegriffen ist, und einen Beitrag zur Sache leisten. An den Programmen der folgenden Organisationen kann man teilnehmen:

Friends of the National Parks Foundation (FNPF; ☎ 0361-479 2286; www.fnpf.org) Diese Gruppe hat ein Zentrum in der Nähe von Ped an der Nordküste der Insel. Die Freiwilligenarbeit umfasst Mithilfe beim Schutz des stark gefährdeten heimischen Bali-Stars und Unterricht in den Schulen vor Ort. Die Unterkunft ist einfach, aber die Zimmer sind ganz gemütlich und haben einen Ventilator und kaltes Wasser.

Green Lion Bali (☎ 0812 4643 4964; http://new.greenlionbali.com; Jl Penestanan, Ubud) Diese Organisation wurde mit einem Preis ausgezeichnet für ihr Programm, das an der Nordküste von Nusa Penida Schildkröten schützt und züchtet. Die Volontäre müssen sich für mindestens zwei Wochen verpflichten und im Schildkrötengehege arbeiten sowie in den Schulen vor Ort Unterricht erteilen. Ein Gästehaus befindet sich gleich in der Nähe.

An- & Weiterreise

Die Meerenge zwischen Nusa Penida und Südbali ist tief und enormer Dünung ausgesetzt – bei starker Flut müssen die Schiffe oft bessere Bedingungen abwarten. Charterschiffe von/nach Kusamba sind aufgrund ihrer geringen Größe und dem möglichen schweren Seegang nicht zu empfehlen.

NUSA LEMBONGAN

Die öffentlichen Schiffe von Nusa Penida fahren von Lembongan-Stadt an der Brücke zum Dorf Toyapakeh (50 000 Rp, 20 Min.) und zurück. Die Boote verkehren ab 6 Uhr so etwa im 30-Minuten-Takt und warten ab, bis mindestens sechs Passagiere zusammengekommen sind. Die Kosten für das Chartern eines Boots lassen sich aushandeln; sie liegen bei 300 000 bis 400 000 Rp pro Strecke.

PADANGBAI

Über die Meerenge fahren Schnellboote von Padangbai nach Puyuk, 1 km westlich von Sampalan auf Nusa Penida (110 000 Rp, 45 Min., 4-mal tgl.). Diese Boote verkehren von 7 Uhr morgens bis mittags.

Eine große öffentliche Autofähre verkehrt ebenfalls täglich (Erw./Kind/Motorrad/Auto 31 000/26 000/52 000/380 000 Rp) ab 11 Uhr. Sie braucht 40 Minuten bis zwei Stunden, abhängig vom Seegang.

SANUR

Verschiedene Schnellboote fahren an demselben Strandabschnitt ab wie die Schnellboote nach Nusa Lembongan und legen die Strecke in nicht einmal einer Stunde zurück.

Maruti Express (☎ 0361-465086, 0811 397 901; http://lembonganfastboats.com/maruti_express.php; einfache Fahrt Erw./Kind ab 362 500/290 000 Rp) Eines von mehreren Schnellbooten nach Nusa Penida.

Unterwegs vor Ort

Bemos verkehren nach 22 Uhr relativ selten. Oft finden sich Leute am Bootsanleger, die den ankommenden Gästen den Transport organisieren können. An Fortbewegungsmitteln bieten sich folgende Alternativen:

Auto & Fahrer Ab 350 000 Rp für den halben Tag.

Motorrad Lässt sich problemlos für 80 000 Rp pro Tag mieten.

Ojek Nicht häufig, aber wer eine Mitfahrgelegenheit auf einem Motorrad auftreibt, bezahlt so etwa 50 000 Rp pro Stunde.

Sampalan

4635 EW.

Sampalan, der Hauptort auf Nusa Penida, ist beschaulich und nett. Er zieht sich an der kurvenreichen Küstenstraße entlang. Der interessante **Markt** findet im Zentrum statt. Jedenfalls kann man hier schön das dörfliche Leben auf sich wirken lassen.

Nusa Garden Bungalows GUESTHOUSE $
(☎ 0812 3990 1421, 0813 3812 0660; Zi. ab 200 000 Rp; 📶) Pfade aus Korallenbruch, gesäumt von Tierstatuen, verbinden die zehn sehr einfachen Zimmer hier. Einfach gleich östlich vom Zentrum in die Jalan Nusa Indah einbiegen.

MaeMae Beach House GUESTHOUSE $
(☎ 0857 4383 60225; maemaebeachhouse2015@gmail.com; Kutampi; Zi. ab 250 000/300 000 Rp; ❄ 📶) In der Ortschaft Kutampi unmittelbar vor den Toren Sampalans liegt dieses Guesthouse praktisch in der Nähe des Haupthafens. Der Manager Agus spricht hervorragend Englisch und kann mit einem enormen Fundus an Tipps und Informationen über Nusa Penida aufwarten. Die Zimmer hier sind modern, aber schon ein bisschen abgewohnt. Im legeren Warung kommt leckeres Essen auf den Tisch, und nahe am Wasser liegt er auch noch.

An- & Weiterreise

Sampalan liegt an der Hauptküstenstraße. Der Transport ist einfach zu organisieren, wenn man mit dem Boot anreist.

Ped

3787 EW.

In Ped ist ein bedeutender balinesischer Tempel zu Hause. Gleich 600 m weiter westlich bildet das Minidorf Bodong das ansprechende Zentrum der erwachenden Touristenszene auf Nusa Penida.

Sehenswertes & Aktivitäten

★ Pura Dalem Penetaran Ped HINDUTEMPEL
GRATIS Dieser bedeutende Tempel ragt in der Nähe des Strands von Ped auf, 3,5 km östlich von Toyapakeh. Er beherbergt einen Schrein für den Dämon Jero Gede Macaling, der Menschen, die schwarze Magie praktizieren, als Quelle der Kraft gilt; außerdem ist er ein Pilgerziel für Menschen, die Schutz vor Krankheit und vor dem Bösen suchen. In der weitläufigen Tempelanlage sind Gläubige zu sehen, die Opfergaben für eine gefahrlose Fahrt übers Meer nach Nusa Penida darbringen; so mancher möchte sich da am liebsten gleich anschließen.

Octopus Dive TAUCHEN
(☎0878 6268 0888, 0819 77677677; www.octopusdiveindonesia.com; Bodong; 2-Tank-Tauchgänge ab 1100 000 Rp) Ein kleiner, engagierter einheimischer Veranstalter von Tauchausflügen.

★ Penida Tours TOUR
(☎0852 0587 1291; www.penidatours.com; Jl Raya Bodong; Touren ab 750 000 Rp; ⌚9–18 Uhr) Das tolle einheimische Unternehmen veranstaltet Kulturexkursionen auf der ganzen Insel Nusa Penida – von schwarzer Magie bis Tauchen und Campingtrips ist alles im Angebot. Das Tour-Büro befindet sich gleich neben dem Gallery Café.

Schlafen

Full Moon Bungalows BUNGALOWS $
(☎0813 3874 5817; www.fullmoon-bungalows.com; Bodong; B/Zi. ab 125 000/300 000 Rp; ❄📶) Die gut geführte Anlage besteht aus 15 Bungalows. Alle sind einfach, aber gemütlich und haben Wände aus Reet. Die Gäste wohnen hier nur ein paar Schritte vom unbedeutenden, jedoch netten Nachtleben von Ped entfernt.

Jero Rawa PRIVATUNTERKUNFT $
(☎0852 0586 6886; www.jerorawahomestay.com; Jl Raya Ped; Zi. inkl. Frühstück mit Ventilator/Klimaanlage ab 200 000/300 000 Rp) Das entspannte Guesthouse wird von einer Familie geführt. Geboten werden saubere Zimmer im Bungalowstil, die gleich jenseits der Straße vom Strand liegen.

Ring Sameton Inn GUESTHOUSE $
(☎0813 798 5141; www.ringsameton-nusapenida.com; Bodong; Zi. inkl. Frühstück 400 000–500 000 Rp; ❄📶🏊) Wer Wert auf einen gewissen Komfort legt, der ist mit diesem Quartier auf Nusa Penida sicherlich am besten bedient. Neben den schicken Zimmern im Business-Stil gibt es hier auch einen Pool, außerdem ein Restaurant mit reichlich Flair – und am Strand ist man auch im Handumdrehen.

Essen

★ Gallery CAFÉ $
(☎0819 9988 7205; Bodong; Hauptgerichte ab 30 000 Rp; ⌚7.30–21 Uhr) Das kleine Café steht bei Volontären der NGOs hoch im Kurs. Geführt wird es von dem absolut reizenden Mike, einem Briten, der über einen enormen Fundus an Informationen über Nusa Penida verfügt. An den Wänden hängen Kunstwerke, es gibt von Hand geröstete ten Filterkaffee, selbst gemachten Hibiskustee und eine westliche Speisekarte, auf der alle möglichen Leckereien zum Frühstück und Sandwiches stehen.

★ Penida Colada CAFÉ $
(☎0821 4676 3627; www.facebook.com/penidacolada; Bodong; Hauptgerichte 45 000–70 000 Rp; ⌚9 Uhr bis open end; 📶) Die Cocktails in diesem reizvollen Café in einer Hütte am Meer unter der Leitung eines indonesisch-australischen Paars sind ein Muss. An frischen, kreativen Drinks gibt es beispielsweise Mojitos und Daiquiris, die zu Gerichten wie gegrilltem Fisch oder zu einem Sandwich mit Schinken, Salat und Tomate, aber auch zu Pommes mit Aioli munden. Es finden oft Grillabende statt, bei denen Meeresfrüchte gebrutzelt werden. Schön ist das beruhigende Meeresrauschen am schmalen Strand. Und das war es dann auch schon mit dem Nachtleben von Penida!

Warung Pondok Nusa Penida INDONESISCH $
(Bodong; Hauptgerichte ab 30 000 Rp; ⌚9–21 Uhr) Das nette kleine Lokal liegt luftig direkt am Strand. Hier schmecken die gut zubereiteten Klassiker aus Indonesien und die Meeresfrüchte – plus das eine oder andere westliche Gericht – , während man die

Aussicht auf Bali auf sich wirken lässt. Probierenswert ist der „Seetang-Mocktail" zum Nachtisch.

Made's Warung IINDONESISCH $
(Ped; Hauptgerichte 8000–18 000 Rp; ⌚8–22 Uhr) Genau gegenüber vom Tempel ist dieser sehr saubere Warung einer von vielen. Er führt leckere *nasi campur* (Reis mit mehreren Beilagen).

An- & Weiterreise

Ped und Bodong befinden sich direkt an der Küstenstraße. Motorräder oder Privatwagen bieten die einzigen Möglichkeiten der Fortbewegung.

Crystal Bay Beach

Der idyllische Strand erstreckt sich beim beliebten Tauchrevier Crystal Bay. Der Sand ist hier hell und die Palmen verleihen dem Ambiente einen Touch *South-Pacific-Flair*. Beliebt ist der Strand bei Tagesgästen aus Bali, die mit dem Schiff ankommen (ein Veranstalter ist beispielsweise Bali Hai Cruises; www.balihaicruises.com), doch ein Großteil des Strandes ist noch wunderbar ländlich. Wenn es hoch hergeht, d. h. wenn 60 Boote gleichzeitig anlanden, wird es allerdings oft arg voll. Nach 15 Uhr, wenn die Tagesausflügler wieder fahren, kann man den Massen aber entgehen. Ein paar Warungs (Imbissläden) und Strandcafés verleihen auch Schnorchel-Ausrüstung. Der Tempel **Segara Sakti** trägt ein Übriges zur Bilderbuchkulisse bei.

Namaste GUESTHOUSE $
(☎0813 3727 1615; www.namaste-bungalows.com; Zi. mit Ventilator/Klimaanlage ab 500 000/650 000 Rp; ❄📶🏊) Das Namaste in Besitz eines Expats liegt einen sehr steilen Kilometer vom Strand entfernt an der Straße nach Toyapakeh. Das sehr durchdachte Guesthouse mit zehn rustikalen Bungalows wurde aus recycelten Materialien erbaut und gruppiert sich um einen großen Pool. Ein gutes Café gehört mit dazu.

An- & Weiterreise

Südlich von Toyapakeh führt eine gepflasterte 10 km lange Straße durch das Dorf Sakti hierher. Man braucht einen eigenen fahrbaren Untersatz, den man über die Unterkunft oder bei der Ankunft auf Nusa Penida organisieren kann. Angesichts der Hügel ist es unvorstellbar, hier zu radeln.

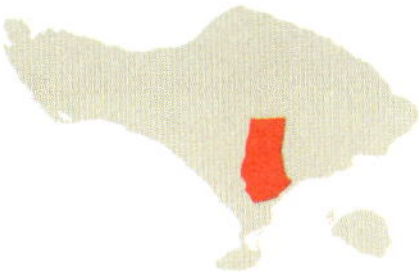

Ubud & Umgebung

Inhalt ➡

Ubud 181
Bedulu 220
Tegallalang 221
Tampaksiring 222
Mas 223
Blahbatuh 225
Batubulan 227
Abiansemal 227

Gut essen

- Hujon Locale (S. 207)
- Dumbo (S.211)
- Mozaic (S. 195)
- Pica (S. 210)
- Moksa (S. 211)
- Locavore (S.210)

Schön übernachten

- Mandapa (S. 204)
- Swasti Eco Cottages (S. 202)
- Bambu Indah (S. 205)
- Como Uma Ubud (S. 205)
- Komaneka at Monkey Forest (S. 202)
- Three Win Homestay (S. 199)

Auf nach Ubud!

Ubud ist und bleibt unbestritten das Highlight der Region, und doch verdienen auch einige Nebenschauplätze ein wenig Aufmerksamkeit. Die Tempel von Tampaksiring sind einen Tagesausflug auf jeden Fall wert. Auf dem Weg dorthin warten die berühmten Ceking-Reisterrassen auf eine ausgiebige Fotosession. Gleiches gilt für einen Besuch der vielen traditionellen Künstlerdörfer im Süden Ubuds, die verdientermaßen für ihre handwerkliche Qualität bekannt sind. Es ist vollkommen klar, dass Ubud mit seiner riesigen Auswahl an verlockenden Schlaf- und Essensmöglichkeiten die richtige Wahl als Basislager ist, aber genauso selbstverständlich sollte man sich auf ein Motorrad schwingen oder ein Auto mit Fahrer organisieren, um das Umland dieses Teils von Bali zu erkunden. Es gibt hier vielleicht keine Top-Sehenswürdigkeiten, aber entlang malerischer Seitensträßchen vieles zu entdecken.

Reisezeit

- Das Klima ist hier von Oktober bis April etwas kühler und sehr viel feuchter als im Süden; mit Regen ist jederzeit zu rechnen. Abends kommt ein kühles Lüftchen aus den Bergen auf und macht die Klimaanlage überflüssig.
- Tagsüber erreichen die Temperaturen durchschnittlich 30 °C, nachts 20 °C, aber es sind auch Extreme möglich. Die jahreszeitlichen Schwankungen sind gering.
- Hochsaison: Juli, August und die Weihnachtsferien bringen einen riesigen Besucheransturm mit sich; Unterkünfte und Restaurants sind dann oft ausgebucht.
- Im Oktober lockt das beliebte Ubud Writers & Readers Festival viele Besucher an.

Highlights

1 Ubud (S. 181) In Balis kulturellem Zentrum erfreuen Tempel, Museen, Kaffeekultur und Wellness-Auszeiten.

2 Gunung Kawi (S. 222) Wie Indiana Jones fühlt man sich umgeben von diesen antiken steinernen Schreinen.

3 Traditionelle Dörfer (S. 223) Künstlerdörfer wie Mas laden ein, sich auf die Suche nach Kunst, Handwerk, zeremoniellen Objekten und anderen Schätzen zu begeben.

4 Pertenunan Putri Ayu (S. 226) Die Webstühle ertönen im gleichmäßigen Klickklack in den Werkstätten Blahbatuhs.

5 Setia Darma House of Mask and Puppets (S. 223) Tausende zeremonielle Masken und Puppen sind im Museum in Mas zu bewundern.

6 Sukawati Market (S. 226) Einheimische feilschen um Blumen, Körbe, Früchte, Nippes und andere Gegenstände zur Opfergabe im Tempel.

UBUD

0361 / 10 870 EW.

Ubud ist so ein Ort, wo aus ein paar Tagen Urlaub schnell ein längerer Aufenthalt von Wochen, Monaten oder sogar Jahren wird. Das zeigt die riesige Expat-Community der Stadt genauso wie die vielen Romane und Filme, die in Ubud spielen: Die Menschen reagieren kreativ auf den verführerischen Charakter der kulturellen Hauptstadt Balis. Hier durchwebt die traditionelle balinesische Kultur jeden Moment, farbenfroh Dargebotenes schmückt die Straßen und die hypnotischen Klänge der Gamelans untermalen den Alltag. Dazu ist Ubud am Puls der Zeit mit nachhaltigem Design, Achtsamkeit, kulinarischem Erfindungsgeist und dem Besten, das globaler Tourismus heutzutage zu bieten hat. Es ist der richtige Ort, um sich zu entspannen, für eine Verjüngungskur und dafür, einem wahrlich magischen Urlaub zu erleben.

Geschichte

Ende des 19. Jhs. verpflanzte Cokorda Gede Agung Sukawati einen Zweig der Fürstenfamilie Sukawati nach Ubud und startete eine Reihe von Bündnissen, verstrickte sich aber auch in Auseinandersetzungen mit den benachbarten Fürstentümern. Im Jahr 1900 wurde Ubud (auf eigenen Wunsch) mit dem Königreich Gianyar zum niederländischen Protektorat erklärt und konnte sich fortan ausschließlich auf sein religiöses und kulturelles Leben konzentrieren.

Die Cokorda-Nachkommen ermutigten in den 1930er-Jahren westliche Künstler und Intellektuelle, ihre Heimat zu besuchen – zu denen, die kamen, zählten der deutsche Maler und Musiker Walter Spies, der kanadische Komponist Colin McPhee und der niederländische Künstler Rudolf Bonnet. Sie gaben der örtlichen Kunstszene starke Impulse, führten neue Ideen und Techniken ein und begannen balinesische Kunst weltweit auszustellen und zu fördern. Als schließlich der Massentourismus Bali erreichte, wurde Ubud zur Attraktion – nicht wegen seiner Strände oder Bars, sondern wegen seiner Kunst und Kultur.

Die Fürstenfamilie spielt immer noch eine sehr gewichtige Rolle in Ubud. So hilft sie bei der Finanzierung großer kultureller und religiöser Ereignisse wie etwa bei zeremoniellen Totenverbrennungen.

Sehenswertes

Das Zentrum von Ubud

Tempel, Kunstgalerien, Museen und Märkte schmücken das Zentrum von Ubud. Etliche bedeutende Sehenswürdigkeiten stehen ganz nah an der Hauptkreuzung von Jalan Raya Ubud und Monkey Forest Road.

★ Pura Taman Saraswati HINDUTEMPEL

(Karte S. 184; Jl Raya Ubud) GRATIS Das Wasser aus dem Tempel auf der Rückseite dieser Anlage speist den Teich voller hübscher Lotosblüten auf der Vorderseite. Kunstfertige Schnitzarbeiten ehren Dewi Saraswati, die Göttin der Weisheit und der Künste. Sie hat Ubud zweifellos ihren Segen gegeben. Am Abend finden hier regelmäßig Tanzdarbietungen statt. Touristen ist der Zugang zum Tempel nicht gestattet.

Ubud Palace PALAST

(Karte S. 184; Ecke Jl Raya Ubud & Jl Suweta; 8–19 Uhr) GRATIS Dieser Palast und der zugehörige Tempel, Puri Saren Agung, teilen sich den Platz im Zentrum der Stadt. Ein Großteil der Anlage ist nach dem Erdbeben von 1917 erbaut worden. Die örtliche Fürstenfamilie lebt noch heute im Palast. Trotzdem können die Besucher sich in weiten Teilen der Anlage frei bewegen und die zahlreichen traditionellen, aber nicht übermäßig ausgeschmückten Gebäude ansehen. Die Anlage war bei unserem letzten Besuch wegen Renovierung geschlossen, normalerweise finden im Pavillon jedoch an vielen Abenden Tanzdarbietungen statt.

Besonders sehenswert sind die Steinornamente. Viele stammen von bekannten ein-

UBUD FÜR KINDER

Ubud eignet sich hervorragend für einen Aufenthalt mit Kindern. In den Privatunterkünften gibt es oft einheimische Kinder, die offen für Spiele und Gesellschaft sind, und viele Ferienanlagen haben Kinderklubs oder Freizeitprogramme.

Wenn gutes Benehmen belohnt – oder durch Bestechung herbeigeführt – werden soll, bieten sich die vielen Filialen der Gelato Secrets oder Gaya Gelato an, und viele Lokale servieren Pizza. Sonntags bietet das Uma Cucina (S. 212) einen Brunch mit familienfreundlicher Kost und Unterhaltung.

Ubud Zentrum

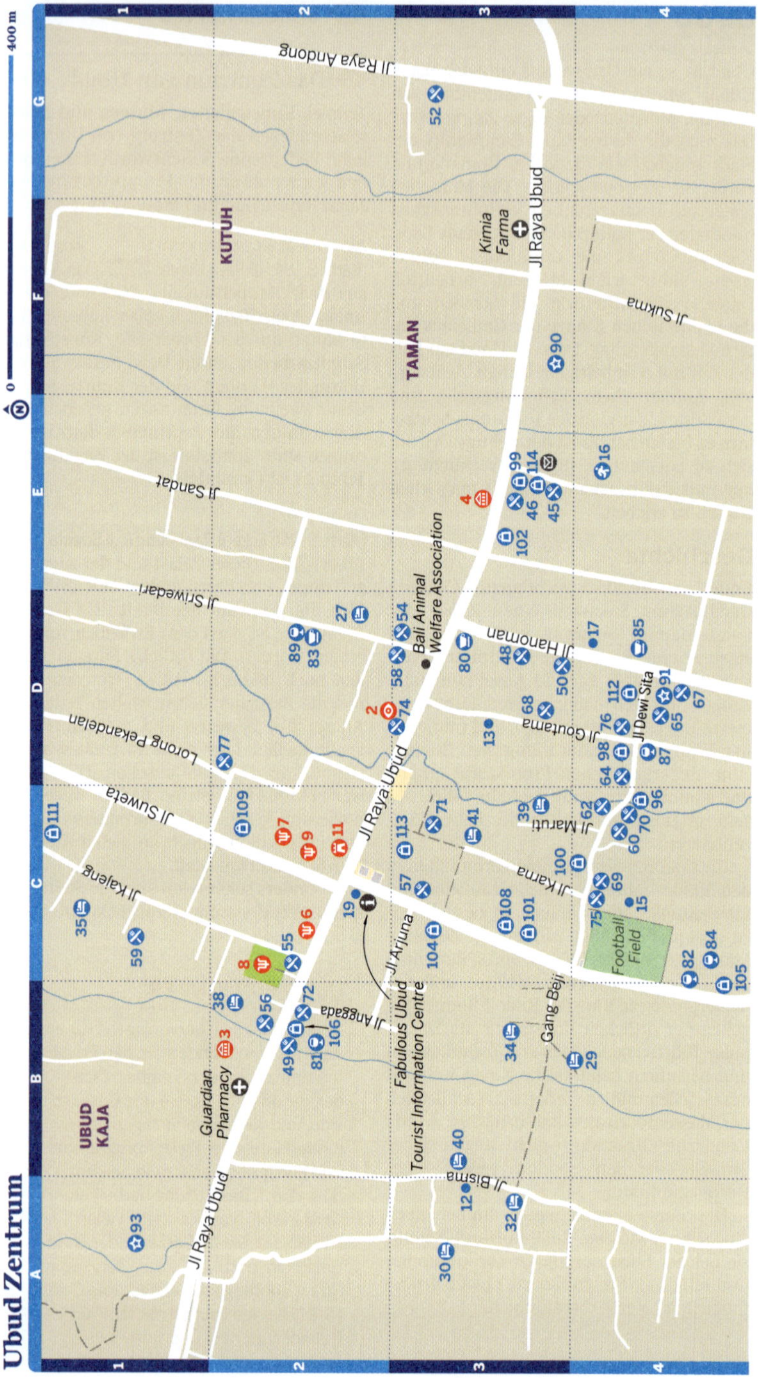

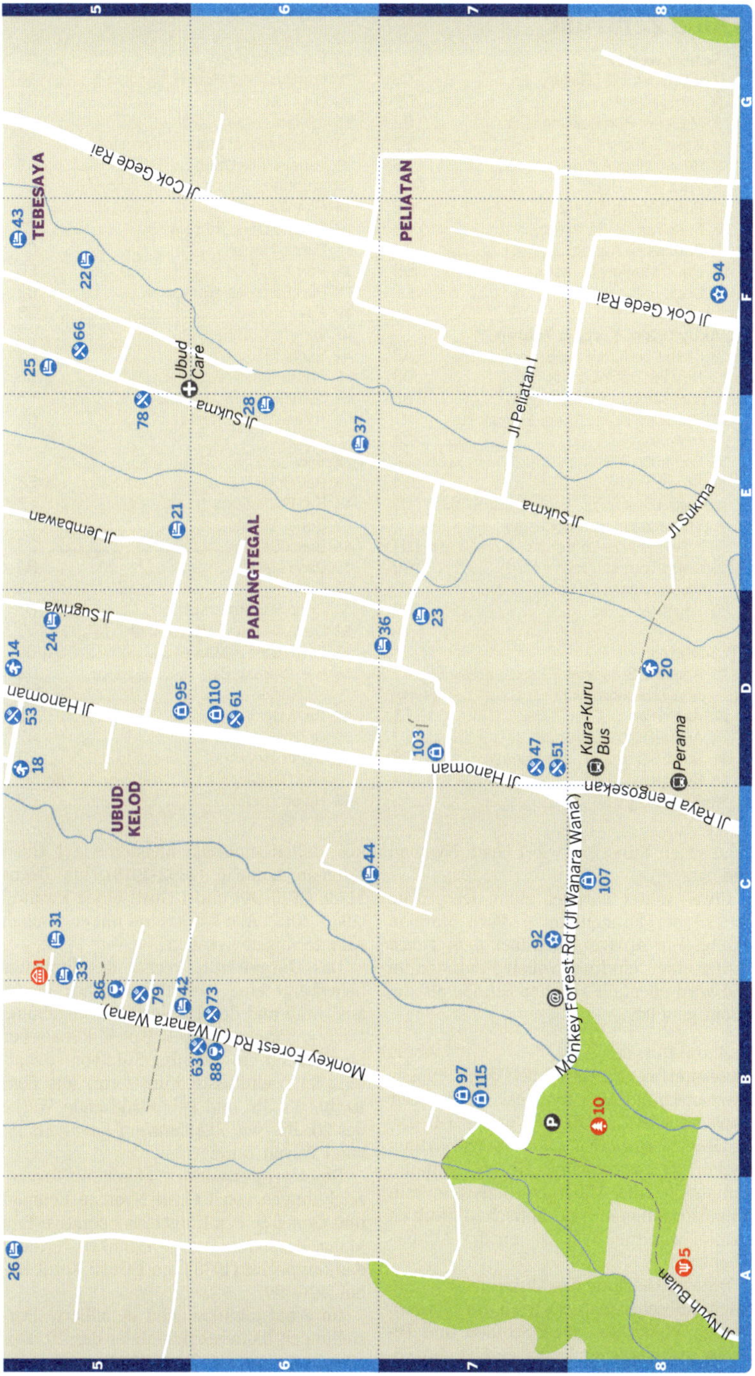

TEBESAYA
PELIATAN
PADANGTEGAL
UBUD KELOD
Jl Cok Gede Rai
Jl Sukma
Jl Peliatan I
Jl Jembawan
Jl Sugriwa
Jl Hanoman
Jl Raya Pengosekan
Monkey Forest Rd (Jl Wanara Wana)
Jl Nyuh Bulan
Ubud Care
Kura-Kuru Bus
Perama
1
5
10
14
18
20
21
22
23
24
25
26
28
31
33
36
37
42
43
44
47
51
53
61
63
66
73
78
79
86
88
92
94
95
97
103
107
110
115

Ubud Zentrum

Sehenswertes
1 Komaneka Art Gallery ... C5
2 Lempad's House ... D2
3 Museum Puri Lukisan ... B2
4 Neka Gallery ... E3
5 Pura Dalem Agung ... A8
6 Pura Desa Ubud ... C2
7 Pura Mrajan Agung ... C2
8 Pura Taman Saraswati ... C2
9 Puri Saren Agung ... C2
10 Ubud Monkey Forest ... B8
11 Ubud Palace ... C2

Aktivitäten, Kurse & Touren
12 Casa Luna Cooking School ... A3
13 Nirvana Batik Course ... D3
14 Nur Salon ... D5
15 Pondok Pekak Library & Learning Centre ... C4
16 Radiantly Alive ... E4
17 Studio Perak ... D4
18 Taksu Spa ... D5
Threads of Life Indonesian Textile Arts Center ... (s. 111)
19 Ubud Tourist Information ... C2
Wayan Pasek Sucipta ... (s. 27)
20 Yoga Barn ... D8

Schlafen
21 Adipana Bungalow ... E5
Adiwana Jembawan ... (s. 16)
22 Aji Lodge ... F5
23 Artotel Haniman Ubud ... D7
24 Batik Sekar Bali Guest House ... D5
25 Biangs ... F5
26 Bisma Eight ... A5
27 Eka's Homestay ... D2
28 Family Guest House ... E6
29 Griya Jungutan ... B4
30 Ina Inn ... A3
31 Komaneka at Monkey Forest ... C5
32 Ladera Villa Ubud ... A3
33 Lumbung Sari ... C5
34 Oka Wati Hotel ... B3
35 Padma Ubud Retreat ... C1
36 Pande House ... D7
37 Puri Asri 2 ... E6
38 Puri Saraswati Bungalows ... B2
39 Raka House ... C3
40 Sama's Cottages ... B3
41 Sania's House ... C3
42 Sri Bungalows ... B5
43 Suastika Lodge ... F5
44 Three Win Homestay ... C6

Essen
45 Bali Buda ... E3
46 Bali Buda Shop ... E3
47 Bebek Bengil ... D7
48 Black Beach ... D3
49 Casa Luna ... B2
50 Clear ... D3
51 Coco Supermarket ... D7
52 Delta Dewata Supermarket ... G3
53 Earth Cafe & Market ... D5
54 Fair Warung Balé ... D3
Full Circle ... (s. 23)
55 Gaya Gelato ... C2
56 Gelato Secrets ... B2
57 Gelato Secrets ... C3
Herb Library ... (s. 16)
58 Hujon Locale ... D3

heimischen Künstlern wie I Gusti Nyoman Lempad.

Etwas weiter nördlich steht der private Tempel der Fürstenfamilie, Pura Marajan Agung. Die Anlage gegenüber dem Palast besitzt einen eindrucksvollen Banyanbaum und wird ebenfalls von der Familie als Residenz genutzt.

Museum Puri Lukisan MUSEUM

(Museum of Fine Arts; Karte S. 184; ☎ 0361-975136; www.museumpurilukisan.com; bei Jl Raya Ubud; Erw./Kind unter 11 J. 85 000 Rp/frei; ⏰ 9–17 Uhr) In Ubud nahm einst die moderne balinesische Kunstbewegung ihren Anfang; damals rückten Maler erstmals von rein religiösen Themen und höfischen Motiven ab und wandten sich Szenen des Alltagslebens zu.

Die vier Gebäude des Museums liegen in einem hübschen Barockgarten. Im Museum werden Werke aus allen Schulen und Perioden balinesischer Kunst gezeigt. Im Fokus stehen moderne Meister wie I Gusti Nyoman Lempad (1862–1978), Ida Bagus Made (1915–99) und I Gusti Made Kwandji (1936–2013). Alle Werke sind mit englischen Erläuterungen versehen.

Das **Ostgebäude** rechts des Eingangs beherbergt eine Sammlung früher Werke aus Ubud und den Dörfern der Umgebung. Dazu gehören schöne Beispiele klassischer Stoffmalerei im *Wayang*-Stil (vom Schattenspiel beeinflusste Kunstform) aus dem 10. bis 15. Jh. und beeindruckende Werke des 20. Jhs. wie *The Death of Karna* (1935) von I Wayan Tutur.

Das **Nordgebäude** zeigt schöne Tuschezeichnungen von I Gusti Nyoman Lempad und Gemälde der Künstlerkooperative Pita Maha. Besondere Aufmerksamkeit verdient das *Tempelfest* (1938) von I Gusti Ketut Kobot (1917–99).

Im **Westgebäude** sind detaillierte Darstellungen balinesischer Maler des 20. Jhs. ausgestellt. *Barong-Tanz* (1970) von I Gusti

59 Il Giardino C1
60 Juice Ja Café C4
61 Kafe D6
62 Kafe Batan Waru C4
Kebun ..... (s. 110)
63 Liap Liap B6
64 Locavore D4
65 Locavore to Go D4
66 Mama's Warung F5
67 Mamma Mia D4
68 Melting Wok D3
69 Nusantara C4
70 Pica C4
71 Produce Market C3
72 Spice B2
73 Three Monkeys B6
74 Tukies Coconut Shop D3
75 Tutmak Cafe C4
76 Waroeng Bernadette at Toko Madu D4
77 Warung Babi Guling D2
78 Warung Little India E5
79 Watercress B5

Ausgehen & Nachtleben
80 Anomali Coffee D3
81 Bar Luna B2
82 Chill Out C4
83 Coffee Studio Seniman D2
84 CP Lounge C4
85 F.R.E.A.K. Coffee D4
86 Laughing Buddha B5
87 Night Rooster D4
88 No Màs B6
89 Seniman Spirits D2

Unterhaltung
90 Oka Kartini F3
91 Padang Tegal Kaja D4
Paradiso ..... (s. 53)
92 Pondok Bamboo Music Shop C7
93 Pura Dalem Ubud A1
Pura Taman Saraswati ..... (s. 8)
94 Puri Agung Peliatan F8
Ubud Palace ..... (s. 11)

Shoppen
95 Bali Yoga Shop D5
96 Balitaza C4
97 BaliZen B7
Casa Luna Emporium ..... (s. 49)
98 Confiture de Bali D4
99 Ganesha Bookshop E3
100 Kou C4
101 Kou Cuisine C3
102 Moari E3
103 Namaste D7
104 Nava C3
105 OH B4
106 Periplus B2
Pondok Bamboo Music Shop ..... (s. 92)
107 Portobello C8
108 Pusaka C3
109 Rio Helmi's Photo Gallery & Cafe C2
110 Tegun Galeri D6
111 Threads of Life Indonesian Textile Arts Center C1
112 Tn Parrot D4
113 Ubud Market C3
114 Ubud Tea Room E3
115 Utama Spice B7

Made Kwandji (1936–2013) sticht besonders heraus. Das **Südgebäude** wird für Sonderausstellungen genutzt und informiert über die Geschichte des Museums.

Der Museumseintritt beinhaltet ein Getränk im Gartencafé.

Pura Desa Ubud HINDUTEMPEL

(Karte S. 184; Jl Raya Ubud) GRATIS Der Haupttempel für die Gemeinde Ubud ist häufig geschlossen, erwacht allerdings bei Zeremonien zum Leben.

Neka Gallery GALERIE

(Karte S. 184; ☎0361-975034; Jl Raya Ubud; ⏲8–17 Uhr) GRATIS Die unauffällige Galerie – seit 1966 von Suteja Neka geleitet – ist eine eigenständige Abteilung des Neka Art Museums. Sie besitzt eine vielfältige Sammlung von allen Schulen balinesischer Kunst sowie ältere Arbeiten europäischer Zuwanderer wie Arie Smit (1916–2016).

Komaneka Art Gallery GALERIE

(Karte S. 184; ☎0361-401 2217; www.gallery.komaneka.com; Monkey Forest Rd; ⏲8–20 Uhr) GRATIS Zeigt Ausstellungen etablierter balinesischer Künstler.

Südliches Ubud

Einige der schönsten Sehenswürdigkeiten in Ubud sind zu Fuß über Jalan Hanoman und Monkey Forest Road zu erreichen. Beide Straßen werden von interessanten Geschäften und gemütlichen Cafés gesäumt. Wer in schmale Pfade abtaucht, findet versteckt liegende Reisfelder.

★ **Agung Rai Museum of Art** GALERIE

(ARMA; Karte S. 190; ☎0361-976659; www.armabali.com/museum; Jl Raya Pengosekan; Erw./Kind unter 10 J. 100 000 Rp/frei; ⏲9–18 Uhr) Sollte nur Zeit für einen einzigen Museumsbesuch in Ubud sein, dann für dieses. Der Gründer Agung Rai machte sein Vermögen, indem er

DIE REIHER VON PETULU

Jeden Abend nach 17 Uhr fliegen bis zu 20 000 große Reiher nach Petulu, ein Dorf etwa 2,5 km nördlich der Jalan Raya Ubud, und zanken sich dort um die besten Plätze, bevor sie sich schließlich auf den Bäumen entlang der Straße niederlassen und eine beliebte Touristenattraktion darstellen.

Die Vögel, vorwiegend Prachtreiher, begannen ihre Abstecher nach Petulu 1965 ohne ersichtlichen Grund. Die Dorfbewohner glauben, dass sie Glück (und Touristen) bringen – trotz des anfallenden Gestanks und Drecks. In den Reisfeldern sind einige Warungs (Imbissstände) aufgestellt worden, an denen die Zuschauer etwas trinken können, während sie das Schauspiel genießen (Dorfeintritt 20 000 Rp). Wenn die Reiher schon in den Bäumen sitzen, sollte man schnell darunter hindurchgehen. Der Nestbau und die Eiablage beginnen im November, im März verlassen die Jungvögel das Nest.

Petulu ist ein hübsches Ziel für einen Spaziergang oder einen Fahrradausflug; zu erreichen ist es über verschiedene Routen nördlich von Ubud. Wer auf die Vögel warten möchte, muss dann allerdings im Dunkeln zurücklaufen bzw. -fahren.

in den 1970ern balinesische Werke an Ausländer verkaufte. Gleichzeitig baute er während seiner Zeit als Kunsthändler eine der beeindruckendsten privaten Kunstsammlungen Indonesiens auf. Das 1996 eröffnete Kulturzentrum stellt seine Sammlung in zwei zweckmäßigen Galeriegebäuden aus – ein Highlight ist das beeindruckende *Porträt eines javanischen Edelmanns und seiner Frau* (19. Jh.) des javanischen Künstlers Raden Saleh (1807–80).

Gezeigt werden außerdem Kamasan-Gemälde, Arbeiten im Batuanstil aus den 1930er- und 1940er-Jahren und unter anderen Werke der Künstler I Gusti Nyoman Lempad, Ida Bagus Made, Anak Agung Gede Sobrat (1912–92) und I Gusti Made Deblog (1906–86). Herausragende Werke sind *Grüne Reisfelder* (1987) von Nasjah Djamin (1924–1999) und *Wilde Orchideen* (1988) von Widaya (1923–2002) in der Abteilung Moderne Kunst. In der Abteilung für traditionelle Kunst faszinieren besonders *Der Tanz Drama Arja* (1945) von I Ketut Kasta (geb. 1945), *Cremation Ceremony* (1994) von I Ketut Sepi (geb. 1941) und das unglaublich detailreiche *Wali 'Ekadesa Rudra'* (2015) von I Wayan Mardiana (geb. 1970). Die Abteilung für traditionelle Kunst beheimatet außerdem eine Sammlung des deutschen Künstlers Walter Spieß (1895–1942), der großen Einfluss auf die Malerei in Ubud hatte.

Besonders viel Spaß macht ein Besuch im ARMA, wenn die einheimischen Kinder balinesische Tänze üben, und während der Gamelanproben. Tanzdarbietungen finden regelmäßig statt und es werden zahlreiche Kurse zu kulturellen Themen angeboten.

Zugänglich ist das Museumsgelände beim Kafe Arma an der Jalan Raya Pengosekan oder aber um die Ecke am Eingang der ARMA-Ferienanlage. Der Eintritt beinhaltet ein Getränk im Café.

Ubud Monkey Forest PARK

(Karte S. 184; ☎0361-971304; www.monkeyforestubud.com; Monkey Forest Rd; Erw./Kind 3–12 J. 50 000/40 000 Rp; ⏲8.30–17.30 Uhr) Der kühle und dichte Urwaldstreifen, der offiziell Mandala Wisata Wanara Wana heißt, beherbergt drei heilige Tempel. Im Schutzgebiet lebt eine Horde von über 600 grauhaarigen und gierigen langschwänzigen balinesischen Makaken, die nicht im Geringsten den unschuldig dreinschauenden, rehäugigen Affen auf den zahlreichen Broschüren ähneln – Vorsicht ist geboten, denn sie beißen manchmal. Die Tempel selbst sind für Touristen nicht zugänglich.

Es gibt drei Zugangsmöglichkeiten zum Affenwald: Das Haupttor befindet sich am südlichen Ende der Monkey Forest Road. Nützliche Broschüren über den Wald, die Makaken und die drei Tempel sind an der Kasse erhältlich. Kostenlose, hellgrüne Shuttlebusse fahren alle 15 Minuten einen Bogen um das Zentrum von Ubud und verbinden die Eingänge; sie halten an der Jl Raya Ubud, der Jl Hanoman und der Money Forest Road.

Achtung! Die Affen lauern ständig auf vorbeikommende Touristen in der Hoffnung auf freundliche Gaben (oder die Gelegenheit, sich selbst zu bedienen). Irritierende schriftliche Warnungen (und Schilder) listen alle Möglichkeiten auf, wie Affen Ärger auslösen können: Augenkontakt vermeiden und nicht die Zähne zeigen (auch nicht lächeln), denn darin sehen sie ein Zeichen von Aggressivität. Man soll auch nicht versuchen, den Affen Bananen wegzunehmen oder sie zu füttern.

Pura Dalem Agung HINDUTEMPEL

(Karte S. 184; Ubud Monkey Forest) Versteckt im Ubud Monkey Forest, verbreitet der Pura Dalem Agung eine richtige Indiana-Jones-Atmosphäre; der Eingang zum inneren Tempel zeigt Ranga-Figuren, die Kinder verschlingen. Für Touristen nicht zugänglich.

Westliches Ubud

Ein Bummel die Jalan Raya Campuan hinunter zur Brücke (etwas weiter südlich befindet sich die ältere historische Holzbrücke) über den Sungai Wos (Wos-Fluss) und dann die belebte Jalan Raya Sanggingan hinauf führt an einer ganzen Reihe interessanter Sehenswürdigkeiten vorbei. Wer die steilen Stufen nach Penestanan erklimmt, kann dort zwischen kleinen Gästehäusern und wasserführenden Reisfeldern spazieren gehen.

★ **Neka Art Museum** GALERIE

(Karte S. 190; ☎0361-975074; www.museumneka.com; Jl Raya Sanggingan; Erw./Kind unter 12 J. 75 000 Rp/frei; ⏲9–17 Uhr) Das beeindruckende Museum bietet eine hervorragende Einführung in die balinesische Kunst. Die erstklassige Sammlung wird in mehreren Pavillons und Hallen ausgestellt. Nicht zu verpassen ist die **Balinese Painting Hall**, in der sowohl *wayang*-Arbeiten im Marionetten-Stil und Schattentheater-Stil gezeigt werden als auch die europäisch beeinflussten Malstile Ubuds und Batuans, die in den 1920er und 1930er-Jahren entstanden. Erwähnenswert ist außerdem der **Lempad-Pavilion**, der Arbeiten des meisterhaften I Gusti Nyoman Lempad beherbergt, und die **East-West Art Annexe** mit eindrucksvollen Werken von Affandi (1907–1990) und Widayat (1919–2002).

Sutjeka Neka hat dieses Museum geschaffen. Der private Sammler und Kunsthändler balinesischer Werke verfügt über eine sehr umfangreiche Sammlung. Neben Werken von Künstlern aus Bali und Indonesien gibt es viele Ausstellungsstücke ausländischer Künstler, die ihre Heimat auf der Insel gefunden haben, so z. B. Arie Smit, Johan Rudolf Bonnet, Theo Meier, Louise Garrett Koke, Donald Friend und Tay Moh-Leong.

Es gibt auch einen Souvenirshop (S. 218), wo qualitativ hochwertiges Kunsthandwerk erworben werden kann.

Pura Gunung Lebah HINDUTEMPEL

(Karte S. 190; bei Jl Raya Campuan) Der alte Tempel, der am Zusammenfluss von zwei Nebenflüssen des Sungai Cerik (*campuan* bedeutet „zwei Flüsse“) auf einem vorspringenden Felsen steht, wurde kürzlich umfassend restauriert. Die Szenerie ist zauberhaft; beim Betrachten des eindrucksvollen *meru* (mehrstufiger Schrein) und der Fülle an kunstvollen Schnitzarbeiten ist das Rauschen des Wassers zu hören.

Aktivitäten

Yoga, Meditation und Spa-Aufenthalte sind beliebte Aktivitäten. Ebenso beliebt sind Spaziergänge durch die umliegenden Reisfelder, die auch ohne Führung gut zu bewältigen sind. Radfahren ist möglich, aber die örtlichen Verkehrsbedingungen machen es zu keiner angenehmen Erfahrung.

Massagen & Spas

★ **Taksu Spa** SPA

(Karte S. 184; ☎0361-479 2525; www.taksuspa.com; Jl Goutama; Massagen ab 450 000 Rp; ⏲9–22 Uhr) Das Taksu ist das populärste Spa in Ubud und bietet eine schon fast dekadente Liste an Massagen und Schönheitsbehandlungen. Ein Schwerpunkt liegt auf Yoga. Es gibt separate Räume für Paarbehandlungen und ein gesundes Gartencafé.

Mandapa Spa SPA

(☎0361-4792777; www.ritzcarlton.com/en/hotels/indonesia/mandapa/spa; Mandapa Resort, Kedewatan; Massagen 1 600 000–2 100 000 Rp, Gesichtsbehandlungen 1 700 000–2 500 000 Rp; ⏲9–21 Uhr) Direkt am Flussufer liegt dieses opulente Spa- und Wellnesszentrum der Mandapa-Ferienanlage. Es bietet Massagen und Schönheitsbehandlungen, einen Yogapavillon, einen Mediationstempel, einen Vitality-Pool, einen rund um die Uhr geöffneten Fitnessraum und Saunas.

Made Surya GESUNDHEIT & FITNESS

(www.balihealers.com; pro Std./Tag 35/200 US$) Einer der Top-*balian* (traditionelle Heiler) von Bali. Er ist eine ausgezeichnete Informationsquelle für alle, die balinesische Therapien ausprobieren möchten.

Ubud Wellness Spa SPA

(Karte S. 190; ☎0361-970493; www.ubudwellnessbalispa.com; bei Jl Pengosekan; Behandlungen ab 95 000 Rp; ⏲9–22 Uhr) Das Spa konzentriert sich auf das Wesentliche statt auf großes Brimborium. Ubuds Kreative kommen gerne hierher. Zu empfehlen ist das

Rund um Ubud

A
B
C
D
1
2
3
4
5
6
7
Amandari (400 m); Kuba & Mandapa (600 m); Nasi Ayam Kedewatan (750 m)
Como Uma Ubud (200 m)
43
14
35
2
Neka Art Museum
38
SANGGINGAN
KEDEWATAN
7
34
Sungai Ayung
Jl Raya Kedewatan
45
Sungai Cerik
Jl Raya Sanggingan
Sungai Blangsuh
Sungai Wos
39
31
32
SAMBAHAN
49
5
47
CAMPUAN
26
15
Green Lion Bali
27
21
8
16
29
s. Karte Ubud Zentrum (S. 184)
SAYAN
Jl Raya Campuan
4
UBUD KAJA
48
PENESTANAN
Jl Raya Ubud
Jl Raya Penestanan
30
33
20
Jl Bisma
Monkey Forest Rd (Jl Wanara Wana)
UBUD KELOD
19
Bambu Indah (250 m)
Sungai Wos
23
25
41
11
17
52
Vergrößerung
24
6
40
Jl Nyuh Bulan
Football Field
s. Vergrößerung
50
10
12
44
Jl Raya Pengosekan
Agung Rai Museum of Art
1
51
PENGOSEKAN
22
53
NYUHKUNING
Jl Made Lebah
42
37
0
100 m

3½ Std. Royal Kumkuman Wellness-Paket (500 000 Rp).

Bali Botanica Day Spa SPA
(Karte S. 190; ☎ 0361-976739; www.balibotanica.com; Jl Raya Sanggingan; Massage ab 190 000 Rp; ⏲ 9–21 Uhr) Das kleine Spa liegt wunderschön an einem grünen Hang; der Weg dorthin führt an kleinen Reisfeldern und Enten vorbei. Es bietet verschiedene Behandlungen, darunter Ayurveda. Beliebt ist vor allem die Kräutermassage. Für Hin- und Rücktransport wird auf Wunsch gesorgt (nur bei zwei oder mehr Behandlungen).

Ubud Sari Health Resort SPA
(Karte S. 190; ☎ 0361-974393; www.ubudsari.com; Jl Kajeng 35; 1 Std. Massage ab 240 000 Rp; ⏲ 9–20 Uhr) In diesem Wellnesszentrum im gleichnamigen Hotel gibt es ein seriöses, umfangreiches Angebot an Behandlungen, u. a. Massagen, Detoxprogrammen, Reflexologie und Schönheitsbehandlungen.

Nur Salon SPA
(Karte S. 184; ☎ 0361-975352; www.nursalonubud.com; Jl Hanoman 28; 1 Std. Massage ab 175 000 Rp; ⏲ Aug.–Okt. 12–20, Nov.–Juli 9–21 Uhr) Das Spa liegt in einem traditionellen balinesischen Anwesen voller Heilpflanzen, die mit Erläuterungen versehen sind; es bietet viele ganz normale Spa- und Salondienste an.

Yoga

★ **Yoga Barn** YOGA
(Karte S. 184; ☎ 0361-971236; www.theyogabarn.com; bei Jl Raya Pengosekan; Unterricht ab 130 000 Rp; ⏲ 6–21 Uhr) Das Chakra für die Yoga-Revolution in Ubud, Yoga Barn, nimmt seine Lotosposition inmitten von Bäumen in der Nähe eines herrlichen Flusstals ein. Der Name „Yoga-Scheune“ trifft dabei genau den Sachverhalt: sehr viel Platz mit einem ebenso umfangreichen Kursangebot an verschiedenen Yoga-Praktiken.

Radiantly Alive YOGA
(Karte S. 184; ☎ 0361-978055; www.radiantlyalive.com; Jl Jembawan 3; pro Unterricht/Tag/Woche 130 000/330 000/800 000 Rp; ⏲ 7.30–18 Uhr) Diese Schule spricht Leute an, die einen intimen Raum suchen, und bietet eine Mischung aus Schnupper- und Langzeit-Yogakursen in verschiedenen Disziplinen.

Intuitive Flow YOGA
(Karte S. 190; ☎ 0361-977824; www.intuitiveflow.com; Penestanan; Yoga ab 120 000 Rp; ⏲ tgl. Unterricht) Ein hübsches Yogastudio inmitten von Reisterrassen – allerdings könnte es passieren, dass die Besucher sich beim Erklimmen

Rund um Ubud

Top-Highlights
1 Agung Rai Museum of Art B7
2 Neka Art Museum C1

Highlights
3 Museum Rudana F7
4 Pura Gunung Lebah C3
5 Sayan Terrace A2

Aktivitäten, Kurse & Touren
6 ARMA B6
7 Bali Botanica Day Spa C1
8 Intuitive Flow C3
Mozaic Cooking Classes ..... (s. 34)
Ubud Sari Health Resort ..... (s. 26)
9 Ubud Wellness Spa E6
Wayan Karja Painting ..... (s. 21)

Schlafen
10 Agung Raka A6
11 Alam Indah C6
12 ARMA Resort B6
13 Bali Asli Lodge E2
14 Como Uma Ubud C1
15 Four Seasons Resort A3
16 Hotel Tjampuhan C3
17 Kertiyasa Bungalows C6
18 Ketut's Place E2
19 Komaneka at Bisma C4
20 Roam B3
21 Santra Putra B3
22 Sapodilla A7
23 Saren Indah Hotel C6
24 Swasti Eco Cottages C6
25 Tegal Sari D6
26 Ubud Sari Health Resort D3
27 Villa Nirvana B3
28 Wapa di Ume E1
29 Warwick Ibah Luxury Villas C3

Essen
30 Alchemy B3
31 Bintang Supermarket C2
32 Dumbo C2
Elephant ..... (s. 32)
33 Moksa A3
34 Mozaic C1
35 Naughty Nuri's C1
36 Pitri Minang E6
37 Pizza Bagus A7
38 Room4Dessert C1
39 Sari Organik D2
40 Swasti Beloved Cafe C6
41 Taco Casa D6
42 Ubud Organic Market A7
43 Uma Cucina C1
44 Warung Pojok C6
45 Warung Pulau Kelapa C2
46 Warung Teges F7
47 Yellow Flower Cafe C3

Ausgehen & Nachtleben
48 Bridges C3
49 Sweet Orange Warung D2

Unterhaltung
50 ARMA Open Stage B6

Shoppen
51 ARMA B7
52 Goddess on the Go! D6
Neka Art Museum Shop ..... (s. 2)
53 Smile Shop D7

der Betonstufen von Campuan bis hier herauf zu sehr verausgaben, um noch eine Runde Asanas zu absolvieren. Außerdem bietet das Studio Workshops zu verschiedenen Heilkünsten an.

Radfahren

Viele Geschäfte und Hotels im Zentrum von Ubud verleihen Mountainbikes, der Preis liegt normalerweise bei verhandelbaren 35 000 Rp pro Tag. Wenn man im Hotel nachfragt, taucht wahrscheinlich bald jemand mit einem Fahrrad auf.

Das Gebiet wird von Gewässern durchschnitten, die alle nach Süden fließen. Für die Planung einer Radtour heißt das, dass man auf den Ost-West-Routen beim Durchqueren der Flusstäler immer wieder hinauf und hinunter fahren muss. Die Nord-Süd-Strecken verlaufen dagegen zwischen den Flüssen und sind deshalb viel leichter zu bewältigen, leiden dafür häufig unter starkem Verkehr. Die meisten Örtlichkeiten in Ubud sind mit dem Fahrrad erreichbar, aber aufgrund der verstopften Straßen und fehlenden Radwege ist Laufen oder Autofahren die bessere Option.

Rafting

Der Sungai Ayung (Ayung-Fluss) ist der beliebteste balinesische Fluss der Wildwasserrafter. Gestartet wird nördlich von Ubud, das Ziel liegt in der Nähe des Amandari Hotels im Westen. Achtung! Je nach Regenmenge kann die Fahrt ruhig oder auch sehr aufregend sein.

Kurse

Ubud ist der perfekte Ort, um die eigenen künstlerischen und sprachlichen Fähigkeiten auszubauen oder mehr über die balinesische Kultur und Küche zu erfahren. Die Auswahl an Kursen ist so groß, dass sie gut ein Jahr lang für Beschäftigung sorgen könnte. Die meisten Kurse müssen im Voraus gebucht werden.

★ ARMA KULTURELLE FÜHRUNG
(Karte S. 190; ☎0361-976659; www.armabali.com/museum/cultural-workshops; Jl Raya Pengosekan; Unterricht ab 25 US$; ⏲9–18 Uhr) Das kulturelle Power-House bietet Unterricht im Malen, Holzschnitzen, Gamelan und Batiken. Weitere Kurse befassen sich mit balinesischem Tanz, Hinduismus und Architektur.

Threads of Life Indonesian Textile Arts Center TEXTILIEN
(Karte S. 184; ☎0361-972187; www.threadsoflife.com; Jl Kajeng 24; 2 Std. ab 200 000–400 000 Rp; ⏲10–19 Uhr) Kurse in Textilkunde in der Galerie und im Lehratelier dauern ein bis acht Tage. Einige Kurse schließen ausgedehnte Reisen durch Bali mit ein und bewegen sich auf Graduiertenniveau.

Pondok Pekak Library & Learning Centre SPRACHE
(Karte S. 184; ☎0361-976194; www.facebook.com/pg/pondokpekak; bei Monkey Forest Rd; Unterricht pro Std. ab 150 000 Rp; ⏲9–21 Uhr) Das Zentrum auf der anderen Seite des Fußballplatzes bietet ein breites Angebot an Kursen und Workshops. Tanz, Musik oder Holzschnitzen gibt es genauso wie 10 Privatstunden in indonesischer Sprache (1 200 000 Rp). Es gibt auch ein Workshopangebot für Kinder.

Wayan Karja Painting KUNST
(Karte S. 190; ☎0361-977810; Jl Pacekan 18, Penestanan; Unterricht pro 2 Std. 350 000 Rp) Der abstrakte Künstler Karja gibt intensive Mal- und Zeichenkurse; sein Atelier befindet sich auf dem Gelände seines Gästehauses, des Santra Putra (S. 204).

Wayan Pasek Sucipta MUSIK
(Karte S. 184; ☎0361-970550; Eka's Homestay, Jl Sriwedari 8; Unterricht pro Std. 100 000 Rp) Hier kann man die Handhabung von Gamelan von einem Meister des Fachs erlernen.

Nirvana Batik Course KUNST
(Karte S. 184; ☎0361-975415; www.nirvanaku.com; Nirvana Pension, Jl Goutama 10; Unterricht pro Tag 450 000–485 000 Rp; ⏲Mo–Sa 10–14 Uhr) Nyoman Suradnya ist der Leiter dieser renommierten Batik-Kurse.

VERNÜNFTIG WANDERN IN UBUD

Wanderungen in der Region Ubud mit ihrer unendlichen Schönheit bieten viel Faszinierendes und wunderbare Entdeckungen. Auch dieses tolle Vergnügen ist ein ausgezeichneter Grund, das Gebiet zu besuchen.

Es gibt eine Menge interessanter Wanderrouten zu den Dörfern in der Umgebung und durch die Reisfelder. Unterwegs kann man oft in offenen Zimmern und auf Veranden Künstler bei der Arbeit beobachten. Neben Luxusvillen werden weiterhin die nicht enden wollenden Arbeiten beim Reisanbau erledigt.

Ein paar Punkte, an die man denken sollte:

Trinkwasser mitnehmen In den meisten Orten gibt es reichlich Warungs (Lebensmittelstände) oder kleine Läden, die Snacks, Essen und Getränke verkaufen. Unterwegs sollte man aber keinen Wassernotstand riskieren.

Ausrüsten Eine gute Kopfbedeckung, feste Schuhe und Regenzeug gegen die Nachmittagsschauer sollte man unbedingt dabeihaben; bei Wanderungen durch dichte Vegetation sind lange Hosen zu empfehlen.

Früh aufbrechen Man sollte möglichst bei Tagesanbruch losgehen, bevor es zu heiß wird. Die Luft ist dann frischer und man bekommt Vögel und andere Tiere zu sehen, die sich tagsüber im Schatten verkriechen. Außerdem ist es zu dieser Tageszeit viel ruhiger, bevor der Tagesrummel losgeht.

Gebühren umgehen Einige geschäftstüchtige Reisbauern haben kleine Mauttore an ihren Feldern aufgestellt. Wanderer können entweder einfach um sie herumgehen oder die Gebühr bezahlen (nie mehr als 10 000 Rp).

Zur richtigen Zeit aufhören Wer müde wird, sollte nicht seinen Ehrgeiz daran setzen, noch ein bestimmtes Ziel zu erreichen – das Entscheidende ist, dass die Wanderung Spaß macht. Einheimische mit Motorrad bringen müde Wanderer immer gern ins Hotel zurück – für ein kleines Entgelt von etwa 30 000 Rp.

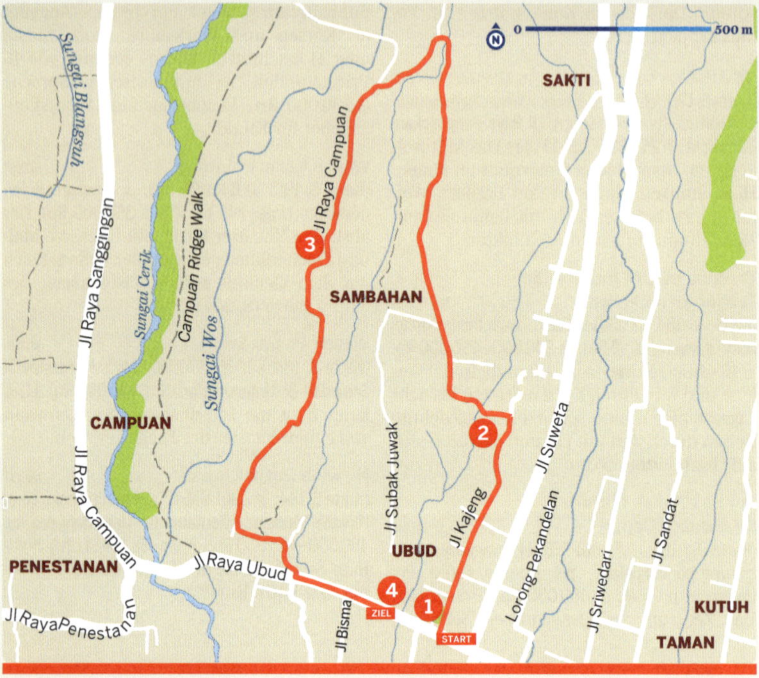

Wanderung
Ubuds städtische Reisfelder

START PURA TAMAN SARASWATI
ZIEL MUSEUM PURI LUKISAN
LÄNGE 3.5 KM; EINE STUNDE

Der Weg beginnt beim 1 **Pura Taman Saraswati** (S. 215), wo sich gleich das erste Fotomotiv anbietet: der kunstvoll ausgestaltete Tempeleingang und der Teich voller Lotosblumen. Weiter geht es Richtung Norden, die Jl Kajeng entlang; „To Rice Field" (zum Reisfeld) ist ausgeschildert. Vorbei an dem 2 **Pura Catur Bhuana**, einem von Hunderten kleinen Tempeln in der Umgebung Ubuds. Hügelaufwärts wird die Straße zum Feldweg. Bald eröffnet sich zur linken Seite der üppig grüne Ausblick auf Reisfelder. An einem kleinen Schrein angekommen geht es rechts weiter Richtung Norden. Hinter einigen Villen liegt ein einfaches Warung. Davor biegt links ein Weg ab, der sich bald mit einem anderen Fußweg vereint. Der Abbiegung nach links folgend geht es wieder Richtung Zentrum (der Weg nach rechts würde zum Dorf Tegallalang führen, an vielen Werkstätten einheimischer Künstler entlang).

Einmal links abgebogen führt der Weg an zwei Biofarmen vorbei, wo Obst und Gemüse für die Restaurants in Ubud angebaut werden. In einem ist das Café 3 **Sari Organik** (S. 212) untergebracht, das sich für eine Einkehr eignet. Weiter Richtung Süden, bietet sich eine wunderschöne Aussicht auf den Campuan Ridge. Es war dieses Gebiet, das westliche Maler in den 1920er- und 1930er-Jahren zuerst hierher gelockt hat. Das sattgrüne Blätterwerk und der Klang des Flusses, den man bei richtiger Windlage rauschen hört, machen das mehr als verständlich. Ab hier schlängelt sich der Pfad in einer Serpentine und er kann lebhaft werden mit flinken Echsen, hageren Hühnern und gelegentlichen Fußgängern und Motorradfahrern. Die Vögel zwitschern und die leichte Brise auf der Hügelspitze bringt an heißen Tagen willkommene Abkühlung.

Der Weg verläuft weiter bis zu einer T-Kreuzung, an der man links einbiegt, vorbei an den Abangan Bungalows, und schließlich an der Jl Raya Ubud herauskommt, in der Nähe des 4 **Museum Puri Lukisan** (S. 186).

Studio Perak SCHMUCK
(Karte S. 184; ☎081 2365 1809; www.studioperak.com; Jl Hanoman 15; Unterricht pro 3 Std. 430 000 Rp) Das Studio ist auf Kurse für Silberschmiedearbeiten im balinesischen Stil spezialisiert. In einer dreistündigen Unterrichtseinheit wird mindestens ein Teil fertig. Auch Kurse für Kinder ab 8 Jahren können vereinbart werden.

Kochen

Kochkurse sind bei Besuchern in Ubud äußerst beliebt. Oft beginnen die Kurse auf einem der heimischen Märkte, wo die Teilnehmer den Reichtum an Früchten, Gemüse und anderen Spezialitäten, die zur balinesischen Küche gehören, kennenlernen.

★ **Casa Luna Cooking School** KOCHEN
(Karte S. 184; ☎0361-973282; www.casalunabali.com/casa-luna-cooking-school; Honeymoon Guesthouse, Jl Bisma; Unterricht ab 400 000 Rp) Diese hoch angesehene Kochschule, die zum Restaurant Casa Luna (S. 209) gehört, bietet an jedem Tag der Woche einen anderen Kochkurs oder eine kulinarische Tour an. Die halbtägigen Kurse decken eine Reihe verschiedener Gerichte ab; bei manchen ist ein Marktbesuch dabei. Donnerstags und freitags gibt es einen dreistündigen Besuch des berühmten Gianyar-Nachtmarkts. Der Samstagskurs behandelt „Essen als Medizin".

Mozaic Cooking Classes KOCHEN
(Karte S. 190; ☎0361-975768; www.mozaic-bali.com; Jl Raya Sanggingan; Halbtages-/Tagesunterricht 900 000/1 300 000 Rp) Eines der besten Restaurants auf Bali vermittelt Kochtechniken. Ein ganzes Menü von Kursen – von locker bis professionell – wartet auf Interessenten; inkl. Verkostung.

Cafe Wayan Cooking Class KOCHEN
(☎0361-975447; www.alamindahbali.com/cafe_wayan.htm; Unterricht 350 000 Rp; ⏲10 & 16 Uhr) An zwei verschiedenen Orten in der Stadt vermittelt der zweistündige Kurs Grundkenntnisse. Anschließend wird gegessen, was gekocht wurde.

Geführte Touren

Fabulous Ubud Tourist Information Centre KULTUR
(Fabulous Ubud; Karte S. 184; ☎0361-973285; www.fabulousubud.com; Jl Raya Ubud; Touren 185 000–300 000 Rp; ⏲8–21 Uhr) Diese Reise- und Veranstaltungsagentur, die sich im Besitz von Mitgliedern der königlichen Familie Ubuds befindet und von ihr betrieben wird, bietet interessante und erschwingliche Halb- und Ganztagesausflüge zu einer Vielzahl von Orten, darunter Besakih und Kintamani.

Dhyana Putri Adventures KULTUR
(www.balispirit.com/tours/bali_tour_dhyana.html; Halb-/Ganztagstouren US$ 120/185) Rucina Ballinger ist bikulturell und dreisprachig, Autorin und Expertin für balinesischen Tanz. Sie bietet maßgeschneiderte geführte Touren mit einem Schwerpunkt auf den darstellenden Künsten Balis und tiefgehenden kulturellen Erlebnissen.

Bali Nature Walk WANDERN
(☎0817 973 5914; www.balinaturewalks.net; Tour 25 US$) Dewai Rai führt drei- bis vierstündige Wanderungen durch den Dschungel und die Reisfelder der Region Ubud. Der Preis beinhaltet den Hoteltransfer.

Banyan Tree Cycling Tours RADFAHREN
(☎0813 3879 8516; www.banyantreebiketours.com; Touren Erw./Kind ab 55/35 US$) Die Teilnehmer können Tagesausflüge zu abgelegenen Dörfern in den Hügeln nördlich von Ubud genießen. Die geführten Touren sind äußert beliebt und legen Wert auf Interaktion mit den Dorfbewohnern. Auch Wander- und Raftingausflüge stehen zur Verfügung.

Bali Bird Walks VOGELBEOBACHTUNG
(☎0361-975009; www.balibirdwalk.com; Jl Raya Campuan; Tour inkl. Mittagessen 37 US$; ⏲Di, Fr/Sa & So 9–12.30 Uhr) Seit mehr als drei Jahrzehnten veranstaltet Victor Mason diese geführte Tour; sie ist ideal für engagierte Hobbyornithologen und nach wie vor sehr gefragt. Bei einem gemütlichen Morgenspaziergang (Start ist an der schon lange geschlossenen Beggar's Bush Bar) bekommen die Teilnehmer bis zu 30 der über 100 einheimischen Vogelarten zu sehen.

Bali Nature Herbal Walks WANDERN
(☎0812 381 6020, 0812 381 6024; www.baliherbalwalk.com; Tour 200 000 Rp; ⏲8.30 Uhr) Die dreistündigen Wanderungen führen durch Balis üppig grüne Landschaft; Arzneipflanzen, Küchenkräuter und -pflanzen werden in ihrer natürlichen Umgebung bestimmt und erläutert. Auch Getränke aus Kräutern gehören dazu.

Feste & Events

Das Gebiet in und um Ubud eignet sich hervorragend, um die religiösen und kulturellen Festlichkeiten mitzuerleben, die alljährlich begangen werden. Das Fabulous Ubud Tourist Information Centre (S. 219) ist in

LONGJON/SHUTTERSTOCK ©

1. Pura Desa Ubud (S. 187)
Beeindruckend: die komplexe Architektur dieses Hindutempels.

2. Gunung Kawi (S. 222)
Eines der ältesten und wichtigsten Denkmäler Balis, mit riesigen Schreinen, die aus den Felswänden geschnitten sind.

3. Ubud Monkey Forest (S. 188)
Dieses weitläufige Heiligtum wird von mehr als 600 Makaken bewohnt.

PUTYATO PAVEL/SHUTTERSTOCK ©

MARIUS DOBILAS/SHUTTERSTOCK ©

WANDERUNG AUF DEM CAMPUAN RIDGE

Ausgangspunkt ist die Hotelauffahrt der Warwick Ibah Luxury Villas. Dann geht der Pfad links weg, wo der Fußweg den Sungai Wos (Fluss Wos) überquert, zum berühmten Pura Gunung Lebah (S. 189) mit seinem eindrucksvollen mehrstufigen *meru* (Schrein). Von hier geht es Richtung Norden auf einem Betonweg, der auf den Hügelkamm zwischen den beiden Flüssen hinaufführt (Campuan bedeutet „Wo zwei Flüsse aufeinandertreffen", hier die Vereinigung der Flüsse Wos und Cerik). Felder mit Elefantengras, das traditionell für Reetdächer verwendet wird, überziehen auf beiden Seiten die Hänge. Von hier eröffnet sich der Ausblick auf die majestätischen Reisterrassen Ubuds in ihrem grünen Überfluss. Auf dem Weg aufwärts durch die Reisfelder gelangt man schließlich zum Dorf Bangkiang Sidem. Dort empfiehlt es sich umzudrehen und den gleichen Weg zurückzugehen, denn die Straße Richtung Payegan und ins Zentrum Ubuds hat keinen Fußweg und ist für Fußgänger gefährlich.

seiner umfassenden Auskunft über die lokalen Ereignisse unübertroffen.

★Ubud Writers & Readers Festival LITERATUR
(www.ubudwritersfestival.com; 1-Tages-Pass 1 200 000 Rp; ⌚Ende Okt./Anfang Nov.) Das Festival, eines der größten Literaturevents Südostasiens, bringt unzählige Autoren und Leser aus aller Welt zu einem fünftägigen Fest des Schreibens zusammen – insbesondere geht es um Literatur mit einen Bezug zu Bali.

★Bali Spirit Festival TANZ, MUSIK
(www.balispiritfestival.com; ⌚später März/früher April) Die Betreiber des Yoga Barn, eines lokalen Yoga-Treffs, veranstalten das beliebte Festival mit Yoga, Tanz und Musik. Es gibt Hunderte Workshops und Konzerte, einen Markt und mehr.

Ubud Village Jazz Festival MUSIK
(⌚Aug.) Seit 2013 findet das zweitägige Jazzfestival am Agung Rai Museum of Art (ARMA; S. 215) statt. Zum Programm gehören auch internationale Gäste.

Ubud Food Festival ESSEN & TRINKEN
(☎0361-977408; www.ubudfoodfestival.com; ⌚April) Genießer entdecken die vielfältige und leckere indonesische Küche während des dreitägigen Food-Festivals. Kochvorführungen, Workshops, Foren, Märkte, kulinarische Touren und Filmvorführungen gehören zum Programm.

Bali Vegan Festival ESSEN & TRINKEN
(www.baliveganfestival.com; ⌚Okt.) Ziel des dreitägigen Festivals ist es Menschen vom veganen Lebensstil zu überzeugen. Dazu finden Vorträge, Kochvorführungen, Workshops und Filmvorführungen im Kino Paradiso (S. 216) und im Eventpavillon des Taksu Spa (S. 189) statt. In Canggu gibt es ein weiteres Festival.

Schlafen

Einfache Unterkünfte auf einem Familienanwesen sind zugleich ein kulturelles Erlebnis für die Übernachtungsgäste und können um die 15 US$ pro Nacht kosten. Abends weht eine kühle Bergluft durch Ubud, die Klimaanlagen überflüssig macht.

Guesthouses (Pensionen) sind erfahrungsgemäß etwas größer und verfügen über Annehmlichkeiten wie Schwimmbecken. Dennoch sind sie meist sehr überschaubar, viele liegen eingebettet zwischen Reisfeldern und Flüssen. Die besten Hotels und Resorts stehen am Rand tiefer Flusstäler und bieten einen tollen Blick (auch ein paar günstige Unterkünfte haben eine fantastische Aussicht). Manche vermieten zusätzlich Autos und Fahrer für Ausflüge.

Die Adressen in Ubud können ungenau sein – die Schilder am Anfang/Ende einer Straße führen aber meist die Namen aller Unterkünfte in der Straße auf. Abseits der Hauptdurchgangsstraßen gibt es nur wenige Straßenlaternen – im Dunkeln den Weg zu finden ist fast schon ein Abenteuer. Wer zu Fuß unterwegs ist, sollte deshalb immer eine Taschenlampe mitnehmen.

Dank seiner Popularität und weil (bisher) Hotelketten hier noch nicht so richtig Fuß gefasst haben, ist Ubud ein Ort auf der Insel, in dem die Übernachtungspreise ansteigen.

Zentrum von Ubud

In den schmalen und ruhigen Gassen östlich der Hauptstraßen, einschließlich Jl Karna, Jl Maruti und Jl Goutama, gibt es zahlreiche Privatunterkünfte in Familienbetrieb. Gleich im Norden der Jl Raya Ubud bieten

Straßen wie die Jl Kajeng und Jl Suweta ein zeitloses Bild: Kinder spielen in der Straße und die Privatunterkünfte sind einwandfrei. In der Monkey Forest Rd. liegt eine Unterkunft an der anderen; besser, man bewegt sich weg von der viel befahrenen Straße. Jl Bisma mündet in ein Plateau von Reisterrassen. Diese müssen jedoch nach und nach den neuen Hotels weichen, besonders am südlichen Ende, wo der Weg zur Monkey Forest Rd. führt.

★ Three Win Homestay PRIVATUNTERKUNFT $
(Karte S. 184; ☎ 0819 9945 3319, 0812 3819 7835; www.threewinhomestay.com; Anila Ln, bei Jl Hanoman; Zi. 350 000–450 000 Rp; ❄ 📶) Putu, ihr Ehemann Sampo und ihr Vater Nyoman sind zurecht stolz auf die fünf modernen Gästezimmer in ihrem Familienanwesen neben der JI Hanoman. Die Fliesenböden, bequeme Betten und glänzende Badezimmer überzeugen; besonders schön sind die großen Balkone im Obergeschoss mit Blick über die Dächer des Stadtteils.

Batik Sekar Bali Guest House GUESTHOUSE $
(Karte S. 184; ☎ 0361-975351; Jl Sugriwa 32; Zi. 250 000–310 000 Rp; ❄ 📶) Die Privatunterkunft im Familienbetrieb bietet ein zeitloses Ubud-Erlebnis in Spitzenlage. Die Gäste begegnen Made, Putu und ihrer Familie in ihrem Alltag und bei Opfergaben. Die vier Zimmer haben Terrassen und Badezimmer mit fließend kaltem Wasser.

Pande House PRIVATUNTERKUNFT $
(Karte S. 184; ☎ 0361-970421; www.pandehomestayubud.wordpress.com; Jl Sugriwa 59; Zi. mit Ventilator/Klimaanlage 250 000/400 000 Rp; 📶) Ubud bietet viele wunderbare Unterkünfte in Familienanwesen – das altmodische Pande ist eine von vielen in dieser Straße. Jedes Zimmer hat eine Terrasse, die Luxusausführung hat eine Klimaanlage. Die Ausstattung ist einfach, aber der Empfang herzlich.

Puri Asri 2 GUESTHOUSE $
(Karte S. 184; ☎ 0361-973210; Jl Sukma 59; EZ 400 000 Rp, DZ 450 000–500 000 Rp; ❄ 📶 🏊) Wer das klassische Familienanwesen durchquert, stößt auf diese sehr gut in Schuss gehaltenen Zimmer im Bungalow-Stil. Drei davon haben eine Klimaanlage. Im Obergeschoss sind die Zimmer hell und luftig. Im hübschen Infitinity-Pool können sich die Gäste abkühlen.

Griya Jungutan PRIVATUNTERKUNFT $
(Karte S. 184; ☎ 0361-975752; www.griyajungutan.com; Gang Beji, bei Monkey Forest Rd; Zi. mit Ventilator 270 000 Rp, Zi. mit Klimaanlage ab 310 000 Rp, FZ 1 020 000 Rp; ❄ 📶 🏊) Das Griya Jungutan mit Blick auf ein kleines Flusstal im Zentrum von Ubud bietet Zimmer mit gutem Preis-Leistungs-Verhältnis und liegt ein gutes Stück vom Verkehr entfernt an einer kleinen Gasse. Die Zimmer gehören zu verschiedenen Kategorien: die billigsten sind nur mit Ventilator ausgestattet, die besten haben Terrassen mit Aussicht ins Grüne.

Aji Lodge PRIVATUNTERKUNFT $
(Karte S. 184; ☎ 0361-973255; ajilodge11@yahoo.com; bei Jl Sukma; EZ 200 000–250 000 Rp, DZ 250 000–300 000 Rp; ❄ 📶) Der einheimische Maler Aji leitet diese Privatunterkunft am Fluss und zeigt gern seine Werke. Die vier Gästezimmer haben Holzdecken und große Betten mit Moskitonetzen; alle verfügen über eine Terrasse, zwei über Klimaanlagen. Ohne Frühstück: 50 000 Rp günstiger.

Family Guest House PRIVATUNTERKUNFT $
(Karte S. 184; ☎ 0361-974054; www.familyubud.com; Banjar Tebesaya 39; EZ 250 000–300 000 Rp, DZ 350 000–400 000 Rp; ❄ 📶) Die viel beschäftigte Familie bringt ein bisschen Hektik in die gepflegte Privatunterkunft. Die acht Zimmer sind schlicht, aber sauber; drei haben eine Klimaanlage. Die oberen Zimmer sind hell und luftig.

Suastika Lodge PRIVATUNTERKUNFT $
(Karte S. 184; ☎ 0361-970215; suastika09@hotmail.com; bei Jl Sukma; Zi. 150 000–250 000 Rp; 📶) Wer von der JI Sukma in Richtung Osten in diesen kleinen Weg abbiegt, findet

ℹ DIE WASSERFLASCHE NACHFÜLLEN

Die Zahl der Plastikflaschen mit Wasser, die in Balis tropischer Hitze täglich geleert und dann auf den Müll geworfen werden, ist erschreckend hoch. In Ubud gibt es wenige Stellen, an denen Wasserflaschen (Plastik oder wiederverwendbar) gegen eine kleine Gebühr, normalerweise 3000 Rp für große Flaschen und 2000 Rp für kleine Flaschen. nachgefüllt werden können. Aufgefüllt wird in der Regel mit der Marke, die vor Ort am häufigsten verkauft wird. Wer mitmacht, erspart Bali jedes Mal weiteren Plastikmüll und hilft die Schönheit der Insel zu bewahren. Eine gute zentrale Anlaufstelle ist das Pondok Pecak Library & Learning Centre (S. 193).

ABSEITS DER ÜBLICHEN PFADE

PEJENG

5 km östlich von Ubud liegt das Dorf Pejeng. Zwischen javanischen Invasionen war es einst eine kurze Zeit lang die Hauptstadt des balinesischen Königreichs Pejeng. Das Jahr 1343 brachte das Ende, als die Majapahits König Dalem Bedaulu besiegten.

Pura Penataran Sasih (Jl Raya Tampaksiring; 20 000 Rp; ⌚ 7–17 Uhr) Dies war einst der Staatstempel des Königreichs Pejeng. Im inneren Hof, hoch oben in einem Pavillon und schwer zu sehen, befindet sich ein riesiger Bronzegong, der „Gefallene Mond von Pejeng". Der Gong in Form einer Sanduhr ist 186 cm lang und damit der weltweit größte in einem Stück gegossene Gong. Schätzungen zufolge soll er zwischen 1000 und 2000 Jahre alt sein.

Pura Pusering Jagad (Jl Raya Tampaksiring; Spende) Der Tempel, der im Jahr 1329 errichtet wurde, wird von jungen Paaren aufgesucht. Sie beten hier an den steinernen Lingam und Yoni. Eine große Urne aus Stein befindet sich ebenfalls in der Anlage: Ihre kunstvollen Schnitzereien stellen Götter und Dämonen bei ihrer Suche nach dem Elixier des Lebens dar. In der zugrunde liegenden Mahabharata-Erzählung wirbeln sie einen Ozean aus Milch auf. Der Tempel liegt auf einem kleinen, geteerten Sträßchen westlich der Hauptstraße.

Pura Kebo Edan (Jl Raya Tampaksiring; Spende erbeten) Wer kann einem Ort widerstehen, der Tempel des „verrückten Büffels" heißt? Das Gebäude ist zwar nicht besonders eindrucksvoll, aber es ist berühmt für die verwitterte, 3 m hohe Statue, die „Riese von Pejeng" genannt wird und vermutlich rund 700 Jahre alt ist. Einzelheiten sind schwer zu erkennen, aber vielleicht stellt sie Bima, einen Helden aus dem Mahabharata, dar, der auf einer Leiche tanzt – wie in einem Mythos, der mit dem hinduistischen Shiva-Kult verbunden ist.

Museum Gedung Arca (Museum Arkelogi Gedung Arca; I Raya Tampaksiring; ⌚ Mo–Do 8–16, Fr bis 16.30 Uhr) GRATIS Das archäologische Museum besitzt eine sehenswerte Sammlung von Artefakten aus ganz Bali, die meisten Ausstellungsstücke sind auf Englisch beschriftet. Unter den Exponaten in mehreren kleineren Gebäuden befinden sich einige der ersten balinesischen Töpferarbeiten aus der Nähe von Gilimanuk und Sarkophage, die bis etwa 300 v. Chr. zurückdatieren. Das Museum befindet sich etwa 500 m nördlich der Bedulu-Kreuzung und ist leicht per Bemo oder Fahrrad zu erreichen. Es ist ein verschlafener Ort, und der Besuch lohnt sich besonders mit einem kenntnisreichen Guide.

in diesem typischen Familienanwesen vier saubere Zimmer. Die Unterkünfte im Bungalow-Stil bieten Privatsphäre und Ruhe.

Sania's House GUESTHOUSE $
(Darma Yogi Guest House; Karte S. 184; ☎ 0361-975535; sania_house@yahoo.com; Jl Karna 7; Zi. mit Ventilator 300 000–350 000 Rp, Zi. mit Klimaanlage 450 000–500 000 Rp; @ 📶 🏊) Ein großer Pool und ein hübscher Garten sind die Highlights dieser Anlage in der Nähe des Markts. Die 27 Zimmer sind einfach, aber komfortabel; einige haben eine Klimaanlage, alle sind relativ eng. Auf dem Gelände gibt es ein Restaurant und einige Souvenirläden am Eingang.

Eka's Homestay PRIVATUNTERKUNFT $
(Karte S. 184; ☎ 0813 3957 1134; Jl Sriwedari 8; EZ 150 000–180 000 Rp, DZ 200 000–250 000 Rp; 📶) Eka's ist das Zuhause von Wayan Pasek Sucipta, einem Lehrer für balinesische Musik. Deshalb erklingen oft die melodiösen Klänge des Gamelans in diesem Familienanwesen. Sieben Bungalows bieten Unterkunft. Eine einstündige Gamelanstunde mit Wayan kostet 100 000 Rp.

Raka House GUESTHOUSE $
(Karte S. 184; ☎ 0361-976081; Jl Maruti; Zi. 350 000–450 000 Rp; ❄ 📶 🏊) Acht schlichte Zimmer im Bungalowstil drängen sich im hinteren Teil eines kompakten Familienanwesens mitten im Stadtzentrum. Der kleine Tauchpool reicht zumindest, um die große Zehe nass zu machen. Exzellentes Preis-Leistungs-Verhältnis.

Ina Inn GUESTHOUSE $
(Karte S. 184; ☎0361-971093; http://inainnubud.com; Jl Bisma; Zi. 300 000–400 000 Rp; 📶🏊) Die Gäste können über das dicht bepflanzte Gelände schlendern und vom erhöht gelegenen Pool den Blick auf Ubud und die Reisfelder genießen. Die zwölf Zimmer (manche werden von Ventilatoren gekühlt) sind einfach, aber sauber und bequem.

Biangs PRIVATUNTERKUNFT $
(Karte S. 184; ☎0361-976520; wah_oeboed@yahoo.com; Jl Sukma 28; EZ 100 000–200 000 Rp, DZ 200 000–300 000 Rp, DZ mit Klimaanlage 300 000 Rp; ❄📶) In einem kleinen Garten bietet die Privatunterkunft Biangs – was „Mama" bedeutet – sechs ältere, aber saubere Zimmer mit Bad; nur eines hat eine Klimaanlage. Die besten liegen im hinteren Teil der Anlage mit Blick auf den Wald. Drei Generationen leben hier und umsorgen die Gäste.

Artotel Haniman Ubud HOTEL $$
(Karte S. 184; ☎0361-9083470; www.artotelindonesia.com/haniman-ubud; Jl Jatayu Ubud; Zi. ab 1 050 000 Rp; P❄📶🏊) Die hippe indonesische Kette Artotel bietet mit diesem neuen Zuwachs 22 Studios (20, 30, 40 m²) inkl. Annehmlichkeiten wie einer Kaffeemaschine. Es gibt einen kleinen Pool, ein Spa und einen kostenlosen Shuttleservice ins Zentrum. Das Frühstück wird im Full Circle Café (S. 207) vor dem Hotel serviert, das den besten Kaffee der Stadt kredenzt.

Ladera Villa Ubud HOTEL $$
(Karte S. 184; ☎0361-978127; Jl Bisma 25; Zi. ab 950 000 Rp, Villa ab 1 400 000 Rp; ❄📶🏊) Dieses Hotel liegt nah am Trubel des Zentrums, aber dennoch weit genug weg, um ein ruhiger Rückzugsort zu sein. Es bietet gut ausgestattete Zimmer und luxuriösere Villen mit Privatpool und Mini-Küchen. Der Service ist gut und das Preis-Leistungs-Verhältnis ausgezeichnet.

Sama's Cottages GUESTHOUSE $$
(Karte S. 184; ☎0361-973481; www.samascottagesubud.com; Jl Bisma; Bungalow mit Ventilator/Klimaanlage ab 495 000/585 000 Rp, Villa ab 2 200 000 Rp; ❄📶🏊) Der hübsche, kleine Rückzugsort, der terrassenförmig am Hang liegt, verfügt über Zimmer, Hütten und Villen mit Pool. Die Fassaden sind im balinesischen Stil gehalten. Besonders der Poolbereich mit der Meditations-*bale* (Pavillon) erscheint wie eine Dschungeloase.

Puri Saraswati Bungalows HOTEL $$
(Karte S. 184; ☎0361-975164; www.purisaraswatiubud.com; Jl Raya Ubud; Zi. 700 000–1 000 000 Rp; ❄📶🏊) Diese zentral gelegene Unterkunft der Mittelklasse hat einen hübschen Garten, der sich zum Ubud-Wasserpalast öffnet. Die Zimmer im Bungalowstil sind schlicht eingerichtet, aber sehr hübsch; nur die Betten sind nicht besonders. Am Tag ist es meistens sehr ruhig, aber am frühen Abend sind die Tanzvorführung nebenan recht laut.

Sri Bungalows GUESTHOUSE $$
(Karte S. 184; ☎0361-975394; www.sribungalowsubud.com; Monkey Forest Rd; Zi. 620 000–950 000 Rp, Suite 1 400 000 Rp, FZ 1 900 000 Rp; P❄📶🏊) Trotz der zentralen Lage ist diese Unterkunft erstaunlich ruhig. Sie bietet 49 Zimmer in fünf Kategorien. Am schönsten sind die Superdeluxe- und Suite-Varianten mit Blick auf die Reisfelder; wenn auch die Suiten leicht überteuert sind. WLAN gibt es nur im Gemeinschaftsbereich.

Padma Ubud Retreat GUESTHOUSE $$
(Karte S. 184; ☎0821 4419 5910, 0361-977247; www.padmaubud.com; Jl Kajeng 13; Zi. 350 000–600 000 Rp; 📶🏊) Hinter dem Zuhause des einheimischen Künstlers Nyoman Sudiarsa liegt das moderne dreistöckige Gebäude mit 12 Zimmern in zwei Kategorien. Die Superior-Zimmer verfügen über Ventilatoren, Padma-Zimmer über eine Klimaanlage. Zu einigen Zimmern muss man sechs Treppen erklimmen. Der türkisblaue Pool im Garten liegt direkt vor den Zimmern im Erdgeschoss.

Oka Wati Hotel GUESTHOUSE $$
(Karte S. 184; ☎0361-973386; www.okawatihotel.com; bei Monkey Forest Rd; Zi. 49–100 US$, FZ 60–79 US$; ❄📶🏊) Die Eigentümerin Oka Wati

LANGZEITUNTERKÜNFTE

In Ubud und Umgebung gibt es viele Häuser und Wohnungen, die man mieten oder mitnutzen kann. Infos zu den verschiedenen Optionen sind an den Schwarzen Brettern von Pondok Pecak Library (S. 193) und Bali Buda (S. 207) zu finden. Außerdem lohnt der Blick in die kostenlose Zeitung *Bali Advertiser* (www.baliadvertiser.biz) und auf die lokale Website www.banjartamu.org. Die Preise beginnen bei etwa 300 US$ pro Monat und steigen deutlich mit der Zahl der gebotenen Extras.

ist eine wunderbare Dame und Gastgeberin. Die 20 Zimmer verfügen über Veranden oder Balkone, auf denen stets eine Kanne Tee bereitsteht. Die Zimmer im modernen Bau sind komfortabler, dafür haben die älteren Bungalows mehr Atmosphäre. Im Pavillon neben dem Pool wird ein hervorragendes Frühstück serviert. Überteuert.

Adipana Bungalow GUESTHOUSE $$
(Karte S. 184; ☎ 0817 978 8934; www.adipanabungalow.com; Jl Jembawan 27; Zi. inkl. Frühstück 600 000 Rp; ❄ 📶 🏊) Die sechs leicht schmuddeligen Zimmer verfügen entweder über einen direkten Zugang zum Pool oder einen Balkon mit Blick auf die bambusbedeckte Kulisse Ubuds. Es gibt praktische Kochnischen in jeder Einheit, Gäste berichten jedoch von Strom- und WLAN-Ausfällen.

Lumbung Sari GUESTHOUSE $$
(Karte S. 184; ☎ 0361-976396; www.lumbungsari.com; Monkey Forest Rd; Zi. 650 000–1 700 000 Rp; P ❄ 📶 🏊) Ein schöner Frühstücks-*bale* (traditioneller Pavillon) am Pool ist hier der Hauptanziehungspunkt. Die 14 Zimmer sind in die Kategorien Standard, Superior und Deluxe unterteilt – die Deluxezimmer liegen neben dem Pool und sind etwas geräumiger. Es ist überteuert.

★ Komaneka at Monkey Forest BOUTIQUEHOTEL $$$
(Karte S. 184; ☎ 361-4792518; www.komaneka.com; Monkey Forest Rd; Suite 2 300 000–3 100 000 Rp, Villa 3 800 000–4 200 000 Rp; P ❄ 📶 🏊) Das Boutiquehotel nennt sich selbst Resort. Die Lage an der Monkey Forest Rd scheint wenig einladend, doch das Hotel liegt versteckt in blühenden Gärten mit Blick auf ein Reisfeld hinter der Komaneka Art Gallery. Es ist erstaunlich ruhig hier. Die überaus bequemen Suiten und Villen sind elegant hergerichtet und bieten alle Annehmlichkeiten. Vor Ort ist ein Restaurant (Hauptgerichte 79 000–129 000 Rp) und ein Spa.

Adiwana Jembawan RESORT $$$
(Karte S. 184; ☎ 0361-9083289; www.adiwanahotels.com/adiwanaresortjembawan; Jl Jembawan; Zi. 2 200 000–5 000 000 Rp, Suite 5 000 000–7 000 000 Rp; P ❄ 📶 🏊) Die 2016 eröffnete Ferienanlage ist ein seltener Ort der Ruhe inmitten des Treibens im Zentrum Ubuds. Es fügt sich nahtlos in die Flusslandschaft ein. Die Zimmer sind groß mit allen Annehmlichkeiten. Angebote sind ein Yoga-Shala (1 Std. Mediation oder Yoga 100 000 Rp), zwei Infitinity Pools, ein Spa (Massagen ab 450 000 Rp) und das stylische Restaurant Herb Library (S. 208).

Warwick Ibah Luxury Villas HOTEL $$$
(Karte S. 190; ☎ 0361-974466; www.warwickibah.com; bei Jl Raya Campuan; Suite/Villa ab 190/350 US$; ❄ 📶 🏊) Das Ibah mit Aussicht auf die rauschenden Bäche und die mit Reisterrassen besetzten Hänge des Wos-Tals bietet raffinierten Luxus in insgesamt 17 geräumigen, individuell gestalteten Suiten und Villen, die Altes und Modernes verbinden. Jede Wohneinheit könnte in einem Magazin für Inneneinrichtung vorgestellt werden. Der Swimmingpool ist in den Hang gebaut und von üppigen Gärten sowie schönen Steinmetzarbeiten umgeben.

Komaneka at Bisma BOUTIQUEHOTEL $$$
(Karte S. 190; ☎ 0361-971933; www.bisma.komaneka.com; Jl Bisma; Suite ab 2 800 000 Rp, FZ ab 4 100 000 Rp, Villa ab 5 500 000 Rp; ❄ @ 📶 🏊) Die Ferienanlage steht weit zurückgesetzt in den Reisfeldern nahe des Flusstals und präsentiert sich ganz und gar im Bali-Stil. Die Unterkünfte reichen von Suiten bis zu großen Villen mit drei Schlafzimmern. Das Areal wirkt anmutig, der lange Pool bildet das Zentrum. Spa, Restaurant, Bar, Fitnessraum und Joggingpfad runden das Angebot ab.

Bisma Eight DESIGNHOTEL $$$
(Bisma 8; Karte S. 190; ☎ 0361-4792888; www.bisma-eight.com; Jl Bisma 8; Suite 3 000 000–9 000 000 Rp; P ❄ 📶 🏊) Mit diesem 2018 eröffneten Hotel ist der schnörkellose Stil Singapurs in Ubud angekommen. Es wird viel geboten: vom spektakulären Infinity-Pool über ein hippes Restaurant (Hauptgerichte 140 000–350 000 Rp) bis zu kostenlosen Freizeitaktivitäten (Kochkurse, Yoga, Cycling). Die Suiten sind mit mega bequemen Betten, guten Leselampen und schicken Badezimmern inkl. japanischer Wanne und separater Dusche ausgestattet. Wer direkt bucht, bekommt Specials wie Afternoon Tea.

Südliches Ubud

★ Swasti Eco Cottages GUESTHOUSE $$
(Karte S. 190; ☎ 0361-974079; www.baliswasti.com; Jl Nyuh Bulan; Zi. mit Ventilator/Klimaanlage ab 770 000/880 000 Rp; ❄ @ 📶 🏊) 🍃 Nur fünf Minuten Fußweg vom Südeingang des Monkey Forest entfernt, befindet sich die Anlage auf einem großzügigen Gelände, zu dem auch ein Biogarten gehört (die Ernte wird im Café verarbeitet); außerdem gibt es Pool, Spa und Yoga-Shala. Einige Zimmer liegen

BALIS TRADITIONELLE HEILER

Balis traditionelle Heiler, *balian* (auf Lombok *dukun*) genannt, spielen in der Kultur der Insel eine bedeutende Rolle. Sie behandeln körperliche und psychische Krankheiten, bannen Flüche und übermitteln Botschaften von den Vorfahren. Die etwa 8000 *balian* sind die Grundpfeiler der medizinischen Versorgung in den Gemeinden. Sie haben sich dazu verpflichtet, ihrer Gemeinde zu dienen und niemanden abzuweisen.

In den letzten zehn Jahren ist das System allerdings in einigen Gebieten aufgrund der Aufmerksamkeit durch das Roman- und Film-Phänomen *Eat, Pray, Love* unter Druck geraten. Neugierige Touristen tauchen in Dörfern auf und ziehen Zeit und Aufmerksamkeit der *balian* von den Kranken ab. Das bedeutet nun nicht, dass Leute, die wirklich neugierig sind, keinen *balian* aufsuchen sollten. Aber das Vorgehen sollte dem Erlebnis angemessen sein, nämlich behutsam.

Folgendes sollte man vor einem Besuch bedenken:

- Der Besuch bei einem *balian* muss vorab verabredet werden.
- Kaum ein Heiler spricht Englisch.
- Erwartet wird respektvolle Bekleidung (lange Hosen und Hemd, besser noch Sarong und Schärpe).
- Frauen dürfen am Besuchstag nicht menstruieren.
- Nie dem Heiler die Füße entgegenstrecken.
- Eine Opfergabe mitbringen, in der die Konsultationsgebühr steckt. Sie beträgt durchschnittlich etwa 250 000 Rp pro Person.
- Man sollte sich klar machen, worauf man sich einlässt: Die Behandlung ist öffentlich und wahrscheinlich auch schmerzhaft. Möglicherweise gehören dazu Tiefengewebsmassage, das Pieksen mit spitzen Stäben oder das Ausspucken zerkauter Kräuter auf den Patienten.

Einen *balian* zu finden kann mühsam sein. Zunächst sollte man im Hotel nachfragen. Die Mitarbeiter können wahrscheinlich dabei helfen, eine Verabredung zu treffen und eine passende Opfergabe zu beschaffen, in die die Gebühr gesteckt wird. Oder man bittet Made Surya (S. 189) um eine Empfehlung. Er ist, was Balis traditionelle Heiler betrifft, eine Autorität und bietet ein- und zweitägige Intensiv-Workshops zu Heilung, Magie, traditionellen Gesundheitssystemen und Geschichte an. Dazu gehört auch ein Besuch bei einem authentischen *balian*. Made Suryas Website ist eine ausgezeichnete Informationsquelle zum Besuch eines Heilers auf Bali. Er kann auch einen passenden *balian* auswählen und den Patienten als Kontaktperson und Übersetzer dorthin begleiten.

Manche westliche Mediziner bzw. die Schulmedizin stellen infrage, dass diese Art der Heilung ernsthafte medizinische Probleme lösen kann. Ihrer Ansicht nach sollten Patienten bei ernsthaften Beschwerden nicht nur einen traditionellen Heiler, sondern auch einen echten Arzt aufsuchen.

in einfachen zweigeschossigen Gebäuden, andere in traditionellen Häusern. Es werden Yoga und Meditationskurse angeboten.

Alam Indah HOTEL **$$**
(Karte S. 190; ☎0361-974629; www.alamindahbali.com; Jl Nyuh Bulan; Zi. 1 000 000–1 600 000 Rp; ❄📶🏊) Gleich südlich des Monkey Forest in Nyuhkuning liegt dieses weitläufige und ruhige Resort mit 16 Zimmern, die wunderschön mit Naturmaterialien im traditionellen Stil gestaltet sind. Die Aussicht auf das Wos-Tal ist zauberhaft, besonders vom Poolbereich aus, der sich über mehrere Ebenen erstreckt. Es gibt einen kostenlosen Shuttle-Service ins Zentrum von Ubud.

Sapodilla HOTEL **$$**
(Karte S. 190; ☎0361-981596; https://sapodillaubud.com; Jl Raya Pengosekan; Zi./Suite 1 200 000/1 700 000 Rp) Das Sapodilla sticht positiv durch große, stilsichere Zimmer und einen exzellenten Service aus der Vielzahl an neuen Boutiquehotels in Ubud hervor. Kostenloser Shuttleservice auf Anfrage, Afternoon Tea und jede Menge flauschiger Handtücher für das Sonnenbad am türkisgrünen Pool

sind inklusive. Die Suiten und Zimmer im Obergeschoss bieten mehr Privatsphäre.

Kertiyasa Bungalows HOTEL **$$**
(Karte S. 190; 0361-971377; www.kertiyasabungalow.com; Jl Nyuh Bulan 10; Zi. 430 000–950 000 Rp;) In ruhiger Lage bietet dieses gepflegte Hotel großzügige Zimmer mit hervorragender Ausstattung (Wasserkocher, Sat-TV, kostenlose Minibar). Zur Anlage gehören ein großer Pool und ein Restaurant. Die Zimmerpreise können stark variieren, es lohnt deshalb, nach Angeboten Ausschau zu halten.

Agung Raka BOUTIQUEHOTEL **$$**
(Karte S. 190; 0361-975757; www.baliagungrakaresort.com; Jl Raya Pengosekan; Zi. ab 70 US$, Villa ab 140 US$;) Das leicht abgenutzte Hotel mit 43 Zimmern liegt inmitten schöner Reisfelder gleich südlich des Zentrums von Ubud. Die Zimmer sind groß und balinesisch eingerichtet, aber die wirklichen Stars sind die Villen im Bungalow-Stil, die etwas abseits auf einer der Reisterrassen zwischen lauter Palmen liegen. Als Schlaflied erklingt abends ein Konzert, das von den Vögeln und Insekten veranstaltet wird. Es gibt einen Shuttle zum Stadtzentrum.

Tegal Sari HOTEL **$$**
(Karte S. 190; 0361-973318; www.tegalsari-ubud.com; Jl Raya Pengosekan; Zi. ab 350 000 Rp, Suite ab 1 350 000 Rp, Villa 1 550 000 Rp;) Obwohl das Hotel buchstäblich nur einen Steinwurf von der hektischen Hauptstraße entfernt liegt, tauchen hier wie durch ein Wunder Reisfelder (und Enten) auf. Die riesigen Zimmer und Suiten in neuen Ziegelbauten sind in aktuellem Design gehalten. Zudem gibt es zwei sehr schöne Villen. Alle Wohneinheiten sind gut ausgestattet. Ein Yogaraum und kostenloser Shuttelservice ins Zentrum sind ebenfalls vorhanden.

Saren Indah Hotel HOTEL **$$**
(Karte S. 190; 0361-971471; Jl Nyuh Bulan; Zi. ab 650 000 Rp;) Südlich des Monkey Forest (Affenbesuch auf dem Balkon ist möglich) steht dieses Hotel mitten in den Reisterrassen – den besten Ausblick haben die Zimmer im zweiten Stock. Die Zimmer besitzen klassischen balinesischen Charme; da einige sehr klein sind, lohnt sich ein Upgrade.

ARMA Resort HOTEL **$$$**
(Karte S. 190; 0361-976659; www.armabali.com; Jl Raya Pengosekan; Zi. ab 90 US$, Villa ab 185 US$;) Ganz in die balinesische Kultur eintauchen können die Gäste in der Hotel-Enklave des ARMA-Komplexes. Gäste sind in modernen, gut ausgestatteten Zimmern oder in Villen mit eigenem Pool untergebracht.

Westliches Ubud

Santra Putra PRIVATUNTERKUNFT **$**
(Karte S. 190; 0361-977810, 0812 8109 9940; www.santraputra.com; Jl Pacekan 18, Penestanan; Zi. 350 000–500 000 Rp;) Die Anlage gehört Wayan Karja, dessen Studiogalerie (S. 193) ebenfalls hier untergebracht ist. Die Privatunterkunft im Dorf Penestanan verfügt über 19 Zimmer, die sukzessive renoviert werden. Die neuen Zimmer haben Queensize-Betten, Freiluft-Badezimmer und Veranden mit kleinen Kochnischen. Das Frühstück nehmen die Gäste gemeinsam an einem großen Tisch ein.

Roam DESIGNHOTEL **$$**
(Karte S. 190; 0800 853 7626, 0361-479 2884; www.roam.co/places/ubud; Jl Raya Penestanan; Zi. pro Nacht/Woche 98/550 US$;) Das Hipster Co-Living-Hotel hinter dem Alchemy Café (S. 212) ist wie ein klassisches Motel – aber mit Rock'n'Roll-Flair. Die 24 Zimmer sind ideal für „globale Nomaden": stylische Einrichtung, gute Betten, kleine Kühlschränke und schnelles WLAN. Zu den Einrichtungen gehören eine Gemeinschaftsküche und eine Waschküche, ein öffentlicher Pool, ein Co-Working-Space auf der Dachterrasse und ein Yogastudio. Drei Nächte Mindestaufenthalt.

Hotel Tjampuhan HOTEL **$$**
(Karte S. 190; 0361-975368; www.tjampuhan-bali.com; Jl Raya Campuan, Campuan; Zi. 1 100 000–1 950 000 Rp;) Das ehrwürdige Haus mit 67 Zimmern überblickt den Zusammenfluss von Sungai Wos und Campuan. Der einflussreiche deutsche Künstler Walter Spies lebte hier in den 1930er-Jahren. Sein ehemaliges Wohnhaus, in dem vier Leute übernachten können, ist Teil dieses Hotels. Die Einheiten im Bungalowstil, die am Hang liegen, bieten einen fantastischen Blick auf Tal und Tempel. Zur Anlage gehören zwei Pools, ein Spa und ein Restaurant.

★ Mandapa RESORT **$$$**
(0361-4792777; www.ritzcarlton.com; Jl Kedewatan, Kedewatan; Suite 600–900 US$, Villa 1000–5000 US$;) Die umwerfende Ritz-Carlton-Ferienanlage erstreckt sich auf der Größe eines Dorfes in einem spek-

takulären Tal inmitten von Reisterrassen. Besonders stechen das Luxus-Spa (S. 189) und das Restaurant Kubu (S. 212) aus einem Angebot hervor, das kaum Wünsche offen lässt. Täglich können Gäste aus 17 kostenlosen Freizeitaktivitäten wählen, inklusive Yoga, Aqua Aerobic und einem Kinderklub. Die Suiten und Villen sind groß und wunderschön.

★ Bambu Indah RESORT **$$$**
(☎ 0361-977922; www.bambuindah.com; Jl Banjar Baung; Zi. 95–495 US$, 2-Zi.-Haus 645–695 US$; P ❄ 📶 🏊) Die zugewanderten Unternehmer John und Cynthia Hardy haben viel Liebe in dieses Ökoresort gesteckt. Auf einem Hügelkamm in der Nähe des Sungai Ayung bietet es Unterkunft in 100 Jahre alten javanischen Häusern und neuen, außergewöhnlichen Konstruktionen aus Naturmaterial. Manche sind einfach, andere luxuriös – aber alle sind sehr formschön. Auf dem Gelände finden sich mehrere Naturbecken, ein Bio-Restaurant und Massagestühle.

Gästen steht eine kostenloser Shuttleservice zur Verfügung, der zweimal am Tag ins Zentrum fährt. Die Ferienanlage recycelt und kompostiert, verzichtet zugunsten gefilterten Wassers auf Plastikflaschen und verwendet Lavagestein und Vegetation, um das Wasser der hoteleigenen Pools auf natürliche Weise zu klären, zu filtern und mit Sauerstoff anzureichern.

★ Como Uma Ubud BOUTIQUEHOTEL **$$$**
(Karte S. 190; ☎ 0361-972448; www.comohotels.com; Jl Raya Sanggingan; Zi. 290–320 US$, Villa 580–610 US$; P ❄ 📶 🏊) Als einige der wenigen Unterkünfte in Ubud kann diese zurecht von sich behaupten, ein Boutiquehotel zu sein. Gäste erwartet zeitgenössischer balinesischer Stil in dieser Anlage, deren Eigentümer Australier sind. Die 46 Zimmer sind unterschiedlich groß, aber alle schön – besonders die Badezimmer – und gut ausgestattet. Dazu gehören Infinity-Pool, Poolbar, Spa, Yogapavillon und ein hervorragendes italienisches Restaurant (S. 212).

Amandari HOTEL **$$$**
(☎ 0361-975333; www.amanresorts.com; Jl Raya Kedewatan; Suite 700–2400 US$, Villa 4200–4500 US$; P ❄ @ 📶 🏊) Das luxuriöse Amandari vollführt alles mit dem Charme und Anmut einer klassischen balinesischen Tänzerin. Ein unglaublicher Blick über das Green River Valley – der 30 m grün gekachelte Pool scheint über den Rand zu fließen – ist nur einer der Gründe, hier zu wohnen. Die 30 privaten Pavillons (einige mit eigenem Pool) sind sehr komfortabel. Kostenlos angeboten werden Aktivitäten wie Yogakurse und Afternoon Tea. In der Anlage befinden sich ein Restaurant (Hauptgericht 180 000–390 000 Rp), Spa, Fitnessraum und Tennisplatz.

Four Seasons Resort HOTEL **$$$**
(Karte S. 190; ☎ 0361-977577; www.fourseasons.com; Sayan; Suite ab 500 US$, Villa ab 850 US$; ❄ @ 📶 🏊) Der geschwungene Empfangsbereich im Freien liegt unterhalb der Abbruchkante des Tals und wirkt wie ein Breitbandfilm über Ubuds Schönheit. Zu vielen Villen gehört ein eigener Pool; alle teilen die gleiche faszinierende Aussicht und ein fantastisches modernes Design. Abends hört man von jeder der 60 sehr geräumigen Wohneinheiten nur noch das Wasser rauschen.

Villa Nirvana HOTEL **$$$**
(Karte S. 190; ☎ 0361-979419; www.villanirvanabali.com; Jl Raya Penestanan Kaja, Penestanan; Villa 1 200 000–2 500 000 Rp; P ❄ 📶 🏊) Die Anlage mit 12 Villen, die der einheimische Architekt Awan Sukhro Edhi entworfen hat, ist ein ruhiger Rückzugsort. Umgeben von Gärten liegen moderne Villen mit ein bis zwei Schlafzimmern, sechs davon mit eigenem Pool. Es gibt ein Spa und ein Restaurant. Der Weg ins Zentrum von Ubud ist nicht unerheblich, kann aber zu Fuß bewältigt werden.

Östliches Ubud

Omah Apik HOTEL **$$**
(☎ 0361-944324; www.omah-apik.com; Jl Kenyem Bulan, Pejeng; Zi. 700 000–1 100 000 Rp, Suite 1 100 000–1 400 000 Rp; P ❄ 📶 🏊) Der Name bedeutet „Schönes Zuhause" und dieser ruhige Familienbetrieb, versteckt in den Reisfeldern Ubuds, liegt in der Tat wunderschön. Die Attraktivität der Unterkunft selbst ist etwas verblasst, doch die Zimmer sind einfach und stilvoll eingerichtet und sehr komfortabel. Das Frühstück ist in Ordnung, andere Mahlzeiten sind nicht zu empfehlen.

Maya Ubud HOTEL **$$$**
(☎ 0361-977888; www.mayaubud.com; Jl Gunung Sari, Peliatan; Zi./Villa ab 200/250 US$; P ❄ @ 📶 🏊) Das Areal liegt im Flusstal inmitten der Reisfelder von Peliatan, 2 km vom Zentrum entfernt. Die riesige Anlage stammt aus dem Jahr 2001 und wirkt etwas angestaubt; die anstehende Renovierung wird guttun. Spa, Café und Pool am Flussufer sind reizvoll, aber etwas weit entfernt von

den meisten Zimmern und Villen. Ebenfalls vorhanden sind ein Fitnessraum, Yogastudio und Tennisplatz.

Nördliches Ubud

Bali Asli Lodge PRIVATUNTERKUNFT $

(Karte S. 190; ☎0361-970537; www.baliaslilodge.com; Jl Suweta; Zi. 250 000–300 000 Rp; 📶) Hier kann man dem Trubel im Zentrum vom Ubud entgehen. Made und Ketut sind die freundlichen Gastgeber. Die fünf Zimmer sind in traditionellen balinesischen Häusern aus Stein und Ziegeln untergebracht, die in einem üppigen grünen Garten stehen. Auf den Terrassen können die Gäste die Zeit vergehen lassen, während Made auf Wunsch Mahlzeiten zubereitet. Die Stadt liegt 15 Minuten Fußweg entfernt. Fabelhaftes Preis-Leistungs-Verhältnis.

Ubud Sari Health Resort WELLNESSHOTEL $$

(Karte S. 190; ☎0361-974393; www.ubudsari.com; Jl Kajeng; Zi. 75–90 US$; ❄📶🏊) Das Hotel liegt idyllisch in einem Waldgebiet oberhalb eines plätschernden Bachs. Die 21 Zimmer dieses renommierten Gesundheits-Spas erfreuen sich großer Beliebtheit – man sollte weit im Voraus buchen. Das Café serviert Vegetarisches aus Bio-Anbau. Die Gäste können die vielfältigen Angebote des Gesundheitszentrums nutzen.

Ketut's Place PRIVATUNTERKUNFT $$

(Karte S. 190; ☎0361-975304; Jl Suweta 40; Zi. mit Ventilator/Klimaanlage ab 500 000/700 000 Rp; ❄📶🏊) Das Ketut's liegt eine Qualitätsstufe über der üblichen Privatunterkunft. Die 16 Zimmer sind alle sehr gut ausgestattet und bieten eine herrliche Aussicht auf Flusstal und Garten.

Wapa di Ume RESORT $$$

(Karte S. 190; ☎0361-973178; www.wapadiume.com; Jl Suweta; Zi. ab 2 000 000 Rp, Suiten ab 2 700 000 Rp, Villa ab 3 400 000 Rp; ❄@📶🏊) Das elegante Anwesen liegt etwa 2,5 km vom Zentrum entfernt – es geht sanft bergan – und bietet einen fesselnden Blick auf die Reisterrassen. Neue und alte Stilrichtungen vermischen sich in den 33 großen Wohneinheiten; am schönsten ist eine Villa mit Aussicht. Der unaufdringliche Service ist hervorragend. Am Abend sind aus der Ferne Gamelanspieler beim Proben zu hören – einfach zauberhaft.

Essen

Die Cafés und Restaurants in Ubud zählen wohl zu den besten auf Bali. Einheimische und zugewanderte Köche bereiten eine Vielzahl authentisch balinesischer Gerichte, aber auch originelle andere asiatische bzw. internationale Speisen. Cafés mit gutem Kaffee scheinen hier so verbreitet zu sein wie die allgegenwärtigen Frangipaniblüten. Bis 21 Uhr sollte man am Tisch sitzen, sonst schrumpfen die kulinarischen Optionen rapide. Besonders in der Hochsaison empfiehlt es sich, am Abend einen Tisch zu reservieren.

Im Zentrum von Ubud

★ **Kafe** CAFÉ $

(Karte S. 184; ☎0361-479 2078; www.kafe-bali.com; Jl Hanoman 44; Sandwiches & Wraps 65 000–89 000 Rp, Hauptgerichte 39 000–97 000 Rp; ⏲7–23 Uhr; 📶✎) Das Kafe mit seiner hübschen Einrichtung, entspannten Atmosphäre, freundlichem Service und gesunder Kost ist zurecht ein beliebter Anlaufplatz in Ubud. Auf der umfangreiche Bio-Karte findet sich das Passende für jeden Geschmack. Ob vegan, vegetarisch oder Rohkost – die Akzente der balinesischen, indonesischen, indischen und mexikanischen Küche lohnen den Besuch. Gutes Preis-Leistungs-Verhältnis.

Liap Liap INDONESISCH $

(Karte S. 184; ☎0361-9080800; www.liapliap.com; Monkey Forest Rd; Satays 35 000–65 000 Rp; ⏲10–23 Uhr) Der Name beschreibt klangmalerisch das Geräusch von Kohle, wenn Chefkoch Mandif Warokka diese für die typische Zubereitung der Speisen auf dem Grill erhitzt. Die würzigen indonesischen Gerichte vom Grill zeichnen die Küche dieses modernen Warungs aus. Gäste können durch das Fenster beim Grillen zusehen, während sie einen Cocktail aus der langen Liste von Klassikern und Hausspecials schlürfen.

Mamma Mia PIZZA $

(Karte S. 184; ☎0361-976397; www.facebook.com/MammaMiaBali; Jl Hanoman 36; Pizzen 28 000–85 000 Rp, Pasta 50 000–75 000 Rp; ⏲9–23 Uhr) In Ubud eine anständige Pizza zu finden ist eine echte Herausforderung (und es gibt viele schlechte Versionen). Gut also, dass es das Mamma Mia gibt. Die traditionellen Pizzen kommen mit dünnen Boden und klassischem Belag aus dem Holzofen. Kostenlose Lieferung.

Warung Little India INDISCH $

(Karte S. 184; ☎0819 9962 4555; www.facebook.com/Warung-Little-India-1388656398032001; Jl Sukma 36; Hauptgerichte 35 000–75 000 Rp, Thali-Platte 55 000–85 000 Rp; ⏲10–22 Uhr) Die Punjabi-Thalis, Samosas und Biriyanis schmecken köstlich. Mittagsmenüs gibt es bereits ab 30 000 Rp.

Waroeng Bernadette at Toko Madu INDONESISCH $
(Karte S. 184; ☎0821 4742 4779; Jl Goutama; Hauptgerichte 35 000–75 000 Rp; ⏲11–23 Uhr; 📶) Nicht umsonst nennt sich das Restaurant „Heimat des Rendang". Das klassische Gericht aus Westsumatra aus lange mariniertem Fleisch (im Original ist es Rind, aber hier gibt es auch eine vegetarische Version mit Jackfrucht) wird mit viel Farbe und einem besonderen Flair aufgetischt. Weitere Gerichte haben einen pikanten Schwung, der den langweiligen Versionen, die anderswo serviert werden, fehlt. Der erhöhte Speisesaal ist eine wahre Orgie an Kitsch.

Mama's Warung INDONESISCH $
(Karte S. 184; ☎0361-977047; www.facebook.com/Mamaswarung; Jl Sukma; Hauptgerichte 30 000–40 000 Rp; ⏲8–22 Uhr; 🖉) Die ungemein freundliche Mama kocht zusammen mit ihrer Belegschaft würzige Indo-Klassiker, die Knoblauch-Duft verströmen. Die frisch zubereitete Erdnusssoße für das Saté ist geschmeidig, das gebratene Sambal hervorragend. Viele Gäste genießen ihr Essen so sehr, dass sie sich beim nächsten Besuch in Ubud in einem der Zimmer im Obergeschoss (Einzel/Doppel 250 000/300 000 Rp) einmieten.

Tutmak Cafe CAFÉ $
(Karte S. 184; ☎0361-975754; www.facebook.com/tutmakubud; Jl Dewi Sita; Sandwiches 48 000–65 000 Rp, Hauptgerichte 35 000–100 000 Rp; ⏲8–23 Uhr; 📶) Das schicke, luftige Lokal auf mehreren Ebenen ist ein beliebter Platz für einen Kaffee oder eine einfache Mahlzeit. Die Kaffeebohnen werden hier frisch geröstet und es gibt hausgemachtes Brot.

Bali Buda CAFÉ $
(Karte S. 207; ☎0361-976324; www.balibuda.com; Jl Jembawan 1; Hauptgerichte 38 000–67 000 Rp, Pizza 63 000–81 000 Rp; ⏲7–22 Uhr; 🖉) Das luftige Lokal im Obergeschoss serviert alles an vegetarischen *Jamu* (gesunden Tonics), Frühstück (ganztags), Salaten, Sandwiches, dünnkrustigen Pizzen und Eis. Das Schwarze Brett unten ist gespickt mit Zetteln, die wohl nur Menschen aus Ubud ganz verstehen. Kein Alkohol.

★ Hujon Locale INDONESISCH $$
(Karte S. 184; ☎0813 3972 0306; www.hujanlocale.com; Jl Sriwedari 5; Hauptgerichte 120 000–200 000 Rp; ⏲12–22 Uhr; 📶🖉) Hinter dem Hujon Locale steht Chefkoch Will Meyrick, dessen kulinarisches Genie bereits das Mama San in Seminyak zum Erfolg geführt hat. Die Speisekarte in diesem hervorragenden Lokal verbindet traditionelle indonesische Küche mit kreativen modernen Einflüssen. Alles schmeckt köstlich. Der schicke zweigeschossige Bungalow im Kolonialstil eignet sich sowohl für Cocktails und Snacks in der Lounge als auch für Mittag- und Abendessen im Obergeschoss.

★ Watercress CAFÉ $$
(Karte S. 184; ☎0361-976127; www.watercressubud.com; Monkey Forest Rd; Frühstück 45 000–90 000 Rp, Sandwiches 65 000–75 000 Rp, Hauptgerichte 90 000–290 000 Rp; ⏲7.30–23 Uhr; 📶) Das junge und trendige Publikum genießt in diesem Straßencafé ganztags Frühstück, Burger, Sandwiches (aus Sauerteig), selbstgemachte Kuchen, Gourmetsalate. Tagsüber eine gute Adresse für leckeren Kaffee und abends für Cocktails (Happy Hour tägl. 17–19 Uhr, Fr Livemusik).

★ Full Circle CAFÉ $$
(Karte S. 184; ☎0361-982638; www.fullcirclebyexpatroasters.com; Jl Jatayu; Frühstück 35 000–100 000 Rp, Hauptgerichte 65 000–130 000 Rp; ⏲7–23 Uhr; ❄📶🖉) Einige sehr gut laufende Läden haben sich bereits die australische Kaffeekultur zum Vorbild genommen, so auch diese neue und schicke Ausgabe. Ein Umweg für Ubuds besten Kaffee (Expat Roaster-Bohnen) lohnt sich. Die Frühstückskarte mit Sauerteigprodukten aus der Starter-Lab-Bäckerei, dem beliebten Avocadoaufstrich, Suhi-Bowls und Burgern gilt ganztags. Hier ist es großartig.

Nusantara BALINESISCH $$
(Karte S. 184; ☎0361-972973; www.locavore.co.id/nusantara; 9C Jl Dewi Sita; kleine Gerichte 60 000–95 000 Rp, große Gerichte 80 000–225 000 Rp; ⏲Mo 9–21.30, Di–So 12–14.30 & 18–21.30 Uhr; 📶) Das Nusantara wird vom selben Team geführt wie das renommierte Locovore. Wenn man dort also keinen Platz ergattert, ist dieses stylische indonesische Restaurant eine gute Alternative. Das „Archipel", wie der Name übersetzt lautet, ist inspiriert durch die vielen Inseln des Landes und ihre frischen, sehr würzigen Speisen. Das Kompliment aus der Küche ist ein nettes Extra und das Sechs-Gänge-Degustationsmenü (215 000 Rp) eine bequeme und dabei gute Wahl.

EISCREME & GELATO

In den letzten Jahren wurde Ubud von einem wahren Eis-Hype erfasst. Das schadet natürlich nicht. Besonders leckeres Eis in der Waffel und im Becher gibt es bei:

Tukies Coconut Shop (Karte S. 184; 0361-9083562; Jl Raya Ubud 14; 1/2 Kugeln 28 000/54 000 Rp; 9–22.30 Uhr;) Ubuds bestes – und veganes – Kokoseis, oben drauf gibt es frische Kokosnuss und Kokoskrokant. Der Shop verkauft außerdem getrocknete Kokosnuss, Granulat und andere Köstlichkeiten aus und mit Kokos.

Gelato Secrets (www.gelatosecrets.com; Kugel 33 000–66 000 Rp; 9–22.30 Uhr) Früchte und Gewürze aus der Region werden in dieser beliebten Kette zu fantastischen Eissorten verarbeitet (beispielsweise Drachenfrucht-Zimt oder Cashew-Schwarzer Sesam). Filialen gibt es auf der Monkey Forest Road (Karte S. 184) und Jl Raya Ubud (Karte S. 184).

Gaya Gelato (Karte S. 184; 0361-979252; www.facebook.com/gayagelato; Jl Raya Ubud; kleines Eis 30 000 Rp; 10–22 Uhr) Diese internationale Kette bietet erfrischende Geschmackrichtungen wie Zitronengras, Passionsfrucht, Durian und Tamarillo und Klassiker wie Pistazie und Schokolade.

Earth Cafe & Market VEGETARISCH $$
(Karte S. 184; 0361-976546; www.earthcafebali.com; Jl Gotama Selatan; Hauptgerichte 79 000–98 000 Rp; 7–22 Uhr;) „Freie Radikale eliminieren" ist nur einer von vielen gesunden Drinks in diesem Hardcore-Außenposten für vegetarische Bio-Kost und -Getränke. Die scheinbar endlose Speisekarte umfasst eine Vielzahl an Suppen, Salaten und Gemüseteller voller mediterraner Geschmackserlebnisse und mit viel Rohkost. Auf der Hauptebene gibt es einen Markt und einen praktischen Lieferservice.

Herb Library BALINESISCH $$
(Karte S. 184; 0361-9083289; www.facebook.com/herblibrarybali; Jl Jembawan; Hauptgerichte 80 000–105 000 Rp; 7.30–22.30 Uhr;) Dieser *bale* (zu einer Seite offener Pavillon) vor dem Adiwana Resort Jembawan ist ein gutes Beispiel für schickes balinesisches Design: ausgewogene Farben, gut platzierte Tische, bequeme Sitzgelegenheiten und Deckenventilatoren, die sich gemütlich drehen. Die Gerichte sind zum größten Teil vegetarisch und vegan – und vor allem frisch. Sehr guter Service.

Spice INDONESISCH $$
(Karte S. 184; 0361-479 2420; www.spicebali.com; Jl Raya Ubud 23; kleine Gerichte 70 000–110 000 Rp, Hauptgerichte 70 000–140 000 Rp; 11–23 Uhr;) Der bekannte Ubuder Gastronom und Koch Chris Salans steht hinter dieser klimagekühlten Gastrobar an der Hauptstraße. Sie ist eine gute Wahl für einen Nachmittagssnack (Slider, Teigtaschen, Krabbenpuffer, Carpaccio), auf der Karte stehen aber auch viele Klassiker der indonesischen und asiatischen Küche von Laksa bis Schweinerippchen. Klasse ist das Kindermenü (99 000 Rp).

Fair Warung Balé INTERNATIONAL $$
(Karte S. 184; 0361-975370; www.fairfuturefoundation.org; Jl Sriwedari 6; Hauptgerichte 50 000–110 000Rp; 11–22 Uhr;) Tagsüber entspannt, abends ein Hot Spot; zu vorgerückter Stunde bilden sich oft Schlangen von Menschen, die für einen Tisch in dem attraktiven Restaurant im Obergeschoss anstehen. Es wird von einer NGO mit Sitz in der Schweiz, der Fair Future Foundation, betrieben. Die Gewinne fließen zu 100 % in die Gesundheitsversorgung der örtlichen Gemeinde. Das Essensangebot reicht von einheimischen Currys bis zu frisch gebackenem Baguette mit Thunfisch-Tartar.

Il Giardino ITALIENISCH $$
(Karte S. 184; 0823 3988 3511; www.ilgiardinobali.com; Jl Kajeng 3, Siti Bungalows; Pizza 60 000–150 000 Rp, Pasta 69 000–135 000 Rp; 6–22.30 Uhr;) Ein romantisches italienisches Restaurant unter freiem Himmel und mit Blick auf einen Seerosenteich: Das Lokal auf dem Anwesen des verstorbenen niederländischen Malers Han Snel bietet Holzofenpizzen, hausgemachte Pasta und rustikale italienische Küche in wunderschöner Lage.

Black Beach ITALIENISCH $$
(Karte S. 184; 0361-971353; www.blackbeach.asia; Jl Hanoman 5; Pizza 48 000–90 000 Rp, Pasta 26 000–91 000 Rp; 8–22.30 Uhr;) Eine Pizza nach der anderen kommt hier mit dünnem, knusperigem Boden aus dem Ofen.

Wen das nicht anspricht, der sollte die Pasta versuchen. Der Speisesaal im Obergeschoss bietet zwar einen hübschen Ausblick, der eigentliche Magnet für ein eher intellektuelles Publikum sind jedoch die Filmvorführungen von Arthouse-Dokumentationen mittwochs und donnerstags auf der Terrasse.

Melting Wok ASIATISCH $$
(Karte S. 184; ☎0821 4417 4906; meltingwokwarung@gmail.com; Jl Goutama 13; Hauptgerichte 50 000–72 000 Rp; ⏲Di–So 10–22 Uhr) Panasiatische Gerichte erfreuen die Massen in diesem äußerst beliebten Open-Air-Restaurant an der Goutama-Meile. Currys, Nudelgerichte, Tempeh und vieles mehr füllen die Speisekarte; da fällt die Entscheidung wirklich schwer. Die Desserts verweisen eher auf koloniale Einflüsse: französische Akzente in Hülle und Fülle. Der Service ist entspannt, aber effizient. Eine Reservierung ist empfehlenswert.

Bebek Bengil INDONESISCH $$
(Dirty Duck Diner; Karte S. 184; ☎0361-975489; www.bebekbengil.co.id/en; Jl Hanoman; halbe Ente 130 000 Rp; ⏲10–23 Uhr; 📶) Das berühmte Lokal ist aus einem einzigen Grund so populär: wegen der knusprigen balinesischen Ente, die 36 Stunden mit Gewürzen mariniert und dann gebraten wird. Für die Gäste, die Gebratenes nicht mögen, gibt es Ente im Salat, Frühlingsrollen oder Saté. Die Speisen werden im riesigen offenen Pavillon serviert.

Locavore to Go CAFÉ $$
(Karte S. 184; ☎0361-9080757; www.locavore.co.id/togo; Jl Dewi Sita 108; Frühstück 30 000–79 000 Rp, Sandwiches 79 000–129 000 Rp; ⏲Mo–Sa 8.30–19 Uhr; 📶) Dieses an eine Metzgerei angeschlossene Café vom Team des beliebten Locavore bietet kreative Frühstücksoptionen (ein opulenter Start in den Tag ist die Waffel mit gebratenem Entenei, Speck und Kerbel) und eine Vielzahl an Sandwiches und Wraps – Banh Mi, Falafel, Pulled Pork und Burger – für den Mittagshunger. Dafür steht man in dem winzigen Lokal gerne Schlange.

Kebun MEDITERRAN $$
(Karte S. 184; ☎0361-972490; www.kebunbistro.com; Jl Hanoman 44; Hauptgerichte 65 000–155 000 Rp; ⏲Mo–Fr 11–23, Sa & So ab 9 Uhr; 📶) In diesem schnuckeligen Bistro trifft Paris auf Ubud, und das passt ausgezeichnet. Die ausführliche Wein- und Cocktailkarte führt das Passende zu allen kleinen und großen Gerichten mit französischen und italienischen Akzenten. Essen und trinken lässt sich gut im Barbereich oder man ergattert einen Tisch auf der hübsch begrünten Terrasse.

Clear FUSION $$
(Karte S. 184; ☎0878 6219 7585, 0361-889 4437; www.clearcafebali.com; Jl Hanoman 8; Mahlzeiten 4–15 US$; ⏲8–22 Uhr; 📶🖉) Das Clear ist mit seiner geschmackvoll überladenen Einrichtung und einer Karte mit vielen Favoriten eines der beliebtesten Speiselokale Ubuds. Die Gerichte sind ausgesprochen gesund und werden raffiniert angerichtet. Die Zutaten stammen aus regionalem Anbau. Auf der Karte lassen sich Einflüsse aus Japan (Sushi) genauso finden wie aus Mexiko (Tacos, Quesadillas), viele Speisen sind vegetarisch oder vegan. Die große Auswahl an Smoothies, Tonics, Säften und Milchshakes lässt vergessen, dass es keinen Alkohol gibt. Nur Barzahlung.

Juice Ja Café CAFÉ $$
(Karte S. 184; ☎0361-971056; www.facebook.com/juicejacafe; Jl Dewi Sita; Hauptgerichte 55 000–95 000 Rp; ⏲7–23 Uhr; 📶) 🍃 Das Café zeigt, wie es geht: Früchte, Gemüse und Superfood aus eigenem biologischen Anbau werden zu köstlichen Kreationen. Vegetarisch, vegan, glutenfrei – hier ist alles zu finden. Alle Gerichte, Shakes und frische Säfte sehen mehr als ansprechend aus. Zum krönenden Abschluss gibt es hausgemachtes Eis in der Aktivkohlewaffel. Sitzgelegenheiten sind innen und auf dem Balkon.

Casa Luna INDONESISCH $$
(Karte S. 184; ☎0361-977409; www.casalunabali.com; Jl Raya Ubud; Hauptgerichte 50 000–125 000 Rp; ⏲8–23 Uhr; 🅿📶) Das Casa Luna war eines der ersten modernen Speiselokale in Ubud und ist scheinbar dem eigenen Ruhm zum Opfer gefallen. Das Lokal sieht weiterhin attraktiv aus, aber Besuche in letzter Zeit waren geprägt von enttäuschender Küche und kurz angebundenem Service. Die Kochschule hat dagegen nicht an Ansehen verloren und die Energie der Besitzerin Janet DeNeefe, eine treibende Kraft hinter Ubuds Writers- und Food-Festivals, verdient Bewunderung.

Warung Babi Guling BALINESISCH $$
(Ibu Oka 3; Karte S. 184; ☎0361-976345; Jl Tegal Sari; Menü 70 000 Rp; ⏲11–18 Uhr; 📶) Bevor Rick Stein und Anthony Bourdain das Lokal „entdeckt" haben, war es ein einfaches, lokales Warung ohne viel Schnickschnack. Mittlerweile ist es in größere Räumlichkei-

LEBENSMITTEL & OBST UND GEMÜSE

Es gibt einige Märkte mit Obst und Gemüse aus der Region, Bioläden und westliche Supermärkte in Ubud; es ist also kein Problem sich selbst zu versorgen. Hier trifft man eine gute Wahl:

Lebensmittelmarkt (Karte S. 184; Jl Raya Ubud; 6–13 Uhr) Der traditionelle Obst- & Gemüsemarkt ist ein Karneval tropischer Lebensmittel, der sich auf mehreren Ebenen entfaltet. Trotz der zahlreichen Touristen lohnt ein Besuch. Der Markt befindet sich in der hinteren Ecke der Pasar Seni.

Bali Buda Shop (Karte S. 184; www.balibuda.com; Jl Raya Ubud; 7–22 Uhr) Eine großartige Quelle für Bio-Produkte; auch die Backwaren sind ausgezeichnet.

Earth Cafe & Market (Karte S. 184; 0361-976546; Jl Gotama Selatan; 7–22 Uhr) Bio- und makrobiotische, vegane Produkte. Es gibt einen praktischen Lieferservice.

Bintang Supermarket (Karte S. 190; 0361-972972; www.bintangsupermarket.com; Jl Raya Sanggingan; 8–22 Uhr) In West-Ubud verkauft frisches Gemüse und Obst, Alkohol und andere übliche Supermarktware.

Delta Dewata (Karte S. 184; 0361-973049; Jl Raya Andong 14; 8–22 Uhr) Supermarkt in Ost-Ubud; bietet eine große Auswahl an Lebensmitteln und anderen lebenswichtigen Dingen.

Coco Supermarket (Karte S. 184; Jl Raya Pengosekan; 7–22 Uhr) In Süd-Ubud; führt eine große Auswahl an Lebensmitteln, frischem Obst und Gemüse sowie Alkohol.

Ubud Organic Market (Ubud Pasar Organik; Karte S. 190; www.ubudorganicmarket.com; Sa 9–14 Uhr) Bauernmarkt, am Samstag vor dem Eingang zu Piazza Bagus auf der Jl Raya Pengosekan.

ten mit Blick auf das Flusstal umgezogen, um der Touristen Herr zu werden. Berühmt ist es vor allem für ein Gericht: *babi guling* (Spanferkel). Das Menü besteht aus Schweinefleisch, Reis und Suppe.

Three Monkeys INTERNATIONAL $$
(Karte S. 184; 0361-975554; www.threemonkeyscafebali.com; Monkey Forest Rd; Hauptgerichte 59 000–125 000 Rp; 7–23 Uhr;) Ein Hauch Magie macht sich breit in diesem Lokal mit einem ornamentalen Koiteich und Ausblick auf ein kleines Reisfeld. Das Essen selbst ist leider weniger beeindruckend. Besser ist es, tagsüber eine Kaffeepause einzulegen oder abends einen Cocktail zu genießen.

Kafe Batan Waru INDONESISCH $$
(Karte S. 184; 0361-977528; www.batanwaru.com; Jl Dewi Sita; kleine Gerichte 35 000–65 000 Rp, Hauptgerichte 55 000–175 000 Rp; 8–23 Uhr;) Das Café serviert durchweg gutes indonesisches Essen. Keine Lust mehr auf *mie goreng* aus Instantnudeln? Mit täglich frisch hergestellten Nudeln feiert diese Version eine beinahe vergessene Kunst. Auch westliche Gerichte, beispielsweise Sandwiches und Salate, kommen im Batan Waru auf den Tisch. *Bebek betutu* (geräucherte Ente) und *babi guling* gibt es aber nur auf Vorbestellung.

★ **Pica** SÜDAMERIKANISCH $$$
(Karte S. 184; 0361-971660; www.facebook.com/PicaSouthAmericanKitchen; Jl Dewi Sita; Hauptgerichte 170 000–330 000 Rp; Di–So 18–22 Uhr;) Aus der offenen Küche finden Gerichte, in denen Fisch und Fleisch kreativ zum Einsatz kommen, ihren Weg zu den zufriedenen Gästen – die wechselnden Tagesgerichte sollte man unbedingt erfragen. Das köstliche Tres-Leche-Dessert ist ein Muss. Eine Reservierung wird empfohlen.

★ **Locavore** FUSION $$$
(Karte S. 184; 0361-977733; www.restaurantlocavore.com; Jl Dewi Sita; 5-Gänge-Menü 675 000–775 000 Rp, 7-Gänge-Menü 775 000–875 000 Rp; Mo 18.30–21, Di–Sa 12–14 & 18.30–21 Uhr; P) Gäste reservieren Monate im Voraus, um in den Genuss des Degustationsmenüs dieses Feinschmeckertempels zu kommen. Die Geschmacksknospen erfreuen sich an frischen, mutigen und oft unorthodoxen Kreationen, die umwerfend angerichtet werden. Die Geräuschkulisse aus der offenen Küche („Yes chef!") kann den Genuss etwas beeinträchtigen und der Service tendiert teilweise zu übermäßiger Aufmerksamkeit.

Südliches Ubud

Swasti Beloved Cafe INTERNATIONAL $
(Karte S. 190; ☎0361-974079; www.baliswasti.com; Jl Nyuh Bulan; Hauptgerichte 40 000–65 000 Rp; ⏲8–22 Uhr; 📶) 🌿 Das Café, das zum ausgezeichneten Gästehaus gleichen Namens gehört, ist Grund genug für einen Bummel durch den Monkey Forest. Indonesische und westliche Gerichte mit Zutaten aus dem großen überdachten Bio-Garten sind frisch und lecker. Wie wäre es mit einem Glas frischen Saft zum heiß geliebten *fondant au chocolat* oder einem Cheesecake mit roher Mango? Große vegane Auswahl, kein Alkohol.

Pitri Minang INDONESISCH $
(Karte S. 190; ☎0812 3690 5732; Jl Cok Gede Rai; Mahlzeiten ab 15 000 Rp; ⏲7 Uhr bis spät) Mitten in einem etwas schmucklosen Viertel in Peliatan serviert dieses Restaurant mit offener Front frische und leckere Gerichte auf Padang-Art. Die Gäste können sich aus der Vielfalt der fertig gekochten Hauptgerichte eines aussuchen und sich dann für eine nette Mahlzeit vor Ort mit Blick auf einen alten Banyanbaum niederlassen.

Warung Pojok INDONESISCH $
(Karte S. 190; ☎0361-749 4535; Jl Nyuh Bulan; Hauptgerichte 20 000–40 000 Rp; ⏲8–22 Uhr; 📶) Das vielbesuchte Eckcafé bietet einen ruhigen Platz mit Blick auf ein Fußballfeld. Es gibt eine große Auswahl an Reis- und Nudelgerichten, viel Vegetarisches und zum Trinken Lassies und Säfte.

Taco Casa MEXIKANISCH $$
(Karte S. 190; ☎0812 2422 2357; www.tacocasabali.com; Jl Raya Pengosekan; Tacos 62 000–84 000 Rp; ⏲11–22 Uhr) Mexiko mag auf der anderen Seite des Erdballs liegen, aber die kulinarischen Köstlichkeiten des Landes erfreuen sich auf Bali großer Beliebtheit. Im Taco Casa finden sich schmackhafte Burritos, Tacos und mehr – alles mit genau der richtigen Mischung aus Schärfe und Würze.

Pizza Bagus PIZZA $$
(Karte S. 190; ☎0361-978520; www.pizzabagus.com; Jl Raya Pengosekan; Pizza 28 000–74 000 Rp, Pasta 40 000–85 000 Rp; ⏲9–22 Uhr; ❄📶) Das Pizza Bagus ist ohne eigenen Charme an einen Bioladen angeschlossen. Es werden knusprige Pizzen, Pastagerichte und Sandwiches serviert. Lieferung ist möglich; nur Barzahlung.

Westliches Ubud

Nasi Ayam Kedewatan BALINESISCH $
(☎0361-974795; Jl Raya Kedewatan, Kedewatan; Hauptgerichte 25 000–35 000 Rp; ⏲8–18 Uhr) Nur wenige Einheimische machen auf ihrem Weg den Hügel rauf durch Sayan nicht Halt in diesem balinesischen Rasthaus. Der Star ist das *sate lilit:* gehacktes Hähnchenfleisch gemischt mit Gewürzen und Zitronengras, auf Bambusstäbchen geformt und gegrillt. Es wird als Bestandteil der Menüs *nasi ayam campur* (25 000 Rp) oder *nasi ayam pisah* (35 000 Rp) serviert.

Yellow Flower Cafe INDONESISCH $
(Karte S. 190; ☎0812 3889 9695; www.facebook.com/Yellow-Flower-Cafe-Ubud-Bali-274160762626728; Hauptgerichte ab 59 000 Rp; ⏲7.30–21 Uhr; 📶🖉) Das schnuckelige Café in Penastan mit New-Age-Vibe ist leicht von der Jl Raya Campuan aus zu erreichen, nur die Treppe hoch und den grünen Pfad entlang. Bio-Hauptgerichte wie *nasi campur,* eine hübsche Auswahl an gesunden Getränken (Kurkuma, Kombucha, Chia-Wasser) und guter Kaffee lohnen den Weg genauso wie die Aussicht.

Warung Pulau Kelapa INDONESISCH $
(Karte S. 190; ☎0361-971872; www.facebook.com/warungpulaukelapa; Jl Raya Sanggingan; Hauptgerichte ab 40 000–85 000 Rp; ⏲10–22 Uhr; 🖉) Das Kelapa bietet Klassiker der indonesischen Küche und ungewöhnlichere Gerichte aus allen Ecken des Inselstaates. Die vegetarische Rijsttafel wird aus Produkten des eigenen Biogartens hergestellt und schmeckt ausgezeichnet.

★Dumbo VEGETARISCH $$
(Karte S. 190; ☎0812 3838 9993; www.dumbobali.com; Jl Raya Sanggingan; Pizza 80 000–95 000 Rp, kleine Gerichte 55 000–80 000 Rp, große Teller 85 000–180 000 Rp; ⏲9–23 Uhr; 🅿📶) Musik, Barkultur und italienisches Essen sind eine gute Kombination. Es wäre schon fast dumm hier nicht zu essen, vor allem wenn die Holzofenpizzen im Angebot sind (nur nach 16 Uhr). Kaffeespezialitäten und Cocktails überzeugen dank der ausgebildeten Barkeeper und Baristas genauso wie die Speisen. Und auch der DJ weiß, was auf die Playliste gehört.

★Moksa VEGETARISCH $$
(Karte S. 190; ☎0813 3977 4787; www.moksaubud.com; Gang Damai, Sayan; Hauptgerichte 40 000–80 000 Rp; ⏲10–20.30 Uhr; 🖉) 🌿 Das Restaurant zeigt, wie aus dem eigenen Hofbetrieb mit Permakultur und schlicht zubereitetem

Gemüse außergewöhnliche Mahlzeiten entstehen können. Die Hälfte der Gerichte sind Rohkost oder halbgar, viele sind vegan. Das Ambiente ist gehoben rustikal, die Küche sehr modern – eine tolle Mischung. Der Weg durch die Felder ist ab der Jl Raya Sayan ausgeschildert.

Uma Cucina ITALIENISCH $$
(Karte S. 190; 0361-972448; www.comohotels.com/en/umaubud/dining/uma-cucina; Como Uma Ubud, Jl Raya Sanggingan; Pizza 100 000–180 000 Rp, Hauptgerichte 110 000–240 000 Rp; Mo–Sa 12–22.30, So ab 11.30 Uhr;) Das italienische Restaurant hat viel zu bieten. Die flexible Küche serviert mittags ein Antipastimenü (8 Antipasti, 299 000 Rp), nachmittags einen sättigenden Afternoon Tea (200 000 Rp) und abends klassische italienische Gerichte, Holzofenpizza und hausgemachte Pasta. Die Desserts sind köstlich. Bei Familien ist besonders der Sonntagsbrunch mit Buffet (ab 399 000 Rp) und Kinderprogramm beliebt.

Alchemy VEGAN $$
(Karte S. 190; 0361-971981; www.facebook.com/AlchemyBali; Jl Raya Penestanan 75; Salate 60 000–65 000 Rp, Hauptgerichte 55 000–69 000 Rp; 7–21 Uhr;) Als Prototyp eines 100 % veganen Restaurants in Ubud bietet das Alchemy unter anderem Salate und Smoothie Bowls zum selbst Zusammenstellen, Pizzen, mexikanische und japanische Gerichte, vegane Raw-Eiscreme und Desserts sowie kaltgepresste Säfte. Im Laden vor Ort kann man außerdem Naturkosmetikprodukte, Kräutertees und dergleichen mehr erstehen.

Eine Boutique ist angeschlossen, die Kräuterkosmetik und Kräutertees verkauft.

Elephant VEGETARISCH $$
(Karte S. 190; 0851 0016 1907; www.elephantbali.com; Hotel Taman Indrakila, Jl Raya Sanggingan; Hauptgerichte 70 000–80 000 Rp; 8–21.30 Uhr;) Ambitionierte vegetarische Küche mit Einflüssen aus aller Welt und ein grandioser Blick auf das Sungai Cerik Valley: Das Essen ist gut gewürzt, interessant und hübsch angerichtet. Der Küchenchef achtet darauf, dass die Produkte aus 100 % ethisch korrektem Bioanbau stammen. Der Brunch am Wochenende (8–17 Uhr) ist besonders beliebt.

Sari Organik HEALTH FOOD $$
(Karte S. 190; Jl Raya Campuan; Hauptgerichte 55 000–80 000 Rp; 8–20 Uhr) In schöner Lage auf einer Anhöhe und Aussicht über die Reisterrassen liegt das Café inmitten einer großen Biofarm. Es gibt eine umfangreiche Auswahl an gesundem Essen und Getränken, auch Rohkost. Alleine der Spazierweg hierher durch die Reisfelder lohnt sich.

Naughty Nuri's BARBECUE $$
(Karte S. 190; 0361-977547; Jl Raya Sanggingan; Hauptgerichte 30 000–180 000 Rp; 10.30–21.30 Uhr) Hier gibt es Grillfleisch direkt an der Straße, besonders die Spareribs vom Schwein sind sehr beliebt. Dazu passen frischer Saft, Bier oder ein Cocktail.

★ **Room4Dessert** NACHTISCH $$$
(R4D; Karte S. 190; 0821 4429 3452; www.room4dessert.asia; Jl Raya Sanggingan; Degustations- und Cocktailmenü 1 000 000 Rp; Di–So 17–23 Uhr) Promi-Koch Will Goldfarb, ursprünglich aus den USA und nun berühmt durch die Netflix-Serie »Chef's Table«, betreibt dieses Lokal. Auf den ersten Blick könnte es ein Nachtklub sein, doch tatsächlich werden hier Desserts kredenzt. Gäste, die rechtzeitig reservieren (mindestens einen Monat vor dem Besuch), können ein Neun-Gänge-Degustationsmenü genießen, abgerundet mit passenden nicht-alkoholischen Cocktails und Weinen. Wer sich auf ein Dessert mit Getränk beschränken kann, findet im hinteren Garten Platz – das klappt manchmal auch ohne Reservierung.

★ **Mozaic** FUSION $$$
(Karte S. 190; 0361-975768; www.mozaic-bali.com; Jl Raya Sanggingan; Degustationsmenü mittags 500 000–700 000 Rp, Degustationsmenü abends 700 000–1 600 000 Rp; Mo–Mi 18–21.45, Do–So 12–14 & 18–21.45 Uhr;) Küchenchef Chris Salans betreut das viel gelobte Spitzenrestaurant. Feine französische Fusions-Küche zeigt sich auf einer ständig wechselnden saisonalen Speisekarte, die ihre Einflüsse aus dem tropischen Asien bezieht. Gegessen wird in einem eleganten Garten, in dem romantische Lichter glitzern, oder in einem ausgeschmückten Pavillon. Zur Wahl stehen vier Degustationsmenüs – oder man beschränkt sich auf Tapas in der Lounge (ab 17 Uhr). Mittagstisch gibt es nur in der Hochsaison

Kubu MEDITERRAN $$$
(0361-4792777; www.ritzcarlton.com/en/hotels/indonesia/mandapa/dining; Mandapa Resort, Jl Kedewatan, Kedewatan; Hauptgerichte 280 000–500 000 Rp, Degustationsmenüs 750 000–1 150 000 Rp; 18.30–23 Uhr) Das erstklassige Restaurant der Mandpa-Ferienanlage ist in einer eleganten Version der balinesischen Bambushütte untergebracht – ganz wie der Name besagt. Es ist der ideale Ort für ein un-

vergessliches, romantisches Dinner – entweder im Hauptlokal oder einem der separaten Kokons mit Blick auf den Sungai Ayung. Die hervorragende mediterran-europäische Küche des Chefkochs Maurizio Bombinis und der ausgezeichnete Service stehen dem Ambiente in nichts nach. Reservierung mit Vorlauf.

Ausgehen & Nachtleben

Niemand fährt wegen des wilden Nachtlebens nach Ubud, obwohl sich das vielleicht ändern wird. In einigen Bars geht es bei Sonnenuntergang und später am Abend lebhaft zu; aber alkoholgeschwängerte Ausschweifungen und Partys wie in Kuta und Seminyak fallen hier aus: Die meisten Bars in Ubud schließen früh, oft um 23 Uhr.

In den vielen neuen Cafés in Ubud bekommt man wirklich guten Kaffee – oft findet man frisch geröstete Bohnen und Baristas, die ihr Handwerk verstehen.

Im Zentrum von Ubud

★Night Rooster COCKTAILBAR

(Karte S. 184; 0361-977733; www.locavore.co.id/nightrooster; Jl Dewi Sita 10B; Mo–Sa 16–24 Uhr) Das Team des Locavore (S. 210) führt die benachbarte Cocktailbar im zweiten Stock, wo kreative Barkultur auf faszinierende Geschmackskombinationen trifft. In den Cocktails steckt Originelles wie Gin mit Jackfrucht, hausgemachte Kräuterschnäpse und flambierte Zimtrinde. Die Auswahl an Appetizern, Käsetellern und Wurstspezialitäten runden das Geschmackserlebnis ab.

No Màs BAR

(Karte S. 184; 0361-9080800; www.nomasubud.com; Monkey Forest Rd; 17–1 Uhr) DJs und Latinbands heizen dem Publikum dieser kleinen, aber zentralen Bar jeden Abend ordentlich ein. Wem es auf der Tanzfläche zu heiß wird, der kann sich an der Poolbar im Garten erholen. Ab und zu veranstaltet das Lokal Themenabende.

Das Essen wird vom Liap Liap (S. 206) nebenan geliefert.

Seniman Spirits BAR

(Bar Seniman; Karte S. 184; www.senimancoffee.com; Jl Sriwedari; 18–24 Uhr) Die koffeingepushten Köpfe hinter der Marke Seniman eröffneten vor Kurzem diese Bar neben ihrem Kaffeestudio. Und schon ist sie einer der beliebtesten Orte für die Kaffee- und Getränkeinfusion. Espresso-Martini – diesen Cocktail kann man nicht auslassen.

F.R.E.A.K. Coffee KAFFEE

(Karte S. 184; 0361-975927; www.facebook.com/freakcoffee; Jl Hanoman 19; 8–20 Uhr) Ein überaus passender Name, denn die Betreiber sind Kaffeefanatiker. Die besten Bohnen Balis werden handverlesen, mit höchster Präzision geröstet und schließlich wird der Kaffee mit großer Liebe zum Detail gebraut. Die Kaffeespezialitäten genießt man im einfachen Shop, der zur Frontseite offen ist und ein paar Tische innen und im Außenbereich hat. Zu essen gibt es unter anderem Sandwiches (30 000–40 000 Rp).

Coffee Studio Seniman CAFÉ

(Karte S. 184; 0361-972085; www.senimancoffee.com; Jl Sriwedari 5; 8–22 Uhr;) Der verräterische Namenszusatz „Kaffeestudio" ist keineswegs bloß reine Show: Die Baristas hier experimentieren tatsächlich mit verschiedenen Spezialitäten aus sortenreinem Kaffee. Die Gäste können in Designer-Schaukelstühlen Platz nehmen und sich etwas aus dem Angebot an Filter oder Siphonkaffee, Aeropress oder Espresso aussuchen, alles hergestellt aus hochwertigen indonesischen Kaffeebohnen. Beliebt ist das Café auch wegen des guten Essens (Hauptgerichte von 43 000–111 000 Rp). Für interessierte Kaffeefans gibt es zweistündige Baristaworkshops (450 000 Rp).

Bar Luna LOUNGE

(Karte S. 184; 0361-977409; www.facebook.com/barlunaubud; Jl Raya Ubud; 15–23 Uhr;) Die Kellerbar des Casa Luna wird am Sonntag Abend ab 19.30 Uhr zum beliebten Jazz-

ABSEITS DER ÜBLICHEN PFADE

SWEET ORANGE WARUNG

Die idyllische Lage inmitten eines Reisfelds und der nur kurze Spazierweg vom Zentrum machen dieses **Warung** (Karte S. 190; 0813 3877 8689; www.sweetorangewarung.com; Jl Subak Juwak; 9–20.30 Uhr) zum idealen Ziel für ein Getränk oder eine einfache Mahlzeit. Sanft plätschert das Wasser, das sich den Weg zu den Feldern bahnt, die Vögel zwitschern und einheimische Kinder lachen beim Spiel. Auf der Getränkekarte finden sich u. a. Kaffee aus der französischen Kaffeepresse, Bier und frischer Saft.

Um hierherzukommen, muss man dem schmalen Weg an der linken Seite des Museums Puri Lukisan folgen.

klub – unbedingt reservieren. An den anderen Tagen locken um 17 Uhr die Happy Hour und leckere Tapasmenüs. Während des Ubud Writers & Readers Festivals ist die Bar einer der Haupttreffpunkte für Gespräche über Literatur und mehr.

Anomali Coffee KAFFEE
(Karte S. 184; Jl Raya Ubud; Snacks ab 20 000 Rp; ⌚7–23 Uhr; 📶) Einheimische Hipster trinken ihren Java in diesem Café, das – nun ja – aus Java stammt. Indonesiens Antwort auf Starbucks nimmt die Zubereitung des (ausgezeichneten) Kaffees sehr ernst, und das tut auch das junge Publikum, das sich hier gerne einfindet. Die Atmosphäre ist entspannt mit angenehmer Geräuschkulisse.

Laughing Buddha LOUNGE
(Karte S. 184; ☎0361-970928; www.facebook.com/laughingbuddhabali; Monkey Forest Rd; ⌚11–1 Uhr; 📶) In diese beliebte Bar kommt man am besten zwischen 20 und 23 Uhr, wenn das Publikum mit Livemusik (u. a. Rock, Blues, Latin oder Acoustic) unterhalten wird. Die Küche serviert asiatische Häppchen.

CP Lounge BAR, CLUB
(Karte S. 184; ☎0361-978954; www.cp-lounge.com; Monkey Forest Rd; ⌚20–3 Uhr) Das CP hat bis in die Morgenstunden offen und ist somit der Anlaufpunkt, wenn alles andere schließt. Hier gibt es Sitzplätze im Garten, eine Tapaskarte, Livebands und einen Klub mit DJ.

Chill Out BAR
(Karte S. 184; ☎0361-741343; Monkey Forest Rd 25; ⌚11–24 Uhr) Die kalkgetünchte Location hat mindestens bis Mitternacht geöffnet, oft mit Reggae oder Rock live auf der Bühne.

Westliches Ubud

★Bridges LOUNGE
(Karte S. 190; ☎0361-970095; www.bridgesbali.com; Jl Raya Campuan, Bridges Bali; ⌚tgl. 16–22.30, Happy Hour Sa–Do 16–18.30 Uhr) Die namensgebenden Brücken befinden sich vor der Divine Wine & Cocktail Bar auf der unteren Ebene dieses Bar/Restaurant-Komplexes mit weitem Blick auf die grandiose Schlucht. Während tief unten das Wasser rauscht, genießen die Gäste fantastische Cocktails. Es gibt Gourmet-Häppchen zum Teilen und eine lange Weinkarte zu erkunden. Im Obergeschoss sind ein elegantes Restaurant und eine weitere Bar.

☆ Unterhaltung

Wenige Reiseerlebnisse sind so eindrucksvoll und fast magisch wie eine balinesischen Tanzdarbietung, besonders in Ubud. Die Stadt ist ein perfekter Ausgangspunkt für das abendliche Kulturprogramm und für Veranstaltungen in den umliegenden Dörfern. Bewundern kann man Kecak-, Legong- und Baron-Tänze, Mahabharata- und Ramayana-Ballet, *wayang kulit* (Schattentheater) und Gamelan (traditionelle javanische und balinesische Orchester). Jeden Abend stehen acht oder mehr Darbietungen zur Auswahl.

Tanz

Tanzdarbietungen extra für Touristen sind normalerweise mehr oder weniger adaptierte Varianten der traditionellen Aufführung. Meist werden sie verkürzt, um sie unterhaltsamer zu machen. Aber auch bei diesen Aufführungen sitzen Einheimische im Publikum (oder spähen um die Abschirmung!). Es ist außerdem üblich, Elemente ganz unterschiedlicher traditioneller Tänze in einer einzigen Darbietung zu vereinen.

Das Fabulous Ubud Tourist Information Centre in Ubud (S. 219) informiert über die Aufführungen und verkauft Eintrittskarten (sie kosten normalerweise 75 000–100 000 Rp). Bei Veranstaltungen außerhalb von Ubud ist der Transport oftmals im Preis enthalten. Karten sind in vielen Hotels, an den Veranstaltungsorten und bei Straßenhändlern erhältlich – alle verlangen den gleichen Preis.

Während der Vorstellungen, die üblicherweise etwa 1½ Stunden dauern, verkaufen fliegende Händler Getränke. Vor der Show kann man manchmal beobachten, wie die Musiker die Zuschauerzahl abschätzen. Der Grund: Die Ensembles werden aus dem Kartenverkauf bezahlt.

Übrigens: Keiner möchte ein Handy klingeln hören und die Tänzer werden nicht gern geblitzt. Außerdem ist es grob unhöflich, mitten in der Vorstellung geräuschvoll hinauszugehen.

★Pura Dalem Ubud TANZ
(Karte S. 184; Jl Raya Ubud; Erw./Kind unter 10 J. 80 000/40 000 Rp; ⌚Mo–Sa) Die Freiluft-Location auf einem Tempelgelände liegt in einer von Flammen erleuchteten Steinrelief-Kulisse und ist ein betörender Ort für eine Tanzdarbietung. Verschiedene Ensembles zeigen Legong (Di und Sa, 19.30 Uhr), Jegog (Mi, 19.30 Uhr), Barong (Do, 19 Uhr) und den Kecak-Feuertanz (Mo und Fr, 19.30 Uhr.

GUTE & SCHLECHTE TANZENSEMBLES

Nicht alle Tanzgruppen auf den Bühnen von Ubud sind gleich. Da gibt es wirkliche Künstler mit internationalem Ruf, aber auch Leute, die ihren Hauptberuf lieber nicht aufgeben sollten. Neulinge in Sachen balinesischer Tanz sollten sich darüber allerdings nicht zu viele Gedanken machen, sondern einfach einen Veranstaltungsort auswählen, hingehen und zuschauen.

Nach ein paar Aufführungen wächst das Verständnis für die Talentunterschiede, und das ist Teil des Vergnügens. Zur Orientierung können folgende Anhaltspunkte dienen: Wenn die Kostüme schmutzig sind, das Orchester besonders desinteressiert erscheint, die Darsteller ihre Rollen durchbrechen, um fade Witze zu erzählen (wirklich!), und man sich dabei erwischt, dass man einen Tänzer beobachtet und denkt: „Das könnte ich auch", dann handelt es sich um eine Truppe auf B-Niveau.

Zu den ausgezeichneten Ensembles, die regelmäßig in Ubud auftreten, zählen folgende Tanzgruppen:

Semara Ratih Energiegeladene, kreative Legong-Interpretationen. Musikalisch gesehen das beste Ensemble vor Ort.

Gunung Sari Legong-Tanz; eine der ältesten und angesehensten Truppen auf Bali.

Semara Madya Kekac-Tanz; besonders gut bei den hypnotischen Gesängen. Für manche Leute eine mystische Erfahrung.

Tirta Sari Legong- und Barong-Tanz.

Cudamani Eines der besten Gamelan-Ensembles auf Bali. Es probt in Pengosekan, betreibt eine Schule für Kinder und ist international unterwegs. Man muss jedoch bewusst Ausschau halten, da sie nicht mehr an touristischen Orten auftreten.

Es lohnt, sich nach Tempelzeremonien zu erkundigen (die es regelmäßig gibt). Wer gegen 20 Uhr dorthin kommt, erlebt balinesischen Tanz und Musik im eigentlichen kulturellen Kontext. Gäste müssen sich angemessen kleiden – das Hotelpersonal oder ein Einheimischer kann erklären, was das bedeutet.

Die Website Ubud Now & Then (www.ubudnowandthen.com) enthält eine Übersicht über spezielle Veranstaltungen und Aufführungen. Hinweise bekommt man auch beim Fabulous Ubud Tourist Information Centre (S. 219).

★ Pura Taman Saraswati TANZ
(Ubud Water Palace; Karte S. 184; Jl Raya Ubud; Tickets 80 000 Rp; ⏲19.30 Uhr) Die Schönheit der Szenerie lenkt vielleicht von den Tänzern ab, allerdings kann man abends die Lilien und Lotosblumen nicht sehen, die tagsüber so attraktiv sind. Am Sonntag und Montag wird Janger-Tanz gezeigt, das Ramayana-Ballett tanzt am Mittwoch und Legong gibt es an Samstagen. Dienstags und donnerstags spielen Frauen das Gamelan und die Kinder tanzen dazu.

ARMA Open Stage TANZ
(Karte S. 190; ☎0361-976659; info@armabali.com; Jl Raya Pengosekan; Tanzvorführungen 80 000–100 000 Rp) Beschäftigt einige der besten Ensembles, die Barong- und Legong-Tanz vorführen. Die Darbietungen finden Dienstag und Sonntag um 19.30 Uhr, Mittwoch um 19 Uhr und Freitag um 18 Uhr statt. In Nächten mit Neu- oder Vollmond werden um 19.30 Uhr die Cak-Rina-Trance und Feuertanz dargeboten.

Puri Agung Peliatan TANZ
(Karte S. 184; Jl Peliatan; Tickets 75 000 Rp; ⏲Do & Sa 19.30 Uhr) In einer schlichten Szenerie vor einer großartig geschnitzten Wand finden ausgezeichnete Darbietungen des Legong und Kecak-Feuertanzes statt. Ein kostenloses Shuttle fährt um 18.45 Uhr ab der Tourist Information in Ubud.

Ubud Palace TANZ
(Karte S. 184; Jl Raya Ubud) Die Darbietungen vor wunderschöner Kulisse wurden 2018 vorübergehend eingestellt, da die Palastanlage einer Renovierung unterzogen wird. Es lohnt sich zu prüfen, ob die Aufführungen weitergehen.

Padang Tegal Kaja TANZ
(Karte S. 184; Jl Hanoman; Tickets 75 000 Rp; ⏲19.30 Uhr) Eine einfache, offene Terrasse in angenehmer Lage. Die Location ähnelt dem,

wie Tanzdarbietungen in Ubud lange ausgesehen haben. Am Samstag und Sonntag kann man den Kecak-Feuertanz bewundern, Dienstag wird Barong oder Keris gezeigt

Schattentheater

Die Schattentheater-Shows sind im Vergleich zu den traditionellen Aufführungen, die oft die ganze Nacht dauern, stark verkürzt.

Pondok Bamboo Music Shop SCHATTENTHEATER
(Karte S. 184; ☎0361-974807; Monkey Forest Rd; Tickets 75 000 Rp; ⏲Vorführungen Mo & Do 20 Uhr) Kurze Schattentheater-Aufführungen werden hier von bekannten Experten gezeigt.

Oka Kartini SCHATTENTHEATER
(Karte S. 184; ☎0361-975193; Jl Raya Ubud; Erw./Kind 100 000/50 000 Rp; ⏲Mi, Fr & So 20 Uhr) Anerkannte Künstler präsentieren hier kurze Schattentheaterstücke.

Cinema

★Paradiso KINO
(Karte S. 184; ☎0361-976546; www.paradisoubud.com; Jl Gautama Selatan; inkl. Essen & Trinken 50 000 Rp; ⏲Filme ab 17 Uhr) Im selben Gebäude wie das Earth Café & Market (S. 208) zeigt das überraschend plüschige Kino mit 150 Sitzplätzen zwei Filme am Tag. Der Eintrittspreis kann mit Waren von der Karte des Cafés verrechnet werden – ein tolles Angebot. Montags ist Kinotag zum halben Preis; am Dienstag und Donnerstag singt hier ein Gemeindechor. Auf der Webseite steht das aktuelle Programm.

Shoppen

Mit dem Einkaufen in und um Ubud lassen sich Tage verbringen. In der Jl Dewi Sita, Monkey Forest Rd und dem nördlichen Teil der Jl Hanoman gibt's die interessantesten lokalen Geschäfte. Hier kann man sich nach Schmuck, Haushaltswaren und Bekleidung umsehen. Kunst und Kunsthandwerk, aber auch Yoga-Artikel sind überall, in jeder Preiskategorie und jeder Qualität zu finden.

Ubud ist der beste Ort auf Bali, um Bücher zu kaufen. Das Sortiment ist breit und vielfältig, besonders bei Wälzern über balinesische Kunst und Kultur.

> **HOLZSCHNITZEREI**
>
> Auf Bali ist die Holzschnitzerei die traditionelle Kunst der priesterlichen Brahmanenkaste. Die Kenntnisse, so heißt es, seien ein Geschenk der Götter. Historisch war die Holzschnitzerei auf Tempelschmuck, Tanzmasken und Musikinstrumente beschränkt; erst in den 1930er-Jahren begannen Schnitzer, Menschen und Tiere auf naturalistische Weise abzubilden. Heute setzen die einheimischen Holzschnitzer ihr Können bei der Herstellung von Möbelstücken und traditioneller Handwerkskunst ein.

Im Zentrum von Ubud

★Threads of Life Indonesian Textile Arts Center TEXTILIEN
(Karte S. 184; ☎0361-972187; www.threadsoflife.com; Jl Kajeng 24; ⏲10–19 Uhr) Die Textilgalerie mit Shop unterstützt die Produktion natürlich gefärbter, handgemachter ritueller Textilien aus ganz Indonesien. Sie kümmert sich um die Bewahrung der traditionellen Handwerkskunst, die durch moderne Methoden des Färbens und Webens verdrängt zu werden droht. In der Galerie, die über gut erläuterndes Material verfügt, werden Auftragsarbeiten ausgestellt und Textilien, die käuflich zu erwerben sind. Außerdem gibt es regelmäßige Kurse zur Textilkunde (S. 193).

★Kou KOSMETIK
(Karte S. 184; ☎0361-971905, 0821 4556 9663; www.facebook.com/koubali.naturalsoap; Jl Dewi Sita; ⏲9–20 Uhr) Aus purem Kokosnussöl gewonnen, kann man hier den verführerischen Duft des Tempelbaums, von Agaven, Jasmin, Orangen oder Zitronenmyrte für zu Hause mitnehmen. Die hübschen Verpackungen machen die Produkte zum idealen Mitbringsel. Das Kou Cuisine wird von hier geführt.

BaliZen TEXTILIEN
(Karte S. 184; ☎0361-976022; www.tokobalizen.com; Monkey Forest Rd; ⏲9–20 Uhr) Die schicke Boutique verkauft lokal hergestellte Kissen, Betten und andere Haushaltstextilien aus Leinen. Genau wie die Kimonos und Kinderkleidung hier werden sie aus Stoffen mit Naturmotiven oder traditionellen balinesischen Mustern hergestellt. Außerdem bekommt man Naturkosmetikprodukte und traditionelle balinesische Schirme.

Kou Cuisine HAUSHALTSWAREN
(Karte S. 184; ☎0361-972319; www.facebook.com/koucuisine.jam; Monkey Forest Rd; ⏲10–20 Uhr) Das Geschäft ist eine Fundgrube für exquisite kleine kulinarische Geschenke, beispielsweise hübsche Gläser mit Marmelade aus

balinesischen Früchten und dazu geschnitzte Löffel in Marmeladenglasgröße. Auch Meersalz, das an Balis Küsten gewonnen wurde, gibt es zu kaufen.

Utama Spice KOSMETIK
(Karte S. 184; ☎0361-975051; www.utamaspicebali.com; Monkey Forest Rd; ⊙9–20.30 Uhr) Bis auf die Straße breitet sich der Duft von Utamas natürlichen Hautpflegeprodukten aus und lockt die Kunden in den Laden. Die hochpreisigen, aber guten ätherischen Öle und Kosmetikprodukte werden auf Bali hergestellt, und zwar ohne Parabene, Mineraöle, synthetische Duftstoffe oder künstliche Farbgeber.

Casa Luna Emporium HAUSHALTSWAREN
(Karte S. 184; ☎0361-971605; www.casalunabali.com/the-emporium; Jl Raya Ubud 23; ⊙8.30–22 Uhr) Die Ubuder Geschäftsfrau Janet DeNeefe hat mit dem Emporium ihr Unternehmen um ein Geschäft erweitert. Von der Eigenmarke gibt es Bett- und Kissenbezüge und Tischwäsche aus Baumwolle. Außerdem kann man handgewebte Textilien, Batik, Möbelstücke und Kunst von balinesischen Künstlern erwerben. Rein kommt man über eine Treppe neben dem Casa Luna-Restaurant.

OH DESIGN
(Karte S. 184; ☎0812 3945 0402; ohdecobali@gmail.com; Monkey Forest Rd; ⊙9–21 Uhr) In diesem Laden fühlen sich alle wohl, die Designereinrichtung und -kleidung mögen. Das französische Geschäft führt alles von perlenbesetzen Schächtelchen bis *kris* (traditionelle balinesische Dolche).

Balitaza GEWÜRZE
(Karte S. 184; ☎0811 393 9499; www.balitaza.com; Jl Dewi Sita; ⊙9.30–21.30 Uhr) Kokoszucker, traditioneller balinesischer Kaffee, Kräutertees und indonesische Kräuter und Gewürze – hier finden sich fantastische Mitbringsel in hübscher Verpackung.

Nava HAUSHALTSWAREN
(Karte S. 184; Monkey Forest Rd; ⊙9–21 Uhr) Schicke Haushaltswaren aus Holz und Keramik füllen die Regale dieses winzigen Ladens, darunter auch verschiedene handgeschnitzte Holzlöffel.

Pusaka BEKLEIDUNG
(Karte S. 184; ☎0821 4649 8865; Monkey Forest Rd 71; ⊙9–21 Uhr) In der Niederlassung der beliebten Ethno-Butike von Denpasar finden sich hübsche Waren aus balinesischer Herstellung: Kleidung, Spielwaren, Schmuck, Textilien und Schuhe.

Ubud Tea Room ESSEN & TRINKEN
(Karte S. 184; Jl Jembawan; ⊙7–21 Uhr) Gläser über Gläser mit Tee aus balinesischem Anbau finden sich in diesem einfachen Shop, darunter auch duftende Kräuteraufgüsse. Er teilt sich die Räumlichkeiten mit dem Bali Buda (S. 207).

Confiture de Bali ESSEN
(Karte S. 184; ☎0852 3884 1684; www.confituredebali.net; Jl Goutama 26; ⊙9–22 Uhr) Der süße Laden verkauft Marmeladen aus Früchten der Region, Buttersorten (Cashew, Zitrone und Erdnuss) und Kombucha.

Bali Yoga Shop BEKLEIDUNG
(Karte S. 184; ☎0361-4792077; Jl Hanoman 44B; ⊙8–21 Uhr) Hier findet man alles an Yogaausstattung und -kleidung in guter Qualität.

Namaste GESCHENKE & SOUVENIRS
(Karte S. 184; ☎0361-970528; www.facebook.com/namastethespiritualshop; Jl Hanoman 64; ⊙9–19 Uhr) Hier kann man einen Kristall erstehen, um das eigene spirituelle Haus zu ordnen. Dieser kleine Laden ist ein wirkliches Juwel mit einer Top-Auswahl an New-Age-Bedarf. Räucherstäbchen, Yogamatten, stimmungsvolle Instrumentalmusik – alles da!

Pondok Bamboo Music Shop MUSIKINSTRUMENTE
(Karte S. 184; ☎0361-974807; Monkey Forest Rd; ⊙9–20 Uhr) Die Musik von tausend Bambus-Windspielen ertönt in diesem Geschäft des bekannten Gamelanmusikers Nyoman Warsa. Dieser bietet auch Musikunterricht an (150 000–200 000 Rp/Std.).

Periplus BÜCHER
(Karte S. 184; ☎0877 8286 6087; www.periplus.com; Jl Raya Ubud 23; ⊙8–22 Uhr) Eine zentrale Filiale der beliebten indonesischen Buchhandelskette.

Ganesha Bookshop BÜCHER
(Karte S. 184; ☎0361-970320; www.ganeshabooksbali.com; Jl Raya Ubud; ⊙9–18 Uhr) Die Buchhandlung hat eine große Abteilung zum Thema Indonesien und ein modernes Antiquariat mit Fokus auf Krimis und Thriller. Sie ist gleichzeitig eine Buchtauschbörse (gegen Gebühr).

Tegun Galeri HAUSHALTSWAREN
(Karte S. 184; Jl Hanoman 44; ⊙10–22 Uhr) Das Geschäft hat alles, was die Souvenirläden

nicht haben: wunderschöne handgemachte Gegenstände von der ganzen Insel.

Tn Parrot BEKLEIDUNG
(Karte S. 184; www.tnparrot.com; Jl Dewi Sita; Mo–Fr 9–21, Sa & So 10.30–20.30 Uhr) Der Papagei, das Markenzeichen dieses Ladens, ist ein charaktervoller Vogel, der in zahlreichen Verkleidungen auf den T-Shirts auftaucht. Die Designs reichen von cool über groovy bis unkonventionell. Die Hemden werden aus hochwertiger, sanforisierter (ein Veredelungsverfahren für Stoffe und Textilien) Baumwolle hergestellt.

Ubud Market GESCHENKE & SOUVENIRS
(Pasar Seni; Karte S. 184; Jl Raya Ubud; 7–20 Uhr) Der große Ubud-Markt ist *die* Adresse, um kitschige Souvenirs, bunte Kleidung und außergewöhnliche Geschenke für die Daheimgebliebenen zu erwerben. Er befindet sich in einem großen Komplex; die Standinhaber verteilen sich auf mehrere Gebäude und stehen auch an der Jalan Karna. In der hinteren südöstlichen Ecke befindet sich der Lebensmittelmarkt (S. 210), auf dem die Einheimischen sich noch immer für den täglichen Bedarf versorgen.

Rio Helmi's Photo Gallery & Cafe FOTOGRAFIE
(Karte S. 184; 0361-972304; www.riohelmi.com; Jl Suweta 06B; 7–19 Uhr) Der bekannte und ortsansässige Fotograf Rio Helmi betreibt diese kleine Galerie mit Café, wo man seine journalistischen und künstlerischen Arbeiten nicht nur bewundern, sondern auch kaufen kann.

Moari MUSIK
(Karte S. 184; 0361-977367; moari_bali@yahoo.com; Jl Raya Ubud 4; 9–18 Uhr) Neben Souvenirs verkauft der winzige Shop neue und restaurierte balinesische Musikinstrumente.

Südliches Ubud

Goddess on the Go! BEKLEIDUNG
(Karte S. 190; 0361-976084; www.goddessonthego.net; Jl Raya Pengosekan; 9–17 Uhr) Superbequem, leicht zu packen und ökologisch – die große Auswahl an Kleidung für Frauen ist wie gemacht für Abenteuer.

Portobello BEKLEIDUNG
(Karte S. 184; 0361-976246; Monkey Forest Rd; 9–21 Uhr) Kimonos, Kaftans und Wickelkleider aus lokaler Herstellung sind die Spezialität dieser Boutique in der Nähe des Ubuder Monkey Forest.

ARMA BÜCHER
(Karte S. 190; 0361-976659; www.armabali.com/arma-bookshop; Jl Raya Pengosekan; 9–18 Uhr) Großes Sortiment an Titeln aus dem kulturellen Bereich.

Smile Shop KUNST & KUNSTHANDWERK
(Karte S. 190; www.senyumbali.org; Jl Nyuh Kuning; 10–17 Uhr) Secondhand-Artikel und Sachspenden aller Art werden in diesem Laden zugunsten der Smile Foundation of Bali verkauft.

Westliches Ubud

★ **Neka Art Museum Shop** BÜCHER
(Karte S. 190; 0361-975074; www.museumneka.com; Jl Raya Sanggingan; 9–17 Uhr) Der Museumsshop ist einer der besten Orte in Ubud für traditionell balinesische Handwerkskunst. Führt auch Bücher.

Information

GEFAHREN & ÄRGERNISSE

- Der Verkehr im Herzen Ubuds ist oft laut, stickig und gefährlich für Fußgänger, besonders zur Mittagszeit.
- Nicht alle Geldautomaten sind vertrauenswürdig; Betrugsmaschen sind bekannt. Besser ist es, Automaten direkt an Banken zu nehmen – sie sind sicherer.

INTERNETZUGANG

WLAN ist in Unterkünften und in den meisten Restaurants und Cafés vorhanden. Der mobile Datentransfer ist schnell.

Hubud (Karte S. 184; 0361-978073; www.hubud.org; Monkey Forest Rd; pro Tag/Monat 17/60 US$; Mo–Fr 24 Std., Sa & So 9–24 Uhr;) ist der richtige Ort für digitale Nomaden; der Coworking-Arbeitsplatz mit digitaler Drehscheibe bietet ultraschnelle Netzverbindungen, Entwicklerseminare und vieles mehr. Beim Entwickeln einer Milliarden-Dollar-App schweift der Blick über die Reisfelder.

MEDIZINISCHE VERSORGUNG

Guardian Pharmacy (Karte S. 184; 0361-8493682; www.guardianindonesia.co.id; Ecke Jl Raya Ubud & Cok Sudarsana; 8–22 Uhr) Eine der vielen Filialen in der Stadt.

Kimia Farma (Karte S. 184; 0361-9080997; jfubudraya@gmail.com; Jl Raya Ubud 88; 8–23 Uhr) Filiale einer angesehenen Apothekenkette.

Ubud Care (Karte S. 184; 0811 397 7911; www.ubudcare.com; Jl Sukma 37; Büro Mo–Sa 7–22 Uhr) Die moderne Klinik bietet Beratung, Untersuchungen und Verschreibungen. Haus- und Hotelbesuche sind möglich.

GELD

In Ubud gibt es viele Banken und Geldautomaten. Betrugsmaschen mit Geldautomaten sind bekannt; man sollte aus Sicherheitsgründen Geldautomaten benutzen, die erkennbar an eine Bank angegliedert sind.

POST

Hauptpost (Karte S. 184; Jl Jembawan; ⏲8–17 Uhr) Nimmt Pakete an.

TOURIST INFORMATION

Fabulous Ubud Tourist Information Centre (Karte S. 184; ☎0361-973285; www.fabulousubud.com; Jl Raya Ubud; ⏲8–21 Uhr; 📶) Wird von der königlichen Familie Ubuds unterhalten und kommt dem, was man unter einer offiziellen Tourist Information versteht, am nächsten. Hier erhält man Informationen zu Verkehrsmitteln, aktuellen Veranstaltungen, Zeremonien und traditionellen Tänzen in der Gegend. Verkauf von Eintrittskarten für Tanzdarbietungen und Tourtickets sowie Bustickets für den Kura-Kura-Bus.

ℹ An- & Weiterreise

Die meisten Gästehäuser und Hotels organisieren auf Anfrage Transportmöglichkeiten zu/von Zielen auf der Insel.

TOURISTEN-SHUTTLEBUS

Kura-Kura Bus (www.kura2bus.com; einfache Fahrt 80 000 Rp) Fährt fünfmal täglich ab Nähe Ubud Palast zur Endstation in Kuta (80 000 Rp, 2 Std. gültig).

Perama (Karte S. 184; ☎0361-973316; www.peramatour.com; Jl Raya Pengosekan; ⏲7–21 Uhr) ist der größte Betreiber von Touristen-Shuttles. Zu den angefahrenen Destinationen zählen Sanur (50 000 Rp, 1 Std.), Kuta und der Flughafen (60 000 Rp, 2 Std.) und Padangbai (75 000 Rp, 2 Std.). Das Terminal liegt in Padangtegal, südlich des Stadtzentrums; vom/bis zum Ziel in Ubud kostet die Fahrt deshalb weitere 15 000 Rp.

ℹ Unterwegs vor Ort

Viele der besseren Spas, Hotels und Restaurants außerhalb des Zentrum bieten einen kostenlosen Shuttleservice für Gäste. Am besten vor der Buchung nachfragen.

ZUM/VOM FLUGHAFEN

Taxis oder ein Wagen mit Fahrer zum Flughafen Ubud kosten 350 000 Rp (400 000 Rp zwischen Mitternacht und 6 Uhr morgens).

AUTO & MOTORRAD

Da in der Nähe zahlreiche Attraktionen liegen, die wegen des fehlenden Nahverkehrs schwer zu erreichen sind, ist es sinnvoll, ein Auto oder Motorrad zu mieten.

Pro Tag zahlt man für ein Motorrad älteren Modells in gutem Zustand etwa 50 000 Rp, für ein Auto deutlich mehr.

Die meisten Fahrer sind fair, einige wenige – meist kommen sie nicht aus dieser Gegend – nicht so sehr. Wer einen guten Fahrer gefunden hat, kann sich dessen Nummer geben lassen und ihn für Fahrten während des Aufenthalts anrufen. Von Ubud-Zentrum z. B. nach Sanggingan kostet die Fahrt etwa 40 000 Rp. Eine Fahrt vom Palast zum Ende der Jalan Hanoman sollte etwa 20 000 Rp kosten.

Eine Fahrt auf dem Sozius eines *ojek* (Motorrad-Taxis) lässt sich leicht arrangieren; die Preise sind ungefähr um die Hälfte günstiger als bei einer Fahrt mit dem Auto.

BALIS HUNDE RETTEN

Räudige Köter. Das ist das einzige Etikett, das man vielen Hunden auf Bali anheften kann. Wer die Insel bereist – besonders zu Fuß –, kommt nicht umhin die zahllosen Hunde zu bemerken, die krank und aggressiv sind, um die sich niemand kümmert und die unter einer ganzen Reihe weiterer Übel leiden.

Wie konnte es dazu kommen? Die Antwort ist komplex, freundliches Ignorieren spielt jedenfalls eine große Rolle. Hunde stehen am untersten Ende der sozialen Skala; wenige haben einen Besitzer und das Interesse der Einheimischen an ihnen ist leider gleich Null.

Einige gemeinnützige Gruppen in Ubud hoffen, dass sie das Schicksal von Balis verleumdeten besten Freunden durch Tollwutimpfungen, Sterilisation und Kastration sowie öffentliche Information verbessern können. Spenden werden immer dringend gebraucht.

Bali Adoption Rehab Centre (BARC; Karte S. 190; ☎0361-971208; https://barc4balidogs.org.au; Jl Raya Pengosekan; ⏲10–17 Uhr) Pflegeeinrichtung für verletzte und misshandelte Hunde. Organisiert Hunde-Adoptionen.

Bali Animal Welfare Association (BAWA; Karte S. 184; ☎0361-981490; www.bawabali.com; Jl Ubud Raya 10; ⏲Mo–Fr 9–20, Sa & So 9–17 Uhr) Unterhält hochgelobte mobile Teams für Tollwutimpfungen, organisiert Adoptionen und fördert Geburtenkontrolle.

TAXI

In Ubud gibt es keine Taxis mit Taxameter – jene Fahrer, die Passanten anhupen, haben gewöhnlich Fahrgäste aus dem Süden Balis in Ubud abgesetzt und hoffen auf Passagiere für die Rückfahrt. Viele Fahrer mit Privatfahrzeugen stehen an den Straßen und sprechen Passanten an, höflichere halten Schilder mit der Aufschrift „Transport" in die Höhe.

BEDULU

☎0361 / 10 300 EW.

Bedulu war einst die Hauptstadt eines großen Königreichs. Der legendäre Dalem Bedaulu herrschte von hier aus über die Pejeng-Dynastie und war der letzte balinesische König, der dem Ansturm des mächtigen javanischen Majapahit-Reichs widerstand. Er wurde im Jahr 1343 von Gajah Mada besiegt. Die Hauptstadt wechselte danach nach Gelgel und später nach Semarapura (Klungkung). Heute gehört Bedulu zum erweiterten Umland von Ubud. Die Tempel dort sind einen Besuch wert.

Sehenswertes

Yeh Pulu HISTORISCHE STÄTTE

(Erw./Kind 15 000/7500 Rp; ⌚8–17.30 Uhr) Das 25 m lange Felsrelief liegt wunderschön inmitten von Reisfeldern am Sungai Petanu (Fluss Petanu). Vermutlich handelt es sich um eine Einsiedelei aus dem 14. Jh. Auch wer sich nur wenig für hinduistische Steinmetzkunst interessiert, wird feststellen, dass diese Stätte sehr hübsch ist. Außerdem wird sie nur von wenigen Touristen aufgesucht. Abgesehen von der Figur Ganesha, des elefantenköpfigen Sohns von Shiva, stellen die meisten Szenen Ereignisse aus dem Alltag dar. Vom Eingang führt ein 300 m langer Spaziergang auf einem leicht abschüssigen Weg zum Relief.

Auf kleinen Wegen durch die Reisfelder gelangt man von Yeh Pulu nach Goa Gajah. Eventuell muss man dabei einen Einheimischen als Guide bezahlen. Wer mit dem Auto oder Fahrrad anreist, sollte östlich von Goa Gajah auf die Schilder „Relief Yeh Pulu" oder „Villa Yeh Pulu" achten.

DIE LEGENDE VON DALEM BEDAULU

Der Legende nach besaß Dalem Bedaulu, der Herrscher der Pejeng Dynastie, magische Kräfte, die es ihm erlaubten, sich den Kopf abzuhacken und wieder aufsetzen zu lassen („Bedaulu" bedeutet „der den Kopf wechselte"). Als er diesen einzigartigen Partytrick eines Tages vorführte, ließ der Diener, der damit betraut war, den Kopf des Königs zu kappen und ihn wieder an die richtige Stelle zu setzen, diesen unglücklicherweise in einen Fluss fallen. Entsetzt musste er mitansehen, wie dieser davonschwamm. In Panik sah er sich nach einem Ersatz um, packte ein Schwein, hieb ihm den Kopf ab und setzte ihn dem König auf die Schultern. Fortan war der Herrscher gezwungen, auf einem hohen Thron zu sitzen, und er untersagte seinen Untertanen zu ihm aufzusehen. Bedaulu bedeutet „der den Kopf wechselte".

Pura Samuan Tiga HINDUTEMPEL

(Jl Pura Samuan Tiga; 10 000 Rp; ⌚7–17 Uhr) Der majestätische Pura Samuan Tiga (Tempel der Begegnung der Drei) steht an einer kleinen Gasse etwa 200 m östlich der Bedulu-Kreuzung. Der Name bezieht sich wahrscheinlich auf die Hindu-Trinität oder er spielt auf die Treffen an, die es hier im 11. Jh. gab. Trotz dieser frühen Bezüge sind alle Tempelgebäude erst nach dem Erdbeben von 1917 neu errichtet worden.

Pranoto's Art Gallery GALERIE

(☎0361-970827; www.facebook.com/Pranotos-Art-Gallery-10150148979210532; Jl Raya Goa Gajah, Teges; ⌚9–17 Uhr) Pranoto, ein Künstler, der lange in Ubud gelebt hat, stellt hier in seiner Atelierwohnung seine Werke aus. Die Location liegt so wunderschön vor den Reisfeldern zwischen Bedulu und Ubud – man sollte nach einem Spazierweg zurück zum Zentrum von Ubud fragen. Mittwochs und samstags um 10 Uhr werden hier Figuren modelliert (30 000 Rp).

Goa Gajah HÖHLE

(Elephant Cave; Jl Raya Goa Gajah; Erw./Kind 15 000/7500 Rp, Parken Auto/Motorrad 5000/2000 Rp; ⌚7.30–19 Uhr) Besucher betreten die Grotte durch das aufgerissene Maul eines Dämons. In der T-förmigen Höhle kann man die fragmentarischen Überreste des Lingam, des Phallussymbols des Hindu-Gottes Shiva, und seines weiblichen Gegenstücks Yoni sehen, außerdem eine Statue von Shivas Sohn, dem elefantenköpfigen Gott Ganesha. Vor der Höhle liegen zwei rechteckige Badebecken mit Wasserspeiern, die von sechs weiblichen Figuren gehalten werden. Etwa 2 km südöstlich von Ubud auf der Straße nach Bedulu liegt das Gelände, das meistens mit Touristen überfüllt ist und Randprogramm-Atmosphäre verströmt.

Auf Bali hat es nie Elefanten gegeben (sie kamen erst als Touristenattraktion hierher). Die antike Goa Gajah hat ihren Namen wahrscheinlich vom nahe gelegenen Sungai Petanu, der früher Elefantenfluss genannt wurde. Möglicherweise heißt sie auch so, weil das Gesicht über dem Eingang der Grotte einem Elefanten ähnelt.

Die Ursprünge der Grotte sind ungewiss – eine Legende besagt, sie sei aus dem Fingernagel des legendären Riesen Kebo Iwa erschaffen worden. Wahrscheinlich datiert sie aus dem 11. Jh. und ganz bestimmt gab es sie schon zur Zeit der Übernahme Balis durch das Majapahit-Reich. Die Grotte wurde im Jahr 1923 von niederländischen Archäologen wiederentdeckt, die Wasserspeier und Bassins wurden erst 1954 freigelegt.

Von Goa Gajah kann man durch die Reisfelder zum Sungai Petanu hinuntersteigen. Dort gibt es an einer Felswand schon etwas verwitterte Stupas (Kuppelgewölbe zur Bewahrung buddhistischer Reliquien) und auch eine kleine Höhle.

Weil die Goa Gajah ein beliebter Stopp für geführte Touren ist, empfiehlt sich ein Besuch vor 10 Uhr morgens.

An- & Weiterreise

Die Straße von Ubud aus ist relativ flach, deshalb kann man Bedulu durchaus mit dem Rad oder zu Fuß erreichen.

NÖRDLICH VON UBUD

Nördlich von Ubud ist Bali etwas kühler und üppiger. Antike Stätten und Naturschönheit gibt es hier im Überfluss. Eine beliebte Straße führt von Ubud Richtung Norden nach Gunung Batur durch Tegallalang, wo die fotogenen Ceking-Reisterrassen auf ein Bild warten. Der Weg verläuft weiter über Tampaksiring durch Gunung Kawi Sebatu, Pura Gunung Kawi und Tirta Empul. Die Landschaft auf dieser Route ist grün und unglaublich pittoresk: Bauern auf dem Feld, farbige Flaggen im Wind, viele Reisterrassen und Schreine am Straßenrand.

An- & Weiterreise

Um diesen Teil der Insel zu erkunden, benötigt man ein eigenes Fahrzeug.

BALINESE FARM COOKING SCHOOL

Diese renommierte **Kochschule** (☎0812 3953 4446; www.balinesecooking.net; Banjar Patas; 1-Tages-Kurs Erw./Kind 400 000/250 000 Rp) findet im Dorf Taro statt, das ländlich 18 km im Norden Ubuds liegt. Dorfbewohner mit großer Leidenschaft für biologische Landwirtschaft leiten den Kurs. Hier erhält man eine hervorragende Einführung in die balinesische Küche, einschließlich regionaler Produkte und Lebensmittel. Die Kurse am Morgen beginnen mit dem Besuch auf einem Markt mit frischem Obst und Gemüse aus dem Umland. Angeboten werden Kurse für Veganer, Vegetarier und Allesesser.

Sebatu

Wenn man sich den Tempeln von **Gunung Kawi Sebatu** (Erw./Kind 15 000/7500 Rp, Parken 5000 Rp) von Westen nähert, eröffnen sich wunderschöne Aussichten auf den Komplex – viele Besucher geben sich mit diesem Blick von der Straße aus zufrieden, statt den Tempel selbst zu betreten. Innen plätschern Brunnen vor üppigem Grün. Der Tempel ist Vishnu gewidmet und wird von Einheimischen für Reinigungsrituale genutzt.

Tegallalang

☎0361 / 9940 EW.

Auf der Fahrt von Ubud Richtung Norden, lohnt es sich an Tegallalangs Hauptstraße für einen fantastischen Blick auf die Ceking-Reisterrassen zu halten. Wer Glück hat, kann den Klängen eines der bekannten einheimischen Gamelanorchester bei einer Probe lauschen. Beim Bummel durch die vielen Handwerksstände können Besucher Schnitzereien aus Schirmarkazienholz erstehen.

Ceking-Terrassen AUSSICHTSPUNKT
(Ceking; 10 000 Rp) Mit Sicherheit ist hier einer der besten Aussichtspunkte auf die Reisfeld-Terrassen Balis und so ist es wenig verwunderlich, dass Touristen aus Ubud in Scharen von hier aus Fotos schießen. Die geschäftstüchtigen Einheimischen verlangen mittlerweile Gebühren für das Parken („Sentral Parkir Ceking Terrace“ ist ausgeschildert) und die Treppennutzung, um

den besten Blickwinkel zu suchen. Zwei Tickethäuschen stehen an der Hauptstraße, zusätzlich gibt es Ticketverkäufer, die Besucher ansprechen.

Kampung Resort RESORT **$$**
(☎ 0361-901201; www.thekampungresortubud.com; Ceking; Zi. 900 000–1 300 000 Rp; P 📶 🏊) In jedem der neun Zimmer fühlt man sich wie in einem eigenen Baumhaus. Rundherum gibt es nichts als hoch aufgeschossene Palmen und Reisterrassen. Die Zimmer sind stilsicher mit traditionellen Möbeln und Stoffen eingerichtet, einige sind sehr groß. Das Restaurant auf dem Gelände ist gut und bis nach Ubud sind es nur 20 Fahrminuten.

Kampung Cafe CAFÉ **$$**
(☎ 0361-901201; www.thekampungresortubud.com; Ceking; Sandwiches 55 000–65 000 Rp, Hauptgerichte 62 000–120 000 Rp; ⏲ 8–21 Uhr; 📶) Der *bale* (offener Pavillon) des Kampung Hotels in Ceking bietet einen überwältigen Blick auf die Reisterrassen und eignet sich gut für die Mittagspause. Auf den Tisch kommen indonesische und westliche Speisen.

ℹ An- & Weiterreise

Das Eintrittsticket enthält die Parkgebühr für Cekings zentralen Parkplatz; „Sentral Parkir Ceking Terrace“ ist ausgeschildert. Roller und Motorräder können kostenlos am Straßenrand abgestellt werden.

BALIS DORFKÜNSTLER

In kleinen Dörfern in der gesamten Region Ubud, von Sebatu bis Mas und darüber hinaus in ganz Bali, sieht man – oft in der Nähe des örtlichen Tempels – kleine Schilder, die auf Künstler und Handwerker hinweisen. Die Einheimischen sagen: „Wir sind als Dorf nur so reich wie unsere Kunst.“ Deshalb genießen die Leute, die zeremonielle Gewänder, Masken, *kris* (Schwerter), Musikinstrumente und andere schöne Gegenstände des balinesischen Lebens und der Religion anfertigen, großen Respekt. Zwischen Künstler und Dorf besteht eine symbiotische Beziehung: Der Künstler stellt für die Arbeit nie etwas in Rechnung, das Dorf sorgt im Gegenzug für dessen Wohlergehen. Oftmals gibt es mehrere „Artists in residence“, denn kaum etwas wäre schändlicher für die Dorfgemeinschaft, als sich einen benötigten Sakralgegenstand anderswo beschaffen zu müssen.

Tampaksiring

☎ 0361 / 10 480 EW.

Tampaksiring liegt im Tal des Pakerisan, 18 km nordöstlich von Ubud. In der präkolonialen Zeit Balis war es der zentrale Punkt eines der großen Königreiche. Hier befinden sich sowohl der antike und wichtige Wassertempel Tirta Empul als auch einer der eindrucksvollsten antiken Stätten auf Bali, Gunung Kawi. Die gesamte Gegend ist von Reisterrassen, Flüsschen und Gewässern durchzogen. Ein Motivfest für Fotografen.

◉ Sehenswertes

Die Gegend, einst umgeben vom antiken Pejeng Königreich, wartet mit mehreren Gruppierungen von *candi* (Schrein) und Mönchszellen auf, insbesondere **Pura Krobokan** und **Goa Garba**. Keine davon ist jedoch so groß(artig) wie Gunung Kawi. Zwischen Gunung Kawi und Tirta Empul hat der **Pura Mengening** einen freistehenden *candi*, der dem bei Gunung Kawi ähnelt, aber von viel weniger Besuchern belagert wird. An der Straße nordwärts nach Penelokan reihen sich Souvenirshops und Cafés für die großen Tourgruppen aneinander.

Gunung Kawi MONUMENT
(Erw./Kind 15 000/7500 Rp, Parken 2000 Rp; ⏲ 7–17 Uhr) Am Grund eines Flusstals liegt eines der ältesten und wichtigsten Monumente Balis. Die Anlage besteht aus zehn großen *candi* (Schreinen), die aus dem Fels geschlagen wurden. Es wird vermutet, dass jeder *candi* ein Denkmal für ein Mitglied des balinesischen Herrscherhauses des 11. Jh. ist. Der Legende nach kratzte der Riese Kebo Iwa die Denkmäler in einer einzigen arbeitsreichen Nacht mit seinen mächtigen Fingernägeln aus der Felswand. Man muss körperlich fit sein, wenn man die Anlage erkunden möchte – der Zugang zum Tal und den Schreinen erfolgt über die 250 Stufen einer steilen Treppe.

Die fünf Monumente am Ostufer sind wahrscheinlich König Udayana, Königin Mahendradatta und ihren Söhnen Airlangga, Anak Wungsu und Marakata geweiht. Während Airlangga Ostjava regierte, herrschte Anak Wungsu auf Bali. Die vier Monumente auf der Westseite sind, dieser Theorie zufolge, Anak Wungsus Hauptkonkubinen gewidmet. Eine andere Theorie besagt, dass der ganze Komplex Anak Wungsu, seinen Frauen, Konkubinen und, im Fall des abseits stehenden zehnten *candi,* einem königlichen Minister zugedacht ist.

Das schönste Erlebnis hat, wer so früh wie möglich nach Gunung Kawi kommt. Wer sich um 7.30 Uhr auf den Weg nach unten macht, entgeht all den fliegenden Händlern und sieht die Einwohner, die ihrer Morgenbeschäftigung nachgehen. Vogelgezwitscher, Wasserplätschern und die eigenen Laute der Begeisterung sind noch hörbar – ohne die Ablenkung, die große Besuchergruppen später mit sich bringen. Außerdem ist die Luft noch kühl, wenn man die endlosen Stufen wieder erklimmt. Unbedingt einen Sarong mitnehmen, falls niemand da ist, der sie zum Gebrauch anbietet. Wenn der Ticketschalter geschlossen ist, kann man auf dem Rückweg bezahlen.

Pura Tirta Empul HINDUTEMPEL
(Holy Spring Temple; Tampaksiring; Erw./Kind 15 000/7500 Rp, Parken 5000 Rp; ⏲7–18 Uhr) Die heiligen Quellen, denen magische Kräfte nachgesagt werden, wurden im Jahr 962 entdeckt. Im Wassertempel nahe der antiken Anlage Gunung Kawi sprudeln die Quellen hier in ein großes Becken und strömen aus Wasserspeiern in einen *petirtaan* (Badeabschnitt). Er dient Reinigungsritualen. Baden ist nicht empfohlen, das Wasser kann verunreinigt sein. Ein Sarong ist im Eintrittspreis enthalten.

SÜDLICH VON UBUD

An den Straßenrändern zwischen Ubud und dem Süden der Insel reihen sich kleine Geschäfte, die Handwerkskunst herstellen und verkaufen. Viele Besucher kaufen direkt auf dem Weg von und nach Ubud. Abstecher in Seitenstraßen lohnen sich jedoch, da viele Arbeiten in kleinen Werkstätten und Familienbetrieben in den ruhigeren Gebieten entstehen. Außerdem besteht immer die Möglichkeit, Tempel und hübsche Dörfer zu entdecken.

An- & Weiterreise

Im Süden Ubuds sind die Straßen weitgehend flach und mit dem Fahrrad gut zu bewältigen. Allerdings sind die Wege zum und vom Strand sehr viel befahren. Öffentliche Verkehrsmittel sind nicht vorhanden, man braucht ein eigenes Fahrzeug.

Wer mit einem angeheuerten Fahrer unterwegs ist, muss damit rechnen, dass an jedem Ort 10 % Kommission für den Fahrer auf den Preis für Waren und Services aufgeschlagen wird (man sollte das als Trinkgeld betrachten). Die Fahrer suchen auch gerne von ihnen favorisierte Werkstätten und Künstler auf, oft davon unabhängig, welche Interessen ihre Kunden äußern.

Mas

☎0361 / 13 120 EW.

Mas bedeutet auf Bahasa Indonesia (Indonesisch) „Gold“, dabei ist eigentlich die Holzschnitzerei das wichtigste Handwerk in diesem Künstlerdorf im Süden Ubuds. Geschäfte und Galerien säumen die Hauptstraße, Jl Raya Mas. Werkstätten findet man hier und in den Nebengässchen.

Sehenswertes

★ **Setia Darma House of Mask and Puppets** MUSEUM
(☎0361-898 7493; www.maskandpuppets.com; Jl Tegal Bingin; Eintritt gegen Spende; ⏲8–18 Uhr) Das Museum, eins der besten in der Region Ubud, beherbergt mehr als 7000 zeremonielle Masken und Puppen aus Bali, Indonesien, Asien und anderen Teilen der Welt.

Präsentiert werden sie sehr ansehnlich in mehreren renovierten historischen Gebäuden. Unter den vielen Schätzen sind unglaubliche Barong-Landung-Puppen und Kamesan-Gemälde. Das Museum beherbergt auch eine große Sammlung von Puppen aus aller Welt. Das Museum liegt nur etwa 2 km nordöstlich der Hauptkreuzung in Mas.

Tonyraka Art Lounge GALERIE
(☎0812 3600 8035; www.tonyrakaartgallery.com; Jl Raya Mas 86; ⏲10–17 Uhr) Eine der führenden Galerien in der Region Ubud zeigt hervorragende Ausstellungen traditioneller und moderner balinesischer Kunst. Nach dem Galeriebesuch lohnt sich ein Mittagessen oder Kaffee im zugehörigen Café, das zu den besten der Region gehört.

Museum Rudana GALERIE
(Karte S. 190; ☎0361-975779; www.museumrudana.com; Jl Raya Mas; 50 000 Rp; ⏲9.30–17 Uhr) Das beeindruckende Museum mit Blick auf Reisfelder ist eine Schöpfung des einheimischen Politikers und Kunstmäzens Nyoman Rudana und seiner Frau Ni Wayan Olasthini. Auf drei Ebenen werden mehr als 400 traditionelle Gemälde ausgestellt, darunter ein Kalender aus den 1840ern, einige Lempad-Zeichnungen und modernere Werke. Gleich nebenan liegt die Rudana-Galerie, die Gemälde zum Verkauf anbietet.

Südlich von Ubud

Kurse

Ida Bagus Anom KUNST

(☎0812 380 1924, 0898 914 2606; www.balimaskmaking.com; Jl Raya Mas; 4 Std. Unterricht 250 000 Rp; ⏲ Zeiten variieren) Drei Generationen der besten balinesischen Maskenschnitzer verraten Besuchern ihre Geheimnisse in einem Familienanwesen auf der anderen Seite des Fußballfelds; es dauert in etwa 10 Tage, bis eine Maske fertig ist.

Schlafen

Taman Harum HOTEL $$

(☎0361-975567; www.tamanharumcottages.com; Jl Raya Mas; Zi. 500 000–800 000 Rp, Suite 800 000–1 100 000 Rp, Villa 1 200 000–1 500 000 Rp; P ❄ 📶 🏊) Direkt an der geschäftigen Hauptstraße in Mas bietet dieses Hotel Zimmer, Suiten und Villen – wobei die Suiten den recht hässlichen Zimmern und Villen vorzuziehen sind. Es liegt hinter einer Galerie und einem Restaurant, in dem Holzofenpizzen (35 000–80 000 Rp) und Bier serviert werden.

Essen

Warung Teges BALINESISCH $

(Karte S. 190; ☎0361-975251; Jl Cok Rai Pudak; Nasi Campur 25 000 Rp; ⏲8–18 Uhr) Das einzige Gericht dieses sehr schlichten Warungs, *nasi campur*, schmeckt hier besser als an fast jedem anderen Ort in und um Ubud. Alles stimmt – vom Schweinswürstchen bis zu Hähnchen, *babi guling* (Spanferkel) und sogar Tempeh. Das Sambal ist legendär: frisch, würzig und mit dem perfekten Schärfegrad.

★ **Art Lounge Cafe** CAFÉ $$

(☎0361-908 2435; www.facebook.com/TonyrakaArtLounge; Jl Raya Mas 86; Panini 73 000–88 000 Rp, Hauptgerichte 45 000–135 000 Rp; ⏲8–22 Uhr; 📶✍) Das trendige Café in der Tonyraka Art Lounge ist ideal, um an einer der Hauptstraßen zwischen Ubud und der

Südlich von Ubud

Highlights
1 Setia Darma House of Mask and Puppets ... C1

Sehenswertes
2 Bali Bird Park ... B3
3 Bali Orchid Garden ... B4
Bali Reptile Park ... (s. 2)
4 Bali Safari Park ... D3
5 Goa Gajah ... C1
6 Green School ... A2
7 Museum Gedung Arca ... C1
8 Pantai Keramas ... D3
9 Pantai Purnama ... D3
10 Pranoto's Art Gallery ... C1
11 Pura Kahyangan Jagat ... D1
12 Pura Kebo Edan ... C1
13 Pura Penataran Sasih ... C1
14 Pura Puseh Batuan & Pura Dasar Batuan ... C2
15 Pura Puseh Desa Batubulan ... B3
16 Pura Puseh Desa Blahbatuh ... C2
17 Pura Pusering Jagad ... C1
18 Pura Samuan Tiga ... C1
19 Taman Festival Bali ... C4
20 Tonyraka Art Lounge ... C2
21 Yeh Pulu ... C1

Aktivitäten, Kurse & Touren
22 Big Tree Farms ... A2
23 Fivelements ... A1
24 Ida Bagus Anom ... C1

Schlafen
25 Bambu Indah ... B1
26 Hotel Komune ... D3
27 Maya Ubud ... C1
28 Omah Apik ... C1
29 Taman Harum ... C2

Essen
Art Lounge Cafe ... (s. 20)
30 Bebek Semar Warung ... C1
31 Gianyar Night Market ... D1
Hotel Komune Beach Club ... (s. 26)
32 Produce Market ... D1
33 Warung Satria ... B4

Shoppen
34 Baruna Art Shop ... C3
35 Nyoman Ruka ... C3
36 Pertenunan Putri Ayu ... C2
37 Sukawati Market ... C3
38 Tenun Ikat Setia Cili ... D1

Küste eine Pause einzulegen. Hier gibt es guten Kaffee und sowohl mittags als auch abends gutes Essen. Besonders die Kuchen sind lecker.

Bebek Semar Warung BALINESISCH $$
(☎0361-974677; Jl Raya Mas 165; Hauptgerichte 85 000–135 000 Rp; ⊙8–21 Uhr) Von außen eher unscheinbar, doch der Schritt über die Schwelle lohnt sich: Der luftige Speisebereich eröffnet eine grüne Aussicht auf Reisfelder und auf Palmen. Die Spezialität des Hauses, Gerichte mit balinesischer Ente, sind ungewöhnlich, aber köstlich. Das Warung liegt 1 km südlich der Kreuzung Jl Raya Mas und Jl Raya Pengosekan.

Shoppen

Mas ist ein guter Ort, um Maßgefertigtes aus Sandelholz zu erstehen – zu gehobenen Preisen (die Authentizität des Holzes sollte sorgfältig in Augenschein genommen werden). Das Dorf ist ein wichtiger Standort für Balis Möbelbranche: hier werden Stühle, Tische und Antiquitäten („auf Bestellung!") hergestellt, hauptsächlich aus Teakholz, das von anderen indonesischen Inseln importiert wird.

Blahbatuh

☎0361 / 9010 EW.

Man kennt das Dorf wegen Kebo Iwa, dem legendären Kraftpaket und Minister des letzten Herrschers im Fürstentum Bedulu. Ein gemeißelter Kopf des Kriegers aus dem 11. Jh. ist im größten Tempel, Puseh Desa Blahbatuh, zu sehen und eine massive moderne Statue im vollen Kampfaufzug schmückt einen Kreisverkehr auf der Hauptstraße zwischen Blahbatuh und Gianyar.

Pura Kahyangan Jagat HINDUTEMPEL
(Pura Bukit Dharma – Durga Kutri; Jl Raya Buruan; by donation) 1,4 km nördlich der massiven Statue Kebo Iwas in Blahbatuh stößt man an der Straße auf diese Tempelanlage. Sie liegt vor dem Bukit Dharma (Dharma-Hügel). Wer den Hügel erklimmt, findet einen Schrein mit einer Steinstatue der sechsarmigen Göttin des Todes und der Zerstörung, Durga, die einen dämonenbesessenen Wasserbüffel tötet. Am Tor stehen im Normalfall Tempelwärter, die Spenden entgegennehmen und Schärpen an die Besucher ausgeben.

Pura Puseh Desa Blahbatuh HINDUTEMPEL
(Pura Kebo Iwa; Jl Kebo Iwa) Die Tempelanlage besitzt einen gemeißelten Steinkopf, von dem man annimmt, es sei das Porträt von

Kebo Iwa, dem legendären Mann fürs Grobe und Minister des letzten Herrschers des Bedulu-Fürstentums. Der Steinkopf entstand wahrscheinlich noch vor dem javanischen Einfluss auf Bali im 11. Jh. Die Tempelanlage wurde nach ihrer Zerstörung durch das Erdbeben 1917 wieder aufgebaut. Sie steht Besuchern nicht immer offen.

★ **Pertenunan Putri Ayu** TEXTILIEN
(☎0361-942658; Jl Lapangan Astina 3, bei Jl Wisma Gajah Mada; ⏲8–17 Uhr) Das klangvolle „Klickklack" der Webstühle empfängt Besucher dieser Werkstätte in Blahbatuh, in der farbenfrohe Stoffe im Ikat- und Batikstil hergestellt werden. Die freundlichen Mitarbeiter zeigen Besuchern die Räumlichkeiten und erläutern den Arbeitsprozess. Stoffe und Kleidung können im anschließenden Showroom erworben werden.

Batuan

☎0361 / 8650 EW.

Batuans schriftlich fixierte Geschichte reicht 1000 Jahre zurück. Im 17. Jh. kontrollierte die hiesige Fürstenfamilie einen Großteil des südlichen Bali. Der Niedergang der Macht wird dem Fluch eines Priesters zugeschrieben, der die fürstliche Familie in verschiedene Regionen der Insel zerstreute. Heutzutage sind die Zwillingstempel Puseh Batuan und Dasar Batuan der einzige Grund, den Ort aufzusuchen.

Pura Puseh Batuan & Pura Dasar Batuan HINDUTEMPEL
(Jl Raya Batuan; 10 000 Rp; ⏲9–17.30 Uhr) Direkt westlich des Zentrums stehen die Zwillingstempel, die zu den ältesten auf Bali zählen. Sie sind begehbare Studienobjekte klassischer balinesischer Tempelarchitektur. Die Schnitzarbeiten sind kunstvoll. Für Besucher liegen Sarongs bereit.

CELUK

Am westlichen Rand Sukawatis gelegen ist die Künstlerenklave Celuk das Silber- und Goldzentrum auf Bali. Die schickeren Showrooms befinden sich entlang der Hauptstraße und verlangen ziemlich hohe Preise für ihre Waren, aber ein gewisser Spielraum beim Feilschen und Handeln besteht trotzdem.

Hunderte Silber- und Goldschmiede arbeiten in ihren Häusern, die in den Seitenstraßen nördlich und östlich der Hauptstraße liegen. Die meisten dieser Kunsthandwerker stammen aus Pande-Familien, Mitglieder einer Subkaste von Schmieden, deren Kenntnisse über Feuer und Metall sie traditionell außerhalb der üblichen Kastenhierarchie stellen. Ein Besuch in diesen kleinen Werkstätten ist sehr interessant, dort sind die Preise für die Gold- und Silberwaren auch am niedrigsten. Allerdings haben die Handwerker im Allgemeinen keine allzu große Auswahl an fertigen Stücken auf Lager. Sie arbeiten auch auf Bestellung; am besten wäre es, wenn man ein Beispiel oder eine Zeichnung mitbringt.

Sukawati

☎0361 / 12 570 EW.

Die einstige Fürstenhauptstadt Sukawati ist für ihren Markt und die spezialisierten Kunsthandwerker bekannt, die in kleinen Läden entlang der Straßen fleißig arbeiten.

Shoppen

In Sukawati lohnt sich besonders die Suche nach Tukang Prada: Sie stellen Tempelschirme her und tragen mit Schablonen goldene Farbe als wunderschöne Dekoration auf. Die als Puaya bekannte Region, westlich der Jl Raya Sukawati, ist spezialisiert auf qualitativ hochwertige Leder-Schattenpuppen und Masken für Topeng- und Barong-Tänze. In Werkstätten auf der Hauptstraße, Jl Lettu Nengah Duaji I, produzieren und verkaufen einheimische Kunsthandwerker zeremonielle Gegenstände für Tanzdarbietungen.

Die meisten Werkstätten heißen Besucher willkommen.

★ **Sukawati Market** MARKT
(Pasar Umum Sukawati; Jl Raya Sukawati; ⏲6–20 Uhr) Der stets wuselige Markt ist eine wichtige Quelle für Blumen, Körbe, Früchte, Nippes und andere Gegenstände, die als Opfergaben verwendet werden. Es gibt frisches Obst und Gemüse. Einmal quer über die Straße verkauft der sogenannte Sukawati Art Market Kleidung und Souvenirs.

Nyoman Ruka KUNST & KUNSTHANDWERK
(Jl Lettu Nengah Duaji I; ⏲10–18 Uhr) Die Werkstatt produziert und verkauft Barong-Masken.

Baruna Art Shop KUNST & KUNSTHANDWERK
(☎0361-299490; Ecke Jl Lettu Nengah Duaji I & Gang Subali; ⏲9–18 Uhr) Eine große Auswahl an Barong-Masken wartet auf Bewunderer.

Batubulan

☎0361 / 8450 EW.

Steinmetzarbeiten sind das wichtigste Handwerk in Batubulan. Der Beginn der Hauptstraße von Südbali nach Ubud wird von vielen Geschäften für Steinskulpturen gesäumt. Die Werkstätten stehen direkt an der Straße nach Tegaltamu, weitere gibt es weiter nördlich rund um Silakarang. Aus dem Dorf stammen die faszinierenden Tempeltorwächter, die überall auf Bali zu sehen sind. Der Stein, der für diese Skulpturen genutzt wird, ist ein poröser, grauer vulkanischer Tuffstein namens *paras*, der Bimsstein ähnelt; er ist weich und überraschend leicht. Er altert auch schnell, sodass „ältere" Stücke meist nur wenige Jahre und nicht Jahrhunderte alt sind.

Sehenswertes

Pura Puseh Desa Batubulan HINDUTEMPEL

(Jl Raya Batuan; Eintritt gegen Spende; 8–12 Uhr) Die Tempel um Batubulan sind für ihre schönen Steinarbeiten bekannt. Nur 200 m östlich der geschäftigen Hauptstraße lohnt sich der Abstecher zum Pura Puseh Desa Batubulan wegen seiner nahezu perfekten Gesamtkomposition. Die Statuen beziehen sich auf antike hinduistische und buddhistische Ikonographie und balinesische Mythologie. Sie sind jedoch nicht alt – viele sind Nachbildungen aus archäologischen Büchern.

Bali Bird Park VOGELSCHUTZGEBIET

(☎0361-299352; www.balibirdpark.com; Jl Serma Cok Ngurah Gambir; Erw./Kind 2–12 J. 385 000/192 500 Rp; 9–17.30 Uhr; P) Über 1000 Vögel aus 250 verschiedenen Arten flattern in diesem Park herum, darunter die seltenen *cendrawasih* (Paradiesvögel) aus Westpapua und der nahezu ausgestorbene Bali-Star. Viele sind in begehbaren Volieren untergebracht. Täglich gibt es Shows mit frei umherfliegenden Vögeln und Greifvögeln, außerdem Pelikan- und Lorifütterungen. Kinder haben hier viel Spaß; für den Besuch sollten mindestens zwei Stunden eingeplant werden.

Bali Reptile Park TIERSCHUTZGEBIET

(Jl Serma Cok Ngurah Gambir; Erw./Kind 2–12 J. 100 000/50 000 Rp; 9–17 Uhr) Dieses Reservat versammelt nach eigenen Angaben die meisten Reptilienarten in Südostasien. Schlangen und Echsen gibt es jedenfalls en masse. Es lohnt sich, zu den Fütterungszeiten der riesigen Komodowarane (11 und 14.30 Uhr) hier zu sein.

FIVELEMENTS

11 km südwestlich von Ubud liegt am Sungai Ayung dieses luxuriöse **Gesundheitsrefugium** (☎0361-469206; www.fivelements.org; Puri Ahimsa Banjar Baturning, Mambal; Zi. ab 5 000 000 Rp, Wellness-Paket mit 3 Übernachtungen 39 000 000 Rp) In der Therapie werden Achtsamkeit, Yoga, Meditation und Massagen eingesetzt und der Aufenthalt soll ein rundum gesundes Erlebnis sein – alles auf der Speisekarte ist vegane Rohkost und es gibt keinen Alkohol. Auf dem Gelände befinden sich ein hübscher Pool mit Quellwasser und drei Yogastudios. Die opulenten Gästezimmer sind schick und gut ausgestattet, Freiluft-Badezimmer inklusive.

Abiansemal

☎0361 / 6060 EW.

Den Ruf, ein Ort der Innovation zu sein, verdankt dieses Gebiet, das 14 km südlich von Ubud liegt, zwei Firmen: der renommierten Green School am Ufer des Sungai Ayung und den Big Tree Farms, einer Fabrik in Sibang, in der Kakaobohnen und Palmzucker verarbeitet werden. Beide Firmen wurden von Expats gegründet und legen großen Wert auf Umweltschutz und Nachhaltigkeit.

Green School SCHULE

(www.greenschool.org; Jl Raya Sibang Kaja, Banjar Saren) Gleich im Süden Mambals liegt die Green School. Sie hat mit ihrem ungewöhnlichen Lehrplan mindestens genauso viel Aufsehen erregt wie durch ihre extravagante, innovative Architektur von PT Bambu. Nicht für die Öffentlichkeit zugänglich.

Big Tree Farms ESSEN & TRIKEN

(☎0361-846 3327; www.bigtreefarms.com; Br Piakan, Sibang Kaja; Mo–Fr 8–12 & 13–17 Uhr) Hier werden Kokos-/Palmzucker und Kakao verarbeitet, doch das Fabrikgebäude selbst verdient die Aufmerksamkeit. Es ist eine der größten kommerziellen Bauten aus Bambus. Das Design ist ganz darauf ausgelegt, eine nachhaltige Bauweise zu demonstrieren. Der US-amerikanische Architekt Pete Celovks bestimmte Bambus und getrocknetes, hier beheimatetes Alang-Alang-Grass als Material für das dreistöckige Bauwerk, das eine Kreuzung aus einer *lumbung* (balinesischer Reisscheune) und einer Kathedrale darstellt.

Ostbali

Inhalt ➡

Klungkung (Semarapura) 229
Gunung Agung 237
Kusamba 241
Padangbai 243
Candidasa 247
Amlapura 251
Tirta Gangga 252
Amed & die Küste fernen Osten 255
Tulamben 263

Gut essen

- Bali Asli (S. 253)
- Gianyar Night Market (S. 229)
- Gusto (S. 262)
- Vincent's (S. 251)
- Warung Enak (S. 261)

Schön übernachten

- Hotel Komune (S. 241)
- Pondok Batur Indah (S. 254)
- Darmada Eco Resort (S. 235)
- Ocean Prana Hostel (S. 258)
- Melasti Beach Bungalows (S. 258)

Auf nach Ostbali!

Die Erkundung von Ost-Bali ist eines der größten Vergnügen auf der Insel. Reisterrassen ziehen sich über die Hügel hinab, an vulkanischen, naturbelassenen Stränden brechen sich die Wellen und traditionelle Dörfer sind weitestgehend unberührt von aller Modernität geblieben. Wie ein Wächter erhebt sich der Gunung Agung über dieser Region, ein 3142 m hoher, aktiver Vulkan, der auch als „Nabel der Welt" und „Mutter der Berge" bekannt ist.

Tempel, Paläste und eigenwillig angelegte Wassergärten durchziehen die Landschaft. Zwei der Tempel – Pura Besahkih und Pura Lempuyang – gehören zu den wichtigsten Pilgerstätten Balis. Die Orte Klungkung (Semarapura), Amlapura und Tirta Gangga dagegen beschwören die Vergangenheit der Insel und ihrer königlichen Dynastien herauf.

Im Nordosten liegen Amed und Tulamben, entspannte Ziele für diejenigen, die den Massen der Südküste entfliehen wollen. Hier verbringt man die Tage mit Tauchen, Schnorcheln, Yoga oder Faulenzen am Pool – Aktivitäten, die alle Reisenden unabhängig von der Größe ihres Geldbeutels genießen können.

Reisezeit

- Die beste Reisezeit für Ostbali ist die Trockenzeit im Zeitraum von April bis September, obwohl sich das Wetter in den letzten Jahren verändert hat: Die Trockenzeit ist feuchter und die Regenzeit trockener geworden.
- An der Küste ist kein Monat dem anderen vorzuziehen, denn dort ist es so gut wie immer tropisch warm und ideal zum Schwimmen, Schnorcheln und Tauchen.
- Spitzen-Resorts und Unterkünfte an der Küste können in der Hochsaison (Juli, August und in der Weihnachtszeit) ausgebucht sein, aber so voll wie in Südbali wird es hier nie.
- Von Oktober bis März herrschen an den Stränden nordöstlich von Sanur die besten Surfbedingungen.

An- & Weiterreise

Die Küstenstraße verbindet die wichtigsten Punkte und Orte Ostbalis. Andere Straßen schlängeln sich an den Hängen entlang durch die üppig gründe Landschaft. Es gibt Shuttleservices nach und von Südbali, von und zur Hafenstadt Padangbai und der touristischen Enklave Candidasa. Auf Anfrage fahren Shuttles zur Küste im Nordosten.

Gianyar

☎0361 / 13 380 EW.

Gianyar ist das wohlhabende Verwaltungs- und Marktzentrum des Gianyar-Distrikts, zu dem auch Ubud gehört. Die Stadt hat ein kleines Zentrum, in dem man ausgezeichnet essen kann, vor allem auf dem berühmten Nachtmarkt.

Sehenswertes

Pura Dalem Sidan TEMPEL

(15 000 Rp; ⌚Zeiten variieren) Die Skulptur von Durga mit Kindern am Eingangstor ist eine von mehreren feinen Steinschnitzereien in diesem Totentempel. Bemerkenswert ist auch die separate Einfriedung in einer Ecke des Tempels – diese ist Merajapati gewidmet, dem Schutzgeist der Toten. Der Sarong-Gebrauch ist in der Eintrittsspende enthalten.

Auf der Straße östlich von Gianyar kommt etwa 2 km außerhalb von Peteluan eine Abzweigung nach Bangli. Nach ungefähr 1 km auf dieser Straße steht an einer scharfen Kurve der Tempel.

Essen

★**Gianyar Night Market** MARKT $

(Pasar Senggol Gianyar; Jl Ngurah Rai; Hauptgerichte ab 15 000 Rp; ⌚17–23 Uhr) Die Geräuschkulisse der unzähligen Kochtöpfe und die vielen strahlenden Lichter verleihen dem vorzüglichen und wundervoll duftenden *pasar malam* (Nachtmarkt) von Gianyar eine ursprüngliche und feierlaunige Atmosphäre. Das (mitunter) beste Street Food Balis kann man auf diesem Markt kosten. Stand um Stand wird in der Hauptstraße des Ortes jeden Abend aufgebaut. Hier werden Gerichte in köstlicher Vielfalt zubereitet, zum Beispiel das umwerfende *babi guling* (Spanferkel am Spieß mit einer Würzfüllung aus Chili, Kurkuma, Knoblauch und Ingwer).

Das Herumschlendern, Begutachten und Auswählen an sich ist schon ein Vergnügen. Die Straßenküchen bieten alles von wohlriechender *bakso*-Suppe (Fleischbällchen) über Saté-Variationen, Kokossüßigkeiten bis zu *piseng goreng* (gebackene Banane). Ein Gericht kostet im Schnitt 20 000 Rp. Wer als Gruppe den Markt besucht, kann sich glücklich schätzen: So kann man Gerichte teilen und noch mehr probieren. Am meisten los ist zwei Stunden nach Sonnenuntergang. Das Beste: Der Nachtmarkt liegt nur 20 Autominuten von Ubud entfernt. Eine Taxifahrt kostet etwa 150 000 Rp hin und zurück, inklusive Wartezeit des Fahrers.

Produce Market MARKT $

(Jl Ngurah Rai; ⌚11–14 Uhr) Die Stände, die sich auf beiden Seiten des Hauptabschnitts der Jl Ngurah Rai erstrecken, verkaufen tagsüber frisches Obst und Gemüse.

Shoppen

Gianyar war früher für die Fabriken bekannt, die lebhaft gemustertes Ikat-Garn – auf Bali *endek* genannt – herstellten. Leider haben die meisten in den letzten Jahren geschlossen.

Tenun Ikat Setia Cili TEXTILIEN

(☎0361-943409; Jl Ciung Wanara 7; ⌚9–17 Uhr) Die Textilfabrik liegt am westlichen Ende der Stadt an der Hauptstraße nach Ubud. Dazu gehört ein großer Ausstellungsraum, in dem Meterware verkauft wird.

An- & Weiterreise

Bemos verkehren regelmäßig zwischen dem Batubalan-Terminal bei Denpasar und dem Hauptterminal in Gianyar hinter dem Hauptmarkt (15 000 Rp).

Klungkung (Semarapura)

☎0366 / 22 610 EW.

Der offizielle Name ist Semarapura, doch bekannt ist die Regionalhauptstadt unter ihrem alten Namen Klungkung. Sie beheimatet den historisch wichtigen Puri Agung Semarapura (Klungkung Palast), ein Relikt aus den Tagen der Radschas (Herrscher, Fürsten) Klungkungs, den Dewa Agungs. Das einstige Zentrum von Balis wichtigstem Königreich bewahrt die Palastanlage und einige Tempel aus der königlichen Vergangenheit. Ein betriebsamer Markt liegt gegenüber der zentral gelegenen Palastanlage.

Geschichte

Nachfolger der Majapahit, die Bali eroberten, ließen sich um 1400 in Gelgel (gleich südlich des modernen Klungkung) nieder;

Highlights

1 Pura Lempuyang (S. 254) Beim Besuch bedeutender Tempel das Panorama auf einem magischen Berg bewundern.

2 Sidemen (S. 235) Im wundervollen Flusstal durch die grünen Reisfelder wandern.

3 Amed Coast (S. 255) Relaxen in einem der Dörfer an diesem wunderschönen Küstenabschnitt.

4 Tulamben (S. 263) Eintauchen ins blaue Wasser, um ein Wrack direkt vor der Küste zu erkunden.

5 Gianyar Night Market (S. 229) Aromatische und fabelhafte regionale Spezialitäten auf einem der besten Nachtmärkte Balis kosten.

6 Puri Agung Semarapura (S. 232) Die beeindruckende Palastanlage der Dewa Agung Radschas erleben.

7 Taman Tirta Gangga (S. 252) Durch die Gärten des Wasserpalasts wandeln, gebaut für den letzten Radscha von Karangasem.

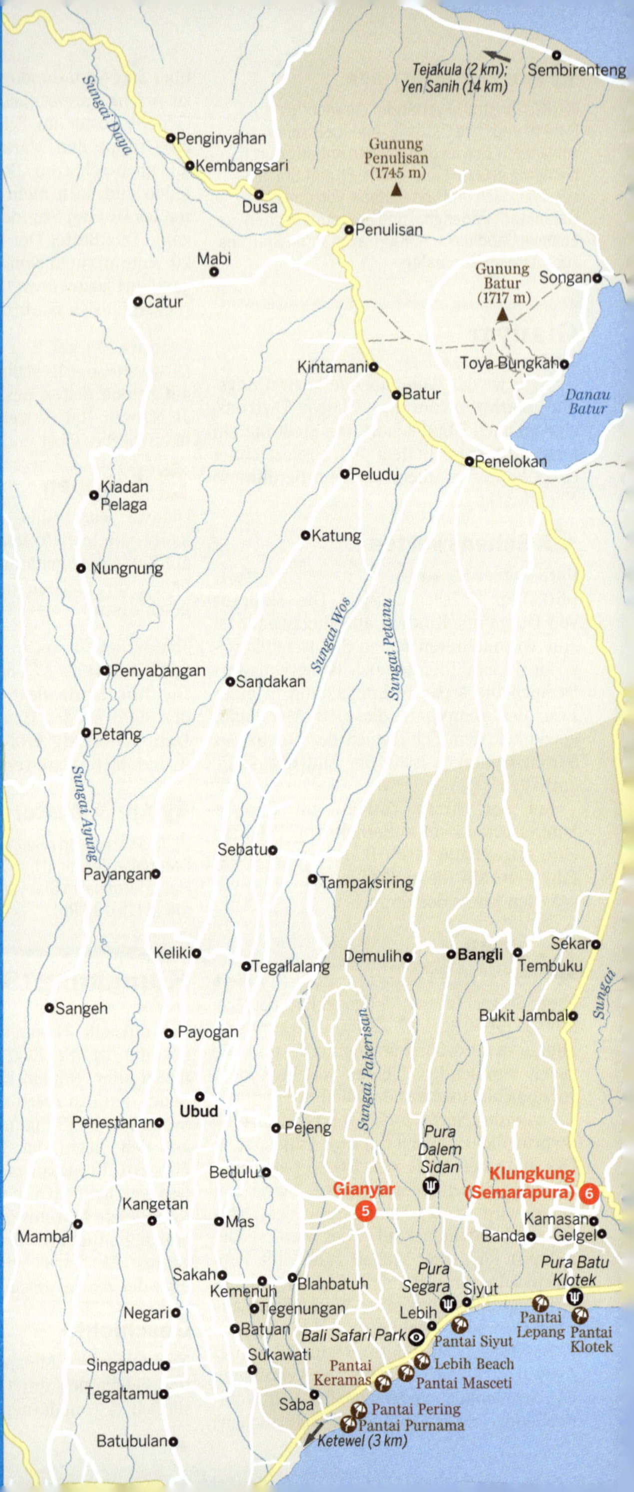

0
10 km
BALI-SEE
Tembok
Tianyar
Kubu
Tulamben 4
Liberty
Kubu Region
Gunung Abang (2152 m)
Daya
Gunung Agung (3142 m)
Amed Village
Jemeluk
Dalah
Culik
Amed Coast 3
Bunutan
Lipah
Lehan
Aas
Bangli
Sungai Yehunda
Pura Besakih
Lebih
Pura Sambu
Pura Pasar Agung
Tanah Aron
Besakih
Pidpid
Abang
Ngis
Gunung Lempuyang (1058 m)
Pura Lempuyang 1
Desi Ababi
Tirta Gangga 7
Basangalas
Gunung Seraya (1175 m)
Menanga
Bukit Kusambi
Krotok
Rendang
Muncan
Budakeling
Tauka
Seraya
Jungutan
Peladung
Selat
Duda
Bebandem
Amlapura
Abian Soan
Sibetan
Putung
Subagan
Iseh
Sungai Unda
Bungaya
Ujung
Tenganan
Sungai Buu
Asak
Teluk Penyu
2 Sidemen
Perasi
Tabola
Sidemen Rd
Sungai Betel
Manggis
Sengkidu
Buitan
Mendira
Pura Gamang Pass
Candidasa
Pasir Putih
Tanah Ampo
Teluk Amuk
Gili Mimpang
Gili Tepekong
Padangbai
Lawah
Pura Goa Lawah
Lombok (34 km)
Kusamba
Coast Rd
Selat Lombok
Nusa Penida (4 km)

Klungkung (Semarapura)

Klungkung (Semarapura)

Highlights
1 Puri Agung Semarapura B1

Sehenswertes
2 Bale Kambang B2
3 Kertha Gosa B1
4 Museum Semarajaya A1
5 Puputan Monument B1
6 Semarapura Market C2

Essen
7 Pasar Senggol C1
8 Sumber Rasa C2

die Gelgel-Dynastie stärkte den Einfluss der Majapahit auf der Insel. Im 17. Jh. gründeten die Nachkommen der Gelgel-Linie getrennte Reiche, die Dominanz des Hofes Gelgel auf Bali ging verloren. Der Hof zog 1710 nach Klungkung um, konnte seine frühere Vorherrschaft aber nie ganz zurückgewinnen.

1849 schlugen die Herrscher von Klungkung und Gianyar eine niederländische Invasionstruppe bei Kusamba. Bevor die Niederländer einen Gegenangriff starten konnten, stieß noch ein Heer aus Tabanan dazu, der Kaufmann Mads Lange konnte jedoch schließlich ein Friedensabkommen aushandeln.

In den folgenden 50 Jahren bekämpften sich die südbalinesischen Königreiche untereinander, bis der Radscha von Gianyar die Niederländer um Hilfe bat. Als diese schließlich den Süden einnahmen, stand der König von Klungkung vor der Wahl zwischen einem selbstmörderischen *puputan* (die Wahl Radscha von Denpasar) oder einer schmachvollen Unterwerfung, wie sie der Radscha von Tabanan vorgezogen hatte (bzw. einem Deal – die Wahl des Radscha in Bangli). Er entschied sich für Ersteres. Im April 1908, als die Niederländer seinen Palast umstellten, gingen der Dewa Agung und Hunderte Familienmitglieder und Anhänger in den sicheren Tod durch die Kugeln der Niederländer oder die Klingen ihrer eigenen *kris* (traditionelle Dolche). An die Opfer erinnert das große Puputan-Denkmal.

Sehenswertes

★ Puri Agung Semarapura PALAST
(Klungkung-Palast; Jl Untung Surapati; Erw./Kind 12 000/6000 Rp; ⌚8–18 Uhr) Als sich die Dewa-Agung-Dynastie 1710 hier niederließ, wurde der Semarapura errichtet. Den weitläufigen Palast mit mehreren Höfen, Gärten, Pavillons und Wassergräben legte man in quadratischer Form an, die wohl der Form eines Mandalas entsprach. Der größte Teil des Originalpalasts und der Anlagen wurde beim Angriff der Niederländer 1908 zerstört. Nur das **Pemedal-Agung**, das steingemeißelte Eingangstor an der Südseite des quadratischen Platzes, der Kertha Gosa und der Bale Kambang blieben erhalten. Das Kartenhäuschen liegt auf der gegenüberliegenden Seite der Jl Untung Surapati, neben dem Puputan Monument.

➡ Bale Kambang
An der Decke dieses wunderschönen Wasserpavillons (ein offener *bale*) widmen sich Gemäldereihen verschiedenen Themen. Die erste Reihe basiert auf dem astrologischen Kalender, die zweite auf dem Märchen von Pan und Men Brayut und ihren 18 Kindern, die oberen Reihen zeigen die Abenteuer des Helden Sutasona.

➡ Kertha Gosa

(Gerichtssaal) Dieser offene Pavillon in der nordöstlichen Ecke der Palastanalage des Puri Agung Semarapura, beherbergte den Obersten Gerichtshof des Königreichs von Klungkung. Hier wurde über Streitigkeiten und Fälle entschieden, die nicht in den Dörfern geregelt werden konnten. Der Kertha Gosa ist ein hervorragendes Beispiel für die Architektur Klungkungs. Die Decke ist mit schönen Malereien im Kamasan-Stil (auch Wayang-Stil genannt) aus dem 20. Jh. gestaltet. Die Bilder ersetzten die ursprünglichen, mit der Zeit zerstörten Malereien auf Stoff aus dem 19. Jh. und stellen unter anderem die Garuda-Geschichte dar.

Semarapura Market — MARKT

(Ecke Jl Diponegoro & Jl Puputan; ⏲6–17 Uhr) Klungkungs Markt ist ein lebhafter Handelsplatz und Treffpunkt für die Menschen aus der Umgebung. Schnell vergeht eine Stunde beim Herumtrödeln durch das Labyrinth aus Ständen auf drei Ebenen und den umliegenden Straßen. Dass es hier nicht besonders sauber und hygienisch zugeht, tut der Faszination keinen Abbruch. Riesige Strohkörbe mit frischem Obst und Gemüse bilden leuchtende Farbflecken inmitten des Chaos. Überall gibt es Schmuck und Ikat, letzteres kostet hier einen Bruchteil von dem, was man anderswo bezahlt. Am meisten lohnt sich ein Besuch am Morgen.

Museum Semarajaya — MUSEUM

(Jl Untung Surapati, Puri Agung Semarapura; Eintrittspreis inkl. Palast-Ticket; ⏲8–18 Uhr) Das Museum ist in einem Haus aus der Kolonialzeit auf der Westseite des Puri Agung Semarapura untergebracht und ist vor allem für seinen starken Geruch nach Mottenkugeln und Staub bekannt; zu den Ausstellungsstücken gehören einige traditionelle Waffen und Kostüme, zudem einige interessante alte Fotografien des Königshofs. Darunter befindet sich ein Bild von Dewa Agung Gede Jame, dem fünfjährigen Kronprinzen, der 1908 dem *puputan* (ritueller Massensuizid) zum Opfer fiel.

Puputan Monument — MONUMENT

(Jl Untung Surapati) Klungkung war das letzte balinesische Königreich, das sich den Niederländern (1908) ergab. Das hoch aufragende Puputan Monument, gegenüber dem Klungkung-Palast auf der anderen Seite der Jl Serapati, erinnert an das Opfer der Königsfamilie, die den Selbstmord (*puputan*) der Unterwerfung vorzog.

Tihingan — WERKSTÄTTEN

Mehrere Werkstätten in Tihingan, einer Dorfenklave am westlichen Rand Klungkungs, haben sich auf die Herstellung von Gamelan-Instrumenten spezialisiert. In kleinen Schmieden entstehen die klingenden Bronzestäbe und schüsselförmigen Gongs, die dann sorgfältig gefeilt und poliert werden, bis sie den richtigen Ton hervorbringen. Einige Werkstätten signalisieren mit einem Schild, dass Besucher willkommen sind. Die häufig mit Hitze verbundene Arbeit wird in der Regel in den frühen, kühlen Morgenstunden erledigt. Von Klungkung aus fährt man über die Jl Diponegroro nach Westen und folgt der Beschilderung.

Essen

Auf dem Markt und in dessen Umgebung gibt es viele Möglichkeiten, günstig zu essen. Gehobene Restaurants findet man hier jedoch nicht.

Pasar Senggol — MARKT $

(Ecke Jl Besakih & Jl Gunung Rinjani; ⏲7–24 Uhr) Die beste Anlaufstelle für späte Besucher ist

EINEN ABSTECHER WERT

NYOMAN GUNARSA MUSEUM

Um eine Vorstellung vom Werk des international anerkannten balinesischen Malers Nyoman Gunarsa (1944–2017) zu erhalten, lohnt es sich, in die westlichen Außenbezirke von Klungkung zu fahren und dort das riesige dreistöckige **Museum** (☎0366-22256; crn Jl Raya Takmung & Jl Raya Banda, Takmung; Erw./Kind 75 000 Rp/frei; Mo–Sa 9–16 Uhr) zu besichtigen.

Der Künstler hat es selbst gebaut und eröffnet. Es beherbergt viele seiner farbenprächtigen Darstellungen des traditionellen Lebens, von denen sich einige auf das lokale Volkstum beziehen. Neben Gunarsas eigenen Werken ist eine Vielfalt an bedeutenden älteren Stücken seiner persönlichen Sammlung zu sehen, darunter Steinmetz- und Holzschnitzarbeiten, Antiquitäten, Masken, Puppen und Stoffe.

Das Museum liegt etwa 4 km westlich von Klungkung an der Straße nach Gianyar; als Wegweiser dient in der Nähe eine Polizistenfigur am Sockel einer Statue.

dieser Nachtmarkt mit dem üblichen Mix aus Woks, Menschen und Lärm.

Sumber Rasa CHINESISCH $
(☎ 0366-25097; Jl Nakula 5; Gerichte 20 000–30 000 Rp; ⏲ 7–22 Uhr) In dem altbewährten und freundlichen Lokal gibt es einfache chinesische Gerichte.

An- & Weiterreise

Am besten lässt sich Klungkung mit einem eigenen Fahrzeug auf einer Rundreise erkunden, die weitere Orte in den Bergen oder an der Küste einschließt.

In Klungkung gibt es einen der wenigen *terminal bis* (Busbahnhof) in Ostbali, der tatsächlich in Betrieb ist. Er liegt südlich der Palastanlage, gleich bei der Jl Puputan. Von hier fahren Bemos und Busse zu Denpasars Batubulan Terminal (25 000 Rp), nach Amlapura (20 000 Rp), Padangbai (25 000 Rp), Sideman (15 000 Rp) und Gianyar (20 000 Rp).

Bangli

☎ 0366 / KAWAN 839 EW., CEMPAGA 7520 EW.

Auf halbem Weg den Hügel nach Penelokan hinauf liegt Bangli, einst die Hauptstadt eines Königreichs, heute ein bescheidener Marktort, der wegen seines weitläufigen Tempels Pura Kehen sehenswert ist. Er liegt an einer wunderschönen Dschungelstraße, die an Reisterrassen vorbeiführt und in Sekar auf die Straße nach Rendang und Sidemen stößt.

ABSEITS DER ÜBLICHEN PFADE

GELGEL

Etwa 4km südlich der Stadtmitte von Klungkung, auf dem Weg zur Küstenstraße, liegt Gelgel, einst der Sitz von Balis mächtigster Dynastie. Der Niedergang der Stadt begann 1710, als der Hof ins heutige Klungkung umzog, und endete schließlich unter dem Beschuss der Niederländer 1908. Heute lässt sich die einstige Pracht nur noch erahnen. Die riesigen Höfe des größten Tempels, des **Pura Dasar Bhuana**, lassen seine vergangene Bedeutung als königliche Andachtsstätte erkennen.

Ungefähr 500 m östlich des Pura Dasar Bhuana steht Balis älteste Moschee, die **Masjid Nurul Huda Gelgel**. Obwohl sie modern aussieht, wurde sie schon im späten 16. Jh. für muslimische Missionare aus Java gegründet, die nicht nach Hause zurückkehren wollten, nachdem es ihnen nicht gelungen war, die Einheimischen zu konvertieren.

Geschichte

Bangli wurde im 13. Jh. gegründet. In der Majapahit-Zeit löste es sich von Gelgel und wurde ein eigenständiges Königreich, das allerdings keinen Seezugang hatte, arm und in langwierige Konflikte mit Nachbarstaaten verstrickt war.

1849 verhalf ein Vertrag mit den Niederländern Bangli zur Kontrolle über das unterworfene Königreich Buleleng an der Nordküste, das jedoch rebellierte, woraufhin die Kolonialherren wieder die Herrschaft übernahmen. 1909 zog es der Radscha von Bangli vor, in einem niederländischen Protektorat zu leben, statt im selbstmörderischen *puputan* (dem Kampf bis zum Tod) zu sterben oder sein Reich durch die vollständige Eroberung durch Nachbarstaaten oder die Kolonialmacht zu verlieren.

Sehenswertes

★ **Pura Kehen** HINDUTEMPEL
(Jl Sriwijaya, Cempaga; Erw./Kind inkl. Sarong 30 000 Rp/frei, Parken 2000 Rp; ⏲ 9–17 Uhr) Der Nationaltempel des Königreichs Bangli, einer der schönsten Tempel Ostbalis, ist eine Miniaturversion des Pura Besakih, der wiederum als wichtigster Tempel auf Bali gilt. Pura Kehen ist an den Berghang gebaut, eine Treppe führt zu seinem herrlich geschmückten Eingang. Im ersten Innenhof steht ein riesiger Banyanbaum, in dessen Ästen eine *kulkul* (eine Warntrommel aus einem hohlen Baumstamm) hängt.
Der innere Hof hat eine *meru*, eine Pagode mit elf Dächern. Andere Schreine verfügen über Throne für die drei Hindugötter Brahma, Shiva und Vishnu.

Pura Kehen liegt in Cempaga, 2 km von Banglis Zentrum entfernt.

Pura Dalem Penunggekan HINDUTEMPEL
(Jl Merdeka, Kawan) GRATIS Die Außenmauer dieses faszinierenden Unterwelttempels ziert ein Relief, das anschaulich zeigt, was Übeltätern im Jenseits blüht. Eine Tafel zeigt das entsetzliche Schicksal von Ehebrechern – vor allem Männer dürften diesen Anblick sehr ungemütlich finden! Andere stellen Sünder als Affen dar oder zeigen Bösewichte, die darum flehen, vor dem Höllenfeuer bewahrt zu werden. Der Tempel liegt in Kawan, 3 km südlich vom Zentrum Banglis.

Essen

Auf dem *pasar malam* an der Jalan Merdeka neben dem Bemo-Bahnhof gibt es einige ausgezeichnete traditionelle *Warungs* (Imbissstände). Doch auch tagsüber finden sich auf dem chaotischen **Markt** Stände mit frisch zubereitetem, leckerem Essen. Speisen für Opfergaben im Tempel werden rund um die Uhr verkauft.

An- & Weiterreise

Meistens sind Besucher in Bangli auf eigene Faust unterwegs oder im Rahmen einer organisierten Tour zum Pura Besakih.

Sidemen

☎0366 / 3780 EW.

In Sidemen (sprich Si-da-men) wird jeder Spaziergang, egal in welche Himmelsrichtung er führt, zu einem Dialog mit der Natur. Die Straße in dieses Bergdorf windet sich durch eines der schönsten Flusstäler Balis. Eine Landschaft mit Reisterrassen und einem herrlichen ländlichen Charakter bildet die Kulisse. Auf der Strecke eröffnen sich zudem außergewöhnliche Ausblicke auf den Gunung Agung – sofern die Wolken mitspielen.

Der deutsche Künstler Walter Spies lebte ab 1932 eine Zeit lang in dieser Region Balis: Hier konnte er der nie enden wollenden Party in Ubud entfliehen, die er selbst in Gang gesetzt hatte. Später bezog der schweizerische Maler Theo Meier, der dank seines Einflusses auf die balinesische Kunst fast genauso berühmt wurde, das Haus. Heute kommen Touristen hierher, um dem Treiben der größeren Inselstädte zu entfliehen und die wunderschöne Landschaft zu durchwandern.

Aktivitäten

Das Tal mit seinen zahlreichen Grüntönen wird von vielen **Wegen** durch die Reis- und Chilifelder durchzogen. Einer davon führt in einem spektakulären Anstieg als Rundweg (3 Std.) zum **Pura Bukit Tageh**, einem kleinen Tempel mit großartigen Ausblicken. Von jeder Unterkunft aus lassen sich hier Guides für ausgedehnte Trekkingtouren (2 Std. ca. 75 000 Rp pro Person) finden, aber auch kürzere Entdeckungstouren auf eigene Faust sind möglich. Viele Resorts bieten ihren Gästen als Teil des Freizeitangebots geführte Wanderungen an.

Nyoman Trekking WANDERN
(☎0852 3999 5789; nyomansidemen@gmail.com; 2 Std. 75 000 Rp) Nyoman Subrata führt durch die Landschaften vor Ort und – wenn es sicher ist – auch auf den Gunug Agung.

Schlafen

Die Auswahl an Ferienanlagen, Hotels und Gästehäusern zu unterschiedlichen Preisen ist in Sidemen recht gut. Die meisten liegen an der Jl Raya Tebola. In der Nacht wird es häufig kühl und neblig, dementsprechend gehört wärmende Kleidung ins Gepäck.

Khrisna Home Stay PRIVATUNTERKUNFT $
(☎0815 5832 1543; pinpinaryadi@yahoo.com; Jl Raya Tebola; EZ 250 000–350 000 Rp, DZ 350 000–700 000 Rp, FZ 900 000–1 000 000 Rp; 📶🏊) Die freundliche Privatunterkunft mit neun Zimmern und hübschem Poolbereich liegt umgeben von biologisch angebauten Obstbäumen. Die Zimmer sind komfortabel, wenn auch die Einzelzimmer sehr klein ausfallen; alle haben Ventilatoren. Von einem De-luxe-Doppelzimmer hat man eine schöne Aussicht auf die Reisfelder. Das Frühstück im kleinen Restaurant ist hervorragend, das Abendessen bietet viel Gemüse (Hauptgerichte 35 000–50 000 Rp).

★ **Darmada Eco Resort** RESORT $$
(☎0853 3803 2100; www.darmadabali.com; Jl Raya Luah; Zi. 500 000–700 000 Rp, FZ 900 000–1 100 000 Rp; 📶🏊) Die Zimmer in dieser preisgünstigen Ferienanlage inmitten eines üppigen Flusstals mögen einfach sein, doch das spielt keine Rolle. Denn die Gäste verbringen ihre Tage im hübschen Pool mit frischem Quellwasser oder nutzen das umfassende Angebot an kostenpflichtigen Freizeitaktivitäten (Meditation, Yoga, Massage, Wandern, Kochkurse). Das Restaurant am Fluss ist hervorragend. WLAN-Zugang gibt es nur in den Gemeinschaftsflächen.

★ **Samanvaya** BOUTIQUEHOTEL $$
(☎0821 4710 3884; www.samanvaya-bali.com; Jl Raya Tebola; Zi. 90–142 US$, Suite 124–170 US$; 📶🏊) Das originelle Boutiquehotel in Sidemen ist ein Vorzeigeobjekt für balinesischen Schick. Von hier reicht der Blick weit über die Reisfelder bis hin zum Ozean. Jedes Zimmer ist komfortabel eingerichtet und bietet einen hübschen Ausblick. Die schönste Aussicht bieten die Zimmer der Superior- und De-luxe-Kategorie. Zur Anlage gehören ein Yogastudio aus Bambus, ein Infinity-Pool,

ein Whirlpool, ein Wellnesspavillon (Massagen ab 120 000 Rp) und Restaurants (Hauptgerichte 75 000–120 000 Rp).

★ Alamdhari Resort and Spa HOTEL $$
(☎ 0812 3700 6290; www.alamdhari.com; Jl Raya Tebola; DZ/2BZ 680 000–850 000 Rp, FZ 1 000 000–1 250 000 Rp; P 📶 🏊) Erst vor Kurzem eröffnete dieses Boutiquehotel – ein Traum für Geschmack und Geldbeutel. Die 14 Zimmer sind hell und luftig, verfügen über bequeme Betten, Ventilatoren, schöne Badezimmer und geräumige Balkone. Der Ausblick vom Pool – den man am besten von einer der bequemen Sonnenliegen genießt – ist spektakulär. Zur Anlage gehört ein Restaurant (Hauptgerichte 50 000–120 000 Rp) und ein kleines Spa. Zum Verlieben.

Giri Carik GUESTHOUSE $$
(☎ 0819 3666 5821, 0813 3955 4604; www.facebook.com/GiriCarik; Jl Raya Tebola; Zi. 450 000–550 000 Rp; 📶 🏊) Ein entscheidender Faktor für Sidemens Charme ist die Einfachheit – und diese Unterkunft ist ein gutes Beispiel dafür. Fünf einfache Zimmer (einige mit wunderschönem Ausblick von kleinen Terrassen), ein Restaurant (Hauptgerichte 40 000–55 000 Rp) und ein kleiner Pool sind alles, was hier geboten wird. Das reicht jedoch für eine Empfehlung.

Nirarta Centre RESORT $$
(☎ 0812 465 2123; www.awareness-bali.com; ab Jl Raya Tebola; EZ 55–65 €, DZ 55–75 €; P 📶) Die Gäste hier nehmen an seriösen Kursen für die persönliche oder spirituelle Entwicklung teil, dazu gehören täglich kostenlose Meditationen. Die komfortablen Zimmer verteilen sich auf sechs Bungalows, einige davon liegen direkt am Fluss. Im Restaurant gibt es eine gute Auswahl an thailändischer, indischer und indonesischer Kost – vegetarisch und bio (Hauptgerichte 45 000–125 000 Rp). Leider gibt es keinen Pool.

Subak Tabola RESORT $$
(☎ 0811 389 3444, 0811 386 6197; www.subaktabolavilla.com; Jl Raya Tebola; Zi. 90–135 US$, Suite 135–150 US$, FZ 200–250 US$; P ❄ 📶 🏊) Inmitten eines grünen Amphitheaters aus Reisterrassen liegt diese leicht veraltete, aber sehr gepflegte, weitläufige Ferienanlage. Sie ist eine gute Wahl für Familien, da es ein kostenloses Freizeitangebot (Yoga, Wanderungen) gibt und auf Wunsch ein Kinderprogramm organisiert wird (gegen eine Spende). Zur Anlage gehören eine Bar, ein thailändisch-indonesisches Restaurant (Hauptgerichte 45 000–125 000 Rp) und ein Pool. WLAN-Zugang nur auf den Gemeinschaftsflächen.

Wapa di Ume RESORT $$$
(☎ 0366-543 7600; www.wapadiumesidemen.com; Jl Raya Tebola; Zi. 300–350 US$, Suite 380–430 US$, Poolvilla 530–580 US$; P ❄ @ 📶 🏊) 🍃 Das Wapa di Uma bringt man sofort mit dem gleichnamigen Hotel in Ubud in Verbindung. Es ist das erste Luxusresort in der Region Sidemen. Die Villen (einige mit privatem Pool) verteilen sich auf dem 1,2 ha großen Anwesen direkt am Fluss. Der wunderschöne Ausblick auf die Reisterrassen wird ergänzt durch zwei Pools, einen Fitnessraum, einen Yogapavillon, ein Spa, eine Panorama-Dachterrasse mit Bar und ein nobles Restaurant (Hauptgerichte 65 000–198 000 Rp). Im Preis inbegriffen sind Freizeitangebote wie Wanderungen, Besichtigungstouren, Yoga und Afternoon Tea.

Essen

Zu den meisten Unterkünften gehört ein Restaurant und es gibt einige Warungs entlang der Jl Raya Tebola. Die Restaurants im Darmada Eco Resort, Samanvaya und Wapa di Ume sind auch für Gäste von außen geöffnet.

★ Warung Melita INTERNATIONAL $
(☎ 0853 3803 2100; www.darmadabali.com/warung.html; Jl Raya Luah, Darmada Eco Resort; Hauptgerichte 30 000–100 000 Rp; ⏲ 7.30–21 Uhr; P 🖉) 🍃 In diesem *bale* (offener Pavillon) am Fluss im Darmada Eco Resort genießt man leckere balinesische und westliche Gerichte, einschließlich Pizza und hausgemachtem Eis. Die Köche züchten ihr eigenes Gemüse in einem kleinen Bio-Küchengarten. Als Getränke gibt es Bier, Wein, hausgemachten Chai und frischen Saft. Hier lässt sich auch gut ein Afternoon Tea einnehmen (Kuchen 400 000 Rp).

★ Dapur Kapulaga BALINESISCH $
(☎ 0852 3861 5775; Jl Raya Tebola; mains 32 000–50 000 Rp; ⏲ 13–22 Uhr; 🖉) 🍃 Dieser freundliche und saubere Warung mit seinem unverwechselbaren karierten Boden ist eine gute Wahl, da es überwiegend Biokost aus westlichen und balinesischen Grundnahrungsmitteln serviert. Es liegt am Eingang des Alamdhari Resort & Spa. Zwar gibt es keinen Alkohol, aber der hausgebraute Sidemen Cooler ist ein angemessener Ersatz.

Joglo D'Uma BALINESISCH $
(☎ 0819 1566 6456; Jl Raya Tebola; Hauptgerichte 38 000–50 000 Rp; ⏲ 11–21 Uhr; 📶 🖉) Das

Essen in diesem Speisepavillon ist zwar nur Durchschnitt, aber der Ausblick macht das mehr als wett – das Panorama über die Reisfelder und grünen Hügel ist atemberaubend. Kreditkarten werden akzeptiert. Mit Alkohollizenz.

Shoppen

Pelangi Traditional Weaving KUNST & KUNSTHANDWERK

(☎0812 392 3483; Jl Soka 67; ⊙8–18 Uhr) Sidemen ist ein Zentrum für Kultur und Kunst, insbesondere für *endek*-Stoffe (aus bunt eingefärbtem Ikat-Garn) und *songket* (silber- und golddurchwebte Stoffe). Die Angestellten sitzen an den Webstühlen im Untergeschoß, Kunden können deren Arbeit und den Ausblick auf Sideman aus dem Showroom im Obergeschoss bewundern.

An- & Weiterreise

Die Straße nach Sidemen bietet sich als Teil eines schönen Tagesausflugs von Südbali oder Ubud aus an. Im Norden stößt sie westlich von Duda auf die Verbindungsstraße zwischen Rendang und Amlapura. Wegen des großen Verkehrsaufkommens mit riesigen Lastwagen, die Steine für die ständige Bautätigkeit auf Bali transportieren, herrscht auf dieser Route leider starker Verkehr.

Eine weniger befahrene Straße führt nach Pura Besakih. Sie verläuft nordöstlich von Klungkung (Semarapura) über Sidemen und Iseh zu einer ebenfalls malerischen Strecke: der Straße von Rendang nach Amlapura.

Nahe dem Zentrum von Sidemen führt eine kleine Straße 500 m Richtung Westen zu einer Gabelung mit Hinweisschildern zu verschiedenen Pensionen.

Gunung Agung

Balis höchster und meistverehrter Berg, der Gunung Agung, ist ein imposanter Vulkan, den man von fast überall in Süd- und Ostbali aus sehen kann, wenn er sich nicht in Nebel und Wolken versteckt. Viele Quellen behaupten, er sei 3142 m hoch, andere sagen, er habe beim Ausbruch 1963 seinen Gipfel verloren.

Oben befindet sich ein ovaler Krater mit einem 700 m breiten Durchmesser; der höchste Punkt liegt an der Westkante in Richtung Pura Besakih.

Da der Gunung Agung das spirituelle Zentrum Balis ist, sind die traditionellen Häuser hier immer auf einer Achse zum Berg hin ausgerichtet. Viele Einheimische wissen, in welcher Richtung sich der Gipfel befindet, auf dem die Geister der Ahnen wohnen sollen.

Sehenswertes

★ **Pura Besakih** HINDUTEMPEL

(60 000 Rp, Parken 5000 Rp) Fast 1000 m den Gunung Agung hinauf befindet sich Balis wichtigster Hindutempel. Der Komplex besteht aus 23 einzelnen Tempeln, die zusammengehören. Der größte und wichtigste ist der **Pura Penataran Agung**, der auf sechs Ebenen in den Hang gebaut ist. Sein *candi bentar* (geteiltes Tor) ist mehr als beeindruckend. Touristen dürfen nicht in das Innere des Tempels. Es finden häufig Ze-

GUNUNG AGUNG: JEDERZEIT AUSBRUCHSBEREIT?

Im September 2017 wurde eine erhöhte seismische Aktivität im Inneren des Gunung Agung (Berg Agung) festgestellt, was die indonesischen Behörden zu der Ankündigung veranlasste, ein Ausbruch stehe „kurz bevor". Mehr als 130 000 Menschen flohen aus ihren Häusern in der Nähe des grollenden Giganten im Umkreis von 12 km und strömten in vorläufige Unterkünfte, während der Vulkan sich seiner „kritischen" Phase näherte.

Die Behörden sollten recht behalten: Der Vulkan brach im November 2017 fünf Mal und im Jahr 2018 vier Mal aus. Keiner dieser Ausbrüche hat zu Toten oder bedeutenden Schäden geführt, aber die Vorfälle von 2017 erforderten umfassende Evakuierungen der anliegenden Dörfer und führten zur vorübergehenden Schließung des Ngurah Rai International Flughafens auf Bali und des Lombok International Flughafens. Zum Zeitpunkt der Verfassung dieses Reiseführers blieb eine offizielle Warnung (Grad 3) in Kraft, mit einer Ausnahmezone von 4 km um den Vulkankrater; tiefe vulkanische Beben wurden registriert. Viele Balinesen fürchten, dass sich ein weiterer, verheerender Ausbruch nicht vermeiden lässt. Die Mount Agung Daily Report Facebookseite (www.facebook.com/groups/415222448896889/) postet regelmäßige Updates.

Der Gunung Agung brach zuletzt 1963 heftig aus und tötete dabei ungefähr 1 600 Menschen. Die Asche des Vulkanausbruchs war noch in der Hauptstadt Jakarta zu sehen.

remonien auf der Anlage des Pura Besakih statt, doch aufgrund der Vulkaneruptionen in der letzten Zeit sind die Besucherzahlen bei Touristen und Gläubigen stark zurückgegangen.

Die genauen Ursprünge des Pura Besakih sind nicht ganz geklärt, aber sie liegen ziemlich sicher in prähistorischen Zeiten. Das Steinfundament des Pura Penataran Agung und einiger anderer Tempel ähnelt jungsteinzeitlichen Stufenpyramiden und ist mindestens 2000 Jahre alt. Ab 1284, als sich die ersten javanischen Eroberer auf Bali niederließen, wurde er mit Sicherheit als hinduistische Gebetsstätte genutzt. Im 15. Jh. war Besakih schon ein Nationaltempel der Gelgel-Dynastie.

An der Stätte befinden sich zwei Parkplätze: Der Parkir Bawa und der Parkir Atas. Bawa ist der Hauptparkbereich und die erste Parkmöglichkeit, auf die vom Süden anreisende Besucher treffen; alle Touristen müssen hier parken. Gleich in der Nähe gibt es ein Ticket Office. Wer die Tempelanlage betreten möchte, muss Sarong und Sash tragen – die Leihgebühr ist im Eintrittspreis enthalten. Viele Besucher bringen ihr eigenes Set mit.

Aktivitäten

Wandern

Der Weg auf den Gunung Agung durch grüne Wälder wird mit fabelhaften Ausblicken – vor allem bei Sonnenaufgang – belohnt. Am besten ist es, den Berg während der Trockenzeit (im Zeitraum von April bis September) zu besteigen, von Juli bis September ist das Wetter am stabilsten. In den anderen Monaten können die Wege recht rutschig und die Ausblicke wolkenverhangen sein, das gilt besonders für den Januar und den Februar. Der Gunung Agung darf nicht bestiegen werden, wenn im Pura Besakih größere religiöse Zeremonien stattfinden. Das trifft in der Regel auf den größten Teil des Aprils zu.

Was bei einer Wanderung bedacht werden sollte:

- Unbedingt bei der Planung und vor dem Start offizielle Warnhinweise beachten.
- Einen Guide engagieren.
- Die Pausen respektieren, die der Guide an Schreinen einlegt, um am heiligen Berg zu beten.
- Vor 8 Uhr auf dem Gipfel ankommen – die Wolken, die den Blick auf den Agung verhindern, verhindern auch den Blick *vom* Agung.
- Eine starke Taschenlampe, Ersatzbatterien, viel Wasser (2 l pro Person), Verpflegung, wasserdichte Kleidung und einen warmen Pullover mitnehmen.
- Feste Schuhe oder Wanderstiefel anziehen und die Zehennägel schneiden, denn der Weg ist sehr steil und der Abstieg geht besonders in die Füße.
- Es ist eine anspruchsvolle Wanderung, da sollte sich keiner etwas vormachen.
- Häufig Rast einlegen und gegebenenfalls den Guide bitten, langsamer zu gehen.

Routen

Der Agung lässt sich von verschiedenen Richtungen besteigen. Die beiden beliebtesten Routen starten an folgenden Orten:

Pura Besakih-Komplex

EINE UNHEILIGE ERFAHRUNG?

Einige Besucher der Pura Besakih berichten von Belästigungen und Betrug durch aufdringliche Händler und Einheimische; andere wiederum erleben einen angenehmen, belästigungsfreien Aufenthalt. Es folgen einige Tipps für den Besuch:

- Inoffizielle und offizielle Guides lungern herum und warten auf Besucher. Sie werden erzählen, dass Führungen verpflichtend sind oder dass die Tempel „für Zeremonien geschlossen" seien und lächerlich hohe Preise für eine kurze Besichtigung fordern. Nichts von dem ist wahr: Man kann sich immer zwischen den Tempeln frei bewegen und kein „Guide" kann einem Zutritt zu einem geschlossenen Tempel verschaffen. Ein Guide sollte nur angeheuert werden, wenn man einen wünscht. Auf den Preis sollte man sich im Vorfeld einigen.
- Auf dem Gelände erhalten Besucher manchmal das Angebot, zum Beten mitzukommen („come pray with me"). Wer darin eine Chance sieht, in einen für Ausländer verbotenen Tempel zu gelangen und das Angebot annimmt, riskiert eine Strafe von 100 000 Rp oder mehr.
- Die Eintrittskarte, die einem ausgestellt wurde, sollte man niemals aus der Hand geben. Dies eröffnet sonst jemand anderem die Gelegenheit, einem ein weiteres Ticket verkaufen zu können.
- Einheimische Frauen bieten manchmal Besuchern Opfergaben an. Wer sie annimmt, von dem werden 10 000 Rp verlangt. Es ist nicht notwendig, in den Tempeln Opfergaben darzubringen.
- Der Verleih von Sarongs und Schärpen ist im Ticketpreis inbegriffen. Man nimmt sich einen, wenn man bezahlt. Alternativ bringt man seinen eigenen mit.
- Eine Moped-Fahrt von der Kasse aus den Hügel hinauf ist ebenfalls im Ticketpreis enthalten. Die Fahrer werden um ein Trinkgeld bitten, ob man zahlt, liegt im eigenen Ermessen.

Pura Pasar Agung (am Südhang, ungefähr vier Stunden für den Aufstieg) – auf dieser Route muss man am wenigsten gehen, denn der Pura Pasar Agung (Agung-Markt-Tempel) liegt schon weit oben an den südlichen Berghängen (ca. 1500 m hoch). Der Tempel kann über eine gute Straße nördlich von Selat angefahren werden.

Pura Besakih (an der Südwestseite des Berges, Aufstieg ca. sechs Stunden) – dieser Anstieg ist noch viel anstrengender als der von Süden, der bereits eine Herausforderung darstellt, und sollte nur von Leuten unternommen werden, die körperlich sehr fit sind. Um den Blick genießen zu können, bevor die Wolken aufziehen, sollte man um Mitternacht starten.

Beide Routen führen zum Gipfel, die meisten Wanderer auf der kürzeren Strecke gehen allerdings bis zum Kraterrand (2866 m).

Praktisch & konkret

Die Wanderungen auf den Gunung Agung mit Guide schließen auf beiden Routen die Mahlzeiten sowie eine Übernachtung mit ein, alle Einzelheiten sollten vorab geklärt werden. Guides können auch die Anreise der Wanderer organisieren.

In den meisten Unterkünften der Region, inklusive derjenigen in Selat, an der Straße nach Sidemen und in Tirta Gangga, werden Guides für die Wanderung auf den Gunung Agung empfohlen.

Die meisten Guides nehmen zwischen 600 000–900 000 Rp pro Person für die Wanderung ab Pura Besakih und 450 000–600 000 Rp pro Person ab Pura Pasar Agung.

Wayan Tegteg WANDERN
(☎0813 3852 5677; www.facebook.com/wayan.tegteg.7) Ein empfehlenswerter Gunung-Agung-Guide, der viel Lob von Wanderern erhält.

I Ketut Uriada WANDERN
(☎0812 364 6426; ketut.uriada@gmail.com) Der kenntnisreiche Guides in Muncan organisiert Wanderungen in der ganzen Region. Er betreibt auch ein kleines Gästehaus (125 000–160 000 Rp) und kann für den Transport in das jeweilige Gebiet (und die Abholung) sorgen.

An- & Weiterreise

Den Transport zum Ausgangspunkt der Wanderwege organisiert man normalerweise mit dem Guide. Öffentliche Verkehrsmittel gibt es nicht.

Küstenstraße nach Kusamba

☎ 0361

Die Küstenstraße zwischen Sanur und Kusamba verläuft an einem breiten Streifen schwarzsandiger Strände und passiert zwei der besten Surfspots (Keramas und Ketewel) der Insel. Anlässe, hier eine Pause einzulegen, gibt es jedoch wenige. Die meisten Strände sind schmutzig und es ist nicht ungefährlich, dort ins Wasser zu gehen. An der Straße entlang reihen sich Geschäfte, Fabriken und Warungs, die von Truckern aufgesucht werden.

Sehenswertes

Bali Safari Park VERGNÜGUNGSPARK

(☎ 0361-950000; www.balisafarimarinepark.com; ab Prof Dr Ida Bagus Mantra Bypass km 19,8; Erw./Kind ab 513 000/411 000 Rp; ⏱ 9–17 Uhr, Bali Agung Show Di–So 14.30 Uhr) Der Themenpark ist mit Lebewesen bestückt, die es sicher nie auf Bali gab, bevor man sie in Käfigen hierherbrachte (Tiger, Löwen, Elefanten, Nilpferde, Nashörner). Der Eintrittspreis berechnet sich aus Einzelangeboten – die Auswahl beinhaltet Safaris, eine Bali-Agung-Show, einen Wasserpark, Tiershows, Nachtsafaris und Essensangebote. Man sollte sich bewusst sein, dass Tiershows und Ritte, wie sie hier angeboten werden, für die Tiere (wie z. B. Elefanten) schädlich sind – wie Studien eindeutig belegen.

Der Park liegt in der Nähe von Pantai Lebih; kostenlose Shuttles fahren Touristenzentren in ganz Südbali an. Die Eintrittskarten sind online am günstigsten.

Strände

Wer auf der Küstenstraße von Sanur nach Osten fährt, kann fast jede Straße oder jeden Weg Richtung Süden nehmen und landet immer an einem Strand.

Die Küste ist atemberaubend: von Wellen gepeitschte Strände in unzähligen vulkanischen Grautönen. Die gesamte Küstenregion ist religiös sehr bedeutend, was die zahllosen Tempel unterwegs dokumentieren. In den vielen kleinen Dörfern wird am Ende der Bestattungszeremonien die Asche des Verstorbenen ins Meer gestreut. Reinigungsrituale für Tempelartefakte werden ebenfalls an diesen Stränden abgehalten.

Einige Stichpunkte:

- Ketewel und Keramas eignen sich gut zum Surfen.
- Das Schwimmen ist in der oftmals hämmernden Brandung gefährlich.
- Die meisten Strände bieten keinen Schatten.
- An vielen Stränden gibt es einen oder zwei Lebensmittel- oder Getränkeverkäufer.
- Die Strände erreicht man nur auf eigene Faust.
- Die Dorfbewohner erheben manchmal eine kleine Mautgebühr – etwa 5000 Rp.
- Leider gibt es an den meisten Stränden deprimierende Probleme mit dem Müll.

Pantai Lebih STRAND

Nah der Küstenstraße glitzert der Lebih-Beach mit seinem von Glimmererde (Mikanit) durchzogenen Sand. Fischerboote säumen das Ufer und es duftet nach gegrilltem Fisch, der in den Warungs am Strand zubereitet wird. Ein ausgezeichneter Ort für eine Mittagspause.

Weiter nördlich, auf der anderen Seite der Küstenstraße, thront der eindrucksvolle **Pura Segara** am Hang oberhalb der Meerenge zur Nusa Penida. Auf dieser Insel ist Jero Gede Macaling (König der Dämonen) beheimatet und der Tempel soll Bali vor dessen schlechtem Einfluss schützen.

Pantai Purnama STRAND

(Purnama) Der schwarze Sand des kleinen Strands funkelt geradezu im Sonnenlicht. Religion besitzt hier einen großen Stellenwert: der Tempel in der Nähe der Küstenstraße, der **Pura Erjeruk**, ist regelmäßig Schauplatz für aufwendige Reinigungszeremonien.

Pantai Keramas STRAND

(Keramas) Zunehmend mehr Villen- und Hotelprojekte sprießen hier wie Pilze aus dem Boden. Die gleichmäßige Brandung ist Weltklasse.

Pantai Masceti STRAND

Am Masceti-Strand lassen sich Gegensätze studieren. Er liegt etwa 15 km östlich von Sanur, bietet ein paar Getränkeverkäufer – und einen der neun balinesischen Haupttempel, den **Pura Masceti**. Das in Gestalt eines *garuda* (eines großen Mythenvogels) errichtete Gebäude steht direkt am Strand und wird von grellbunten Statuen geschmückt. In der Vogelgestalt liegt eine gewisse Ironie, denn sowohl der Tempelbezirk als auch ein riesiges Gebäude in der Nachbarschaft werden für Hahnenkämpfe genutzt.

Pantai Klotok STRAND
Heilige Statuen werden für Reinigungrituale vom Pura Besakih zu dem Tempel an diesem Strand gebracht. Einen bewundernden Blick wert sind die als heilig geltenden hellblauen Blüten der wild wachsenden Midori-Sträucher.

Pantai Ketewel STRAND
Er zählt zu den bekannten Surfspots, eignet sich aber eher für fortgeschrittene Surfer, denn der Küstenabschnitt ist ein schwieriges felsiges Terrain.

Schlafen

Wyndham Tamansari Jivva Resort RESORT $$
(☎0366-543 7988; www.wyndhamjivvabali.com; Pantai Lepang; Zi. ab 800 000 Rp; P❄📶🏊) Beliebt bei chinesischen Tourgruppen bietet diese Ferienanlage in der Nähe des unattraktiven Pantai Lepang 222 komfortable Zimmer verschiedener Kategorien. Die Einrichtung ist recht farblos, aber die Ausstattung ist gut (Wasserkocher, Bügeleisen, Schreibtisch). Einer der Pools war zuletzt durch eine heftige Flut beschädigt worden und deswegen geschlossen. Auf dem Gelände befinden sich ein Spa, ein Fitnessraum und zwei Restaurants.

★ **Hotel Komune** RESORT $$$
(☎0361-301 8888; www.komuneresorts.com; Jl Pantai Keramas, Keramas; Zi. ab 99 US$, Suiten ab 130 US$, Villen ab 250 US$; P❄📶🏊) Das Hotel Komune ist ein Resort im besten Sinne des Wortes und bietet alles, was man für einen tollen Aktivurlaub braucht. Die Brandung gehört zu den besten, die Bali Surfern bietet, ist aber nichts für Einsteiger. Andere Aktivitäten sind Yoga, Meditation und Filmabende für Kinder. Die Zimmer sind schick und komfortabel und im Beachclub am Strand (Restaurant/Bar/Pool) herrscht den ganzen Tag Feierlaune.

Hohe Lichtmasten ermöglichen es Surfern, nachts ihre Bretter in die Wellen zu legen. Es gibt einen Verleih für Boards und Neoprenanzüge. Im Kinderclub warten ein Trampolin, eine Schaukel und eine Skatinganlage.

Essen

An den meisten Stränden gibt es mindestens einen oder zwei Lebensmittel- oder Getränkeverkäufer. Am Pantai Lebih liegt ein Dutzend guter Warungs, die u. a. gegrillten Fisch und Meeresfrüchte zubereiten.

★ **Hotel Komune Beach Club** INTERNATIONAL $$
(☎0361-301 8888; www.komuneresorts.com/keramasbali/beach-club; Sandwiches & Burger 65 000–95 000 Rp, Hauptgerichte 58 000–250 000 Rp; ⏲6.30–23 Uhr; 📶🍷👪) Auch Gäste, die nicht im Hotel Komune wohnen, können die Annehmlichkeiten des Strandclub mit Restaurant, Bar, Pool und Freilichtkino genießen. Daran erfreuen sich viele, die den Küstenabschnitt in Ostbali erkunden. Die Speisekarte bietet etwas für jeden Geschmack, so gibt es Burger, Sandwiches, Pizza und Pasta genau wie indonesische Gerichte. Die veganen und die Kindermenüs sind besonders gut durchdacht.

An- & Weiterreise

Öffentliche Verkehrsmittel stehen nicht zur Verfügung, man benötigt also ein eigenes Fahrzeug. Die Zugangsstraßen zu den Stränden sind sehr gut für Radfahrer, aber die Hauptstraße mit Lastverkehr ist keine schöne Erfahrung.

Kusamba

☎0366 / 5910 EW.

Im Dorf Kusamba, wo Fischerei und Salzgewinnung die Haupterwerbszweige sind, liegen am grauen Sandstrand reihenweise farbenfrohe *Jukung* (Auslegerboote). Gefischt wird gewöhnlich nachts, die „Augen" vorne an den Booten helfen beim Navigieren im Dunkeln. Auf dem Fischmarkt wird morgens der Fang der letzten Nacht verkauft. Östlich und westlich von Kusamba stehen kleine Hütten am Strand, in denen Salz gewonnen wird

Pura Goa Lawah HÖHLE
(Bat Cave Temple; Jl Raya Goa Lawah; Erw./Kind 30 000/15 000 Rp, Parken 5000 Rp; ⏲8–17 Uhr) Der Pura Goa Lawah liegt 3 km östlich von Kusamba und zählt zu den neun richtungsweisenden Tempeln der Insel. In der Höhle in der Felswand drängen sich die Fledermäuse und die ganze Anlage ist überfüllt mit Gläubigen und Reisegruppen. Wenn einem der Geruch aus der Höhle in die Nase steigt, möchte schon ein „Heilige Fledermaus Guano, Batman!" herausplatzen – But-

ler Alfred Pennyworth würde mit Sicherheit die Nase rümpfen. Der Tempel ist äußerlich klein und unscheinbar, ist für die Balinesen jedoch von großer religiöser Bedeutung.

Die Legende besagt, dass sich die Höhle den ganzen Weg bis zum Pura Besakih, in etwa 19 km Entfernung, zieht. Es ist unwahrscheinlich, dass man dies ausprobieren möchte. Die Fledermäuse sind Futtermittel für die legendäre Riesenschlange, die Gottheit Naga Basuki, die ebenfalls in der Höhle leben soll. Schwarzhändler versuchen den Besuchern unnötige Dienste (Führungen) aufzudrängen – einfach ignorieren. Auch darf man hier seinen Namen nicht sagen, sonst bekommt man beim Ausgang ein „Geschenk" mit eben diesem darauf, das man dann kaufen soll. Einen Sarong kann man im Ticket Office leihen (5000 Rp), falls man keinen dabei hat.

Merta Sari — BALINESISCH $

(☎ 0366-30406; Jl Kresna, Pesinggahan; Gerichte 25 000 Rp; ⏲ 10–18 Uhr) Beliebtes, traditionelles Speiselokal im Dorf Pesinggahan, 2 km südöstlich von Kusamba. Das Menü besteht aus saftigem Fisch-Saté, einer wohlriechenden Fischsuppe, Gemüse, Reis und sehr würzigem Sambal.

Warung Lesehan Sari Baruna — BALINESISCH $

(☎ 0813 3952 5459; Jl Raya Goa Lawah; Hauptgerichte 30 000 Rp; ⏲ 6–19 Uhr) Die Balinesen selbst kommen in Scharen in diesen offenen Pavillon in der Nähe des Pura Goa Lawah. Es gibt nur ein fixes Menü: das *paket pesinggahan* umfasst würziges Fisch-Saté, schmackhafte Brühe mit Fischbällchen, in Bananen gegarten Fisch, Reis, Spargelbohnen, Erdnüsse und feuerrotes Sambal.

ℹ An- & Weiterreise

Die Küstenstraße ab Sanur kreuzt die herkömmliche Route im Osten Kusambas, bevor sie in die Straße nahe des Pura Goa Lawah mündet. Die Hauptstraße an der Küste ist viel befahren, man

Padangbai

kann aber mit einem eigenen Fahrzeug gut die Region Ostbali erreichen.

Kleine lokale Boote fahren nach Nusa Penida und Nusa Lembongan, die man von Kusamba aus deutlich sieht (Boote ab Padangbai sind normalerweise schneller und sicherer).

Padangbai

☎0363 / 3090 EW.

In diesem kleinen Stranddorf legen die öffentlichen Fähren von und nach Lombok und Nusa Penida ab und an; es fahren auch viele Schnellboote nach Lombok und zu den Gilis. Außerhalb der Transit-Stoßzeiten geht es hier recht entspannt zu und sowohl die Unterkünfte als auch die Lokale sind ganz auf Backpacker und Taucher ausgelegt. Obwohl er hübsch in einer kleinen Bucht mit Strand liegt, ist der Ort selbst recht hässlich und schmutzig – einen schwelgerischen Aufenthalt plant man besser anderswo.

Strände

Blue Lagoon Beach STRAND

Der kleine Sandstrand liegt in etwa 500 m hinter Padangbais östlicher Landzunge. Es gibt einige Warungs. Die Brandung ist sanft und familienfreundlich.

Bias Tugal STRAND

Wer südwestlich des Fährhafens dem Hügelweg folgt, gelangt nach 1,3 km zu dem idyllischen Bias Tugal, auch Pantai Kecil (Kleiner Strand) genannt. Er liegt außerhalb der Bucht am offenen Meer. Aber Vorsicht im Wasser: Hier ist die Strömung sehr stark! Am Strand gibt es mehrere Warungs, die tagsüber geöffnet sind.

Sehenswertes

Pura Silayukti TEMPEL

(Jl Silayukti) Hier soll Empu Kuturan, der im 11. Jh. das Kastensystem auf Bali einführte, gelebt haben. Man erreicht die Landzunge über einen Fußweg, der im Nordosten der Bucht in Padangbai losgeht. Die drei Tempel bieten eine hübsche Aussicht.

Aktivitäten

Die Hauptaktivitäten sind Tauchen und Schnorcheln. An der Jl Silayukti, gegenüber des Hauptstrands, liegen einige Tauchzentren und Geschäfte.

Tauchen

Es macht Spaß, in den Korallenriffen um Padangbai zu tauchen, das Wasser kann jedoch ein bisschen kalt und manchmal trüb sein. Am beliebtesten sind die **Blue Lagoon** mit einer 23 m langen Wand und **Teluk Jepun** (Jepun-Bucht). Beide Spots findet man in Teluk Amuk, der Bucht gleich östlich von Padangbai. Hier gibt es verschiedene Hart- und Weichkorallen und eine interessante Unterwasserwelt, darunter Haie, Schildkröten und Lippfische.

Verschiedene gute Firmen vor Ort bieten Tauchausflüge in die Umgebung an, z.B. nach Gili Tepekong, Gili Biaha und weiter nach Tulamben und Nusa Penida.

Schnorcheln

Eine der besten Schnorchelgelegenheiten bietet der **Blue Lagoon Beach**, von dem aus man direkt ins Wasser steigen kann. Allerdings ist hier bei Ebbe die Strömung sehr stark. Nach **Teluk Jepun** fahren Boote, manchmal sind bei Tauchausflügen auch noch ein paar Plätze für Schnorchler frei (Kosten um die 130 000 Rp). Die Leihgebühr

Padangbai

Sehenswertes
1 Blue Lagoon Beach ... D1
2 Pura Silayukti ... D3

Aktivitäten, Kurse & Touren
3 Geko Dive ... C2
4 OK Divers ... B2
5 Water Worxx ... C2

Schlafen
6 Bamboo Paradise ... A4
7 Bloo Lagoon Eco Village ... D1
8 Fat Barracuda ... A3
OK Divers Resort & Spa ... (s. 4)

Essen
Colonial Restaurant ... (s. 4)
9 Ozone Café ... B2
10 Topi Inn ... C2
11 Zen Inn ... A3

Ausgehen & Nachtleben
12 Omang Omang ... B2
13 Shelter Bay ... A3

Shoppen
14 Ryan Book Shop ... A3

für eine Schnorchelausrüstung beträgt rund 50 000 Rp am Tag.

Vor Ort bieten Tauchläden Schnorcheltrips für Einsteiger und Fortgeschrittene (450 000–750 000 Rp/Pers.) an und verleihen auch Schnorchelausrüstungen für den halben oder ganzen Tag.

OK Divers TAUCHEN
(☎0811 385 8830; www.okdiversbali.com; Jl Silayukti 6, OK Divers Resort; 2 Tauchgänge 1 080 000 Rp) Bietet sowohl verschiedene PADI-Tauchkurse und Tauchausflüge rund um die Insel an als auch Tauch- und Schnorchelgelegenheiten direkt vor Ort.

Water Worxx TAUCHEN
(☎0363-41220; www.waterworxbali.com; Jl Silayukti; 2 Tauchgänge 80–125 US$) Die hoch angesehene Tauchbasis bietet Ausflüge zu Tauchgründen in der Umgebung sowie PADI- und SSI-Kurse. Organisiert auch Tauchgänge für Menschen mit Behinderung.

Geko Dive TAUCHEN
(☎0363-41516; www.gekodivebali.com; Jl Silayukti; Tauchgänge ab 650 000 Rp) Dieser etablierte, PADI-akkreditierte Betreiber liegt genau dem Strand gegenüber, verleiht Ausrüstung und bietet Tauch- und Schnorchelausflüge.

Schlafen

Anständige Unterkünfte sind hier eher schwer zu finden, die Regel sind dunkle, schmutzige und deprimierende Privatunterkünfte und Gästehäuser. Zum Glück gibt es ein paar gute Hostels und mindestens zwei Resorts, die den Namen auch verdient haben.

Bamboo Paradise HOSTEL $
(☎0822 6630 4330, 0363-438 1765; www.facebook.com/bambooparadisebali/; Jl Penataran Agung; B 120 000 Rp, EZ 200 000–350 000 Rp, DZ 250 000–400 000 Rp; ❄📶) Die Unterkunft in einer belaubten Straße in Hafennähe ist die preiswerteste Option in Padangbai. 2019 sollte die Renovierung mit einem neuen, von einem Architekten entworfenen Gebäude abgeschlossen sein, wobei die entspannte Atmosphäre, Bar, Lounge, Unterbringung in Schlafsälen und das gute Frühstück erhalten bleiben sollen.

Fat Barracuda HOSTEL $
(☎0822 6630 4330; www.facebook.com/fatbarracuda; Jl Segara; B 115 000 Rp, EZ/DZ ohne Bad 200 000/280 000 Rp; ❄📶) Die beliebte Unterkunft für Backpacker liegt direkt am Hafen und bietet zehn Betten in einem sauberen, klimatisierten Schlafsaal; die Betten sind durch Vorhänge abgetrennt. Es gibt Schließfächer (Vorhängeschlösser), aber keine Gemeinschaftsräume. Das Frühstück wird nebenan serviert. Ein einzelnes Privatzimmer liegt im Obergeschoss, teilt sich aber das Badezimmer (Heißwasser) mit den Gästen aus dem Schlafsaal.

Lemon House GUESTHOUSE $
(☎0812 4637 1575; www.lemonhousebali.com; Gang Melanting 5; B 120 000 Rp, Zi. ohne Bad 210 000 Rp, Zi. 300 000 Rp; 📶) An klaren Tagen kann man von dem Gästehaus am Hang bis nach Lombok sehen. Der Nachteil an der hohen Lage ist der steile Anstieg über 70 Treppen aus dem Hafen. Ein Zimmer bietet zusätzlich zum Ausblick ein eigenes Badezimmer; andere (einschließlich eines engen, gemischten Schlafsaals mit 4er-Stockbetten) teilen sich Badezimmer. Das WLAN ist unbeständig, die Rohrleitungen sind launisch.

OK Divers Resort & Spa RESORT $$
(☎0811 385 8830; www.okdiversbali.com; Jl Silayukti 6; Zi. ab 990 000 Rp; P❄📶🏊) 🍃 Die Anlage ist die beste, die die Stadt zu bieten hat: Spa, zwei Pools, ein Tauchzentrum und ein Pavilloncafé. Die Zimmer sind gut eingerichtet, sogar Satellitenfernsehen und Kaffee-/Teekocher sind vorhanden. Ein Zimmer ist barrierefrei für Gäste im Rollstuhl ausgelegt. Der einzige negative Punkt ist der WLAN-Zugang – Berichten zufolge ist er dauerhaft unzuverlässig.

★ **Bloo Lagoon Eco Village** RESORT $$$
(☎0363-41211; www.bloolagoon.com; Jl Silayukti; 1-/2-/3-Bett-Bungalow ab 124/181/202 US$; P❄@📶🏊) 🍃 Am östlichen Ortsrand liegt diese Anlage wunderschön oben auf einer Felskuppe. Die Yogakurse finden täglich kostenlos mit Meeresblick statt; außerdem gibt es ein kostengünstiges Spa (Massagen 210 000–300 000 Rp) und einen kinderfreundlichen Pool mit Wasserrutsche. Die 25 Gästebungalows haben ein, zwei oder drei Schlafzimmer. Alle schauen auf den Blue Lagoon Beach und haben Außenterrassen, Küchen und Freiluftbadezimmer; einige verfügen über Klimaanlagen.

Das Restaurant des Resorts, **Helix 64**, bietet neben dem Panorama eine vielfältige Küche (Hauptgerichte 50 000–170 000 Rp), die Schmackhaftes aus dem lokalen Biogemüse und auch viele vegane Optionen beinhaltet.

Essen

Padangbai ist auf Strandkost und Backpacker-Verpflegung ausgerichtet – viele frische Meeresfrüchte, indonesische Klassiker, Pizza, Burger und – natürlich – Bananenpfannkuchen. Die Läden an der Jalan Segara und Jalan Silayukti bieten sich an, um ein paar Stunden zu verbummeln und die Szenerie auf sich wirken zu lassen. Tagsüber gibt es dort den Blick auf den Hafen, abends eine kühle Brise.

Topi Inn CAFÉ $

(☎0363-41424; Jl Silayukti; Hauptgerichte 39 000–176 000 Rp; ⏲7.30–22 Uhr; 📶🖉) Unterhalb des gleichnamigen Gästehauses erwartet Besucher der Strandhütte mit Bar- und Restaurantbetrieb eine entspannte Atmosphäre (in Bezug auf den Service manchmal etwas zu entspannt) und eine große Auswahl an westlichen und indonesischen Gerichten. Das Frühstück ist erwähnenswert gut (Eier, getoastete Sandwiches oder Pancakes), zu anderen Zeiten empfiehlt sich das Nasi Goreng.

Zen Inn INTERNATIONAL $

(☎0363-41418; www.zeninn.com; Gang Segara; Frühstück 30 000–95 000 Rp, Hauptgerichte 40 000–110 000 Rp; ⏲7–23 Uhr; 📶) Burger, Pasta und Grillgerichte werden in diesem sauberen und luftigen Hafencafé angeboten, das für die lokalen Gebräuche ungewöhnlich lange auf hat – oft bis 23 Uhr.

Ozone Café INTERNATIONAL $

(☎0817 470 8597; ab Jl Silayukti; Hauptgerichte ab 20 000 Rp; ⏲8–23 Uhr) In der Nähe des Hafens serviert dieser Laden im Strandbuden-Stil Burger, Jaffeln, Sandwiches und indonesische Grundnahrungsmittel.

★ **Colonial Restaurant** CAFÉ $$

(☎0811 397 8837; www.facebook.com/thecolonialpadangbai; Jl Silayukti 6, OK Divers Resort & Spa; Hauptgerichte 50 000–150 000 Rp; ⏲7–23 Uhr; 📶🖉) Der Pavillon über dem Pool im OK Divers Resort ist das schickste Speiselokal im Ort und ideal, um ein paar Stunden zu vertrödeln. Das Essen ist viel besser als sonst in Padangbai, mit einer vielseitigen Auswahl sowohl westlicher als auch indonesischer Gerichte. Zu den Getränken gehören frische Säfte, Milchshakes und Bintang vom Fass. Kunden dürfen den Pool nutzen.

Ausgehen & Nachtleben

Die meisten Bars und Cafés tummeln sich im Zentrum Padangbais, östlich des Hafens. In vielen Bars wird abends Livemusik gespielt. Den besten Kaffee der Stadt erhält man im Double Barrel Café, das zum Omang Omang Barlokal gehört.

★ **Omang Omang** BAR

(☎0363-438 1251; www.facebook.com/OmangOmang999; Jl Silayukti 12) In diesem freundlichen Lokal mit Speisen, Bar und Livemusik mischen sich treue Omangsters (Stammgäste) mit immer neuen Leuten auf der Durchreise. Die Gäste essen Toasties, Burger und indonesische Lieblingsgerichte, trinken eiskaltes Bintang und rocken montags zur hauseigenen Bluesband ab. Außerdem gibt es guten Kaffee.

Shelter Bay BAR

(☎0877 6153 5735; www.facebook.com/Shelter-Bay-204686660172027; Gang Segara; ⏲15.30–23 Uhr) Gegenüber dem Hafen versucht diese Bar ihren Mangel an Atmosphäre mit der Lautstärke der Musik wettzumachen – Ruhe findet man hier sicher nicht. Dafür wird Sport auf einem großen Fernseher übertragen, man kann sich die Zeit mit Dart vertreiben und die Lage ist ideal, wenn man auf die Abfahrt aus dem Hafen wartet.

Shoppen

Ryan Book Shop BÜCHER

(☎0363-41215; Jl Segara 38; ⏲8–20 Uhr) In diesem Laden in Hafennähe findet man gebrauchte Taschenbücher und Postkarten.

Praktische Informationen

Im Ort finden sich mehrere Geldautomaten, einer ist auf der Jl Pelabuhan neben dem Hafen und ein weiterer auf der Jl Segara gegenüber dem Hauptstrand.

An- & Weiterreise

BOOT/SCHIFF

Jeder am Pier, der den Passagieren Gepäck von den oder auf die Fähren trägt, erwartet dafür bezahlt zu werden. Wer diese Dienste in Anspruch nehmen will, sollte daher den Preis vorher aushandeln oder seine Sachen gleich selbst tragen. Vor Gaunereien ist Vorsicht geboten, z. B. wenn Träger versuchen Touristen Fahrkarten, die sie bereits gekauft haben, noch mal anzudrehen.

Schlepper, die über die Passagiere aller ankommenden Boote „herfallen", sollte man am besten konsequent ignorieren. Wichtig ist, Karten für die öffentlichen Fähren ausschließlich am offiziellen Fahrkartenschalter im Hafengebäude zu kaufen.

Lombok & Gili-Inseln

Schnellboote und öffentlichen Fähren bringen Besucher nach Lombok (und zurück), auf die Gilis nimmt man das Schnellboot. Unbedingt die Sicherheitsinformationen beachten!

Schnellboote Mehrere Unternehmen bieten Schnellbootverbindungen zwischen Padangbai und den Gilis sowie Lombok. Sie haben ein Büro im Hafen. Die Fahrpreise sind verhandelbar und fangen bei 250 000 Rp an. Die mit 90 Minuten angegebene Fahrtzeit wird in der Regel überschritten.

Öffentliche Fähren (ab Jl Segara) Zwischen Padangbai und Lembar auf Lombok verkehren Autofähren. (Erw./Kind/Motorrad/Auto 46 000/29 000/129 000/917 000 Rp, 4–6 Std.). Passagiertickets werden an der Kasse im Hafen verkauft. Offiziell fahren die Boote rund um die Uhr und im ca. 90-Minuten-Takt, aber darauf kann man sich nicht immer verlassen.

Nusa Penida

Öffentliche Fähren (Erw./Kind/Motorrad/Auto 31 000/26 000/50 000/295 000 Rp) fahren an fast allen Tagen; die Fahrt dauert eine Stunde. Große Autofähren legen an der Hauptwerft im Hafen ab, kleinere Passagierfähren legen oft am Steg links der Hauptwerft ab. Passagiertickets für die Autofähre gibt es an der Kasse am Hafen, die Tickets für die kleineren Fähren kauft man an Bord.

TAXI

Taxis verlangen 300 000 Rp für eine Fahrt nach Ubud und Sanur; nach Kuta, Legian, Seminyak, Jimbaran oder zum Flughafen in Denpasar kostet die Fahrt 350 000 Rp.

TOURISTENBUSSE

Perama (☎ 0361-751875; www.peramatour.com; Jl Pelabuhan) Shuttles verbinden Padangabai mit anderen Orten auf Bali. Ziele sind u. a. Kuta, der Flughafen Denpasar, Sanur und Ubud (alle 75 000 Rp, tägl. dreimal Abfahrt); Amed und Tulamben (100 000 Rp, fährt einmal tägl.); Lovina (175 000 Rp, eine Abfahrt tägl.); Candidasa (35 000 Rp, dreimal tägl.) and Tirta Gangga (7000 Rp, einmal tägl.). Die Busse fahren vor dem Perama-Büro in der Nähe des Hafens ab.

Made's Tourist Service (☎ 0877 0145 0700, 0363-41441; ⏲ variieren) Hier werden Shuttletickets verkauft und Fahrten organisiert: Ubud (75 000 Rp), Sanur (75 000 Rp), Kuta (75 000 Rp), Flughafen Denpasar (75 000 Rp), Tirta Gangaa (95 000 Rp, mind. drei Passagiere), Candidasa (65 000 Rp, mind. zwei Passagiere), Tulamben (125 000 Rp, mind. drei Passagiere) und Lovina (250 000 Rp, mind. drei Passagiere).

Manggis

☎ 0363 / 5030 EW.

Das Dorf Manggis liegt landeinwärts nicht weit von der Küste entfernt und ist der ideale Startpunkt für einen lohnenden Umweg zum Bergdorf Putung. Der Küstenabschnitt gleich im Süden des Dorfs, östlich von Candidasa und westlich von Padangbai, ist touristisch einigermaßen erschlossen – mit mehreren Luxusferienanlagen (sie liegen ab der Hauptstraße verborgen am Wasser).

★ Alila Manggis RESORT **$$$**
(☎ 0363-41011; www.alilahotels.com; Desa Buitan; Zi. 135–210 US$, Suite 350–425 US$; P ❄ 📶 🏊) Ein riesiger palmengesäumter Pool ist das Zentrum dieser familienfreundlichen Ferienanlage an der Küste. Die 55 Zimmer sind groß, einfach, aber hübsch eingerichtet und verfügen über genügend Annehmlichkeiten. Es gibt ein Restaurant (Hauptgerichte 85 000–285 000 Rp), eine Strandbar und ein kleines Spa. Besonders hervorzuheben sind die kostenlosen Angebote: Afternoon Tea, tägliche Yoga- und Tai-Chi-Kurse und Fahrradnutzung. Online gibt es oft spezielle Angebote.

Amankila RESORT **$$$**
(☎ 0363-41333; www.amankila.com; Suite ab 700 US$; P ❄ @ 📶 🏊) Das Luxusresort steht hoch auf den steilen Klippen und hat drei Infinity-Pools, die sich in Stufen von aquamarin-blauer Pracht bis zum Meer ausbreiten. Die 33 frei stehenden Suiten im Bungalowstil gehören zu den luxuriösesten auf der Insel, mit komfortabler Einrichtung und riesigen Terrassen; einige mit Privatpool. In der Anlage befinden sich Restaurant, private Strände, ein Spa und ein Spielzimmer für Kinder.

Amankila Restaurant INTERNATIONAL **$$$**
(☎ 0363-41333; www.amankila.com; Amankila, Manggis; Gerichte 280 000–580 000 Rp; ⏲ 12–22.30 Uhr) Leider ist das Essen, das im Restaurant im Amankila-Resort unter freiem Himmel serviert wird, nicht annähernd so beeindruckend wie der Ausblick von hier über den vielstufigen Infinity-Pool bis hinab zum Meer. Auf der Speisekarte stehen Pastagerichte, asiatische Nudeln und Salate, aber die Ausführung lässt enorm zu wünschen übrig. Dafür ist die Auswahl an Cocktails und Wein (offen und in der Flasche) sehr gut.

An- & Weiterreise

Wer in den Resorts in Manggis übernachtet, muss entweder dort bleiben oder ein eigenes Fahrzeug organisieren.

Candidasa

0363 / 2190 EW.

Offiziell heißt der Ort an der Ostküste Segkidu Village, aber den Touristen zuliebe wird er Candidasa genannt – und hier reiht sich auch Hotel an Hotel. Der Strand wurde in den 1970er-Jahren ziemlich zerstört, als man Kalk aus den Riffs vor der Küste für Zement oder anderes Baumaterial abbaute. Schwimmer, Schnorchler und Taucher sollten diesen Meeresabschnitt eher meiden. Das Hinterland ist dagegen sehr hübsch, die pittoreske Lagune im Ortskern ist voller Wasserlilien, die am Morgen blühen. Viele der Hotels haben zudem wunderschöne Infinity-Pools zum Strand hin, an denen die Gäste faul in den Tag liegen können.

Geschichte

Bis zu den 1970ern war Candidasa ein ruhiges, kleines Fischerdorf. Am Ende des Jahrzehnts machten die ersten *losmen* (kleine balinesische Strandhotels) und Restaurants auf und plötzlich wurde der Küstenabschnitt zum touristischen Hotspot. Während die Anlagen ausgebaut wurden, schwemmte der Strand ab – unfassbar, doch die Korallen der Barriereriffs wurden für den Kalk abgebaut, den man für diese Bauorgie als Zement benötigte – und so wurde in den 1980ern aus Candidasa ein Strandresort ohne Strand. Der Abbau wurde 1991 beendet und Betonwände und Wellenbrecher im Meer verringerten die Erosion und sorgen für kleine Sandtaschen.

Sehenswertes

Pantai Pasir Putih STRAND

(Virgin Beach) Der beliebteste „geheime" Strand auf Bali, der Pantai Pasir Putih (Weißer Sandstrand), hält was der Name verspricht. Einst eine Anlegestelle für örtliche Fischerboote ist der lange, mit Kokospalmen umsäumte Halbmond aus weißem Sand mittlerweile ein beliebtes Ziel für Touristen. Am Strand reihen sich Warungs und Cafés mit Reetdächern und Souvenirstände beleben den Parkplatz. Sonnenliegen warten auf Menschen in Bikinis und Badehosen. Es ist ungefährlich im Wasser zu schwimmen und

Candidasa

Candidasa

Sehenswertes
1 Pura Candidasa C1

Schlafen
2 Ari Homestay A1
3 Ashram Gandhi Chandi C2
4 Ashyana Candidasa A1
5 Rama Shinta Hotel D2
6 Watergarden B1

Essen
7 Crazy Kangaroo C1
Hot Dog Shop .... (s. 2)
8 R@Fresh Family Restaurant B1
9 Vincent's D2

EINEN ABSTECHER WERT

TENGANAN

Ein beliebter Abstecher von Candidasa führt in das Dorf Tenganan, das die Heimat der Bali Aga ist, der Nachkommen der balinesischen Ureinwohner, die schon vor der Ankunft der Majapahit im 11. Jh. hier lebten. Ein Besuch dort bietet die Gelegenheit, viele traditionelle Häuser zu besuchen, die gleichzeitig als Werkstatt und Geschäft für Kunsthandwerk dienen, das hier und in der Region hergestellt wurde.

Die Bali Aga stehen in dem Ruf, äußerst konservativ zu sein und sich allen Veränderungen zu widersetzen. Das ist allerdings nur teilweise wahr: In den traditionellen Häusern verstecken sich inzwischen sehr wohl Fernseher und andere moderne Annehmlichkeiten und viele Einheimische besitzen ein Mobiltelefon. Aber es stimmt, dass dieses Dorf sehr viel traditioneller wirkt als die meisten anderen balinesischen Dörfer. Autos und Motorräder dürfen nicht in den Ort hineinfahren; es gibt einen Parkplatz nahe dem Ortseingang. Das kompakte Dorf (auf einer Fläche von 500 x 250 m) ist von einer Mauer umgeben und besteht hauptsächlich aus zwei Reihen identischer Häuser, die sich einen sanften Hang hinaufziehen. Beim Betreten des Dorfes werden Besucher um eine Spende von 10 000 Rp gebeten. Die Begrüßung übernimmt wahrscheinlich ein Guide, der einen durch das Dorf führt und zu seiner Familie mitnimmt, wo man sich Textilien und anderes Kunsthandwerk ansieht und erwerben kann. Man wird aber nicht gezwungen etwas zu kaufen.

Möchte man etwas kaufen, schaut man sich nach einem Stoff um, der *kamben gringsing* heißt und traditionell in Tenganan gewebt wird. Wer ihn trägt, soll vor schwarzer Magie geschützt sein. Leider gibt es heute im Dorf von Tenganan nur noch wenige Webstühle, auf denen dieser Stoff hergestellt wird. Angewendet wird dabei die „Doppel-ikat"-Technik, bei der sowohl Ket- als auch Schussfäden abschnittsweise vor dem Weben gefärbt werden.

Viele der aus der Ata-Palme gefertigten Körbe und Taschen, die man im Dorf kaufen kann, wurden woanders hergestellt. Ein noch in Tenganan ausgeübtes Handwerk ist die traditionelle balinesische Kalligraphie, bei der die Schrift auf die Blätter der *lontar*-Palme aufgetragen wird.

Hier spielt man noch eine eigenartige, altmodische Art von Gamelan, bekannt als *gamelan selunding*, und die Mädchen tanzen einen ebenso alten Tanz, den *rejang*. Eine gute Möglichkeit, dies zu erleben, bietet das vierwöchige **Usaba Sambah Festivals**, das einmal im Jahr stattfindet. Dieses Festival, das die Götter und die Vorfahren ehrt, findet immer im Sasih Kalima statt (der fünfte Monat des balinesischen Kalenders) und ist berühmt für den *perang pandan* (ein ritueller Kampf, bei dem mit Dornen besetzte Stöcke aus *pandan* benutzt werden), der normalerweise an einem Tag im Juni stattfindet.

Tenganan befindet sich ausgehend von der Küstenstraße 5 km im Landesinneren. Die Zufahrtsstraße beginnt neben dem Loaf Café in Candidasa. In der Nähe gibt es weitere Bali-Aga-Dörfer, u. a. Tenganan Dauh Tenkad, das 1,5 km westlich der Straße nach Tenganan liegt.

mit geliehener Schnorchelausrüstung lässt sich das aquamarine Meer erkunden.

An der Jl Raya Perasi (der Hauptstraße) steht ein großes Schild mit „White Sand Beach". Nach der Abfahrt folgt man einer befestigten Straße für 1,2 km bis zu einem großen, unbefestigten Parkplatz. Andere Wege sind mit Schildern zum „Virgin Beach" ausgewiesen. Vor Ort bezahlt man eine Zugangsgebühr an Einheimische (10 000 Rp pro Person, inkl. Parken). Autos und Motorräder sind in Strandnähe nicht erlaubt. Ein Fußweg führt vom Parkplatz zum Sand.

Pura Candidasa HINDUTEMPEL

(Jl Raya Candidasa; Eintritt gegen Spende) Candidasas Tempel liegt am Hang gegenüber der Lagune und dem östlichen Ende der Hauptstraße. Die beiden Zwillingstempel sind den männlich-weiblichen Gottheiten Shiva und Hariti gewidmet.

Aktivitäten & geführte Touren

In der Gegend gibt es zwar einige Möglichkeiten, zu tauchen oder vor der Küste zu schnorcheln, aber für diese Aktivitäten ist man im Nordosten in Amed viel besser aufgehoben. Stattdessen lohnt sich eine Wanderung im attraktiven Hinterland. Ein Spaziergang an der Küste von Candidasa Richtung Amlapura führt auf einen Kamm. Von dort hat man eine schöne Aussicht auf die felsigen Inselchen vor der Küste und den hübschen Landstrich. Jenseits liegt ein weiter, schwarzsandiger Strand, der offen auf das Meer trifft.

Ocean Spa SPA
(☎ 0363-41234; www.candibeachbali.com; Candi Beach Resort & Spa, Jl Raya Mendira, Sengkidu Village; Behandlungen 257 000–1 200 000 Rp; ⊙ nach Vereinbarung) Das Fenster im beliebtesten Massageraum des Resorts – mit Jacuzzi – umrahmt einen wunderschönen Blick auf das Meer: ein toller Ort, um sich einer Anwendung hinzugeben. Die Auswahl ist umfassend, u. a. Massagen, Blumenbäder und Gesichtsbehandlungen.

★ **Trekking Candidasa** WANDERN
(☎ 0878 6145 2001; www.trekkingcandidasa.com; geführte Wanderungen 250 000–350 000 Rp) Der reizende Somat führt Wanderungen durch die üppig-grünen Reisfelder und Hügel hinter Candidasa. Es gibt zwei Routen: ein leichter Weg durch die Reisfelder bis zum Dorf Tenganan und ein anspruchsvollerer zu einem Wasserfall in der Nähe. Im Preis sind Transport und Getränke inbegriffen.

Schlafen

Candidasas geschäftige Hauptmeile bietet einige Unterkünfte, die meisten davon liegen auf der Strandseite. Ruhige Oasen finden sich östlich vom Zentrum entlang der Jl Pantai Indah und auch am Mendira Beach, gleich im Westen der Stadt. Um zu den Hotels am Mendira Beach zu kommen, fährt man bei der Schule und dem riesigen Banyan-Feigenbaum von der Hauptstraße ab (hier steht auch ein Schild mit den Übernachtungsmöglichkeiten).

Sleepy Croc HOSTEL $
(☎ 0363-4381003, 0877 6256 3736; Jl Raya Candidasa; B 100 000 Rp, Frühstück 50 000 Rp; P ❄ 📶) 2018 eröffnete dieses kleine Hostel im Backpacker-Stil. Es gibt zwei Schlafsäle (einer gemischt, einer nur für Frauen), jeweils mit acht Schlafplätzen und direkt am Pool. Am meisten ist im Bar/Restaurantbereich zur Straße hin los (Hauptgerichte 50 000–110 000 Rp) und jeden Freitag und Samstag wird Livemusik gespielt. Die Schlafsäle sind mit Stockbetten, Schließfächern (unter dem Bett), Klimaanlage und einem Badezimmer ausgestattet.

Puri Oka Beach Bungalows GUESTHOUSE $
(☎ 0363-41092; www.purioka.com; Jl Pantai Indah; Zi. 400 000–450 000 Rp, Bungalow 550 000–650 000 Rp; P ❄ 📶 🏊) Dieses preiswerte Gästehaus erinnert an die Anlagen der Privatunterkünfte. Es liegt etwas versteckt hinter einem Bananenwäldchen östlich der Stadt. Die beengten Standardzimmer verfügen über Klimaanlage, einfache Badezimmer und eine kleine Terrasse; die Bungalows sind größer und haben zusätzlich einen Fernseher und Wasserkocher. An dem kleinen Pool zum Meer hin steht ein Pavilloncafé (Hauptgerichte 45 000–70 000 Rp); bei Ebbe zeigt sich ein kleiner Strand.

Ari Homestay PRIVATUNTERKUNFT $
(☎ 0817 970 7339; www.arihomestaycandidasa.com; Jl Raya Candidasa; Zi. mit Ventilator & kaltem Wasser 180 000 Rp, Zi. mit Klimaanlage & heißem Wasser 260 000–330 000 Rp; P ❄ 📶) Ein sehr fröhlich-freundlicher Australier, Gary, führt mit seiner Familie diese ausgesprochen einfache Unterkunft. Die zwölf Zimmer rangieren von Kaltwasser mit Ventilator bis Heißwasser mit Klimaanlage; einige haben kleine Küchen. Die Lage an der Hauptstraße gegenüber dem Meer ist nicht ideal, aber es gibt immer sehr kaltes Bier und im Erdgeschoss ist ein günstiger und netter Hotdog-Laden.

Ashram Gandhi Chandi GUESTHOUSE $
(☎ 0363-41108, 0812 360 4733; www.ashramgandhi.com; Jl Raya Candidasa; EZ/DZ ab 350 000/450 000 Rp) Diese hinduistische Gemeinschaft an der Lagune folgt den pazifistischen Lehren von Mahatma Gandhi. Die Gäste können kurz oder auch länger bleiben, aber es wird erwartet, dass sie am Gemeinschaftsleben teilnehmen. Die Preise beinhalten alle Mahlzeiten und dreimal die Woche Yogastunden; Akupunktursitzungen bei der Nature Cure Clinic vor Ort kosten 50 000 Rp. Kein Alkohol, kein Fleisch und unverheiratete Paare bekommen kein gemeinsames Zimmer.

Rama Shinta Hotel HOTEL $$
(☎ 0363-41778; www.ramashintahotel.com; ab Jl Raya Candidasa; Zi. 650 000–1 100 000 Rp; ❄ 📶 🏊) Das Rama Shinta liegt direkt an Candidasas hübscher Lagune. Die 15 Zimmer verteilen sich auf ein zweigeschossiges Gebäude und Bungalows. Alle verfügen über Terrassen und Freiluftbadezimmer – die Zimmer 101 oder 102 bieten einen Ausblick

auf das Meer und die Lagune. Der Poolbereich lädt zum Verweilen ein und das Restaurant bereitet westliche und indonesische Lieblingsgerichte zu (Hauptgerichte 48 000–73 000 Rp).

Amarta Beach Cottages HOTEL **$$**
(☎0819 3650 6891; www.amartabeachcottages.com; Jl Raya Mendira, Mendira Beach; Zi. 450 0000–900 000 Rp; P❄📶🏊) Amartas 16 Zimmer liegen in einer Gartenanlage direkt neben dem Mendira Beach; am besten sind die modernen Suiten am hinteren Ende der Anlage, denn sie verfügen über Klimaanlage, Wasserkocher, Minikühlschrank, Balkone und gute Badezimmer mit Freiluftdusche. Die Zimmer in den Bungalows sind älter und einfacher; in den Standardzimmern gibt es keine Klimaanlage. Es gibt einen kleinen Pool und einen Speisepavillon.

Ashyana Candidasa HOTEL **$$**
(☎0363-41539; www.ashyanacandidasa.com; Jl Raya Candidasa; Zi. ab 1 100 000 Rp; P❄📶🏊) Das Hotel hat die Atmosphäre eines Gästehauses und bietet zwölf kleine, einfache und sehr gepflegte Einheiten im Bungalow-Stil. Die meisten liegen weit genug ab von der Hauptstraße, damit man den Verkehrslärm nicht hört. Zur Anlage gehören ein Spa und ein Restaurant mit einer Terrasse zum Meer.

Watergarden HOTEL **$$**
(☎0363-41540; www.watergardenhotel.com; Jl Raya Candidasa; Zi. 75–285 US$; P❄📶🏊) Das ruhige Hotel auf der Bergseite der Straße lockt vor allem durch die üppig bepflanzte Anlage mit vielen Lilienteichen. Die Unterbringung im Bungalow ist überteuert und renovierungsbedürftig, aber immer noch ausreichend komfortabel. Die De-luxe-Zimmer haben separate Duschen statt Duschen-in-der-Wanne wie die Standardzimmer. Auf der Straßenseite gibt es ein Restaurant (Hauptgerichte 46 000–149 000 Rp) und in der Anlage ein kleines Spa.

★**Candi Beach Resort and Spa** RESORT **$$$**
(☎0363-41234; www.candibeachbali.com; Jl Raya Mendira, Mendira Beach; Zi. 100–170 US$, Suite 300–340 US$, Villa 350–405 US$; P❄📶🏊) 🍃 Schick, umweltbewusst und großzügig mit Annehmlichkeiten ausgestattet – dieses Resort ist unbestritten die beste Unterkunft in Candidasa. Die Zimmer unterteilen sich in sechs Kategorien – Luxussuiten und -villen mit Meeresblick sind besonders nobel, aber alle Optionen sind beeindruckend. Es gibt einen riesigen palmenumsäumten Pool, ein Luxus-Spa (S. 249) und zwei Restaurants (eines mit asiatischen und westlichen Gerichten, das andere indonesisch; Hauptgerichte 63 000–183 000 Rp). Der Privatstrand des Resorts eignet sich gut zum Schnorcheln.

Das Hotel verwendet umweltfreundliche Reinigungsmittel, sammelt Regenwasser zur Gartenbewässerung und unterstützt örtliche Projekte für die Regeneration der Korallen.

★**Nirwana Resort & Spa** RESORT **$$$**
(☎0363-41136; www.thenirwana.com; ab Jl Raya Sengkidu; Zi. 1 250 000–1 750 000 Rp; P❄📶🏊) Ein dramatischer Spaziergang über einen Lotosteich spiegelt die Atmosphäre in diesem stilvollen und ruhigen Resort. Die 18 geräumigen Einheiten sind um einen wunderschönen Infinity-Pool am Meer angeordnet. Vier davon liegen direkt am Meer. Alle sind hübsch eingerichtet und verfügen über ein großes Himmelbett, Satellitenfernsehen, Wasserkocher und eine großzügige Terrasse. In der Anlage gibt es ein Spa im Pavillon und ein Restaurant (Hauptgerichte 55 000–150 000 Rp).

Puri Bagus Candidasa HOTEL **$$$**
(☎0363-41131; www.puribaguscandidasa.com; Jl Pantai Indah; Zi. 140–220 US$; P❄📶🏊) Obwohl man hier freundlich ist und alles gut gepflegt wird, erscheint das Hotel doch etwas abgenutzt und die Unterkünfte sind altmodisch. Die Bungalows liegen zwischen Palmen und sowohl vom Pavillon mit Bar/Restaurant (Hauptgerichte 54 000–110 000 Rp) als auch vom großen Pool hat man einen schönen Ausblick auf das Meer; der Strand jedoch ist eine Täuschung (und oft ganz abwesend). Die ausgewiesenen Zimmerpreise sind zu hoch – man sollte nach Angeboten fragen.

Essen

Loaf CAFÉ **$**
(☎0363-438 1130; apit@outlook.co.id; Jl Raya Candidasa; Frühstück & Mittag 30 000–55 000 Rp; ⊙8–18 Uhr; 📶🖉) DiMattina-Espresso, hausgemachtes Brot und ein verführerisches Frühstück (ganztags) sind drei der Verlockungen dieses Cafés mit aktuellem Look an der Hauptstraße. Auf der Karte finden sich internationale Trends wie *Banh mi*, Avocadopüree, vegetarische Lasagne und Linsen-Burger.

Refresh Family Restaurant HEALTH FOOD $
(☎0812 3751 6001; www.facebook.com/refresh4family; Jl Raya Candidasa; Frühstück 25 000–50 000 Rp, Hauptgerichte 30 000–50 000 Rp; ⌚8–22 Uhr; 📶🌿👶) Dieses einfache Lokal surft voll auf der kulinarischen Welle (vegan, Rohkost, Bio, glutenfrei), die Bali in den letzten Jahren quasi überschwemmt hat: Die ausschließlich vegetarische Karte ist (wellen)brechend voll mit leckeren Gerichten wie Laksa, Falafel, würzigen Wraps und Nuss-Currys. Zum Frühstück gibt es Tofu statt Rührei, Smoothie-Bowls und Müsli. Ein Plus ist auch der Spielbereich für Kinder.

Hot Dog Shop FAST FOOD $
(www.arihomestaycandidasa.com; Jl Raya Candidasa; Gerichte 35 000–60 000 Rp; ⌚11–20 Uhr; 📶) Als er den Laden eröffnete, schwor der Besitzer Gary, dass er niemals Nasi Goreng auf die Karte nehmen würde – dieses Versprechen hat er gehalten. Hotdogs, Burritos und Burger spült man hier mit einem günstigen und eiskalten Bintang hinunter.

★ **Vincent's** INTERNATIONAL $$
(☎0363-41368; www.vincentsbali.com; Jl Raya Candidasa; Hauptgerichte 75 000–295 000 Rp; ⌚11–22 Uhr; 📶🌿) Das Vincent's gehört zu den besseren Restaurants in Ostbali. Hier gibt es mehrere abgetrennte, offene Räume und einen großen Garten zur Rückseite. Im gemütlichen Barbereich vorne wird montags (nur in der Hauptsaison) und donnerstags (ganzjährig) live Jazz gespielt, um etwa 19 Uhr geht es los. Auf der Karte stehen Sandwiches, Salate, balinesische Standards und verschiedene westliche Gerichte – das Dessert „Coconut Texture" (Allerlei von der Kokosnuss) ist zurecht sehr beliebt.

Crazy Kangaroo INTERNATIONAL $$
(☎0363-41996; www.crazy-kangaroo.com; Jl Raya Candidasa; Hauptgerichte 80 000–165 000 Rp; ⌚12–23 Uhr; 📶) Für diese Gegend geht es hier recht wild zu: Die Leute spielen Billard oder hängen an der langen Bar ab, um Sport anzuschauen. Die offene Küche des Freiluft- und Pavillon-Pubs serviert westliche und einheimische Gerichte; zu den leckeren Fisch- und Meeresfrüchtespezialitäten gehören auch Sushi und Sashimi. Live-Darbietungen finden normalerweise Dienstag-, Donnerstag-, Samstag- und Sonntagabend statt: z. B. Feuershows, traditionelle Tänze, Bands.

Shoppen

Alam Zempol COSMETICS
(☎0363-41283; www.alamzempol.com; Jl Mendira, Mendira Beach; ⌚Mo–Mi, Fr & Sa 8–18, So ab 10 Uhr) Diese herrlich duftende Boutique liegt an der Straße zum Mendira Beach und verkauft in der Region hergestellte Öle, Räucherkegel, Seifen und Hygieneartikel.

An- & Weiterreise

Candidasa liegt an der Hauptstraße zwischen Amlapura und Südbali, aber öffentliche Verkehrsmittel gibt es nicht. **Perama** (☎0363-41114/5; Jl Raya Candidasa; ⌚7–19 Uhr) hat ein Büro an der Hauptstraße und betreibt einen Shuttleservice zu mehreren Zielen, u. a. Kuta (75 000 Rp, 3 Std., fährt dreimal tägl.) über Ubud (75 000 Rp, 2 Std.) und Sanur (75 000 Rp, 2 ½ Std.); Padangbai (35 000 Rp, 30 min., dreimal tägl.); Tirta Gangga (75 000 Rp, 45 min., einmal tägl.); und Amed (100 000 Rp, 75 min., einmal tägl.). Gäste können sich gegen einen Aufpreis (15 000 Rp) von ihrem Hotel abholen lassen.

Amlapura

☎0363 / 15 960 EW.

Die Hauptstadt von Karangasem ist die kleinste der regionalen Hauptstädte Balis und ist vor allem wegen seiner multikulturellen Bevölkerung bemerkenswert – hier wohnen sowohl Moslems als auch Christen. Das verleiht ihrem Nachtmarkt eine besondere Atmosphäre im Vergleich zu anderen auf der Insel. Die Paläste der Stadt – zwei im Stadtzentrum und einer in Ujung – erinnern an die große Zeit Karangasems als das Königreich im späten 19. Jh. und frühen 20. Jh. von der niederländischen Kolonialmacht unterstützt wurde. Zwei der drei Paläste sind zugänglich.

Sehenswertes

Taman Ujung GÄRTEN
(Ujung Park, Sukasada Park; Ujung; 50 000 Rp, Parken Auto/Moped 5000/2000 Rp) Die Anlage, 5 km südlich von Amlapura, ist eine unheimlich beliebte Location für Hochzeitsfotos und romantische Spaziergänge. Sie stammt aus dem Jahr 1921, als der letzte König von Karangasem den Bau des großen Wasserpalasts vollendete. Dieser wurde durch ein Erdbeben 1979 zum größten Teil zerstört und vor Kurzem mit finanzieller Hilfe durch die Weltbank wieder aufgebaut. Hierher kommen weniger Besucher als nach

Tirta Gangga, das in etwa drei Jahrzehnte älter ist.

Puri Agung Karangasem PALAST
(http://purikarangasem.com; Jl Teuku Umar; Erw./Kind unter 5 J. 10 000/5000 Rp; ⌚8–17 Uhr) Das Hauptgebäude der Palastanlage wird Maskerdam (Amsterdam) genannt, da es die Niederländer als Belohnung dafür bauten, dass das Königreich Karangasem die niederländische Herrschaft duldete. Mittlerweile ist alles recht verfallen (das Maskerdam ist seit 1966, als der letzte Radscha starb, unbewohnt), aber auf der Anlage liegt auch ein kunstvoll verzierter Pavillon, der früher für die königliche Zeremonie des Zähnefeilens diente, und ein großer Teich mit schwimmendem Pavillon.

Pantai Ujung STRAND
(Edge Beach) An diesem felsigen Strand südöstlich von Amlapura bekommen Besucher etwas für Bali Untypisches zu sehen: einen 2 m langen, phallusförmigen (lingga) Felsen. Einheimische schreiben dem Felsen große Macht zu und hier werden regelmäßig Zeremonien abgehalten. Experten vermuten, dass der Stein ein antikes Fruchtbarkeitssymbol war. Dies hat wiederum zu Überlegungen geführt, ob nicht ein großer Stein in der Nähe, der einer *yoni* (den weiblichen Genitalien) ähnelt, dazugehört.

An- & Weiterreise

Der Busbahnhof hat vor Kurzem geschlossen und öffentliche Verkehrsmittel sind so gut wie nicht vorhanden.

Tirta Gangga

☎0363 / 7300 EW.

In Tirta Gangga (Wasser des Ganges) liegt ein *taman* (Garten), der zum Vergnügen des letzten Radschas von Karangasem angelegt wurde. Er kann sich auch mit den herrlichsten Ausblicken auf Reisterrassen in (fast ganz) Ostbali rühmen. Von hier oben ziehen sich die grünen Hügel zum weit entfernten Meer hinunter. Eine hervorragende Wahl für eine Übernachtung auf dem Weg von oder nach Pura Lempuyang. Von hier kann man auch gut durch die Terrassenlandschaft in der Umgebung wandern und sich an den vielen Wasserläufen und Tempeln erfreuen.

Sehenswertes

★**Taman Tirta Gangga** GÄRTEN
(www.tirtagangga.nl; Jl Abang-Amlapura; Erw./Kind 30 000/15 000 Rp, Schwimmen 5000 Rp, Parken Auto/Moped 5000/1000 Rp; ⌚7–19 Uhr) Der 1,2 ha große Wasserpalast ist eine faszinierende Erinnerung an das alte Bali. 1946 für den letzten Radscha Karangasems gebaut wurde er 1963 fast komplett durch den Vulkanausbruch des Gunung Agungs zerstört, jedoch anschließend wiederaufgebaut. Der elfstufige Brunnen Nawa Sanga verdient besondere Aufmerksamkeit. In den mit Lotosblüten bedeckten Teichen schwimmen große Koi und man kann von Stein zu Stein hüpfen; im großen Steinbecken mit Quellwasser sogar schwimmen.

JASRI BAY

Jasri Bay liegt im Süden von Amlapura und trägt den Spitznamen **Teluk Penyu** oder Turtle Bay (beides heißt Schildkrötenbucht). Die gepanzerten Tiere kommen tatsächlich hierher, um ihre Eier abzulegen. Um sie zu schützen, werden einige Anstrengungen unternommen. Wer eine Schildkröte oder ein Nest sieht, muss unbedingt Abstand halten; Meeresschildkröten und ihre Eier dürfen weder berührt noch mitgenommen werden.

Für eine Übernachtung in dieser Gegend empfiehlt sich das **Jasri Bay Hideaway** (☎0363-23611; www.jasribay.com; Jl Raya Pura Mascima, Jasri Bay; Zi. 170–180 €, 1-Bett-Villa 190–210 €, 2-Bett-Villa 270–330 €; ❄📶🏊). Man wird in traditionellen Holzhäusern untergebracht – Paare sollten sich für die herrliche Ein-Zimmer-Villa entscheiden, die einen eigenen Pool hat. In den anderen Häusern kann man ein Zimmer oder gleich die ganze Villa mieten – diese verfügen über einen Gemeinschaftspool. Mahlzeiten auf dem Zimmer (Hauptspeise 55 000 Rp bis 105 000 Rp) stehen zur Auswahl.

In der Nähe des Hideaway befindet sich die **Sorga Chocolate Factory** (☎0363-21687; www.sorgachocolate.com; Jl Pura Mastima, Jasri Bay; Führungen 25 000 Rp, Workshops 350 000 Rp; 8–17 Uhr; Führungen durch die Produktion 9–14 Uhr), die sowohl Führungen mit Verkostung, als auch Workshops im Schokoladenherstellen anbietet.

ABSEITS DER ÜBLICHEN PFADE

GELUMPANG & BALI ASLI

Das Bauerndorf Gelumpang, mitten in den fruchtbaren grünen Gebirgsausläufern des Gunung Agung gelegen, scheint ein seltsamer Ort, um dort auf ein Weltklasse-Restaurant mit Kochschule zu treffen. Und doch hat die weit gereiste australische Küchenchefin Penelope Williams genau dort ihr namhaftes **Bali Asli** (☎0822 3690 9215; www.baliasli.com.au; Jl Raya Gelumpang, Gelumpang; Nasi Campur 165 000–228 000 Rp; tgl. 10–15 Uhr) eröffnet, das Bali-Besuchern eine wahrlich einzigartige kulinarische Erfahrung bietet. Ali ist das balinesische Wort für etwas, das auf traditionelle Weise hergestellt wurde. Und hier findet sich wirklich viel Traditionelles – das balinesische Menü ändert sich täglich, abhängig davon, was es frisch auf dem *pasar* (Markt) gibt oder was im eigenen Garten des Restaurants geerntet wurde. Die Gerichte kochen einheimische Küchenchefs – viele von ihnen weiblich – auf Holzfeuer und Lehmziegeln. Die Ergebnisse können im prachtvollen Speiseraum mit Aussicht auf Reisterrassen und den berühmten, aber oft nebelverhangenen Vulkan genossen werden. Das Essen wird authentisch dörflich zubereitet – die Gäste wählen mehrere kleinere Speisen, um eine personalisierte und besonders wohlschmeckende Version von *nasi campur* zu kreieren.

Die täglichen Kochkurse beinhalten eine Wanderung in die ländliche Umgebung, um einheimische Bauern zu besuchen – vielleicht, um zu sehen, wie sie Reis pflanzen oder Palmwein herstellen. Oder es geht zu einem regionalen Markt, bevor die Gruppe in die Küche zurückkehrt für den 2,5-stündigen Kochkurs, dem ein Mittagessen folgt.

Teilnehmer benötigen ein eigenes Verkehrsmittel, um zum Restaurant zu gelangen. Von der Südküste fährt man Richtung Amlapura über die Jl Achmad Yani, biegt dann an der ersten Ampel rechts ab und an der zweiten Ampel links auf die Hauptstraße nach Amed und Tirta Gangga. Bald kommt man an einem Fußballplatz und einer großen Schule auf der linken Seite vorbei und muss dann an der nächsten Ampel rechts abbiegen. Man folgt dieser kleineren Straße bis zur T-Kreuzung und biegt dann links ab, um den Hügel hinaufzufahren und scharf rechts abzubiegen, um zum Bali Asli zu gelangen.

Aktivitäten & geführte Touren

Beim Wandern in den umliegenden Hügeln vergisst man schnell das aufregende Treiben Südbalis. In dieser weit im Osten der Insel liegenden Ecke strömen Bäche plätschernd durch die Reisfelder und tropischen Wälder, die manchmal einen überraschenden Blick auf Lombok und Nusa Penida freigeben und darüber hinaus Ausblicke über die üppig grünen Landschaften der Umgebung und das Meer gewähren. Die Reisterrassen um Tirta Gangga gehören zu den schönsten der Insel! Kleine Straßen und Wanderwege führen zu vielen pittoresken traditionellen Dörfern.

Aussichtspunkte, die einen ganztägigen Ausflug mehr als rechtfertigen, liegen verstreut über die umliegenden Hügel. Ebenfalls reizvoll ist eine sechsstündige Rundwanderung zum Dorf Tenganan sowie kürzere Wanderungen durch die Hügel in der Nachbarschaft, auf denen man viele abgelegene Tempel und begeisternde Ausblicke zu sehen bekommt.

Für die größeren Wanderungen empfiehlt sich ein Guide, der bei der Routenplanung helfen kann und sehenswerte Stellen kennt, die man allein nie finden würde. Die unten genannten Unterkünfte helfen bei der Vermittlung. Die Tarife liegen um die 100 000 Rp pro Stunde für ein oder zwei Leute.

Komang Gede Sutama WANDERN
(☎0813 3877 0893; ⊙2-/4-/6-std. geführte Wanderungen für 2 Pers. 150 000/350 000/550 000 Rp) Der einheimische Komang Gede Sutama spricht genug Englisch und hat einen guten Ruf als Guide durch die Landschaften um Tirta Gangga und bis zum Gunung Agung.

Bung Bung Adventure Biking RADFAHREN
(☎0813 3840 2132, 0363-21873; bungbungbikeadventure@gmail.com; Homestay Rijasa, Jl Abang-Amlapura; 2-Std.-Tour 300 000 Rp) Eine Downhill-Tour durch die malerischen Reisfelder, Terrassen und Flusstäler um Tirta Gangga organisiert dieser Grassroots-Tourenanbieter. Der Preis beinhaltet einen Guide und die Nutzung von Mountainbike und Helm. Das Büro ist in der Privatunterkunft

EINEN ABSTECHER WERT

PURA LEMPUYANG

Einer der acht Tempelkomplexe des Pura Kahyangan Padma Bhuwana, die die Himmelsrichtungen der Insel kennzeichnen, ist der **Pura Lempuyang** (Gunung Lempuyang; Spende erwünscht, Parken Auto/Moped 2000 Rp/frei; 24 Std.). Er steht auf einem Hügel am 1058 m hohen Gunung Lempuyang, einem direkten Nachbarn des 1175 m hohen Gunung Seraya. Zusammen bilden diese beiden einen auffälligen Doppelgipfel aus Basalt, der über Amlapura im Süden und Amed im Norden aufragt. Der aus sieben Tempeln bestehende Komplex, der an einem steilen Berghang steht, ist einer der wichtigsten religiösen Orte Ostbalis.

Der größte und am einfachsten zugängliche Tempel ist der Penataran Tempuyang, der über ein wunderbar fotogenes *candi bentar* (geteiltes Tempeltor) verfügt. Der höchste und wichtigste Tempel ist der Pura Lempuyang Luhur, der ebenfalls ein *candi bentar* hat. Wer alle sieben Tempel des Komplexes besichtigen will, sollte wenigstens vier Stunden – und 2900 Stufen, die es zu besteigen gilt – einplanen. Den Versuch sollte nur derjenige wagen, der fit und gesund ist. Penataran Tempuyang zu erreichen ist relativ einfach, da er nur fünf Gehminuten vom Sicherheitseingang entfernt ist. Viele Besucher stellen sich für Stunden an, nur um eine Chance zu ergattern, vor dem *candi bentar* hier fotografiert zu werden.

Vom Penataran Tempuyang aus befindet sich der zweite Tempel 2 km weiter bergauf. Dann kann endlich der wadentreibende Aufstieg beginnen: Es sind 1700 Stufen vom zweiten Tempel zum Pura Lempuyang Luhur.

Für 10 000 Rp pro Person transportieren Jeeps die Besucher vom Parkplatz die steile Straße hinauf; derselbe Preis muss für die Rückfahrt bezahlt werden. Am Eingang wird man nach einer Spende gefragt (10 000 Rp pro Person sind angemessen), weitere 10 000 Rp sind für die Sarong-Leihe fällig, sofern man keinen eigenen besitzt. Einheimische Guides sammeln sich in der Nähe des Sicherheitschecks und nehmen 150 000/200 000/300 000/400 000 Rp für Führungen zum 1./2./4./höchsten Tempel.

Vom Tempelkomplex aus entfaltet sich Ostbali als ein grüner Flickenteppich.Die Bedeutung des Tempels zeigt sich darin, dass sich immer gläubige Balinesen in meditativer Kontemplation in den Tempeln befinden. Achtung: Die Tempel sind manchmal während der Zeremonien für Besucher geschlossen.

Rijas, gegenüber dem Eingang zu Taman Tirta Gangga. Im Voraus buchen.

Schlafen

In und um den Wasserpalast gibt es einige Unterkünfte; die besten liegen auf der Anhöhe in Ababi.

★ **Pondok Batur Indah** PRIVATUNTERKUNFT $
(☎ 0363-22342, 0812 398 9060; pondokbaturindah@yahoo.com; Ababi; DZ 350 000–400 000 Rp, 3BZ 500 000 Rp; P 📶) Die Aussicht von der Terrasse dieser Privatunterkunft lässt sich nur als umwerfend bezeichnen. Das Haus liegt auf der Anhöhe über Tirta Gangga und überblickt die Reisfelder. Die fünf Zimmer sind einfach, aber sauber, mit Ventilatoren und simplen Badezimmern. Es gibt ein Restaurant, in dem einheimische Hausmannskost auf den Tisch kommt (25 000–55 000 Rp). Zum Wasserpalast gelangen Besucher in 10 bis 15 Minuten hinab über steile Treppen.

★ **Pondok Alam Bukit** PRIVATUNTERKUNFT $
(☎ 0812 365 6338; kutaketut@hotmail.com; Ababi; Zi. 350 000–400 000 Rp) Das *pondok* (Gästehaus) ist eine der ruhigen Privatunterkünfte am Rand einer der Anhöhen mit Blick auf den Wasserpalast. Hier finden sich zurzeit zwei hübsche und komfortable Zimmer mit Freiluftbadezimmern, Panoramafenster mit Blick auf die Reisfelder und privaten Terrassen. Zwei weitere Zimmer sind in Planung. Der Besitzer Ketut arbeitet auch als Guide. Nur Barzahlung.

Side by Side Organic Garden & Homestay PRIVATUNTERKUNFT $
(☎ 0812 3623 3427; www.facebook.com/Side-by-Side-Organic-Farm-331639733544054; Dausa; B 150 000 Rp, min. 2 Nächte; P) Inmitten der üppigen Reisfelder in der Nähe von Tirta Gangga liegt in dem winzigen Dorf Dausa dieses Nonprofit-Unternehmen. Es wurde gegründet, um den Einheimischen ein Einkommen zu sichern und ihre wirt-

schaftlichen Aussichten zu verbessern. Die Unterkunft bietet Schlafsäle in zwei offenen Pavillons (*bale*). Mittags gibt es ein abwechslungsreiches und sehr leckeres Buffet (150 000 Rp). Verarbeitet werden Bioprodukte, die im Garten und im Dorf angebaut werden. Wer hier übernachten möchte, sollte mindestens einen Tag vorher anrufen.

Pondok Lembah Dukuh GUESTHOUSE $
(☎ 0813 3829 5142; dukuhstay@gmail.com; Ababi; Zi. 250 000–270 000 Rp, 4BZ 350 000 Rp; P 📶) Das Gästehaus liegt auf einem Hügel mit einem spektakulären Ausblick auf die Reisfelder. Die Zimmer in den hübschen Bungalows sind klein und einfach. Doch der Aufenthalt lohnt sich, da hier die Chance groß ist, mit dem Leben der Einheimischen in Berührung zu kommen. Der Wasserpalast liegt 10 bis 15 Minuten und einen Weg über steile Treppen entfernt.

Good Karma Bungalows PRIVATUNTERKUNFT $
(☎ 0363-22445; goodkarma.tirtagangga@gmail.com; Jl Abang-Amlapura; EZ/DZ/2BZ 200 000/250 000/300 000 Rp; 📶) Diese klassische Privatunterkunft direkt neben dem Wasserpalast hat eine positive Atmosphäre, die von dem idyllischen Reisfeld, das die Anlage umgibt, herüberstrahlt. Die vier einfachen und muffigen Bungalows sind mit Ventilatoren, unbequemen Betten und einfachen Badezimmern bestückt. Außerdem gibt es ein Café, wo Fleisch- und Gemüse-Saté über Kohle aus Kokosnussschale gegrillt wird. (Hauptgerichte 40 000–60 000 Rp; tgl. 7–21 Uhr).

Tirta Ayu Hotel HOTEL $$$
(☎ 0363-22503; www.hoteltirtagangga.com; Pura Tirta Gangga; Zi. 1 500 000–1 800 000 Rp, Suite 1 800 000–2 000 000 Rp; ❄ 📶 🏊) Leider ist die Vorstellung im königlichen Wasserpalast zu nächtigen weitaus glamouröser als die Realität. Die Räume sind schön (und die Villa-Suiten sind riesig), aber der Lärm stört und zuletzt war das Frühstück ungenießbar.

Essen

In der Fußgängerzone um den Wasserpalast, um den Parkplatz und auf der Hauptstraße finden sich Warungs und andere Essensgelegenheiten. Die meisten Unterkünfte bieten ebenfalls Mahlzeiten an.

Genta Bali INDONESISCH $
(☎ 0812 4629 6509; Jl Abang-Amlapura; Hauptgerichte 35 000–60 000 Rp; ⏲ 7–22 Uhr) Hausgemachter Joghurt-Lassi passt hervorragend zu den Saté-Gerichten in diesem Warung einmal über die Straße von Tirta Ganggas Parkplatz aus. Gefahren birgt dagegen der potente hausgemachte Schwarzreis-Arakwein.

Praktische Informationen

Neben dem Parkplatz in der Nähe des Wasserpalasts gibt es einen Geldautomaten.

An- & Weiterreise

Besucher benötigen ein eigenes Fahrzeug für die Anreise.

Amed & die Küste im fernen Osten

☎ 0363 / 3180 EW.

Von Amed bis zur östlichsten Spitze Balis erstreckt sich dieser semiaride (halbtrockene) Küstenstreifen, der mit einer ganzen Reihe von kleinen, mit Muscheln übersäten grausandigen Stränden (einige sind eher felsig als sandig), lockerer Atmosphäre und ausgezeichneten Tauch- und Schnorchelrevieren die Besucher anlockt.

Der Bereich wird oft einfach „Amed“ genannt, was nicht ganz korrekt ist, denn der Küstenabschnitt besteht aus einer Reihe von *dusun* – kleinen Dörfern am Meer –, die mit dem eigentlichen Amed im Norden beginnen und bis Aas im Südosten reichen. Die Dörfer Amed, Jemeluk, Lipah und Selang sind beliebte Ziele für Geräte- und Apnoetaucher und Schnorchler. Überall an der Küste finden sich Yoga-Shalas, Infinity-Pools und Pavillonrestaurants.

Sehenswertes

Lookout AUSSICHTSPUNKT
(Jemeluk; Parken 10 000 Rp) Die schmale Küstenlinie lässt sich wunderbar von diesem Aussichtspunkt mit Cafés am Hang bei Jemeluk bewundern. Das tiefblaue Wasser glitzert, die Fischerboote bilden bunte Tupfen.

Aktivitäten

An diesem Küstenabschnitt lässt es sich ausgezeichnet schnorcheln. Jemeluk ist ein geschütztes Areal, in dem man nur rund 100 m vom Strand entfernt lebende Korallen und Unmengen an Fischen bewundern kann. Ein Highlight sind die Korallengärten und die farbenprächtige Unterwasserwelt bei Selang. Die Leihgebühr für eine Schnorchelausrüstung kostet ungefähr 35 000 Rp pro Tag.

Tauchen geht hier auch wunderbar. Tauchspots mit Korallenabhängen und steilen Abbrüchen, weichen und harten Korallen sowie zahllosen Fischen gibt es vor Jemeluk, Lipah und Selang. Manche lassen sich vom Strand aus erreichen, zu anderen führt eine kurze Bootsfahrt. Das Wrack der *Liberty* in Tulamben liegt nur eine 20-minütige Autofahrt entfernt.

Mehrere Tauchanbieter haben sich mit ihrem Engagement für die Gemeinschaft hervorgetan und organisieren regelmäßig Aufräumaktionen für den Strand. Sie informieren auch die Einheimischen über die Notwendigkeit des Naturschutzes. Die Veranstalter verlangen für vergleichbare Angebote alle ähnliche Preise (Pakete mit zwei Tauchgängen ab 70 US$).

Ocean Prana TAUCHEN
(☎WhatsApp 061 435 441 414; www.oceanprana.com; Jl I Ketut Natih, Jemeluk; Schnupperkurse 150 US$, Stufe 1–3 290–490 US$) Kurse in diesem selbst gestalteten „Apnoe-Dorf" werden von Yoram Zekri abgehalten, der frühere Vizeweltmeister im Apnoetauchen war und in Frankreich mehrere Rekorde hält. Das Dorf hat ein eigenes Übungsbecken, ein Biocafé, hervorragende Unterkünfte in einer Art Hostel (S. 258). Außerdem gibt es täglich um 18.30 Uhr **Yogakurse** (100 000 Rp).

Apneista TAUCHEN
(☎0812 3826 7356; www.apneista.com; Green Leaf Cafe, Jl I Ketut Natih, Jemeluk; 2-tägiger Kurs 200 US$; ⊙8.30–22 Uhr) Apneista hat sein Büro im Green Leaf Café (S. 262) in Jemeluk. Das Unternehmen veranstaltet Kurse im Apnoetauchen. Für die Apnoetechnik kommen Übungen aus dem Yoga und Meditation zum Einsatz.

Euro Dive TAUCHEN
(☎0363-23605; www.eurodivebali.com; Lipah; ⊙1/2 Einführungstauchgänge 50/70 €, 2/4 Open-Water-Tauchgänge 210/295 €) Verfügt über ein großes Tauchzentrum und bietet in Zusammenarbeit mit den hiesigen Hotels Komplettpakete an.

Ecodive Bali TAUCHEN
(☎0363-23482; www.ecodivebali.com; Jl Raya Amed, Jemeluk; 2 Tauchgänge 75–85 US$) Angesehener Tauchanbieter mit Komplettservice.

Jukung Dive TAUCHEN
(☎0363-23469; www.jukungdivebali.com; Amed Village; Pakete mit 2 Tauchgängen 60–75 US$) Die chinesischen Inhaber und Betreiber verfügen über einen eigenen Tauchpool und bieten Komplettpakete mit Unterbringung an. Das neuntägige Tauchsafari-Angebot (245 €) beinhaltet einen Tauchgang bei Nacht und das Preis-Leistungs-Verhältnis stimmt.

Wandern

Bevor der Gunung Agung-Vulkan wieder aktiv wurde, wanderten Besucher regelmäßig auf verschiedenen Wegen von der Küste landeinwärts; rauf auf die Hänge des **Gunung Seraya** (1175 m) und zu abgelegenen Dörfern. Die Landschaft ist kaum bewachsen und die meisten Wege sind gut zu erkennen, sodass man für eine kürzere Wanderung keinen Guide braucht. Im Hotel erhält man zuverlässig darüber Auskunft, ob es ungefährlich ist, loszugehen (die Mitarbeiter haben die Vulkanaktivitäten mit Sicherheit im Blick). Den Gipfel des Seraya zu erreichen dauert von der felsigen Kante östlich von Jemeluk Bay gut drei Stunden. Um den spektakulären Sonnenaufgang oben zu erleben, muss man sich im Dunkeln aufmachen – in diesem Fall ist es besser, einen Guide zu engagieren. Die Hotels können dazu Auskunft geben.

Yoga

Yoga ist in diesem Teil der Insel sehr beliebt und viele Hotels und Ferienanlagen haben Yogastudios oder Shalas.

Blue Earth Village YOGA
(☎0821 4554 3699; www.blueearthvillage.com; Jemeluk Lookout; 90-Min.-Kurse 100 000 Rp; ⊙12–22 Uhr) Hoch gelegen beim Jemeluk-Lookout bietet das Blue Earth Village einen großartigen Blick auf den Gunung Agung und die Bucht von Jemeluk, während Besucher im Yoga-Shala aus Bambus Yoga praktizieren und meditieren. Jeden Tag finden Hatha-Yogakurse für alle Level statt und einmal die Woche auch Pilates.

Feste & Events

Deepweek Festival SPORT
(www.adamfreediver.com/deep-week; Jemeluk) Organisiert vom bekannten Apnoetaucher Adam Stern und in Kooperation mit dem Weltrekordhalter Alexey Molchanov ist diese Mischung aus Kursen und Festival die größte Zusammenkunft der Welt für die Apnoegemeinde. Der Gastgeber ist Apneista und es findet mehrmals im Jahr statt.

Schlafen

In der Region Amed finden sich Übernachtungsmöglichkeiten in allen Preiskatego-

Amed & die Küste im fernen Osten

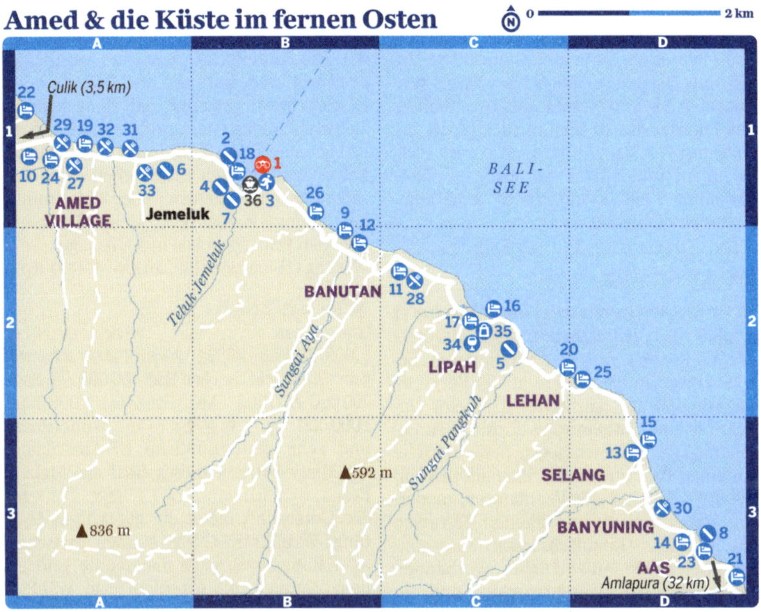

Amed & die Küste im fernen Osten

Sehenswertes
1 Lookout B1

Aktivitäten, Kurse & Touren
2 Apneista B1
3 Blue Earth Village B1
4 Ecodive Bali B1
5 Euro Dive C2
6 Jukung Dive A1
7 Ocean Prana B1
8 Sunken Japanese Fishing Boat D3

Schlafen
9 Aiona Garden of Health B2
10 Amed Stop Inn A1
11 Anda Amed Resort C2
12 Apa Kabar Villas B2
13 Aquaterrace D3
14 Baliku Dive Resort D3
15 Blue Moon Villas D3
16 Coral View Villas C2
17 Double One Villas C2
18 Galang Kangin Bungalows B1
19 Hotel Uyah Amed A1
20 Life in Amed C2
Lumbung Sari Homestay .... (s. 10)
21 Meditasi D3
22 Melasti Beach Bungalows A1
23 Nalini Resort D3
24 Narayana Homestay A1
Ocean Prana Hostel .... (s. 7)
25 Palm Garden Amed D2
26 Santai Hotel B1

Essen
Blue Earth Village Restaurant .... (s. 3)
Cafe Garam .... (s. 19)
27 Dread Light Bar A1
Green Leaf Cafe .... (s. 2)
28 Gusto C2
29 Meeting Point A1
Sama-Sama Cafe .... (s. 18)
Smiling Buddha Restaurant .... (s. 21)
Sunset Point Warung .... (s. 3)
30 Trattoria Cucina Italia D3
31 Tropikal Cafe A1
32 Warung Amsha A1
33 Warung Enak A1

Ausgehen & Nachtleben
34 Wawa-Wewe I C2

Shoppen
35 Peduli Alam Bali C2

Transport
36 Amed Sea Express B1
Kuda Hitam Express .... (s. 36)

rien. Für jeden Geschmack und alle Interessen ist etwas dabei: ob Taucherresort oder Zentren mit Schwerpunkt auf Gesundheit und Meditation. Dazu gibt es unzählige Hotels und Gästehäuser, die für ihre Gäste Bungalows, Pools und Restaurants bereithalten. Das einzige, das es hier nicht gibt, ist ein Luxusresort – dazu muss man weiter nach Tulamben und an die nordöstliche Küste fahren. In Jemeluk und Amed Village tummeln sich die Backpacker.

Amed Village

★Narayana Homestay PRIVATUNTERKUNFT $
(☎0819 3623 2767; Jl Celuk Amed; Zi. 400 000–500 000 Rp; 📶) Versteckt im hinteren Bereich eines Familienwesens an der Bergseite der Hauptstraße, verbreitet die nette Unterkunft eine authentische dörfliche Atmosphäre. Fünf Zimmer liegen Seite an Seite um einen Pool und sind zeitgemäß in Weiß gehalten. Sie sind mit Ventilatoren, modernen Badezimmern und kleinen Terrassen mit Beanbags (Knautschsäcken) ausgestattet; zwei haben Außenküchen. Vorhanden sind zudem eine Waschmaschine und ein Speisepavillon.

AMED ENTSCHLÜSSELN

Die ganze 10 km lange Strecke der östlichen Küste wird oft „Amed" genannt, von Touristen und marketingorientierten Einheimischen gleichermaßen. Die meiste Entwicklung begann zunächst um drei Buchten mit Fischerdörfern: **Amed Village**, bei Rucksacktouristen beliebt; **Jemeluk**, ein lässiges Tauchzentrum; **Banutan**, mit Strand und Landzunge; und **Lipah**, wo man eine lebhafte Mischung aus Cafés und Kommerz findet.

Die Erschließung der Region hat sich ausgeweitet Richtung **Lehan, Selang, Banyuning** und **Aas**, jeweils kleine Siedlungen am Fuße der trockenen, braunen Hügel. Um die Schönheit des engen Küstenstreifens zu würdigen, sollte man am Aussichtspunkt (S. 255) von Jemeluk Halt machen, wo Fischerboote wie bunte Sardinen in der Büchse nebeneinander am Strand liegen.

Außer über die Hauptstraße über Tirta Gangga kann man sich der Amed-Gegend auch über das Aas-Ende im Süden von Amlapura nähern.

Amed Stop Inn HOSTEL $
(☎0812 4657 7272; amedstopin@gmail.com; Jl I Ketut Natih; B 95 000 Rp, Zi. 175 000–250 000 Rp; 📶) Die Unterkunft liegt am westlichen Dorfrand und hat zwei Schlafsäle (nach Geschlechtern getrennt) mit Einzelbetten, kleinen Schließfächern und Ventilatoren; in den gemeinsamen Badezimmern gibt es nur Kaltwasser. Von den zusätzlichen sechs Privatzimmern verfügen vier über Badezimmer mit heißem Wasser und kleine Terrassen über den Feldern. Vorne in der Anlage ist ein Warung (Hauptgerichte 25 000–35 000 Rp).

★Melasti Beach Bungalows PRIVATUNTERKUNFT $$
(☎0877 6018 8093; www.melastibeachamed.com; Jl Melasti; Zi. ohne Bad 400 000 Rp, Suite 700 000–800 000 Rp, Bungalows 900 000–1 000 000 Rp; P❄📶) Die wunderbare und sehr gastfreundliche US-Amerikanerin Missy betreibt dieses B&B am Melasti Beach, westlich von Amed Village. Die schicke Unterkunft bietet ein gutes Preis-Leistungs-Verhältnis. Gäste können zwischen zwei Bungalows, einer Luxussuite und einem Zimmer mit externem Bad wählen; Suite und Bungalows schauen auf das Meer. Das Frühstück ist im Preis inbegriffen, Mittag- und Abendessen gibt es auf Anfrage (Hauptgerichte 35 000–90 000 Rp).

Hotel Uyah Amed RESORT $$
(☎0363-23462; www.hoteluyah.com; Jl I Ketut Natih; Zi. mit Ventilator 550 000–660 000 Rp, Zi. mit Klimaanlage 660 000–840 000 Rp, Villa 1 450 000–1 199 000 Rp; P❄📶🏊) Als einer der ersten Resorts in Amed sieht das Uyad zwar heute etwas verblasst aus, hat aber immer noch einiges, das für es spricht. Die Zimmer verfügen über kleine Terrassen, gute Badezimmer und Himmelbetten, die mit schönen Stoffen aus der Gegend bezogen sind; einige sind mit Ventilatoren, andere mit Klimaanlagen ausgestattet. In der Anlage befinden sich zwei Pools, ein Spa, eine Bar mit Billardtischen und der Speisepavillon Café Garam (S. 261).

Jemeluk

★Ocean Prana Hostel HOSTEL $
(☎0363-430 1587, WhatsApp 61 435 441 414; www.oceanprana.com/hostel; Jl I Ketut Natih; B 150 000 Rp; P❄📶🏊) Das Hostel gehört zur gleichnamigen Apnoetauchschule. In der weitläufigen Anlage stehen zwei neue Reetdach-Bungalows. In jedem gibt es unten vier Stockbetten und oben zwei Einzelbet-

ABSEITS DER ÜBLICHEN PFADE

UMWEG NACH AMED

In der Regel fahren Reisende auf dem Weg zur Küste von Amed über die Straße im Landesinneren, die durch Tirta Gangga führt. Es gibt aber auch eine längere, kurvenreichere und abenteuerlichere Straße mit wesentlich weniger Verkehr. Sie verläuft von **Ujung** entlang der Küste bis zu dem Amed genannten Küstenstreifen (S. 255). Die Straße klettert die Hänge der Zwillingsberge Seraya und Lempuyang hinauf und bietet unterwegs grandiose Ausblicke aufs Meer. Auf dem Weg berührt sie zahlreiche kleine Dörfer, in denen die Menschen Fischerboote zimmern, in Bächen baden oder beim Anblick eines *tamu* – eines fremden Besuchers oder Ausländers – einfach dastehen und etwas überrascht gucken. Nicht wundern müssen sich Reisende, wenn ein Schwein oder eine Ziege mitten auf der Straße steht oder ein Felsbrocken sie blockiert. Nach dem üppig grünen Osten fällt nicht nur die hiesige trockene Landschaft auf, sondern auch das karge Leben der Menschen. Mais ersetzt hier den Reis als Grundnahrungsmittel. Die Straße ist schmal, aber befestigt, und die 35 km bis Aas sind ohne Stopps in einer Stunde zu schaffen. In Verbindung mit der Inlandstraße durch Tirta Gangga lässt sich der Ausflug nach Amed von Westen aus zu einer schönen Rundreise ausgestalten.

ten, kleine Schließfächer und ein Freiluftbadezimmer mit heißem Wasser. Es gibt einen Pool (wird oft für Apnoetraining benutzt) und im Bio-Café lassen sich die Gäste wahlweise an Tischen, auf Beanbags oder in der Hängematte nieder. Das Frühstück kostet 20 000 Rp.

Galang Kangin Bungalows GUESTHOUSE $
(☎0363-23480; Jl Raya Amed; Zi. ab 400 000 Rp; P❄📶) Standartunterkunft mit eher günstigen Zimmern und einem Warung. Großer Pluspunkt ist die Lage am Strand.

Banutan Beach

Aiona Garden of Health RESORT $$
(☎0813 3816 1730; www.aionabali.com; EZ/DZ 28/32 €) Die Suche nach innerer Transformation könnte an diesem spirituellen Rückzugsort erfolgreich sein. Gäste nehmen teil an Yoga-Sessions, Tarotsitzungen, Heilung durch Energiewellen, Feuerzeremonien, Klangbädern und Zirkeln zur Bewusstseinsteilung. Das Café hat enorm Gesundes im Angebot (ayurvedische „Goldene Aura"-Getränke, Gemüse en masse). Die Zimmer reichen von Bungalows mit Kaltwasser und Hocktoiletten bis zu Zimmern am Meer mit Heißwasserduschen. Kein WLAN. Kein Alkohol.

Santai Hotel HOTEL $$$
(☎0363-23487; www.santaibali.com; Bungalow 1 300 000–2 800 000 Rp; P❄📶🏊) Der Name bedeutet übersetzt „Entspannung" und diese fällt den Gästen hier wirklich leicht. Ein von Bougainvilleen gesäumter Swimmingpool, eine Vielzahl an Sonnenlogen, ein Spa, eine Strandbar und ein Café sind hier vorhanden. Ein kostenloser Shuttleservice fährt an die Strände von Lipah und Jemeluk. Traditionelle Reetdach-Bungalows, die aus dem Archipel stammen, beherbergen zehn Zimmer mit Himmelbetten, Bädern im Freien und großen Balkonsofas. Am schönsten ist es in den Bungalows mit Blick aufs Meer; die Economy-Zimmer im hinteren Gelände (800 000–1 900 000 Rp) sind nicht annähernd so hübsch.

Banutan

Apa Kabar Villas HOTEL $$
(☎0363-23492; www.apakabarvillas.com; Häuschen 350 000–700 000 Rp, 2-/4-/6-Pers.-Villa ab 850 000/1 400 000/1 700 000 Rp; P📶🏊) Die Villen in dieser kompakten Anlage eignen sich ideal für Familien, da sie verschiedene Größen haben und mit Küchen ausgestattet sind; die Hütten sind kleiner, warten aber mit Meeresblick auf. In der Anlage gibt es einen Pool und eine Cafébar. Direkt am Felsufer liegt eine Terrasse, die ideal zum Entspannen und Lesen ist, während man dem plätschernden Wasser lauscht. WLAN-Zugang nur in der Bar.

Anda Amed Resort HOTEL $$$
(☎0363-23498; www.andaamedresort.com; Jl Raya Lipah; Villa ab 1 600 000 Rp; P❄📶🏊) Das weiß getünchte Hotel am Berghang blitzt aus der üppig grünen Umgebung hervor. Der Infinity-Pool ist einer der Sorte, die Ausrufe des Entzückens auslösen, und bietet mit seiner Lage weit über der Straße einen unglaublichen Ausblick auf das Meer. Gut gepflegte Villen mit ein bis zwei Schlafzim-

mern und Meeresblick liegen auf einer Plattform am Hang.

Lipah

Double One Villas HOTEL **$$**
(☎0813 3726 6856, 0877 8171 2083; www.doubleonevillasamed.com; Jl Raya Lipah; Zi. 400 000–560 000 Rp, Villa 720 000 Rp; P❄📶🏊) Die Anlage ist zweigeteilt: Die einfachen, aber komfortablen Zimmer und Villen liegen von der Straße hügelaufwärts, die größeren Villen mit einem eigenen Pool liegen in Richtung Meer am Kieselstrand; letztere erreicht man über steile Treppen. Ein Restaurant und ein weiterer Pool liegen am Hang. Gutes Preis-Leistungs-Verhältnis.

Coral View Villas HOTEL **$$$**
(☎0363-23493; www.coralviewvillas.com; Jl Raya Amed; Zi. 90–99 US$, Suite 100–110 US$, Villa 170–200 US$; ❄📶🏊) Ein natürlich gestalteter Pool und viele Palmen in einer üppig bewachsenen Umgebung hebt das gut organisierte Hotel von anderen Anlagen ab. Für manche mögen die Bungalows zu eng aneinandergereiht sein, aber jeder hat eine schöne Terrasse und mit Steinen abgesetzte Freiluftbäder. Familien nehmen gerne die Villa mit Meeresblick und vier Schlafgelegenheiten. Das Restaurant (Hauptgerichte 60 000–100 000 Rp) liegt direkt am Strand.

Lehan

Palm Garden Amed RESORT **$$**
(☎0363-4301058; www.palmgardenamed.com; Jl Raya Amed; Zi. 750 000–2 000 000 Rp, Bungalow 1 200 000–1 800 000 Rp, Villa 1 800 000–2 200 000 Rp; P❄📶🏊) Das kleine Resort in Schweizer Besitz ist wie ein Garten angelegt. Dazu gehört ein relativ großer Strandabschnitt. Die Badezimmer der drei Standard-Zimmer sind recht beengt, die größeren Gartenbungalows haben Terrassen; es gibt außerdem eine Strandvilla mit Privatzimmer und zwei De-lux-Zimmer zum Strand (eines mit eigenem Pool). In der Anlage befinden sich ein Pool, ein kleines Spa und ein Speisepavillon mit einer Espressomaschine.

Life in Amed HOTEL **$$$**
(☎0363-23152, 0813 3850 1555; www.lifebali.com; Häuschen 75–95 US$, DZ in Villa 125–145 US$, 4BZ in Villa 280–340 US$; P❄📶🏊) Sechs Einheiten im Bungalowstil (im Garten) und Zimmer in einer Strandvilla mit Privatpool liegen eng nebeneinander auf diesem Gelände neben dem Fluss. Vor Ort sind ein kleines Restaurant und ein Yoga-Shala.

Selang

Aquaterrace HOTEL **$$**
(☎0813 3791 1096; www.aquaterrace-amed.com; Jl Raya Amed; Zi. 680 000–1 200 000 Rp; ❄📶🏊) Die Hotelanlage thront auf dem Küstenhochland über dem blauen Wasser des Ozeans. Das besondere weiß und aquamarinblaue Farbschema passt perfekt in die Umgebung. Auf beiden Seiten der Straße liegen die Zimmer; einige direkt am Meer, andere dafür mit Panorama und Balkonen. Das Restaurant serviert japanische, italienische und balinesische Küche (Hauptgerichte 42 000–75 000 Rp) und es gibt zwei Pools.

Blue Moon Villas HOTEL **$$$**
(☎0363-21428, 0817 4738 100; www.bluemoonvilla.com; Jl Raya Amed; Zi. am Hang 75–95 €, Zi. zum Strand 125–160 €; ❄📶🏊) Die Anlage verteilt sich links und rechts der Straße und bietet Zimmer in der Standardausführung, mit Meeresblick und einige Zimmer und Villen am Meer. Die Unterkunft ist überteuert. Obwohl sie einigermaßen komfortabel ist, wäre eine Renovierung angesagt. Die Villen gibt es mit ein, zwei oder drei Schlafzimmern. Vier Pools und ein Restaurant mit indonesischer und chinesischer Küche (Hauptgerichte 75 000–135 000 Rp) vervollständigen das Angebot.

Banyuning

Baliku Dive Resort RESORT **$$**
(☎0363-4301871, 0828 372 2601; www.amedbaliresort.com; Zi. ab 640 000 Rp; P❄📶🏊) Die neun frei stehenden Villeneinheiten mit großzügigen Veranden zum Meer hin und romantischen Himmelbetten, über denen Moskitonetze hängen, sind eine gute Wahl. Die Anlage auf der Hangseite blickt auf eines der besten Schnorchelreviere an der Küste Ameds. Die Terrasse mit Pool und Panorama, ein Tauchzentrum, eine kleine Bibliothek und ein Restaurant (Hauptgerichte 30 000–138 000 Rp) sind vorhanden. Die Gäste mögen besonders den Afternoon Tea (im Preis inbegriffen).

Nalini Resort RESORT **$$**
(☎0821 4592 3608, 0363-430 1946; www.naliniresort.com; Zi. ab 780 000–2 000 000 Rp; P❄📶🏊)Der steinige Strand vor diesem Boutiquehotel lädt weder zum Schwimmen noch zum Sonnenbad ein, aber ein kleiner jadegrüner Pool macht das wett. Die acht Zimmer sind modern, komfortabel und hübsch. Das Restaurant am Wasser serviert internationale

Küche (Hauptgerichte 60 000–90 000 Rp); das Frühstück ist abwechslungsreich und üppig. Erwachsene Gäste und Kinder ab 12 Jahre können täglich an Yogastunden (150 000 Rp) teilnehmen.

Aas

Meditasi RESORT $$

(☎0363-430 1793; www.facebook.com/meditasibungalows; Standard-Zi. 350 000–500 000 Rp, Luxus-Zi. 800 000–1 000 000 Rp; P❄📶) Den Alltag lassen Gäste in diesem entspannten Refugium schnell hinter sich. Meditation, Heilungs- und Yogakurse unterstützen beim Entspannen und die Zimmer liegen ideal zum Schimmen und Schnorcheln (gut so, denn einen Pool gibt es nicht). Die Luxuszimmer sind mit Abstand das Beste: private Gärten, Klimaanlagen und Balkone zum Meer; einige Standard-Zimmer haben nur Ventilatoren und kaltes Wasser im Bad. Das Smiling Buddha Restaurant (S. 263) in der Anlage bereitet mit das beste Essen zu, das man in Amed bekommt. Yogastunden (100 000 Rp) finden täglich statt.

Essen

Fast jedes Gästehaus und Hotel verfügt über ein Restaurant oder Café, einige davon sind erwähnenswert. Die meisten Lokale finden sich in Amed Village und Jemeluk. Das Restaurant Gusto bietet Dinner-Gästen kostenlosen Transport zu/von ihren Hotels an der Küste und das Smiling Buddha Restaurant (S. 263) organisiert das Gleiche für die Teilnehmer an ihren Kochkursen.

Amed Village

★ Warung Amsha BALINESISCH $

(☎0819 1650 6063; Amed Beach; Hauptgerichte 25 000–65 000 Rp; ⌚11.30–22 Uhr; 📶) Die Tische in diesem beliebten Strand-Warung stehen im Sand und sind heiß begehrt – es ist also eine gute Idee entweder zu reservieren oder früh genug da zu sein. Die Karte ist kompromisslos einheimisch: fangfrischer Fisch (besonders gut ist der *pepes ikan* – würziger Fisch in Bananenblättern gegart), Huhn, Gemüse und Gewürze – alles kommt von hier. Dazu passen Säfte, Cocktails, Lassis und Bier.

Dread Light Bar CAFÉ $

(☎0819 1567 7046; www.facebook.com/MadeInAmed; Jl I Ketut Natih; Sandwiches 40 000–45 000 Rp, Hauptgerichte 35 000–50 000 Rp; ⌚9–22 Uhr; 📶✍) 🍃 Tagsüber ist die Atmosphäre in diesem kürzlich eröffneten Café so entspannt, dass sie schon fast komatös wirkt; abends bringen Cocktails und Reggaeklänge den Laden in Schwung. Das Essen ist gut (Gusto Sauerteigbrot, Bioprodukte, kein Glutamat) und die Beanbag-Sitzgelegenheiten und Büchertauschbörse sind tolle Ideen. Gäste können sich hier Tattoos und Dreads machen lassen.

Tropikal Cafe CAFÉ $

(☎0819 1629 6520; Jl I Ketut Natih; Frühstück 32 000–60 000 Rp, Panini 42 000–45 000 Rp, Kuchen 32 000–62 000 Rp; ⌚8–18.30 Uhr) Bekannt für hausgemachten Kuchen und Eis (der Banoffee Pie und der Eisbecher „Tropical Fresh" sind getestet und als gut befunden), ist das Café an der Hauptstraße ein beliebter Anlaufort für Frühstück und Mittagessen.

Meeting Point CAFÉ $

(☎0859 6591 2020; Jl I Ketut Natih; Frühstück 35 000–45 000 Rp, Sandwiches 40 000–60 000 Rp, Hauptgerichte 40 000–75 000 Rp; ⌚7–22 Uhr; ❄📶) Aus Westen kommend, stößt man gleich am Ortseingang auf das trendige Café. Es ist hip, ohne aufdringlich zu sein, und beliebt für Müsli, Avocadopüree und Eier Benedict zum Frühstück. Mittags und den Rest des Tages gibt es Standards wie Shakshuka (pochierte Eier in würziger Tomatensoße), balinesische Fischküchlein, Kaffee und Säfte.

Cafe Garam INDONESISCH $

(☎0363-23462; www.hoteluyah.com; Hotel Uyah Amed, Jl I Ketut Natih; Hauptgerichte 29 000–65 000 Rp; ⌚7.30–21.30 Uhr; ✍) In dem Café mit Billardtischen und balinesischer Küche geht es locker zu. Mittwochs und samstags erklingen ab 20 Uhr die gefühlvollen, eindringlichen Melodien live gespielter *Genjek*-Musik (traditionell balinesisch mit perkussiven Instrumenten). Mit seinem Namen Garam (Salz) ehrt das Café die örtliche Salzgewinnungsindustrie. Der *salada ayam,* eine Mischung aus Kohl, gegrilltem Huhn, Schalotten und winzigen Peperoni, kann geradezu süchtig machen.

★ Warung Enak BALINESISCH $$

(☎0819 1567 9019; Jl I Ketut Natih; Hauptgerichte 55 000–80 000 Rp; ⌚7–22.30 Uhr; 📶✍) Die Inhaber Komang und Wayan haben einen eigenen Biogemüsegarten und verwenden die Ernte in ihren leckeren Gerichten im gut besuchten Warung. Zu den balinesischen Spezialitäten gehören ein leckeres *ikan kare*

ÖKO-GRÜNDER

Peduli Alam Bali (☎0877 6156 2511; www.pedulialam.org; Jl Raya Lipah, Lipah; Mo–Fr 9–17, Sa 9–12 Uhr) Eine NGO, die sich für Recycling und Umweltbewusstsein in Amed einsetzt, sammelt jeden Monat 50 Tonnen Müll aus dieser Gegend der Insel. Davon wird vieles weiterverwendet, um Taschen und andere Gegenstände herzustellen, die dann im oben genannten Geschäft verkauft werden. Das Projekt gibt vier Lastwagenfahrern und 14 einheimischen Frauen Arbeit.

Im Geschäft werden auch Bambusstrohhalme und Wasserflaschen verkauft; letztere können hier kostenlos mit Wasser wieder befüllt werden.

(Fischcurry), Saté-Gerichte und Gado Gado. Alternativen aus der westlichen Küche sind Pizzas und Pasta. Schwarzer Reispudding ist ein krönender Abschluss. Getränke sind u. a. Säfte, Bier und Wein (offen und in der Flasche).

Jemeluk

★ **Green Leaf Cafe** CAFÉ $
(☎0812 3826 7356; www.facebook.com/GreenLeafCafeAmed; Jl I Ketut Natih; Frühstück 36 000–60 000 Rp, Mittagsgerichte 43 000–70 000 Rp; ⌚8–18 Uhr; ✎) Auf der Speisekarte dieses ausgezeichneten Cafés stehen gute und frische Gerichte, mit vielen vegetarischen, veganen und glutenfreien Möglichkeiten. Die Auswahl bei Kaffee, Tee und (medizinischen) Säften ist groß. Gäste können drinnen am Tisch sitzen oder sich draußen auf Liegen räkeln. Das Café ist auch ein Zentrum für Yoga und Apnoetauchen – Apneista (S. 256) hat hier sein Büro.

Sama-Sama Cafe INDONESISCH $
(☎0363-430 1004; www.samasamaamed.com; Jl I Ketut Natih; Sandwiches 35 000–40 000 Rp, Hauptgerichte 28 000–70 000 Rp; ⌚7.30–22 Uhr; 📶) *Junkungs* (Auslegerkanus zum Fischen) reihen sich am Strand und bilden einen pittoresken Hintergrund, während die Gäste eine simple Mahlzeit oder ein Getränk in diesem Strandcafé zu sich nehmen. Direkt am Wasser oder im luftigen Pavillon brechen dabei sanft die Wellen. Auf der Karte stehen Sandwiches (auch getoastete Jaffles), Fisch und Meeresfrüchte. Die Bungalows auf der anderen Straßenseite gehören ebenfalls zum Café.

Blue Earth Village Restaurant INDONESISCH $
(☎0821 4554 3699; www.blueearthvillage.com/restaurant; Jemeluk Lookout; Tapas 35 000–40 000 Rp, Hauptgerichte 45 000–70 000 Rp; ⌚12–22 Uhr) Eine spektakuläre Aussicht und eine sehr große Auswahl locken Gäste zum Abendessen weg vom Trubel der Hauptmeile Jemeluks hierher in dieses Restaurant über den blauen Wassern der Bucht. Auf der Speisekarte steht viel Vegetarisches und Veganes, aber auch Tapas, Pasta, Pizza, thailändische Nudeln und indonesische Hauptgerichte. Ein ausgezeichneter Ort für einen Drink zum Sonnenuntergang.

Sunset Point Warung BALINESISCH $
(☎0363-4301569; Jemeluk Lookout; Hauptgerichte 35 000–95 000 Rp; ⌚10–21 Uhr; P 📶) Aus der Vogelperspektive können Gäste hier Apnoetaucher, Schnorchler und die *Jukungs* in der Bucht von Jemeluk beobachten. Die Tische unter freiem Himmel an der Klippe laden zu einem Getränk oder einer einfachen Mahlzeit ein.

Banutan

★ **Gusto** INTERNATIONAL $$
(☎0813 3898 1394; www.facebook.com/Gusto-Amed-553633071346005; Jl Raya Amed; Pizza 70 000–85 000 Rp, Pasta 65 000–85 000 Rp, Hauptgerichte 55 000–120 000 Rp; ⌚14–22 Uhr) Die ungewöhnliche Mischung verschiedener Länderküchen (indonesisch, italienisch und ungarisch) auf Gustos Speiskarte sollte Gäste auf keinen Fall abhalten, denn die Küchenchefs beherrschen sie perfekt. Hier gibt es die besten Pizzen der Ostküste, hausgemachte Pastagerichte, Schnitzel und Indonesisches aus Fisch und Meeresfrüchten. Besonders tagsüber lohnt es sich herzukommen – der Meeresblick bezaubert. Das Lokal ist klein, ohne Reservierung wird es schwierig.

Banyuning

Trattoria Cucina Italia ITALIENISCH $$
(☎0363-4501848; www.trattoriaasia.com; Jl Karangasem Seraya; Pizza 69 000–99 000 Rp, Pasta 64 000–180 000 Rp, Hauptgerichte 99 000–270 000 Rp; ⌚10–22 Uhr; P ✎) Diese Niederlassung einer multinationalen Kette in Amed ist etwas Besonderes: der Speisepavillon am Ibus Beach thront auf einer Klippe und so können Gäste neben Antipasti, guten

Pizzen, Pasta und Grillgut eine wunderschöne Aussicht auf das Meer genießen. Zwischen 15 und 18 Uhr ist Happy Hour (Bier und Cocktails).

Aas

Smiling Buddha Restaurant BALINESISCH $
(☎0828 372 2738; Meditasi Resort; Hauptgerichte 40 000–75 000 Rp; ⊙8–22 Uhr; ☑) Das Restaurant im Meditasi (S. 261) bietet leckere Biokost, vieles davon aus dem eigenen Garten. Die balinesischen und westlichen Gerichte (hauptsächlich Pasta) genießen die Gäste in einem Pavillon direkt am Strand. Wer die Speisen zuhause nachkochen möchte, sollte den zweistündigen Kochkurs (300 000 Rp) besuchen.

Ausgehen & Nachtleben

Wawa-Wewe I BAR
(☎0812 3973 7662; Lipah; ⊙10–23 Uhr; ☎) Wer einen Abend lang hier ein Bintang nach dem anderen zischt, wird die Wawas nicht von den Wewes unterscheiden können. Die urige Backpackerkneipe ist die turbulenteste an der Küste – was für diese Region bedeutet, es wird laut. Lokale Bands jammen Mittwoch-, Freitag- und Sonntagabend ab 20 Uhr. Es gibt balinesische Küche (Hauptgerichte 35 000–50 000 Rp).

Praktische Informationen

Geldautomaten befinden sich in Amed Village und Lipah.

An- & Weiterreise

In und um Amed gibt es keine öffentlichen Verkehrsmittel. Die meisten Gäste kommen mit dem Fahrzeug über die Hauptstraße aus Amlapura und Culik. Die Straße ist spektakulär, führt den ganzen Weg um die Zwillingsspitzen von Aas bis Ujung und bietet sich für eine Rundfahrt an.

Ein Auto mit Fahrer nach/von Südbali oder Flughafen kostet in etwa 500 000 Rp.

Amed Sea Express (☎0853 3925 3944; www.gili-sea-express.com; Jemeluk Beach; einfache Fahrt ab 29 US$) Die Überfahrt nach Gili Trawangan auf einem Speedboat für 80 Passagiere dauert keine Stunde.

Kuda Hitam Express (☎0363-23482; www.kudahitamexpress.com; Jemeluk Beach; Erw./Kind einfache Fahrt ab 650 000/450 000 Rp) Fährt nach Gili Trawangan und Gili Air.

Tulamben

☎0363 / 8050 EW.

Tulambens große Attraktion versank vor über 60 Jahren. Das Wrack des US-Frachtschiffs *Liberty* gehört zu den besten und beliebtesten Tauchrevieren Balis und hat das einst kleine Fischerdorf in eine Stadt verwandelt, die sich voll und ganz dem Tauchen verschrieben hat. Sogar Schnorchler können einfach hinausschwimmen und sich das Wrack und die Korallenriffs die Küste entlang von oben aus ansehen. Mit dem Baden sieht es anders aus – das Ufer besteht aus sehr schönen, großen, glatten Steinen, auf denen es schwierig ist zu gehen. Deshalb schwimmen Besucher lieber im Hotelpool.

Für das trockene Vergnügen gibt es den **Morgenmarkt** im Dorf Tulamben, 1,5 km von den Tauchplätzen entfernt.

Ativitäten

Das **Schiffswrack** der *Liberty* liegt etwa 50 m vor der Küste, direkt gegenüber vom Puri Madha Dive Resort, genau da, wo die schwarze „Schnorchel-Horde" schon von Weitem zu sehen ist. Wer in gerader Richtung hinausschwimmt, sieht bald das Heck aus der Tiefe aufragen. Es ist inzwischen mit einer dicken Korallenschicht bedeckt und wird von Dutzenden farbenfrohen Fischarten – und meistens von Tauchern – umschwommen. Das Schiff ist über 100 m lang, der Rumpf ist in Stücke zerbrochen. Das erleichtert das Hineintauchen. Der Bug ist noch recht gut erhalten, die Mitte des Rumpfes stark zerstört, das Heck hingegen fast intakt. Die am besten erhaltenen Teile

DAS WRACK DER LIBERTY

Im Januar 1942 wurde das kleine Frachtschiff USAT *Liberty* der US Navy bei Lombok von den Torpedos eines japanischen U-Boots getroffen. Es wurde nach Tulamben geschleppt, um seine Ladung aus Gummi und Eisenbahnteilen zu retten. Die japanische Invasion verhinderte das und das Schiff lag am Strand bis zum Ausbruch des Gunung Agung im Jahr 1963. Damals zerbrach es und versank direkt vor der Küste – sehr zur Freude der heutigen Taucher. Und nur für die Akten: Es war kein Frachter der Liberty-Klasse aus dem Zweiten Weltkrieg.

TEJAKULA

Der kleine Ort Tejakula, der sich an der Küstenstraße nach Yeh Sanih befindet, beheimatet das mit Flusswasser betriebene Schwimmbad **Pemandian Kuda Desa** (Horse Village Bath). Es wird erzählt, dass es gebaut wurde, um Pferde zu baden. Die renovierten Badeabteilungen (für Männer und Frauen getrennt) befinden sich hinter Mauern, die mit Reihen kunstvoll verzierter Bögen gekrönt sind; sie werden als heiliges Gebiet angesehen. Die Bäder befinden sich 100 m im Landesinnern auf einer engen Straße mit vielen kleinen Geschäften und einigen fein geschwungenen *kulkul* (Alarmtrommel-)Türmen.

liegen 15 bis 30 m tief. Um das Schiff zu erkunden, sind mindestens zwei Tauchgänge nötig.

Viele Taucher kommen von Amed und Lovina extra nach Tulamben, Zu Stoßzeiten kann es zwischen 11 und 16 Uhr ziemlich voll werden, mit 50 oder mehr Tauchern auf einmal um das Wrack herum. Deshalb bietet es sich an, in Tulamben zu übernachten und schon früh zu starten.

Die meisten Hotels verfügen über eine eigene Tauchbasis. Einige Unterkünfte bieten ihren Gästen preiswerte Arrangements für die gewünschten Tauchaktivitäten.

Zwei Tauchgänge kosten in Tulamben ab 1200000 Rp und etwas mehr für einen nächtlichen Tauchgang um Amed. Die Leihgebühren für Schnorchelausrüstungen betragen überall 100000 Rp.

Hinter dem Tauch-Terminal befindet sich ein privat geführter Parkplatz (10000 Rp). Es gibt dort auch verschiedene Stände, an denen Ausrüstungen verliehen werden, Verkaufsstände und Träger, die nach Aufmerksamkeit heischen. Ebenfalls vorhanden sind kostenpflichtige Duschen und Toiletten.

Puri Madha Dive Centre TAUCHEN
(☎0363-22921; www.purimadhadiveresort.com; ⏲6–18.30 Uhr) Die Basis verleiht Schnorchelausrüstung (200000 Rp) und bietet Tauchgänge vor der Küste (ein/zwei Tauchgänge 700000/1200000 Rp) und PADI-Kurse für das offene Meer (zwei oder drei Tage 5400000 Rp). Es gibt Komplettpakete mit Unterbringung im zugehörigen Resort.

Tauch Terminal TAUCHEN
(☎0363-774504; www.tauch-terminal.com; 2/4 Tauchgänge 55/109 €) Der Tauchanbieter ist seit Langem etabliert und bietet eine Reihe verschiedener Tauchpakete und einen Ausrüstungsverleih an (1 Tag Tauchgeräte/Schnorchel 15/6 €). Ein viertägiger SSI-Kurs mit Zertifikat für das offene Meer kostet 450 €. Betreibt auch eine eigene Ferienanlage, das **Dive Resort** (S-/D-Bungalow 69/79 €, De-luxe-Zi. 89/109 €; ❄📶🏊).

Apnea Bali TAUCHEN
(☎WhatsApp 0822 3739 8854, WhatsApp 0822 6612 5814; www.apneabali.com; Jl Kubu-Abang; Kurse ab 800000 Rp) Die angesehene Tauchbasis an der Geschäftsstraße von Tulamben ist spezialisiert auf Kurse im Apnoetauchen. Außerdem organisiert sie Tauchgänge in allen Schwierigkeitsgraden, inklusiv einem Tauchgang zum Wrack der Liberty. Kurse gibt es halbtägig (800000 Rp), zweitägig (3200000 Rp) und dreitägig (4600000 Rp).

Schlafen

Tulamben ist ein ruhiger Ort, in dem sich eigentlich alles um das Wrack dreht – die Hotels, alle mit Café oder Restaurant und die meisten auch mit einer Tauchbasis, säumen über 4 km beidseitig die Hauptstraße. Die Wahl fällt zwischen Straßenseite (günstiger) oder Wasserseite (hübscher). Bei Flut verschwindet sogar das felsige Ufer.

Matahari Tulumben Resort, Dive & Spa HOTEL $
(Matahari 1; ☎0813 3863 6670, 0363-22916; www.divetulamben.com; Zi. 280000–520000 Rp, Bungalow 600000 Rp; ❄📶🏊) Dieses bescheidene Hotel mit 34 Zimmern hat viele loyale Gäste. Die Taucher bleiben gerne mehrere Wochen. Die Zimmer sind mit Klimaanlage, Kühlschrank und Bädern ausgestattet, die besser als der übliche Durchschnitt sind. Es gibt einen Tauchshop, einen Pool, eine Bar und ein kleines Restaurant mit Meeresblick (Hauptgerichte 25000–80000 Rp).

Liberty Dive Resort RESORT $$
(☎0812 3684 5440; www.libertydiveresort.com; Zi. 50–60 US$, FZ 80 US$, Häuschen 65–120 US$; ❄📶🏊) Dieses altmodische Resort liegt vom felsigen Strand vor dem Wrack nur 100 m den Hang hinauf. Die einfachen Zimmer und Hütten liegen in einem gepflegten Garten. Zur Anlage gehören ein Restaurant und zwei Pools. Die angebundene Tauchbasis bietet Tag- und Nachttauchgänge für 26/31 € und eintägige PADI-Tauchkurse (75 €) an.

Puri Madha Dive Resort RESORT $$
(☎ 0363-22921; www.purimadhadiveresort.com; Zi. 550 000 Rp, Häuschen 650 000 Rp; ❄ 📶 🏊) In der Nähe des Tauchreviers der *Liberty* bietet dieses Resort einfache Zimmer und Hütten, die dicht beieinander auf Terrassen liegen. Die Taucher organisieren Tauchgänge und Ausrüstung gern bei der zugehörigen Tauchbasis. Es gibt zwei Pools, einer davon wird für Tauchkurse verwendet, und eine Cafeteria am Wasser.

Siddhartha RESORT $$$
(☎ 0363-23034; www.siddhartha-bali.com; Kubu; EZ 69–188 €, DZ 146–240 €, Villa 210–370 €; P ❄ 🏊) Der Pool und der Yogapavillon zum Meer sind große Pluspunkte dieses Resorts, das sich in deutsch-schweizerischen Händen befindet. Und es gibt viele weitere Annehmlichkeiten: Restaurant, Bar, Tauchbasis, Fitnessraum, Billard und Tischtennis, ein Fernsehzimmer und ein Spa. Gärten umgeben die geräumigen Zimmer und Villen mit komfortablen Betten und Freiluftbadezimmern. Die Villen haben kleine Pools. Zu den Spa-Anwendungen gehören Massagen (38 €/Std.). Das Meer vor dem Resort birgt ein Riff; die zugehörige Tauchbasis verleiht die Ausrüstung für dessen Erkundung; das Tauchrevier der *Liberty* ist ebenfalls nicht weit entfernt.

An- & Weiterreise

Wer abends nach Lovina fährt, sollte spätestens um 15 Uhr loskommen, damit man dort noch bei Tageslicht ankommt. Der Parkplatz vor dem Puri Madha Dive Resort ist oft voll mit den Vans, die organisierte Gruppen von irgendwo zum Wrack der Liberty bringen, deshalb ist Parken manchmal ein Problem. Ein kostenpflichtiger Parkplatz ist in der Nähe des Tauch Terminal Resort.

Nordostküste

Kleine Dörfer, vulkanische Landschaften, üppiger Dschungel und felsige Meerespanoramen machen die 50 km dieses Küstenabschnitts zwischen Tulamben und Yeh Sanih aus.

Sehenswertes

Air Terjun Yeh Mampeh WASSERFALL
(Yeh Mampeh Waterfall, Les Waterfall; Les; Erw./Kind 20 000/10 000 Rp, Parken Auto/Moped 5000/1000 Rp; ⌚ ab 7 Uhr) Einer der höchsten Wasserfälle Balis (40 m), der Yeh Mampeh, liegt im Hinterland bei Les, in der Nähe von Tejakula. Von der Hauptstraße geht es etwa 2,5 km landeinwärts, ein „Welcome to Waterfalls"- Schild weist den Weg. Die beste Zeit für den Besuch des Wasserfalls ist während der Hauptregenzeit zwischen Dezember und Februar. Erdrutsche sind hier keine Seltenheit, die 100 000 Rp für einen Guide lohnen sich also.

Schlafen

★ **Segara Lestari Villa** GUESTHOUSE $
(☎ 0815 5806 8811; www.facebook.com/lesvillagevilla; Jl Segara Lestari 99, Les; B 150 000 Rp, EZ/DZ ohne Meerblick 180 000/230 000 Rp, Zi. in Ufernähe 350 000 Rp; ❄ 📶) Gedes und Mades Gästehaus am Meer gehört zum sozialen Unternehmen Sea Communities (www.seacommunities.com). Die einfachen Bungalows haben fast alle Klimaanlagen und Blick aufs Meer. In vier Schlafsälen gibt es Einzelbetten, Ventilatoren und einfache Freiluftbadezimmer. Schnorchel- und Tauchausrüstung kann ausgeliehen werden, um das Korallenriff direkt vor dem Hotel zu erkunden. Das Restaurant vor Ort ist ein Pluspunkt.

Bali Sandat Guest House GUESTHOUSE $$
(☎ 0813 3755 5792; www.bali-sandat.com; Bondalem; EZ/DZ 460 000/650 000 Rp; P 📶) Wie zu Besuch bei Freunden fühlt man sich in der unauffälligen Pension. Sie liegt tief in einem Palmenhain am Strand in einem abgeschiedenen Teil Ostbalis. Die fünf Zimmer verfügen über Betten mit Moskitonetzen, einfache Badezimmer und Ventilatoren und teilen sich tiefe, schattige Veranden. Balinesisches Essen wird angeboten (85 000–110 000 Rp). Das Dorf Bondalem ist 1 km Fußweg entfernt.

Alam Anda HOTEL $$
(☎ 0812 465 6485; www.alam-anda.com; Sambirenteng; EZ 37–95 €, DZ 54–170 €, Villa ab 152 €; P ❄ 📶 🏊) Dieses Resort am Meer, in deutschem Besitz, ist etwas veraltet, aber sehr gepflegt. Ein Riff gleich vor der Küste sorgt dafür, dass in der Tauchbasis immer viel los ist (Tauchgänge 23–60 €, Schnorchelausrüstung 8 €/Tag). Die Unterkünfte reichen von einfachen *losmen*-Zimmern zu Bungalows und Villen. Vor Ort gibt es einen kleinen Fitnessraum, eine Bücherei, einen Pool, ein Restaurant und ein ayurvedisches Spa. Für WLAN fallen Extrakosten an (19 000 Rp/Tag).

★ **Spa Village Resort Tembok** HOTEL $$$
(☎ 0362-32033; Tembok; Zi./Suite/Villa ab 250/350/420 US$, mit Vollpension; P ❄ 📶 🏊) 🍃

Verjüngungskur gefällig? Wenn ja, sind die Komplettangebote dieses Resorts am Meer im Nordosten von Tembok genau das richtige. Dazu gehören komfortable Unterkünfte und drei Mahlzeiten täglich (auch vegetarisch und vegan), außerdem jeden Tag eine Anwendung im Spa und jede Menge Aktivitäten (Yoga, Sterne beobachten, Zeichnen). WLAN gibt es nur in der Lobby.

Essen

Segara Lestari Restaurant INTERNATIONAL $
(☎ 0815 5806 8811; Segara Lestari Villa, Les; Pizza 40 000–50 000 Rp, Burger 40 000–50 000 Rp, Hauptgerichte 25 000–65 000 Rp; ⏲ 7–21 Uhr; P 📶 🌿 👪) In der gemütlichen Segara Lestari Villa serviert dieses helle und luftige Restaurant frisches und leckeres Essen direkt am Meer. Der Schwerpunkt liegt auf vegetarischer und veganer Kost.

An- & Weiterreise

Um an diesen Küstenabschnitt zu gelangen, wird ein Auto oder Roller benötigt. Der Weg vom Flughafen oder aus Südbali kann über drei Stunden dauern. Es gibt zwei Routen: eine bergauf über Kintamani und anschließend bergab auf einer alten, landschaftlich reizvollen Straße nicht weit vom Meer nahe Tejakula; oder die andere an der Küste um Ostbali entlang über Candidasa und Amed.

Das zentrale Bergland

Inhalt ➡

Gunung Batur 269
Danau Batur 271
Danau Bratan 275
Candikuning 276
Danau Buyan & Danau Tamblingan 278
Munduk 279
Gunung Batukau 281
Die Antosari-Straße ... 283

Gut essen

- Pulu Mujung Warung (S. 271)
- Strawberry Hill (S. 275)
- Terrasse du Lac (S. 279)
- Puri Lumbung Cottages (S. 280)

Schön übernachten

- Munduk Moding Plantation (S. 280)
- Puri Lumbung Cottages (S. 280)
- Sarinbuana Eco Lodge (S. 282)
- Bali Mountain Retreat (S. 283)
- Sanda Boutique Villas (S. 283)

Auf ins zentrale Bergland!

Bali hat eine heiße Seele. Die Vulkane, die sich über den Inselrücken erheben, sind keine ruhigen Gipfel, sondern unter der Oberfläche sehr aktiv und stets bereit zu einer weiteren Eruption.

Der Gunung Batur (1717 m) stößt zwar beständig Rauch aus, die außerirdische Schönheit des Ortes macht die Anstrengungen eines Besuchs jedoch wieder wett. Während es am Danau Bratan heilige Hindutempel gibt, lockt das Dorf Candikuning mit einem faszinierenden botanischen Garten.

Im alten Kolonialstädtchen Munduk, einem Zentrum des Trekkingtourismus, schaut man von den Bergen hinunter bis zur Nordküste von Bali, die der Schönheit der vielen nahen Wasserfälle und der Seen Tamlingan und Buyan Konkurrenz macht. Im Schatten des Gunung Batukau (2276 m) steht einer der mystischsten Tempel Balis. Südlich davon, bei Jatiluwih, verzaubern die alten, in die Unesco-Welterbeliste aufgenommenen Reisterrassen.

Hier im zentralen Bergland führen unzählige kleine Nebenstraßen in unberührte Dörfer – wer von Antasari aus Richtung Norden fährt, wird von deren Ursprünglichkeit überrascht sein.

Reisezeit

- Das ganze Jahr hindurch kann es im zentralen Bergland kalt und neblig sein. Außerdem regnet es viel: Von hier stammt das Wasser, das durch die Reisterrassen und Felder bis ganz nach Süden fließt. Die Temperaturen sind übers Jahr gesehen annähernd gleichbleibend, allerdings können sie in höheren Lagen nachts bis auf 10 °C fallen.
- Am meisten regnet es von Oktober bis April, aber eigentlich kann es zu jeder Zeit im Jahr schütten.
- Es gibt keine Hochsaison für Touristen, außer wenn geführte Gruppen in den Hauptbesuchsmonaten Juli und August in die Gegend von Kintamani einfallen. Dann ist es empfehlenswert, auch für Munduk vorab zu buchen.

Highlights

1 **Munduk** (S. 279) Beim Trekking durch diese Bergidylle Wasserfälle bewundern.

2 **Pura Luhur Batukau** (S. 281) Dem Gesang der Priester in einem der heiligsten Tempel Balis lauschen.

3 **Danau Tamblingan** (S. 278) Am Ufer des uralten, vulkanischen Sees historische Tempel besuchen.

4 **Gunung Batur** (S. 269) Wie aus einer anderen Welt wirkt dieser mit Lava bedeckte aktive Vulkan.

5 **Danau Batur** (S. 271) Auf der Straße nach Trunyan über Buahan und Abang geht es vorbei an atemberaubender Landschaft.

6 **Antosari-Straße** (S. 283) Eine ländliche Straße entlang jadegrüner Reisterrassen.

7 **Jatiluwih** (S. 282) Prachtvolle Reisterrassen, ein beeindruckendes Unesco-Weltkulturerbe.

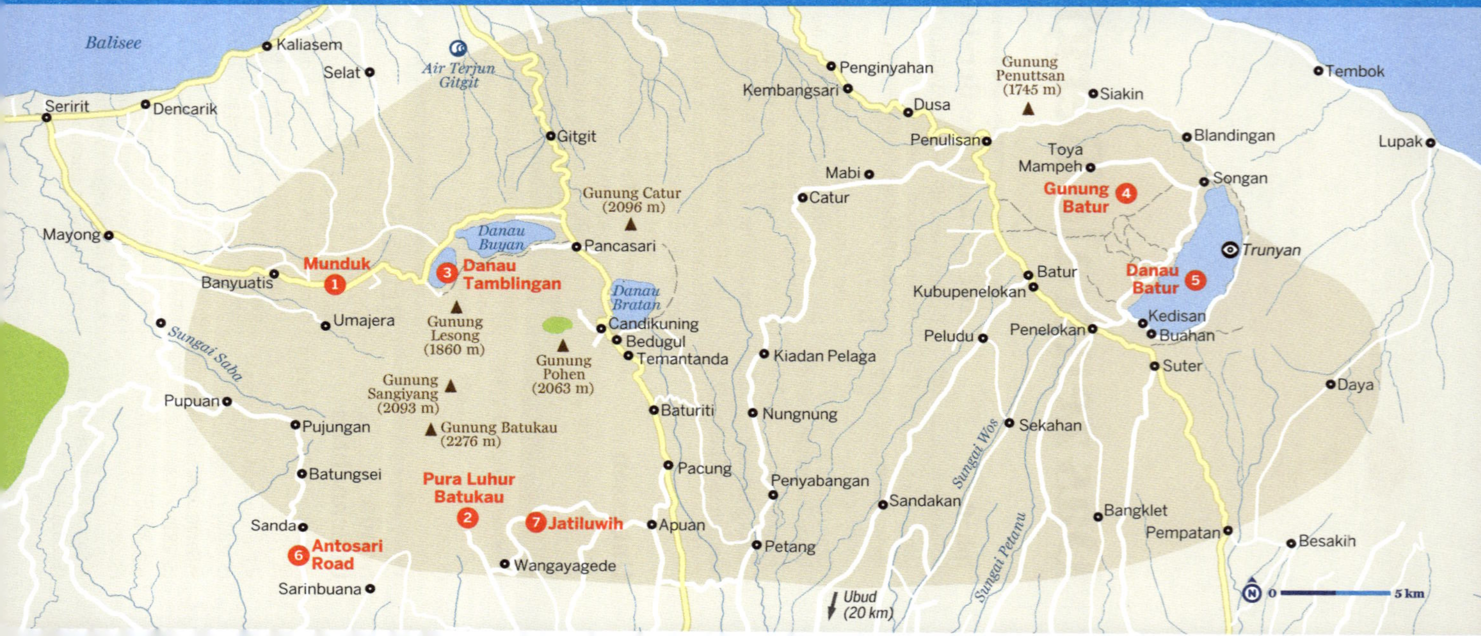

An- & Weiterreise

Um die Berge im Herzen von Bali wirklich zu erkunden, benötigt man ein eigenes Fahrzeug. Ein Wagen mit Fahrer bewahrt einen davor, sich in dem Gewirr der Nebenstraßen zu verirren, obwohl das richtig spannend werden kann.

RUND UM DEN GUNUNG BATUR

☎ 0366

Das Gebiet am Gunung Batur gleicht einer großen Schüssel, deren Boden halb mit Wasser bedeckt ist und aus deren Mitte einige Vulkankegel hervorragen. Das klingt ein wenig spektakulär? Ja, das ist es auch. An klaren Tagen – das ist wichtig für den Genuss des Schauspiels – umspült das türkisfarbene Wasser die jüngeren Vulkane, an deren Flanken alte Lavaflüsse zu erkennen sind.

Praktische Informationen

GEFAHREN & ÄRGERNISSE

Vorsicht vor Betrügern auf Motorrädern, die versuchen, die Touristen bei ihrem Abstieg vom Dorf Penelokan in die Danau-Batur-Region zu einer Führung oder in ein Hotel *ihrer* Wahl zu locken. Sie sind sehr hartnäckig und ihre Dienste sind wertlos. Einfach ignorieren. Verkäufer in der Gegend können aggressiv werden.

GELD

In der Gegend um Gunung Batur gibt es kaum ATMs, aber ein paar an der Jl Raya Penelokan.

An- & Weiterreise

Busse auf der Strecke Denpasar–Singaraja (über Batubulan, wo man unter Umständen umsteigen muss) halten in Penelokan und Kintamani (rund 40 000 Rp). Alternativ empfiehlt es sich, ein Auto oder ein Auto mit Fahrer zu mieten, aber deren Drängen auf ein Mittagessen zurückzuweisen.

Wer mit dem Privatwagen kommt, wird in Penelokan oder Kubupenelokan angehalten, um eine Eintrittskarte für die gesamte Gunung-Batur-Region zu kaufen (40 000/5000 Rp pro Fahrzeug/Person, Vorsicht vor Betrügern, die mehr fordern). Die Quittung gut aufbewahren, um nicht noch einmal an anderer Stelle zur Kasse gebeten zu werden..

Unterwegs vor Ort

Am besten bucht man einen privaten Fahrer, um in der Gegend herumzukommen; es gibt nur selten Bemos und die Straßen sind schmal, gewunden und überfüllt.

Gunung Batur

Vulkanexperten beschreiben den Gunung Batur als eine Doppelcaldera und meinen damit, dass ein Krater in einem anderen liegt. Der äußere Krater bildet ein 14 km langes Oval, dessen westliche Kante rund 1500 m hoch aufragt. Der innere Krater ist eine kegelförmige, 1717 m hohe Erhebung. In den letzten zehn Jahren hat die Vulkanaktivität mehrere kleinere Kegel an der Westflanke entstehen lassen, die – wenig einfallsreich – Batur I, II, III und IV genannt werden. Zwischen 1824 und 1994 gab es mehr als 20 kleine, 1917, 1926 und 1963 drei große Eruptionen. Die geologische Aktivität und die Beben dauern an.

Vor Ort angekommen wird deutlich, warum so viele Besucher die Mühen und Kosten für eine Fahrt zu den Vulkanen auf sich nehmen. Zwischen Juli und Dezember ist

EINEN ABSTECHER WERT

PENULISAN

Die Straße nördlich von Kintamani steigt entlang des Kraterrands allmählich an und führt oft durch Wolken, Nebel oder Regen. Penulisan liegt da, wo die Straße scharf abbiegt und sich teilt; die eine führt zur Nordküste hinunter, während die andere der einsamen, landschaftlich reizvollen Route nach Bedugul folgt. Von einem **Aussichtspunkt** etwa 400 m südlich bietet sich ein fantastischer Blick über gleich drei Berge: Gunung Batur, Gunung Abang und Gunung Agung.

Nahe der Straßenabzweigung führen einige steile Treppenfluchten zum höchsten Tempel Balis hinauf, dem 1745 m hohen **Pura Puncak Penulisan** (Eintritt frei). Im höchsten Innenhof sind alte Statuen und Skulpturenfragmente in einem offenen Pavillon mit steilem Strohdach aufgereiht. Einige dieser Statuen stammen aus dem 11. Jh. Die Tempel-Ausblicke von hier oben sind an klaren Tagen überwältigend: Richtung Norden schaut man (wenn das Wetter mitspielt) über die Reisterrassen bis zur Küste von Singaraja.

damit zu rechnen, dass sich die Vulkangipfel in Wolken hüllen. Aber auch zu anderen Jahreszeiten lohnt die Nachfrage nach dem aktuellen Wetter vor der Tourbuchung oder der individuellen Anreise.

Aktivitäten

Guides aus der Region, die zum PPPGB (ehemals HPPGB) gehören, haben ein Monopol auf die geführten Aufstiege auf den Gunung Batur. Sie verpflichten quasi alle auswärtigen Trekkingveranstalter, mindestens einen Guide von PPPGB für die Touren auf den Berg anzuheuern. Außerdem ist die Organisation dafür bekannt, einen harten Verhandlungskurs zu fahren und Wanderer dazu zu zwingen, ihre Guides zu engagieren und generell ihre Dienste in Anspruch zu nehmen.

Viele nutzen die Dienste der Guides von PPPGB und fahren gut damit. Einige Guides ernten viel Lob, weil sie die Touren so gut auf die Bedürfnisse der Besucher abstimmen.

Die folgenden Vorsichtsmaßnahmen sorgen für einen guten und sicheren Aufstieg:

- Die Vereinbarungen mit PPPGB sollten völlig eindeutig sein, z. B. sollte klar sein, ob die Gebühren pro Person oder für die ganze Gruppe gelten, ob ein Frühstück enthalten ist und welcher Weg für den Aufstieg gewählt wird.
- Wer über einen Trekkingveranstalter gebucht hat, bekommt immer noch einen Guide des PPPGB zusätzlich, aber alle Absprachen laufen weiterhin über den ursprünglichen Veranstalter.

Die Preise und Öffnungszeiten des PPPGB sind beim Hauptbüro Toya Bungkah und beim zweiten Büro an der Zugangsstraße zu erfahren. Zu den angebotenen Wanderungen zählen:

Mount Batur Sunrise Einfacher Auf- und Abstieg; von 4 bis 20 Uhr, 400 000 Rp pro Person.

Rund um den Gunung Batur

Mount Batur Main Crater Beinhaltet Sonnenaufgang auf dem Gipfel und etwas Aufenthalt am Kraterrand; von 4 bis 21.30 Uhr, 500 000 Rp pro Person.

Mount Batur Exploration Sonnenaufgang, Caldera und einige der Vulkankegel; von 4 bis 10 Uhr, 650 000 Rp pro Person.

An- & Weiterreise

Wenn man nicht gerade wandert, braucht man hier ein eigenes Auto.

Umgebung des Gunung-Batur-Kraters

Die außergewöhnliche Geologie der Gegend im Gunung Batur erklärt das Batur Geopark Museum (☎0366-91537, What'sApp 0818-0551-5504; www.baturglobalgeopark.com; Penelokan; ⌚Mo 9–16, Di–Fr 8–16, Sa & So 8–14 Uhr) GRATIS faszinierend detailliert direkt am Kraterrand. Mit interaktiven Elementen, Modellen und Gesteinsproben macht es die enormen Kräfte, die diese Region immer noch formen, begreiflich. Der Besuch dauert etwa eine Stunde – und man sollte der Unesco für die Finanzierung des Komplexes danken. Vor dem Erreichen des Museums muss man eine Zutrittsgebühr zur Region zahlen.

Rund um den Gunung Batur

Sehenswertes

1	Banyan Tree	C4
2	Batur Geopark Museum	B4
3	Pura Batur	A3
4	Pura Bukit Mentik	B2
5	Pura Pancering Jagat	D3
6	Pura Puncak Penulisan	A1
7	Pura Ulun Danu Batur	D2
8	Viewpoint	A1

Aktivitäten, Kurse & Touren

9	Batur Natural Hot Spring	C3
	C.Bali	(s. 15)
10	PPPGB	C3
11	PPPGB	C3
12	Toya Devasya	C3

Schlafen

13	Baruna Cottages	C4
14	Black Lava Hostel	C3
15	Hotel Segara	C4
16	Lakeview Hotel	B4
17	Under the Volcano III	C3

Essen

18	Kedisan Floating Hotel	C4
19	Pulu Mujung Warung	B4

Spirituell ist Gunung Batur der zweitwichtigste Berg Balis (nur Gunung Agung steht noch über ihm), daher ist dieser Tempel, der immer überladenere **Pura Batur** (15 000 Rp, Sarong- & Schärpenverleih 20 000 Rp), ziemlich wichtig. Allein die beeindruckende Architektur lohnt den Besuch. Innerhalb des Komplexes befindet sich ein taoistischer Schrein.

Schlafen & Essen

Lakeview Hotel HOTEL $$
(☎0366-52525; www.lakeviewbali.com; Penelokan; Zi. mit Frühstück ab 750 000 Rp; ⌚Café 7.30–15.30 Uhr; 📶) Dieser ehrwürdige Hotelkomplex wurde kürzlich von der Familie wiederbelebt, in deren Besitz er sich schon seit drei Generationen befindet. Zwölf komfortable Zimmer bieten einen fantastischen Ausblick und Zugang zu einer eigenen Lounge mit Snacks und Mahlzeiten bis 22 Uhr. Das Terrassen-Café hat auch eine tolle Aussicht.

★ **Pulu Mujung Warung** INDONESISCH $
(☎0853 3842 8993; Penelokan; Hauptgerichte 45 000–70 000 Rp; ⌚9–17 Uhr) 🌿 Dieses fantastische Café mit erhebendem Ausblick auf den Vulkan ist die beste Möglichkeit, in dieser Gegend ein gutes Essen zu bekommen. In der kühlen Bergluft sind die Suppen hier ganz angenehm. Außerdem gibt es Salate, Pizzas, indonesische Spezialitäten, selbst gemachte Drachenfrucht-Säfte, Smoothies und mehr.

Drei einfache Zimmer stehen als Übernachtungsmöglichkeiten zur Verfügung (ab 250 000 Rp), es empfiehlt sich jedoch vorab zu buchen.

Danau Batur

Die kleinen Dörfer rund um den Danau Batur liegen direkt am See mit schönem Blick auf die umliegenden Gipfel. Es wird viel Fischzucht betrieben und die Luft ist vom scharfen Zwiebelgeruch aus unzähligen winzigen Gemüsegärten geschwängert. Der Ausflug an der Ostküste entlang nach Trunyan lohnt sich auf jeden Fall.

In Haarnadelkurven windet sich die Straße von Penelokan zum Ufer des Danau Batur hinunter. Am See geht es links eine Straße entlang, die sich durch die Lavafelder nach Toya Bungkah schlängelt. Vorsicht vor den großen Lastern mit Sand, die die Straße in Staub hüllen, während sie Baumaterialien über Bali transportieren!

Sehenswertes

In den Dörfern am Danau Batur lässt es sich gut einen Tag aushalten. Ein netter 15-minütiger Spaziergang trennt die Dörfer Buahan und Kedisan voneinander; Gemüsegärten reichen bis zum See hinunter.

Pura Pancering Jagat HINDUTEMPEL
Das Dorf Trunyan ist wegen des Pura Pancering Jagat bekannt, das mit einem *meru* mit sieben Dächern beeindruckt. Im Innern des Tempels steht eine 4 m hohe Statue des dörflichen Schutzgeistes. Ausländische Touristen dürfen die Anlage in der Regel nicht betreten. Schlepper und Guides gibt es trotzdem. 5000 Rp für einen Parkplatz ist hier das absolute Maximum.

Pura Bukit Mentik HINDUTEMPEL
Obwohl er seit dem Ausbruch von 1974 vollständig von erstarrter Lava umgeben ist, blieben der Tempel und der eindrucksvolle Banyanbaum völlig unberührt – er heißt nicht umsonst der „Glückliche Tempel".

Pura Ulun Danu Batur HINDUTEMPEL
(Songan) Am Ende der Seestraße liegt der Pura Ulun Danu Batur unterhalb des Kraterrands.

Aktivitäten

Heiße Quellen sprudeln an verschiedenen Stellen und werden schon seit Langem zum Baden genutzt. Mit dem Rad um den See zu fahren ist eine gute Möglichkeit, die Dörfer zu erkunden.

Radfahren

Die winzigen Dörfer am See haben Radwege gebaut, die es Touristen wesentlich erleichtern, von der Ostseite des Sees die unglaublichen Ausblicke auf den Gunung Batur zu genießen.

Von der T-Kreuzung der Zugangsstraße von Penelokan kommend bei Kedisan sind es über Abang 9 km nach Trunyan. Ganz gleich, ob zu Fuß, mit dem Fahrrad oder mit dem Motorrad, es ist ein sehr lohnendes Abenteuer. Nördlich von Abang müssen Radfahrer auf einigen kurzen und steilen

TREKKINGROUTEN AM GUNUNG BATUR

Die Wanderung hinauf auf den Gunung Batur, um dort oben den Sonnenaufgang zu erleben, ist nach wie vor die beliebteste unter den Touren. In der Hochsaison versammeln sich täglich hundert Personen oder mehr zum Tagesanbruch auf dem Gipfel. Die Guides bieten für etwa 50 000 Rp zusätzlich auch ein Gipfel-Frühstück an. Seit neuestem gehört dazu oft das Kochen eines Eis oder einer Banane in einem der dampfenden Gaslöcher auf dem Vulkan. Außerdem bieten unterwegs Händler teure Erfrischungen an.

Die meisten Touristen nutzen eine der beiden Routen, die in der Nähe von Toya Bungkah starten. Die kürzere führt direkt nach oben (drei bis vier Stunden hin & zurück), während eine längere Route (fünf bis sechs Stunden hin & zurück) die Gipfelbesteigung mit anderen Kratern verbindet. Einige Wanderer haben berichtet, dass sie den Ausflug ohne einen PPPGB-Guides unternommen haben, obwohl bei Dunkelheit wirklich davon abzuraten ist: Mehrere Wanderer sind hier bereits zu Tode gestürzt. Das Haupthindernis besteht aber darin, Scherereien mit den Guides zu vermeiden.

Zunächst gibt es mehrere Pfade, die sich über kurz oder lang alle vereinigen, und nach etwa 30 Minuten ist man an einem Bergrücken mit einem gut erkennbaren Weg angelangt. Es geht relativ steil bergauf zum Gipfel und das Aufsteigen in dem losen Vulkansand kann ziemlich anstrengend sein – man steigt drei Schritte nach oben und rutscht zwei Schritte wieder zurück. Bis zum Gipfel rund zwei Stunden einplanen.

Von Toya Bungkah aus führt auch ein mit dem Auto befahrbarer Weg bis auf 45 Minuten Gehzeit an den Gipfel heran. Man fährt von dort auf der Straße nach Nordosten Richtung Songan und nimmt nach etwa 3,5 km in Serongga – kurz vor Songan – an der Gabelung die linke Abzweigung. Auf dieser Straße an der Innenkante 1,7 km lang bleiben; so gelangt man dann zu einem gut ausgeschilderten Weg links, der nach einem weiteren Kilometer zu einem Parkplatz führt. Von hier aus ist der Weg zum Gipfel leicht zu finden.

Bei Besteigungen vor Sonnenaufgang wird eine eigene Taschenlampe benötigt, sofern man nicht vom Guide mit einer solchen versorgt wird (das sollte auf jeden Fall vorab geklärt werden). Gutes, festes Schuhwerk, ein Hut, ein Pullover und Trinkwasser sind ebenfalls notwendig.

BATUR CALDERA GEOPARK

2012 ehrte die Unesco die Region, indem sie diese einer Liste von mehr als 90 weltweiten geologischen Wundern (www.globalgeopark.org) hinzufügte und ihr den Namen Batur Caldera Geopark (www.baturglobalgeopark.com) gab. Einige interessante Schilder zur einzigartigen Geologie dieses Gebiets stehen hier an den Straßen; das Batur Geopark Museum (S. 271) in Penelokan liefert die vollständigen Erklärungen.

Die Straße am Südwestrand des Kraters des Gunung Batur bietet spektakuläre Ausblicke, obwohl die Dörfer am Kraterrand des Gunung Batur mittlerweile zu einem ungeordneten Siedlungsstreifen zusammengewachsen sind. Der Hauptort ist Kintamani, wobei häufig auch das ganze Gebiet so genannt wird. Von Süden her kommend ist Penelokan der erste Ort, in dem Ausflugsgruppen einen Stopp einlegen, um den herrlichen Ausblick zu genießen.

Tagesausflügler sollten unbedingt daran denken, wärmere Kleidung mitzunehmen, denn bei Nebel können die Temperaturen schnell auf 16 °C fallen.

Strecken absteigen. Zusätzlich zu den Ausblicken warten östlich von Buahan ein prachtvoller Feigenbaum und am Pier von Abang einige gute, vom Geopark gesponserte Info-Tafeln zu den geologischen Besonderheiten.

Heiße Quellen

Batur Natural Hot Spring HEISSE QUELLEN
(☎0366-51194; www.baturhotspring.com; Erw./Kind ab 190 000/100 000 Rp; ⏲7–19 Uhr) Diese stetig wachsende Anlage liegt am Rande des Danau Batur. Die drei Pools haben unterschiedliche Temperaturen, sodass auf jeden Fall die individuell richtige dabei ist. Das gesamte Ambiente der heißen Quellen passt zum leicht schmuddeligen Image der ganzen Region. Das einfache Café bietet schöne Ausblicke.

Toya Devasya HEISSE QUELLEN
(☎0366-51204; www.toyadevasya.com; Toya Bungkah; Erw./Kind 200 000/160 000 Rp; ⏲7–19 Uhr) Diese Hochglanzanlage wurde um die Quellen herum errichtet. Der riesige heiße Pool hat 38 °C, während ein vergleichsweise kühles Becken mit Seewasser nur 20 °C warm ist. Der Eintritt schließt Erfrischungen mit ein. Es gibt ein Café, das den Eindruck von Pracht vermittelt und auch Übernachtungsmöglichkeiten (ab 3 000 000 Rp pro Nacht; für 200 000 Rp gibt's ein Handtuch und ein Schließfach). Es werden hier zudem gute Radtouren (350 000 Rp) und Kanufahrten (1 000 000 Rp) angeboten.

Geführte Touren

★**C.Bali** ABENTEUER
(☎nur Info 0813 5342 0541; www.c-bali.com; Hotel Segara, Kedisan; Touren Erw./Kind ab 500 000/400 000 Rp) Ein australisch-niederländisches Paar bietet kulturorientierte Radtouren durch die gesamte Region und Kanutouren auf dem Danau Batur an. Im Preis inbegriffen ist die Abholung aus ganz Südbali. Es gibt auch Pakete mit mehrtägigen Touren. Wichtig zu wissen: Diese Touren sind oft schon früh ausgebucht, deshalb rechtzeitig auf der Website anmelden.

Schlafen & Essen

Am Ufer befinden sich einige Gästehäuser mit Seeblick. Vorsicht vor Betrügern auf Motorrädern, die ihren potenziellen Opfern von Penelokan hinunter folgen, um ihnen ein Hotelzimmer anzudrehen und dafür eine Provision zu ergattern. Die Hotels in der Region bitten um telefonische Reservierung, sodass man auf diese betrügerischen Machenschaften gar nicht eingehen muss.

★**Black Lava Hostel** HOSTEL $
(☎0813 3755 8998; www.facebook.com/blacklavahostel123; Jl Raya Pendakian Gunung; B 150 000 Rp, Zi. ab 400 000 Rp;) Dieses nette Hostel in den Hügeln von Toya Bungkah bietet eine einfache, günstige Unterkunft in Mehrbettzimmern und einen warmen Pool mit Mineralwasser aus den benachbarten heißen Quellen. Der Blick auf den nahen See und Gunung Abang ist atemberaubend und die Hotelleitung organisiert (relativ teure) frühmorgendliche Wanderungen auf den Gunung Batur.

Baruna Cottages GUESTHOUSE $
(☎0813 5322 2896; www.barunacottage.com; Buahan; Zi./Bungalow ab 400 000/550 000 Rp) Die zehn Zimmer in diesem kleinen, sauberen Anwesen sind in Bezug auf Design und Grö-

Rund um den Danau Bratan

Rund um den Danau Bratan

Highlights
1 Banyu Wana Amertha Waterfalls B1

Sehenswertes
2 Air Terjun Gitgit C1
3 Botanischer Garden Bali C2
4 Banyumala Twin Waterfalls B1
5 Candikuning Market C2
6 Munduk-Wasserfall A2
7 Pura Ulun Danu Bratan D2

Aktivitäten, Kurse & Touren
Bali Treetop Adventure Park .... (s. 3)
8 Handara Golf & Country Club Resort D1
9 Organisasi Pramuwisata Bangkit Bersama B2
10 Pramuwisata Amerta Jati B2

Schlafen
11 Enjung Beji Resort D2
12 Guru Ratna A2
Kebun Raya Bali .... (s. 3)
13 Manah Liang Cottages A2
Meme Surung Homestay .... (s. 12)
14 Munduk Moding Plantation A1
15 Pondok Kesuma Wisata B2
16 Puri Alam Bali A2
Puri Lumbung Cottages .... (s. 13)
17 Strawberry Hill D3
18 Villa Dua Bintang A2

Essen
Don Biyu .... (s. 12)
19 Ngiring Ngewedang A2
20 Roti Bedugul D2
21 Terrasse du Lac B2

ße sehr verschieden; die mittelgroßen haben die beste Aussicht. Das Haus liegt vom See aus direkt auf der anderen Seite der Trunyan Road. Es gibt zudem ein niedliches Café.

Under the Volcano III GUESTHOUSE $
(☎ 0813 3860 0081; Toya Bungkah; EZ/DZ mit Frühstück ab 200 000/250 000 Rp; 📶) Dieses Guesthouse an einer wunderschönen, ruhigen Stelle am See gegenüber von Peperonifeldern vermietet sechs saubere, einfache Zimmer. Zimmer Nummer 1 liegt direkt am Wasser. Zum Volcano-Imperium gehören noch zwei weitere Guesthouses in der Nähe, die alle von derselben netten Familie geführt werden.

Hotel Segara GUESTHOUSE $
(☎ 0366-51136; www.segara-id.book.direct; Kedisan; Zi. mit Frühstück 250 000–600 000 Rp; 📶)

Zum beliebten Segara gehören Bungalows, die um ein Café und einen Hof gruppiert sind. Die preiswerteren der 32 Zimmer haben nur kaltes Wasser, die besten Zimmer haben heißes Wasser und Badewannen zu bieten – ideal nach der Rückkehr von einer langen Wanderung.

Kedisan Floating Hotel BALINESISCH $
(☎0366-51627, 0813 3775 5411; Kedisan; Gerichte ab 27 000 Rp; ⏲8–20 Uhr; 📶) Dieses Hotel am Ufer des Danau Batur ist wegen seiner Tagesgerichte äußerst beliebt. An den Wochenenden konkurrieren die Touristen mit den Tagesausflüglern aus Denpasar um die Tische, die an den Piers am See stehen. Das balinesische Essen mit frischem Fisch aus dem See ist ausgezeichnet. Wer möchte, kann hier auch übernachten. Die besten Zimmer sind in den Cottages direkt am Seeufer (ab 500 000 Rp).

An- & Weiterreise

Wenn man nicht gerade wandert, ist es hier am besten, einen eigenen Wagen zu haben.

RUND UM DEN DANAU BRATAN

Wenn man sich von Südbali her nähert, lässt man allmählich die Reisterrassen hinter sich und fährt in das kühle, häufig neblige Bergland am Danau Bratan hinauf. Candikuning ist der Hauptort der Region, in der der für Bali bedeutende, hübsche Tempel Pura Ulun Danu Bratan liegt. Von Munduk aus lässt sich das Gebiet im Rahmen von schönen Wanderungen zu Wasserfällen und wolkenverhangenen Wäldern sowie den nahe gelegenen Danau Tamblingan erkunden. Und überall werden die einheimischen, himmlisch süßen Erdbeeren angeboten. Häufig ist es hier nebelig, dann kann es recht kühl werden.

Schlafen

Die Auswahl an Unterkünften in Seenähe ist begrenzt, weil der Großteil des Gebiets auf den einheimischen Tagestourismus ausgerichtet ist. An Sonn- und Feiertagen bevölkern meist Liebespaare das Seeufer und aus Toyotas entsteigen unzählige Familienmitglieder, die dorthin einen Tagesausflug unternommen haben. In Munduk gibt es aber viele hervorragende Gasthäuser.

Essen

Gute Essensoptionen finden sich hier in Bedugal und Munduk. Tagesausflügler bringen sich ein Picknick aus dem Süden mit.

An- & Weiterreise

Danau Bratan liegt an der wichtigsten Nord-Süd-verbindung zwischen Südbali und Singaraja. Bemos (Minibusse) sind hier fast ausgestorben und fahren nur noch sehr selten, sie halten höchstens zweimal wöchentlich an der Straße in Bedugul und Candikuning auf dem Weg vom Ubung-Busbahnhof in Denpasar zum Sangket-Busbahnhof in Singaraja und kosten 100 000 Rp. Um sich die weit auseinanderliegenden Sehenswürdigkeiten der Region anzusehen, braucht man einen eigenen Wagen.

Bedugul

☎0368

Mit „Bedugul" wird manchmal das ganze Gebiet am See bezeichnet, genau genommen handelt es sich bei Bedugul aber um den ersten Ort, der auf dem Hügel erreicht wird, wenn man von Südbali aus anreist. Die wenigsten halten sich hier lange auf, auch weil die Ortschaft ziemlich klein ist.

Schlafen

Vor der Reihe heruntergekommener Guesthouses am Felsgrat bei Bedugul sollte man sich hüten.

★ **Strawberry Hill** GUESTHOUSE $$
(☎0368-21265; www.strawberryhillbali.com; Jl Raya Denpasar-Singaraja; Zi. mit Frühstück ab 450 000 Rp; 📶) Direkt vor den Toren des Ortes Candikuning liegen 17 kleine, kegelförmige Holzcottages an einem Hügel. Jedes bietet eine Wanne und hübsche Ausblicke Richtung Südbali (wobei einige eine bessere Aussicht haben als andere, sodass ein Vergleich lohnt). Auf der indonesischen

GLÜCKSGEFÜHL BEI SONNENAUFGANG

Eine beinahe schon surreale Erfahrung ist eine ruhige Paddeltour über den Danau Bratan, um den Pura Ulun Danu Bratan bei Sonnenaufgang zu erleben. Die Mehrzahl der Balibesucher sieht den Tempel nur bei Tageslicht. Im Morgennebel präsentiert er sich jedoch ganz anders – fast schon magisch.

ABSEITS DER ÜBLICHEN PFADE

EINE KAUM BEFAHRENE STRASSE

Mehrere enge Straßen verbinden das Gebiet am Danau Bratan mit der Region um den Gunung Batur. Nur wenige Balinesen von außerhalb kennen diese Straßen; es bedarf einiger Überzeugungsarbeit, bis sich ein Fahrer bereitfindet, sie zu befahren. Eine 30 km lange Straße führt nicht nur zurück in ein früheres Zeitalter, sondern entführt den Balibesucher in eine Gegend, die an schwach entwickelte Inseln wie Timor erinnert. Die Szenerie ist so grandios, dass das eigentliche Reiseziel fast in Vergessenheit gerät.

Südlich von Bedugul wendet man sich in Temantanda nach Osten und nimmt eine kleine Straße, die sich durch üppig bewachsene, von Bächen eingeschnittene Schluchten den Hügel hinunterschlängelt. Nach etwa 6 km geht es an einer T-Kreuzung Richtung Norden, bis nach weiteren 5 km das hübsche Dorf **Kiadan Pelaga** erreicht wird. Diese Gegend ist für den Anbau von Biokaffee und Zimt bekannt; beide Anbaufrüchte sind sowohl zu sehen als auch zu riechen. JED (S. 502), eine Non-Profit-Gruppe, die Agrotourismus anbietet, organisiert Touren und Aufenthalte bei Gastfamilien in Pelaga.

Von Pelaga aus geht es den Berg hinauf in einem Gelände, in dem sich Dschungel und Reisfelder abwechseln. Weiter geht es Richtung Norden nach Catur, dann nach Osten bis zur Kreuzung mit der Straße, die nach Nordbali hinunterführt. Hier rund 1 km Richtung Osten bis nach Penulisan fahren.

Ein hübscher Abstecher ist bei Petang die Brücke **Tukad Bangkung**: Mit 71 m ist sie angeblich die höchste Brücke Asiens und eine Touristenattraktion. Die Straßen dorthin sind an Wochenenden von Verkaufsständen gesäumt.

Speisekarte des Cafés (Hauptgerichte ab 40 000 Rp) stehen unter anderem eine wärmende *soto ayam* (Hühnersuppe) und *gudeg yogya* (Jackfruchteintopf). Auf dem hoteleigenen Erdbeerfeld ist sogar freies Erdbeerpflücken erlaubt.

Bali Ecovillage BOUTIQUEHOTEL **$$**
(☎0819 9988 6035, Reservierungen 0813 5338 2797; www.baliecovillage.com; Dinas Lawak; Zi/Bungalow ab 45/80 US$) Diese eigentümliche Lodge ist in Bambus gehalten und liegt in einer entlegenen Ecke Balis unweit einer Kaffeeplantage. Sie ist so grün, dass fast nur noch eine andere Farbe sichtbar ist: das Blau des Himmels. Das Restaurant serviert Biokost aus der Region, aber auch westliche Küche. Zudem gibt es zahlreiche Kulturangebote sowie ein Spa und Yogastunden.

Es liegt in einem versteckten Tal unweit des Dorfes Kiadan Pelaga, rund 25 km von Bedugul entfernt.

An- & Weiterreise

Jeder Bemo (Minibus) zwischen Südbali und Singaraja hält auf Verlangen in Bedugul an.

Candikuning

☎0368

In Candikuning ist es häufig dunstig und neblig. Hier befinden sich ein sehr schöner botanischer Garten und einer der am meisten fotografierten Tempel des ganzen Landes. Zudem besticht die einfache, überwältigende Schönheit des Danau Bratan inmitten der reich bewaldeten Berge ringsum. Es gibt auch einen beliebten Markt.

Sehenswertes

Pura Ulun Danu Bratan HINDUTEMPEL
(Ab Jl Raya Denpasar-Singaraja; Erw./Kind 50 000/25 000 Rp, Parken 5000 Rp; ⏲7–16 Uhr) Dieser bedeutende hinduistisch-buddhistische Tempel ist ein berühmtes Wahrzeichen von Bali, ist er doch auf dem 50 000-Rupienschein abgedruckt. Der Tempel wurde im 17. Jh. gegründet und ist der Göttin des Wassers, Dewi Danu, geweiht. Errichtet wurde er auf kleinen Inseln. Wallfahrten und Zeremonien sollen dafür sorgen, dass alle Bauern auf ganz Bali im Rahmen des von der Unesco anerkannten Subak-Systems immer ausreichend Wasser für ihre Felder erhalten. Der Tempel ist unglaublich beliebt, wenn man nicht sehr früh kommt, muss man sich an vielen Selfie-Stangen vorbeidrücken.

Zur Anlage gehört ein klassischer hinduistischer *meru* mit Strohdach (mehrstufiger Schrein), der sich im Wasser spiegelt und dessen Silhouette sich malerisch vor dem oft wolkigen Berghintergrund abzeichnet.

Leider gibt es hier noch einen Nebenschauplatz: Tiere, darunter ein paar sehr traurig blickende Hirsche, werden hier anscheinend vor rituellen Opferungen gehalten, und der Parkplatz wird von Souvenirbuden eingerahmt. Man kann den Massen entfliehen, wenn man ein Tretboot, das wie ein verunglückter Schwan aussieht, mietet (100 000 Rp) oder eine geführte Kanutour (200 000 Rp) bucht.

Bali Botanic Garden GÄRTEN

(☎0368-203 3211; www.krbali.lipi.go.id; Jl Kebun Raya Eka Karya Bali; 20 000 Rp, Parken 6000 Rp; ⏰7–18 Uhr) Dieser Garten ist einfach eine Schau. Er wurde im Jahr 1959 als Ableger der nationalen botanischen Gärten von Bogor bei Jakarta gegründet und zieht sich über eine Fläche von mehr als 154 Hektar auf den niedriger gelegenen Hängen des Gunung Pohen. Besonders sehenswert ist der **Panca Yadnya Garden** (Garten der fünf Opfergaben), der die Pflanzen aus alten Hindu-Ritualen bewahrt hat. Für einen Aufpreis von 12 000 Rp darf man mit dem eigenen Auto (oder dem Motorrad) durch die Gartenanlage fahren.

Einige Pflanzen sind mit ihren botanischen Namen gekennzeichnet, dazu gibt es eine hilfreiche Broschüre für Spaziergänge auf eigene Faust (20 000 Rp). Das fantastische Orchideengelände ist leider häufig geschlossen, um die Pflanzen vor Diebstählen zu schützen, man kann aber um seine Öffnung bitten. Interessant ist auch die Suche nach den Rattanbüschen, um den Rohstoff so vieler Möbel einmal in seiner Ursprungsform zu sehen.

Im Park gibt es zudem die Gelegenheit, im Bali Treetop Adventure Park wie ein Affe oder Eichhörnchen von Baum zu Baum umherzutollen.

Candikuning Market MARKT

(Jl Raya Denpasar-Singaraja; Parken 2000 Rp) Dieser Straßenmarkt ist sehr touristisch, aber neben all den Ramschwaren sind auch Einheimische anzutreffen, die sich mit Obst, Gemüse, Kräutern, Gewürzen und Topfpflanzen eindecken.

Aktivitäten

Handara Golf & Country Club Resort GOLF

(☎0362-342 3048; www.handaragolfresort.com; Greengebühren ab 1 000 000 Rp, Golfschläger ab 450 000 Rp) Südlich von Pancasari taucht der Eingang zu diesem gut gelegenen 18-Loch-Golfplatz auf (im Vergleich zu den Anlagen in Südbali gibt es hier viel Wasser). Eine komfortable Übernachtung ist möglich (Zimmer ab 100 US$), allerdings in der sterilen Atmosphäre einer Hotelanlage der 1970er (sie könnte glatt als Basis des Schurken Drax im Bondfilm Moonraker durchgehen).

Das so charakteristische Tor der Anlage zieht mehr Besucher an als das Hotel selbst – für 30 000 Rp bekommt man zehn Minuten Zeit für ein Selfie davor. Ein garantierter Hit auf Instagram.

Bali Treetop Adventure Park OUTDOOR-AKTIVITÄTEN

(☎0361-934 0009; www.balitreetop.com; Jl Kebun Raya Eka Karya Bali, Bali Botanic Garden; Erw./Kind ab 25/16 US$; ⏰9.30–18 Uhr) Hier im Bali Botanic Garden ist es möglich, sich im Bali Treetop Adventure Park wie ein Vogel oder ein Eichhörnchen von Baum zu Baum zu bewegen. Mit Hilfe von Seilwinden, Seilen, Netzen und Ähnlichem lässt sich der Wald in luftiger Höhe erkunden. Und man muss ganz schön aktiv sein dabei: sich hochziehen, springen und balancieren. Wer das nicht möchte, sollte den Park besser meiden. Spezielle Programme sind auf unterschiedliche Altersgruppen abgestimmt.

PANCASARI NACH MUNDUK

Die Hauptstraße von Pancasari nach Munduk windet sich steil den Rand des alten Vulkankraters hinauf. Der Blick zurück über das Tal und die Seen lohnt den Zwischenstopp. Wenn man eine Banane zückt, geraten die Affenhorden hier vor Freude regelrecht aus dem Häuschen. Wer sich auf der Anhöhe nach rechts (Richtung Osten) wendet, gelangt in schöner Landschaft hinunter zum Küstenort Singaraja. Wer scharf nach links (Westen) fährt, kann einer Höhenstraße folgen: Auf der einen Seite blickt man auf den Danau Buyan, auf der anderen zieht sich der Hang zum Meer hinab.

In Asan Munduk stößt man auf eine weitere T-Kreuzung. Links geht es durch Wald und Gemüsegärten zum nahen Danau Tamblingan. Rechts führt eine schöne, gewundene Straße zum Hauptort Munduk. Es bieten sich herrliche Ausblicke auf Nordbali und das Meer.

Schlafen

Kebun Raya Bali GUESTHOUSE $$
(☎0368-2033211; www.kebunrayabali.com; Jl Kebun Raya Eka Karya Bali, Bali Botanic Garden; Zi. mit Frühstück ab 450 000 Rp) Beim Aufwachen ist schon der Duft von Rosen wahrzunehmen. Zum Kebun Raya Bali gehören 14 komfortable Zimmer und ein Guesthouse mit vier Hütten mitten im Herzen des botanischen Gartens.

Enjung Beji Resort HOTEL $$
(☎0852 8521; www.enjungbejiresort.com; Candikuning; Cottages mit Frühstück 400 000–750 000 Rp) Diese ruhige, angenehme Unterkunft liegt direkt nördlich des Tempels oberhalb des Danau Bratan. Die 23 Cottages sind modern und sauber, die hübschesten haben Außenduschen und Tauchbäder.

Essen

Eine hervorragende *bakso ayam* (Hühnersuppe) gibt es an einem der Straßenstände dort, wo die Straße von Candikuning den Danau Bratan erreicht und nach Norden abzweigt. Ansonsten befinden sich an der Hauptstraße in der Nähe des Tempels zahlreiche mittelmäßige Restaurants mit Busparkplätzen.

Roti Bedugul BÄCKEREI $
(☎0368-203-3102; Jl Raya Denpasar-Singaraja; Snacks ab 5000 Rp; ⏲8–16 Uhr) Diese Bäckerei, die sich direkt nördlich des Markts befindet, stellt täglich ausgezeichnete Sorten ihres Namensgebers *roti* (Brot) sowie Croissants und andere Backwaren her.

An- & Weiterreise

Jeder Minibus bzw. Bemo zwischen Südbali und Singaraja hält auf Anfrage in Candikuning.

Danau Buyan & Danau Tamblingan

Nordwestlich des Danau Bratan liegen zwei weniger besuchte Seen, der Danau Buyan und der Danau Tamblingan, wo einige her-

EINEN ABSTECHER WERT

DIE WASSERFÄLLE VON MUNDUK

Zu den vielen Wasserfällen bei Munduk gehören die drei folgenden, die sich in einer vier- bis sechsstündigen Wanderung besuchen lassen (die unzähligen Karten der Gegend, die in den Unterkünften verteilt werden, sind im Einzelnen oft ungenau, sodass man sich leicht verlaufen kann). Glücklicherweise führen auch ungeplante Umwege durch eine schöne Landschaft. Zudem gibt es wunderbare örtliche Guides, wie Bayu Sunrise (S. 293), die Reisende überall auf Bali abholen und auf den Wanderwegen zu den Wasserfällen begleiten. Die Gischt vom Wasser vereinigt sich mit dem Nebel in der Luft; es tropft von allen Blättern. Wanderer treffen auf eine Vielzahl rutschiger und steiler Pfade; oberhalb einiger Wasserfälle warten winzige Cafés auf Erholungsuchende.

Banyu Wana Amertha Wasserfälle (☎0857 3943 9299; www.facebook.com/banyuwanaamertha; Jl Bhuana Sari, Wanagiri; 20 000 Rp, parken 2000 Rp; ⏲8–17 Uhr) Gerade erst touristisch erschlossen sind diese vier getrennten Wasserfälle ganz unterschiedlicher Größe – von einem kleinen Paar heiterer Kaskaden bis hin zu einem 40 m breiten Monster, das in ein atmosphärisches Becken fällt. Von der Straße JL Raya Wanagiri, die am Nordufer des Sees Lake Buyan entlangführt nördlich auf die Jl Bhuana Sari für 1,8 km, dann tauchen Schilder zum Parkplatz auf der linken Seite auf. Vom Parkplatz sind es ungefähr 500 m bis zum Weg, der zu den verschiedenen Kaskaden führt.

Banyumala-Doppelwasserfälle (☎0819 1648 5556; Wanagiri Village; 20 000 Rp, parken 2000 Rp) Das Einzige, das diese einsamen Wasserfälle im Dorf Wanagiri verrät, ist ein Schild an einer holprigen Straße. Von der Jl Raya Wanagiri, der Straße am Nordufer des Buyan Sees, dem Schild am Westende des Sees folgen und diese Straße 2,3 km nach Norden bis zum Parkplatz fahren. Von hier aus geht man ungefähr 20 Minuten bergab bis zu den Wasserfällen.

Munduk-Wasserfall (Tanah Braak; 20 000 Rp, parken 2000 Rp) Vom westlichen Ufer des Tamblingan Sees geht es weiter auf der Hauptstraße, Jl Munduk–Wanagiri, 4,6 km bis zu den Schildern für den Parkplatz am Munduk-Wasserfall. Von dort führt ein 700 m langer Fußweg zu den Wasserfällen.

vorragende geführte Wanderungen angeboten werden. Von der Straße nach Munduk auf den Bergen oberhalb der Seen bieten sich den Reisenden zahlreiche atemberaubende Ausblicke. An den Ufern beider Seen gibt es mehrere winzige Dörfer und alte Tempel, für die es sich lohnt etwas Zeit einzuplanen. Hier lässt man die Touristenmassen hinter sich und genießt eine Tropenwanderung, die viel weniger Probleme bereitet als an so manchen anderen Orten.

Aktivitäten

★ **Pramuwisata Amerta Jati** WANDERN
(☎0857 3715 4849; Munduk Rd; geführte Wanderungen 250 000–750 000 Rp; ⏲8–17 Uhr) Diese Gruppe hervorragender Wanderguides ist in einer Hütte an der Straße oberhalb des Danau Tamblingan stationiert und bietet verschiedene Touren hinunter zu den Seen und rund um die Seen. Auf der beliebten Zwei-Stunden-Tour gibt es auch alte Tempel und eine Kanufahrt (250 000 Rp pro Pers.). Die Touren können von einer Stunde bis zu einem ganzen Tag variiert werden.

★ **Organisasi Pramuwisata Bangkit Bersama** WANDERN
(auf Englisch: Guides Organization Standing Together; ☎0852 3867 8092; Danau Tambligan, Asan Munduk; geführte Wanderungen ab 200 000 Rp; ⏲8.30–16 Uhr) Die große Gruppe hat ihren Sitz in der Nähe des Parkplatzes zum Danau Tamblingan. Wie die Gruppe von Guides an der Straße von Munduk bietet sie ein ganzes Spektrum von Ausflügen rund um die Seen, zu Tempeln und in die Berge an. Man kann etwa den nahe gelegenen Gunung Lesong für 600 000 Rp besteigen (Wanderstöcke stehen zum Ausleihen für die Kunden bereit).

Schlafen

Pondok Kesuma Wisata GUESTHOUSE $
(☎0812 3791 5865; Asan Munduk; Zi. ab 350 000 Rp) Dieses praktische Guesthouse bietet seinen Gästen zwölf saubere Zimmer mit heißem Wasser und ein nettes Café (Gerichte 15 000 bis 30 000 Rp; im Voraus reservieren). Es liegt direkt oberhalb des Parkplatzes am Danau Tamblingan. Manchmal gibt es hier oben außer beim Ein- und Auschecken nur wenig Service.

Essen

An der Munduk Road, die nördlich der Seen am Kamm entlangführt, gibt es gute, einfache Cafés und Picknickplätze mit schönem Ausblick.

★ **Terrasse du Lac** CAFÉ $$
(☎0819 0330 1917; Jl Danau Tamblingan; Hauptgerichte 60 000–75 000 Rp; ⏲9–20 Uhr; 🖉) In diesem Café wird hervorragendes Essen serviert, und das bei wunderschönem Seeblick. Zum Frühstück gibt es Pfannkuchen, später am Tage Fleischgerichte, Nudeln und Gemüsespezialitäten. Exzellente frische Säfte, Bier und Kaffee etc. sind auch dabei. Empfehlenswert ist der gelbe Ingwertee. Es werden auch zwei moderne, saubere Zimmer mit Balkon und Blick in den Sonnenuntergang vermietet (ab 600 000 Rp).

An- & Weiterreise

Man braucht ein eigenes Auto, um die Region rund um diese zwei Seen zu erkunden. Am Danau Buyan befindet sich ein Parkplatz direkt am See, bloß 1,5 km von der Hauptstraße entfernt. Der Parkplatz des Danau Tamblingan liegt am Ende der Straße vom Dorf Asan Munduk.

Munduk

☎0362

Das einfache Dorf Munduk ist einer der attraktivsten Bergorte Balis. Es hat eine kühle, neblige Atmosphäre und liegt inmitten von üppig bewachsenen Hängen, die mit Reisfeldern, Obstbäumen und nahezu allem, was auf der Insel so wächst, überzogen sind. Dutzende von Wasserfällen stürzen die steilen Hänge herab. Es gibt unzählige Wanderwege und Pfade, außerdem viele nette Aufenthaltsmöglichkeiten – von alten niederländischen Sommerhäusern im Kolonialstil bis hin zu Unterkünften, in denen man komplett in die heimische Kultur eintauchen kann. Viele Leute kommen für einen Tag und bleiben schließlich eine Woche.

Archäologische Funde legen nahe, dass es in der Region von Munduk zwischen dem 10. und 14. Jh. eine entwickelte Kultur gegeben hat. Als die Niederländer in den 1890er-Jahren die Kontrolle über Nordbali übernahmen, experimentierten sie mit kommerziellen Plantagen und bauten Kaffee, Vanille, Gewürznelken und Kakao an.

Aktivitäten

Die Mitarbeiter einer jeden Unterkunft geben gerne Tipps für Spaziergänge und Wanderungen. Es gibt zahlreiche Wanderwege in verschiedensten Längen zu Kaffeeplantagen,

Reisfeldern, Wasserfällen oder zu anderen Dörfern. Es ist sogar möglich, rund um den Danau Tamblingan und Danau Buyan zu wandern. Die meisten Wege lassen sich leicht alleine bewältigen, ein ortskundiger Guide kann die Wanderer allerdings auch abseits der üblichen Pfade zu versteckten Wasserfällen und anderen Highlights führen.

Ideal ist auch der Spazierweg, der die Guesthouses von Munduk miteinander verbindet, so lässt sich die gefährliche Straße umgehen.

Schlafen

Puri Alam Bali GUESTHOUSE $

(☎0812 465 9815; www.purialambali.com; Zi. 400 000–800 000 Rp;) Da das Gebäude an einem Hang am Ostende des Dorfes steht, haben die 15 Zimmer (alle mit heißem Wasser und Balkon) mit jedem Meter Höhe einen immer besseren Ausblick. Das Café auf dem Dach ist schon wegen seiner spektakulären Aussicht einen Besuch wert. Die lange Betontreppe von der Straße aus sollte man als Übung fürs Wandern betrachten.

Guru Ratna GUESTHOUSE $

(☎0813 3719 4398; www.guru-ratna.com; Zi. 300 000–330 000 Rp;) Die preiswerteste Unterkunft im Dorf bietet sieben komfortable Zimmer mit heißem Wasser (einige ohne eigenes Bad). Die besten Räume in diesem niederländischen Kolonialbau haben geschnitzte Holzelemente und hübsche Veranden.

Meme Surung Homestay GUESTHOUSE $

(☎0812 387 3986; www.memesurung.com; Zi. inkl. Frühstück ab 400 000 Rp;) Die beiden stimmungsvollen, alten niederländischen Häuser stehen nebeneinander und bilden einen Komplex mit sechs Zimmern inmitten eines englischen Gartens. Das Dekor ist traditionell und einfach; der Blick von der langen hölzernen Veranda steht im Mittelpunkt und ist super schön. Die Häuser liegen an der Hauptstraße von Munduk.

★ **Puri Lumbung Cottages** GUESTHOUSE $$

(☎0812 387 4042; www.purilumbung.com; Cottages mit Frühstück 80–175 US$;) Das nette Hotel wurde von Nyoman Bagiarta gegründet, um den nachhaltigen Tourismus zu fördern, und hat 43 helle zweistöckige strohgedeckte Cottages und Zimmer inmitten der Reisfelder. Die Ausblicke von den oben gelegenen Balkonen (die besten Blicke haben die Zimmer 32 bis 35) sind traumhaft. Dutzende von Wanderungen und Kursen werden hier angeboten.

Das Hotelrestaurant ist mit den kreativen und vielfältigen Gerichten sehr gut (Hauptgerichte 50 000 bis 120 000 Rp). Von Bedugul kommend liegt das Hotel auf der rechten Seite, etwa 700 m vor Munduk. Der Name „Sunset Bar" verrät bereits alles, was man wissen muss.

Manah Liang Cottages BUNGALOWS $$

(☎0362-700 5211; www.manahliang.com; Zi. ab 450 000 Rp;) Etwa 800 m östlich von Munduk bietet dieser ländliche Gasthof (dessen Name „Wohlfühlen" bedeutet) traditionelle Cottages mit Ausblick auf die üppig grüne Umgebung. Die Freiluftbäder mit Wannen sind erfrischend, auf den Veranden kann man sich herrlich ausruhen. Ein kurzer Weg führt zu einem kleinen Wasserfall. Es werden Kochkurse und geführte Wanderungen angeboten.

Villa Dua Bintang GUESTHOUSE $$

(☎0812 3700 5593, 0812 3709 3463; www.villaduabintang.com; Jl Batu Galih; Zi. mit Frühstück 800 000 Rp;) Dieses Guesthouse liegt abseits der Hauptstraße, 500 m eine baumgesäumte Gasse hinunter, 1 km östlich von Munduk. Acht prachtvolle Zimmer sind sorgfältig inmitten von Obstbäumen und Wald platziert (zwei davon sind Familienzimmer). Der Duft von Gewürznelken und Muskat hängt in der Luft. Die Familie, die es führt, ist sehr nett. Es gibt auch ein Café.

★ **Munduk Moding Plantation** RESORT $$$

(☎0811 381 0123; www.mundukmodingplantation.com; Jl Raya Asah Gobleg; Suite/Villa ab 189/367 US$;) Mitten in einer Kaffeeplantage laden moderne Villen im balinesischen Stil und die Suiten dieses intimen Ökohotels zu luxuriöser Entspannung ein. Aber die ultimative Erholung bietet der preisgekrönte, 18 m lange Infinity-Pool – sein Wasser geht nahtlos in den Himmel über; das vielleicht beste Panorama aus Bergen und Meer auf Bali reicht an klaren Tagen bis nach Java.

Munduk Moding Plantations Nachhaltigkeitsanspruch geht über Umweltschutzanstrengungen hinaus. Zusätzlich zum Wasserfilter vor Ort, zu erneuerbarer Energie, einem Küchengarten und ökologischem Abfallmanagement bietet die Kaffeeplantage soziale und ökonomische Entwicklungsmöglichkeiten, um die örtlichen Gemeinden zu unterstützen.

Essen

Im Dorf gibt es einige hübsche *Warungs* (Essensstände) und ein paar Läden mit dem Allernötigsten (einschließlich Insektenspray). Den Gästehäusern ist oft ein Café angeschlossen: Das Restaurant an den Puri Lumbung Cottages ist für Nichtgäste die beste Wahl.

Don Biyu CAFÉ $
(☎0812 3709 3949; www.donbiyu.com; Hauptgerichte 22 000–87 000 Rp; ⏲7.30–22 Uhr; 📶) Hier kann der Gast guten Kaffee genießen, angesichts der erhebenden Aussicht gedanklich völlig abschalten und aus einem Angebot an verschiedenen westlichen und interessanten asiatischen Speisen wählen. Das Essen wird in hübschen Freiluftpavillons serviert. Hier gibt es auch fünf Doppelzimmer (600 000–750 000 Rp), alle mit Balkon und schönem Ausblick. Die Anlage liegt an der Hauptstraße nach Munduk.

Ngiring Ngewedang CAFE $
(☎0812 380 7010; www.ngiringngewedang.com; Snacks 15 000–40 000 Rp; ⏲10–17 Uhr) Ein Stopp in diesem Café, 5 km östlich von Munduk, lohnt sich für den weiten Blick auf die umgebenden Hügel – wo der eigene Kaffee angebaut wird – und auf das Bergdorf darunter.

An- & Weiterreise

Vom Busbahnhof Ubung in Denpasar fahren mehrmals täglich Minibusse nach Munduk (60 000 Rp). Wer zur Nordküste fahren möchte, sollte die Hauptstraße westlich von Munduk nehmen, die durch eine Reihe malerischer Dörfer nach Mayong führt (von dort aus kann man sich Richtung Süden nach Westbali wenden). Die Straße verläuft dann hinunter zum Meer bei Seririt in Nordbali.

RUND UM DEN GUNUNG BATUKAU

☎0361

Der Gunung Batukau (2276 m) ist der zweithöchste Berg der Insel, der drittwichtigste von Balis Hauptbergen und der heilige Gipfel des Inselwestens. Er liegt etwas im Abseits, was eigentlich ein Segen ist angesichts der Vielzahl an Verkäufern, die einem weiter östlich die Lust auf die Besteigung des Gunung Agung verdirbt.

Von einem der heiligsten und am meisten unterschätzten Tempel aus, dem Pura Luhur Batukau, lassen sich die rutschigen Berghänge besteigen. Oder man schwelgt im Grün der alten Reisterrassen bei Jatiluwih.

Sehenswertes

★**Pura Luhur Batukau** HINDUTEMPEL
(Erw./Kind 20 000/10 000 Rp; ⏲8–18.30 Uhr) Pura Luhur Batukau auf den Hängen des Gunung Batukau war der Staatstempel des einst unabhängigen Königreichs Tabanan. Zur Anlage gehören eine Pagode *(meru)* mit sieben Dächern für Maha Dewa, den Schutzgott des Berges, sowie Schreine für die Seen Bratan, Buyan und Tamblingan. Pura Luhur Batukau ist sicherlich der spirituellste Tempel auf Bali, der leicht besucht werden kann.

Die Hauptpagode im Innenhof hat kleine Türen, hinter denen sich zeremonielle Gegenstände verbergen. Der Tempel ist von Wald umgeben, in dem es angenehm kühl und neblig ist; außer den Gesängen der Priester ist nur Vogelgezwitscher zu hören.

Wenn man sich vom Tempel aus nach rechts wendet, erreicht man nach einem kurzen Weg einen kleinen Wildbach, wo die Luft vom rauschenden Wasser widerhallt. Unbedingt einen Blick auf den ungewöhnlichen Fruchtbarkeitsschrein werfen!

Hier gibt es weder Betrüger noch die sonst üblichen Touristenmassen. Beim Besuch des Tempels gilt es, die Traditionen zu respektieren und sich angemessen zu verhalten. Die Leihgebühr für einen Sarong ist im Eintrittspreis enthalten. Am Eingang stehen auch Guides, die lohnende **zweistündige Dschungelwanderungen** für 250 000 Rp anbieten.

Aktivitäten

Gunung Batukau WANDERN
Am Pura Luhur Batukau ist man eigentlich schon recht weit oben auf dem Gunung Batukau. Für die Wanderung zum 2276 m hohen Gipfel wird aber dennoch ein Guide benötigt, der an der Kartenbude am Tempel engagiert werden kann. Für den matschigen, beschwerlichen Aufstieg, der mindestens sieben Stunden dauert (für eine Strecke), muss man mit mehr als 1 000 000 Rp rechnen. Der Preis ist verhandelbar!

Doch die – zumindest theoretischen – atemberaubenden Ausblicke (je nach Nebeldichte) im Wechsel mit dichtem, triefendem

Dschungel und die Gewissheit, dass dieser Trail erheblich weniger frequentiert wird als jene auf die östlich gelegenen Gipfel, belohnen die Mühe. Ein Hauch dieses Abenteuers ist auch schon auf einem zweistündigen Mini-Trip spürbar (300 000 Rp für 2 Pers.).

Es mag möglich sein, die Nacht oben auf dem Berg zu verbringen, doch im Allgemeinen ist davon auszugehen, dass Wanderer den Auf- und Abstieg an einem Tag bewältigen. Wer oben auf dem Berg campen möchte, sollte im Voraus mit den Guides darüber sprechen, vielleicht können sie da etwas arrangieren.

Schlafen

Zwei Lodges verstecken sich an den Hängen des Gunung Batukau. Beide lassen sich über eine spektakuläre, kleine und gewundene Straße von Bajera nach Pucuk erreichen, die hakenähnlich den Berg hinauf verläuft. Sie zweigt von der Hauptroute Tabanan–Gilimanuk in Westbali ab.

★ **Sarinbuana Eco Lodge** LODGE $$
(☎0361-743 5198; www.baliecolodge.com; Sarinbuana; Bungalows 900 000–2 000 000 Rp;) Diese schönen, zweigeschossigen Bungalows stehen an einem Hügel nur

NICHT VERSÄUMEN

DIE REISTERRASSEN VON JATILUWIH

In **Jatiluwih** (Erw./Kind 40 000/30 000 Rp, Auto 5000 Rp) – der Name bedeutet „wirklich großartig" (oder „wunderschön", je nach Übersetzung) – wird man mit Panoramablicken auf jahrhundertealte Reisterrassen verwöhnt, deren Grün sich nicht erschöpfend beschreiben lässt. Als smaragdfarbene Bänder winden sie sich die Hügel entlang, springen zurück und klettern zum blauen Himmel.

Die Terrassen sind beispielhaft für die alte Art der Reiskultivierung auf Bali. Aus diesem Grund sind sie mittlerweile als Weltkulturerbe geschützt. Die Nominierung ist nachvollziehbar, wenn man das Panorama von der engen, kurvigen und 18 km langen Straße aus auf sich wirken lässt. Lohnenswerter ist es noch, durch die Reisfelder zu wandern und dem Wasser zu folgen, das durch Kanäle und Bambusrohre von einer Terrasse zur nächsten rinnt. Bei vielen der Reispflanzen, die hier zu sehen sind, handelt es sich um alte Sorten, nicht um Hybride, wie sie in anderen Teilen der Insel inzwischen gepflanzt werden. Zu erkennen ist der Unterschied an den schweren, kurzen Hülsen des roten Reises.

Man sollte sich Zeit nehmen, das Auto und den Fahrer zurücklassen und sich ein schönes Plätzchen zum Genießen des großartigen Ausblicks suchen. Es klingt wie ein Klischee, aber je länger man schaut, desto mehr erkennt man. Was zunächst wie eine breite Palette von Grüntönen erscheint, erweist sich als Reis in unterschiedlichen Wachstumsstadien.

Vorsicht jedoch: Die Terrassen sind mittlerweile so beliebt geworden, dass die Straße nicht ganz ruhig ist. Und noch schlimmer: Tourveranstalter bieten nun auch Geländewagentouren mitten durch die Reisfelder an. Nachdem die UNESCO angedroht hat, den Status der Felder zurückzunehmen, hat die Regierung nun Ausbaupläne eingefroren. Das ist auch keine Sekunde zu früh gewesen, denn Investoren hatten schon Pläne kundgetan, die Terrassen für den Bau von Hotels niederzuwalzen.

An der Strecke bieten Cafés Erfrischungen an. Auf halber Strecke gibt es davon etliche auffallend schrille Exemplare. Am besten ist es, sich erst mal einige anzuschauen.

Weil die Straße so kurvenreich ist, müssen die Fahrzeuge recht langsam fahren. Daher ist die Strecke durch die Reisfelder besonders gut für Radfahrer geeignet. Unterwegs gibt es Mautstellen für Besucher (Erw./Kind 40 000/30 000 Rp pro Pers., plus 5000 Rp pro Auto), deren Erlös offenbar *nicht* dem Erhalt der Straße zufließt – die ist weiterhin sehr holprig. Aber dennoch dauert die Fahrt nicht mehr als eine Stunde.

Die Straße ist im Westen von der Straße, die von Tabanan zum Pura Luhur Batukau führt, zugänglich, im Osten biegt man bei Pacung von der Hauptstraße nach Bedugul ab. Alle Fahrer kennen den Weg gut, und die Einheimischen sagen auch gerne, wo es langgeht.

zehn Minuten Fußweg von einem Regenwaldschutzgebiet entfernt. Zu den erwähnenswerten Annehmlichkeiten gehören Kühlschränke, Marmorbäder und handgemachte Seifen. Der Gesamteindruck ist rustikal-luxuriös. Es gibt sogar ein Baumhaus. Das Bio-Restaurant mit balinesischer Küche ist hervorragend (Hauptgerichte 60 000–150 000 Rp).

Angeboten werden auch Kultur-Workshops und Yogakurse sowie geführte Wanderungen.

Die Lodge ist super grün – zum Nachhaltigkeitsprojekt gehören Wasser- und Stromsparmaßnahmen, ökologisches Abfallmanagement, chemiefreie Produkte sowie die soziale und wirtschaftliche Stärkung örtlicher Gemeindemitglieder.

Bali Mountain Retreat LODGE $$

(☎0828 360 2645; www.balimountainretreat.com; Zi. 550 000–1 260 000 Rp; 📶) 🍃 Die luxuriösen Zimmer befinden sich in schönen Cottages, die kunstvoll über die Hügellandschaft verstreut errichtet wurden. Üppige Gärten umschließen eine Architektur, die alte und neue Einflüsse vereint. Einige Zimmer verfügen über eine große Veranda und sind daher perfekt dazu geeignet, die Aussicht zu genießen. Zu den preiswerten – und originellen – Angeboten gehört ein Bett in einer alten Reisscheune. Und es gibt rundum wunderbare Möglichkeiten zum Wandern.

ℹ An- & Weiterreise

Die einzig realistische Möglichkeit, das Gebiet um den Gunung Batukau zu erkunden, ist mit dem eigenen Wagen.

Es gibt zwei Zufahrtsmöglichkeiten in das Gebiet. Der einfachste führt über Tabanan: Man fährt 9 km auf der Straße zum Pura Luhur Batukau Richtung Norden bis zu einer Gabelkreuzung, nimmt die linke (zum Tempel) und fährt dann weitere 5 km bis zu einer Kreuzung an einer Schule in Wangayagede. Hier geht es einfach geradeaus zum Tempel oder aber auch rechts (östlich) zu den Reisfeldern von Jatiluwih.

Die andere Zufahrt erfolgt von Osten aus. Auf der Hauptstraße Denpasar–Singaraja hält man direkt südlich des Hotels Pacung Indah nach einer kleinen Straße Richtung Westen Ausschau. Hier folgt man einer Reihe kleiner befestigter Straßen bis zu den Reisfeldern von Jatiluwih. Viele verirren sich hier zwar, aber die Einheimischen helfen gerne weiter, und die Landschaft ist einfach himmlisch.

ABSEITS DER ÜBLICHEN PFADE

DER PFAD ZU REIS, GEWÜRZEN & KAFFEE

Startpunkt ist Antosari, von wo aus es gen Norden durch die Reisfelder geht, nach 8 km führt die Straße ein wunderschönes Tal mit Reisterrassen entlang. Tolle Gärten säumen den Hang und bereichern die ohnehin schon bemerkenswerten Ausblicke.

Nach Erreichen der Ausläufer des Gunung Batukau, 20 km nördlich von Antosari, nähert man sich dem Gewürzdorf **Sanda**, das schon zu riechen ist, bevor man es sieht. Sehenswert sind die alten auf Pfählen stehenden Reisspeicher aus Holz, die hier noch zu jedem Haus gehören.

Nach weiteren 8 km Fahrt durch Kaffeeplantagen erreicht man **Pupuan**. Von hier aus sind es noch einmal 6 km bis zum Highlight des Ausflugs, dem großartigen **Tal mit Reisanbau** in der Nähe von Subuk. Nach weiteren etwa 6 km wird Mayong erreicht, wo man entweder Richtung Osten nach Munduk und zum Danau Bratan abbiegen oder weiterhin geradeaus nach Seririt fahren kann.

DIE ANTOSARI-STRASSE

☎0361

Obwohl die meisten Leute die Berglandschaft via Candikuning oder Kintamani durchqueren, gibt es eine sehr malerische dritte Möglichkeit, von Südbali zur Nordküste zu reisen. Von der Straße von Denpasar nach Gilimanuk in Westbali zweigt in Antosari eine Straße Richtung Norden ab, die über Pupuan nach Seririt (westlich von Lovina in Nordbali) führt.

Schlafen

Sanda Boutique Villas LODGE $$

(☎0828 372 0055; www.sandavillas.com; Bungalows mit Frühstück ab 85 US$; ❄📶🏊) Dieses Boutiquehotel ist eine freundlich-heitere Bleibe. Sein großer Infinity-Pool scheint nahtlos in die Reisterrassen überzugehen. Seine acht Bungalows sind wirklich recht luxuriös (nicht alle haben WLAN). Das Hotel wird gut geführt und das Café mit Fusion-Küche ist hervorragend. Die bezaubernden Eigentümer empfehlen gerne

ABSEITS DER ÜBLICHEN PFADE

DER ANDERE WEG NACH PUPUAN

Die Straße von Antosari führt ins Bergdorf Pupuan, aber es gibt noch eine andere Route, eine über Nebenstraßen durch die balinesischen Berge. Der Start liegt in Pulukan, an der Straße Denpasar–Gilimanuk in Westbali. Eine kleine Straße steigt steil von der Küste an und bietet tolle Ausblicke auf Westbali und das Meer. Sie führt durch ein Gewürzanbaugebiet – die duftenden Gewürze trocknen auf Matten am Straßenrand. Nach ungefähr 10 km und kurz vor Manggissari führt die schmale und gewundene Straße direkt durch **Bunut Bolong** – einen Tunnel, der von zwei riesigen Bäumen gebildet wird (der *bunut* ist eine Feigenart; *bolong* bedeutet „Loch").

Im weiteren Verlauf schraubt sich die Straße durch einige der schönsten Reisterrassen Balis bergab nach Pupuan. Es lohnt sich einen Zwischenstopp einzulegen, um zu den großartigen **Wasserfällen** von Pujungan zu wandern, ein paar Kilometer südlich von Pupuan. Den Schildern eine schmale, unebene Straße entlang folgen und 1,5 km bis zum ersten Wasserfall gehen – er ist hübsch, aber bevor man sich trotzdem etwas enttäuscht abwendet, einfach dem Geräusch zu einem zweiten Wasserfall folgen, der 50 m hoch ist.

Wanderungen durch die Kaffeeplantagen und Reisfelder. Es liegt direkt nördlich des Dorfes Sanda.

Kebun Villas LODGE **$$**
(☎0361-780 6068; www.kebunvilla.com; Zi. ab 45 US$; 🏊) Die acht Cottages voller Antiquitäten liegen auf dem Hügel verstreut und erlauben alle einen weitläufigen Blick über die Reisfelder im Tal. Ein Spaziergang ins Tal hinunter führt zum großen Pool. Einmal dort, kann man hier gut den ganzen Tag verbringen.

ℹ An- & Weiterreise

In der gesamten Region braucht man einen eigenen Wagen.

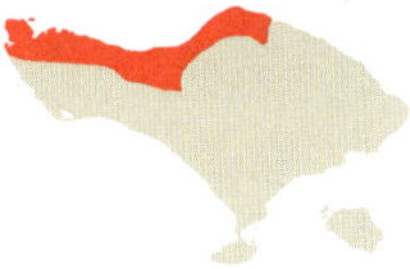

Nordbali

Inhalt ➡

Yeh Sanih 287
Singaraja 288
Lovina............. 290
Seririt............. 299
Pemuteran.......... 300
Banyuwedang 305
Labuhan Lalang 306
Nationalpark Bali Barat 306

Gut essen

- Damai (S. 297)
- Jasmine Kitchen (S. 297)
- Buda Bakery (S. 298)
- Global Village Kafe (S. 297)
- Santai Warung (S. 304)

Schön übernachten

- Matahari Beach Resort (S. 304)
- Damai (S. 297)
- Taman Selini Beach Bungalows (S. 304)
- Taman Sari Bali Resort (S. 304)
- Funky Place (S. 296)

Auf nach Nordbali!

Das Land auf der anderen Seite der Landkarte – das ist Nordbali. Obwohl hier ein Sechstel der Bevölkerung lebt, wird das riesige Gebiet von vielen Besuchern, die sich in der Region Südbali-Ubud versammeln, ganz einfach übersehen.

Die Hauptattraktion ist hier das faszinierende Tauch- und Schnorchelrevier im nahe gelegenen Pulau Menjangan. Das gerade so richtig boomende Pemuteran, das sich entlang einer Bucht erstreckt, ist vielleicht der beste Strandort Balis. Im Osten liegt Lovina, ein verschlafener Strandort mit preiswerten Hotels und noch günstigerem Bier zum Sonnenuntergang. Entlang der gesamten Nordküste findet man interessante kleine Boutiquehotels, abseits der Küste locken einsame Wanderwege, die zu Wasserfällen führen.

Schon die Fahrt nach Nordbali ist ein Vergnügen.

Reisezeit

- Im größten Teil Nordbalis gibt es eigentlich keine klassische Hauptsaison, in der großer Andrang an Urlaubern herrscht.
- Die einzige Ausnahme bilden Pemuteran, hier liegt die Hauptreisezeit im Juli und August sowie rund um Weihnachten und Neujahr, und die Tauch- und Schnorchelreviere rund um Menjangan, in denen sich zahlreiche „Schwärme" von Badegästen tummeln.
- Was das Wetter betrifft, fällt im Norden weniger Regen als im Süden. Normalerweise scheint die Sonne den ganzen Tag und das ganze Jahr (deswegen verlangen die meisten Besucher auch Zimmer mit Klimaanlage). Eine Abwechslung gibt es allerdings: Wer in den Bergen wandert, merkt, dass es hier morgens recht frisch ist.

Highlights

1 Pulau Menjangan (S. 300) Sich in die Tiefen von Balis bestem Tauchrevier stürzen.

2 Pemuteran (S. 300) Die faszinierende Unterwasserwelt vor der Küste des idyllischen Strandortes erkunden.

3 Sekumpul-Wasserfall (S. 290) Auf dem Weg zu den Kaskaden gibt's einen Einblick in das dörfliche Leben.

4 Lovina (S. 290) In diesem lässigen Ort die Zeit vergessen, aber nicht das ganze Urlaubsbudget verprassen.

5 Air Terjun Singsing (S. 291) Wanderung zu diesem tosendem Wasserfall in grünen Hügeln.

6 Singaraja (S. 288) Die Kultur in den Museen der Hauptstadt des einstigen Königreichs Bulelengs genießen.

7 Nationalpark Bali Barat (S. 306) Wildtierbeobachtung inmitten von Mangroven und Savannen in Balis einzigem Nationalpark.

An- & Weiterreise

Hier folgen die Straßen dem spärlich besiedelten Küstenstreifen nach Osten oder Westen. Es gibt auch einige, die in und über die Berge führen, von denen aus man Kraterseen bewundern oder einen Stopp einlegen kann, um durch den Nebel zu wandern. Singaraja ist das Hauptdrehkreuz für Busse. Busse aus Südbali kommen hier an. Entlang der Hauptküstenstraßen nach Osten und Westen gibt es Raststätten. Außerdem muss man einkalkulieren, dass ein hohes Verkehrsaufkommen die Fahrt vom Süden in den Norden Balis um mindestens drei Stunden verlängern kann.

Yeh Sanih

☎ 0362

Die für ihre heißen Quellen berühmte Region Yeh Sanih befindet sich etwas abgelegen an der Küstenstraße Nordbalis. Es gibt zwar nur wenige Sehenswürdigkeiten und Raststätten, aber es ist eine wunderbare Fahrstrecke zum Strand und zu den Tauchorten von Ostbali.

Sehenswertes & Aktivitäten

Pura Maduwe Karang HINDUTEMPEL

(Tempel des Landbesitzers; Kubutambahan) Der Pura Maduwe Karang ist einer der faszinierendsten Tempel Nordbalis. Besonders berühmt ist er wegen seiner reich verzierten Tempelwände und wegen des bekannten in Stein gehauenen Reliefs eines Fahrrads, das einen Herrn auf einem Fahrrad zeigt, dessen Hinterrad von einer Lotosblume gebildet wird. Das Relief befindet sich am unteren Ende des Hauptsockels im inneren Bereich des Tempels. Der Radfahrer ist vermutlich W. O. J. Nieuwenkamp, ein niederländischer Künstler, der 1904 das wahrscheinlich erste Fahrrad nach Bali einführte.

Wie Pura Beji in Sangsit ist dieser dunkle Steintempel den Göttern des Ackerbaus gewidmet, doch diese Götter kümmern sich um das nicht bewässerte Land. Der Tempel liegt in der Ortschaft Kubutambahan und ist leicht zu erkennen – an der Außenwand befinden sich 34 in Stein gehauene Figuren aus dem Ramayana-Epos. Kubutambahan liegt an der Straße von Singaraja nach Amlapura, etwa 1 km östlich des Abzweigs nach Kintamani.

Symon Studios GALERIE

(☎ 0819 1643 7718; www.symonstudios.com; Jl Airsanih-Tejakula; ⏲ 8–18 Uhr) Wie aus einer anderen Welt erscheint diese Galerie, die von Symon, dem unerschütterlichen amerikanischen Künstler, betrieben wird. Er strotzt nur so vor Kreativität, seine Kunst ist phasenweise lebenssprühend, exotisch und erotisch. Die Galerie liegt 5,7 km östlich von Yeh Sanih an der Straße nach Singaraja.

Pura Ponjok Batu HINDUTEMPEL

Der Tempel liegt prominent zwischen Meer und Straße, etwa 7 km östlich von Yeh Sanih. Der Haupttempel besitzt einige sehr schöne Steinmetzarbeiten aus Kalkstein. Da die meisten Tempel im Süden der Insel stehen, soll er angeblich hier im Norden errichtet worden sein, um eine Art spirituelles Gleichgewicht auf Bali herzustellen.

Air Sanih SCHWIMMEN

(Jl Airsanih-Tejakula; Erw./Kind 20 000/10 000 Rp; ⏲ 8–18 Uhr) Die Süßwasserquellen Air Sanih bilden große Schwimmteiche, bevor das Wasser ins Meer strömt. Die Teiche sind bei Sonnenuntergang besonders faszinierend: Dann baden hier Scharen von Einheimischen unter blühenden Frangipani-Bäumen. Meistens sind es Kinder, die im Wasser herumtollen. Die Quellen befinden sich etwa 15 km östlich von Singaraja.

Schlafen

Cilik's Beach Garden GUESTHOUSE $$

(☎ 0819 6055 1888; www.ciliksbeachgarden.com; Jl Airsanih-Tejakula; Zi. inkl. Frühstück ab 90 €, Villa ab 140 €; @) Ein Aufenthalt hier ist wie ein Besuch bei reichen Freunden mit gutem Geschmack. Die individuellen Villen, 3 km östlich von Yeh Sanih gelegen, sind geräumig und haben große eigene Gärten. Außerdem wird eine Unterkunft in schicken *lumbung* (Reisspeicher mit Runddach) angeboten, die in einem Garten am Meer stehen. Die Inhaber besitzen zudem noch einige abgelegenere Häuser weiter südlich am Meer. Es gibt hier auch ein gutes Café.

An- & Weiterreise

Yeh Sanih liegt an der Hauptstraße, die an der Nordküste entlangführt. Ab Singaraja verkehren ab und zu Bemos und Busse, die in der Nähe der Quellen halten (12 000 Rp).

Wer weiter nach Tulamben oder Amed fahren möchte, sollte bis spätestens 16 Uhr die Weiterreise nach Süden antreten, damit er vor Einbruch der Dunkelheit sicher am Zielort ankommt.

Singaraja

0362 / 120 000 EW.

Singaraja (das bedeutet „König der Löwen") ist die zweitgrößte Stadt Balis. Gleichzeitig ist sie die Hauptstadt des Distrikts Buleleng, der einen großen Teil Nordbalis ausmacht. Die Stadt mit ihren hübschen Alleen, den alten holländischen Kolonialbauten und dem verschlafenen Hafenviertel nördlich der Jalan Erlangga lohnt einen kurzen Besuch. Die meisten Gäste übernachten im nahe gelegenen Lovina.

Singaraja war der Hauptverwaltungssitz der niederländischen Kolonialherren auf Bali und blieb bis 1953 Verwaltungszentrum für die Kleinen Sundainseln (Bali bis Timor). Dies ist einer der wenigen Orte, in denen noch sichtbare Spuren der holländischen Kolonialzeit erhalten sind; dazu kommen chinesische und islamische Einflüsse. Heute ist Singaraja ein bedeutendes Schul- und Kulturzentrum mit mehreren Universitätscampus.

Sehenswertes

Am alten Hafen und der Promenade kann man noch die Atmosphäre des ehemaligen Kolonialhafens spüren, der vor dem Zweiten Weltkrieg Balis Tor zur Welt war. Am nördlichen Ende der Jalan Hasanudin gibt es inzwischen eine moderne **Seebrücke** mit einigen einfachen Cafés und Händlern.

Gegenüber vom Parkplatz stehen noch ein paar alte holländische Speicherhäuser. In der Nähe befindet sich das nicht zu übersehende Yudha-Mandala-Tama-Denkmal und der farbenprächtige chinesische Tempel Ling Gwan Kiong. Außerdem gibt es noch einige alte Kanäle.

Bei einem Bummel auf der Jalan Imam Bonjol kann man an den spätkolonialen Gebäuden schöne Art-déco-Verzierungen sehen. 2 km westlich des Stadtzentrums befindet sich der beliebte Strand von **Pantai Penimbangan**. Der Strand ist relativ schmal, aber es gibt Dutzende von Restaurants, die Meeresfrüchte anbieten und jede Menge Einheimische anziehen, besonders an den Abenden am Wochenende.

LONTAR-BÜCHER

Lontar wird aus den fächerförmigen Blättern der Rontal-Palme hergestellt. Das Blatt wird getrocknet, dann in Wasser eingelegt, gesäubert, gedämpft und wieder getrocknet. Im nächsten Arbeitsgang wird das Blatt dann geglättet, gefärbt und schließlich in Streifen geschnitten. Auf diese Streifen trägt man mit Hilfe einer sehr scharfen Klinge oder Spitze Wörter und Bilder auf, die anschließend mit einer schwarzen Beize überzogen werden. Die Beize wird dann abgewischt, die schwarze Farbe bleibt aber in der Inschrift erhalten. In der Mitte eines jeden *Lontar*-Streifens befindet sich ein Loch, durch das ein Faden gezogen wird. Ein geschnitztes „Deckblatt" aus Bambus dient vorne und hinten als Einband und schützt die „Seiten". Der Faden wird mit einigen *kepeng* (chinesischen Münzen mit Loch) gesichert.

Die kleine Gedong-Kirtya-Bibliothek in Singaraja besitzt die weltgrößte Sammlung solcher *Lontar*-Bücher.

Sangsit DORF

Rund 6 km nordöstlich von Singaraja kann man ein exzellentes Beispiel für die typische farbenprächtige Architektur Nordbalis bewundern. Der **Pura Beji** in Sangsit ist ein Tempel für die *subak*, die traditionelle Bewässerungskooperative der Reisbauern. Er ist der Göttin Dewi Sri geweiht, die sich um die bewässerten Reisfelder kümmert. Die auffälligen Reliefs auf der Vorderseite zeigen beinahe comicartige Dämonen und erstaunliche *naga* (mystische schlangenähnliche Wesen). Auch im Inneren des Gebäudes bedecken die unterschiedlichsten Skulpturen fast jeden freien Platz. Der sehenswerte Tempel liegt 500 m von der Hauptstraße entfernt auf dem Weg Richtung Küste.

Der **Pura Dalem** (Tempel der Toten) zeigt nicht nur Szenen der Bestrafung im Leben nach dem Tod, sondern auch komische, teilweise sogar erotische Bilder. Er befindet sich in den Reisfeldern etwa 500 m nordöstlich von Pura Beji.

Pura Dalem Jagaraga HINDUTEMPEL

(Jagaraga) Im Dorf Jagaraga steht der kleine interessante Tempel Pura Dalem, der sehenswerte Verzierungen an der Vorderseite bietet. Besonders faszinierend ist das Relief an der Außenwand mit einem Oldtimer, einem Dampfschiff auf dem Meer und sogar einem Luftkampf zwischen zwei historischen Flugzeugen. Der Tempel befindet sich etwa 8 km östlich von Singaraja.

Air Terjun Gitgit
WASSERFALL

(Gitgit; Erw./Kind 20 000/10 000 Rp) Etwa 11 km südlich von Singaraja führt ein gut ausgeschilderter Weg von der Hauptstraße 800 m westlich zu dem ziemlich touristischen Wasserfall Air Terjun Gitgit. Am Weg reiht sich ein Souvenirstand an den nächsten und einige Guides warten auf Kundschaft. Das Wasser stürzt sich 40 m in die Tiefe, der erfrischende Nebel ersetzt jede Klimaanlage. Weitere 2 km bergauf, 600 m westlich der Hauptstraße, befindet sich ein anderer mehrstufiger Wasserfall. Der Weg führt über eine schmale Brücke und folgt dem Flusslauf entlang mehrerer kleiner Wasserfälle durch einen üppigen grünen Dschungel.

Die Minibusse zwischen Denpasar und Singaraja halten in Gitgit. Die Wasserfälle sind auch ein beliebter Haltepunkt organisierter Bustouren durch Zentral- und Nordbali.

Gedong Kirtya Library
BIBLIOTHEK

(☎0362-22 645; Jl Veteran 23; 5000 Rp; ⏱Mo–Do 8–16, Fr 8–13 Uhr) Die kleine, alte Bibliothek wurde 1928 von holländischen Kolonialherren gegründet und erhielt ihren Namen nach dem Sanskritwort für „ausprobieren". Sie enthält eine Sammlung von Büchern aus *lontar* (getrocknetes Palmblatt) sowie noch ältere, in Kupfer gestochene Schriftstücke, die *prasasti*. Holländische Publikationen, die bis ins Jahr 1901 zurückreichen, erlauben Einblicke in die Kolonialzeit. Die Bibliothek befindet sich auf dem Gelände des Museums Buleleng.

Museum Buleleng
MUSEUM

(Jl Veteran 23; ⏱Mo–Fr 9–16 Uhr) GRATIS Das Museum Buleleng erinnert an das Leben des letzten *Raja* (Prinzen) von Buleleng, Pandji Tisna, der den Tourismus in Lovina ganz entschieden vorangebracht hat. Zu den Ausstellungsstücken gehört u. a. die Royal Schreibmaschine, die er während seiner überwiegend unrentablen Tätigkeit als Reiseschriftsteller nutzte. Der Raja starb 1978. Das Museum widmet sich außerdem der Geschichte der Region seit den frühesten Anfängen.

Pura Jagat Natha
HINDUTEMPEL

(Jl Pramuka) Singarajas wichtigster Tempel, der größte in Nordbali, ist für Ausländer normalerweise nicht zugänglich. Man kann seine Größe und die kunstvoll gemeißelten Verzierungen nur von außen bewundern.

Essen

Cozy Resto
INDONESISCH $

(☎0362-28214; Jl Pantai Penimbangan; Hauptgerichte 25 000–90 000 Rp; ⏱10–22 Uhr) Eines der bewährteren Cafés an der Pantai Penimbangan; Cozy bietet eine umfangreiche Speisekarte mit balinesischen und indonesischen Gerichten sowie Meeresfrüchten. Die Plätze im Freien sind mit feiernden Einheimischen gefüllt. An der nahen Promenade gibt es jede Menge Händler und Imbissstände mit günstigen einheimischen Gerichten.

Dapur Ibu
INDONESISCH $

(☎0362-24474; Jl Jen Achmed Yani; Hauptgerichte 10 000–20 000 Rp; ⏱8–16 Uhr) Nettes einheimisches Café mit einem kleinen Garten abseits der Straße. Der Klassiker *nasi goreng* (gebratener Reis) ist frisch und ausgezeichnet zubereitet; dazu schmeckt ein frisch gepresster Saft oder ein Bubble Tea.

Istana Cake & Bakery
BÄCKEREI $

(☎0362-21983; Jl Jen Achmed Yani; Snacks ab 3000 Rp; ⏱8–18 Uhr) Wer sich in Lovina verliebt hat, kann hier auch gleich die Hochzeitstorte bestellen. Aber auch wer einfach nur Heißhunger hat, kommt bei der Auswahl an Leckereien auf seine Kosten. Und die Kühltruhe ist randvoll mit Eistorten und Ähnlichem.

Praktische Informationen

Tourist Information Buleleng (Diparda; ☎0362-21342; Jl Kartini 6; ⏱Mo–Fr 8–15.30 Uhr) hält einige ordentliche Karten bereit. Wer sich nach Tanzvorführungen und anderen kulturellen Veranstaltungen erkundigt, wird hier gut informiert. Die Info befindet sich 550 m südöstlich des Banyuasri Busbahnhofs.

Singaraja Public Hospital (☎0362-22046, 0362-22573; Jl Ngurah Rai 30; ⏱24 Std.) Das größte Krankenhaus Nordbalis.

An- & Weiterreise

Singaraja ist der Hauptverkehrsknotenpunkt für die Nordküste und besitzt drei Bemo-/Busbahnhöfe. Vom Busbahnhof Sangket, 10 km südlich der Stadt an der Hauptstraße gelegen, fahren sporadisch Minibusse über Bedugul/Pancasari nach Denpasar (Busbahnhof Ubung; 40 000 Rp).

Vom **Busbahnhof Banyuasri** am westlichen Stadtrand fahren Busse nach Gilimanuk (60 000 Rp, 2 Std.) und Bemos nach Lovina (20 000 Rp). Mehrere Gesellschaften bedienen die Strecke nach Java, dazu gehört auch die Überfahrt mit der Fähre über die Straße von Bali.

EINEN ABSTECHER WERT

SEKUMPUL-WASSERFALL

18 km südöstlich von Singaraja stürzen sechs oder sieben einzelne Wasserfälle – alle von Flüssen aus dem Hochland gespeist – bis zu 80 m über die Klippen in ein grünes, mit Bambus bewachsenes Tal. Zusammen sind sie als **Sekumpul Waterfall** bekannt (Sekumpul Dorf; 20 000 Rp, Parken 2000 Rp). Man erreicht sie vom Parkplatz aus nach einem 45-minütigen Marsch auf dem 1 km langen Weg bergauf, durch das winzige Dorf Sekumpul, vorbei an Nelken-, Kakao-, Jackfruit-, Mangostanbäumen und über eine steile Treppe. Wanderwege winden sich durch das Tal von einem Wasserfall zum nächsten, so vergeht der Tag bei diesen Naturwundern wie im Flug.

Da es ziemlich abgelegen liegt, ist es ideal, einen Fahrer nach Sekumpul zu engagieren. Bayu Sunrise (S. 293) in Lovina zeichnen sich durch Extra-Service aus, weil sie den Transport nicht nur von überall auf Bali durchführen, sondern auch Begleitung durch das Dorf und Wanderungen zu den Wasserfällen anbieten.

Vom Parkplatz aus geht's nach links die Straße entlang, nach zehn Minuten erreicht man den offiziellen Eingang zu den Wasserfällen. Vorsicht bei Ständen auf denen „Registration Station" steht – sie haben offiziell nichts mit den Wasserfällen zu tun und sind dafür bekannt, Touristen abzukassieren. Am Schild „Sekumpul Waterfall" noch mal links abbiegen und dem gepflasterten Weg an Dorfhäusern und kleinen Läden vorbei folgen – am Ende dieses Wegs steht die offizielle Hütte, an der der Eintritt fällig ist. Von hier aus zum Fuß eines steilen Hügels gehen, an dem die Treppe anfängt. Schließlich geht's bergab zu einem Fluss (beim Überqueren holt man sich nasse Füße), die Wasserfälle liegen kurz dahinter.

Auf dem Rückweg nach Singaraja lohnt es sich, einen Zwischenstopp im Dorf **Sawan** einzulegen, das ein bekanntes Zentrum für die Herstellung von Gamelan-Gongs und Instrumenten ist. Man kann zusehen, wie die Gongs gegossen und die aufwendigen Gamelanrahmen geschnitzt werden. **Pura Batu Bolong** (Tempel des gelochten Felsen) und seine Bäder sind auch einen Ausflug wert. Rund um Sawan gibt es kalte Quellen, die alle möglichen Krankheiten heilen sollen. Die nahe **Villa Manuk** (☎ 0362-27080; www.villa-manuk.com; bei Sawan; inkl. Frühstück ab 850 000 Rp; @ 🏊), eine aus drei Villen bestehende Anlage mit Blick auf Reisfelder, hat einen eigenen großen Swimmingpool, der von einer natürlichen Quelle gespeist wird und einen ruhigen Aufenthalt garantiert.

Der **Busbahnhof Penarukan** (nahe Jl Surapati), 2 km östlich der Stadt, ist Ausgangspunkt für alle Fahrten mit dem Bemo auf der Küstenstraße nach Yeh Sanih (20 000 Rp) und Amlapura (ca. 30 000 Rp, 3 Std.). Von hier fahren auch Minibusse über Kintamani nach Denpasar (Busbahnhof Batubulan; 100 000 Rp, 3 Std.).

Unterwegs vor Ort

Bemos verbinden die drei großen Bemo-/Busbahnhöfe miteinander, eine Fahrt kostet etwa 10 000 Rp.

Lovina

☎ 0362 / 20 550 EW.

„Beschaulich" – so beschreiben die meisten Leute Lovina – und sie haben Recht, abgesehen von den aufdringlichen Schleppern. Der bescheidene, günstige Badeort mit niedrigen Häusern ist Lichtjahre entfernt von Kuta: Das Meer ist ruhig, der Strand schmal und es gibt keine besonders aufregenden Attraktionen.

Hier brennt die Sonne, aber Palmen bieten Schatten. Das Highlight des Tages ereignet sich in Fischerdörfern wie Anturan jeden Nachmittag, wenn die *prahu* (traditionelle Auslegerboote) für den nächtlichen Fischfang vorbereitet werden. Und wenn dann das Licht der untergehenden Sonne den Himmel rot färbt, erscheinen die Lichter der Fischerboote wie leuchtende Punkte am Horizont.

Die touristische Zone von Lovina erstreckt sich über 8 km und besteht aus mehreren Küstenorten – Kaliasem, Kalibukbuk, Anturan und Tukad Mungga –, die gemeinsam den Ort Lovina bilden. Hauptort ist Kalibukbuk, 10,5 km westlich von Singaraja und Mittelpunkt von Lovina. Tagsüber ist der Verkehr auf der Hauptstraße durchgängig laut.

Strände

Die Strände bestehen aus ausgeblichenem grauem und schwarzem Vulkansand. Rund um die Hotels sind sie meistens gepflegt, aber unspektakulär. Riffe schützen die Küste, brechen die Wellen und sorgen für klares Wasser.

In Kalibukbuk führt eine asphaltierte Promenade am Strand und in einer Art Rundweg weiter an der Küste entlang; der Zustand wechselt zwischen sauber und schäbig. Schön ist auf jeden Fall der Postkartenblick Richtung Osten zu den Bergen der nördlichen Küste. Die Sonnenuntergänge sind hier einfach atemberaubend!

Zu den besten Stränden gehören der Hauptstrand östlich des aufwendigen Delfin-Denkmals in Kalibukbuk sowie ein Abschnitt weiter westlich. Am Ende der Jalan Mawar befindet sich eine Seebrücke, von der aus sich gut der Sonnenuntergang genießen lässt.

Glamouröses Strandleben gibt es im Spice Beach Club (S. 299) weiter westlich.

Sehenswertes

Die Stadt selbst bietet keine besonderen Sehenswürdigkeiten, aber nicht weit entfernt liegen Wasserfälle und Dorftempel.

Air Terjun Singsing WASSERFALL

Ungefähr 5 km westlich von Lovina steht ein Wegweiser zum Air Terjun Singsing (Tagesanbruch-Wasserfall) und etwa 1 km von der Hauptstraße entfernt befinden sich ein Warung (Imbiss) auf der linken Seite und ein Parkplatz auf der rechten. Der Fußweg führt am Warung vorbei, nach 200 m erreicht man die unteren Fälle. Der Wasserfall ist nicht groß, doch das Becken darunter ist ideal zum Schwimmen, auch wenn das Wasser nicht besonders klar ist. Immerhin ist es kälter als das Meer und sehr erfrischend.

Wer bergauf klettert, gelangt zu einem etwas größeren Wasserfall, dem **Singsing Dua**. Hier befindet sich ein Becken voller Schlamm, der besonders gut für die Haut sein soll (das muss jeder selbst ausprobieren). Auch dieser Wasserfall stürzt in einen tiefen Pool.

In der Umgebung wächst dichter tropischer Wald. Das Gelände lohnt einen Tagesausflug von Lovina aus. Während der Regenzeit (Oktober bis März) sind die Fälle besonders eindrucksvoll, ansonsten fließt manchmal nur ein dünnes Rinnsal.

Brahma Vihara Arama BUDDHISTISCHES KLOSTER

(☎ 0362-92954; www.brahmaviharaarama.com) Das einzige buddhistische Kloster Balis sieht mit seinen farbenfrohen Verzierungen, dem leuchtend orangefarbenen Dach und den Buddhastatuen wenig buddhistisch aus – auch die typisch balinesischen Schnitzereien, die Türwächter sowie die kunstvoll gemeißelten dunklen Steine fehlen nicht. Das gefällige Gebäude befindet sich in einer prominenten Lage mit Blick ins Tal und über die Reisterrassen zum Meer. Besucher sollten lange Hosen tragen oder einen Sarong, den man gegen eine kleine Spende ausleihen kann.

Das Kloster bietet keine Kurse oder spezielle Programme an, aber Besucher dürfen sehr gerne in extra Räumen meditieren. Der Tempel befindet sich 3,3 km abseits der Hauptstraße westlich von Lovina – die Abzweigung in Dencarik ist nicht zu übersehen.

Aktivitäten

Delfine beobachten

Fahrten bei Sonnenaufgang zur Delfinbeobachtung gehören zu den größten Touristenattraktionen in Lovina. Genau deswegen wurde auch extra ein Denkmal zu Ehren dieser Meeressäuger errichtet. An manchen Tagen machen sich die Delfine rar, aber meistens sieht man doch wenigstens einige dieser eleganten Tiere.

Nicht nur die Händler, sondern auch die Hotels üben mehr oder weniger sanften Druck aus, um Karten für diese Bootstouren zu verkaufen. Der vom Kartell der Bootsbesitzer festgelegte Preis liegt bei 150 000/75 000 Rp pro Erw./Kind. Die Ausflüge beginnen (außer an den Feiertagen) um 5.30 Uhr morgens und dauern ungefähr zwei Stunden. Aber Achtung: Weil alle Anbieter diese Uhrzeit wählen, ist das Meer manchmal nahezu überfüllt mit solchen Booten und die Motoren sorgen dann für erheblichen Lärm.

Schon länger wird darüber debattiert, was diese Ausflüge möglicherweise anrichten. Mögen es die Delfine wirklich, auf diese Weise von Booten gejagt zu werden? Doch falls nicht, warum kommen sie dann immer wieder? Vielleicht liegt das aber auch an den zahlreichen Fischen, die im Meer vor Lovina leben.

Tauchen & Surfen

Das Riff vor Ort bietet sich zum Tauchen bei Niedrigwasser an, besonders beliebt ist das Tauchen bei Nacht. Viele Gäste übernachten im Ort und fahren zum Tauchen anderthalb Stunden Richtung Westen nach Pulau Menjangan.

Normalerweise ist das Wasser klar und einige Teile des Riffs sind auch gut zum Schnorcheln geeignet. Leider wurden die Korallen durch die Korallenbleiche und, an manchen Stellen, durch das Fischen mit Dynamit beschädigt. Die schönste Stelle liegt im Westen einige Hundert Meter vor den Billibo Beach Cottages. Eine zweistündige Bootstour kostet inklusive Ausrüstung etwa 200 000 Rp.

Spice Dive TAUCHEN
(☎0813 3724 2221; www.balispicedive.com; Nähe Jl Raya Lovina, Kalibukbuk; 2-Tank-Tauchgänge ab 80 €; ⏲8–21 Uhr) Spice Dive ist eine große Tauchbasis, die Schnorchelausflüge (55 €) und nächtliche Tauchgänge (45 €) anbietet, aber auch die beliebten Tauchausflüge nach Pulau Menjangan (Schnorcheln/Tauchen 70/80 €). Das Unternehmen befindet sich am Westende des Strandwegs beim Spice

Lovina

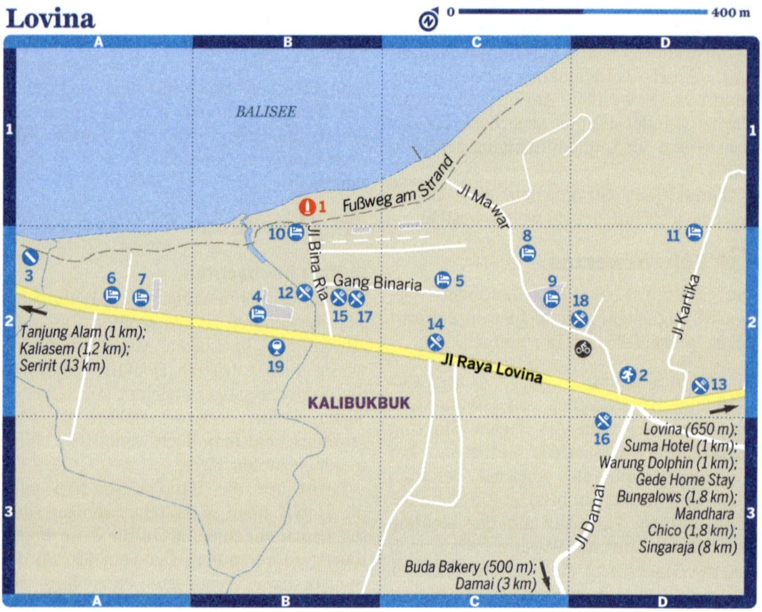

Lovina

Sehenswertes
1 Delfin-Denkmal B1

Aktivitäten, Kurse & Touren
2 Araminth Spa D2
3 Spice Dive A2

Schlafen
4 Funky Place B2
5 Harris Homestay C2
6 Homestay Purnama A2
7 Lovina Beach Hotel A2
8 Puri Bali Hotel C2
9 Rambutan Boutique Hotel C2
10 Sea Breeze Lovina B2
11 Villa Taman Ganesha D2

Essen
12 Akar B2
13 Bakery Lovina D2
14 Global Village Kafe C2
15 Jasmine Kitchen B2
16 Night Market D3
Sea Breeze Café .... (s. 10)
17 Seyu B2
Spice Beach Club .... (s. 3)
18 Warung Barclona D2

Ausgehen & Nachtleben
19 Pashaa B2

Beach Club. Es gibt auch ein Büro an der Jalan Bina Ria.

Radfahren

Die Straßen südlich und westlich der Jalan Raya Lovina eignen sich ausgezeichnet zum Radfahren: Der Verkehr ist gering und die Strecke führt durch malerische Reisfelder und über Berge mit wunderbarer Aussicht. Fahrräder werden überall ab 30 000 Rp pro Tag vermietet.

Spas

Araminth Spa SPA

(☎0362-343 5759; Jl Mawar; Massage pro Std. ab 200 000 Rp; ⏰10–21 Uhr) Araminth Spa bietet unterschiedlichste Anwendungen und Massagen, u. a. auch balinesische und ayurvedische, in einer einfachen und entspannten Atmosphäre.

Ciego Massage MASSAGE

(☎0877 6256 1660; Jl Raya Lovina, Anturan; einstündige Massage ab 100 000 Rp; ⏰8–17 Uhr) Der gut ausgebildete blinde Masseur bietet Entspannung ohne Schnickschnack in einer schlichten Umgebung.

Geführte Touren

★ **Bayu Sunrise** REISEAGENTUR

(☎0877 6206 6287, WhatsApp 0877 6206 6063; www.bayusunriseunpackbalitour.wordpress.com; Wasserfall-Ausflüge mit dem Auto von Lovina/Ubud oder Südbali 700 000/850 000/950 000 Rp) Der wunderbar nette, sachkundige und unkomplizierte Bayu aus Lovina passt seinen Service an Kundenbedürfnisse an: den privaten Fahrdienst, das Vulkantrekking oder Abenteuertouren auf ganz Bali. Er ist *der* Ansprechpartner für Ausflüge zu den besten Wasserfällen im zentralen Bergland, darunter Banyu Wana Amertha (S. 278), Banyumala (S. 278) und Sekumpul (S. 290); unbedingt nach den Fällen fragen, die so geheim sind, dass sie noch keinen Namen haben.

Nach einem Tag voller Wasserfälle, jammt der vielseitige Bayu noch auf seiner Gitarre und singt Rock-'n'-Roll-Songs in verschiedenen Bars und Restaurants in Lovina. Er hat immer was zu tun.

Schlafen

Die meisten Hotels befinden sich entlang der Jalan Raya Lovina und an den Nebenstraßen, die zum Strand führen. Insgesamt überwiegen günstige Unterkünfte; wer Luxus sucht, ist hier eher fehl am Platz. Man sollte sich davor hüten, ein Hotel an der Hauptstraße oder in der Nähe der Nachtclubs in Kalibukbuk zu nehmen – dort ist es sehr laut.

Außerhalb der Hauptreisezeit sind die Zimmerpreise in der Regel verhandelbar. Achtung allerdings vor Schleppern, die versuchen Neuankömmlinge zu bestimmten Unterkünften zu schleusen, um dann von den Besitzern eine hohe Provision zu kassieren, die vorher auf den Zimmerpreis aufgeschlagen wurde.

KOCHEN IM SINGARAJA-STIL

Wie wäre es mit einem der herausragenden Kochkurse bei **Warung Bambu Pemaron** (☎0362-31455; www.warung-bambu.mahanara.com; Pemaron; Kurse ab 405 000 Rp; ⏰8–13 Uhr)? Es geht los mit einem Ausflug auf den großen Lebensmittelmarkt von Singaraja, danach lernt man zwischen luftigen Reisfeldern im Osten Lovinas neun klassische balinesische Gerichte zu kochen. Es gibt Kurse für Anfänger und Fortgeschrittene sowie vegetarische Optionen. Die Kursleiter sind charmant und der Transport in der Region ist im Preis enthalten. Das Allerbeste ist aber, dass man am Schluss die Früchte seiner Arbeit genießen kann.

Anturan

Einige schmale Nebenstraßen und eine asphaltierte Straße, die Jalan Kubu Gembong, führen in das lebhafte kleine Fischerdorf – der richtige Ort zum Abschalten. Doch der Weg zum Nachtleben in Lovina ist weit – man muss mit etwa 40 000 Rp für die 3 km lange Hin- und Rückfahrt nach Kalibukbuk rechnen.

Mandhara Chico GUESTHOUSE $

(☎0812 360 3268; www.mandhara-chico-bali.com; Nähe Jl Kubu Gembong; Zi. mit Ventilator/Klimaanlage ab 140 000/175 000 Rp; ❄📶🏊) Die nette inhabergeführte Pension liegt unmittelbar an einem schmalen, dunklen Sandstrand. Die zwölf Zimmer sind einfach, aber sauber.

Gede Home Stay Bungalows PRIVATUNTERKUNFT $

(☎0362-41526; www.gede-homestay.com; Jl Kubu Gembong; Zi. inkl. Frühstück 150 000–300 000 Rp;

1

JASOMTOMO/SHUTTERSTOCK ©

FEATHERCOLLECTOR/SHUTTERSTOCK ©

1. Sekumpul Waterfall (S. 291)
Durch ein Tal aus Nelken, Kakao, Jackfrüchten und Mangostanbäumen geht es zu dieser Ansammlung von Wasserfällen.

2. Lovina (S. 290)
Die ungezwungene Strandstadt strahlt eine entspannte Atmosphäre aus.

3. Bali Barat National Park (S. 306)
Im Park gibt es ausgesprochen viele Vögel, so etwa auch die Javabindenpitta.

) Wer hier wohnt, darf nicht vergessen, sich den Sand von den Füßen zu schütteln: Die acht Zimmer der Privatunterkunft, die von einem einheimischen Fischer betrieben wird, liegen direkt am Strand. Die billigen Zimmer haben nur kaltes Wasser, während die teureren Zimmer über Warmwasser und Klimaanlage verfügen.

Von Anturan bis Kalibukbuk

An der Jalan Pantai Banyualit liegen viele einfache Hotels, allerdings ist der Strand nicht besonders einladend. Am Wasser gibt es einen kleinen Park und der Spaziergang entlang der Küste nach Kalibukbuk ist kurz und sehr schön.

★ **Villa Taman Ganesha** GUESTHOUSE $$
(0362-41272; www.taman-ganesha-lovina.com; Jl Kartika 45; Zi. 550 000–700 000 Rp;) Das hübsche Guesthouse liegt an einem ruhigen Weg zwischen Wohnhäusern. Der Garten mit seiner üppigen Vegetation bietet zahlreiche duftende Frangipanibäume, die der Besitzer, ein deutscher Landschaftsarchitekt, auf der ganzen Welt gesammelt hat. Die drei Wohneinheiten bieten viel Privatsphäre und Komfort. Der Strand ist 400 m entfernt, nach Kalibukbuk läuft man zehn Minuten am Strand entlang.

Suma Hotel GUESTHOUSE $$
(0362-41566; www.sumahotel.com; Jl Pantai Banyualit; Zi. inkl. Frühstück 435 000–950 000 Rp;) Von den Zimmern im oberen Stockwerk genießt man den Blick aufs Meer. Die besten der 26 Zimmer bieten Klimaanlage und Warmwasser; außerdem gibt es große Bungalows, einen Pool und ein Café. Und ganz in der Nähe liegt ein schöner Tempel. Auf den Balkonen und Terrassen stehen bequeme Korbstühle zum Faulenzen.

Lovina BOUTIQUEHOTEL $$$
(0362-343 5800; www.thelovinabali.com; Jl Mas Lovina; Suite ab 165 US$;) Das luxuriöse Strandresort, das sich in fußläufiger Entfernung zum Zentrum von Kalibukbuk befindet, zeichnet sich durch schnörkelloses, modernes Design aus. Die 66 großen Zimmer haben alle einen Wohnbereich sowie Terrassen oder Balkone und sind in hellen Farben gestaltet. Der Pool ist riesig; für die Gäste stehen u. a. auch Fahrräder und Kajaks bereit.

Kalibukbuk

Das sogenannte Zentrum von Lovina ist der Ort Kalibukbuk. Die geschwungene Jalan Mawar ist ruhiger und angenehmer als die Jalan Bina Ria. Kleine *gang* (Gassen), an denen günstige Unterkünfte liegen, zweigen von beiden Straßen ab.

★ **Funky Place** HOSTEL $
(0878 6325 3156; Jl Seririt-Singaraja; Zelt 130 000 Rp, Baumhaus 170 000 Rp, B 150 000–170 000 Rp, Zi. ab 230 000 Rp) Dieser Ort ist der Traum eines jeden Backpackers, etwa mit Barhockern aus Einrädern, günstigen Baumhäusern, gratis Fußmassagen (und überall altem Holz, witziger Beschilderung und kuriosen Antiquitäten). Ein Weg führt direkt zum Strand, wo auch gegrillt wird und balinesische Tanzveranstaltungen sowie Bierpong-Wettbewerbe stattfinden. Jedes Wochenende gibt es Livemusik.

Die Angestellten sind sachkundig und das Hostel kann Touren zu einer Reihe von Sehenswürdigkeiten in der Region arrangieren, dazu gehören Parks, Tempel, Wasserfälle und heiße Quellen.

Harris Homestay PRIVATUNTERKUNFT $
(0362-41152; Gang Binaria; EZ/DZ inkl. Frühstück ab 130 000/150 000 Rp;) Lebhaft, sauber und weiß – Harris unterscheidet sich deutlich von einigen billigen Unterkünften in der Nachbarschaft. Der charmante Besitzer wohnt hinten im Haus; die Gäste genießen vier helle, moderne Zimmer im vorderen Teil.

Sea Breeze Lovina GUESTHOUSE $
(0362-41138; Nähe Jl Bina Ria; Zi./Bungalow inkl. Frühstück 450 000–550 000 Rp;) Eine ausgezeichnete Wahl im Herzen von Kalibukbuk: Das Sea Breeze besteht aus fünf Bungalows und zwei Zimmern am Pool und Strand, einige haben von ihrer Veranda eine sensationelle Aussicht. Allerdings kann es nachts wegen der Bars in der Nachbarschaft recht laut werden.

Puri Bali Hotel HOTEL $
(0362-41485; www.puribalihotel.wixsite.com/lovina; Jl Mawar; Zi. inkl. Frühstück ab 250 000/350 000 Rp;) Der Poolbereich befindet sich mitten in einem üppigen Garten – hier kann man gut den ganzen Tag verbringen und alle Sorgen vergessen. Die 25 Zimmer sind einfach, aber behaglich.

Homestay Purnama PRIVATUNTERKUNFT $
(0362-41043; Jl Raya Lovina; Zi. ab 150 000 Rp;) Eine ausgezeichnete Wahl in dieser Gegend: Das Homestay Purnama bietet sieben saubere Zimmer mit kaltem Wasser. Die Lage des Hauses ist nur zwei Minuten vom Strand entfernt. Die Besitzerfamilie ist außerordentlich freundlich.

Lovina Beach Hotel HOTEL $
(0362-41005; www.lovinabeachhotel.com; Jl Raya Lovina; Zi. inkl. Frühstück 350 000–800 000 Rp;) Das ältere, gut geführte Hotel hat sich in den letzten Jahren nicht verändert – und die Zimmerpreise ebenso wenig. Die 20 Zimmer in dem zweistöckigen Gebäude sind sauber, aber etwas abgewohnt. Die Bungalows bieten Schnitzereien und balinesisches Dekor, besonders zu empfehlen sind die Zimmer am Strand. Und alles liegt in einem großen Park.

Rambutan Boutique Hotel HOTEL $$
(0362-41388; www.rambutan.org; Jl Mawar; Zi. ab 400 000 Rp, Villa ab 1 100 000 Rp;) Das Hotel liegt in einem einen Hektar großen üppigen Garten und bietet neben zwei Pools auch einen Spielplatz. Die 30 Zimmer sind in balinesischem Stil eingerichtet. Die Villen sind eine gute Wahl; die größeren sind gut für Familien geeignet und haben Küchen.

Außerhalb der Stadt

★ **Damai** HOTEL $$$
(0813 3843 7703; www.thedamai.com; Jl Damai; Villa 220–500 US$;) Das Damai liegt auf einem Hügel oberhalb Lovinas und bietet eine faszinierende Aussicht. In den 14 luxuriösen Villen mischt sich Antikes mit Modernem, dazu kommen wunderschöne balinesische Stoffe. Der Infinity-Pool scheint mit der Landschaft aus Erdnussfeldern, Reisterrassen und Kokosnusspalmen zu einer Einheit zu verschmelzen. Das Spa ist sehr nobel.

Die großen Villen verfügen über jeweils eigene Pools und mehrere ineinander übergehende Räume. Das Restaurant wird für seine Bio-Küche gelobt. Hotelgäste können sich abholen lassen oder ab der Hauptkreuzung in Kalibukbuk auf der Jalan Damai 3 km Richtung Süden fahren.

Essen

Beinahe jedes Hotel besitzt ein eigenes Café oder Restaurant. Wer den Strandweg entlanggeht, findet eine Menge einfacher Lokale, wo kaltes Bier und typische Gerichte inklusive Sonnenuntergang serviert werden.

Von Anturan nach Kalibukbuk

Warung Dolphin FISCH & MEERESFRÜCHTE $
(0813 5327 6985; Jl Pantai Banyualit; Hauptgerichte ab 40 000 Rp; 10–22 Uhr) Das kleine Café befindet sich dicht am Strand. Hier gibt es köstliche gegrillte Meeresfrüchte (die möglicherweise sogar der Typ nebenan gefangen hat). Abends gibt es häufig Livemusik; in der Nähe befinden sich noch andere gute Lokale.

Bakery Lovina CAFÉ $$
(0362-42225; Jl Raya Lovina; Hauptgerichte 58 000–175 000 Rp; 7–19 Uhr;) Nur einen kurzen Fußweg vom Zentrum entfernt befindet sich das gehobene Feinkostgeschäft, in dem Lovinas bester Kaffee ausgeschenkt wird. Die Croissants und das Brot nach deutschen Rezepten werden jeden Tag frisch gebacken, außerdem gibt es kleine Gerichte sowie kontinentales Frühstück. Mittags ist das Angebot an Speisen groß.

Kalibukbuk

★ **Global Village Kafe** CAFÉ $
(0362-41928; Jl Raya Lovina; Hauptgerichte ab 32 000 Rp; 8–22 Uhr;) Che Guevara, Michail Gorbatschow und Nelson Mandela sind nur einige bekannte Persönlichkeiten auf den Bildern an den Wänden des künstlerisch angehauchten Cafés. Die Backwaren, Säfte, Pizzas, das Frühstück, die indonesischen Klassiker und andere Köstlichkeiten sind ausgezeichnet. Es gibt eine kostenlose Buch- und DVD-Tauschbörse und regionales Kunsthandwerk. Die Erlöse gehen an eine Stiftung, die die einheimische Gesundheitsfürsorge unterstützt.

★ **Jasmine Kitchen** THAILÄNDISCH $$
(0362-41565; Gang Binaria; Hauptgerichte 45 000–80 000 Rp; 11–22 Uhr;) Die thailändischen Gerichte in diesem eleganten zweistöckigen Restaurant sind ausgezeichnet. Die Speisekarte ist umfangreich und authentisch, die Mitarbeiter sehr liebenswürdig. Als Nachspeise kann man hausgemachtes Eis genießen, dazu gibt es dezente Jazzmusik. Hier werden auch Wasserflaschen für 2000 Rp aufgefüllt. In der zugehörigen Coffee-Bar im Erdge-

schoss gibt es eine gute Auswahl an ausgezeichneten Getränken.

Akar VEGETARISCH $
(☎0362-343 5636; Jl Bina Ria; Hauptgerichte 55 000–70 000 Rp; ⏲7–22 Uhr; 📶☎) 🌿 Die vielen grünen Farbtöne in diesem vegetarischen Café sind nicht nur Show – sie zeugen auch von der umweltfreundlichen Einstellung der Besitzer. Es gibt leckere Bio-Smoothies, hausgemachtes Eis und frisch zubereitete, leckere internationale Gerichte wie z. B. mit Feta und Chili gefüllte Aubergine vom Holzkohlegrill.

Warung Barclona BALINESISCH $
(☎0362-41894; Jl Mawar; Hauptgerichte ab 40 000 Rp; ⏲8–21 Uhr; 📶) Trotz des irgendwie spanischen Namens bietet das familiengeführte Restaurant eine anspruchsvolle und gute balinesische Küche. Man kann gut auf der Terrasse sitzen und *babi guling* (Spanferkel) genießen. Meistens werden mehrere Gerichte mit Meeresfrüchten angeboten.

Night Market BALINESISCH $
(Jl Raya Lovina; Hauptgerichte ab 20 000 Rp; ⏲17–23 Uhr) Lovinas Nachtmarkt ist eine gute Adresse für frisches und günstiges regionales Essen. Jedes Jahr kommen ein paar neue interessante Stände dazu. Sehr zu empfehlen sind die *piseng goreng* (gebackene Bananen).

Seyu JAPANISCH $$
(☎0362-41050; www.seyulovina.com; Gang Binaria; Gerichte ab 50 000 Rp; ⏲11–22 Uhr; 📶) In diesem authentischen japanischen Restaurant arbeitet sogar ein ausgebildeter Sushi-Koch. Es gibt eine gute Auswahl an frischen Nigiri und Sashimi. Der Speisesaal ist passend eingerichtet: schlicht und gradlinig.

Sea Breeze Café INDONESISCH $$
(☎0362-41138; Nähe Jl Bina Ria, Kalibukbuk; Hauptgerichte ab 55 000 Rp; ⏲8–22 Uhr; 📶) Das luftige Café ist die beste – und intimste – Adresse direkt am Strand, besonders seit es kürzlich schick renoviert wurde. Die indonesischen und westlichen Gerichte werden geschmackvoll serviert, außerdem gibt es ein ausgezeichnetes Frühstück. Beim angebotenen „Royal Seafood Platter" scheint ein ganzer Fischmarkt auf dem Teller zu liegen. Die Erdnüsse, die zu den Drinks serviert werden, gehören zu den besten Balis.

Außerhalb der Stadt

Tanjung Alam FISCH & MEERESFRÜCHTE $$
(☎0362-41223; Jl Raya Lovina; Gerichte 40 000–80 000 Rp; ⏲9–22 Uhr; 📶) Das luftige Open-Air-Restaurant am Meer verrät sich durch die wohlriechende Rauchsäule, die durch die Palmen aufsteigt. Hier dreht sich alles um gegrillte Meeresfrüchte. Man sitzt gemütlich an schattigen Tischen, lauscht dem Plätschern der Wellen und genießt ein erschwingliches Mahl. Das Lokal befindet sich 1,2 km westlich des Zentrums.

★ **Buda Bakery** BÄCKEREI, CAFÉ $$
(☎0812 469 1779; Nähe Jl Damai; Hauptgerichte 50 000–150 000 Rp; ⏲8–21 Uhr) Die beste Bä-

ABSEITS DER ÜBLICHEN PFADE

AIR PANAS BANJAR

Diese heißen Quellen entspringen inmitten von üppigen tropischen Pflanzen. Aus acht steinernen *naga* mit grimmigen Gesichtern fließt das Wasser aus einer natürlichen, heißen Quelle in das erste Becken, das dann überläuft (durch die Mäuler fünf weiterer *naga*) in ein zweites, größeres Becken. In einem dritten Becken fließt Wasser für eine Klopfmassage aus Wasserspeiern in 3 m Höhe. Das Wasser ist leicht schwefelhaltig und angenehm heiß (ca. 38°C).

Badekleidung ist Vorschrift und Seife verboten, aber in der Nähe gibt es Außenduschen. Man kann sich hier ein paar Stunden lang entspannen und im Café zu Mittag essen oder sogar übernachten.

Im Westen von Lovina nimmt man an der Bemo-Haltestelle ein *ojek* (ein Motorradtaxi) an der Hauptstraße zu den heißen Quellen; auf dem Rückweg schlendert man die 2,4 km lange Strecke bergab. Wer sich nach dem Bad so entspannt fühlt, dass er nicht mehr weit fahren möchte, kann auch im **Pondok Wisata Grya Sari** (☎0362-92903; Jl Air Panas Banjar; Zi. inkl. Frühstück 300 000–400 000 Rp) übernachten, einem altmodischen, aber einladenden Guesthouse am Hügel im Grünen, bloß 100 m von den Quellen entfernt.

ckerei Nordbalis hat ein gewaltiges Angebot an frisch gebackenem Brot, köstlichen Kuchen und anderen Leckereien, die täglich frisch aus dem Ofen kommen. Der eigentliche Grund für den zehnminütigen Spaziergang von der Jalan Raya Lovina hierher ist aber das Café im Obergeschoss, in dem einfache, aber superleckere indonesische und westliche Gerichte angeboten werden. Die Backwaren sind häufig ganz schnell ausverkauft!

Spice Beach Club INTERNATIONAL **$$**
(☎0851 0001 2666; www.spicebeachclubbali.com; Nähe Jl Raya Lovina; Hauptgerichte 75 000–240 000 Rp; ⏲Küche 9–23, Bar bis 0.30 Uhr; 📶) Ein schickes Lokal für schicke Gäste an einem hübschen Strand. Die Lounge Chairs vor dem Pool vermitteln einen Hauch von Cannes. Auf der Speisekarte stehen Burger, aber auch Meeresfrüchte, dazu kommt ein großes Angebot an Getränken. Zu den Annehmlichkeiten gehören Schließfächer, Duschen und House Musik.

★ **Damai** FUSION **$$$**
(☎0362-41008; www.thedamai.com; Jl Damai; 3-Gänge-Menü ab 485 000 Rp; ⏲7–11, 12–16 & 19–23 Uhr; 📶) Ein Essen in diesem berühmten biodynamischen Restaurant des Boutiquehotels in den Hügeln hinter Lovina ist etwas ganz Besonderes. Von den Tischen hat man eine wunderbare Aussicht über die Nordküste. Die Speisekarte wechselt ständig; die Küche bezieht ihre frischen Zutaten von der Biofarm des Hotels und von einheimischen Fischern. Die Speisen sind perfekt zubereitet, die Weinkarte gehört zu den besten von Bali. Sehr beliebt ist der sonntägliche Brunch. Auf Wunsch werden die Gäste abgeholt.

Ausgehen & Nachtleben

Zahlreiche Lokale in Lovina sind auch dann ein nettes Ziel, wenn man nur etwas trinken möchte – das gilt besonders für diejenigen, die am Strand liegen. Am Ende der Jalan Mawar befindet sich eine Reihe von Cafés, in denen man gut ein Bintang zum Sonnenuntergang trinken kann. In Kalibukbuk spielt sich auch das Nachtleben ab.

Pashaa CLUB
(Jl Raya Lovina, Kalibukbuk; ⏲19–3 Uhr) Ein kleiner, aber edler Club nahe des Stadtzentrums. Hier legen DJs aus ganz Bali Platten auf, außerdem spielen Bands.

An- & Weiterreise

BUS & BEMO

Wer mit öffentlichen Verkehrsmitteln von Südbali nach Lovina reist, muss in Singaraja umsteigen. Von Denpasars Ubung Bus & Bemo Terminal geht es mit dem Bus bis zum Busbahnhof Sangket in Singaraja, dann muss man ein Bemo zum Busbahnhof Banyuasri nehmen. Anschließend fährt man mit einem anderen Bemo in die Gegend von Lovina. Für die Anreise sollte man einen Tag einplanen.

Vom Busbahnhof Banyuasri in Singaraja fahren regelmäßig Bemos nach Kalibukbuk (etwa 15 000 Rp) – man kann die Bemos überall an der Hauptstraße anhalten, ggf. muss man eine Weile warten.

Wer mit dem Fernbus aus Richtung Westen anreist, kann den Fahrer an jeder beliebigen Stelle an der Hauptstraße bitten anzuhalten.

TOURISTEN-SHUTTLEBUS

Die Busse von **Perama** (☎0362-41161; www.peramatour.com; Jl Raya Lovina, Anturan) halten in Anturan. Die Reisenden werden von dort zu anderen Zielen in Lovina gebracht (15 000 Rp). Es gibt eine tägliche Busverbindung in den Süden, unter anderen mit Halt in Kuta, Sanur und Ubud (je 125 000 Rp).

Unterwegs vor Ort

Der Ort Lovina zieht sich ziemlich in die Länge, mit dem Bemo kommt man aber schnell nach Singaraja und zurück (10 000 Rp). Sie fahren allerdings nur selten.

Lovina eignet sich aufgrund seiner geringen Größe für eine Erkundung per Rad. Mieträder gibt's im **Sovina Shop** (☎0362-41402; Jl Mawar; ⏲10–20 Uhr).

Seririt

☎0362

Seririt ist ein Kreuzungspunkt für den gesamten Straßenverkehr, der durch die Berge nach Munduk oder Pupuan oder nach Westbali über die landschaftlich schöne Antosari-Straße oder die ebenso reizvolle Straße nach Pulukan führt.

Der **Markt** im Stadtzentrum ist berühmt wegen der vielen Stände, die alles anbieten, was man für Opfergaben braucht.

Fährt man von Seririt ungefähr 10 km westlich nach Celukanbawang, wird man von einem riesigen Kraftwerk fast erschlagen, das als ein Joint Venture zusammen mit China errichtet wird. Informationen sind knapp, aber hier soll chinesische Kohle ver-

PULAU MENJANGAN UNTER WASSER ERKUNDEN

Pemuteran mit seinem großen Angebot an Unterkünften ist ein idealer Ausgangsort, um vor Pulau Menjangan zu tauchen und zu schnorcheln. Der Hafen Banyuwedang befindet sich nur 7 km westlich des Ortes, sodass die Anfahrt nur sehr kurz ist. Die schöne 30-minütige Überfahrt nach Menjangan kann man auf dem Boot entspannt genießen. Die Tauchschulen und Hotels vor Ort bieten Schnorchelausflüge an, die zwischen 65 und 85 US$ kosten; 2-Tank-Tauchgänge kosten ab 95 US$. Darin enthalten ist der Parkeintritt von 250 000 Rp, an Sonn- und Feiertagen beträgt der Eintritt jedoch 350 000 Rp.

Manche Bootstouren nach Menjangan gehen direkt am Strand von Pemuteran los – das ist am bequemsten. Bei anderen Ausflügen muss man zuerst noch mit dem Auto nach Banyuwedang fahren.

stromt werden, die auf großen Schiffen im Hafen ankommt.

Schlafen

Etwa 2 km westlich von Seririt zweigt an der Straße von Singaraja nach Gilimanuk eine kleinere Straße, die Jalan Ume Anyar, ab, die Richtung Norden zu kleinen Stränden führt. Hier befinden sich mehrere verschwiegene kleine Resorts.

Mayo Resort RESORT **$$$**
(☎0811 380 0500; www.mayoresort.com; Jl Ume Anyar; Zi. ab 2 000 000 Rp; ❄📶🏊) Selten für Bali – das kleine Resort am Wasser ist in erfrischenden Hellblau- und Weißtönen gehalten. Die sieben großen Wohneinheiten befinden sich im zweistöckigen Haupthaus und haben alle eine große Terrasse. Und falls Bedarf besteht: Im Pavillon am schmalen Strand werden Massagen angeboten. Das Resort liegt etwa 200 m hinter dem Zen Resort Bali, 3 km nordwestlich von Seririt.

Zen Resort Bali BOUTIQUEHOTEL **$$$**
(☎0362-93578; www.zenresortbali.com; Jl Ume Anyar; Zi. inkl. Frühstück ab 155 US$; ❄📶🏊) Schon der Name spricht Bände: Das Resort ist ein Urlaubsort, der sich um das Wohlergehen von Körper und Seele sorgt. Yoga und ein großzügiges Spa stehen im Mittelpunkt der Anlage. Die 26 Bungalows weisen ein minimalistisches Design auf, um die Sinne nicht vom Wesentlichen abzulenken. Im wunderschönen Garten plätschert Wasser und der Strand ist nur 200 m entfernt. Die Hauptstraße verläuft in 600 m Entfernung.

An- & Weiterreise

Busse auf dem Weg nach Westbali fahren durch Seririt. Noch wichtiger ist, dass die Antosari Road aus Südbali hier die Küste erreicht.

Pemuteran

☎0362 / 8620 EW.

Dieses beliebte Paradies in der nordwestlichen Ecke Balis bietet eine ganze Reihe hübscher Hotels an einem kleinen Strand, der unfassbar ruhig ist, weil er im Krater eines erloschenen Vulkans liegt, geschützt von gesunden Korallenriffen. Der Strand ist in Ordnung, aber die meisten Leute kommen her, um sich die Wunderwelt unter Wasser direkt vor der Küste und im benachbarten Pulau Menjangan anzusehen.

Die belebte Straße von Singaraja nach Gilimanuk ist die Hauptlebensader des Ortes und hier siedeln sich immer mehr Unternehmen an, die von den Touristen leben wollen. Trotz der wachsenden Beliebtheit ist es in Pemuteran gelungen, dass die Gemeinde zusammen mit der Tourismusindustrie ein Modell für eine nachhaltige Entwicklung des Ortes entwickelt hat. Dieses Modell könnte ein Vorbild für ganz Bali sein.

Sehenswertes

Pemuteran Beach STRAND
Der grau-braune Sand am schmalen Strand ist nicht besonders fein, aber die Szenerie ist einfach beeindruckend. Das blaue Wasser und die grünen Hügel der Umgebung sorgen für eine wunderbare Kulisse, die nicht mehr übertroffen werden kann, wenn beim Sonnenuntergang noch Blutrot und Orange die Farbpalette ergänzen. Beliebt ist ein Bummel am Strand – der kleine Fischerort ist interessant. Wer bis zum östlichen Ende der Bucht läuft, findet noch einige unberührte Stellen, auch wenn immer mehr gebaut wird. Entlang der Küste werden auch heute noch die Fischerboote auf traditionelle balinesische Art gebaut.

Proyek Penyu SCHILDKRÖTENAUFZUCHT
(Schildkrötenprojekt; ☎0362-93001; www.reefseenbali.com/turtle-hatchery; Reef Seen; Erw./Kind 25 000 Rp/frei; ⌚8–17 Uhr) 🍃 In Pe-

TAUCHEN & SCHNORCHELN VOR PULAU MENJANGAN

Balis bekannteste Unterwasserattraktion, Pulau Menjangan, bietet über ein Dutzend Tauchplätze mit Tropenfischen, Weichkorallen, guter Sicht, Höhlen und einem spektakulären Abgrund.

Seefächer und Schwämme sorgen für Abwechslung und bieten Verstecke für kleine Fische. Kaum jemand kann dem Zauber der Papagei- und Clownfische widerstehen. Zu den größeren Tieren gehören Wale, Walhaie und Mantarochen.

Die meisten der hier genannten Tauchplätze liegen dicht am Ufer und sind auch für Schnorchler und Tauchanfänger geeignet. Erfahrene Taucher, die auf Steilwandtauchen stehen, zieht es weiter nach draußen, dorthin, wo der seichte Grund in abfallende Riffhänge übergeht; es gibt drei Wände.

Auf dieser unbewohnten Insel steht – nur etwa 300 m vom Pier entfernt – der wahrscheinlich älteste Tempel Balis, der aus dem 14. Jh. stammende **Pura Gili Kencana**. Ein riesiger Ganesha (Hindu-Gottheit mit Elefantenkopf) bewacht den Eingang. Die Insel kann in einer Stunde umwandert werden; leider sind die Strände häufig recht schmutzig.

Praktisch & Konkret

Tipps, die dabei helfen sollen, aus der Tour eines der Urlaubs-Highlights werden zu lassen:

- Die Boote legen meistens am Pier von Pulau Menjangan an. Die Steilwand befindet sich direkt vor der Küste. Die sanfte Strömung fließt normalerweise Richtung Südwest, sodass man sich mit dem Strom treiben lassen kann, um das Unterwasserspektakel zu genießen. Auch an der sehr lohnenswerten Nordseite der Insel halten die Boote.
- Die Guides fordern ihre Gäste häufig auf, bei weniger interessanten ausgeblichenen Korallen zum Boot zurückzuschwimmen. Stattdessen sollte man darum bitten, am Ende des Tauchgangs abgeholt zu werden. So lässt sich vermeiden, dass man gegen die Strömung anschwimmen muss und zu spät zum Pier zurückkommt. Die Steilwand erstreckt sich weit nach Südwesten und wird immer spektakulärer je weiter man schwimmt.
- Nördlich vom Bootsanleger kann man vom Ufer aus schnorcheln und die Steilwände in einem großen Kreis umrunden.
- Auch wenn das Tauchgebiet rund um den Anleger an der Südseite der Insel spektakulär ist, fahren die Tauchveranstalter aus einem anderen Grund dorthin: Die Fahrt vom Hafen ist nicht weit und spart Treibstoff. Auch die Nordseite ist spektakulär und bietet sich für einen Ausflug über Mittag an. Hier sind die Korallen abwechslungsreich, außerdem gibt es Schildkröten. **Mangrove Point** ist ein ausgezeichnetes Revier zum Schnorcheln.
- Ein anderes lohnendes Tauchgebiet sind die **Coral Gardens** im Westen. Und das **Anker Wreck**, ein gesunkenes Boot, ist selbst für Profis etwas ganz Besonderes.
- Schön ist es auch, wenn man sich an der Steilwand über einigen Tauchern treiben lässt. Der Anblick ihrer Luftblasen ist einfach atemberaubend.
- Zu den Eintrittsgebühren für den Park in Höhe von 250 000 Rp pro Person kommt noch die Gebühr fürs Tauchen/Schnorcheln in Höhe von 25 000/15 000 Rp.
- Ein Guide, der einem einen tollen Tag bereitet hat, verdient ein gutes Trinkgeld.
- Die Friends of Menjangan (www.friendsofmenjangan.blogspot.com) bieten Informationen; die aktuellsten Informationen gibt es auf der Facebook-Seite.

An- & Weiterreise

Tauchanbieter finden sich in Pemuteran, wo auch Hotels Tauch- und Schnorchelausflüge arrangieren. Wer alleine schnorcheln möchte, kann von Banyuwedang und Labuhan Lalang aus seine Tour organisieren. Wer als Tagesausflug von einem anderen Ort dorthin fahren will, sollte wissen, wie lange die Anreise dauert. Die Fahrt von Seminyak kann sieben Stunden dauern.

muteran ist das gemeinnützige Schildkrötenprojekt beheimatet, das von den Mitarbeitern des Reef Seen Divers' Resort geleitet wird. Schildkröteneier und -babys werden den Einheimischen abgekauft und dann hier aufgezogen, bis man sie ins Meer aussetzen kann. Seit 1994 wurden auf diese Weise bereits Tausende von Meeresschildkröten in die Freiheit entlassen. Man kann die kleine Einrichtung besuchen und mit einer Spende die Organisation unterstützen und eine kleine Schildkröte freilassen. Die Station befindet sich unweit der Hauptstraße am Strand östlich der Taman Selini Beach Bungalows.

Pulaki DORF

Pulaki ist bekannt für seine Weinberge (ein Großteil davon gehört der balinesischen Firma Hattan Wines), die Wassermelonen und wegen des Tempels **Pura Pulaki**. Der Küstentempel wurde in den frühen 1980er-Jahren komplett wieder aufgebaut, hier wohnt eine große Schar wilder Affen. Das Gebiet ist auch wegen des nahe gelegenen Militärlagers bekannt. Von Pemuteran führt ein einfacher Spaziergang in den Ort.

Aktivitäten

Ausgedehnte Korallenriffe liegen ungefähr 3 km vor der Küste. Etwas näher werden Korallen gerade innerhalb des Bio Rocks Projekts instand gesetzt. Tauchen und Schnorcheln sind weitverbreitet und werden von Tauchläden und Hotels angeboten. Tauchausrüstungen kann man ab 50 000 Rp ausleihen. In Küstennähe ist die Bucht keine 15 m tief, weswegen Küstentauchen sehr beliebt ist, besonders nachts.

★ **Reef Seen Divers' Resort** TAUCHEN

(☎ 0362-93001; www.reefseenbali.com; 2-Tank-Tauchgänge ab 1 200 000 Rp) Direkt am Strand liegt in einem großen Komplex das Reef Seen, ein PADI-Tauchzentrum mit Unterricht für Anfänger und Fortgeschrittene. Angeboten wird auch **Ponyreiten** am Strand für Kinder. Bei einigen Tauchausflügen ist die Übernachtung im Resort eingeschlossen. Das Tauchzentrum engagiert sich für den lokalen Naturschutz.

Garden of the Gods TAUCHEN

In der Bucht von Pemuteran kann man sich wie Indiana Jones unter Wasser fühlen – mehr als 30 Statuen und Skulpturen wurden etwa 400 m vor der Küste auf dem Meeresboden aufgestellt. Im Zentrum steht Shiva und zahlreiche balinesische Götter und Kultobjekte umgeben ihn.

Bali Diving Academy TAUCHEN

(☎ 0813 3391 76652; www.scubali.com; Beachfront, Taman Sari Bali Resort; Tauchgänge vor Pulau Menjangan ab 1 275 000 Rp) Die angesehene, inselweit operierende Firma unterhält ein Tauchzentrum direkt am Strand in der Nähe des Bio-Rocks-Infostandes. Es lohnt sich, nach Tauchgängen an den weniger besuchten Tauchstellen zu fragen.

Easy Divers TAUCHEN

(☎ 0813 5319 8766; www.easy-divers.eu; Jl Singaraja-Gilimanuk; Einführungskurs ab 55 €) Der Gründer von Easy Divers, Dusan Repic, hat schon vielen neuen Tauchern Unterricht erteilt, seine Firma hat einen sehr guten Ruf. Sie befindet sich an der Hauptstraße in der Nähe der Taman Selini und Pondok Sari Hotels.

Schlafen

Pemuteran verfügt über eines der besten Angebote an Strandhotels auf Bali; außerdem gibt es eine wachsende Anzahl von günstigen Guesthouses. Viele der Häuser haben Atmosphäre, alle sind unaufdringlich und entspannt und liegen dicht am Strand.

Einige Hotels haben den Eingang direkt zur Hauptstraße, andere liegen an Seitenstraßen, die entweder zur Bucht oder südlich zu den Bergen führen.

Pande Guest House GUESTHOUSE $

(☎ 0818 822 088; Jl Singaraja-Gilimanuk; Zi. ab 250 000 Rp; ❄ 📶) Dieses gut geführte, charmante Guesthouse hat makellose, bequeme Zimmer mit Bädern im Freien samt toller Gartenduschen. Es bietet bei Weitem das beste Preis-Leistungs-Verhältnis vor Ort.

Double You Homestay GUESTHOUSE $

(☎ 0813 3842 7000; www.doubleyoupemuteran.com; Nähe Jl Singaraja-Gilimanuk; Zi. inkl. Frühstück ab 360 000 Rp; ❄ 📶) Die schicke Pension liegt an einer kleinen Straße südlich der Hauptstraße. Die neun makellosen Zimmer befinden sich in einem mit Blumen bewachsenen Garten und bieten neben heißem Wasser auch andere Annehmlichkeiten.

Bali Gecko Homestay GUESTHOUSE $

(☎ 0852 3808 2285; bali.gecko@ymail.com; Desa Pemuteran; Zi. 400 000–500 000 Rp; ❄ 📶) Das familiengeführte Guesthouse liegt recht abgelegen etwa 500 m westlich von Pemuterans Zentrum und 200 m nördlich von der Hauptstraße entfernt. Man gelangt über

BIO-ROCKS: EIN NEUES RIFF WIRD GEBAUT

Pemuteran liegt in einer ziemlich trockenen Gegend von Bali; hier mussten die Bewohner schon immer hart für ihren Lebensunterhalt arbeiten. Zu Beginn der 1990er-Jahre entdeckte die Tourismusbranche die ausgezeichneten Tauchreviere der Umgebung. Die einheimische Bevölkerung, die bisher mehr schlecht als recht von Ackerbau und Fischfang gelebt hatte, begann plötzlich Sprach- und anderen Unterricht zu nehmen, um Gäste in neu erbauten Resorts zu empfangen.

Aber es gab ein großes Problem: Das Fischen mit Dynamit und Cyanid sowie die Erwärmung des Wassers durch El Niño hatten große Teile des Riffs ausgeblichen und beschädigt.

Eine Gruppe lokaler Hoteliers, Besitzer von Tauchschulen und Gemeindevertreter fand eine neue Lösung: Mit Hilfe von Elektrizität sollte ein neues Riff entstehen. Diese Idee war bereits von internationalen Wissenschaftlern lanciert worden, aber Pemuteran war der erste Ort, an dem das Experiment im großen Stil – und zwar sehr erfolgreich – durchgeführt wurde.

Unter Verwendung von vorhandenem Material baute die Gemeinde Dutzende von großen Metallkäfigen, die entlang des bedrohten Riffs platziert wurden. Die Körbe verband man dann mit sehr spannungsarmen Generatoren an Land (man kann die Kabel in der Nähe des Taman Sari Hotels aus dem Meer kommen sehen). Aus der Theorie wurde Wirklichkeit. Die geringe Stromspannung stimulierte die Ablagerung von Kalkstein an den Körben, auf denen sich innerhalb kurzer Zeit neue Korallen ansiedelten. Jetzt wachsen in der kleinen Bucht von Pemuteran neue Korallen (auch bekannt als Bio Rocks) in einer fünf- bis sechsmal kürzeren Zeit, als sie normalerweise benötigen würden.

Dabei haben alle Seiten gewonnen. Die Einheimischen und die Besucher sind glücklich und auch das Riff profitiert davon; das Projekt hat international für Aufsehen gesorgt und Auszeichnungen erhalten. Der gemeinschaftliche einheimische Verein, die **Pemuteran Foundation** (www.pemuteranfoundation.com/Gbpag1pf.html), steht mit seinem Infostand mit dem Schild „Bio Rocks Reef Gardeners" am Strand bei Pondok Sari. Informationen über die Arbeit des Vereins findet man auch in den meisten einheimischen Hotellobbys. Besondere Beachtung verdient auch ein Merkblatt des Vereins mit Verhaltensregeln für das Schwimmen in der Bucht, in dem es u. a. heißt, dass man nicht auf die Korallen treten soll, keine Korallen oder Muscheln mitnehmen und keine Fische füttern soll.

einen kurzen Wanderweg zu einem ruhigen Strand, eine Wanderung auf einen in der nächsten Nähe gelegenen Berg bietet eine wunderbare Aussicht. Die vier Zimmer sind sehr einfach.

Taruna GUESTHOUSE $

(☎0813 3853 6318; www.tarunapemuteran.com; Jl Singaraja-Gilimanuk; Zi. inkl. Frühstück, Ventilator/Klimaanlage 450 000/700 000 Rp; ❄📶🏊) Das professionell geführte Guesthouse an der Strandseite der Hauptstraße liegt nur einen kurzen Spaziergang vom Strand entfernt und bietet neun gut geplante Zimmer auf einem langen schmalen Grundstück.

Rare Angon Homestay PRIVATUNTERKUNFT $

(☎0362-94747; Jl Singaraja-Gilimanuk; Zi. 350 000–600 000 Rp; ❄) Vier gute, einfache Zimmer (einige mit Klimaanlage) in einem Homestay am Berg neben der Hauptstraße, am östlichen Ende der Geschäftsstraße. Terrassen mit Gartenblick.

Kubuku Ecolodge GUESTHOUSE $$

(☎0362-343 7302; www.kubukubali.com; Jl Singaraja-Gilimanuk; Zi. inkl. Frühstück ab 765 000 Rp; ❄📶) Ein Beispiel für den modernen Stil Pemuterans. Das Kubuku bietet einen kleinen Pool mit einer Bar sowie einen einladenden Rasen. Das Preis-Leistungs-Verhältnis der 17 komfortablen Zimmer ist gut, das Restaurant bietet leckere Gerichte aus biologischem Anbau. Das Gelände befindet sich an einem Weg abseits der Hauptstraße in Richtung Berge.

Jubawa Homestay GUESTHOUSE $$

(☎0362-94745; www.jubawa-pemuteran.com; Zi. inkl. Frühstück 500 000–600 000 Rp; ❄📶🏊) Eine der typischsten Übernachtungsmöglichkeiten in Pemuteran – das Jubawa ist eine ziemlich exklusive, aber günstige Unterkunft. Die 24 Zimmer befinden sich in einem ausgedehnten Garten rund um einen Pool. Das beliebte Café/Bar bietet balinesische und thailändische Küche. Das Guesthouse liegt nicht weit entfernt vom großen Matahari Beach Resort an der Südseite der Hauptstraße.

★ Matahari Beach Resort RESORT $$$
(☎ 0362-92312; www.matahari-beach-resort.com; Jl Singaraja-Gilimanuk; Zi. ab 370 US$; ❄📶🏊) Das hübsche Strandresort liegt am ruhigeren Ostende der Bucht in einem großzügigen, üppigen Garten. Die weit verstreut angelegten Bungalows sind traditionelle Handwerkerarbeit. Das Resort bietet eine Bücherei und weitere Annehmlichkeiten wie ein elegantes Spa und eine Strandbar, die sich für eine Rast anbietet, wenn man die Bucht erkundet.

★ Taman Sari Bali Resort HOTEL $$$
(☎ 0362-93264; www.tamansaribali.com; Zi. inkl. Frühstück ab 1755000 Rp, Villa ab 4235000 Rp; ❄@📶🏊) In einer kleinen Seitenstraße liegen wunderschöne Bungalows mit Hotelzimmern im traditionellen Stil, mit aufwendigen Schnitzereien und traditioneller Kunst drinnen und draußen – manche Zimmer sind besonders groß und blicken auf die Bucht. In der Nähe stehen große, luxuriöse Villen. Für ein Abendessen am Strand ist eine Reservierung ratsam. Die Anlage befindet sich an einem ruhigen Strand in der Bucht und ist Teil des Projekts zur Erneuerung des Korallenriffs.

★ Taman Selini Beach Bungalows BOUTIQUEHOTEL $$$
(☎ 0362-94746; www.tamanselini.com; Jl Singaraja–Gilimanuk; Zi. inkl. Frühstück 1500000–3100000 Rp; ❄📶🏊) Die elf Bungalows mit den strohgedeckten Dächern, den antiken geschnitzten Türen und den feinen Steinmetzarbeiten erinnern an Balis ruhmreiche Vergangenheit. Die Zimmer haben Himmelbetten und große Freiluftbäder, ihre Balkontüren öffnen sich zum großen, bis zum Meer hinab reichenden Garten. Und aus den großen Tagesbetten im Garten möchte man gar nicht wieder aufstehen. Das Strandrestaurant – mit indonesischer und griechischer Küche – ist fantastisch.

Puri Ganesha Villas BOUTIQUEHOTEL $$$
(☎ 0362-94766; www.puriganesha.com; Villa ab 550 US$; ❄@🏊) Die Anlage besteht aus vier zweistöckigen Villen auf einem beeindruckenden Gelände. Jede Villa ist individuell mit Antiquitäten und Seidenstoffen ausgestattet und bietet einen entspannten Komfort. Die Schlafzimmer haben alle Klimaanlage, das Leben spielt sich hauptsächlich draußen am privaten Pool ab. Das Essen wird entweder im Restaurant (Mitglied von Slow Food Bali) serviert oder in der eigenen Villa. Die Anlage befindet sich am westlichen Ende der Bucht.

Pondok Sari HOTEL $$$
(☎ 0362-94738; www.pondoksari.com; Jl Singaraja-Gilimanuk; Zi. inkl. Frühstück 70–210 €; ❄🏊) Die 36 Zimmer befinden sich in einem üppig angelegten Garten, der auch die nötige Privatsphäre bietet. Der Pool liegt unten am Strand, das Café gewährt durch die Bäume einen guten Blick aufs Wasser. Überall findet man traditionelle balinesische Dekorelemente; die Gestaltung der Freiluftbäder zeugt von den handwerklichen Fähigkeiten der Steinmetze. Die Deluxe-Zimmer bieten unter anderem kunstvolle Badewannen aus Stein. Das Resort liegt dicht an der Hauptstraße.

Amertha Bali Villas HOTEL $$$
(☎ 0362-94831; www.amerthabalivillas.com; Jl Singaraja-Gilimanuk; Zi. inkl. Frühstück 1200000–7000000 Rp; ❄📶🏊) Das Amertha Bali Villas ist ein schon etwas älteres Resort auf einem großzügigen Grundstück am Meer, dessen große alte Bäume für das typisch tropische Ambiente sorgen. Die Zimmer sind groß und die 14 Villen sind ansehnlich, alle bieten viel Holz und großzügige überdachte Terrassen. Alle Villen besitzen zudem ein Tauchbecken.

Essen

Entlang der Hauptstraße gibt es Cafés und Restaurants. Außerdem verfügen die Strandhotels über gute Restaurants mittlerer Preisklasse. Bei einem Strandspaziergang kann man eines auswählen.

★ Santai Warung INDONESISCH $
(☎ 0852 3737 0220; Jl Hotel Taman Sari; Hauptgerichte ab 35000 Rp; ⊙ 11–21 Uhr; 🌿) Leuchtende Laternen weisen den Weg von der Hauptstraße Pemuterans zu diesem großartigen indonesischen Restaurant in einem wunderschönen Garten. Es serviert scharfe authentische Gerichte, darunter viele tolle vegetarische Optionen, und bietet auch eine *rijsttafel* (Büfett mit Dutzenden balinesischen Gerichten, die 24 Stunden vorher bestellt werden müssen), außerdem ein traditionelles javanesisches *joglo*-Haus und Kochkurse.

Joe's INDONESISCH $
(☎ 0852 3739 0151; Jl Singaraja–Gilimanuk; Hauptgerichte ab 40000 Rp; ⊙ 11–24 Uhr) Joe's, im

dezenten Vintage-Stil eingerichtet, ist schon fast das ganze Nachtleben von Pemuteran. Die Gerichte mit Meeresfrüchten kann man an einem alten Boot im Freien genießen. Danach trifft man sich an der geselligen Bar und erzählt wahre und manchmal nicht ganz so wahre Geschichten vom Tauchen. Das Lokal liegt in der Mitte des Ortes. Ein Schild verkündet: „Der Trinker des Monats gewinnt eine Flasche Whiskey."

Bali Balance Café & Bistro CAFÉ $
(☎0853 3745 5454; www.bali-balance.com; Jl Singaraja-Gilimanuk; Hauptgerichte ab 30 000 Rp; ⏰7.30–19 Uhr; 📶) Ausgezeichneter Kaffee, dazu frisch gepresste Säfte und leckeres Gebäck – eine gute Adresse für eine Pause zwischendurch. Das saubere Café bietet auch eine kleine Karte mit Sandwiches und Salaten, die im schattigen Garten serviert werden. Es liegt an der Bergseite ziemlich in der Mitte des Ortes.

La Casa Kita PIZZA $$
(☎0852 3889 0253; Jl Gilimanuk-Seririk; Hauptgerichte 40 000–75 000 Rp; ⏰10–22 Uhr) Das kalte Bintang und die Tische auf dem Rasen locken die Gäste, dazu kommt eine Speisekarte mit den klassischen Urlaubsgerichten wie dünne Holzofenpizza sowie westlichen und indonesischen Klassikern. Das Lokal liegt an der Hauptstraße gegenüber von Easy Divers.

An- & Weiterreise

In Pemuteran halten alle Busse auf der Strecke Gilimanuk–Lovina–Singaraja. Für die Fahrt nach Pemuteran von Gilimanuk oder Lovina sollte man nicht mehr als 20 000 Rp bezahlen. Da es keine Haltestellen gibt, hält man einfach einen vorbeifahrenden Bus an. Die Fahrt von Südbali dauert vier Stunden, egal, ob man über die Berge oder die Straße entlang der Westküste fährt. Ein Auto mit Fahrer kostet nach Ubud oder Seminyak 850 000 Rp, andere Destinationen sind ebenfalls möglich.

Banyuwedang

Die mangrovengesäumte Bucht östlich des Nationalparks ist der wichtigste Ausgangspunkt für Schiffstouren nach Pulau Menjangan.

Aktivitäten

Wer mit einer Gruppe zum Tauchen oder Schnorcheln nach Menjangan fahren möchte, wird höchstwahrscheinlich in diesem geschäftigen kleinen Hafen, der 1,2 km von der Jalan Singaraja–Gilimanuk entfernt liegt, ein Boot besteigen.

Hier lassen sich auch individuelle Ausflüge zum Schnorcheln organisieren; sie dauern normalerweise drei Stunden, darin inbegriffen ist die Hin- und Rückfahrt, zusammen rund eine Stunde. Die Abfahrten sind täglich zwischen 8 und 15 Uhr. Die Festpreise lohnen sich besonders für Gruppen, summieren sich aber ziemlich schnell: das Boot (für bis zu zehn Personen) 600 000 Rp; der obligatorische Führer (für die Gruppe, manche „führen" allerdings recht wenig) 250 000 Rp; die Schnorchelausrüstung pro Person 40 000 Rp; Eintritt in den Nationalpark pro Person 250 000 Rp; Tauch-/Schnorchelgebühr 25 000/15 000 Rp und Versicherung pro Person 10 000 Rp.

Schlafen

Mimpi Resort Menjangan RESORT $$
(☎0362-94497, 0361-415020; www.mimpi.com; Pejarakan; inkl. Frühstück Zi. 110 US$, Villa ab 160 US$; ❄@📶🏊) Das Resort mit 54 Wohneinheiten liegt in der Nähe des Bootsstegs für die Abfahrten nach Menjangan und erstreckt sich bis zu einem kleinen, von Mangroven gesäumten weißen Sandstrand. Die schmucklosen weiß-braunen Zimmer haben Freiluftbäder. Die Gemeinschaftspools und privaten Badewannen in den Villen werden von heißen Quellen gespeist. Die großen Villen mit eigenem Pool und Blick auf die Lagune sind ein wunderbares tropisches Refugium.

Menjangan RESORT $$$
(☎0362-94700; www.themenjangan.com; Jl Raya Gilimanuk-Singaraja, Km 17; Zi./Suite/Villa inkl. Frühstück ab 180/350/500 US$; ❄📶🏊) Das luxuriöse Resort liegt im Bali Barat Nationalpark – der perfekte Ort für alle, die den Nationalpark richtig erleben wollen. Es befindet sich auf einem 382 ha großen Gelände und besteht aus zwei Einheiten: Die Zimmer der Monsoon Lodge befinden sich im Dschungel, die Beach Villen bieten Blick über die Mangroven und Pulau Menjangan. An Aktivitäten werden beispielsweise Reiten, Kajakfahren und Wandern angeboten. Und natürlich gibt es den Strand.

An- & Weiterreise

Man braucht einen eigenen Wagen, um herzukommen.

Labuhan Lalang

Wer mit dem Boot nach Pulau Menjangan fahren möchte und dort vielleicht schnorcheln will, findet eine Anlegestelle in diesem kleinen Hafen im Nationalpark Bali Barat. Die Preise entsprechen denen in Banyuwedang. Es gibt Warungs und einen hübschen Strand 200 m weiter östlich.

Makam Jayaprana HINDUTEMPEL

Ein 20-minütiger Spaziergang von der Südseite der Straße westlich von Labuhan Lalang über Steinstufen bergauf führt zum Grab von Jayaprana. Von hier oben bietet sich ein schöner Blick über den Norden der Insel.

Jayaprana, der Pflegesohn eines Königs, lebte im 17. Jh. und wollte Leyonsari, ein hübsches Mädchen von einfacher Herkunft, heiraten. Der König verliebte sich allerdings auch in Leyonsari und ließ Jayaprana töten. Leyonsari erfuhr in einem Traum die Wahrheit über Jayapranas Tod und beging lieber Selbstmord als den König zu heiraten. Diese Romeo-und-Julia-Geschichte ist ein beliebtes Thema in der balinesischen Folklore und das Grab wird als heilig verehrt, obwohl das unglückliche Paar keine Gottheiten waren.

Praktische Informationen

Labuhan Lalang Information Office (Jl Singaraja-Gilimanuk; ⌚7–19 Uhr) Tourist Information Labuhan Lalang.

An- & Weiterreise

Alle Busse auf der Strecke zwischen Gilimanuk und Singaraja können hier ab und zu angehalten werden, aber es ist am einfachsten, den Transport selbst zu organisieren.

Nationalpark Bali Barat

☎0365

Die meisten Besucher des einzigen Nationalparks auf Bali, Bali Barat (Taman Nasional Bali Barat), sind begeistert von den wohlklingenden Gesängen der Heerscharen von Vögeln, die in den raschelnden Bäumen beheimatet sind.

Der Park erstreckt sich über eine Fläche von 190 km² an der Westspitze Balis und schützt auch fast 70 km² Korallenriffe und Küstengewässer. Auf einer so dicht besiedelten Insel wie Bali demonstriert das Land damit ein hohes Bewusstsein für den Naturschutz.

Hier kann man das beste Tauchgebiet Balis vor Pulau Menjangan genießen, durch die Wälder wandern und die Mangrovengebiete an der Küste erkunden.

Nationalpark Bali Barat

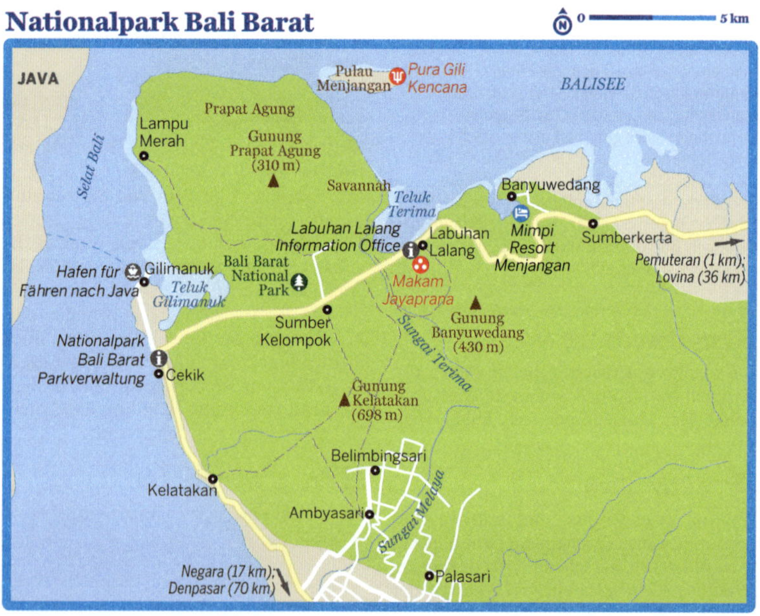

Aktivitäten

Egal ob zu Land, mit dem Boot oder unter Wasser – dieser Park wartet nur darauf, erkundet zu werden. Der Eintritt zum Park kostet tagesabhängig 250 000 Rp bis 350 000 Rp, weitere Aktivitäten im Park schlagen noch mal mit ein paar Tausend Rupiah zu Buche. Ein Guide ist nötig und es kann ziemlich chaotisch sein, einen Preis auszuhandeln, denn praktisch alle Kosten schwanken. Man kann aber alles in der Parkverwaltung in Cekik oder Labuhan Lalang regeln. **Iwan Melali** (☎ 0819 3167 5011; iwan.melali@gmail.com) ist ein fachkundiger, englischsprachiger Guide, der hervorragend darin ist, Tiere aufzuspüren.

Bootstouren

Am besten lassen sich die Mangroven der Teluk Gilimanuk (Bucht von Gilimanuk) und der Westseite von Prapat Agung mit einem gemieteten Boot erkunden. Die Festpreise im nahe gelegenen Banyuwedang sollten als Orientierungshilfe dienen: Das Boot (für bis zu zehn Personen) kostet 600 000 Rp und der obligatorische Führer (viele „führen" allerdings recht wenig) pro Gruppe 235 000 Rp. Dazu kommen die Kosten für die Schnorchelausrüstung pro Person 40 000 Rp, der Eintritt für den Park pro Person 250 000–350 000 Rp und die Gebühren fürs Tauchen/Schnorcheln 25 000/15 000 Rp.

Wandern

Für Wanderungen im Park ist ein autorisierter Guide verpflichtend. Am besten ist es, einen Tag vor der geplanten Wanderung anzureisen und im Nationalparkbüro die nötigen Vorbereitungen zu treffen.

Die festgelegten Gebühren für die Parkführer hängen von der Größe der Gruppe und der Dauer der Wanderung ab – es geht los mit 350 000 Rp für zwei Personen für bis zu zwei Stunden. Die Transportkosten und der Preis sind verhandelbar. Die beste Zeit für den Aufbruch ist der frühe Morgen, etwa 6 Uhr – dann ist es kühler und die Wahrscheinlichkeit, Wildtiere zu sehen, deutlich größer.

Wer sich unterwegs mit dem Guide gut versteht, kann vielleicht daran denken, auch mal kreativ zu werden und die Strecke den eigenen Wünschen anzupassen. Die meisten Guides möchten jedoch ihre klassischen Routen gehen, dazu gehören die folgenden Strecken.

Bei Sumber Kelompok beginnt der Aufstieg zum **Gunung Kelatakan** (Mount Kelatakan; 698 m), dann führt der Weg hinunter zur Hauptstraße beim Dorf Kelatakan (6–7 Std.). Eventuell erteilt die Parkverwaltung die Erlaubnis, im Wald zu übernachten. Wenn kein Zelt zur Hand ist, kann der Guide einen Unterschlupf aus Zweigen und Blättern bauen – das allein ist schon ein Abenteuer. Zahlreiche saubere Bäche fließen durch die dichten Wälder.

Auf einer drei- bis vierstündigen Wanderung kann die Region Savannah an der Küste im Nordwesten von Teluk Terima erkundet werden. Dort hat man recht gute Chancen Warane, Muntjaks und Schwarzlanguren zu sehen und mit sehr viel Glück auch den Balistar aus einem Wiederansiedlungsprojekt des Parks. Zur Tour gehört der Transport zum und vom Ausgangspunkt des Wegs.

Ausgehend von einem Wanderweg westlich von Labuhan Lalang an den Mangroven führt eine dreistündige Tour durch die **Teluk Terima** (Terima-Bucht). Dann folgt man streckenweise dem Lauf des Sungai Terima (Terima-Flusses) in die Berge und dann zurück zur Straße. Mit Glück lassen sich graue Makaken, Hirsche und Languren sehen.

Schlafen

Die nächstgelegenen Möglichkeiten sind alle teuer. Es gibt zwar einen Campingplatz, aber dort zahlt man täglich den Parkeintritt plus weitere 10 000 Rp für einen Zeltplatz. In Pemuteran, 12 km östlich, findet sich jedoch eine große Auswahl an Unterkünften und ca. 500 m von Cekik entfernt auch ein ordentliches, günstiges Hotel. Zum Essen muss man nach Gilimanuk oder Pemuteran fahren.

Praktische Informationen

GEFAHREN & ÄRGERNISSE

Rund um die Parkbüros finden sich Leute, die behaupten Parkführer zu sein. Ihre Legitimierung ist häufig genauso schwierig zu erkennen wie die Höhe ihrer Vergütung. Die dargebotenen, in Plastik laminierten Gebührenverzeichnisse sind häufig sehr fantasievoll. Man muss unbedingt hart verhandeln. Wandertouren beginnen bei ca. 350 000 Rp für zwei Personen und bis zu zwei Stunden. Eine Bootstour durch die Mangroven gibt es ab 700 000 Rp für zwei Personen und bis zu drei Stunden.

FLORA & FAUNA IM PARK

Die natürliche Vegetation des Parks besteht zum größten Teil nicht aus tropischem Regenwald, der ganzjährig gleichmäßige Niederschläge voraussetzt, sondern aus Küstensavannen mit Laubbäumen, die in der Trockenzeit ihr Laub abwerfen. An den südlichen Hängen kommt es zu höheren Niederschlägen und deswegen gedeiht dort eine eher tropische Vegetation, während in den tiefer gelegenen Küstenbereichen ausgedehnte Mangrovenwälder stehen.

Mehr als 200 Pflanzenarten wachsen im Park. Das Tierleben umfasst Schwarz- und Brillenlanguren sowie Makaken (sie zeigen sich nachmittags an der Hauptstraße bei Sumber Kelompok); Mähnen-, Muntjak- und Pferdehirsche, Kleinkantschile und Hirschferkel (muncak), außerdem Wildschweine, Eichhörnchen, Büffel, Leguane, Pythons und Grasnattern. In früheren Zeiten kamen hier sogar Tiger vor, aber der letzte wurde 1937 gesichtet – und erschossen. Vögel sind überaus zahlreich vertreten, viele der 300 Spezies der Insel leben hier, darunter auch der sehr seltene Balistar.

Direkt von der Straße führen zahlreiche Wanderwege unmittelbar ins Herz des Nationalparks.

TOURIST INFORMATION

In der **Parkverwaltung** (S. 317) in Cekik ist eine Karte des Parkgeländes zu sehen, außerdem gibt es dort einige wenige Informationen über Pflanzen und Tiere. Die Tourist Information Labuhan Lalang (S. 306) ist in einer Hütte am Parkplatz untergebracht, wo die Boote nach Pulau Menjangan abfahren.

Wanderführer und Genehmigungen sind in jedem der Büros zu bekommen, doch lauern dort auch immer ein paar zweifelhafte Charaktere. Die Unterscheidung, wer ein echter Parkführer ist, ist leider wie die Suche nach einem Balistar sehr schwierig.

Die Hauptstraßen nach Gilimanuk führen durch den Nationalpark, aber für die Durchquerung des Parks fällt keine Eintrittsgebühr an. Wer jedoch im Park wandern oder vor Menjangan tauchen möchte, muss 250 000–350 000 Rp Eintritt bezahlen – plus die Kosten für die jeweiligen Aktivitäten.

ℹ An- & Weiterreise

Wer nicht mit dem eigenen Fahrzeug unterwegs ist, kann mit jedem Bus oder Bemo von Nord- oder Westbali kommend Richtung Gilimanuk fahren und sich an der Parkzentrale in Cekik absetzen lassen (wer aus Nordbali kommt, wird auf Wunsch in Labuhan Lalang abgesetzt).

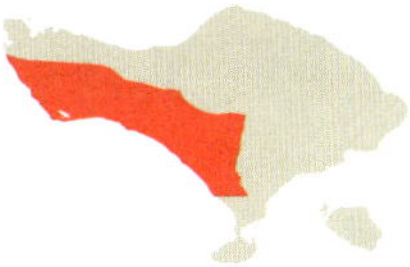

Westbali

Inhalt ➡

Cemagi 311
Tabanan 311
Südlich von Tabanan ... 312
Nördlich von Tabanan . 313
Balian Beach 314
Die Küste von Jembrana 315
Palasari & Belimbingsari 317
Gilimanuk 318

Gut essen

- ➡ Bali Silent Retreat (S. 313)
- ➡ Sushi Surf (S. 315)
- ➡ Ten Pandan (S. 317)

Schön übernachten

- ➡ Bali Silent Retreat (S. 313)
- ➡ Soori Villas (S. 313)
- ➡ Gajah Mina (S. 314)
- ➡ Taman Wana Villas & Spa (S. 318)
- ➡ Puri Dajuma Cottages (S. 316)

Auf nach Westbali!

Auch wenn sich die bebauten Gebiete von Südbali aus – via Hotspots wie Canggu – immer weiter gen Westen ausdehnen, ist Balis echter Westen, der sich abseits der Hauptstraße von Tabanan nach Gilimanuk erstreckt, doch noch immer selten besucht. An den naturbelassenen Stränden, in den Urwäldern und zwischen Reisfeldern ist es leicht, Ruhe zu finden.

An der Küste stürzen sich an Stränden wie Balian und Medewi Surfer in die Brandung. Auch einige der heiligsten Stätten Balis befinden sich hier, vom gut besuchten Pura Tanah Lot über den Pura Taman Ayun mit den gesprenkelten Seerosen bis zum Pura Rambut Siwi in wunderbarer Einsamkeit.

Die gepflegte Stadt Tabanan befindet sich am Scheitelpunkt des von der Unesco ausgezeichneten *subak*, des Bewässerungssystems, das jedem Anwohner einen gerechten Anteil am Wasser garantiert. Auf schmalen Nebenstraßen fährt man an sprudelnden Bächen entlang, über einem biegt sich dichter Bambus, daneben türmen sich Früchte auf.

Reisezeit

- ➡ Am besten ist ein Besuch auf Westbali während der Trockenzeit, also zwischen April und September. Durch die Klimaveränderungen der letzten Jahre ist die Trockenzeit jedoch regenreicher und die eigentliche Regenzeit trockener geworden als früher. Wanderungen im Bali Barat National Park sind auf trockenen Wegen wesentlich leichter und das Wasser vor Pulau Menjangan bietet die von Tauchern so geschätzte gute Sicht nur bei ruhigem Wetter.
- ➡ An der Westküste hat sich noch keine touristische Hauptsaison herausgebildet – zum Surfen eignen sich jedoch die Monate Juni bis August am besten. Aber selbst dann ist hier weniger los als weiter im Süden.

Highlights

❶ **Balian Beach** (S. 314) Dort, wo sich Surferkneipen und stilvolle Lokale aneinanderreihen, die Strandpartystimmung und den Blick auf die Brandung genießen.

❷ **Pantai Medewi** (S. 316) In dem expandierenden Paradies auf der Linkswelle surfen.

❸ **Pura Taman Ayun** (S. 314) In einem der stimmungsvollsten Tempel Balis seine eigene ruhige Nische finden.

❹ **Pura Tanah Lot** (S. 312) Die morgendliche Spiritualität dieses beliebten Tempels erleben, ehe die Massen einfallen.

❺ **Pura Rambut Siwi** (S. 316) In diesem Küstentempel mit historischer Bedeutung die Ruhe genießen.

❻ **Cemagi** (S. 311) Den Trubel von Tanah Lot gegen die Beschaulichkeit des Tempels Pura Gede Luhur Batu Ngaus eintauschen.

An- & Weiterreise

Die Hauptstraße in Westbali verbindet den Hafen mit den Fähren nach Java in Gilimanuk mit Denpasar. Auch wenn Teilstrecken Ausblicke auf das Meer und auf Reisfelder bieten, werden die meisten Fahrer doch damit beschäftigt sein, auf das Fahrzeug vor sich zu achten. Hier herrscht viel Verkehr und oft Stau. Busse befahren diese Strecke regelmäßig.

Cemagi

Eingebettet zwischen Canggu und Tanah Lot ist Cemagi wegen seines malerischen Tempels und der beeindruckenden Küstenlinie einen Besuch wert.

Sehenswertes

Gleich nördlich des Pura Gede Luhur Batu Ngaus erstreckt sich der schwarzsandige Strand **Pantai Mengening**.

Pura Gede Luhur Batu Ngaus HINDUTEMPEL
Inmitten einer ständig wachsenden Gruppe aus Villen streckt sich eine spektakuläre Felsennase aus schwarzer Lava in die Brandung. Darauf erhebt sich der fotogene Pura Gede Luhur Batu Ngaus, der alle klassischen Elemente eines balinesischen Tempels aufweist und wie eine Miniaturversion von Tanah Lot aussieht, der 3 km weiter im Nordwesten steht.

DAS SUBAK-SYSTEM IST UNESCO-WELTKULTURERBE

Subak, eine Dorfgenossenschaft, die sich mit Wasser, Wasserrechten und Bewässerung beschäftigt, hat im ländlichen Bali eine bedeutsame Rolle inne. Da das Wasser durch sehr viele Reisfelder fließt, bevor es endgültig versiegt, besteht immer die Gefahr, dass die Reisbauern nahe der Quelle Wasser im Überfluss haben, während jene weiter weg möglicherweise dazu verdammt sind, in Tanah Lot Holzschnitzereien zu verkaufen. Die Einrichtung eines Systems, das jedem einen gerechten Anteil am Wasser garantiert, ist ein Modell einvernehmlicher Zusammenarbeit, das Einblick in den balinesischen Charakter gewährt. (Eine Strategie etwa besteht darin, dass die letzte Person am Wasserkanal die Verteilung regelt.)

Dieses komplexe, lebenswichtige soziale System erkannte die Unesco 2012 als Weltkulturerbe an. Zu den besonders hervorgehobenen Plätzen gehören die Reisbauregion bei Tabanan, Pura Taman Ayun, die Reisterrassen von Jatiluwih und der Danau Batur.

Schlafen

Ombak Villa Cemagi VILLEN $$$
(☎ 0851 0080 0800; www.ombak.co.id; Jl Pantai Mengening; Villa ab 3 6000 000 Rp; ❄📶🏊) Das Ombak ist typisch für die Luxusanlagen in der Region Cemagi und verspricht opulenten Komfort für einen recht guten Preis angesichts des Gebotenen. Die Villen haben drei großzügige Schlafzimmer, einen großen Pool, stilvolle Wohnbereiche, eine voll ausgestattete Küche und vieles mehr. Hier kann eine Gruppe Ferien machen, ohne auch nur einmal die Anlage zu verlassen – zum Sonnenuntergang lohnt trotzdem der Spaziergang an den Strand.

An- & Weiterreise

Man erreicht die Region Cemagi, indem man von der Tanah Lot Road aus auf der Jl Pantai Mengening 4 km weit nach Süden fährt.

Tabanan

☎ 0361

Tabanan ist – wie die meisten balinesischen Provinzhauptstädte – ein weitläufiger, wohlgeordneter Ort. Die üppig grünen Reisfelder in der Umgebung sind mustergültige Beispiele für Balis Reisanbautraditionen und spielten eine Rolle für deren Anerkennung als Unesco-Weltkulturerbe.

Sehenswertes

Mandala Mathika Subak MUSEUM
(Subak Museum; ☎ 0361-810315; Jl Raya Kediri; Erw./Kind 15 000/10 000 Rp; ⏲ Mo–Sa 8–17, Fr bis 13 Uhr) In einem großen Komplex, der *Subak*-Organisationen gewidmet ist, befindet sich dieses Museum mit Ausstellungen über die Bewässerung und Kultivierung der Reisfelder sowie die komplizierten sozialen Bezüge, die darüber bestimmen. Unter anderem gibt es Infos über die Unesco-Auszeichnung des *Subak*-Systems und ein gutes Modell dieses Bewässerungssystems in Aktion. Die Mitarbeiter führen Besucher gern herum; immer mehr Beschriftungen sind auch auf Englisch und eine neue englischsprachige Broschüre bietet zahlreiche Informationen.

Essen

Warung Nasi Ibu Agus BALINESISCH $
(Jl Mawar, abseits Jl Dr Ir Soekarno; Hauptgerichte ab 15 000 Rp; ⊙7–21 Uhr) Das *Babi-guling*-Restaurant gleich hinter der Hauptstraße serviert in seinem grün gehaltenen, relaxten Gastraum den ganzen Tag über große Portionen des namengebenden frisch gegrillten Spanferkels.

Nachtmarkt MARKT $
(Jl Gajah Mada; Hauptgerichte ab 15 000 Rp; ⊙17–24 Uhr) An Dutzenden von Ständen wird nach Einbruch der Dunkelheit frisch zubereitetes Essen verkauft.

Hardy's SUPERMARKT $
(☎0361-819841; ⊙7–22 Uhr) Hardy's ist ein riesiger, moderner Supermarkt mit Lebensmittel- und diversen anderen Abteilungen. Hier kann man den Vorrat für die Villa aufstocken oder gleich im Food Court eine frisch gekochte Mahlzeit zu sich nehmen.

An- & Weiterreise

Einige zwischen Denpasar (Busbahnhof Ubung) und Gilimanuk verkehrende Bemos (Kleinbusse) und Busse halten am Busbahnhof im Westen Tabanans (10 000 Rp).

Die Straße zum Pura Luhur Batukau und zu den schönen Reisterrassen von Jatiluwih führt vom Stadtzentrum gen Norden.

Südlich von Tabanan

Eine Fahrt durch den südlichen Teil des Bezirks Tabanan führt durch viele reizende Dörfer und vorbei an üppig wachsendem Reis. Die Felder halten viele für die ertragreichsten der gesamten Insel.

Sehenswertes

Joshua District KULTURZENTRUM
(☎0811 388 121; www.joshuadistrict.com; Pangkung Tibah, Kediri, Tabanan Regency; ⊙8–20 Uhr)

> **TANAH LOT GENIESSEN**
>
> Es lohnt sich, diesen wichtigen Tempel morgens vor zwölf Uhr zu besichtigen: Dann vermeidet man die Besuchermassen und die Verkäufer schlafen vielleicht noch. Man hört tatsächlich Vögel singen, anstelle von Bussen im Leerlauf, und kann sich ganz auf den Tempel konzentrieren, anstatt ständig Touristen auszuweichen die Selfies machen.

GRATIS Inmitten von Reisfeldern und nahe dem berühmten Tempel Tanah Lot liegt das Viertel Joshua District: Cafés, Galerien, Modeläden und einige Villen – alles komplett aus Schiffscontainern gebaut. Gemäß seinem Motto „recycle or die“ fördert dieses Kreativzentrum Umweltschutz und einen nachhaltigen Lebensstil. Nur Bargeld.

Pura Tanah Lot HINDUTEMPEL
(Beraban; Erw./Kind 60 000/30 000 Rp, Parkplatz Auto/Motorrad 5000/2000 Rp; ⊙7–19 Uhr) Pura Tanah Lot ist eine extrem beliebte Touristenattraktion. Der Tempel hat für die Balinesen eine kulturelle Bedeutung, die jedoch inmitten der Menschenmassen, des Lärms und Chaos schwer auszumachen ist. Besonders bei dem überhypten Sonnenuntergang geht es hier hoch her. Dies ist der meistbesuchte und -fotografierte Tempel des Landes, dabei hat er die Echtheit einer Bühnenkulisse – sogar der Felsen, auf dem der Tempel steht, ist eine geschickte Nachbildung (die gesamte Felsformation war allmählich zerbröckelt). Der Felsen ist zu mehr als einem Drittel künstlich.

Für die Balinesen gehört der Pura Tanah Lot trotzdem zu den bedeutendsten und am höchsten verehrten Seetempeln der Insel. Wie Pura Luhur Ulu Watu an der Spitze der südlichen Halbinsel Bukit und Pura Rambut Siwi im Westen wird er mit dem Brahmanenpriester Dang Hyang Nirartha des Hindu-Reiches Majapahit in Verbindung gebracht. Es heißt, dass jeder der Seetempel in Sichtweite des nächstliegenden gebaut werden sollte, daher bilden sie eine Kette entlang der südwestlichen Küste. Vom Pura Tanah Lot sind der Pura Ulu Watu auf der Höhe der Klippen weit im Süden und die lang gestreckte Meeresküste westlich von Perancak bei Negara auszumachen.

Am Tanah Lot selbst reicht die Sicht jedoch möglicherweise nur von einem Händler zum nächsten. Der Fußweg, der von den großen Parkplätzen zum Tempel am Meer hinunterführt, ist ein Spießrutenlauf zwischen schäbigen Andenkenläden. Und aus Lautsprechern scheppern grölende Durchsagen.

Bei Ebbe ist der Tempel zu Fuß zu erreichen, Ausländern ist das Betreten jedoch nicht gestattet.

Nicht zu übersehen ist das Pan Pacific Nirvana Resort auf einer Klippe mit seinem Wasser verschlingenden Golfplatz. Die Ferienanlage ist umstritten, seit sie erbaut

ABSEITS DER ÜBLICHEN PFADE

VON TABANAN ZUR KÜSTE

Rund 10 km südlich von Tabanan liegt **Pejaten**, ein Zentrum für die Herstellung traditioneller Töpferwaren, darunter kunstvoll verzierte Dachziegel. In ein paar Werkstätten im Dorf sind Objekte aus Porzellanerde zu sehen, die rein dekorativen Zwecken dienen. Den Besuch lohnt auch der kleine Ausstellungsraum von **Pejaten Ceramic Art** (☎081 657 7073; ⊙Mo–Sa 9–16 Uhr), einem von mehreren Töpferateliers am Ort. Die typischen, hellgrünen Stücke sind wirklich hübsch und der Laden liegt nah am täglich abgehaltenen **Dorfmarkt**.

Etwas westlich von Tabanan führt eine Straße über Gubug zur 8 km südlich gelegenen, abgeschiedenen Küste von **Yeh Gangga**, wo es einen guten, für gewöhnlich ruhigen Strand gibt.

Noch weiter im Westen zweigt von der Hauptstraße eine Straße in Richtung Süden zur Küste ab. Unterwegs kommt man durch das Dorf **Kerambitan**, das für seine Tanz- und Musikensembles bekannt ist, die im ganzen Süden und in Ubud auftreten. Im Schatten von Banyanbäumen stehen hier schöne alte Gebäude, darunter der im 17. Jh. errichtete Palast **Puri Anyar Kerambitan** (☎0812 392 6720; Jl Raya Kerambitan; Spende erbeten; ⊙9–18 Uhr).

Etwa 4 km von Kerambitans südlichem Ortsrand entfernt liegt das kleine Küstendorf **Tibubiyu**. Die landschaftlich reizvolle Straße Jalanl Meliling Kangin führt von Kerambitan zur Hauptstraße von Tabanan nach Gilimanuk, vorbei an gewaltigen Bambusgewächsen, Obstbäumen und Reisfeldern.

wurde, denn viele empfinden es als respektlos, dass sie den Tempel an Höhe überragt.

Wer von Südbali kommt, nimmt die Küstenstraße westlich von Kerobokan und folgt den Schildern zum Tempel. Aus anderen Teilen Balis kommend verlässt man bei Kediri die Straße zwischen Denpasar und Gilimanuk und folgt den Hinweisschildern. Vor und nach Sonnenuntergang herrscht heilloses dichter Verkehr mit endlosen Staus.

Schlafen

★ **Soori Villas** VILLEN $$$
(☎0361-894 6388; www.sooribali.com; Kelating; Villa ab 7 500 000 Rp; ❄📶🏊) Die Luxusanlage an einem (bisher noch) abgeschiedenen Abschnitt von Balis Westküste bietet 46 Villen mit viel Privatsphäre und eigenen Tauchbecken. Die Unterkunft ist modern-minimalistisch eingerichtet. Canggu und Seminyak sind 45 bis 60 Autominuten entfernt; die Ferienanlage bietet Fahrten dorthin an.

An- & Weiterreise

Hier ist ein eigenes Auto ideal. Die Nebenstraßen sind super für Fahrradfahrer.

Nördlich von Tabanan

Die Gegend nördlich von Tabanan ist am besten mit dem eigenen Wagen zu erkunden. Es gibt zwar ein paar zweitrangige Attraktionen, den eigentlichen Reiz aber bilden die Fahrten über kleine Straßen, über denen der Bambus tempelartige Bogen bildet. Und hinter nahezu jeder Kurve kommen neue Reisfelder in Sicht.

Schlafen & Essen

★ **Bali Silent Retreat** BOUTIQUEHOTEL $
(☎0813 5348 6517; www.balisilentretreat.com; Penatahan; B 25 US$, Zi. 40–120 US$) Die Ferienanlage in einer grandiosen Szenerie wird ihrem Namen voll und ganz gerecht: Dies ist ein Ort zum Meditieren, für Yoga, Spaziergänge in der Natur und viele weitere Unternehmungen – alles in völliger Stille. Beim fabelhaften Essen aus Bioprodukten (im Tagespass für 37 US$ enthalten) hat der Minimalismus jedoch ein Ende. 18 km nordwestlich von Tabanan.

Bali Homestay Program PRIVATUNTERKUNFT $
(☎0851 0488 9996; www.bali-homestay.com; Jegu; 2 Nächte all-inclusive EZ/DZ ab 185/330 US$) 🍃 Bei diesem innovativen Programm, das Reisende in Privathäusern im Reisanbaudorf Jegu, 9 km nördlich von Tabanan, unterbringt, ist das authentische Dorfleben gleich inklusive. Das empfehlenswerte Pauschalangebot für zwei Nächte enthält Aktivitäten wie Opferrituale, Ausflüge in andere Dörfer und kulturelle Touren sowie alle Mahlzeiten. Sollte mindestens zwei Wochen im Voraus gebucht werden.

An- & Weiterreise

Die bambusgesäumten Nebenstraßen im Norden von Tabanan lassen sich am besten mit dem eigenen Wagen erkunden. Radfahrer, die bereit sind, Hügel zu erklimmen, werden mit tollen Touren belohnt.

Balian Beach

0361

Noch beliebter ist der Balian Beach mit Dünen und Hügelchen hinter der tosenden Brandung. Der Strand lockt Surfer und all jene an, die dem Trubel von Südbali entkommen wollen.

Besucher können zwischen Cafés schlendern und mit anderen Urlaubern ein Bier trinken, den Sonnenuntergang bestaunen und über die Surfbedingungen plaudern. Am schwarzen Sandstrand verleihen einfache Buden Surfbretter, Nicht-Surfer entspannen sich mit Yoga oder Bodysurfing.

Der Balian Beach befindet sich direkt an der Mündung des breiten Sungai Balian (Balian River), 800 m südlich der Ortschaft Lalang-Linggah, die 10 km westlich von Antosari an der Hauptstraße liegt.

Schlafen

Die meisten Unterkünfte liegen am Strand recht nah beieinander, aber es gibt auch einige schöne Homestays etwas weiter vom Wasser entfernt.

★ Surya Homestay GUESTHOUSE $
(0813 3868 5643; wayan.suratni@gmail.com; Zi. inkl. Frühstück 200 000–350 000 Rp) Das nette, kleine, von einer Familie geführte Surya (Wayan und Putu sind ganz zauberhafte Gastgeber) bietet acht Zimmer in bungalowartigen Gebäuden. Alles ist hier blitzblank, die Zimmer haben kaltes Wasser und Ventilatoren oder Klimaanlage. Bei längeren Aufenthalten wird Rabatt gewährt. Das Haus befindet sich etwa 200 m abseits der Hauptstraße in einer kleinen Gasse.

Made's Homestay PRIVATUNTERKUNFT $
(0812 396 3335; Zi. 150 000–200 000 Rp) Die drei einfachen Wohneinheiten im Bungalowstil, etwas vom Strand zurückgesetzt, sind von Bananenstauden umgeben. Sie sind schlicht, sauber, groß genug für mehrere Surfbretter und verfügen über Kaltwasserduschen.

Ayu Balian PRIVATUNTERKUNFT $
(0812 399 353; Jl Pantai Balian; Zi. inkl. Frühstück 100 000–300 000 Rp) Die sieben Zimmer dieses leicht chaotischen, zweistöckigen Blocks blicken die Straße hinunter zur Brandung. Einige haben heißes Wasser und Klimaanlage; die freundliche Besitzerin Ayu ist ein Original.

★ Gajah Mina BOUTIQUEHOTEL $$
(0812 381 1630; www.gajahminaresort.com; Villa inkl. Frühstück 115–250 US$;) Der französische Eigentümer, ein Architekt, entwarf dieses Boutiquehotel mit elf Wohneinheiten in Meernähe. Die ummauerten Bungalows

EINEN ABSTECHER WERT

PURA TAMAN AYUN

Ein Ort der wunderbaren Ruhe ist dieser riesige, königliche **Wassertempel** (Mengwi, Erw./Kind 20 000/10 000 Rp; 8–18.15 Uhr) nordöstlich von Tabanan. Er ist umgeben von einem breiten, eleganten Wassergraben. Pura Taman Ayun war der Haupttempel des Königreichs Mengwi, das bis 1891 existierte, als es schließlich von den benachbarten Königreichen Tabanan und Badung erobert wurde. Der Tempel ist 1634 erbaut worden, 1937 erfolgte eine umfassende Renovierung. In der weitläufigen Anlage ist es überhaupt kein Problem, den vielen Besuchergruppen aus dem Weg zu gehen.

Der erste Hof ist eine weite, offene Grünfläche, im inneren Hof stehen zahlreiche *meru* (mehrstufige Schreine). Auf den Teichen schwimmen Lotosblüten. Der Tempel selbst ist Teil des *Subak*-Systems (Bewässerungssystem für Reisfelder), das die Unesco im Jahr 2012 als Weltkulturerbe ausgewiesen hat. Zum Marktbereich direkt östlich des Tempels gehören viele gute *Warungs* (Imbissbuden), an denen man ein einfaches Mittagessen einnehmen kann.

Im Tempelbezirk befindet sich das **Museum Manusa Yadnya** (Jl Ayodya; 8.30–17 Uhr) GRATIS, in dem die zahlreichen Hinduritiale dokumentiert sind, die das Leben eines Balinesen prägen, beginnend sechs Monate nach seiner Zeugung bis über seinen Tod hinaus.

erstrecken sich bis auf einen dramatischen, von der Brandung umtosten Felsvorsprung. Auf dem weitläufigen Gelände gibt es schmale Spazierwege und Pavillons zum Entspannen. Vom Fischrestaurant **Naga** (Hauptgerichte ab 70 000 Rp) überblickt man einen malerischen, privaten schwarzen Sandstrand.

Pondok Pitaya GUESTHOUSE $$
(☎0819 9984 9054; www.pondokpitaya.com; Jl Pantai Balian; Zi. inkl. Frühstück 60–15 US$;) Die Anlage in der meersalzgeschwängerten Luft direkt am wellenreichen Balian Beach besteht aus unterschiedlichen Unterkünften – von alten indonesischen Gebäuden (darunter ein javanisches Haus von 1950 und die Hütte eines balinesischen Alligatorjägers aus dem Jahr 1860) bis hin zu bescheideneren Bauten – und einem beliebten Pool. Die Unterkunft ist sehr gut für Familien geeignet. Das **Café** (Hauptgerichte 40 000–85 000 Rp) serviert Säfte, Biokost und Pizzas.

Pondok Pisces GUESTHOUSE $$
(☎0361-831 1220, 0813 3879 772; www.pondokpiscesbali.com; Jl Pantai Balian; Zi. 460 000 bis 1 300 000 Rp;) Überall in dieser Tropenidylle aus strohgedeckten Hütten und blumengefüllten Gärten ist die Brandung zu hören. Von den zwölf Gästezimmern haben jene im oberen Stockwerk große Terrassen mit Meerblick. Das dazugehörige Restaurant **Tom's Garden Cafe** (Hauptgerichte 52 000–120 000 Rp) bietet gegrilltes Seafood und ebenfalls einen Blick aufs Meer.

Gubug Balian Beach GUESTHOUSE $$
(☎0812 3963 0605; gubugbalian@gmail.com; Jl Pantai Balian; Zi. 380 000–700 000 Rp;) Dieses Guesthouse direkt am Strand verfügt über 14 Räume, manche mit Blick auf den Weg zur Brandung. In den billigsten Zimmern gibt es nur Ventilatoren und kaltes Wasser.

Essen

★ **Sushi Surf** JAPANISCH $$
(☎0812 3870 8446; Jl Pantai Balian; Sushi-Rolle ab 20 000, Hauptgerichte ab 55 000 Rp; ⏲10–22 Uhr) *Der* Platz für einen Sonnenuntergangscocktail und Sushi. Die Brandung schlägt direkt vor dem wunderbar schrulligen, mehrstufigen Sitzbereich an den Strand. Es gibt Tagesspezialitäten und eine lange Speisekarte, die mehr als nur California Rolls bietet. Betreiber sind die Leute vom Pondok Pitaya.

Tékor Bali INTERNATIONAL $
(☎0815 5832 3330; tekorbali@hotmail.com; abseits Jl Pantai Balian; Hauptgerichte ab 30 000 Rp; ⏲7.30–22 Uhr;) In einer Gasse 100 m hinter dem Strand fühlen sich die Gäste dieses einladenden Restaurants mit grünem Rasen wie auf einer Grillparty bei Freunden. Auf der umfangreichen Speisekarte stehen die üblichen regionalen und Surfer-Favoriten, die Burger sind exzellent. Die Cocktails sind gut, das Bintang vom Fass ist sehr preiswert.

Für Übernachtungsgäste stehen zwei einfache Zimmer zur Verfügung (350 000 Rp).

ℹ An- & Weiterreise

Da auf Westbalis Hauptstraße meist sehr dichter Verkehr herrscht, dauert die Fahrt von Seminyak oder vom Flughafen zum Balian Beach (55 km) oft zwei Stunden oder länger. Ein Auto mit Fahrer kostet für einen Tagesausflug ca. 900 000 Rp oder mehr. Oder man nimmt den Bus (60 000 Rp), der vom Busbahnhof Ubung in Denpasar nach Gilimanuk fährt, und lässt sich an der Abzweigung, 800 m von den Unterkünften entfernt, absetzen.

Die Küste von Jembrana

In Jembrana, dem am dünnsten besiedelten Distrikt Balis, gibt es wunderschöne Landschaft und wenig Tourismus, abgesehen von den Surfern in Medewi. Die Hauptstraße folgt auf dem Weg nach Negara größtenteils der Südküste und in Pulukan kann man nach Norden abbiegen, um eine abgelegene, landschaftlich großartige Fahrt nach Nordbali zu genießen.

Jembrana, einst Provinzhauptstadt, ist das Zentrum des Gamelan *jegog*, einer Variante des Gamelan mit riesigen Bambusinstrumenten, die tiefe, vibrierende Töne erzeugen. Bei Aufführungen liefern sich häufig Gamelan-Orchester einen musikalischen Wettstreit. Die perfekte Gelegenheit, diese Musik zu hören, bieten lokale Feste. Am besten fragt man seinen Chauffeur oder andere Einheimische, ob gerade eines stattfindet.

ℹ An- & Weiterreise

Zum Glück ist der Ausblick umwerfend, denn die Hauptstraße ist oft von langsamen Lastern verstopft.

PURA RAMBUT SIWI

Bildschön auf der Höhe einer Klippe gelegen, überblickt der prachtvolle Tempel **Pura Rambut Siwi** im Schatten blühender Frangipanibäume einen langen, breiten schwarzen Sandstrand. Pura Rambut Siwi ist einer der bedeutendsten Seetempel Westbalis. Wie Pura Tanah Lot und Pura Luhur Ulu Watu wurde er im 16. Jh. vom Priester Nirartha gegründet, der einen ausgezeichneten Blick für schöne Küstenlandschaften hatte. Im Gegensatz zu Tanah Lot ist dieser Tempel noch immer eine ruhige, kaum besuchte Stätte. An Tagen, an denen keine Zeremonie stattfindet, trifft man hier nur auf ein paar einsame Getränkeverkäufer.

Eine Legende besagt, dass Nirartha, als er zum ersten Mal hierherkam, den Dorfbewohnern eine Strähne seines Haars schenkte. Die Strähne wird heute in einem Kästchen aufbewahrt, das sich in einem dreistufigen *meru* (einem Schrein mit mehreren Ebenen) befindet, dessen Name „Verehrung des Haars“ bedeutet. Der zentrale *meru* ist nicht zugänglich, durch ein Tor kann man aber einen Blick darauf werfen. Vom Parkplatz gelangt man über eine beeindruckende Treppe zum Tempel hinauf.

Der Wächter verleiht für 2000 Rp Sarongs und führt Besucher gern durch den Tempel und zum Strand hinunter. Dann öffnet er das Gästebuch und erbittet eine Spende – 10 000 Rp sind angemessen (ungeachtet der Tatsache, dass frühere Besucher viel mehr gespendet haben). Über einen Klippenpfad gelangt man zu einer Treppe, die zu einem kleinen, noch älteren Tempel, dem **Pura Penataran**, hinabführt.

Der Tempel befindet sich zwischen Air Satang und Yeh Embang, 7 km westlich von Medewi und 48 km östlich von Gilimanuk. Die breite, 500 m lange Seitenstraße zum Tempel, die an einer Gruppe von Warungs von der Straße zwischen Tabanan und Gilimanuk abzweigt, führt durch schöne Reisfelder und ist gut ausgeschildert.

Medewi

☎ 0365

Hier befindet sich das Surfermekka **Pantai Medewi** und seine vielgerühmte, lange linke Welle. Ritte von 200 m bis 400 m sind durchaus üblich.

Der „Strand“ besteht aus gewaltigen, glattgeschliffenen grauen Gesteinsbrocken auf einem Boden aus runden schwarzen Kieseln, die für eine kostenlose Fußreflexzonenmassage sorgen. Am Ufer weiden Rinder und Ziegen, während Zuschauer das Spektakel auf dem Wasser verfolgen. Es gibt ein paar Pensionen und Surfshops (Board-Verleih ab 100 000 Rp pro Tag).

Medewi selbst ist ein klassisches Marktstädtchen mit Läden, in denen es alles zu kaufen gibt, was man in Westbali benötigt.

Schlafen

Unterkünfte gibt es an der kurzen Jalan Pantai Medewi, die an den Strand hinunterführt. In anderen Sträßchen in beiden Richtungen rund 2 km vom Hauptstrand stehen vereinzelt Guesthouses und Surfcamps. Dafür ist mindestens ein Motorroller nötig.

Anara Surf Camp GUESTHOUSE $
(☎ 0817 0323 6684; www.facebook.com/anarasurfcamp/; Zi. ab 250 000Rp; 📶) Dieses Surfcamp und moderne Guesthouse liegt am Strand von Pantai Medewi, mit dem Meer auf der einen und Reisfeldern auf der anderen Seite. Es gibt Unterkünfte unterschiedlicher Preisklassen, aber alle sind aus schönen Hölzern neu gebaut, haben bequeme Himmelbetten und Moskitonetze. Ein paar Bungalows am Wasser verfügen über große Fenster und Badezimmer im Freien.

Ein Surfboard lässt sich bereits ab 70 000 Rp pro Tag leihen, auch Lehrer gibt es vor Ort. Vorsicht vor der gefährlichen Brandungsrückströmung, die hier direkt am Surfcamp häufig vorkommt.

Surf Villa Mukks GUESTHOUSE $
(☎ 0812 397 3431; www.surfvillamukks.com; Pulukan; Zi. inkl. Frühstück mit Ventilator/Klimaanlage 250 000/400 000 Rp; ❄📶) Etwa 900 m östlich von der Medewi-Brandungswelle befindet sich in Pulukan dieses Guesthouse in japanischer Hand. Die modernen Zimmer in dem relaxten Haus blicken auf Reisfelder und das Meer dahinter und haben große Bambusjalousien anstelle von Türen. Surfbrettverleih und Surfkurse.

★ **Puri Dajuma Cottages** HOTEL $$
(☎ 0361-813230, 0811 388 709; www.dajuma.com; Cottage ab 1 600 000 Rp; ❄@📶≋) Wer auf der Hauptstraße von Osten kommt, kann

dieses Standhotel dank der vielen Schilder gar nicht übersehen. Zum Glück halten die 35 Zimmer – entweder Suiten, Cottages oder Villen –, was die Schilder versprechen. Jedes hat einen eigenen Garten mit Hängematte und ummauertem Außenbadezimmer; die meisten verfügen auch über Meerblick. Die Medewi Surf Break liegt 2 km westlich.

Essen

★ Ten Pandan INDONESISCH $

(Hauptgerichte 20 000–40 000 Rp; ⏲9–21 Uhr) Dieses charmante Strandrestaurant serviert günstige und leckere indonesische Gerichte in traditionellen *joglo*-Pfahlbauten am Meer. Das Gado Gado (ein beliebtes indonesisches Gericht mit gekochtem Gemüse, Tofu, Eiern und Erdnusssauce) ist erstklassig und der Service super freundlich. Der Besitzer plant neben dem Restaurant eine Sportsbar und einen Danceclub zu bauen.

Warung Gede & Homestay INDONESISCH $

(☎0812 397 6668; Hauptgerichte ab 20 000 Rp; ⏲6–22 Uhr) Im schlichten Open-Air-Café des Guesthouses gibt es zum Blick auf die Wellen einfache indonesische Gerichte und gutes Frühstück. Die typischen Surfer-Zimmer (ab 150 000 Rp) haben kaltes Wasser und Ventilatoren.

Mai Malu CAFÉ $

(☎0819 1617 1045; maimalu.medewi@yahoo.com; abseits der Tabanan–Gilimanuk-Straße; Hauptgerichte ab 35 000 Rp; 📶) Nahe dem Highway, an der Nebenstraße nach Medewi, liegt das beliebte (und hier fast einzige) Guesthouse Mai Malu: Im modernen, luftigen Café in der oberen Etage werden leckere Pizzas, Burger und indonesische Gerichte serviert. Die Zimmer (ab 150 000 Rp) verfügen über alles Notwendige sowie Ventilatoren.

ℹ An- & Weiterreise

Der Medewi Beach befindet sich 75 km vom Flughafen entfernt. Ein Auto mit Fahrer kostet für einen Tagesausflug ab 850 000 Rp. Oder man nimmt den Bus (45 000 Rp), der vom Busbahnhof Ubung in Denpasar nach Gilimanuk fährt, und lässt sich an der Abzweigung absetzen. Auf der Hauptstraße zeigt ein großes Schild an, wo es zur kurzen, gepflasterten Straße (200 m) nach Pantai Medewi geht.

Palasari & Belimbingsari

Das Christentum wurde auf Bali von den säkular gesinnten Niederländern unterdrückt. Die sporadische Tätigkeit von Missionaren brachte dennoch etliche Konvertiten hervor, viele von ihnen wurden aus ihren heimatlichen Gemeinden verstoßen. 1939 wurden die Konvertiten schließlich hier in der Wildnis Westbalis angesiedelt. Ihre beiden Gemeinden sind einen Umweg für diejenigen wert, die sich auf dem Weg nach Gilimanuk und zum einzigen Nationalpark der Insel befinden.

In **Palasari** gibt es eine katholische Gemeinde, deren Stolz eine große Herz-Jesu-Kirche ist; sie wurde fast gänzlich aus weißen Steinen an einem großen Marktplatz errichtet. Die Kirche wirkt sehr friedlich

CEKIK

Cekik ist mehr ein Knotenpunkt als eine richtige Stadt und das südliche Tor zum Bali Barat National Park. In den 1960er Jahren kamen hier bei archäologischen Ausgrabungen die ältesten Hinweise auf menschliches Leben auf Bali zutage. Zu den Funden gehören Hügelgräber mit Grabbeigaben, Bronzeschmuck, Äxte, Beile und Tongefäße aus der Zeit um 1000 v. Chr. plus/minus ein paar Jahrhunderte. Im **Museum Manusia Purbakala Gilimanuk** in Gilimanuk sind einige der Fundstücke ausgestellt. (Prehistoric People Museum; ☎0365-61328; Jl Rajawali; empfohlene Spende 10 000 Rp; ⏲Öffnungszeiten variieren).

An der Südseite der Kreuzung steht ein pagodenartiges Gebäude mit außen verlaufender Wendeltreppe. Es fungiert als **Kriegerdenkmal**, das an die Landung der indonesischen Truppen auf Bali erinnert. Diese stellten sich den Niederländern entgegen, die nach dem Zweiten Weltkrieg die Macht über Indonesien zurückgewinnen wollten. Die Verwaltung des **Bali Barat National Park** (☎0365-61060; Jl Raya Cekik; ⏲6–18 Uhr) befindet sich ebenfalls hier – direkt an der Hauptstraße.

An der Kreuzung verläuft eine Straße 3 km westlich zum Fährhafen Gilimanuk und eine andere nordöstlich nach Nordbali. Busse von Gilimanuk nach Denpasar oder Singaraja können hier angehalten werden; alle Busse und Bemos von und nach Gilimanuk kommen durch Cekik.

und lässt mit ihren sanft geschwungenen Palmen eher an das missionierte Hawaii als an das hinduistische Bali denken. Ihre Türme haben allerdings eindeutig balinesische Züge: Sie ähneln den *meru* eines hinduistischen Tempels, die Form der Fassade ist einem Tempeltor nachempfunden.

Das benachbarte **Belimbingsari** wurde als protestantische Gemeinde gegründet und besitzt heute die größte protestantische Kirche auf Bali, Pura Gereja, die aber nicht ganz so hoch in den Himmel strebt wie die Kirche von Palasari. Trotzdem ist sie ein beeindruckendes Gebäude, dessen Stilmerkmale ausgesprochen balinesisch wirken: Anstelle einer Kirchenglocke gibt es eine Signaltrommel aus einem ausgehöhlten Baumstamm (*kulkul*), wie man ihn in einem hinduistischen Tempel antrifft. Der Eingang erfolgt durch ein Tor im Stil eines *aling aling*, auch die hübsch geschnitzten Engel wirken sehr balinesisch. Sonntags ist der sehenswerte Kirchenraum zugänglich.

★ Taman Wana Villas & Spa BOUTIQUEHOTEL **$$$**
(☎0828-9712-3456, 0361-727770; www.bali-tamanwana-villas.com; Palasari; Zi. 80–280 US$; ❄📶🏊) Ein fast spirituelles Erlebnis verspricht der Aufenthalt in dieser abgeschiedenen Ferienanlage, die man auf einer wunderbaren, 2 km langen Fahrt durch einen Urwald, vorbei an der Kirche in Palasari, erreicht. Das architektonisch beeindruckende Resort verfügt über 27 Gästezimmer in ungewöhnlichen runden Gebäuden. Mit „piekfein" wird der Luxus hier nur annähernd beschrieben. Überall eröffnen sich Panoramablicke; die Bitte nach einem Zimmer mit Aussicht auf die Reisfelder lohnt sich.

ℹ An- & Weiterreise

Die beiden Dörfer sind nördlich der Hauptstraße gelegen, am besten sind sie auf einer Rundfahrt mit dem eigenen Fahrzeug erreichbar. Auf der Hauptstraße etwa 17 km westlich von Negara weisen Schilder auf die Taman Wana Villas hin. In dieser Richtung ist nach 6,1 km Palasari erreicht. Aus westlicher Richtung stößt man etwa 20 km südöstlich von Cekik auf eine Abzweigung nach Belimbingsari. Eine befestigte Straße führt zum Dorf. Die anstrengende Fahrt durch enge Sträßchen gelingt nur mit Beistand. Meistens findet sich aber jemand, der einem weiterhilft.

Gilimanuk

☎0365

Gilimanuk ist die Anlegestelle der Fähren, die über die schmale Bali-Straße von und nach Java pendeln. Meistens haben die Reisenden von/nach Java Direktanschluss an Fähren oder Busse und halten sich hier nicht lange auf.

Warung Ment Tempeh BALINESISCH **$**
(Terminal Lama; Mahlzeiten ab 25 000 Rp; ⌚8–22 Uhr) Eine große Familie betreibt hier mehrere Cafés nebeneinander. Serviert wird eine Spezialität, für die Gilimanuk bekannt ist: das *ayam betutu*, ein scharfes gedämpftes Hühnchen mit Kräutern. Der Warung befindet sich im alten Busbahnhof, ca. 500 m südlich des Fährhafens und 50 m abseits der Hauptstraße.

ℹ Praktische Informationen

Auf der Jl Raya Gilimanukgibt es eine **Polizeistation** (☎0365-61101), BRI ATM und **Post** (☎0365-61525; www.posindonesia.co.id).

ℹ An- & Weiterreise

BOOT/SCHIFF

Autofähren nach und von Ketapang auf der Insel Java (30 Min., Erw./Kind 7000/5000 Rp, Motorrad/Auto 25 000/225 000 Rp) pendeln rund um die Uhr. Die Sicherheitsstandards sind hier bestenfalls mittelmäßig. Das Terminal für die Fußgänger befindet sich 300 m nördlich des großen Busbahnhofs.

BUS

Regelmäßig verkehren Busse zwischen Gilimanuks großem Busbahnhof und dem Busbahnhof Ubung in Denpasar (45 000 Rp, 3 Std.) sowie auf der Nordküstenstraße nach Singaraja (40 000 Rp). Kleinere, etwas komfortablere Minibusse bedienen beide Strecken für 5000 Rp mehr.

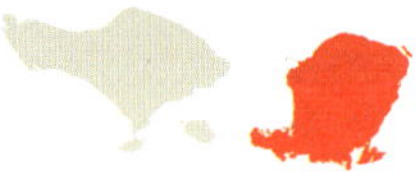

Lombok

Inhalt ➡

Mataram 324
Senggigi 328
Tanjung Desert 334
Gili Gede & die Südwest-Gilies 335
Gunung Rinjani 337
Sire 338
Senaru 339
Tetebatu 341
Kuta 343
Gerupuk 349
Selong Blanak 350

Gut essen

- El Bazar (S. 347)
- Nugget's Corner (S. 346)
- Taliwang Irama 3 (S. 326)
- Milk Espresso (S. 347)
- Coco Beach (S. 332)

Schön übernachten

- Rinjani Beach Eco Resort (S. 338)
- Qunci Villas (S. 331)
- Livingroom Hostel (S. 345)
- Kuta Cabana Lodge (S. 345)
- Heaven on the Planet (S. 350)

Auf nach Lombok!

Lombok stand lange im Schatten seiner berühmteren Schwesterinsel Bali jenseits der Lombokstraße, und doch umgibt die Insel eine lockende Aura, die für Reisende auf der Suche nach dem Andersartigen deutlich wahrnehmbar ist. Mit exquisiten Sandstränden, endlosen Brandungswellen, einem waldreichen Hinterland und Wanderwegen durch Tabak- und Reisfelder ist Lombok mit einer Überfülle tropischer Verlockungen gesegnet. Ein überragender Anblick ist der mächtige Gunung Rinjani, der zweithöchste Vulkan Indonesiens – mit seinen heißen Quellen und einem glitzernden Kratersee das vollkommene Bild eines Vulkangipfels.

Doch das ist noch nicht alles. Die Südküste Lomboks bietet ein ebenso überwältigendes Bild tropischer Natur: türkisfarbene Buchten, Surfbreaks von Weltklasse und riesige Landzungen.

Transportmöglichkeiten gibt es viele auf Lombok und die Stimmung könnte gar nicht entspannter sein. Wenn es in Nusa Tenggara noch weiter nach Osten gehen soll, kann man durch Lombok über Land nach Sumbawa fahren oder mit einem Boot nach Flores übersetzen.

Reisezeit

- Juli und August sind touristische Hochsaison; man sollte die Unterkunft im Voraus buchen.
- Von Mai bis Juni und auch im September ist es trocken und relativ wenige Touristen sind unterwegs.
- Von Oktober bis April sind die Wege auf den Gunung Rinjani durch den Regen unsicher (sie sind Januar bis April geschlossen), aber die Bedingungen zum Surfen sind jetzt am besten und es gibt viele Feste: Perang Topat, Peresean Stockkämpfe und Büffelrennen in Narmada.
- Über Weihnachten und Neujahr schnellen die Preise wieder in die Höhe (und die Massen kehren zurück).

Highlights

❶ **Gunung Rinjani** (S. 337) Lomboks unvergleichlichen heiligen Berg besteigen, der mit einem herausfordernden Anstieg und umwerfendem Blick über den heiligen Kratersee des Rinjani und den rauchenden Minikegel des Gunung Baru darunter lockt. (S. 323 und S. 337 für Informationen über die Zeit nach dem Erdbeben.)

❷ **Tanjung Desert** (S. 334) Auf dem temperamentvollen Break am Desert Point, Bangko Bangko, den Ritt des Lebens erleben.

❸ **Pantai Selong Blanak** (S. 350) Im klaren, türkisblauen Wasser vor diesem unberührten Strand mit perfektem weißen Sand schwimmen.

0
10 km
Akar Akar
Selengan
Anyar
Kayangan
Beleq
Kokok Putek
Obel Obel
Bayan
Batu Koq
Protected Forest
Gili Lawang
Blantung
Senaru
Air Terjun Sindang Gila
Kali Putih
Sajang
Gili Sulat
Air Terjun Tiu Pupas
Air Terjun Gangga
Sembalun Lawang
Gunung Rinjani
(3726 m)
Sembalun Bumbung
Labuhan Pandan
Danau Segara Anak
Gunung Nangi
(2330 m)
Mayung Putih
Taman Nasional Gunung Rinjani
Kali Meninting
Sapit
Labuhan Lombok
Sumbawa
Aik Berik
Timbanuh
Swela
Pengadangan
Pringgabaya
Suranadi
Tetebatu
Aikmel
Narmada
Pancordao
Kotaraja
Lendang Nangka
Pringgasela
Surulaga
Anjani
Mantang
Masabagik Timur
Kali Babak
Pomotong
Masbagik
Kopang
Kali Runtak
Pancor
Selong
Selat Alas
Puyung
Langko
Sakra
Sukarara
Janapria
Labuhan Haji
Praya
Lombok International Airport
Beleka
Penujak
Mujur
Ganti
Keruak
Tanjung Luar
Sukaraja
Jerowaru
Mangkung
Sengkol
Kateng
Rembitan
Sade
Batu Nampar
Tanjung Ringgit
Teluk Ekas
Awang
Ekas
Mawan
Kuta
Pantai Seger
Tanjung Aan
Gerupuk
Kaliantan
Pantai Dagong
Gili Melayu
Gili Saya
INDISCHER OZEAN

Geschichte

Anfang des 17. Jahrhunderts stürzten balinesische Krieger die Sasak-Dynastie aus Lombok im Westen, während die Makassaren vom Osten her einfielen. 1750 herrschte die Hindu-Monarchie über die gesamte Insel. Im westlichen Lombok lebten Balinesen und Sasak ziemlich harmonisch zusammen, aber in Ostlombok kam es häufig zu Aufständen der Landbevölkerung.

Die Holländer schalteten sich Ende des 19. Jh. ein und nach einer anfänglichen Niederlage, die 100 Menschen das Leben kostete, übernahmen sie die Kontrolle von Cakranegara. Hier wurden die letzten Familien der Raja zu Märtyrern, als sich bei einem gruseligen *puputan*-Selbstmordritual Männer, Frauen und Kinder in weißen Gewändern auf verblüffte holländische Soldaten warfen, die sie erschossen. Danach mobilisierten die Holländer die Unterstützung der überlebenden balinesischen und Sasak-Aristokratie und kontrollierten schon bald über 500 000 Menschen mit nur 250 Soldaten.

Auch nach der indonesischen Unabhängigkeit wurde Lombok weiter von der balinesischen und Sasak-Elite beherrscht. 1958 wurde Lombok zu einem Teil der neuen Provinz Nusa Tenggara Barat (West-Nusa Tenggara) und Mataram zur Verwaltungshauptstadt. Nach einem versuchten Putsch 1965 in Jakarta erlebte Lombok Massentötungen von Kommunisten und Chinesen.

Unter der „Neuen Ordnung" von Präsident Suharto herrschte Stabilität und etwas Wirtschaftswachstum, aber Missernten führten 1966 zu einer Hungersnot und 1973 zu ernstem Nahrungsmangel. Im Zuge des Regierungsprogramms *transmigrasi,* das Siedler aus überbevölkerten Regionen in spärlich bevölkerte bringen sollte, zogen viele Menschen aus Lombok fort.

In den 1980er-Jahren begann der Tourismus, aber die Investoren und Spekulanten kamen vor allem von außerhalb. Indonesien stürzte Ende der 1990er-Jahre in eine Wirtschaftskrise und politisches Chaos. Am 17. Januar 2000 kam es in Mataram zu schweren Ausschreitungen. Hauptopfer waren Christen und Chinesen, aber die Anstifter kamen nicht aus Lombok. Letztlich litt ganz Lombok darunter. Der langsam aufkommende Tourismus wurde durch die Bombenanschläge auf Bali von 2002 und 2005 erneut erstickt.

Dann geschah ein kleines Wunder: Lombok startete durch. Balis boomender Tourismus weitete sich auf Lombok aus - und zwar so richtig. Die Insel wurde zu einem trendigen Urlaubsziel und entwickelte sich rasant.

Dieser Boom wurde allerdings etwas abgebremst durch drei heftige Erdbeben, die Lombok im Juli und August 2018 erschütterten. Auf das erste folgte eine Massenevakuierung des Gunung Rinjani, während das zweite Beben dazu führte, dass über tausend Touristen die Boote zu den Gili-Inseln stürmten. Am Ende waren schätzungsweise 80 % aller Gebäude in Nordlombok beschädigt und 563 Menschen tot. Die Gili-Inseln und Senggigi erholten sich relativ schnell, aber die schwer betroffenen Städte am Fuße des Rinjani mussten wieder neu aufgebaut werden.

ℹ An- & Weiterreise

FLUGZEUG

Lombok ist einfach mit dem Flugzeug zu erreichen. Es gibt täglich Flüge von/zu großen indonesischen Städten wie Jakarta und Denpasar sowie viele weitere zu kleineren indonesischen Orten von touristischer Bedeutung und internationale Verbindungen nach Singapur und Kuala Lumpur.

Inmitten von Reisfeldern und 5 km südlich von Praya liegt der moderne **Lombok International Airport** (LOP; www.lombok-airport.co.id; Jl Bypass Bil Praya). Der Flughafen ist nicht riesig, aber bietet alle wichtigen Einrichtungen wie Geldautomaten, Lebensmittelläden und Cafés.

BOOT/SCHIFF

Öffentliche Fähren verbinden Lembar an der Westküste Lomboks mit Bali und Labuhan Lombok an der Ostküste mit Sumbawa. Schnellbootunternehmen verbinden Lombok mit den Gili-Inseln und Bali. Sie befinden sich hauptsächlich in Senggigi, Bangsal und Gili Gede.

ÖFFENTLICHER BUS

Vom **Mandalika Terminal** (Jl Pasar Bertais B8) in Mataram geht es zu den meisten größeren Städten auf Bali, Sumbawa und Flores, und zwar mit Fähren. Für längere Fahrten sollte man ein oder zwei Tage vorher ein Ticket im Terminal oder einem Reisebüro kaufen.

Wenn man ohne Reservierung vor 8 Uhr zum Terminal kommt, kann es noch einen freien Platz im gewünschten Bus geben, aber darauf sollte man sich nicht verlassen, vor allem nicht während der Ferienzeit.

Es gibt direkte Busverbindungen von Denpasar auf Bali zur Padangbai–Lembar-Fähre und dann weiter zum Mandalika Terminal in Mataram (225 000 Rp). Busse fahren auch nach Bima über die Lombok–Sumbawa-Fähre (225 000 Rp).

TOURISTEN-SHUTTLEBUS

Zwischen den wichtigsten Touristenzentren in Lombok (Senggigi und Kuta) und den meisten in Südbali und auf den Gilis gibt es Shuttlebusse. Üblicherweise ist es eine Kombination von Minibus und öffentlicher Fähre. Tickets können direkt oder über ein Reisebüro gebucht werden.

Unterwegs vor Ort

Es ist einfach, auf Lombok herumzukommen, eine gute, wenn auch oft überfüllte Straße durchquert die Insel in der Mitte zwischen Mataram und Labuhan Lombok.

ZUM/VOM FLUGHAFEN

Dank mehrspuriger Straßen dauert die Fahrt vom Lombok International Airport sowohl nach Mataram als auch nach Kuta keine 45 Minuten, auch die restliche Insel ist gut zu erreichen.

Damri betreibt regelmäßige Touristenbusse, die auf die Ankunft von Flügen abgestimmt sind; Tickets sind im Ankunftsterminal erhältlich. Zu den Reisezielen gehören das Mandalika Terminal in Mataram (30 000 Rp), Senggigi (40 000 Rp) und Selong im Osten (35 000 Rp).

Taxiunternehmen jenseits des Ankunftsterminals bieten Fahrten zu festen Preisen zu unterschiedlichen Zielen wie Kuta (150 000 Rp, 30 Minuten), Mataram (180 000 Rp, 40 Minuten), Senggigi (300 000 Rp, 75 Minuten) und Bangsal (350 000 Rp, 1 ¾ Stunden), von wo aus man zu den Gilis kommt.

BEMO

Kleine, billige, öffentliche Bemos (Minibusse) fahren in den größeren Städten und von Busbahnhöfen aus auch oft über festgelegte Routen hinaus.

BOOT/SCHIFF

Fähren, sowohl öffentliche (langsam und oft überladen) als auch private (schneller und deutlich teurer), bringen Reisende zu den Sehenswürdigkeiten vor Lomboks Küste.

BUS

Fast jeder Ort auf Lombok kann mit dem Bus angefahren werden, meistens mit Privatunternehmen, welche die Reise- und Touristenzentren verbinden.

AUTO & MOTORRAD

In allen touristischen Regionen ist es einfach, einen Wagen zu mieten (mit/ohne Fahrer, pro Tag ab 600 000/350 000 Rp). Motorräder sind ebenfalls weithin erhältlich (ab ca. 70 000 Rp pro Tag). Die Versicherungsbedingungen sollten genau geprüft werden, manche Agenturen bieten gar keine Deckung, andere nur knappe. Sogar Autos, die auf Bali versichert sind, sind es auf Lombok oft nicht.

DIE ERDBEBEN VON 2018

Ungefähr 1090 Trekker, Guides und Träger befanden sich am 29. Juli 2018 an den Hängen des Gunung Rinjani (S. 337), als ein flaches Erdbeben der Stärke 6,4 auf der Richterskala das Sembalun-Tal erschütterte und Erdrutsche auslöste, die sie auf dem Vulkan einschlossen. Die Betroffenen wurden am folgenden Tag evakuiert, aber das Schlimmste kam erst noch.

Während der nächsten drei Wochen erschütterten zwei stärkere Erdbeben, jeweils 6,9 auf der Richterskala, die Insel und beschädigten schätzungsweise 80 % aller Gebäude auf Nordlombok, töteten 563 Menschen und hoben die Insel insgesamt um 25 cm an. Das erste dieser stärkeren Beben verursachte Panik auf den Gili-Inseln, wo Touristen sich nach einer schlaflosen Nacht aus Angst vor einem Tsunami (der allerdings nie kam) in Rettungsbooten drängelten.

Das letzte Beben – in einer anderen geologischen Überschiebung als die ersten zwei – brachte viele Menschen auf Nordlombok dazu, den Wiederaufbau um einige Wochen zu verschieben. Da Tausende obdachloser Erdbebenopfer in provisorischen Zeltstädten lebten, war der darauffolgende Malariaausbruch fast zu erwarten. Mitte September rief die Regierung den Gesundheitsnotstand in West-Lombok aus, um den Ausbruch unter Kontrolle zu bringen.

Die schwer getroffenen Orte nördlich des Rinjani (darunter Sire, Senaru, Sembalun Lawang und Sembalun Bumbung) waren zur Zeit der Recherche für Gäste geschlossen und haben noch einen langen Weg bis zur Beseitigung aller Schäden vor sich. Gunung Rinjani war ebenfalls für Trekker gesperrt. Senggigi und die Gili-Inseln haben einiges abbekommen, aber sind bereits sehr weit beim Wiederaufbau und empfangen auch schon wieder Touristen. In Mataram war der Schaden nicht so groß und die Stadt funktionierte wie üblich. Die Ferienorte auf Süd-Lombok wurden praktisch gar nicht von dem Erdbeben getroffen, abgesehen von ein paar Fassadenschäden.

Es gibt keinen Grund, einen Wagen oder ein Motorrad von Bali mitzubringen, da man die Fährpreise sparen und leicht etwas auf Lombok mieten kann.

TAXI

Taxis mit Taxametern fahren vom Flughafen und anderen Reisezentren.

WEST-LOMBOK

So wie die Wirtschaft in West-Nusa Tenggara wächst, genau so wächst auch die größte Stadt im Westen Lomboks, Mataram. Das berühmte Strandferienziel Senggigi liegt dagegen noch in einem Dornröschenschlaf, in den es bereits in den 1990er-Jahren gefallen ist. Im Süden des Hafens von Lembar ragt die südwestliche Halbinsel buchtenreich in die ruhigen Meeresgewässer hinein. Vor der Küste liegen einige idyllische Inseln.

An- & Weiterreise

Öffentliche Fähren (Kind/Erw./Motorrad/Auto 29 000/46 000/125 000/917 000 Rp, 5–6 Std.) verkehren zwischen Lembars großem Fährhafen und Padangbai auf Bali. Passagiertickets werden nahe der Anlegestelle verkauft. Die Boote fahren eigentlich rund um die Uhr, und zwar alle 90 Minuten, aber darauf sollte man sich nicht verlassen – Boote haben schon gebrannt oder sind auf Grund gelaufen.

Es gibt viele Bemo- und Busverbindungen, und Bemos fahren regelmäßig zum Mandalika Terminal (S. 322) für 25 000 Rp, es gibt also keinen Grund länger zu verweilen. Taxis kosten ca. 100 000 Rp nach Mataram und 200 000 Rp nach Senggigi.

Mataram

☎ 0370 / 402 843 EW.

Lomboks Hauptstadt ist ein großer Schmelztiegel aus mehreren ehemals eigenständigen Städten mit unklarer Grenze: Ampenan, der Hafen, Mataram, das Verwaltungszentrum, Cakranegara, das Geschäftsviertel (oft abgekürzt „Cakra" genannt), sowie Sweta im Osten, wo sich u. a. der Busbahnhof Mandalika befindet. Die Stadt erstreckt sich von Ost nach West auf mehr als 12 km.

Die Stadt besitzt wenige Sehenswürdigkeiten, doch die weiten, von Bäumen gesäumten Boulevards auf denen es von unzähligen Mopeds dröhnt und knattert, die traditionellen Märkte und Einkaufsstraßen wimmeln nur so vor Menschenmassen. Wer einen authentischen Eindruck von der indonesischen Lebenswirklichkeit gewinnen will, wird sie hier finden. Zu den Sehenswürdigkeiten in Mataram gehört die alte Hafenstadt von Ampenan – beim genauen Hinschauen erkennt man in der baumbestandenen Hauptstraße und den älteren Gebäuden immer noch etwas vom Geist der niederländischen Kolonialzeit.

Sehenswertes

★ Pura Lingsar — TEMPEL

(bei Jl Gora II; Gelände frei, Zugang zum Tempel nach Spende; ⌚ 8–18 Uhr) Diese große Tempelanlage ist die heiligste Stätte der Insel. Sie wurde im Jahr 1714 von König Anak Agung Ngurah erbaut und liegt wunderschön inmitten grüner Reisfelder. Der Tempelkomplex steht gleich mehreren Konfessionen offen, einer der Tempel wird von balinesischen Hindus (pura Gaduh) besucht, ein anderer von Anhängern der Wetu-Telu-Religion, einer auf Lombok beheimateten, mystischen Richtung des Islam.

Die Tempelanlage liegt nur 6 km östlich von Mataram im Dorf Lingsar. Mit einem Bemo vom Bahnhof Mandalika nach Narmada fahren, dort ein weiteres nach Lingsar nehmen und den Fahrer bitten, am Tempel anzuhalten.

Islamic Center Nusa Tenggara Barat — MOSCHEE

(☎ 0819 1732 5666; http://islamiccenter.ntbprov.go.id; Ecke Jl Udayana & Jl Pejanggik; 5000 Rp; ⌚ gelegentlich offen für Besucher 10–17 Uhr) 2016 eröffnet und beim Erdbeben 2018 oberflächlich beschädigt, ist diese hohe, grün-goldene Moschee das auffallendste Gebäude in Lombok und bietet einen großartigen Ausblick vom höchsten Minarett (114 m über Mataram). Ausländer in Shorts erhalten vor dem Eintreten Kleider, die stärker bedecken.

Pura Meru — HINDUTEMPEL

(Jl Selaparang; ⌚ 8–17 Uhr) GRATIS Pura Meru ist der größte Hindutempel Lomboks, hinsichtlich der Bedeutung nimmt er den zweiten Rang ein. Der Tempelbau von 1720 ist der hinduistischen Götter-Trinität Brahma, Vishnu und Shiva geweiht. Im inneren Hof befinden sich 33 kleine Schreine und drei strohgedeckte *meru* (mehrstufige Schreine) aus Teakholz. Der zentrale *Meru*-Schrein mit elf Stufen ist die Wohnstätte Shivas, der im Norden gelegene *meru* mit neun Stu-

Mataram

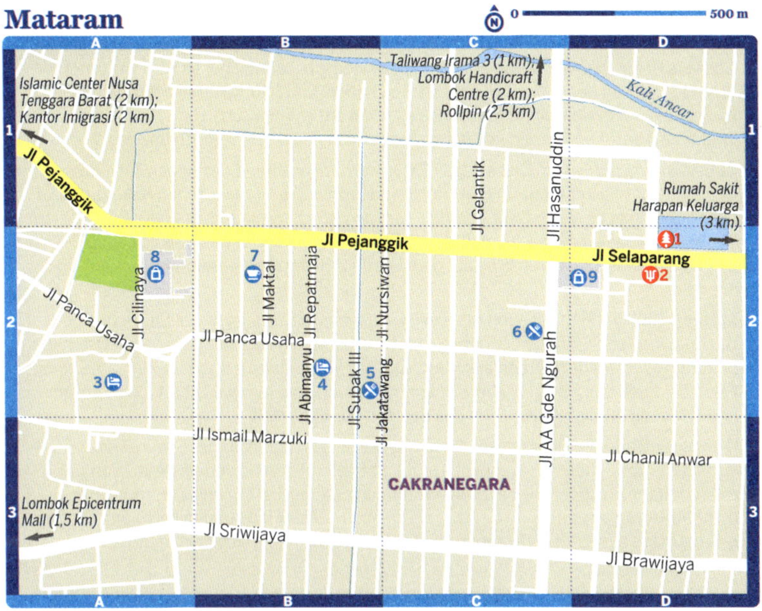

fen das Haus Vishnus und der neunstufige Schrein im Süden das Haus von Brahma.

Mayura Water Palace PARK
(Ecke Jl Selaparang & Jl Purba Sari; 25 000 Rp; ⏲7–22 Uhr) Auf dem Gelände des Palastbaus von 1744 steht der Familientempel der einstigen Königsfamilie, ein Wallfahrtsort für die hinduistischen Gläubigen Lomboks, die sich hier am 24. Dezember versammeln. Im Jahr 1894 war das Tempelgelände Schauplatz blutiger Kämpfe zwischen den niederländischen Kolonialtruppen und den balinesischen Aufständischen. Eine historische Atmosphäre haftet dem Tempelbezirk noch an, aber er ist heute vor allem ein öffentlicher Park mit einem verschmutzten künstlichen See.

Schlafen

Pensionen und günstige Hotels ergänzen das Angebot der schickeren Hotels für Geschäftsreisende. Mitten in Mataram zu wohnen ist eine gute Art, die nicht touristische Seite Lomboks kennenzulernen.

Hotel Melati Viktor GUESTHOUSE $
(☎0370-633830; Jl Abimanyu 1; Zi. 120 000 Rp, mit Klimaanlage & Frühstück 200 000 Rp; ❄📶) Die hohen Decken, 37 saubere Zimmer und Höfe im balinesischen Stil inklusive hinduistischer Statuen machen dieses Hotel zu einem mit dem besten Preis-Leistungs-Verhältnis der Stadt. Es wird ständig erweitert und erstreckt sich inzwischen über drei Gebäude zu beiden Seiten der Jl Abimanyu.

Hotel Lombok Raya HOTEL $$
(☎0370-632305; www.lombokrayahotel.com; Jl Panca Usaha 11; Zi. inkl. Frühstück 600 000–750 000 Rp; P❄📶🏊) Lombok Raya wurde bei den Erdbeben 2018 stärker beschädigt

Mataram

Sehenswertes
1 Mayura Water Palace D2
2 Pura Meru D2

Schlafen
3 Hotel Lombok Raya A2
4 Hotel Melati Viktor B2

Essen
5 Ikan Bakar 99 .... B2
6 Mirasa C2

Ausgehen & Nachtleben
7 Maktal Coffee Bar B2

Shoppen
8 Mataram Mall A2
9 Pasar Cakranegara D2

FESTE & ZEREMONIEN DER SASAK

Über die Ursprünge der Sasak auf Lombok ist wenig bekannt, aber es wird vermutet, dass sie sich von den Balinesen abgespalten haben. Im 17. Jh. konvertierten sie zum Islam, daher sind viele alte Rituale und Feste, die auf animistischen und hinduistischen Traditionen beruhen, immer weniger geworden. Ein paar haben jedoch überlebt.

Lebaran Topat (Juni) Diese Sasak-Zeremonie, die während der sieben Tage nach dem Ende des Fastenmonats (Idul Fitri; Ramadan) laut dem islamischen Kalender abgehalten wird, gibt es nur in West-Lombok. Familien versammeln sich auf dem Friedhof, um Wasser auf Familiengräber zu gießen und Blumen, Betelblätter und Kalkpulver zu opfern. Besucher können die Zeremonie auf dem Friedhof Bintaro außerhalb von Ampenan beobachten.

Malean Sampi (früher April) Malean Sampi bedeutet „Kuhjagd" auf Sasak und bezeichnet Rinderrennen über 100 m in einem bewässerten Feld in Narmada, im Osten von Mataram. Zwei Rinder werden in ein Joch gespannt und dann von einem Mann mit einer Peitsche durch das Feld getrieben. Unter Tierschutzaspekten zweifelhaft. Das Rennen findet Anfang April statt, zur Feier des Beginns der Pflanzzeit.

Gendang Beleq (unterschiedliche Zeiten) Diese „großen Trommeln" wurden ursprünglich vor Schlachten gespielt. Heute gibt es in vielen Dörfern in Zentrallombok eine *gendang*-Gruppe, mit bis zu 40 Trommlern, die bei Festen und Zeremonien auftritt. Die Trommeln selbst sind riesig, bis zu einem Meter lang und in Form und Größe einem Ölfass ähnlich. Die Trommler halten das Instrument mit einer Schärpe um ihren Hals.

Peresean (Dez.) Ein Kampfsport, bei dem zwei junge Männer mit nackter Brust mit Rattanstöcken und eckigen Schilden aus Rindsleder bewaffnet sind. Die Sasak glauben, je mehr Blut auf der Erde vergossen wird, umso stärker wird der Regen in der nächsten Regenzeit fallen. Ende Juli gibt es Vorführungen in Senggigi und Ende Dezember gibt es eine Meisterschaft in Mataram.

als die meisten Hotels in Mataram, aber während der Recherche wurde es renoviert. Bei Geschäftsreisenden alter Schule beliebt, verfügt das Hotel in bester Lage über 134 große, komfortable Zimmer mit Balkon. Ein glitzernder Pool, ein gut ausgestatteter Fitnessraum und ein üppiges Frühstücksbuffet machen es noch attraktiver.

Essen & Trinken

In den Straßen um die verblasste Mataram Mall drängen sich Fastfood-Restaurants westlichen Stils, indonesische Lokale, in denen es vor allem Nudelsuppen gibt, und Warungs (Imbissbuden).

Ikan Bakar 99 FISCH & MEERESFRÜCHTE $
(0819 3313 8188; Jl Subak III 10; Hauptgerichte 30 000–55 000 Rp; 11–22 Uhr) Hier sind Tintenfisch, Garnelen, Fisch und Krabben mit feuriger Chilisoße zu bekommen – perfekt gegrillt oder gebraten und nach Padang-Art mit einer scharf gewürzten oder süßsauren Soße angerichtet. Ausländische Gäste essen in Gesellschaft einheimischer Familien, die sich in einem Speiseraum mit Torbögen und Fliesen an langen Tischen versammeln. Das Restaurant liegt in einem balinesisch geprägten Viertel.

Taliwang Irama 3 INDONESISCH $
(0370-629354; Jl Ade Irma Suryani 10; Hauptgerichte 20 000–50 000 Rp; 11–22 Uhr) Hervorragende, scharf gewürzte indonesische Gerichte locken jeden Tag zahlreiche Gäste an, die sich in einem von Grüngewächsen beschatteten Innenhof oder im Speiseraum zum Essen setzen. Von der Beliebtheit des Restaurants zeugen auch die vor dem Eingang wartenden Straßenhändler. Überdurchschnittlich gut schmeckt vor allem das zarte und scharf gewürzte Hühnerfleisch.

Mirasa BÄCKEREI $
(0370-633096; Jl AA Gde Ngurah 88; Snacks ab 4000 Rp; 6–22 Uhr) Die örtliche Mittelschicht liebt diese moderne Bäckerei. Es gibt Doughnuts, Cookies und Kuchen neben regionalen, mit Huhn gefüllten Wantan.

★ **Rollpin** INTERNATIONAL $$
(www.rollpin.id; Jl Ahmad Yani; Hauptgerichte 50 000–100 000 Rp; Di–So 12–22 Uhr;) No-

bles Abendessen im Mataram-Stil, im Grünen an einem Flüsschen im Nordosten des Zentrums. Man kann sich gegrillten Schnapper, Lombok-Ente oder gedämpftes *mahimahi* schmecken lassen und mit originellen Mocktails wie Pin Pure (Pfefferminz, Ingwer, Limone und Honig) nachspülen. Sehr guter Service und eine große Kinderspeisekarte machen das Restaurant noch attraktiver.

Maktal Coffee Bar KAFFEE
(www.facebook.com/maktalcoffeebar; Jl Maktal; ⌚9–23 Uhr; 📶) Dieses kleine Hipster-Café kocht alles vom Cold Drip bis zum Karamell Latte. Der Kaffee ist von hier und kräftig, man kann auch Bohnen kaufen. Außerdem gibt es Pfannkuchen, Klöße und indonesische Klassiker (20 000 Rp bis 30 000 Rp).

Shoppen

Hochwertige Perlen aus Zuchten in Lombok und Sumbawa sind hier eine wichtige Ware, vor allem in Cakranegara.

★ **Lombok Handicraft Centre** KUNSTHANDWERK
(Jl Kerajinan, bei Jl Diponegoro; ⌚8–18 Uhr) Dieses Zentrum für Kunsthandwerk in Sayang Sayang (2 km nördlich von Cakra) beherbergt eine Reihe kleiner Läden. Über der schmalen Straße befinden sich ein gebogenes Schild, auf dem „Handy Craft" steht. Es gibt unterschiedliches Kunsthandwerk, Masken, Textilien und Keramik aus Nusa Tenggara. Ein perfekter Ort zum Stöbern.

★ **Pasar Mandalika** MARKT
(Bertais; ⌚6–18 Uhr) Auf diesem großen Markt in der Nähe des Busbahnhofs Mandalika in Bertais sind keine Touristen anzutreffen, dafür werden alle möglichen Waren zum Kauf angeboten: Obst und Gemüse, Fisch (frisch und getrocknet), Körbe voller farbenprächtiger, aromatischer Gewürze und Getreide, frisches Rindfleisch, Palmzucker und große Pakete mit geradezu penetrant riechender Garnelenpaste. Kunsthandwerkliche Waren sind hier so preiswert wie nirgendwo sonst im westlichen Lombok zu bekommen.

Ein ausgezeichneter Ort, um die touristischen Pfade der *bule* (so werden hier die europäischen Ausländer genannt) zu verlassen und in das echte indonesische Alltagsleben einzutauchen.

Lombok Epicentrum Mall EINKAUFSZENTRUM
(☎0370-617 2999; www.lombokepicentrum.com; Jl Sriwijaya 333; ⌚10–22 Uhr) Mit einem Kino, Food Courts und allen Konsumvergnügungen ist dieses Einkaufszentrum auf vier Etagen das größte und schickste auf Lombok.

Pasar Cakranegara MARKT
(Ecke Jl AA Gede Ngurah & Jl Selaparang; ⌚9–18 Uhr) Eine Ansammlung malerischer Verkaufsstände, von denen einige hochwertige traditionelle Ikat-Stoffe anbieten, sowie ein sehenswerter Lebensmittelmarkt – das Ganze gleicht eher einem traditionellen Markt mit modernen Einflüssen.

Mataram Mall EINKAUFSZENTRUM
(Jl Cilinaya; ⌚9–22 Uhr) Ein Einkaufszentrum, das sich über mehrere Etagen erstreckt, mit einem Supermarkt, Kaufhäusern, Elektronikgeschäften, Modeläden und einigen internationalen Restaurants.

Praktische Informationen

MEDIZINISCHE VERSORGUNG

Rumah Sakit Harapan Keluarga (☎0370-617 7009; www.harapankeluarga.co.id; Jl Ahmad Yani 9; ⌚24 Std.) Die beste Privatklinik auf Lombok liegt direkt östlich der Innenstadt von Mataram. Hier stehen für die Patienten englischsprachige Ärzte bereit.

GELD

In der Nähe von Einkaufszentren gibt es viele Geldautomaten. Die meisten Banken findet man in oder in der Nähe der Jl Pejanggik.

VISA-VERLÄNGERUNG

Man kann sein indonesisches Visum verlängern lassen in der **Kantor Imigrasi** (Einwanderungsbehörde; ☎0370-632520; Jl Udayana 2; ⌚Mo–Fr 8–12 & 13–16 Uhr). Das Ganze dauert drei bis vier Tage.

An- & Weiterreise

BOOT/SCHIFF

Wer von Lombok aus auf eine weit entfernte indonesische Insel per Boot gelangen will, kann sich nach Fahrplänen und Tickets am örtlichen **Pelni-Büro** (☎0370-637212; www.pelni.co.id; Jl Industri 1; ⌚Mo–Do & Sa 8–12 & 13–15.30, Fr 8–11 Uhr) erkundigen, der nationalen Schifffahrtslinie.

BUS

Das Mandalika Terminal (S. 322), 3 km vom Zentrum und mitten im Hauptmarkt der Stadt, ist der größte Busbahnhof auf Lombok. Um Betrügern aus dem Weg zu gehen, am offiziellen Ticketschalter kaufen und die gelben Bemos ins Stadtzentrum nehmen (5000 Rp).

Fernbusse nach Sumbawa und Flores fahren hier zweimal täglich ab, um 9 und 15 Uhr. Wenn man mit dem Morgenbus nach Labuan Bajo auf Flores (375 000 Rp, 24 Stunden) reist, muss man in Bima (225 000 Rp, 12 Stunden) übernachten, der Nachmittagsbus ist direkt. Damri-Busse nach Maluk und zu den Surferorten Sumbawas fahren um 9 und 21 Uhr ab (90 000 Rp, sechs Stunden).

Ein direkter Shuttlebus nach Kuta fährt täglich um 11 Uhr ab (1½ Stunden, 60 000 Rp). Folgende Busse und Bemos starten stündlich ab dem Mandalika Terminal:

REISEZIEL	FAHRPREIS (RP)	FAHRTZEIT
Flughafen (Damri Bus)	30 000	45 Min.
Kuta (über Praya & Sengkol)	60 000	2–3 Std.
Labuhan Lombok	35 000	2½ Std.
Lembar	20 000	45 Min.
Senggigi (über Ampenan)	15 000	1 Std.
Senggigi (direkt, Damri Bus)	40 000	45 Min.

Unterwegs vor Ort

Ein zuverlässiges Taxi mit Fahrpreisanzeige kann man bei **Blue Bird Lombok Taksi** (☎ 0370-645000; www.bluebirdgroup.com) ordern. Alleinreisende sollten **Go-Jek** (www.go-jek.com), herunterladen, eine App für billige und zuverlässige *ojeks* (Motorradtaxis).

Senggigi

☎ 0370 / 52 000 EW.

Der älteste touristische Ferienort der Insel – Senggigi – besitzt den Vorzug einer wunderschönen Lage an weit geschwungenen Buchten mit hellen Sandstränden, die sich vor einem Hintergrund aus dicht bewaldeten Bergen und Kokospalmen erstrecken. Am späten Nachmittag versinkt eine riesige, blutrote Sonne neben der perfekten Kegelform des gewaltigen Gunung Agung auf Bali im Meer.

Senggigi ist heute nicht so trendy wie die Gilis oder Kuta, verfügt aber über einige Hotels und Restaurants mit großartigem Preis-Leistungs-Verhältnis, von denen allerdings viele bei den Erdbeben 2018 stark beschädigt wurden. Auch wenn der Ort an den Rändern immer noch etwas billig wirkt, wurden schon vor dem Erdbeben und auch während der Wiederaufbauphase Anstrengungen unternommen, einige der zwielichtigen Ecken umzugestalten und diesen familienfreundlichen Urlaubsort wieder so attraktiv herzurichten, wie er es zu seinen besten Zeiten in den 1990ern war.

Zur Großregion Senggigi gehören 10 km Küstenstraße; das vornehme Viertel **Mangsit** liegt 3 km nördlich des Ortszentrums, die malerischen Strände **Malimbu** und **Nipah** liegen direkt daneben.

Sehenswertes

Pura Batu Bolong HINDUTEMPEL

(An der Jl Raya Senggigi; Eintritt: Spende; ⏲7–19 Uhr) Pura Batu Bolong ist nicht der größte, dafür aber der ansprechendste Hindutempel der Insel – am schönsten bei Sonnenuntergang. Besucher sind immer willkommen bei den balinesischen Gläubigen, die an den 14 Altären und Pagoden, die an einem vulkanischen Felsvorsprung über dem schäumenden Meer hängen, Opfergaben niederlegen. Der Tempel liegt etwa 2 km südlich von Senggigi-Mitte. Der Felsen unterhalb des Tempels hat eine natürliche Öffnung, das erklärt auch seinen Namen: *batu bolong* bedeutet wörtlich „Fels mit Loch".

Aktivitäten

Schnorcheln & Tauchen

Die Bedingungen zum Schnorcheln sind am Ausgangsstrand bei Senggigi, etwa 3 km im Norden des Ortes, ziemlich gut. Am Strand werden Schnorchelausrüstungen verliehen (pro Tag 50 000 Rp). Diverse Tauchausflüge, die in Senggigi starten, führen in der Regel zu den Gili-Inseln.

Blue Coral TAUCHEN

(☎ 0370-693441; Jl Raya Senggigi; 2 Tauchgänge 850 000 Rp, Open-Water-Kurs 4 950 000 Rp; ⏲8–21 Uhr) Diese Tauchschule mitten in Senggigi, die Einheimischen gehört, bietet dekompressionsfreies Tauchen in 18 m und 22 m tiefem Wasser vor der Westküste Lomboks und der Gili-Inseln an. Sie hat auch PADI-Kurse und Unterkünfte im hübschen, modernen Guesthouse hinter dem Laden im Angebot.

Dream Divers TAUCHEN

(☎ 0812 3754 583; www.dreamdivers.com; Jl Raya Senggigi; Einführungstauchgänge ab 910 000 Rp) Die Senggigi-Niederlassung der Tauchschule auf Gili Air bietet auch Schnorchelausflüge zu den Gili-Inseln (400 000 Rp) an, organisiert u. a. Bergwanderungen am Gunung Rinjani und gibt Tauchkurse.

Senggigi

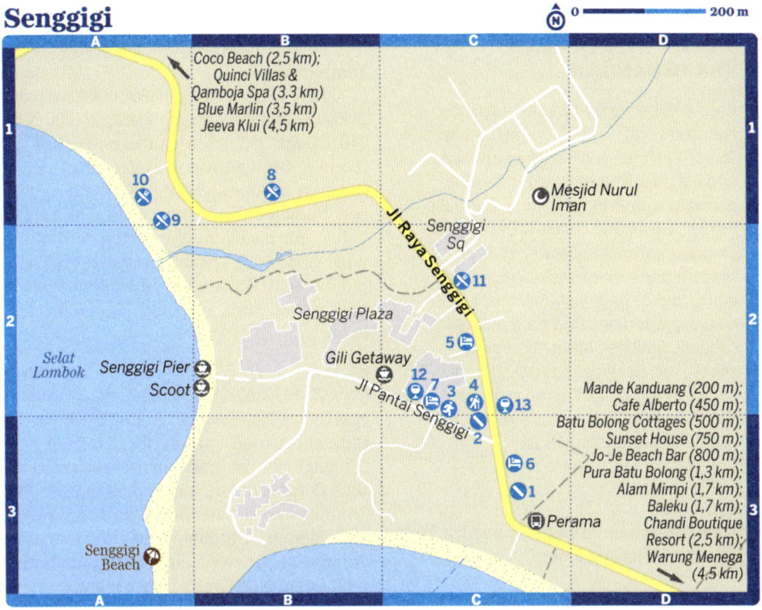

Senggigi

Aktivitäten, Kurse & Touren

1	Blue Coral	C3
2	Dream Divers	C3
3	Hallo Lombok Spa	C2
4	Rinjani Trekking Club	C2

Schlafen

	BC Inn	(s. 1)
5	Central Inn	C2
6	Sendok Hotel	C3
7	Tempatku	C2

Essen

8	Asmara	B1
9	Office	A1
10	Spice	A1
11	Square	C2

Ausgehen & Nachtleben

12	Honky Tonks Blues Bar & Grill	C2
13	Papaya Café	C2

Shoppen

	Asmara Collection	(s. 8)

Blue Marlin TAUCHEN

(☎ 0370-69444 Durchwahl 115; www.bluemarlindive.com; Holiday Resort Lombok, Jl Raya Senggigi; 2-Tank-Tauchgänge 1100 000 Rp, Open-Water-Kurse 5 750 000 Rp) Die Senggigi-Niederlassung einer renommierten Tauchschule auf Gili Trawangan bietet Tauchkurse und -ausflüge auf die Gili-Inseln an. Sie befindet sich etwa 3 km nördlich von Senggigi in einem gehobenen Resort.

Massagen & Spas

Aufdringliche Masseure werfen sich, mit Matten und Ölen bewaffnet, in Positur und gehen an den Stränden von Senggigi auf Kundenfang. Nach Preisverhandlungen zahlt man in der Regel rund 80 000 Rp für eine einstündige Behandlung. In den meisten Hotels können Masseure aufs Zimmer bestellt werden; die Preise liegen dann bei mindestens 100 000 Rp. Vorsicht ist bei manchen „Salons“ geboten, hinter deren Straßenfronten Dienstleistungen zweifelhafter Art nachgefragt werden.

★ **Qamboja Spa** SPA

(☎ 0370-693800; www.quncivillas.com; Qunci Villas, Mangsit; Massagen ab 30 US$; ⏰ 8–22 Uhr) Die Gäste wählen unter verschiedenen ätherischen Massageölen je nach gewünschter Wirkung und Stimmung, z. B. belebend oder harmonisierend. Zu den Anwendun-

EINEN ABSTECHER WERT

TAMAN WISATA ALAM KERANDANGAN

Dieses hübsche und wenig besuchte Naturreservat ist ideal, wenn man dem Touristentrubel von Senggigi entfliehen und ein paar Stunden durch den Regenwald spazieren will. Die Wasserfälle Princess Twin und Swallow Cave liegen am markierten Wanderweg (der an manchen Stellen etwas unklar sein kann) und es gibt die Möglichkeit, seltene Schmetterlinge und Haubenlangure (und die üblichen Affen ebenfalls) zu sehen. Von Senggigi aus nach Norden bis zum Ort Mangsit, dann weiter auf der Jalan Wisata Alam ins Landesinnere durch das Kerandangan Tal.

gen gehören u.a. Thai-, balinesische und Shiatsu-Massagen. Außerdem werden Yoga-Kurse um 8 Uhr angeboten.

Hallo Lombok Spa SPA
(☎0819 0797 6902; Jl Pantai Senggigi; einstündige Massage ab 70 000 Rp; ⏲10–21 Uhr) Ein preiswertes Spa mit einem vielfältigen Angebot von Peelings, Massagen und anderen Anwendungen. Eine besondere Wohltat ist eine Massage mit Peeling (*lulur*), zu der eine Ganzkörpermaske gehört.

Wandern

Rinjani Trekking Club WANDERN
(☎0370-693202, 0817 573 0415; www.info2lombok.com; Jl Raya Senggigi; 3-Tages/2-Nächte-Wanderung 245 US$; ⏲9–20 Uhr) Zuverlässig, fachkundig und vom freundlichen Ronnie geleitet, ist der lang etablierte RTC der beste der vielen Tourenanbieter entlang der Hauptstraße von Senggigi. Es werden zahlreiche geführte Wanderungen angeboten; alle inklusive der Eintritte, drei Mahlzeiten pro Tag, Campingausrüstung und einer Spende an die Säuberungsaktionen auf dem Rinjani.

Schlafen

Senggigis Unterkünfte verteilen sich auf breiter Fläche, aber selbst, wenn man ein paar Kilometer entfernt wohnt (zum Beispiel in Mangsit), ist man nicht isoliert, da Taxis billig sind. Reisende mit einem größeren Budget finden eine ausgezeichnete Auswahl, Backpacker allerdings weniger.

Während der Recherche in Senggigi waren viele Läden noch wegen der starken Erdbeben im Juli und August 2018 geschlossen.

Tempatku GUESTHOUSE $
(☎0812 4612 9504; tempatkulombok@gmail.com; Jl Pantai Senggigi, Senggigi Plaza; Zi. 200 000–240 000 Rp; ❄📶) Ein sauberes, zentral gelegenes, preisgünstiges Hotel über einem leckeren indonesischen Restaurant desselben Namens. Die hohen, gefliesten Räume haben ein paar hübsche regionale Akzente und teilen sich zwei Gemeinschaftsbäder mit heißem Wasser. Es gibt dort auch ein praktisches Büro, wo man Touren buchen kann.

BC Inn GUESTHOUSE $
(☎0370-619 7880, 0876 595 0549; http://bcinnsenggigi.com; Jl Raya Senggigi; Zi. ab 200 000 Rp; 📶) Blitzsauber und mitten im Zentrum von Senggigi. BC ist nach dem Tauchanbieter Blue Coral benannt, hinter dem es liegt. Alle Zimmer haben Satellitenfernsehen, WLAN, gute Betten, Duschen und Holzschmuck. Wenn man zu zweit eine Tauchtour bucht, erhält man eine Gratis-Übernachtung.

Baleku GUESTHOUSE $
(☎0818 0360 0009; Jl Raya Senggigi; Zi. 225 000–300 000 Rp; ❄📶🏊) Etwa 300 m südlich vom Tempel Pura Batu Bolong liegt dieser strohgedeckte Ziegelsteinbau, der räumlich beengt wirkt, aber eine gute Auswahl von 15 Zimmern bietet; die teuersten verfügen über heißes Wasser und sind klimatisiert. Das Guesthouse liegt etwas außerhalb, bietet Gästen jedoch kostenlose Fahrten vom/zum Ortskern Senggigis an. Ein Swimmingpool nimmt den begrenzten Raum vollständig ein.

Sendok Hotel HOTEL $
(☎0813 3743 5453; Jl Raya Senggigi; B 135 000 Rp, Zi. mit Ventilator/Klimaanlage ab 200 000/400 000 Rp; ❄📶🏊) Dieses Hotel, vor dem ein freundliches Restaurant liegt, verfügt über 17 Zimmer in wunderschön gepflegten Gärten, in denen Hasen hoppeln und die mit Hindu-Schreinen und -Statuen geschmückt sind. Die günstigeren Zimmer sind einfach und haben kein heißes Wasser. Wer ein paar Rupiah mehr ausgibt, erhält deutlich mehr Qualität. Alle Zimmer besitzen eigene Veranden.

Central Inn HOTEL $
(☎0370-692006; http://centralinnsenggigi.com; Jl Raya Senggigi; Zi. ab 250 000 Rp; ❄📶🏊) Das Haus im Stil eines Motels verfügt über

52 Zimmer mit hohen Decken und glänzenden Fliesen sowie kleine Sitzecken im Freien; es liegt an der Strandseite der Hauptgeschäftsstraße, wenn auch nicht direkt am Strand. Das Gebäude an der Straße wurde bei den Erdbeben im Jahr 2018 stark beschädigt und war während der Recherche geschlossen.

Sunset House HOTEL **$$**

(☎0370-692020; www.sunsethouse-lombok.com; Jl Raya Senggigi 66; Zi. inkl. Frühstück 800 000–1 100 000 Rp; ❄📶🏊) Das Hotel bietet 20 Zimmer, die in einer geschmackvollen, gut ausgestatteten Einfachheit gehalten und zur ruhigen Meerseite sowie zum Tempel Pura Batu Bolong ausgerichtet sind. Die Zimmer der oberen Etagen bieten weite Ausblicke übers Meer bis nach Bali. WLAN steht nur in den öffentlichen Hotelbereichen zur Verfügung. Es gibt einen schönen Pool-Bereich mit Terrasse.

Alam Mimpi HOTEL **$$**

(☎0370-617 0645; http://alammimpilombok.com; Jl Vincent van Gogh; Zi. inkl. Frühstück 550 000 Rp; ❄📶🏊) Südlich vom Ortszentrum und landeinwärts gelegen profitiert der moderne Hotelkomplex am meisten von seiner ruhigen Lage. Die 14 Zimmer liegen an einem großen Pool und sind mit Balkonen und Terrassen ausgestattet. Die Gestaltung ist erfrischend modern, von einem Café in der oberen Etage bieten sich weite Ausblicke. Hotelgäste können Fahrten vom/zum Ortszentrum und Strand in Anspruch nehmen.

Batu Bolong Cottages HOTEL **$$**

(☎0370-693198, 0370-693065; bbcresort_lombok@yahoo.com; Jl Raya Senggigi; Zi. 450 000–800 000 Rp; ❄📶🏊) Die charmanten Zimmer im Bungalow-Stil, auf versetzten Ebenen zur Strandseite ausgerichtet, sind die beste Wahl in dieser gut geführten Hotelanlage, die an beiden Straßenseiten im Süden des Ortszentrums liegt. Die Zimmer am Strand haben hübsche Akzente, z. B. geschnitzte Türen. Es gibt einen ruhigen Pool-Bereich. Die übrigen Zimmer liegen in eher standardmäßig eingerichteten Häusern weiter hinten. Das Frühstück ist gut.

★ **Qunci Villas** RESORT **$$$**

(☎0370-693800; www.quncivillas.com; Jl Raya Mangsit, Mangsit; Zi. 150–250 US$; ❄📶🏊) Ein sensationelles, liebevoll entworfenes Anwesen, dessen Atmosphäre einem Luxushotel ziemlich nahe kommt. Die Küche ist so hervorragend wie der schöne Pool- und Spa-Bereich. Besonders bezaubernd ist der Meerblick (der Strand ist 160 m lang). Die Ferienanlage hat 78 Zimmer (darunter viele Villen) und ein so abwechslungsreiches Angebot, dass es keinen Grund gibt, bald wieder abzureisen.

Chandi Boutique Resort RESORT **$$$**

(☎0370-692198; www.the-chandi.com; Jl Raya Senggigi, Batu Layar; Zi. ab 150 US$; ❄📶🏊) Das elegante Boutiquehotel inmitten von Palmen liegt 1 km südlich von Pura Batu Bolong. Jeder der 15 Luxusbungalows hat einen Wohnbereich unter freiem Himmel, die Innenausstattung und die hohen Decken der Räume sind ultramodern, die Bäder im Freien stimmungsvoll. Von einem Aussichtsplatz, an dem Gäste leicht ganze Tage verweilen können, öffnet sich ein weiter Blick auf den Ozean.

Jeeva Klui RESORT **$$$**

(☎0370-693035; www.jeevaklui.com; Jl Raya Klui Beach; Zi ab 200 US$, Villen ab 265 US$; ❄📶🏊) Die Inkarnation eines tropischen Reiseziels: ein glitzernder, von Palmen beschatteter Infinity-Pool und ein wunderschöner, beinahe unberührter Strand im Schutz von Felsen. Die 35 Zimmer und Villen sind nach traditioneller Art mit Stroh gedeckt und haben eigene Veranden mit Bambussäulen. Die Villen sind luxuriös aufgemacht und liegen separat an eigenen Pools. Die Ferienanlage befindet sich an der nördlich von Mangsit gelegenen Bucht.

Essen

Senggigis Restaurantszene umfasst alles, von edlen internationalen Lokalen bis zu ganz einfachen Warungs. Zum Sonnenuntergang gehen die Einheimische gern zu Aussichtspunkten auf den Hügeln an der Jl Raya Senggigi, wo gegrillter Mais und frische Kokosnüsse verkauft werden – ein toller Ort für einen nüchternen Dämmerschoppen. Zahlreiche der touristischeren Orte bieten den kostenlosen Transport zum Abendessen – einfach anrufen.

Warung Cak Poer INDONESISCH **$**

(www.facebook.com/warungcakpoer; Jl Raya Senggigi; Hauptgerichte 20 000–30 000 Rp; ⏲10–23 Uhr) Auf offener Straße beglückt das Warung Einheimische mit indonesischen Klassikern, die heiß aus dem Wok serviert werden. An einem ramponierten Metalltisch auf einem Plastikstuhl sitzend öffnet man eine Packung *krupuk* (Indonesische

Chips) und bestellt das extrascharfe Nasi Goreng *(ekstra pedas)* mit extra Knoblauch *(bawang putih ekstra)*. Der Genuss kostet Schweiß und Tränen.

Mande Kanduang INDONESISCH $

(Jl Raya Senggigi; Hauptgerichte 20 000 Rp; ⌚8–23 Uhr) Der Name bedeutet „biologische Mutter" – ein Geschwisterpaar führt das kaum von der Straße unterscheidbare Café unter freiem Himmel. Eine echte indonesische Küche wird hier ohne Kompromisse gepflegt. Besonders beliebt ist *kepalaq ikan kakap* (ein Eintopf mit Fischköpfen). Gäste dürfen auf Wunsch auch einen Blick in brodelnde Kochtöpfe werfen.

★ **Coco Beach** INDONESISCH $$

(☎0817 578 0055; ab Jl Raya Senggigi, Pantai Kerandangan; Hauptgerichte 55 000–70 000 Rp; ⌚11–21 Uhr; ✎) Das wunderbare Strandrestaurant befindet sich etwa 2 km nördlich des Zentrums von Senggigi in wunderbar einsamer Lage abseits der Hauptstraße. Man isst an Einzeltischen mit Palmendach, es gibt eine große Auswahl für Vegetarier. Das Nasi Goreng und das Madras Curry sind auch bei Einheimischen berühmt, die Fischgerichte sind die besten der Gegend. Es gibt eine Bar, an der auch authentische *Jamu*-Getränke (Kräutermedizin) zubereitet werden.

Square INTERNATIONAL $$

(☎0370-693688; www.squarelombok.com; Jl Raya Senggigi; Hauptgerichte 100 000–200 000 Rp; ⌚11–23 Uhr; 📶) Ein gehobenes Restaurant mit wunderschön geschnitzten Sitzbänken und einer Speisekarte, in der westliche und indonesische Einflüsse verschmelzen. Die anspruchsvolle Küche hebt sich deutlich vom sonst Üblichen ab. Ein touristenfreundliches Probiermenü hat bereits zahlreichen Besuchern die indonesische Küche ein wenig näher gebracht. Die besten Tische stehen in einiger Entfernung vom Straßenlärm.

Cafe Alberto ITALIENISCH $$

(☎0370-693039; www.cafealberto.com; Jl Raya Senggigi; Hauptgerichte 55 000–115 000 Rp; ⌚8–23 Uhr; 📶) Aus der Küche des seit Langem etablierten italienischen Strandrestaurants kommen vielfältige Pastagerichte, berühmt sind aber die Pizzen des Hauses. Den Gästen werden kostenlose Fahrten vom/zum Hotel angeboten sowie großzügige Überraschungen (wie Knabbereien oder ein Digestif). Am schönsten ist es aber, unterm Mondlicht bei einem kühlen Getränk zu sitzen und den Sand unter den Füßen zu spüren.

Spice INTERNATIONAL $$

(☎0370-619 7373; www.spice-lombok.com; Jl Raya Senggigi, Pasar Seni; Hauptgerichte 60 000–120 000 Rp; ⌚12–23 Uhr) Das Spice nimmt einen luftigen Platz im Hintergrund der beschönigend als „Kunstmarkt" bezeichneten Einrichtung ein. Die Tische im Sand sind perfekt für einen Drink bei untergehender Sonne; Gäste können aus einer umfangreichen Getränkekarte wählen und dazu kleine Gerichte bestellen. Zu späterer Stunde durchweht der Abendwind den eleganten Speiseraum in der oberen Etage. Die internationale Küche ist von Insel- und Strandaromen geprägt.

Asmara INTERNATIONAL $$

(☎0370-693619; www.asmara-group.com; Jl Raya Senggigi; Hauptgerichte 45 000–150 000 Rp; ⌚8–23 Uhr; 📶👪) Das Restaurant ist die richtige Wahl für Familien und bietet eine Speisekarte, die kulinarisch die ganze Welt umspannt: Carpaccio vom Thunfisch und Burger sind ebenso zu bekommen wie das inseltypische *satay pusut* (Grillspieße mit Fleisch oder Fisch). Für Kinder gibt es eine eigene Speisekarte. Service und Präsentation der Gerichte sind angenehm unauffällig.

Warung Menega FISCH & MEERESFRÜCHTE $$

(☎0853 3865 3044; Jl Raya Senggigi, Pantai Batu Layar; Mahlzeiten 80 000–120 000 Rp; ⌚11–23 Uhr; 📶) Wer Bali verlassen hat, ohne die Fischspezialitäten aus Jimbaran probiert zu haben, kann das Versäumnis in diesem Fischrestaurant am Strand nachholen. Zur Auswahl stehen fangfrischer Barrakuda, Tintenfisch, Schnapper, Zackenbarsch, Hummer, Thunfisch und Garnelen – alles wird über glimmenden Kokosnussschalen gegrillt und bei Kerzenlicht an Tischen im Sand mit einer guten Auswahl an Sambal serviert.

Office INTERNATIONAL $$

(☎0370-693162; Jl Raya Senggigi, Pasar Seni; Hauptgerichte 55 000–70 000 Rp; ⌚9–22 Uhr; 📶) Diese Kneipe nahe dem sogenannten Kunstmarkt (vor allem billige Souvenirs) serviert typische indonesische und westliche Gerichte, es gibt Billardtische, Ballspiele und Kneipenhocker. Es gibt auch eine Thai-Speisekarte – für diejenigen, die sich auskennen. Die Tische mit Blick auf die Bucht und ihre schwankenden Fischer- und Vergnügungsboote gehören zu den besten Plätzen für einen Sundowner in Senggigi.

Ausgehen & Nachtleben

Es ist noch nicht lange her, da war Senggigis Barszene ziemlich harmlos, es gab vor allem Cafés und Restaurants. Dann wuchsen in den 2010er-Jahren plötzlich wie aus einem Fiebertraum über Pattaya am Rand des Zentrums riesige Betontürme mit Karaokebars und Massagesalons.

Kaum jemand verpasst die Chance, an einem der vielen entspannten Läden am Strand einen Drink zum Sonnenuntergang zu genießen.

Jo-Je Beach Bar BAR
(☎0878-6388 1436; ab Jl Raya Senggigi; ⌚8–23 Uhr) Eine klassische Strandbar mit bunten Sitzsäcken und einer Happy Hour passend zum Sonnenuntergang. Die Cocktails sind außergewöhnlich stark, es gibt auch indonesisches und westliches Essen, das okay ist.

Papaya Café BAR
(☎0370-693161; Jl Raya Senggigi; ⌚11–24 Uhr) Die Innenausstattung mit rohen Steinwänden, massiven Holzmöbeln und fantasievollen indigenen Kunstwerken hat Klasse. Die Auswahl von importierten Bargetränken ist vielfältig. Am Tag macht sich der Straßenlärm leider etwas störend bemerkbar, bei Nacht hört man ihn kaum noch (vor allem, wenn die Bands ihn mit ihrem Sound übertönen).

Honky Tonks Blues Bar & Grill BAR
(☎0370-619 7717; ab Jl Pantai Senggigi, Senggigi Plaza; ⌚Mi–Mo 14–24 Uhr) Mit Logik versteht man diese Jazzbar nicht, sie gehört Briten, ist von New Orleans inspiriert und bietet australische *meat pies* (Fleischpasteten) samt Rugby-Ligaspielen im Fernsehen. Ach, und das Dekor ist eine einzige Hommage an die Rolling Stones (die der Eigentümer schlappe 72 Mal live gesehen hat!). Von Donnerstag bis Samstag gibt es Live-Jazz und Sonntagabend Braten (Sunday Roast).

Shoppen

Asmara Collection KUNST & KUNSTHANDWERK
(☎0370-693109; Jl Raya Senggigi; ⌚9.30–21.30 Uhr) Von den üblichen Läden hebt sich dieses Geschäft neben dem gleichnamigen Restaurant durch ein ausgewähltes Angebot von volkstümlichem Kunsthandwerk ab, darunter kunstvolle Schnitzereien und Stoffe aus Sumba und Flores.

An- & Weiterreise

BEMO

Regelmäßig verkehren Bemos zwischen Senggigi und der Haltestelle Kebon Roek in Ampenan (5000 Rp, 30 Min.), wo man zur Weiterfahrt nach Mataram (10 000 Rp, 20 Min.) umsteigen kann. Bemos lassen sich leicht an der Hauptstraße heranwinken. Sie fahren morgens auf der Küstenstraße nach Norden, zum Hafen von Bangsal, später dann etwas seltener (20 000 Rp, eine Stunde). Darauf achten, dass man in Pemenang aussteigt. Von dort läuft man noch 1,2 km zu Fuß bis zum Hafen.

BOOT/SCHIFF

Vom großen Steg in der Strandmitte fahren Schnellboote nach Bali. Manche Unternehmen verkaufen Tickets an einem Schalter auf dem Steg, andere am nahen Ufer.

Gili Getaway (☎0823 3918 8281; http://gili getaway.com; Jl Pantai Senggigi; ⌚8–16 Uhr) Nützliche Verbindungen nach Gili T und Gili Air (beide 200 000 Rp) sowie nach Gili Gede (250 000 Rp).

Perama (☎0370-693008; www.peramatour.com; Jl Raya Senggigi; ⌚7–22 Uhr) Betreibt einen Shuttlebus-Service zur öffentlichen Fähre, die von Lembar nach Padangbai auf Bali (125 000 Rp, 9 Uhr) übersetzt, von dort führen Shuttlebus-Verbindungen weiter nach Sanur, Kuta und Ubud (alle Fahrten 175 000 Rp). Die Fahrten können länger als acht Stunden dauern. Zum Angebot gehören auch kombinierte Bus- und Schiffsverbindungen zu den Gili-Inseln zu einem angemessenen Preis von 150 000 Rp (2 Std., 8 Uhr). Fahrgäste können so der Hektik am Hafen von Bangsal aus dem Weg gehen.

Scoot (☎0828 9701 5565; www.scootcruise.com; Senggigi Pier) Täglich Schnellboote ab 12.30 Uhr nach Nusa Lembongan (675 000 Rp) and Sanur (750 000 Rp) auf Bali.

Kencana Adventure (☎0812 2206 6066; www.kencanaadventure.com; Jl Raya Senggigi; Hinfahrt Deck/Kabine ab 1 650 000/2 000 000 Rp; ⌚Mo–Sa 9–17 Uhr) Wer eine Abenteuerreise in die fernere indonesische Provinz Nusa Tenggara plant, kann sich hier über Bootsfahrten nach Osten, nach Labuan Bajo, informieren.

TAXI

Fahrten mit Taxameter nach Lembar kosten ungefähr 170 000 Rp, nach Praya ca. 200 000 Rp und zum Hafen von Bangsal, der von öffentlichen Bemos nicht angefahren wird, ca. 100 000 Rp.

Unterwegs vor Ort

Das Ortszentrum von Senggigi ist leicht zu Fuß zu erkunden. Wer außerhalb wohnt, kann den kostenlosen Fahrservice nutzen, den viele Restaurants ihren Gästen anbieten.

Mopeds können für 60 000 Rp pro Tag gemietet werden. Autovermietungen sind zahlreich; die Preise liegen zwischen 200 000 Rp und 350 000 Rp pro Tag. Ein Leihwagen mit Fahrer kostet mindestens 500 000 Rp pro Tag.

SÜDWESTLICHE HALBINSEL

Der weit geschwungene Küstenstreifen, der sich westlich von Lembar erstreckt, verdankt seinen Reiz einsamen Stränden (an denen vereinzelte Boutiquehotels stehen) und stillen vorgelagerten Inseln. Hier fällt es nicht schwer, in der Nähe von mächtigen Brandungswellen, verwitterten alten Moscheen, freundlichen Einheimischen und beinahe unberührten Inseln mehrere Wochen zu verbringen. Allerdings hat die touristische Erschließung längst begonnen; die wunderschönen vorgelagerten Inseln werden nun als die „kommenden Gili-Inseln" angepriesen.

Der einzige Schandfleck der Landschaft ist die Goldgräberstadt Sekotong, an der man auf einer Fahrt in westlicher Richtung leider vorbeifahren muss. Eine Alternative ist es, die schmale Küstenstraße zu nehmen, die den Konturen der Halbinsel folgt und dabei an einer scheinbar endlosen Reihe weißer Sandstrände entlang verläuft. Die Strecke führt weiter in das Dorf Bangko Bangko und auf Tanjung Desert (Desert Point) zu, dessen Brandungswellen in ganz Asien legendär sind. Besonders berühmt ist ein linksbrechender Wellentunnel, der als einer der längsten der Welt gilt; der Strand selbst ist schmal.

Information

Der einzige Geldautomat auf der südwestlichen Halbinsel befindet sich in Sekotong.

An- & Weiterreise

BEMO

Bemos fahren selten zwischen Lembar und Pelangan (30 000 Rp, 1½ Stunden) über Sekotong und Tembowong. Westlich von Pelangan ist der Transport sehr unregelmäßig.

BOOT/SCHIFF

Von Bali nach Lembar kann man die langsame öffentliche Fähre nehmen und sich dann um die Weiterreise an Land zur südwestlichen Halbinsel kümmern.

AUTO & MOTORRAD

Die Straße befindet sich, obwohl kurvenreich, fast bis zum Ende in gutem Zustand, bis sie unvermittelt in tief zerfurchten Schotter und Erdboden übergeht. Die Strecke ist per Auto oder Motorrad zwar befahrbar, jedoch nur im Schritttempo. Nach 2 km ist eine Abzweigung erreicht, die nach rechts in das Fischerdorf Bangko Bangko führt. Nach links verläuft die unwegsame Strecke 1 km weiter auf Tanjung Desert mit seiner wunderbaren Brandung zu. Die letzten mühevollen 3 km nach Tanjung Desert enden leider ernüchternd: Zugangsgebühren von 10 000 Rp pro Person und 5000 Rp pro Fahrzeug sind zu zahlen.

Tanjung Desert

Tanjung Desert (Desert Point/Bangko Bangko; Zugang pro Pers./Fahrzeug 10 000/5000 Rp) ist legendär. Auch wer kein Surfprofi ist, findet hier zahlreiche Möglichkeiten für Aktivitäten im Freien. Auf einer Fahrt entlang der Küste kommen verschiedene Wassersportveranstalter in Sicht, die u. a. Bootsfahrten zu den Südwest-Gilis anbieten. Interessierte sollten sich nicht scheuen, einen guten Preis für Ausflüge zu den Stränden der vorgelagerten Inseln auszuhandeln; der Mindestpreis liegt bei etwa 500 000 Rp. Auf diesen Fahrten werden beispielsweise Schnorchelausflüge unternommen.

Oftmas als „beste Welle der Welt" gerühmt zieht die legendäre Brandungswelle geübte Surfer aus aller Welt in ihren Bann. Allerdings ist viel Geduld gefragt, da der Wellengang zeitweise zur Ruhe kommen kann. Wenn jedoch Brandungswellen heranrollen, bilden sich sehr lange, stark gewölbte Wellen, die sich in der Regel zu Tunneln formen. Die Spitzensaison reicht von Mai bis Oktober.

Schlafen

Einige wenige Hotels und Ferienanlagen liegen verstreut an der nördlichen Küste der Halbinsel. Die stimmungsvollsten Strände und Unterkünfte liegen jedoch auf den vorgelagerten Inseln. In den Unterkünften gibt es Restaurants. Gehobene Unterkünfte bieten Tauchschulen an. Tanjung Desert ist während der Spitzensurfsaion (Mai bis Oktober) überlaufen, dann ist oft nicht mal mehr in extrem einfachen Hütten

Platz. Mehrere Warungs am Strand bieten einfache Gerichte und kaltes Bier sowie auch notdürftige Schlafplätze für ungefähr 120 000 Rp pro Nacht.

Desert Point Bungalows BUNGALOWS $
(☎0878 6585 5310; nurbaya_sari@yahoo.com; Tanjung Desert; Bungalow 200 000 Rp) Die „gehobenste" Wahl in der Nähe von Tanjung Desert mit sieben strohgedeckten Bungalows aus Bambusgeflecht, Terrassen mit Hängematten und eigene Bäder. Es ist eine gute Adresse für Surfer; aber auch Tauchsportler sind hier richtig. Die Aufmachung ist, obwohl etwas grob, viel gehobener als die der Strandhütten in Nähe der Brandung, die an Verschläge erinnern.

Cocotino's RESORT $$$
(☎0819 0797 2401; www.cocotinos-sekotong.com; Jl Sekotong Raya, Tanjung Empat; Zi./Villa ab 200/410 US$; ❄ 📶 🏊) Die ummauerte Ferienanlage liegt an der Hauptstraße, 20 km westlich von Lembar direkt am Ozean, besitzt einen Privatstrand und bietet 36 hochwertige Bungalows (teilweise mit schönen Bädern unter freiem Himmel), einige davon haben Meerblick. Auf der Website des Resorts finden sich oft Schnäppchenangebote. Die Szenerie ist das vollendete Abbild eines tropischen Idylls.

Gili Gede & die Südwest-Gilis

☎0370

Diese Kette aus kleinen, sandigen Inseln verspricht die Ruhe und den Frieden, die einmal typisch für die anderen Gili-Inseln im Norden waren. Auf jeder Insel schlagen türkisfarbene Wellen an weichen, weißen Sand und bunte Unterseereiche bieten sich zur Erkundung an. Auf diesen „geheimen Gilis" mit einem örtlichen Fischerboot von Insel zu Insel zu hüpfen ist, als kehre man zurück in eine einfachere Zeit.

Auf der größten und touristisch am stärksten erschlossenen Insel, **Gili Gede** (ausgesprochen wie „Good day!" mit australischem Dialekt) gibt es ein paar Bungalows, gepflasterte Motorradwege, freundliche Fischerdörfer und sonst kaum etwas.

Gili Asahan ist ein idyllisches Fleckchen Erde: Hier wehen leichte, böige Winde, Vögel lassen sich davontragen und sammeln sich unmittelbar vor Sonnenuntergang im Gras, gedämpfte Rufe zum Gebet sind zu hören, der Nachthimmel wird von funkelnden Sternen und vom Licht des Mondes erhellt. Sie ist zwar nicht so gut zum Schnorcheln geeignet wie die benachbarten Inseln, aber die vielleicht sandigsten Strände der Südwestlichen Gilis machen das wieder wett. **Gili Layar** ist so entspannt, dass es fast im Koma liegt.

Schlafen & Essen

Gili Gede verfügt über die meisten Unterkünfte und ist daher der logische Ausgangspunkt, um die Südwestlichen Gilis zu erkunden. Es ist sehr angenehm, dass es kein echtes Touristenviertel gibt, da die kleinen Bungalowanlagen an verschiedenen Stränden überall auf der Insel zu finden sind. Auf Gili Asahan und Gili Layar gibt es etwas isoliertere Unterkünfte.

Die meisten Gäste essen dort, wo sie wohnen, auch wenn es auf Gili Gede ein paar Restaurants gibt, die sowohl indonesische als auch europäische Gerichte servieren.

Marina del Ray BUNGALOWS $
(☎0823 2372 4873; www.lombokmarinadelray.com; Gili Gede; Zi./Bungalow ab 370 000/550 000 Rp; @) Früher hieß dieses fröhliche Inselparadies Madak Belo, es hat einen umwerfenden Blick und drei einfache Zimmer in der oberen Etage des Haupthauses, einer Lodge mit viel Holz und Bambus. Zu den Zimmern gehören ein gemeinsames Badezimmer und eine Wohnecke. Außerdem gibt es zwei schickere Bungalows mit schmalen Doppelbetten und eigenen Bädern.

Via Vacare BUNGALOWS $
(☎0812 3732 4565; www.viavacare.com; Gili Gede; all-inclusive Bungalow 300 000 Rp, EZ/DZ Bungalow 500 000/750 000 Rp) Dieses all-inclusive Resort für Backpacker sieht sich selbst als einen Ort, an dem man die Kunst des Nichtstuns pflegt. Im Preis inbegriffen sind drei Mahlzeiten pro Tag, Schnorchelausrüstung, Yoga (in der Hochsaison) und die Anfahrt vom/zum Haupthafen. Der „Schlafsaal" ist bloß eine Matratze auf einer Fläche im Freien, aber die Bungalows sind groß und haben Meerblick. Da es kein fließendes Wasser gibt, wird mit kalten Wassereimern geduscht.

★ **Hula Hoop** BUNGALOWS $$
(www.hulagili.com; Gili Gede; Zi./Bungalow 650 000/950 000 Rp; 📶) Diese fantastisch unkonventionelle Anlage liegt etwas versteckt an der Westküste an einem ruhigen Hügel. Sie verfügt über vier elegante *lumbung*

ABSEITS DER ÜBLICHEN PFADE

BEI DEN SÜDWESTLICHEN GILIS SCHNORCHELN

Mit unberührten Korallen und einem üppigen Unterwasserleben (mit Rotfeuerfisch, Skorpionsfisch, Muränen und großen Schwärmen Füsiliere) ist das Schnorcheln in den flachen Riffen rund um die Südwestlichen Gilis ein Höhepunkt jeder Reise nach Lombok.

Die Nordwestküste von Gili Gede bietet denjenigen, die auf der Insel übernachten, die besten Bedingungen fürs Uferschnorcheln, aber man kann ebenfalls ein Boot mit Fahrer mieten, um an die Südostküste von **Gili Layar** und **Gili Rengit** zu gelangen, die beide über extrem gesunde Korallenriffe und große Fischschwärme verfügen. Man kann auch noch das winzige **Gili Goleng** dazu nehmen, wo Seepferdchen durch das Seegras schweben. Der gesamte Ausflug sollte um 500 000 Rp für das Boot und die Ausrüstung kosten.

Näher an Lembar liegen die kleineren Inseln der Gita-Nada-Gruppe (**Gili Nanggu**, **Gili Kedis**, **Gili Tangkong** und **Gili Sudak**), die sich alle fantastisch zum Schnorcheln eignen. Bootsleute bringen Touristen von Gili Gede für ca. 600 000 Rp hin oder man besucht sie bei einem Tagesausflug von Kuta aus mit Scuba Froggy (S. 345) oder Mimpi Manis (S. 345).

(Reisscheune) und vier größere und besser ausgestattete Bungalows. Alle bekommen eine tolle Brise ab und bieten spektakuläre Blicke auf das Meer und den Sonnenuntergang. Am Strand stehen Hängematten zur Verfügung, außerdem gibt es noch coole Ecken zum Entspannen voller Muschelkunst.

★**Pearl Beach Resort** BUNGALOWS $$
(☎0819 0724 7696; www.pearlbeach-resort.com; Gili Asahan; Cottage/Bungalow ab 790 000/1 190 000 Rp; 📶) Eine der wenigen Unterkünfte auf Gili Asahan. Die Cottages sind einfache Bambushütten mit Bädern im Freien und Veranden mit Hängematten. Die zehn Bungalows sind elegant ausgestattet – mit geschliffenen Betonfußböden, schwindelerregend hohen Decken, umwerfend schönen Bädern unter freiem Himmel und Holzveranden mit wunderbaren Hängebetten. Sportliche Aktivitäten, beispielsweise Tauchen und Kajakfahren, sind hier möglich.

Kokomo Gili Gede RESORT $$$
(☎0819 0732 5135; http://kokomogiligede.com; Gili Gede; Villen inkl. Frühstück ab 2 750 000 Rp; ❄📶🏊) Die nobelste Ferienanlage der südwestlichen Gili-Inseln ist das Kokomo mit 15 großen Villen in schöner Lage direkt am Ozean. Die Ferienhäuser sind mit Kühlschränken und anderen Küchengeräten ausgestattet. Die Farbgestaltung nimmt die blendend weiße Schönheit des Sandes auf. Hier wird ein Aufenthalt zu einer tiefgründigen Studie in Weiß vor dem satten Meeresblau des Hintergrundes.

Tanjungan Bukit INDONESISCH $$
(☎0818 0529 0314; https://tanjungan-bukit-id.book.direct; Gili Gede; Hauptgericht 40 000–90 000 Rp) Das ist sicherlich die schickste Bar samt Restaurant der Insel. An den Tischen im Schatten von Bougainvillea kann man frische Meeresfrüchte und gehobene Gerichte aus Sumatra genießen oder auf einem Sitzsack auf der Terrasse ein paar Cocktails (oder ein Glas Wein!) trinken.

Auf einem Hügel hinter dem Restaurant liegen sechs wunderschön designte Bungalows um einen Pool (500 000 Rp bis 600 000 Rp).

ℹ An- & Weiterreise

Taxiboote (pro Person ab 25 000 Rp) verkehren von Tembowong auf dem Festland nach Gili Gede, Gili Asahan oder Gili Layar. Man sieht sie nahe der alten Pertamina-Tankstelle. Es gibt weder einen Fahrplan noch feste Preise, aber tagsüber warten immer Seeleute. Wenn man sich schließlich über den Preis einig geworden ist, wird man direkt zur Unterkunft gebracht.

Gili Getaway (☎0813 3707 4147; http://giligetaway.com; Kokomo Gili Gede) bietet Schnellbootfahrten von Gili Gede nach Gili T und Gili Air (450 000 Rp) sowie nach Senggigi (250 000 Rp) und Serangan Harbour auf Bali (710 000 Rp).

Auf der Insel gibt es keine Autos und auch keine Taxis (ein paar Anwohner besitzen allerdings Motorräder). Wenn man nicht gerade einen Fischer dafür bezahlt, an einen entfernten Strand gebracht zu werden, ist die einzige Möglichkeit herumzukommen, zu Fuß um die Insel oder über die Pfade im Inselinneren zu laufen.

IM NORDEN & ZENTRUM VON LOMBOK

Grün und fruchtbar ist das landschaftlich reizvolle Landesinnere Lomboks. Ein Mosaik aus Reisterrassen, dichten Wäldern, sanft geschwungenen Tabakfeldern und Obst- und Nussbaumgärten wird vom heiligen Gunung Rinjani gekrönt. Mit dieser großartigen Natur eng verbunden sind die traditionellen Siedlungen der Sasak, der auf Lombok ansässigen indigenen Volksgruppen, von denen viele stark von den Erdbeben 2018 betroffen waren. Mit dem eigenen fahrbaren Untersatz können schwarzsandige Fischerstrände, Dörfer im Landesinneren und Wasserfälle bequem erkundet werden.

Gunung Rinjani

Der Gunung Rinjani (3726 m), der die Nordhälfte Lomboks überragt, ist der zweithöchste Vulkan Indonesiens. Es ist ein beeindruckender Berg, für Hindus und Sasaks gleichermaßen heilig. Sie pilgern auf den Gipfel, um den Göttern und Geistern Opfergaben zu bringen. Für Balinesen ist Rinjani einer der drei heiligen Berge, zusammen mit dem Agung auf Bali und dem Bromo auf Java. Sasaks besteigen ihn das ganze Jahr hindurch bei Vollmond.

Der Berg ist wichtig für das Klima. Sein Gipfel zieht stetig kreisende Regenwolken an und seine Asche macht die Reis- und Tabakfelder der Insel fruchtbar, er düngt einen Flickenteppich aus Reis- und Cashewfeldern und Mangohainen.

Rinjani zieht auch viele Wanderer an, die Fans von unwirklichen Landschaften sind. Der Vulkan ist inzwischen so beliebt, dass sich während des ersten Erdbebens von 2018 rund 1000 Wanderer auf ihm befanden, seine Hänge wurden sofort evakuiert und blieben für mehrere Monate gesperrt.

DER RINJANI ERBEBT

Ungefähr 1090 Trekker, Guides und Träger befanden sich am 29. Juli 2018 auf den Hängen des Gunung Rinjani (S. 337), als ein flaches Erdbeben der Stärke 6,4 auf der Richterskala das Sembalun Tal erschütterte und Erdrutsche auslöste, die sie über Nacht auf dem Vulkan einschlossen. Die meisten Touristen wurden am nächsten Tag in einer groß angelegten Evakuation, die weltweit Schlagzeilen machte, herausgeholt. Der Rinjani wurde danach für Trekker geschlossen. Zwei weitere Erdbeben in den nächsten drei Wochen, beide mit der Stärke 6,9, erschwerten alle Pläne, den Rinjani wieder zu öffnen, da viele Hotels und Reiseagenturen in der Region zerstört wurden.

Einige Imame aus der Region gaben den stetig mehr werdenden Touristen, die den heiligen Berg erklimmen, die Schuld für das Erdbeben, daher erhob sich zunächst Widerstand gegen dessen Wiedereröffnung. Doch das Trekking ist für Nord-Lombok wirtschaftlich so wichtig, dass im Oktober 2018 Erkundungstouren auf den Rinjani begannen, um den Zustand der alten Wege einzuschätzen. Die beliebten Senaru- und Sembalun-Bergpfade waren jeweils an 14 Stellen von Erdrutschen betroffen, viele Unterstände, Wachposten, Parkbüros und Wasserquellen waren schwer beschädigt. Die Reparaturarbeiten sollen im Mai 2019 begonnen haben, in der Hoffnung, diese Pfade Ende 2019 oder Anfang 2020 wieder zu eröffnen. Die neue zweitägige Route Benang Stokel zum Kraterrand von Aik Berik (ca. 30 km östlich von Mataram am Südhang des Rinjani) war der einzige Wanderweg, der während der Recherche offen war, da er nicht von Erdrutschen betroffen war. Es gab jedoch eine Höchstquote von nur 150 Menschen pro Tag und der Weg nach unten zum Kratersee blieb verboten. Trekkingagenturen in Senaru und dem Sembalun Tal boten alternative Routen mit Übernachtung auf den Gunung Nangi (2330 m) und Bukit Pergasingan (1700 m) an sowie Tagesausflüge zu den örtlichen Wasserfällen und Dörfern, bis der Rinjani wieder offen ist.

Folgende Tourveranstalter waren bei der Recherche wieder in Betrieb und sind auch die beste Quelle für neueste Informationen zu Routen und Bedingungen:

- Rudy Trekker (S. 340)
- Rinjani Information Centre (S. 341)
- John's Adventures (S. 340)
- Senaru Trekking (S. 340)

In der riesigen Caldera des Gunung Rinjani, 600 m unter dem Kraterrand, befindet sich der umwerfende, 6 km breite, türkisfarbene und sichelförmige See Danau Segara Anak (Kind des Meeres). Bei einer Zeremonie namens *pekelan* werfen die Balinesen Gold und Schmuck in den See auf ihrem Weg zum heiligen Gipfel.

Der neueste Kegel des Berges, der etwas niedrigere Gipfel Gunung Baru (2351 m), entstand erst vor wenigen Hundert Jahren. Er erhebt sich zerklüftet und schwelend über dem See, wie eine unheilvolle Mahnung an die zerstörerischen Kräfte der Natur. Dieser Berg ist in den letzten zehn Jahren unregelmäßig ausgebrochen, spuckte immer wieder Rauchschwaden und Aschewolken über die gesamte Caldera des Rinjani. Im Krater befinden sich ebenfalls heiße Quellen namens Aiq Kalak. Einheimische, die an einer Hautkrankheit leiden, pilgern mit einem Beutel voller Heilkräuter hierher und schrubben sich im sprudelnden Mineralwasser.

Auf der offiziellen Website des **Gunung Rinjani National Park** (Taman Nasional Gunung Rinjani; ☎0370-660 8874; www.rinjaninationalpark.com) gibt es gute Karten, Informationen und hilfreiche Warnungen vor Betrügereien von windigen Wanderführern.

Sire

Sire (auch: Sira) ist ein verborgenes, exklusives Urlaubsgebiet. Die Halbinsel ragt wie ein Zeiger in die Richtung der drei Gili-Inseln vor, sie weist hinreißende weite und weißsandige Strände auf, das klare Wasser verspricht schöne Schnorchelausflüge. Luxuriöse Hotelanlagen sind in der Nachbarschaft von Fischerdörfern entstanden. Sehenswert ist ein kleiner **Hindutempel**, der direkt hinter dem Luxushotel Oberoi liegt. Die Tempelschreine wurden in die schroffen Felsen der Küste gehauen und eröffnen schöne Ausblicke über den Ozean.

Sire liegt nur eine kurze Fahrt von der Hauptstraße entfernt, direkt im Norden von Bangsal. Die Hotels können wenn nötig einen Transport organisieren.

★Rinjani Beach Eco Resort BOUTIQUEHOTEL **$$**
(☎0819 3677 5960; www.rinjanibeach.com; Karang Atas; Bungalows 350 000–1 350 000 Rp; ❄≋) Ein Juwel unter den Ferienanlagen. Bambusbungalows, nach unterschiedlichen Themen gestaltet, sind mit eigenen Terrassen und Hängematten ausgestattet und haben Zugang zu einem Pool an einem schwarzsandigen Strand. Außerdem gibt es zwei preiswerte kleine Bungalows, die über kaltes Wasser verfügen und für Reisende mit kleinem Budget gut geeignet sind. Ein Restaurant ist vorhanden, Seekajaks und Mountainbikes werden verliehen. Zur Bewässerung des begrünten Geländes wird Abwasser genutzt. Der Weg dorthin führt von Sire direkt an der Küste entlang.

Tugu Lombok RESORT **$$$**
(☎0370-612 0111; www.tuguhotels.com; Bungalows/Villen inkl. Frühstück ab 220/330 US$; ❄≋) Die erstaunliche Luxusunterkunft ist eine fast unwirklich anmutende Verschmelzung unterschiedlicher Stile mit dem spirituellen Erbe Indonesiens. Die Ferienanlage liegt an einem wundervollen

WETU TELU

Wetu Telu ist eine vielschichtige Mischform aus Hinduismus, Islam und Animismus, die mittlerweile offiziell als muslimische Sekte klassifiziert ist. Im Vordergrund steht eine sehr gegenständliche Auffassung der Dreifaltigkeit. Sonne, Mond und Sterne repräsentieren Himmel, Erde und Wasser. Kopf, Leib und Gliedmaßen des Menschen stehen für Kreativität, Empfindung und Tatkraft.

Bis 1965 zählte die überwiegende Mehrheit der Sasak im nördlichen Lombok zu den Anhängern des Wetu Telu, doch unter dem Regime der „Neuen Ordnung" des Diktators Suharto wurden die Religionen indigener Volksgruppen unterdrückt; unter dem enormen Druck wandelte sich die Wetu-Telu-Religion in Wetu Lima (eine orthodoxere Form des Islam). Im Kernland des Wetu Telu, der Region um Bayan, ist es jedoch den Einheimischen gelungen ihren ursprünglichen Glauben zu bewahren, indem sie ihre kulturellen Traditionen (Wetu Telu) unabhängig von ihrer Religion (Islam) weiterführten. Die meisten halten nicht die gesamte Fastenzeit des Ramadan ein und besuchen die Moschee nur zu ganz bestimmten Anlässen. Außerdem ist der Konsum eines alkoholhaltigen Reisweins (*brem*) unter den Angehörigen der Religion weit verbreitet.

weißsandigen Strand. In die Raumgestaltung wurden künstlerische Traditionen Indonesiens fantasievoll einbezogen, das exquisite Spa ist dem buddhistischen Borobudur-Tempel auf Java nachempfunden. Umweltfreundliche Verfahren werden intelligent und zahlreich angewandt.

Oberoi Lombok RESORT **$$$**
(☎0370-613 8444; www.oberoihotels.com; Zi. ab 280 US$, Villen ab 500 US$; ❄📶🏊) Ein Höchstmaß an Weltabgeschiedenheit ist in diesem Hotel des Oberoi-Imperiums zu finden. Das Herzstück ist ein Pool mit drei Ebenen, der einen Ausblick auf einen schönen Privatstrand freigibt. Prägend für den Stil und den Luxus des Hotels ist die indonesische Raja-Kultur: im Boden versenkte Marmorbadewannen, Fußböden aus Teakholz, antikes Mobiliar und Orientteppiche. Die 50 Zimmer und Villen wurden bei den Erdbeben 2018 stark beschädigt, aber die Wiedereröffnung ist für Mitte 2019 geplant.

Nordwestküste

Küstenstreifen, die von Marktstädtchen unterbrochen werden, sind auf einer Fahrt an der nordwestlichen Seite der Insel ein gewohnter Anblick. Landeinwärts wird das Landschaftsbild zunehmend von den grünen Hängen des Gunung Rinjani beherrscht, der Straßenverkehr ebbt mehr und mehr ab.

Im Nordosten des Dorfes Gondang an der Hauptstraße von Bangsal nach Bayan führt ein 6 km langer Wanderweg landeinwärts zum **Air Terjun Tiu Pupas** (Eintritt 30 000 Rp), einem 30 m hohen Wasserfall, der nur in der Regenzeit einen Besuch lohnt. Von dort führen Wanderwege zu anderen Wasserfällen, der schönste von ihnen ist der **Air Terjun Gangga**. Ein ortskundiger Guide (rund 80 000 Rp) ist zur Orientierung auf den verwirrenden Pfaden hilfreich.

Die Wetu-Telu-Religion, eine vom Animismus beeinflusste Form des Islam auf Lombok, trat erstmals in bescheidenen strohgedeckten Moscheen an den Ausläufern des Rinjani in Erscheinung. Das beste Beispiel ist die Moschee **Masjid Kuno Bayan Beleq** beim Dorf Beleq. Ihr tief herabhängendes Dach, die Lehmböden und Bambuswände stammen angeblich von 1634, sie wäre damit die älteste Moschee auf Lombok. Im Innern befindet sich eine riesige alte Trommel, mit der man einst die Gläubigen – in den seligen Zeiten vor der Erfindung des Lautsprechers – zum Gebet rief.

An- & Weiterreise

Nördlich von Bangsal wird öffentlicher Nahverkehr immer seltener. Ein paar Bemos fahren täglich vom Mandalika Terminal in Mataram (S. 322) nach Bayan, aber man muss in Pemenang und/oder Anyar umsteigen, was schwierig sein kann. Einfacher ist es mit einem Mietwagen.

Senaru

Die beiden malerischen Dörfer, aus denen Senaru entstanden ist, sind entlang einer steilen Straße mit weiten Ausblicken auf den Vulkan und das Meer zu einem einzigen Ort zusammengewachsen. Die meisten Reisenden fahren auf dem Weg zum Gunung Rinjani daran vorbei, die wunderschönen Wanderwege und spektakulären Wasserfälle dieser Gegend sind es jedoch wert, die Fahrt für eine Weile zu unterbrechen.

Senaru leitet seinen Namen von *sinaru* her, was übersetzt „leicht“ bedeutet. Wer auf der steilen Fahrt bergauf dem Wolkenhimmel näherkommt, wird den Ortsnamen naheliegend finden.

Senaru wurde von den Erdbeben 2018 besonders hart getroffen. Der Erholungsprozess wird mehrere Jahre in Anspruch nehmen. Wiederkehrende Touristen leisten einen wichtigen Beitrag, denn sie geben Trekkingguides wieder Arbeit und spülen so für den Wiederaufbau der Region dringend benötigtes Geld in die Kassen.

Sehenswertes

Air Terjun Sindang Gila WASSERFALL
(10 000 Rp) Ein spektakulärer Wasserfall mit mehreren Stufen ist von Senaru aus in 20 Minuten auf einem reizvollen Berg- und Waldwanderweg zu erreichen. Den schäumenden Wassermassen sollte man sich mit Respekt nähern – sie stürzen mit großer Wucht 40 m in die Tiefe und prallen hart von schwarzen Vulkanfelsen zurück. Auf einer Wanderung zum Air Terjun Sindang Gila ist kein Bergführer notwendig; der Wanderweg ist gut markiert.

Air Terjun Tiu Kelep WASSERFALL
Ein ansteigender Weg führt vom beliebten Ausflugsziel des Air Terjun Sindang Gila nach weiteren 50 Minuten zu einem weiteren Wasserfall, der ein natürliches Badebecken besitzt. Der Weg ist steil und

macht eine ortskundige Führung zwingend notwendig (die Gebühr von 100 000 Rp ist verhandelbar). Manchmal lassen sich Langschwanzmakaken (die Einheimischen nennen sie *kera*) und die viel selteneren Silbernen Haubenlanguren sehen.

Aktivitäten

Die meisten Reisenden kommen nach Senaru, um sich Trekking-Touren zum Gunung Rinjani anzuschließen. Wer ausreichend Zeit mitbringt oder keine Wanderung zum Vulkan plant, findet auch andere lohnenswerte Wanderwege.

Geführte Wanderungen und dörfliche Tourismusveranstaltungen werden in den meisten Pensionen arrangiert – z. B. eine **Reisterrassen- und Wasserfallwanderung** (pro Pers. 200 000 Rp) mit Zwischenstopps am Wasserfall Sindang Gila, bei schönen Reisfeldern und einer alten Bambusmoschee. Lohnenswert ist auch der **Senaru Panorama Walk** (pro Pers. 350 000 Rp) mit eindrucksvollen Aussichten und Einblicken in die regionalen Traditionen.

Rudy Trekker WANDERN
(☎0812 3929 9896, 0822 3531 4474; www.rudytrekker.com) Rudy Trekker ist ein zuverlässiger Veranstalter mit Sitz in Senaru. Zum Angebot gehört eine Vielfalt von Wanderrouten, an der Wand ist eine hilfreiche Liste aller notwendigen Ausrüstungsgegenstände angebracht. Das Büro des Veranstalters befindet sich nahe dem Zugang zu den Wasserfällen des Air Terjun Sindang Gila und gehört zu Rudy's Trekking Lodge (Zimmer ab 500 000 Rp).

John's Adventures WANDERN
(☎0817 578 8018; www.rinjanimaster.com) Ein Veranstalter mit langjähriger Erfahrung. Die Teilnehmer werden mit Toilettenzelten und dicken Schlafmatten ausgestattet. Die verschiedenen Wanderrouten beginnen entweder in Senaru oder Sembalun. Das Büro des Veranstalters in Senaru liegt 2 km unterhalb des Nationalparkbüros des Gunung Rinjani.

Senaru Trekking WANDERN
(☎0818 540 673; www.senarutrekking.com; Jl Pariwisata) Erfahrene Guides und Träger, darunter auch der Rinjani-Experte Jul arbeiten hier. Senaru Trekking bietet Ermäßigungen von 5 % seiner Gebühren an, wenn Bergwanderer eine volle Tüte Abfall vom Berg mit hinunterbringen.

FÄHREN NACH SUMBAWA

Labuhan Lombok (auch Labuhan Kayangan oder Tanjung Kayangan genannt) an der Ostküste ist der Hafen für Fähren und Boote nach Sumbawa. Das Fährterminal liegt 3 km östlich des schmuddeligen Ortskerns.

Fähren fahren fast stündlich, 24 Stunden am Tag nach/von Poto Tano auf Sumbawa (Passagiere 17 000 Rp, Autos 431 000 Rp, Motorräder 49 500 Rp, 1½ Stunden). Durchgehende Busse an Orte östlich von Bali und Lombok enthalten die Fährkosten bereits.

Busse und Bemos verkehren regelmäßig zwischen dem Mandalika Terminal in Mataram und Labuhan Lombok; die Fahrt dauert 2½ Stunden (35 000 Rp). Manche Busse fahren nur bis zur Zufahrtsstraße zum Hafen, dort gibt es ein anderes Bemo zum Fährterminal (5000 Rp, 10 Min.). Nicht zu Fuß gehen – es ist zu weit.

Schlafen

Viele Hotels wurden bei den Erdbeben im Juli und August 2018 komplett zerstört, zur Zeit der Recherche waren alle geschlossen.

An- & Weiterreise

Vom Busbahnhof Mandalika in Bertais (Mataram) verkehren Busse nach Anyar (25 000–30 000 Rp, 2½ Std.). Bemos fahren nicht von Anyar nach Senaru, stattdessen kann eine Fahrt im *ojek* (je nach Gepäck ab 30 000 Rp pro Pers.) organisiert werden. Weil es so mühsam ist, kommen die meisten Besucher mit Privatwagen, arrangiert von einer Trekkingagentur.

Sembalun-Tal

☎0376

Auf der östlichen Seite des Gunung Rinjani liegt das wunderschöne, hohe Sembalun-Tal. Dieses Hochplateau (ca. 1200 m) wird von Vulkanen und Berggipfeln umgeben. Es ist eine fruchtbare landwirtschaftliche Region, deren goldbraune Ausläufer in der Regenzeit leuchtend grün werden. Wenn sich die hohen Wolken teilen, tritt der Rinjani in seiner ganzen Schönheit hervor.

Im Tal gibt es hauptsächlich zwei Siedlungen, Sembalun Lawang und Sembalun Bumbung – stille Dörfer, in denen man in erster Linie vom Anbau von Kohl, Kartoffeln,

Erdbeeren und Knoblauch lebt. Der Trekking-Tourismus bringt zusätzlich geringe Einnahmen. Beide Dörfer wurden während der Erdbeben 2018 stark beschädig.

Das **Rinjani Information Centre** (RIC; ☎0818 540 673; www.rinjaniinformationcentre.com; Sembalun Lawang; ⏲6–18 Uhr) ist eine gute Informationsquelle und organisiert Trekking-Touren zum Rinjani. Die englischsprachigen Mitarbeiter sind fachkundig, außerdem sind viele faszinierende Informationstafeln zu Flora und Fauna, Geologie und Geschichte der Region zu sehen. Camping- und Trekking-Ausrüstungen werden zum Ausleihen bereitgehalten. Das Zentrum liegt an der Hauptstraße, in der Nähe einer riesigen Knoblauchknollenskulptur gegenüber einer großen Moschee.

Das Centre bietet auch einen vierstündigen Dorfspaziergang an und einen Halbtagestrip auf dem Panorama Walk durch die Ausläufer des Vulkans.

Das Dorf Sembalun Lawang ist rustikal; die meisten Guesthouses werden *mandi* (Bad-)Wasser gratis erhitzen. Das Rinjani Information Centre kann kleine Homestays empfehlen, wo Zimmer zwischen 150 000 Rp und 500 000 Rp kosten.

Während der Recherche waren alle Hotels wegen der Erdbeben von 2018 geschlossen.

Vom Busbahnhof Mandalika in Mataram fahren Busse nach Aikmel (20 000 Rp), dort steigt man in ein Bemo nach Sembalun Lawang um (20 000 Rp). Es gibt keine öffentlichen Verkehrsmittel zwischen Sembalun Lawang und Senaru; die einzige Fahrgelegenheit ist ein ojek, das für eine (wahrscheinlich unbequeme) Fahrt zum Preis von 200 000 Rp gemietet werden kann.

Tetebatu

☎0376

Tetebatu ist die Kornkammer der Sasak. Durch die Region fließen die am Rinjani entspringenden Flüsse, der vulkanische Boden ist sehr fruchtbar. Die Landschaft ist ein bunter Flickenteppich aus Tabak- und Reisfeldern, Obstgärten und Weideland, das in die verbliebenen Flächen des „Affenwaldes" übergeht. Das Rauschen verborgener Wasserfälle ist allgegenwärtig.

Das gemäßigte Klima von Tetebatu ist ideal für lange Wanderungen durch das Umland (dank einer Höhenlage von rund 650 m ist es nicht so heiß und stickig wie an der Küste). Die tiefschwarzen Nächte sind von Froschkonzerten und dem begleitenden Murmeln zahlreicher Bäche erfüllt. Die sanften Naturklänge lullen auch nervöse Stadtmenschen in den Schlaf.

ALTERNATIVE HIKING-BASIS

Tetebatu ist als Ausgangspunkt für den Aufstieg auf den Gunung Rinjani eine großartige Alternative zu Senaru und dem Sembalun-Tal, besonders wenn Zeit knapp ist. Man kommt zwar nicht bis zu den Seen auf dieser zweitägigen Expresstour, bei der man den Vulkan von dieser Seite aus mit **Jaya Trekker** (☎0853 3792 0005; https://jayatrekker.com; Jl Pariwisata Tetebatu) und anderen örtlichen Touranbietern besteigt, aber man sieht garantiert weniger Müll und nur einen Bruchteil der Touristen. Die Tour kostet 1 750 000 Rp, inklusive Guide, Träger, Ausrüstung, Essen und Parkeintritt.

Diese Route war während der Recherche geschlossen, aber soll Ende 2019 oder Anfang 2020 wieder geöffnet sein.

Sehenswertes

Taman Wisata Tetebatu WALD

(Affenwald) Ein schattiger, 4 km langer Wanderweg, der direkt nördlich der Moschee von Tetebatu von der Hauptstraße abzweigt, führt in den „Affenwald" zu Schwarzlanguren. Ein Guide ist empfehlenswert; er kann über die Unterkunft engagiert werden (500 000 Rp, inkl. Stopps an Wasserfällen).

Air Terjun Jukut WASSERFALL

(150 000 Rp) Eine steile, etwa 2 km lange Wanderung führt – ausgehend vom Parkplatz am Ende der Zufahrtsstraße zum Nationalpark Gunung Rinjani – zum wunderschönen Air Terjun Jukut, der aus einer beeindruckenden Höhe von 20 m in eine tiefes Felsenbecken stürzt, das von dichtem Wald umgeben ist.

Air Terjun Kelelawar WASSERFALL

(Spende erbeten) Der Wasserfall Kelelawar am Südhang des Rinjani ist über einen spektakulären, 1½ km langen Weg (Einbahnstraße) durch Reisfelder von Tetebatu aus zu erreichen. Einen weiteren Kilometer dahinter liegt **Koko Duren** in einer steilen Schlucht. Der Weg ist nicht einfach zu finden, man braucht also einen Guide, der Gäste für 300 000 Rp zu beiden Wasserfällen bringt.

Geführte Touren

Eine typische Wanderung rund um Tetebatu führt durch Reisfelder, Gewürzläden, Air Terjun Jukut, Air Terjun Kelelawar und den Monkey Forest. Als Alternative bietet sich eine Kulturtour in die benachbarten Handwerkerdörfer an, darunter das Bambuskorbdorf **Loyok**, das Töpferdorf **Masbagik Timur** und das Weberdorf **Pringgasela**. In jedem gibt es mehrere Läden, oft auch Vorführungen.

Sandi Tour Guide OUTDOOR-AKTIVITÄTEN
(☎ 0823 4077 2008; sandiraga83@gmail.com) Erfahrene, englischsprachige Guides für Wanderungen zu Reisfeldern, Wasserfällen und zum Monkey Forest. Es werden auch geführte Wanderungen auf den Rinjani, Ausflüge nach Gili Kondo und Kulturtouren in benachbarte Handwerkerdörfer organisiert.

Schlafen & Essen

Auf dem Land im Grünen findet sich eine Mischung aus gehobenen Bungalows und Pensionen. Wo man wohnt, kann man auch essen, aber es gibt auch ein paar hübsche Restaurants.

★ **Edriyan Bungalow** BUNGALOWS $
(☎ 0853 3908 0120; http://edriyanbungalowtetebatu.blogspot.com; Jl Pariwisata Tetebatu; DZ ab 400 000 Rp, Bungalow für 4 500 000 Rp; 📶 🏊) Drei zweistöckige Bambusbungalows, jeder mit aufwendigem Schmuck, bieten großartige Blicke über glitzernde Reisfelder. Außerdem im Angebot: ein einladender Pool, üppige Gärten und Sasak-Kochkurse (200 000 Rp, 2 Std.) im Restaurant, in denen man die Zubereitung von Gerichten wie Jackfrucht-Curry lernt.

Pondok Indah Bungalows Tetebatu BUNGALOWS $
(☎ 0877 6172 2576; Jl Pariwisata Tetebatu; Bungalow ab 250 000 Rp) Drei strohgedeckte Bungalows mit zwei Etagen liegen inmitten von schönen Reisfeldern. Obwohl sie ein Bild romantischer Einfachheit sind, gilt dies für die Ausstattung keinesfalls: Beide sind beispielsweise mit Badezimmern, Hartholzböden und Sitzbereichen im Freien ausgestattet und bieten fantastische Ausblicke. Der Stil ist von einem bunten Farbenmix geprägt.

Hakiki Bungalows & Cafe BUNGALOWS $
(☎ 0818 0373 7407; www.hakiki-inn.com; Jl Kembang Kuning; Zi. 175 000–450 000 Rp; 📶) Sieben Bungalows stehen mitten in einem Blumengarten am Rand von Reisfeldern. Man findet sie oberhalb der Reisanbaufläche, die der Inhaberfamilie gehört, etwa 600 m von der Kreuzung entfernt. Sogar eine Flitterwochensuite gehört zum Angebot. WLAN ist im Café zugänglich, hier werden auch Klassiker der indonesischen Küche von teilweise höllischer Schärfe serviert.

Cendrawasih Cottages BUNGALOWS $
(☎ 0878 6418 7063; Jl Kembang Kuning; Zi. ab 250 000 Rp; ⏲ Restaurant 8–21 Uhr) Seit die ursprünglichen Eigentümer weggezogen sind, werden sie zwar etwas vernachlässigt, aber diese niedlichen, kleinen *lumbung*-(Reisscheune-)Ziegelhütten in den Reisfeldern sind immer noch eine gute Wahl. Im beeindruckenden Pfahlbau-Restaurant (Hauptgerichte 20 000 Rp bis 45 000 Rp, nur in der Hochsaison geöffnet) sitzt man auf Bodenkissen und genießt den 360-Grad-Rundblick in die Reisfelder. Es liegt ungefähr 500 m östlich der Kreuzung.

Tetebatu Mountain Resort BUNGALOWS $$
(☎ 0853 3754 0777; www.mountainresorttetebatu.com; Jl Kembang Kuning; Bungalows ab 500 000 Rp; 📶 🏊) Diese Sasak-Bungalows mit insgesamt 23 Zimmern gehören zu den besten der Stadt. Vier von ihnen haben getrennte Schlafzimmer auf zwei Etagen – ideal für Reisekumpels – und einen Balkon im Dachgeschoss mit magischem Blick auf die Reisfelder.

Warung Monkey Forest INDONESISCH $
(☎ 0853 3702 0691; Jl Pariwisata Tetebatu; Hauptgerichte 30 000–40 000 Rp; ⏲ 8–23 Uhr) Ein fantastisches, kleines Restaurant unterm Strohdach mit großer vegetarischer Auswahl, frischen Fruchtsäften und hilfsbereiten, englischsprachigen Eigentümern. Es liegt am Weg zum Monkey Forest.

An- & Weiterreise

Alle inselweiten Busverbindungen passieren Pomotong (35 000 Rp vom Bahnhof Mandalika) auf der von Osten nach Westen verlaufenden Hauptschnellstraße. Dort kann die Fahrt mit einem *ojek* (ab 35 000 Rp) nach Tetebatu fortgesetzt werden.

Die meisten Unterkünfte können privaten Transport von überall her auf Lombok organisieren. Das ist oft einfacher und in einer Gruppe auch genauso günstig.

SÜD-LOMBOK

Schöner können Strände nicht sein: Das Wasser ist warm, leuchtet in zahllosen Türkistönen und läuft in imposanten Wellentunneln aus. Der Sand ist samtig weich und schneeweiß, die Strände werden oftmals von felsigen Landspitzen und schroffen Klippen eingefasst. Der Süden ist deutlich trockener als die übrigen Inselregionen und außerdem spärlicher besiedelt; leider sind Straßen und öffentliche Verkehrsmittel nur eingeschränkt vorhanden.

Die einzigartige Küstenlinie im Süden der Insel mit ihren weiten, tief eingeschnittenen Buchten ist überwältigend, ihre Schönheit eindringlich und fesselnd. Und doch galt diese Region lange Zeit als die ärmste der Insel, ihre sonnenverbrannten Böden als ausgedörrt und unfruchtbar. All das wird sich in den nächsten zehn Jahren drastisch verändern, da auf diesem einst unberührten Grund jetzt teure Großprojekte geplant sind.

Kuta

☎0370 / 5000 EW.

Kann es eine schönere Einstimmung auf die wundervollen Strände im Süden Lomboks geben? Man muss sich eine mondsichelförmige Bucht vorstellen – das seichte Wasser in Strandnähe türkisfarben und in der Ferne tiefblau. Die Wellen schlagen gleichförmig an einen weiten weißsandigen Strand von der Größe eines Fußballfeldes, der von Felsenspitzen eingerahmt wird. Stellt man sich nun einen Küstenstreifen vor, an dem ein Dutzend solcher Buchten liegen, begrenzt von einem Höhenzug schroffer Küstenberge mit prachtvollen Bananenstauden und Tabakpflanzen – dann erhält man eine ungefähre Vorstellung von der natürlichen Schönheit Kutas.

Die ursprüngliche Anziehungskraft Kutas geht von den weltberühmten endlosen Brandungswellen des nahen Strandes aus,

Kuta

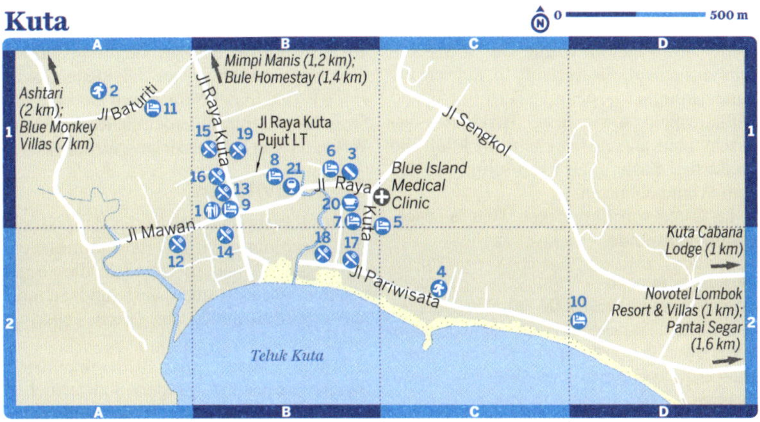

Kuta

Aktivitäten, Kurse & Touren
1 Kimen Surf B1
2 Mana Yoga Studio A1
3 Scuba Froggy B1
4 Whatsup? Lombok C2

Schlafen
5 Bombora Bungalows C1
6 Kuta Baru Hotel B1
7 Lamancha Homestay B1
8 Lara Homestay B1
9 Livingroom Hostel B1
10 Puri Rinjani Bungalows D2
11 Yuli's Homestay A1

Essen
12 Dwiki's A2
13 El Bazar B1
14 Market B2
15 Milk Espresso B1
16 Nugget's Corner B1
17 Sea Salt B2
18 Warung Bule B2
19 Warung Flora B1

Ausgehen & Nachtleben
20 DJ Coffee Corner B1
21 The Bus B1

an den sie – wenn auch unter den begehrlichen Blicken von Immobilienspekulanten – in ruhiger Beharrlichkeit heranrollen. Noch besteht der ansprechende Ort aus einigen Pensionen, Cafés, Restaurants und ist ein ruhiger Platz für den entspannten Genuss eines kühlen Biers.

Strände

An der Küste ist eine fortschreitende Gentrifizierung wahrzunehmen, wobei die weite, ehemals von Bambushütten bestandene Gegend allmählich unter bebauten Grünflächen verschwindet. Aktuell ist die hiesige Straße recht trostlos, auch wenn es ein protziges neues Kuta-Mandalika-Schild und prachtvolle Bademöglichkeiten gibt (eine lokale Kontroverse).

Im Westen Kutas befinden sich eine Reihe umwerfender Strände und idealer Surfbreaks. Bauunternehmen interessieren sich dafür und es wurde Land verkauft, aber bisher ist es noch praktisch unberührt. Die Region verfügt noch über ihre schroffe Schönheit. Zur Vorbereitung auf die kommende Entwicklung wurde die Straße bereits ausgebaut. Sie verläuft in Kurven ins Landesinnere, vorbei an Feldern mit Tabak, Süßkartoffeln sowie Reis, dazwischen erhascht man ab und zu einen Blick auf die großartige Küste. Man kann immer wieder zum Strand abbiegen.

Im Osten von Kuta liegen weitere ausgezeichnete Strände.

★Pantai Mawan STRAND

(Auto/Motorrad 10 000/5000 Rp) Wie wäre es mit diesem sandigen Paradies? Ungefähr 8 km westlich von Kuta und 600 m von der Hauptstraße entfernt liegt diese halbmondförmige Bucht, eingerahmt von steil ansteigenden Klippen an azurblauem Wasser und einem Sandstrand, der leer ist – abgesehen von einem Fischerdorf, das aus einem Dutzend strohgedeckter Hütten besteht. Der Strand eignet sich fantastisch zum Schwimmen. Es gibt einen gepflasterten Parkplatz, ein paar bescheidene Cafés und große Bäume, die Schatten bieten. Man kann für teure 150 000 Rp pro Tag eine Liege mieten.

Tanjung Aan STRAND

(Auto/Motorrad 20 000/10 000 Rp) 5 km östlich von Kuta bietet Tanjung Aan (auch A'an, Ann genannt) einen spektakulären Anblick: Eine riesige hufeisenförmige Bucht mit zwei Sandbögen, an deren Enden Wellen auf den Felsen brechen. Man kann hier gut schwimmen und es gibt Bäume und Schattenspender, außerdem einen bewachten Parkplatz (gegen eine geringe Gebühr). Bei **Warung Turtle** am Ostende des Strands gibt es freundlichen Service und billiges Bier. Es lohnt sich, die Landzunge im Westen, **Bukit Merese**, zu erklettern, um spektakuläre Sonnenuntergänge zu genießen.

Pantai Areguling STRAND

(Auto/Motorrad 10 000/5000 Rp) Ein steiler Fahrweg zweigt 6 km westlich von Kuta von der Hauptküstenstraße ab. Eine raue Fahrt führt nach 2 km zu einer großen Bucht mit einem weiten, bräunlich hellen Sandstrand. Der Strand ist etwas vernachlässigt, Läden o. Ä. sind kaum vorhanden, doch die reine Weite der Szenerie ist unvergleichlich. Bautätigkeiten an der Landzunge lassen künftige Veränderungen befürchten.

Pantai Seger STRAND

(Auto/Motorrad 10 000/5000 Rp) Am Pantai Seger, einem hübschen Strand ca. 2 km östlich von Kuta hinter der ersten Landzunge, ist das Wasser unfassbar türkis, man kann gut schwimmen (es gibt allerdings keinen Schatten) und 200 m vor der Küste gibt es einen Break. In der Nähe liegen zwei weitere Strände, es gibt ein ordentliches Café und Verkäufer von Schnorchelausrüstungen.

Aktivitäten

An der Jl Pariwisata und an der Hauptstraße zum Meer gibt es viele Veranstaltungsagenturen. Sie können so ziemlich alles organisieren, so etwa auch Surf- und Schnorcheltouren an entlegenen Orten. Feilschen lohnt sich.

Mimpi Manis (S. 345) organisiert Schnorchelausflüge zu den Südwestlichen Gilis ab 350 000 Rp pro Person und sechsstündige Angelausflüge für 600 000 Rp (mindestens 2 Personen).

Das Ashtari Restaurant (S. 347) an der Straße nach Mawan bietet an einer ruhigen Stelle unterhalb des Restaurants unterschiedliche Yogakurse an (100 000 Rp); die Kurse finden von 7 bis 18.30 Uhr statt.

★Mana Retreat Lombok YOGA

(☎0853 3862 8659; http://manalombok.com; Jl Baturiti; Yogaklassen 100 000 Rp; ⏰8–18.30 Uhr) Ein offener, strohgedeckter Pavillon in einer heiteren Dschungelumgebung mit Vinyasa, Yin/Yang, Surferyoga und mehr. Yogis können hier auch übernachten, in Zimmern und Bungalows (B/DZ 300 000/900 000 Rp).

★ Scuba Froggy TAUCHEN

(☎ 0878 6454 1402; www.scubafroggy.com; Jl Raya Kuta; Tauchgang 600 000 Rp, Open-Water-Kurs 5 500 000 Rp; ⌚ 9–19 Uhr) Scuba Froggy veranstaltet Ausflüge zu zwei Dutzend Tauchrevieren in der Region, die meistens eine Tiefe von 18 m erreichen. Von Juni bis November werden außerdem Ausflüge zu spektakulären unterseeischen Berggipfeln an der Blongas Bay angeboten; das für Taucher anspruchsvolle Gebiet ist vor allem für große Gruppen von Hammerhaien und Adlerrochen berühmt. Schnorchelausflüge kosten 750 000 Rp. Es ist auch ein Kajakverleih vorhanden (80 000 Rp pro Std.).

Whatsup? Lombok WASSERSPORT

(☎ 0878 6597 8701; http://whatsuplombok.com; Jl Pariwisata; SUP/Kayak/Kitesurf-Verleih pro Std. 200 000/150 000/400 000 Rp; ⌚ 8–20 Uhr) Die Buchten im südlichen Kuta sind als hervorragende Reviere fürs Kitesurfen, Stehpaddeln (SUP) und Kajakfahren bekannt. In diesem Shop werden Ausrüstungen verliehen sowie Unterricht und Touren angeboten.

Kimen Surf SURFEN

(☎ 0878 6590 0017; www.kuta-lombok.net; Jl Mawan; Boardverleih am Tag 60 000 Rp, Unterricht pro Person ab 400 000 Rp; ⌚ 8–21 Uhr) Bei diesem hoch angesehenen Surfanbieter gibt es Swell-Vorhersagen, Tipps, Kitesurfen, Surfboardverleih, Reparatur und Unterricht. Geführte Ausflüge zu Breaks wie Gerupuk (700 000 Rp) sind ebenfalls im Angebot – und es gibt ein Café mit starkem Espresso.

Schlafen

In Kuta findet sich eine große Bandbreite an Unterkünften für jeden Geldbeutel. In der Hochsaison im Juli und August steigen die Preise deutlich. Vorsicht vor alten, abgewohnten Hotels an der Jl Pariwisata.

★ Livingroom Hostel HOSTEL $

(☎ 0823 3942 1868; www.thelivingroomlombok.com; Jl Mawan; B/DZ inkl. Frühstück ab 150 000/350 000 Rp; ❄📶🏊) Das Livingroom wurde gerade eröffnet, als die Erdbeben 2018 mögliche Gäste verschreckten, dabei bietet es alles, was man sich von einem Hostel wünscht. Es hat eine ausgefallene Bar mit Schaukeln anstatt Stühlen, zum Frühstück selbst gebackenes Brot, saubere und gut ausgestattete Schlafsäle und sogar einen kleinen Pool. Einer der ungarischen Besitzer ist Schreiner und dieser Laden sein Meisterwerk.

★ Kuta Cabana Lodge LODGE $

(www.facebook.com/kutacabanalodge; ab Jl Sengkol; Zi. inkl. Frühstück ab 400 000 Rp; ❄📶) Östlich der Stadt liegt diese ausgefallene Lodge mit Strohdach an einem Hügel. Aus jedem Zimmer hat man einen Panoramablick über die Bucht. Lehrer aus Ashtari (S. 347) unterrichten Yoga im *shala* im obersten Stockwerk und das französisch inspirierte Restaurant, The Other Place, zieht zum orangefarbenen Sonnenuntergang viele Gäste an (Hauptgerichte 50 000 Rp bis 80 000 Rp).

Lara Homestay GUESTHOUSE $

(☎ 0877 6310 0315; http://larahomestay.com; Jl Raya Kuta Pujut Lombok Tengah; Zi. inkl. Frühstück ab 300 000 Rp; ❄📶) Diese hervorragende, von einer Familie geführte Pension liegt an einer ruhigen, beschatteten Seitenstraße nahe beim Ortskern Kutas. Die Gäste werden auf freundlich-fröhliche Art und Weise umsorgt. Die Zimmer in dem mehrstöckigen Haupthaus sind makellos gepflegt; sehr gutes Preis-Leistungs-Verhältnis. Das Frühstück schmeckt vorzüglich.

Bombora Bungalows BUNGALOWS $

(☎ 0370-650 2571; bomborabungalows@yahoo.com; Jl Raya Kuta; Standard/Superior-Zi. 425 000/575 000 Rp; ❄📶🏊) Eine der besten Adressen für einen preiswerten Aufenthalt in Kuta: Acht Bungalows (einige von Ventilatoren gekühlt, alle mit Bad) liegen um einen wunderschönen Pool-Bereich. Liegesessel warten im Schatten von Kokospalmen, pinke, aufblasbare Flamingos stehen bereit und das ganze Anwesen wirkt wie ein ruhevoller Gegenpol zum hektischen Betrieb im Ort. Für die zahlreichen Surfer wird so gut gesorgt wie für alle anderen Gäste.

Mimpi Manis B&B $

(☎ 081 836 9950; www.mimpimanis.com; Jl Raya Kuta; B/DZ 100 000/150 000–250 000 Rp; ❄📶) Geführt von Made und Gemma, einem freundlichen balinesisch-britischem Paar, ist „Sweet Dreams" ein einladendes B&B mit sauberem Schlafsaal und Einzelzimmern, einige mit Klimaanlage und Dusche. Es liegt 1 km vom Strand entfernt und ist ruhiger als die Unterkünfte mitten in Kuta. Die Pension verfügt über viele gute Bücher zum Ausleihen sowie einen Bringservice zum Strand und zur Stadt und einen Motor- und Fahrradverleih.

Bule Homestay GUESTHOUSE $

(☎ 0819 1799 6256; Jl Raya Bypass; Zi. 250 000–320 000 Rp; ❄📶) Obwohl das Gelände mit neun Bungalows etwa 2 km entfernt vom Strand an der Kreuzung von Jalan Raya Kuta und Jalan Raya Bypass liegt, sollte diese Pension allein wegen ihrer zackigen Hausführung in die engere Wahl kommen. Schuhe bleiben auf der Vordertreppe, nicht der geringste Schmutz wird auf dem kleinen Anwesen geduldet, die Zimmer erstrahlen in einem fast klinischen Weiß.

Lamancha Homestay PRIVATUNTERKUNFT $

(☎0819 3313 0156, 0370-615 5186; zamroni293@yahoo.com; Jl Raya Kuta; Zi. inkl. Frühstück 175 000–300 000 Rp; ❄📶) Ein zauberhaftes (und expandierendes) Homestay mit zehn Zimmern mit Betonfußböden, farbenfrohen Wandbehängen und Betten mit Baldachinen. Die Gastgeber sind sehr liebenswürdig.

★ **Yuli's Homestay** PRIVATUNTERKUNFT $$

(☎0819 1710 0983; www.yulishomestay.com; Jl Baturiti; Zi. inkl. Frühstück 425 000–700 000 Rp; ❄📶🏊) Die 32 Zimmer dieser ständig wachsenden Pension sind blitzsauber, groß und mit riesigen Betten und Kleiderschränken hübsch eingerichtet. Es gibt auch große Terrassen und Badezimmer mit kaltem Wasser, dazu eine Küche für Gäste, einen hübschen Garten und drei Swimmingpools.

Blue Monkey Villas BUNGALOWS $$

(☎0853 3775 6416; bluemonkeyvilllas@gmail.com; Pantai Areguling; Zi. 500 000–1 000 000 Rp; 📶🏊) Auf einer Felshöhe über dem Strand von Areguling, 8 km westlich von Kuta, stehen mehrere Bungalows in traditioneller Bauweise mit weiter Sicht über die Bucht. Zum Strand geht's 500 m zu Fuß den Hügel hinunter. Es gibt ein einfaches Café – der Ausblick kämpft mit den Mahlzeiten um die Aufmerksamkeit der Gäste.

Puri Rinjani Bungalows BUNGALOWS $$

(☎0370-615 4849; Jl Pariwisata; Zi. ab 700 000 Rp; ❄📶🏊) In diesen soliden Strandbungalows stimmt alles – sie sind pieksauber, gut geführt und mit einem wunderschönen Pool-Bereich ausgestattet. Die 19 Zimmer sind von Licht und Luft durchflutet und mit schönen, schweren Betten eingerichtet. Selbst schmückende Statuen fehlen auf dem Gelände nicht.

Kuta Baru Hotel HOTEL $$

(☎0821 4538 8418; Jl Raya Kuta; inkl. Frühstück 400 000–1 000 000 Rp; ❄📶🏊) Eines der besten Hotels in Kuta mit 23 Zimmern, die sich um einen einladenden Pool, eine Rasenfläche und ein strohgedecktes Restaurant gruppieren. Es liegt 110 m östlich der Hauptkreuzung.

Novotel Lombok Resort & Villas RESORT $$$

(☎0370-615 3333; www.novotellombok.com; Pantai Putri Nyale; Zi./Villa ab 180/310 US$; ❄📶🏊) Das ansprechende Anwesen grenzt, kaum 3 km östlich der Kreuzung gelegen, an einen herrlichen Strand. Die 102 Zimmer verfügen über hohe, schräge Decken und zeigen eine moderne Raumgestaltung. Es gibt drei Pools, ein Spa, mehrere für Resorts typische Restaurants, eine prunkvolle Bar und eine große Vielfalt von Sportangeboten.

Essen

Die Foodszene Kutas wird Tag für Tag kreativer. Es gibt eine große Vielfalt – alles ungezwungen – zu tollen Preisen.

★ **Nugget's Corner** INDONESISCH $

(☎0878 9131 7431; Jl Raya Kuta; Hauptgerichte 35 000–100 000 Rp; ⏲7–22.30 Uhr) Das Restaurant selbst wirkt cool und zwanglos und erstaunlich schwungvoll. Alle Gerichte, ob vegan, vegetarisch oder mit Fleisch, wer-

SURFEN AN DER SÜDKÜSTE

Ungewöhnlich gute links- und rechtsbrechende Wellen entstehen an den Riffen vor der Bucht von Kuta (Telek Kuta) und östlich von Tanjung Aan (S. 344). Etwa 7 km östlich von Kuta liegt das Fischerdorf Gerupuk (S. 349), dort bilden sich mehrere Riffbrandungswellen in näherer oder weiterer Entfernung von der Küste – in jedem Fall sind sie nur per Boot erreichbar. Ein zweistündiger Ausflug kostet ca. 200 000 Rp. Kundige Surfer lassen Gerupuk links liegen und folgen der Straße nach Ekas (S. 350), wo es kein Gedränge gibt, dafür aber zwei Breaks, Inside Ekas und Outside Ekas, die Wellenreiter glücklich machen. Auch hier braucht man ein Boot für ca. 400 000 Rp. Westlich von Kuta liegen Mawan (S. 344), ein hinreißender Strand zum Schwimmen, und Mawi (S. 351), ein beliebtes Surfparadies mit Wellen von Weltruf, allerdings auch einer starken Brandungsrückströmung; und schließlich noch die langen, weißen Strände von Selong Blanak (S. 350) – ein toller Ort für Anfänger.

den anspruchsvoll und ernsthaft zubereitet. Die Aromen sind kühn, die Präsentation ist charmant. Alkoholische Getränke gibt es nicht, stattdessen aber hervorragende Säfte, Smoothies und Eistees. Der Speiseraum ist offen angelegt.

Warung Flora INDONESISCH $
(☎ 0878 6530 0009; Jl Raya Kuta; Hauptgerichte 20 000–80 000 Rp; ⌚11–22 Uhr) Ein vollendeter tropischer Traum aus Bambus und Stroh. Gäste sitzen unter Palmen und genießen frischen Fisch, der von einem Fischer des Ortes gefangen wird. In der Küche herrscht die Frau des Besitzers – gemeinsam erfinden sie wundervolle Gerichte.

Dwiki's PIZZA $
(☎ 0853 3316 3443; Jl Mawan; Hauptgerichte 35 000–70 000 Rp; ⌚10–23 Uhr;) Eine gute Adresse für Pizza aus dem Holzofen – in der entspannten Atmosphäre einer Tropenbar. Mit Lieferservice! Viele indonesische Standards, gegrillte Meeresfrüchte und überdurchschnittlich viel Vegetarisches. Mittwochsabends Livemusik.

Market MARKT $
(ab Jl Raya Kuta; ⌚So & Mi 6.30–10.30 Uhr) Auf dem Markt werden ständig andere Lebensmittel und Gebrauchsgüter verkauft.

★ Milk Espresso CAFÉ $$
(www.facebook.com/milkespresso; Jl Raya Kuta; Hauptgerichte 55 000–130 000 Rp; ⌚7–24 Uhr;) Hier ist rundum die Uhr was los. In diesem trendigen Café auf zwei Ebenen folgen auf das üppige Frühstück mittägliche Leckereien und ein gesundes Abendessen samt schicken Cocktails. Und der starke Kaffee putscht einen zu jeder Tageszeit wieder auf!

★ El Bazar MEDITERRAN $$
(☎ 0819 9911 3026; www.elbazarlombok.com; Jl Raya Kuta; Hauptgerichte 75 000–185 000 Rp; ⌚8–23 Uhr) Kutas trendigstes und beliebtestes Restaurant bestätigt seinen herausragenden Ruf mit authentischer mediterraner Küche. Als Vorspeise eine Platte mit Mezze, dann geht's weiter mit ausgezeichnetem Kebab, Falafel oder marokkanischen Tajines. Nach dem Essen bleiben die Gäste oft noch sitzen, weil die Stimmung hier super ist.

Sea Salt FISCH & MEERESFRÜCHTE $$
(☎ 0813 8198 7104; Jl Pariwisata; Hauptgerichte 60 000–90 000 Rp; ⌚11–22 Uhr) Es sagt viel über die Restaurantszene Kutas aus, dass ein mehr oder weniger griechisches Meeresfrüchterestaurant, das Schotten gehört, eines der besten ist. In diesem kleinen, gewölbten Esssaal, der zum Strand hin offen ist und in dem Vogelkäfige und Garnelenfallen hängen, verwöhnt das barfüßige Personal die Gäste, die sich den tagesfrischen Fang schmecken lassen.

DAS BAU-NYALE-FESTIVAL

Am 19. Tag des zehnten Monats im Kalender der Sasak (d. h. im Februar oder März) versammeln sich die Stammesangehörigen zu Hunderten, um an Pantai Seger (S. 344) große Zeremonien und Feiern u. a. mit Stockkämpfen und Livebands abzuhalten, die sich um ein eigenartiges Meerestier, den Seewurm (*nyale*), drehen.

Warung Bule FISCH & MEERESFRÜCHTE $$
(☎ 0370-615 8625; Jl Pariwisata; Hauptgerichte 60 000–85 000 Rp; ⌚10–23 Uhr;) Von den Hauptstraßen Kutas etwas entfernt, an einem ruhigen Strandabschnitt von Kuta Beach liegt dieser freundliche, geflieste Warung, einer der besten der Stadt. Der gegrillte Barrakuda nach Sasak-Art gewürzt ist fantastisch, das Trio aus Hummer, Garnelen und Mahi-Mahi (385 000 Rp, teuer für lokale Standards) ist ein Meerestraum. In der Hochsaison kann es sehr voll sein.

Ashtari INTERNATIONAL $$
(☎ 0812 3608 0862; www.ashtarilombok.com; Jl Mawan; Hauptgerichte 40 000–100 000 Rp; ⌚8–21 Uhr) 2 km westlich des Ortes an der Straße nach Mawan findet man das Haus in luftiger Höhe auf einem Berggipfel. Das Restaurant im mediterranen Stil besitzt eine Loungebar und bietet umwerfende Ausblicke auf unberührte Buchten und felsige Halbinseln, die abwechselnd ins Meer hinausragen. Es ist eine Art luxuriöses Yoga-Refugium mit mehreren veganen Gerichten.

Ausgehen & Nachtleben

Es gibt ein paar laute Strandbars, in denen oft Partys stattfinden, für die viel geworben wird. Spontane Bierfeten werden immer wieder im Sand nah am Stadtzentrum gefeiert.

★ The Bus BAR
(www.facebook.com/thebuslombok; Jl Raya Kuta; ⌚6–24 Uhr) Tolle Musik, bunte Graffiti-

SASAK-LEBEN

Lomboks Ureinwohner, die Sasak, stellen ungefähr 90 % der Inselbevölkerung. Praktisch alle sind heute orthodoxe Muslime, bis 1965 gehörten jedoch viele Sasaks in abgelegenen Regionen der Wetu-Telu-Religion an (S. 338).

Traditionelle Sasak-Häuser bestehen aus Bambus und stehen auf einem Fundament aus gestampftem Schlamm und Kuhdung. Sie haben steile und ziemlich weit nach unten ragende Strohdächer, sodass Gäste gezwungen sind sich beim Eintreten vor ihren Gastgebern zu verbeugen. Ehepaare teilen sich ein Haus, aber nicht ein Bett (d. h. eine Bambusmatte). Sie verbringen die Nacht nur dann zusammen, wenn sie ein Kind möchten. Wenn die Frau dann schwanger ist, schlafen die Männer draußen und die Frauen und Kinder zusammen drinnen. In Dörfern im Norden Lomboks gibt es immer noch ein Kastensystem, dass die Brautwerbung stark beeinflusst. Ehen zwischen den höchsten Kasten – *Datu* (Männer) und *Denek Bini* (Frauen) – und niedrigeren Kasten sind sehr selten.

Jedes Dorf hat ein *lumbung*, eine Reisscheune, die auf Pfählen steht, um Nagetiere abzuhalten. Sie sehen wie kleine, strohgedeckte Hütten aus und ihr Stil wird überall auf Lombok von Hotels imitiert. Bei Kuta gibt es einige traditionelle Dörfer, zum Beispiel Sade und Rembitan.

kunst und die beste Pizza in Lombok machen The Bus zu einem Muss am Abend. Auf Möbeln aus Paletten an einer felsigen Ecke mitten in Kuta kann man sich einige der billigsten und leckersten Cocktails der Stadt mixen lassen, und zwar von den Bar-Magiern im namensgebenden VW-Bus von 1974. Live-DJs legen mittwochs und samstags auf.

DJ Coffee CornerGili Gede CAFÉ
(Jl Raya Kuta; ⌚8–17.30 Uhr; 📶) Eine Abwechslung vom üblichen Stroh-und-Bambus-Schema, das den regionalen Baustil prägt: eine schicke Kaffeebar mit Klimaanlage und einem hübschen Garten hinter dem Haus. Neben einem echten Espresso bekommen die Gäste hier frische Säfte, leichte Speisen und köstliches Gebäck.

ℹ Praktische Informationen

GEFAHREN & ÄRGERNISSE

- Wer plant, ein Fahrrad oder Motorrad zu leihen, muss genau hinsehen – Vereinbarungen werden formlos getroffen, es gibt so gut wie nie schriftliche Leihverträge. Es hat verschiedentlich Berichte von Touristen gegeben, denen Motorräder gestohlen wurden (oft bei nächtlichen Strandpartys); in der Folge mussten beträchtliche Geldsummen als Entschädigung an die Eigentümer gezahlt werden. Am besten und sichersten ist es, ein Motorrad von der eigenen Unterkunft zu leihen.
- Beim Befahren der Küstenstraße westlich und östlich von Kuta sollte man besonders aufmerksam sein – vor allem nach Einbruch der Dunkelheit. In Berichten wurde über Straßenräubereien geklagt, die in dieser Gegend bereits vorgekommen sind.
- Vor den Scharen der Straßenhändler, viele von ihnen Kinder, die Freundschaftsbändchen verkaufen, gibt es kein Entkommen.

MEDIZINISCHE VERSORGUNG

Blue Island Medical Clinic (☎0819 9970 5700; http://blueislandclinic.com; Jl Raya Kuta; ⌚24 Std.) Die beste Anlaufstelle in Süd-Lombok für kleinere Probleme. Für größere muss man nach Mataram.

GELD

In Kuta gibt es ein halbes Dutzend Geldautomaten, ein guter Ort, um Rupiah auf Vorrat zu holen, bevor es tiefer ins südliche Lombok geht.

ℹ An- & Weiterreise

Abgesehen vom täglichen Shuttlebus um 11 Uhr vom Mandalika Terminal in Mataram nach Kuta (S. 322, 1½ Stunden, 60 000 Rp) gibt es keinen richtigen öffentlichen Personenverkehr zwischen den beiden Städten. Man kann versuchen, mit Bemos über Praya und Sengkol zu fahren, aber diese Bemos werden immer seltener.

Einfacher sind da die täglichen Mitfahrgelegenheiten nach Mataram sowie nach Senggigi und Lembar (alle 100 000 Rp). Solche Wagen zum Flughafen kosten 60 000 Rp, allerdings ist ein Taxi wohl besser, wenn man zu ungewöhnlichen Uhrzeiten fliegt (150 000 Rp). Andere Mitfahrgelegenheiten gehen nach Bangsal zu den öffentlichen Booten auf die Gili-Inseln (110 000 Rp), nach Seminyak (Bali) mit der öffentlichen Fähre (180 000 Rp) und Senaru (250 000 Rp). Die Fahrten sind auf Kuta überall auf Werbetafeln angeschlagen.

Unterwegs vor Ort

Guesthouses verleihen Motorräder für ca. 70 000 Rp pro Tag. Ojeks sind hier seltener als anderswo auf Lombok (die meisten Touristen mieten eigene Wagen), aber oft kann man sie an Kreuzungen im Stadtzentrum anhalten. Gute, gepflasterte Straßen führen nach Osten zu verschiedenen Stränden. Es ist eine tolle Fahrt auf dem Motorrad. Um die Strände im Westen zu erkunden, braucht man einen eigenen Wagen. Fahrradfahrer müssen sich auf Hügel und schmale, kurvige Straßen einstellen.

Gerupuk

☎ 0370

Nur 1,6 km hinter Tanjung Aan Beach liegt Gerupuk, ein faszinierendes kleines, halb verfallenes Küstendorf. Die etwa 1000 Einwohner verdienen ihren Lebensunterhalt mit Fischerei, Seetangernte und der Ausfuhr von Hummern. Ein interessanter Nebenverdienst der Dorfbewohner sind Führungen und Bootsüberfahrten, bei denen sie Surfer zu den fünf außergewöhnlichen Brandungswellen in der weiten Bucht bringen.

An den entstehenden Prachtstraßen und ausgedehnten Erdarbeiten zwischen Tanjung Aan und Gerupuk ist zu erkennen, dass der Bau des gigantischen Mandalika-Ferienkomplexes, wenn auch mit Verzögerungen, in vollem Gange ist. Es ist zu erwarten, dass sich die gesamte Gegend in den kommenden Jahren völlig verändern wird. Blickt man auf die bereits fortgeschrittene Zerstörung der Mangroven, ist die Sorge um zukünftige Schäden an der Umwelt mehr als berechtigt.

Aktivitäten

Zum Surfen in der Bucht ist eine Bootsüberfahrt nötig, die vom Fischerhafen ausgeht und an den mit Netzen umzäunten Hummerfarmen vorüber zur Brandungszone führt (200 000 Rp). Die Bootsführer sind dabei behilflich, die richtige Welle zu finden, und warten geduldig. Es treten vier Wellen innerhalb der Brandungszone und eine linksbrechende Welle hinter der Brandungslinie auf. Die Wellen können sich mannshoch oder noch höher auftürmen, wenn sie gegen die Felsen schlagen.

Schlafen & Essen

★ Bumbangku Beach Cottages BUNGALOWS $

(☎ 0821 4715 3876; www.bumbangkulombok.com; Jl Raya Awang, Bumbangku; Zi. 250 000–750 000 Rp; ❄) Bumbangku Beach liegt wunderbar einsam gegenüber der Bucht von Gerupuk. Diese ruhige Hotelanlage verfügt über 25 Zimmer, wahlweise in einfachen Bambushütten auf Pfählen mit Bädern im Freien und kaltem Wasser oder in (deutlich schöneren) Betonhäusern mit heißem Wasser und Klimaanlagen. Sie liegt etwa 2 km von der Hauptstraße entfernt am Ende eines schmalen Weges.

Edo Homestay GUESTHOUSE $

(☎ 0818 0371 0521; Gerupuk; Zi. inkl. Frühstück 200 000–600 000 Rp; ❄ 📶 🏊) Mitten im Dorf gelegen bietet das Gasthaus 18 saubere Zimmer, verteilt auf drei Gebäude. Die meisten Zimmer sind mit farbenfrohen Vorhängen und Doppelbetten ausgestattet; anspruchsvollere Zimmer sind in einer Villa verfügbar. Außerdem gibt es ein ziemlich gutes Restaurant und eine Surfschule (Surfboards 50 000 Rp pro Tag).

Surf Camp Lombok RESORT $$

(☎ 0852 3744 5949; www.surfcampindonesia.com; 1 Woche ab € 690) Am östlichen Rand des Dorfes Gerupuk kommen die Gäste dieser unbeschwerten Surfferienanlage in einem Bambushaus nach Art der Langhäuser auf Borneo unter, das allerdings viele Hightech-Vergnügungen bietet. Die Lage am Strand strahlt eine Atmosphäre von tropischer Fülle und Abgeschiedenheit aus. Alle Mahlzeiten sowie Surfunterricht, Yoga und andere Angebote sind inklusive. Die Zimmer bieten Platz für jeweils fünf Gäste, außerdem gibt es drei Doppelzimmer.

Inlight Lombok Resort BOUTIQUEHOTEL $$$

(☎ 0853 3803 8280; www.inlightlombok.com; Zi. ab 1 400 000 Rp; ❄ 📶 🏊) Der russische Architekt und Eigentümer hat dieses beeindruckende, geschwungene Hotel an einem abgelegenen Strand im Süden von Gerupuk selbst entworfen. Es ist ganz der Entgiftung gewidmet, WLAN gibt es nur in Gemein-

ABSEITS DER ÜBLICHEN PFADE

BUMBANGKU

Gerupuks Strand ist schmal; der pulvrige Sand auf der anderen Seite der Bucht in Bumbangku ist viel hübscher. Am Ende einer kleinen Nebenstraße findet man nach 2,5 km diesen oft verlassenen Strand. In der Bucht kann man Perlenzuchtanlagen sehen.

schaftsräumen, es wird kein Alkohol ausgeschenkt und das Gesundheitsrestaurant hat eine Speisekarte voller Fisch. Die vier Zimmer sind zwar nicht ganz so atemberaubend wie die Anlage selbst, aber groß und komfortabel mit wunderschönem Blick.

Fin CAFÉ $
(☎0823 3956 4781; www.facebook.com/fingerupuk; Hauptgerichte 45 000–60 000 Rp; ⏱7.30–16.30 Uhr) Dieses luftige, türkis-weiße Café mit Vintageholzmöbeln und Lampen aus Vogelkäfigen erwartet man eher auf Gili T, nicht in Gerupuk. Aber es ist eine willkommene Ergänzung mit Espresso, Joghurt-Bowls, Weizengrassaft und vegetarischen Sandwiches.

An- & Weiterreise

Man braucht einen eigenen Wagen, um herzukommen. Die Straße von Kuta nach Gerupuk ist alles, außer benutzerfreundlich.

Ekas

☎0370

Ekas ist ein beinahe menschenleerer Platz, wo Brandungswellen und hoch aufragende Klippen an die Ulu-Watu-Bucht auf Bali erinnern – allerdings ein Ulu Watu fast ohne Besucherströme.

Ekas selbst ist ein ruhiges, kleines Dorf. Wer jedoch in südlicher Richtung in das Innere der Halbinsel weiterfährt, wird bald so überwältigende Entdeckungen machen, dass ein Post bei Instagram unumgänglich scheint.

Strände

Heaven Beach STRAND
Wer sich nach dem Weg zum Heaven Beach erkundigt und der Auskunft folgt, wird auf ein sandiges Wunder stoßen: einen hinreißenden kleinen, weißen Sandstrand mit Brandung, etwa 4 km von Ekas entfernt. Trotz der alles dominierenden Ferienanlage steht es jedem Besucher frei, den Strand zu betreten: Alle Strände Indonesiens sind öffentlich.

Pantai Dagong STRAND
Was für ein herrlicher Anblick! Ein beinahe vollkommen unberührter und scheinbar endloser weißer Strand, an den azurblaue Wellen schlagen. Auf einer 6,5 km langen Fahrt ab Ekas in südlicher Richtung über eine unbefestigte, aber passable Straße ist Pantai Dagong zu erreichen.

Schlafen

In den wunderschönen Buchten im Süden von Ekas verbergen sich noble Boutiquehotels. Auch neue und einfache Guesthouses entlang den Landstraßen lohnen einen Blick.

Ekas Breaks GUESTHOUSE $$
(☎0822 3791 6767; www.ekasbreaks.com; Zi. inkl. Frühstück 600 000–900 000 Rp; ❄📶🏊) In einer sanften Hügellandschaft, 2 km von den Stränden und Brandungswellen Ekas' entfernt, liegt dieses sonnenverwöhnte Anwesen. Einige Zimmer sind nach Art eines *lumbung* aus Strohwänden, andere in modernem Stil mit weiß getünchten Wänden und offenen Bädern gebaut (Letztere sind die bessere Wahl). Die Gerichte im Café sind ein guter Mix aus indonesischen und westlichen Einflüssen.

★ **Heaven on the Planet** BOUTIQUEHOTEL $$$
(☎0812 375 1103; www.heavenontheplanet.com; Ekas Bay; alles inkl. pro Person 120–240 US$; ❄📶🏊) Ein himmelhoch gelegenes Hotel mit Ferienhäusern, die am Rand einer Klippe stehen. Von dort öffnen sich atemberaubende Ausblicke fast aus der Vogelperspektive auf das Meer. Andere Ferienhütten liegen unten am idyllischen Strand. Alle sehen völlig unterschiedlich aus. Das Hotel ist vor allem eine eigenwillige Nobelherberge für Surfer, doch auch andere Sportarten wie Kitesurfen, Tauchen, Yoga und Schnorcheln sind möglich. Die Mahlzeiten werden in reichlichen Portionen und kreativ zubereitet.

An- & Weiterreise

Von Kuta nach Ekas führt eine gute, gepflasterte Straße, die an scheinbar endlos vielen wunderschönen Buchten und Landzungen vorbeikommt. Dies ist eine tolle Fahrt auf dem Motorrad.

Selong Blanak

☎0370

Die viel besuchte, weite Strandbucht kommt unvermutet in Sicht, wenn man glaubt, die schönsten Strände von Kuta schon zu kennen. Der Anblick wird nur noch von den fantastischen Stränden der nahe gelegenen Bucht Pantai Mawi übertroffen, ein ruhiger Ort für eingeweihte Surfer.

Strände

Pantai Mawi STRAND
(Auto/Motorrad 20 000/10 000 Rp) Diese Bucht ist ein wahres Surferparadies in eindrucksvoller Landschaft mit großartigen Wellentunneln; gleich mehrere Strände reihen sich an der weiten Bucht aneinander. Vorsicht ist bei starken Ripptiden (Brandungsrückströmungen) geboten. Es gibt Parkplätze, auch an Straßenhändlern fehlt es keinesfalls; Surfboards können geliehen werden (50 000 Rp für 2 Std.).

Die Abzweigung zum Strand befindet sich etwa 16 km westlich von Kuta, von dort ist es eine rund 3 km lange Fahrt auf einer rauen Straße zum Strand.

Pantai Selong Blanak STRAND
(Parkplatz 10 000 Rp) Der Blick schweift hier über einen weiten, schneeweißen Strand, das Wasser ist von unzähligen Streifen in unterschiedlichsten Blautönen durchzogen – und ideal zum Schwimmen geeignet. Surfboards können geliehen werden (50 000 Rp pro Tag), Boote bringen Surfer zur Brandungszone (ab 100 000 Rp). Ein Parkplatz liegt nur 400 m abseits der Hauptstraße und ist auf einer guten Fahrbahn erreichbar, die Abzweigung befindet sich 18 km westlich von Kuta. Der Strand ist ein beliebtes Ziel der Einheimischen. Liegestühle können für 50 000 Rp pro Tag geliehen werden, es gibt zahlreiche Warungs in Bambusbauweise.

Schlafen & Essen

Die Unterkünfte hier sind eher teuer, aber es gibt durchaus auch Pensionen oder günstige Bungalows. Restaurants von preisgünstig bis nobel findet man vor allem nahe dem Strand in Selong Blanak.

Tiki Lodge RESORT $$
(☎ 0822 4744 7274; www.tikilombok.com; Jl Selong Belanak; Zi. ab 650 000 Rp;) Komfortable, strohgedeckte Villen mit Bambusbetten und luxuriösen Außenbädern gruppieren sich um einen smaragdgrünen Pool in einem Dschungelgarten. Frühstück und Tee am Nachmittag sind im Preis enthalten.

Sempiak Villas RESORT $$
(☎ 0821 4430 3337; www.sempiakvillas.com; Villen ab 960 000 Rp;) Diese fantastische Boutiqueferienanlage zählt zu den luxuriösesten Anlagen in der Region Kuta. Die sieben Villen wurden am Klippenhang hoch über dem Strand gebaut und bestehen aus antikem Holz, einige von ihnen sind mit überdachten Terrassen ausgestattet, die einen weiten Ausblick gestatten. Fünf weitere, günstigere Villen befinden sich darunter. Ein Strandclub bietet sich am Tag für verschiedene Freizeitaktivitäten an – und am Abend wird ein Essen am Meeresstrand serviert.

EIN BLUTIGES GESCHÄFT

Jeden Tag legen vollbeladene Fischerboote bei Tanjung Luar ab und brechen von dort zu neuen Fischzügen auf. Der alteingesessene Fischmarkt im Südosten Lomboks hat einen schlechten Ruf bei Naturschutzgruppen, denn hier werden große Meerestiere wie Haie, Mantarochen und Delfine zum Kauf angeboten.

Auf den Markt kommen nur die Überreste der Tiere, ihr Fleisch wird vor Ort verkauft, doch die Rückenflossen der Haie und die Kiemenreusen der Mantarochen werden auf Auktionen an Händler veräußert, die ihre Ausbeute nach Hongkong ausführen, wo diese Erzeugnisse als Delikatessen gelten.

Händler von Haiflossen in Tanjung Luar bestätigen, dass nur wenige Haie im Meer vor Lombok verbleiben würden. In den 1990er-Jahren mussten Fischer nicht weit hinausfahren, um ihren Anteil aus dem Meer zu fischen. Heute fahren sie bis zur Sumbastraße – die Meerenge zwischen Australien und Indonesien gilt als eine wichtige Wanderroute der Haie.

Eine von der gemeinnützigen Stiftung „Project Aware“ (www.projectaware.org), einer Naturschutzorganisation der Tauchindustrie, durchgeführte Studie ergab, dass bindende gesetzliche Vorschriften, nach denen die Jagd auf Delfine sowie auf verschiedene Haiarten und Meeresschildkröten verboten ist, nicht eingehalten würden.

Welchen Nutzen ein Abkommen haben wird, das von Indonesien 2014 unterzeichnet wurde – und in dem die indonesischen Gewässer zur Schutzzone für Riesenmantas erklärt wurden –, bleibt noch abzuwarten.

EINEN ABSTECHER WERT

BELONGAS BAY

Diese doppelt geschwungene Bucht mit einem Strand, der sich wie ein gewundenes Band an die Küste schmiegt und eine strahlend weiße Linie zwischen dem blauen Meer und den grünen Höhen bildet, ist atemberaubend. Selbst auf dem nahen Bali findet sich kein Strand, der nur entfernt mit diesem vergleichbar ist, und noch ist der Strand praktisch unberührt, da der Tourismus diese Ecke bisher kaum erreicht hat. Die Bucht liegt an der Südküste, ungefähr 40 km westlich von Kuta. Von Pengantap aus klettert die Hauptküstenstraße über eine Landspitze, führt dann hinunter in eine tolle Bucht; der muss man 1 km lang folgen und auf die Abzweigung nach Westen, nach Blongas, achten – eine steile und gewundene Straße mit wunderschöner Landschaft. Es gibt keine öffentlichen Verkehrsmittel.

Es gibt hier zwei berühmte Tauchstellen: **Magnet** und **Cathedrals**. Die Bedingungen für Tierbeobachtungen sind Mitte September besonders gut: Dann sind große Gruppen von Adlerrochen und Hammerhaien zu sehen; sie sammeln sich zwischen Juni und November in großen Schulen um die unterseeische Bergspitze (einen hoch aufragenden Felsen, der die Meeresoberfläche durchstößt und den Mittelpunkt der Tauchreviere bildet). Das Tauchen ist hier nicht gerade einfach, Taucher sollten über einige Erfahrungen verfügen und sich auf starke Strömungen einstellen.

Blongas Bay ist der Hauptbereich für die Tauchschule **Dive Zone** (☎0819 0785 2073; www.divezone-lombok.com; 2 Tauchgänge vom Boot aus 1 650 000 Rp) aus Senggigi, die Ausflüge von der **Belongas Bay Lodge** (☎0370-645974; www.thelodge-lombok.com; Bungalows 850 000–950 000 Rp, Mahlzeiten 75 000 Rp) anbietet. Die Lodge verfügt über geräumige Holzbungalows mit Ziegeldächern in einem großen und wunderschönen Kokospalmenhain. Die Unterkünfte sind angenehm einfach und passen gut zur heiteren und ruhigen Umgebung direkt am Wasser. Man erreicht sie über einen schmalen, ziemlich zerfurchten und schwierigen Feldweg, der nichts für frisch gebackene Motorradfahrer ist. Es ist unbedingt nötig, zu reservieren.

Laut Biru Bar & Restaurant FISCH & MEERESFRÜCHTE **$$**
(☎0821 4430 3339; Hauptgerichte 45 000–90 000 Rp; ⏲8–22 Uhr; 📶) Dieses Strandcafé in Sempiak Villas bietet schlichte indonesische Klassiker zum Mittag- und Abendessen, aber die Lage ist überhaupt nicht schlicht. Man speist in einem schicken, weiß gestrichenen Gebäude mit hoher Decke und Muschelkunst, durch den Raum und den sandigen Innenhof schweben Klänge von Weltmusik.

ℹ An- & Weiterreise

Die Fahrt entlang der Küste von Kuta ist angenehm. Gute Straßen führen zu Stränden im Westen und im Norden nach Praya und Mataram. Es gibt keinen öffentlichen Personentransport.

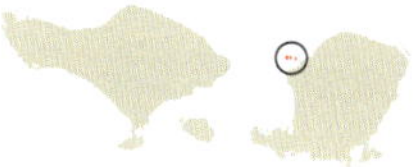

Gili-Inseln

Inhalt ➡

Gili Trawangan............ 357
Gili Meno.................... 368
Gili Air.......................... 371

Gut essen

- Pituq Waroeng (S. 366)
- Ruby's (S. 376)
- Pachamama (S. 376)
- Jali Kitchen (S. 365)
- Sasak Café (S. 371)

Schön übernachten

- Gili Treehouses (S. 364)
- Gili Meno Eco Hostel (S. 370)
- Eden Cottages (S. 363)
- Wilson's Retreat (S. 364)
- Rabbit Tree (S. 370)

Auf zu den Gili-Inseln!

Weißer Sand und Kokospalmen am türkisen Meer – die Gilis sind paradiesisch. Und kein anderer Ort Indonesiens steigt so sehr in der Beliebtheit wie diese Inseln – Angebote für Kurztrips mit Schnellbooten direkt von Bali und hippe neue Hotels schießen wie die sprichwörtlichen Pilze aus dem Boden.

Die Verlockungen des großen Geschäfts mit dem Tourismus zerren an der traditionell entspannten Kultur der Inseln, dem alternativen Geist der Partyleute aus dem Westen und einem regen Interesse an der Umwelt. Was dabei herauskommen wird, ist noch nicht klar, aber im Augenblick verfügen die Gilis noch über ihren verträumten Charme (was auch daran liegt, dass örtliche Behörden Hunde und Motorräder von den Inseln verbannt haben).

Jede Insel hat ihren ganz eigenen Reiz. Gili Trawangan (auch Gili T genannt) ist die kosmopolitischste, mit einer wilden Partyszene und vielen gehobenen Restaurants und Hotels. Gili Air bietet eine spannende Mischung aus Trubel und Ruhe, während die kleine Gili Meno am stärksten ihren regionalen Charakter behalten hat.

Reisezeit

- Die Regenzeit dauert etwa von Ende Oktober bis Ende März. Aber selbst mitten in der Regenzeit, wenn es auf Bali und Lombok in Strömen gießt, kann es auf den Gilis trocken und sonnig sein.
- Hochsaison ist von Juni bis Ende August sowie zu Weihnachten. Dann wird es schwer, ein Zimmer zu finden, und die Preise steigen sehr stark an. Es kann ziemlich windig sein, aber sonnige Tage sind (nahezu) garantiert.
- Die ideale Reisezeit ist Mai bzw. September. Dann regnet es wenig, die Massen sind weg und es sind keine Tropenstürme zu befürchten.

Highlights

1 Party bis zum Morgengrauen (S. 367) Abfeiern auf legendären Partys von Gili T, wie im Tir na Nog.

2 Mit Schildkröten schwimmen (S. 372) In der „Schildkrötenhauptstadt der Welt" im Wasser treiben.

3 Tauchen (S. 359) Dem Katzenhai in Deep Turbo und Shark Point ganz nah kommen oder Mirko's Reef bestaunen.

4 Sonnenuntergang über Gunung Agung (S. 367) Im Casa Vintage einen Drink genießen, während die Sonne hinter Balis aktivem Vulkan versinkt.

5 Yoga (S. 374) In einem der ruhigen Yogazentren auf Gili Air vollkommen entspannen.

6 Apnoetauchen (S. 360) Mit einem einzigen Atemzug die Tiefen erkunden, nach einem Training bei Freedive Gili.

7 Tolles Essen (S. 366) Die Foodszene von Gili Trawangan in kreativen Restaurants wie Pituq Waroeng genießen.

Gefahren & Ärgernisse

- Es kommt zwar selten vor, aber einige ausländische Frauen sind auf den Gilis sexuell belästigt oder sogar angegriffen worden. Es ist daher empfehlenswert, den Heimweg zu den ruhigeren Teilen der Inseln nicht alleine anzutreten.
- So ruhig wie das Meer hier wirkt, so gibt es doch starke Strömungen zwischen den Inseln. Also auf keinen Fall versuchen von einer Insel zur anderen zu schwimmen, denn das kann tödlich ausgehen.
- Auf der Hauptstraße von Gili T kommt es häufig vor, dass Radfahrer (fast ausschließlich Touristen) Leute anfahren und verletzen. Mit Baumaterial beladene *Cidomo* (Pferdekutschen) sind fast genauso schlimm und haben deutlich mehr Schlagkraft.

DIEBSTAHL

Diebstähle sollten sofort dem *kepala desa* (Dorfoberhaupt) der Insel gemeldet werden, der sich dann um die Angelegenheit kümmert. Die Mitarbeiter der Tauchschulen wissen, wo er zu finden ist.

Früher kam die Polizei nur sporadisch auf die Gilis, aber inzwischen gibt es auf allen drei Inseln Stützpunkte. Das ist eine Folge der Plünderungen nach den Erdbeben von 2018, es wird vermutet, dass die Gesetzeshüter bleiben werden.

RAUSCHMITTEL

Drogenhandel gibt es vor allem in Trawangan, wo von Meth bis Ecstasy und Pilzen alles angeboten wird. Für Letztere wird in Cafés auf Meno und Air offen geworben. Man darf nicht vergessen, dass Indonesien eine strikte Antidrogenpolitik verfolgt; wer mit Drogen erwischt wird, riskiert eine Gefängnisstrafe oder Schlimmeres.

Touristen haben auf den Gili-Inseln bereits Vergiftungen durch gepanschten Arrak (farbloser, destillierter Palmwein) erlitten, genau wie auch auf Bali und Lombok. Am besten gar nicht erst trinken und auffallend billigen Cocktails aus dem Weg gehen.

An- & Weiterreise

Die meisten Hotels und viele Pensionen bieten schon bei der Buchung Transportmöglichkeiten zur Unterkunft und wieder von dort weg an. Wenn online über eine Booking-Website gebucht wurde, sollte danach noch das Hotel selbst kontaktiert werden. Manche gehobenen Hotels haben eigene Boote für ihre Gäste.

VON BALI

Schnellboote bewerben schnelle Verbindungen zwischen Bali und Gili Trawangan (45 Min. bis 2,5 Std., abhängig von dem Ziel). Auf Bali gibt es mehrere Anleger, u. a. Benoa Hafen, Sanur, Padangbai und Amed. Ein paar fahren zuerst nach Nusa Lembongan und viele legen auf dem Weg nach Air und Trawangan in Teluk Nare/Teluk Kade auf Lombok nördlich von Senggigi an (wer nach Meno möchte, muss hier meistens umsteigen).

Die Webseite **Gili Bookings** (www.gilibookings.com) listet bei einer Buchungsanfrage eine Reihe von Schnellbootbetreibern und Preisen auf. Um einen Eindruck zu erhalten, welche Verbindungen es gibt, ist das ganz nützlich. Es werden hier jedoch nicht sämtliche Anbieter aufgeführt und direkt beim Bootsbetreiber die Fahrkarten zu kaufen kann möglicherweise günstiger sein.

GILI-INSELN

GUT ZU WISSEN: TIPPS FÜR DIE BOOTSFAHRT

- Die Fahrpreise sind nicht absolut festgeschrieben, vor allem in der Nebensaison sind Rabatte auf die offiziellen Preise möglich. Andererseits sind nicht alle Schnellboote gleich. Einen höheren Preis für ein robusteres Boot zu zahlen kann bedeuten, dass man sein Frühstück bei sich behält.
- Es gibt Rabatte für Passagiere, die vor/nach der Fahrt keinen Transfer benötigen.
- Die Abfahrtszeiten sind alles andere als verlässlich: Fahrten werden gestrichen, ungeplante Stopps eingebaut oder die Boote sind einfach nur stark verspätet. Anschlussverbindungen (zum Beispiel Flüge von Lombok oder Bali) mit einem großen Zeitpuffer einplanen.
- Im Juli und August sollte man unbedingt reservieren.
- Die See zwischen Bali und Lombok kann ganz schön rau werden (vor allem während der Regenzeit) und es kann passieren, dass über Tage keine Schnellboote fahren.
- Schnellboote werden nicht behördlich kontrolliert und unterscheiden sich in Bezug auf die Einhaltung von Betriebs- und Sicherheitsstandards stark. Es hat schon ernsthafte Unfälle gegeben, bei denen Schiffe gesunken und Passagiere umgekommen sind.

GILI STRONG: WIEDERAUFBAU DES PARADIESES

Als Lombok am 29. Juli 2018 von einem Erdbeben der Stärke 6,4 erschüttert wurde, nahmen die meisten Menschen auf den Gili-Inseln das ohne Besorgnis um sich selbst hin. Sie ahnten nicht, dass das nur ein Vorbeben war für das größere Erdbeben der Stärke 6,9 am folgenden Sonntag, dem 5. August, das Hotelanlagen und Restaurants überall auf diesem Miniarchipel einstürzen ließ.

Wegen einer Tsunami-Warnung verbrachten die meisten Menschen, die noch auf Trawangan waren, die Nacht auf dem einzigen Hügel der Gilis. Auf den flacheren Inseln Air und Meno kauerten sich viele auf Feldern im Landesinneren zusammen. Zum Glück kam es nicht zu einem Tsunami, aber die verspätete und chaotische Rettungsaktion am folgenden Tag machte weltweit Schlagzeilen.

Es gab viele Berichte über Plünderungen auf den Gili-Inseln direkt nach dem Beben, sodass die Polizei gezwungen war, auf jeder Insel Posten einzurichten. Viele Geschäfte waren so schwer getroffen, dass sie nicht repariert werden konnten, besonders im Südosten von Meno, im Hauptdorf von Trawangan und entlang der Westküste Trawangans. Ganz allgemein waren Gebäude aus Bambus oder Holz weniger stark betroffen als solche aus Beton.

In den Wochen nach dem Erdbeben versammelten sich die Anwohner unter dem Motto „Gili Strong" und nutzten dies auch, um Touristen erneut anzulocken. Im September hatten ein paar Schnellboote den Dienst von Bali aus wieder aufgenommen und brachten unerschrockene Gäste auf die erschütterten Inseln. Der Wiederaufbau kam langsam voran, weil es an Arbeitern fehlte (viele kümmerten sich um ihre Familie auf Lombok). Die Inseln haben sich jedoch unglaublich unverwüstlich gezeigt und sind mittlerweile schon weit vorangeschritten auf dem Weg zum Wiederaufbau.

Blue Water Express (☎ 0361-895 1111, 0813 3841 8988; www.bluewater-express.com; einfache Fahrt ab 750 000 Rp) Professionell geführte Firma mit Schiffen von Serangan und Padangbai (Bali) nach Teluk Kade, Gili T and Gili Air.

Gili Getaway (☎ 0813 3707 4147, 0821 4489 9502; www.giligetaway.com; einfache Fahrt von Bali zu den Gilis Erw./Kind 710 000/560 000 Rp) Sehr professionell; verbindet Serangan auf Bali mit Gili T und Gili Air sowie Senggigi und Gili Gede.

Gili Gili Fast Boat (☎ 0818 0858 8777; www.giligilifastboat.com; einfache Fahrt ab 690 000 Rp) Verbindet Padangbai (Bali) mit Bangsal Harbour (Lombok), Gili T and Gili Air.

Perama (☎ 0361-750808; www.peramatour.com; einfache Fahrt 400 000 Rp pro Person) Verbindet Padangbai, die Gilis und Senggigi mit einem nicht so schnellen Boot.

Scoot (☎ 0361-271030; www.scootcruise.com; einfache Fahrt 750 000 Rp) Schiffe verbinden Sanur, Nusa Lembongan, Senggigi und die Gilis.

VON LOMBOK

Wer bereits auf Lombok ist, kann von Teluk Nare/Teluk Kade nördlich von Senggigi ein Schnellboot nehmen. Viele dieser Dienste werden von Hotels und Tauchershops auf den Gilis angeboten (was es einfach macht, vorher Tauchen/Unterkunft und Transport zu reservieren), aber es ist auch möglich, privat bei örtlichen Firmen zu buchen. Die meisten Leute nutzen immer noch die öffentlichen Boote, die in Bangsal Harbour abfahren.

Dort kauft man die Fahrkarten im großen Fahrkartenbüro im Hafen. Hier lassen sich auch Boote chartern. Wer woanders die Fahrkarte kauft, wird über den Tisch gezogen.

Fahrpläne & Preise

Öffentliche Boote zu den Gilis fahren vormittags am häufigsten; auch nach zwölf sollte die Wartezeit für Boote nach Gili T oder Gili Air höchstens eine Stunde betragen, während Sonderboote nach Gili Meno um 14 und 17 Uhr ablegen. Abgesehen von diesen nachmittäglichen Ausnahmefahrten nach Gili Meno legen alle Boote, und zwar in beide Richtungen, erst ab, wenn sie voll sind – mit ca. 45 Leuten. Wenn die See rau und das Boot (über) voll ist, kann eine Fahrt mit diesen ramponierten Auslegern wahrhaft aufregend sein. Fährt kein öffentliches Boot auf die gewünschte Gili-Insel, kann man ein Boot mieten (350 000 Rp bis 500 000 Rp, für bis zu zehn Leute) oder man beschließt von vornherein, dass dies die sicherere Option ist.

Die einfache Fahrt kostet nach Gili Air 14 000 Rp, nach Gili Meno 15 000 Rp (25 000 Rp für spezielle Nachmittagsboote) und nach Gili Trawangan 20 000 Rp. Die Boote legen oft einfach am Strand an und die Passagiere müssen dann an Land waten.

Öffentliche Schnellboote verkehren inzwischen tagsüber fast stündlich auf einer Route, die Gili T, Gili Meno, Gili Air und Bangsal verbindet; Fahrkarten kosten 85 000 Rp.

Abzocke

Auch wenn der Hafen von Bangsal jahrelang einen schlechten Ruf hatte, sind Schikanen deutlich weniger geworden. Ein immer noch häufiger Betrug: Buspassagiere vor dem Hafen aussteigen lassen, und zwar dort, wo *cidomo*-Fahrer warten und behaupten, es sei noch ein Stück bis zum Hafen und 60 000 Rp bis dorthin verlangen. Am besten, man ignoriert sie und geht die letzten 300 m zu Fuß. Andere Kundenfänger behaupten, die öffentlichen Boote führen nicht oder dass man Moskitoschutz und Sonnenmilch kaufen muss, bevor man die Gilis erreicht. Auch hier gilt, am besten ignorieren, aber jeder, der mit dem Gepäck hilft, verdient auch ein Trinkgeld (10 000 Rp pro Gepäckstück sind angemessen). Es gibt Geldautomaten.

Anfahrt zum Bangsal Harbour

Wer mit öffentlichen Verkehrsmitteln über Mataram und Senggigi anreist, fährt mit dem Bus oder dem *bemo* nach Pemenang. Von dort sind es zum Hafen noch 1,2 km zu Fuß bzw. 5000 Rp mit dem *ojek* (Motorradtaxi). Taxen (mit Taxameter) bringen Fahrgäste bis zur Ablegestelle. Von Senggigi aus bietet der Betreiber Perama (S. 356) eine Bus-Boot-Verbindung zu den Gilis für günstige 150 000 Rp (2 Std.) an.

Wer in Bangsal ankommt, bekommt am Hafen Mitfahrgelegenheiten angeboten. 100 000 Rp ist ein fairer Preis nach Senggigi. Oder man geht 500 m die Zufahrtstraße entlang, am riesigen Tsunami-Schutzraum vorbei, zum Stand von Blue Bird Lombok Taxi (S. 519; die erste Wahl für Taxen). Fahrten mit Taxameter kosten nach Senggigi etwa 100 000 Rp, zum Flughafen 220 000 Rp und nach Kuta 250 000 Rp.

Unterwegs vor Ort

Auf den Gilis gibt es keinen motorisierten Transport – was einen Teil ihres Charmes ausmacht.

BOOT/SCHIFF

Tagsüber gibt es neuerdings fast stündlich öffentliche Schnellboote, die Gili T, Gili Meno, Gili Air und Bangsal verbinden; sie kosten 85 000 Rp. Das macht Insel-Hopping leicht.

Außerdem pendelt ein langsames Boot täglich zwischen den drei Inseln hin und her (25 000–35 000 Rp). Normalerweise fährt morgens und nachmittags jeweils ein Boot, aber man sollte auf jeden Fall den aktuellen Fahrplan prüfen, der an den Ablegestellen aushängt. Weiterhin gibt es auch die Möglichkeit, Boote für Privatfahrten zwischen den Inseln zu chartern (300 000–400 000 Rp).

CIDOMO

Wir können die Benutzung der *cidomo* (Pferdekutschen) nicht empfehlen, da es ernsthafte Bedenken hinsichtlich der Behandlung der Pferde gibt.

WANDERN & RADFAHREN

Die Gilis sind flach und lassen sich daher gut zu Fuß erkunden. Fährräder können auf allen drei Inseln gemietet werden (40 000–60 000 Rp pro Tag) und das Radfahren kann hier richtig Spaß machen. Allerdings lässt sich bei sandigen Teilstücken nicht vermeiden, dass man auch mal unter sengender Sonne ein Stück schieben muss.

GILI TRAWANGAN

☎0370 / 1500 EW.

Gili Trawangan ist ein tropischer Anlaufpunkt von internationalem Ruf. Die Insel gilt neben Bali und Borobudur als eines der wichtigsten Reiseziele Indonesiens. Trawangans proppenvolle Hauptstraße mit ihren Fahrrädern, *cidomos* und ganzen Meuten spärlich bekleideter Touristen kommt für all jene Besucher überraschend, die ein beschauliches Refugium erwarten. Stattdessen reihen sich Lounge-Bars, schicke Pensionen, ambitionierte Restaurants, kleine Supermärkte und Tauchschulen aneinander und buhlen um die Gunst der Touristen.

Und doch lebt hinter dieser Glitzerfassade das Hippieambiente weiter. Zwischen den Cocktailtischen sind noch immer baufällige Warungs (billige Imbissbuden) und Reggaeschuppen zu finden und entlang der viel weniger geschäftigen Nordküste liegen verstreut ruhige Refugien. Obwohl bereits riesige Hotelbauten mit über 200 Zimmern an der zunehmend erschlossenen Westküste errichtet werden, kann man nur ein kleines Stückchen landeinwärts noch auf ganz ursprüngliche Dörfer stoßen, mit sandigen Wegen, auf denen das Federvieh frei herumläuft, mit plaudernden *ibu* (Müttern) und Kindern mit Wuschelmähne, die Himmel und Hölle spielen. Hier bestimmt der Ruf des Muezzin und nicht die Happy Hour den Tagesablauf.

Strände

Gili T umgibt die Art von feinem weißen Sand, den Besucher vergeblich auf Bali erwarten. In der Nähe der ganzen Bars kann der Strand schon mal recht voll werden, aber wer nur ein bisschen in nördliche oder

Gili Trawangan

Gili Trawangan

Aktivitäten, Kurse & Touren

1 Desha Spa ... C2
2 Lutwala Dive ... B1

Schlafen

3 Alam Gili ... C1
4 Coconut Garden ... B2
5 Eden Cottages ... B1
6 Gili Eco Villas ... B1
7 Gili Teak Resort ... B3
8 Gili Treehouses ... B2
9 Jali Resort ... C2
10 Kelapa Villas ... B2
11 Pondok Santi Estate ... B4
12 Wilson's Retreat ... B1

Essen

Jali Kitchen ... (s. 9)
13 Pituq Waroeng ... B2

Ausgehen & Nachtleben

14 Casa Vintage Beach ... A3
15 Exile ... B4

südliche und westliche Richtung weiterwandert, stößt auf ein paar von Gili Ts schönsten Bade- und Schnorchelstränden. An Teilen der West- und Nordküste hat man sogar noch ein wenig Einsamkeit – auch wenn die Wasser- und Bintangverkäufer nie so ganz weit weg sind.

Bei Ebbe liegen an der West- und Nordküste Felsen und Korallen nahe der Wasseroberfläche und es ist dann mehr als unangenehm ins tiefere Wasser zu gelangen.

Viele Besucher gehen auch einfach zum Strand, um den sensationellen Ausblick auf Lombok und den Gunung Rinjani (von der Ostküste) sowie Bali und den Gunung Agung (Westküste) zu genießen.

Sehenswertes

Lookout AUSSICHTSPUNKT

Vom einzigen Hügel der Gilis hat man einen ganz besonderen Blick. Beim Erdbeben im August 2018 schliefen über tausend Touristen und Einheimische auf dem Gipfel, aus

Angst vor einem Tsunami (der Gott sei Dank nicht kam).

Aktivitäten

Auf Gili T haben fast alle Aktivitäten früher oder später mit dem Wasser zu tun, auch wenn Yoga, Spas und Kochkurse ebenfalls Besucher anlocken wollen.

Tauchen & Schnorcheln

200 m nördlich der Bootsanlegestelle lässt es sich gut schnorcheln – die Korallen hier sind nicht im besten Zustand, aber es gibt Unmengen an Fischen und Schildkröten. Vor der Nordwestküste ist das Riff in etwas besserem Zustand, aber bei Ebbe muss man über ein paar sehr spitze, tote Korallen klettern (Gummistiefel mitbringen), um es zu erreichen. Eine Schnorchelausrüstung auszuleihen kostet durchschnittlich 50 000 Rp pro Tag.

Trawangan ist ein bedeutsames Tauchparadies mit zwei Dutzend professioneller Tauchschulen, darunter auch auf das Apnoetauchen spezialisierte. Die meisten dieser Schulen und Läden bieten auch gute Unterkünfte für Kunden an, die ein ganzes Paket buchen möchten.

Die Sicherheitsstandards sind recht hoch, aber da immer neue Tauchschulen auf Gili T eröffnet werden, haben sich mehrere zur Gili Island Divers Association (GIDA) zusammengeschlossen. Es wird unbedingt empfohlen, auf GIDA-Mitglieder zurückzugreifen. Sie treffen sich monatlich, um über Umweltschutz und die Auswirkungen des Tauchens zu sprechen. Sie halten gemeinsame Standards ein, was Sicherheit und die

TAUCHEN AUF DEN GILIS

Die Gili-Inseln sind sehr beliebt bei Tauchern – wegen des üppigen und vielfältigen Meereslebens, das an ungefähr 25 eng zusammenliegenden Stellen existiert. Schildkröten (grüne Meeres- und Echte Karettschildkröte) und Schwarzschwanz- und Weißspitzenriffhai sind häufig und auch die Kleinfauna ist herausragend, mit Seepferdchen, Seenadeln und vielen Krustentieren. Bei Vollmond tauchen große Schwärme des Büffelkopf-Papageiefischs auf, um sich am Korallenlaich gütlich zu tun; zu anderen Zeiten (meist im Februar und März) schwimmen Mantarochen an den Tauchstellen vorbei.

Rund um die Gilis gibt es durchaus noch unberührte Stellen, aber jahrelange Dynamitfischerei, Korallenbleiche ausgelöst durch El Niño, Korallenankern und schlechtes Verhalten von Touristen haben viele Korallen über 18 m beschädigt, sodass tiefere Tauchgänge visuell interessanter sind. Die Sicht ist allgemein gut (20 bis 30 m), die Temperaturen reichen von 25 °C bis 30 °C und viele in der Regel ruhige Meeresabschnitte machen die Gilis zu einem exzellenten Ort, um dort das Tauchen zu lernen. Es gibt allerdings auch tiefere Gewässer, stärkere Strömungen und anspruchsvollere Stellen, die ideal für erfahrene Taucher und Strömungstauchen sind.

Hier sind einige der besten Tauchreviere:

Deep Halik Ein canyonähnlicher Tauchplatz, ideal zum Strömungstauchen. Schwarz- und Weißspitzenhaie lassen sich in 28 bis 30 m Tiefe häufig blicken.

Deep Turbo In einer Tiefe von rund 30 m ist dieser Tauchplatz bestens für Nitroxtauchgänge geeignet. Zu entdecken sind beeindruckende Seefächer und Leopardenhaie, die sich in Felsspalten verstecken.

Japanese Wreck Nur etwas für erfahrene Taucher. Dieses Wrack eines japanischen Patrouillenboots aus dem Zweiten Weltkrieg in etwa 45 m Tiefe ist ein weiterer idealer Platz für Tech-Taucher.

Mirko's Reef Nach einem beliebten Tauchlehrer benannt, der verstorben ist. In diesem Canyon wurde nie mit Dynamit gefischt, daher gibt es unberührte leuchtende Weich- und Tischkorallen zu bestaunen. Es ist auch als „Geheimes Riff" bekannt.

Shark Point Vielleicht der aufregendste Gili-Tauchplatz. Riffhaie und Meeresschildkröten geben sich hier oft die Ehre, außerdem Schwärme von Büffelkopf-Papageifischen und Mantas.Ein frisch gesunkener Schlepper lässt sich ebenfalls erkunden.

Sunset (Manta Point) Ein paar beeindruckende Tischkorallen; auch auf Haie und andere große pelagische Fische trifft man hier häufig.

Anzahl ihrer Taucher angeht. Sie haben Sauerstoff auf ihren Booten, funktionierende Funkgeräte und investieren Zeit und Ressourcen in den Schutz von Riffen, Wasser und Küste. Außerdem gibt es gemeinsame Preislisten für Spaßtauchgänge, Training und Zertifikate. Preisbeispiele:

Schnupperkurs 900 000 Rp

Open Water Kurs 5 500 000 Rp

Rescue Diver & EFR Kurs 7 000 000 Rp

★ Blue Marlin Dive Centre TAUCHEN
(Karte S. 361; ☎ 0370-613 2424; www.bluemarlindive.com; Jl Raya Trawangan; Tauchgang 490 000 Rp) Das ist der älteste Tauchladen auf Gili T und eine der besten Tauchschulen der Welt. Sie ist GIDA-Mitglied und beherbergt eine der klassischen Bars von Gili T.

★ Freedive Gili TAUCHEN
(Karte S. 361; ☎ 0370-619 7180; www.freedivegili.com; Jl Raya Trawangan; Anfänger-/Fortgeschrittenenkurse 3 995 000/5 495 000 Rp; ⏲ 8–20 Uhr) Apnoetauchen ist eine Technik des Atemanhaltens, die es erlaubt, größere Tiefen zu erforschen als beim Schnorcheln (bis 30 m und tiefer). Der Besitzer ist ein Profi, der mit einem Atemzug bis auf 111 m kommt. Freedive Gili bietet zweitägige Anfänger- und dreitägige Fortgeschrittenenkurse an. Nach einem zweitägigen Kurs schaffen es viele Kursteilnehmer bis in 20 m Tiefe. Es gibt dort auch Yogakurse und Übernachtungsmöglichkeiten.

Manta Dive TAUCHEN
(Karte S. 361; ☎ 0370-614 3649; www.manta-dive.com; Jl Raya Trawangan; Freiwasser-Kurse 5 500 000 Rp) Die größte SSI-Tauchschule und eine der besten der Insel. Mantas große Anlage liegt an der Hauptstraße und verfügt über einen Pool. Sie ist GIDA-Mitglied und bietet Tauchlehrer- und Technikkurse.

Trawangan Dive TAUCHEN
(Karte S. 361; ☎ 0370-614 9220; www.trawangandive.com; Jl Raya Trawangan; 5 geführte Nitroxtauchgänge vom Boot aus ab 2 700 000 Rp) Eine ausgezeichnete, lang etablierte Tauchschule (GIDA-Mitglied) mit fröhlicher Pool-Party-Atmosphäre. Man kann an den regelmäßigen Strandreinigungsaktionen des Gili Eco Trust teilnehmen. Es gibt außerdem Biorock-Korallenpflegekurse und viele unterschiedliche Technikkurse (darunter Training am Kreislauftauchgerät).

Big Bubble TAUCHEN
(Karte S. 361; ☎ 0811 390 969; www.bigbubblediving.com; Jl Raya Trawangan; Spaßtauchgänge Tag/Nacht 490 000/600 000 Rp) Die ursprüngliche Triebfeder hinter der angesehenen Umweltschutzorganisation Gili Eco Trust und eine lang etablierte Tauchschule, auch GIDA-Mitglied. Big Bubble befindet sich nach den Erdbeben von 2018 mitten im Wiederaufbau und plant die Wiedereröffnung 2019.

Lutwala Dive TAUCHEN
(Karte S. 358; ☎ 0877 6549 2615; www.lutwala.com; Jl Raya Trawangan; Divemaster-Kurs 14 000 000 Rp; ⏲ 8–18 Uhr) Ein Nitrox- und fünf Sterne PADI-Zentrum. Diese Tauchschule ist GIDA-Mitglied und vermietet Schnorchelausrüstungen in Topqualität. Es gibt eine Unterkunft vor Ort (Zimmer ab 700 000 Rp) sowie ein sehr hübsches Gartencafé, in dem man sich nach dem Tauchen erholen kann – unbedingt bei den Papageien vorbeischauen.

Surfen

Trawangan hat vor seiner Südspitze einen schnellen Reef Break nach rechts, der am besten von Dezember bis März oder an windstillen Tagen der Hochsaison zu surfen ist. Der nahegelegene Strand ist von Boardvermietern gesäumt.

Wandern & Radfahren

Trawangan bietet sich für eine Erkundung zu Fuß oder mit dem Rad an. Man braucht ein paar Stunden, um die ganze Insel zu Fuß einmal zu umrunden. Wer am Hügel an der südwestlichen Inselseite seine Wanderung

KULTURELLER RESPEKT

Fast alle Inselbewohner der Gilis sind Muslime und Inselbesucher sollten diese kulturellen Gegebenheiten beachten:

- Es ist absolut inakzeptabel, im Bikini auf den Wegen des Dorfes entlangzuschlendern, egal wie viele andere das ebenfalls tun. Außer am Strand oder Hotelpool unbedingt angemessen bekleidet sein.
- Sich nackt oder oben ohne zu sonnen erregt überall Anstoß.

Während des Ramadan fasten viele Einheimische in den Tageslichtstunden; auf Gili Trawangan finden dann keine Partys statt.

Gili Trawangan Ost

Gili Trawangan Ost

Aktivitäten, Kurse & Touren

1 Big Bubble B4
2 Blue Marlin Dive Centre A6
3 Freedive Gili B5
Gili Yoga .... (s. 3)
4 Manta Dive B5
5 Sila A6
6 Sweet & Spicy Cooking School B5
7 Trawangan Dive B4

Schlafen

8 Alexyane Paradise A6
9 Amora Villa A5
10 Balé Sampan A4
11 Blu d'aMare A3
12 Gili Beach Bum Hotel B5
13 Gili Joglo A4
14 Gili La Boheme Sister A4
15 Gili Mansion A4
16 Indigo Bungalows A4
17 Madison Gili A5
18 Mango Tree Homestay A4
19 Pearl of Trawangan A7
20 Sama Sama Bungalows B5
21 Villa Nero A4
22 Woodstock A4

Essen

23 Beach House A7
24 Fan A6
25 Hellocapitano A3
26 Kayu Café B5
27 La Dolce Vita A5
28 Pearl Beach Lounge A7
29 Regina A5
30 Scallywags A7
31 Thai Garden A4
32 Warung Dewi B5

Ausgehen & Nachtleben

Blue Marlin .... (s. 2)
33 La Moomba A1
34 Tir na Nog A6

Shoppen

35 Abdi B6

beendet (wo sich die Überreste einer alten japanischen Geschützstellung aus dem Zweiten Weltkrieg befinden), dem bietet sich bei Sonnenuntergang ein besonders schöner Blick auf Balis heiligen Vulkan Gunung Agung.

Radfahren (ab 40 000 bis 70 000 Rp pro Tag; unbedingt feilschen!) ist hier eine ideale Fortbewegungsart. An der Hauptstraße gibt es viele Fahrradvermietungen; Guesthouses helfen auch aus. Vorsicht vor der sandigen, nicht gerade fahrradfreundlichen Nordküste, normalerweise sind die

Wege quer durch das Inselinnere am besten fürs Radfahren geeignet.

Sila RADFAHREN
(Karte S. 361; ☎ 0878 6562 3015; Jl Raya Trawangan; Fahrradverleih pro Tag ab 50 000 Rp) Hält eine riesige Auswahl an Mieträdern bereit, auch Zweisitzer. Bietet auch Bootsausflüge an.

Yoga & Wellness

Desha Spa MASSAGE
(Karte S. 358; ☎ 0877 6510 5828; Jl Kelapa; ⌚ 9–21 Uhr) Weder so kahl wie die Massagesalons an der Straße noch so edel und teuer wie die Hotel-Spas, dieser Laden an der Straße, die die Insel durchquert, ist die goldene Mitte. Neben den üblichen Massagen gibt es hier auch Kokosnuss-Peelings, Pediküre, Gesichtsbehandlungen oder Aloe-Vera-Anwendungen gegen Sonnenbrand.

Gili Yoga YOGA
(Karte S. 361; ☎ 0370-619 7180; www.giliyoga.com; Jl Raya Trawangan; pro Pers. ab 120 000 Rp; ⌚ 7–18 Uhr) Zweimal täglich Vinyasa-Flow- und Hatha-Kurse; gehört zu Freedive Gili (S. 360).

Kurse

Sweet & Spicy Cooking School KOCHEN
(Karte S. 361; ☎ 0878 6577 6429; www.facebook.com/gilicookingschool; Jl Raya Trawangan; Kochstunden ab 385 000 Rp) Bei diesen unterhaltsamen täglichen Kochstunden lernt man, leckere, scharfe indonesische Gerichte mit Chili und unzähligen anderen Gewürzen zu zaubern. Und essen darf man sie danach natürlich auch.

Schlafen

Gili T hat inzwischen Hunderte von registrierten Unterkünften, von strohgedeckten Hütten bis zu schicken, klimatisierten Villen mit Privatpool. In der Hochsaison (Juli und August) sind die besten Häuser oft ausgebucht, aber bei so viel Wettbewerb sind die Preise deutlich gefallen. In der Nebensaison gibt es hohe Rabatte.

Praktisch alle Tauchschulen bieten Unterkünfte der Mittelklasse; die billigsten Übernachtungsmöglichkeiten gibt es im Dorf.

Dorf

Gili La Boheme Sister HOSTEL $
(Karte S. 361; ☎ 0853 3733 4339; Jl Ikan Duyung; B mit Ventilator/Klimaanlage 130 000/150 000 Rp; ❄📶) Kahle Backsteinwände, Holz im Vintage-Look, geflieste Böden und alles regenbogenbunt – das ist das Design dieses originellen, ansprechenden Hostels. Einige Betten befinden sich in coolen, sechseckigen Zimmern, es gibt mehrere Gemeinschaftsräume zum Entspannen.

Mango Tree Homestay PRIVATUNTERKUNFT $
(Karte S. 361; ☎ 0823 5912 0421; Jl Karang Biru; DZ 300 000 Rp) Dieses freundliche Homestay liegt in einem ruhigeren Teil des Dorfs und bietet acht einfache Doppelzimmer, die einander im schattigen Hof voller Farne gegenüberliegen. Das junge Personal ist locker und kompetent, oft liegt Ukulelen-Musik in der Luft. Und für 40 000 Rp pro Tag kann man Fahrräder leihen.

Madison Gili BUNGALOWS $
(Karte S. 361; ☎ 0878 6594 5554; www.madisongilli.com; Jl Kepiting; Zi. 350 000–700 000 Rp; ❄📶🏊) Zwölf Wohneinheiten im Bungalowstil drängen sich auf wenig Platz um einen Pool. Durch die schlaue Anordnung fühlt man sich jedoch ganz privat. Die Zimmer sind gemütlich und haben Extras wie Kühlschränke. Das Personal ist zuvorkommend und die Lage an einem der hinteren Wege ist ruhig.

Woodstock BUNGALOWS $$
(Karte S. 361; ☎ 0878 6433 7237; www.woodstockgili.com; Jl Karang Biru; Zi. mit Ventilator/Klimaanlage ab 350 000/600 000 Rp; ❄📶🏊) Der Name passt zur Atmosphäre! Grateful Dead, Joan Baez und Jimi Hendrix geben den Ton an in den zwölf preiswerten Zimmern mit folkloristischen Details, Privatveranden und Badezimmern im Freien, umgeben von einem entspannten Poolbereich.

Gili Mansion HOSTEL $
(Karte S. 361; ☎ 0852 3836 3836; https://gilimansion.com; Jl Ikan Hiu; B/DZ ab 80 000/200 000 Rp; ❄📶🏊) Obwohl das effekthascherische Schloss-Thema ein echter Inselatmosphärenkiller ist, so ist dieses immer volle Hostel trotzdem eines der besten Schnäppchen vor Ort, mit sauberen Dreibettzimmern, superbilligen (wenn auch seelenlosen) Privatzimmern und nonstop Partyatmosphäre am Pool.

Indigo Bungalows GUESTHOUSE $$
(Karte S. 361; ☎ 0818 0371 0909; www.facebook.com/indigogilit; Jl Penyu; Zi. ab 550 000 Rp; ❄📶🏊) Im dicht gedrängten mittleren Unterkunftssegment von Gili T sticht das Indigo durch die Liebe zum Detail hervor. Alle

sechs Zimmer haben heißes Wasser, Terrassen und Blick auf Pool oder Garten. Man fühlt sich wie in einer ruhigen geschlossenen Anlage.

Alexyane Paradise BUNGALOWS **$$**
(Karte S. 361; ☎0878 6599 9645; oceaneparadise@hotmail.com; Jl Ikan Baronang; Zi. 300 000–900 000 Rp; ❄📶) Fünf hochwertige Hütten aus dunklem Holz (eine in Familiengröße) mit hohen Decken, Bambusbetten und wunderschönen, lichtdurchfluteten Außenbädern.

Amora Villa BUNGALOWS **$$**
(Karte S. 361; ☎0822 3521 5244; https://amoravillagili.com; ab Jl Kepiting; Bungalow inkl. Frühstück 500 000–1 500 000 Rp; ❄📶🏊) Dreizehn *lumbung* (Reisscheune) mitten im Dorf an einem Hügel, umgeben von einem großen Pool. In der Nebensaison ein Schnäppchen, aber in der Hochsaison überteuert.

★**Gili Joglo** VILLA **$$$**
(Karte S. 361; ☎0813 5678 4741; www.gilijoglo.com; Jl Ikan Hiu; Villen ab 1 500 000 Rp; ❄📶) Drei tolle Ferienvillen. Eine ist ein umgestalteter *joglo* (traditionelles javanesisches Haus) mit polierten Betonböden, zwei Schlafzimmern und einem riesigen Wohnraum, der nahtlos ins Freie übergeht. Noch schöner ist die etwas kleinere Villa, die aus zwei umgebauten *gladaks* (Wohnhaus der Mittelklasse) aus den 1950er-Jahren besteht. Zu den Zimmern gehört sogar ein Butlerservice.

Villa Nero VILLA **$$$**
(Karte S. 361; ☎0819 0904 8000; www.thevillanero.com; Jl Penyu; Villen inkl. Frühstück ab 250 US$; ❄📶🏊) Eine der am besten geführten (und überteuerten) Unterkünfte auf Gili T. Jede der zehn großen Wohneinheiten verfügt über mehrere Zimmer mit Hartholzböden sowie eine große Terrasse zum Chillen. Die Einrichtung ist erfrischend minimalistisch; Kunstwerke und grüne Pflanzen setzen Akzente. Zu den vielen Extras gehört auch ein kostenloser Fahrradverleih.

Am Strand

★**Gili Beach Bum Hotel** HOSTEL **$**
(Karte S. 361; ☎0877 6526 7037; www.gilibeachbum.com; Jl Raya Trawangan; B 140 000–200 000 Rp; ❄📶🏊) Das frühere Gili Hostel verfügt über 19 gemischte Dreibettzimmer, manche unter dem Strohdach im Torajan-Stil. Die Zimmer haben Betonfußböden, hohe Decken, Spinde und ein eigenes Badezimmer. Vorn befindet sich die Lava Bar (bis 1 Uhr geöffnet und oft laut) und am eigenen Pool gibt es wöchentlich Partys. Frühstück ist inklusive.

Sama Sama Bungalows BUNGALOWS **$**
(Karte S. 361; ☎0811 399 649; Jl Raya Trawangan; B/Zi./Bungalow 100 000/350 000/550 000 Rp; ❄📶🏊) Ein paar Meter von dem Punkt, an dem die Schnellboote Touristen am Strand absetzen, stehen diese zwei *lumbung* (Reisscheunen). Die sieben Zimmer sind perfekt, wenn man gern mittendrin ist. Aber Achtung, die Musik in der benachbarten Sama Sama Reggae-Bar spielt bis 1 Uhr früh (samstags bis 3 Uhr).

★**Blu d'aMare** BUNGALOWS **$$**
(Karte S. 361; ☎0858 8866 2490; Jl Raya Trawangan; Zi. ab 500 000 Rp; ❄📶) Im Blu d'aMare kann man sich in einem der fünf hübschen, javanischen Häuser *(joglo)* aus den 1920ern zur Ruhe legen. Ausgestattet sind sie mit prächtigen alten Holzböden, großen Betten und Frischwasserduschen in einem schicken Badezimmer. Es gibt ein gutes Café im europäischen Stil.

Balé Sampan HOTEL **$$**
(Karte S. 361; www.balesampanbungalows.com; Jl Raya Trawangan; Zi. inkl. Frühstück, Garten/Pool 910 000/1 000 000 Rp; ❄📶🏊) An einem netten, offenen Strandabschnitt. Diese 13 supermodernen Zimmer haben Badezimmer aus Stein und Federbetten. Weitere Highlights sind der Frischwasserpool und ein echtes englisches Frühstück.

Pearl of Trawangan RESORT **$$$**
(Karte S. 361; ☎0813 3715 6999; www.pearloftrawangan.com; Jl Raya Trawangan; Zi. inkl. Frühstück ab 1 600 000 Rp; ❄📶🏊) Die geschmeidigen Gebäudelinien aus Bambus und Stroh empfinden die üppigen Kurven des Pools dieser gehobenen Unterkunft am südlichen Ende der Hauptstraße nach. An der Inselseite des Strandwegs befinden sich schmucke Bungalows mit 91 Zimmern. Die Sonnenliegen auf den Terrassen sind äußerst bequem. Am Strand selbst befindet sich der schicke Strandclub.

Nord-, Süd- & Westküste

★**Eden Cottages** BUNGALOWS **$$**
(Karte S. 358; ☎0819 1799 6151; www.edencottages.com; Jl Lili Laut; Cottage 600 000–750 000 Rp; ❄📶🏊) Der Garten Eden besteht hier aus sechs sauberen, strohgedeckten Betonbun-

galows, die rund um einen Pool in einem Garten und im Schatten einer Kokosplantage liegen. Die Zimmer sind geschmackvoll eingerichtet, verfügen über Badezimmer aus Stein, TV-DVD und Frischwasserduschen. Die charmante Expat-Besitzerin bemüht sich sehr ihre Gäste zufriedenzustellen (so gibt es auch WLAN).

Während unserer Recherchen wurde gerade eine neue Veggie-Cafébar gebaut.

Coconut Garden BUNGALOWS **$$**

(Karte S. 358; ☎0819 0795 6926; www.coconutgardenresort.com; ab Jl Kelapa; Zi. inkl. Frühstück ab 750 000 Rp; ❄📶🏊) Ein stimmungsvolles Fleckchen mit sechs hellen und luftigen Häusern im javanesischen Glaskastenstil und mit Ziegeldach, jeweils mit einem Außenbad aus Terrazzo. Gäste können sich auf edles Bettzeug, Queensize-Betten, einen kleinen Pool und eine Rasenfläche mit vereinzelten Kokospalmen freuen. Die Anlage befindet sich in etwas abgeschiedener, ruhiger Lage im Landesinneren und ist nicht ganz einfach zu finden. Am besten vorher anrufen.

Gili Teak Resort BOUTIQUEHOTEL **$$**

(Karte S. 358; ☎0853 3383 6324; www.giliteak.com; Jl Raya Trawangan; Zi. inkl. Frühstück ab 1 000 000 Rp; ❄📶🏊) Die New-Age-Bungalows haben Wände aus Teakholz und ein schickes schlichtes Design, das viel Licht hereinlässt. Die Terrassen für jedes der elf Häuser bieten Polsterliegen, außerdem gibt es eine hübsche Sitzgelegenheit am Meer. All das lädt die Gäste dazu ein, sich zurückzulehnen, zu entspannen und die Tage vorbeiziehen zu lassen. Die Anlage sieht gut aus, der Kaffee schmeckt.

Alam Gili HOTEL **$$**

(Karte S. 358; ☎0370-613 0466; www.alamgili.com; Jl Raya Trawangan; Zi. ab 75 US$; ❄📶🏊) Ein üppig grüner alter Garten und eine ruhige Strandlage zeichnen diese Unterkunft aus. Die neun Zimmer und Villen in der kleinen Anlage überzeugen mit elegantem traditionellen balinesischen Stil. Einen kleinen Pool und ein Café gibt es am Strand.

Jali Resort BOUTIQUEHOTEL **$$**

(Karte S. 358; ☎0817 000 5254; www.jaliresortgilitrawangan.com; Jl Nautilius; Zi. inkl. Frühstück 1 350 000 Rp; ❄📶🏊) In diesem extrem schicken und angenehm kompakten Boutiquehotel gruppieren sich türkis geflieste Zimmer um einen Pool im Schatten von Tempelbäumen.

★ **Wilson's Retreat** RESORT **$$$**

(Karte S. 358; ☎0878 6177 2111; www.wilsonsretreat.com; Jl Raya Trawangan; Zi./Villa inkl. Frühstück ab 1 400 000/2 500 000 Rp; ❄📶🏊) Das Wilson's bietet 16 Zimmer sowie vier Ferienvillen mit eigenen Pools. Die Anlage ist weitläufig und schick, hat sich aber dennoch ein bisschen von der Verträumtheit bewahrt, die für die Gilis typisch ist. Vom ausgezeichneten Café aus blickt man auf einen besonders schönen Strandabschnitt dieser Insel.

★ **Gili Treehouses** BAUMHAUS **$$$**

(Karte S. 358; ☎0819 1601 6634; www.gilitreehouses.com; ab Jl Kelapa; Zi. inkl. Frühstück 1 000 000–3 500 000 Rp; ❄📶🏊) Diese fünf „Baumhäuser" (eigentlich Holzhäuser auf Pfählen) sind eine willkommene Abwechslung zum bekannten – und durchaus guten – Villenkonzept von Gili T. Auch wenn sie eng beieinanderstehen, fühlt sich jedes doch erstaunlich privat an, mit coolen Räumen zum Entspannen unter den Zimmern, mit Küchenecke, Liegen und eigenen Pools. Zum besonderen Service gehören ein gratis Radverleih und tragbare WLAN-Boxen.

Pondok Santi Estate RESORT **$$$**

(Karte S. 358; ☎0819 0705 7504; www.pondoksanti.com; Jl Raya Trawangan; Zi. inkl. Frühstück ab 200 US$; ❄📶🏊) 17 schicke Bungalows stehen großzügig verteilt auf einer ehemalige Kokosplantage. Rasen bedeckt das Gelände der Ferienanlage, die zu den elegantesten auf Gili T zählt. Die Zimmer haben Außenduschen und üppiges, traditionelles Holzdekor. Die Anlage liegt an einem tollen Strand und gerade noch nah genug an der Straße. Riesiger Pool.

Gili Eco Villas VILLA **$$$**

(Karte S. 358; ☎0370-613 6057; www.giliecovillas.com; Jl Raya Trawangan; Zi./Villa ab 120/250 US$; ❄📶🏊) 🍃 Diese 19 schicken Zimmer und Ferienvillen aus recyceltem Teakholz, das aus alten javanesischen Kolonialhäusern stammt, liegen an Trawangans entspannter Nordküste, etwas vom Strand zurückgesetzt. Hier werden Komfort und Stil mit soliden ökologischen Prinzipien unter einen Hut gebracht (das Wasser wird wieder aufbereitet, es gibt auch einen Bio-Gemüsegarten).

Kelapa Villas VILLA **$$$**

(Karte S. 358; ☎0812 375 6003; www.kelapavillas.com; Jl Kelapa; Villa ab 1 500 000 Rp; ❄📶🏊) Luxuriöse Anlage im Binnenland mit einer Auswahl von 18 großzügigen Villen (alle mit

GREEN GILI

Nach dem Bezahlen von Hotel oder Tauchschule, kommt da noch die „Eco Spende" (50 000 Rp pro Pers.). Es ist eine freiwillige Spende, die vom wegweisenden Gili Eco Trust (www.giliecotrust.com) eingeführt wurde, um die Umweltbedingungen auf der Insel zu verbessern.

Es ist eine gute Sache. Die Umweltbelastung hat auf den Gilis parallel zu ihrer steigenden Beliebtheit enorm zugenommen. Zu den Problemen gehören u. a. zunehmende Bebauung, Müll und Beschädigungen an den Korallenriffen durch Zyanid- und Dynamitfischerei. Bis zu 10 000 Besucher und Arbeitskräfte kommen jeden Tag auf die Inseln.

Zu den Gili Eco Trust Initiativen gehören u. a.:

- Die Verteilung von kostenlosen Mehrfach-Einkaufstaschen, um die Verwendung von Plastiktüten einzudämmen, und der Versuch, Restaurants zu überzeugen, keine Plastikstrohhalme mehr zu verwenden (wir sahen keine bei unserem Besuch!).
- Eine intensive Aufklärungskampagne, um Einheimische und Geschäftsleute dazu zu bewegen, ihren Müll zu recyceln. Es gibt inzwischen über 1000 Recyclingcontainer auf den Inseln.
- Das langfristige Vorhaben, nahezu den gesamten Müll auf den Inseln zu recyclen. Pläne für ein Recyclingzentrum sind in Arbeit.
- Das Wohlergehen der Inselpferde: Es gibt eine tierärztliche Versorgung sowie Aufklärungsprogramme für die Kutscher.
- Biorock, ein Vorhaben zur Regeneration der Korallenriffe, das inzwischen 150 künstliche Riffs rund um die Insel installiert hat.
- Über 150 Ankerbojen wurden ausgebracht, damit nicht mehr in den Korallen geankert wird.

Zusätzlich zur Ökoabgabe können sich Touristen auf den Gilis auf vielerlei Weise engagieren:

Strände säubern Der Gili Eco Trust organisiert regelmäßige Strandsäuberungen (meistens freitags um 17 Uhr). Es werden immer Helfer gebraucht und als Dankeschön gibt es ein paar Leckereien oder ein Bier vom wöchentlichen Sponsor.

Pferdemisshandlung melden Wer sieht, dass ein *cidomo*-Fahrer ein Pferd misshandelt, kann die Kutschnummer beim Eco Trust (☎ 0813 3960 0553) melden, der den Kutscher in der Sache kontaktieren wird. Leider haben die vielen Transportkutschen, die schwer mit Baumaterial beladen sind, und die *bintang* keine Kutschnummern für Meldungen.

Ein Korallenriff bauen Für 10 000 000 Rp gibt es zwei Wochen lang zwei Tauchgänge pro Tag, dadurch hilft man, eine Biorock-Installation zu bauen und kann sogar ein Tauchzertifikat erwerben. Informationen gibt es bei Gili Eco Trust.

Refill – Wasserflaschen auffüllen Um weniger Plastikmüll zu produzieren, sollte man seine Wasserflasche an den überall auf den Gilis dafür installierten Stellen auffüllen. In manchen Läden kann man sie gratis mit Wasser auffüllen; in anderen für ca. 2000 Rp oder 3000 Rp (viel billiger als eine neue Flasche zu kaufen!). Mit der App Refill Bali findet man immer die nächste Auffüllstelle.

privaten Pools), die Stil und Platz im Überfluss bieten. Ein Tennisplatz und ein Fitnessstudio befinden sich ebenfalls auf dem Gelände.

Essen

Gili T kann es in kulinarischer Hinsicht mit Bali aufnehmen – mit schicken Cafés, kreativer Indo-Fusion-Küche und vielen veganen und gesunden Bistros. Abends grillen viele Läden an der Hauptstraße leckere Meeresfrüchte. Bei der Auswahl hilft ein Blick: Wo sieht es gut aus (alles sollte superfrisch sein)? Wo scheint der Grillmeister am besten zu sein?

★ **Jali Kitchen** ASIATISCH $
(Karte S. 358; ☎ 0817 000 5254; www.jaliresortgilitrawangan.com; Jl Nautilius; Hauptgerichte 45 000–70 000 Rp; ⏲ 7–23 Uhr; 📶 ✎) Holz im

Vintage-Look, wunderschöne Kacheln und üppiges Grün zusammen verleihen diesem ansprechenden Restaurant Schick und gleichzeitig etwas Bodenständigkeit. Die asiatische Fusionsküche vereint auf spannende Art das Bekannte mit dem Exotischen, es gibt eine Auswahl für Vegetarier. Dazu ein herausragender Service!

★ Warung Dewi INDONESISCH **$**

(Karte S. 361; ☎0819 0763 3826; Jl Kardinal; Hauptgerichte 25 000–35 000 Rp; ⏲7–20 Uhr) Der beste traditionelle Warung auf Gili T liegt bloß ein paar Schritte vom teuren Gewusel der Hauptstraße entfernt. Das *nasi campur* ist fantastisch (eine beliebte Kombination besteht aus Kokosmusssambal, Jackfrucht-Curry, gebratenem Huhn und mehreren vegetarischen Beilagen), Vegetarier mögen sicher das *plecing kangkung* (ein scharfes Sasak mit Wasserspinat).

Hellocapitano CAFÉ **$**

(Karte S. 361; ☎0853 3313 4110; www.hellocapitano.com; Jl Nautilius; Hauptgerichte 45 000–75 000 Rp; ⏲7–21 Uhr) Eine nette, kleine, pastellfarbene Hütte, wo man leckere Smoothie Bowls, Iced Latte, Burger oder regionale Snacks (unbedingt Chicken *rendang* probieren!) bekommt. Im oberen Stock kann man einen luftigen Blick aufs Meer genießen, den Besitzer außerdem nach seinen Inseltouren zu Land und Wasser fragen.

★ Pituq Waroeng VEGAN **$$**

(Karte S. 358; ☎0812 3677 5161; http://pituq.com; Jl Kelapa; kleine Gerichte 20 000–30 000 Rp; ⏲9–22 Uhr; ✎) Wo sonst auf der Welt findet man klassische indonesische Gerichte, die als ausgezeichnete vegane Tapas neu interpretiert werden? Am besten mit einer Gruppe Freunden (auch Fleischessern) an einem der niedrigen Tische bestellen als gäbe es kein Morgen und genießen!

Fan CHINESISCH **$$**

(Karte S. 361; ☎0852 5331 9394; www.facebook.com/fanchinesefood; Jl Cumi Cumi; Hauptgerichte 50 000–85 000; ⏲9.30–21.30 Uhr) Hausgemachte Knödel, Wantans und breite Nudeln sind die Stars in diesem winzigen chinesischen Restaurant, von dem Expats als Geheimtipp schwärmen. Man isst an einem langen Tisch und schließt dabei wahrscheinlich auch neue Freundschaften.

Beach House INTERNATIONAL **$$**

(Karte S. 361; ☎0878 6440 4891; www.beachhousegilit.com; Jl Raya Trawangan; Hauptgerichte 70 000–250 000 Rp; ⏲15–23 Uhr; 📶) Das Beach House verfügt über eine elegante Terrasse am Jachthafen und ist für sein wunderbares Abendbarbecue mit Salatbar und guten Weinen bekannt. Eines der besten Lokale für gegrillte Meeresfrüchte im Ort und immer sehr beliebt. Daher ist es besser, vorab einen Tisch zu reservieren.

Pearl Beach Lounge INTERNATIONAL **$$**

(Karte S. 361; ☎0370-619 4884; www.pearlbeachlounge.com; Jl Raya Trawangan; Hauptgerichte 70 000–200 000 Rp; ⏲7–23 Uhr; 📶) In dieser Strandbar und -restaurant ist der Bambus so prominent wie das Bier. Gibt man hier tagsüber 100 000 Rp für Essen und Getränke aus, dann sind Poolbenutzung, bequeme Strandliegen und eine Speisekarte mit jeder Menge Burger (und Salat) inbegriffen. Abends erwacht der eindrucksvolle Hauptpavillon aus Bambus dann zum Leben und es stehen aufwendigere Steak- und Meeresfrüchtegerichte auf der Speisekarte.

Thai Garden THAILÄNDISCH **$$**

(Karte S. 361; ☎0878 6453 1253; Jl Karang Biru; Hauptgerichte 50 000–120 000 Rp; ⏲So–Do 15–22, Fr/Sa ab 12 Uhr) Wer braucht schon Bangkok, wo es doch Gili T gibt? Die authentischsten Thaigerichte jenseits von Phuket sind in diesem putzigen kleinen Garten zu finden. Man schmeckt halt, dass die Hauptgewürze aus Thailand importiert werden. Wer eine Abwechslung zu indonesischen Reisgerichten braucht, sollte hierher kommen.

Regina PIZZA **$$**

(Karte S. 361; ☎0877 6506 6255; Jl Ikan Hiu; Pizza 40 000–100 000 Rp; ⏲17–23 Uhr) Der Holzofen bleibt in diesem ausgezeichneten italienischen Laden, der unweit vom Strand liegt, nur selten kalt. Wenn viel los ist, ist die Schlange für Pizza zum Mitnehmen sehr lang – also besser einen Bambustisch im Garten suchen und sich zur leckeren Pizza mit dünner Kruste ein kühles Bier genehmigen. Von der italienischen Authentizität zeugt das Schild „keine Pizza mit Ananas"...

Kayu Café CAFÉ **$$**

(Karte S. 361; ☎0878 6547 2260; www.facebook.com/kayucafe; Jl Raya Trawangan; Hauptgerichte 65 000–70 000 Rp; ⏲7–21 Uhr; 📶) Kayu ist eines der ältesten Cafés an der Inlandseite der Straße. Es gibt eine Auswahl an gesunden Backwaren, Salaten, Sandwiches, Reisgerichten – und die besten Säfte der Insel, alles in klimatisiertem Komfort serviert.

La Dolce Vita
ITALIENISCH $$

(Karte S. 361; ☎0813 1772 0228; Jl Bintang Laut; Piadinas 50 000 Rp, Hauptgerichte 100 000–110 000 Rp; ⏲11–22 Uhr) Irgendwann ist der Augenblick gekommen, an dem noch ein Nasi Goreng einen in den Wahnsinn treibt. Dann ab in dieses Café, das kaum größer ist als einer seiner exzellenten Espressi. Echte Pizza und Pasta werden täglich von Specials des italienischen Kochs und Besitzers ergänzt.

Scallywags
INTERNATIONAL $$

(Karte S. 361; ☎0819 1743 2086; www.scallywagsresort.com; Jl Raya Trawangan; Hauptgerichte 40 000–180 000 Rp; ⏲7–22 Uhr; 📶) Scallywags bietet gemütliche, aber doch elegante Strand-Deko, polierte Gläser, aufmerksame Bedienung und ausgezeichnete Cocktails. Auf der Abendkarte steht Leckeres aus dem Meer – frischer Hummer, Thunfischsteaks, Schnapper und Schwertfisch, zudem lockt eine tolle Salatbar. Besonders zu empfehlen sind die Meeresfrüchte vom Grill.

Ausgehen & Nachtleben

Gili T bietet tolle Strandlokale im Überfluss – das Angebot reicht von schicken Lounge Bars bis hin zu einfachen Hütten. Partys finden hier an mehreren Abenden der Woche statt, und zwar abwechselnd in etablierten Lokalen wie Tir na Nog und diversen Neuzugängen. Die Straßen südlich des Kais sind das Zentrum eines lauten Nachtlebens, wo sich frühere Bars ziemlich rasant in vollwertige Clubs verwandeln.

★ Casa Vintage Beach
LOUNGE

(Karte S. 358; www.casavintagebeach.com; Jl Raya Trawangan; ⏲10–24 Uhr) Mit Blick auf Gunung Agung und malerische Sonnenuntergänge ist Casa Vintage der beste Platz für einen Sundowner in Trawangan. Ein Bilderbuchstrand voller Kissen und Liegen, Hängematten unter Bäumen und an Gestellen. Die schwedisch-jamaikanischen Besitzer kochen umwerfende karibische Küche (Hauptgänge von 70 000 Rp bis 115 000 Rp), der Soundtrack passt perfekt (Billie Holiday, Reggae, Latin). Ein Lagerfeuer heizt die Atmosphäre nach Sonnenuntergang weiter auf.

Exile
BAR

(Karte S. 358; ☎0819 0772 1858; http://theexilegilit.com; Jl Raya Trawangan; ⏲8 Uhr bis spät) Bei dieser Strandbar mit lokalem Betreiber steppt den ganzen Tag der Bär. Sie liegt nur 20 Minuten zu Fuß bzw. eine kurze Fahrradstrecke von der Hauptstraße entfernt. Eine kleine Anlage mit zehn Bungalows aus geflochtenem Bambus bietet Zimmer ab 450 000 Rp, falls der Weg nach Hause doch zu weit scheint.

Tir na Nog
PUB

(Karte S. 361; ☎0370-613 9463; www.tirnanogbar.com; Jl Raya Trawangan; ⏲Do–Di 7–2, Mi bis 3 Uhr; 📶) Dieser große Schuppen wird von allen einfach „The Irish" genannt und ist innen als Sportbar mit großen Bildschirmen eingerichtet. Die Bar zur Strandseite hin ist wahrscheinlich der vollste Treffpunkt der ganzen Insel. Es serviert Pubgerichte wie Fajitas und pikante Chicken Wings (Hauptgerichte 50 000 bis 100 000 Rp). Ein gut gelauntes Publikum trifft sich hier am Mittwochabend zur Partynacht. Sonntags gibt's Livemusik.

La Moomba
BAR

(Karte S. 361; Jl Raya Trawangan; ⏲7–24 Uhr) Diese Strandbar nahe der Straße liegt direkt nördlich von Turtle Point. Die westlichen und indonesischen Gerichte sind gut (Hauptgerichte von 65 000 Rp bis 85 000 Rp), Tische und Liegen stehen im Sand und es gibt einen tollen Blick nach Gili Meno und zum wolkenverhangenen Gipfel des Gunung Rinjani in der Ferne. Nach dem Sonnenuntergang erleuchten die Tintenfischerboote das nahe Meer in gruselig phosphoreszierendem Grün.

Blue Marlin
BAR

(Karte S. 361; Jl Raya Trawangan; ⏲8 Uhr bis spät) Von allen Partybars besitzt dieses gehobene Lokal die größte Tanzfläche und noch dazu die beste Anlage. Montags werden hier Trance und Tribal Music aufgelegt.

Shoppen

Abdi
BEKLEIDUNG

(Karte S. 361; Jl Raya Trawangan; ⏲10–20 Uhr) Das Lieblingskleid vergessen? Kein Problem: In diesem schicken Laden wird verspielte Strandbekleidung verkauft.

Praktische Informationen

Gili T hat jede Menge Geldautomaten an der Hauptstraße und sogar an der Westküste.

Blue Island Medical Clinic (Karte S. 361; ☎0819 9970 5701; http://blueislandclinic.com; Jl Raya Trawangan; ⏲24 Std.) Eine Krankenstation zwischen den Läden direkt im Süden vom Hotel Vila Ombak. Unterhält auch Krankenstationen auf Gili Air und Gili Meno.

An- & Weiterreise

An der offiziellen Bootsanlegestelle fahren die öffentlichen Boote und Inselshuttles ab und hier gibt es auch die Fahrkarten. Während man darauf wartet, dass das Schiff ablegt, kann man bestaunen, in welch beeindruckender Anzahl volle Bintang-Flaschen angeliefert und leere wieder abgeholt werden. Einige der Schnellbootanbieter haben auf Gili T Büros.

Diese Schnellbootanbieter legen an der Ostseite den ganzen Strand entlang an.

GILI MENO

0370 / 700 EW.

Gili Meno ist die kleinste der drei Gili-Inseln und die perfekte Kulisse für Inselträume. Umgeben von fantastischen Stränden und wuselnden Riffen ist Meno auch die ruhigste und traditionellste der drei, beliebt eher bei Flitterwöchnern und älteren Reisenden als bei denen, die rund um die Uhr Party machen wollen.

Die meisten Unterkünfte liegen entlang der Ostküste, in der Nähe des allerschönsten Strands. Im Inselinneren befinden sich verstreut kleine Gehöfte, Kokosplantagen und ein Salzsee. An der einst abgelegenen Westküste starten derzeit einige prominente Bauprojekte, darunter das Bask (www.baskgilimeno.com), eine riesige Ferienanlage am Strand. Es soll 2020 mit mehr als 85 Villen öffnen. Dahinter stehen einige mächtige australische Investoren und ein bekannter Werbeträger, der ehemalige *Baywatch*-Star David Hasselhoff. Die Auswirkungen dieser riesigen Anlage auf das kleine Gili Meno werden vermutlich enorm sein.

Strände

Das von Sand umgebene Gili Meno besitzt in seiner südöstlichen Ecke einen der allerschönsten Strandabschnitte der Gilis. Der breite Strand mit seinem feinen weißen Sand eignet sich ausgezeichnet zum Baden und Schnorcheln. Die Westküste ist steiniger und bei Ebbe liegen viele Felsvorsprünge und Korallen direkt unter der Wasseroberfläche. Die Nordostseite von Meno hat auch schönen Sand zu bieten, allerdings ist Erosion hier zum Teil ein Problem.

Aktivitäten

Wie auf den anderen Gilis auch gibt es hier den meisten Spaß, wenn man dabei nass wird. Ein Spaziergang um die Insel bietet schöne Ausblicke und dauert ungefähr zwei Stunden.

Tauchen & Schnorcheln

An der Nordostküste liegt ein gutes Schnorchelrevier, ebenso an der Westküste gen Norden sowie rund um das riesige, neue BASK Hotel an der Westküste, wo sich die Unterwasserskulptur Nest befindet (S. 368). Pensionen oder Tauchschulen (von denen es auf dieser Insel nur wenige gibt) verleihen Ausrüstung ab 50 000 Rp pro Tag. **Meno Slope** and **Meno Wall** sind zwei großartige Tauchstellen.

★ Nest SCHNORCHELN

Die am meisten fotografierte Sehenswürdigkeit auf Gili Meno, Nest, liegt nicht einmal auf der Insel selbst, sondern vor der Küste vor der Hotelanlage BASK (geplante Eröffnung 2020). BASK beauftragte den britischen Künstler Jason deCaires Taylor eine Unterwasserskulptur zu erschaffen. Sie besteht aus 48 lebensgroßen Menschen aus ph-neutralem Beton. Mit der Zeit werden die Figuren Weichkorallen und Schwämmen eine neue Heimat bieten und so zur Regeneration des Riffs beitragen.

Nest kann vom Ufer aus in ca. 3 m Wassertiefe erreicht werden, aber die meisten Besucher kommen mit dem Boot aus Gili T und Gili Air.

Gili Meno Divers TAUCHEN

(0878 6409 5490; www.gilimenodivers.com; Kontiki Cottages; Schnuppertauchen ab 900 000 Rp; 9–17 Uhr) Diese französisch-indonesische, hoch angesehene Tauchschule bietet eine ganze Reihe von Kursen an, darunter Apnoetauchen und Unterwasserfotografie.

Blue Ocean WASSERSPORT

(0813 3950 9859; Fantastic Cottages; Bootstour pro Person 150 000 Rp) Der muntere Herr Dean bietet Bootsausflüge zum Schnorcheln in den reichhaltigen Gewässern rund um die Gilis an. Die Ausflüge dauern zwei bis drei Stunden. Er bringt seine Gäste auch zu anderen Inseln, sodass man Unterwassererkundung mit Inselhüpfen verbinden kann.

Divine Divers TAUCHEN

(0852 4057 0777; www.divinedivers.com; geführte Tauchgänge ab 490 000 Rp) Diesen Tauchladen gibt es nur auf Meno; er liegt an einem hübschen Strandabschnitt an der Westküste. Im Angebot sind Zimmer und ein Pool, dazu gute Pakete für Tauchen plus Unterkunft.

Gili Meno

Gili Meno

Aktivitäten, Kurse & Touren

1	Blue Marlin Dive	C2
2	Blue Ocean	C2
3	Divine Divers	B1
4	Gili Meno Divers	C3
5	Mao Meno	C3
6	Meno Slope (21 m)	B3
7	Nest	B2

Schlafen

8	Ana Bungalows	C1
9	Biru Meno Beach Bungalows	C3
10	Gili Meno Eco Hostel	C1
11	Mahamaya	B1
12	Meno Dream Resort	B3
13	Rabbit Tree	C2
14	Seri Resort	C1

Essen

15	Rust Warung	C2
16	Sasak Cafe	B2
17	Warung Pak Man Buati	C2
18	Webe Café	B1
19	Ya Ya Warung	C2

Ausgehen & Nachtleben

20	Brother Hood	B2
21	Diana Café	B2

Shoppen

22	Art Shop Botol	C3

Blue Marlin Dive TAUCHEN
(☎0370-639980; www.bluemarlindive.com; geführte Bootstauchgänge 490 000 Rp) Ein gut angesehener Mainstream-Tauchladen, der Meno-Ableger des Originals von Trawangan. Bietet auch Zimmer.

Yoga

★ **Mao Meno** YOGA
(☎0817 003 0777; www.mao-meno.com; Yogastunden ab 120 000 Rp) Täglich zwei Kurse verschiedener Stile, darunter Hatha und Vinyasa in einem wunderschönen Holzpavillon. Zur Anlage im Inneren der Insel gehören Cottages, es gibt einfache und luxuriöse ab 36 US$ pro Nacht.

Radfahren

Auch wenn es Räder für 50 000 Rp pro Tag zu leihen gibt, wird man nicht weit kommen. Der Strandweg von der Südspitze um die Westküste bis zum Fuß des Salzsees ist ein trockener Sandweg und bietet keinen Schatten, sodass man das Rad wahrscheinlich schieben wird. An der Nordwestküste gibt es einen guten Radweg entlang des Nordufers des Sees, aber der weiche Sand ganz im Norden macht es extrem anstrengend.

Schlafen

Meno ist der Vorreiter in Sachen Wachstum auf den Gilis, die Preise steigen im Takt der Besucherzahlen. Bauunternehmer kündigen weitere edle Projekte an. Ältere, bescheidenere Pensionen sind praktisch schon verschwunden. Auch wenn Meno teurer ist als seine Nachbarn, gibt es hier auch zwei der besten Hostels der Gilis.

★ **Gili Meno Eco Hostel** HOSTEL $
(www.facebook.com/gilimenoecohostel; Hängematte/B/Zi. 60 000/100 000/250 000 Rp;) Eine fantastische Erscheinung aus Treibholz, Bambus und Kokospalmenblättern – von so einem Ort träumt man im Winter, wenn man im Schneetreiben auf einen Zug wartet. Eine schattige Lounge, Baumhäuser, Strandbar und mehr; es gibt Quizabende, Pizzaabende, Musik, Lagerfeuer und andere Aktivitäten. Das Hostel unterstützt auch humanitäre Initiativen auf der Insel.

★ **Rabbit Tree** HOSTEL $
(0812 9149 1843; www.therabbittree.com; B mit Ventilator/Klimaanlage 110 000/135 000 Rp, DZ mit Klimaanlage 240 000 Rp;) Man fühlt sich ganz wie der weiße Hase, der durch das Loch ins Wunderland fällt, wenn man in einem Bett in einem grellbunten Bällebad schläft oder wenn der Boden, auf dem man gerade noch ging, sich plötzlich in eine Netzhängematte verwandelt. Solche Späße findet man im verrücktesten Hostel der Gilis, ein echtes Wunderland für jeden, der gern mal Alice wäre.

★ **Meno Dream Resort** BUNGALOWS $$
(0819 1596 1251; http://gilimenobungalows.com; Bungalows inkl. Frühstück 500 000 Rp;) In dieser kleinen Anlage stehen bloß fünf Bungalows um einen zentralen Pool und einen ruhigen Garten. Jeder hat einen ganz eigenen Charakter mit Kunst an den Wänden, tollen Bädern mit eingelassenen Duschen und überdachten Veranden. Gäste schwärmen vom Restaurant, dem kostenlosen Radverleih und dem freundlichen Service der Besitzer Made und Berni.

Biru Meno Beach Bungalows BUNGALOWS $$
(0823 4143 4317; www.birumeno.com; DZ/Bungalow 1 000 000/1 500 000 Rp;) Attraktive Bungalows im Baumschatten sind das Entscheidende in diesem bescheidenen, aber einladenden Hotel, das nach den Erdbeben von 2018 völlig umgebaut wurde. Zum Strand führt ein kleiner Weg. Das Café hat einen Pizzaholzofen.

Seri Resort RESORT $$
(0822 3759 6677; www.seriresortgilimeno.com; Zi. 400 000–1 600 000 Rp;) Diese Anlage am Strand scheint noch weißer zu erstrahlen als der umliegende Sand. Die interessante Mischung der 75 Zimmer erstreckt sich von Budget-Hütten mit geteiltem Bad bis hin zu Suiten in dreigeschossigen Gebäuden und luxuriösen Strandvillen. Der Service ist gut, das Ambiente im gehobenen Segment angesiedelt und Aktivitäten wie z. B. Yoga werden organisiert.

Ana Bungalows BUNGALOWS $$
(0878 6169 6315; www.anawarung.com; Zi. mit Ventilator/Klimaanlage 400 000/600 000 Rp;) Strohgedeckte Bambusbungalows mit Panoramafenstern und Außenbädern mit Kieselboden. Zu diesem familiengeführten Betrieb gehört ein origineller Buchtausch am Strand. An den vier hübschen *berugas* (offene Pavillons) wird beim Schein von Papierlaternen das Essen serviert. Die Fischgerichte sind so toll wie die Lage.

Mahamaya BOUTIQUEHOTEL $$$
(0811 390 5828; www.mahamaya.co; Zi. ab 2 150 000 Rp;) Ein strahlend weißes, modernes Juwel mit 4-Sterne-Service und 19 Zimmern. Jedes hat eine ansprechende Terrasse aus grob behauenem Marmor sowie weiß gekalkte Möbel. Das Restaurant ist gut; Gäste können an einem eigenen Tisch direkt am Wasser speisen.

Essen & Trinken

Menos Restaurantszene ist bei Weitem nicht so vielfältig wie die der Nachbarinseln, aber fast alle Restaurants haben umwerfenden Meerblick (umso besser, denn der Service kann entsetzlich langsam sein).

★ **Warung Pak Man Buati** INDONESISCH $
(Hauptgerichte 25 000 Rp; 7–21 Uhr) Der Koch Juno wurde nach dem Erdbeben von 2018 zu einem regionalen Helden, als er die Leute von Meno unermüdlich mit allem Essen, das er auftreiben konnte, versorgte. Seine indonesische Hausmannskost ist legendär auf den Inseln. Als wir da waren, kochte er noch in einem provisorischen Zelt, aber

inzwischen sollte sein Warung wieder voll funktionsfähig sein.

★ Sasak Café INDONESISCH $
(☎0332-662379; Hauptgerichte 40 000–45 000 Rp; ⏲Küche 7–21 Uhr, Bar bis spät) Nahe am ruhigen Weststrand Menos serviert dieses entspannte Inselrestaurant knusprigen Fisch und andere leckere Sasak-Gerichte. Wenn die Sonne untergeht, werden Tische und Stühle auf den nahen Strand gebracht, wo man Cocktails und Livemusik genießt, während sich der Himmel rosa färbt.

Ya Ya Warung INDONESISCH $
(Gerichte 15 000–30 000 Rp; ⏲8–22 Uhr) Dieser ziemlich klapprige Warung (Imbissstand) am Strand serviert indonesische Klassiker, Currygerichte, Pfannkuchen und jede Menge Pastagerichte zusammen mit einer wunderbaren Aussicht, wegen der man ja auf Meno ist.

Webe Café INDONESISCH $
(☎0852 3787 3339; Hauptgerichte 30 000–75 000 Rp; ⏲8–20 Uhr) Einfach ein wunderbarer Ort, um essen zu gehen. Das Webe Café hat niedrige Tische, die im Sand versinken (und Tische im Schatten), nur etwa einen Meter vom türkisfarbenen Wasser entfernt. Es punktet mit sasakischen und indonesischen Gerichten wie *kelak kuning* (Schnapper in gelben Gewürzen). Und an den meisten Abenden werden auf dem Grill Meeresfrüchte zubereitet. Der Service kann langsam sein.

Rust Warung INDONESISCH $
(☎0370-642324; Hauptgerichte 20 000–75 000 Rp; ⏲8–22 Uhr) Der sichtbarste Teil des Rust-Imperiums (zu dem der einzige Lebensmittelladen der Insel gehört) hat eine tolle Lage am Wasser mit Blick auf den Strand. Bekannt ist das Lokal vor allem für seinen gegrillten Fisch (mit Knoblauch oder Soße süß-sauer), auf der Karte stehen aber auch Pizza und – zu jeder Tages- und Nachtzeit – leckere Bananenpfannkuchen. Zu empfehlen: das hauseigene *sambal*.

★ Brother Hood BAR
(☎0819 0717 9286; www.facebook.com/anasasakbungalows; Workshops für eine Spende; ⏲Workshops 9–17 Uhr, Bar 17 Uhr bis spät) Wie soll man Brother Hood bloß beschreiben? Einerseits ist es ein Bildungszentrum, das sich für eine saubere Insel einsetzt. Es organisiert Mülleinsammeln (jeden Sonntag um 15.30 Uhr) und Recycling-Workshops, in denen man Traumfänger, Glasbecher, Bambusstrohhalme und anderes basteln kann. Andererseits verwandelt der Laden sich um 17 Uhr in eine wilde Reggaebar, in der man guten Gewissens trinkt, weil all die Cocktails die Aktivitäten tagsüber finanzieren.

Diana Café BAR
(☎0819 3317 1943; ⏲8–14 & 15–22 Uhr) Sollte das Leben in Meno zu hektisch sein, dann ab in diese relaxte, kleine Tikibar. Diana könnte kaum schlichter sein: Eine Bambusbar mit Palmdach, ein paar Tische, Hängematten und Buden auf dem Sand, ein skurriler Korallengarten, dazu lockerer Reggae. Happyhour von 17 bis 19 Uhr und das Essen (Hauptgerichte 35 000 Rp bis 40 000 Rp) ist auch gut.

Shoppen

Art Shop Botol KUNSTHANDWERK
(⏲Zeiten sind variabel) Art Shop Botol ist ein großer Kunsthandwerksstand etwas südlich des Kontiki Meno Hotels. Im Angebot sind Masken, sasakische Wasserkörbe, Holzschnitzereien und Kalebassen. Betrieben wird der Stand vom älteren Besitzer, seinen elf Kindern und zahllosen Enkelkindern.

Praktische Informationen

Meno hat drei Geldautomaten.

An- & Weiterreise

Die Bootsanlegestelle ist ein zunehmend geschäftiger Ort. Keines der Schnellboote fährt Meno direkt an, manche ermöglichen aber Anschlussverbindungen. Ansonsten nach Gili Trawangan oder Gili Air reisen und das öffentliche Insel-Hopping-Schnellboot nehmen. Die Landung am Strand ist die kabbeligste der drei Gilis; manchmal muss eine Prahm genutzt werden, um die Passagiere auf die Schnellboote zu bringen.

GILI AIR

☎0370 / 1800 EW.

Gili Air liegt von allen Gilis Lombok am nächsten, hier mischt sich der Trubel und das Treiben von Gili T mit der minimalistischen Einstellung von Meno. Die weißen Sandstrände sind zweifellos die schönsten der Gili-Inseln und es ist genug los, um zumindest ein bisschen Nachtleben zu genießen. Schnorcheln ist direkt vom Hauptstreifen entlang der Ostküste aus möglich – ein wunderschöner, sandiger Weg, an dem hier und da Bambusbungalows und kleine Restaurants stehen, in denen man direkt am türkisgrünen Wasser speisen kann.

Der Tourismus dominiert die Inselwirtschaft zwar, aber Kokosnüsse und Fischerei sowie die Herstellung des verwittert aussehenden Fischerbootholzes, ohne das keine schicke Pension auf Gili auskommt, sind wichtige Einkommensquellen. Lebhafte kleine Sträßchen haben sich entlang der Strände im Südosten und Westen entwickelt, auch wenn die Wege dort immer noch eher sandig als befestigt sind.

Strände

An der gesamten Ostseite der Insel befinden sich großartige Strände mit feinem weißen Sand. Ein leichtes Gefälle führt ins wunderschöne türkise Wasser mit fußfreundlichem sandigem Untergrund. Ansonsten gibt es um Gili Air herum überall schöne, einsame Flecken, aber Felsen und Korallen bei Ebbe sind ein Problem. Für Drinks und Sonnenuntergänge ist der Norden zu empfehlen.

Aktivitäten

Tauchen & Schnorcheln

Der gesamten Ostküste vorgelagert liegt ein Riff, das von zahllosen bunten Fischen bevölkert wird. Rund 100 bis 200 m vor der Küste fällt der Meeresboden ab. Schnorchelausrüstung kann man leicht bei Pensionen und Tauchschulen für ca. 50 000 Rp pro Tag leihen. Air Wall ist eine wunderschöne Weichkorallenwand vor der Westküste der Insel, im Norden liegen **Frogfish Point** und **Hans Reef**. Schnorchelstellen sind von östlichen und nordöstlichen Stränden erreichbar.

Die Insel hat mehrere ausgezeichnete Tauchschulen zu bieten, die die üblichen Gili-Preise nehmen.

SCHNORCHELN AUF DEN GILIS

Umringt von Korallenriffen sind die Gilis für Schnorchler ein angenehmes Revier. Masken, Schnorchel und Flossen gibt es überall zu kaufen und können auch für 50 000 Rp pro Tag gemietet werden. Es ist wichtig, zu überprüfen, ob die Maske richtig sitzt. Einfach sanft ins Gesicht drücken und loslassen – wenn die Maske gut passt, müsste die Saugwirkung sie festhalten.

Schnorchelausflüge – häufig auf Booten mit Glasboden – sind äußerst beliebt. Zumeist kosten sie 150 000 Rp pro Person oder etwa 650 000 Rp für das ganze Boot. In der Regel geht es um 10 Uhr zu drei Stellen los, mit einem Mittagshalt auf einer anderen Insel. Auf Gili T befinden sich entlang der Hauptstraße viele Anbieter solcher Ausflüge; der Preis ist eindeutig Verhandlungssache.

Auf Trawangan und Meno erscheinen häufig Meeresschildkröten an den Korallenriffen direkt vor dem Strand. Die Strömung zieht Schnorchler meist ein Stück weit den Strand entlang, was anschließend einen Fußmarsch zurück erfordert.

Es ist nicht sonderlich schwer, den Touristenmassen zu entfliehen. Jede Insel hat auch eine weniger erschlossene Seite, wo man zumeist nur über ein flaches Korallenriff zum Wasser gelangt. Gummischuhe sind da eindeutig zu empfehlen. Nicht auf den Korallen herumtrampeln, sondern vorsichtig ins Wasser gehen und dann mit möglichst horizontaler Körperhaltung schwimmen.

Man sollte nicht dieselben bunten Riffe erwarten, die es an anderen Stellen in Indonesien gibt. Die flachen Riffe, die alle drei Gili-Inseln umgeben, sind nicht mehr das, was sie mal waren, aber die stetig größer werdenden Ansammlungen von Biorock helfen bei der Korallenregeneration und sichern eine bessere Zukunft. Einer der vielen Gründe, warum es sich lohnt auf den Gilis zu schnorcheln, ist die große Chance, eine grüne Meeresschildkröte oder sogar die gefährdete Echte Karettschildkröte zu sehen. Zu den besten Schnorchelstellen gehören:

- Gili Menos Nest (S. 368)
- Das Nordende des Strands von Gili T
- Gili Air Wall

Gili Air

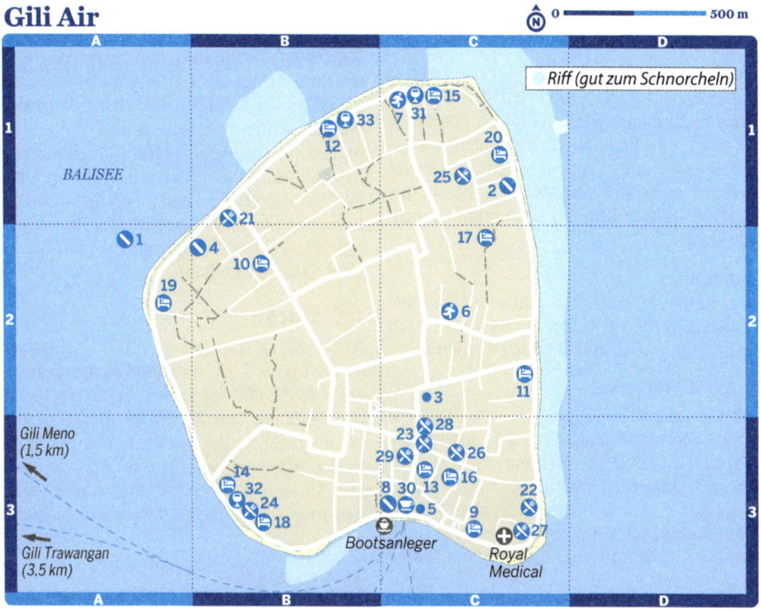

Gili Air

Aktivitäten, Kurse & Touren

1 Air Wall (30 m) A2
2 Blue Marine Dive Centre C1
3 Flowers & Fire Yoga C2
4 Gili Air Divers B2
5 Gili Cooking Classes C3
6 H2O Yoga C2
7 Harmony Spa C1
8 Oceans 5 .... C3

Schlafen

9 7 Seas C3
10 Begadang B2
11 Biba Beach Village C2
12 Bintang Beach 2 .... B1
Grand Sunset .... (s. 4)
13 Hideout C3
14 Krishna Sunset Bungalow B3
15 Pelangi Cottages C1
16 Rival Village C3
17 Sejuk Cottages C2
18 Villa Casa Mio B3
19 Vyaana Resort A2
20 Youpy Bungalows C1

Essen

21 Boogils Sunset Lounge B1
22 Chill Out C3
23 Eazy Gili Waroeng C3
24 Mowie's B3
25 Pachamama C1
26 Ruby's C3
27 Scallywags Beach Club C3
28 Siti Shop C3
29 Warung Bambu C3

Ausgehen & Nachtleben

30 Coffee & Thyme C3
31 K69 .... C1
32 Lucky's Bar B3
33 Pura Vida B1

★ **Gili Air Divers** TAUCHEN
(☎0878 6536 7551; www.giliairdivers.com; Grand Sunset; geführter Bootstauchausflug 490 000 Rp; ⏲8–20 Uhr) Dieser Tauchladen mit seinen französisch-indonesischen Besitzern punktet mit Charme und Fachkenntnis. Auch Schnupperkurse und Kurse auf SSI Level 1 und 2 im Angebot.

Blue Marine Dive Centre TAUCHEN
(☎0811 390 2550; www.bluemarinedive.com; Nachttauchgänge/10 Tauchgänge 990 000/4 500 000 Rp; ⏲7.30–19.30 Uhr) Blue Marine liegt wunderschön in der großartigen nordöstlichen Ecke der Insel und bietet Kurse in Apnoetauchen, Stand Up Paddling und

Yoga (120 000 Rp pro Kurs). Der Besitzer engagiert sich für die Erhaltung der Riffe.

Oceans 5 TAUCHEN
(☎0813 3877 7144; www.oceans5dive.com; einzelne Tauchgänge ab 490 000 Rp) Hat einen 25 m Übungspool, einen hauseigenen Meeresbiologen und schöne Hotelzimmer. Bietet außerdem Yogatauchkurse und betont gegenüber seinen Kunden nachhaltige Tauchpraktiken.

Surfen

Genau vor der südlichen Spitze der Insel befindet sich **Play Gili**, ein kurzer Break nach rechts, der zuweilen recht hoch werden kann.

Yoga & Wellness

★ **Flowers & Fire Yoga** YOGA
(http://flowersandfire.yoga; 1/3/5 Yogastunden 120 000/330 0000/500 000 Rp; ⏲9–18 Uhr) Ein einladender, spiritueller und heiterer Yogagarten, um vor oder nach dem Strand eine Stunde zu nehmen. Es gibt dort auch ein tolles Café mit gesundem Essen, beliebte Curry- und Kinoabende sowie Übernachtungsmöglichkeiten, von luxuriösen Mehrbettzimmern (mit Bettwäsche aus ägyptischer Baumwolle, 300 000 Rp) bis zu gut designten Bungalows (1 000 000 Rp). Gäste erhalten einen Rabatt auf die Kurse.

H2O Yoga YOGA
(☎0877 6103 8836; www.h2oyogaandmeditation.com; Stunden/3-Std.-Workshop 120 000/300 000 Rp) Für dieses tolle Yoga- und Meditationszentrum muss man einem gut ausgeschilderten Weg vom Oststrand von Gili Air ins Landesinnere folgen. Die qualitativ hochwertigen Kurse (um 7, 9 oder 17 Uhr für Yoga im Kerzenschein) finden in einer der zwei hübschen, palmengedeckten *shalas* statt. H2O verfügt auch über einen Schönheitssalon, einen Pool (mit Aquayogakursen), Unterkünfte (Doppelzimmer ab 270 000 Rp) und siebentägige Retreats (ab 625 US$).

H2Os Good Earth Cafe verkauft stärkende und gesunde Leckereien nach dem Yoga, von 7 bis 16:30 Uhr.

Harmony Spa SPA
(☎0812 386 5883; www.facebook.com/harmonygiliair; Massagen ab 120 000 Rp; ⏲9–20 Uhr) Bereits die wunderschöne Lage im Nordosten der Insel lässt die Gäste entspannen. Gesichts- und Körperbehandlungen sind im Angebot sowie einiges mehr. Besser vorher anrufen.

Radfahren

Fahrräder werden für 40 000 Rp bis 70 000 Rp pro Tag verliehen, aber weite Teile der Strandwege im Norden und Westen sind nicht gut zu befahren, da tiefer Sand den Weg manchmal verschluckt und wenn es geregnet hat, macht Matsch ihn unpassierbar. Im Landesinneren sind die Radwege aber meistens gepflastert und gut zu befahren. In manchen Läden gibt es Fatbikes (Räder mit sehr dicken Reifen), mit denen man besser über Sand fahren kann.

Kurse

Gili Cooking Classes KOCHEN
(☎0877 6506 7210; www.gilicookingclasses.com; Kurse ab 290 000 Rp) Dieser organisierte Betrieb hat eine große Küche direkt an der Hauptstraße, in der täglich Kochkurse stattfinden. Eine ganze Palette an Speisen steht zur Auswahl – aber gut auswählen, denn was man zubereitet, darf man anschließend auch verspeisen.

Schlafen

Die zahlreichen Übernachtungsmöglichkeiten auf Gili Air liegen vor allem an der Ostküste, der Westen ist allerdings einsamer. Bungalows in unterschiedlichen Formen sind üblich.

Begadang HOSTEL $
(begadangbackpackers@gmail.com; B/DZ/3BZ/ab 200 000/250 000/350 000 Rp;) Diese weitläufige Anlage aus einfachen Bungalows im Norden des Landesinneren von Gili Air ist ein echter Backpacker-Treffpunkt, mit einem pilzförmigen Pool, haufenweise Luftmatratzen, einer Bar, einer Tischtennisplatte und sogar einem riesigen „Vier gewinnt". Die einfacheren Doppelzimmer bieten kaum mehr als eine Matratze in einer zwei auf zwei Meter Hütte. Die klimatisierten Dreibettzimmer sind für kleine Gruppen viel netter.

Bintang Beach 2 BUNGALOWS $
(☎0819 742 3519; Bungalow ab 250 000 Rp;) An der ruhigen Nordwestküste von Gili Air verfügt diese sandige, aber ordentliche Anlage über 25 einfache Bungalows (von preisgünstig mit Ventilator bis zu etwas schicker) und ein offenes Strandbar/Restaurant, wo es sich gut aushalten lässt. Den geschäftstüchtigen Eigentümern gehören auch noch ein paar weitere Guesthouses in der Nähe. Hier werden auch Fahrräder und Schnorchelaus-

rüstungen verliehen und die Wäsche wird gewaschen.

Hideout HOSTEL $

(www.giliairhostel.com; B ab 120 000 Rp; ⏲ Rezeption 7.30–19 Uhr; ❄📶) Nach den Erdbeben von 2018 wurden die Zimmer in diesem freundlichen Hostel neu eingerichtet, es gibt jetzt je drei Betten und ein Badezimmer. Das Haus ist fröhlich dekoriert und hat eine coole Bar, heiße Duschen, gratis Frühstück und einen riesigen Tempelbaum.

Krishna Sunset Bungalow BUNGALOWS $

(☎0819 3675 0875; Zi. 300 000–500 000 Rp; @📶) Hier herrscht eine entspannte 60er-Jahre- Atmosphäre, dazu gibt es einen Panoramablick auf Lombok, die anderen Gilis und Bali sowie Sonnenuntergänge in Technicolor. Auf den Strandliegen lassen sich ganze Tage vertrödeln.

★ Sejuk Cottages BUNGALOWS $$

(☎0813 3953 5387; FZ 450 000–1 350 000 Rp; ❄📶🏊) Dreizehn robuste, geschmackvolle Cottages, strohgedeckt im *lumbung*-Stil (Reisscheune) und hübsche zwei- bis dreistöckige Cottages (manche mit Dachterrasse) stehen in einem tollen tropischen Garten mit einem Pool, der von einer Quelle gespeist wird. Manche Zimmer haben nur Ventilatoren, andere Hängematten auf dem Dach.

★ Biba Beach Village BUNGALOWS $$

(☎0819 1727 4648; www.bibabeach.com; Bungalows inkl. Frühstück 800 000–1 600 000 Rp; ❄📶) Biba bietet neun hübsche, geräumige Bungalows mit großen Veranden und grottoartigen Badezimmern, deren Wände mit Muscheln und Korallen verziert sind. Der prachtvolle Garten liegt an einem tollen Strandabschnitt. In Biba gibt es auch ein gutes italienisches Restaurant (9 bis 22 Uhr). Die besten Zimmer haben Meerblick.

Rival Village GUESTHOUSE $$

(☎0819 1749 8187; www.facebook.com/rivalvillagegiliair; Zi. 300 000–600 000 Rp; ❄📶) Diese bescheidene Pension mit vier Zimmern macht einfach alles richtig. Die französischen Besitzer haben eine blitzsaubere kleine Anlage geschaffen, die zwischen Wohnhäusern in der Nähe eines der Hauptwege des Dorfs liegt. Die Zimmer sind groß, die Bäder befinden sich draußen, das Frühstück ist superlecker und alles funktioniert. Wirklich *très bon!*

Youpy Bungalows BUNGALOWS $$

(☎0852 5371 5405; rizkylily7@gmail.com; Zi. 450 000–800 000 Rp; ❄📶) Zwischen den Strandcafés mit ihrer Strandgut-Deko und den Pensionen, die entlang der Küste nördlich vom Blue Marine zu finden sind, bietet Youpy einige der besten Bungalows der Insel. Die Badezimmer sind im Strandstil gestaltet, die Betten sind groß und die Zimmerdecken hoch.

Grand Sunset BUNGALOWS $$

(☎0819 3433 7000; www.grandsunsetgiliair.com; Zi. 600 000–1 900 000 Rp; ❄📶🏊) Diese 25 soliden Zimmer im Bungalowstil spiegeln die Grundwerte der bescheidenen Anlage wieder: Solidität. Die gut entworfenen Bäder befinden sich draußen, die Zimmer haben allen nötigen Grundkomfort, der Pool ist groß und die Liegen am Strand bieten einen hervorragenden Ausblick. Außerdem können Gäste die Ruhe genießen, die die Lage auf der Sonnenuntergangsseite von Gili Air bietet.

Pelangi Cottages BUNGALOWS $$

(☎0819 3316 8648; pelangicottages@yahoo.co.id; Zi. inkl. Frühstück 500 000–700 000 Rp; ❄📶🏊) Liegt an der Nordseite der Insel und hat ein Korallenriff vor der Tür. Im Angebot sind zehn geräumige, wenn auch schlichte Bungalows aus Beton und Holz, freundliche Betreiber und gute Mountainbikes im Verleih.

7 Seas HOTEL $$

(☎0361-849 7094; www.7seas-cottages.com; Zi./Bungalow ab 550 000/750 000 Rp; ❄📶🏊) Teil des 7 Seas Tauchimperiums liegt diese anständige Bungalowanlage direkt hinterm Strand. Die Zimmer sind sauber und verfügen über große Balkone; die Cottages haben hohe Strohdecken.

Villa Casa Mio BUNGALOWS $$$

(☎0370-619 8437; www.giliair.com; Cottages inkl. Frühstück ab 1 500 000 Rp; ❄📶🏊) Casa Mio sind nette Cottages mit reizvollen Gartenbadezimmern sowie Unmengen an Nippes, von kunstvoll bis kitschig. Die Zimmer mit blumigen Namen („Ocean of Love“, „Tropical Smile“) verfügen über Kühlschränke, Stereoanlagen und hübsche Sonnenterrassen mit Liegen. Das alles an einem tollen Strand, und einen schattigen Pool gibt es auch noch.

Vyaana Resort RESORT $$$

(☎0877 6538 8515; www.vyaanagiliair.com; Zi. inkl. Frühstück 1 600 000 Rp; ❄📶🏊) Dieser Strandabschnitt auf der Sonnenuntergangsseite von Gili Air ist immer noch recht unerschlossen und die Bungalowanlage eignet sich wunderbar dafür, die Ruhe zu genießen. Die acht (leicht überteuerten) Häuser garantieren durch weiten Abstand Privatsphäre und überall finden sich nette, kleine künstlerische Akzente.

Essen

Die meisten Restaurants auf Gili Air gehören Einheimischen und bieten beim Essen ein unschlagbares Ambiente – mit Blick aufs Meer. Ein paar der interessantesten neuen Restaurants öffnen gerade auf den hinteren Straßen des Dorfs.

Warung Bambu INDONESISCH $
(☎0878 6405 0402; Hauptgerichte 20 000–30 000 Rp; ⏲10–22 Uhr) Ein günstiger, freundlicher und kunstvoll dekorierter Stand für leckeres regionales Essen (das *tempe*-Curry probieren!). Er liegt zwei Blocks von der Anlegestelle entfernt.

Eazy Gili Waroeng INDONESISCH $
(☎0819 0902 2074; Hauptgerichte 35 000–40 000 Rp; ⏲8–22 Uhr) An einer Kreuzung mitten im Hauptdorf gelegen serviert dieses makellose Eckcafé (die leicht westlich angehauchte Ergänzung des urigeren Warung Muslim, direkt im Osten) schlichte indonesische Küche für Touristen. Es gibt auch Frühstück, Sandwiches und krosse *pisang goreng* (frittierte Bananen).

Siti Shop SUPERMARKT $
(⏲8–20 Uhr) Ein guter Gemischtwarenladen im Dorf.

★ **Ruby's** INDONESISCH $$
(☎0878 6575 6064; Hauptgerichte 45 000–85 000 Rp; ⏲12–22 Uhr) Eines der besten Esslokale der Gilis. Kerzen flackern auf den Holztischen in diesem Restaurant an einem der hinteren Wege. Die Karte ist kurz und es gibt wechselnde Tagesgerichte. Hier zaubert ein Kochgenie gleichen Namens in der Küche. Die Kalamari sind wunderbar leicht und knusprig, das grüne Curry ist lecker und geschmacklich nuanciert, die Burger sind umwerfend. Außerdem gibt es wirklich tolle Nachtische.

★ **Pachamama** HEALTH FOOD $$
(☎0878 6415 2100; www.pachamamagiliair.com; Hauptgerichte 70 000–85 000 Rp; ⏲Mo–Sa 10–22 Uhr; 🖉) Dieses ach-so-hippe Restaurant mit gesunder Kost braut Kombucha selbst, mixt exotische Smoothies (oder Cocktails!) und bietet eine große Auswahl an leckeren, vegetarischen, veganen und glutenfreien Gerichten. Es liegt ein bisschen abseits, im Norden des Landesinneren, aber lohnt den Weg.

Boogils Sunset Lounge FISCH & MEERESFRÜCHTE $$
(☎0819 3301 7727; Hauptgerichte 40 000–120 000 Rp; ⏲9–23 Uhr) Das Boogils ist ambitionierter als die üblichen Bambusschuppen am Strand. Es bietet jede Nacht ein Meeresfrüchte-Barbecue und eine große Vielfalt an frischen Gerichten. Die tollen Pastagerichte zeigen, was die italienische Küche mit *mie* (Nudeln) so alles machen kann. Am besten ist es, auf einen Drink vorbeikommen, zum Sonnenuntergang zu bleiben und dann im Mondschein zu essen. (Mit dem Fahrrad flitzt man über die gepflasterten Wege der Inselmitte.)

Chill Out CAFÉ $$
(www.chilloutbargiliair.com; Hauptgerichte 35 000–90 000 Rp; ⏲7.30–23 Uhr) Zum Schwimmen und für einen Drink mit großartigem Panorama gekommen, dann geblieben für ein Abendessen am Strand. Abends gibt es ein großes Barbecue mit Meeresfrüchten und gute Pizza aus dem Holzofen.

Scallywags Beach Club INTERNATIONAL $$
(☎0819 1743 2086; www.scallywagsresort.com; Hauptgerichte 50 000–150 000 Rp; ⏲7–23 Uhr; 📶) Das Scallywags ist am weichsten und breitesten Strand von Gili Air zu finden und bietet eine elegante Einrichtung, gehobene Wohlfühlkost, tolle Grillgerichte, selbst gemachtes Eis und hervorragende Cocktails. Aber am allerbesten ist der verlockende Strand, auf dem sich hier und da Strandliegen befinden. Das Angebot an *sambal* ist umwerfend.

Mowie's FUSION $$
(☎0878 6423 1384; www.mowiesbargiliair.com; Hauptgerichte 55 000-90 000 Rp; ⏲8–21 Uhr) Die Speisekarte voller kreativer indonesisch-westlicher Fusionsküche, ein perfekter Ort für Sonnenuntergänge am Strand, coole EDM am Abend – Mowie's ist die Art von Laden, den man fürs Mittagessen besucht und danach einfach bleibt.

Ausgehen & Nachtleben

Gili Air ist eigentlich ein ruhiger Flecken, aber es gibt auch Vollmondpartys und in den Sonnenuntergangsbars geht es in der

Hochsaison auch mal hoch her. Die größte Ansammlung von Bars liegt an der ansonsten ruhigen Nordküste.

Pura Vida LOUNGE
(www.facebook.com/puravidagiliair; ⌚11–23 Uhr) Eine schicke Bar mit riesigen Kissen und bunten Tischen und Stühlen am Strand. Klassischer Jazz läuft im Hintergrund und an manchen Abenden gibt es Live-Reggaemusik. Den ganzen Abend über werden dünne Pizzas im Holzofen gebacken. Genial bei Sonnenuntergang.

Coffee & Thyme CAFÉ
(☎0821 4499 3622; www.coffeeandthyme.co; ⌚7–19 Uhr) Mitten im Geschehen, da wo die Boote nach Gili Air ihre sonnenhungrigen Passagiere entlassen, liegt das geschäftige Café – teilweise im Freien – mit dem besten Kaffee der Gilis. Auch ideal, wenn man Lust auf ein westliches Frühstück, ein Wrap oder Muffins hat.

K69 BAR
(www.facebook.com/kopidarat; ⌚9–23 Uhr) Diese exzentrische Bar samt Galerie gehört dem sulawesischen Künstler Hardi, der auch Siebdruck-Workshops (150 000 Rp) anbietet. Sie wurde zum größten Teil aus recyceltem Material gebaut und stellt ständig neue indonesische Kunst aus. Tagsüber schaut man gern auf eine Tasse Tee vorbei, abends zu einem Glas Wein.

Lucky's Bar BAR
(⌚7 Uhr bis spät) Eine tolle Strandbar: Von Bambusliegen aus lässt sich der Sonnenuntergang hinter Gili Meno betrachten. Sonntags legen DJs auf und monatlich gibt es Vollmondpartys mit Feuertanz.

Praktische Informationen

MEDIZINISCHE VERSORGUNG

Royal Medical (☎0878 6442 1212; ⌚tel. Service 24 Std.) Eine einfache Klinik.

GELD

Es gibt Geldautomaten an verschiedenen Orten der Insel, vor allem im Süden nahe der Bootsanlegestelle.

An- & Weiterreise

An der Bootsanlegestelle ist meist viel los. Gili Airs Handel und Beliebtheit haben zur Folge, dass sich die öffentlichen Boote für die 15-minütige Fahrt nach Bangsal recht schnell füllen. Das Fahrkartenbüro hat einen schattigen Wartebereich.

Nusa Tenggara

Inhalt ➡

Sumbawa ... 380
Gunung Tambora ... 386
Komodo ... 390
Rinca ... 389
Flores ... 393
Labuan Bajo ... 395
Ruteng ... 404
Westtimor ... 424
Rote ... 434
Sumba ... 436

Gut essen

- Sari Rasa (S. 412)
- Happy Banana (S. 402)
- Blue Corner (S. 401)
- Mopi's Place (S. 415)
- Depot Bambu Kuning (S. 427)

Schön übernachten

- Ciao Hostel (S. 399)
- Villa Domanik (S. 401)
- Pantai Paris Homestay (S. 417)
- Ankermi Happy Dive (S. 419)
- Scuba Junkie Komodo Beach Resort (S. 400)

Auf nach Nusa Tenggara!

Wer – abseits der Touristenscharen auf Bali – nach weißen Stränden, atemberaubenden Tauchgründen und Surfspots sucht, nach sprudelnden heißen Quellen, majestätischen Wasserfällen und abgelegenen traditionellen Dörfern, für den ist Nusa Tenggara ein Wunderland. Die Inselgruppe erstreckt sich östlich der Wallace-Linie, die Asien von Australasien trennt, ist im Norden tropisch grün, während im Süden und Osten trockenere, savannenartige Landschaft vorherrscht. Dazwischen locken unzählige Surfbreaks und Barrels, intensiv leuchtende Vulkanseen, rosafarbene Sandstrände, erhabene Komodowarane sowie Unterwasserwelten erfüllt von Farben und Fischen.

Zudem trifft man hier auf eine kulturelle Vielfalt, die selbst im multikulturellen Indonesien ihresgleichen sucht. Animistische Rituale und Stammestraditionen werden weiterhin gepflegt und existieren Seite an Seite mit Minaretten, Klöstern und Kapellen, und auch wenn die offizielle Sprache Bahasa Indonesia ist, hat jede Insel mindestens eine einheimische Sprache, die sich häufig in Dialekte unterteilt. Egal ob man einen auf Touristen zugeschnittenen Strandurlaub machen oder seine Komfortzone verlassen will, um ein unvergessliches Abenteuer zu erleben – dies ist der richtige Ort dafür.

Reisezeit

- Die Trockenzeit (April–Sept.) sorgt für beste Sicht beim Tauchen; Reisende strömen nach Komodo und zu anderen Tauchspots.
- Im Mai und Oktober bilden sich vor Rote und Sumbawa riesige Wellen.
- Komodowarane können von September bis Mai im Komodo National Park gesichtet werden.

Highlights

1 Komodo National Park (S. 391) Erst die Drachen an Land erleben, dann kleine und große Lebewesen unter Wasser beim Schnorcheln oder Tauchen.

2 Flores (S. 393) Es eröffnet sich eine Welt an antiken Kulturen, Vulkanen, üppigen Regenwäldern und unberührten Stränden.

3 Temkessi (S. 433) Wie aus einer anderen Welt: die abgelegenen Dörfer im Westen Timors wie Temkessi mit ihren typischen Klanshütten in Bienenstockform.

4 Alor Archipelago (S. 422) Gefühlt taucht man an dieser Inselkette am äußersten Rand der Welt.

5 Westsumba (S. 440) Ein sensationeller Strand liegt am nächsten, dazwischen lädt das antike Dorf Ratenggaro und die atemberaubende Weekuri Lagoon zum Verweilen ein.

An- und Weiterreise

Der Lombok International Airport bildet den wichtigsten Knotenpunkt für die Anreise nach West-Nusa Tenggara. Von dort bestehen internationale Verbindungen nach Kuala Lumpur und Singapur sowie Inlandsflüge nach Jakarta, Denpasar und zu anderen nationalen Zielen. Der Flughafen El Tari in Kupang ist offiziell ein internationaler Flughafen, doch von dort werden überwiegend Flüge nach Ost-Nusa Tenggara angesteuert. Von allen wichtigen Orten bestehen regelmäßige Flugverbindungen – und das Angebot wächst stetig. Kupang bildet einen Knotenpunkt, während Flughäfen wie Labuan Bajo auf Flores und Tambolaka auf Sumba ihr Flugangebot ausweiten, weil sie als Reiseziele immer beliebter werden.

Safariboote (Boote mit Unterkunft in Kabinen für mehrtägige Tauchausflüge) sind eine beliebte Möglichkeit, um von Lombok nach Labuan Bajo zu reisen.

Unterwegs vor Ort

Autofahren ist im gebirgigen Nusa Tenggara eine langwierige Angelegenheit und angesichts der Fülle an Kurven, Schlaglöchern und Straßenausbauten sollte man nicht auf die von Google Maps berechneten Fahrtzeiten vertrauen. Autofahren ist zeitraubend, aber schön. Auf den lebhaften Inseln Sumbawa, Flores und Timor gibt es gut ausgebaute, asphaltierte Hauptstraßen und verhältnismäßig komfortable Busverbindungen. Abseits der Hauptstraßen kommt man erheblich langsamer voran, besonders zwischen Dezember und März, wenn der Regen auf die Schotterpisten und unbefestigten Straßen prasselt. Die Regenzeit beeinträchtigt auch den Schiffsverkehr und die stürmische See bringt den Fährbetrieb manchmal tagelang zum Erliegen. Den Rest des Jahres verkehren die Fähren regulär, aber man sollte sich vorher vergewissern und einen zeitlichen Puffer für die Weiterreise einplanen.

Verschiedene Fluglinien bieten Flüge zwischen den Inseln an; viele fliegen ab Bali.

SUMBAWA

Elegant gekrümmt ragt die Insel ins Meer, vulkanische Bergketten, terrassierte Reisfelder, trockene Ausläufer und geschützte Buchten prägen ihr Landschaftsbild. Trotz der guten Anbindung an Bali und Lombok unterscheidet sich Sumbawa merklich von den beiden Inseln – sie ist touristisch deutlich weniger erschlossen, größtenteils sehr trocken, die Bevölkerung ist viel ärmer, konservativ und in zwei Volksgruppen unterteilt. Auf der Westhälfte der Insel sprechen die Einwohner Sumbawa und sind vermutlich aus Lombok eingewandert, während auf der Halbinsel Tambora und in der Osthälfte überwiegend Bima gesprochen wird. Der Islam ist auf Sumbawa die vorherrschende Religion, aber in abgelegenen Gegenden findet das *adat* (das ungeschriebene Gesetz traditioneller und gesellschaftlicher Normen) nach wie vor Anwendung.

Der wenig befahrene und sehr gut ausgebaute Trans-Sumbawa Highway ist bestens geeignet, um schnell zwischen Lombok und Flores hin- und herzureisen. Abseits der Schnellstraße sind die Verbindungen mit öffentlichen Verkehrsmitteln rar und unkomfortabel. Die meisten Touristen, die über Land reisen, steigen in Sumbawa nicht einmal aus dem Bus, gleiten auf der Durchreise von Lombok nach Flores nur über Land und Wasser. Noch ist die Insel weitgehend Surfern, Minenarbeitern und Mullahs vorbehalten.

Praktische Informationen

GEFAHREN & ÄRGERNISSE

- Sumbawas Bewohner sind zum Großteil gastfreundlich und aufrichtig erfreut, dass ausländische Reisende ihre Insel erkunden. Allerdings kam es in der Vergangenheit zu gewalttätigen Protesten gegen ausländische Minenbetreiber, aber das Thema ist mittlerweile weitgehend geklärt.
- Die Inselbewohner sind in religiöser Hinsicht deutlich konservativer als ihre Nachbarn auf Lombok und Flores; deshalb stets auf sittsames Verhalten achten.
- Indonesiens Anti-Terror-Polizeieinheiten führen rund um Bima Razzien und Verhaftungen durch.
- Mit Englisch kann man sich auf Sumbawa weniger gut verständigen als auf den Nachbarinseln. Eine Übersetzungs-App hilft, die Sprachbarriere zu überbrücken.

An- & Weiterreise

FLUGZEUG

Auf beiden Seiten der Insel gibt es einen Flughafen, in Bima und Sumbawa Besar. Dort landen Inlandsflüge von den Nachbarinseln. Die meisten Besucher reisen per Fähre aus Lombok oder Flores an.

SCHIFF/FÄHRE

Fähren verkehren 24 Stunden am Tag fast stündlich zwischen Labuhan Lombok und Poto Tano (Passagiere/Motorräder/Autos 17 000/49 500/431 000 Rp, 1½ Std.). Bei den durchgehenden Busverbindungen nach Lombok ist der Fährpreis im Tarif enthalten.

Die Busse passen die Fähren ab und fahren nach Sumbawa Besar (35 000 Rp, 2½ Std.) oder Taliwang (25 000 Rp, 1 Std.), von wo gelegentliche Transportmöglichkeiten nach Süden bestehen.

Nach Pulau Moyo nimmt man am besten die tägliche öffentliche Fähre ab Sumbawa Besar. Der Trans-Sumbawa Highway verbindet Sumbawa Besar mit dem Hafen Poto Tano, von da verkehren Fähren nach Lombok. Viele Busse fahren ab dort weiter Richtung Süden nach Taliwang und Maluk, von wo ein teurerer (und schnellerer) Fährservice nach Lombok besteht. Von Sekongkang, am Ende des Highways, fahren täglich zwei Busse nach Mataram (Lombok), die in Poto Tano mit der Fähre übersetzen.

Unterwegs vor Ort

Sumbawas Hauptverkehrsstraße ist in gutem Zustand und verläuft von Taliwang (nahe der Westküste) über Sumbawa Besar, Dompu und Bima nach Sape (dem Fährhafen an der Ostküste). Der Highway ist relativ wenig befahren – eine Erleichterung für alle, die eine strapaziöse Anreise über Java, Bali und Lombok hinter sich haben. Langstreckenbusse, einige mit Klimaanlage, verkehren zwischen dem Fährhafen Poto Tano an der Westküste und Sape und halten unterwegs in allen größeren Orten. Von Bima kann man mit dem Bus oder einem privaten Transportmittel nach Calabai reisen (Richtung Gunung Tambora) oder nach Hu'u (Richtung Pantai Lakey). Zudem fahren häufig Busse nach Sape, von wo man mit der Fähre nach Sumba und Flores übersetzen kann.

Die Hotels vermitteln Mietwagen: Je nach Ziel zahlt man für ein Auto 600 000–800 000 Rp pro Tag, inklusive Fahrer und Benzin. Motorräder kosten 50 000–80 000 Rp pro Tag.

Jelenga

☎0372 / 200 EW.

An einer langen, sichelförmigen Bucht liegt in ländlicher Umgebung der einfache Strandort Jelenga – mit Reisfeldern, Ziegenfarmen und dem weltbekannten Break **Scar Reef**, der linksdrehende Wellen erzeugt. Der Strand gehört zu den beschaulichsten von Sumbawa und bildet die perfekte Basis für anspruchslose Reisende, die ein paar Tage die Füße im Sand vergraben wollen. Um nach Jelenga zu kommen, fährt man ab **Jereweh**, 11 km südlich der Regionalhauptstadt Taliwang, Richtung Küste.

Schlafen

Ein paar hochwertige Lodges säumen den Strand an Jelengas Küste. Die meisten sind auf Surfer ausgerichtet, aber auch Nicht-Surfer fühlen sich hier so willkommen wie in keinem anderen Surfer-Ort in West-Sumbawa. Alle Hotels am Strand haben eigene Restaurants, die eine Mischung aus westlichen und indonesischen Speisen servieren.

Wood Garden Bungalows BUNGALOW **$**
(☎0821 4721 4166; www.facebook.com/thewoodthaticould; Bungalows 350 000 Rp, Zi. ohne eigenes Bad 150 000 Rp) Die drei Bungalows aus recyceltem Teakholz (angeblich stammt ein Teil davon von alten Königspalästen) liegen 100 m vom Strand zurückversetzt auf einem grünen Grundstück. Bis zu drei Gäste haben darin Platz und die Bäder im Freien sind deutlich schicker als die schlichte Inneneinrichtung. Außerdem gibt es einfache, günstige Zimmer mit schlichteren Gemeinschaftsbädern.

★ **Scar Reef Lodge** LODGE **$$**
(☎0812 3980 4885; www.scarreeflodge.com; Zi. 35–55 US$, Hütte für 6 Pers. 120 US$; ❄📶) Eine moderne Surfer-Lodge. Es gibt fünf Zimmer (zwei mit Klimaanlage) mit hohen Decken und Holzmöbeln, ein Restaurant am Strand und einen Loungebereich für die Gäste. Außerdem gibt es eine Hütte für Gruppen, zahlreiche Strandliegen und ein Yoga *shala*, auf dem man in eigener Regie Sonnengrüße machen kann. Surfbretter, SUP-Boards und Motorräder können gemietet werden.

Myamo Beach Lodge BOUTIQUEHOTEL **$$**
(☎0812 1598 1888; http://myamolodge.com; Jelenga; B/DZ inkl. Frühstück 450 000/650 000 Rp; ❄📶) Strahlend weiße Wände, Möbel aus verwittertem Holz und Downtempo Pop verleihen der Surfer-Lodge direkt am Meer einen unbekümmerten Strandschick. Die geräumigen Zimmer haben bequeme Matratzen und die Duschen vernünftigen Wasserdruck, allerdings ist der Preis für ein Bett im Schlafsaal völlig überzogen. Nicht-Surfer können Paddleboards, Kajaks, Schnorchelausrüstung oder Harpunen zum Fischen leihen.

Hinweis: Das Restaurant erhebt eine Servicegebühr von 21 %.

Praktische Informationen

Die nächsten Geldautomaten befinden sich an der Hauptstraße nach Taliwang.

An- & Weiterreise

Die kleine, konservative Stadt Taliwang ist der regionale Knotenpunkt. Fast stündlich fahren von dort Busse nach Poto Tano (25 000 Rp, 1 Std.), wo man in einen Bus nach Mataram oder Sumbawa Besar umsteigen kann. Frühmorgens und abends verkehren Busse nach Maluk (30 000 Rp, 1 Std.).

Die 45-minütige Fahrt mit einem *ojek* (Motorradtaxi) von Taliwang nach Jelenga kostet 50 000 Rp. Die meisten Hotels in Jelenga können Gäste in umliegenden Orten abholen und vermieten für ca. 70 000 Rp pro Tag Motorräder.

Maluk

0372 / 11 930 EW.

Südlich von Taliwang überbieten sich die Strände und Buchten gegenseitig. Erster Zwischenhalt ist die Arbeiter- und Gewerbestadt Maluk, 30 km südlich von Taliwang. Ja, die Stadt ist hässlich, aber der Strand ist sagenhaft. Weißgoldener Sand und eine Bucht, die geschützt zwischen zwei Landzungen liegt. Im seichten Wasser kann man prima schwimmen und bei entsprechender Brandung formt das Riff weiter draußen perfekte Barrels.

Direkt südlich von Maluk liegt **Supersuck** (man kann vom Strand zu Fuß hingehen, aber es ist ein ganz schöner Marsch), eine Linkswelle von Weltklasse. Regelmäßig kommen Surfer von Hawaiis Nordküste zum Surfen hierher – und das will was heißen – und viele Surf-Veteranen schwärmen von der besten Barrel ihres Lebens. Besonders Gas gibt sie während der Trockenzeit (Mai bis Oktober).

Schlafen

Dreamtime Sumbawa Homestay GUESTHOUSE $
(0821 4523 9696; http://dreamtimesumbawa.com; Jl Pasir Putih; B 55 000 Rp, DZ mit/ohne Klimaanlage 300 000/200 000 Rp;) Das ultimative Surfer *crash pad*; die Betten im Schlafsaal haben individuelle Vorhänge, die gemütlichen Zimmer gehen zum Innenhof raus. Dreamtime liegt einen Block vom Strand zurückversetzt im Ortskern und die Mitarbeiter kennen sich bestens mit den nahen Wellen aus. Weiterer Pluspunkt: schnelles WLAN über Glasfaser.

★ **Merdeka House** GUESTHOUSE $$
(0822 4741 7866; www.merdekahouse.com; Jl Raya Balas; Zi. 350 000 Rp;) Wow! Was für ein Ausblick nach einem harten Tag in den Wellen! Das Gästehaus liegt auf einem Hügel, von der Gemeinschaftslounge und -küche blickt man auf zwei bezaubernde Buchten. Die sechs Zimmer sind groß und blitzblank. Weitere Annehmlichkeiten sind eine Honesty Bar, kostenloses Schnorchel-Equipment und günstiger Surfbrettverleih (50 000 Rp pro Tag) sowie ein hilfreiches Handbuch über die Gegend, das die freundlichen australischen Besitzer erstellt haben.

Praktische Informationen

Die meisten Banken und Geldautomaten, z. B. **BNI** (0372-635146; Jl Raya Maluk; Mo–Fr 8–16 Uhr, Geldautomat 24 Std.), liegen an der Jalan Raya Maluk, die durchs Stadtzentrum verläuft.

An- & Weiterreise

Zwei Busse fahren täglich vom Terminal Maluk im Norden der Stadt nach Sumbawa Besar (40 000 Rp, 4 Std.). Der Busbahnhof liegt gegenüber dem Eingang zur PT AMNT-Mine (nach den großen Toren und dem riesigen Parkplatz Ausschau halten). Abfahrt ist in der Regel um 6 und 14 Uhr, aber man muss sehr zeitig da sein, um einen Platz zu reservieren. Der Bus kann einen auch in Taliwang rauslassen (25 000 Rp, 1 Std.).

Die meisten Reisenden kommen mit der Schnellfähre aus Lombok hierher. Direkt nördlich von Maluk liegt der Hafen Benete; von dort bestehen zweimal täglich Fährverbindungen von/nach Labuhan Lombok (135 000 Rp, 90 Min.). Die Fähre ab Lombok legt um 10 und 16.45 Uhr ab. Die vom Hafen Benete startet um 8 und 14.45 Uhr. Surfbretttransport kostet 25 000 Rp extra.

Rantung Beach & Umgebung

0372 / 8180 EW.

In der ausgedehnten Ortschaft Sekongkang gibt es drei herrliche Strände mit ein paar Surfbreaks. Die besten Unterkünfte und Restaurants liegen ein paar Kilometer vom Zentrum entfernt an der Küste, vor allem in Rantung Beach, einem entspannten Ort mit klassischem Surfer-Ambiente. Rantung liegt an einer geschützten, eindrucksvollen Bucht, die von zwei 100 m hohen Landzungen umrahmt wird. Man kann fast alles zu Fuß erreichen.

Das Wasser ist glasklar und das ganze Jahr über brechen sich die Wellen am **Yo Yo's**, einem rechten Break am nördlichen Ende der Bucht. **Hook** am Rand der nördlichen Landzunge ist ein weiterer grandioser

Break nach rechts. Eine Bucht weiter befindet sich **Tropical**, ein sagenhafter Strand (benannt nach dem nahe gelegenen Beach Resort) mit großartigen links- und rechtsdrehenden Wellen, an denen Anfänger ihre Freude haben. Direkt südlich von Tropical liegt **Remo's Left**, der amtliche A-Frame-Wellen produziert.

Nördlich von Rantung liegt **Pantai Lawar**, ein von Bäumen gesäumter weißer Sandstreifen an einer türkisfarbenen Bucht zwischen zwei von Urwald bewachsenen vulkanischen Steilhängen. Sollte es keine Wellen geben, ist dies ein wunderbarer Ort zum Schwimmen und Schnorcheln. Weiter nördlich, bei Pantai Balas, befindet sich Supersuck, ein verlässlicher Ganzjahres-Break, der bei Dünung aber recht temperamentvoll wird und lange Linkswellen erzeugt.

Schlafen & Essen

Die Hotels und Bungalow-Unterkünfte am Strand sind auf Surfer zugeschnitten; die meisten bieten auch Verpflegung.

Santai Beach Bungalows BUNGALOW **$**
(☎0878 6393 5758; Rantung Beach; Zi. mit/ohne Bad 150 000/200 000 Rp, mit Klimaanlage & Frühstück 300 000 Rp; ❄📶) Eine tolle, preisgünstige Unterkunft mit 12 großzügigen, gepflegten Zimmern mit Fliesenböden. Die Zimmer mit eigenem Bad bieten atemberaubenden Meerblick, den auch alle anderen Gäste vom strohgedeckten Restaurant (Hauptgerichte 30 000–60 000 Rp) genießen können. Dort gibt es auch einen Billardtisch, an dem man sich bei einem Bier vom Surfen entspannt. Im Voraus reservieren: Bei gutem Swell ist das Hotel wochenlang ausgebucht.

Yo Yo's Hotel RESORT **$$**
(☎0878 6695 0576; yoyoshotel@yahoo.co.id; Rantung Beach; EZ/DZ ab 200 000–350 000 Rp; ❄📶) Ein großes Strandresort mit 15 Zimmern. Die De-luxe-Zimmer sind groß, gepflegt und mit Holzmöbeln eingerichtet. Die Standard-Zimmer sind kleiner und etwas in die Tage gekommen. Übers Grundstück streifen Affen, es gibt eine große, zweistöckige Bar (mit Cocktails!) und ein Restaurant (Hauptgerichte 30 000–80 000 Rp) mit Blick auf die Brandung.

Rantung Beach Bar & Cottages BUNGALOW **$$**
(☎0819 1700 7481; Rantung Beach; Zi. ab 200 000 Rp, Cottages ab 400 000 Rp; ❄📶) Die Minenarbeiter haben in der großen Open-Air-Bar am Strand schon den einen oder anderen Sundowner geschlürft (Gerichte 40 000–60 000 Rp); das Essen enttäuscht nie – empfehlenswert sind die knusprigen Pommes und riesigen Burger. Es gibt fünf schicke, geräumige Bungalows mit Queensize-Betten und begrünten Terrassen mit Meerblick. Dahinter liegt eine Reihe günstigerer Zimmer.

Lisa's Garden INTERNATIONAL **$**
(☎0822 3650 7340; Rantung Beach; Hauptgerichte 20 000–65 000 Rp; ⏲7–22 Uhr; 📶) Wen es nach Kaffee aus der French Press, Avocado-Toast, Salaten, Müsli oder Burritos gelüstet – allesamt Mangelware auf Sumbawa –, wird dieses günstige Open-Air-Lokal lieben. Von der Terrasse im oberen Stock schaut man auf die Wellen.

An- & Weiterreise

Die auf Touristen ausgelegten Minibusse von **Sekongkang Trans** (☎0853 3324 1931; www.facebook.com/sekongkangtrans; Jl Raya Sekongkang) starten jeden Tag um 7 und 19 Uhr zur sechsstündigen Fahrt nach Mataram (120 000 Rp); vom Hafen Poto Tano wird mit der Fähre übergesetzt. Der klimatisierte Bus holt Fahrgäste auf vorherige Anfrage in Maluk und Jereweh ab (15 bzw. 30 Min. nach Abfahrt in Sekongkang). Die Busse von Mataram nach Sekongkang starten ebenfalls um 7 und 19 Uhr.

Sekongkang Trans betreibt den einzigen Bus, der die ganze Strecke bis Sekongkang fährt. Zu allen anderen Zeiten muss man ein *ojek* (etwa 20 000 Rp) ab Maluk nehmen, der nächsten Stadt, die ans öffentliche Busnetz angeschlossen ist.

Sumbawa Besar

☎0371 / 56 340 EW.

Sumbawa Besar, oder kurz „Sumbawa", ist die wichtigste Marktstadt im Westen der Insel. Sie ist grün, ihre Bewohner sind strenggläubige Moslems (trotzdem gibt es eine Schwemme an Karaoke-Bars) und bestreiten ihre Existenz mit dem Anbau von Bohnen, Reis und Mais in den Außengebieten. Die Stadt ist ein akzeptabler Zwischenstopp zur Weiterreise nach Pulau Moyo, auch wenn es außer dem ehemaligen Palast und einem lebhaften Markt am Vormittag nicht viel zu sehen gibt. Den meisten Reisenden bietet die Stadt schlicht eine Verschnaufpause auf der Reise über den Trans-Sumbawa Highway.

Sehenswertes

Dalam Loka PALAST
(Palast des Sultans; Jl Dalam Loka 1; ⏲Mo–Fr 8–12 & 13–17, Sa & So 8–11 & 13.30–17 Uhr) GRATIS Dalam

ABSEITS DER ÜBLICHEN PFADE

TRADITIONELLE TEXTILIEN

Einige der schönsten Ikat- und *Songket*-Sarongs werden von den weiblichen Mitgliedern eines Webereikollektivs (*klompok*) im konservativen Bergdorf **Poto** hergestellt, das 12 km östlich von Sumbawa Besar und 2 km von der Kleinstadt Moyo entfernt liegt. Zu den traditionellen Designs gehört das *prahu* (Auslegerboot). Wer von der Straße her das Klappern eines Webstuhls hört, darf gern mal einen Blick in eine der bescheidenen Hütten riskieren. An aufwendigeren Stücken sitzen die Weberinnen bis zu 45 Tage lang.

Die Anreise im *ojek* von Sumbawa Besar sollte einschließlich Rückfahrt nicht mehr als 100 000 Rp kosten.

Loka wurde vor über 200 Jahren für Sultan Mohammad Jalaluddin III. errichtet und umfasst heute einen ganzen Häuserblock. Die Überreste des ehemals imposanten Bauwerks sind in gutem Zustand und werden immer noch für politische Veranstaltungen genutzt. Man kann übers Anwesen schlendern und drinnen über die quietschenden Holzbohlen schreiten, um sich alte Fotos von der Königsfamilie, antike Sonnenschirme und Kutschen anzusehen.

Pasar Syketeng MARKT

(abseits der Jl Dr Cipta; ⌚7–16 Uhr) Bei Morgengrauen aufstehen und den dunstigen, exotischen Markt Pasar Syketeng besuchen. Seine feuchten Gässchen erwachen zum Leben, während Jung und Alt auf den Markt strömen, um alle erdenklichen Waren feilschen oder Tauschhandel betreiben: von Fisch über Haushaltswaren bis zu lebenden Hühnern.

Schlafen & Essen

Samawa Transit Hotel HOTEL $$

(☎0371-21754; Jl Garuda 41; EZ/DZ ab 400 000/420 000 Rp; ❄📶) Das niedrige, karamellfarbene Gebäude liegt verkehrsgünstig gegenüber der Hauptstraße, vom Flughafen kommend auf der linken Seite. Die Zimmer sind alle groß und sehr sauber, haben hohe Decken, fröhlich geflieste Badezimmer, Flatscreen-TV, Warmwasser und anständige Betten. Die VIP-Zimmer sind noch größer, ruhiger und haben einen Balkon.

★ **Cipta Sari Bakery** BÄCKEREI $

(☎0371-21496; Jl Hasanuddin 47; Snacks ab 4000 Rp; ⌚8–19 Uhr) Bei einem Stadtbesuch sollte ein Abstecher zu dieser hervorragenden Bäckerei an einem schattigen Abschnitt der Hauptstraße auf keinen Fall fehlen. Hier macht man bei einem Kaffee oder Kaltgetränk eine Pause und deckt sich mit Proviant für die Weiterreise ein: Die große Auswahl an Backwaren und süßen Köstlichkeiten ist die beste zwischen Sumbawa und Bima.

Aneka Rasa Jaya CHINESISCH $

(☎0371-21291; Jl Hasanuddin 14; Hauptgerichte 25 000–50 000 Rp; ⌚8–15 & 18–21.30 Uhr) Das saubere und beliebte chinesische Meeresfrüchte-Restaurant serviert zartes Fischfilet, Garnelen, Tintenfisch, Krabben und Jakobsmuscheln, wahlweise mit Austern-Szechuan- oder süßsaurer Sauce. Lecker: *soto kepiting* (Krabbensuppe) und alle Nudelgerichte.

Praktische Informationen

MEDIZINISCHE VERSORGUNG

Klinik Surya Medika Sumbawa (☎0371-262 0023; Jl Hasanuddin 20 A; ⌚24 Std.) Krankenhaus mit 24-stündiger Versorgung.

VISA-VERLÄNGERUNG

Kantor Imigrasi (Ausländeramt; Jl Garuda 41; ⌚Mo–Do 8–15, Fr 8–12 Uhr) Hier kann man sein Touristenvisum verlängern lassen; Bearbeitungsdauer mindestens zwei Tage.

An- & Weiterreise

FLUGZEUG

Der Sultan Muhammad Kaharuddin III Airport liegt nah am Zentrum. Garuda und Wings Air fliegen täglich direkt nach Lombok, weitere Ziele werden angeflogen, wenn der Flughafen 2020 ausgebaut wird.

BUS

Sumbawa Besars Busbahnhof für Langstreckenbusse ist das **Terminal Sumur Payung** (Jl Lintas Sumbawa), 5,5 km nordwestlich vom Zentrum am Highway. Zu den Zielen zählen:

Bima 100 000 Rp, 7 Std., mehrmals tgl.

Mataram 90 000 Rp (inkl. Fährticket), 6 Std., mehrmals tgl.

Poto Tano 35 000 Rp, 2½ Std., stündl. 8–24 Uhr

Unterwegs vor Ort

Vom Flughafen kann man ins Stadtzentrum laufen – beim Verlassen des Terminals rechts abbiegen; das Zentrum ist knapp 1 km entfernt. Alternativ lässt man sich von der Unterkunft am Flughafen abholen.

Bemos kosten 5000 Rp pro Fahrt zu einem beliebigen Ziel in der Stadt.

Pulau Moyo

☎ 0371

Moyo ist ein sanft sichelförmig geschwungener, dschungelbewachsener Vulkanfelsen, der nördlich von Sumbawa Besar auf dem himmelblauen Ozean treibt. Die Insel ist etwa halb so groß wie Singapur und hat nur 2000 Einwohner, die sich auf sechs kleine Dörfer verteilen. Der größte Ort, **Labuhan Aji**, ist ein typisch sumbawanesisches Dorf, das sich erst vor Kurzem für den Tourismus geöffnet hat. Es liegt an einem Kiesstrand (besser zum Schnorcheln als zum Schwimmen) und ist die Art Inselparadies, an dem die Zeit stehen geblieben ist, wo es nur abends Strom gibt und die Einheimischen immer noch amüsiert über den Anblick von Ausländern sind.

Der Großteil der Insel bildet zusammen mit seinen artenreichen Riffen ein Naturreservat, das von Pfaden durchzogen wird, mit rauschenden Wasserfällen und den besten Tauchgründen westlich von Komodo. An den Stränden schlüpfen unechte Karettschildkröten und grüne Meeresschildkröten, Langschwanzmakaken streifen durchs Blätterdach und Wildschweine, Muntjaks sowie eine mannigfaltige Vogelwelt sind auf Moyo beheimatet.

Sehenswertes

Mata Jitu Waterfall WASSERFALL

Pulau Moyos berühmteste Attraktion ist dieser märchenhafte Wasserfall, dessen kaskadenförmige, türkisblaue Becken bereits eine Prinzessin verzaubert haben (die Einheimischen nennen ihn „Lady-Diana-Wasserfall“, weil sie 1993 dort zu Besuch war). In Labuhan Aji wird die Entfernung mit 7 km angegeben, aber das ist ein Marketing-Trick, um die Touristen auf ein *ojek* zu locken (100 000 Rp). In Wahrheit ist es nur ein leichter Gang von 4 km bis dorthin (Badesachen nicht vergessen!).

Wer den Ausflug auf eigene Faust unternimmt, muss vorher im Hotel eine „Inselsteuer“ von 25 000 Rp entrichten.

Aktivitäten

Wandern und Schnorcheln sind die Publikumsmagnete der Insel. Man kann auch vor Ort ein Boot chartern, um zu den Tauchspots vor der Küste zu fahren oder zu atemberaubenden Stränden wie **Tanjung Pasir** im Süden der Insel.

Tauchen

Gute Riffe mit Steilwand findet man überall um die Insel. Wer aufs Budget bedacht ist, sollte eine Tauchtour bei Maleo Moyo buchen, während das Amanwana Resort die gut situierte Kundschaft anspricht. Fährt man ab Bali oder Lombok auf einem Safariboot nach Komodo mit, legt es unterwegs vermutlich einen oder zwei Tage in Moyo an.

Maleo Moyo TAUCHEN

(DJL Diving; ☎ 0812 8472 9535; http://scubadivemoyo.com; Labuhan Aji; Tauchgang vom Land/Boot 400 000/600 000 Rp, Schnupperkurs Scuba-Tauchen 800 000 Rp; ⏲ 8–17 Uhr) Die einzige PADI-Tauchschule in Labuhan Aji mit zwei komfortablen Booten; eins bringt Urlauber zum Schnorcheln zu den vorgelagerten Riffen, z. B. Takat Sagele und Sengalo. Angeboten werden „Leisure Diving“ Tagestauchgänge und mehrtägige Tauchsafaris.

Maleo Moyo vermietet auch hübsche helle Bungalows (400 000–600 000 Rp), Betten (100 000 Rp) in einem *crash pad* (Schlafsaal) und einfache Zimmer (200 000 Rp).

Schlafen & Essen

Labuhan Aji ist der Hauptort der Insel und als einziger auf Tourismus ausgerichtet. Den Strand säumen einfache Privatunterkünfte und Bungalows der mittleren Preisklasse, während sich das seit Langem ansässige

EINEN ABSTECHER WERT

SCHNORCHELREVIERE

Im Meer abseits von Labuhan Aji lassen sich zwar einige Korallen finden, das bessere Schnorchelrevier ist allerdings **Crocodile Head**. Der Einstieg vom Ufer aus ist möglich, aber hier gibt es größere Fischschwärme. Um hierherzukommen wandert oder radelt man 5 km von Labuhan Aji aus Richtung Süden auf dem Weg zum Amanwana Resort, bis zu einem Schild, das die Abzweigung anzeigt.

Gleich im Nordosten von Pulau Moyo liegt das kleine **Pulau Satonda**. Die Strände hier sind gut und das Schnorcheln in der Gegend ist großartig. Maleo Moyo organisiert die zweistündige Bootsfahrt dorthin (2 000 000 Rp).

Luxus-Resort abgelegen 7 km Richtung Süden befindet. Die meisten Unterkünfte am Strand haben eigene Restaurants und in Labuhan Ajis Sträßchen liegen etwas versteckt drei einfache Warungs. Die meisten Betriebe im Ort haben nur von 18 bis 6 Uhr Strom.

Devi Homestay PRIVATUNTERKUNFT $
(☎0853 3993 2815; Labuhan Aji; Zi. ohne Bad 100 000 Rp, mit VP 200 000 Rp) Die netteste der ganz einfachen Privatunterkünfte, nur ein kleines Stück vom Pier entfernt. In allen Zimmern gibt es Matratzen auf dem Boden, die Bäder werden geteilt, aber die Zimmer, die nach vorn rausgehen, haben eine Terrasse mit Meerblick.

★**Sunset Moyo Bungalows** BUNGALOW $$
(☎0852 0517 1191; http://sunsetmoyobungalows.com; Labuhan Aji; Bungalow DZ/3BZ 650 000/750 000 Rp) Der Name dieser Unterkunft hält, was er verspricht: Die auf mehreren Ebenen angelegte Terrasse vorm Haus gleicht einem Mini-Amphitheater für verträumte Sonnenuntergänge. Die fünf Bungalows haben viele verspielte Details, wie Waschbecken aus Baumstämmen und Duschen im Freien, und die Schaukel über dem Meer ist eigens für Instagram-Fotos gedacht, bei denen sämtliche Follower grün vor Neid werden. Die freundlichen Besitzer organisieren Motorradverleih, Wanderungen, Schnorchelausflüge und Massagen.

Maryan Moyo BUNGALOW $$
(www.facebook.com/moyobungalows; Labuhan Aji; Bungalow mit/ohne Klimaanlage 600 000/500 000 Rp; ❄) In den fünf Bungalows auf Stelzen lässt man sich vom Plätschern der Wellen in den Schlaf wiegen. Alle Bungalows haben einen soliden Holzrahmen, Bäder mit Steinfliesen und überdachte Terrassen mit Meerblick. Die Sonnenschirme und -liegen am Strandabschnitt vor der Anlage tragen zur einlullenden Stimmung bei.

★**Amanwana Resort** RESORT $$$
(☎0371-22233; www.amanresorts.com; all-inclusive in Zelten mit Dschungel-/Meerblick ab 910/1090 US$; ❄@📶) An Moyos Westküste, 7 km südlich von Labuhan Aji, liegt Amanwana, das ultimative Insel-Refugium. Hier übernachtet man stilvoll in fest installierten Nobel-Zelten mit antiken Möbeln, Kingsize-Betten und Klimaanlage, aber die Natur ist allgegenwärtig. Das Resort ist auf Aktivitäten wie Tauchen, Wandern und Mountainbiken ausgerichtet. Die Gäste werden mit privaten Wasserflugzeugen oder Hubschraubern aus Bali eingeflogen oder setzen von Sumbawas Festland mit dem Boot nach Amanwana über.

ℹ An- & Weiterreise

Öffentliche Fähren starten täglich um 12 Uhr von Sumbawa Besar zur zweistündigen Überfahrt nach Labuhan Aji (75 000 Rp). Normalerweise legt die Fähre von Muara Kali ab, aber bei Ebbe fährt sie ab Pantai Goa am anderen Ende der Stadt. Die Fähre von Labuhan Aji zurück zum Festland legt jeden Morgen um 7 Uhr ab.

Von Dezember bis März wird die See um Moyo oft stürmisch und verständlicherweise wollen die Kapitäne eine Überfahrt dann nicht riskieren. Es ist auch möglich, dass sie die Überfahrt verweigern, wenn es nicht genügend Passagiere gibt, was aber selten vorkommt. Wer es eilig hat, muss in diesem Fall für stolze 2 000 000 Rp ein eigenes Boot chartern.

Eine beliebte Alternative zur Überfahrt ab Sumbawa Besar besteht – für diejenigen, die den Gunung Tambora besteigen wollen – darin, mit einem Boot zur Ostküste der Insel überzusetzen und auf dem Landweg nach Labuhan Aji weiterzureisen. Rik Stoetman von **Visit Tambora** (☎0813 5337 0951; https://visittambora.com; nahe Pancasila) organisiert alles Notwendige.

Gunung Tambora

☎0373

Über Zentral-Sumbawa thront der 2722 m hohe Vulkan Gunung Tambora. Sein ursprünglicher Gipfel wurde beim verheerenden Ausbruch im April 1815 (S. 387) fortgesprengt. Zweihundert Jahre später wurde ein Großteil des Bergs zum Nationalpark erklärt.

Heute hat man vom Gipfel eine sagenhafte Aussicht auf die Caldera, mit einem Durchmesser von 6 km und einem zweifarbigen See, sowie einen schier endlosen Ausblick übers Meer bis nach Gunung Rinjani (Lombok). Allein der Aufstieg bis zum Kraterrand dauert mindestens zwei Tage; wer sich zudem in den spektakulären Krater hineinwagen will – einen der tiefsten der Welt –, sollte mindestens drei weitere Tage einplanen.

Die Basis für den Aufstieg bildet das abgelegene Dorf **Pancasila** nahe dem Ort **Calabai** am Westhang; von da kann man seinen Aufstieg planen. Kontaktpersonen, die Besteigungen organisieren, sind **Pak Saiful** (☎0859 3703 0848, 0823 4069 3138; Pancasila) und Rik Stoetman. Beide vermieten auch Zimmer (150 000–300 000 Rp) und kümmern sich um Transport und Logistik.

Aktivitäten

Eine zweitägige geführte Trekkingtour zum Gunung Tambora für drei oder mehr Personen kostet um die 2 000 000 Rp pro Person, inklusive Guide, Gepäckträger, Campingausrüstung, Verpflegung und Unterkunft in Pancasila vor und nach dem Aufstieg. Ebenfalls enthalten ist die Eintrittsgebühr für den Nationalpark von 150 000 Rp.

An- & Weiterreise

Die Straße, die vom Trans-Sumbawa Highway nach Calabai führt, ist deutlich ausgebessert worden. Vom Flughafen in Bima nimmt man entweder für 1 300 000 Rp ein privates Taxi oder quetscht sich am Terminal Dara in Bima in einen überfüllten Bus nach Calabai (70 000 Rp, 5 Std., tgl. 6 und 15 Uhr). Von da fahren *ojeks* (30 000 Rp, 20 Min.) nach Pancasila.

Pantai Lakey

☎0373

Pantai Lakey, ein halbmondförmiger goldener Sandstrand, bildet Sumbawas touristisches Zentrum – dank der sieben Weltklasse-Surfbreaks, die sich in einer enormen Bucht aufbauschen und brechen, und einer Reihe schlichter Pensionen am Strand, die über einen von Bars gesäumten Sandweg miteinander verbunden sind. Hier herrscht zwar eine lässige Strandstreicher-Atmosphäre, aber Lakey ist nicht so rausgeputzt wie die Surfer-Orte auf den westlichen Nachbarinseln und Nicht-Surfern könnte es schwerfallen, hier etwas Abwechslung zu finden.

3 km nördlich von Lakey liegt das kleine, arme und freundliche Fischerdorf Hu'u: sauber, schattig, vom Duft nach getrocknetem Fisch durchdrungen, mit atemberaubend rosafarbenen Sonnenuntergängen und Lakeys nächster Verkehrsknotenpunkt.

Die Gegend bildet den Kernpunkt einer Initiative zur Förderung des Tourismus auf Sumbawa. Dank der neuen Straßen kann man von Hu'u mittlerweile einfach nach Osten fahren oder Richtung Norden über Parado nach Bima und unterwegs großartige Ausblicke aufs Meer genießen.

Aktivitäten

Dies ist eine der besten Surf-Locations Indonesiens, mit einer zuverlässigen Brandung gesegnet. **Lakey Peak** und **Lakey Pipe** sind die bekanntesten Breaks und liegen in Paddel-Entfernung von den vielen Hotels und Pensionen. Um zu den Surfspots **Nungas**, **Cobblestone** und **Nangadoro** zu kommen, muss man ein Motorrad mieten oder sich auf ein *ojek* schwingen. **Periscope** liegt 150 m vom Strand entfernt am äußeren nördlichen Ende der Bucht nahe **Maci Point**, einem anderen guten Spot. Wenn der Swell richtig aufdreht, gibt es in Hu'u außerdem einen Beachbreak.

Die meisten Surfer legen für ein Boot zusammen (ab 800 000 Rp, maximal 5 Pers.), um zu den Breaks und wieder zurück zu fahren. Die Wellen können das ganze Jahr über sehr gut (und sehr hoch) sein, aber den beständigsten Wellengang gibt es zwischen Juni und August. Unerfahrene Surfer sollten vorsichtig sein. Die Wellen brechen über einem seichten Riff und es ist schon zu schweren Unfällen gekommen, besonders bei Ebbe.

DAS JAHR OHNE SOMMER

Nach einigen Tagen des Grummelns und Bebens brach der Vulkan Tambora am 10. April 1815 aus und verursachte eine der gewaltigsten Eruptionen der modernen Geschichte. Zehntausende Bewohner der Insel Sumbawa starben, flüssiges Gestein wurde mehr als 40 km hoch in den Himmel geschleudert, und die Explosion war noch 2000 km weit zu hören (zum Vergleich: als 1873 der Krakatau ausbrach, war die Eruption nur ein Zehntel so stark).

Noch Monate und Jahre danach wirkte sich der Ausbruch des Tambora auf das Weltklima aus, denn eine riesige Aschewolke verdeckte die Sonne. In Europa wurde 1816 als „das Jahr ohne Sommer" bekannt. Es kam zu Missernten, die Temperaturen gingen zurück, Krankheiten breiteten sich aus und weltweit starben Zehntausende Menschen. Beweise hierfür finden sich überall, selbst in den Werken William Turners: In seinen Gemälden aus dieser Zeit ist der Himmel meistens voller Asche und in einem trüben Orange gehalten.

Zwei Bücher schildern auf anschauliche Weise, wie der Ausbruch des Tambora den Planeten verändert hat: *Tambora* von Gillen D'Arcy Wood und *Tambora: Travels to Sumbawa and the Mountain that Changed the World* von Derek Pugh.

Von August bis Oktober ist der Wind böig und macht Pantai Lakey zu Indonesiens bestem Kitesurfing-Spot – und zu den zehn besten weltweit. Die Kites schweben über Lakey Pipe und Nungas, wenn der Wind aufdreht.

Joey Barrel's Board Shop SURFSHOP
(Jl Raya Hu'u; ⌚7–18 Uhr) Der kleine Surfshop an der Hauptstraße bietet Reparaturen, Boardverleih (ab 50 000 Rp pro Tag), Zubehör und Surfbrettverkauf. Er hat auf, wenn der Besitzer nicht bei den Breaks ist.

Schlafen

Pantai Lakey bietet mehrere günstige Unterkünfte; ein Weg führt am Strand entlang und verbindet sie miteinander.

Any Lestari BUNGALOW $
(☎0813 3982 3018; Jl Rya Hu'u; Zi. 150 000–350 000 Rp; ❄📶) Ein riesiger Bungalow-Komplex hinter dem Strand. Alle Bungalows sind geräumig, haben Fliesenböden und Terrasse, wobei einige in besserem Zustand sind als andere. Die teuersten bieten Klimaanlage, Warmwasser und Satelliten-TV. Stets gut besucht ist die Bar Blue Lagoon am Strand, zu der auch ein Restaurant gehört.

Lakey Beach Inn GUESTHOUSE $
(☎0823 4011 6155; www.lakey-beach-inn.com; Jl Raya Hu'u; EZ/DZ mit Ventilator 150 000/200 000 Rp, EZ/DZ mit Klimaanlage 200 000/300 000 Rp; ❄📶) Die Zimmer der weitläufigen Anlage sind einfach, aber preiswert – die allergünstigsten haben Ventilatoren und Kaltwasser. Das aus Treibholz erbaute, halboffene Café-Restaurant bietet Ausblick auf die legendären Breaks Lakey Pipe und Lakey Peak. Der ideale Ort, um nach dem Surfen ein Bier, eine Pizza oder ein typisch indonesisches Gericht zu genießen (Hauptgerichte 30 000–45 000 Rp). Der französische Inhaber Rachel war einer der ersten ausländischen Surfer, die sich in Lakey niedergelassen haben.

★**Rock Pool Home Stay** PRIVATUNTERKUNFT $$
(☎0813 3733 6856; http://rockpoolhomestay.com; Jl Pantai Nunggas Lakey; Zi. 400 000–500 000 Rp; ❄📶) Inmitten tropischer Gärten gehören die fünf Zimmer von Rock Pool zu den hübschesten in Pantai Lakey. Sie bieten Klimaanlage, gutes WLAN und eine großartige Aussicht auf die Breaks und Sumbawas sanft geschwungene Hügel. Im halboffenen Restaurant „Ali's Bar" lässt man den Tag auf den Wellen bei einer leichten Landbrise und dem einen oder anderen Bier ausklingen. Von 7 bis 22 Uhr werden indonesische und westliche Speisen serviert.

Vivi's Lakey Peak Homestay PRIVATUNTERKUNFT $$
(☎0823 4049 9139; www.lakeypeakhomestay.com; Jl Pantai Lakey; EZ/DZ/3BZ 250 000/350 000/450 000 Rp; ❄📶) In einer kleinen Seitenstraße zwischen dem Strand und der Hauptstraße liegt diese Unterkunft mit fünf Zimmern. Gastgeberin Vivian und ihre sumbawanesisch-australische Familie bereiten den Gästen den herzlichsten Empfang in der Gegend. Die Zimmer sind modern, geräumig und hübsch eingerichtet; im Garten spenden Bananenstauden Schatten und es gibt ein geselliges, halboffenes Café. Das Essen ist erstklassig!

★**Lakey Peak Haven** HOTEL $$$
(☎0821 4413 6320; www.lakeypeakhaven.com; Jl Raya Hu'u; EZ/DZ ab 70/80 US$; ❄📶🏊) Abseits vom Trubel liegt auf einem Hügel oberhalb vom Ort diese liebevoll gepflegte und mit Abstand beste Urlaubsoase im Bali-Style. Von den zweistöckigen Surfer-Hütten hat man Ausblick auf die Pool-Area im Schachbrettmuster und auf die Wellen in der Ferne. Unbedingt im Voraus reservieren – vor Ort sind die Zimmer nicht buchbar.

Essen & Trinken

Die meisten Pensionen haben eigene Restaurants/Bars und einfache Lokale und Warungs säumen den Weg am Strand.

Mamat Warung INDONESISCH $
(Jl Raya Hu'u; Hauptgerichte 20 000–30 000 Rp; ⌚7–22 Uhr) Das schlichte Warung an der Hauptstraße hat zwar keinen Meerblick, punktet aber mit Lakeys günstigsten und authentischsten indonesischen Speisen wie *sate*, *gado gado* (Salat mit Erdnusssauce) und zahlreichen Tempe-Gerichten für Vegetarier.

Wreck INTERNATIONAL $$
(Jl Raya Hu'u; Hauptgerichte 50 000–65 000 Rp; ⌚8–21 Uhr) Ein gestrandetes sumbawanesisches Schiff, dessen Bug auf Lakeys berühmte Breaks deutet, wurde zu einem luftigen, halboffenen Restaurant umfunktioniert, das neben klassischen indonesischen und westlichen Speisen auch erstaunlich gutes „mexikanisches" Essen auftischt. Wem die lokale Variante der Quesadillas, Fajitas und Burritos nicht verlockend erscheint, sollte den gut gewürzten Fisch in Bananenblättern probieren, oder man kippt einfach ein Bier und versenkt ein paar Kugeln im abgenutzten Billardtisch.

Fatmah's INTERNATIONAL $$

(abseits der Jl Raya Hu'u; Hauptgerichte 30 000–75 000 Rp; ⏲7–21 Uhr; 📶) Ein ehemals schlichtes Lokal, das in den letzten Jahren etwas aufgehübscht wurde. Die Tische stehen in einem ausgeblichenen Holzhaus mit Blick auf den Strand; von dort beobachtet man den Sonnenuntergang und die schwebenden Kitesurfer, erfrischt sich mit einem Saft und stärkt sich mit *ayam lalapan* (gebratenes Hähnchen mit Sambal) oder westlichen Speisen wie Nudelgerichten und österreichischen Fleischpasteten ... und das zu EDM-Beats.

Balumba Shop CAFÉ

(⏲7–18 Uhr) Das winzige Café an der Strandpromenade vor dem Balumba Hotel hat den besten Kaffee in Ost-Sumbawa. Die Bohnen stammen von Plantagen an den Hängen des nahe gelegenen Gunung Tambora und der Kaffee wird von Hand mit einer Rok Presso-Maschine zubereitet, die samtige Espressos und cremige Soja-Lattes zaubert.

Praktische Informationen

Die nächsten Geldautomaten befinden sich 37 km weiter nördlich in Dompu.

An- & Weiterreise

Ab Dompu fahren zweimal täglich (langsame) Busse nach Hu'u (25 000 Rp, 1½ Std.), wo man auf ein *ojek* (20 000 Rp) nach Pantai Lakey steigen kann. Der Preis für ein *ojek* nach/von Dompu über den Trans-Sumbawa Highway beginnt bei 80 000 Rp.

Wer das mit einem Surfboard versucht, versteht schnell, warum viele Leute ein Taxi vom Bima Airport nehmen (800 000 Rp für bis zu vier Fahrgäste). Busse nach/von Bima kosten 35 000 Rp (1-mal tgl., um 12 oder 13 Uhr). Meist ist es einfacher, über Dompu zu fahren, weil es mehr Verbindungen gibt.

Unterwegs vor Ort

Hinweisschilder auf *ojeks* sind in Lakey allgegenwärtig; die Preise zu den Breaks liegen zwischen 30 000 und 80 000 Rp. Meist ist es günstiger, bei einem der Anbieter auf der Hauptstraße ein Motorrad zu leihen (ab 50 000 Rp pro Tag); sie haben alle spezielle Board-Halterungen.

Sape

☎0374 / 53 000 EW.

Sape verströmt den Charme eines baufälligen Fischerdorfs, durchdrungen vom Geruch nach getrocknetem Tintenfisch. Die Außenbezirke überzieht ein Patchwork aus Reisfeldern, hinter denen sich dschungelbewachsene Hügel erheben, während in der Stadt *benhur* (Pferdekarren) und Händler frühmorgens an den farbenfrohen Pfahlbauten vorbeizischen. Falls man eine frühe Fähre nimmt, bietet sich eine Übernachtung im **Losmen Mutiara** (☎0374-71337; Jl Pelabuhan Sape; Zi. 70 000–160 000 Rp; ❄📶) an. Das akzeptable Hotel liegt direkt neben den Hafentoren und der Bus-Endhaltestelle und hat zwanzig Zimmer, die sich auf zwei Stockwerke verteilen. Gegenüber liegt das **Rumah Makan Citra Minang** (Jl Pelabuhan Sape; Hauptgerichte 30 000 Rp; ⏲8–21 Uhr), dessen lächelnde Köche köstliche und würzige Padang-Speisen kreieren.

An- & Weiterreise

SCHIFF/FÄHRE

Der Fährhafen liegt 4 km östlich von Sapes winzigem Zentrum. Der Betrieb wird wegen technischer Defekte oder rauer See oft unterbrochen – unbedingt die aktuellen Abfahrtszeiten in Bima und Sape überprüfen. Ab Sape bestehen u. a. folgende Fährverbindungen:

Labuan Bajo (Flores) 60 000 Rp, 6 Std., 1-mal tgl.

Waikelo (Sumba) 69 000 Rp, 8 Std., 2-mal wöchentl.

BUS

Express-Busse mit Weiterfahrt nach Lombok (250 000 Rp, 12–15 Std.) passen die Fähren ab.

Fast jede Stunde fahren Busse nach Bima (30 000 Rp, 2 Std.), von wo Nahverkehrsbusse andere Ziele auf Sumbawa ansteuern.

Taxifahrer behaupten gern, es würden keine Busse mehr fahren und man müsse zu ihnen ins Taxi steigen, um nach Bima zu kommen (350 000 Rp, 1 ½ Std.); das stimmt in der Regel nicht.

INSELN KOMODO & RINCA

Die Inseln Komodo und Rinca liegen perfekt geparkt zwischen Sumbawa und Flores und bilden die wichtigsten Anziehungspunkte des Komodo National Parks, den die Unesco zum Weltkulturerbe erklärt hat. Die zerklüfteten Berge der Insel, von Savannen überzogen und von Mangroven gesäumt, bilden den Lebensraum des prähistorischen Komodowarans oder *ora*, der längsten Echse der Welt.

Strategisch günstig zwischen Komodo und Rinca liegt die Insel Padar und bietet einen heißbegehrten Foto-Spot in luftiger Höhe; wer die Stufen erklimmt, wird mit einem Ausblick auf drei Traumbuchten belohnt, deren Farbe zwischen Aquamarin- und Saphirblau changiert.

Die Gewässer um die abgelegenen Inseln zählen zu den turbulentesten von Indonesien. Hier treffen warme und kalte Meeresströmungen aufeinander, erzeugen nährstoffreiche Sprungschichten und führen zu starken Strömungen, wodurch große Schulen pelagischer Fische angezogen werden, darunter Delfine, Haie, Mantarochen und Blauwale. Die Korallenriffe sind hier nahezu unberührt und zählen zu den besten Tauchgründen der Welt; deshalb verwundert es nicht, dass Safariboote diese Gewässer zwischen April und September, wenn optimale Tauchbedingungen herrschen, regelmäßig durchziehen.

Komodo

3267 EW.

Die steilen Berghänge dieser spektakulären Insel färben sich während der kurzen Regenzeit (Dezember bis März) jadegrün und werden die übrige Zeit des Jahres von der Sonne zu einem Rostbraun versengt, das ihr glasklares Wasser hervorhebt. Komodo ist die größte Insel im Komodo National Park. Im Osten erstreckt sich eine Serie von Halbinseln, die alle ein anderes Landschaftsbild bieten: Auf einigen gibt es sogar rosafarbene Strände – aufgrund der roten Korallen vor der Küste.

An der Südküste befindet sich der Zugang zu **Loh Liang** und zum PHKA-Büro, wo die Boote anlegen und die geführten Wanderungen und Trekkingtouren starten. Das Fischerdorf **Kampung Komodo** liegt südlich von Loh Liang und ist mit dem Boot in 30 Minuten zu erreichen. In der freundlichen Bugis-Siedlung mit Pfahlbauten wimmelt es vor Ziegen, Hühnern und Kindern. Die Einheimischen – angeblich Nachkommen der Strafgefangenen, die im 19. Jh. von Sumbawas Sultanen auf die Insel verbannt wurden – sind den Anblick von Touristen gewohnt. Hier kann man die Zeit einfach damit verbringen, das Dorftreiben in sich aufzunehmen und aufs Meer hinauszublicken.

Aktivitäten

Wandern & Trekking

Im Eintrittspreis von 150 000 Rp zum Komodo National Park ist eine der folgenden drei Wanderungen enthalten: Die **kurze Wanderung** (1,5 km, 45 Min.) mit Halt an einem künstlich angelegten Wasserloch, das winzige Hirsche, Wildschweine und natürlich *ora* anlockt; die **mittlere Wanderung** (2 km, 1½ Std.), bei der man atemberaubende Ausblicke von einem Hügel genießt und mit etwas Glück bunte Kakadus sieht; und die **lange Wanderung** (4 km, 2 Std.), die alle Programmpunkte der kürzeren Wanderungen beinhaltet und auf der man sich deutlich weiter von den Menschenmassen der Hochsaison entfernt.

Außerdem werden Abenteuer-Trekkingtouren angeboten (ab 500 000 Rp für bis zu 5 Pers.). Sie sind bis zu 10 km lang und dauern mindestens vier Stunden, also ausreichend Wasser mitbringen. Es gibt zwei Routen: Eine führt zum 538 m hohen **Gunung Ara**, von dessen Gipfel sich weite Ausblicke bieten. Auf der anderen Strecke durch das **Poreng Valley** fühlt man sich wie mitten in der Wildnis. Nach Wildtieren kann man auf dem Weg nach **Bukit Randolph** Ausschau halten; er führt an einem Gedenkstein für den 79-jährigen Randolph von Reding vorbei, der 1974 auf Komodo verschwand, dann geht es weiter nach **Loh Sebita**. Die Strecke ist anspruchsvoll, der Ausblick aufs Meer sagenhaft und man bekommt höchstwahrscheinlich einen oder zwei Komodowarane zu sehen – sowie Büffel, Rehe, Wildschweine und Komodos vielfältige Vogelwelt. Am besten plant man es so, dass einen das Boot in Loh Sebita abholt, damit man die Strecke nicht zurücklaufen muss.

Wassersport

Fast jeder, der Komodo besucht, mietet in Labuan Bajo ein Boot oder macht während einer Tauchsafari dort halt. Tagesausflüge bieten als Teil des Programmablaufs immer die Möglichkeit zu schnorcheln (Ausrüstung inkl.) und halten an einem Inselstrand. Beliebte Schnorchelreviere sind die kleine Insel **Pulau Lasa** nahe Kampung Komodo und die Küste direkt vor dem rosafarbenen Sandstrand von **Pantai Merah** (bedeutet „roter Strand", oft aber auch „Pink Beach" genannt).

Weitere mögliche Aktivitäten auf Komodo sind Kajakfahren oder Delfin-Touren bei Sonnenaufgang.

Schlafen & Essen

Im Dorf Kampung Komodo bieten ein paar sehr einfache Privatunterkünfte Kost und Logis. Man kann einfach hinfahren und sich

DER KOMODO NATIONAL PARK

1980 gegründet und von der Unesco 1986 zum Weltkulturebene und Reservat für „Mensch und Biosphäre" ernannt, erstreckt sich der **Komodo National Park** (www.komodonationalpark.org) über 1817 km2. Zu diesem Gebiet gehören Komodo, Rinca und die Padar Inseln, eine Anordnung kleinerer Inseln und ein unvergleichliches marines Ökosystem

Die Gebühren für Besucher läppern sich:

- Ankunftsgebühr pro Person auf den Inseln Komodo und Rinca: 150 000 Rp (Mo bis Fr); 225 000 Rp (Wochenende und Feiertage)
- Gebühren für ein Boot: 100 000 Rp
- Wanderung mit Führung (durch einen Ranger): 80 000 Rp (max. vier Personen)
- Touristenabgabe: 100 000 Rp
- Gebühr für die Beobachtung der Tierwelt: 10 000 Rp
- Gebühr für das Wandern/Trekking: 5000 Rp
- Tauchgebühr pro Person pro Tag: 25 000 Rp
- Schnorchelgebühr pro Person pro Tag: 15 000 Rp

Die Gebühren ändern sich häufig, Tendenz steigend. Tourenveranstalter (inkl. Tauchläden) sammeln die Gebühren normalerweise vorab ein. Wenn nicht, zahlt man in den Parkbüros auf Komodo oder Rinca, oder am PHKA-Informationsstand in Labuan Bajo (S. 395).

Auf Komodo und Rinca gibt es jede Menge Routen, von kurz bis lang, die man bei der Ankunft im jeweiligen Parkbüro mit einem Ranger abspricht. Längere Wanderungen kosten mehr.

Labuan Bajo im westlichen Flores, von wo auch häufig Flüge nach Denpasar und Kupang gehen und eine Unzahl an Tour- und Tauchbooten an- und ablegen, ist das Tor zum Nationalpark.

von den Einheimischen zu einer Unterkunft bringen lassen (Zimmer ab 200 000 Rp pro Nacht) oder seinen Aufenthalt im Vorfeld über **Usman Ranger** (☎ 0812 3956 6140) organisieren. Englisch wird kaum gesprochen, deshalb sollte man den Ranger das Wesentliche aushandeln lassen, bevor man sich zur Nachtruhe bettet.

Alle Unterkünfte bieten einfache Mahlzeiten an, aber man lässt es sich sicherheitshalber vom Ranger bestätigen. Wer sich auf Bahasa Indonesia die Vokabel für essen/Essen einprägt, *makan*, bleibt auf keinen Fall hungrig.

Komodo Guesthouse GUESTHOUSE **$$**
(☎ 0812 3956 6140; Loh Liang; Zi. ab 400 000 Rp) Auf der Insel Komodo, nur fünf Minuten zu Fuß vom Hafen entfernt, liegt dieses Guesthouse mit sechs Zimmern und einer langen überdachten Veranda, von der man aufs Meer blickt. Die Zimmer sind einfach, haben aber einen Ventilator (Strom 18–24 Uhr), und die Park Ranger können Verpflegung organisieren. Reserviert wird vor Ort oder telefonisch im Voraus.

ℹ An- & Weiterreise

Das Angebot für Tagesausflüge von Labuan Bajo (S. 395) nach Komodo ist groß. Man kann sich einer der vielen Touren der lokalen Anbieter anschließen (ab 500 000 Rp pro Pers.). Darin enthalten sind ein leichtes Mittagessen und Zwischenstopps, um Zeit am Strand zu genießen oder zu schnorcheln. Da die Überfahrt nach Komodo 3½ Stunden dauert, legen die Ausflugsboote gegen 5.30 Uhr ab und kommen gegen 18 Uhr zurück.

Alternativ mietet man bei einem lokalen Anbieter für ab 2 000 000 Rp ein Boot und wählt seine Route selbst, was ein sehr guter Preis ist, wenn man sich die Kosten mit vier bis sechs Leuten teilt. Man sollte nur daran denken, vorher die entsprechenden Sicherheitschecks zu machen. Charterboote mit Übernachtung starten gegen 7 Uhr; der Preis beginnt bei 2 000 000 Rp pro Person.

Die Überfahrt auf dem Schnellboot kostet ab 1 500 000 Rp pro Person; es legt die Strecke nach Komodo in knapp einer Stunde zurück und erreicht die Hot Spots noch vor dem großen Touristen-Andrang. Ab 7 000 000 Rp kann man für den ganzen Tag ein eigenes Schnellboot mieten und sowohl auf Komodo als auch auf Rinca

TAUCHEN UND SCHNORCHELN RUND UM KOMODO & LABUAN BAJO

Im Komodo National Park (S. 391) finden sich einige der unglaublichsten Tauchreviere Indonesiens, wenn nicht sogar der ganzen Welt. Die Region durchziehen starke Strömungen und kalte Wasserschwaden, die durch das Zusammenlaufen des wärmeren Meers von Flores mit dem kühleren von Selat Sumba (Sumba-Meerenge) verursacht werden. Diese Bedingungen schaffen ein ideales Planktonsüppchen, das als Futter für eine erstaunliche Vielzahl an Meereslebewesen dient. Teufelsrochen und Wale kommen während ihrer Passage zwischen dem Indischen Ozean und dem Südchinesischen Meer hierher, Delfine schwimmen häufig in den Gewässern zwischen Komodo und Flores. Weißspitzenhaie oder Riffhaie haben mehr Angst vor den Menschen, als andersherum notwendig ist.

Die Tauchlehrer tendieren dazu, die großen ozeanischen Kreaturen zu suchen oder freuen sich an winzigen, farbenfrohen Nacktkiemern – herrlich bunte und gemusterte Meeresweichtiere, die irgendwie putzig sind. Es gibt mannigfaltige Tauchgelegenheiten vor dem Komodo National Park.

Egal ob man Tausende Tauchgänge hinter sich hat oder nur Schwimmen kann, die Tauchschulen an der Hauptstraße in Labuan Bajo, der Jl Soekarno Hatta, bieten etwas für jeden. Am besten sieht man sich zunächst etwas um, bevor man eine Entscheidung trifft: Fragen stellen und Fotos anschauen. Mitarbeiter sollten kompetent antworten und das Bauchgefühl stimmen. Wer essenzielle Tauchgeräte besitzt, bringt sie am besten mit.

Gut aufgehoben ist man normalerweise bei den Läden, die Mitglied in der Dive Operators Community of Komodo (DOCK; www.diveoperatorskomodo.com) sind. Die DOCK-Aufkleber sind ein guter Qualitätsindikator für Taucherlebnisse, bei denen Sicherheit und Umweltschutz im Vordergrund stehen. Die Mitglieder folgen strengen Richtlinien und bekämpfen zudem illegales Ankern und Fischen. Sie arbeiten eng mit den offiziellen Stellen des Komodo Natioal Parks zusammen. Ein Teil der Mitgliedsgebühren geht als Spenden an lokale NGOs unterstützen wie „Trash Hero Komodo", die Strände von Müll befreien.

Die meisten Läden bieten auch Divemaster- und andere Extrakurse an. Eine informelle Vereinbarung der DOCK-Mitglieder sorgt für ähnliche Preise: Zuletzt lagen sie bei 1650 000 Rp für drei Tauchgänge (Tagesausflug) und bei 5 500 000 Rp für eine dreitägige Open-Water-Diver-Zertifizierung. Schnorchelausflüge sind ebenfalls verfügbar (etwa 700 000 Rp für drei Reviere und ein Besuch bei den Drachen). Normalerweise bekommt man im Hotel die Schnorchelausrüstung – oder entsprechende Tipps, wohin man sich wenden soll. Die Läden vor Ort verleihen für etwa 60 000 Rp am Tag Masken mit Schnorchel und Flossen. Hauptsaison ist im Juli und August, aber im März, April und September sind wenig Besucher vor Ort und das Tauchen ist magisch. Die Tauchanbieter steuern von April bis September die nördlichen Tauchreviere an und die südlichen von Oktober bis März, wenn die Strömungen ungefährliche und erfolgreiche Tauchgänge zulassen.

Eine kleine Auswahl von Tauchrevieren rund um Labuan Bajo:

Batu Balong Eine Felsspalte mit unberührten Korallen und relativ leichter Strömung. Der kleine Fels, der aus dem Wasser ragt, lässt den Reichtum der Unterwasserwelt nur erahnen.

Crystal Bommie (oder Crystal Rock) Fortgeschrittene Taucher navigieren hier durch korallenbedeckte Meeresfelsen und starke Strömungen und entdecken dabei Schildkröten und ozeanische Fischschwärme.

Castle Rock (oder Tako Toko Toko) Ein Taucherlebnis bei Sonnenaufgang, bei dem man mit einem bisschen Glück von Delfinen begleitet wird oder in starken Strömungen prachtvolle Formationen tropischer Fischschwärme entdeckt.

Karang Makassar (oder Manta Point) Ein flacher Strömungstauchgang über einer Mondlandschaft, in der sich riesige Schwärme von Teufelsrochen an den Felsen putzen. Hier werden oft Haie gesichtet.

Sebayur Kecil Ein fast strömungsfreies Tauchgebiet mit vielen Papageienfischen, Blaupunktrochen und Tintenfischen.

Siaba Besar (oder Turtle Town) Dank einer Ansiedlung von Grünen Meeresschildkröten ist der Ort sowohl bei erfahrenen Tauchern als auch bei Neulingen beliebt.

anlegen. In den zahlreichen Tauchsafari-Paketen ist fast immer ein Halt auf Komodo vorgesehen, ebenso bei den privaten Booten, die zwischen Flores, Lombok und Bali verkehren.

Rinca

Rinca ist eine Nummer kleiner als ihre Nachbarinsel Komodo, liegt näher an Labuan Bajo und man kann problemlos einen Tagesausflug dorthin machen. Auf kleinem Raum gibt es viel zu sehen, daher ist Rinca für viele Reisende ein praktischeres, aber ebenso interessantes Ziel wie Komodo.

Die Insel bietet eine Mischung aus Mangroven, lichtem Wald, sonnenverwöhnten Hügeln und – natürlich – Komodowaranen. Weil die Insel so kompakt ist und die *ora* sich gern in der Nähe von Loh Buayas Lagerküche aufhalten, sind die Chancen größer, die Drachen auf Rinca zu sehen als auf Komodo.

Aktivitäten

Vom Bootsanleger führt ein 10-minütiger Marsch übers Watt – hier leben Langschwanzmakaken und Wasserbüffel – zum PHKA-Büro beim Camp in Loh Buaya. Drei geführte Wanderungen sind im Eintrittspreis von 80 000 Rp enthalten: Die **kurze Wanderung** (500 m, 1 Std.) führt an Mangroven und einigen *ora*-Nistplätzen vorbei; die **mittlere Wanderung** (1,5 km, 90 Min.) ist „genau richtig", denn sie verläuft über schattige Ebenen und einen Hügel hinauf, von dem sich spektakuläre Aussichten über die karge Landschaft auf das unsagbar türkise Wasser und die perlweißen Sandstreifen bieten; und die **lange Wanderung** (4 km, 3 Std.), bei der alle Attraktionen der Insel besichtigt werden.

Außer Waranen bekommt man mit etwas Glück winzige Timor-Hirsche, Schlangen, Affen, Wildschweine und eine große Anzahl von Vögeln zu Gesicht. Angeblich gibt es keine offiziellen Fütterungsorte für die Warane auf Rinca, aber die Chancen stehen äußerst gut, die Riesenechsen in der Nähe der Lagerküche in Loh Buaya anzutreffen.

Schlafen & Essen

Man kann in einem Gästezimmer im Ranger-Wohnheim unterkommen (ab 300 000 Rp), wobei nicht allzu viel dafürspricht, denn der Unterkunft mangelt es entschieden an Charme und Labuan Bajo ist nicht weit entfernt. In der Ranger-Station gibt es ein schlichtes Lokal, wo man seine Wasservorräte aufstocken, einen Snack zu sich nehmen und ein kühles Bier genießen kann, während man den Rehen beim Grasen zusieht.

Flores XPirates Dive Camp HÜTTE **$$**
(☎0811 3985 344; http://xpiratesdivecamp.com; Pulau Sebayur; B/DZ/Bungalow pro Person all-inclusive 400 000/450 000/600 000 Rp; 📶) 2018 eröffnete **Flores XP Adventure**, das mit Solarenergie betriebene Tauchcamp – mit neuen Hütten, hellen Bungalows und 6-Bett-Schlafsaal. Es gibt ein Restaurant mit WLAN, eine Tauchbasis und hervorragende Schnorchelspots in der Nähe des 180 m langen Landungsstegs und Riffs, wo ein Korallen-Vermehrungsprogramm durchgeführt wird. Im Preis enthalten sind die Mahlzeiten in Buffet-Form und der Bootstransfer. Tauchtouren inkl. Verpflegung ab 3 700 000 Rp pro Person.

Komodo Resort Diving Club RESORT **$$$**
(☎0385-42094, auf der Insel 0813 3761 6625, Bürozeiten 8–17 Uhr, 0812 3810 3244; www.komodoresort.com; Pulau Sebayur; DZ/3BZ/4BZ inkl. Mahlzeiten 2 820 000/9 548 000/10 936 800 Rp; ❄📶) Ein traumhaft schönes Inselresort mit 18 Bungalows und vier Familienzimmern an einem weißen Strand. Die Bungalows haben Holzböden, Kingsize-Betten, edle Bettwäsche, durchgängige Stromversorgung und überdachte Marmorbäder mit Warmwasser. In den Tarifen sind drei hervorragende Mahlzeiten enthalten, fürs Tauchen zahlt man separat. Außerdem gibt es ein Spa und eine Strandbar. Mindestaufenthalt drei Nächte.

An- & Weiterreise

Tagesausflüge nach Rinca werden ab 400 000 Rp angeboten und die Auswahl ist groß. Ein Schnellboot nach Rinca zu chartern kostet ab Labuan Bajo rund 5 000 000 Rp, die Überfahrt dauert je knapp eine Stunde. Auf der Rückfahrt machen die Boote meist an kleinen Inselstränden und Schnorchelspots halt.

Auf Rinca legen die Boote in der geschützten Bucht von Loh Kima an, bei Hochbetrieb können hier über zwanzig Holzboote miteinander vertäut sein.

FLORES

Ihren hübschen, wenn auch unpassenden Namen verdankt Flores den portugiesischen Kolonisten des 16. Jhs. Die Insel hat sich zu Indonesiens neuem Trendziel entwickelt. Der serpentinenartige, 670 km lange

KOMODODRACHEN

Die *Ora* (Komododrachen) sind Echsen aus der Gattung der Warane, wenn auch eine auf Steroiden. Sie werden bis zu 3 m lang und 150 kg schwer, sind ein toller Anblick und ein Muss bei einem Besuch des Komodo National Parks (S. 391). Standardtagestouren kommen normalerweise mitten am Tag an, wenn die Ora eher lethargisch herumliegen. Bei Tagesanbruch und in der Dämmerung sind sie viel aktiver, doch selbst wenn sie nur ruhen, können sie so gefährlich werden, wie sie aussehen. Die Parkranger halten sie davon ab, Besucher anzugreifen, aber zufällige Begegnungen sind keine gute Idee. Einige Informationen zu den Drachen:

- Sie sind Omnivore (Allesfresser) und fressen auch schon mal ihre Jungen. Deshalb lebt der jugendliche Nachwuchs in den Bäumen, um nicht den ausgewachsenen Tieren zum Opfer zu fallen.
- Ora heben vor einem Angriff oft ihre Hinterbeine und der Schwanz teilt heftige Hiebe aus, um die Beute niederzustrecken.
- Lange dachte man, es handle sich um ein Bakterium, doch die Geheimwaffe der Drachen ist tatsächlich Gift (das in den Drüsen zwischen ihren Zähnen gebildet wird). Ein Biss von einem Drachen führt zu septischen Entzündungen, die das Opfer unausweichlich töten. Die Giftstoffe fördern Blutungen und die Warane müssen nur auf der Spur der Opfer bleiben, bis diese sterben, was normalerweise innerhalb einer Woche geschieht.
- Komodos können bis zu 80 % ihres Körpergewichts in einer einzigen Sitzung verschlingen. Danach ziehen sie sich für bis zu einem Monat zurück, um die ordentliche Mahlzeit zu verdauen.
- Ora sind auf Komodo dabei beobachtet worden, wie sie Wild ins Meer treiben und dann am Ufer warten, bis das unglückselige Säugetier versucht zurück auf festen Boden zu kommen. Wenn das erschöpfte Tier es schließlich auf den Strand schafft, ereilt es der tödliche Biss des Drachens.
- Eine stichfeste Begründung, warum die Drachen nur in diesem kleinen Gebiet Indonesiens zu finden sind, gibt es nicht. Es wird jedoch angenommen, dass ihre Vorfahren vor vier Millionen Jahren aus Australien kamen.
- Man schätzt, dass bis zu 5000 Exemplare in der Wildnis leben. Es wird jedoch befürchtet, dass darunter nur einige hundert eierlegende Weibchen sind.
- 2006 legten zwei weibliche Drachen, die ihr ganzes Leben von anderen ferngehalten wurden, befruchtete Eier, aus denen Junge geschlüpft sind. Der Vorgang, Parthenogenese, ist unglaublich selten: Aus Eiern, die nicht durch Sperma befruchtet wurden, entwickeln sich Embryos.

Drachen im Visier

Sowohl auf Komodo als auch auf Rinca stehen die Chancen gut, die Drachen zu sehen – mit Ausnahme der Paarungszeit zwischen Juni und August, wenn die Weibchen sich in Verstecke zurückziehen und die Männchen über die weitläufige Insel streifen, um sie zu finden. Die Hauptsaison für die Drachenbesuche ist von September bis Dezember, wenn beide Geschlechter sich frei bewegen. Die Paarungszeit ist auf Rinca kein so großes Hindernis, denn auf der kleineren Insel halten sich die Ora gerne um die Rangerstationen herum auf, besonders in der Nähe der Küche.

Man kommt nahe genug an die Ora ran, um sie ohne Fernobjektiv zu fotografieren. Die Ranger haben als einzigen Schutz einen gegabelten Holzstab. Die Ora mögen sich langsam bewegen, aber es gilt Respekt vor ihnen zu haben: Aktuell sind fünf Todesfälle verzeichnet, drei Dorfbewohner und zwei Touristen.

Trans-Flores Highway verläuft längs über die Insel, windet sich um messerscharfe Bergkämme, streift von Reisfeldern gesäumte Dörfer und ermöglicht den Zugang zu zahlreichen Gegenden, die nur wenige Touristen erkunden.

Die Insel ist eine olfaktorische Kakophonie: Kaffee, der auf den Hügeln röstet, Nelkenzigaretten, Autoabgase und der unverkennbare Geruch des Ozeans. Im Westen liegt Labuan Bajo, ein boomender Touristenort, der tropische Schönheit mit nahe gelegenen Attraktionen verbindet. Dazu zählen der Komodo National Park, erstklassige Tauchspots und weiße Inselstrände.

Immer mehr Urlauber lockt es in den Osten mit seinen schwelenden Vulkanen, smaragdgrünen Reisterrassen, prähistorischen Rätseln, exotischen Kulturen, heißen Quellen und verborgenen Stränden. Außerhalb der Hafenstädte ist der Großteil der Bevölkerung offiziell katholisch. Die meisten Menschen hier gehören jahrhundertealten Kulturen an und wohnen in traditionellen Dörfern, an denen die Jahrtausende spurlos vorbeigegangen zu sein scheinen.

Praktische Informationen

Mithilfe ausländischer Spenden wurden an den wichtigsten Standorten auf Flores Tourist Informationen ins Leben gerufen. Dort wird man mit viel Enthusiasmus beraten, zudem gibt es eine ausgezeichnete Webseite (www.florestourism.com), kostenlose Stadtpläne und weitere Publikationen, die ihren günstigen Preis allemal wert sind, wie eine detaillierte Karte der Insel und Bücher über Aktivitäten und Kultur.

An- & Weiterreise

FLUGZEUG

Man bekommt leicht einen Flug von Flores nach Bali, Lombok und Kupang (Westtimor) sowie zu weiteren Zielen. Bajo ist der wichtigste Knotenpunkt, aber auch nach Maumere und Ende gibt es täglich Flüge. Man kann z. B. einen Hinflug nach Labuan Bajo buchen, die Insel erkunden und von Maumere zurückfliegen. Flores' zunehmende Beliebtheit bedeutet allerdings auch, dass die Flüge zu Stoßzeiten schnell ausgebucht sind.

SCHIFF/FÄHRE

Es bestehen tägliche Fährverbindungen zwischen Labuan Bajo und Sape (Sumbawa) und wöchentliche Verbindungen nach Bira (Sulawesi) und Pulau Jampea (Sulawesi). Von Larantuka (Flores) fährt dreimal pro Woche eine Fähre nach Kupang (Westtimor). Von Ende steuert ein Schiff wöchentlich Waingapu (Sumba) und Kupang (Westtimor) an.

Unterwegs vor Ort

Der Trans-Flores Highway bildet das Rückgrat der Insel, windet sich durch die wunderschöne Landschaft und an fotogenen Vulkanen vorbei. Man sollte allerdings nicht blind auf die von Google Maps errechneten Fahrtzeiten vertrauen.

Da die Straßen ständig besser werden, mieten immer mehr Urlauber in Labuan Bajo ein Motorrad und brausen Richtung Osten. Die Preise beginnen bei 75 000 Rp pro Tag, zuzüglich Benzin. Allerdings ist es nichts für Leute mit schwachen Nerven: Motorradfahren kann riskant und ermüdend sein.

Zwischen Labuan Bajo und Maumere bestehen regelmäßige Busverbindungen. Die Busse sind billig und beengt. Deutlich komfortabler und nur etwas teurer sind die öffentlichen Minibusse (häufig ein Toyota Kijang), die die wichtigsten Städte bei angenehmer Klimaanlagenkühle miteinander verbinden.

Viele Reisende mieten ein Auto mit Fahrer; die Kosten liegen bei 800 000–1 200 000 Rp pro Tag, je nach Englischkenntnissen und Guide-Qualitäten des Fahrers. Ein guter Preis für eine Gruppe von sechs Leuten. Viele Fahrer arbeiten auch als Guide und können detaillierte Routen auf der ganzen Insel erstellen. Die Unterkunft empfiehlt in der Regel einen verlässlichen Fahrer. Und wenn man irgendwo in Flores einen Happen essen oder etwas trinken geht, trifft man höchstwahrscheinlich auf jemanden, der einen Freund empfiehlt.

In Labuan Bajo gibt es den ausgezeichneten Fahrer und Guide Andy Rona (S. 399), der zudem ein Netzwerk aus verlässlichen Kollegen hat.

Labuan Bajo

☎ 0385 / 3000 EW.

Die bezaubernde, staubige Hafenstadt wird ständig ausgebaut, um dem zunehmenden Urlauberandrang gerecht zu werden. Sie bildet den Ausgangspunkt, um im Komodo National Park die prähistorischen Warane zu bewundern und sich von erstklassigen Tauchrevieren verzaubern zu lassen. Und wer etwas länger in der Stadt verweilt, verliert leicht sein Herz an „Bajo“ (davon zeugt eine ansehnliche Auswanderergemeinde).

Alles, was das Herz begehrt, findet man auf der Jalan Soekarno Hatta, einer Einbahnstraße mit einer Vielzahl westlicher Restaurants, einheimischer *rumah makans* sowie Unterkünften, Reiseagenturen und Tauchshops. Den Hafen erfüllt geschäftiges Treiben und es bestehen sehr gute Verbindungen zu anderen Zielen in Indonesien.

2018 wurden ein schicker neuer Jachthafen und ein Fünf-Sterne-AYANA-Resort eröffnet; das Angebot an Luxusunterkünften soll bis 2021 erweitert werden, und damit ist Labuan Bajo, Hauptstadt des Regie-

BOOTSTOUREN ZWISCHEN LOMBOK & FLORES

Der Seeweg zwischen Lombok und Labuan Bajo ist eine beliebte Route, um nach Flores zu kommen, und auf ihm kann man die spektakuläre Küste erspähen, während man gleichzeitig der zähen Busfahrt durch Sumbawa entkommt. Zu den typischen Drei- oder Viertagestouren gehören Schnorcheln bei Pulau Satonda oder Pulau Moyo an der Küste von Sumbawa und eine Wanderung zum Drachenspähen auf Komodo oder Rinca.

Es handelt sich nicht um Luxuskreuzfahrten – viel hängt vom Boot, der Crew und den Reisegefährten ab. Einige Betreiber halten sich auf dem Weg nicht an die „All-inclusive"-Vereinbarungen, andere schippern auf alten, heruntergekommenen Schleppern ohne Rettungswesten oder Funk. Dazu kommt, dass die Überfahrt bei rauer See nicht ungefährlich ist.

Die meisten Reisenden genießen jedoch den Aufenthalt an Bord, egal ob man auf einer Matratze an Deck (empfohlen) oder in einer kleinen Kabine schläft. Die Kosten für eine drei- bis viertägige Tour liegen zwischen 150 und 400 € pro Person und beinhalten alle Mahlzeiten, normale Getränke und die Schnorchelausrüstung.

Wichtige Hinweise:

- Das Boot sorgfältig auf Sicherheitsstandards prüfen.
- Klarheit schaffen, was im Preis enthalten ist und was extra kostet. Wenn z. B. Trinkwasser enthalten ist – welche Menge ist gemeint und vorhanden? Wenn man mehr benötigt, kann man es auf dem Boot kaufen oder muss man selbst welches mitbringen?
- Snacks mitnehmen, da Essen normalerweise nur zu den entsprechenden Zeiten ausgegeben wird.
- Flexible Reisende können oft Geld sparen, wenn sie von Flores Richtung Westen fahren, da die Route ostwärts beliebter ist. Die Anbieter in Labuan Bajo haben meistens entsprechende Angebote.

Anbieter sind u. a.:

- Kencana Adventure (S. 403) Bietet einfache Bootstouren zwischen Lombok und Labuan Bajo an, Unterbringung an Deck oder in 2-Bett-Kabinen.
- Perama Tour & Travel (S. 404) Organisiert einfache Bootstouren zwischen Lombok und Labuan Bajo, Unterbringung an Deck oder in Kabinen für zwei Personen.

rungsbezirks Manggarai Barat, offiziell kein einfaches Fischerdorf mehr. Wie ein Einheimischer in Anspielung auf eine beliebte Bar (S. 403) sagte: „Bald ist im Paradies die Hölle los."

Aktivitäten

Labuan Bajos makellose Küste ist überwiegend mit Hotels bebaut, wodurch Tagesausflüge zu den Nachbarinseln fast ein Muss sind, um zu schnorcheln und an palmenbestandenen Stränden zu faulenzen. Auf Bajos Festland liegt **Pantai Waecicu**, wo man um die winzige Insel **Kukusan Kecil** herumschnorcheln kann. **Pulau Bidadari** (Angel Island) besticht durch glasklares Wasser, in dem es vor Fischen und Babyhaien wimmelt. Auf **Pulau Seraya** und **Pulau Kanawa** gibt es perfekte Postkartenstrände und Resorts, die davon profitieren, während auf **Pulau Kalong** Tausende Flughunde leben, die bei Dämmerung aktiv werden. Wer die Zeit hat, wird es nicht bereuen, von Labuan Bajo mit einem Safariboot weiter rauszufahren und von einer Insel zur anderen zu hüpfen.

Tauchen & Schnorcheln

Komodos Unterwasserwelt zählt zu den artenreichsten weltweit: Riffe, in denen es vor Leben nur so wimmelt, Mangroven, Sandbänke und Steilwände, an denen sich Tausende tropische Fischarten, Schildkröten, Meeressäugetiere, Krebstiere und weitere Unterwasserbewohner tummeln.

Zu den besten Tauchspots gehören: **Batu Bolong**, eine winzige Insel, umgeben von Korallenwänden, wo man mit etwas Glück Napoleon-Lippfische und Weißspitzen-Hochseehaie zu sehen bekommt; **Sebayur Kecil**, ein fast strömungsfreier Spot, wo häufig Papageienfische, Tintenfische und Blaupunktrochen anzutreffen sind; **Karang Makassar** (auch „Manta Point" genannt), wo während der Regenzeit von Dezember bis März (und oft auch darüber hinaus) garantiert majestätische Mantarochen zu sehen sind; **Siaba Besar**, von den Einheimischen „Turtle Town" genannt; und **Crystal Rock**, ein von Weichkorallen bewachsener Unterwasserberg, um den fortgeschrittene Taucher herumnavigieren, um Haie und größere Fische zu sichten.

Ein Übereinkommen unter den Mitgliedern der Dive Operators Community of Komodo (DOCK) garantiert ähnliche Preise: Der gängige Tarif für einen Tagesausflug mit drei Tauchgängen liegt bei 1 650 000 Rp, für einen dreitägigen Kurs mit Open-Water-Diver-Zertifikat bei 5 500 000 Rp. Viele Tauchshops bieten auch Divemaster-Kurse und andere spezielle Kurse an.

Auf der Jalan Soekarno Hatta reiht sich ein Tauchshop an den nächsten. Am besten vergleicht man die Angebote.

Schnorchelausflüge werden ebenfalls angeboten (etwa 700 000 Rp für drei Spots und Besuch bei den Komodowaranen). Hotels verleihen entweder selbst Schnorchelausrüstung oder kennen einen Verleih. In den lokalen Tauchshops bekommt man Masken und Flossen für ca. 60 000 Rp pro Tag. Im Juli und August ist Hauptsaison, aber im März, April und September sinken die Besucherzahlen und Tauchen ist zauberhaft.

CNDive TAUCHEN
(☎0823 3908 0808, 0385-41159; www.cndivekomodo.com; Jl Mutiara 7; pro Taucher ab 147 US$ pro Tag; ⏲8–17 Uhr) Condo Subagyo, der indonesische Inhaber von CNDive, war der erste Tauchunternehmer in der Gegend (seit 1987) und früher Ranger im Komodo National Park. Die einheimischen Mitarbeiter sind umfassend trainiert und kennen mehr als 100 Tauchspots bis in den letzten Winkel – einige hat das Team selbst entdeckt und benannt. Eine dreitägige Tauchsafari kostet 546 US$ pro Person.

Divine Diving TAUCHEN
(☎0813 5305 2200; www.divinediving.com; Jl Soekarno Hatta; Tagesausflug ab 1 350 000 Rp; ⏲6.30–20 Uhr) Divine Diving unterstützt zahlreiche gemeinnützige Umwelt- und Tierschutzorganisationen und veranstaltet Tagesausflüge mit zwei oder drei Tauchgängen, PADI-Kurse und Abenteuer-Tauchsafaris für bis zu acht Personen.

Flores Diving Centre TAUCHEN
(☎0822 4791 8573, 0812 3880 1183; www.floresdivingcentre.com; Jl Soekarno Hatta; Tagesausflug/Öko-Tauchtour ab 1 650 000/750 000 Rp; ⏲8.30–19.30 Uhr) Auch hier gibt es alle üblichen Tagestauchtouren, Kurse und Tauchsafaris (auf einem beeindruckenden Stahlschiff), aber dieser Anbieter veranstaltet zudem Öko-Tauchtouren – eine gemeinnützige Initiative, bei der die Teilnehmer an einer Säuberungsaktion teilnehmen, bevor sie zu zwei Fun Dives außerhalb des Nationalparks aufbrechen.

Manta Rhei TAUCHEN
(☎0812 9025 0791, 0821 4440 1355; www.mantarhei.com; Jl Soekarno Hatta 16; Tagesausflug ab 1 650 000 Rp; ⏲Mo–Sa 9–19.30, So 14–19.30 Uhr) Die einzige Tauchbasis, die den Teilnehmern nach einem Tag im Wasser belgische Waffeln verspricht. Manta Rhei ist auf thematische Tagesausflüge (Crazy Shark Day, Manic Manta Day etc.) und PADI-Kurse spezialisiert. Ebenfalls angeboten werden Nitrox-Tauchgänge und Tauchsafaris auf einem traditionellen Pinisi-Schoner (ab 4 500 000 Rp pro Pers. pro Nacht), inklusive Whirlpool an Bord.

Uber Scuba TAUCHEN
(☎0813 3961 9724; www.uberscubakomodo.com; Jl Soekarno Hatta; Tagesausflug mit drei Fun Dives 1 650 000 Rp; ⏲8.30–20 Uhr) Dieser Tauchshop surft gekonnt auf der Welle ständig steigender Urlauberzahlen. Neben einem umfassenden Angebot an Fun Dives und Kursen werden all-inclusive Tauchsafaris angeboten (3 Nächte, 10 Tauchgänge für 815 US$). Dem Unternehmen gehören ein Safariboot, Tagesausflugsboote sowie ein Schnellboot, das die Tagesausflugsboote als zusätzliche Sicherheitsmaßnahme begleitet.

Blue Marlin TAUCHEN
(☎0385-41789; www.bluemarlindivekomodo.com; Jl Soekarno Hatta; Tagesausflug ab 1 400 000 Rp; ⏲8–20 Uhr) Die meisten Tauchschulen in Bajo bringen Anfängern die Grundzüge des Tauchens im Meer bei, aber Blue Marlin sorgt mit dem einzigen Tauchbecken der Stadt für Furore. Man kann einen Tagesausflug auf einem 15 m langen Glasfaserboot buchen oder mit dem Schnellboot *Toby* rausfahren, um vor dem großen Rummel bei den Spots zu sein. Vor Ort gibt es ein Restaurant mit Bar (Hauptgerichte 36 000–60 000 Rp) sowie Unterkünfte (Bett im Schlafsaal ab 150 000 Rp, DZ ab 950 000 Rp).

Wicked Diving TAUCHEN
(☎0812 3964 1143; www.wickeddiving.com; Jl Soekarno Hatta; 3-/6-Nächte-Tauchsafari ab 685/1125 US$; ⏲9–19 Uhr) Wicked hat äußerst beliebte mehrtägige Tauchsafaris im Ange-

KLETTERN, CANYONING & HÖHLENWANDERN

Östlich von Labuan Bajo kann man die Beine nach Touren auf dem Wasser ordentlich durchstrecken, während man auf festem Boden das Land erkundet. Die Tourenanbieter vor Ort an der Jl Soekarno Hatta organisieren Ausflüge mit den Highlights und gehen auch auf Sonderwünsche ein.

Die regenbewaldeten Hänge des **Gunung Mbeliling** (1239 m) sind ein beliebtes Kletter- und Wanderziel. Der Einstieg ist im Dorf Roe Village, 27 km östlich von Bajo, die Tour dauert im Normalfall zwei Tage, wobei man sechs bis acht Stunden am Tag durch einen Bruchteil der 150 km² wandert. Eine besondere Belohnung sind ein Sonnenaufgang auf dem Gipfel und ein Zwischenstopp am **Air Terjun Cunca Rami**, einem stufenförmigen Wasserfall mit frischen, kühlenden Gumpen. Es empfiehlt sich, einen Guide zu engagieren.

Fans des Canyoning sollten zu den **Cunca-Wulang-Wasserfällen**, 30 km südöstlich von Bajo, aufbrechen. Mit Guides aus der Region folgt man dem Weg vom Dorf Wersawe durch Reisfelder, Kemirinnuss- und Kaffeeplantagen bis zu sich schlängelnden Canyons mit felsigen Wasserrutschen, natürlichen Becken und unzähligen Wasserfällen. Die Ausflüge dauern normalerweise einen halben Tag.

Es gibt zwei Höhlen in Labuan Bajo, die eine Erkundung wert sind. Eine Stunde ist ausreichend, um die **Gua Batu Cermin** zu besuchen (20 000 Rp Eintritt pro Person, Guides stehen für 50 000 Rp bereit, sind aber unnötig). Die „Steinspiegelhöhle" liegt ungefähr 7 km vom Zentrum entfernt. Wer sich behelmt durch enge Räume quetscht, wird am Ende mit einem kompletten Schildkrötenfossil und versteinerten Korallengärten belohnt. Man sollte eine Taschenlampe dabeihaben. **Gua Rangko** (Eintritt 20 000 Rp) ist beliebter. Die ozeanische Höhle ist berühmt für das sonnendurchwobene türkisfarbene Wasser (das beste Licht ist nachmittags), Stalagmiten und Stalagtiten. Von Labuan Bajo fährt man zum Dorf Rangko und zahlt über 250 000 Rp, um mit dem Boot hierher zu gelangen.

bot und steuert die besten Tauchstellen auf einem *pinisi* an. Außerdem vermittelt das Unternehmen Tagesausflüge bei lokalen Anbietern. Die Tauchschule erhält viel lobenden Zuspruch, weil sie einheimische Fremdenführer und Tauchlehrer unterstützt, umweltfreundliche Praktiken fördert und der Gemeinschaft etwas zurückgibt.

Komodo Dive Center TAUCHEN
(☎0812 3630 3644, 0811 3897 007; www.komododivecenter.com; Jl Soekarno Hatta; Tagesausflug ab 1 350 000 Rp, 4-tägige Tauchsafari ab 750 €; ⌚7–19 Uhr) Angeboten wird eine große Palette an Tagesausflügen, mehrtägigen Touren und PADI-Kursen. Setzt Nitrox ein und verfügt über eine große Auswahl an Leihmaterial. Unbedingt die Sitzsäcke auf der Holzveranda testen!

Current Junkies TAUCHEN
(www.currentjunkies.com; 5-Tage/5-Nächte-Tauchsafari ab 995 US$) Tauchsafaris exklusiv für Adrenalinsüchtige. Current Junkies schreckt nicht vor Labuan Bajos berühmt-berüchtigten Strömungen zurück; stattdessen wird hineingetaucht, in der Hoffnung, dort pelagische Fische zu sehen. Die 5-Tage/5-Nächte-Tauchsafaris enthalten 14 Tauchgänge mit maximal vier erfahrenen Tauchern (fünf, wenn man selbst das Boot chartert). Ausschließlich Online-Buchungen; Abfahrt ab Labuan Bajo.

Massage & Spa

★ **Yayasan Ayo Mandiri** SPA
(☎0385-41318; www.yam-flores.com; Jl Puncak Waringin; 60/90-minütige Massage 150 000/180 000 Rp; ⌚Mo–Sa 9–12.30 & 15–20 Uhr) Eine gemeinnützige Stiftung, die Einheimische mit Behinderung – von Seheinschränkungen bis zu körperlichen Behinderungen – in Massage- und Therapietechniken ausbildet und Arbeitsplätze für eine ansonsten ausgegrenzte Personengruppe schafft. Die Qualität der Behandlungen steht jener in anderen Spas der Stadt in nichts nach. Angeboten werden Akupressur, Hot-Stone- und Fußreflexzonen-Massagen, Maniküre und Pediküre, Gesichtsbehandlungen und mehr. Nach dem großen roten Schild mit der Aufschrift „Massage" Ausschau halten.

Flores Spa SPA
(☎0385-42089, WhatsApp 0813 5326 6199; www.floresspa.com; Jl Soekarno Hatta; 60/90-minütige Massage ab 144 000/188 000 Rp; ⌚Mo–Sa 10–20, So 13–20 Uhr) Die Ladenfront des Spas besteht vollständig aus Bambus, das Angebot

reicht von Massagen und Gesichtsbehandlungen bis zu Peelings und Ohrkerzenanwendungen. Es gibt sogar spezielle Sonnenbrand- und Post-Tauchgang-Massagen.

Geführte Touren

In Labuan Bajo gibt es neben Tourveranstaltern auch Fahrer, die Ausflüge organisieren und einen herumführen. Pro Tag sollte man mit 800 000–1 200 000 Rp rechnen – die Preise steigen proportional zur Qualifikation und den Englischkenntnissen des Guides. Perama Tour (S. 404) bietet die 3-Tage/2-Nächte-Fotosafari „Hunting Komodo by Camera" an, bei der man per Bus und Fähre von Sengiggi (Lombok) nach Labuan Bajo reist; alle Mahlzeiten inbegriffen, es wird bei Inseln, Dörfern und Tauchspots haltgemacht.

Andy Rona GEFÜHRTE TOUREN
(☎0813 3798 0855; andyrona7@gmail.com) Ein hervorragender Guide und Fahrer mit einem Netzwerk aus zuverlässigen Kollegen und einem Faible für Reggae-Musik. Sollte er selbst ausgebucht sein, empfiehlt er einen Kollegen. Man kann ihn per WhatsApp oder E-Mail kontaktieren.

Wicked Adventures ABENTEUER
(☎0812 3607 9641; www.wickedadventures.com; Jl Soekarno Hatta; 1-tägige Kajaktouren ab 100 US$; ⌚9–19 Uhr) Eine Zweigstelle des empfohlenen Wicked Diving (S. 397) und direkt darunter gelegen. Angeboten werden Kajaktouren mit einheimischen Guides durch den Komodo National Park. Zu den weiteren Abenteuern zählen Wanderungen nach Wae Rebo und Ausflüge zum Wicked Turtle Conservation Camp an einem Strand im Süden von Flores. Einfach fragen, falls man mehr über die Wicked Good Community und ihre Umweltschutzkampagnen erfahren möchte.

Schlafen

Jede Woche scheint in Labuan Bajo eine neue Unterkunft zu eröffnen. Im Juli und August gibt es trotzdem oft mehr Urlauber als Gästebetten, also zeitig buchen. Die Unterkünfte konzentrieren sich ums Stadtzentrum. Man sollte sich nicht mit einem heruntergekommenen Hostel zufriedengeben, wenn es zum gleichen Preis bessere gibt. Die schicken Hotels liegen meist außerhalb, aber wenn das Budget es erlaubt, findet man in den nahe gelegenen Inselresorts sein privates Urlaubsparadies.

★ Ciao Hostel HOSTEL $
(☎0852 2038 3641; www.ciaohostel.net; Jl Golo Silatey, abseits der Jl Ande Bole; B 160 000–230 000 Rp; ❄📶) Labuan Bajos bestes Hostel bietet geräumige Schlafsäle mit Meerblick und vier bis zwölf Betten – Letzteres im beliebten Open-Air-Schlafsaal mit Panoramablick und Moskitonetzen. Es gibt viele Gründe, dieses Hostel zu lieben: den kostenlosen Shuttle-Service in die Stadt und zum Flughafen, die Rooftop-Bar, das Pida Loca Reso (Hauptgerichte 47 000–85 000 Rp), die täglichen Filmabende, basierend auf dem Votum der Gäste, und Flores' freundlichstes Team. Einziger Wermutstropfen: Das Frühstück ist nicht inklusive.

One Tree Hill HOSTEL $
(☎0812 4644 6414; onetreehill360@gmail.com; Jl Verhoeven, Pantai Klumpang, Desa Batu Cermin; B mit Ventilator/Klimaanlage ab 125 000/155 000 Rp; ❄📶) Das Hostel mit 56 Betten gehört zu Tree Top (S. 402) und sollte wirklich einen Transfer in die Stadt anbieten, aber wer motorisiert ist, muss den Ort einfach gesehen haben. Hier kann man den Sonnenaufgang und -untergang beobachten und die fröhlich gestrichenen Zimmer gipfeln in der mit Beanbags gepflasterten Open-Air **Tre360 Bar** (16–20 Uhr an Wochentagen, bis 22 Uhr am Wochenende). Frühstück ist nicht inklusive, aber es gibt eine Gemeinschaftsküche. An der Bar hat man mäßigen WLAN-Empfang.

The Palm HOSTEL $
(☎0812 9655 2231; www.facebook.com/thepalmkomodo; Jl Puncak Waringin; B 200 000 Rp; ❄🏊) Wandsticker mit Zitaten („Vergiss nicht, Karma kehrt zurück") zieren das Hostel mit 5 Zimmern und 29 Schlafsaalbetten, das wegen des Pools und der freundlichen Mitarbeiter heiß geliebt wird und die perfekte Balance aus Backpacker-Spaß und Entspannung bietet. Es gibt einen Schlafsaal nur für Frauen, individuelle Steckdosen und Leselampen, Klimaanlage, Pool-Partys und ein Restaurant (Hauptgerichte 50 000–150 000 Rp, 9.30–22 Uhr). Die Tagesausflüge per Schnellboot sind recht günstig.

Green Hill Bed Station HOSTEL $
(☎0813 7429 3693; https://green-hill-bed-station.business.site; Jl Soekarno Hatta; B 175 000 Rp; ❄📶) Das zentral gelegene 30-Betten-Hostel gehört zum Green Hill Boutique Hotel (S. 400) und ist perfekt für Reisende, die die Vorteile eines Hostels ohne die lärmende Meute genießen wollen. Blitzblank und bequem mit Vorhängen, die für Privatsphäre sorgen, individuellen Steckdosen, Leselam-

pen und großen Schließfächern. Die Bäder haben Warmwasser und wären in einem Designer-Magazin gut aufgehoben. Kostenloser Flughafentransfer.

Le Pirate Boatel HAUSBOOT $$
(☎0822 3724 4539; www.lepirate.com/boatel; Waecicu Bay; Zi. 700 000 Rp; 📶) Irgendwo zwischen einer Übernachtung in der Stadt und auf einem Safarischiff: Das charmante 10-Zimmer-Bootel von Le Pirate (S. 402) ist fest verankert und mit dem kostenlosen Boot-Shuttle in zehn Minuten von Bajo zu erreichen. Jedes Zimmer hat eine Terrasse mit Hängematte und ein über dem Wasser gespanntes Netz zum Sonnenbaden. Es gibt Gemeinschaftsbäder, das Frühstück ist inklusive und an Bord befindet sich ein Restaurant. Nicht entgehen lassen: die Happy Hour und kostenloses Schnorcheln.

Dragon Dive Komodo HOSTEL $$
(☎0385-2440421, 0822 4767 4874; www.dragondivekomodo.com; Jl Mutiara, Kampung Unjung; B/DZ ab 180 000/750 000 Rp; ❄📶🏊) Hauptanziehungspunkt dieses Hostels ist der Pool, der von einem farbenfrohen Ozean-Wandgemälde flankiert wird und dem ein riesiger Mangobaum Schatten spendet. Die Privatzimmer und Schlafsäle (gemischt oder nur für Frauen) sind modern und klimatisiert, Erstgenannte aber überteuert. An der Bar herrscht Party-Stimmung und die Pizzas (50 000–90 000 Rp) verleihen den Gästen nach dem Tauchen (ab 1 400 000 Rp) neue Energie. Hier können Tauchkurse und Tauchsafaris gebucht werden.

Escape Bajo GUESTHOUSE $$
(☎0822 3532 6699, 0385-2440011; www.facebook.com/escapebajo.brewbitebed; Jl Binongko; B/DZ 175 000/585 000 Rp; ❄📶) Die elegante, minimalistische Unterkunft wird ihrem Slogan gerecht: brew (das trendige Café ist von 6–22 Uhr geöffnet), bite (es gibt eine kleine Speisekarte mit indonesischen und westlichen Gerichten, 40 000–68 000 Rp), bed (die sechs schicken Schlafsaalbetten haben individuelle Steckdosen und zwei der sechs Zimmer mit Meerblick werden langfristig vermietet).

Montags wird auf der Dachterrasse Sunset Yoga angeboten (100 000 Rp).

La Boheme Bajo HOSTEL $$
(☎0385-244 0442, WhatsApp 0813 3828 9524; www.backpacking-indonesia.com; Gang Perikanan Lama; B/DZ 250 000/400 000 Rp; ❄📶) Entspannte Beach Vibes herrschen in diesem 90-Betten-Hostel vor, in dem es rund um die Uhr kostenlose Bananenpfannkuchen gibt. Es gibt ein Restaurant (11–23 Uhr, Hauptgerichte 35 000–70 000 Rp), Beanbags zum Chillen, einen Kinosaal, einen Billardtisch, eine Gemeinschaftsküche und verlässliches WLAN. Ein Boot fährt zweimal täglich für 30 000 Rp nach Pulau Micolo.

Das Hostel liegt rund 1 km vom Zentrum entfernt in einer schlecht ausgeschilderten Seitenstraße, Richtung Süden auf der rechten Seite, direkt hinter einer kleinen Brücke, bevor die Straße zum Restaurant MadeInItaly (S. 402) abzweigt.

Palulu Garden Homestay PRIVATUNTERKUNFT $$
(☎0822 3658 4279; www.palulugarden.wordpress.com; Jl Ande Bole; B 85 000 Rp, Zi. mit Ventilator/Klimaanlage 250 000/350 000 Rp; ❄) Der erfahrene einheimische Fremdenführer Kornelis Gega leitet die Privatunterkunft mit vier Zimmern oberhalb des Zentrums. Der schlichte, marode Schlafsaal hat sechs Betten (zwei Leute können sich das größte für insgesamt 120 000 Rp teilen) und es gibt drei saubere private Zimmer. Kornelis hilft bei Reiseplanung, Transportmittelwahl und Motorradverleih (75 000 Rp pro Tag). Bitte Charlie Chaplin grüßen (die Katze).

Green Hill Boutique Hotel BOUTIQUEHOTEL $$
(☎0385-41289, 0813 3826 2247; www.greenhillboutiquehotel.com; Jl Soekarno Hatta; Twin/DZ 525 000 Rp; ❄📶) Der Ausblick auf die Stadt und den Sonnenuntergang über der Bucht werten die schlichten blitzblanken Zimmer deutlich auf. Das Hotel liegt abseits vom Tumult der Hauptstraße im Zentrum und der Eingang zu den 13 Zimmern mit Klimaanlage und Warmwasser befindet sich hinter dem Cafe in Hit (S. 403) und dem Restaurant **Artomoro**, in dem das Frühstück serviert wird (7–23 Uhr, Hauptgerichte 40 000–150 000 Rp).

Hat einen Geldwechselautomaten und bietet viermal täglich kostenlosen Flughafentransfer.

★Scuba Junkie Komodo Beach Resort TAUCHRESORT $$$
(☎0822 3724 8059, 0812 3651 7973; www.scubajunkiekomodo.com; Warloka Flores; 3-Nächte All-inclusive-Paket *bale* (Hütte)/DZ ab 4 740 000/6 250 000 Rp) 🍃 Welten liegen zwischen dem Trubel und diesem fantastischen Tauchresort an einer einsamen Bucht, etwa eine Stunde mit dem Boot südlich von Bajo. Rinca und unzählige Tauchspots sind ganz in der Nähe; man kann sie auf den Tauchgängen erkunden, die in den Unterkunftspa-

keten enthalten sind. Es gibt luftige Strandhütten und Zimmer mit Meerblick, die malerische Mole ist perfekt zum Entspannen.

★ **Villa Domanik** BUNGALOW $$$
(☎0852 3814 7795; www.villadomanik.com; Jl Belakang Pertamina, Pasar Baru, Desa Gorontalo; Bungalows/2-Zi. Villa ab 1100 000/2 300 000 Rp; P❄📶🏊) Villa Domanik ist pures Glück: auf einem Hügel außerhalb von Bajo, umringt von gepflegten Gärten, ein Pool mit Blick auf das Meer um Flores. Die drei Bungalows haben Bäder im Freien und Holz-Dekor, eine zweite 2-Bett-Villa befindet sich im Bau. Das Essen ist ein Highlight, ebenso der Sonnenuntergang. Zwei Nächte Mindestaufenthalt in der Hochsaison.

Bayview Gardens Hotel HOTEL $$$
(☎0385-41549; www.bayview-gardens.com; Jl Ande Bole; Zi. ab 850 000 Rp; ❄📶🏊) Die 16 Zimmer schmiegen sich an den Hang – sie liegen trotzdem nah am Zentrum – und bieten alle Ausblick auf den Hafen, den man am besten beim Frühstück auf dem Balkon genießt. Zu den Harbor Master Suites gehören Tagesbetten und Außenduschen; ein Bootsbauer hat die holzverkleideten Seaview Suites konstruiert. WLAN gibt's nur im Restaurant und am bildschönen Pool. In der Hauptsaison schnellen die Preise in die Höhe.

Island Resorts

★ **Angel Island Resort** TAUCHRESORT $$$
(☎0385-41443, WhatsApp 0812 3660 8475; www.angelisleflores.com; Pulau Bidadari; Standard/Deluxe-Cottages 4 784 000/5 152 000 Rp; ❄📶) 🍃 Das Resort liegt auf seiner eigenen, 15 Hektar großen Insel, die per Privatboot mit Labuan Bajo verbunden ist, und bietet entzückende, in den Garten eingebettete Cottages an einem von drei weißen Sandstränden. Alle Mahlzeiten sind inklusive, das Essen und der Service erstklassig. Nicht entgehen lassen: Schnorcheln am geschützten Riff, Vogelbeobachtung und kostenlose Kajakfahrten. Mindestaufenthalt drei Nächte.

Sudamala Resort Seraya RESORT $$$
(☎0361-288555, 0821 4647 1362; www.sudamalaresorts.com/seraya; Pulau Seraya; DZ pro Pers. ab 325–450 US$; ❄📶🏊) Allem Stress entfliehen – das geht auf Pulau Seraya. Übernachtet wird in makellosen, weiß getünchten Holz-und-Stroh-Bungalows an einem weißen Sandstrand, in dessen Nähe geschnorchelt werden kann. Es gibt ein Spa, ein Restaurant und einen Hügel, von dessen Gipfel man spektakuläre Sonnenuntergänge beobachten kann (am besten tagelang). Mit dem Boot sind es 20 Minuten bis Bajo. Mindestaufenthalt drei Nächte.

Essen

Bajos Beliebtheit hat einen Zuwachs westlicher Gastronomie bewirkt, vom großartigen Italiener bis zu Instagram-würdigen Smoothie-Bowls am Strand. Meeresfrüchte gibt's im Pasar Malam, wie die Einheimischen speist man in einem der Padang-Restaurants am südlichen Ende der Jalan Soekarno Hatta. Weiter südlich zweigt die Straße links zum Trans-Flores Highway ab; dort verkaufen Straßenhändler *pisang goreng* (frittierte Bananen) und die indonesische Pfannkuchen-Variante *terang bulan*.

★ **Pasar Malam** INDONESISCH $
(Nachtmarkt; hinter der Jl Soekarno Hatta; Hauptgerichte 25 000–80 000 Rp; ⏲18–24 Uhr) Bajos stimmungsvollster Ort für ein Abendessen. Vor den Ständen mit handgemalten Namenszügen stehen Tische mit frischen Meeresfrüchten, andere bieten günstigere Gerichte an, wie *nasi goreng, mei goreng* und *bakso* (Nudelsuppe mit Fleischbällchen). Preise vergleichen, beim günstigsten Fisch zuschlagen und ein mitgebrachtes Bintang dazu schlürfen. Zum Zeitpunkt unserer Recherchen stand der Markt im Begriff seinen vorübergehenden Standort auf einem staubigen Fußballfeld zurück ans Ufer zu verlegen.

Rumah Makan Garuda INDONESISCH $
(Garuda; ☎0853 3864 2021; Jl Soekarno Hatta; Hauptgerichte 30 000–55 000 Rp; ⏲7–22 Uhr) Am südlichen Ende der Jalan Soekarno Hatta gibt es jede Menge Padang-Restaurants, aber unser Favorit ist das Garuda. Die Speisen sind in der Auslage aufgeschichtet – zum Bestellen einfach draufzeigen: Rinder-*Rendang*, Jackfrucht-Curry, gebratenes Hühnchen, Fisch, Tempe, Eier und – wem's schmeckt – Innereien. Auf den Tischen stehen immer Gläser mit knoblauchfreudigem Sambal.

Blue Corner INDONESISCH $
(☎0813 3762 0744; Jl Soekarno Hatta; Hauptgerichte 25 000–55 000 Rp; ⏲10–21 Uhr) Wer eine Vorliebe für lokales Essen hat, sollte dieses rosa-blau gestrichene, familienbetriebene Warung aufsuchen. Die Speisekarte gibt es nicht auf Englisch, dafür hilfreiche Bilder an den Wänden. Die Säfte kosten nur halb so viel wie auf dem Pasar Malam (S. 438) und die *sop buntut* (Ochsenschwanzsuppe) ist die Spezialität des Hauses – besonders empfehlenswert: die gebratene Version.

Markt MARKT $

(Pasar Wae Kesambi; Jl Batu Cermin; ⌚5–16 Uhr) Labuan Bajos täglicher Markt mit frischen Produkten befindet sich auf dem Weg nach Batu Cermin. Ab 7 Uhr kommt die Sache in Schwung, wenn man das große Angebot an Obst, Gemüse und Fisch aus der Region durchstöbern kann und sich in die längste Schlange einreiht, um wie die Einheimischen zu frühstücken. Die Standbesitzer lassen sich gern fotografieren und fordern einen vielleicht sogar dazu auf, falls man am Stand nebenan jemanden knipst.

★ **Happy Banana** JAPANISCH $$

(☎0385-41467; happybananalb@gmail.com; Jl Soekarno Hatta; Frühstück 46 000–120 000 Rp, Hauptgerichte 84 000–105 000 Rp; ⌚7–23 Uhr; ❄📶✎) Das einladende Restaurant serviert gesundes Essen, bei dem für jeden Geschmack etwas dabei ist, auch für Veganer. Die Mitarbeiter sind in der Kunst der Sushi-Zubereitung bewandert und von den Udon Nudeln bis zu den Gyozas ist alles selbst gemacht. Das Leitmotto lautet „no rules" und bedeutet, man kann den Tag mit einer Chia Bowl und pochierten Eiern beginnen oder ihn mit lockeren Gnocchi und Tempura beenden. Im Magen sollte Platz für die vegane Schokoladenmousse bleiben.

★ **MadeInItaly** ITALIENISCH $$

(☎0385-244 0222; www.miirestaurants.com; Jl Pantai Pede; Hauptgerichte 84 000–169 000 Rp; ⌚11–23 Uhr; ❄📶) Bajos bester Italiener ist für seine zarten Pizzaböden und frische Pasta bekannt. Man sitzt in einem schicken, halboffenen Speisesaal oder im klimatisierten Kellergewölbe mit Steinmauern. Die Zutaten kommen aus Italien und von der Öko-Farm des Restaurants. Außerdem gibt es ein Spirituosengeschäft und ein Geschäft für Naturprodukte ist derzeit in Planung. Wer Lust auf ein Luxus-Erlebnis hat, sollte nach der kulinarischen Inselexkursion per Boot fragen.

Bajo Taco TEXMEX $$

(☎0821 4782 4697; Jl Soekarno Hatta; Hauptgerichte 45 000–100 000 Rp; ⌚Di–So 9–23 Uhr; ❄📶✎) Das einzige Texmex-Restaurant der Stadt teilt sich die Dachterrasse mit Meerblick mit der **Bajo Bakery** (☎0812 3878 8558; Jl Soekarno Hatta; Frühstück 38 000–59 000 Rp; ⌚Mo–Sa 7–19, So 7–15 Uhr; ❄📶). Die Tortillas sind hausgemacht, und die Fisch-Tacos gehören zu den besten überhaupt. Vegetarier haben ihre Freude an den Barbecue-Jackfrucht-Tacos.

La Cucina ITALIENISCH $$

(☎0812 3851 2172; lacucinakomodo@gmail.com; Jl Soekarno Hatta 46; Hauptgerichte 52 000–90 000 Rp; ⌚6.30–22.30 Uhr; 📶) Das beliebte kleine Restaurant verströmt mit seinen Blautönen, Fischernetzen und rustikalen Holztischen Strandatmosphäre. Die hausgemachte Pasta und Pizza sind echte Highlights, aber in der Hauptsaison muss man mit einer Schlange rechnen. Man umgeht sie, indem man den kostenlosen Lieferservice nutzt.

Bamboo Cafe CAFÉ $$

(☎0812 3697 4461; Jl Soekarno Hatta; Frühstück 25 000–65 000 Rp, Hauptgerichte 45 000–75 000 Rp; ⌚6–21 Uhr; 📶✎) Man sitzt auf weißen Korbstühlen, bestaunt die handgemalte Landkarte an der Wand und kann den ganzen Tag ein Frühstück aus feldfrischen Zutaten von lokalen Farmen genießen. Immun-Booster-Säfte und Eiskaffee sind perfekte Begleiter für Smoothie Bowls, Eier, Toast und Vollwertkost.

Tree Top INTERNATIONAL $$

(☎0385-41561, 0812 3803 9888; Jl Soekarno Hatta 22; Hauptgerichte 35 000–200 000 Rp; ⌚7–23 Uhr; 📶) Das zweistöckige Open-Air-Restaurant ist ein fantastischer Ort, um den Sonnenuntergang zu betrachten, besonders wenn man den Tisch mit Hafenblick ergattert. Die indonesischen und westlichen Gerichte sind woanders zwar besser, aber der Besuch hier lohnt sich allein wegen der Aussicht. Im Erdgeschoss gibt es einen Billardtisch, der mit dem **Eco Tree O'tel** geteilt wird (DZ ab 680 000 Rp).

Ausgehen & Nachtleben

De'Flo Cafe & Ole-Ole CAFÉ

(☎0822 8888 9118; https://deflocafeoleole.business.site; Jl Soekarno Hatta 22; Snacks 20 000–45 000 Rp; ⌚7–22 Uhr; 📶) Fröhliche Uni-Absolventen aus Jakarta betreiben das ruhige Café unterhalb des Tree Top Restaurants und versorgen einen mit Bajos bestem Koffein-Kick. De'Flo serviert lokalen Manggarai-Kaffee und eine limitierte Auflage sortenreinen Kaffee und bereitet ihn nach persönlicher Vorliebe zu. Außerdem gibt es traditionelle Kuchen und Snacks sowie ethisch produzierte Handwerksarbeiten als perfektes Souvenir.

Le Pirate BAR

(☎0361-733493, 0385-41962, 0822 3724 4539; www.lepirate.com/labuan-bajo; Jl Soekarno Hatta; ⌚7–23 Uhr; 📶) Die farbenfrohe Bar im ersten Stock ist ein beliebter Treffpunkt für einen Drink nach einem Tag auf dem Wasser. Dienstags, donnerstags und samstags wird Livemusik geboten (20–22 Uhr), montags und mittwochs eine Filmvorführung. Außerdem gibt es ein nettes Restaurant (Hauptgerichte 60 000–110 000 Rp), eine Rooftop-Bar und elegante, aber beengte Unterkünfte (privates Etagenbett ab 500 000 Rp, DZ ab 650 000 Rp).

Paradise Bar BAR
(☎0812 1341 5306; Jl Binongko; ⏲Mo–Fr & So 17–24, Sa 17–2 Uhr; 📶) „Komm ins Paradies" ist ein Satz, den man in Bajo häufig hört – gemeint ist diese Bar, berühmt für ihren Ausblick aufs Meer und den Sonnenuntergang. Der Ort ist für einen *arak*-Cocktail wie geschaffen und ab Einbruch der Dunkelheit sorgt Livemusik für Partystimmung. Samstags kostet der Eintritt 5000 Rp mit einem Getränk. Das Paradise liegt oberhalb von Bajos Zentrum, zu Fuß sind es 10 Minuten. Davor warten *ojeks*, um einen nach Einbruch der Dunkelheit zurückzufahren, sie verlangen aber einen Zuschlag.

Catur'z Kopi Club CAFÉ
(☎0812 4620 9890; caturzkopik@gmail.com; Jl Mutiara; veg. Gerichte 35 000–55 000 Rp; ⏲7.30–22 Uhr) Prima entspannen kann man in diesem rustikalen, zweistöckigen Café in einer Nebenstraße. Hier trinkt man indonesischen Gewürz-Kaffee und kann die Bedienung zu einem Schachspiel herausfordern. Es ist das einzige rein vegetarische/vegane Café in der Stadt. Zum Frühstück gibt es Rührei oder die Tofu-Variante, später kann man das Angebot der Veggie-Bar inspizieren.

Cafe in Hit CAFÉ
(☎0812 3642 4411; Jl Soekarno Hatta; Kaffee/Snacks ab 30 000/25 000 Rp; ⏲7–22 Uhr; 📶) Das kleine Café ist Bajos Antwort auf Starbucks: Es gibt eiskalte Frappés und starkes WLAN. Man beobachtet von oben die Leute auf der Straße oder durchstöbert die Regale nach Kaffeebohnen aus der Region und gebrauchten Büchern. Bestellt wird von der riesigen Tafel.

Shoppen

Magnolia Boutique Komodo MODE & ACCESSOIRES
(☎0812 3912 7007; hesty.hapsari@gmail.com; Jl Soekarno Hatta; ⏲8–21 Uhr) In Labuan Bajos bestem Modeladen stammen alle Stücke von lokalen Herstellern, einige wurden auch auf Flores entworfen. Die Damen haben die Qual der Wahl, von Leinenkleidung bis zu trendigen Caps aus natürlich gefärbtem ikat (gemusterter Stoff), die Vertreter der männlichen Gattung finden hier Hemden und T-Shirts und es gibt hinreißende Kinderkleidung. Der Laden zieht vermutlich in den Hafenkomplex um.

Carpe Diem Books & Bijoux BÜCHER
(☎0812 3797 2275; Jl Soekarno Hatta; gebrauchte Bücher 30 000–60 000 Rp; ⏲Do–Di 10.30–13.30 & 16–21 Uhr) Bloß nicht blinzeln, sonst übersieht man diesen bezaubernden Laden für gebrauchte Bücher, der sich das Lokal mit einem Anbieter für Bootsausflüge teilt. Hier bekommt man ein „Blind Date" – ein in braunes Papier eingeschlagenes Buch, der Inhalt ist eine Überraschung – oder tauscht gelesene Bücher gegen einen Preisnachlass oder Bargeld. Auch Schmuck und Postkarten gibt es.

Praktische Informationen

PHKA Informationsstand (☎0385-41005; Jl Soekarno Hatta; ⏲Mo–Fr 7–11 & 14–16, Sa & So 7–10 Uhr) PHKA verwaltet den Komodo National Park, erteilt Auskunft und stellt Genehmigungen für die Inseln Komodo und Rinca aus.

Tourist Information (☎0361-271145, WhatsApp 0812 3746 9880; www.florestourism.com; Jl Mutiara; ⏲Mo–Sa 8.30–16 Uhr) Freundlich und hilfreich ist diese öffentliche Tourist Information direkt hinter Bajos Hauptstraße.

An- & Weiterreise

FLUGZEUG

Labuan Bajos **Komodo Airport** (Bandar Udara Komodo) hat ein ansehnliches Terminal und eine lange Start- und Landebahn, ein Hinweis darauf, dass mit mehr Touristen gerechnet wird.

Garuda, Nam Air, TransNusa, Wings Air und Batik Air fliegen Ziele wie Denpasar, Jakarta und Kupang an und haben Schalter im Terminal. Es gibt mehrmals täglich Flüge nach/von Bali, die bei hohem Besucherandrang aber ausgebucht sind. Also nicht erwarten, dass man einfach hingehen und losfliegen kann.

SCHIFF/FÄHRE

Die ASDP-Fähre von Labuan Bajo nach Sape legt jeden Morgen um 9.30 Uhr ab. Die Überfahrt kostet 60 000 Rp und dauert sechs Stunden. Es empfiehlt sich, alle Abfahrtszeiten genau zu überprüfen. Die Tickets kauft man am Tag der Abreise im **Fährhafenbüro** (Jl Soekarno Hatta; ⏲8–12 Uhr).

Die Anbieter für Überfahrten zwischen Labuan Bajo und Lombok (S. 396) säumen die Jalan Soekarno Hatta.

Kencana Adventure (☎0812 2206 6065; www.kencanaadventure.com; Jl Soekarno Hatta, im Beta Bajo Hotel; Einzelfahrt Deck/geteilte Kabine pro Person 1 650 000/2 000 000 Rp) und **Perama Tour & Travel** (☎0385-42016, 0385-42015; www.peramatour.com; Jl Soekarno Hatta; Einzel-/Hin- und Rückfahrt ab 1 500 000/3 300 000 Rp; ⏲7.30–22 Uhr) bieten mehrtägige Bootstouren zwischen Lombok und Labuan Bajo an.

Leicht zu übersehen liegt in einer Seitenstraße, die von der Jalan Mutiara bergauf führt, **Varanus Travel** (Pelni Agent; ☎0385-41106; ⏲Mo–Sa 9–19, So 11–18 Uhr), die offizielle Pelni-Agentur, bei der man Fahrkarten für längere Strecken per Schiff bekommt. Im Fenster hängen die Fahrtzeiten für die verschiedenen Ziele aus, darunter Makassar und die Ostküste von Sulawesi sowie Bima, Lembar und Benoa (Bali).

Wer nach Komodo will, plant am besten einen Tagesausflug ab Labuan Bajo. Man kann sich einer der vielen Touren anschließen, die ab 500 000 Rp pro Person in der Stadt angeboten werden. Die meisten starten gegen 5.30 Uhr und kommen um 18 Uhr zurück. Alternativ mietet man für einen Tag oder über Nacht ein Boot oder ein Schnellboot.

BUS

Labuan Bajos Busbahnhof liegt 7 km vom Zentrum entfernt, deshalb buchen die meisten Leute Tickets übers Hotel oder eine Agentur. Wer die Fahrkarte im Voraus bucht, wird vom Bus bei der Unterkunft abgeholt. Alle Busse Richtung Osten fahren über Ruteng.

Fahrkarten für die Langstreckenverbindungen nach Lombok und Bali bekommt man im Fährhafenbüro. Eingeschlossen sind alle Fähren, die wegen der Wetterbedingungen aber nicht immer verlässlich fahren, sowie die klimatisierten Busse auf den übrigen Teilstrecken. Alternativ kauft man Einzeltickets für jeden Teil seiner Reise.

REISEZIEL	FAHRZEUG	FAHRPREIS (RP)	DAUER (STD.)	HÄUFIGKEIT
Denpasar (Bali)	Bus & Fähre	580 000	36	1-mal tgl.
Bajawa	Bus	210 000	10	2-mal tgl.
Mataram (Lombok)	Bus & Fähre	370 000	24	1-mal tgl.
Ruteng	Bus	100 000	4	alle 2 Std., 6–18 Uhr

Unterwegs vor Ort

Der Flughafen liegt 1,5 km vom Zentrum entfernt. Einige Hotels bieten kostenlosen Flughafentransfer. Ein privates Taxi ins Zentrum und zu jedem Ziel in der Stadt kostet 50 000 Rp.

In Labuan Bajo ist fast alles zu Fuß erreichbar. Die Fahrt mit dem *ojek* kostet 5000–10 000 Rp. Bemos umrunden kontinuierlich das Stadtzentrum und folgen dem Einbahnstraßenverlauf; eine Fahrt kostet 5000 Rp. Der Preis kann sich verdoppeln, wenn man voluminöses Gepäck dabeihat.

Ruteng

☎0385 / 38 888 EW.

Umringt von üppig grünen Gipfeln und terrassierten Reisfeldern bildet die bedächtige, ausgedehnte Marktstadt Ruteng die perfekte Basis, um den Regierungsbezirk Manggarai zu erkunden. Die überwiegend katholische Stadt liegt eine vierstündige Autofahrt von Labuan Bajo entfernt. Wer sich ein paar Sehenswürdigkeiten anschauen will, übernachtet besser hier. Übrigens sind die kleineren Straßen nach Tieren benannt, wie die Jalan Gajah (Elefant), Kelinci (Kaninchen) und Kuda Belang (Zebra).

Schlafen

Es gibt mehrere ruhige, adrette Privatunterkünfte und einige ältere, aber akzeptable Hotels. Ruteng liegt etwas höher als Bajo, daher kann es nachts kühl werden.

Spring Hill Bungalows BUNGALOW **$$**
(☎0813 3937 2345, 0385-22514; springhillbungalowsruteng@gmail.com; Jl Kasturi 8; Zi. ab 750 000 Rp; 📶) Rutengs netteste Unterkunft. Die zwölf Deluxe-Bungalows gruppieren sich um einen Seerosenteich (weitere sind in Planung), haben hochwertige Bettwäsche und in die hölzerne Wandverkleidung eingelassene Fernseher. Im Bad gibt es sogar einen Fön, dafür haben die Vier-Personen-Suiten mit zwei Schlafzimmern (1 750 000 Rp) einen Whirlpool auf der privaten Holzterrasse. Im Restaurant (Hauptgerichte 35 000–95 000 Rp) gibt es eine Eisschneemaschine.

D-Rima Homestay PRIVATUNTERKUNFT **$$**
(☎0813 7951 188; deddydarung@gmail.com; Jl Kelinci; EZ/DZ 150 000/250 000–300 000 Rp; 📶) Eine gemütliche Privatunterkunft mit drei Zimmern unter der Leitung einer reizenden Familie, die ein Quell an Informationen über die Gegend ist. Zwei Zimmer teilen sich das Bad mit Warmwasser; das größte und teuerste hat ein eigenes. Man kann Motorräder und Autos mieten und ein hausgemachtes

vegetarisches Abendessen (45 000 Rp pro Pers.) bekommen.

Hobbit Hill Homestay GUESTHOUSE **$$**
(☎0812 4648 7553; www.ruteng.id; Jl Liang Bua Golobila; DZ/Bungalow ab 250 000/480 000 Rp) 2 km vom Zentrum, Richtung Gua Liang Bua, liegt diese einladende Unterkunft inmitten von Reisterrassen. Zwei der Zimmer haben private Toiletten (nur eine mit direktem Zugang) und im separaten Bungalow können bis zu vier Gäste übernachten. Der Ausblick vom Anwesen ist besonders schön bei Sonnenaufgang. Ein üppiges Frühstück ist inklusive, hausgemachte Speisen ab 30 000 Rp.

DER „HOBBIT" VON FLORES

Beim Volk der Manggarai kursieren seit Langem Erzählungen von den *ebo gogo* – behaarten, kleinwüchsigen Menschen, die angeblich früher im Dschungel lebten. Niemand hatte sich besonders mit ihnen befasst, bis Archäologen im September 2003 eine erstaunliche Entdeckung machten. Bei Grabungen in einer Kalksteinhöhle bei Liang Bua, 14 km nördlich von Ruteng, legten sie ein Skelett frei, das von der Größe her dem eines dreijährigen Kindes entsprach, dessen Knochenbau und Zahnstatus jedoch auf einen Erwachsenen hinwiesen. Sechs weitere Skelettfunde bestätigten den Forschern, dass sie eine neue menschliche Spezies entdeckt hatten, nämlich den *Homo floresiensis*, der rund einen Meter groß war und den Spitznamen „Hobbit" erhielt.

Labortests brachten weitere Überraschungen ans Licht. Der Hominide mit dem Nussknackerkinn und den langen Armen lebte bis vor rund 12 000 Jahren – in Zeiträumen der Evolution gedacht also praktisch bis gestern – auf Flores, bevor wahrscheinlich ein verheerender Vulkanausbruch zu seinem Aussterben führte und die Insel verwüstete.

Doch nicht alle Experten sind sich einig über die Herkunft der auf Flores entdeckten Spezies. Eine australische Studie aus dem Jahr 2017 stimmt nicht mit der vorherrschenden Theorie überein, dass die „Hobbits" vom *Homo erectus* abstammen, einer Spezies, die vor rund zwei Millionen Jahren Afrika verließ und sich über ganz Asien verbreitete. Nach der Analyse etlicher Zahn- und Knochenproben aus verschiedenen Ländern kam die Studie zu dem Ergebnis, dass die beiden Hominidenarten einen völlig unterschiedlichen Knochenbau aufwiesen. Tatsächlich könnte der *Homo floresiensis* weitaus älter sein als der *Homo erectus* und von einem gemeinsamen afrikanischen Vorfahren abstammen.

Einige Anthropologen sind jedoch der Ansicht, es handle sich bei den auf Flores gefundenen Skeletten um solche der Gattung *Homo sapiens*, von der man weiß, dass sie vor rund 35 000 Jahren Australien und Neuguinea besiedelte. Die Urmenschen von Flores litten dieser Theorie zufolge an Mikrozephalie – einer neurologischen Störung, die zu Zwergwuchs und vermindertem Kopfwachstum führt. Die Störung wird innerhalb von Familien weitervererbt. Andere Forscher haben vermutet, dass die Hobbits mit den heutigen Pygmäen verwandt sind, doch eine 2018 veröffentlichte Studie konnte letztlich jede Verbindung zwischen dem *Homo floresiensis* und dem *Homo sapiens vollständig widerlegen*.

Mit jedem neuen Forschungsergebnis stellt sich die Frage nach den Ursprüngen dieser Spezies und ihrer möglichen Position im menschlichen Stammbaum erneut. Leider ist das tropische Klima für die Gewinnung von DNA aus Fossilien nicht von Vorteil und so sind sich die Experten bis heute nicht einig. Am Fundort auf Flores wurden bis dato die Knochen von mindestens acht weiteren Personen gefunden, die denen des ersten Fundes stark ähneln. Berichten zufolge sind auf Timor und möglicherweise auch auf Sulawesi ebenfalls Werkzeuge ausgegraben worden, die denen aus Liang Bua sehr ähnlich sind. Dies könnte bedeuten, dass noch mehr kleinwüchsige Urvölker auf ihre Entdeckung warten und mehr Fragen als Antworten mit sich bringen.

Die Höhle von Liang Bua kann besichtigt werden. Örtliche Guides, deren Dienste im Eintrittspreis von 30 000 Rp enthalten sind, nehmen die Besucher am Eingang in Empfang und erklären, warum die Höhle als heilig gilt. Die Anfahrt aus Ruteng per *ojek* kostet 100 000 Rp.

Essen & Trinken

Rumah Makan Cha Cha INDONESISCH $
(☎0385-21489, 0812 3698 9009; ywidianita@hotmail.com; Jl Diponegoro 12; Hauptgerichte 15 000–50 000 Rp; ⌚12–21 Uhr; 📶) Rutengs bestes Restaurant ist nach der Tochter des Eigentümers benannt und besticht mit viel Holz, gerahmten Bildern von Flores' Sehenswürdigkeiten und karierten Tischdecken. Die indonesischen Standardgerichte sind überzeugend, es ist sauber und die Stimmung entspannt. Empfehlenswert: *nasi lontong opor* (Hühnchen in Kokosnussmilch mit Reis) und *nasi soto ayam* (Hühnersuppe mit Glasnudeln, Sojasprossen, Eiern, gebratenen Kartoffelscheiben und Reis).

Straßenverkäufer STREET FOOD $
(Jl Gajah; Hauptgerichte ab 30 000 Rp; ⌚17–23 Uhr) Wenn die Sonne untergeht, wird die Straße vom Aroma der Speisen erfüllt, die über Kohlen garen, und ein halbes Dutzend Verkäufer bietet *ayam goreng* (gebratenes Hühnchen), *ikan pepes* (gegrillter Fisch im Bananenblatt), *soto* (Suppe) und weitere Gerichte an. Unser Favorit ist Mas Ari, bei dem man auf Plastikhockern sitzt; nach den bunten Bannern Ausschau halten.

Kopi Mane Inspiration CAFÉ
(☎0821 4733 4545, 0813 8008 2778; Jl Yos Sudarso 12; Hauptgerichte 20 000–35 000 Rp; ⌚8–2 Uhr; 📶) Eine gediegene Anlaufstelle, um den Tag mit Manggarai-Kaffee in Schwung zu bringen. Man kann Beutel mit gemahlenem, geröstetem Kaffee kaufen oder günstige indonesische Gerichte von der Tafel bestellen. Touristen bekommen hier auch Auskunft und es werden Motorräder für 100 000 Rp pro Tag vermietet.

EINEN ABSTECHER WERT

DIE SPINNENNETZ-REISFELDER

Diese legendären Reisfelder, auch unter dem Namen Lingko Reisfelder bekannt, sind weitläufig so angelegt, wie es ihr Name besagt. Die Form entspricht auch den Dächern der Manggarai und dient dazu, Besitz gerecht unter den Familien zu teilen. Für den besten Ausblick halten Reisende am kleinen Pavillon, zahlen 25 000 Rp und gehen einen Feldweg hoch bis zum Hauptaussichtspunkt auf einem Kamm. Die Felder liegen 20 km westlich von Ruteng, in der Nähe des Dorfs Cara, Abfahrt vom Trans-Flores Highway.

An- & Weiterreise

Der Busbahnhof für Fahrtziele im Osten liegt 3,5 km außerhalb von Ruteng; die Fahrt dorthin kostet 5000–10 000 Rp mit dem Bemo oder *ojek*. Lokale Busse Richtung Westen fahren von einem inoffiziellen zentralen Terminal in der Nähe des **Pasar** (Markt; Jl Bhayangkara; ⌚7–17 Uhr). Es gibt regelmäßige Busverbindungen nach Bajawa und Labuan Bajo (110 000 Rp, 5 bzw. 4 Std.).

Wae Rebo

Wae Rebo ist das hübscheste traditionelle Manggarai-Dorf. Zwar wurden die Straßen ausgebaut, was den Zugang zum Dorf verbessert hat, abgelegen bleibt es trotzdem.

Ein Besuch des Dorfs beinhaltet eine großartige, aber anspruchsvolle Wanderung von 9 km, die drei bis vier Stunden dauert. Der Weg schlängelt sich an Wasserfällen und natürlichen Schwimmbecken vorbei und bietet spektakuläre Aussichten auf die Sawusee. Pro Person wird für einen Besuch eine Spende von 200 000 Rp erwartet; wenn man in einem *mbaru tembong* (traditionellen Haus) übernachten will, sind es 320 000 Rp. Am nächsten Morgen geht man die gleiche Strecke wieder zurück oder wandert sechs Stunden über einen Pass zu einem anderen Ausgangspunkt des Wanderwegs; man sollte im Vorfeld organisieren, dort abgeholt zu werden.

Die lokalen Unterkünfte vermitteln Guides (400 000 Rp) und Gepäckträger (250 000 Rp). Bitte nicht erwarten, automatisch in den Genuss einheimischer Musik und Tänze oder einer Demonstration traditioneller Webtechniken zu kommen – die Darbietungen werden zusätzlich berechnet und normalerweise für größere Ausflugsgruppen organisiert. Unbedingt früh aufbrechen, um die schweißtreibende Mittagshitze zu meiden. Wasser einpacken.

Schlafen

Idealerweise bricht man frühmorgens zur Wanderung nach Wae Rebo auf und übernachtet daher besser in der Nähe des Ausgangspunkts als in Ruteng.

Wae Rebo Lodge GUESTHOUSE $
(☎0852 3934 4046, 0812 3712 1903, WhatsApp 085 339 021 145; martin_anggo@yahoo.com; Dintor; Zi. pro Pers. 250 000 Rp) Martin aus Wae

DIE NGADA

Mehr als 60 000 Ngada leben im Hochland von Bajawa und an den Hängen des Gunung Inerie. Die meisten von ihnen praktizieren eine Mischung aus Christentum und Animismus und verehren den Gott Gae Dewa, der Dewa Zeta (Himmel) und Nitu Sale (Erde) in sich vereint.

Die auffälligsten Symbole der lebendigen Ngada-Kultur sind *ngadhu* und *bhaga*. Ein *ngadhu* ist ein rund 3 m hohes sonnenschirmartiges Gebilde, das aus einem geschnitzten Holzpfahl und einer Art Strohdach besteht, während eine *bhaga* wie die Miniaturausgabe eines strohgedeckten Hauses aussieht.

Der *ngadhu* gilt als „männlich" und die *bhaga* als „weiblich". Jedes dieser „Paare" gehört zu einer bestimmten Familie im Dorf. Einige wurden schon vor über 100 Jahren im Gedenken an Vorfahren errichtet, die in lange zurückliegenden Schlachten getötet wurden.

Noch immer zelebrieren die Ngada landwirtschaftliche Fruchtbarkeitsriten (zu denen manchmal das Opfern eines Büffels gehört) und auch bei Geburt, Hochzeit, Hausbau und Tod finden gemeinschaftliche Zeremonien statt. Das wichtigste Ereignis des Jahres ist das sechstägige Reba-Fest, das zwischen Ende Dezember und Anfang Januar in allen Dörfern stattfindet (in Bena zum Beispiel immer Ende Dezember). Die Dorfbewohner tragen hierbei spezielle schwarze Ikat-Gewänder, opfern einen oder mehrere Büffel und singen und tanzen danach die ganze Nacht lang. Besucher dürfen gern teilnehmen, sollten sich aber vorab in der Tourist Information nach besonderen Verhaltensvorschriften sowie nach Ort und Zeit der Festlichkeiten erkundigen.

Auch wenn die Ngada nicht matriarchalisch organisiert sind (die Dorfältesten sind Männer), so vererben sie doch matrilinear, d. h. der Besitz geht von der Mutter auf die Tochter über.

Rebo leitet die speziell gefertigte Lodge, die friedlich inmitten von Reisfeldern liegt, Ausblick auf den Sonnenauf- und -untergang bietet und etwa 9 km vom Ausgangspunkt der Wanderung entfernt ist. Die Mahlzeiten sind im Preis inbegriffen und von hier kann man alle Wanderungen organisieren. Zehn Prozent seines Gewinns spendet Martin der Gemeinde.

Wae Rebo Homestay PRIVATUNTERKUNFT $
(☎0813 3935 0775; Denge; Zi. pro Pers. 200 000 Rp) Direkt am Ausgangspunkt des Wanderwegs liegt das urige Nachtlager für Reisende, die nach Wae Rebo wandern. Besitzer Blasius kennt Wae Rebo wie seine Westentasche und betreibt neben dieser Unterkunft mit 15 Zimmern das kleine Besucherzentrum. Er erteilt gern Auskunft über den Besuch des Dorfs und die Transportmöglichkeiten. Bei schlechtem Empfang kann man ihm eine SMS schicken.

An- & Weiterreise

Von Ruteng bis zum Ausgangspunkt des Wanderwegs fährt man etwa drei Stunden und braucht ein eigenes Gefährt.

Bajawa

☎0384 / 44 437 EW.

Umringt von bewaldeten Vulkanen und mit einem kühleren Klima gesegnet ist Bajawa, ein entspanntes und überwiegend katholisches Hügelstädtchen. Es thront 1100 m über dem Meeresspiegel und dient dem einheimischen Ngada-Volk als Handelszentrum. Bajawa ist bestens als Basis geeignet, um die vielen traditionellen Dörfer zu erkunden, oder man bleibt einfach da und mischt sich unter die Einheimischen. Gunung Inerie (2245 m), ein perfekt kegelförmiger Vulkan, ragt im Süden empor, wo es zudem aktive heiße Quellen gibt. Ebenfalls beliebt ist **Wawo Muda** mit einem Kratersee, der an Kelimutu erinnert und infolge eines Ausbruchs im Jahr 2001 entstand.

Sehenswertes & Aktivitäten

★ **Gunung Inerie** WANDERN
Der atemberaubend schöne Vulkan Gunung Inerie (2245 m) liegt nur 10 km von Bajawa entfernt und fordert alle angehenden Bergsteiger heraus. Der Aufstieg ist anspruchsvoll, aber der eindrucksvoll zerklüftete Kegel lohnt den schweißtreibenden Marsch. Man

kann den Auf- und Abstieg in acht Stunden bewältigen oder am See sein Nachtlager aufschlagen. Wer den Sonnenaufgang miterleben will, sollte um 3 Uhr aufbrechen.

Für einen englischsprachigen Guide und den Transport aus Bajawa zahlt man ca. 800 000 Rp für eine, 1 000 000 Rp für zwei Personen. Wasser einpacken.

Air Panas Soa HEISSE QUELLEN
(Pro Person 14 000 Rp; ⌚7–18 Uhr) Die am besten instand gehaltenen heißen Quellen der Region liegen östlich der Stadt an der holprigen Straße nach Riung. Es gibt zwei künstlich erschaffene Becken (eins davon ist siedende 45 °C heiß; das andere gemäßigtere 35–40 °C) und ein natürliches (25–30 °C). Auf dem Gelände gibt es zwei moderne Gebäude; es kann voll werden. Air Panas Malanage (S. 410) ist eine noch ursprünglichere Option.

Schlafen

Dank des sprunghaften Anstiegs der Besucherzahlen bieten immer mehr Einheimische Privatunterkünfte im Ort an – die beste Unterkunftsmöglichkeit, denn die Gastgeber sind freundlich und geben gern Auskunft, während Hotels oft abgewohnt oder unpersönlich sind.

Madja Edelweis Homestay PRIVATUNTERKUNFT $
(☎0812 3779 5490; austynobabtista@gmail.com; Jl Pipipodo; EZ/DZ ab 150 000/200 000 Rp; 📶) Nicht zu verwechseln mit dem faden Edelweis Hotel auf der Hauptstraße ist diese Unterkunft mit acht komfortablen, farbenfrohen Zimmern. Der freundliche und sehr hilfsbereite Besitzer verleiht für 100 000 Rp pro Tag Motorräder und organisiert Ausflüge auf Flores. Schnelles WLAN, üppiges Frühstück inklusive, Gästeküche. Warmwasser kostet extra.

Marselino's Homestay PRIVATUNTERKUNFT $
(☎0852 3913 1331; www.floresholiday.wordpress.com; Jl Pipipodo; EZ/DZ/3BZ 150 000/170 000/210 000 Rp; 📶) Eine einfache Unterkunft mit sechs Zimmern und einem Esszimmer, das man gemeinsam nutzt, genau wie den Aufenthaltsraum. Zur Belohnung für die kalte Dusche im Gemeinschaftsbad gibt es Nasi Goreng und Obst zum Frühstück. Das Beste an dieser Unterkunft ist der Besitzer, ein erfahrener Fremdenführer, der Informationen zu allem rund um Flores gibt: von Ausflugsmöglichkeiten bis zum Fahrkartenkauf.

Hotel Happy Happy GUESTHOUSE $$
(☎0384-421763, 0853 3370 4455; www.hotelhappyhappy.com; Jl Sudirman; Zi. ab 350 000 Rp; 📶) Das violette Haus ist mit Smiley-Emojis gepflastert und bietet sieben adrette Zimmer mit Fliesenböden, vernünftiger Bettwäsche und vereinzelten Delfingemälden. Es gibt Warmwasser, einen Innenhof als Treffpunkt für die Gäste, man kann seine Wasserflaschen kostenlos auffüllen, ein ausgezeichnetes Frühstück ist inklusive. Das Guesthouse liegt zu Fuß nicht weit vom touristischen Zentrum entfernt.

★ **Manulalu** BUNGALOW $$$
(☎0812 5182 0885; villamanulalu@gmail.com; Mangulewa; DZ/Bungalows ab 460 000/1 200 000 Rp) Manulalu Hills und Manulalu Jungle liegen nah beieinander auf zwei separaten Grundstücken. Nach Bajawa sind es 20 km, nach Bena 3 km über eine landschaftlich schöne, kurvige Straße. Das Hills hat acht schicke Zimmer, aber die sieben Bungalows im Dschungel sind nach dem Vorbild traditioneller Häuser erbaut und scheinen einem Märchen zu entstammen: bildschöne Badezimmer und Holzterrassen mit Tagesbetten – perfekt, um die schönsten Aussichten der Insel Flores zu bewundern.

Essen

Bajawas beste Restaurants scharen sich um die Tourist Information direkt südlich vom Zentrum.

Rumah Makan Anugerah INDONESISCH $
(☎0812 1694 7158; Jl Sudirman; Hauptgerichte 25 000–50 000 Rp; ⌚8–22.30 Uhr) Die kleine, blitzblanke, familiengeführte *rumah makan* (Gaststätte) ist eine ausgezeichnete Wahl für ein günstiges Mittagessen. Einige Gerichte haben einen leicht chinesischen Touch, während andere, wie *nasi babi rica rica* (scharfes Schweinefleisch mit Reis), typische Speisen des Archipels sind. Im Magen Platz lassen für die Süßspeisen aus der Vitrine.

Lucas 2 INDONESISCH $
(☎0813 5390 7073; Jl Ahmad Yani; Hauptgerichte 20 000–35 000 Rp; ⌚Fr & Sa 8–22, So 15–22 Uhr) Nicht mit den anderen Lukas-Läden auf der Straße verwechseln – dieses befindet sich im 2. Stock eines Holzhauses. Die gelben Dachbalken und bemalten Tische verleihen dem Restaurant eine eigene Note; serviert werden zartes Schweinefleisch-Satay und andere lokale Favoriten.

Maiwali DESSERTS $

(☎0821 1942 1305; Jl Ahmah Yani; Kuchen 1000 Rp; ⏲6–19 Uhr) Auf der Hauptstraße in der Nähe der Tourist Information verkauft eine lächelnde Dame in einem weißen Stoffpavillon ohne Aufschrift traditionelle Süßspeisen aus einer Vitrine. Zur Auswahl stehen Sesamkugeln, grüne Pandan-Pfannkuchen, gebratene, mit Palmzucker gesüßte „fliegende Untertassen" und klebriger Reis – alles zum gleichen Preis.

Praktische Informationen

GELD

BNI Bank (Jl Marta Dinata; ⏲Mo–Fr 8–16, Sa 7.30–16 Uhr) Im Zentrum; hat einen Geldautomaten und wechselt Geld. Über die Stadt verteilt gibt es weitere Geldautomaten.

TOURIST INFORMATION

Tourist Information (☎0852 3904 3771; www.welcome2flores.com; Jl Ahmad Yani 2; ⏲8–18 Uhr) Klein, aber hilfreich; Auskunft über Ngada, Transportmittel und Ausflüge.

An- & Weiterreise

Busse und Bemos steuern diverse Ziele an. Die Busse starten nicht unbedingt pünktlich, sondern wenn der Bus fast voll ist. Minibusse, meist Toyota Kijangs, fahren tagsüber ebenfalls vom **Bemo Terminal** (Jl Basoeki Rahmat). Die Tarife liegen bis zu 30 % über den Buspreisen. Es bestehen u. a. folgende Busverbindungen:

Ende (80 000 Rp, 5 Std., mehrmals tgl.)

Labuan Bajo (210 000 Rp, 10 Std., 2-mal tgl.)

Ruteng (110 000 Rp, 5 Std., regelmäßig zwischen 8 und 11 Uhr)

Unterwegs vor Ort

Bemos fahren für 5000 Rp zu Zielen in der Stadt, aber man kann fast alles gut zu Fuß erreichen, abgesehen von den Busbahnhöfen.

Vans bedienen abgelegenere Strecken; die meisten fahren morgens in den traditionellen Dörfern los und nachmittags zurück.

Motorräder werden für 100 000 Rp pro Tag vermietet. Ein Privatwagen mit Fahrer kostet 800 000 Rp; ist das Fahrtziel sehr abgelegen, zahlt man evtl. mehr. Die meisten Hotels organisieren Fahrzeugvermietungen.

Der **Bajawa Turelelo Soa Airport** ist ein kleiner Inlandsflughafen; er liegt 25 km von Bajawa enfernt und 6 km außerhalb von Soa. Die Fluggesellschaften Wings Air und TransNusa fliegen täglich nach Kupang in Westtimor (1 Std.), außerdem bietet Wings täglich Flüge nach Labuan Bajo (35 Min.) an.

Rund um Bajawa

Bajawas Trumpfkarte sind die nahe gelegenen Dörfer in der wunderschönen Landschaft. Ein typisches Merkmal für die faszinierende Bauweise der traditionellen Häuser sind die geschnitzten Holzpfeiler, mit denen die steilen Strohdächer gestützt werden. Man kann die Gegend auf eigene Faust erkunden, erfährt mit einem Guide aber viel mehr über Kultur und Bräuche. Manche organisieren ein Essen in ihrem Heimatdorf, andere bieten Trekkingtouren zu selten besuchten Dörfern an, die nur über einen Pfad zu erreichen sind.

Die Einheimischen und die Besitzer von Privatunterkünften können Tagesausflüge mit dem Auto ab 600 000 Rp pro Person organisieren. Alternativ hüpft man zu einem Guide aufs Motorrad und zahlt 400 000–500 000 Rp. Eine klassische Tagesroute beginnt in Bajawa und beinhaltet einen Besuch in **Bena**, **Luba**, **Tololela** sowie bei den heißen Quellen von **Air Panas Malange**. Dem Oberhaupt der traditionellen Dörfer lässt man für den Besuch üblicherweise eine Spende zukommen. Am besten händigt man sie ihm direkt und nicht dem Guide aus, um sicherzugehen, dass das Geld vollständig ankommt.

ABSEITS DER ÜBLICHEN PFADE

PAULENI–BELARAGHI WANDERUNG VON DORF ZU DORF

Die meisten Besucher der Region um Bajawa flitzen mit einem Mietfahrzeug von Dorf zu Dorf. Eine Wanderung durch den Regenwald zu Dörfern wie **Belaraghi**, das man nur zu Fuß erreicht, ist jedoch viel lohnender. Der Einstig ist in **Pauleni Village**, ungefähr 45 km (90 Min.) mit dem Auto von Bajawa entfernt. Von dort geht es 90 Minuten steil bergan zu dem Dorf mit seinen freundlichen Bewohnern. Hier finden sich mehr als ein Dutzend traditioneller Häuser. Die Wanderung ist in einem Tag zu schaffen, aber wer bereits müde ist, kann hier übernachten. Der *Kepala kampung* (Dorfvorstand) bietet ein Bett mit Mahlzeiten für 250 000 Rp pro Person an. Die regionalen Guides in Bajawa helfen bei der Organisation des Ausflugs.

Bena

Am Hang des Vulkans Inerie liegt Bena, eines der traditionellsten Ngada-Dörfer. Neun Clans leben hier und die Steinmonumente sind die imposantesten der Region. Die Häuser mit den hohen Strohdächern liegen in zwei Reihen angeordnet auf einem Höhenzug. Dazwischen befinden sich die Gedenkstätten der Ahnen mit Megalithgräbern, *ngadhu* (sonnenschirmförmige Strohgebilde) und *bhaga* (winzige Häuschen mit Strohdach). Die Dächer der meisten Häuser zieren männliche oder weibliche Figuren und die Eingänge sind mit Büffelhörnern und -kieferknochen geschmückt – ein Zeichen für den Wohlstand der Familie.

Obwohl im Dorf während der Hochsaison ganz schöner Besucherandrang herrscht und die Dorfbewohner mittlerweile offiziell katholisch sind und eine lokale Missionarsschule besuchen, bestehen ihr ursprünglicher Glaube und die traditionellen Bräuche fort. Dreimal im Jahr finden Opfer statt, und die Dorfältesten erzählen immer noch von einem strikt angewandten Kastensystem, das „gemischte" Beziehungen verbot, und von den harschen Konsequenzen, mit denen rechnen musste, wer gegen das *adat* verstieß.

Bena ist das meistbesuchte Ngada-Dorf, und die Häuserfronten säumen Stände mit Webwaren und Souvenirs. Es ist so beliebt, dass die Spenden durch eine Eintrittsgebühr ersetzt wurden – ein Festpreis von 25 000 Rp pro Person – und es offizielle Öffnungszeiten gibt (6–18 Uhr). Manchen Reisenden mag die Atmosphäre der weniger überlaufenen Dörfer in der Nähe mehr zusagen. Man kann in Bena für 150 000 Rp pro Person übernachten, darin enthalten sind Mahlzeiten mit gekochtem Cassava und Banane. Von dem traditionellen Dorf Langa, 7 km von Bajawa, führt eine gute Straße über 12 km nach Bena. Die Hin- und Rückfahrt mit dem *ojek* kostet 100 000 Rp.

Die natürlichen heißen Quellen von **Air Panas Malanage** (Eintritt 10 000 Rp) sind 6 km von Bena entfernt und werden von einem inoffiziellen Team aus freundlichen Einheimischen betreut. Am Fuße eines der zahlreichen Vulkane münden zwei Ströme – ein heißer und ein kalter – in einem lauwarmen Becken. Umgeben vom Duft nach Kokosnuss, Haselnuss, Vanille und Nelken lässt man sich so richtig einweichen. Einfache Umkleiden vor Ort; 10 000 Rp Eintritt pro Person.

Riung

☎0384 / 13 875 EW.

Riung ist ein entzückendes, abgeschiedenes Städtchen mit Fischerhütten auf Stelzen, umrahmt von Kokosnusspalmen. Von Ende fährt man über einen trockenen Küstenstrich, der an einem spektakulär geformten Vulkankrater vorbeiführt, bevor ein Schwall aus Blättern die Straße verschluckt, während diese sich ins Dorf schlängelt. Hauptgrund für einen Abstecher hierher ist ein Besuch im Seventeen Islands Marine Park vor der Küste.

Sehenswertes

Seventeen Islands Marine Park MEERESRESERVAT

(Pulau Tujuh Belas) Die unbewohnten Inseln sind ebenso vielfältig wie wunderschön. Von Mangroven überzogen ist Pulau Ontoloe, die Heimat einer gewaltigen Flughundkolonie und einiger Komodowarane, während Pulau Rutong und Pulau Temba mit malerisch weißen Stränden und türkisblauem Meer aufwarten. Großartige Schnorchelspots gibt es in der Nähe von Pulau Tiga, Pulau Laingjawa und Pulau Bakau – aber egal, welches Ziel man anpeilt, man wird nicht enttäuscht.

Geführte Touren

Ausflüge zum Seventeen Islands Marine Park können in der Unterkunft oder am Hafen organisiert werden. Standard ist ein Tagesausflug per Boot ohne Guide für vier bis sechs Personen für 500 000–600 000 Rp. Mit Guide (die bessere Option) zahlt man ca. 1 600 000 Rp für bis zu vier Personen; mit Halt an vier Schnorchelspots und Barbecue am Strand. Ein empfehlenswerter Guide ist Al Itchan vom Del Mar Cafe.

Bevor man zu den Inseln rausfährt, schreibt man sich an einem separaten Schalter am Dock ein und zahlt 100 000 Rp pro Person. Kapitän oder Guide sollten die Ankergebühr für das Boot zahlen.

Schlafen & Essen

Die Unterkünfte sind rar gesät, aber komfortabel. Während der Hauptsaison von Juni bis August im Voraus buchen.

Del Mar Cafe GUESTHOUSE $$

(☎0813 8759 0964, 0812 4659 8232; DZ/3BZ 400 000/500 000 Rp; ❄) Abseits der Hauptstraße, die zum Pier führt, liegt diese Pension mit 12 Zimmern mit Klimaanlage, Holzmöbeln und eigenem Bad. Besitzer Al Itchan ist zugleich der beste Fremdenführer der Gegend. Vor Ort gibt es ein kleines Warung, behangen mit Muscheln und Lichterketten, beschallt mit Rock 'n' Roll; über glimmenden Kokosnussschalen wird Fisch gegrillt (Hauptgerichte ab 30 000 Rp; 7–23 Uhr).

Nirvana Bungalows BUNGALOW **$$**
(☎0813 3710 6007; www.nirvanabungalows.doodlekit.com; DZ/3BZ/4BZ 400 000/500 000/600 000 Rp; ❄) Neun fröhliche Hippiehütten mit bunten Wänden, inspirierenden Sprüchen („Wenn das Leben einfach wäre, wo bliebe dann das Abenteuer?") und privaten Terrassen mit Blick in den Garten, auf denen das Frühstück serviert wird. Die Unterkunft liegt nah beim Hafen und der engagierte Besitzer bietet geführte Touren zu den Inseln an. Auf vorherige Bestellung gibt's zum Abendessen gegrillten Fisch.

Rumah Makan Murah Muriah INDONESISCH **$**
(☎0822 4714 6920; Hauptgerichte 25 000–45 000 Rp; ⏲6–21 Uhr) Die Spezialität des Hauses ist die *sop ikan asam pedas,* Nusa Tenggaras typische scharf-saure Tamarinden-Fischsuppe. Eine bessere als diese – gekocht von der stets lächelnden Bernadetta – gibt es nicht. Außerdem werden hier angeboten: gegrillter Fisch, gebratener Tintenfisch und Pfannengemüse, Hühnchen-Satay, gebratene Nudeln etc. Das Restaurant liegt an derselben Schotterstraße wie das **Pondok SVD** (☎0813 3934 1572, 0813 3946 7082; pondoksvd@gmail.com; EZ/DZ ab 225 000–275 000 Rp; ❄).

Pato Resto INDONESISCH **$**
(☎0812 4698 7688; Hauptgerichte 25 000–55 000 Rp; ⏲8–23 Uhr; ✎) Das beste und zugleich unscheinbarste Restaurant in Riung. Das schlichte Lokal mit den karierten Tischdecken und Plastikstühlen ist der Ort, um lokale Speisen zu probieren. Es liegt an der Hauptstraße, das übersichtliche Speiseangebot auf einer Tafel (auf Englisch) wechselt je nach Saison und täglichem Fang. Die Meeresfrüchte sind ein Muss, aber auch Vegetarier werden hier glücklich.

Praktische Informationen

INTERNETZUGANG

Es gibt kein vernünftiges Internet und der 3G-Datenempfang ist brüchig.

GELD

In Riung gibt es einen BRI-Geldautomaten, aber keine offiziellen Wechselstuben. Ausreichend Rupiah mitbringen.

An- & Weiterreise

Von der Ausfahrt in Boawae auf dem Trans-Flores Highway erreicht man Riung nach 75 km und etwa zwei Stunden Fahrt über holprige Straßen. Eine *deutlich* schlechtere Strecke von 79 km führt von Bajawa nach Riung, für die der tägliche Bus (35 000 Rp) ca. vier Stunden braucht. Mit dem Auto geht's ein bisschen schneller – ein Sammeltaxi kostet 60 000 Rp pro Person, ein privates Auto insgesamt 700 000 Rp. Ende erreicht man ebenfalls in vier Stunden mit einem täglichen Bus (70 000 Rp pro Pers.).

Wem der Trans-Flores Highway mittlerweile zum Hals raushängt, kann für die gesamte Strecke von Riung nach Labuan Bajo ab 3 000 000 Rp ein Boot chartern, das sieben bis zehn Stunden braucht. Kein ganz billiges Vergnügen, dafür bekommt man einen Küstenabschnitt zu sehen, der den meisten Touristen vorenthalten bleibt, und kann unterwegs an unberührten Buchten anlegen und schnorcheln. Bitte Kopfhörer oder Ohrenstöpsel einpacken – die Außenbordmotoren machen einen Höllenlärm!

Ende

☎0381 / 103 987 EW.

Der offensichtlichste Vorzug der schwülwarmen Hafenstadt ist ihre spektakuläre Umgebung. Die aufsehenerregenden Vulkane **Gunung Meja** (661 m) und **Gunung Iya** (627 m) thronen über der Stadt und dem Küstenstreifen aus schwarzem Sand und Steinen. Direkt hinter Ende wird die Aussicht noch besser, dort wo die Straße nach Kelimutu über einen Bergrücken hinaufführt: tief unten ein reißender Fluss und Klippen, von denen während der Regenzeit von Dezember bis März Wasserfälle hinabstürzen. Dazu der Duft nach Kaffee und Nelken, die am Straßenrand auf Planen trocknen, jadegrüne Reisterrassen und Frauen, die auf Bambusleitern Macadamia-Nüsse ernten, und Flores' atemberaubendste Landschaft ist komplett.

Endes kompaktes und atmosphärisches Zentrum ist rasch erkundet. Für die meisten ist die Stadt nur ein Boxenstopp auf dem Weg zu einem anderen Ziel, doch sie besitzt einen rauen Charme. Der zentral gelegene Flughafen ist ein praktischer Knotenpunkt für Verbindungen nach Labuan Bajo, Kupang (Westtimor) und Tambolaka (Sumba).

Sehenswertes

Viel zu sehen gibt es in Ende nicht, man kann hier mehr „in sich aufsaugen". Der schwarze Sandstrand bildet ein morbides

Mahnmal an Indonesiens Müllproblem, aber die Aussicht ist beeindruckend und am Ufer ist immer etwas los.

Ikat Market MARKT

(Ecke Jl Kathedral & Jl Pasar; ⌚5–17 Uhr) Auf dem Ikat-Markt werden handgewebte Wandteppiche aus Flores und Sumba verkauft. Feilschen ist erlaubt, aber nicht vergessen: Wurde ein Gebot akzeptiert, sollte man auch kaufen. Geschäfte können mittags geschlossen sein.

Pasar MARKT

(Markt; Jl Pasar; ⌚7–18 Uhr) Über den aromatisch duftenden Markt schlendern, der sich vom Hafen bis in die Straßen erstreckt. Hier findet man Plastikkübel voller Gemüse, Obst und eine beachtliche Auswahl an Fisch.

Schlafen

Über die ganze Stadt verteilt gibt es vielfältige, aber fade Unterkünfte. Viele Reisende machen auf dem Weg Richtung Osten nach Moni hier nur kurz halt, aber eine Übernachtung hat den Vorteil, dass man etwas Gutes zu essen bekommt, ein wenig Atmosphäre in sich aufsaugt und am nächsten Morgen frisch ausgeruht nach Moni weiterfährt.

The Roomz PRIVATUNTERKUNFT $

(☎0812 4900 0901; Jl Woloare km 1; Zi. 100 000–200 000 Rp; ❄@) Die günstige Unterkunft mit fünf Zimmern wird von einer bezaubernden jungen Familie betrieben. Beim billigsten Zimmer ist die Toilette geteilt, für 150 000 Rp gibt es ein Zimmer mit eigenem Bad und Ventilator und die drei geräumigen Deluxe-Zimmer haben Klimaanlage, Loungezone und TV. Ein Schild gibt es nicht – es ist das ockerfarbene Haus mit den Betonstufen.

F Hostel Ende HOSTEL $

(☎0812 8294 6977; Jl Gatot Subroto km 4; B 145 000 Rp; ❄🛜) Es gibt einen Schlafsaal mit acht Betten, jedes mit Vorhang, Steckdose, Leselicht und Haken. Das Personal ist freundlich, das Hostel sauber, allerdings etwas vom Zentrum entfernt Richtung Kelimutu (S. 413). Zum Frühstück gibt es nur Toast.

★ **Dasi Guest House** GUESTHOUSE $$

(☎0852 1863 8432, 0381-262 7049; yosdam@yahoo.co.id; Jl Durian Atas 2; B/EZ/DZ 100 000/200 000/250 000 Rp; ❄🛜) Ihrem Motto, „Fühl dich wie Zuhause", wird die freundliche Pension dank des unheimlich hilfsbereiten Personals gerecht. Hier herrscht eindeutig Hostelatmosphäre, obwohl es erst die 15 einfachen Zimmer gab und später den Schlafsaal mit elf Einzelbetten, jedes in einer eigenen Kabine. Vom Gemeinschaftsraum hat man Aussicht auf den Süden. Kostenloser Flughafentransfer und Abholservice aus der Stadt bei schlechtem Wetter oder falls man sich verirrt hat.

Essen

★ **Sari Rasa** INDONESISCH $

(☎0812 3925 3699; Jl Ahmad Yani; Hauptgerichte 25 000–45 000 Rp; ⌚18.30–22 Uhr) In das blitzsaubere Restaurant mit den blanken Wänden strömen Reisende auf der Suche nach authentischem lokalen Essen; wieder kommen sie wegen Martin, dem charismatischen Besitzer und selbsternannten „Kapitän". Er erläutert die kleine Auswahl an Speisen auf der Tafel, die von seiner Frau gekocht werden, während im Hintergrund Jazz läuft. Für das *ayam goreng* (gebratenes Hühnchen) werden freilaufende Hühner aus dem Dorf verarbeitet, mariniert, weichgeklopft und gebraten. *Empal* ist die javanesische Antwort auf Rinderbrust – zartes, gewürztes und gebratenes Rindfleisch. Auf beiden Gerichten türmen sich süchtigmachende *serundeng* (würzige Kokosraspel).

Pasar Malam MEERESFRÜCHTE $

(Nachtmarkt; Jl Bakti; Hauptgerichte ab 15 000 Rp; ⌚17–24 Uhr) Bei Sonnenuntergang weht auf dem Markt am Ufer der Geruch nach gegrill-

ABSEITS DER ÜBLICHEN PFADE

SIKKA

Das charmante Dorf Sikka am Meer war eine der ersten portugiesischen Siedlungen auf Flores. Seine Könige beherrschten die Region Maumere bis zum 20 Jh. Sein großer Anziehungspunkt ist die prachtvolle, schmale katholische Kathedrale aus dem Jahr 1899. Die offenen Fenster der gewölbten Traufe lassen das Geräusch von sich brechenden Wellen durch den Altarraum hallen.

Ikat-Händler belagern die Besucher, sobald diese das Dorf betreten, aber sie sind recht charmant. Für eine Spende von 150 000 Rp kann man ihnen bei der Arbeit am Webstuhl zusehen. Das Dorf liegt 4 km hinter Lela, etwa 6 km vom Trans-Flores Highway entfernt (die geteerte Zugangsstraße liegt ungefähr 20 km südlich von Maumere).

tem Fisch durch die Luft und lädt dazu ein, die verschiedenen Stände abzuklappern und sich das Appetitlichste auszusuchen. Erst das Angebot vergleichen; größerer Fisch = höherer Preis.

Depot Se'i Babi Melati Indah INDONESISCH **$**
(☎0813 3903 2791; Jl Melati Atas; Hauptgerichte 25 000–45 000 Rp; ⏲Mo–Sa 10–22 Uhr) Das strohgedeckte Open-Air-Restaurant hat sich auf *se'i babi* (saftiges geräuchertes Schweinefleisch aus Kupang) spezialisiert. Das Menü für 35 000 Rp umfasst Schweinefleisch, weißen Reis, Bohnensuppe mit Schweinefleischeinlage und *rumpu rampe* (Gemüsepfanne).

Praktische Informationen

Es gibt zwei Tourist Informationen in Ende; in beiden erteilen die engagierten Mitarbeiter aktuelle Auskünfte.

Ende Tourist Information (☎0381-21303; www.florestourism.com; Jl Soekarno; ⏲Mo–Fr 8–15 Uhr)

Flores DMO Tourist Information (☎0381-23141; www.florestourism.com; Jl Bhakti; ⏲Mo–Fr 8–17 Uhr)

An- & Weiterreise

Die Fahrpläne der Flug- und Fährverbindungen in Ost-Nusa Tenggara ändern sich ständig, deshalb unbedingt die Zeiten aller Transportunternehmen überprüfen.

FLUGZEUG

Wings, Garuda, Nam Air, TransNusa und Susi Air fliegen ab **Ende Airport** (H Hasan Aroeboesman Airport; Jl Ahmad Yani), der sich fast im Stadtzentrum befindet.

REISEZIEL	FLUGLINIE	HÄUFIGKEIT
Kupang	Nam Air, TransNusa, Wings Air, Garuda	tgl.
Labuan Bajo	Wings Air, Lion Air, Garuda	tgl.
Tambolaka	Wings Air	tgl.

SCHIFF/FÄHRE

Pelni-Schiffe fahren alle zwei Wochen nach Waingapu, Benoa und Surabaya, dann Richtung Osten nach Kupang und Sabu. Im **Pelni-Büro** (☎0381-21043; Jl Kathedral 2; ⏲Mo–Sa 8–12 & 14–16 Uhr) gibt es Informationen und Fahrkarten, auch nach Waingapu (65 000 Rp); die Überfahrt dauert neun Stunden.

BUS & AUTO

Busse Richtung Osten fahren vom Terminal Roworeke, 8 km vom Zentrum. Busse nach Westen starten am Ndao-Terminal, 2 km nördlich der Stadt an der Uferstraße.

REISEZIEL	FAHRZEUG	FAHRPREIS (RP)	DAUER (STD.)	HÄUFIGKEIT
Bajawa	Bus	80 000	5	mehrmals tgl.
Labuan Bajo	Bus	200 000	12–15	tgl., 6 Uhr
Maumere	Bus	80 000	5	regelmäßig, 7–16 Uhr
Maumere	Auto	150 000	4½	regelmäßig, 7–16 Uhr
Moni	Bus	50 000	2	mehrmals tgl.
Moni	Auto	100 000	1½	stündl., 6–16 Uhr

Unterwegs vor Ort

Ein Taxi vom Flughafen kostet zu den meisten Hotels ca. 50 000 Rp pro Wagen. Bemos und *ojeks* verkehren regelmäßig zu fast allen Zielen für pauschal 5000 Rp.

Kelimutu

Der erloschene Vulkan Kelimutu (1639 m) gilt als heiliger Berg und bildet das Herzstück des gleichnamigen gebirgigen und dschungelbedeckten **Nationalparks** (Eintritt pro Pers. Mo–Sa/So 150 000/225 000 Rp, pro Ojek/Auto 5000/10 000 Rp; ⏲Ticketschalter 5–17 Uhr). Es gibt kaum einen besseren Grund, vor Morgengrauen aufzustehen, als um zu beobachten, wie die Sonne an Kelimutus' westlicher Bergkante den Gipfel erklimmt, den Frühnebel durchdringt und drei tiefe Kraterseen enthüllt – bekannt als „die dreifarbigen Seen", weil über mehrere Jahre alle in einer anderen Farbe leuchteten. Der Park ist von Moni weniger als 30 Minuten mit dem Auto entfernt und bildet einen Schutzraum für gefährdete Flora und Fauna (darunter 19 seltene Vogelarten) und schließt weitere Vulkane mit ein, so den Mount Kelibara (1731 m).

Bitte den Bergführer alarmieren, sollten einem die heiligen Seen in Träumen erscheinen – offenbar haben sirenenartige Geister schon Wanderer ins Verderben gelockt; dies kann verhindert werden, indem man die richtigen Gebete spricht und Opfergaben darbringt.

Kelimutu gilt dem einheimischen Volk der Lio als heiliger Ort; sie glauben, dass die Seelen der Verstorbenen in die drei Seen wandern: Die Seelen der jungen Menschen ruhen im warmen See Tiwu Koo Fai Nuwa Muri; die der alten Menschen im kalten Tiwu Ata Bupu; und die bösen Seelen wandern in den Tiwu Ata Polo. Bei der jährlichen Zeremonie des Lio-Volks zu Ehren der Vorfahren am 14. August werden Tänze veranstaltet und auf einem Steinaltar neben den Seen Schweinefleisch, Betelnüsse, Reis und andere wertvolle Gaben dargeboten.

Seit Einheimische die ersten holländischen Siedler dorthin führten, wandern Touristen bei Sonnenaufgang zum Kelimutu. Die meisten werfen bei Morgengrauen einen Blick auf die Seen; sie brechen um vier Uhr im nahe gelegenen Moni auf, um am Krater zu sein, nachdem sich der Frühnebel gelichtet hat und bevor die Wolken heranziehen. Nachmittags ist es meist leer und friedlich auf dem Gipfel des Mount Kelimutu, und wenn die Sonne hochsteht, funkeln die Farben.

Eine Treppe führt zum höchsten Aussichtspunkt, Inspiration Point, von dem man alle drei Seen sieht. Bitte nicht über das lose Geröll am Krater kraxeln. Man hat sehr schlechten Halt und es geht so steil runter, dass hier schon Wanderer ums Leben gekommen sind.

Es empfiehlt sich in Moni unterzukommen, anstatt einen Tagesausflug nach Kelimutu zu planen – falls schlechtes Wetter die Sicht verdeckt oder die Straße zum Gipfel unpassierbar macht. Man sollte die Pläne für die Weiterreise flexibel gestalten, besonders während der regenreichen Monate.

Aktivitäten

Wer Lust auf eine wunderschöne Wanderung durch die üppige umliegende Landschaft hat, organisiert sich einen Transport zu den Kraterseen und läuft nach Moni zurück. Der Spaziergang bergab, durchs Dorf, an Reisfeldern und hinabstürzenden Bergbächen vorbei dauert etwa drei Stunden und ist nicht allzu anstrengend. Eine *jalan potong* (Abkürzung) zweigt 3 km südlich vom Ticketbüro von der Straße nach Moni ab, führt durch das Dorf Manukako und schlängelt sich 750 m oberhalb von Moni zurück zur Hauptstraße.

Ein weiterer Pfad zweigt vom Weg ab und führt durch die Dörfer Tomo, Mboti, Topo-Mboti, Kolorongo und Koposili, an einem Wasserfall entlang und zurück nach Moni, ohne auf die Hauptstraße zu treffen. Es ist möglich (aber nicht nötig), in Moni einen Guide anzuheuern (350 000 Rp).

An- & Weiterreise

Zum Ticketbüro folgt man für 8,5 km der gepflasterten Zugangsstraße, die 2 km westlich von Moni vom Trans-Flores Highway abzweigt. Der Parkplatz für die Seen ist weitere 4 km entfernt. Vom Parkplatz führt ein 20-minütiger Spaziergang durch die Pinien zum Inspiration Point. Von Moni nimmt man ein *ojek* (Einzel-/Hin- und Rückfahrt 60 000/100 000 Rp) oder ein Auto (Einzel-/Hin- und Rückfahrt 250 000/350 000 Rp) für maximal fünf Passagiere.

Moni

☎0361 / 7604 EW.

Moni wird von Reisenden oft links liegen gelassen, weil sie die Kelimutu-Seen in einem Tagesausflug erkunden. Diese Leute verpassen etwas. Wer nicht in Eile ist, kann ein paar Nächte in Moni bleiben – einem bezaubernden, malerischen Bergdorf, umgeben von Reisfeldern, grünen Vulkangipfeln und heißen Quellen –, um sich zu erden. Das Leben hier ist gemächlich und unbeschwert dank der freundlichen Einheimischen und einer unerwarteten Rasta-Community, die ihr Leben mit Musikmachen verbringt und Urlauber zum Mitmachen animiert. Dienstags findet auf dem Fußballfeld ein Markt statt, der viele Leute aus der Gegend anzieht und wo man lokalen Ikat zum Schnäppchenpreis bekommt.

Aktivitäten

Neben der Wanderung nach/von Kelimutu (S. 413) gibt es zahlreiche weitere Wandermöglichkeiten ab Moni. Etwa 750 m von Monis Zentrum, an der Straße Richtung Ende, führt ein Pfad zu einem 10 m hohen **Air Terjun** (Wasserfall) mit natürlichem Schwimmbecken und den **Air Panas** (heiße Quellen) in der Nähe. Der Pfad zweigt links vom **Rainbow Cafe** (☎0813 3947 7300; ana.rainbow@ovi.com; Jl Trans Flores; Hauptgerichte 30 000–80 000 Rp; ⏲9–21 Uhr) ab. Nicht entgehen lassen: die atemberaubende heiße Quelle inmitten der Reisfelder in **Kolorongo** (3,5 km von Moni) auf dem Weg nach Kelimutu. Oder man wandert Richtung Süden an der Kirche vorbei nach **Potu** und **Woloara** (2,5 km von Moni).

Schlafen

Es scheint, als ob jeder Bewohner von Moni eine Privatunterkunft am Trans-Flores Highway eröffnet. Die meisten liegen im unteren oder mittleren Preisbereich, aber die Preise werden in der nahen Zukunft steil ansteigen – schon jetzt besteht ein Missverhältnis zwischen Unterkünften mit identischem Standard. Preise vergleichen, um sich nicht abzocken zu lassen. Von Juni bis August besser im Voraus buchen, aber im Notfall kennen die Einheimischen bestimmt jemanden, der ein Bett vermietet.

Legend Guest House GUESTHOUSE $
(☎0813 9831 3581; ino.alexander99@gmail.com; abseits der Jl Trans Flores, hinter dem Markt; Zi. 200 000 Rp) In der günstigen Pension mit drei Zimmern fühlt man sich wie ein Familienmitglied. Die Zimmer sind einfach, sehr sauber und es gibt ein Gemeinschaftsbad (Dusche mit Kieselboden). Besitzer Ino weiß, wo man Tagesausflüge bucht … und singt ab und zu in Mopi's Place (S. 415). Die Lage hinter dem Markt sorgt für eine tolle Atmosphäre, aber nicht für ungestörten Schlaf.

Bintang by Tobias GUESTHOUSE $$
(☎0812 3761 6940, WhatsApp 0823 4103 6979; www.bintang-lodge.com; Jl Trans Flores; EZ/DZ/3BZ 385 000/440 000/800 000 Rp) Eine der besten Pensionen im Ort in zentraler Lage mit fünf großen, renovierten Zimmern. Es gibt Warmwasser (eine Wohltat im kühlen Moni) und das Café (Hauptgerichte 30 000–99 000 Rp) hat eine Terrasse mit Ausblick ins Grüne. Besitzer Tobias ist eine super freundliche Informationsquelle über die Gegend und organisiert Motorradvermietung, Ausflüge und Transport.

Mahoni Guest House GUESTHOUSE $$
(☎0813 7212 3313; Jl Trans Flores; Zi. 350 000 Rp) Wer die freundlichen Rastas entdeckt, die vor einem weißen Haus unter einem Strohsonnenschirm hocken, hat das Mahoni gefunden. Besitzer Galank ist unglaublich gastfreundlich zu jedem, der in seinen blitzblanken Zimmern übernachtet, alle mit Warmwasser-Duschen. Zum Frühstück gibt's Bananenpfannkuchen und frisches Obst – einen Einblick ins lokale Leben den ganzen Tag lang.

Estevania Lodge GUESTHOUSE $$
(☎0812 3791 5480; Jl Trans Flores; Zi. 400 000–500 000 Rp) Es gibt fünf große, sehr saubere Zimmer; teurer sind die im oberen Stock mit Blick ins Grüne. Dank des Warmwassers und der stets zum Plaudern aufgelegten Jenny, die hier das Sagen hat (man sollte sie auf ihre selbstgekochten Mahlzeiten und die einheimische Kultur ansprechen), bringen einen die etwas höheren Guesthouse-Preise nicht ins Schwindeln.

★ **Kelimutu Crater Lakes Ecolodge** LODGE $$$
(☎0852 3324 8518, 0361-747 4205; www.ecolodgesindonesia.com; Jl Ende–Maumere km 54; Zi./Villa ab 800 000/1 000 000 Rp; ❄) Monis hübscheste Unterkunft in lauschiger Lage am Flussufer östlich der Stadt. Es gibt 21 Zimmer und Villen, alle mit Kieselböden, Warmwasser, teilweise Solarenergie und Sitzbereichen im Freien. Überquert man die Brücke über den blubbernden Bach, kommt man zu den Reisterrassen. Das Restaurant (Hauptgerichte ab 40 000–65 000 Rp) serviert lokale Spezialitäten.

Essen

Die regionalen Spezialitäten sind meist deftig, um sich gegen die kühlen Nächte zu wappnen. Probieren sollte man den „Moni cake", eine Pastete aus Kartoffelpüree, die an Kroketten erinnert und mit Käse überbacken ist.

★ **Mopi's Place** CAFÉ $
(☎0813 3736 5682, 0812 3956 4019; Jl Trans Flores; Frühstück 25 000–35 000 Rp, Hauptgerichte 35 000–55 000 Rp; ⊙8–22 Uhr; ✎) Monis Atmosphäre ist erstaunlich ansteckend und dieses Café bildet das Herzstück des Städtchens. Das halboffene indonesisch-australische Café bietet zum Start in den Tag Kaffee aus lokalem Anbau, hausgemachte Sojamilch und frisch gebackenes Brot; später serviert es ausgezeichnete indonesische Gerichte mit vielen vegetarischen Optionen und verwandelt sich – falls musikalisch begabte Einheimische vor Ort sind – in eine Tanzfläche, während Reggae-Musik die Berge beschallt.

Wer mittags reserviert, kommt abends in den Genuss eines *nasi bamboo*-Buffets: *tapa kolo* – Kokosnussreis, in einer Bambusröhre über Kohlen gekocht, mit Hühnchen (und/oder Fisch), Gemüse und Beilagen (150 000 Rp pro Pers., mindestens zwei Pers.).

Chenty Restaurant & Cafe INDONESISCH $

(☎0852 8114 1320; Jl Trans Flores; Gerichte 15 000–50 000 Rp; ⏲8–22 Uhr) Ein alteingesessenes, beliebtes Restaurant mit hübscher Terrasse, von der man auf die Reisfelder blickt. Spezialität ist der Moni Cake, auch das Gado Gado ist empfehlenswert. Vermietet werden zwei saubere Zimmer mit Warmwasser (350 000 Rp). Die freundliche Familie hilft Ausflüge zum Kelimutu zu organisieren.

Good Moni INDONESISCH $$

(☎0813 5377 5320; Jl Trans Flores; Hauptgerichte 40 000–80 000 Rp; ⏲8–21 Uhr; 📶) Einen Abstecher wert ist dieses Open-Air-Restaurant oberhalb der Stadt mit Aussicht auf die wolkenverhangenen Berge. Der freundliche Besitzer fungiert zugleich als Koch. Spezialität des Hauses sind indonesische Speisen, aber es gibt auch Nudelgerichte. Auf der schwarzen Tafel steht das Tagesgericht und man sollte die Moni-Kroketten probieren. Vermutlich Monis einziger Ort mit WLAN.

Ausgehen & Nachtleben

Dank Mopi's Place, einem Café, das sich abends in eine Bar mit Livemusik verwandelt, besitzt Moni ein Nachtleben.

Während der Erstkommunion (Juni, Aug. oder Sept.) finden Partys statt, die die ganze Nacht andauern; es wird gegessen, *moke* (Alkohol aus Palmsaft) getrunken und zu Musik aus massiven Lautsprecheranlagen getanzt. Wer sich dem Event nähert, wird bestimmt eingeladen (ein Geschenk von 50 000 Rp ist angemessen).

An- & Weiterreise

Es ist besser, morgens zu reisen, weil die Busse dann oft halb leer sind; nachmittags sind sie meist überfüllt. Man braucht nicht reservieren, sondern winkt den Bus einfach herbei, während er durch die Stadt fährt.

Vom Flughafen in Ende kostet ein privates Auto nach Moni 500 000 Rp für eine Strecke. Reserviert wird am Schalter nahe der Gepäckausgabe.

Motorräder (100 000 Rp) und Autos mit Fahrer (800 000 Rp) kann man im Bintang mieten.

Man sollte sich Fahrer und Transportmittel immer über vertrauenswürdige Einheimische oder die Unterkunft vermitteln lassen, um nicht in die Falle der Leute zu tappen, die einem auf der Straße Transportmöglichkeiten andrehen wollen – einige sind Betrüger. Im Zweifelsfall fragt man Tobias vom Bintang.

REISEZIEL	FAHRZEUG	FAHRPREIS (RP)	DAUER (STD.)	HÄUFIGKEIT
Ende	Bus	50 000	2	mehrmals tgl.
Ende	Auto	100 000	1½	stündl., 6–16 Uhr
Maumere	Bus	50 000	3	mehrmals tgl.
Maumere	Sammeltaxi	80 000	2½	mehrmals tgl.

Paga

☎0382 / 15 598 EW.

Auf halber Strecke zwischen Moni und Maumere liegen Strände, aus denen Flores-Träume gemacht sind. Der Trans-Flores Highway führt an dem beschaulichen Ort Paga, der vom Reisanbau und Fischen lebt, abrupt zum Ufer hinunter, wo der breite, rauschende Fluss in die friedliche Bucht mündet.

Strände

Die üppig grüne Landschaft lockt einen von wunderschönen Stränden wie **Pantai Paga** ins Hinterland. Man kann zu den Megalithgräbern im nahe gelegenen Dorf **Nuabari** wandern, von dem sich beeindruckende Aussichten aufs Meer bieten. Agustinus Naban (www.floresgids.com) vom Restaurant Laryss (S. 417) führt einen für 500 000 Rp pro Tag dorthin.

★**Pantai Koka** STRAND

(Eintritt pro Pers./Auto 10 000/20 000 Rp) Etwa 5 km westlich von Pantai Paga hält man nach einer kleinen, teils befestigten Straße Ausschau, die 2 km durch eine Kakaoplantage zu einer atemberaubenden Doppelbucht führt. Zu beiden Seiten einer Landzunge liegen zwei perfekte Sandbuchten; eine ist geschützt, von der anderen blickt man aufs weite Meer hinaus. In **Blasius Homestay** kann man gegrillten Fisch (50 000 Rp) essen oder in einfachen Bambushütten unterkommen (Zi. 200 000 Rp).

Schlafen & Essen

Inna's Homestay PRIVATUNTERKUNFT $$

(☎0813 3833 4170; innanadoke@gmail.com; Jl Maumere–Ende, Pantai Paga; Zi. 300 000–450 000 Rp) Direkt am Strand liegt diese Unterkunft mit vier Zimmern, einer Terrasse hinterm Haus und Hängematte für maximales Strandvergnügen. Die Zimmer sind schlicht, aber blitzblank. Zu einem gehört ein hübsch renoviertes Bad. Ventilatoren unterstützen die Meeresbrise.

Paga Beach Bungalow BUNGALOW **$$**
(☎0823 3912 5221; Jl Maumere–Ende; Zi. 250 000 Rp) Die Bungalowanlage hat in den letzten Jahren mehrmals Besitzer und Aussehen gewechselt und mittlerweile gibt es fünf Bungalows am Strand. Sie sind schlicht, etwas teuer, haben Fliesenböden und Moskitonetze, westliche Toiletten gibt es nur in zwei Bungalows. Ein echtes Schnäppchen ist das Essen (15 000–25 000 Rp), gekocht von der liebenswerten Familie, der die Anlage gehört.

★ **Restaurant Laryss** MEERESFRÜCHTE **$$**
(☎0852 5334 2802; www.floresgids.com; Jl Raya Maumere–Ende; Hauptgerichte 30 000–35 000 Rp, Fisch bis zu 150 000 Rp; ⏲Küche 9–22 Uhr) Nicht entgehen lassen: diese Fischbude am Strand. Man sitzt an einem Tisch auf dem Sand im Schatten der Bäume und bestellt den Fang des Tages oder stärkende *ikan kuah assam* (Tamarinden-Fischsuppe). Das Sambal verlangt nach einem Nachschlag. Cecilia, die Restaurantbesitzerin und Frau des Fremdenführers Agustinus Naban, reibt den Fisch mit Kurkuma und Ingwer ein, besprenkelt ihn mit Limettensaft und brät ihn über Kokosnussschalen.

Außerdem gibt es zwei sehr schlichte Zimmer (200 000 Rp), die zur übrigen Ad-hoc-Bauweise passen und von denen man direkt auf den Sand tritt.

An- & Weiterreise

Busse winkt man einfach herbei; sie verkehren tagsüber regelmäßig. Die Fahrt Richtung Osten nach Maumere kostet 15 000 Rp; Richtung Westen nach Moni 30 000 Rp. Für ein Sammeltaxi von Moni nach Paga zahlt man ab 50 000 Rp pro Person.

Maumere

☎0382 / 54 000 EW.

Gesegnet mit einer langen, stillen Küste mit geschwungenen Hügeln im Hinterland und mehreren vorgelagerten Inseln, bildet Maumere einen strategischen Endpunkt für eine Tour durch Flores. Dank der guten Flugverbindungen nach Bali und Timor ist die Stadt ein wichtiger Zugang zu Ost-Flores. Nachdem ein verheerendes Erdbeben sie 1992 vollständig zerstört hatte, wurde die Stadt umfassend wiederaufgebaut und ist heute ein geschäftiger, staubiger Verkehrsknotenpunkt. Glücklicherweise muss man nicht im Zentrum übernachten, denn die schönsten Unterkünfte liegen an der Küste, die sich nach Osten erstreckt. Taucher werden von Maumeres Korallengärten begeistert sein, die bei dem Beben ebenfalls zerstört wurden, sich aber regeneriert haben, sowie von dem Tauchgebiet, das aus Waiara zugänglich ist.

Schlafen & Essen

★ **Pantai Paris Homestay** PRIVATUNTERKUNFT **$**
(☎0812 3895 8183; www.pantaiparishomestay.wordpress.com; Pantai Paris, Jl Larantuka–Maumere; B/DZ 110 000/300 000 Rp; @) Unser Tipp für eine Budgetunterkunft ist diese Anlage in einem tropischen Garten am Meer, die von einer umweltbewussten und sozial engagierten Familie geleitet wird. Es gibt vier private Zimmer mit Bambusmöbeln und Moskitonetzen und zum geräumigen Schlafsaal mit neun Betten gehört ein hübsches, halb im Freien gelegenes Gemeinschaftsbad. Man kann sonntags beim Beach Clean Up mitmachen oder Einheimische mit Körperbehinderungen durch den Kauf von ökologisch produziertem Tee unterstützen.

Wailiti Hotel HOTEL **$$**
(☎0382-23416, 0821 4717 5576; wailitihotel@yahoo.co.id; Jl Da Silva; Zi./Bungalow ab 400 000/450 000 Rp; ❄📶) Maumeres schönste Unterkunft bietet saubere Zimmer und Bungalows auf einem weitläufigen Grundstück an einem schmalen, dunklen Sandstrand, wo kuriose Ruderboote in Tierform vermietet werden. Das schlichte Restaurant serviert akzeptable Meeresfrüchte und indonesische Standards (Hauptgerichte 35 000–60 000 Rp) und vor Ort gibt es eine Tauchbasis. Das Hotel liegt 6,5 km westlich vom Zentrum; ein Taxi vom Flughafen kostet 100 000 Rp.

Pasar Malam INDONESISCH **$**
(Nachtmarkt; abseits der Jl Slamet Riyadi; Hauptgerichte ab 15 000 Rp; ⏲17–23 Uhr) Auf Maumeres großem Nachtmarkt gibt es spottbillige indonesische Klassiker wie Nasi Goreng und natürlich jede Menge Stände, an denen frischer Fisch gegrillt wird.

Golden Fish Restaurant MEERESFRÜCHTE **$$**
(☎0382-21667; Jl Hasanuddin; Hauptgerichte 40 000–150 000 Rp; ⏲9–22 Uhr) In der offenen Küche begutachtet man den noch lebenden Tagesfang in den blauen Becken – darunter

Krabben und Hummer. Der Speisesaal im zweiten Stock bietet hübsche Aussicht auf den Hafen.

An- & Weiterreise

FLUGZEUG

Von Maumere bestehen Flugverbindungen nach Bali und Kupang. Die Büros der Fluggesellschaften und Reiseveranstalter bündeln sich im Stadtzentrum entlang der Jalan Pasar Baru Timur. Maumeres **Frans Seda Airport** (Wai Oti Airport) befindet sich 3 km östlich der Stadt, 800 m abseits der Straße Maumere–Larantuka.

Für Taxis ins/vom Zentrum zahlt man einen Festpreis von 60 000 Rp.

REISEZIEL	FLUGLINIE	DAUER (STD.)	HÄUFIGKEIT
Bali	Garuda, Wings Air	2	tgl.
Kupang	Nam Air, Wings Air	1	tgl.

BUSSE & AUTOS

Es gibt zwei Terminals: Busse und Kijangs, die nach Larantuka im Osten fahren, starten vom **Terminal Lokaria** (Jl Raja Centis), 3 km östlich der Stadt. Busse Richtung Westen fahren vom **Terminal Madawat** (Jl Gajah Mada), 1 km südwestlich der Stadt. Die Abfahrtszeiten sind eher Richtwerte – meist wird gewartet, bis genug Passagiere eingetroffen sind. Man sollte auch nach Bussen Ausschau halten, die Fahrgäste in den umliegenden Straßen aufsammeln, ohne das Terminal anzufahren.

REISEZIEL	FAHRZEUG	PREIS (RP)	DAUER (STD.)	HÄUFIGKEIT
Ende	Bus	80 000	5	regelmäßig, 7–16 Uhr
Ende	Auto	150 000	4½	regelmäßig, 7–16 Uhr
Larantuka	Bus	60 000	4	mehrmals tgl.
Larantuka	Auto	80 000	3	mehrmals tgl.
Moni	Bus	50 000	2½	mehrmals tgl.
Moni	Auto	80 000	3	mehrmals tgl.

Unterwegs vor Ort

Ein Mietwagen mit Fahrer kostet inklusive Benzin 800 000–1 000 000 Rp pro Tag, je nach Reiseziel. Hotels organisieren Auto- und Motorradverleih für 100 000 Rp.

Waiara

Waiara ist der Ausgangspunkt zu Maumeres Korallengärten, die zu Asiens besten Tauchrevieren zählen. Das Erdbeben von 1992 und der nachfolgende Tsunami zerstörten die Riffe um Pulau Penman, Pulau Besar und Pulau Babi, doch sie haben sich mittlerweile regeneriert. „The Crack“ in der Nähe von Pulau Babi hingegen ist ein Spalt, der durch das Erdbeben entstand und jetzt ein Taucher-Hotspot ist, an dem sich zahlreiche Meeresbewohner tummeln.

Schlafen

Sea World Club RESORT $$

(Pondok Dunia Laut; ☎0382-242 5089, 0821 47770 0188; www.flores-seaworldclub.com; Jl Nai Roa; DZ/3BZ Hütten ab 600 000/650 000 Rp, Bungalows am Strand ab 1 100 000 Rp; ❄📶) Abseits der Larantuka Road befindet sich an einem schwarzen Sandstrand dieses bescheidene Beach Resort, das mit dem Ziel eröffnet wurde, in der Gegend Arbeitsplätze zu schaffen und den Tourismus zu fördern. Es gibt einfache Hütten mit Strohdach und moderne, komfortable Bungalows mit Klimaanlage. In der Hauptsaison kann ein Aufschlag von bis zu 200 000 Rp pro Nacht auf die aufgeführten Preise erhoben werden.

Es gibt ein annehmbares Restaurant (Hauptgerichte 45 000–95 000 Rp) und eine Tauchbasis (1 000 000 Rp für zwei Tauchgänge inkl. Ausrüstung).

Budi Sun Flores Diving Resort TAUCHRESORT $$

(☎0813 5323 7327; www.budi-sun-resort.com; Jl Nairoa km 16, Wairita; DZ/Bungalows ab 600 000/750 000 Rp; ❄🏊) Das Tauchresort unter indonesisch-deutscher Leitung liegt an einem dunklen Sandstrand mit einer herrlichen Aussicht. Es gibt einen großen Pool und das Restaurant bietet gute lokale und europäische Speisen (Hauptgerichte 30 000–60 000 Rp). Die Zimmer im Bungalowstil sind makellos, wer eins mit Meerblick möchte, zahlt einen Aufschlag. Die Tauchbasis betreibt ein externer Anbieter; sie ist unzuverlässig – besser woanders buchen.

Coconut Garden Beach Resort RESORT $$$
(☎0821 4426 0185; www.coconutgardenbeachresort.com; Jl Nasional Larantuka km 15; DZ/Bungalow 450 000/1 250 000 Rp; ❄📶) Eingebettet in Kokospalmen und dermaßen sauber, dass es scheint, als würde einem selbst am Strand jemand hinterherkehren. Die acht Bambus-Bungalows haben geschwungene Decken und hinreißende Outdoor-Bäder, aber bei den nicht billigen Budget-Zimmern (mit Gemeinschaftsbad) zahlt man in erster Linie für die Lage. Es gibt ein Restaurant (Hauptgerichte 33 000–77 000 Rp) und Wassersportmöglichkeiten, aber das Schönste sind die liebevollen Details.

An- & Weiterreise

Ab Maumere kann man jeden Bus mit Fahrtziel Talibura oder Larantuka zum 12 km entfernten Waiara nehmen. Die Fahrt kostet 10 000 Rp und dauert rund 20 Minuten. Die Resorts sind am Highway ausgeschildert.

Wodong

Wodong liegt 26 km östlich von Maumere und bildet das Zentrum der zahlreichen Strände und Resorts direkt östlich von Waiara. Die schmalen, palmengesprenkelten Strände, darunter Ahuwair, Wodong und Waiterang, sind ruhig und wunderschön.

Es gibt eine beeindruckende Auswahl an Tauch- und Schnorchelspots mit vielfältigen Meereslebewesen vor der Küste von Pulau Babi, Pulau Besar und Pulau Pangabatang, ein gesunkenes japanisches Kriegsschiff und kunterbunte Kleinstlebewesen im „muck" (seichtes Küstengewässer). Der Schaden, den der katastrophale Tsunami 1992 an den Riffen anrichtete, ist dank des erneuten Korallenwachstums weitgehend behoben. Im November werden Ausflüge zur Walbeobachtung angeboten, aber auch vom Strand bestehen gute Chancen, migrierende Pottwale zu sehen, die Fontänen in die Luft prusten.

Schlafen

Es gibt vorwiegend einfache, aber geschmackvolle Strandunterkünfte, die von der Straße in 10–500 m über Wege zu erreichen sind; vom Highway sind sie ausgeschildert.

Sante Sante PRIVATUNTERKUNFT $
(☎0813 3734 8453; www.santesante-homestay-flores.com; Wairterang Beach; Zi. 200 000–350 000 Rp, Zelt für 1/2 Personen 80 000/120 000 Rp) Die Unterkunft mit Strandbar bietet zwei einfache Bungalows und Zelte, um am Strand zu übernachten. Beide Bungalows haben private Bäder im Freien; in dem teureren können bis zu vier Personen unterkommen. Mahlzeiten kosten 35 000–50 000 Rp, Besitzer Marleno organisiert Ausflüge und Transfers.

Sunset Cottages BUNGALOW $
(☎0812 4602 3954, 0821 4768 7254; sunsetcottages@yahoo.com.uk; Jl Maumere–Larantuka km 28; DZ/4BZ 250 000/350 000 Rp) Im Schatten sich wiegender Kokospalmen in einer abgeschiedenen Bucht mit schwarzem Sandstrand und Blick auf die vorgelagerten Inseln. Die strohgedeckten Bungalows aus Kokosnuss- und Bambusholz haben westliche Toiletten und *mandis* (Wasserbecken mit Schöpfkelle) sowie Terrassen mit Meerblick. Schnorchelausrüstung kann geliehen werden (25 000 Rp pro Tag) und es gibt ein Restaurant (Hauptgerichte 25 000–40 000 Rp). Im Sante Sante nebenan kann man einen Sundowner schlürfen.

Lena House BUNGALOW $
(☎0813 3940 7733; www.lenahouseflores.com; Jl Maumere–Larantuka km 28; Zi. ab 175 000 Rp) Das Lena House bietet zehn saubere Bambus-Bungalows auf zwei Grundstücken (Lena 2 ist mit dem Boot zu erreichen) an einer spektakulären Bucht, die von dschungelbewachsenen Bergen umrahmt wird. Die liebenswerte Familie organisiert Schnorchelausflüge (100 000 Rp pro Person) und Wanderungen zum Gunung Egon (100 000 Rp), wobei es durchaus verführerisch ist, sich einfach unter den Palmen auszustrecken und die Seele baumeln zu lassen.

★ **Ankermi Happy Dive** BUNGALOW $$
(☎nur per SMS 0821 4778 1036; www.ankermi-happydive.com; Jl Larantuka–Maumere, Watumita; EZ/DZ Bungalow ab 295 000/365 000 Rp; ❄🍴) Ankermi wird von Claudia und Kermi geleitet und besitzt einen balinesischen Touch. Es gibt acht entzückende, geflieste Bungalows mit Strohdach, eigener Veranda und sagenhaftem Meerblick (nur Ventilator) oder Aussicht auf den Garten (mit Klimaanlage). Die Tauchbasis ist die beste in Maumeres Umgebung (Land/Nacht/Boot-Tauchgang ab 25/35/35 €). Im Restaurant gibt es Reis und Gemüse aus lokalem Bioanbau (Hauptgerichte 42 000–95 000 Rp).

An- & Weiterreise

Wodong ist der Hauptort der Region und liegt an der Straße, die zwischen Maumere und Laran-

WOLFGANG POELZER/GETTY IMAGES ©

1. Komodo National Park (S. 391)
Wanderer erwartet im Park eine atemberaubende Aussicht, auch auf der Insel Padar.

2. Flores (S. 393)
Wunderschöne Stoffe entstehen durch traditionelle Methoden.

3. Sumba (S. 436)
Glasklare Buchten in dieser Inselkette bieten spektakuläre Tauchgänge.

4. Alor-Archipel (S. 422)
Diese Insel bietet unberührte Strände, Dörfer auf Hügeln, Wasserfälle und zerklüftete Savanne.

tuka verläuft. Vom Terminal Lokaria (S. 418) in Maumere kann man jedes Bemo und jeden Bus (5000 Rp) mit Fahrtziel Talibura, Nangahale oder Larantuka hierher nehmen.

Ein Bemo von Wodong nach Waiterang kostet weitere 5000 Rp. Ein Auto ab Maumere kostet 150 000–200 000 Rp, ein *ojek* 75 000–100 000 Rp für eine Strecke. Tagsüber kommen mehrere Busse vorbei.

ALOR-ARCHIPEL

Das letzte Verbindungsglied der Kleinen Sundainseln – die Inselgruppe östlich von Java – ist wild, vulkanisch und zum Sterben schön. Hier findet man holprige, rote Lehmstraßen, zerklüftete Berggipfel, weiße Sandstrände und glasklare Buchten mit fantastischen Tauchspots.

Die 212 000 Einwohner des winzigen Archipels sind von der Außenwelt und – aufgrund des unwegsamen Geländes – auch voneinander abgeschnitten und untergliedern sich in 134 Volksstämme mit 18 Sprachen und 52 Dialekten. Zwar setzten die Holländer nach 1908 in den Küstenregionen lokale Radschas ein, doch sie übten kaum Einfluss aus; noch bis in die 1950er-Jahre wurden Kopfjagden veranstaltet. Heutzutage sind die animistischen Traditionen zum Großteil durch muslimische und christliche ersetzt worden. In den bevölkerungsreicheren Gegenden sieht man an der Küste Moscheen neben Gräbern mit auffälligen pastellfarbenen Kacheln.

Obwohl mittlerweile ein Netz aus einfachen Straßen Pulau Alor überzieht, sind Boote immer noch übliche Transportmittel. Die wenigen Besucher, die hierherkommen, halten sich in der Regel auf der nahen Pulau Kepa auf oder tauchen von Safaribooten in die Gewässer ein.

An- & Weiterreise

Von Kupang in Westtimor gibt es zwei 45-minütige Flüge zum Alor Island Airport für ca. 750 000 Rp. Aufgrund des verringerten Flugangebots ist der Preis in die Höhe geschnellt, aber es ist die einfachste Art, das Archipel zu erreichen. Der Flughafen liegt am nordwestlichen Ende der Insel. Kalabahi ist von dort nur 16 km entfernt und mit dem Taxi für 50 000 Rp in 25 Minuten zu erreichen. Ein Taxi nach Alor Kecil kostet 150 000–200 000 Rp, für ein *ojek* zahlt man 100 000 Rp.

Außerdem gibt es dienstags, donnerstags und samstags Fährverbindungen von Kupang nach Kalabahi; die Überfahrt kostet 168 000 Rp und dauert 15–18 Stunden. Die Fähre zurück nach Kupang verkehrt mittwochs, freitags und sonntags.

Der Flughafen wird zurzeit massiv ausgebaut – und das Angebot an Flügen zukünftig sicher auch.

VOR DER KÜSTE ALORS

Die Tauchbasen in Alor steuern mehr als 42 Tauchreviere an, die über den ganzen Archipel verteilt sind. Die Auswahl ist vielfältig: Steilwandtauchen, Hänge, Höhlen, Felsnadeln, Riffe und beeindruckendes Muck-Diving in der Bucht von Alor. Das Besondere in Alor sind die unberührten Riffe mit leuchtenden weichen und harten Korallen. Die Tauchreviere sind nie sehr voll, das Wasser ist kristallklar und die Taucher begegnen oft Fuchshaien, einer Delfinschule oder ab November wandernden Pottwalen. Zu beachten ist, dass die Strömung häufig unvorhersehbar ist und das Wasser bis 22 °C kalt werden kann. Bei diesen kühlen Temperaturen gedeihen die Korallen und sehen entsprechend spektakulär aus. Taucher sollten bereits mindestens 30 Tauchgänge absolviert haben, bevor sie sich in diese Gewässer wagen.

Alle Taucher müssen eine Gebühr von 50 000 Rp am Tag für den Marinepark zahlen. Damit wird ein Gebiet von 4000 km² marinen Lebensraums erhalten. Der WWF unterstützt die Behörden dabei, diese einzigartige Unterwasserwelt zu verwalten und zu pflegen.

Zwischen Pulau Pantar und Alor liegt **Pulau Pura** mit einigen der besten Tauchreviere Alors. **Pulau Ternate**, nicht zu verwechseln mit dem gleichnamigen Ort in Maluku, wartet ebenfalls mit einigen überwältigenden Tauch- und Schnorchelrevieren auf. **Uma Pura** ist ein interessantes Weberdorf auf Ternate mit einer ziemlich prominenten Holzkirche. Um dort hinzugelangen, chartert man ein Boot von Alor Besar oder Alor Kecil aus (150 000 Rp) oder fährt mit dem Motorrad zur Padang-Location von Alor – Besar Village und zahlt 10 000 Rp.

Kalabahi

☎0386 / 61 000 EW.

Kalabahi ist der wichtigste Ort auf Pulau Alor und liegt am Ende einer spektakulären, 15 km langen, palmengesäumten Bucht an der Südküste. Reisende nutzen Kalabahi als Basis, um die umliegenden Küsten und nahen Inseln zu erkunden, doch die Stadt verblasst im Vergleich zu den Stränden und verheißungsvollen Tauchspots. Abgesehen von einigen beeindruckenden Banyanbäumen, die gute Orientierungspunkte bilden, gibt es auf der staubigen Hauptstraße der Stadt nicht viel zu sehen. Wer hier vorbeischlendert, muss damit rechnen, dass die Einheimischen einen herbeirufen, um zu plaudern. Donnerstags sieht man die Schulkinder und Regierungsbeamten gewebte Ikat-Tuniken über ihren Uniformen tragen, um die Tradition aufrechtzuerhalten.

Sehenswertes & Aktivitäten

Pasar Kedelang MARKT

(Kedelang; 7.30–19.30 Uhr) Unter die Einheimischen mischt man sich auf Alors interessantestem Markt für Frischerzeugnisse. Gemüse-Pyramiden türmen sich auf den Tischen; Betelnüsse, Blumen und Gewürzblätter liegen auf Planen am Boden; überall zu finden: *kenari* (eine mandelartige Nuss). Gestärkt mit einem *nasi*-Wrap mit Beilagen für 5000 Rp kann man um lokalen Ikat feilschen.

Alor Dive TAUCHEN

(☎0813 3964 8148, 0386-222 2663; www.alor-dive.com; Jl Suka Maju; Tagesausflug mit 2 Tauchgängen ab 79 €; 8–16 Uhr) Ein deutscher Auswanderer leitet die Tauchbasis und bietet vielfältige Tauchausflüge an, von einem halben Tag bis zu einer Woche oder länger. Das Team hat langjährige Taucherfahrung in den wunderschönen Gewässern der Gegend.

Mila Salim TOUREN

(☎0822 3619 2859; milanur266@yahoo.com) Mila Salim ist eine großartige Englischlehrerin und Führerin, die Auskunft über Ausflüge auf Alor gibt. Sie hat Kalabahis ersten *oleh-oleh* (Souvenir-)Laden eröffnet, um die Kunsthandwerker aus der Region zu unterstützen.

Schlafen & Essen

Cantik Homestay GUESTHOUSE $

(☎0821 4450 9941, 0386-21030; Jl Dahlia 12; EZ/DZ 150 000/200 000 Rp;) Die zwölf gefliesten Zimmer mit privatem Bad und Klimaanlage sind schlicht, aber ruhig und befinden sich in einem schattigen Wohnviertel. Man kann ein Motorrad mieten (75 000 Rp pro Tag) und sich den gemeinsamen Mahlzeiten anschließen (ab 25 000 Rp pro Person), der Miteigentümer ist nämlich ein großartiger Koch. Beim Frühstück sagt einem Jacob, der Vogel im Käfig, auf Englisch und Indonesisch guten Morgen.

Dinda Home Stay liegt gegenüber und ist eine gute Alternative (EZ/DZ 200 000/250 000 Rp).

Pulo Alor Hotel HOTEL $$

(☎0386-21727, 0852 3380 0512; puloalorhotel@gmail.com; Jl Eltari 12; Zi. ab 549 000 Rp;) Etwas fade, ansonsten die beste Option für Reisende, die an Hotels gewöhnt sind. Es gibt 30 Zimmer mit TV, Schreibtisch und Wasserflaschen sowie eine Terrasse mit Blick auf Alor Bay und die grünen Hügel dahinter. Pool und Restaurant auf dem Gelände. Kostenlose Abholung vom Flughafen.

Rumah Makan Jember INDONESISCH $

(☎0813 5392 9118; Jl Pamglima Polim 20; Hauptgerichte 15 000–30 000 Rp; 7–19.30 Uhr) Bevor man in die Jalan Suka Maju zum Alor Dive abbiegt, sollte man einen Abstecher in dieses urtypische Lokal machen. Direkt zur Vitrine gehen, in der sich *sayur* (Gemüse), Hühnchen-Satay, Nudeln, Tempe und weitere Gerichte stapeln. Auswählen, einen Stuhl schnappen und in dem gefliesten Speisesaal mit den grellgrünen Gardinen Platz nehmen, der mehr an ein privates Esszimmer erinnert.

Resto Mama INDONESISCH $$

(☎0822 1320 2525; Jl Buton 15; Hauptgerichte 25 000–65 000 Rp; Mo–Fr & So 10–22 Uhr, Sa bis 23 Uhr;) Das aus Holz und Bambus erbaute Restaurant hockt auf Pfählen oberhalb der Bucht, 50 m westlich vom Pasar Kedelang (S. 423). Es gibt eine große Auswahl an Meeresfrüchten und indonesischen Gerichten, aber die Spezialität ist *ikan kuah assam mama*, eine süß saure Fischsuppe mit feuriger Tamarindenbrühe. Der Service kann schleppend langsam sein.

Praktische Informationen

MEDIZINISCHE VERSORGUNG

Krankenhaus (☎0386-21008; Jl Dr Soetomo 8; 24 Std.) Zentral gelegen und rund um die Uhr geöffnet.

GELD

Bank BNI (Jl Sudirman; ⌚ Mo–Fr 8–16 Uhr) Hat einen Geldautomaten; im Zentrum gibt es weitere Banken.

ℹ An- & Weiterreise

FLUGZEUG

Wings Air bietet 45-minütige Flüge nach Kupang an. Der winzige Flughafen ist amüsant unorganisiert und 16 km von Kalabahi entfernt. Früh einchecken, um das Mordsgedränge zu vermeiden.

SCHIFF/FÄHRE

ADSP-Fähren setzen nach Kupang und Larantuka über. Die Schiffe starten vom Fährterminal 1 km südwestlich vom Zentrum; zu Fuß sind es 10 Minuten, ein Bemo kostet 3000 Rp. Es gibt zwei Fähren pro Woche nach Kupang (114 000–168 000 Rp, 18 Std.) und eine nach Larantuka (107 000 Rp, 12 Std.). Die Pelni-Fähren legen am Hauptpier im Stadtzentrum ab und steuern Kupang, Sabu, Rote, Ende, Waingapu, Bima und weitere Ziele auf einer monatlichen Route an, die drei Schiffe bedienen. Das **Pelni-Büro** (☎ 0386-21195; www.pelni.co.id; Jl Cokroaminoto 5; ⌚ 8–17 Uhr) liegt beim Pier in der Nähe.

BUS & BEMO

Busse und Bemos nach Alor Kecil kosten 5000 Rp und brauchen 30 Minuten. Die 40-minütige Fahrt nach Alor Besar kostet 7000 Rp. Beide fahren von den zentral gelegenen Märkten Pasar Tabakar und Pasar Kedelang (S. 423). Ein Taxi vom Flughafen kostet 150 000–200 000 Rp.

ℹ Unterwegs vor Ort

Der Flughafen liegt 16 km vom Zentrum entfernt. Taxis haben einen Festpreis von 100 000 bzw. 50 000 Rp für eine Person.

Fahrten innerhalb der Stadt kosten mit dem Bemo 3000 Rp. Zu den Dörfern fahren die blauen Bemos für 5000–10 000 Rp. Über Cantik Homestay (S. 423) bekommt man ein Motorrad für 75 000 Rp pro Tag, überall sonst kostet es 100 000 Rp. *Ojeks* kann man für 150 000 Rp pro Tag mieten.

Führerin Mila Salim (S. 423) hilft bei der Planung von Ausflügen auf Alor.

WESTTIMOR

An Westtimor verliert man schnell sein Herz. Wer den Einheimischen ein Lächeln schenkt, bekommt garantiert eins zurück; vielleicht enthüllt es vom Betelnusskauen rötlich verfärbte Zähne oder es wird von Falten umrahmt, die dem Leben in der schroffen Landschaft geschuldet sind. Oder jemand ruft und winkt aus einem vor Musik wummernden Bemo in Kupang, der Küstenhauptstadt und Metropole von Ost-Nusa Tenggara.

Im gebirgigen, von Lontarpalmen übersäten Landesinneren haben die animistischen Traditionen und Stammesdialekte überdauert und in den traditionellen Dörfern mit bienenkorbförmigen Strohhütten erhalten die Oberhäupter das *adat* aufrecht. Auf einem der vielen wöchentlichen Märkte bekommt man ein Gefühl für Timors ländliches Leben, ist zudem selbst die Hauptattraktion und kann eine der 14 verschiedenen Sprachen der Insel belauschen. Auch wenn Westtimor ein relativ unerforschter Rohdiamant ist, wird man hier überall willkommen geheißen.

Geschichte

Die Tetun (oder Tetum) aus Zentraltimor bilden eine der größten Ethnien der Insel und ihre einheimische Sprache ist am stärksten verbreitet. Vor der Kolonisierung durch Portugal und die Niederlande war die Insel in viele kleine Königreiche unterteilt, die von verschiedenen Herrschern regiert wurden. Konflikte waren an der Tagesordnung und die Kopfjagd ein beliebter Zeitvertreib.

Die Portugiesen gelangten als erste Europäer nach Timor und begeisterten sich für die einheimischen *cendana* (Sandelholz-) Bäume. Als Mitte des 17. Jhs. die Niederländer in Kupang anlandeten, entbrannte ein langer Streit um die Kontrolle des Sandelholzhandels, den die Holländer schließlich für sich entschieden. Die beiden Kolonialmächte teilten die Insel mittels mehrerer Verträge, die zwischen 1859 und 1913 unterzeichnet wurden, unter sich auf. Portugal wurden die Osthälfte der Insel und die Enklave Oecusse zugesprochen, die erste Siedlung der Insel.

Bis in die 1920er-Jahre drang keine der europäischen Kolonialmächte weit ins Landesinnere vor und die politische Struktur der Insel blieb weitgehend intakt. Die Kolonisten verbreiteten das Christentum und herrschten mithilfe einheimischer Aristokraten, wobei einige Einheimische behaupten, die Europäer hätten Timors königliche Geschlechter geschwächt, indem sie sich mit umgesiedelten und schließlich dominanten adligen Familien aus Rote verbündeten. Als Indonesien 1949 unabhängig wurde, zogen sich die Niederländer aus

Westtimor zurück, während die Portugiesen Osttimor weiterhin in Besitz hielten. 1975 erklärte sich Osttimor von Portugal unabhängig und wurde kurz darauf von Indonesien annektiert, was den Auftakt zu einer Tragödie bildete, die erst 2002 mit der offiziellen Anerkennung von Osttimors Unabhängigkeit ein Ende fand.

Im August 1999 hatte Osttimors Bevölkerung in einem von den Vereinten Nationen unterstützten Referendum für die Unabhängigkeit gestimmt. Pro-Jakarta-Milizen setzten mit Unterstützung der indonesischen Streitkräfte im Osten der Insel eine Gewaltwelle in Gang, zerstörten Gebäude und Infrastrukturen und hinterließen 1400 Zivilopfer, bis die Blauhelme einschritten. In der Stadt Atambua in Westtimor töteten proindonesische Milizen im Jahr 2000 drei ausländische UN-Mitarbeiter, woraufhin Indonesien international geächtet wurde. Nach Jahren der Unruhen normalisierten sich die Beziehungen im Jahr 2006 und die Straßen und Verkehrsverbindungen wurden instand gesetzt.

An- & Weiterreise

Westtimor ist über den Flughafen El Tari (S. 429) in der Hauptstadt Kupang gut zu erreichen, Ost-Nusa Tenggaras regionalen Knotenpunkt. Der offiziell internationale Flughafen bietet täglich Flüge nach Jakarta, Denpasar, Alor, Sumba und Flores an.

Außerdem gibt es Fähren nach Kalabahi, Larantuka, Rote und Waingapu, aber das Wetter bestimmt, wann und ob sie fahren.

Kupang

☎0380 / 334 516 EW.

Kupang ist die Hauptstadt der Provinz Ost-Nusa Tenggara. Trotz des unansehnlichen Ufers, des durchgehenden Verkehrsbrummens und der fast vollständigen Abwesenheit liebenswerter kultureller oder architektonischer Elemente kann man sich an die Stadt gewöhnen. Zudem gibt es im Stadtzentrum stimmungsvolle Märkte und Orte, an denen man sich Seite an Seite mit den Einheimischen entspannen kann, sowie einige Naturwunder in der Nähe. Das Chaos kann ansteckend sein – es ist schließlich eine Universitätsstadt –, selbst wenn man nur auf der Durchreise kurz vorbeischaut.

Kupang ist der Verkehrsknotenpunkt der Region, aber man sollte sich nicht wundern, wenn man zwischen Ausflügen ins Landesinnere, nach Alor oder Rote feststellt, dass es einem gar nicht so schlecht gefällt. Ähnlich erging es dem englischen Kapitän William Bligh, als er 1789 nach der erniedrigenden Meuterei auf der Bounty 47 Tage hier verbrachte.

SEHENSWERTES UM KUPANG

An Kupangs Westküste, südlich vom Zentrum, liegt ein Ort, der oft von Einheimischen und nur selten von internationalen Gästen besucht wird: **Gua Kristal** (Bolok), die Kristallhöhle. Einheimische gehen hier schwimmen und machen Fotoshootings. Auf der Küstenstraße nach Gua Kristal fährt man an der **Gua Monyet**, der Affenhöhle, vorbei. Sie ist gut ausgeschildert, aber wahrscheinlich sind bereits Affen an der Straße sichtbar. Leider scheint es, als ob die Affen mehr durch den Müll angezogen werden als durch den Lebensraum.

Aus Kupang-Stadt kommend fährt man etwa 25 km die Jl Alfons Nisnoni entlang, um **Pantai Tablolong** zu erreichen, einen großartigen Sandstrand. Relativ nah von hier liegt der **Air Terjun Oenesu** (3000 Rp), ein dreistufiger, türkisfarbener Wasserfall mit einem beliebten Tosbecken zum Schwimmen und einer bedauerlichen Müllansammlung.

Sehenswertes

Das Herz von Kupangs Altstadt schlägt im **alten Hafengebiet** und auf dem umliegenden lärmenden Markt. Wer genau hinsieht, entdeckt Spuren aus der niederländischen Kolonialzeit, als Kupang den Ruf eines eleganten tropischen Idylls genoss.

Pantai Tedis STRAND

(Ecke Jl Soekarno & Siliwangi; Snacks/Smoothies ab 7000/10 000 Rp; ⏲ab 17 Uhr) Nicht entgehen lassen: die Atmosphäre – und den Sonnenuntergang – an diesem lokalen Treffpunkt, wo die Jalan Soekarno aufs Ufer trifft. Die Strandverkäufer bauen Stände und Sitzgelegenheiten auf, während Eingeweihte gegrillte Maiskolben und *pisang goreng* (gebratene Bananen) knabbern; Letztere werden mit Schokolade und geriebenem *keju* (Käse) serviert. Dies ist auch der beste Ort für Smoothies – von Mango über Drachenfrucht bis zu Avocado mit Schokosauce.

Museum Nusa Tenggara Timur MUSEUM
(☎0380-832471; Jl Frans Seda 64; Eintritt gegen Spende; ⏲Mo–Fr 8–15.30 Uhr) Die Ausstellung des Landesmuseums umfasst Totenköpfe, Muscheln, Steinwerkzeuge, Schwerter, Kürbisflaschen und antike Webstühle aus der ganzen Provinz sowie das vollständige Skelett eines Blauwals in einem separaten Gebäude. Schautafeln (manche auf Englisch) erläutern historische Ereignisse und kulturelle Themen, wie die Gewinnung von Färbemitteln aus Pflanzen für traditionelle Stoffe.

Geführte Touren

Kupang bildet einen Ausgangspunkt zu Westtimors faszinierenden und einladenden traditionellen Dörfern. Bahasa Indonesia wird dort oft nicht gesprochen, von Englisch ganz zu schweigen. In den Dörfern gerät man leicht auf vermintes Terrain – wenn auch nur im übertragenen Sinne –, was die kulturellen Dos and Don'ts betrifft. Ein einheimischer Guide ist unentbehrlich.

Oney Meda (☎0813 3940 4204; onymeda@gmail.com; ½-Tagestour 300 000 Rp) ist ein englischsprachiger Guide mit fast zwei Jahrzehnten Erfahrung im Organisieren von kulturellen Exkursionen und Trekkingtouren in Westtimor und Alor.

Eben Oematan (☎0852 3795 8136; pro Tag ab 400 000 Rp) aus Kapan beherrscht mehrere Dialekte, die in den Dörfern gesprochen werden, deren Besuch sich lohnt.

Edwin Lerrick (☎0812 377 0533; lavalonbar@gmail.com; pro Tag ab 400 000 Rp) ist der Besitzer vom Lavalon und ein Guide mit umfassendem Wissen über die Region und Kontakten in ganz Westtimor.

Willy Kadati (☎0812 5231 0678; willdk678@gmail.com) wurde schon 1995 von Lonely Planet empfohlen; nach einer Auszeit, während der er für diverse Organisationen und Universitäten forschte, ist er wieder als Guide tätig und besitzt mehr Wissen über Kultur, Pflanzen und Ikat als je zuvor.

Aka Nahak (☎0813 3820 0634, 0852 346 3194; timorguide@gmail.com) aus Kefamenanu organisiert seit 1988 Ausflüge auf Timor. Er ist mit Feuereifer bei der Sache und stolz auf seine handgeschriebenen Gästebücher.

Schlafen

In der Nähe des Flughafens und des neuen Gewerbegebiets gibt es große, unpersönliche Hotelketten wie Neo Aston und Amaris. Die Unterkünfte am Ufer haben mehr Atmosphäre, bieten Meeresbrise, einen hübschen Ausblick und manchmal auch einen Pool. Es gibt auch günstige Privatunterkünfte.

★ **Lavalon Bar & Hostel** HOSTEL $
(☎0812 377 0533; www.lavalontouristinfo.com; Jl Sumatera 44; B ab 70 000 Rp, Zi. ab 100 000–260 000 Rp; ❄📶) Inhaber Edwin Lerrick ist eine wandelnde Enzyklopädie über Nusa Tenggara und ein ehemaliger indonesischer Filmstar. Lavalon bietet Kupangs bestes Preis-Leistungs-Verhältnis. Die Zimmer sind alt, aber sauber (einige mit westlichen Bädern). Teurer ist das Eckzimmer mit Klimaanlage, Warmwasser und Fenster mit Meerblick. Edwin ist sehr hilfsbereit, gibt gern Auskunft und hilft bei weiteren Buchungen.

Obendrein ist Edwin leidenschaftlicher Koch und bietet eine kleine, aber köstliche Auswahl indonesischer Spezialitäten und westlicher Hausmannskost, die man im Gemeinschaftsbereich am Meer genießen kann. Er betreibt auch die angrenzende (private) Touristeninformation, organisiert Mietwagen, Motorräder (75 000 Rp pro Tag), Fahrer und erteilt Auskunft über Verbindungen zur Weiterreise. Telefonisch oder per E-Mail im Voraus reservieren.

Hotel Maliana GUESTHOUSE $
(☎0380-821879; Jl Sumatera 35; Zi. mit Ventilator/Klimaanlage 175 000/250 000 Rp; ❄📶) Die 13 einfachen, behaglichen und sauberen Zimmer könnten eine Generalüberholung vertragen, sind aber nach wie vor eine beliebte Wahl im unteren Preisbereich. Von der weinberankten Veranda vorm Haus erhascht man Aussichten aufs Meer und nebenan ist eine Bank.

★ **Sotis** HOTEL $$
(☎0380-843 8000, 0380-8438 888; www.sotishotels.com; Jl Timor Raya km 3; Zi. ab 650 000 Rp; 📶🏊) Eine der neueren, netteren Unterkünfte in Kupang mit 88 schicken Zimmern in fröhlichen Farben statt der üblichen Beigetöne. Ausgestattet mit Toilettenartikeln, Regendusche, Kühlschrank und Schreibtisch. Das Hotel bietet zwei Pools (einer ist öffentlich zugänglich), Spa, Kosmetiksalon, Restaurant mit Livemusik, Bar mit Billardtischen und Konditorei. Nach einem Zimmer mit Meerblick fragen.

Hotel La Hasienda HOTEL $$
(☎0380-855 2717, SMS oder WhatsApp 0812 3841 7459; www.hotellahasienda.com; Jl Adi Sucipto, Penfui; DZ ab 395 000–500 000 Rp; ❄📶🏊) Wer immer das dreistöckige familiengeführte Hotel mit Mosaikfliesen ausgestattet hat, verdient Respekt. Sie unterstreichen den

Texmex-Touch ebenso wie die Dachterrasse mit Bar, die verblichenen ockerfarbenen Wände und das Cowboy-Zubehör. Es gibt 22 blitzblanke Zimmer mit Klimaanlage und Warmwasser sowie ein Restaurant (Hauptgerichte 25 000–85 000 Rp). Das Hotel liegt näher am Flughafen als am Zentrum.

Essen

Wie nicht anders zu erwarten, stehen Meeresfrüchte auf Kupangs Speiseplan ganz oben. Eine weitere lokale Spezialität ist saftiges *se'i babi* (über Kesambiholz und -blättern geräuchertes Schweinefleisch); es wird als Basis für verschiedene Saucen verwendet und mit Nudeln, Reis und ordentlich Sambal serviert.

★ Depot Bambu Kuning INDONESISCH $
(☎0813 3336 8812, 0813 3910 9030; Jl Perintis Kemerdekaan 4; Se'i Babi pro Portion/kg 20 000/ 170 000 Rp; ⏲10–22 Uhr) Ein beliebtes Lokal für authentisches *se'i babi* aus Kupang. Man hat die Wahl zwischen gehacktem Fleisch oder Rippchen, beides mit Reis serviert, und einer deftigen Suppe mit Schweinfleisch und roten Bohnen. *Sate* und ein paar vegetarische Gerichte werden ebenfalls angeboten. Einen Blick wert ist der Outdoor-Kochbereich, in dem *kesambi*-Blätter aufgeschichtet sind, über denen das Fleisch geräuchert wird.

★ Pasar Malam MARKT $
(Nachtmarkt; Jl Kosasih; Fisch ab 50 000 Rp; ⏲18–24 Uhr) Wenn die winzigen Schneiderwerkstätten ihren Arbeitstag beenden, beginnen die Standbesitzer mit dem Aufbau des von Lampen erleuchteten Markts. Hier bekommt man Meeresfrüchte aller Art, wie *ikan* (Fisch), *cumi* (Tintenfisch), *kepiting* (Krebse) oder *udang* (Krabben), aber auch indonesische Standards wie gegrilltes Hähnchen, *bakso* und Gado Gado zum Schnäppchenpreis.

Depot Se'i Aroma INDONESISCH $
(☎0822 3667 1755; Jl Cak Doko 35L; Hauptgerichte 18 000–50 000 Rp) Die Spezialität der moder-

VISA FÜR OSTTIMOR

Ein Visum für Osttimor zu erhalten ist längst nicht mehr so kompliziert und langwierig wie früher. Für 225 000 Rp kann man innerhalb von zwölf Stunden ins deutlich teurere Dili reisen, wobei es nicht mehr nötig ist, zuvor das Konsulat aufzusuchen.

Die einfachste Art, an ein Visum zu kommen, ist der Grenzübertritt im 20 km nördlich von Kefamenanu gelegenen Napan oder in Atapupu, das sich von Atambua aus per *ojek* für 50 000 Rp erreichen lässt. Eine weitere Möglichkeit ist, den Bus nach Batugade über Mota'ain zu nehmen. An der Grenze legt man dann sein Genehmigungsschreiben, 30 US$ sowie ein Ticket zur Weiterreise vor und erhält ein 90-Tage-Visum. Wenn es eilt, kann man möglicherweise auch ein Ticket für den 45-minütigen Morgenflug mit Wings Air von Kupang nach Atambua ergattern, die Grenze überqueren und schon mittags wieder in Kupang sein. Ein One-Way-Ticket ist ab 350 000 Rp erhältlich.

Doch zunächst einmal braucht man einen genehmigten Visaantrag. Den Antrag stellt man im Konsulat von Osttimor in Kupang (S. 425). Hierfür benötigt man einen gültigen Reisepass, eine Kopie desselben, mehrere Passbilder sowie entweder ein Rückreiseticket oder einen Kontoauszug. Das beglaubigte Genehmigungsschreiben erhält man dann innerhalb von ein bis drei Arbeitstagen. Kurz vor Weihnachten könnte man allerdings Pech haben, denn dann sind die meisten Angestellten bereits in Urlaub. Am Wochenende ist das Konsulat zudem grundsätzlich geschlossen.

Seit 2015 können Bürger des Schengenraums alle sechs Monate visafrei für bis zu 90 Tage nach Osttimor einreisen.

Timor Tour & Travel (☎0380-881543, 0812 3794 199; Jl Timor Raya km 8, Oesapa) und **Paradise Tour & Travel** (☎0813 3935 6679; Jl Pulau Indah, Oesapa) bieten Bustouren nach Osttimor an. Los geht's manchmal schon um fünf Uhr morgens, man sollte sich also am besten am Hotel abholen lassen oder Edwin von Lavalon um Hilfe bitten.

Darüber hinaus ist es sinnvoll, sich vorab über die Kosten einer Visaüberziehung zu informieren. Zurzeit liegen sie bei rund 300 000 Rp pro Tag, es lohnt sich also, Kosten und Komfort gegeneinander abzuwägen (Unterkunft und Busticket sind teurer als eine Strafe für ein paar Tage). Informieren Sie sich über die aktuelle Höhe der Visastrafen und vermeiden Sie auf diese Weise böse Überraschungen – denn gerüchteweise sollen die Strafen demnächst deutlich steigen.

nen, westlich anmutenden Restaurantkette aus Kupang ist *se'i babi* (geräuchertes Schweinefleisch). In dem sehr sauberen, gut besuchten Lokal kann man es den Einheimischen gleichtun und günstige lokale Gerichte kosten, falls man keine Lust auf Essen vom Straßenstand hat.

In Kupang gibt es zwei Filialen; diese befindet sich auf der Hauptstraße, die andere in einem Einkaufszentrum.

Rumah Makan Palembang INDONESISCH $
(☎ 0821 4689 1137; Jl Cak Doko; 30 000–75 000 Rp; ⏲ Mo–Sa 7–14 & 17–23, So 17.30-22 Uhr) Serviert erstklassiges chinesisch-indonesisches Essen. Das blitzblanke Restaurant hat eine große Auswahl an Meeresfrüchten, Gemüse-, Hühnchen-, Nudel- und Reisgerichten. Lecker sind der *ikan bakar rica rica* (gegrillter Fisch mit Chilisauce) und das Gurken-Sambal. An der Theke wird Honig aus lokalem Anbau verkauft.

Ausgehen & Nachtleben

Als größte Stadt in einer überwiegend christlichen Region bietet Kupang recht gute Ausgehmöglichkeiten. Auf der Jalan Sudirman gibt es Karaokebars und auf der Jalan Timor Raya ein paar verstreute „Kneipen".

999 Restaurant & Bar BAR
(☎ 0380-802 0999; www.999-kupang.com; Jl Tongkol 3; Hauptgerichte 38 000–140 000 Rp; ⏲ 10–24 Uhr; 📶) Im Schatten einer alten Festung liegt diese tropische Outdoor-Bar mit ausladendem Strohdach; das stete Rauschen der Brandung untermalt die Aussicht auf den verwahrlosten Strand. Es gibt einen Billardtisch, bequeme Sessel aus recycelten Reifen, eine gut ausgestattete Bar mit jeder Menge Cocktails und eine anständige Auswahl an Speisen. Es gibt regelmäßig Livemusik, samstags spielt eine komplette Band.

EINEN ABSTECHER WERT

AIR TERJUN OEHALA

Das tosende Wasser zerstäubt auf riesigen Felsbrocken in einem silbrigen Dunst – ein großartiger Anblick. Obwohl die Infrastruktur in dieser Dschungelumgebung seit Jahren nicht instand gehalten wird, fühlt sich doch alles sehr nach „Jurassic Park" an. Von der Hauptstraße führt eine Abzweigung Richtung Norden; nach 6 km geht es beim dem Schild „Oehala" Richtung Osten. 3 km weiter liegt ein Parkplatz; von dort ist es nur ein kurzer Fußweg über steile Treppen. Ein Störfaktor ist der Müll, den die Besucher am Wochenende zurücklassen.

Shoppen

Sandelholzöl ist schwieriger zu bekommen als früher, und zwar aufgrund einer strikten Vorschrift, der zufolge nur auf dem eigenen Grundstück geerntet werden darf. Einige Läden verkaufen es trotzdem noch; für einen kleinen Flakon mit ganz reinem Öl zahlt man über 300 000 Rp.

Ina Ndao TEXTILIEN
(☎ 0380-821178, 0812 378 5620; ina_ndao@yahoo.com; Jl Kebun Raya II; ⏲ Mo–Sa 8–19, So 7–11 Uhr) Einen Besuch wert ist dieser Ikat-Nachbarschaftsladen. Wer Textilien liebt, wird an dem ausgewählten Sortiment aus ganz Nusa Tenggara seine wahre Freude haben und kann sich als Andenken ein Paar schmucke Ikat-Espandrilles kaufen. Es gibt sowohl natürlich als auch chemisch gefärbte Stoffe und auf Anfrage demonstrieren die Verkäufer, wie sie gewebt werden. Akzeptiert Kreditkarten.

Pasar Inpres MARKT
(abseits der Jl Soeharto; ⏲ 4–19 Uhr) Der weitläufige Hauptmarkt im Süden der Stadt. Hier wird hauptsächlich Obst und Gemüse verkauft, aber ein authentisches und ausgefallenes Souvenir sind die *ti'i langga* (Hüte aus *lontar*-Blättern mit einer schmückenden Feder in der Mitte) aus Rote.

Mehr Abwechslung bietet der **Pasar Oeba** abseits der Jalan Ahmed Yani, zwischen dem Lavalon und Swiss-Belinn (je 1 km von beiden) und in fußläufiger Entfernung vom Pasar Ikan (Fischmarkt).

Praktische Informationen

BOTSCHAFTEN & KONSULATE

Konsulat Timor-Leste (☎ 0380-855 4552; Jl Frans Seda; ⏲ Mo–Do 8–11.30 & 13.30, Fr bis 15 Uhr) Die Visastelle für Osttimor. Weitere Informationen S. 427.

MEDIZINISCHE VERSORGUNG

Siloam Hospital (☎ 1 500 911, 0380-853 0900; www.siloamhospitals.com; Jl R W Monginsidi, abseits der Jl Eltari; ⏲ 24 Std.) Ein modernes Krankenhaus, das ans Lippo Plaza Einkaufszentrum grenzt.

TOURIST INFORMATIONEN

Edwin Lerrick (☎ 0812 377 0533; lavalonbar@gmail.com; pro Tag ab 400 000 Rp). Eigentümer von Lavalon Bar & Hostel (S. 426), ist eine wichtige Quelle für aktuelle Informationen über Transportmöglichkeiten und kulturelle Attraktionen in ganz Nusa Tenggara.

An- & Weiterreise

FLUGZEUG

Der Flughafen **El Tari** (☎ 0380-882031; www.kupang-airport.com/en; Jl Adi Sucipto) macht Kupang zum wichtigsten Knotenpunkt für Flugverbindungen in Nusa Tenggara. Es gibt häufige Flüge nach Bali und ein Streckennetz in der gesamten Region.

El Tari liegt 15 km östlich von Kupangs Zentrum.

Ein Taxi vom Flughafen kostet pauschal 70 000 Rp, ein *ojek* 30 000 Rp. Wer mit öffentlichen Verkehrsmitteln fahren will, biegt beim Verlassen des Terminals links ab und geht 1 km bis zu der Kreuzung, an der die Hauptstraße vorbeiführt; von dort kostet ein Bemo in die Stadt 3000 Rp (mit Gepäck 5000 Rp).

Zum Flughafen nimmt man ein Bemo Richtung Penfui oder Baumata bis zu der Kreuzung und läuft von da.

PT Stindo Star (☎ 0380-809 0583, 0380-809 0584; Jl Urip Sumohardjo 2; ⏲ 9–18 Uhr) Ein verlässliches Reisebüro, das Flugtickets verkauft.

REISEZIEL	FLUGLINIE	DAUER (STD.)	HÄUFIGKEIT
Alor Island	Wings Air	¾	2-mal tgl.
Bajawa	Wings Air, TransNusa	1	2-mal tgl.
Denpasar	Garuda, Lion Air, Nam Air	1¾	mehrmals tgl.
Jakarta	Batik Air, Garuda, Citilink Indonesia	3	mehrmals tgl.
Labuan Bajo	Wings Air, Garuda, Nam Air	1½	mehrmals tgl.
Maumere	Nam Air, Wings Air, TransNusa	1	1–2-mal tgl.
Tambolaka	Nam Air, Wings Air, Garuda	1½	mehrmals tgl.
Waingapu	Nam Air, Wings Air	1	mehrmals tgl.

SCHIFF/FÄHRE

Am Hafen Tenau, 7 km westlich vom Zentrum, legen die Schnellfähre nach Rote und die Pelni-Schiffe an. Der Hafen Bolok, von dem regelmäßige Fährverbindungen nach Kalabahi, Larantuka, Rote und Waingapu bestehen, liegt 11 km westlich vom Zentrum.

Pelni-Schiffe (☎ 0380-821944; www.pelni.co.id; Jl Pahlawan 7; ⏲ 8–16 Uhr) steuern Kupang auf einer 14-tägigen Schleife an, die u. a. über Larantuka und Maumere führt. Das Büro liegt in Hafennähe.

REISEZIEL	FAHRZEUG	FAHRPREIS (RP)	DAUER (STD.)	HÄUFIGKEIT
Kalabahi	Fähre	114 000–168 000	18	Di & Sa 12 Uhr
Larantuka	Fähre	105 000	15	3-mal wöchentl.
Rote	Fähre	55 000	5	6 Uhr tgl.
Rote	Bahari Express	138 000–168 000	2	9 Uhr tgl.
Waingapu	Fähre	176 000	28	3-mal wöchentl.

BUS

Kupangs Intercity-Busbahnhof **Oebobo** (Jl Frans Seda) ist ca. 7 km vom Flughafen entfernt, aber viele Leute steigen am Terminal in Oesapa zu, buchen bei Agenturen oder werden vom Hotel abgeholt.

REISEZIEL	FAHRPREIS (RP)	DAUER (STD.)	HÄUFIGKEIT
Kefamenanu	50 000	5½	mehrmals tgl.
Niki Niki	35 000	3½	stündl. 5–18 Uhr
Soe	30 000	3	stündl. 5–18 Uhr

Unterwegs vor Ort

BEMO

Eine Fahrt in den vor Bass brummenden Bemos (3000 oder 5000 Rp mit Gepäck) gehört zu den typischsten Erfahrungen in Kupang (die Stadt ist zu weitläufig, um sie zu Fuß zu erkunden). Jedes Bemo hat einen spaßigen englischen Namen wie Man Tap, Cold Play oder City Car. Die Scheiben zieren Plüschtiere, Aufkleber von jungen Mädchen und Jesus-Schriftzüge. Die Low Rider entsprechen dem bunten Farbschema von *The Fast and the Furious* und die Subwoofer unter den Sitzbänken bringen die Sitzmuskeln zum Schwingen. Laut in die Hände klatschen, wenn man aussteigen will.

Bemos verkehren bis 20 Uhr. Zentraler Halt ist das Terminal Kota. Nützliche Bemo-Linien:

1 & 2 Kuanino–Oepura; fährt an vielen beliebten Hotels vorbei.

5 Oebobo–Airnona–Bakunase; kommt am Hauptpostamt vorbei.

6 Fährt zum Einkaufszentrum Flobamora und zur Post.

10 Kelapa Lima–Walikota; vom Terminal Kota zur Tourist Information, zum Busbahnhof Oebobo und zum Museum Nusa Tenggara Timur.

Bemos, die außerhalb von Kupang verkehren, haben Namen statt Nummern. Bemos mit Fahrtziel Tenau und Bolok Hafen fahren zu den Docks; Bemos Richtung Penfui und Baumata fahren zum Flughafen.

AUTO & MOTORRAD

Ein Auto mit Fahrer kostet 750 000–1 000 000 Rp pro Tag, je nach Reiseziel. Lavalon Bar & Hostel (S. 426) verleiht Motorräder für 75 000 Rp pro Tag, überall sonst kosten sie mindestens 100 000 Rp. Die Unterkunft kann die Vermietung organisieren.

Soe

☎0388 / 39 031 EW.

Rund 110 km nordöstlich von Kupang liegt die kühle, grüne Marktstadt Soe (800 m), die sich als Basis für Ausflüge in Westtimors Landesinnere anbietet, auch wenn es im Ort selbst nicht viel zu sehen gibt. Die traditionellen Dörfer, die hier verstreut liegen, gehören zu den interessantesten von Ost-Nusa Tenggara.

NICHT VERSÄUMEN

IKAT-MÄRKTE

Die Frauen kleiner Dörfer in Westtimor stellen wunderschöne Ikat-Stoffe her, in ganz Indonesien findet sich kaum Vergleichbares. Sie verkaufen ihre Waren auf den Wochenmärkten, und zwar zu einem Zehntel des Preises, den man in einer Boutique auf Bali bezahlen würde. Noch günstiger wird es, wenn man direkt im Dorf kauft. Sehr gute Ikat-Märkte sind:

Oinlasi – Dienstag

Niki Niki – Mittwoch

Ayotupas – Donnerstag

Schlafen & Essen

Hotel Bahagia I GUESTHOUSE $

(☎0853 3830 3809; Jl Diponegoro 22; EZ/DZ/VIP Zi. 150 000/200 000/300 000 Rp) Im Zentrum von Soe, nicht zu verwechseln mit dem Bahagia II am Stadtrand. Bahagia I bietet Zimmer unterschiedlicher Kategorien, von kleinen, dunklen Kämmerchen bis zu geräumigen Suiten. Es ist ein kompaktes Hofgebäude mit einer luftigen, kleinen Terrasse, aber Klimaanlage, Warmwasser, WLAN oder Englisch sind hier Fremdwörter.

Wer auf der Durchreise ist, aber nicht über Nacht bleiben will, kann sich für 125 000 Rp zwei Stunden in einem Zimmer ausruhen. Gegenüber gibt es eine Bank.

Dena Hotel HOTEL $$

(☎0812 3696 9222, 0388-21616; hotel_dena@yahoo.com; Jl Hayam Wuruk, Pasar Inpres; EZ/DZ ab 200 000/225 000 Rp; ❄) Die beigefarbenen Zimmer gewinnen zwar keinen Design-Wettbewerb, sind aber so sauber und gut instand, wie man es in Soe erwarten kann. Einige haben Toiletten im indonesischen Stil, also erst überprüfen, bevor man zuschlägt. Die teuersten Zimmer haben Klimaanlage (350 000 Rp für ein Doppelzimmer). Gegenüber gibt es einen Markt, einen Geldautomaten und ein hervorragendes kleines Padang-Restaurant.

★**Depot Remaja** INDONESISCH $

(Jl Gajah Mada; Hauptgerichte ab 20 000 Rp; ⏲10–22 Uhr; ✎) Die Spezialität des schlichten, sauberen Lokals ist Kupangs Kultgericht *se'i babi,* saftiges Schweinefleisch, geräuchert über *kesambi*-Holz. Doch hier hört der Spaß längst nicht auf: Auch die wärmende Schweinefleischsuppe – eher ein Eintopf – sollte man kosten und eins der vielen Gemüsegerichte wie *jantung pisang* (Bananenblütensalat).

Warung Putra Lamongan INDONESISCH $

(☎0823 4096 4969; Jl El Tari; Hauptgerichte 15 000–30 000 Rp; ⏲10–22 Uhr) Bevor man das Warung sieht, erkennt man es schon am Geruch der Sate-Spieße, die vor dem Restaurant auf dem Grill brutzeln. Innerhalb der orangefarbenen Wände scharen sich Einheimische um große Tische und machen sich über Grill- oder Brathühnchen, Fisch, Tempe und *tongseng,* einen Eintopf aus Java mit Ziegen- oder Rindfleisch, her. Das *sambal terasi* aus Krabbenpaste macht süchtig.

Bundo Kanduang INDONESISCH $
(☎0813 3947 0896; Jl Gajah Mada; Gerichte 20 000–30 000 Rp; ⌚6.30–22.30 Uhr) Wer einen netten Ort sucht, um Padang-Gerichte zu probieren, die ursprünglich aus West-Sumatra kommen, hat ihn gefunden. Zum Bestellen auf die Gerichte zeigen, die sich in der Auslage stapeln und mit Reis und Gemüse serviert werden. Es gibt gefüllte, mit Chili geschärfte Eier, gebratenen Fisch mit Currysauce, *rendang*, *perkadel* (Kartoffelküchlein) und mehr. Alles ist genauso lecker wie scharf. Das Lokal liegt 1,5 km westlich von Soes Zentrum.

Shoppen

Timor Art Shop KUNST & KUNSTHANDWERK
(☎0853 3783 5390; Jl Bill Nope 17; ⌚6–20 Uhr) Wer sich für Antiquitäten und Kunsthandwerk interessiert, muss unbedingt in diesen Laden, der auch einem Museum Ehre machen würde. Hier findet man Timors beste Auswahl an Masken, Skulpturen, handgesponnenen Textilien und Schnitzereien zu unglaublichen Preisen. Draußen hängt kein Schild; am besten ruft man Besitzer Alfred Maku vorher an. Er spricht sehr gut Englisch. Die Öffnungszeiten variieren.

Praktische Informationen

Die **Tourist Information** (☎0368-21149; Jl Diponegoro 39; ⌚Mo–Fr 7–16 Uhr) erteilt Auskunft über die Gegend und vermittelt Guide, sofern man auf jemanden trifft, der Englisch spricht.

An- & Weiterreise

Der Haumeni-Busbahnhof liegt 4 km westlich der Stadt und ist mit dem Bemo für 3000 Rp zu erreichen, aber die Leute winken Busse meist am Straßenrand herbei. Es fahren regelmäßig Busse von Soe nach Kupang, die Fahrt dauert drei Stunden und kostet 30 000 Rp. Eine halbe Stunde weniger brauchen Busse nach Kefamenanu und Oinlasi, je 25 000 Rp. Bemos fahren für 10 000 Rp nach Niki Niki.

None

238 EW.

None zählt zu den besten Attraktionen der Gegend, obwohl drei *ume bubu* (traditionelle bienenkorbförmige Hütten des einheimischen Volks Dawan) einem Feuer zum Opfer gefallen sind. Von der Stelle an der Hauptstraße, an der die Bemos halten, läuft oder fährt man 1 km über einen kompakten Schotterweg an Mais-, Kürbis- und Bohnenfeldern vorbei zum Eingang. In None leben 56 Familien, bereits in der zehnten Generation, und das Dorf schützt eine natürliche Steinfestung, die an eine steile Klippe grenzt.

An der Felskante stehen ein 300 Jahre alter Banyanbaum und ein Totempfahl; hier trafen sich die Schamanen einst mit den Kriegern, bevor diese danach auf Kopfjagd gingen. Die Weisen sagten mithilfe von Hühnereiern und einem Holzstab voraus, ob die Krieger erfolgreich sein würden. Enthielt das Ei einen Blutfleck – ein Vorzeichen für Unglück –, wurde der Angriff verschoben.

Wenn man sie darum bittet, stellen die Bewohner ihre Webstühle zu Demonstrationszwecken auf dem *lopo* (Treffpunkt) des Dorfs auf. Hier ist es so friedlich, dass man kaum glauben mag, dass nur zwei Generationen zuvor noch Kopfjagden veranstaltet wurden (der letzte Konflikt tobte 1944). Auch traditionelle Tänze können organisiert werden. Angemessen ist eine Spende von 50 000 Rp für ein paar Personen.

None liegt 18 km östlich von Soe und ist von dort per *ojek* (30 000 Rp) zu erreichen oder für 5000 Rp mit dem Bemo Richtung Niki Niki.

DIE DORFHEBAMME

Traditionell hilft in jedem Dorf eine Krankenschwester oder Hebamme bei der Geburt. Obwohl die Regierung dies nicht unterstützt, ist dies in abgelegenen Dörfern, die weit entfernt von Krankenhäusern liegen, nicht ungewöhnlich. In None wird der Ehemann einer schwangeren Frau in das Haus der Dorfhebamme eingeladen, wo er als Vorauszahlung für ihre Dienste ein Huhn übergibt (nachdem das Baby gut auf die Welt, gekommen ist, wird ein größeres Tier erwartet). Sie weist ihn dann an, Feuerholz herzurichten und Wasser zu holen. Die Ehefrau gebärt das Kind mit der Hilfe der Hebamme auf einem Felsen, danach wird unter dem Bett Feuer gemacht, damit es die Mutter und das Neugeborene warm und sicher haben. Die Plazenta wird im Haus zusammen mit Objekten verbrannt, die die Zukunft des Kindes beeinflussen sollen (Bücher für Intelligenz, Webwerkzeuge für handwerkliche Fähigkeiten usw.).

Kefamenanu

☎0388 / 42 840 EW.

Der ehemalige portugiesische Stützpunkt Kefamenanu ist ein ruhiges, immer noch streng katholisches Bergdorf mit ein paar beeindruckenden Kirchen aus der Kolonialzeit. In erster Linie bildet es den Ausgangspunkt für einen Besuch in Temkessi (S. 433), eins der unverzichtbaren Dörfer in Westtimor. Kefa, wie die Einheimischen die Stadt nennen, liegt im Herzen einer wichtigen Region für Webwaren. Sonntags haben die meisten Geschäfte im Ort zu.

Nur 3,5 km von Kefamenanu liegt das traditionelle Dorf **Maslete**, bekannt für seinen *sonaf* (Palast). Er wurde aus Holz erbaut, mit mythischen Vogelschnitzereien verziert, von seinem imposanten Grasdach baumelt getrockneter Mais und auf der überdachten Veranda sitzt das Dorfoberhaupt. Seine blinden Augen sind milchigblau, er spricht kein Englisch („Wir gleichen einer Kuh und einem Büffel, die sich unterhalten", mag er anmerken), aber ein Guide übersetzt, während der katholische Animist wissen will, wie das Leben da ist, wo man herkommt.

Schlafen & Essen

Hotel Ariesta HOTEL $

(☎0388-31007; Jl Basuki Rahman 29; Zi. Standard/Superior/Suite 120 000/290 000/385 000 Rp; ❄📶) In einer Nebenstraße mit viel Grün liegt die bewährte Budgetunterkunft mit 42 Zimmern in einem modernen Anbau und dem verwitterten Originalgebäude. Die günstigen Zimmer sind nicht zu empfehlen, im Anbau gibt es Suiten mit viel Licht und eigener Terrasse und die Superior-Zimmer der mittleren Preisklasse mit Klimaanlage und Warmwasser haben den „Goldlöckchen-Effekt" – sie sind genau richtig. Klopapier mitbringen. Motorradverleih 70 000 Rp pro Tag.

New Victory Hotel HOTEL $$

(Hotel Victory II; ☎0388-243 0090; Jl Kartini 199; Zi. 350 000 Rp; 📶) Das neuere der zwei Victory Hotels wurde 2017 eröffnet und bietet 23 saubere Zimmer mit fragwürdigem Tapetenmuster, Klimaanlage, TV, Warmwasser und Frühstück (inklusive). Seltsamerweise gibt es ein riesiges Fitnessstudio und einen Trainingssaal mit Zumba- und Aerobic-Kursen. Es ist geplant, die Größe des Hotels zu verdoppeln.

Hotel Victory I HOTEL $$

(☎0823 3946 9998, 0388-31349; victoryhotelkefa@gmail.com; Jl Sudirman 10; Zi. 250 000–450 000 Rp; ❄📶) Immer noch schick und sauber ist dieses zweistöckige Gebäude mit 20 völlig verschiedenen Zimmern – vom fensterlosen Verlies bis zum lichtdurchfluteten Rückzugsort. Alle haben Warmwasser und Klimaanlage. Das kleine Frühstücksbuffet ist außergewöhnlich gut, an der Rezeption wird auch Schmuck verkauft.

Rumah Makan Pondok Selera INDONESISCH $

(Jl El Tari; Hauptgerichte 15 000–30 000 Rp; ⏲Mo–Sa 10–21 Uhr; 📶🖉) Eine kleine Auswahl an köstlichen Gerichten, die in einem großen Speisesaal serviert werden. In dem *rumah makan* bekommt man mit das beste Tempe und Tofu von Nusa Tenggara; die riesige Portion wird mit *lalapan* (Rohkostplatte) und süßem, stückigem Sambal aus frischen Tomaten serviert. Außerdem gibt es *gado gado* und *ikan kua asam* (saure Fischsuppe).

Rumah Makan Padang 2 INDONESISCH $

(☎0388-31841; Jl El Tari; Hauptgerichte 20 000–30 000 Rp; ⏲9–21 Uhr) Motorräder vor diesem Restaurant an einer Straßenecke zeugen von seiner Beliebtheit. Spezialitäten wie *ayam rica rica* (gebratenes Huhn in süß-scharfer Sauce), *rendang,* gekochte Maniokblätter und Fischcurry stapeln sich in dem Lokal mit den grünen Wänden auf Tellern. Erfrischend: *sirsak*-Saft (Stachelannonen).

Praktische Informationen

Die Tourist Information **Dinas Pariwisata** (☎0388-21520; Jl Sudirman; ⏲Mo–Fr 7–15 Uhr) liegt gegenüber dem Feld nördlich vom Highway und vermittelt Guides.

An- & Weiterreise

Der Busbahnhof liegt in Kefamenanus Zentrum, 50 m vom Markt an der Jalan El Tari, der an den meisten Tagen stattfindet. Von 6 bis 16 Uhr fahren von hier regelmäßig Busse nach Kupang (50 000 Rp, 5 Std.) und Soe (25 000 Rp, 2 Std.); nach Atambua (20 000 Rp) an der Grenze zu Osttimor kostet die Fahrt nur 20 000 Rp und dauert 1 ½ Stunden.

Das Hotel Ariesta (S. 432) vermietet Motorräder für 70 000 Rp pro Tag. Mietwagen mit Fahrer kosten in Kefa 650 000 Rp pro Tag.

Timor Tour & Travel (☎0388-243 0624; Jl Ahmad Yani) Express-Minibusse fahren nach Kupang (95 000 Rp, 5 Std.) und Dili in Osttimor (180 000 Rp, 7 ½ Std.). Tickets gibt es in einem Büro 4 km östlich vom Zentrum an der Hauptstraße; Abholung vom Hotel möglich.

Temkessi

Durch ein Nadelöhr zwischen hohen Kalksteinwänden gelangt man nach Temkessi, das sich 50 km nordöstlich von Kefa befindet und zu Westtimors abgelegensten und besterhaltenen Dörfern gehört. Die Fahrt über windgepeitschte Bergrücken mit Blick auf das Meer in der Ferne beschwört eine jenseitige Stimmung herauf, aber bei der Ankunft begrüßen einen kichernde Kinder, Welpen oder Ferkel.

Sehenswertes

Temkessi gehört zu Westtimors abgelegensten und besterhaltenen Dörfern. Es gibt zwei Zugänge: Einer ist hochrangigen Besuchern vorbehalten, wird aber häufig von Touristen benutzt; den richtigen Eingang markiert eine Steintafel mit der Aufschrift „Eno Fatnai Naimnune"; von dort führt ein kurzer Steinpfad bergauf und unter dem Blätterdach hindurch.

Das **Haus des Radschas** thront über dem Dorf, der östliche Pfeiler repräsentiert das Männliche, der westliche das Weibliche. Hat man die Steinstufen erklommen, trifft man auf den Würdenträger des Tages und überreicht ihm Betelnüsse (zu kaufen in Manufui, dem letzten Dorf an der Hauptstraße, bevor sie nach Temkessi abzweigt) sowie eine Geldspende von 50 000 Rp pro Person. Danach darf man Fotos von den bienenkorbförmigen Hütten mit den tiefen Dächern machen; sie sind in das Felsgestein hineingebaut und über rote Lehmpfade die auf einen Abgrund zulaufen, miteinander verbunden. Bitte keine Fotos von der kegelförmigen Hütte machen, in der die heiligen Objekte des Dorfs gelagert werden, um kein schlechtes Karma heraufzubeschwören. Ebenso ist Vorsicht geboten, falls einem etwas runterfällt; nicht sofort aufheben, sondern die Dorfbewohner informieren, damit sie die Vorfahren um Vergebung bitten.

Nicht verfehlen kann man die emporragenden, ausgesprochen eigenartig aussehenden Kalksteinfelsen. Mindestens alle sieben Jahre erklimmen junge Krieger die Bergwand des **Tapenpah**, ohne Seil, dafür mit einer Ziege, einem Hahn, Betelnusszweigen, Bambus, Kokosnuss, Zuckerrohr und Baumwolle. Je nach Umfang der Opfergaben wird dies in Gruppen von sieben bewältigt. Auch die anderen Dorfbewohner steigen je zu siebt hinauf. Sie opfern die Ziege (den Hahn aber nicht), kauen Betelnuss und machen sich erst an den Abstieg, wenn alles aufgegessen ist. Das Natamamausa-Ritual wird vollführt, um für eine gute Ernte zu danken oder damit der Regen einsetzt oder aufhört.

Ein junger Dorfbewohner fragt vielleicht, ob man die andere ansehnliche Felswand, **Oepuah**, hinaufklettern möchte. Es ist ein ganz schönes Gekraxel und man sollte es nur machen, wenn einem wohl bei der Sache ist. Der Ausblick von oben auf das Dorf und die 360-Grad-Panoramaaussicht verleihen neue Kräfte. Wieder heil unten angekommen gibt man seinem abenteuerlustigen Guide 20 000 Rp Trinkgeld.

Kaum jemand spricht hier Bahasa Indonesia, ein Guide ist also unverzichtbar. Insgesamt ist die Stimmung herzlich und gastfreundlich, und hat man sich erst einmal an diesen unwirklichen Ort gewöhnt, an dem der Wind durch die Bäume rauscht und wo man sich fühlt wie auf dem Dach der Welt, mag es einem schwerfallen, wieder aufzubrechen.

ABSEITS DER ÜBLICHEN PFADE

MAUBESI

Das Dorf Maubesi, 19 km von Kefamenanu entfernt, ist für seinen hervorragenden Textilmarkt bekannt. Markttag ist Donnerstag. Neben frischem Obst und Gemüse, Tieren und Keramikwaren wird unter den Tamarindenbäumen Ikat ausgelegt. Stücke mit natürlichen Färbemitteln sind am hochpreisigsten und können 1 000 000 Rp und 5 000 000 Rp kosten; das hängt von der Art der Herstellung ab. Diese kann bis zu sechs Monaten dauern. Wer nicht am Donnerstag hier ist, kann den **Maubesi Art Shop** (☎ 0852 8508 5867; **keine festen Öffnungszeiten**) aufsuchen. Hier gibt es eine exzellente Auswahl an Ikat und anderer Handwerkskunst aus der Region. Trotz der ausgeschilderten Preise darf gehandelt werden. Sobald man das Schild „Art Shop" entdeckt hat, einfach anklopfen.

An- & Weiterreise

Von Kefa fahren regelmäßig Busse nach Manufui, rund 8 km von Temkessi. Samstags ist Markttag in Manufui und die Vans oder Busse sollten bis Temkessi durchfahren. Ansonsten chartert man ein *ojek* oder mietet ein eigenes Fahrzeug.

ROTE

Ein schmales, regenarmes Kalkstein-Juwel mit weißen Puderzuckerstränden und großartigen Surfspots. Rote treibt südwestlich von Westtimor im Meer, besitzt aber eine ganz eigene Note. Touristen kommen vor allem wegen der Brandung hierher, die sanft genug für Anfänger und stark genug für Experten sein kann.

Ba'a ist Rotes Handelszentrum und eine verschlafene Hafenstadt an der Westküste, in der die Schnellfähre anlegt und Flugzeuge landen, aber die meisten Urlauber halten sich hier nicht auf. Im traumhaften Pantai Nemberala gibt es den weltbekannten Break „T-Land" und im Süden und Norden verstecken sich Dutzende Strände. Um sie zu erreichen, rollt man durch Dörfer, über natürliche Kalksteinbrücken und durch hüglige Savannen, die von Sattgrün in der Regenzeit von Dezember bis März zu Gold in der Trockenzeit wechseln, wenn Landwinde die Brandung zu Barrels formen. Nicht entgehen lassen: die vorgelagerten Inselchen, wo man wunderschönen Ikat, türkise Buchten und weitere Surfspots findet.

Praktische Informationen

INTERNETZUGANG

Internetzugang ist dürftig, aber an manchen Orten, wie Nemberala, bekommt man 3G-Verbindungen.

GELD

In Ba'a gibt es einen BRI-Geldautomaten, der aber meist keine ausländischen Karten akzeptiert. Ausreichend Rupiah einpacken, denn Bargeld tauschen ist schwierig.

An- & Weiterreise

FLUGZEUG

Wings Air fliegt zweimal täglich von Kupang nach Ba'a. Der Flug dauert 30 Minuten, und nach einem Flug aus Bali ist es möglich, am selben Tag den Flug am Nachmittag zu erwischen. Ein Surfbrett kann das Umsteigen erschweren und Zusatzkosten verursachen (Wings Air verlangt 200 000 Rp pro Surfbrett).

SCHIFF/FÄHRE

Die schnellste und bequemste Art, nach Rote zu kommen, ist mit der Schnellfähre Baharai Express (Executive/VIP 138 000/168 000 Rp, 2 Std.), die in Kupang täglich um 9 Uhr startet (und von Mittwoch bis Montag manchmal um 14 Uhr), in Ba'a anlegt und um 11 Uhr zurückfährt. Fahrkarten im Voraus kaufen und mindestens eine halbe Stunde vorher am Dock sein. Die Überfahrt wird wegen stürmischer See häufig annulliert.

Außerdem verkehrt täglich eine langsamere Fähre (55 000 Rp, 5 Std.), die nördlich von Ba'a in Pantai Baru anlegt; mietet man von da aber ein Fahrzeug nach Nemberala, zahlt man mehr als für die Schnellfähre.

Unterwegs vor Ort

Einheimische Schlepper versuchen einem weiszumachen, man müsse vom Hafen in Ba'a, an dem die Schnellfähre anlegt, ein Bemo chartern (ab 300 000 Rp, 2 Std.). Das empfiehlt sich nur, wenn man sich das Bemo mit anderen teilt, aber direkt vor den Hafentoren kann man ein öffentliches Bemo herbeiwinken (mit/ohne Surfbrett 100 000/50 000 Rp). Alternativ kann man sich vom Hotel für ca. 400 000 Rp abholen lassen.

Viele Resorts bieten einen durchgehenden Transfer an: Abholung am Flughafen in Kupang, Übersetzen mit der Schnellfähre und Weiterfahrt bis zum Resort. Eine nahtlose Verbindung, keine Frage, allerdings kann sie 100 US$ oder mehr kosten.

Nemberala

Nemberala ist ein entspanntes Fischerdorf an einem traumhaften weißen Sandstrand. Es wird von einem Riff geschützt, an dem die legendäre Linkswelle T-Land bricht. Man sollte aber keine völlige Abgeschiedenheit erwarten, denn ein großer Zustrom von Auswanderern und Ferienhausbesitzern hat in der Gegend flächendeckend Grundstücke am Strand gekauft. Neue Geschäfte schießen aus dem Boden, um dieser Klientel Dienstleistungen zu bieten.

Trotzdem hat Nemberala seinen ursprünglichen Charme noch nicht verloren: Schweine, Ziegen, Kühe, Hühner und anderes heimisches Getier streift immer noch frei am Strand herum und durch die Resorts. Man muss achtgeben, dass einem keine Kokosnuss auf den Kopf knallt. Um die umliegende Kalksteinküste zu erkunden und ihren beeindruckenden Anblick in sich aufzusaugen, ist ein Motorrad ideal.

Aktivitäten

Die Welle **T-Land** schwillt ordentlich an, besonders von Juni bis August, hat aber keine große Wucht, daher hält sich der Angstfaktor in Grenzen. Wie bei anderen ehemals unentdeckten Wellen im Osten Indonesiens herrscht in der Hauptsaison starker Andrang. Wer sich eine kraftvollere, hohlere Welle wünscht, sollte zunächst einen Abstecher zu **Suckie Mama's** nördlich von Nemberala machen.

Viele Hotelresorts verleihen hochwertige Boards ab 100 000 Rp pro Tag.

Schlafen & Essen

Hauptsaison fürs Surfen ist von Juni bis September. Es gibt gute Unterkünfte verschiedener Kategorien, aber nicht allzu viele Zimmer, also im Voraus reservieren.

Die meisten Lodges und Pensionen bieten All-inclusive-Verpflegung und ein paar lokale Warungs helfen etwas Abwechslung in den Speiseplan zu bringen.

Ti Rosa BUNGALOW **$**
(0823 3915 2620; pro Person inkl. Mahlzeiten ab 250 000 Rp) Die liebenswerte Ibu Martine und ihr Sohn leiten die hübsche Anlage mit acht limettengrünen Steinbungalows. Sehr sauber, im Schatten der Palmen und die günstigste Option am Strand. Die Bungalows sind bei budgetbedachten Surfern so beliebt, dass manche hier für die ganze Saison buchen. An der ersten Kreuzung im Ort rechts abbiegen und der Schotterstraße 500 m nach Norden folgen.

Anugerah Surf & Dive Resort BUNGALOW **$$**
(0811 382 3441, 0813 5334 3993; www.surfdiverote.com; EZ/DZ inkl. Mahlzeiten ab 565 000/904 000 Rp;) Manche der 40 hübschen, kompakten Bungalows aus Lontarpalmen sind recht neu, andere in die Jahre gekommen. Sie haben Terrassen und *mandis,* Holzmöbel und Bäder im Freien. Die Anlage liegt am Strand, direkt gegenüber von T-Land. Im Restaurant mit Ikat-Tischdecken wird *ikan bakar* (gegrillter Fisch) serviert, der Rest der Speisekarte ändert sich täglich. Während der Surfsaison im Voraus buchen.

Auch Scuba-Tauchen wird angeboten; pro Person inklusive Ausrüstung 1 470 000 Rp für zwei Tauchgänge.

Lualemba Bungalows BUNGALOW **$$**
(0812 3740 4137, 0812 3947 8823; www.lualemba.com; EZ/DZ inkl. Mahlzeiten 770 000/1 370 000 Rp;) 500 m vom Strand zurückversetzt liegen die sehr empfehlenswerten strohgedeckten *lontar*-Bungalows mit Steinfundament und Veranda mit Hängematte. Es gibt ein natürliches Schwimmbecken für alle Gäste. Im Preis enthalten sind die Bootsfahrten zum Surfbreak, drei Mahlzeiten und Mountainbikes.

★ **Malole Surf House** SURFCAMP **$$$**
(0813 5317 7264, 0813 3776 7412; www.rotesurfhouse.com; EZ/DZ pro Person inkl. 3 Mahlzeiten ab 105/126 US$;) Die Lodge wurde von Surflegende Felipe Pomar erbaut und verbindet Komfort, Kochkunst und Stil wie kein anderer Ort auf Rote. Vier Zimmer verteilen sich über ein großes Holzhaus und ein Gästehaus; es gibt Tagesbetten, Ikat-Bettüberwürfe und kostenlosen Wäscheservice. Drei Boote bringen einen zur rechten Zeit zu den Wellen. Während der Regenzeit geschlossen (Mitte November bis März).

Highlights der Küche sind großartige internationale Meeresfrüchte, Sashimi, frisches Brot, spektakuläre Suppen und Currys. Mountainbikes, Angelausflüge und Inseltouren werden ebenfalls angeboten.

Das Surfcamp bietet einen Grad an Komfort und Eleganz, der mühelos wirkt (ist es aber nicht) und den man an einem so abgelegenen Ort nicht erwarten würde.

Unterwegs vor Ort

Über die meisten Unterkünfte kann man Motorräder mieten (100 000 Rp pro Tag).

Rund um Nemberala

Wenn man ein Motorrad mietet und der spektakulär zerfurchten Küstenstraße nach Norden oder Süden folgt, gelangt man schnell zu weiteren einsamen Stränden und ein paar großartigen, unbekannten Surfbreaks. Auch Anfänger kommen hier auf ihre Kosten: Nördlich von Nemberalas Fischerboothafen gibt es einen erstklassigen Break für Anfänger namens **Squealers**. Etwa 15 km von Nemberala befindet sich nahe der Nordküste **Boni,** eines der letzten Dörfer auf Rote, in denen noch nach der traditionellen Religion gelebt wird. Donnerstag ist Markttag.

Rund 8 km südlich von Nemberala liegt **Bo'a** mit einem sagenhaften weißen Sandstrand und verlässlicher Brandung auch außerhalb der Saison. Auf einer Landzunge, die die absurd breite und fast verboten schöne Bucht zweiteilt, liegt das **Bo'a Hill Surf House** (0822 7771 7774, 0822 7771 7775; www.surfrote.com; pro Person inkl. Mahlzeiten ab 800 000 Rp) mit hübschen Bungalows auf einem drei Hektar großen Gelände mit Wahnsinnsaussicht. Der Öko-Gedanke wird hier großgeschrieben: Der Besitzer baut Obst und Kräuter an, züchtet Schweine und Enten, sammelt Honig und ist ein erstklassiger Guide, mit dem man die Naturreize zu Land und Wasser erkunden kann.

Von Bo'a geht es weiter nach Süden über die trockene, holprige Straße - nach Affen Ausschau halten -, hat man die natürliche Kalksteinbrücke überquert, führt ein Gefälle zum Dorf **Oeseli**. Auf der Schotterstraße rechts abbiegen zu einem weiteren fantastischen Strand mit guten Wellen und einer natürlichen Gezeitenlagune, in der die Boote der einheimischen Fischer dümpeln und die durch Kalksteinhöhlen voller Fledermäuse spült. Hier gibt es einen idealen Kitesurf-Startplatz.

Indonesiens südlichste Insel **Pulau Ndana** erreicht man mit einem Fischerboot aus Nemberala. Sie war jahrelang unbewohnt und zurzeit befindet sich dort ein Militärlager, aber sie kann trotzdem besucht werden. Einer Legende zufolge wurde die gesamte Bevölkerung im 17. Jh. bei einem Rachefeldzug ermordet und der kleine See auf der Insel mit dem Blut der Opfer getränkt. Ndana ist für seine wilde Tierwelt und erstklassigen Schnorchelspots bekannt. Hier tummeln sich wilde Rehe, eine Vielzahl von Vögeln und Schildkröten legen am Strand ihre Eier ab.

Auf **Pulau Ndao** gibt es puderzuckerweiße Strände, Kalksteinfelsen und ein charmantes Fischerdorf, in dem Ikat gewebt und *lontar* angezapft wird (um aus den Blütenständen der Lontarpalme Saft zu gewinnen). Hier leben knapp 600 Menschen und sprechen ihren eigenen einheimischen Dialekt, Bahasa Ndao. An der West- und Ostküste gibt es Strände, die sich bestens zum Schwimmen eignen, und eine gute, aber nicht zuverlässige Brandung vor der Südspitze.

Ndao liegt 10 km westlich von Nemberala. Wer dorthin will, muss ein Boot chartern (800 000–1 000 000 Rp, maximal fünf Pers.). Man kann den Besuch dort problemlos mit einem Abstecher zur nahen **Pulau Do'o** verbinden, einem Flecken aus blassgoldenem Sand mit hervorragender, aber vertrackter Brandung. Von Pantai Nemberala ist Do'o zu sehen.

SUMBA BESTE WEBSITE

Die Webseite des Deutschen Matthias Jungk, www.sumba-information.com, ist ein liebevoll zusammengestelltes und sehr ausführliches Kompendium für alles, das mit Sumba zu tun hat. Eine PDF-Version ist auf der Seite für 5 € erhältlich. Dazu hat Jungk eine sehr detaillierte und genaue Landkarte von Sumba entworfen, die man online nutzen oder erwerben kann. Das Beste: Die wertvolle Quelle wird ständig aktualisiert.

SUMBA

☎ 0387

Sumba ist wirklich bezaubernd. Mit ihrer wilden, welligen Savanne und den niedrigen Kalksteinhügeln, auf denen Mais und Reis angebaut wird, ist sie völlig anders als die indonesischen Vulkaninseln im Norden. Über die Landschaft verteilt liegen Bergdörfer mit hohen, symbolträchtigen Strohdächern, die sich um Megalithgräber scharen und deren offiziell protestantische Dorfbewohner immer noch ihre einheimische *marapu*-Religion befolgen und blutige Opferriten abhalten.

Umrahmt wird die Insel von weißen Sandstränden wie aus dem Bilderbuch, dem auch die geheimen Schwimmbuchten und Wasserfälle im Landesinneren entsprungen zu sein scheinen. Die Insel ist eine der vielseitigsten des Landes und ihre Ikat-Stoffe zählen zu den edelsten von ganz Indonesien. Hier ist das *adat* fest verwurzelt und lächelnde kleine Kinder rufen den Urlaubern ungeachtet ihres Geschlechts „Hello Mister!" zu.

Sumba ist eine der ärmsten Inseln Indonesiens, auch wenn ein Zufluss von Investitionskapital bewirkt hat, dass in einigen Dörfern die Stroh- durch Blechdächer ersetzt wurden. Traditionelle Tracht ist besonderen Anlässen vorbehalten und die Bewohner der abgelegenen Dörfer erwarten von Besuchern höhere Spenden.

ℹ An- & Weiterreise

Die Verbindungen von Sumba zu anderen Zielen in Indonesien werden ständig verbessert. Von den Flughäfen in Tambolaka und Waingapu gehen täglich Flüge nach Denpasar (Bali), Kupang (Westtimor) und Ende (Flores). Fähren steuern Flores, Kupang und Sape auf Sumbawa an. Am besten landet man in Waingapu und fliegt von Tambolaka zurück – oder umkehrt –, damit man nach Erkundung der recht großen Insel nicht zum Ausgangspunkt zurück muss.

Waingapu

☎ 0387 / 34 811 EW.

Waingapu ist eine entspannte Stadt mit gespaltener Persönlichkeit: Es gibt das grüne, staubige Stadtzentrum mit Unterkünften und kleinen *toko* (Geschäften), den alten Hafen, der vom Duft nach gebratenem Fisch erfüllt wird, wenn der Pasar Malam (S. 438) nach Sonnenuntergang beginnt, und mittendrin Dörfer, in denen Hühner um die *marapu*-Grabsteine flitzen, die geschnitzte Krokodil- und Rehskulpturen zieren.

Auch einige Ikat-Geschäfte und Kunstwerkstätten findet man in Waingapu und vor den Hotels preisen mit Textilbündeln und Schnitzereien beladene Händler ihre Waren an. Fast alles lässt sich zu Fuß erreichen. Während man die Stadt erkundet, sieht man grasende Büffel und Pferde. Nachdem das niederländische Militär die Insel 1906 „befriedet" hatte, wurde Waingapu zu Sumbas Verwaltungszentrum und bildet nach wie vor den wichtigsten Handelsposten für Textilien, wertvolle Sumba-Pferde, Farbhölzer und Bauholz.

ABSEITS DER ÜBLICHEN PFADE

AIR TERJUN TANGGEDU

Nordwestlich von Waingapu findet sich dieser außergewöhnliche Ort: Zwei Flüsse verlaufen zwischen Klippen aus vielschichtigen Kalkfelsen und münden in Wasserfallterrassen, die in mehrere Gumpen fließen. Die um die 60 km lange Fahrt über unwegsame Straßen dauert zwei Stunden oder länger. Je nach Jahreszeit wandert man danach 40 Minuten durch die Savanne oder grünes Land.

Geführte Touren

Erwin Pah TOUREN
(☎02 813 3933 7971; erwinpah9@gmail.com) Ein bewährter Fahrer und Guide aus Waingapu mit eigenem Auto, der jeden auf Sumba zu kennen scheint. Für Abenteuerlustige bietet er maßgeschneiderte Führungen – von Bergsteigen bis Höhlenwanderungen. Sein Tagessatz beträgt 1200 000 Rp, inklusive Transport, Benzin und Führung.

Schlafen

Frühstück und Flughafentransfer (vorher telefonisch vereinbaren) sind in den Unterkunftspreisen meist enthalten. Es gibt Unterkünfte verschiedener Art und Preiskategorien, von der Hütte mit hübscher Aussicht bis zum zentral gelegenen Zimmer.

Mr. R. Home Stay GUESTHOUSE $
(☎0853 3744 6164; Kandara Belankang SMP Kristen; Zi. 200 000 Rp; ❄) Eine einfache, saubere Pension mit deplatziert wirkendem Delfin-Wasserspiel und Ausblick auf ein Reisfeld mit grasenden Büffeln. Es gibt sechs Zimmer mit Klimaanlage, TV und kuschligen Kissen. Essen bestellt man im **Sacca Resto** (☎0851 0270 7222, 0387-62677; saccacellular@gmail.com; Jl S Parman 88, Tandarotu Waingapu; Zi. ab 350,000Rp; ❄📶) und mit etwas Glück funktioniert das Warmwasser.

★ **Morinda Villa & Resto** HÜTTE $$
(☎0812 379 5355; freddy_ikat@yahoo.com; Bendungan Lambanapu; Zi. ab 650 000–750 000 Rp) 11 km südlich vom Flughafen liegen auf einem Hügel fünf Hütten mit spektakulärer Aussicht. Sie haben traditionelle Strohdächer, riesige Fenster und einen Balkon, von dem man das lokale Leben auf dem Fluss beobachten kann. Es gibt Warmwasser, ein Restaurant (Hauptgerichte 25 000–100 000 Rp, 11–21 Uhr) und einen Ikat-Laden.

★ **Praikamarru Guest House** BUNGALOW $$
(☎0813 3809 3459; www.prailiu.org; Jl Umbu Rara Meha 22; Zi./Bungalow 250 000/275 000 Rp) Eine Australierin und ihr Mann, ein Dorfkönig, heißen Gäste in ihrem Dorf willkommen. Es gibt zwei geräumige Bambus-Bungalows mit *alang-alang*-Strohdächern, bequemen Betten mit Ikat-Überwürfen und Kühlschränken sowie zwei einfache Zimmer (mit geteiltem Stehklo) in einem traditionellen Haus mit Bambusmatten und einer Veranda zum Leutebeobachten.

Zum Frühstück gibt es frisch gebackenes Brot und Obst, für 50 000 Rp köstliche Mahlzeiten mit der Gastfamilie. Die Besitzer Sarah und Umbu beantworten gerne Fragen zur einheimischen Kultur und *marapu*-Religion. An einem Baum baumeln Tierschädel und zeugen von vergangenen Opferritualen. Motorradverleih 75 000 Rp pro Tag.

Tanto Hotel HOTEL $$
(☎0812 8181 6484, 0387-62500; www.tantohotel.com; Jl Prof Yohanes 14; EZ/Zi./Suite ab 250 000/350 000/650 000 Rp; ❄📶) Mit 57 schicken, hellen Zimmern und gutem Service hebt sich das Hotel von den meisten anderen Unterkünften in Waingapu ab. Das Dekor ist überwiegend in Weiß gehalten – mit Holz und roten Akzenten. In vielen Zimmern gibt es einen Kühlschrank, alle haben Warmwasser und Klimaanlage, das Frühstück ist gut. Kostenloser Flughafentransfer zu be-

stimmten Zeiten und Mietwagenverleih (ab 575 000 Rp für 12 Std.).

Es gibt ein nettes Restaurant (6–21.30 Uhr, Hauptgerichte 25 000–75 000 Rp).

Essen

★PC Corner INDONESISCH $

(☎0387-256 0142, 0812 2317 1725, 0852 3702 8401; lusijowin@gmail.com; Jl Radamata 1; Hauptgerichte 25 000–50,000 Rp; ⏲Mo–Fr 8–22, Sa 9–23, So 16–22 Uhr; 📶) Kurz ein Foto vor dem künstlerischen Schriftzug an der Wand machen, „Dream big, work hard, stay focus", bevor man die Treppen zum Open-Air-Café mit Vintage-Möbeln und Traumfängern hochgeht. Es gibt Gemüsegerichte wie Papayablüten mit *kangkung* (Wasserspinat) und *kampung*-Hühnchen aus Freilandhaltung. Samstags spielt ab 19 Uhr eine Band, die Aussicht ist sagenhaft und an jedem Tisch gibt es Steckdosen.

★Pasar Malam INDONESISCH $

(Nachtmarkt; abseits der Jl Yos Sudarso; Hauptgerichte ab 15 000 Rp; ⏲18–23 Uhr) Nach Sonnenuntergang tun sich die besten Optionen für ein Abendessen auf: Ein paar Warungs und mit Gaslampen beleuchtete Karren grillen und braten an der alten Werft spottbillige Meeresfrüchte. Im Zentrum befinden sich am südlichen Abschnitt der Jalan Ahmad Yani weitere Essensstände mit *sate ayam* (Hühnchen-Satay) und *bakso* (ab 10 000 Rp).

Warung Enjoy Aja MEERESFRÜCHTE $

(☎0852 3027 2104; Pelabuhan Lama; Hauptgerichte 15 000–70 000 Rp; ⏲18–24 Uhr) Das letzte Warung vor dem östlichen Pier. Man wählt einen Fisch aus der Kühlbox mit dem tagesfrischen Fang und isst dazu Reis, lokales Gemüse und drei Sorten Sambal. Im gelben Gebäude nebenan ist ein zweiter „Speisesaal" mit weniger grellem Licht, wo man beim Essen auf dem Boden sitzen kann.

El Cafe INDONESISCH $

(☎0812 3766 2611, 0387-61875; elcafesubma@gmail.com; Jl Pemuda 10; Hauptgerichte 25 000–50 000 Rp; ⏲Mo–Fr 9–22, Sa bis 23, So 12–22 Uhr) Sauber, aber überdekoriert (Tapete mit Namenszügen verschiedener Länder plus Ikat-Stoffe und Gitarren an den Wänden). El Cafe bietet gutes WLAN, Livemusik am Samstagabend und Karaoke. Empfehlenswert: *otak otak bandeng* (Fisch, gefüllt mit seinem eigenen zarten Fleisch, vermischt mit Kokosnuss und Gewürzen, in Bananenblättern gedünstet).

Shoppen

Es gibt ein paar „Kunsthandlungen", in denen Ikat und Artefakte aus Sumba verkauft werden. Auch vor den Hotels beziehen Händler den ganzen Tag geduldig Stellung. Die Preise sind fair und die Auswahl ist hier größer als im Landesinneren. Ikat aus Ost-Sumba ist in ganz Ost-Nusa Tenggara für seine sehr detaillierten Motive bekannt – man sollte hier zuschlagen, bevor man nach Westen reist, wo die Motive schlichter und moderner sein können.

Praikundu Ikat Centre TEXTILIEN

(☎0812 3758 4629; kornelis.ndapakamang@gmail.com; Jl S Parman, Kelurahan Lambanapu; ⏲Öffnungszeiten variieren) Die Weberei liegt 2,5 km

ABSEITS DER ÜBLICHEN PFADE

SÜDZENTRAL-SUMBA

Der relativ hohe Aufwand hierherzukommen lohnt sich – besonders für Surfer. Obwohl es täglich Busse von Waingapu nach Tarimbang und Trucks nach Praingkareha gibt, wird oft ein Auto oder Motorrad benötigt, um an entsprechende Ziele zu gelangen. Manchmal muss man sogar wandern.

Wer nach Wüstenwellen sucht, sollte zum **Pantai Tarimbang** fahren. Der wunderschöne Halbmond aus Sand, umrandet von einem Steilufermassiv aus Kalkstein, liegt 95 km südwestlich von Waingapu. Die Brandung hier ist fantastisch, in der Nähe lässt sich gut Schnorcheln und **Marthen's Homestay** (☎0852 8116 5137; Jl Gereja Tarimbang; B/EZ/DZ einschl. aller Mahlzeiten ab 300 000/400 000/700 000 Rp) bietet eine Unterkunft in Strandhütten. Der *Kepala desa* (Dorfvorstand) hat vor Kurzem mit dem Bau einer Anlage begonnen, die einem traditionellen Dorf nachempfunden ist; hier entstehen Häuser mit jeweils sieben Räumen und ein Bungalow.

Trucks fahren täglich morgens von Waingapu nach Tarimbang. Die Fahrt dauert fünf Stunden und kostet 40 000 Rp. Einheimische bezahlen oft nur 25 000 Rp – Touristen dagegen den *bule* Preis.

abseits der Hauptstraße an der linken Weggabelung. Sie wird von Kornelis Ndapakamang geleitet und präsentiert Sumbas kostbarste Ikat-Stoffe, ausschließlich mit Naturfarben gefärbt und mit detaillierten Motiven. Kornelis erzählt einem gern auf Bahasa Indonesia, wie seine Mitarbeiter Sumbas Traditionen am Leben erhalten. Ausführliche Ikat-Workshops auf Anfrage.

Es gibt eine Privatunterkunft mit drei Zimmern: zwei mit Doppelbett und ein weiteres mit zwei Einzelbetten sowie einen hübschen Aufenthaltsraum und eine Küche zur gemeinschaftlichen Nutzung. Die Übernachtung kostet 200 000 Rp pro Nacht und Person. Die Zimmer teilen sich ein sauberes Stehklo und *mandi*. Kornelis' Frau kocht traditionelle Gerichte für 60 000 Rp pro Portion.

Ama Tukang TEXTILIEN
(☎ 0812 3622 5231; Jl Hawan Waruk 53; ⏲ 24 Std.) In mehreren Gebäuden und Räumen werden Ikat und Schmuck präsentiert, die Besucher können den gesamten Prozess vom Motiventwurf über das Färben bis zum Weben beobachten. Die Motive zeigen *marapu*- Tier- und Dorfszenen – die Stoffe hängen zwischen getrocknetem Mais von den Dachbalken. Eine gute Unterkunft wird ab 250 000 Rp pro Nacht ebenfalls angeboten.

Momentan gibt es vier Zimmer mit Klimaanlage, weitere acht befinden sich im Bau und werden Warmwasser haben. Motorräder werden für 150 000 Rp pro Tag vermietet, Autos für 600 000–800 000 Rp. Man kommt hierher, indem man in Waingapu die Brücke Richtung Süden überquert und ein Stück dahinter rechts abbiegt.

An- & Weiterreise

FLUGZEUG

Der Flughafen liegt 6 km südlich vom Zentrum an der Straße nach Melolo. Ein Taxi in die Stadt kostet pauschal 60 000 Rp, aber die meisten Hotels bieten kostenlosen Flughafentransfer. Ein Bemo kostet 5000 Rp zu jedem Ziel in der Stadt und 10 000 Rp zum westlichen Busbahnhof, wobei es weniger Bemos gibt als früher. Ein *ojek* kostet für Fahrten innerhalb der Stadt 5000–10 000 Rp.

Das Reisebüro TX Waingapu (☎ 0821 4509 5477, 0812 1718 1930, 0387-61534; www.txtravel.com; Jl Beringin 12; ⏲ So–Fr 8.15–17, Sa bis 16 Uhr) verkauft Flugtickets.

Nam Air und Wings Air fliegen nach Denpasar (1½ Std., 1–2-mal tgl.) und Kupang (1 Std., mehrmals tgl.).

ABSEITS DER ÜBLICHEN PFADE

EIN KLEINES BISSCHEN HIMMEL

Etwa 39 km östlich von Waingapus Flughafen entfernt liegt das **Wera Beach Resort** (☎ 0812 3758 1671; www.sumbaeastresort.com; Jl Melolo, Pantai Wera; Bungalow/Haus ab 750 000/1 500 000 Rp). Die Anlage in französischer Hand ist eine friedvolle Oase. Die zwei Häuschen hier haben Küchen und sind mit Rattan-Möbeln eingerichtet; beide werden als Unterkünfte mit ein oder zwei Schlafzimmern vermietet. Am Strand gibt es auch noch einen fabelhaften Bambusbungalow. Im Restaurant unter freiem Himmel (Hauptgerichte 45 000–220 000 Rp) erwartet die Gäste französische Küche, während die Windspiele in der leichten Brise erklingen.

SCHIFF/FÄHRE

Pelni-Schiffe legen von dem neueren Darmaga-Dock westlich der Stadt ab, aber das **Ticketbüro** (☎ 0387-61665; www.pelni.co.id; Jl Hasanuddin 1; ⏲ 7–12, 13.30–17 Uhr) befindet sich am alten Hafen. Die Fahrtzeiten können sich ändern: Überprüfen kann man sie bei **ASDP** (☎ 0214-288 2233; www.indonesiaferry.co.id; Pelabuhan Waingapu) oder man wirft einen Blick auf die Fahrpläne am Hafen.

REISEZIEL	GESELLSCHAFT	FAHRPREIS (RP)	DAUER (STD.)	HÄUFIGKEIT
Aimere (Flores)	ASDP	81 000	10	2-mal wöchentl.
Ende (Flores)	ASDP	83 000	13	wöchentl.
Kupang (Westtimor)	ASDP	176 000	28	3-mal wöchentl.
Sabu	ASDP	97 000	12	wöchentl.

BUS & BEMO

Vom Terminal Kota in Waingapu fahren Bemos nach Londolima und Prailiu.

Täglich fahren drei Busse Richtung Nordwesten nach Puru Kambera (15 000–20 000 Rp, 1 Std.). Außerdem gibt es jeden Tag mehre Busverbindungen nach Waikabubak (50 000 Rp, 5 Std.).

Der Busbahnhof für Fahrtziele im Osten liegt im südlichen Teil der Stadt, beim Markt in der Nähe. Das West Sumba Terminal, auch Terminal

Kota genannt, befindet sich ca. 5 km westlich der Stadt.

Unterwegs vor Ort

Die Mietwagenpreise auf Sumba gehören zu den teuersten von Nusa Tenggara. Selbst wenn man handelt, sind 800 000 Rp ein guter Preis pro Tag, inklusive Fahrer und Benzin. Soll der Fahrer auch als Guide zur Verfügung stehen, zahlt man mehr – 1 200 000 Rp sind günstig. Wie überall in Indonesien ist Handeln in Ordnung und mehrtägige Touren sind eine gute Verhandlungsbasis. Fast jedes Hotel organisiert Motorradverleih, den besten Tarif bietet das Praikamarru Guest House (S. 437) mit 75 000 Rp pro Tag; woanders sind es ca. 100 000 Rp.

Westsumba

☎ 0387

Wer in Sumbas traditionelle Kultur eintauchen möchte, fährt Richtung Westen zu den Reisfeldern, die die Berge erklimmen, von Flüssen durchzogen werden und aus denen Bambus und Kokospalmen sprießen. Auf Hügelkuppen findet man nach wie vor *kampung*, deren Hütten mit den hoch aufragenden Dächern sich um die imposanten Steingräber der Vorfahren scharen. Zu den Ritualen und Zeremonien gehören Tieropfer, die jederzeit stattfinden können. Gäste sind willkommen, sollten aber eine Spende machen - der Guide weiß, wie viel angemessen ist (ca. 20 000–50 000 Rp). Zwar ist man hier an ausländische Besucher gewöhnt, aber ein Gastgeschenk in Form von Betelnüssen hilft das Eis zu brechen und zeugt zudem von Respekt.

Westsumba erkundet man am besten mit einem Guide, besonders wenn man kein Bahasa Indonesia spricht. Im Westen tragen die Einheimischen riesige Messer, *parang*, an der Taille befestigt, was hauptsächlich der Zierde dient. Trotzdem sollte man in Westsumba nach Einbruch der Dunkelheit nicht mehr unterwegs sein.

Praktische Informationen

Auch wenn es relativ sicher ist, werden einen die Leute vor Ort ausdrücklich davor warnen, nach Einbruch der Dunkelheit im Westen unterwegs zu sein, und manche Fahrer weigern sich, einen vor Tagesanbruch zu befördern. Lieber nicht mit *parang*-bewehrten Einheimischen anlegen – man kann nie wissen.

An- & Weiterreise

Tambolaka ist der Verkehrsknotenpunkt im Westen, dank des modernen Flughafens, von dem Garuda, Nam Air und Wings Air täglich Flüge nach Denpasar auf Bali und Kupang in Westtimor anbieten. Ein Hinweis: Tambolaka wird manchmal noch „Waikabubak" genannt. Die Schiffe nach Sape auf Sumbawa legen vom Fährhafen Pelabuhan Waikelo ab, etwa 6 km nördlich vom Zentrum. Pro Woche gibt es drei Überfahrten, die neun Stunden dauern und 52 000 Rp kosten.

Unterwegs vor Ort

Wer wenig Zeit hat und die abgelegenen Dörfer und wilde Küste erkunden möchte, ohne sich über Abfahrtszeiten und Sprachbarrieren Gedanken zu machen, ruft bei Sumba Adventure Tours & Travel an (S. 443). Sie haben ein Team aus vertrauenswürdigen Fahrern (die meisten sprechen Englisch) mit guten Autos, die Sumba gut kennen. Ein Geländewagen mit Fahrer kostet 800 000–1 000 000 Rp für bis zu vier Personen pro Tag; die Führung kostet extra. Eine Kombina-

BESUCH IN DEN DÖRFERN

Viele Sumbanesische Dorfbewohnter sind mittlerweile an Touristen gewöhnt. Wer sich für die Webarbeiten oder andere Artefakte interessiert, wird als potenzieller Kunde eingestuft. Deshalb sollten Besucher höflicherweise zuerst fragen, wenn sie nur plaudern und sich umsehen möchten, ansonsten läuft man Gefahr die Dorfbewohner zu verwirren oder brüskieren und selbst unter die Lupe genommen zu werden.

Zur Begrüßung schenken Gäste oder Gastgeber auf Sumba traditionellerweise *pinang* (Bettelnuss); auf diese Art lässt sich gut und respektvoll das Eis brechen. Man übergibt sie dem *Kepala desa* (Dorfvorstand) oder wer auch immer sich Zeit nimmt.

Viele Dorfbewohner pflegen ein Gästebuch, das Besuchern zur Unterschrift vorgelegt wird. In dieses legt man zwischen 2000 und 5000 Rp, unterschreibt und gibt das Buch zurück. Es ist eine gute Idee, einen Guide für den Besuch in abgelegene Dörfer zu engagieren – es macht die Sache nicht nur einfacher, sondern hilft auch unangenehme Situationen zu vermeiden. Wer sich die Zeit nimmt mit den Dorfbewohnern zu sprechen, wird als Gast und nicht als Kunde oder Fremdkörper wahrgenommen.

tion aus beidem bietet Erwin Pah (S. 437) aus Waingapu: Er hat einen Allradwagen und berechnet 1 200 000 pro Tag für Transport, Benzin und Führung.

Deutlich günstiger erkundet man den Westen, indem man für 100 000–150 000 Rp pro Tag ein ojek mietet, aber auch hierfür gilt: nicht nachts reisen.

Waikabubak

☎0387 / 28 760 EW.

Ein Marktstädtchen in ländlicher Umgebung mit strohgedeckten Clan-Hütten, aus Beton erbauten Ladenzeilen, Verwaltungsgebäuden und Wellblechhütten, gespickt mit Satellitenschüsseln – im Vergleich zu Waikabubak wirkt Waingapu wie eine Metropole. Der Ort ist einladend und wird von stämmigen Mahagonigewächsen und saftig grünen Reisfeldern umringt. Er liegt etwa 600 m über dem Meeresspiegel, ist kühler als der Osten und eine gute Basis, um Westsumbas traditionelle Dörfer zu erkunden.

Der Lebensmittelmarkt findet jeden Tag von 7–22 Uhr statt. Aus Waingapu kommend sollte man ca. 15 km vor der Stadt Ausschau nach dem **Bukit Raksasa Tidur** (Hügel des schlafenden Riesen) halten – wer errät, welche Form der Hügel hat, kriegt zwar keinen Preis, aber hat ein fotogenes Motiv entdeckt.

Sehenswertes & Aktivitäten

Innerhalb der Stadt befinden sich einige nette und recht traditionelle *kampung* (Dörfer) mit Steinplattengräbern und strohgedeckten Hütten. Anhand des Detailreichtums und der filigranen Gestaltung der Gräber lässt sich der Wohlstand einer Familie ablesen. Wer sich hier nur umsehen möchte, braucht keinen Guide. Die Einheimischen zeigen einem gern ihre geräumigen Häuser mit Säulen und Balken aus altem Eisenholz. Manche Kinder posieren für die Kamera, andere verschwinden kichernd hinter einer Ecke. Die älteren Bewohner bieten den Besuchern Betelnüsse an. Man sollte ebenfalls welche zum Teilen mitbringen und eine Spende machen (mindestens 20 000–50 000 Rp).

Im **Kampung Tambelar** (abseits der Jl Sudirman) gibt es sehr beeindruckende *kubur batu* (Steingräber), aber die interessantesten *kampung* liegen am Westrand der Stadt. Von den meisten Hotels kommt man zu Fuß schnell zum **Kampung Prai Klembung** (abseits der Jl Manda Elu) und weiter den Hügel hinauf, der über dem Stadtzentrum aufragt, zu den Dörfern **Kampung Tarung** (abseits der Jl Manda Elu) und **Kampung Waitabar** (Jl Manda Elu).

Eine weiteres interessantes *kampung* außerhalb der Stadt in Höhenlage ist **Praijing** mit traditionellen Hütten, die sich um nüchterne, primitive Steingräber scharen und von Kokospalmen und Bambushainen umringt werden. **Bondomarotto**, **Kampung Prairami** und **Kampung Praikateti** liegen ebenfalls hübsch auf benachbarten Hügelkuppen. Man kann ein Bemo bis zur Abzweigung nach Praijing nehmen (5000 Rp).

Yuliana Leda Tara TOUREN
(☎0822 3621 6297; yuli.sumba@gmail.com; Kampung Tarung; pro Tag ab 500 000 Rp) Yuliana ist eine wunderbare einheimische Gästeführerin, die Englisch spricht und in Tarung lebt – Waikabubaks traditionellem Bergdorf. Sie kann in ganz Westsumba Ausflüge zu den Dörfern organisieren und herausfinden, wann dort Beerdigungen und Opferrituale stattfinden. Außerdem bietet sie Reitausflüge durch Reisfelder und Übernachtungen in traditionellen Dörfern an. Im Voraus reservieren; die Transportkosten sind im Preis für die Führungen nicht enthalten.

EINEN ABSTECHER WERT

WEEKURI LAGUNE

Ganz im Westen von Sumba liegt einer der magischsten Orte der Insel: die Weekuri Lagune. An der einen Seite leihen sich Einheimische und Touristen für 10 000 Rp schwarze Gummiringe, um sich auf dem kühlen, kristallklaren Wasser treiben zu lassen. An der anderen Seite bricht sich der Indische Ozean an den Felsen und die Gischt dringt durch Spalten und Höhlen. Eine Brücke in der Mitte bietet die beste Aussicht. Man sollte sich mindestens einen halben Tag Zeit nehmen, zum Spottpreis von 20 000 Rp pro Person. Die Lagune liegt ungefähr 45 km von Tambolaka entfernt.

Mehr als ein halbes Dutzend kleine, unbefestigte Straßen gehen von der Jl Waitabula-Bondokodi ab, die alle im Endeffekt zu diesem unglaublich schönen Ort mit seinem aquamarinblauen Wasser führen. Verkäufer bieten asiatische Instantnudeln, Kokosnüsse oder andere Snacks an. Auf keinen Fall darf man die illegal hergestellten Armbänder aus Schildkrötenpanzer erwerben.

Schlafen & Essen

Mona Lisa Cottages GUESTHOUSE $$
(☎0387-21364, 0813 3943 0825; Jl Adhyaska 30; EZ ab 200 000, DZ ab 300 000–750 000 Rp; ❄📶) Auch wenn sie nach einer Disko in Surabaya benannt ist (eine Hommage an die Partytage des Besitzers), bietet die gegenüber Reisfeldern gelegene Unterkunft 2 km nordwestlich der Stadt geruhsamen Schlaf. Es gibt günstige Zimmer mit Ventilator und auch etwas schickere sowie renovierte Cottages mit spitz zulaufenden Wellblechdächern, privater Terrasse und Bambuseinrichtung. Einige haben eine Klimaanlage.

Hotel Manandang HOTEL $$
(☎0812 3620 5222, 0387-21197; hotelmanandang@yahoo.com; Jl Pemuda 4; Zi. 327 000–500 000 Rp; ❄📶) Die sauberen Zimmer bieten ein gutes Preis-Leistungs-Verhältnis und gruppieren sich um einen hübschen Garten. Die günstigsten Zimmer haben Ventilator und Kaltwasser; für mehr Geld gibt's eine Klimaanlage und für noch mehr auch Warmwasser. Die Mitarbeiter sprechen perfekt Englisch und helfen beim Buchen von Flugtickets. Die Preise für die Hauptgerichte im Restaurant starten bei 20 000 Rp.

Rumah Makan Fanny INDONESISCH $
(☎0387-21389; Jl Bhayangkara 55; Hauptgerichte 20 000–50 000 Rp; ⏰Mo–Sa 8–21 Uhr) Ein winziges Lokal, bekannt für sein aromatisches, aber sagenhaft scharfes *ikan kuah assam* – von einer Portion werden zwei satt. Außerdem gibt es chinesisch-indonesische Meeresfrüchte und gebratenes Hühnchen nach Art des Hauses. Gegenüber ist eine BNI Bank mit Geldautomaten.

D'Sumba Ate INTERNATIONAL $$
(☎0812 3868 3588; Jl Ahmad Yani 148A; Hauptgerichte 30 000–80 000 Rp; ⏰10–23 Uhr; 📶) Das lässige Bambus-Restaurant bietet Holzofenpizza, Pasta und Burger sowie die üblichen indonesischen Gerichte. Wer weiß, was gut tut, bestellt *ayam betutu kampung dan urap,* Dorfhühnchen auf balinesische Art, gut gewürzt und mit grünem Gemüse in Kokossauce. Außerdem der einzige Ort in der Stadt für eine Café-Latte-Dosis.

Die Holzbrücke über den Teich führt zum **Kakitangan Spa**, einer schlichten Einrichtung unter derselben Leitung (Massage ab 50 000 Rp pro Std.).

Praktische Informationen

BNI Bank (☎0387-21549, 0387-321540; Jl Bhayangkara 48; ⏰Mo–Do 8–16, Fr 7.30–16 Uhr) Mit Geldautomaten und fairen Wechselkursen.

An- & Weiterreise

Der nächste Flughafen befindet sich in Tambolaka, ca. 45 km nordwestlich von Waikabubak. Die günstigste Option: Man nimmt den Bus zum Busbahnhof in Waitabula (eine alte Stadt, die von Tambolaka geschluckt wurde) und fährt von da mit einem Bemo oder *ojek* weiter, aber die meisten Leute nehmen ein Taxi ab Waitabula oder chartern ein Bemo (ca. 150 000 Rp) ab Waikabubak.

Bemos, Vans und Minibusse bedienen die meisten anderen Städte und Dörfer in Westsumba; besser früh aufbrechen, dann sind meist mehr Passagiere vor Ort, sodass die Fahrzeuge schneller voll sind und losfahren können. Mehrmals täglich fahren Busse nach Waingapu (60 000 Rp, 5 Std.).

Waikabubak ist ein guter Ort, um ein Motorrad zu mieten (ca. 100 000 Rp pro Tag) und Westsumba zu erkunden. Hotels vermitteln Motorrad- und Autoverleih. Ein Auto kostet 500 000 Rp mit Fahrer innerhalb der Stadtgrenzen, ansonsten ab 800 000–1 000 000 Rp.

Tambolaka

☎0387

Das einst verschlafene Marktstädtchen 45 km nordwestlich von Waikabubak hat sich zu Westsumbas wichtigstem Verkehrsknotenpunkt entwickelt. Der Name des Flughafens, Tambolaka, wurde auf den Rest der boomenden Stadt übertragen; man liest ihn in Tourismusbroschüren und anderen öffentlichen Publikationen. Wir schließen uns dem Trend an, auch wenn manche Einheimische die Stadt immer noch Waitabula nennen. Auch wenn es noch im Anfangsstadium des Wachstums steckt, ist Tambolaka von Bali gut zu erreichen und bildet das Tor zur sagenhaften Westhälfte der Insel.

Sehenswertes & Ausflüge

In Tambolaka findet täglich ein Markt statt, gegenüber dem **Hotel Sinar Tambolaka** (☎0387-253 4088; www.sinartambolaka.com; Jl Tambolaka; Zi. 200 000–450 000 Rp, 1-Bett-Villa 750 000 Rp; ❄📶🏊).

Lembaga Studi & Pelestarian Budaya Sumba MUSEUM
(Rumah Budaya Culture House; ☎0813 3936 2164; Eintritt ins Museum gegen Spende; ⏰Mo–Sa 8–16 Uhr) Nur 3 km westlich der Stadt befindet sich die katholische NGO mit einer Kokosplantage und einem hervorragenden

Kulturmuseum. Pater Robert Ramone rief sie ins Leben, weil ihm aufgefallen war, dass die Sumbanesen nach der Taufe oft mit ihrer alten Kultur brechen und *marapu* und Ahnenkult mit etwas Negativem verbinden. Ausgestellt sind u. a. alte Fotografien, Münzen, Töpferwaren, Ikat, Steinreliefs.

Es werden zehn einfache Gästezimmer (300 000–600 000 Rp) vermietet, von deren Terrasse man die Stille in sich aufsaugt. Seit 2018 gibt es hier auch ein Ikat-Museum.

Sumba Adventure Tours & Travel TOUREN
(☎ 0813 3710 7845; www.sumbaadventuretours.com; Jl Timotius Tako Geli 2; Guide pro Tag 300 000 Rp, Auto & Fahrer pro Tag 800 000–1 000 000 Rp; ⌚ 8–17 Uhr) Der erfahrene Guide Philip Renggi und sein Team bieten geführte Touren zu selten besuchten Dörfern an, z. B. zu seinem Geburtsort Manuakalada und nach Waiwarungu, wo es mehrere heilige *marapu*-Häuser gibt, zu denen nur Schamanen Zutritt haben. Er organisiert Reiserouten, Autoverleih und mehr. Das Büro liegt nicht weit vom Flughafen, in der Nähe des Restaurants Rumah Makan Richard.

Schlafen & Essen

Neue Hotels schießen in Tambolaka aus dem Boden und bilden einen starken Kontrast zu den älteren Pensionen. Einige nette, ruhige – und manchmal teurere – Unterkünfte liegen 20 Minuten außerhalb des Zentrums.

Penginapan Melati GUESTHOUSE $
(☎ 0813 5396 6066; Jl Sapurata; Zi. mit Ventilator/Klimaanlage 175 000/250 000 Rp; ❄ 📶) Die 14 einfachen Zimmer sind deutlich sauberer als das trübe Aquarium an der Rezeption, und die vielen Fotos von den Gastgebern, der Jungfrau Maria und dem Papst hellen die Stimmung auf. Im Bad gibt es Regenduschen, nebenan ist ein Padang-Restaurant. Ein Schild gibt es nicht, nach den grünen und orangen Streifen Ausschau halten.

★ **Oro Beach Houses & Restaurant** BUNGALOW $$
(☎ 0813 3911 0060, WhatsApp 0813 3978 0610; www.oro-beachbungalows.com; Weepangali; Villa/Bungalow 665 000/850 000 Rp) 🍃 Ein mehrere Hektar großes, naturbelassenes Grundstück am Meer, wo man in runden strohgedeckten Bungalows nächtigt, die Treibholz-Betten mit Moskitonetzen und Bäder im Freien haben. Das Oro bietet hervorragendes Essen, Mountainbikes und Schnorcheln (je 50 000 Rp) direkt vor dem sagenhaften 200 m langen Strand. Insgesamt gibt es sechs Unterkünfte: zwei Bungalows mit Klimaanlage, Strandhütten und Villen mit Ventilator. Motorradverleih 150 000 Rp pro Tag.

Ella Hotel HOTEL $$
(☎ 0821 4583 7745, 0387-252 4150; ellahotelsumba@gmail.com; Jl Jenderal Sudirman; Zi. ab 350 000 Rp; P ❄) Um einen gepflegten Innenhof scharen sich 54 makellose, moderne Zimmer. Alle haben Klimaanlage, der einzige Unterschied zwischen der Standard- und der De-luxe-Variante ist Warmwasser. Von beiden VIP-Zimmern und Suiten hat man einen hübschen Ausblick. Sollte sich jemand das Gleiche fragen – der Name Ella kommt, wie man uns in todernstem Tonfall erklärte, von „umbrella".

★ **Maringi Eco Resort by Sumba Hospitality Foundation** RESORT $$$
(☎ 0822 366 15505; www.sumbahospitalityfoundation.org; Jl Mananga Aba, Desa Karuni; Pavillion/De-luxe-Zi. 1 000 000/1 500 000 Rp; ❄ 📶 🏊) 🍃 Wo fängt man bei diesem unglaublichen Resort an? Dass es sich um eine Stiftung handelt, in der Studenten aus Sumba die Kunst der Gästebetreuung erlernen und sich danach einen Job in Indonesiens Top-Hotels sichern? Oder bei den genial konstruierten Bambuspavillons mit riesigen, ovalen Glastüren und Bädern im Freien? Vielleicht bei der Nachhaltigkeit, dem aufbereiteten Wasser, mit dem der Garten gesprengt wird, der Solarenergie? Dies ist weit mehr als eine Unterkunft.

Warungku INDONESISCH $
(☎ 0812 5250 5000; Jl Ranggaroko; Hauptgerichte 20 000–40 000 Rp; ⌚ 8–23 Uhr) Hinter der Hauptstraße liegt auf einem abgeschlossenen Gelände das Open-Air-Restaurant mit Wasserspiel, Karaoke und köstlichen Versionen indonesischer Klassiker. Im hübschen Garten verbringt man gern ein paar Stunden speisend und *jus semangka* (Wassermelonensaft) schlürfend.

Warung Gula Garam INTERNATIONAL $$
(☎ 0812 3672 4266, 0387-252 4019; gulagaramsumba@gmail.com; Jl Soeharto; Hauptgerichte 26 000–110 000 Rp; ⌚ 10–22 Uhr; 📶) Das Open-Air-Café in Flughafennähe wird von dem französischen Auswanderer Louis geleitet und serviert zu funky R&B-Rhythmen überraschend gute Holzofenpizza und andere westliche Gerichte wie Hühnchen-Cordon-Bleu und Würstchen mit Kartoffelpüree und Gemüse. Auch gute indonesische Speisen gibt es, so das lokal beliebte Rinder-Ren-

dang, sowie vernünftigen Kaffee und Säfte. Der Standort könnte sich ändern.

Praktische Informationen

BNI Bank (Jl Jenderal Sudirman; Mo–Do 8–16, Fr 7.30–16 Uhr) Hat einen Geldautomaten und wechselt Geld.

An- & Weiterreise

FLUGZEUG

Tambolakas Flughafen ist schick und modern. Es gibt täglich Flüge nach Denpasar auf Bali und Kupang in Westtimor mit Garuda, Nam Air und Wings Air. Achtung: Auf den Webseiten einiger Fluglinien/Buchungsportale ist der Flughafen als „Waikabubak" aufgeführt.

SCHIFF/FÄHRE

Waikelo, ein Städtchen mit überwiegend muslimischer Bevölkerung im Norden von Tambolaka, hat einen kleinen, malerischen Hafen – Westsumbas wichtigsten Hafen, von dem Fähren nach Sape auf Sumbawa (52 000 Rp, 3-mal wöchentl.) übersetzen. Die Überfahrt dauert ca. neun Stunden, je nach Wetter.

BUS

Tagsüber fahren vom Zentrum Busse nach Waikabubak; die Fahrt dauert eine Stunde und kostet 15 000–20 000 Rp.

Wanokaka

0361 / 14 163 EW.

Wanokaka liegt südlich von Waikabubak und bietet eine beeindruckende Bergkulisse und Küste sowie traditionelle *kampung*. Von Waikabubak führt eine wunderschöne Strecke dorthin, über eine schmale Asphaltstraße, die an der Weggabelung Padede Weri abzweigt, 6 km hinter der Stadt. Weißkopfadler gleiten über den Bergen, die zum azurblauen Meer abfallen. An der Weggabelung links abbiegen, der Straße folgen, die nach 5 km durch die an einem Fluss gelegene Siedlung **Taramanu** verläuft.

Unterhalb von Taramanu liegt auf einem Felsvorsprung über dem Meer **Kampung Waigalli**, dahinter befindet sich in dem zutiefst traditionellen Dorf **Praigoli** das fast 200 Jahre alte Steingrab Watu Kajiwa. Weitere 5 km entfernt liegt **Waeiwuang** mit einem Steingrab, das eine 2,5 m hohe Lilie ziert.

Vor Sumba Nautil biegt man an der Weggabelung rechts ab nach **Litikaha**, von wo eine Schotterstraße zu den malerischen Dörfern **Tokahale**, **Kahale** und **Malisu** führt. Mit einem Allradwagen sind es 15 Minuten, alternativ parkt man an der Straße und wandert die Strecke zu den drei Dörfern in ca. zwei Stunden ab.

Schlafen

★ **Sumba Sunset Home Stay** BUNGALOW $$
(0852 0591 7662, WhatsApp 0821 47546538; www.sumbasunset.com; Kerewe Beach; pro Person inkl. Mahlzeiten 400 000 Rp) Wenn man das Surfbrett-Schild sieht, biegt man zu der Privatunterkunft oberhalb von Kerewe Beach ab. Die vier traditionellen Bungalows bieten unterschiedliche Bettenkonstellation für Paare, Freunde oder Familien. Alle haben Moskitonetze und teilen sich zwei *mandis*. Besitzer Petu hat acht Jahre bei Nihi Sumba gearbeitet und weiß alles über den Surfbreak Occy's Left.

Bootsausflüge 150 000 Rp pro Person für drei Personen, 300 000 Rp für Einzelreisende. Man baumelt in der Hängematte oder mietet für 100 000 Rp pro Tag ein Motorrad und erkundet die Gegend. Bei schlechtem Wetter kann man mit Petu campen gehen. Bei gutem Wetter kann am Strand Fisch gegrillt werden (50 000 Rp pro Pers.).

Nihi Sumba RESORT $$$
(0361-757149; www.nihi.com; Bungalow & Villa ab 845 US$;) Das Resort (ehemals Nihiwatu) ist bei Celebrities beliebt und bietet fast allen erdenklichen Luxus. Möglich, dass man dort Familie Beckham über den Weg läuft. Von den saftigen Preisen einmal abgesehen (der aufgeführte Preis ist für die Nebensaison) versteht man durchaus, was diese umwerfende Unterkunft so anziehend macht – es stimmt einfach jedes Detail, und an dem unberührten Strand tost die Brandung und bildet an Sumbas wunderschön zerklüfteter Küste türkise Barrels.

Sumba Surf Camp BUNGALOW $$$
(0821 4647 5974; www.sumbasurfcamp.com; Kerewe Beach, Patiala Bawa, Lamboya; Zi./Bungalows pro Person inkl. Mahlzeiten 85/95 US$) Das Surf Camp besteht aus einem Haupthaus mit vier Zimmern und drei mit natürlichen Materialien dekorierten Bungalows und hier dreht sich alles ums – richtig! – Surfen. Im Preis ist der Transport zu einem Dutzend Breaks enthalten, die mit dem Boot in 30 Minuten zu erreichen sind. Die Zutaten für die Mahlzeiten in familiärer Atmosphäre stammen teils aus dem eigenen Bio-Garten; es gibt Solarstrom. Tagesausflüge werden problemlos organisiert.

STRÄNDE IN WESTSUMBA

Die Strände im Westen Sumbas sind nach wie vor zum größten Teil von Besuchern unentdeckt. Die Ausnahme machen Surfer auf der Suche nach der perfekten Welle oder sehr betuchte Gäste, die im Nihi Sumba wohnen. Der Weltklasse-Surfspot, bekannt als **Occy's Left**, der im Filmklassiker *The Green Iguana vorkommt*, liegt am **Pantai Nihiwatu**. Der von Kalkstein umragte Sandstrand ist atemberaubend schön. Leider dürfen ihn nur Gäste des Nihi Sumba betreten und die Zahl der Surfer ist auf zehn beschränkt. Die Eigentümer der Privatunterkünfte wissen glücklicherweise genau, wo man links und rechts davon und auch an der weiteren Küste gute Spots findet. Eine Chance, trotzdem zum Occy's Left zu kommen, besteht, wenn man bei Petu im Sumba Sunset Home Stay unterkommt.

Hinter dem Pantai Nihiwatu breitet sich das magische Bild des **Pantai Wanokaka** aus: Zerklüftete, palmengespickte Klippen, vor denen liegen Fischerboote träge in der Bucht und am Meer befindet sich ein Pasola-Platz. Im Herzen des Geschehens ist man am öffentlichen Fischereigebäude aus Beton: Am Morgen liegt der fangfrische Fisch aus und am späten Nachmittag reparieren die Fischer ihre Netze. **Rua**, der nächste einer Reihe herrlicher Strände im Süden Sumbas, liegt 10 km südwestlich des Padede-Weri-Kreuzes. Eine andere Zufahrtsmöglichkeit ist die Straße vom Dorf Waeiwuang Richtung Küste. Der Sand breitet sich in sanftem Gold vor türkisen Wasser aus und zwischen Juni und September bietet der hohe Wellengang ein unglaubliches Bild.

Wieder in Richtung Westen führt die Straße durch das Dorf Lamboya, wo sich die Reisfelder am Rücken der Küstenberge landeinwärts ziehen. Ein Pasola-Feld auf hügeligem Grasland zieht im Februar Tausende Menschen an. Von hier aus noch einmal südlich liegt der beliebte Surfspot **Pantai Kerewe** und das glasklare Meer vor **Pantai Tarakaha**. Der **Magic Mountain** ist hier zu finden – ein korallenbedeckter Unterwasservulkan und das beste Tauchrevier Sumbas. Es folgt ein weiterer Strand mit perfektem Sand und Kalksteinhöhlen, der **Pantai Watubela** (Patiala Bawa, Waikabubak). Der Küste folgend stößt man auf die idyllischen weißen Strände des **Pantai Marosi**, etwa 35 km hinter Waikabubak.

An- & Weiterreise

Es verkehren einige Busse zwischen Waikabubak und den vielen Dörfern am Wanokaka. Viel besser ist es jedoch, die Gegend mit dem Auto oder Motorrad zu erkunden. Die meisten Straßen sind befestigt und es gibt kaum Verkehr. Die Hügel südlich von Waikabubak bieten Radfahrern anstrengende, aber fantastische Routen. Nur bei Nacht sollte man mit keinerlei Fahrzeug in Westsumba unterwegs sein.

Rua Beach Resort RESORT $$$
(☎ 0811 3865 891; www.ruabeachresort.com; Rua Beach; Zi. ab 900 000 Rp; ❄) Rua hat zwölf hübsch eingerichtete Zimmer und Bungalows mit weiß getünchten Holzmöbeln, lokalem Naturstein, *alang alang*-Strohdächern und Ikat. Das Resort trägt sogar ein Feng-Shui-Zertifikat. Es gibt eine Lounge, ein Restaurant und drei Pools nur für Gäste, das schicke Warung am Strand (Hauptgerichte 65 000–90 000 Rp) steht allen offen. Angeboten werden Ausflüge nach Kodi, Surf-Trips und Schnorcheln in der Nähe.

Ratenggaro

Ratenggaro zählt zu Sumbas attraktivsten und interessantesten Dörfern und nach seiner bevorzugten Lage auf einem grasbewachsenen Plateau an einem Fluss mit sagenhafter Aussicht aufs Meer würde sich jeder Immobilienmakler die Finger lecken. Am gegenüberliegenden Flussufer erkennt man Wainyapu und auf dem Weg nach Ratenggaro erhascht man durch die Blätter am Straßenrand einen Blick auf die Gräber von Kampung Ranggabaki und Kampung Paronambaroro.

Das Schicksal hat es mit dem eindrucksvollen Dorf nicht gut gemeint: 1964 brannten bei einem Feuer 57 traditionelle Häuser vollständig ab und 2013 fielen 13 weitere Hütten einem erneuten Brand zum Opfer. Mit Unterstützung der Regierung konnten zwölf Häuser neu errichtet werden (und wurden ein Touristenmagnet). Sie werden von kunstvoll geschnitzten Säulen gestützt, eine an jedem wichtigen Punkt. Die Kinder heißen Besucher routiniert willkommen und vermutlich sieht man auch niedliche Welpen. Bapa Lucas hat hier das Sagen und teilt gern sein Wissen, Dolmetscher vorausgesetzt.

Sehenswertes

Die hohen Häuser mit den spitz zulaufenden Dächern stehen auf einem grasbewachsenen, erhöhten Grundstück an der Mündung des **Sungai Ratewoya** (Krokodilsfluss), von dem sich ein atemberaubender Ausblick auf die von Kokospalmen gesäumte Küste bietet. Man könnte stundenlang beobachten, wie die Wellen am **Miller's Point** (einem bekannten Break) auf die Felsen peitschen, während am gegenüberliegenden Flussufer die hohen Dächer von **Wainyapu**, das aus 12 *kampung* und über 40 Häusern besteht, aus den Baumwipfeln hervorragen. Auf einer kleinen Landzunge nahe der Flussmündung befinden sich Wainyapus ungewöhnliche Steingräber; sie bilden die Überreste der früheren Siedlung, bevor die Ahnen weiter landeinwärts zogen, um dem Wetter weniger ausgesetzt zu sein.

Besucher werden um eine Spende von 50 000 Rp gebeten. Bis man nicht gezahlt hat, kann man sich etwas eingeengt fühlen und durchdringende Blicke auf sich spüren. Leider zeigt sich hier die Kehrseite des Tourismus - nicht wundern, wenn dies der einzige Ort auf Sumba ist, wo einem die Leute nicht zuwinken, sondern einem signalisieren, dass sie Zigaretten wollen oder vulgärere Absichten haben.

Wenn man auf dem Weg nach Ratenggaro die Augen offen hält, sieht man am Wegesrand die eindrucksvollen Gräber von **Kampung Ranggabaki** und, durch die Bäume hindurch, die schmaleren, spitz zulaufenden Dächer von **Kampung Paronambaroro**, etwa 1 km landeinwärts. Die auffälligsten werden von gewaltigen, kunstvoll geschnitzten Holzpfeilern getragen, die vom fast durchgängig glimmenden Feuer der Kochstelle auf der erhöhten Bambusplattform geschwärzt sind. Statuen schmücken den öffentlichen Platz. Tagsüber sind die Frauen oft mit Weben beschäftigt und zum Plaudern aufgelegt. Wenn Zeremonien stattfinden, sieht man auf den Terrassen Schweinekiefer und Büffelhörner.

An- & Weiterreise

Von Bondokodi fährt man über die asphaltierte Straße oder folgt dem etwa 3 km langen unbefestigten Weg, der am Pantai Radakapal entlangführt – einem weißen Sandstreifen, der an Weidflächen grenzt.

Bali, Lombok & Nusa Tenggara verstehen

BALI, LOMBOK & NUSA TENGGARA AKTUELL 448

Pro Jahr reisen mehr als vier Millionen Gäste in diesen Teil Indonesiens: Können die Inseln das bewältigen?

GESCHICHTE 450

Alte Tempel, eine außergewöhnliche Religion, Invasionen, der Zustrom von Ausländern: Wie ist das alles einzuordnen und wo gibt es davon etwas zu sehen?

ALLTAGSLEBEN & RELIGION 461

Kleine Opfergaben darbringen, Reis anbauen, gigantische Feste feiern und Transportmöglichkeiten organisieren: Um all dies und mehr kreist das Leben der Einheimischen.

KUNST & KULTUR 472

Ausgefeilte Tanzdarbietungen, Puppen, Affen, Dämonen und Kunstwerke, die das Herz höher schlagen lassen.

ARCHITEKTUR 483

Warum hat jedes traditionelle Haus sogar ein Hinterteil und was bedeutet die kunstvolle Dekorsprache eines Tempels?

NATUR & UMWELT 492

Wie schufen die Balinesen ihre wunderbar harmonische Umwelt, die ihren Bedürfnissen entspricht, und wie sieht die Perspektive für die Zukunft aus?

Bali, Lombok & Nusa Tenggara aktuell

Kann man einen Ort zu Tode lieben? Das beschäftigt mittlerweile viele Inselbewohner. Da die Besucherzahlen ständig steigen, fragen sich immer mehr Menschen, ob vor allem Bali die Grenzen des Tourismus erreicht hat. Auch andere Fragen werden kontrovers diskutiert, so zum Beispiel wie effektiv die Reaktion der Regierung auf die zerstörerischen Erdbeben von 2018 auf Lombok und den Gilis war und wie wahrscheinlich ein großer Vulkanausbruch auf Bali in der nahen Zukunft ist.

Die besten Filme

The Act of Killing (Regie Joshua Oppenheimer, 2013) Eine Doku über den Massenmord an vermeintlichen Sympathisanten der Kommunisten in Indonesien im Jahr 1965 (auch auf Bali wurden Zehntausende getötet).

Secrets of Desert Point (2017) Surferdoku über diejenigen, die „die beste Welle der Welt" entdeckten und sie über ein Jahrzehnt geheim hielten.

A Fish Full of Dollars (2016) Doku über den Handel mit Haien in Tanjung Luar.

Die besten Bücher

Island of Bali (Miguel Covarrubias, 1937) Der Klassiker über Bali und seine Kultur ist bis heute unverändert aktuell.

Bali Soul Journals (Clare McAlaney, 2013) Von einer Bali-Expat, reich bebildert, die Autorin sucht nach der Seele des modernen Bali.

Bali Daze: Freefall Off the Tourist Trail (Cat Wheeler, 2011) Unterhaltsam Informatives über den Alltag in Ubud.

Secrets of Bali: Fresh Light on the Morning of the World (Jonathan Copeland und Ni Wayan Murni, 2010) Ein höchst unterhaltsames Buch über Bali und seine Bewohner.

East of Bali: From Lombok to Timor (Kal Müller, 1991) Ein aufschlussreicher Bericht über die Reise eines Mannes durch Nusa Tenggara.

Ein unerschütterlicher Geist

Drei einzelne Erdbeben erschütterten Lombok und die Gili-Inseln im Juli und August 2018, über 500 Menschen starben und Hunderttausende verloren ihr Zuhause. Die schiere Kraft des Bebens hob die Insel ganze 25 cm an und beschädigte 80 % aller Gebäude in Nord Lombok.

Wie bei jedem Erdbeben hing das Ausmaß des Schadens mit der Entfernung zum Epizentrum und den Baumaterialien zusammen. Generell haben die Gebäude, die ganz traditionell aus Holz oder Bambus bestehen, überlebt, während die Häuser aus unbewehrtem Beton eingestürzt sind. Die Orte nördlich des Gunung Rinjani traf es am härtesten, gefolgt von den Gili-Inseln, Senggigi und, etwas weniger, Mataram. Im Süden Lomboks gab es hauptsächlich äußerliche Schäden.

Der Wiederaufbau kam in den wichtigen Touristenzentren relativ schnell in Gang, so auf den Gili-Inseln und in Senggigi. Die Trekkingregionen nördlich des Gunung Rinjani erholten sich deutlich langsamer, besonders nachdem die beliebtesten Wege auf den Gunung Rinjani wegen Reparaturen geschlossen worden waren. Ein neuer Wanderweg über zwei Tage, der auf der Südseite bei Aik Berik den Vulkan hinaufführt, eröffnete Ende 2018 als Alternativroute, um die Touristen zurückzubringen.

Der indonesische Präsident Joko Widodo versprach denjenigen, deren Häuser beschädigt oder zerstört wurden, Zahlungen von 10 bis 50 Millionen Rupiah. Doch bis zum Dezember 2018 hatte nur ein Bruchteil der Bezugsberechtigten tatsächlich Geld erhalten.

Frustriert von der Reaktion der Regierung taten sich Bewohner in der gesamten Region zusammen, um Geld für ihre Nachbarn zu sammeln, Häuser wieder aufzubauen und einen neuen Weg in die Zukunft zu planen.

Erfolgreiche Umweltschutzprojekte

Im August 2018 freuten sich Umweltschützer auf Bali, als das 30-Trillionen-Rupiah teure Benoa Bay Landgewinnungsprojekt aufgegeben wurde. Die PT Tirta Wahana Bali Internasional (TWBI), die Bauentwicklungsfirma des indonesischen Tycoons Tomy Winata Artha Graha, erhielt nach einer Prüfung der Auswirkungen des Projekts auf die Umwelt keine Baugenehmigung von der Regierung. Das Projekt hätte die Bucht und ihre Mangrovenwälder wahrscheinlich zerstört, und diese sind enorm wichtig, weil sie Müll und Verschmutzung aus fünf Inselflüssen filtern.

Nach dem Entzug der Genehmigung behaupten die Funktionäre von TWBI, dass die Verhinderung des Projekts einen schlechten Präzedenzfall für das Investitionsklima in Indonesien darstellt, da Unsicherheit beim Erwerb von Genehmigungen bestehe. Sie meinen, ein Ausbau von Benoa Bay sei notwendig und dass das Vorhaben zur Vergrößerung des Hafens von Benoa und des Ngurah Rai Flughafens sowie der Bau eines anderen Flughafens im Norden Balis eine Landgewinnung nötig machen.

In den letzten Jahren gab es viele Umweltschutzprojekte auf den Inseln. Auf den Gilis arbeiten Tauchschulen aktiv daran, das empfindliche Ökosystem der Inseln zu schützen. Sie klären Besucher über verantwortungsvolles Verhalten auf und haben über 150 Biorock-Installationen rund um die Insel gesetzt, um die Erneuerung der Korallenriffe anzuregen. Der Gili Eco Trust hat sich als Erster für einen Wandel eingesetzt und über tausend Recyclingcontainer auf den Inseln aufgestellt sowie Restaurants aufgefordert, Strohhalme aus Bambus oder Metall zu benutzen. Außerdem hat er über 150 Ankerbojen installiert, damit nicht mehr in den Korallenriffen geankert wird.

Halal-Tourismus nimmt zu

Man findet zwar immer noch Alkohol in den großen Touristenzentren, aber Lombok ist in den letzten Jahren immer konservativer geworden. Das 2006 gegründete Entwicklungsteam für Halal-Tourismus des Tourismusministeriums hat hart daran gearbeitet, die Insel als erstes Urlaubsziel für muslimische Familien in Indonesien zu etablieren. Einer der auffälligsten Schritte in diese Richtung war die Gründung des großen Islamischen Zentrums in Mataram 2016. Die beeindruckende grün-goldene Moschee thront mit Aussichtsplattformen und Minaretten von 114 m Höhe über der Stadt. Und das ist bloß eine von fast tausend Moscheen auf der gesamten Insel. Die Regierung setzt darauf, dass Lomboks fromme Bevölkerung eine Hauptrolle in ihrem Plan spielen wird, bis 2020 fünf Millionen muslimische Touristen anzuziehen.

In der hauptsächlich hinduistischen Bevölkerung Balis gibt es kein kulturelles Tabu gegen Alkohol, so dass der Halal-Tourismus hier nicht so stark verfolgt wird. Konservative muslimische Politiker würden Alkohol gern landesweit verbieten.

FLÄCHE: **BALI 5780 KM², LOMBOK 5435 KM²**

SPRACHEN: **BAHASA INDONESIA, BALINESISCH UND SASAK (LOMBOK & GILI-INSELN)**

BEVÖLKERUNG: **BALI 4,3 MIO., LOMBOK 3,4 MIO., GILI-INSELN 4000**

Wenn auf Bali 100 Menschen lebten, wären ...

89 Balinesen
7 sonstige Indonesier
3 von anderer Nationalität
1 Tourist

Religion

(% der Bevölkerung)

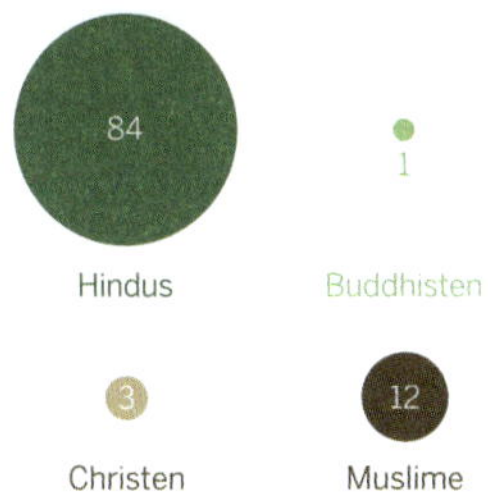

Einwohner pro km²

Geschichte

Als der Islam sich im 12. Jh. flächendeckend auf Java ausbreitete, flohen die Könige des hinduistischen Königreichs Majapahit auf die Nachbarinsel Bali. Die Priester errichteten dort ihre Tempel, darunter Rambut Siwi, Tanah Lot und Ulu Watu. Im 19. Jh. verbündeten sich die Holländer mit indonesischen Adligen und eroberten schließlich Bali und Lombok. Im Westen wurde man dann in den 1930er-Jahren auf die balinesische Kunst aufmerksam; Surfer entdeckten Bali in den 1960er-Jahren. Auch in den Zeiten des Massentourismus hat sich die einzigartige Kultur von Bali als bemerkenswert widerstandsfähig erwiesen.

Vom Epos *Sutasoma* aus dem 14. Jh. gibt es eine gelungene, moderne Übersetzung ins Englische von Kate O'Brien. Es geht darin um einen javanesischen Prinzen, der zum König wird und den gefährlichsten Dämon besiegt – mittels mystischen Wissens, das die balinesische Religion bis heute prägt.

Die ersten Balinesen

Aus der Steinzeit gibt es nur wenige Spuren menschlicher Besiedlung auf Bali. Allerdings besteht kein Zweifel, dass die Insel schon sehr früh in der Prähistorie besiedelt war, denn die aufgefundenen versteinerten Überreste von Menschen auf der Nachbarinsel Java sind schätzungsweise 250 000 Jahre alt. Als älteste menschliche Artefakte auf Bali sind Steinwerkzeuge und Steingutgefäße zu nennen, die in der Nähe von Cekik im Westen der Insel geborgen wurden und gut 3000 Jahre alt sein dürften – und bei Ausgrabungen kommen immer neue Objekte zutage. Etwa 4000 Jahre alte Knochenfunde sind im Museum Manusia Purbakala Gilimanuk zu besichtigen. Nach den bisher entdeckten Artefakten zu urteilen, begann das Bronzezeitalter auf Bali vor dem Jahr 300 v. Chr.

Zwar ist wenig aus jener Zeit bekannt, als indische Händler den Hinduismus auf den indonesischen Archipel brachten, doch vermutlich fasste dieser um das 7. Jh. n. Chr. auf der Insel Bali Fuß. Die ältesten schriftlichen Zeugnisse finden sich auf einer Steinsäule in der Nähe von Sanur, die ungefähr aus dem 9. Jh. stammen soll. Zu dieser Zeit hatten sich auf Bali bereits viele der Charakteristika ausgeprägt, die auch heute noch wesentlich für die Insel sind: So wurde Reisanbau mit Hilfe eines komplexen Bewässerungssystems betrieben, das vermutlich nicht wesentlich anders war als das heutige, und die Balinesen hatten auch bereits die Anfänge ihrer reichen kulturellen und künstlerischen Traditionen entwickelt.

ZEITACHSE

50 Mio. v. Chr.

Ein Graben in der Erdkruste trennt Asien von Australien. Die „Wallace-Linie" stellt für die asiatische bzw. australische Flora und Fauna eine unüberwindliche Hürde dar.

2000 v. Chr.

Die Gebeine eines Insulaners aus dieser Zeit ruhen so lange ungestört, bis sie entdeckt und in der Hafenstadt Gilimanuk ausgestellt werden.

7. Jh.

Indische Händler bringen den Hinduismus nach Bali. Als Handelswaren dienten vermutlich hölzerne Schnitzereien in Form von Penissen und *lontar*-Bücher.

Ist schon wenig über die frühesten Bewohner Balis bekannt, so gilt dies in noch größerem Maße für Lombok, und zwar bis ungefähr ins 17. Jh. Lomboks früheste Einwohner sollen die Sasak gewesen sein, die aus einer Region einwanderten, die heute im Umkreis der Staaten Indien und Myanmar (ehemals Birma) zu suchen ist.

Javanische Einflüsse

Java begann während der Regierungszeit von König Airlangga (1019 bis 1042) – oder vielleicht auch schon früher – seinen Einfluss auf Bali auszudehnen. Der spätere König war 16, als sein Onkel vom Thron gestürzt wurde, sodass Airlangga in den Wäldern Westjavas Zuflucht suchte. Nach und nach sammelte er eine Anhängerschar um sich, eroberte das einst von seinem Onkel regierte Königreich zurück und wurde schließlich einer der bedeutendsten Könige des Landes. Airlanggas Mutter war kurz nach der Geburt ihres Sohnes nach Bali gegangen und hatte sich dort wieder verheiratet. Als der Sohn den Thron zurückerobert hatte, gab es also gleich eine natürliche Verbindung zwischen den beiden Inseln Java und Bali. Zu dieser Zeit kam die am Hof gesprochene Sprache Javas, Kawi, in der Königsfamilie von Bali ebenfalls in Gebrauch. Auch die aus dem Fels gehauenen Grabmonumente in Gunung Kawi, in der Nähe von Tampaksiring, zeugen deutlich von einer architektonischen Verwandtschaft zwischen Bali und Java im 11. Jh.

Nach Airlanggas Tod blieb Bali 200 Jahre lang halb autonom, bis König Kertanegara den Thron der Singosari-Dynastie bestieg. Der König eroberte Bali 1284, doch die Zeit seiner größten Machtfülle währte nur acht Jahre: Er fiel einem Mordanschlag zum Opfer und sein Reich zerfiel. Sein Sohn Wijaya gründete die bedeutende Majapahit-Dynastie. Als Java später von Aufständen erschüttert wurde, gelang es Bali, seine Unabhängigkeit zurückzugewinnen, und die balinesische Pejeng-Dynastie erlangte eine ungeahnte Machtfülle. Tempel und sonstige architektonische Relikte aus jener Zeit in Pejeng, nahe dem Dorf Ubud, zeugen bis heute davon.

Die ältesten Stätten

Goa Gajah,östlich von Ubud

Gunung Kawi, nördlich von Ubud

Tirta Empul, nördlich von Ubud

Steinsäule, Sanur

Zerfall der Pejeng-Dynastie

Der legendäre Premierminister Gajah Mada aus der Majapahit-Dynastie besiegte 1343 König Dalem Bedaulu, einen Vertreter der Pejeng-Dynastie. Damit fiel Bali wieder unter die Herrschaft Javas.

Obwohl Gajah Mada einen Großteil des indonesischen Archipels unter die Herrschaft der Majapahit gebracht hatte, erlangte diese Dynastie doch erst nach der Eroberung Balis den Höhepunkt ihrer Macht. Die „Hauptstadt" des Königreichs wurde gegen Ende des 14. Jhs. nach Gelgel auf Bali verlegt, unweit des heutigen Semarapura. Diesen Regierungssitz behielten die Dewa Agung („große Götter"), die Regenten

9. Jh.
Ein Steinmetz meißelt einen Sanskrit-Bericht über heute längst vergessene militärische Siege in Stein. Balis ältestes Steinartefakt befindet sich heute in Sanur.

1019
Airlangga kommt auf Bali zur Welt. Er lebt im Dschungel von Java, bis er die Macht übernimmt, König beider Inseln wird und die Kulturen vereint.

12. Jh.
In den Klippen bei Gunung Kawi nördlich von Ubud entstehen zehn 7 m hohe Statuen. In anderen Tälern finden sich weitere Monumente.

1292
Nach dem Tod Kertanagaras, der beide Inseln beherrscht hatte, wird Bali unabhängig von Java. Das politische Machtzentrum wechselt häufig zwischen beiden Inseln.

KÜNSTLER AM WERK

Der bis heute wirksame radikale Wandel des Lebensstils, der im 16. Jh. durch die Massenabwanderung der hinduistischen Elite aus Java nach Bali in Gang kam, kann nicht hoch genug eingeschätzt werden. Was geschähe wohl in einer deutschen Großstadt, wenn sämtliche regelmäßigen Theater- und Opernbesucher auf einen Schlag den Stadtrat übernähmen – stände die Kultur nicht plötzlich sehr viel besser da? Die Balinesen hatten damals bereits bewiesen, dass ihnen Kreativität quasi im Blut liegt: Als dann die kultivierten Flüchtlinge aus Java ihren Einfluss auf Bali geltend machten, erblühten Musik, Tanz und alle anderen Künste wie nie zuvor. Die Dörfer, die sich künstlerisch besonders auszeichneten, besaßen höchstes Ansehen – und so ist es bis auf den heutigen Tag.

Der Sinn für die Künste verband sich auf vorzügliche Weise mit dem Hinduismus, der zur damaligen Zeit fest auf Bali Fuß fasste. Der vielschichtige und reiche Legendenschatz über gute und böse Geister fand reichen Nährboden für seine volle Entfaltung, so etwa die Legende über Jero Gede Macaling, den bösen Geist der Insel Nusa Penida.

Balis, für die nächsten 200 Jahre bei. Die sogenannte Gelgel-Dynastie auf Bali dehnte unter Dalem Batur Enggong ihren Machtbereich nach Osten auf die Nachbarinsel Lombok und in westliche Richtung sogar bis Java aus.

Das Auseinanderfallen der Majapahit-Dynastie in schwächliche kleine Königreiche ermöglichte dem in den Handelsstaaten an der Nordküste vorherrschenden Islam das Vordringen ins Zentrum von Java. Als die hinduistischen Kleinstaaten untergingen, flohen viele Gebildete nach Bali. Unter ihnen war auch der Hindupriester Nirartha. Ihm wird die Einführung des reformierten Hinduismus auf Bali zugeschrieben, aber auch die Gründung einer Reihe von Meerestempeln, darunter Pura Luhur Ulu Watu und Pura Tanah Lot. Die vom Hof geförderte Elite aus Kunsthandwerkern, Künstlern, Tänzern, Musikern und Schauspielern floh damals ebenfalls nach Bali, was die künstlerische Kreativität auf Bali erheblich befördert hat – bis auf den heutigen Tag.

In Pura Rambit Siwi, einem eindrucksvollen Küstentempel in Westbali, wurden angeblich Locken von Nirartha beigesetzt, einem bedeutenden Priester, der dem balinesischen Hinduismus im 16. Jh. seine Gestalt gab.

Das Wirtschaftsimperium der Holländer

Holländische Seeleute gehörten 1597 zu den ersten Europäern, die nach Bali kamen. Sie waren auch die Ersten, die sich regelrecht in diese Insel verliebten. Als Schiffskapitän Cornelis de Houtman die Segel zur Abreise setzte, weigerten sich zwei seiner Besatzungsmitglieder wieder an Bord zu gehen. Damals hatten der balinesische Wohlstand und die Blütezeit der Künste – zumindest in Herrschaftskreisen – ihren Höhepunkt erreicht: Der König, den De Houtman zum Freund gewonnen hatte, besaß 200 Frauen und einen von zwei weißen Büffeln gezogenen Streitwagen, ganz zu schweigen von seiner aus 50 Zwergen bestehenden Entoura-

1343
Der Majapahit-Premierminister Gajah Mada zwingt Bali wieder unter javanische Herrschaft. Zwei Jahrhunderte lang befindet sich der Königshof südlich des heutigen Semarapura (Klungkung).

1520
Java wird muslimisch. Fortan ist Bali die einzige hinduistische Insel des Archipels. Priester und Künstler fliehen nach Bali, die dort gebündelte hinduistische Kultur erstarkt.

1546
Der Hindupriester Nirartha trifft auf Bali ein. Er formuliert religiöse Lehren und baut unzählige Tempel, darunter die Anlagen Rambut Siwi, Tanah Lot und Luhur Ulu Watu.

1579
Möglicherweise ist Sir Francis Drake, der die Region auf der Suche nach Gewürzen erkundet, der erste Europäer auf Bali.

ge. Die Körper der Kleinwüchsigen hatte man derart gekrümmt, dass sie dem Griff eines traditionellen Dolchs, *Kris* genannt, ähnelten. Zu Beginn des 17. Jhs. gelang es den Holländern, Handelsverträge mit javanischen Prinzen zu schließen, und so kontrollierten sie einen Großteil des Gewürzhandels. Doch waren sie nur am Profit interessiert, nicht an Kultur, deswegen beachteten sie Bali kaum.

Die Residenz des Gelgel-Königreichs wurde 1710 ins nahe Klungkung (heute offiziell Semarapura) verlegt, doch die Unruhe im Lande wuchs: Einige Radschas kleinerer Königreiche machten sich selbstständig und die Holländer nutzten dies, um sich weiter auf der Insel festzusetzen. Sie bedienten sich der alten Strategie „teile und herrsche". 1846 nahmen sie balinesische Ansprüche auf Schiffswracks zum Anlass, Streitkräfte im Norden Balis in Stellung zu bringen und die lokalen Königreiche Buleleng und Jembrana zu unterwerfen. Einige balinesische Prinzen machten ihnen die Sache leicht, da sie ihrerseits begehrlich nach Lombok schauten, statt sich um ihre heimischen Angelegenheiten zu kümmern. Auch merkten sie nicht, dass die gerissenen Holländer Lombok gegen Bali ausspielen würden.

1894 kam es zu kriegerischen Auseinandersetzungen zwischen Holländern, Balinesen und der Bevölkerung Lomboks, die den Lauf der Geschichte in den nächsten Jahrzehnten bestimmen sollten.

Da sich der Norden von Bali längst den Holländern ergeben hatte und den Niederländern auch die Eroberung Lomboks gelang, konnte Südbali sich nicht sehr viel länger widersetzen. Erneut lieferte eine Debatte über die Plünderung gekenterter Schiffe den Holländern einen Vorwand zum Einmarsch. Nachdem ein chinesisches Schiff vor Sanur auf Grund gelaufen war, forderten die Holländer vom Rajah von Badung 1904 einen Schadensersatz in Höhe von 3000 Silbertalern. Dieser weigerte sich und so erschienen zwei Jahre später niederländische Kriegsschiffe vor Sanur.

Bali verliert Lombok

1894 entsandten die Holländer eine Armee, um den im Osten Lomboks lebenden Sasak bei ihrem Aufstand gegen den balinesischen Radscha beizustehen. Der Prinz, der Lombok mit Hilfe der westlichen Sasak beherrschte, kapitulierte alsbald, doch der balinesische Kronprinz wollte nicht klein beigeben.

Mit einer aus Balinesen und West-Sasak bestehenden Truppe griff er eines Nachts das holländische Lager im Wasserpalast Mayura an, sodass die Holländer auf einem Tempelareal Schutz suchen mussten. Gleichzeitig überfielen die Balinesen ein weiter östlich gelegenes Lager in Mataram und zwangen so schon bald die gesamte holländische Armee zum Rückzug nach Ampenan. Dort angekommen waren die Soldaten nach

A Short History of Bali: Indonesia's Hindu Realm (2004) von Robert Pringle ist eine kluge Übersicht über die balinesische Geschichte von der Bronzezeit bis zur Gegenwart. Im Buch gibt es ausgezeichnete Kapitel über das Bombenattentat von 2002 und über die Umweltprobleme im Gefolge des Tourismus.

Ganesha Books (www.ganeshabooksbali.com) in Ubud ist der Ort für Bücher über Bali. Die Mitarbeiter geben hervorragende Empfehlungen und es gibt Bücher, die sonst schwer zu finden sind. Die Website bietet eine große Auswahl, Lieferung ist möglich.

1580

Auch die Portugiesen sind in Sachen Gewürzhandel unterwegs, doch sie erleiden Schiffbruch an den Felsen bei Ulu Watu und geben auf.

1597

Ein holländisches Expeditionsschiff taucht vor Kuta auf. Ein Zeitgenosse beschreibt den Kapitän Cornelis de Houtman als „Prahlhans und Gauner".

1795–1815

Die europäischen Kolonialmächte bekriegen einander, sodass die Herrschaft über Indonesien von den Holländern auf Franzosen und später Briten übergeht und wieder an die Holländer zurückfällt.

1830

Der Handel mit Balinesinnen endet. Die zerstrittenen Königsfamilien hatten ihre Kriege finanziert, indem sie attraktive weibliche Untertanen verkauften.

Aussage eines Augenzeugen „so verängstigt, dass sie wild um sich schossen, sobald auch nur ein Blatt zu Boden fiel". In diesen Auseinandersetzungen hatten die Holländer äußerst hohe Verluste an Menschenleben und Material zu beklagen.

Obwohl die Balinesen diese ersten Schlachten für sich entscheiden konnten, waren diese Siege doch der Beginn ihrer späteren Niederlage: Sie sahen sich nun der permanenten Bedrohung durch die Ost-Sasak gegenüber und zudem bekamen die Kolonialherren alsbald Truppenverstärkung aus Java.

Einen Monat später holten die Holländer zum Gegenschlag auf Mataram aus. Es kam zu Straßenkämpfen, an denen sich balinesische Soldaten, West-Sasak und Zivilisten beteiligten. Statt sich zu ergeben, entschieden sich die balinesischen Männer, Frauen und Kinder für den rituellen Selbstmordangriff puputan und wurden durch Gewehrsalven und Artilleriefeuer niedergestreckt.

Ende November 1894 griffen die Holländer Sasari an und erneut wählten die Balinesen den traditionellen Freitod. Nachdem die komplette Dynastie untergegangen war, gab die Bevölkerung den Kampf gegen die Holländer auf.

Balinesischer Suizid

1906 unternahmen die Holländer einen groß angelegten Feldzug gegen Bali, um die Insel ein für allemal zu unterwerfen. Sie landeten trotz balinesischen Widerstands auf der Insel und standen vier Jahre später fünf Kilometer vor Denpasar. Am 20. September richteten sie ihre Kanonen auf die Hauptstadt und begannen mit der Beschießung. Die drei Badung-Prinzen erkannten, dass die Holländer ihnen in Mannschaftsstärke und Bewaffnung haushoch überlegen waren und eine Niederlage unausweichlich sein würde. Kapitulation und Exil kamen jedoch nicht in Frage und so entschieden sie sich für den ehrenvollen Tod durch die althergebrachte Form des Selbstmords, den *puputan*: Zunächst brannten sie ihre Paläste nieder und dann führte der Radscha die Mitglieder des Königshauses, die Priester und Höflinge zum letzten Gefecht gegen die modern bewaffneten Holländer; sie alle hatten ihren schönsten Schmuck angelegt und schwenkten ihren goldenen Zeremonialdolch, den *Kris*.

Im 19. Jh. verdienten die Holländer ausgezeichnet am balinesischen Opiumhandel. Ein großer Teil des Kolonialhaushalts diente der Förderung der Opiumindustrie, die bis in die 1930er-Jahre hinein vollkommen legal war.

Die Holländer beschworen die Balinesen, den aussichtslosen Kampf aufzugeben. Doch ihr Appell verhallte ungehört: Die gesamte Aristokratie zog geschlossen in den Tod, einige töteten sich auch mit den eigenen Dolchen. Insgesamt starben auf diese Weise etwa 4000 Balinesen. Anschließend marschierten die Holländer nach Nordwesten auf Tabanan und nahmen den dortigen Radscha gefangen. Dieser beging ebenfalls Selbstmord, statt das ehrlose Exil auf sich zu nehmen.

1856

Mads Lange, ein dänischer Händler, stirbt auf ungeklärte Weise in Kuta. Er war durch Handel zu großem Wohlstand gekommen und wurde möglicherweise von eifersüchtigen Rivalen vergiftet.

1891–1894

Nach einem Palastbrand haben die Sasak-Aufstände im Osten Lomboks Erfolg. Mit Hilfe der Holländer werden die balinesischen Herrscher von der Insel vertrieben.

1908

Die balinesische Aristokratie begeht Selbstmord, indem sie in Klungkung in das Gewehrfeuer der Holländer marschiert und damit in den ehrenvollen „Heldentod".

1912

Der Deutsche Gregor Krause fotografiert schöne barbusige Balinesinnen. Nach dem Ersten Weltkrieg werden die Fotos veröffentlicht. Kurze Zeit später kommen die ersten Touristen nach Singaraja.

TOURISMUS

Anfang der 1920er-Jahre erkannte man in den Niederlanden, dass sich Balis einzigartige Kultur durchaus international für die aufstrebende Tourismusindustrie vermarkten ließ. Die damalige Werbung setzte überwiegend auf die Bilder balinesischer Frauen, die sich nach alter Gewohnheit barbusig in ihren Dörfern bewegten. Die holländischen Marketingstrategen beförderten wohlhabende westliche Abenteurer in den Norden Balis zum heutigen Singaraja, von wo aus die Gäste die Insel in einem straffen Drei-Tages-Programm kennenlernten. Zu sehen gab es touristisch aufbereitete Kulturdarbietungen, übernachtet wurde im staatlichen Touristenhotel in Denpasar. Aus jener Zeit sind zahllose Berichte über vermeintlich kulturhungrige Europäer erhalten; in Wahrheit ging es vielen wohl eher darum, den einen oder anderen unbedeckten Busen zu betrachten. Die balinesischen Frauen waren allerdings vorsichtig und verhüllten ihren Oberkörper, sobald die holländischen Herren sich näherten.

Einige unerschrockene Ausländer reisten aber auch auf eigene Faust auf die Insel, häufig auf Bitten aus der kleinen Kolonie westlicher Künstler, zu denen auch Walter Spies in Ubud gehörte. Zu nennen sind hier auch Robert Koke und Louise Garret, ein amerikanisches Paar, das in Hollywood gearbeitet hatte, bevor beide 1936 im Rahmen einer längeren Ferienreise auf Bali landeten. Entsetzt über die spießigen Vorschriften der holländischen Tourismusbehörde, baute das Paar am einsamen Strand von Kuta einige Bungalows aus Palmblättern und anderen landesüblichen Materialien. Dort lebten seinerzeit nur einige verarmte Fischerfamilien.

Die neuen Urlaubsunterkünfte wurden bald bekannt, und die Kokes waren durchgehend ausgebucht. Die Gäste kamen zunächst für einige Tage und blieben später Wochen, außerdem berichteten sie ihren Freunden davon. Anfangs taten die Holländer das Kuta Beach Hotel der Kokes als „schmutzige einheimische Hütten" ab, doch recht bald wurde ihnen klar, dass eine Steigerung der Besucherzahl auch in ihrem Interesse lag. Andere westliche Unternehmer kamen ins Land und bauten ihre eigenen rustikalen Hotelanlagen aus Bungalows, die in den kommenden Jahrzehnten zum Markenzeichen Balis wurden.

Im Zweiten Weltkrieg lag der Tourismus darnieder, die Hotels waren verwüstet (und die Kokes konnten noch knapp vor dem Einmarsch der Japaner entkommen). Als dann aber die Reisewelle nach dem Krieg wieder einsetzte, war rasch klar, dass Bali sich wegen seiner natürlichen Schönheit keine Sorgen um Besucher machen musste.

1987 erschien Louise Kokes längst vergessene Geschichte des Kuta Beach Hotels unter dem Titel *Our Hotel in Bali*, illustriert mit ihren gestochen scharfen Skizzen und Fotografien ihres Mannes.

Die Königreiche Karangasem (wo die Königsfamilie noch heute im Palastbezirk Amlapura wohnt) und Gianyar hatten bereits vor den Holländern kapituliert, deshalb beließ man ihnen einige ihrer Machtbefugnisse. Andere Reiche wurden jedoch unterworfen, die Herrscher schickte man ins Exil. Der Radscha von Semarapura folgte 1908 dem Beispiel

1914

Bali öffnet sich langsam für den Tourismus. Die Niederländer fördern diesen. In den 1930ern kommen etwa hundert Touristen pro Monat, vor allem Künstler, Musiker und Anthropologen.

1925

Der bedeutenste balinesische Tänzer der Neuzeit, Mario, führt erstmals den Kebyar Duduk auf, einen neuartigen Tanz. Sitzend bewegt er sich wie in Trance zu eindrucksvollen Gamelan-Klängen.

1928

Das Bali Hotel im Zentrum von Denpasar eröffnet. Es ist das erste internationale Hotel auf Bali, errichtet von der Niederländischen KPM.

1936

Die US-Amerikaner Robert und Louise Koke bauen Bungalows am Strand von Kuta. Vorbei sind die Zeiten des spießig-steifen Tourismus. An seine Stelle tritt Spaßurlaub mit Drinks in der Sonne.

von Badung und die Holländer erlebten abermals den althergebrachten Suizid. Was sich in Cakranegara auf Lombok ereignet hatte, wiederholte sich hier: Der wundervolle Palast Taman Kertha Gosa in Semarapura wurde fast bis auf die Grundfesten zerstört.

Nachdem dieser letzte Widerstand gebrochen war, stand die gesamte Insel Bali unter holländischer Herrschaft und wurde Teil des Kolonialreichs Niederländisch-Ostindien. Allerdings kam auf Bali eine ausbeuterische Plantagenwirtschaft nicht über Ansätze hinaus, sodass die Bevölkerung die Unterschiede zwischen der Kolonialregierung und der Radscha-Herrschaft kaum bemerkt haben dürfte.

Zweiter Weltkrieg

1942 landeten die Japaner, ohne auf Widerstand zu stoßen, in Sanur auf Bali – die meisten Balinesen sahen in den Japanern zunächst nur Befreier von der Kolonialherrschaft. Die neue Besatzungsmacht richtete ihre Stabsquartiere in Denpasar und Singaraja ein; im Laufe der Zeit wurde ihr Regiment für die Balinesen zunehmend härter. Als die Japaner dann nach ihrer Kapitulation im August 1945 abgezogen waren, herrschte bittere Armut auf der Insel. Die Fremdherrschaft hatte das Entstehen paramilitärischer nationalistischer und antikolonialistischer Gruppierungen begünstigt, die allesamt bereit waren, sich gegen die zurückkehrenden Holländer zur Wehr zu setzen.

Unabhängigkeit

Sukarno, prominentester Vertreter der nationalistischen Freiheitsaktivisten, rief nur wenige Tage nach der japanischen Kapitulation im August 1945 die Unabhängigkeit des Landes aus. Aber es sollte noch weitere vier Jahre dauern, bis die Holländer einsahen, dass die Tage ihrer Kolonialherrschaft auf Bali gezählt waren. Am 20. November 1946 wurden die balinesischen Freiheitskämpfer unter ihrem charismatischen Anführer I Gusti Ngurah Rai (nach ihm ist der Flughafen von Bali benannt) in der Schlacht von Marga im Westen Balis nämlich zunächst vernichtend geschlagen – wieder starb eine Elite des Landes im Kugelhagel der Besatzungsmacht, die Geschichte schien sich zu wiederholen. Erst 1949 akzeptierten die Niederlande die Unabhängigkeit Indonesiens. Als eigentlicher Unabhängigkeitstag gilt in Indonesien aber der 17. August 1945.

Anfangs wurden Bali, Lombok und die restlichen Inseln im Osten zur Provinz Nusa Tenggara zusammengefasst. Doch 1958 erkannte die Zentralregierung, dass diese Aufteilung nicht sinnvoll war, und änderte die Verwaltungsstruktur: Bali ist heute eine eigene Provinz und Lombok Teil der Provinz Nusa Tenggara Barat.

Balis Flughafen ist nach I Gusti Ngurah Rai benannt, dem Nationalhelden, der den Widerstand gegen die Holländer bei Marga im Jahr 1946 anführte und dabei ums Leben kam. Seine briefliche Antwort auf holländische Forderungen lautete damals: „Freiheit oder Tod!"

1942
Die Japaner landen ohne auf Widerstand zu stoßen in Sanur auf Bali. Die neue Besatzungsmacht wird zunächst als Befreier von der Kolonialherrschaft gesehen.

1945
Nach der japanischen Kapitulation am Ende des Zweiten Weltkriegs proklamieren indonesische Nationalisten die Unabhängigkeit von der Kolonialmacht Holland. Es beginnt eine Zeit revolutionärer Unruhen.

1945
Der 17. Mai 1945 gilt als Unabhängigkeitstag Indonesiens, obwohl die Niederländer erst 1949 die Unabhängigkeit des Landes akzeptieren.

1946
Der Freiheitskämpfer Ngurah Rai und seine Männer sterben bei Marga. Dieser Quasi-Selbstmord läutet das Ende des Kolonialismus ein; es dauert nicht lange, und Indonesien ist unabhängig.

Putsch & Reaktion

Nach Erlangen der Unabhängigkeit hatte Indonesien keineswegs einen leichten Weg vor sich. Sukarno zog 1959 nach mehreren Aufständen zunehmend alle Entscheidungen an sich; der charismatische Revolutionsführer erwies sich damit als weniger geeignet für die Organisation eines Staates in Friedenszeiten. Als Anfang der 1960er-Jahre die Herrschaft Sukarnos ins Wanken geriet, kämpften die Armee, die Kommunisten und andere Gruppierungen um die Macht. Am 30. September 1965 führten Hinweise auf einen geplanten Staatsstreich – er wurde der PKI, der Partai Komunis Indonesia, angelastet – zum Sturz Sukarnos. General Suharto tat sich als Führungsfigur der Armee hervor und schlug den Putsch mit großem militärischen und politischem Geschick nieder. Die Kommunistische Partei PKI wurde verboten und eine Welle antikommunistischer Massaker erschütterte das Land.

Für Bali hatten die Ereignisse eine zusätzliche lokale Dimension: Auch innerhalb der wichtigsten politischen Organisationen, der Partai Nasional Indonesia (PNI, Nationalistische Partei) und der PKI, spiegelten sich die Differenzen zwischen Traditionalisten und Radikalen. Erstere wollten das alte Kastensystem beibehalten, während die Radikalen diese Struktur für repressiv hielten und für Bodenreformen eintraten. Nach dem fehlgeschlagenen Putsch eröffneten die religiösen Traditionalisten die Hexenjagd auf die „gottlosen Kommunisten“. Schließlich griff das Militär ein, um den antikommunistischen Säuberungen Einhalt zu gebieten. Aber keine Familie auf Bali blieb von diesem Progrom verschont: Schätzungsweise zwischen 50 000 und 100 000 Menschen der etwa zwei Millionen zählenden Gesamtbevölkerung fielen ihm zum Opfer – im Verhältnis zu den Einwohnern ein Vielfaches an Opfern im Vergleich zu Java. Noch 2017 wurden bisher unbekannte Massengräber entdeckt.

Kuta war stets etwas anderes als der Rest von Bali. Während der Zeit der Könige wurden Abweichler und Störenfriede hierher verbannt. Für Reisfelder war die Region zu trocken, die Erträge der Fischerei waren gering und die Küste war bedeckt mit kilometerlangen nutzlosen Sandflächen ...

Der Vulkanausbruch von 1963

Mitten in diesen unruhigen Zeiten des politischen Aufruhrs ereignete sich 1963 die verheerendste Naturkatastrophe, die Bali seit 100 Jahren heimgesucht hatte: Der Vulkan Gunung Agung brach aus, wobei er die Spitze seines Kegels wegsprengte.

Eka Dasa Rudra (eine Reinigungszeremonie), das bedeutendste aller balinesischen Opferfeste und ein im balinesischen Kalender nur alle 100 Jahre stattfindendes Ereignis, sollte seinen Höhepunkt am 8. März 1963 erreichen. Das letzte Eka Dasa Rudra war schon gut 100 Jahre her, doch die Priester hatten sich nicht einigen können, welches dieses Mal der richtige und günstigste Termin sei.

Natürlich stand der – direkt am Vulkan gelegene – Haupttempel Pura Besakih im Mittelpunkt der Feierlichkeiten und schon während der letz-

K'tut Tantri, eine Frau mit vielen Namen, kam 1932 aus Hollywood nach Bali. Nach dem Krieg unterstützte sie die Indonesische Republik bei ihrem Kampf gegen die Holländer, etwa als Surabaya Sue; unter diesem Künstlernamen war sie direkt aus Surabaya im Rundfunk zu hören. Ihr Buch *Revolt in Paradise* wurde 1960 veröffentlicht.

1949

Das Musical *South Pacific* wird am Broadway aufgeführt und der Song „Bali Hai“ prägt das Klischee vom tropischen Bali, obwohl das Lied auf die Fidschi-Inseln gemünzt ist.

1950

Die Republik Indonesien unter Präsident Sukarno tritt als 60. Staat den Vereinten Nationen bei.

1958

Bali wird eigenständige indonesische Provinz. Zunächst war die Insel Teil der Provinz Nusa Tenggara, so wie Lombok noch immer.

1960er-Jahre

Die Verlängerung der Start- und Landebahn, erschwingliche Flugtickets und die Eröffnung des Bali Beach Hotel in Sanur läuten im Jahr 1963 die Zeit des Massentourismus ein.

ten Vorbereitungen Ende Februar sandte der Gunung Agung merkwürdige Zeichen aus. Doch trotz einiger Bedenken verlangte es die politische Lage, mit den Festlichkeiten fortzufahren – Unheil verkündendes Gepolter aus dem Krater hin oder her.

Am 17. März explodierte der Gunung Agung. Der Katastrophe fielen mehr als 1000 Menschen zum Opfer (manche Schätzungen nennen sogar 2000), ganze Dörfer wurden vernichtet, und 100 000 Balinesen wurden obdachlos. Lavaströme und heißer Vulkanschlamm ergossen sich an einigen Stellen direkt ins Meer und überfluteten Straßen, sodass der Ostteil Balis einige Zeit vom Rest der Insel abgeschnitten war. An der Hauptstraße nahe Tulamben sieht man noch heute einige erkaltete Lavaströme.

Suhartos Amtsantritt & Abgang

Nach dem fehlgeschlagenen Staatsstreich von 1965 konnte Suharto das Präsidentenamt für sich erobern, der General kontrollierte nun die Regierungsgeschäfte. Nach Proklamation einer „Neuen Ordnung" wandte sich Indonesien in Außen- und Wirtschaftspolitik dem Westen zu.

Mit kräftiger Unterstützung durch das Militär sorgte Suharto dafür, dass seine Partei, Golkar, zur führenden politischen Kraft des Landes aufstieg, denn andere Parteien wurden entweder verboten oder bis zur Unkenntlichkeit zerschlagen. Durch die regelmäßige Abhaltung von Wahlen gab sich das Land zwar einen demokratischen Anstrich, doch bis 1999 entschied die führende Golkar-Partei mühelos alle Wahlen für sich.

Diese Zeit war allerdings auch von einem großen wirtschaftlichen Aufschwung Balis und später auch Lomboks gekennzeichnet: Gesellschaftliche Stabilität und die Schaffung eines günstigen Investitionsklimas hatten Vorrang vor wirklich demokratischen Verhältnissen. Ausgedehnte Ferienkolonien entstanden damals in Sanur, Kuta und Nusa Dua; oftmals waren die Investoren auch in Politikerkreisen zu finden.

Im Bajra Sandhi Monument in Denpasar wird die balinesische Geschichte in winzige Dramen zerlegt. Das Museum mit dem Namen „Kampf des Volkes" zeigt viele Episoden aus der Historie des Landes in comicartigen 3-D-Ansichten.

Anfang 1997 waren die goldenen Zeiten vorbei, da Südostasien von einer schweren Wirtschaftskrise erfasst wurde: Binnen eines Jahres brach der Wert der indonesischen Währung (Rupiah) fast vollständig ein und die Wirtschaft stand unmittelbar vor einem Kollaps.

Suharto war nicht in der Lage, der eskalierenden Krise Herr zu werden, und trat 1998 nach 32 Jahren von seinem Amt zurück. Sein Protegé Dr. Bacharuddin Jusuf Habibie trat die Nachfolge an. Obwohl er anfangs als Intimus von Suharto auf Skepsis stieß, unternahm er erste bemerkenswerte Schritte in Richtung echter Demokratie; so sorgte er beispielsweise für die Aufhebung der Pressezensur.

1963

Der heilige Vulkan Gunung Agung bricht aus; ein beträchtlicher Teil Ostbalis wird zerstört, über 1000 Menschen sterben, 100 000 werden obdachlos.

1965

Der Konflikt zwischen Kommunisten und Konservativen bricht offen aus. Die Konservativen setzen sich durch und in den nachfolgenden Säuberungen finden Zehntausende auf Bali den Tod.

1970

Ein Mädchen verdient sich durch das Verkaufen von Süßigkeiten in Kuta mühevoll ihren Lebensunterhalt. Surfer beraten sie: Daraufhin eröffnet sie Made's Warung – mit großem Erfolg.

1972

Der Filmemacher Alby Falzon dreht seine Surfer-Dokumentation *Morning on Earth* auf Bali. Der Film beeindruckt eine ganze Generation von Australiern, die bald in Scharen nach Kuta reisen.

DIE BOMBENATTENTATE AUF BALI

Am Samstag, dem 12. Oktober 2002 explodierten zwei Bomben auf der belebten Straße Jalan Legian in Kuta. Die erste zerriss die Fassade von Paddy's Bar. Einige Sekunden später zerstörte eine noch deutlich stärkere Bombe den kompletten Sari Club.

Die Zahl der Toten, die Vermissten mitgezählt, überstieg 200 – allerdings wird man die genaue Zahl wohl niemals ermitteln können. Viele verletzte Balinesen kehrten in ihre Dörfer zurück, wo sie dann später mangels ausreichender medizinischer Versorgung starben. Die indonesischen Behörden machten schließlich die islamistische Terrorgruppe Jemaah Islamiah für die Attentate verantwortlich. Dutzende ihrer Mitglieder wurden verhaftet und viele wanderten ins Gefängnis. Drei von ihnen wurden zum Tode verurteilt. Die meisten erhielten jedoch mildere Strafen, unter ihnen auch Abu Bakar Ba'asyir, ein radikaler Geistlicher, der vielen als Verantwortlicher für die Bombenanschläge galt. Die Anklage gegen ihn wurde vom Obersten Gerichtshof Indonesiens allerdings verworfen, was viele auf Bali und in Australien empörte. (2011 wurde er wegen einer anderen Terror-Anklage dann aber doch noch zu 15 Jahren Haft verurteilt.)

Am 1. Oktober 2005 sprengten sich drei Selbstmordattentäter in die Luft: einer in einem Restaurant auf dem Kuta-Platz, zwei weitere in Fischrestaurants direkt am Strand von Jimbaran. Wieder steckte offenbar Jemaah Islamiah dahinter. Obwohl aus später aufgefundenen Dokumenten hervorging, dass die Anschläge Touristen treffen sollten, waren 15 der 20 Todesopfer balinesische und javanische Angestellte der betroffenen Restaurants.

2008 gründete Bashir eine neue Gruppe, die möglicherweise auch am Bombenanschlag von Jakarta im folgenden Jahr beteiligt war. 2011 wurde er wegen Unterstützung eines Terrorcamps in Aceh zu 15 Jahren Haft verurteilt.

2012 erhielt Umar Patek wegen Beihilfe zum Bombenattentat von 2002 eine 20-jährige Gefängnisstrafe. Die Gefahr ist damit freilich nicht gebannt: Noch im Jahr 2012 hat die Polizei von Bali fünf Menschen erschossen, die als Terroristen verdächtigt wurden, und selbst 2018 wurden noch gelegentlich Menschen verhaftet, die man als Terroristen verdächtigte.

Der Frieden bekommt Risse

1999 trat das indonesische Parlament zur Wahl eines neuen Präsidenten zusammen. Spitzenkandidatin war Megawati Sukarnoputri, die auf Bali außerordentlich populär war. Einerseits war sie beliebt wegen ihrer Abstammung, denn ihre Großmutter väterlicherseits war Balinesin. Andererseits kam ihr die säkulare Grundausrichtung ihrer Partei zugute; der größte Teil der hinduistischen Bevölkerung Balis verfolgt jegliche Zunahme von muslimischem Fundamentalismus mit großer Sorge. Allerdings ging dann überraschend Abdurrahman Wahid, der moderate intellektu-

1979

Der Australier Kim Bradley ist beeindruckt vom Surfstil der Einheimischen und ermutigt sie, einen Club zu eröffnen. 60 Balinesen folgen seinem Rat.

1998

Suharto tritt nach 32 Jahren als Präsident zurück. Seine Familie hat nach wie vor großen Einfluss in einigen Ferienresorts, zu denen auch das Golfgelände Pecatu Indah zählt.

2000

Die indonesischen Unruhen greifen auf Lombok über. Diese entzünden sich an einer muslimischen Kundgebung gegen Gewalt und schlagen ins Gegenteil um.

2002

Mehr als 200 Menschen verlieren durch Bombenattentate ihr Leben, viele im Sari Club. Balis Wirtschaft bricht beinahe zusammen, da die Besucher ausbleiben.

elle Führer der größten Muslim-Vereinigung Indonesiens, siegreich aus der Wahl hervor.

Auf Lombok weiteten sich Anfang 2000 die religiösen und politischen Spannungen aus und nach ersten heftigen Unruhen in Mataram gingen auf der ganzen Insel chinesische und christliche Läden und Wohnhäuser in Flammen auf. Der Tourismus erlitt sofort einen schweren Rückschlag, manche Besucher blieben anschließend auch Bali fern.

In *Hotel K: The Shocking Inside Story of Bali's Most Notorious Jail* (2009) beschreibt die Journalistin Kathryn Bonella die Zustände im verrufensten Gefängnis des Landes. Bei den Unruhen von 2012 wurde das Gefängnis weitgehend zerstört.

Nach 21 Monaten wachsender ethnischer, religiöser und regionaler Konflikte gab es für das Parlament immerhin ausreichend Gründe, Wahid abzuberufen und das Präsidentenamt auf Megawati zu übertragen. 2004 machte sie Indonesiens erstem demokratisch gewählten Präsidenten Platz, Susilo Bambang Yudhoyono. Bei der Aufklärung der Bombenattentate von 2002 hatte dieser sich bereits internationale Anerkennung erworben.

Die Amtszeit Susilos verlief erfolgreich. Indonesiens Wirtschaft entwickelte sich rasant, sodass der Präsident 2009 ohne Probleme wiedergewählt wurde. Während dieser Jahre ging es dem Land – und vor allem Bali – ausgezeichnet, die Zeiten waren ruhig und stabil. 2014 fiel das Präsidentenamt dann an Joko Widodo, den Gouverneur von Jakarta. Er galt als „Mann des Volkes" und wurde von zahlreichen Gruppen unterstützt. Auch auf Bali errang er eine Mehrheit der Stimmen; trotzdem gibt man sich dort ein wenig besorgt, ist „Jokowi" doch der erste indonesische Spitzenpolitiker seit langer Zeit, der ganz ohne persönliche Verbindungen nach Bali ins Amt kam.

Inzwischen sind die Bombenanschläge Geschichte und die Besucherzahlen steigen auf Bali wieder deutlich an. Pro Jahr wächst der Zustrom internationaler Touristen um 10 bis 15 %. Vor ein paar Jahren war die Zwei-Millionen-Zahl noch ein Großereignis; nun liegt die Zahl aber bereits bei fünf Millionen. Der Tourismus prägt inzwischen viele Bereiche des balinesischen Alltags, vor allem aber die Wirtschaft.

2005

Drei Selbstmordattentäter sprengen sich in Kuta und Jimbaran in die Luft und töten 20 Menschen, vor allem Balinesen und Javaner.

2017

Bali verzeichnet mehr als 4,5 Mio. ausländische Touristen pro Jahr – ein neuer Rekord als Ergebnis jahrelangen Wachstums um jeweils 15 %.

2017

Im September melden die Behörden eine erhöhte seismische Aktivität des Vulkans Gunung Agung auf Bali. Die höchste Warnstufe wird einige Wochen später wieder aufgehoben.

2018

Lombok wird im Sommer von einer Serie von Erdbeben erschüttert. Fast 570 Menschen und 150 000 Häuser fallen diesem zum Opfer.

Alltagsleben & Religion

Die Völker dieser Region sind tief in ihrem kulturellen Erbe und ihrem Glauben verwurzelt. Hinsichtlich ihrer Traditionen, ihrer Kleidung, ihrer Küche und ihrer Architektur sind alle Inseln verschieden, und die Bewohner haben hart dafür gekämpft, sich diese Eigenheiten zu bewahren. Speziell auf Bali ist all das, was Besucher so bezaubert, religiös fundiert: die Kunst, die Musik, die Opfergaben, die Architektur, die Tempel und vieles mehr.

Bali

Was lieben Reisende an Bali? Die Antwort lautet in den allermeisten Fällen: „seine Menschen". Seit den 1920er-Jahren, als die Holländer mit Abbildungen barbusiger Balinesinnen Touristen anlockten, verkörpert Bali Glanz und Zauber des exotischen Paradieses schlechthin.

Doch es gibt auch eine rauere Realität. Die meisten Balinesen leben beinahe von der Hand in den Mund, obwohl die Insel vom Tourismus profitiert und die Mittelschicht stärker wird. Der Begriff „Kultur" scheint dann manchmal nicht recht zu passen: Hin und wieder strapaziert die aufdringliche Kundenwerbung eines Einheimischen die Geduld der Gäste, die ganz vergessen, dass der Mann damit nur sein Brot verdienen will.

Dennoch hat die Paradiesvorstellung ihren wahren Kern. Bali ist etwas ganz und gar Einmaliges in der Welt, selbst mit dem übrigen Indonesien nicht zu vergleichen. Die einzigartige Kultur Balis – die Insel ist ein Sonderfall in dem Land mit der größten muslimischen Population der Welt, denn nur hier hat der Hinduismus in Indonesien überlebt – wird von diesem ungeheuer stolzen Volk wie ein Ehrenzeichen hochgehalten. Immerhin geschah es noch im vergangenen Jahrhundert, dass 4000 Mitglieder des Königshauses in herrschaftlicher Kleidung direkt in das Artilleriefeuer der Niederländer marschierten, da sie sich den Kolonialherren nicht ergeben wollten.

Unbestritten ist, dass die moderne Entwicklung die Landschaft verändert; immer wieder kommt es zu Debatten über die Verdrängung der Agrargesellschaft durch eine Tourismus-Dienstleistungsgesellschaft. Die luxuriösen Badeorte, Clubs, Boutiquen und Restaurants in Seminyak und Kerobokan könnten missverstanden werden – gerade so, als ob die Vergnügungssucht an die Stelle des Hinduismus als Lokalreligion getreten sei. Aber unter der Oberfläche erkennt man, dass sich die Seele Balis nicht verändert hat.

Das ideenreiche Erbe Balis ist allgegenwärtig: Die allgemeine religiöse Hingabe ist in jedem Winkel der Gesellschaft zu spüren und unterstreicht ihren großen Gemeinschaftssinn. Kultstätten finden sich in jedem Haus, Büro und Dorf, auf Bergen und an Stränden, in Reisfeldern, auf Bäumen, in Höhlen, auf Friedhöfen, in Seen und Flüssen. Doch die Religiosität ist nicht auf die Kultstätten allein beschränkt, sie ist überall gegenwärtig, und zuweilen kann man Kulthandlungen mitten im Verkehrsstrom der Rushhour beobachten.

Hervorragende Informationen über Kultur und Alltagsleben auf Bali findet man im Internet unter www.murnis.com. Hier bekommt man Antworten auf viele Fragen: von Themen wie Kindernamen bis zur rituellen Kleidung oder Webtechniken (in der Rubrik „Kultur").

Balinesische Toleranz

Die Balinesen sind für ihre Toleranz und Gastfreundschaft gegenüber Menschen anderer Kulturen berühmt, obwohl sie selbst nur selten reisen. Das unterstreicht, wie wichtig ihnen das eigene Dorf und die Familienbande sind. Viele balinesische Familien können sich Reisen auch gar nicht leisten. Balinesen sind berauscht angesichts all der ihnen entgegengebrachten Aufmerksamkeit, was ihren Stolz vermehrt und in der allgemeinen Vorstellung mündet: Es kann ja gar nicht so falsch sein, was wir tun, wenn Millionen von Menschen gerne aus ihrem Land zu uns kommen. Balinesen sind freundlich und lieben den kleinen Plausch, bei dem sie unter Umständen persönlich werden. Englisch wird fast überall gesprochen, aber die einheimischen Gesprächspartner hören gern, wenn Touristen versuchen, Indonesisch zu sprechen oder eine balinesische

WAS STECKT HINTER DEN NAMEN?

Balinesische Namen sind alles andere als fix, sie sind eher fließend wie der Wechsel der Gezeiten. Jede Person besitzt einen traditionellen Namen, dazu aber noch weitere Namen, die oftmals an bestimmte Ereignisse in ihrem Leben erinnern. Zudem helfen Zusatznamen, Menschen gleichen Namens zu unterscheiden, was möglicherweise nirgendwo so dringend geboten ist wie auf Bali.

Die traditionellen Regeln der Namensgebung erscheinen zunächst einmal wegen des nicht geschlechtsspezifischen Systems einfach. Die Anordnung der Namen folgt – mit kleinen regionalen oder kastenbezogenen Unterschieden – folgendem Schema:

Erstgeborene Wayan (Gede, Putu)

Zweitgeborene Made (Kadek, Nengah, Ngurah)

Drittgeborene Nyoman (Komang)

Viertgeborene Ketut (oder einfach Tut, wie in toot)

Für die nachfolgenden Kinder beginnt es wieder von vorn. Aber da die meisten Familien heute nur zwei Kinder haben, gibt es viele Wayans und Mades.

Auch die Kastenzugehörigkeit spielt bei der Namensgebung eine große Rolle; weitere Namen, die der Anzeige der Geburtsreihenfolge nachgeordnet sind, verraten den sozialen Rang des Trägers. Balis System ist dabei aber deutlich unkomplizierter als das indische.

Sudra Rund 90 % der Balinesen gehören dieser Kaste der Landbevölkerung an. Dem Namen wird der Titel „I" (bei einem Jungen) bzw. „Ni" (bei einem Mädchen) vorangestellt.

Wesia Die Kaste der Staatsdiener und Kaufleute. Gusti Bagus (männlich) und Gusti Ayu (weiblich).

Satria Eine Oberkaste, Mitglieder sind Angehörige des Königshauses und Krieger. I Gusti Ngurah (männlich) und I Gusti Ayu (weiblich), hinzu kommen weitere Titel wie Anak Agung oder Dewa.

Brahmana Die Gruppe mit dem höchsten Rang: Lehrer und Priester. Ida Bagus (männlich) und Ida Ayu (weiblich).

Dem traditionellen folgt ein persönlicher Name – und hier können die Eltern kreativ werden: Einige Namen geben zu erkennen, was man sich für das Kind wünscht, so etwa „I Nyoman Darma Putra": Möge es „pflichtbewusst" oder „gut" (dharma) sein. In anderen Namen spiegeln sich moderne Einflüsse, so etwa in „I Wayan Radio": der in den 1970er-Jahren Geborene. „Ni Made Atom" würde heißen, dass ihre Eltern einfach nur den Klang dieses Fachbegriffs (Atom) mochten, nach dem auch eine Bombe benannt wurde.

Viele Menschen tragen Spitznamen, die sich von ihrem Äußeren herleiten. Zum Beispiel: „Nyoman Darma" wird oft auch „Nyoman Kopi" (Kaffee) wegen seiner dunklen Hautfarbe im Vergleich zu der seiner Geschwister genannt. „I Wayan Rama", wofür das Ramayana-Epos Pate stand, wird „Wayan Gemuk" (dick) genannt, um ihn körperlich von seinem kleineren Freund „Wayan Kecil" (dünn) zu unterscheiden.

Redensart einflechten, so etwa *sing ken ken* (kein Problem!). Wem dies gelingt, der hat schnell einen Freund fürs Leben gewonnen. Balinesen besitzen einen tollen Humor, und wegen ihrer Gelassenheit sind sie auch nicht schnell aus der Ruhe zu bringen. Allgemein gelten Wutausbrüche als abstoßend und „emotionale" Ausländer, die sich vergessen, werden belacht.

Lombok & die Gilis

Zwar wird die Kultur und Sprache Lomboks oftmals mit der Balis gleichgesetzt, doch damit wird man keiner der beiden Inseln gerecht. Freilich erinnern die Sprache, die animistischen Rituale, die Musik und der Tanz Lomboks an die hinduistischen und buddhistischen Königreiche, die einst Indonesien beherrschten, und auch an die Zeit der balinesischen Herrschaft des 18. Jhs. auf Lombok. Doch die Mehrzahl der einheimischen Sasak-Stämme sind Muslime – sie besitzen äußerst authentische Traditionen, unterscheiden sich in Kleidung, Essgewohnheiten und Architekturstil von ihren Nachbarn, und sie haben hart für den Erhalt dieser Eigenständigkeit gekämpft. Während die Sasak-Bauern in West-Lombok unter der balinesischen Feudalherrschaft relativ friedlich lebten, blieb die Aristokratie im Osten den fremden Herrschern feindlich gesonnen. Sie führte zusammen mit den Holländern die Revolte an, durch die schließlich Ende des 19. Jhs. die balinesischen Herren vertrieben werden konnten. Bis heute betreiben die Sasak mit großem Vergnügen heroische Kampfspiele, so etwa die Stockkampf-Wettbewerbe, die jedes Jahr im August in der Nähe von Tetebatu stattfinden.

Lombok ist sehr viel ärmer und weniger entwickelt als Bali und gilt im Allgemeinen als konservativer. Die Sasak-Kultur wird wohl auch nicht so in den Vordergrund gerückt wie die des hinduistischen Bali. Dennoch ist sie durchaus sichtbar, nicht zuletzt in den stolzen Moscheen, die man in jeder Stadt vorfindet.

Auf den Gili-Inseln bekennen die meisten Menschen sich zu einer sehr moderaten Form des Islam.

Intimitäten gehören auf Bali nicht in die Öffentlichkeit. Paare halten sich nicht an den Händen; diese Geste ist dem Umgang mit kleinen Kindern vorbehalten. Erwachsene können sich jedoch beim anderen mit den Armen unterhaken.

Flores

Die 1,9 Millionen Einwohner von Flores verteilen sich größtenteils auf fünf sprachliche und kulturelle Gruppen. Von Westen nach Osten sind dies die Manggarai (Hauptstadt Ruteng), die Ngada (Bajawa), die eng verwandten Völker der Ende und der Lio (Ende), die Sikkanesen (Maumere) und die Lamaholot (Larantuka). In entlegenen Regionen sprechen ältere Menschen bis heute kein Wort Indonesisch, und ihre Eltern sind noch in rein animistischen Stammesgesellschaften aufgewachsen.

Animistische Rituale werden noch heute bei Geburten, Hochzeiten und Todesfällen praktiziert sowie zu wichtigen Terminen in der Landwirtschaft. Selbst gebildete, englischsprachige Einwohner von Flores nehmen zur Zeit des Reispflanzens oder bei besonderen Anlässen am Tieropfer für die Ahnen teil.

Familienbande

Durch ihren Familientempel halten die Balinesen eine enge spirituelle Verbindung zu ihrem Familienanwesen. Dieses teilen sich bis zu fünf Generationen, angeheiratete Verwandte und alle anderen Familienangehörigen. Großeltern, Vettern und Cousinen, Tanten, Onkel und verschiedenste fernere Verwandte – sie alle leben zusammen. Wenn ein Sohn heiratet, zieht er nicht aus, denn seine Ehefrau zieht ein. Heiratet dagegen eine Tochter, lebt sie in der Familie ihrer Schwiegereltern, nimmt dort die Pflichten der Haushaltsführung und des Gebärens wahr. Daher besitzt ein Sohn für die Balinesen mehr Wert als eine Tochter: Nicht nur wird er die Alten seiner Familie versorgen, er erbt auch das gesamte

RELIGIÖSE ETIKETTE

- Beim Besuch eines Tempels oder einer Moschee müssen Schultern und Knie bedeckt sein. Überall auf Bali wird gegen eine kleine Spende ein Tempelschal (*selandang*) bzw. eine Schärpe und ein Sarong verliehen, manchmal sind diese Dinge auch bereits im Eintrittspreis enthalten.
- Frauen, die ihre Monatsblutung haben, schwanger sind oder gerade eine Geburt hinter sich haben, werden gebeten, auf den Tempelbesuch zu verzichten. Denn sie gelten zu diesem Zeitpunkt als rituell unrein (*sebel*).
- Man nehme keinen höheren Platz ein als der Priester (indem man etwa auf eine Mauer klettert, um zu fotografieren), besonders gilt dies für religiöse Feste.
- Schuhe müssen vor dem Betreten einer Moschee ausgezogen werden.

Anwesen und wird nach dem Tod eines Alten die notwendigen Rituale ausführen, um dessen Seele für die Wiedergeburt aus dem Körper zu befreien und zu verhindern, dass sie als wandernder böser Geist ihr Unwesen treibt.

Nichts als Arbeit für die Frau

Männer spielen eine wichtige Rolle in Dorfangelegenheiten und tragen zum Unterhalt der Kinder bei. Und nur Männer bepflanzen und kümmern sich um die Reisfelder. Doch die eigentlichen Arbeitstiere auf Bali sind die Frauen, sie sind für jede Art manuell zu verrichtender Arbeiten zuständig (man sieht sie auch Körbe mit nassem Zement oder Backsteinen auf ihren Köpfen balancieren), aber auch für die Führung eines Marktstandes oder die verschiedensten Jobs in der Tourismusbranche. Das bedeutet, dass Frauen wegen ihrer traditionellen Rolle, zu der die Versorgung anderer Menschen und die Zubereitung von Mahlzeiten zählen, heute auch zahlreiche erfolgreiche Geschäfte und Cafés führen.

Zwischen all diesen Verpflichtungen stellen die Frauen auch noch die täglichen Opfergaben für den Familientempel und den Hausschrein zusammen, darüber hinaus oftmals auch die zusätzlichen Opfergaben für bevorstehende rituelle Feste – ihre Hände sind ständig in Bewegung. Alles dies und mehr noch lässt sich kennenlernen, wenn man in einer klassischen balinesischen Privatunterkunft wohnt, wo das Zimmer auf einem Familienanwesen liegt und das tägliche Leben sich rundum abspielt. Wer Interesse hat: In Ubud kann man viele solcher Privatunterkünfte buchen.

Das alte hinduistische Hakenkreuz, die Swastika, die einem überall begegnet, gilt als Symbol der Harmonie mit dem Kosmos. Die Variante mit abgewinkelten Armen im Uhrzeigersinn haben dann später die deutschen Nazis für sich entdeckt – aus dem positiven Symbol wurde ein Schreckenszeichen.

Religion

Hinduismus

Die offizielle Religion Balis ist der Hinduismus. Die balinesische Version weicht aber wegen ihrer zahlreichen animistischen Elemente von der indischen Spielart des Hinduismus ab. Die Balinesen verehren die Götterdreiheit Brahma, Shiva und Vishnu, die drei Aspekte des höchsten (unsichtbaren) Gottes Sanghyang Widi, und auch die *deva* (die Götter der Vorfahren) und Dorfgründer, außerdem Gottheiten der Erde, des Feuers, des Wassers und der Berge. Schließlich kennen sie auch noch die Gottheiten, die der unterozeanischen Sphäre angehören. Die Balinesen glauben wie die Inder an das Karma und die Wiedergeburt. Allerdings schenken sie anderen indischen Bräuchen weniger Aufmerksamkeit: So gibt es etwa keine Kaste der „Unberührbaren“, selten arrangierte Hochzeiten und keine Kinderhochzeiten.

Balis ungewöhnliche Spielart des Hinduismus bildete sich aus, nachdem das große hinduistische Königreich Majapahit – es herrschte einst über ganz Indonesien – im Zuge der Ausbreitung des Islam auf die Insel

Bali verdrängt worden war. Während die Ureinwohner, die Bali Aga, sich in die Berge zurückzogen, etwa in das ostbalinesische Tenganan, um dem neuen Einfluss zu entgehen, integrierte die restliche Bevölkerung den Hinduismus in ihren vorhandenen Glauben: Sie verband ihre ursprünglichen animistischen Glaubensvorstellungen, die buddhistische Elemente enthielten, mit dem Majapahit-Glauben. In West-Lombok gibt es auch noch einen Bergstamm, der dem balinesischen Hinduismus anhängt, ein Erbe der balinesischen Herrschaft über Lombok im 19. Jh.

Der heiligste Ort der Insel ist der Vulkan Gunung Agung, an dessen Flanke der Tempel Pura Besakih liegt, in dem zahlreiche rituelle Feste stattfinden, an denen Hunderte, manchmal sogar Tausende von Gläubigen teilnehmen. Auf der gesamten Insel werden täglich kleinere Feste gefeiert, um die Gottheiten günstig zu stimmen, die Dämonen zu versöhnen und so für das Gleichgewicht zwischen dem Guten (*dharma*) und dem Bösen (*adharma*) zu sorgen.

Aufgrund des bedeutenden Anteils an Balinesen auf Lombok lässt sich schon mal der eine oder andere Blick auf eine hinduistische Zeremonie erhaschen. Weitere Minderheiten wie die Wetu Telu, die Bugis und die Chinesen tragen zur ethnischen Vielfalt bei.

Islam

Der Islam ist auf Bali eine Minderheitenreligion. Bei den meisten Moslems handelt es sich um Einwanderer aus Java, Angehörige der Sasak auf Lombok oder Nachfahren von Seefahrern der Insel Sulawesi.

Ähnlich wie anderswo in Indonesien praktizieren die meisten balinesischen Muslime eine recht gemäßigte Form des Islam. Das religiöse Fundament bilden die Fünf Säulen des Islam: Allah ist der alleinige Gott und Mohammed sein Prophet, der Gläubige hat fünfmal am Tag zu beten, Almosen an die Armen zu geben, im Ramadan zu fasten und sich wenigstens einmal im Leben auf Pilgerreise nach Mekka zu begeben. Im Gegensatz zu anderen islamischen Ländern jedoch kennt man keine Geschlechtertrennung, sind Kopfbedeckungen nicht Pflicht (wenn auch inzwischen weiter verbreitet als früher) und ist auch Polygamie selten anzutreffen. Eine strengere Version des Islam beginnt sich derzeit im Osten der Insel Lombok zu etablieren, nicht zuletzt unter dem Einfluss ultra-konservativer Strömungen auf Sumbawa.

VERHALTENSREGELN

- Shorts und kurze Röcke sieht man auch bei Einheimischen, aber eine Kleidung, die allzu viel enthüllt, gilt als anstößig. Auch wer als Mann „oben ohne" durchs Dorf schlendert und dabei womöglich noch ein Bier in der Hand hält, setzt sich in ein schlechtes Licht.
- Viele ausländische Frauen zeigen sich am Strand gern ohne Oberteil; für die Einheimischen ist das ein Zeichen von Sitten- und Respektlosigkeit.
- Niemals sollte ein Balinese am Kopf berührt werden: Der Kopf wird als Sitz der Seele betrachtet und ist daher heilig.
- Dinge sollte man mit der rechten Hand, besser noch mit beiden Händen, überreichen. Niemals etwas nur mit der linken Hand überreichen, denn die gilt als unrein.
- Vorsicht: nicht mit den Händen an den Hüften sprechen. Das gilt als Zeichen der Verachtung, des Ressentiments oder der Aggression (wie im traditionellen Tanz oder in der Oper gezeigt).
- Das Heranwinken einer Person sollte mit ausgestreckter Hand und einer nach unten gerichteten Winkbewegung geschehen. Die westliche Art, sich bemerkbar zu machen, gilt als extrem unhöflich.

Balinesische Hochzeitszeremonie

Auf Lombok bestimmt *adat* (Traditionen, Brauchtum und Verhaltensweisen) alle Aspekte des täglichen Lebens, besonders die Brautwerbung, die Heirat und die Beschneidung. Zur offiziellen Gebetszeit an Freitagabenden schließen die Büros und viele Geschäfte. Viele Frauen, jedoch nicht alle, tragen Kopftücher und nur sehr wenige Schleier. Ein Großteil der weiblichen Bevölkerung ist in der Tourismusbranche beschäftigt. Junge muslimische Frauen aus der Mittelschicht können oftmals ihren Partner selbst wählen. Die Beschneidung der Sasak-Jungen findet zwischen dem sechsten und elften Lebensjahr statt, und im Anschluss an den Festzug durchs Dorf gibt es ein rauschendes Fest.

Vor Häusern und in den Straßen werden zu Zeremonien wie Galungan große dekorierte Bambusrohre namens *penjor* aufgestellt. Die Künstler, die solche Rohre gestalten, verleihen ihnen einen persönlichen Stil; allen gemeinsam ist aber die Ähnlichkeit mit dem Schweif des Barong und der Gestalt von Gunung Agung. Besonders auffällig sind die dekorativen Endstücke, genannt *sampian.*

Wetu Telu

Die vermutlich in Bayan, in Nord-Lombok, entstandene einheimische Religion Wetu Telu ist allein auf Lombok anzutreffen. Heute nur von einer Minderheit der Sasaks praktiziert, war sie noch bis 1965 die vorherrschende Glaubensrichtung der Bevölkerung im Norden Lomboks. Dann verfügte der neu gewählte Präsident Suharto, dass alle Indonesier Angehörige einer offiziellen Religionsgemeinschaft zu sein hätten. Einheimische Glaubensrichtungen wie Wetu Telu wurden nicht anerkannt. Die meisten ihrer heutigen Anhänger geben deshalb offiziell vor, Muslime zu sein, während sie in Wahrheit Wetu-Telu-Traditionen folgen und deren Rituale praktizieren. Bayan ist nach wie vor die Wetu-Telu-Hochburg. Dort kann man die Gläubigen an ihrem weißen Stirnband *(sapu puteq)* und ihrem weißen wallenden Gewand erkennen.

Wetu bedeutet „Ergebnis" in Sasak und telu heißt „drei" – möglicherweise ein Hinweis auf die komplexe Mischung von balinesischem Hinduismus, Islam und Animismus, die diese Religion ausmacht. Sie lehrt, dass eine Trinität alle wichtigen Aspekte des Lebens absichert. Wie die orthodoxen Moslems glauben die Wetu-Telu-Anhänger an Allah und an

Mohammed als seinen Propheten. Jedoch beten sie nur dreimal täglich und halten auch nur drei Fastentage im Ramadan ein.

Die Gläubigen beerdigen ihre Toten mit dem Kopf Richtung Mekka, und auch alle offiziellen Gebäude haben eine nach Mekka ausgerichtete Betnische. Eine Pilgerfahrt dorthin ist jedoch nicht vorgeschrieben. Ähnlich den balinesischen Hinduisten glauben die Wetu-Telu-Anhänger, dass die spirituelle Welt eng mit der materiellen verzahnt ist. Gunung Rinjani gilt als der heiligste Ort für die Gläubigen.

Marapu

Auf Sumbawa basiert die traditionelle Religion auf *Marapu*. Hierbei handelt es sich um einen Sammelbegriff aller spirituellen Kräfte der Insel, darunter Götter, Geister und Ahnen. Nach ihrem Tod gehen die Verstorbenen in eine unsichtbare Welt über, von der aus sie die Welt der Lebenden beeinflussen können. *Marapu mameti* ist der Sammelname für alle Toten. Die Lebenden können die Toten, vor allem ihre Verwandten, um Hilfe bitten, doch die Toten können auch Schaden zufügen, wenn man sie reizt. Die *Marapu maluri* sind die Urmenschen, die von Gott auf die Erde gebracht wurden. Ihre Kraft konzentriert sich an bestimmten Orten oder in bestimmten Gegenständen, die von den Familien oft auf den Dachböden ihrer strohgedeckten Häuser verwahrt werden.

Christentum

Auf Flores sind rund 85 % der Einwohner katholisch, aber in ländlichen Gegenden verschmilzt das Christentum mit den *adat*, den traditionellen Regeln und Gesetzen.

Balinesische Zeremonien & Rituale

Balinesen nehmen alljährlich an Dutzenden von Zeremonien in Familien-, Dorf- und Distrikttempeln teil – zusätzlich zu den täglich durchzuführenden Ritualen. Die meisten Arbeitgeber erlauben ihren Mitarbeitern, in ihre Dörfer zurückzukehren, um ihren dortigen Verpflichtungen nachzukommen. Diese Feste verschlingen einen beträchtlichen Teil des Verdienstes und viel Zeit. Obwohl viele Chefs dies beklagen, bleibt ihnen nichts anderes übrig, wenn sie keinen Personalstreik riskieren wollen. Für Touristen hingegen bedeutet dies einen Glücksfall, auf diese Weise haben sie doch reichlich Gelegenheit, diese traditionellen Zeremonien kennenzulernen.

Die Rituale bilden den einheitsstiftenden Mittelpunkt im Leben eines jeden Balinesen, sie sind äußerst unterhaltsam, fördern die Persönlichkeitsentwicklung und den Frohsinn. Jedes Kultfest findet an einem günstigen Datum statt, das ein Priester zuvor bestimmt hat, und wird oftmals begleitet von Banketten, Tanz-, Theater- und Musikdarbietungen. Diese sollen die Götter gnädig stimmen, damit sie auch weiterhin die bösen Kräfte abwehren. Die wichtigsten Kultfeste sind Nyepi, es ist verbunden mit einem der seltenen Tage völliger Ruhepause, und Galungan, ein zehntägiges Zusammensein mit den Ahnengeistern, bei dem der Sieg des Guten über das Böse gefeiert wird.

Bei der Tourist Information von Ubud (www.fabulousubud.com) kann man sich über Feuerbestattungen und andere Zeremonien informieren, die in unregelmäßigen Abständen stattfinden. Gut ist auch die Website www.ubudnowandthen.com.

Wegen ihres Glaubens an das Karma ist nach Vorstellung der Balinesen jeder selbst für sein Unglück verantwortlich, da dies auf ein Zuviel an *adharma* (das Böse) zurückzuführen ist. Dieser Zustand verlangt nach dem Reinigungsritual *ngulapin*, um Vergebung und erneuten spirituellen Schutz von den Göttern zu erbitten. Bei diesem Ritual muss ein Tier geopfert werden, auch wird es häufig mit einem Hahnenkampf verbunden, um das Verlangen des bösen Geistes nach Blut zu stillen.

Kulthandlungen werden auch zur Überwindung von schwarzer Magie vollzogen sowie zur Reinigung von *sebel* (magische Unreinheit), die sich

BALI STELLT SICH TOT

Nyepi

Dies ist das größte Reinigungs-Kultfest auf Bali, durch das alle bösen Geister ausgetrieben werden sollen, wenn das Jahr neu beginnt. Es fällt in den März oder April nach dem hinduistischen *caka*-Kalender, welcher dem Mondzyklus folgt und dem westlichen Kalender entspricht, was die Länge des Jahres betrifft. Mit Beginn des Sonnenaufgangs erstirbt jedes Leben auf der Insel für 24 Stunden. Keine Flugzeuge dürfen landen oder starten, keine Autos jedweder Art verkehren und keine Energiequellen benutzt werden. Keiner, das gilt auch für die Touristen, darf sich auf der Straße blicken lassen. Der kulturelle Hintergrund ist, dass die bösen Geister durch Nyepi hinters Licht geführt werden und denken sollen, ganz Bali sei aufgegeben worden, sodass sie enttäuscht anderswo hinziehen.

Für die Balinesen ist Nyepi ein Tag der Meditation und Besinnung. Für Ausländer sind die Regeln nicht so streng, solange der „Tag des Schweigens" beachtet wird und niemand seine Unterkunft oder sein Hotel verlässt. Wer aber trotzdem nach draußen geht, wird alsbald von einem gestrengen *pecalang* (Dorfpolizisten) wieder dorthin zurückgebracht.

So abschreckend dies auch klingen mag, es ist tatsächlich wunderbar, an Nyepi auf Bali zu sein. Erstens ist da das geniale Konzept, einen Tag zum Nichtstun verdammt zu sein. Die Zeit kann verwendet werden, um Schlaf nachzuholen oder wieder einmal in Ruhe ein Buch zu lesen. Man kann den Tag für ein Sonnenbad nutzen, um Postkarten zu schreiben oder für Brettspiele ... alles ist möglich, sofern man die bösen Geister nicht reizt! Zweitens: Am Vorabend von Nyepi finden farbenprächtige Feste statt.

Ogoh-Ogoh!

In den Wochen vor Nyepi werden überall auf der Insel riesige kunstvoll gestaltete Monsterfiguren, *ogoh-ogoh* genannt, angefertigt. Da jeder in der Gesellschaft in den Prozess einbezogen ist, herrscht rund um die Uhr ein fieberhaftes Treiben an den jeweiligen Arbeitsorten. Sieht man einen Platz, auf dem ein derartiges Monster zusammengebaut wird, findet sich vor ihm meist auch ein Schild mit der Bitte um finanzielle Unterstützung. Wenn man beispielsweise 50 000 Rp beisteuert, gilt man als ein richtiggehender Sponsor und erwirbt sich große Glaubwürdigkeit.

Am Abend vor Nyepi werden überall auf Bali die bösen Geister mit gigantischen Zeremonien hervorgelockt. Ihr Treffpunkt soll angeblich auf der Hauptstraßenkreuzung des jeweiligen Dorfes sein und daher vollführen die Priester auch eben dort ihre exorzistischen Rituale. Anschließend explodiert die gesamte Insel geradezu in Pseudo-„Anarchie": *Kulkuls* (Trommeln aus ausgehöhlten Baumstämmen) sowie andere Schlaginstrumente und Blechbüchsen werden geschlagen und Feuerwerkskörper gezündet. Dabei ruft die Menge: *„megedi megedi!"* („verschwindet!"), um die bösen Geister zu vertreiben. Das große Finale ist gekommen, wenn alle *ogoh-ogoh* in Flammen aufgehen. Sollte irgendeiner der Dämonen dennoch das wilde Treiben überlebt haben, wird er – so heißt es – durch das tödliche Schweigen am nächsten Morgen aus dem Dorf vertrieben.

Aus christlicher Sicht gibt es überraschende Parallelen zur Zeit vor Ostern, insbesondere zum Aschermittwoch und den vorausgehenden ausgelassenen Karnevalstagen.

2020 fällt Nyepi auf den 25. März und 2021 auf den 14. März.

nach einer Geburt oder einem Todesfall einstellt sowie bei Menstruation und Krankheit.

Zusätzlich zu allen genannten Zeremonien gibt es im Leben eines jeden Einzelnen 13 wichtige Übergangsrituale. Das aufwendigste und teuerste ist das letzte Übergangsstadium – die Feuerbestattung.

Geburt & Kindheit

Die Balinesen glauben, dass ein Baby die Wiedergeburt eines Vorfahren ist, und ehren es entsprechend. Während der Geburt werden Opfergaben dargebracht, mit denen für das Wohlergehen der Mini-Gottheit gesorgt werden soll. Nach der Geburt werden die Nachgeburt, die Nabelschnur, das Nabelschnurblut und das Fruchtwasser – sie repräsentieren die vier beschützenden spirituellen Brüder des Säuglings – im Familienanwesen beerdigt.

Neugeborene werden während der ersten drei Monate buchstäblich überall hingetragen, da sie den „unreinen" Boden bis nach dem Reinigungsritual nicht berühren dürfen. Das Baby wird nach 210 Tagen (das erste Jahr nach balinesischer Zeitrechnung) im Ahnentempel gesegnet, und dann gibt es ein aufwendiges Fest. Später verlieren Geburtstage ihre Bedeutung, und viele Balinesen können daher auch nicht genau sagen, wie alt sie eigentlich sind.

Ein Übergangsritus beim Eintritt ins Erwachsenenalter – und Voraussetzung für eine Heirat – ist die Zahnfeil-Zeremonie, die etwa im Alter zwischen 16 und 18 Jahren stattfindet. Ein Priester feilt einen Teil der Oberkieferzähne, die beiden Eckzähne und die Schneidezähne, um diese abzuflachen. Spitze Eckzähne sind schließlich ein bezeichnendes Merkmal von Hunden und bösen Geistern. Die Balinesen behaupten, die Prozedur tue nicht weh, sie vergleichen sie mit dem Essen von sehr kaltem Eis: ein wenig unangenehm, aber nicht schmerzhaft. Diese Zeremonien finden vor allem im Juli und August statt.

Ein weiteres wichtiges Ereignis im Leben von Mädchen ist die erste Menstruation; aus diesem Anlass findet eine Reinigungszeremonie statt.

Bei der balinesischen Zeremonie des Zähneabschleifens bekommt man am Ende ein köstliches *jamu* (Kräuterelixier) aus frisch gepresser Kurkuma, Betelnusssaft, Limettensaft und Honig.

Heirat

Durch die Heirat wird der soziale Status einer Person auf Bali bestimmt. Sie macht den Mann automatisch zum Mitglied des *banjar*, einer Nachbarschaftsorganisation. Die Balinesen glauben, dass sie als Volljährige verpflichtet sind, zu heiraten und Kinder in die Welt zu setzen, darunter zumindest einen Sohn. Scheidung ist selten, da die geschiedene Frau dadurch den Kontakt zu ihren Kindern verliert.

Der ehrenwerte Weg zur Heirat, *mapadik*, vollzieht sich durch den Besuch der Familie des Mannes bei der Familie der Frau, um dieser den Heiratsantrag zu unterbreiten. Doch die Balinesen haben auch Sinn für Spaß, und einige bevorzugen daher die Heirat durch *ngrorod* (Entführung oder „Kidnapping"). Wenn dann das Paar ins Dorf zurückkehrt, wird die Heirat offiziell anerkannt, und jeder freut sich, ein tolles Hochzeitsfest feiern zu können.

Zur Hochzeitszeremonie gehören komplexe Symbole, die aus der Reisanbaukultur des Landes hergeleitet sind. So trägt der Bräutigam wie ein Bauer Nahrungsmittel auf den Schultern, während die Braut vorgibt, landwirtschaftliche Produkte anzubieten – beides Zeichen für die wirtschaftliche Unabhängigkeit des Paares. Andere Handlungen erklären sich von selbst: So gräbt der Mann ein Loch in die Erde, und die Frau legt einen fruchtbaren Samen hinein; zuvor hat der Mann seinen Dolch gezogen und eine unversehrte Matte aus Kokosfasern durchbohrt, die der Frau gehört.

Schwarze Magie hat auf Bali immer noch viele Anhänger, und bei Krankheiten konsultiert man gern die Geistheiler oder *balian*. Über die Macht dieser Magie sind allerlei Geschichten im Umlauf. Streitigkeiten unter Verwandten oder Nachbarn führt man ebenso wie plötzliche Todesfälle auf magische Verwünschungen zurück.

Tod & Feuerbestattung

Der Körper ist nach balinesischem Glauben lediglich eine Hülle für die Seele und wird nach dem Tod in einer aufwendigen Zeremonie verbrannt, damit der Sorge um die Seele des Ahnen Genüge getan wird. An ihr nimmt die gesamte Gemeinschaft teil. War der Verstorbene eine hochstehende Persönlichkeit, ein Angehöriger des Adels etwa, kann es sich um ein überaus spektakuläres Ereignis mit Tausenden von Teilnehmern handeln.

Wegen der finanziellen Belastung selbst einer bescheidenen Feuerbestattung (geschätzt etwa 7 Mio. Rp) und der Notwendigkeit, einen glücklichen Tag dafür abzuwarten, werden die Verstorbenen oft – manchmal für Jahre – zunächst beerdigt und später für eine Massenleichenverbrennung wieder exhumiert.

Der Leichnam wird in einem hohen, unglaublich kunstvoll gefertigten Verbrennungsturm aus mehreren Etagen auf den Schultern einer Gruppe von Männern zur Begräbnisstätte transportiert. Die Turmgröße hängt von der Bedeutung des Verstorbenen ab. Bei der Beerdigung eines Brahmanen oder *radja* werden unter Umständen Hunderte von Männern benötigt, um den aus elf Etagen bestehenden Turm bewegen zu können.

Unterwegs beginnen die Träger, den Leichnam in die Irre zu führen, damit er nicht mehr nach Hause zurückfindet: Er wird als unreine Verbindung zur materiellen Welt angesehen, und die Seele muss aus ihm befreit werden, damit sie in ein höheres Stadium eintreten kann. Die Männer beginnen, den Turm durchzuschütteln, laufen mit ihm im Kreis herum, simulieren kriegerische Handlungen, gießen Wasser auf ihn und gehen allgemein ziemlich grob mit ihm um – alles andere als eine nach westlichen Vorstellungen würdevolle Begräbnisprozession.

Am Verbrennungsplatz angekommen, wird der Leichnam zu einem Sarkophag getragen, dessen Aussehen erkennen lässt, welcher Kaste der Verstorbene angehört. Schließlich geht alles in Flammen auf, und die Asche wird dem Meer übergeben. Nun ist die Seele befreit und kann in den Himmel aufsteigen, um dort auf ihre Reinkarnation – normalerweise als Enkelkind – zu warten.

Üblicherweise dürfen rücksichtsvolle Fremde, die sich dem Ereignis angemessen verhalten, bei Kremationen zugegen sein. Es lohnt sich immer, herumzufragen oder sich im Hotel danach zu erkundigen, ob jemand etwas über ein solches Ereignis weiß. Auch die Tourist Information Ubud ist eine wertvolle Informationshilfe.

Hahnenkämpfe sind wegen der damit verbundenen Wetten zwar illegal, gelten aber trotzdem als Lieblingssport der Balinesen. Wer einen Kampf sehen möchte, findet ihn leicht. Ein Indiz sind immer eine große Anzahl von Autos und Mopeds, die am Straßenrand parken, ohne dass die dazu gehörigen Leute zu sehen wären. In Pantai Masceti im Osten von Bali gibt es sogar eine große Arena nur für Hahnenkämpfe.

Opfergaben

Wo auch immer man sich gerade aufhält, überall lassen sich Frauen beobachten, die ihre alltäglichen Opfergaben darbringen – am Familien-Opferstock im eigenen Haus, in Hotels, Geschäften und an anderen öffentlichen Orten. Es gibt mit Sicherheit auch mit großem Pomp gefeierte Zeremonien zu sehen, bei denen die gesamte Dorfgemeinschaft im Festtagsgewand aufmarschiert, und die Polizei die Straße wegen einer spektakulären, nicht selten mehrere Hundert Meter langen Prozession absperrt. Die Männer spielen Gamelan (traditionelle balinesische und javanische Orchestermusik), und die Frauen balancieren kunstvoll aufgestapelte Opfergaben aus Früchten gekonnt auf ihrem Kopf.

Diese Zeremonien haben nichts Artifizielles. Tanz- und Musikdarbietungen in Hotels hingegen zählen zu den wenigen Events, die eigens für Touristen „aufgeführt“ werden. Aber auch sie spiegeln die Art und Weise wider, wie Balinesen traditionell ihre Besucher willkommen heißen, die sie *tamu* (Gäste) nennen. Andererseits zeigen sie authentisch, wie die Balinesen ihr tägliches Leben ohne Zuschauer bewältigen würden.

Dörfliches Leben

Das dörfliche Leben findet nicht nur in Dörfern auf dem Land statt. Praktisch jeder Ort in dieser Region ist auf seine Weise eine Art Dorf. Das gilt besonders für Bali, wo das *banjar*, die organisierte Nachbarschaft, eine zentrale Rolle spielt.

Ortsrecht auf Balinesisch

Die über 3500 *banjar* unterhalb der Provinzregierung Balis verfügen über eine ungeheure Macht. Der *banjar*, seine Mitglieder sind die verheirateten Männer einer bestimmten Region (ihre Zahl schwankt zwischen 50 und 500), kontrollieren die meisten dörflichen Aktivitäten, sei es die Planung eines Tempelfestes oder eine wichtige Entscheidung im

Zusammenhang mit der Landnutzung. Entschieden wird durch Konsens und wehe dem, der sich vor seiner Verantwortung drückt. Dann wird ein Bußgeld oder Schlimmeres verhängt: Ausschluss aus dem *banjar*. In Balis höchst gemeinschaftlich strukturierter Gesellschaft, in der das eigene Dorf den Lebensmittelpunkt und damit die Identität eines Menschen darstellt – aus diesem Grund lautet eine Standardbegrüßung „Wo bist du her?" –, ist ein Ausschluss gleichbedeutend mit der Todesstrafe.

Obwohl auch Frauen und sogar Kinder dem *banjar* angehören können, nehmen nur Männer an den Versammlungen teil, bei denen wichtige Entscheidungen getroffen werden. Frauen, die nicht selten in Touristenregionen ein Gewerbe betreiben, müssen daher über ihre Männer ihren Einfluss geltend machen, wenn sie möchten, dass eine Entscheidung in ihrem Sinne getroffen wird. Außenstehende einer Dorfgemeinschaft lernen sehr schnell, dass man sich dem *banjar* nicht entgegenstellt: Ganze Straßenzüge mit zahlreichen Restaurants und Bars sind schon auf seine Weisung geschlossen worden. Die Versammlung hatte entschieden, dass die Sorgen der Dorfgemeinschaft hinsichtlich Lärmbelästigung nicht berücksichtigt worden waren.

Motorräder sind ein unverzichtbarer Bestandteil des täglichen Lebens. Mit ihnen lassen sich Bananenstauden und Reissäcke zum Markt transportieren, aber auch ganze Familien in Festtagsgewändern fahren auf Motorrädern zum Tempel. Junge Hotelangestellte fahren mit ihnen zur Arbeit, und man sieht sogar Kinder von sechs Jahren allein auf Motorrädern durch kleine Dörfer fahren.

Reisanbau

Der Reisanbau bildet das Rückgrat der ganz auf die Dorfgemeinschaft ausgerichteten Gesellschaft im ländlichen Bali. Jede Familie baut so viel Reis an, wie sie für ihren eigenen Bedarf und für die Opfergaben benötigt, eventuell noch einen kleinen Überschuss zum Verkauf auf dem Markt. Die populärste Gottheit der Insel ist Dewi Sri, die Göttin der Landwirtschaft, der Fruchtbarkeit und des Erfolgs.

Subak: Balinesische Bewässerung

Wegen des komplexen Arbeitsablaufs bei der Bestellung und Bewässerung der Terrassenfelder in gebirgigem Terrain ist es notwendig, dass alle Mitglieder der Dorfgemeinschaft zusammenarbeiten und Verantwortung übernehmen. Nach einem Jahrhunderte alten System werden die Felder mittels eines Netzwerks aus Kanälen, Dämmen, Bambusrohren und durch Felsen gebohrte Tunnel bewässert. Gespeist wird das System aus den vier Gebirgsseen und den das Land durchziehenden Flüssen. Über 1200 *subak* (Bewässerungsgemeinschaften) wachen demokratisch über die gerechte Wasserzuteilung. Jeder Bauer muss Mitglied seines örtlichen *subak* sein, der wiederum die Basis jedes mächtigen *banjar* darstellt.

Allerdings hat sich die Struktur der Zivilgesellschaft Balis durch den Tourismus gewandelt: Aus einer überwiegend homogenen Agrargesellschaft ist eine heterogene Bevölkerungsstruktur erwachsen mit unterschiedlichsten Aktivitäten und Lebensstilen. Doch immer noch bestimmt der Gemeinschaftssinn, der seinen Ursprung im Reisanbau hat, den Verhaltenskodex des täglichen Lebens, selbst in der Stadt. *Subak* ist ein wirklich faszinierendes demokratisches System; 2012 wurde es in die Unesco-Weltkulturerbeliste aufgenommen.

Kunst & Kultur

Balis lebendige Kunstszene sorgt dafür, dass die Insel so viel mehr ist als nur ein tropisches Urlaubsparadies, und dasselbe gilt für die anderen Inseln der Region. In Malerei, Skulptur, Tanz und Musik offenbart sich eine Kunstfertigkeit, die bleibende Eindrücke hinterlässt.

Das Kultbuch von Colin McPhee über Tanz und Kultur Balis, *A House in Bali* (1946), war Vorlage für die gleichnamige Oper. Die Musik stammt von Evan Ziporyn, einem Komponisten, der viel Zeit in Ubud verbracht hat.

Eine Insel der Künstler

Bedeutsam und geradezu erstaunlich ist der Umstand, dass es trotzdem kein balinesisches Wort für „Kunst" oder „Künstler" gibt. Bis zu jenem Zeitpunkt, als der Touristenstrom auf die Insel einsetzte, dienten Kunstformen ausschließlich religiösen und rituellen Zwecken und waren den Männern vorbehalten. Bilder und Skulpturen wurden nur geschaffen, um Tempel und Heiligtümer auszuschmücken. Mit Musik, Tanz und Theateraufführungen sollten die Götter unterhalten werden, wenn sie zu bestimmten Anlässen nach Bali zurückkehrten. Balinesischen Künstlern ging es nicht darum, sich voneinander zu unterscheiden oder ihre Persönlichkeit auszudrücken, ihnen war wichtig, der Tradition treu zu bleiben oder auf der Grundlage der Tradition neue Ideen zu entwickeln.

Das änderte sich erst gegen Ende der 1920er-Jahre, als sich eine Reihe ausländischer Künstler in Ubud ansiedelte, um von den Balinesen zu lernen – und anschließend Kunst zu einem einträglichen Geschäft zu machen. Heute ist Kunst praktisch ein eigener Wirtschaftszweig. Und Ubud gilt unumstritten als *das* balinesische Künstlerzentrum schlechthin. Aus allen Ecken der Welt zieht es Künstler immer noch hierher – seien es japanische Glasbläser, javanische Maler oder europäische Fotografen.

Auf der gesamten Insel wimmelt es förmlich von Galerien und Kunsthandwerksläden; Steinmetzarbeiten, Holzschnitzereien und Bilder sind dort hoch gestapelt und verlocken zum Kauf. Manches davon ist schnell wieder aus der Mode und so manches reichlich kitschig oder peinlich vulgär (ein drei Meter hoher Godzilla-Penis ist schließlich nicht jedermanns Sache), doch man stößt auch auf viele wirklich außergewöhnliche Werke.

Tanz

Allein auf Bali gibt es mehr als ein Dutzend verschiedener Tänze, alle mit strenger Choreografie und dem Zwang zu äußerster Disziplin. Die meisten der Tänzer haben sich ihre Kunst durch hartes Training mit einem Lehrmeister angeeignet. Eine Bali-Reise wäre mit Sicherheit unvollständig, wenn man nicht mindestens einmal einen dieser Tänze gesehen hätte. Es gibt dabei unterschiedliche Stilrichtungen, vom eher drolligen Barong bis zum anspruchsvollen Legong. Eines ist der balinesische Tanz gewiss nicht: statisch. Die besten Tanzgruppen, wie zum Beispiel Semara Ratih in Ubud, arbeiten ständig an ihrem Repertoire.

Bei jedem Fest gibt es gute Tanzvorstellungen, außergewöhnliche Aufführungen finden in Ubud statt. Sie werden in der Regel abends dargeboten, dauern etwa 90 Minuten und es stehen acht oder mehr Programme zur Auswahl.

Mit etwas Nachforschen und gutem Timing gelingt es, eine Vorstellung zu sehen, die Teil einer Tempelzeremonie ist. Dabei lässt sich die ganze Schönheit des balinesischen Tanz- und Musikerbes erleben, so wie es ursprünglich gedacht war. Die Aufführungen können mehrere Stunden dauern. Es tut gut, sich in die hypnotische Musik und die anmutigen Bewegungen der Tänzer zu vertiefen; interessant ist auch, wie die Zuschauer mitgehen. In Ubud gibt es auch verschiedene Kurse für Musik, Theater und Tanz.

In Anbetracht der geringen Aufmerksamkeitsspanne der Touristen bieten viele Hotels ein Potpourri an Tänzen - ein bisschen Kecak, etwas Barong und zur Abrundung noch eine Kleinigkeit Legong. Das sind Minidarbietungen mit wenigen Musikern und Tänzern.

Kecak

Der wegen seiner atemberaubenden Atmosphäre wahrscheinlich bekannteste Tanz ist der Kecak, bei dem Männer und Jugendliche in konzentrischen Kreisen sitzen und allmählich in Trance geraten, während sie ihr „chak-a-chak-a-chak" singen, eine Nachahmung der Affenrufe. Das Ganze wird oft „Stimmen-Gamelan" genannt und dient als einzige Begleitung tänzerischer Darbietungen von Szenen aus dem *Ramayana*, der Liebesgeschichte zwischen dem Prinzenpaar Rama und Sita.

Die Kecak-Version für Touristen entstand in den 1960er-Jahren. Präsentiert wird die spektakuläre Darbietung in Ubud (beim Krama Desa Ubud Kaja singen bis zu 80 halbnackte Männer auf fast hypnotische Weise) und im Pura Luhur Ulu Watu.

Balinese Dance, Drama and Music: A Guide to the Performing Arts of Bali von I Wayan Dibia und Rucina Ballinger ist ein prächtig illustrierter, sehr empfehlenswerter Führer zu Balis Theater und Musik.

AFFEN & UNGEHEUER

Die härteste Konkurrenz für den Kecak sind die Barong- und Rangda-Tanzdarbietungen für ausländische Besucher. Auch hier geht es wieder um den Kampf zwischen Gut (Barong) und Böse (Rangda).

Der Barong ist ein guter, aber spitzbübischer und liebenswerter Löwenhund mit riesigen Augen und einem riesigen Maul, das ständig auf und zu klappt, was für eine gewisse Dramatik sorgt. Er gilt als Schutzpatron der Dörfer und die Schauspieler sind in Pelzkostüme gekleidet. Der Barong gilt als heilig, weshalb er auch oft bei Prozessionen und Ritualen erscheint.

Gar nicht heilig sind jedoch die Freunde Barongs. Oft sind es Affen, die ihm mit ihren Späßen die Schau stehlen – die Darsteller nutzen die Freiheiten, die ihnen eingeräumt werden, gern und reichlich aus.

Die Hexenkönigin Rangda hingegen ist durch und durch böse. Ihre Macht wurzelt in der Schwarzen Magie und wirkt zerstörerisch. Sie sieht furchterregend aus – mit langen Fingernägeln, einer heraushängenden Feuerzunge, einer wilden Haarmähne und riesigen Brüsten.

Immer geht es um den Kampf zwischen Rangda und Barong. Dessen Anhänger zücken ihre Dolche, um ihm zu helfen. Durch einen Zauber versetzt die Hexe allerdings Barongs Helfer in Trance, bis sie ihre Dolche gegen sich selbst richten. Doch Barong bricht schließlich diesen Zauber, sodass ihnen nichts geschieht. Das Ganze ist ein prächtiges Spektakel.

Zur Aufführung gehört auch der Auftritt eines Priesters *(pemangku)*, der die Tänzer aus ihrer Trance zurückholt und währenddessen ein Huhn opfert, um alle bösen Geister zu besänftigen.

In Ubud gibt es unterschiedliche Varianten des Tanzes, teils gruselig und teils eher komödiantisch.

Barong-Masken sind begehrte Mitbringsel; besonders schöne Exemplare gibt es im Dorf Mas südlich von Ubud.

Legong

Der durch leuchtende Augen und ruhelose Handbewegungen geprägte Tanz wird von jungen Mädchen aufgeführt. Ihr Talent wird so sehr geschätzt, dass sie noch in hohem Alter als „große Legong" gelten.

Peliatans berühmte Tanzgruppe Gunung Sari, die oft in Ubud auftritt, zeigt ihren Legong Keraton (Palast-Legong). Die Tänzer in dieser stark stilisierten, symbolbeladenen Geschichte sind sorgfältig hergerichtet und treten in Gewändern aus Goldbrokat auf. In ihrem Tanz geht es um die Geschichte eines Königs, der ein junges Mädchen entführt, was zu einem Krieg führt, der den König das Leben kostet.

Sanghyang & Kecak-Feuertanz

Diese Tänze sollen böse Geister vom Dorf fernhalten. Sanghyang ist ein göttlicher Geist, der zeitweise einem Trancetänzer innewohnt. Der Sanghyang wird von zwei jungen Mädchen mit geschlossenen Augen, dabei in vollkommener Harmonie und in der Art eines Traums getanzt. Männliche und weibliche Chöre bilden einen Hintergrund dazu, bis die zwei Tänzerinnen erschöpft zu Boden sinken. Dann besprengt sie ein *pemagku* mit geweihtem Wasser und holt sie aus der Trance in die Wirklichkeit zurück.

Frauen bringen oft Gaben in einen Tempel und tanzen dort den Pendet; Augen, Kopf und Hände vollführen dabei spektakuläre, kontrollierte und koordinierte Bewegungen. Jede kleinste Bewegung des Handgelenks, der Hand, der Finger hat eine bestimmte Bedeutung.

Beim Sanghyang Jaran reitet ein junger Mann in Trance tanzend auf einer Art Steckenpferd um ein Feuer aus Kokosnussschalen. Eine Abwandlung davon ist der Kecak-Feuertanz, der in Ubud fast täglich aufgeführt wird.

Weitere Tänze

Baris ist die männliche Entsprechung zum Legong, nämlich eine Art Kriegstanz. Ein ausgebildeter Baris-Tänzer muss in der Lage sein, die Gedanken und Gefühle eines Kriegers auszudrücken, der sich auf den Kampf vorbereitet und dann auf seinen Gegner trifft: Ritterlichkeit, Stolz, Zorn, Heldentum und schließlich Bedauern.

Beim Topeng-Tanz agieren die Tänzer entsprechend den Masken, die sie tragen. Das erfordert viel Kunstfertigkeit, weil die Tänzer nichts durch Mimik ausdrücken können, sondern nur durch den Tanz selbst.

Tanz auf Lombok

Auf Lombok gibt es eine Reihe einzigartiger Tänze, allerdings werden sie nicht so stark vermarktet wie auf Bali. Aufführungen kann man in einigen Spitzenhotels erleben, außerdem in dem für seine Tanztradition bekannten Ort Lenek. Im Juli gibt es in Senggigi Tanz und *gendang beleq* (große Trommel). Das ist ein dramatischer Kriegstanz, dargeboten von Männern und Jugendlichen im Osten und in der Mitte von Lombok, die eine Reihe ungewöhnlicher Musikinstrumente spielen.

Mekar Bhuana (www.balimusicanddance.com), eine in Denpasar beheimatete Gruppe, hat sich die Bewahrung und Präsentation seltener alter balinesischer Tänze und Gamelanmusik zur Aufgabe gemacht. Die Gruppe sponsert Aufführungen und bietet Unterricht an.

Musik

Balinesische Musik basiert auf dem Gamelan-Orchester, kurz auch *gong* genannt. Traditionell heißt es *gong gede* und umfasst bis zu 40 Musiker. Ältere Gamelan-Musik namens *selunding* kann man gelegentlich noch in Aga-Dörfern wie Tenganan hören.

Die moderne und beliebte Form eines *gong gede* ist *gong kebyar* mit bis zu 25 unterschiedlichen Instrumenten. Die melodische Musik untermalt oft traditionelle Tänze.

Die vorherrschende Stimme in der balinesischen Musik liefert das xylophonartige *gangsa*. Tempo und Charakter der Musik sind bestimmt von zwei *kendang*-Trommeln. Weitere Instrumente sind die *trompong*-Trommeln, die kleinen *kempli*-Gongs und *cengceng* sowie Zimbeln für schnellere Passagen. Nicht alle Instrumente erfordern große Fertigkeiten; das Musizieren selbst ist jedenfalls fest in den dörflichen Traditionen verankert.

Viele Läden in Südbali und rund um Ubud verkaufen Gongs, Flöten, Bambus-Xylophone und Bambus-Glocken. Man sollte auch online nach Download-Möglichkeiten schauen.

Genggong

Beim *genggong* auf Lombok wird nur ein Minimum an Instrumenten eingesetzt, darunter eine Bambusflöte, ein *rebab* (gebogene Laute mit zwei Saiten) und Klopfer. Sieben Musiker begleiten ihre Darbietung mit Tanzbewegungen und stilisierten Gesten.

Wayang Kulit

Diese Theaterform ist weit mehr als bloße Unterhaltung. Seit Jahrhunderten erinnert das Schattenspiel im kerzenbeleuchteten Raum eher an den Geist des antiken griechischen Dramas. (Der Begriff „Drama" ist abgeleitet vom Griechischen *dromenon*, einem religiösen Ritual.) Die Aufführungen sind recht lang und zudem überaus eindringlich – sie können mehr als sechs Stunden dauern, manchmal sogar bis zum Sonnenaufgang.

Ursprünglich bestand der Zweck dieser Theaterform darin, die Ahnen zurück ins Leben zu holen, wobei den bemalten Lederpuppen große Zauberkraft zugeschrieben wurde. Eine fast mystische Figur ist der *dalang*, der Puppenspieler und Erzähler. Er agiert bemerkenswert geschickt und sehr ausdauernd, während er hinter seinem „Bildschirm" sitzt, die Puppen bewegt und seine Geschichten erzählt, oft in mehreren Mundarten.

Die Geschichten gehen hauptsächlich auf hinduistische Epen wie das *Ramayana* und das *Mahabharata* zurück.

Zu sehen bekommt man Aufführungen in Ubud (dort allerdings abgekürzt auf besuchergerechte zwei Stunden).

Ein *arja*-Drama ähnelt in vielem dem *wayang-kulit*-Puppentheater: in der melodramatischen Handlung, den Soundeffekten aus dem Hintergrund und dem Figurenpersonal aus eindeutig Guten (den kultivierten *alus*) und Schlechten (den unkultivierten *kras*). Die Aufführungen finden im Freien statt; manchmal wird auf der Bühne ein kleines Haus errichtet und am Höhepunkt der Show abgebrannt!

Malerei

Die balinesische Malerei ist wohl am stärksten von westlichen Einflüssen und Bedürfnissen beeinflusst. Die traditionelle Malerei orientierte sich an religiösen und mythologischen Motiven und diente der Tempel- und Palastdekoration. Die Farben wurden aus Ruß, Lehm und Schweineknochen hergestellt. In den 1930er-Jahren führten westliche Künstler einen Malstil ein, mit dem man auch Geld verdienen konnte. Um Touristen als Kunden anzusprechen, traten mehr und mehr Motive aus dem Alltagsleben in den Vordergrund, wobei zunehmend moderne Farben und Maltechniken zum Einsatz kamen. Das Ganze verbreitete sich schnell auf der Insel und erstmals widmeten sich auch Frauen der Malerei.

Folgende Stilrichtungen sind seither zu unterscheiden: der klassische Stil oder Kamasan, so benannt nach dem Ort nahe Semarapura; der Ubud-Stil, der sich seit 1930 unter dem Einfluss von Pita Maha entwickelte; der Batuan-Stil, der zeitgleich in einem nahe gelegenen Ort entstand; der Stil der Young Artists, die 1960 auf den Plan traten, beeinflusst vom holländischen Künstler Arie Smith. Trotz aller Einflüsse ist diese Malerei immer noch unverkennbar balinesisch geblieben.

Klassische Malerei

Es gibt drei Grundtypen der klassischen Malerei: *langse, iders-iders* und Kalender. *Langse* sind große, dekorative Wandbilder für Paläste oder Tempel mit *wayang*-Figuren (die an die Schattenspiele erinnern), Blumen-, Flammen- und Bergmotiven. *Iders-iders* sind Rollbilder, wie man sie in Tempeln aufhängt. Kalenderbilder haben eine ähnliche Funktion wie im Christentum – sie illustrieren wichtige Daten und Festlichkeiten oder sollen in die Zukunft weisen.

EINFLUSSREICHE WESTLICHE KÜNSTLER

Neben Arie Smit (der 2016 im Alter von 99 Jahren auf Bali starb) haben noch mehrere westliche Künstler Anfang und Mitte des 20. Jhs. großen Einfluss auf die balinesische Kunst ausgeübt, und zwar zu einem Zeitpunkt, als diese bereits auszusterben schien.

Walter Spies (1895–1942) Ein deutscher Künstler, kam 1925 erstmals nach Bali und ließ sich 1927 in Ubud nieder. Von dort aus prägte er das bis heute gültige Bild der balinesischen Kunst im Westen.

Rudolf Bonnet (1895–1978) Ein holländischer Künstler, der sich auf die menschliche Gestalt und das balinesische Alltagsleben konzentrierte. Viele klassische Bilder mit Marktszenen und Hahnenkämpfen gehen auf ihn zurück.

Miguel Covarrubias (1904–1957) Von dem mexikanischen Künstler stammt das Buch *Island of Bali*, noch immer ein Klassiker über die Insel und ihre Kultur.

Colin McPhee (1900–1965) Von diesem kanadischen Musiker stammt das Buch *A House in Bali*, eines der besten über die Insel. Die Berichte über balinesische Musik und Architektur darin sind amüsant geschrieben. Sein Einsatz für Musik und Tanz balinesischen Ursprungs war von großer Bedeutung.

Adrien Jean Le Mayeur de Merpres (1880–1958) Der belgische Künstler kam 1932 nach Bali und hat viel dazu beigetragen, die sinnenfreudige balinesische Kunst zu fördern, oft mit Unterstützung seiner Frau, der Tänzerin Ni Polok. Beiden ist ein oft unterschätztes Museum in Sanur gewidmet.

Langse-Gemälde haben dazu beigetragen, dem einfachen Volk *adat* (traditionelle Bräuche) zu vermitteln, ähnlich wie dies auch der althergebrachte Tanz und das Puppenspiel taten. Die stilisierten Figuren zeigen Gut und Böse: So werden romantische Gestalten wie Ramayana und Arjuna stets mit kleinen, schmalen Augen und feinen Gesichtszügen dargestellt, während Teufel und Krieger oft große Augen, grobe Gesichtszüge und Bärte besitzen. Die Gemälde erzählen (comic-artig) ganze Geschichten, die oft ihren Ursprung im *Ramayana* oder *Mahabharata* haben. Andere Motive entstammen den Kakawins-Gedichten oder es handelt sich um böse Geister aus der balinesischen Folklore – zu sehen etwa an der Decke der Kertha Gosa (Halle der Gerechtigkeit) in Klungkung (Semarapura).

Eine sorgfältig zusammengestellte Liste von Büchern über Kunst, Kultur, Schriftsteller, Tänzer und Musiker Balis findet sich unter www.ganeshabooksbali.com, auf der Website der ausgezeichneten Buchhandlung in Ubud (mit Filiale in Sanur).

Pita Maha

In den 1930-Jahren starb, von einigen Tempel-Aufträgen abgesehen, die alte balinesische Malerei nahezu aus. Doch dann gründeten die europäischen Künstler Rudolf Bonnet und Walter Spies zusammen mit Cokorda Gede Agung Surapati die Pita Maha, wörtlich übersetzt „die große Lebenskraft", um der religiös fundierten balinesischen Malerei eine wirtschaftliche Perspektive zu vermitteln. Ihre „Genossenschaft" umfasste auf dem Höhepunkt des Schaffens mehr als 100 Mitglieder und führte zur Gründung des Museums Puri Lukisan (S. 186) in Ubud, des ersten der balinesischen Kunst gewidmeten Museums.

Die von Bonnet und Spies inspirierten Neuerungen wirkten revolutionär. Balinesische Künstler wie der verstorbene I Gusti Nyoman Lempad, I Wayan Ketig, I Ketut Regig und Gus Made entwickelten ihren eigenen Malstil. Die komplexen Erzählungen wurden durch Einzelszenen ersetzt und romantische Legenden durch Alltagsbilder: Ernte, Märkte, Hahnenkämpfe, Opfergaben in Tempeln oder bei Leichenverbrennungen. So entwickelte sich der Ubud-Stil.

Maler aus Batuan behielten noch viele Elemente der klassischen Malerei bei. Sie beschrieben das Alltagsleben in mehreren Szenen, doch alles integriert in einem einzigen Werk – dazu gehörten Marktszenen, Bilder von der Reisernte, vom Tanz und sogar ein Windsurfer.

Auch die Maltechniken änderten sich; jahrhundertealte stilisierte Posen wichen realistischen Darstellungen. Das hatte damit zu tun, dass die Malerei nicht mehr nur der Tempel- und Palastgestaltung dienen sollte.

In gewisser Hinsicht ist der ursprüngliche balinesische Stil dennoch erhalten geblieben, nur sind die Bilder jetzt vollgepackt mit Details. In einem gemalten balinesischen Wald z. B. wimmelt es von Ästen, Blättern und Tieren aller Art, um die Fläche auszufüllen.

Dieser neue künstlerische Enthusiasmus wurde leider durch den Zweiten Weltkrieg und den Kampf um die Unabhängigkeit Indonesiens unterbrochen und erst durch die sogenannten Jungen Künstler (Young Artists) wiederbelebt.

Die Jungen Künstler

1956 hielt sich Arie Smit in Penestanan nahe Ubud auf und beobachtete einen elfjährigen Jungen, der im Straßenstaub zeichnete. Smit fragte sich, was der Junge wohl mit einer richtigen Malausrüstung zustandebringen könnte. Der Überlieferung nach stimmte der Vater Smits Idee, den Jungen zu unterrichten, erst zu, nachdem dieser sich bereit erklärte, Geld für jemanden zu zahlen, der die Enten der Familien hüten würde.

Weitere „junge Künstler“ schlossen sich dem ersten Schüler I Nyoman Cakra an, aber Smit unterrichtete sie nicht im eigentlichen Sinne. Er sorgte nur für Ausrüstung und Begeisterung und konzentrierte sich darauf, echte Talente zu entdecken. Heute ist daraus eine ganze Malschule geworden, das Ergebnis sind farbenfrohe Szenen aus dem ländlichen Alltagsleben, ein wichtiger Bestandteil der neueren balinesischen Malerei, die sich auch an Besucher wendet.

I Nyoman Cakra lebt noch immer in Penestanan und gesteht freimütig ein, dass er alles Smit zu verdanken hat. Weitere bekannte Namen sind I Ketut Tagen, I Nyoman Tjarka und I Nyoman Mujung.

Andere Stilrichtungen

Es gibt durchaus einige Abweichungen vom dominierenden Stil von Ubud und der „Young Artists“. Die Darstellung von Wäldern, Blumen, Schmetterlingen, Vögeln und anderen naturalistischen Motiven, bekannt unter dem Begriff Pengosekan, wurde ab 1960 populär. Wahrscheinlich geht dieser Stil auf Henri Rousseau zurück, von dem Walter Spies stark beeinflusst war. Typisch für diese Stilrichtung ist die Darstellung von Unterwasserwelten mit farbenfrohen Fischen, Korallenbänken und Meeresgetier. Irgendwo zwischen dem Pengosekan- und dem Ubud-Stil liegen die Miniatur-Landschaften, die vorwiegend kommerziell orientiert sind.

Die neuen Techniken haben sogar zu neuen Varianten der balinesischen und Hindu-Mythologie geführt. So tauchen mittlerweile vorher kaum bekannte Nymphen aus Volksmärchen und Erzählungen auf, teilweise mit durchaus erotischen Anklängen.

> Das Bali Arts Festival (www.baliartsfestival.com) findet von Mitte Juni bis Mitte Juli in Denpasar statt. Zu sehen sind dann die Werke Tausender Balinesen und dieses wirklich große Event zieht Künstler und Schaulustige aus allen Teilen der Insel an.

Kunsthandwerk

In diesem Teil Indonesiens findet man Kunsthandwerk aus ganz Indonesien. Gut sortierte Souvenirshops verkaufen Marionetten und Batiken aus Java, Ikat-Gewänder aus Sumba, Sumbawa und Flores, Textilien und Holzschnitzereien aus Bali, Lombok und Kalimantan. Der in balinesischen Haushalten so wichtige Kris (Dolch) wurde meistens aus Java importiert.

Auf der weniger wohlhabenden Nachbarinsel Lombok sind praktische Dinge die klassischen Souvenirs. Fast immer sind sie mit viel Geschick und Liebe gemacht und sehen hübsch aus. Bei Sammlern beliebt sind vor allem Web-, Korb- und Tonwaren aus Lombok.

Traditionelle Batik-Herstellung

Textilien & Webarbeiten

Textilien werden von den einheimischen Frauen zu besonderen Anlässen oder als Geschenke handgewebt. Oft werden sie ein Teil der Mitgift oder dienen bei Leichenverbrennungen, um den Verstorbenen auf dem Weg ins Jenseits zu begleiten.

Batik

Die traditionellen Batik-Sarongs rangieren irgendwo zwischen Baumwoll-Sarong und *kamben* und werden in Zentraljava von Hand hergestellt. Die Prozedur des Färbens übernehmen Balinesen, die auf diese Weise farbenfrohe und gemusterte Gewebe herstellen. Beim Kauf sollte man sich vor unechtem, einfach bedrucktem Batik hüten: Dann waschen nämlich die Farben schnell aus und das Muster liegt oft nur auf einer Seite des Stoffes, im Gegensatz zu echtem, handbemaltem Batik (nach balinesischer Auffassung soll nämlich auch der Körper spüren, was das Auge sieht).

Ikat

Beim Ikat werden entweder die Kettfäden oder die Schussfäden eingefärbt, bevor der Webvorgang beginnt. Das so entstehende Muster ist geometrisch und leicht gewellt. Das Färben verläuft normalerweise nach dem gleichen Schema: Blau- und Grüntöne, Rot- und Brauntöne oder Gelb-, Rot- und Orangetöne. In Gianyar in Ostbali gibt es einige Werkstätten, wo man zusehen kann, wie Ikat-Sarongs auf hand- und fußbetriebenen Webstühlen hergestellt werden. Der Vorgang dauert etwa sechs Stunden.

Bali

Am meisten verbreitet auf Bali ist der Sarong, der als Kleidungsstück, Handtuch, Bettlaken oder sonst etwas dient. Die billigen Baumwollstoffe, einfarbig oder bedruckt, werden überall im Alltag getragen, von Urlaubern auch gern am Strand.

Für besondere Anlässe wie Tempelzeremonien tragen Männer und Frauen ein *kamben*, ein um die Brust geschlungenes Tuch namens *songket*. Es ist mit Silber- oder Goldfäden durchwirkt und handgewebt. Eine Variante davon ist *endek* (ähnlich wie *songket*, aber mit vorgefärbten Webfäden). Die Männer kombinieren das *kamben* mit einem Hemd, die Frauen mit einer *kebaya* (einer langärmeligen Spitzenbluse). Komplettiert wird das Ganze durch einen Stoffstreifen namens *kain* (auch bekannt als *prada*, sofern ein goldverziertes Blumenmuster hinzukommt). Getragen wird er rund um die Hüften über dem Sarong wie eine Art Gürtel.

Das Comic-Magazin *Bog Bog*, von balinesischen Cartoonzeichnern, bietet einen satirischen und humorvollen Einblick in die Kontraste zwischen der modernen und der traditionellen Welt auf Bali. Es ist in Warungs, Buchhandlungen, Supermärkten oder online unter www.facebook.com/bogbogcartoon erhältlich.

Lombok

Lombok ist bekannt für seine Webarbeiten an Schlaufenwebstühlen, wobei die Technik von den Müttern an die Töchter weitergegeben wird. Abstrakte Blumen- und Tiermotive wie Büffel, Drachen, Krokodile und Schlangen zieren häufig die Textilen. In Cakranegara und Mataram kann man Werkstätten besichtigen, die Web-Ikats (gemusterte Textilien) an hand- und fußbetriebenen Webstühlen herstellen.

Sukarara und Pringgasela gelten als Zentren für traditionelle Ikats und *songket*-Arbeiten (silber- oder golddurchwirkte, handgewebte Stücke). Sarongs, Sasak-Gürtel und Textilien mit farbenfrohen Stickereien gibt es in kleinen Läden zu kaufen.

BALIS MALER DER GEGENWART

Zahlreiche balinesische Künstler erhalten international Anerkennung für ihre Werke, die oft von dem Thema soziale Gerechtigkeit und dem Hinterfragen moderner Werte bestimmt sind. Doch typisch balinesisch besitzen die Werke meist einen schlauen Witz und ein Augenzwinkern. Einige interessante Künstler:

Nyoman Masriadi In Gianyar geboren ist Masriadi der Superstar unter Balis gegenwärtigen Künstlern. Seine Arbeiten erzielen Preise von einer Million Dollar an aufwärts. Er ist berühmt für seine scharfe Beobachtung der heutigen indonesischen Gesellschaft und seine absolut modernen Techniken und Motive.

Made Djirna Der Künstler der aus dem reichen Touristenort Ubud stammt, besitzt den perfekten Hintergrund für seine Arbeiten, die das Missverhältnis zwischen dem zur Schau gestellten Geld und den modernen religiösen Zeremonien Balis kritisiert.

Agung Mangu Putra Dieser Maler aus den üppig grünen Hügeln westlich von Ubud findet seine Inspiration bei jenen Balinesen, an denen der ungleich verteilte Wirtschaftsboom vorbeigeht. Er prangert dessen Auswirkungen auf die natürliche Umgebung an.

Wayan Sudarna Putra Er setzt in seinen Werken Satire und Parodie ein, um die Absurditäten des gegenwärtigen indonesischen Lebens und seiner Werte zu verdeutlichen. Er stammt aus Ubud.

Ketut Sana Der Mann aus Keliki, einem Dorf in der Nähe von Ubud, kannte in seiner Jugend berühmte Künstler wie Gusti Nyoman, Sudara Lempad und Wayan Gerudug. Seine frühen impressionistischen Arbeiten enthalten Zitate aus den Werken dieser Vorbilder.

Gede Suanda Sayur Seine Arbeiten sind oft dunkel, denn er hinterfragt die Ausbeutung der balinesischen Umwelt. Gemeinsam mit Putra schuf er eine Installation in einem Reisfeld bei Ubud, in deren Zentrum riesige weiße Pfähle standen mit der Aufschrift „Nicht zu verkaufen".

Sumba

Die im Osten Sumbas hergestellten Ikat-Gewänder sind die auffälligsten und wohl auch die qualitativ besten in ganz Indonesien. Weber, die ihre Produkte an Sammler auf Bali und anderswo verkaufen, bevorzugen noch immer natürliche Färbemittel. Der erdige Orange-Rot-Ton stammt aus Loba-Blättern und aus den Baumwurzeln des Kombu, während die intensiven Blautöne aus Wura-(Indigo-)Blättern gewonnen werden. Im Osten der Insel sind Farben und Motive reichhaltiger als im Westen. Einige Muster erinnern an Stammeskriege und an das dörfliche Leben vor der Kolonisierung, andere dagegen zeigen Symboltiere und mythische Wesen.

Traditionell wurden Ikat-Gewänder nur bei Zeremonien getragen. Vor rund einem Jahrhundert durften nur Mitglieder der vornehmsten Familien und ihre persönlichen Diener die Gewänder anfertigen und tragen. Doch die holländischen Eroberer brachen das königliche Ikat-Monopol auf Sumba und schufen einen Auslandsmarkt, wodurch die Produktion stark anstieg. Im späten 19. Jh. wurden Ikat-Gewänder von niederländischen Völkerkundlern und Museen gesammelt und schon in den 1920er-Jahren bemerkten Inselbesucher das Auftauchen neuer Designelemente wie etwa chinesischer Drachen oder der Löwen aus dem niederländischen Staatswappen.

Schnitzerei

Die Schnitzerei auf Bali hat sich aus den traditionellen Schnitzarbeiten für Türen und Säulen, von religiösen Figuren und Theatermasken weiterentwickelt hin zu modernen Formen in den verschiedensten Stilen. Tegallalang und Jati an der Straße nördlich von Ubud sind bekannte Zentren der Schnitzerei, ebenso die Orte an der Straße von Mas bis Peliatan, doch es gibt durchaus in jedem Souvenirladen schöne Stücke.

Die typische längliche Form der Schnitzereien geht angeblich auf Walter Spies zurück, der einst einem Holzschnitzer ein langes Stück Holz mit dem Auftrag übergeben haben soll, daraus zwei Figuren zu fertigen. Doch der Handwerker mochte das Stück nicht halbieren und schnitzte stattdessen einen großen, schlanken Tänzer.

Andere typische Erzeugnisse sind klassische religiöse Figuren, Tierkarikaturen, menschliche Skelette, Bilderrahmen und „Totempfähle". In Kuta spekuliert man auf Biertrinker, zum Beispiel mit penisförmigen Flaschenöffnern, angeblich das beliebteste balinesische Souvenir.

Ziel der gemeinnützigen Lontar Foundation (www.lontar.org) ist die Übersetzung indonesischer Bücher ins Englische, sodass Universitäten auf der ganzen Welt Kurse in indonesischer Literatur anbieten können.

Gearbeitet wird fast durchgehend mit einheimischen Hölzern, darunter *belalu,* und mit dem Holz von Obstbäumen. Auch Ebenholz aus Sulawesi wird verwendet. Sandelholz mit seinem betörenden Duft ist teuer. Allerdings sollte man sich vor dem Kauf von Fälschungen hüten.

Auf Lombok dient die Holzschnitzerei vorwiegend funktionalen Dingen wie Behältern für Tabak und Gewürze, Betelnussknackern und Messern. Als Material werden dabei Holz, Hirschhorn und Knochen verwendet. Man findet dieses Material auch beim neuesten Trend, der Herstellung von einfachen, lang gezogenen Masken. Zentren sind Cakranegara, Sindu, Labuapi und Senanti.

Holzschnitzereien verlieren schnell Feuchtigkeit, wenn sie in trockenere Regionen gebracht werden. Um ein Einschrumpfen (etwa des heiß geliebten Penis-Flaschenöffners ...) zu vermeiden, sollte man die Stücke in einer Plastiktüte aufbewahren und pro Monat eine Woche lang Luft hineinlassen, das Ganze etwa vier Monate lang.

Masken, die bei Theater- und Tanzaufführungen verwendet werden, erfordern eine besondere Technik. Der Maskenmeister muss genau wissen, welche Tanzschritte die Tänzer ausführen werden. Diesen Masken werden magische Fähigkeiten zugeschrieben. Andere Masken,

OPFERGABEN

Ursprünglich waren viele der aufwendig gestalteten balinesischen Kunstgegenstände zeremonielle Opfergaben, die nicht für die Ewigkeit bestimmt waren. Hierzu zählen *baten tegeh* (Schmuckpyramiden aus Früchten, Reiskuchen und Blumen), aus Reiskuchen modellierte Szenen und Skulpturen voller tiefer Symbolik, *lamak* (lange gewebte Palmblattstreifen, die bei Festen und Zeremonien als Dekoration dienten), *cili* (stilisierte Frauenfiguren, die die Reisgöttin Dewi Sri darstellen) sowie kunstvoll geschnitzte Wandbehänge aus Kokosnussschalen. Ausländische Besucher sind auf Bali stets gern gesehene Gäste, aber noch immer sind die wahren Ehrengäste des Landes die Götter, die Ahnen, Geister und Dämonen. Jeden Tag werden ihnen Opfergaben dargebracht, um Achtung und Dankbarkeit zu bekunden oder um einen Dämon zu besänftigen.

Ein Geschenk an ein höheres Wesen muss natürlich attraktiv wirken, weshalb jede Opfergabe als kleines Kunstwerk gestaltet ist. Am häufigsten ist ein „Tablett" aus Palmblättern, nur wenig größer als eine Untertasse und angefüllt mit Blumen, Speisen (vor allem Reis, manchmal auch Ritz-Cracker oder eingewickelte Lollies), Kleingeld und einer *saiban* (Opfergabe für einen Schrein oder Tempel). Diverse rituelle Anlässe erfordern dagegen aufwendigere Opfergaben, etwa farbenprächtige Türme aus Obst und Kuchen namens *baten tegeh* oder komplett zubereitete Tiere wie *babi guling* (Spanferkel).

Einmal den Göttern geopfert, kann eine Opfergabe nicht noch ein zweites Mal dargebracht werden, weshalb jeden Tag immer wieder neue hergestellt werden, meist von Frauen. Kleine Gaben findet man auch auf Märkten, so wie man in einem westlichen Supermarkt einfache Fertiggerichte kaufen kann.

Opfergaben für die Götter werden an erhöhter Stelle abgelegt, jene für Dämonen unten am Boden. Sie sind allgegenwärtig und man tritt häufig hinein (das zu vermeiden ist praktisch unmöglich). Am Bemo Corner in Kuta werden die Gaben zum Beispiel mitten auf der Straße abgelegt und dann von Autos plattgefahren. Und überall auf der Insel gibt es Hunde, die förmlich auf die Opfergaben mit Crackern warten. Doch da die Götter und Dämonen nach allgemeiner Auffassung den Gehalt des Opfers sofort aufsaugen, verwerten die Tiere dann nur noch die leere „Hülle".

wie die von Barong und Rangda, sind bunt bemalt und mit echtem Menschenhaar, übergroßen Zähnen und weit aufgerissenen Augen versehen.

Puaya bei Sukawati, südlich von Ubud, ist ein Zentrum der Maskenschnitzerei. Dort besteht die Möglichkeit, Werkstätten zu besuchen und dem Entstehen von vielerlei zeremonieller Kunst beizuwohnen. Das Negeri Propinsi Bali (S. 129) in Denpasar besitzt eine umfangreiche Maskensammlung, in der Interessenten sich vor einem Kauf mit den verschiedenen Stilen vertraut machen können.

Bildhauerei

Traditionellerweise wurden Steinskulpturen als Tempelschmuck angefertigt, heute sind sie beliebte Souvenirs. In Tempeln kann man an bestimmten Plätzen Steinmetzarbeiten bewundern, „Türsteher" wie z. B. Arjuna gehören einfach dazu. Über dem Eingang hängt oft ein Bildnis von Kala, der furchterregend blickt und seine Hände ausstreckt, um böse Geister zu fangen. Die Seitenwände von *pura dalem* (Tempel der Toten) schildern die Schrecken, die Sünder im Jenseits erwarten.

Zu Balis ältesten Steinmetzarbeiten zählen Darstellungen von Menschen, die in Goa Gajah, der sogenannten Elefantengrotte aus dem 11. Jh., vor einem riesigen Ungeheuer fliehen. Entlang der Straße durch Muncan in Ostbali erblickt man Straßenwerkstätten, wo im Freien große Tempeldekorstücke aus Stein hergestellt werden.

In Batubulan wird mit einem Vulkangestein namens *paras* gearbeitet. Es ist so weich, dass man es mit dem Fingernagel einritzen kann. (Der

KRIS – HEILIGE KLINGEN

Kris sind balinesische Zeremonialdolche mit gekrümmter Klinge und einem juwelengeschmückten Griff; es gibt sie schon seit der Majapahit-Zeit. Ein Kris wird als wichtigstes Familienerbstück von einer Generation zur nächsten weitergereicht und gilt als Zeichen von Ansehen und Ehre. Einem gut gefertigten Kris werden spirituelle Kräfte zugeschrieben; ein so mächtiges magisches Objekt erfordert natürlich auch eine äußerst rücksichtsvolle Behandlung. Viele Besitzer eines Kris waschen die Klingen nur mit Wasser aus dem Fluss Sungai Pakerisan in Ostbali.

Balinesische Männer beurteilen einander nach dem Prinzip „Zeige mir deinen Kris". Es geht dabei um die Klinge, aber auch um die Anzahl der Dolche, ihre Qualität, die Verarbeitung des Handgriffs und Ähnliches. Die Griffe beurteilt man unabhängig von den Klingen. So weit finanziell möglich, bemüht man sich die eigene Sammlung von Griffen zu vergrößern. Die Kris selbst bleiben heilig; ihr Aufbewahrungsort ist oft umrahmt von Opfergaben. Die Bögen der Klinge, *lok* genannt, tragen unterschiedliche Bedeutungen, je nachdem, welche ungerade Anzahl vorliegt. Drei Bögen bedeuten beispielsweise Leidenschaft.

Eine reichhaltige Kris-Sammlung findet sich im Museum Negeri Propinsi Bali (S. 129) in Denpasar.

Treasures of Bali von Richard Mann (2006) ist ein schön illustrierter Führer zu den Museen Balis, zu den großen und den kleinen. Er stellt die Kostbarkeiten vor, die bei geführten Touren oft übersehen werden.

Legende nach soll der Riese Kebo Iwa auf diese Weise die Elefantengrotte geschaffen haben.)

Schmuck

Silber- und Goldschmiede gehören traditionell der *pande*-Kaste an, zu der auch Hufschmiede und andere Metallarbeiter zählen. Bali ist ein wichtiger Produzent von Modeschmuck; hier werden Variationen von aktuellen modischen Designs hergestellt.

Sehr feine Filigranarbeiten sind eine balinesische Spezialität, ebenso der Gebrauch kleiner Silberstückchen als Muster oder eine dekorative Struktur – Letzteres gilt als sehr schwierige Technik, denn die Temperatur muss genau richtig sein, um den feinen Silberdraht oder die kleinen Silberstückchen mit dem silbernen Untergrund zu verbinden, ohne diesen zu beschädigen. Balinesische Arbeiten sind fast immer handgemacht, nur selten wird etwas gegossen.

Der Expat John Hardy schuf ein Imperium im Wert von Hunderten von Millionen Dollar, indem er die alten balinesischen Silberarbeiten mit seinen eigenen innovativen Kreationen kombinierte. Dann verkaufte er seine Firma und begann Bambushäuser zu bauen. In Ubud, vor allem in der oberen Jalan Hanoman, gibt es zahlreiche Läden mit originellem Silberschmuck.

Architektur

Baukunst ist ein Teil von Balis spirituellem Erbe und bestimmt das Aussehen traditioneller Häuser, Tempel und sogar moderner Bauten wie etwa Resorts. Der Stil Balis ist zeitlos, egal ob jahrhundertealt oder in Form einer hippen neuen Villa. Und auf Bali stehen weltberühmte Beispiele für Bauten aus erneuerbaren Materialien wie Bambus.

Architektur & Leben

Die Architektur auf Bali bringt die Lebenden und die Toten zusammen, ist ein Ausdruck der Verehrung der Götter und soll vor bösen Geistern schützen, außerdem natürlich vor sintflutartigen Regenfällen: Die balinesische Baukunst verbindet das Spirituelle mit dem Funktionalen, das Mystische mit dem Schönen. In ihr steckt eine ganz eigene lebendige Kraft.

Die Menschen auf der Insel sind durch tief verwurzelte religiöse und kulturelle Rituale gebunden und deshalb ist das oberste Gebot für jede Konstruktion, dass die Ahnen und Dorfgötter immer positiv gestimmt werden müssen. Das bedeutet in der Konsequenz, dass für den Dorftempel der heiligste Ort (jeweils der Nordosten) einer Gemeinde gewählt werden muss und in jedem Gehöft der gleiche Platz für den Familientempel. Man muss immer eine ausgeglichene, angenehme Atmosphäre schaffen, um zu erreichen, dass die Götter zu den Festen nach Bali zurückkehren.

Ein balinesisches Gehöft strahlt Schönheit, Harmonie, uralte Weisheit und Funktionalität aus, doch der Gedanke an Wertsteigerungen spielt dabei keine Rolle. Zwar verkauft eine wachsende Zahl von Reisbauern das Land ihrer Vorväter an Ausländer, die dort Villenviertel errichten, aber das Grundstück, auf dem ihr Wohnhaus steht, bleibt stets ihr Eigentum.

In den verschiedenen Open-Air-*bale* (Pavillons) in Familienanlagen werden Besucher empfangen. In der Regel gibt es zunächst eine Stunde oder länger Getränke, kleine Kuchen und freundliche Gespräche, bevor der eigentliche Zweck des Besuches besprochen wird.

Die Bewahrung der kosmischen Ordnung

Ob es sich um ein Dorf handelt, einen Tempel, ein Familiengehöft, ein Einzelgebäude oder auch nur ein Gebäudeteil, alle müssen der balinesischen Vorstellung von der kosmischen Ordnung entsprechen.

Der Kosmos ist eingeteilt in drei Welten: *swah* (Welt der Götter), *bhwah* (Welt der Menschen) und *bhur* (Welt der Dämonen). Dieser Ordnungsvorstellung entspricht die Dreiteilung des Menschen: *utama* (der Kopf), *madia* (der Körper) und *nista* (die Beine).

Die Abmessungen in einem traditionellen Bauwerk werden von den Körpermaßen des Familienoberhaupts abgeleitet, um die Harmonie zwischen dem Gebäude und seinen Bewohnern zu gewährleisten.

Für die Planung ist üblicherweise ein *undagi* verantwortlich, ein Beruf mit einer Mischung aus Architekt und Priester.

Die Harmonie zwischen Gott, Mensch und Natur muss entsprechend der Grundidee des *Tri Hita Karana* bewahrt werden. Dabei gilt die Auffassung, dass wenn etwas nicht stimmt, die Harmonie des Universums gestört wird und über die Gemeinschaft werden Unglück und Krankheiten hereinbrechen.

Bale als Grundform eines Gebäudes

Der *bale* ist die Grundform eines Gebäudes in der balinesischen Architektur. Es ist ein rechteckiger, nach den Seiten hin offener Pavillon mit einem steilen Strohdach. Zu einem Familiengehöft ebenso wie zu einem Tempel gehören mehrere einzelne *bale* für unterschiedliche Zwecke, die

EIN TYPISCHES FAMILIENGEHÖFT

Die folgenden Elemente gehören alle zu einem Familiengehöft. Es gibt zwar Varianten, aber die Anlagen sind einander erstaunlich ähnlich, vor allem wenn man bedenkt, dass Tausende davon überall auf Bali stehen.

Sanggah oder Merajan Der Familientempel, der immer in der bergwärts-östlichen *(kaja-kangin)* Ecke des Hofes steht. Dort befinden sich die Schreine für die hinduistische „Trinität" Brahma, Shiva und Vishnu und für *taksu*, den Mittler zwischen Menschen und Göttern.

Umah Meten Schlafpavillon des Familienoberhaupts.

Tugu Schrein für den Gott der bösen Geister am äußersten Ende der bergwärts-westlichen *(kaja-kuah)* Ecke. Wenn der mächtigste böse Geist das Haus bewacht, werden die anderen sich fernhalten.

Pengijeng Kleiner Schrein in der Mitte der Freifläche. Er ist dem Geist geweiht, der das Anwesen beschützt.

Bale Tiang Sanga Pavillon für die Gäste, auch *bale duah* genannt. Genau genommen ist dies der Raum für die Familie. Er dient als Ort, wo man zusammenkommt, oder wird als Arbeitsplatz genutzt; eventuell wohnen hier vorübergehend die jüngeren Söhne und ihre Familien, bevor sie einen eigenen Hausstand gründen.

Natah Innenhof mit Schatten spendenden Frangipani- oder Hibiskusbäumen. Hier picken normalerweise immer ein paar Hühner nach Körnern und ein oder zwei Kampfhähne sitzen in einem Korb.

Bale Sakenam oder Bale Dangin Pavillon zum Arbeiten oder Schlafen, der auch für wichtige Familienzeremonien genutzt wird.

Obstbäume & Kokospalmen Sie haben praktischen und dekorativen Nutzen. Obstbäume und blühende Bäume, z. B. Hibiskus, werden oft gemischt und an den Ästen hängen Käfige mit Singvögeln.

Gemüsegarten Kleiner Garten, meist für ein paar Gewürze, z. B. Zitronengras, das nicht auf großen Beeten gezogen wird.

Bale Sakepat Schlafpavillon für die Kinder; eher die Ausnahme.

Paon Die Küche liegt immer im Süden, weil die Richtung mit Brahma, dem Gott des Feuers, assoziiert wird.

Lumbung Reisspeicher; auch die Wohnstätte von Dewi Sri, der Reisgöttin. Er steht erhöht, um Ungeziefer vom Reis fernzuhalten.

Dreschplatz für den Reis Wichtig für die Bauern, um den Reis zum Kochen oder zur Lagerung vorzubereiten.

Aling Aling Schutzmauer, die die Besucher zwingt, nach rechts oder links zu gehen. Sie schützt vor Blicken der Passanten und hält Dämonen fern. Die Balinesen glauben, dass diese nicht um Ecken gehen können.

Candi Kurung Tor mit einem Dach, das einem in zwei Hälften geteilten Berg oder Turm ähnelt.

Apit Lawang oder Pelinggah Schreine am Tor, wo regelmäßig Opfergaben abgelegt werden, damit das Tor ständig Schutz vor bösen Geistern bietet.

Schweinestall oder Abfallgrube Liegt immer in der *kangin-kelod*-Ecke (Sonnenaufgang, vom Berg abgewendet). Hier landet der gesamte Abfall.

Pura Luhur Ulu Watu (S. 158)

zusammen von einer hohen Mauer umgeben sind. Größe und Abmessungen der *bale*, die Zahl der Säulen und die Lage innerhalb des Gehöfts richten sich nach der Tradition und der Kastenzugehörigkeit des Besitzers.

Das Zentrum der Gemeinde ist ein großer Pavillon, der *bale banjar*, der für viele Aktivitäten genutzt wird, u. a. für Versammlungen, Beratungen und als Übungsraum des Gamelan-Orchesters. Große, moderne Gebäude, z. B. Restaurants oder Empfangsgebäude einer Ferienanlage, sind häufig einem solchen *bale* nachempfunden. Sie sind luftig, großzügig und sehr harmonisch in den Proportionen.

Das Familiengehöft

Das balinesische Haus ist nach innen ausgerichtet, von außen ist nur eine hohe Mauer zu sehen. Im Innenhof befinden sich ein Garten und jeweils ein Pavillon oder *bale* für verschiedene Zwecke. Einer dient als Küche, einer als Waschraum und Toilette und andere als separate „Schlafzimmer".

Bei dem milden tropischen Klima leben die Menschen im Freien. Daher sind „Wohnzimmer" und „Esszimmer" eine Veranda, die auf den Garten hinausgeht. Der ganze Komplex ist entsprechend der Kaja-kelod-Achse (bergwärts-meerwärts) ausgerichtet.

In Analogie zum menschlichen Körper haben viele Gehöfte einen Kopf (der Familientempel mit dem Schrein der Ahnen), Arme (Wohn- und Schlafbereich), Beine und Füße (Küche und Reisspeicher) und sogar einen Anus (Müllgrube oder Schweinestall). Manchmal gehört noch ein Bereich außerhalb des Gehöfts dazu, wo Obstbäume stehen oder ein Schwein gehalten wird.

Es gibt mehrere typische Varianten eines Familiengehöfts. Zum Beispiel liegt der Eingang meist Richtung *kuah* (Sonnenuntergang) und sel-

Das Eingangstor zu einem traditionellen balinesischen Haus ist der Ort, an dem die Familie zeigt, wie wohlhabend sie ist. Es gibt einfache Tore aus Stein oder Lehm mit etwas Gras obendrauf, aber auch recht eindrucksvolle Eingänge mit kunstvoll gemeißelten Steinen und Ziegeldächern.

tener in Richtung *kelod* (meerwärts, vom Berg abgekehrt), allerdings nie in Richtung *kangin* (Sonnenaufgang) oder *kaja*.

Traditionelle Häuser stehen überall auf der Insel, aber Ubud ist besonders gut geeignet, um sie sich genauer anzuschauen. Es gibt hier viele solcher Anlagen in nicht allzu großer Entfernung voneinander und oft kann man dort auch wohnen. Außerdem hat man südlich von Ubud die Chance, an einem Rundgang durch das Gehöft Nyoman Suaka in Singapadu teilzunehmen.

Tempel

In jedem Dorf auf Bali stehen mehrere Tempel und zu jedem Gehöft gehört mindestens ein einfacher Haustempel. Das balinesische Wort für Tempel ist *pura;* es stammt aus dem Sanskrit. Übersetzt bedeutet es „ummauerter Raum". Ebenso wie ein balinesisches Gehöft ist auch ein Tempel von einer Mauer umgeben. Die Schreine auf den Reisfeldern oder an magischen Orten, z. B. unter alten Bäumen, sind daher keine richtigen Tempel. An Kreuzungen stehen oft Schreine oder Throne, um die Vorbeigehenden zu schützen.

Alle Tempel sind an der Berg-Meer-Linie ausgerichtet, nicht von Norden nach Süden. In Bergrichtung, *kaja*, am Ende des Tempels befinden sich die heiligsten Schreine. Der Tempeleingang liegt zur Meerseite, *kelod*. Weil *kangin* heiliger ist als *kuah*, stehen weitere Schreine oft auf der *kangin*-Seite. Mit *kaja* kann die Seite zum Gebirge hin gemeint sein, das sich von Osten nach Westen über die Insel zieht, oder aber ein bestimmter Berg. Der Pura Besakih in Ostbali z. B. ist direkt zum Gunung Agung ausgerichtet.

Tempeltypen

In den meisten Dörfern findet man drei grundlegende Tempeltypen. Der wichtigste, der *pura puseh* (Tempel des Ursprungs), steht an dem zum Berg hin gelegenen Ende und ist dem Begründer des Dorfes geweiht. In der Dorfmitte befindet sich der *pura desa* für die vielen Geister, die die Gemeinde im Alltag schützen sollen. Zum Meer hin liegt der *pura dalem* (Tempel der Toten) und daneben ist der Friedhof platziert. In diesem Tempel gibt es viele Darstellungen von Durga, der Furcht einflößenden Seite von Shivas Frau Parvati. Shiva und Parvati haben beide eine schöpferische und eine zerstörerische Seite, und der *pura dalem* ist ihrer destruktiven Macht geweiht.

Robuste Terrakottafliesen sind seit der holländischen Zeit das bevorzugte Material zum Dachdecken. Stroh oder Bambus werden heute nur noch für traditionelle und besondere Gebäude verwendet.

Zu den anderen Tempeln gehören auch solche, die den Geistern des Bewässerungsfeldbaus gewidmet sind. Weil der Reisanbau so wichtig ist auf Bali und weil so viel Aufwand und Sorgfalt notwendig sind, um die Bewässerung zu organisieren, können die *pura subak* oder *pura ulun suwi* (Tempel der Reisbauerngenossenschaft) sehr bedeutsam sein. Manche Tempel sind dem Ackerbau und der Reisfeldwirtschaft insgesamt gewidmet.

Neben diesen örtlichen Tempeln gibt es noch einige wenige Tempel von herausragender Bedeutung. Ein Königreich besaß häufig drei solcher Tempel, die in der Rangordnung ganz oben stehen: einen Staatstempel im Zentrum des Reiches (z. B. Pura Taman Ayun in Mengwi, Westbali); einen Bergtempel (z. B. Pura Besakih, Ostbali) und einen Meerestempel (z. B. Pura Luhur Ulu Watu, Südbali).

Jedes Haus auf Bali besitzt seinen eigenen kleinen Tempel mit mindestens fünf Schreinen, der immer im Osten, zum Berg hin, steht.

Tempelschmuck

Der Zweck eines Tempels und seine Ausschmückung sind auf Bali eng miteinander verknüpft. Ein Tempeltor wird nicht einfach errichtet, sondern es ist bis ins Detail als Relief ausgearbeitet und zum Schutz mit einer nach oben abnehmenden Zahl von dämonischen Gesichtern versehen. Dazu kommen noch mehrere steinerne Wächterstatuen, ohne die ein Tor nicht vollständig wäre. Im Innern ist die Ausschmückung recht unterschiedlich. Manchmal findet sich nur wenig Schmuck und man hofft, dass neue Skulpturen hinzugefügt werden können, sobald mehr Geld zur Verfügung steht. Die Skulpturen können aber auch schon nach wenigen Jahren wieder verwittert sein, weil der Stein oft weich ist und dem tropischen Klima nicht lange standhält. (Es ist durchaus möglich, dass man einen Tempel für jahrhundertealt hält, an dem kein Teil älter als zehn Jahre ist!) Die Skulpturen werden dann wieder restauriert oder komplett ersetzt, wenn es die finanziellen Mittel zulassen. Deshalb findet man Tempel mit alten, kaum noch erkennbaren Figuren und Reliefs neben ganz neuen Arbeiten.

Bei Singaraja in Nordbali stehen einige sehr aufwendig geschmückte Tempel. Weil der Sandstein an der Nordküste weich und leicht zu bearbeiten ist, sind die heimischen Bildhauer recht frei in der Umsetzung ihrer Fantasien. Darum wurden hier an manchen Tempeln wunderbar skurrile Szenen in Stein gemeißelt.

Die Skulpturen stehen in balinesischen Tempeln oft an traditionell festgelegten Plätzen. Die Türwächter, Darstellungen sagenhafter Wesen, z. B. Arjuna oder andere mächtige Schutzgestalten, stehen zu beiden Seiten des Eingangs. Über dem Haupteingang blickt häufig Kalas monströse Fratze herab und oft greifen auch noch beide Hände neben das Gesicht, um böse Geister abzuwehren, die sich hereinschleichen wollen.

Auch an anderen Stellen tauchen immer wieder ganz bestimmte Skulpturen auf. An der Vorderseite eines *pura dalem* sieht man oft die Hexe Rangda und andere Reliefs illustrieren die Schrecken, die einem Übeltäter nach dem Tode drohen.

Oft findet man einen holzgeschnitzten *garuda*, den Vogel, der den Gott Vishnu trägt, an den überraschendsten Stellen – hoch oben an Dachsparren, am Fuß von Säulen, nahezu überall.

Tempelbau

Im Allgemeinen ähneln sich die Tempelbauten in Nord- und Südbali, doch es gibt einige wichtige Unterschiede. Im Innenhof der Tempel im Süden befinden sich meist eine Reihe von *meru* (Schreine mit mehreren Ebenen) und einige andere Objekte, während im Norden alles auf einem einzigen Podest steht. Dort gibt es „Häuser", die die Götter bei ihrem Besuch benutzen können und wo auch religiöse Objekte aufgehoben werden.

Ursprünglich waren balinesische Skulpturen und Malereien ausschließlich zur Ausschmückung der Tempel gedacht. Mittlerweile ist daraus eine eigene Gestaltungsform geworden, die das Aussehen von Bauten auf der gesamten Insel beeinflusst. Gleichzeitig ist die Kunst, Tempel und Schreine zu errichten, so lebendig wie eh und je. Pro Monat kommen mehr als 500 neue in allen Größen dazu.

Die Tempelgestaltung ist durch traditionelle Regeln festgelegt. In einem Tempelhof stehen mehrere unterschiedlich große *gedong* (Schreine) aus massiven Ziegeln und Stein, die üppig mit gemeißelten Figuren und Reliefs verziert sind.

Die Entstehung des balinesischen Stils

Der Tourismus hat die balinesische Architektur auf unerwartete Weise populär gemacht. Es scheint, als ob jeder Besucher ein Stückchen von der Insel mit nach Hause nehmen möchte. Die Geschäfte überall in Denpasar verkaufen jede Menge vorgefertigter, in Einzelteile zerlegter *bale*, die per Schiff in weit entfernte Länder geschickt werden. Die Möbelwerkstätten in Denpasar und die Kunsthandwerker in den Dörfern bei Ubud arbeiten mit Volldampf an kunsthandwerklichen Gegenständen sowohl für den heimischen als auch den ausländischen Markt.

Die Begeisterung begann in den frühen 1970er-Jahren, als der australische Künstler Donald Friend und Wija Waroruntu aus Manado, der ein Jahrzehnt zuvor den Tandjung Sari an der Küste von Sanur erbaut

Wer in einem Hotel im Lumbung-Stil (Reisscheune) absteigt, bekommt einen Eindruck von den alten Reisspeichern der Insel – im ersten Stock ist es trocken und heiß!

TYPISCHE ELEMENTE EINES TEMPELS

Jeder Tempel auf Bali ist sozusagen ein Unikat. Die Unterschiede in Stil, Größe, Bedeutung, Ausstattung, Zweck und vielen anderen Dingen führen zu einer schier endlosen Vielfalt. Dennoch gibt es übereinstimmende Themen und Elemente. Mit Hilfe dieser Hinweise kann man bei einem Tempelbesuch prüfen, welche Elemente tatsächlich vorhanden sind.

Candi Bentar Der üppig verzierte Tempeleingang wirkt wie ein in der Mitte gespaltenes und auseinandergeschobenes Tor. Er steht symbolisch für den Eintritt in das Allerheiligste und kann sehr prächtig sein. Die zusätzlichen Eingänge werden vor allem im Alltag benutzt.

Kulkul-Turm Der Turm, von dem aus wichtige Ereignisse angekündigt werden oder vor Gefahren gewarnt wird. Dies geschieht mit einer Art Trommel aus gespaltenem Holz (*kulkul*).

Bale Ein meist an den Seiten offener Pavillon zur vorübergehenden Nutzung oder Lagerung. Dazu zählen möglicherweise ein *bale gong*, wo das Gamelan-Orchester bei Festen aufspielt, die *paon* oder improvisierte Küche, um Opfergaben vorzubereiten, oder die *wantilan* als Bühne für Tänze oder Hahnenkämpfe.

Kori Agung oder Paduraksa Das Tor zum Innenhof ist ein aufwendig verzierter Steinturm. Der Eingang führt über Stufen durch ein Tor in der Mitte des Turms, das während eines Festes offensteht.

Raksa oder Dwarapala Statuen dieser düsteren Wächterfiguren beschützen den Eingang und halten böse Geister fern. Über der Tür droht das mindestens ebenso schreckliche Antlitz von Bhoma mit einer ausgestreckten Hand zur Abwehr unerwünschter Geister.

Aling Aling Die niedrige Mauer hinter dem Eingang dient dazu, böse Geister zurückzuhalten, die nicht um Ecken gehen können. (Auch üblich in Familiengehöften.)

Seitentor (Betelan) Meist betritt man den Innenhof (außer während einer Zeremonie) durch dieses Tor, das immer offen steht.

Kleine Schreine (Gedong) Zu den Schreinen gehören diejenigen für Ngrurah Alit und Ngrurah Gede, die bei der Durchführung eines Festes und der Zusammenstellung der Opfergaben helfen.

Padmasana Der Lotosthron für den Sonnengott Surya, der meist an der günstigsten Stelle – im Osten, Richtung Berge und Sonnenaufgang – steht. Er ruht auf *badawang* (der weltentragenden Schildkröte), um die sich zwei *naga* (schlangenartige Kreaturen) winden.

Meru Ein Schrein mit mehreren Dächern. Der höchsten balinesischen Gottheit, Sanghyang Widi, ist meist ein meru mit elf Dächern geweiht und ein *meru* mit drei Dächern dem heiligen Berg Gunung Agung. Allerdings kann ein *meru* jede dazwischen liegende Anzahl von Dächern aufweisen, abhängig vom Rang der jeweiligen Gottheit. Das schwarze Dach besteht aus den Wedeln der Zuckerpalme und ist sehr teuer.

Kleine Schreine (Gedong) Auf der *Kaja*-Seite des Tempelhofs gelegen. Dazu gehören ein Schrein für den heiligen Berg Gunung Batur, ein Maospahit-Schrein zu Ehren der ersten hinduistischen Siedler (Majapahit) und ein Schrein für *taksu*, der als Mittler zu den Göttern fungiert. (Ein Tänzer oder Medium in Trance kann die Wünsche der Götter weitergeben.)

Bale Piasan Offene Pavillons, wo die Opfer für den Tempel ausgelegt werden.

Gedong Pesimpangan Ein Steingebäude zu Ehren des Dorfgründers oder einer lokalen Gottheit.

Paruman oder Pepelik Offener Pavillon im Innenhof, von dem aus die Götter einem Tempelfest zuschauen können.

hatte, eine Partnerschaft eingingen. Die Vorgabe, Alternativen zu mehrstöckigen Hotels im traditionellen dörflichen Stil zu konstruieren, brachte zwei begabte Architekten zusammen, den Australier Peter Muller und den inzwischen verstorbenen Geoffrey Bawa aus Sri Lanka. Beide gingen von der traditionellen Baukunst aus und näherten sie westlichen Vorstellungen von Luxus an.

Schon nach kurzer Zeit war „Bali Style" ein Markenzeichen geworden. Es steht für Mullers und Bawas einfühlsamen, zurückhaltenden architektonischen Ansatz, der der Kultur höheren Wert beimisst als modischen Ideen. Traditionelle Grundsätze und heimische Handwerker, regionale, wiederverwertbare Materialien und uralte Techniken stehen im Mittelpunkt.

BESONDERS SEHENSWERTE TEMPEL

Es gibt mehr als 10 000 Tempel überall auf Bali, auf Klippen, an Stränden oder auf Vulkanen. Oft ist die Lage besonders schön. Für ausländische Gäste lohnt sich besonders der Besuch der folgenden Tempel.

Nationaltempel

Einige Tempel sind so bedeutend, dass man sie als Eigentum der ganzen Insel betrachtet und nicht einer bestimmten Gemeinde zuordnet. Das sind die neun *kahyangan jagat* oder Nationaltempel, darunter auch diese:

Pura Luhur Batukau (S. 281) Einer der bedeutendsten Tempel in wunderschöner Lage auf den nebeligen Hängen des Gunung Batukau.

Pura Luhur Ulu Watu (S. 158) Ein wichtiger und häufig besuchter Tempel mit herrlichem Blick auf den Indischen Ozean. Hier leben viele Affen und bei Sonnenuntergang werden Tänze aufgeführt.

Pura Goa Lawah (S. 241) Der Tempel auf den Klippen ist Balis ganz spezielle Fledermaushöhle. Hier leben Scharen der geflügelten Kleinsäuger.

Meerestempel

Nirartha, der legendäre Priester des 16. Jhs., veranlasste den Bau einer Reihe von Tempeln zu Ehren der Meeresgötter. Jeder sollte in Sichtweite des nächsten stehen und manchmal ist deren Lage an der Südküste wahrlich spektakulär. Hierzu gehört auch:

Pura Tanah Lot (S. 312) Bei Tagesanbruch ein heiliger und stiller Ort, bei Sonnenuntergang verwandelt er sich in einen Anziehungspunkt für Touristen.

Andere wichtige Tempel

Einige Tempel verdanken ihre besondere Bedeutung der Lage, ihrer religiösen Funktion oder der Architektur. Für Besucher sind diese Tempel sehr interessant:

Pura Maduwe Karang (S. 287) Der Tempel an der Nordküste ist der Landwirtschaft gewidmet. Er ist berühmt für seine lebendigen Flachreliefs, u. a. mit einer Darstellung des vermutlich ersten Fahrradfahrers auf Bali.

Pura Pusering Jagat (S. 200) Einer der berühmtesten Tempel in Pejeng bei Ubud aus dem 14. Jh., als hier ein blühendes Reich bestand. Dazu gehört eine riesige Trommel aus Bronze aus dieser Zeit.

Pura Taman Ayun (S. 314) Der riesige, imposante Tempel war ein Prunkstück des Mengwi-Reiches. Er wurde schon für die Unesco-Liste des Weltkulturerbes nominiert.

Pura Tirta Empul (S. 223) Bei dem schönen Tempel in Tampaksiring wurden schon im Jahr 962 n. Chr. heilige Quellen entdeckt. Hier gibt es Badebecken an der Quelle des Flusses Sungai Pakerisan.

Die Entstehung eines Massenmarktes hat allerdings dazu geführt, dass der Stil heute weniger streng und verbindlich aufgefasst wird.

Moderne Hotelarchitektur

Seit Jahrhunderten spielen fremde Eindringlinge, etwa der Priester Nirartha, immer wieder eine bedeutende Rolle in den Mythen und Legenden Balis. Heute sind es eher die ausländischen Gäste, die die heitere Gelassenheit der balinesischen Kosmologie und deren problemlose Umsetzung in traditionelle Architektur beeinflussen. Auch wenn die Besucher mit ihrem vielen Geld das Glaubenssystem nicht grundsätzlich verändern, das Erscheinungsbild des Landes wird ein anderes.

Die Vorschrift, dass kein Gebäude höher als eine Kokospalme sein soll, geht auf die 1960er-Jahre zurück, als das zehnstöckige Bali Beach Hotel für große Aufregung sorgte. Doch die rasch steigenden Preise für Land und die nachlässige Kontrolle der Vorschrift führen dazu, dass diese „Regel" immer öfter missachtet wird.

Die meisten Hotels auf Bali und Lombok sind rein funktionale Anlagen oder Imitationen traditioneller Konstruktionen. Einige der feinsten Hotels auf der Insel streben jedoch nach mehr. Hier ein paar Beispiele:

Tandjung Sari (S. 141) In Sanur gelegen ist es der klassische Prototyp für Wija Waworuntus balinesisches Boutique-Strandhotel.

Amandari (S. 205) Das Hauptwerk des Architekten Peter Muller, der auch die beiden Oberois entwarf. Es liegt bei Ubud. Durch die Einbindung traditioneller balinesischer Materialien, Handwerks- und Bautechniken ebenso wie durch balinesische Design-Prinzipien respektiert die Anlage die Kultur der Insel.

Oberoi (S. 104) Das allererste Luxushotel der Insel, in Seminyak gelegen, ist Mullers entspannte Vision eines balinesischen Dorfes geblieben. Die *bale agung* (Versammlungshalle des Dorfes) und die *bale banjar* bilden die Grundlage für die Gemeinschaftsbereiche.

Oberoi Lombok (S. 339) Sowohl das luxuriöseste als auch das am stärksten traditionell geprägte Hotel auf Lombok.

Hotel Tugu Bali (S. 113) In Canggu wird hier demonstriert, wie die typischen Materialien Balis rasch altern und einen „hübschen Verfall" darstellen.

Four Seasons Resort (S. 205) Ein überwältigendes Beispiel luftiger Architektur bei Ubud mit einem riesigen ellipsenförmigen Lotosteich, dessen Basis wie eine romantische Ruine in einem spektakulären Flusstal wirkt.

Alila Villas Uluwatu (S. 161) Im tiefen Süden Balis präsentiert das Alila einen kunstvollen zeitgenössischen Stil, der so leicht und luftig er ist, doch ein Gefühl von großem Luxus vermittelt. Inmitten hoteleigener Reisfelder hat man hier Prinzipien ökologischen Bauens sehr ernst genommen.

DIE MACHT DES BAMBUS

Auf Bali gab es immer natürliche Kathedralen aus Bambus. In den dichten Tropenwäldern des Ostens und Westens neigen sich die hoch aufragenden Stängel aufeinander zu, dass einem das Herz aufgeht. Heute verwendet man Bambus, eines der wichtigen erneuerbaren Materialien der Welt, um inspirierende Bauten zu schaffen, deren sanft geschwungene Formen einfach hinreißend sind.

Großen Anteil an der gegenwärtigen Bambus-Revolution hat der berühmte Juwelier John Hardy, der 2007 beim revolutionären Bau der bedeutenden **Green School** (S. 227) südwestlich von Ubud Bambus verwendete. Die Menschen warfen einen Blick auf die berühmte fantasievolle Brücke und fühlten sich inspiriert. Seither wird in ganz Bali wieder mehr Bambus verwendet und es gibt einige schöne Beispiele für Bambus-Architektur, dazu zählen:

Fivelements (S. 227) Ein neues Kurzentrum in der Nähe der Green School.

Power of Now Oasis (S. 141) Ein faszinierendes Yoga-Studio am Strand in Sanur.

Hai Bar & Grill (S. 175) Eine Strandbar auf Nusa Lembongan.

Sardine (S. 106) Das hoch gelobte Restaurant im eigenen Reisfeld in Kerobokan.

Finns Beach Club (S. 116) Ein eleganter Strand-Salon und ein exzellentes Restaurant in der Nähe von Canggu.

Katamama (S. 104) Der gleiche architektonische Stil wie im benachbarten Potato Head zeichnet auch dieses Hotel aus. Hier sind sogar die kleinen Details großzügig und kunstvoll gestaltet. Entworfen hat das alles der Indonesier Andra Martin – als eine Komposition mit Ziegeln aus Java, Steinen aus Bali und anderen heimischen Materialien.

Architektur auf Lombok

Traditionelle Gesetze und Gewohnheiten bestimmen die Architektur von Lombok. Mit dem Bau muss an einem günstigen Tag begonnen werden, das heißt immer an einem ungeraden Tag, und das Gerüst muss am gleichen Tag fertiggestellt werden. Es brächte nämlich Unglück, einen Teil dieser Arbeit einen Tag später fortzusetzen.

Ein traditionelles Sasak-Dorf besitzt eine Ummauerung. Es gibt drei Gebäudetypen: *beruga* (offener Pavillon), *bale tani* (Haus der Familie) und *lumbung* (Reisspeicher). *Beruga* und *bale tani* sind immer rechteckig, mit niedrigen Wänden und einem steilen, strohgedeckten Dach, allerdings ist der *beruga* viel größer. Ein *bale tani* besteht aus Bambus und ruht auf einem Fundament aus festgetretenem Lehm. Fenster sind selten und die Anordnung der Zimmer ist weitgehend gleich. Auf der Vorderseite befindet sich eine *serambi* (offene Veranda) und im Innern liegen zwei Zimmer auf zwei verschiedenen Ebenen, eines, wo gekocht wird und Gäste bewirtet werden, und ein zweites als Schlafzimmer und Speicher.

Einige sehr hübsche traditionelle Sasak-Häuser findet man in den Dörfern Rembitan und Sade nahe Koeta auf Lombok.

Natur & Umwelt

Diese Region besitzt vielfältige Naturräume. Vulkane, Strände und Riffe sind nur die auffälligsten Charakteristika. In diesen Naturräumen gibt es zahlreiche Lebewesen, von den Enten im Reisfeld bis hin zu einem der seltensten Vögel der Welt. Die ständig steigenden Besucherzahlen stellen eine große Bedrohung für diese einzigartige Umgebung dar, doch die Besucher können viel dazu tun, die negativen Auswirkungen zu verringern.

Das Indonesian Ecotourism Centre (www.indecon.or.id) widmet sich dem verantwortungsvollen Tourismus; Bali Fokus (http://balifokus.asia) wirbt für nachhaltige Gemeindeprogramme auf Bali, für Recycling und Wiederverwendung.

Geografie

Bali ist eine kleine Insel inmitten des indonesischen Archipels. Sie liegt unmittelbar östlich des extrem dicht besiedelten Java und westlich von Nusa Tenggara, einer Gruppe kleinerer Inseln, zu denen auch Lombok und die Gili-Inseln gehören.

Bali bietet eine Vielzahl beeindruckender Landschaften, denn eine Kette aktiver Vulkane – mehrere davon sind um die 2000 m hoch – durchzieht die Insel in Längsrichtung. Die landwirtschaftlichen Nutzflächen liegen südlich und nördlich der zentralen Berge. Da im leicht hügeligen Süden mehr Platz ist, wird hier der größte Teil der üppigen Reisernte eingebracht. Der schmale Küstenstreifen im Norden geht schnell in die Ausläufer der zentralen Bergkette über. Zwar fällt hier weniger Regen, das Land wird dennoch intensiv genutzt: zum Anbau von Kaffee, Kokosnüssen und Reis sowie zur Viehzucht. Außerdem besitzt Bali Strände in allen Formen, Arten und Farben – vom versteckten kleinen Strand bis zu spektakulären großen Arealen, von einsamen Orten bis zur Party-Location, vom hellweißen Sandstrand bis zum glänzenden Schwarz.

Zu Bali gehören einige trockene, dünn besiedelte Gebiete, darunter die Bergregion im Westen und die östlichen und nordöstlichen Hänge des Gunung Agung. Die Insel Nusa Penida ist karg – ein intensiver Reisanbau ist hier nicht möglich. Ähnlich karg zeigt sich auch die Halbinsel Bukit, wegen des zunehmenden Tourismus leben hier inzwischen jedoch relativ viele Menschen.

Vulkane

Diese Region ist ein vulkanisch aktives Gebiet, seine vulkanischen Böden sind äußerst fruchtbar, und hohe Berge sorgen zuverlässig für den Regen, der zur Bewässerung der filigranen und unglaublich schönen Reisterrassen nötig ist. Natürlich sind die Vulkane auch eine Gefahr – Bali hat in der Vergangenheit verheerende Eruptionen erlebt, die schlimmste im Jahr 1963, als der Gunung Agung, der 3142 Meter hohe „Muttervulkan" der Insel, ausbrach und fast 2000 Menschen ums Leben kamen. Weniger dramatisch waren die Ausbrüche in den Jahren 2017 und 2018. Ebenfalls noch aktiv ist der mit 1717 m vergleichsweise kleine Gunung Batur, der aus einem See aufsteigt, der wiederum selbst Teil eines größeren Kraters ist.

Der Gunung Rinjani auf Lombok ist mit 3726 m der zweithöchste Vulkan Indonesiens. In seinem riesigen Krater liegt der aquamarinblaue Danau Segara Anak, dessen Anblick jeden in Staunen versetzt.

Tiere & Pflanzen

Bali ist geologisch betrachtet jung. Viele Lebewesen haben hier spät Fuß gefasst, es gibt nur wenige echte heimische Wildtiere. Im dicht besiedelten und üppig grünen Süden von Bali liegt das auf der Hand: Die aufwendig angelegten Reisterrassen zum Beispiel wirken so ordentlich und planmäßig, dass sie eher wie ein Kunstwerk aussehen und nicht wie eine natürliche Landschaft.

Tatsächlich machen die Reisfelder aber weniger als 20 % der Gesamtfläche der Insel aus. Es gibt auch ganz andere Vegetationszonen: trockenes Buschland im Nordwesten, im äußersten Nordosten und auf der südlichen Halbinsel, hier und da dichten Dschungel in den Flusstälern, Bambuswälder und karge vulkanische Gebiete, die auf größeren Höhen aus unfruchtbarem Fels und vulkanischem Tuffstein bestehen.

Tiere

Wildtiere

Auf Bali gibt es massenweise Eidechsen in jeder Art und Größe. Die kleinen Eidechsen (lautmalerisch *Cecak* genannt), die abends um die Lampen sitzen und auf unvorsichtige Insekten warten, sieht man sehr häufig. Geckos sind Eidechsen, die mehr zu hören als zu sehen sind. Ihr lauter, regelmäßig wiederholter zweisilbiger Ruf „geck-oh" ist ein typisches Nachtgeräusch, das vielen Besuchern gefällt.

Auf Bali gibt es mehr als 300 Vogelarten, doch wirklich hier zu Hause ist der Balistar. Wesentlich häufiger sind farbenfrohe Vögel wie die Drosselart *Geokichla peronii,* dazu viele Arten von Reihern, Eisvögeln, Papageien, Eulen und viele andere.

Im einzigen Naturschutzgebiet der Insel, dem Nationalpark Bali Barat (Taman Nasional Bali Barat), leben verschiedene Wildtiere, u. a. graue

Die schlimme Lage der Hunde auf Bali und die Ironie, dass sie im Inselleben eine wichtige Rolle spielen, fangen die Filmemacher Lawrence Blair und Dean Allan Tolhurst in ihrem Film *Bali: Island of the Dogs* ein.

UMWELTBEWUSST REISEN

Wer verantwortungsbewusst nach Indonesien reist, sollte so rücksichtsvoll vorgehen wie nur möglich und dem Land und seinen verschiedenen Kulturen Respekt erweisen.

Auf den Wasserverbrauch achten In Indonesien übersteigt der Wasserverbrauch teilweise die vorhanden Ressourcen – auch an vermeintlich so grünen Orten wie Bali. Es ist sinnvoll, das Angebot von Hotels anzunehmen, die viel Wasser sparen wollen, indem Wäsche und Handtücher nicht täglich gewaschen werden. Auch in einem Spitzenhotel kommt man gut ohne privates Planschbecken aus und vielleicht sogar ganz ohne Pool.

Nicht zur Flasche greifen Die Aqua-Flaschen (so heißt die auf Bali gängige Marke, die zu Danone gehört) sind praktisch, führen aber zu unglaublichen Müllmengen. Jährlich werden Unmengen dieser Flaschen weggeworfen, was zu einem ernsthaften Umweltproblem geworden ist. Trotzdem wäre es nicht klug, Leitungswasser zu trinken. Am besten bittet man im Hotel darum, die Flaschen aus den riesigen hauseigenen Containern mit Trinkwasser auffüllen zu dürfen. Einige Unternehmen bieten diesen Service bereits.

Umweltbewusste Geschäfte und Hotels unterstützen. Die Zahl der umweltbewussten Betriebe auf Bali und Lombok steigt derzeit recht schnell.

Energie sparen Licht und Klimaanlage ausschalten, wenn sie nicht benötigt werden!

Weg mit den Tüten Am besten auf Plastiktüten und -strohhalme verzichten.

Tiere in Ruhe lassen Boykottieren sollte man das Schwimmen mit Delfinen in Gefangenschaft, Ritte auf Elefanten und Attraktionen, bei denen Wildtiere wie Delfine oder Elefanten Vorführungen vor Publikum geben. Tierschutzgruppen prangern solche Veranstaltungen an. Auch sollte man wild lebende Tiere nicht füttern oder sich in ihre Lebensweise einmischen.

DIE WALLACE-LINIE

Der englische Naturforscher Sir Alfred Wallace (1822–1913) beobachtete große Unterschiede in der Fauna zwischen Bali und Lombok, er verglich sie mit den faunistischen Unterschieden zwischen Afrika und Südamerika. Vor allem fiel ihm auf, dass es keine großen Säugetiere (Elefanten, Nashörner, Tiger usw.) und nur sehr wenige Fleischfresser östlich von Bali gab. Er stellte die These auf, dass während der Eiszeit, als der Meeresspiegel niedriger lag, die Tiere vom asiatischen Festland aus nach Bali eingewandert sein könnten, von dort aber wegen der tiefen Meerenge bei Lombok nicht weiterziehen konnten. Er zog deshalb eine Linie zwischen Bali und Lombok, die er als biologische Grenze zwischen Asien und Australien festlegte.

Bei den Pflanzen sind die Unterschiede nicht ganz so auffällig, hier vollzieht sich ein allmählicher Übergang von Arten, die typisch für die asiatischen Regenwälder sind, zu Pflanzen des australischen Kontinents, z. B. Eukalyptus und Akazien (die besser an lange Trockenperioden angepasst sind). Das lässt sich mit den von Java aus nach Osten immer weiter abnehmenden Niederschlagsmengen erklären. Unterschiedliche natürliche Bedingungen, beispielsweise in der Vegetation, bieten nach heutiger wissenschaftlicher Auffassung jedoch eine bessere Erklärung für die Verteilung der Tierarten als die Wallace-Theorie über frühe Wanderbewegungen.

und schwarze Affen (die auch in den Bergen, bei Ubud und in Ostbali anzutreffen sind), Muntjaks (Zwerghirsche), Eichhörnchen, Fledermäuse und Leguane.

Balistar

Der Balistar, auch Bali-Mynah oder von den Einheimischen *jalak putih* genannt, ist wohl Balis einziger endemischer Vogel. (Die Meinungen gehen auseinander – andere Orte liegen so nah, wer weiß?) Er ist auffallend weiß, hat schwarze Flügel- und Schwanzspitzen und eine unverkennbare blaue Gesichtsfarbe. Wegen dieses guten Aussehens wurde der Vogel so häufig gewildert, dass er fast ausgestorben ist. Man rechnet, dass in freier Wildbahn nur noch weniger als 100 Exemplare leben. In Gefangenschaft gibt es jedoch Hunderte, wenn nicht Tausende.

Bei Ubud gibt es im Bali Bird Park (S. 227) große Volieren, in denen Besucher Balistare sehen können. Der Park bot wichtige Unterstützung bei den Versuchen, die Vögel wieder auszuwildern. Zu diesen Versuchen zählt ein Programm der NGO Friends of the National Parks Foundation (S. 178) auf Nusa Penida.

Meerestiere

Der einzige Nationalpark auf Bali ist der Bali-Barat-Nationalpark. Er ist 190 km² groß und umfasst die Westspitze Balis, einen großen Mangrovenwald und das angrenzende Meer mit dem exzellenten Tauchspot in Menjangan.

In den Küstengewässern vor den Inseln leben vielfältige Korallen, Seetang, Fische und andere Meeresbewohner; das gesamte indonesische Seegebiet wurde zu einer Schutzzone für Mantarochen erklärt. Auch beim Schnorcheln bekommt man viel von der Unterwasserwelt zu sehen, die größeren Meerestiere sind aber meist nur beim Tauchen zu entdecken.

Delfine

Delfine sind rund um die Inseln zu finden. Vor Lovina werden sie als Attraktion gehandelt. Aber es ist ebenso wahrscheinlich, auf der Fahrt mit dem Schnellboot zwischen Bali und den Gilis Delfinschulen zu sehen.

Haie

Nur sehr selten wird in dieser Region von sehr großen Tieren wie dem Weißen Hai berichtet, sie werden hier aber nicht als große Bedrohung eingeschätzt.

Meeresschildkröten

Nur die Grüne Meeresschildkröte (Suppenschildkröte) und die Karettschildkröte sind in den Gewässern um Bali verbreitet. Beide Arten sind eigentlich durch internationale Gesetze geschützt, die den Handel mit allen Produkten, die aus Meeresschildkröten hergestellt werden, verbieten.

Auf Bali ist Schildkrötenfleisch *(penyu)* allerdings eine traditionelle, sehr beliebte Delikatesse, vor allem bei balinesischen Festessen. Deshalb wird die Suppenschildkröte dort mehr bejagt als irgendwo sonst auf der Welt. Es gibt keine verlässlichen Zahlen, aber 1999 wurde die Zahl der getöteten Tiere auf über 30 000 pro Jahr geschätzt. In den Küstenorten, z. B. in Benoa, sind in den Seitenstraßen leicht Händler zu finden, die das Fleisch verkaufen.

Doch es gibt einen gewissen Fortschritt, vor allem Gruppen wie ProFauna (www.profauna.net) ist es zu verdanken, dass das Bewusstsein für Meeresschildkröten und andere Tiere Indonesiens auf Bali deutlich gewachsen ist.

Ein breites Bündnis von Tauchern und Journalisten unterstützt die SOS Sea Turtles Campaign (www.sos-seaturtles.ch), die das Töten der Schildkröten anprangert. Die Initiative hat eine wichtige Rolle dabei gespielt, die illegale Jagd im Wakatobi-Nationalpark auf Sulawesi und den anschließenden Verkauf auf Bali aufzudecken. Der verbotene Handel ist weit verbreitet und, ähnlich wie der Drogenhandel, schwer zu verhindern. Der oberste Rat von Balis Hindu-Dharma-Religion hat inzwischen zudem entschieden, dass Schildkrötenfleisch nur noch für sehr wichtige Rituale notwendig ist.

Einige Zuchtstationen sind für Besucher geöffnet und informieren vor allem auch die Einheimischen über die Notwendigkeit, Schildkröten zu schützen (und sie als lebende Wesen und nicht bloß als Fleischmahlzeit zu sehen). Alles hat aber seine zwei Seiten, und manche Umweltschützer lehnen Zuchtstationen kategorisch ab, weil sie die Tiere in Gefangenschaft halten. Übrigens gibt es durchaus auch Stationen, die sich zwar nach außen hin dem Umweltschutz verschreiben, tatsächlich aber vor allem kommerziellen Interessen als Touristenmagnet dienen, wobei ihnen das Wohlergehen der Tiere ziemlich gleichgültig ist. Umweltaktivisten raten deshalb vom Besuch bestimmter Stationen in Tangung Benoa und rund um Sanur ab.

Eine Echte Karettschildkröte, die Bali aufgesucht hatte, wurde im folgenden Jahr beobachtet. Ihre Ziele waren Java, Kalimantan, Australien (Perth und ein großer Teil von Queensland), dann kam sie wieder nach Bali zurück.

Preisgekrönte Einrichtungen sind hingegen die Bali Sea Turtle Society (S. 73) in Kuta und Proyek Penyu (S.300) in Pemuteran.

Auf Nusa Penida können Freiwillige sich der Arbeit von Green Lion Bali (S. 178) anschließen.

Fische

Kleine Fische und Korallen finden sich an unzähligen Stellen rund um die Inseln. Der bevorzugte erste Anlaufpunkt aller Bali-Besucher ist Menjangan. Angeblich leben dort Fische von der Größe eines Walhais. Doch die alltägliche Faszination geht eher von der farbenfrohen Schönheit der Korallen, Schwämme, spitzenartigen Gorgonien und vielen anderen aus. Seesterne gibt es im Überfluss und Clownfische sowie andere vielfarbige Arten sind leicht zu entdecken.

Pflanzen

Bäume

Ein großer Teil der Insel wird landwirtschaftlich genutzt. Wie die meisten Dinge auf Bali haben auch Bäume eine spirituelle und religiöse Bedeutung; häufig sind sie mit Schals und schwarz-weiß karierten Tüchern *(poleng*; das Tuch steht für spirituelle Energie) dekoriert, um den Grad ihrer Heiligkeit anzuzeigen. Der Banyanbaum ist der heiligste Baum Balis – kein wichtiger Tempel ist vollständig ohne ein stattliches Exemplar im Hof. Der Banyan ist ein breit wachsender, Schatten spendender Baum mit einem ungewöhnlichen Merkmal: Aus seinen Ästen wachsen Ausläufer, die nach unten hängen und dort Wurzeln bilden, sodass ein neuer Stamm neben dem Hauptstamm entsteht. Die *jepun* (Frangipani- oder Plumeria-Bäume) mit ihren schönen, süß duftenden, weißen Blüten sieht man überall auf der Insel.

Balinese Flora & Fauna, herausgegeben von Periplus, ist ein detaillierter und schön illustrierter Führer zu den Tieren und Pflanzen, die Reisende auf Bali zu Gesicht bekommen. Besonders gelungen ist der Beitrag über die Ökologie eines Reisfeldes.

Etwa 127 000 ha der Insel Bali sind Waldfläche – unberührte Wälder ebenso wie Nutzwälder oder dichter Bergwald rund um die Dörfer. Die Wälder sind jedoch extrem gefährdet, weil immer mehr Holz gestohlen wird – zur Herstellung von Souvenirs, als Brennmaterial und um Platz für neue Siedlungsflächen zu schaffen.

Für Bali typisch ist nicht der tropische, sondern der Monsunregenwald. Es fehlen die wertvollen Harthölzer, die das ganze Jahr über Regen brauchen. Fast das gesamte Hartholz für Möbel und Schnitzereien muss deshalb aus Sumatra und Kalimantan importiert werden.

Eine Reihe von Pflanzen besitzt große praktische und wirtschaftliche Bedeutung. *Tiing* (Bambus) wächst in verschiedenen Arten und wird für nahezu alles gebraucht, von Satay-Spießen bis zum hippen Resort.

Blumen & Gärten

Die balinesischen Gärten sind wunderschön, denn Boden und Klima sind günstig für eine große Vielfalt an Pflanzen. Die Begeisterung der Balinesen für Schönes und das große Angebot an billigen Arbeitskräften tragen dazu bei, dass jeder freie Fleck gärtnerisch gestaltet wird. Der Stil der Anlagen ist meist informell, mit geschwungenen Pfaden, vielen Pflanzenarten und meist auch einer Teichanlage. Wer kann sich schon dem Zauber eines Frangipanibaums entziehen, dessen herabgefallene Blüten einen duftenden bunten Teppich um den Baum herum bilden?

Fast jede Blumenart ist auf Bali vertreten, manche blühen nur zu bestimmten Zeiten, andere sind auf die kühleren Bergregionen beschränkt. Die Besucher kennen viele der Blumen, denn Hibiskus, Bougainvillea, Weihnachtsstern, Oleander, Jasmin, Seerosen und Astern wachsen überall in den Touristengebieten im Süden.

Trotz Bauprojekten und Verlust von Reisfeldern aus anderen Gründen erreichte Balis Reisproduktion 2013 einen Rekordwert von 822 115 Tonnen. Da auf der Insel nur etwa 455 000 Tonnen verbraucht werden, kann Bali noch Reis exportieren.

Zu den weniger bekannten Blumen zählen die javanische *ixora (soka, angsoka)* mit ihren runden Dolden orangefarbener Blüten, der *champak (cempaka)*, eine duftende Pflanze, die zu den Magnoliengewächsen zählt, der Flammenbaum (oder Royal Poinciana), der *manori* (Madar-Strauch), der für verschiedene traditionelle Zwecke genutzt wird, und der Wasserspinat *(kangkung)*, der als Gemüse in der Küche verwendet wird. Zudem gibt es Tausende von Orchideenarten.

Aufgrund des Klimas sehen neu angelegte Gärten in wenigen Jahren sehr eingewachsen aus, die Bäume erreichen schnell stattliche Höhen. Zu den Gärten, in denen die Pflanzenfülle besonders gut zu sehen ist, gehören der Bali Botanic Garden (S.277), der Bali Orchid Garden (S. 140) und die Gartenbetriebe nördlich von Sanur und an der Straße nach Denpasar.

Umweltprobleme

Bali

Manche der Umweltprobleme Balis sind größer als die Insel selbst: Der Klimawandel verursacht einen Anstieg des Meeresspiegels, der die Küsten und Strände schädigt.

Gleichzeitig lässt die schnell wachsende Bevölkerung auf Bali die begrenzten Ressourcen knapp werden. Die Tourismusindustrie zieht neue Bewohner an und es findet ein schnelles Wachstum in städtischen Gebieten sowie eine Ausbreitung von Resort-Hotels und Villen bis in landwirtschaftlich genutzte Gegenden statt. Probleme sind:

Die **Wasserversorgung** ist ein zentrales Problem. Typische Spitzenklassehotels verbrauchen am Tag pro Zimmer über 1000 l bis 1500 l. Die zunehmende Zahl an Golfplätzen, darunter die neuen auf der trockenen Halbinsel Bukit in der Anlage Pecatu Indah und bei Nusa Dua, verschlimmert die ohnehin schon schwierige Situation.

Die **Wasserverschmutzung** ist ein weiteres großes Problem. Ursache ist zum einen Abholzung – in den Bergen wird viel Holz als Brennmaterial gefällt –, zum anderen die fehlenden Lösungen für eine sinnvolle Abwasserreinigung. Noch immer fließen Bäche in Ferienorten, z. B. am Double Six Beach in Legian, ungeklärt ins Meer, oft verschmutzt durch die Abwässer der Hotels. Die großen Mangrovenwälder an der Südküste bei Benoa verlieren zunehmend ihre Fähigkeit, das Wasser zu filtern, das sich hier, von weiten Teilen der Insel kommend, ansammelt – zumal sie selbst in ihrem Bestand bedroht sind und in vielen Fällen Baumaßnahmen weichen müssen.

Luftverschmutzung Die Luft in Südbali ist oft versmogt, wie jeder, der schon einmal hinter einem qualmenden Lkw oder Bus auf einer der Hauptstraßen

REISANBAU

Der Reisanbau prägt bis heute das Zusammenleben auf Bali. Der komplizierte Arbeitsaufwand, der notwendig ist, um Reis zu kultivieren, spielt eine große Rolle für den Zusammenhalt der Gemeinschaft. Der Reisanbau hat aber auch die Landschaft verändert: Die terrassierten Reisfelder ziehen sich die Hügel entlang wie Stufen, die für Riesen angelegt wurden, und schimmern in den unterschiedlichsten Grüntönen. Einige sind bereits mehr als 1000 Jahre alt.

Subak nennt man die dörfliche Genossenschaft, in der die Wasserrechte und die Bewässerung geregelt werden. Sie sorgt dafür, dass das Oberflächenwasser umsichtig genutzt wird. Die Felder bilden ein eigenes Ökosystem, das Lebensraum für sehr viel mehr als Reis ist. Am frühen Morgen führen die Bauern oft ihre Enten auf die Felder. Während des Tages schwimmen und watscheln sie auf den Feldern herum, vernichten Schädlinge und düngen den Boden mit ihrem Mist.

Ein abgeerntetes Reisfeld mit Resten verbrannten Strohs wird unter Wasser gesetzt und mehrmals gepflügt, häufig von zwei Ochsen, die einen hölzernen Pflug ziehen. Ist das Feld schlammig genug, wird ein kleiner Teil abgetrennt und mit Setzlingen bepflanzt. Wenn die Pflanzen eine gewisse Größe erreicht haben, muss jede Pflanze einzeln in das größere Feld umgepflanzt werden. Während der Reis heranreift, finden die Menschen Zeit, um Gamelan zu üben, den Tänzern zuzuschauen oder Schnitzereien anzufertigen. Schließlich macht sich das ganze Dorf auf zur Ernte, eine Zeit intensiver, harter Arbeit. Für das Pflanzen sind nur die Männer zuständig, an der Ernte beteiligen sich alle Dorfbewohner.

1969 wurden neue, ertragreichere Reissorten eingeführt. Sie können einen Monat früher geerntet werden als die alten Sorten und sind widerstandsfähiger gegenüber Krankheiten und Schädlingen, aber sie benötigen dafür auch mehr Dünger und Wasser, was wiederum die Wasserversorgung erschwert. Weil zudem mehr Pestizide eingesetzt werden müssen, sind die Bestände an Fröschen und Aalen gefährdet, die sich von Insekten ernähren.

Obwohl alle der Meinung sind, dass die neuen Reissorten nicht so gut schmecken wie die traditionellen, machen sie inzwischen mehr als 90 % der Reisernte auf Bali aus. Kleine Flächen werden immer noch mit den alten Sorten bepflanzt und auf traditionelle Art geerntet, sie werden der Reisgöttin Dewi Sri als Opfer dargebracht. Überall in den Reisfeldern sieht man entsprechende Tempel und Opfergaben.

Vor Kurzem haben einige Bauern sogar mit dem Anbau von Bio-Reis begonnen; ihre Produkte finden sich auf den Speisekarten gehobener Restaurants und auf sehr guten Märkten.

festsaß, bezeugen kann. Von einem Hügel aus ist über Südbali häufig eine braune Dunstglocke zu sehen, die an das Los Angeles der 1960er-Jahre erinnert.

Abfall Das Problem sind nicht nur all die Plastiktüten und -flaschen, sondern schon allein die Menge an Abfall, die von der wachsenden Bevölkerung produziert wird. Was soll man damit anfangen? Die Balinesen sehen mit Traurigkeit auf die enormen Mengen an Abfall – vor allem Plastik –, die sich in ihren einst unberührten Flüssen sammeln.

Eine Studie aus jüngster Zeit zeigt, dass ein belegtes Hotelzimmer in Südbali im Durchschnitt täglich 1000 bis 1500 l Wasser für den Gebrauch seiner Bewohner und die Erfüllung ihrer Bedürfnisse verbraucht. Im Gegensatz dazu verwendet der durchschnittliche Einheimische alles in allem weniger als 120 l am Tag.

Andererseits wird immer mehr versucht, Reis und andere Nahrungsmittel biologisch anzubauen. Ein Programm zur Abwasserbehandlung ist in einigen Gegenden im Süden angelaufen, doch zahlreiche Unternehmen verweigern aus Kostengründen noch immer ihre Teilnahme.

In Pemuteran haben die Programme zur künstlichen Förderung des Riffwachstums internationalen Beifall gefunden. Das ist sehr wichtig, denn eine Studie des World Wide Fund for Nature hat herausgefunden, dass weniger als 5 % der Riffe vor Bali ganz gesund sind.

Lombok & die Gilis

Auf Lombok geht das Umweltdesaster in der Goldgräberstadt Sekotong weiter. Goldabbau über Tage mit Hilfe von Quecksilber richtet enorme Schäden in vorher unversehrten Gegenden wie Kuta an. Darüber hinaus nimmt die Erschließung des Südens, vor allem rund um die Strände von Kuta, immer schneller Fahrt auf; die Folgen für die Umwelt sind teilweise noch gar nicht abzusehen.

Küstenerosion ist hier ebenso wie auf Bali ein Problem. Und die Gili-Inseln sind natürlich auch bedroht. Andererseits erholen sich die Riffs rund um die Gili-Inseln gerade, denn der Tourismus hat dazu geführt, dass mit ernsthaften Schutzmaßnahmen begonnen wurde.

Praktische Informationen

ALLGEMEINE INFORMATIONEN . . 500
Barrierefreies Reisen . . . 500
Botschaften & Konsulate 500
Essen 500
Feiertage 501
Frauen unterwegs 501
Freiwilligendienst 501
Geld 502
Klima 502
Internetzugang 503
Öffnungszeiten 503
Post 503
Rechtsfragen 503
Schwule & Lesben 504
Sicher reisen 504
Sprachkurse 506
Strom 506
Telefon 506
Toiletten 507
Tourist Information 507
Unterkunft 508
Versicherung 510
Visa 510
Zeit .511
Zoll .511

VERKEHRSMITTEL & -WEGE 512
AN- & WEITERREISE 512
Anreise in die Region 512
Flugzeug 512
Auf dem Landweg 513
Übers Meer 513
UNTERWEGS VOR ORT . . . 514
Auto & Motorrad 514
Bemo 516
Bus .516
Fahrrad 517
Flugzeug 517
Nahverkehr 517
Schiff/Boot 519

GESUNDHEIT 520
VOR DER ABREISE 520
AUF BALI, LOMBOK & NUSA TENGGARA 521

SPRACHE 526

Allgemeine Informationen

Barrierefreies Reisen

Bali

Mit seinen vielen Angeboten und Einrichtungen für Touristen ist Bali ein bevorzugtes Ziel für Reisende mit Beeinträchtigungen, denn hier ist es relativ einfach, passende Unterkünfte und Urlaubsmöglichkeiten zu finden. Sanur und Nusa Dua mit ihren Hotels und Resorts der gehobenen Klasse sind für Rollstuhlfahrer besser geeignet als Kuta, Legian und Seminyak, obwohl es auch dort barrierefrei zugängliche Strände gibt. Trotzdem: Hohe Bordsteine ohne Absenkungen, überfüllte Bürgersteige in schlechtem Zustand sowie Stufen vor vielen Eingängen sind die Regel – allerdings eilt in der Regel schnell jemand herbei und bietet seine Hilfe an.

Die meisten Tempel sind bestenfalls teilweise barrierefrei, denn Treppen erfüllen in philosophischer Hinsicht eine wichtige Funktion in jedem Hindutempel. Es gibt jedoch meist Möglichkeiten, die Treppen zu umgehen – am besten fragt man Einheimische oder einen der Wärter.

Pura Ulun Danu Bratan (S. 276) ist komplett barrierefrei, Pura Taman Ayun (S. 314), Pura Luhur Ulu Watu (S. 158) und Pura Tirta Empul (S. 223) verfügen über Rampen. Taman Tirta Gangga (S. 252), Taman Ujung (S. 251) und die Reisterrassen von Jatiluwih (S. 282) sind ebenfalls zum größten Teil barrierefrei zugänglich und lohnen von daher einen Besuch.

Bali One Care (balionecare.com) bietet rollstuhlgerechte Transporte, eine große Auswahl an medizinischen oder mobilitätsbezogenen Produkten sowie Betreuungs-, Pflege- und sogar Babysitterdienstleistungen an.

Bali Beach Wheels (☎877 6508 5812; balibeachwheels.com) Dieses brandneue Unternehmen verfügt über drei Strand- bzw. Geländerollstühle, die tage-, wochen- oder monatsweise verliehen werden und mit denen sich Strände und Reisfelder weitaus besser erreichen lassen. Unter http://lptravel.to/AccessibleTravel stehen mehrere Lonely Planet-Ratgeber für barrierefreies Reisen zum kostenlosen Download bereit.

Lombok

Lombok ist nicht so gut auf Rollstuhlfahrer bzw. auf hör- oder sehbehinderte Besucher eingerichtet. Es ist von daher sinnvoll, sich an spezialisierte Anbieter wie **Accessible Indonesia** (www.accessibleindonesia.org) oder **Bali Access Travel** (www.baliaccesstravel.com) zu wenden, die einem bei der Reiseplanung mit Rat und Tat zur Seite stehen.

Botschaften & Konsulate

Die ausländischen Botschaften befinden sich in der Landeshauptstadt Jakarta auf der Insel Java. Die meisten Vertretungen anderer Länder auf Bali sind untergeordnete Konsulate (oder Ehrenkonsuln), die nicht die gleichen Befugnisse haben wie ein echter Konsul oder Botschafter. Ein verlorener Pass kann deshalb unter Umständen eine Reise zur Botschaft nach Jakarta zur Folge haben.

Indonesische Botschaften und Konsulate im Ausland sind auf der Website des indonesischen **Außenministeriums** (www.kemlu.go.id) aufgeführt. Es gibt eine Handy-Suchfunktion auf der Menüseite unter dem Thema „Mission"; dort sind auch die Kontaktdaten ausländischer Botschaften und Konsulate in Indonesien zu finden.

Deutsches Konsulat in Denpasar (☎0361-28 85 35, sanur@hk-diplo.de; Jalan Pantai Karang 17, Batujimbar-Sanur/Bali)

Konsulat für die Schweiz und Österreich (☎0361-26 41 49, bali@honrep.ch, Jalan Ganetri 9D, 80235 Denpasar.

Essen

Bali ist ein großartiges Reiseziel für Gourmets. Die Küche der Insel – ob nun echt balinesisch oder beeinflusst vom übrigen Asien und Indonesien – basiert auf einer Fülle an frischen heimischen Produkten und ist reich an Gewürzen und Aromen. All diese Köstlichkeiten lassen sich sowohl in einfachen Warungs (Cafés) am Straßenrand als auch in erstklassigen Restaurants genießen. Einige der besten Restaurants der gesamten Region haben darüber hinaus ausgesuchte Kreationen für den ganz besonderen Geschmack im Angebot.

Die folgenden Durchschnittspreise gelten für einen Hauptgang oder eine Hauptmahlzeit:

**$** weniger 60 000 Rp (unter 4 US$)

**$$** 60 000–250 000 Rp (4–17 US$)

**$$$** mehr als 250 000 Rp (über 17 US$)

Feiertage

Folgende Feiertage werden in ganz Indonesien begangen. Viele der Daten wechseln in Abhängigkeit von der Mondphase und dem religiösen Kalender, von daher sind die unten genannten Termine nur Richtwerte.

Tahun Baru Masehi (Neujahr) 1. Januar

Tahun Baru Imlek (Chinesisches Neujahrsfest) Ende Januar bis Anfang Februar

Wafat Yesus Kristus (Karfreitag) Termin zwischen Ende März und Anfang April

Hari Buruh (Tag der Arbeit) 1. Mai

Hari Waisak (Buddhas Geburtstag, Erleuchtung und Tod) Mai

Kenaikan Yesus Kristus (Christi Himmelfahrt) Mai

Hari Proklamasi Kemerdekaan (Unabhängigkeitstag) 17. August

Hari Natal (1. Weihnachtstag) 25. Dezember

Die folgenden islamischen Feiertage werden von der großen muslimischen Gemeinde auf Bali gefeiert. In diesen Tagen reisen auch viele Indonesier von anderen Inseln nach Bali. Das Datum der Feiertage ändert sich jedes Jahr.

Isra Miraj Nabi Muhammad (Himmelfahrt des Propheten Mohammed) Um den Monat April herum

Idul Fitri (Lebaran) Fastenbrechen: Die beiden nationalen Feiertage markieren das Ende des Ramadan, diese Tage sollte man wegen der großen Menschenmengen meiden. Um den Monat Juni

Idul Adha (Islamisches Opferfest) Um den Monat September

Muharram (Islamisches Neujahrsfest) Um den Monat September

Maulud Nabi Muhammad (Geburt des Propheten Mohammed) Um den Monat Dezember

Frauen unterwegs

Bali

Bali ist generell eine sichere Reisedestination für alleinreisende Frauen. Mit der nötigen Umsicht und gesundem Menschenverstand können sich Frauen auf Bali sicher fühlen.

Lombok

Traditionellerweise werden Frauen auf Lombok und den Gili-Inseln mit großem Respekt behandelt, doch gerade in den Touristengegenden kommt es gelegentlich zu Belästigungen einzelner Urlauberinnen. Möchtegern-Reiseleiter/Freunde/Gigolos sind oft reichlich hartnäckig bei ihren Annäherungsversuchen und können durchaus auch aggressiv sein, wenn sie ignoriert oder abgewiesen werden. Daher ist es empfehlenswert, dezente Kleidung zu tragen – Badekleidung gehört definitiv nur an den Strand. Zwei oder mehr Frauen, die gemeinsam reisen, werden höchstwahrscheinlich weniger Probleme bekommen, Frauen in Männerbegleitung werden normalerweise gar nicht belästigt.

Gili-Inseln

Auch wenn es selten vorkommt – einige ausländische Frauen sind auf den Gili-Inseln Opfer sexueller Belästigung und auch sexueller Angriffe geworden. In den abgelegeneren Gebieten der Inseln sollte man sich abends nicht allein auf den Heimweg machen.

Freiwilligendienst

Möglichkeiten zum Arbeiten auf Bali gibt es in Hülle und Fülle. Informationen dazu sind im Bali Advertiser (www.baliadvertiser.biz) unter der Rubrik „Community Info" zu finden und bei Bali Spirit (www.balispirit.com/ngos). In Ubud gibt es Organisationen, die den balinesischen Hunden helfen (S. 219).

Lokale Organisationen

Die folgenden Organisationen benötigen sowohl Geld- als auch Sachspenden und häufig auch freiwillige Helfer. Auf ihren Websites informieren sie über den aktuellen Stand.

Amicorp Community Centre (www.amicorpcommunitycentre.com) Diese Organisation baut ein Gemeinschaftszentrum in der Ortschaft Les in Nordostbali auf. Sie bietet Touren und Workshops an, u. a. Kochkurse, Permakultur-Training, Gamelanspielen und Tanzkurse.

Bali Children's Project (www.balichildrensproject.org) Hier werden Ausbildungen finanziert und Englisch- sowie Computerkurse angeboten.

East Bali Poverty Project (www.eastbalipovertyproject.org) Hilft Kindern in den verarmten Bergdörfern im Osten von Bali.

Friends of the National Parks Foundation (www.fnpf.org) Betreibt Freiwilligenprogramme in Nusa Penida mit dem Schwerpunkt Natur- und Tierschutz.

UMSTELLUNG DER RUPIAH

Indonesien plant eine Neudenominierung der Rupiah vorzunehmen, indem drei Stellen aus der Währung herausgenommen werden; allerdings wird der genaue Zeitpunkt dieser Umstellung schon seit Jahren diskutiert. So würde beispielsweise aus dem 20 000-Rp-Schein ein 20-Rp-Schein. Der Wechselkurs dieser neuen Scheine bliebe derselbe wie zuvor. Die nationale Währung derart zu verändern ist allerdings ein sehr komplexer Vorgang.

IDEP Indonesian Development of Education & Permaculture; (www.idepfoundation.org) Unterhält Projekte in ganz Indonesien; die Schwerpunkte liegen auf Umweltprojekten, die Förderung von Katastrophenschutz und die Verbesserung der Lebensbedingungen in den dörflichen Gemeinschaften.

JED (Village Ecotourism Network; ☎ 0361-366 9951; www.jed.or.id; Touren 75–150 US$) JED organisiert sehr gute Touren in kleine Dörfer, oft mit Übernachtung. Es braucht immer wieder Freiwillige, um das Angebot und die Arbeit mit den Dorfbewohnern zu verbessern.

ROLE Foundation (www.rolefoundation.org) Der Schwerpunkt ist die Verbesserung der Lebensbedingungen und der Selbstständigkeit benachteiligter balinesischer Dorfgemeinschaften, dazu kommen Umweltprojekte.

Smile Foundation of Bali (www.senyumbali.org) Vermittelt Operationen zur Korrektur von Gesichtsentstellungen und betreibt als Finanzierungshilfe den **Smile Shop** (Karte S. 190; www.senyumbali.org; Jl Nyuh Kuning; ⏲10–17 Uhr) in Ubud.

Yayasan Bumi Sehat (www.bumisehatfoundation.org) Betreibt eine international anerkannte Klinik und kümmert sich um die gynäkologische Vor- und Nachsorge für benachteiligte Frauen in Ubud. Diese Organisation nimmt gerne Hilfe von medizinischem Fachpersonal an. Die Arbeit der Gründerin Robin Lim – sie ist selbst Hebamme – ist international absolut anerkannt.

Yayasan Rama Sesana (www.yrsbali.org) Kümmert sich um die Verbesserung der medizinischen Versorgung von Frauen in ganz Bali.

YKIP (www.ykip.org) Wurde nach den Bombenanschlägen von 2002 gegründet und organisiert und finanziert Gesundheits- und Ausbildungsprojekte für Kinder auf Bali.

Geld

Landeswährung ist die indonesische Rupie (Rp). Es sind Münzen im Wert von 50 Rp, 100 Rp, 200 Rp, 500 Rp und 1000 Rp sowie Banknoten im Wert von 1000 Rp (selten), 2000 Rp, 5000 Rp, 10 000 Rp, 20 000 Rp, 50 000 Rp und 100 000 Rp im Umlauf.

Geldautomaten

Geldautomaten findet man auf Bali überall. Auf Lombok gibt es sie ebenfalls, auf den kleineren Nebeninseln (wie Gili Gede) oder in abgelegenen Dörfern im Landesinneren sind sie jedoch eher selten. Die meisten akzeptieren auch nicht einheimische Geldkarten und die wichtigsten Kreditkarten.

- Der Wechselkurs bei Abhebungen an Geldautomaten ist normalerweise recht gut, aber es lohnt sich trotzdem zu überprüfen, ob die eigene Hausbank nicht noch übermäßig hohe Gebühren draufschlägt.
- An den meisten Geldautomaten kann man pro Transaktion nicht mehr als 2,5 Millionen Rupiah abheben.
- Auf den Geldautomaten befinden sich Aufkleber, die darüber Auskunft geben, ob sie 50 000er- oder 100 000er-Rupiah-Scheine ausgeben (die Ersteren sind natürlich für kleinere Einkäufe güns-tiger).
- Die meisten Geldautomaten geben die Karte erst nach der Geldausgabe wieder heraus. Daher kann man sie leicht vergessen!
- Der Diebstahl von Kartendaten *(skimming)* ist ein weitverbreitetes Problem auf Bali. Wenn möglich, sollte man Geldautomaten in oder an einer Bank benutzen und nach Abhebungen den Kontostand im Auge behalten.

Kreditkarten

In den Mittelklassehotels sowie den teuren Hotels und Resorts werden Kreditkarten als Zahlungsmittel angenommen. Gleiches gilt auch für teure Restaurants und Läden, die aber oft eine Gebühr von 3 % aufschlagen.

Geldwechsler

US-Dollar lassen sich am einfachsten tauschen, unbedingt auf die Mitnahme von

Klima

Denpasar

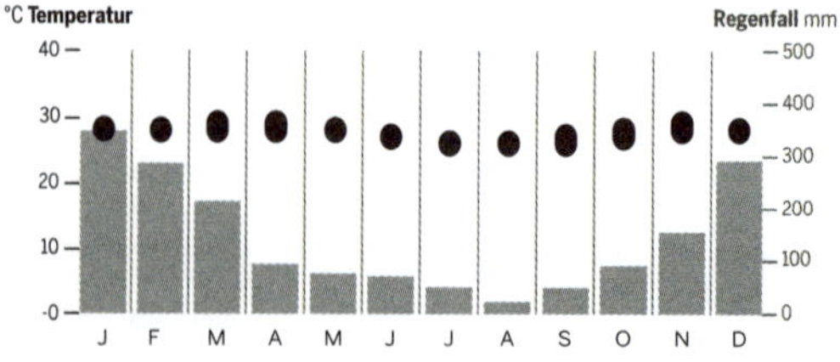

druckfrischen 100-US-Dollar-Scheinen achten.

Wer die folgenden Hinweise beachtet, ist beim Geldwechsel vor Betrug einigermaßen sicher:

- Zunächst online den aktuellen Umtauschkurs ermitteln. Wichtig zu wissen: Jeder Geldwechsler, der eine bessere als diese Rate anbietet oder keine Kommissions- und Bearbeitungsgebühr verlangt, muss seinen Gewinn auf irgendeine andere Art und Weise machen.
- Am besten das Geld in Banken, an den Geldwechselschaltern am Flughafen oder bei großen und anerkannten Instituten wie Central Kuta Money Exchange (www.centralkutabali.com) mit Filialen im ganzen Süden und Ubud tauschen.
- Man sollte einen großen Bogen um solche Wechselmöglichkeiten machen, die mit zu guten Wechselkursen ohne Gebühren oder Kommission werben.
- Zu den verbreiteten Betrugsmechanismen gehören manipulierte Taschenrechner, Taschenspielertricks, „Fehler" in den ausgewiesenen Kursen und die Aufforderung, das Geld abzugeben, bevor man das angebotene Geld gezählt hat.
- Am besten Geldautomaten nutzen, um an Rupiah zu kommen.

Internetzugang

- Kostenloses WLAN bieten Cafés, Restaurants, Hotels und Einkaufszentren. Internetcafés sind kaum noch auf den Inseln zu finden.
- Die Übertragungsgeschwindigkeit ist ziemlich hoch, das gilt vor allem für Südbali, Ubud und Lombok (Hauptinsel).
- Überall gibt es ein 3G-Datennetz, meist liegt die Geschwindigkeit noch höher.

PRAKTISCH & KONKRET

- Auf Bali besteht eigentlich ein Rauchverbot, das die meisten touristischen Einrichtungen, Märkte, Läden, Restaurants, Hotels, Taxis usw. betrifft. Die praktische Umsetzung des Verbots geht allerdings nur schleppend voran.
- In Indonesien gilt das metrische System.

Öffnungszeiten

Verbreitet gelten folgende Öffnungszeiten:

Banken Montag bis Donnerstag 8 bis 14 Uhr, Freitag 8 bis 12 Uhr, Samstag 8 bis 11 Uhr

Geschäfte und Einrichtungen für Touristen Täglich 9 bis 20 Uhr oder länger

Postämter Montag bis Freitag 8 bis 14 Uhr, in Touristenzentren länger

Restaurants und Cafés Täglich 8 bis 22 Uhr

Verwaltungsbüros Montag bis Donnerstag 8 bis 15 Uhr, Freitag 8 bis 12 Uhr (können aber von Ort zu Ort wechseln)

Post

Bali

Jeder größere Ort hat ein *kantor pos* (Postamt). In touristischen Zentren gibt es Postagenturen, die Postdienste anbieten und oft sogar lange Öffnungszeiten haben. Der Versand von Postkarten und Standardbriefen (bis 20 g) mit Luftpost ist günstig, allerdings nicht besonders schnell.

Von Bali braucht ein Brief nach Europa ungefähr drei Wochen.

Viele Postämter packen Päckchen über 20 g für einen kleinen Betrag fachgerecht für den Transport per Schiff ein. Wer Wichtiges oder Wertvolles verschicken möchte, sollte dies niemals mit der Post tun. Internationale Kurierdienste wie DHL, FedEx und UPS sind zuverlässig, schnell, allerdings auch teuer.

Lombok

In größeren Touristenorten wie Kuta oder Senggigi gibt es ein *kantor pos* (Postamt), aber dies gilt nicht für die Gili-Inseln. Wie auch auf Bali ist der Versand einer Postkarte oder eines Standardbriefs per Luftpost zwar günstig, dauert aber lang. Von Lombok aus brauchen Postsendungen nach Australien, Europa oder Nordamerika zwei bis drei Wochen. Und man sollte auch nie etwas per Post verschicken, was man wirklich vermissen würde.

Rechtsfragen

Die indonesische Regierung nimmt Drogenschmuggel, -handel und -konsum sehr ernst und die Drogengesetze sind ganz unmissverständlich. Wer mit Drogen erwischt wird, muss unter Umständen bis zu sechs Monate bis zur Verhandlung einsitzen. Wie schon in juristischen Fällen von großem öffentlichen Interesse, in die Ausländer verwickelt waren, deutlich geworden ist, sind mehrjährige Haftstrafen für Leute, die mit Drogen, darunter auch Marihuana, erwischt werden, durchaus normal. Wer des Drogenhandels überführt wird, muss sogar mit der Todesstrafe rechnen.

Glücksspiel und Pornografie sind illegal (dennoch sind insbesondere Hahnenkämpfe recht verbreitet).

Normalerweise kommt man nur selten mit der Polizei in Berührung, es sei denn, man fährt einen Leihwagen oder ein Leihmotorrad.

Auf Bali gibt es in allen Bezirkshauptstädten Polizeireviere. Wer dort ein Verbrechen anzeigen will oder sonst etwas zu regeln hat, muss mit einem langwierigen bürokratischen Prozedere rechnen. Es empfiehlt sich, anständig gekleidet zu sein, einen Dolmetscher mitzubringen, früh am Tag zu erscheinen und höflich aufzutreten.

Alternativ kann man sich auch an die **Bali Tourist Police** (☎0361-224 111) wenden.

Einige Polizeibeamte erwarten ein Bestechungsgeld, ansonsten sehen sie großzügig über so manches Vergehen oder Verkehrsdelikt hinweg oder verweigern auch gerne einmal eine Dienstleistung, für die sie eigentlich zuständig sind. Am besten, man bezahlt sofort – denn je eher man das tut, desto weniger kostet es letztendlich.

Reisenden wird oft gesagt, sie müssten sofort ein „Bußgeld" bezahlen, andere Urlauber bieten gleich ihrerseits ein „Bußgeld" an, damit sich die Polizei der Sache annimmt. Wie viel? Im Allgemeinen können 50 000 Rp Wunder wirken. Wenn der geforderte Betrag allerdings unverhältnismäßig hoch erscheint, sollte man sich den Namen des Beamten notieren.

Schwule & Lesben

Bali

Bali ist ein beliebtes Reiseziel von Lesben und Schwulen, es gibt zudem eine große Expat-Gemeinde von Schwulen und Lesben. Viele haben hier ihr eigenes Unternehmen aufgemacht, das, wenn es sich nicht explizit an Schwule und Lesben richtet, ihnen gegenüber sehr aufgeschlossen ist. In Südbali und Ubud müssen sich Paare keine Sorgen machen, sollten aber immer daran denken, dass die Balinesen in der Öffentlichkeit mit dem Austausch von Gefühlen sehr zurückhaltend sind. Im Zentrum von Seminyak gibt es eine Reihe schwulenfreundlicher Nachtclubs.

Homosexuelle Paare sollten auf Bali (und in Indonesien) die gleichen Vorsichtsmaßnahmen walten lassen wie Heteros und auf den Austausch von Zärtlichkeiten verzichten. Da die Nation deutlich konservativer geworden ist, sollte man auf zu große Nähe verzichten.

- Schwule Männer werden in Indonesien als *homo* oder *gay* bezeichnet, Lesben als *lesbi*.
- Indonesiens Transvestiten und transsexuelle *waria* – die Bezeichnung leitet sich von *wanita* (Frau) und *pria* (Mann) ab – sind in der Öffentlichkeit präsent. Sie werden manchmal auch *banci* genannt, eine weniger freundliche Bezeichnung.
- Die islamische Bevölkerung verbietet Homosexualität, physische Übergriffe sind aber eher selten.
- GAYa Nusantara (www.gayanusantara.or.id) betreibt eine sehr hilfreiche Website zu verschiedensten Themen.
- Balis Schwulenorganisation ist Gaya Dewata (www.gayadewata.com).

Lombok

Auf Lombok sollte auf jedwede Geste der Zuneigung in der Öffentlichkeit verzichtet werden – das gilt auch für heterosexuelle Paare.

Sicher reisen

Es ist wichtig, festzuhalten, dass dieser Teil Indonesiens im Vergleich zu anderen Orten in der Welt ein recht sicheres Gebiet ist. Manchmal gibt es gewisse Unannehmlichkeiten durch habsüchtige Einheimische, aber vielen Besuchern drohen zu Hause erheblich mehr Gefahren als hier. Es hat einige juristische Fälle von großem öffentlichen Interesse gegeben, bei denen Besucher verletzt oder gar getötet wurden, aber bei diesen Fällen wurden die tragischen Vorkommnisse von den Medien doch erheblich aufgebauscht.

Schiffs- oder Bootsreisen bergen so manches Risiko in sich; man sollte entsprechende Vorkehrungen treffen (S. 518).

Alkoholvergiftung

Außerhalb von bekannten Bars und Resorts sollte man auf das Trinken von *arak* verzichten. Einheimische brennen das Getränk aus Reismaische oder Palmwein. Immer wieder kommt es zu Todesfällen oder schweren Vergiftungen, besonders auf Bali und den Gili-Inseln, weil skrupellose Verkäufer ihre

GEGEN KINDERSEXTOURISMUS

In Indonesien gibt es strenge Gesetze zur Verurteilung von Personen, die Kinder sexuell missbrauchen. Viele Länder haben Gesetze erlassen, mit denen sie ihre Bürger im eigenen Land für solche im Ausland begangenen Straftaten zur Rechenschaft ziehen können.

Reisende können das Unterbinden von Kindersextourismus unterstützen, indem sie auffälliges Verhalten melden. Solche Vorfälle können z. B. der **Anti Human Trafficking Unit** (☎021-721 8098) der indonesischen Polizei gemeldet werden. Wer die Nationalität eines Verdächtigen kennt, kann auch direkt die jeweilige Botschaft kontaktieren.

Bestände mit giftigen Chemikalien strecken.

Betrug

Die Grenze zwischen „akzeptiertem" Übervorteilen und Betrug ist auf Bali fließend. Man sollte aber wissen, dass es auf Bali Personen gibt (nicht immer sind das Balinesen), die versuchen Touristen zu betrügen.

Die meisten Balinesen würden selbst nie einen Betrug begehen, aber nur die wenigsten sind bereit, im Falle eines offensichtlichen Betrugs das Opfer zu warnen. Vorsicht ist immer dann geboten, wenn auffällt, dass nur eine Person die Unterhaltung führt und die anderen Herumstehenden unruhig werden und sich nicht mehr am Gespräch beteiligen.

AUTOBETRUG

Einheimische (häufig zu zweit unterwegs) entdecken ein „schwerwiegendes Problem" am Mietwagen oder am -motorrad des Touristen – sei es eine starke Rauchentwicklung, tropfendes Öl oder Benzin, ein eiernder oder platter Reifen (alles Pannen, die einer verursacht, während ein zweiter den ahnungslosen Touristen ablenkt). Zufälligerweise kann immer ein Bruder/Cousin/Freund in der Nähe helfen. Am Ende wird immer eine horrende Geldsumme für die schnelle Hilfe verlangt.

GELDBETRUG

Viele Reisende werden von Geldwechslern übers Ohr gehauen, die meist gezinkte Taschenrechner oder Taschenspielertricks anwenden. Man sollte sein Geld daher immer wenigstens zweimal vor den Augen des Geldwechslers zählen und ihn danach das Geld nicht wieder anrühren lassen. Am sichersten sind immer noch Geldautomaten. Aber auch bei diesen sind Betrugsmöglichkeiten durch gefälschte Kartenlesegeräte möglich. Deshalb immer einen kritischen Blick auf das Eingabefeld werfen. Man sollte sich stets davon überzeugen, dass ein Automat echt ist, und beim Eingeben der PIN immer die Hand verdecken).

REISEHINWEISE DES AUSWÄRTIGEN AMTES

Die Reisehinweise der Auswärtigen Ämter sind oft relativ allgemein gehalten, die folgenden Internetseiten geben dennoch ganz nützliche Tipps.

Deutschland (www.auswaertiges-amt.de)

Österreich (www.bmeia.gv.at)

Schweiz (www.eda.admin.ch)

Diebstahl

Gewalttaten sind nicht verbreitet, aber es werden Handtaschen und Handys von vorbeifahrenden Mopedfahrern geklaut; Taschendiebe und Diebe, die in Hotelzimmer eindringen, treiben ihr Unwesen und Autos werden geknackt und ausgeräumt. Es empfiehlt sich daher, dieselben Vorsichtsmaßnahmen zu treffen wie in jeder anderen Stadt auch. Nach gesundem Menschenverstand gilt:

- An Geldautomaten das Geld immer sicher verstauen (und die Karte nicht dort vergessen!)
- Keine Wertsachen am Strand liegen lassen, wenn man ins Wasser geht!
- Wertsachen an der Rezeption oder im Zimmersafe ablegen

Im Fall eines Diebstahls auf einer der Gili-Inseln, sollte man diesen sofort dem *kepala desa* (Dorfvorsteher) melden, der sich dann darum kümmern wird. Man kann den Dorfvorsteher durch die Mitarbeiter der örtlichen Tauchschulen verständigen lassen.

Früher ließ sich die Polizei nur selten auf den Gili-Inseln blicken, doch seit den Erdbeben von 2018 und den darauffolgenden Plünderungen hat sie auf allen drei Inseln kleine Reviere eingerichtet. Es wird allgemein angenommen, dass diese dauerhaft bestehen bleiben.

Drogen

Die zahlreichen im Fokus der Öffentlichkeit stehenden Drogenfälle auf Bali und Lombok sollten eigentlich jeden vom Umgang mit illegalen Drogen abhalten. Nur zwei Ecstasy-Tabletten oder ein wenig Gras führen schon zu hohen Geldstrafen und mehrjährigen Gefängnisaufenthalten in Balis berühmt-berüchtigter Haftanstalt Kerobokan. Drogenhandel kann die Todesstrafe nach sich ziehen (wie am Beispiel der Bali Nine, einer Gruppe von verurteilten Australiern zu sehen ist). Kuta ist voller Polizisten, die als Dealer verdeckt ermitteln.

Auf den Gili-Inseln ist der Drogenhandel noch immer sehr stark, vor allem auf Trawangan, wo man von Crystal Meth über Ecstasy bis zu Pilzen alles kaufen kann. Für letztere wird in den Cafés auf Meno und Air sogar ganz offen Werbung gemacht. Wer Drogen konsumiert oder besitzt, riskiert eine Gefängnisstrafe oder Schlimmeres.

Schwimmen

Am Kuta Beach und an den Stränden nördlich und südlich davon herrschen starke Brandung und starke Strömungen – also immer im mit Fahnen abgesteckten Areal schwimmen. Ausgebildete Rettungsschwimmer sind vor Ort, aber nur in Kuta, Legian, Seminyak, Nusa Dua, Sanur und (manchmal) in Senggigi. Auch an anderen

Stränden können starke Strömungen herrschen, selbst wenn sie von Riffen geschützt werden.

Vorsicht ist bei Korallen geboten; diese sollte man niemals in irgendeiner Form berühren. Sie können sehr scharf sein; zudem heilen Korallenschnitte sehr schlecht, da sie sich schnell infizieren können. Außerdem werden dadurch empfindliche Strukturen der Natur zerstört.

Wasserverschmutzung ist ein Problem, insbesondere nach einem Regenguss. Man sollte sich von offenen Bächen und Flüssen, die einfach so ins Meer fließen, immer weit entfernt halten, besonders von den oft modrig riechenden am Double Six und Seminyak Beach. Das Meerwasser bei Kuta ist in der Regel von den Abwässern der besiedelten Gebiete verseucht.

Straßen- & Schwarzhändler

Für viele Touristen gehören Straßenhändler und Drogendealer zu den Hauptärgernissen auf Bali (und in den Touristengegenden von Lombok). Reisende werden von Straßenhändlern oft regelrecht belagert. Am schlimmsten ist es auf der Jalan Legian in Kuta, am Kuta Beach, in der Gegend am Gunung Batur, in Lovina und vor den Tempeln von Besakih und Tanah Lot. Der Ruf „Transport?!?" gellt einem von beinahe überall her in die Ohren.

Wer die folgenden Hinweise befolgt, sollte eigentlich unbehelligt bleiben:

- Bitte Schwarzhändler/Straßenhändler vollständig ignorieren.
- Keinen Augenkontakt aufnehmen.
- Ein höfliches *tidak* (nein) ermutigt diese Leute nur noch.
- Bitte niemals nach dem Preis fragen oder einen Kommentar zur Qualität der Waren abgeben, es sei denn, man ist wirklich am Kauf interessiert.

Man sollte trotz allem bedenken, dass es sich um Menschen handelt, die auf diese Weise ihren Lebensunterhalt verdienen. Dabei wird auch deren Zeit nur vergeudet, wenn man nichts kaufen will und dies nicht durch Ignorieren ganz entschieden deutlich macht.

Verkehr & Fußwege

Von den Gefahren beim Autofahren auf Bali ganz abgesehen kann es auch für Fußgänger in den Touristenregionen anstrengend und leider auch gefährlich werden.

Fußwege sind oft holprig oder gar unbenutzbar und manchmal weichen auch rücksichtslose Motorradfahrer auf sie aus. Löcher im Pflaster können zu Verletzungen führen. Nachts sollte man nie ohne Taschenlampe unterwegs sein.

Waisenhäuser

Auf Bali gibt es einige „falsche" Waisenhäuser, die nur dazu da sind, hilfsbereite Touristen auszunehmen. Wer etwas an ein Waisenhaus spenden möchte, sollte dessen Ruf sorgfältig im Internet recherchieren. Waisenhäuser, die Taxifahrer als Schlepper einsetzen, sind besonders suspekt.

Sprachkurse

Viele Balibesucher wollen zumindest Grundkenntnisse in Bahasa Indonesia erwerben. In Südbali und Ubud findet man an den einschlägigen Pinnwänden meist auch Angebote von Privatlehrern.

Die beste Adresse für eine richtige Sprachschule, die Kurse in Bahasa Indonesia anbietet, ist die **Indonesia Australia Language Foundation** (IALF; ☎0361-225243; www.ialf.edu; Jl Raya Sesetan 190).

Strom

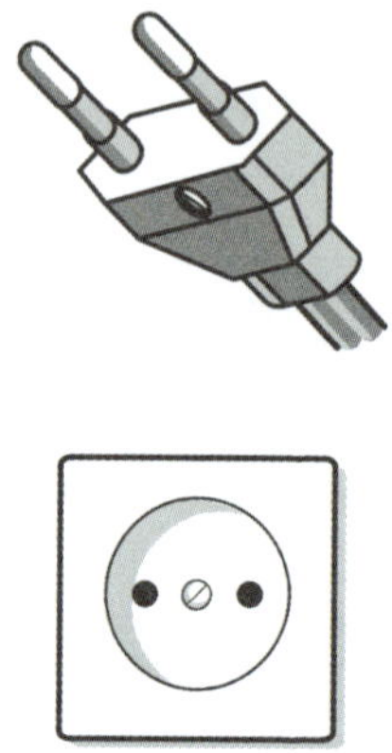

Typ C
220V/50Hz

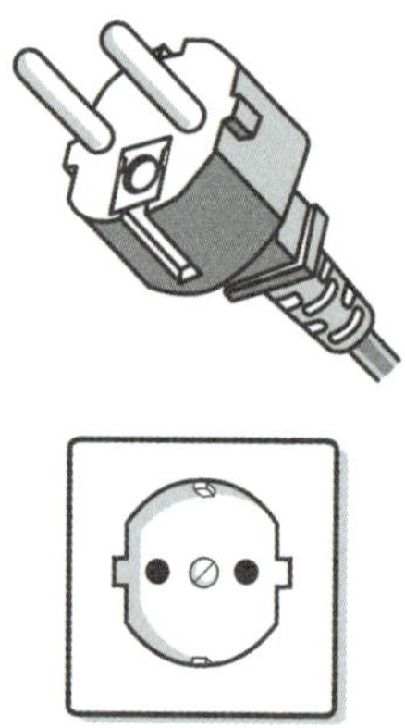

Typ F
230V/50Hz

Telefon

Es gibt drei verschiedene Vorwahlnummern, die man vor dem Landescode (49 für Deutschland, 43 für Österreich, 41 für die Schweiz) wählen muss, im Zweifelsfall muss man alle drei ausprobieren. Indonesische Mobiltelefonnummern beginnen mit ☎08.

Internationale Vorwahl Indonesien (Festnetz) ☎62

Internationale Vorwahl Indonesien (Mobilfunk) ☎001/008/017

Handys

➜ Günstige indonesische SIM-Karten (ab 5000 Rp ohne Guthaben) sind überall erhältlich. Datenübertragungsraten von 3G und mehr sind die Norm auf Bali und Lombok. Alle modernen Mobiltelefone funktionieren.

➜ SIM-Karten für Auslandsgespräche sind günstig, die Tarife beginnen bei 0,20 US$ pro Minute.

➜ SIM-Karten sind überall erhältlich und können mit Kreditkarte aufgeladen werden.

➜ Vorsicht vor Händlern, die SIM-Karten für 50 000 Rp anpreisen. Wenn diese dann nicht ein Guthaben von mindestens 45 000 Rp aufweisen, ist das Betrug. In einem solchen Fall empfiehlt es sich, doch besser woanders zu kaufen.

➜ Datentarife liegen bei durchschnittlich rund 150 000 Rp für einen Datenumfang von 10 GB.

➜ Telkomsel, ein wichtiger Betreiber, hat oft Außen-dienstmitarbeiter, die SIM-Karten in den Ankunftshallen der Flughäfen, direkt vor den Duty-Free-Shops, anbieten. Sie kosten 50 000 Rp und haben ein Guthaben plus gute Datenübertragungsangebote. Das ist schon mal ein ganz guter und einfacher Anfang. Man muss aber immer sichergehen, dass es sich nicht um einen falschen Verkäufer handelt, der haarsträubende Gebühren verlangt.

DIE FALSCHE NUMMER?

Einige Festnetznummern werden auf Bali oft geändert (einschließlich solcher mit der Vorwahlnummer 0361 im gesamten Süden und in Ubud). Um dem zunehmenden Bedarf nach mehr Verbindungen gerecht zu werden, wird zu den sechs oder gar sieben vorhandenen Stellen eine Stelle hinzugefügt. So wird aus 0361-761 XXXX unter Umständen 0361-4761 XXXX. Die Listen und Pläne zu den neuen Nummern ändern sich ständig, aber normalerweise wird am Telefon erst auf Indonesisch (Bahasa Indonesia) und dann auf Englisch durchgesagt, welche Stelle bei der geänderten Nummer hinzugefügt werden muss.

Toiletten

Toiletten im westlichen Stil sind in den Cafés und Restaurants der Touristenorte praktisch überall zu finden. Öffentliche Toiletten sind selten.

Tourist Information

Die Tourist Information in **Ubud** (Karte S. 184; ☎0361-973285; www.fabulousubud.com; Jl Raya Ubud; ⏲8–21 Uhr; 📶) ist eine sehr gute Quelle für Informationen zu kulturellen Veranstaltungen. Außerhalb von Ubud sind die Tourist Informationen auf Bali wenig hilfreich.

Meist finden sich die besten Infos in den unzähligen Publikationen und Websites, die sich an Reisende und Expats wenden. Gute Quellen sind auch die vielen Facebook-Gruppen.

Bali Advertiser (www.baliadvertiser.biz) Die Zeitung hat hervorragende Rubriken mit Infos für Balireisende, darunter auch die Rubrik „Greenspeak" der Journalistin Cat Wheeler und „Bali Explorer" des legendären Reiseschriftstellers Bill Dalton.

Bali Discovery (www.balidiscovery.com) Die wöchentlichen Online-Nachrichten von Jack Daniels sind eine Pflichtlektüre für alle, die Urlaub auf Bali machen, und bieten gute Veranstaltungshinweise.

The Beat Bali (http://thebeatbali.com) Hilfreiche Website und zweiwöchentlich erscheinendes Blatt mit ausführlichem Unterhaltungs- und Kulturprogramm.

GU Guide (https://cangguguide.com) Von Frauen betriebene Website zu den hippsten Events in Canggu.

Ubud Now and Then (http://ubudnowandthen.com) Die vom exzellenten Fotografen Rio Helmi und anderen Lichtgestalten betriebene Website informiert über alles rund um Ubud, aber veröffentlicht auch Informationen zu kulturellen Themen und über Termine auf der ganzen Insel.

The Yak (www.theyakmag.com) Glänzendes und freches Magazin, das die Expats von Seminyak und Ubud besonders anspricht.

UNTERKÜNFTE ONLINE BUCHEN

Unter http://lonelyplanet.com/hotels (o. ä.) gibt es Unterkunftsbewertungen und unabhängig recherchierte Infos von Lonely Planet Autoren (inkl. Empfehlungen zu den besten Adressen). Zudem kann man online buchen.

Unterkunft

Bali bietet für jeden Geldbeutel hervorragende Unterkünfte. Wer in der Hauptsaison im August und über die Weihnachtsferien nach Bali reisen möchte, sollte mindestens drei Monate vorher die Übernachtung buchen.

Homestays & Guesthouses Die von einheimischen Familien geleiteten Unterkünfte sind bequem und geben einen Einblick ins faszinierende balinesische Alltagsleben.

Hotels Die meisten der zahllosen Hotels auf Bali zeichnen sich durch eine gute Lage und ein überzeugendes Preis-Leistungs-Verhältnis aus.

Resorts Auf Bali wurden einige der weltweit besten Resorts gebaut – hier kann man zu Preisen übernachten, von denen man anderswo träumt. Die Anlagen befinden sich am Strand oder versteckt in einem grünen Bergtal.

Villen Sie bieten allen nur denkbaren Komfort und einen privaten Pool.

Reservierungssysteme

Onlinevermittler wie homeaway.com und airbnb.com bieten auf ihren Seiten Hunderte von Häusern und Privatunterkünften auf der Insel an. Man sollte aber wissen, dass viele der genannten Unterkünfte nicht offiziell gemeldet sind. Hier bewegt man sich in einer Grauzone – mit allem Für und Wider. Folgende lokale Agenturen vermitteln Unterkünfte:

Bali Discovery (☎0361-286283; www.balidiscovery.com) Der größte lokale Anbieter von Hotelzimmern (es lohnt sich, seine Preise mit denen einschlägiger Websites zu vergleichen). Die Firma hat auch Villen im Portfolio.

Bali Private Villas (☎0361-844 4344; www.baliprivatevillas.com) Vermietet eine Vielzahl exklusiver Villen.

Bali Ultimate Villas (☎0851 0057 1658; www.baliultimatevillas.net) Der Vermieter von Villen organisiert auch Hochzeiten auf Bali.

Lonely Planet (www.lonelyplanet.com/hotels/) Empfehlungen und Buchungsmöglichkeit.

Budgethotels

Die preiswerten Unterkünfte auf Bali sind meist klein, aber sauber und gemütlich. Man erkennt sie in der Regel an Namensbestandteilen wie losmen, homestay, inn oder *pondo*. Viele sind im schönen Stil traditioneller balinesischer Wohnhäuser gebaut.

Budgethotels finden sich über ganz Bali verteilt und variieren hinsichtlich Ausstattung und Preis zum Teil erheblich. Meist bieten sie folgende Ausstattungsmerkmale:

- eventuell eine Klimaanlage
- eventuell auch heißes Wasser
- eigenes Bad mit Dusche und WC im westlichen Stil
- oft einen Pool
- ein einfaches Frühstück
- fröhliches und zuvorkommendes Personal

Internationale Budgethotel-Ketten breiten sich vor allem im Süden der Insel aus. Aber Achtung: Da werden aus den angepriesenen 9 US$ für das Zimmer schnell mal 40 US$, wenn anfallende Extrakosten wie Steuern und Gebühren für Leistungen (die anderswo schon im Preis enthalten sind, wie etwa Internetnutzung und Handtücher) auf den Grundpreis aufgeschlagen werden.

Mittelklassehotels

Ältere Hotels dieser Preiskategorie sind oft im Stil balinesischer Bungalows oder als zweistöckige Wohnhäuser gebaut und stehen inmitten eines weitläufigen Grundstücks mit Pool. Viele Besitzer haben einen so fantastischen Sinn für das Schöne, dass die Abreise den meisten schwerfällt. Zusätzlich zur Ausstattung eines Budgethotels findet man hier oft:

- Balkon, Veranda oder Terrasse
- Satellitenfernsehen
- einen kleinen Kühlschrank
- oft auch WLAN

Inzwischen haben sich Dutzende von Mittelklassehotel-Ketten vor allem im Süden breit gemacht. Die Standards werden eingehalten, die Zimmer sind aber oft klein und die Anlage ist nicht so gepflegt. Nicht alle Anlagen befinden sich in der Nähe eines Strands oder von Orten mit attraktivem Nachtleben.

Spitzenklassehotels

Alle Hotels dieser Kategorie haben auf Bali einen Weltklassestandard. Der Service ist großartig und die Einrichtung wie aus einem Hochglanzmagazin entsprungen. Sie bieten ihren Gästen:

- Aussicht auf den Ozean, grüne Täler, Reisfelder oder Privatgärten
- ein Spa
- unter Umständen sogar einen Privatpool
- Hier möchte man gerne länger bleiben als geplant.

PREISKATEGORIEN: UNTERKUNFT

Die folgenden Preiskategorien beziehen sich auf ein Doppelzimmer mit Bad. Wenn nicht anders angegeben, sind Steuern im Preis enthalten.

**$** unter 450 000 Rp (unter 30 US$)

**$$** 450 000–1 400 000 Rp (30–95 US$)

**$$$** über 1 400 000 Rp (über 95 US$)

TIPPS ZUR HOTELSUCHE

Wer in Südbali ein Hotelzimmer buchen will, sollte aufpassen, wo er bucht. Mit der wachsenden Zahl an Reisenden ist auch die Zahl der Kettenhotels explodiert. Seit 2005 hat sich die Zahl an Hotelzimmern mehr als verdoppelt. Der Boom, riesige Hotelkomplexe in Kuta, Legian, Seminyak, Kerobokan und nun auch in Canggu zu bauen, hat das Gesicht der Region fundamental verändert: Viele der familiengeführten günstigen und stimmungsvollen kleinen Hotels wurden von den Ketten verdrängt.

Während einige dieser neuen großen Hotels in den traditionellerweise bevorzugten Gegenden von Südbali liegen, nicht weit von Stränden und Nachtleben entfernt, eröffnen auch ganz viele weit ab von solchen Gebieten, die auf Touristen anziehend wirken. Viele Ketten führen Hotels sowohl in guten als auch in unattraktiven Gegenden, und man kann oft nicht erkennen, besonders wenn man über Websites bucht, wo genau das gewünschte Hotel liegt. Wie auch bei Immobilienmaklern üblich ist „Seminyak" mittlerweile die Adresse auch von weit abgelegenen Hotels bis nach Denpasar.

Deshalb sollte man bei Angeboten im Netz, die ein mittelklassiges Zimmer für 30 US$ anpreisen, die folgenden Punkte beachten:

- Alles westlich der Achse Jalan Legian–Jalan Seminyak–Jalan Kerobokan befindet sich in der Nähe von Stränden und Nachtleben.
- Östlich dieser Achse wird es schnell ganz unbequem. Zu Fuß kann man von hier nur wenig Interessantes erreichen, Strände sind oft weit entfernt und zufällig vorbeikommende Taxis sehr selten.
- Jalan Ngurah Rai Bypass und Jalan Sunset sind beide sehr laute Hauptstraßen ohne Charme und schwer zu überqueren. Viele neue Hotelketten befinden sich aber genau an diesen überfüllten Durchgangsstraßen.
- Östlich der Jalan Ngurah Rai Bypass und Jalan Sunset ist man direkt tief in der Vorstadt Denpasar, wo man weder Taxis noch andere interessante Dinge findet.
- In Sanur, wo mittlerweile auch immer mehr Hotelketten ansässig werden, sollte Jalan Ngurah Rai Bypass die bei der Hotelsuche absolut westlichste Grenze sein.
- Wer sorgfältig und genau nach Hotelzimmern sucht, kann in der Regel in den schönsten Gegenden Südbalis tolle Zimmer finden, vielleicht sogar in einem kleinen oder auch familiengeführten Guesthouse mit viel mehr Charme und Atmosphäre als in einem aus dem Boden gestampften billigen Hotel.

Villen

Villen sind überall im Süden Balis und in der Gegend von Ubud zu finden, allmählich aber auch im Osten. Oft schießen sie mitten in einem Reisfeld quasi über Nacht aus dem Boden. Über diesen Bauboom streiten sich Umweltschützer, Ästheten und Wirtschaftsfachleute. Viele Villenbesitzer verzichten übrigens darauf, ihren Gästen die Steuern zu berechnen, was den Zorn der Luxushotelbesitzer erregte und sogar zu behördlichen Abrissdrohungen führte.

Große Villen wie die in und um Canggu sind mitunter Treffpunkte für Saufgelage ganzer Gruppen. Andere sind kleiner, heimeliger und gehören zu größeren Anlagen oder, wie in Seminyak und Kerobokan üblich, zu Luxushotels. Der Gast findet hier meist:

- einen eigenen Garten
- einen eigenen Pool
- Küche
- Schlafzimmer mit Klimaanlage
- Gelände unter freiem Himmel

Möglicherweise gibt es auch:

- eigenes Personal (Koch, Fahrer, Putzfrau)
- ein üppig bewachsenes Grundstück
- Privatstrand
- einsame Lage (kann sowohl Vorteil als auch Nachteil sein)

Die Preise reichen von etwa 200 US$ pro Nacht für eine bescheidene Villa bis zu 2000 US$ und mehr pro Woche für ein eigenes Stückchen Tropenparadies. Sonderkonditionen, besonders in der Nebensaison, sind gar nicht selten, und wenn man sich ein Haus mit anderen teilt, ist es doppelt lohnend.

Wer „Last Minute" bucht, kann oft viel sparen, allerdings sollte man in der Hochsaison die besten Häuser weit im Voraus reservieren.

EINE VILLA BUCHEN

Da draußen tobt der Wilde Westen! Es gibt Abertausende Vermittlungsagenturen, einige davon sind hervorragend, andere nicht. Wichtig ist, genaue Vorstellungen von dem zu haben, was man mieten möchte. Hier einige Fragen, die man unbedingt stellen sollte, bevor man sich für eine Villa entscheidet:

- Wie weit ist die Villa vom Strand und von Geschäften entfernt?
- Ist ein Fahrer oder Fahrservice mit im Preis enthalten?
- Wenn es einen Koch gibt, ist der Preis für die Lebensmittel inbegriffen?
- Muss der Strom extra bezahlt werden?
- Entstehen Extrakosten für die Reinigung des Hauses?
- Ist ein Wäscheservice inbegriffen?
- Wie viel bekommt man von der Standardkaution von 50 % wieder zurück?
- Gibt es WLAN?

Unterkünfte für Langzeitaufenthalte

Wer länger bleiben möchte, findet auch Wohnungen für eine Monatsmiete von 300 bis 1200 US$. Solche Wohnungen werden vermittelt über:

- Facebook-Gruppen. Ein großes Board ist Bali Rooms for Rent (www.facebook.com/baliroomsforrent). Eine Möglichkeit ist aber auch, nach Gruppen mit Namen wie „[Name der Stadt] Housing" zu suchen.
- Bali Advertiser (www.bali advertiser.biz)
- Pinnwände in beliebten Cafés wie dem Bali Bhudda in Ubud, in Umalas, in den vielen Cafe Mokas sowie in den Bintang-Supermärkten in Seminyak und Ubud sind ebenfalls gute Quellen.
- Mundpropaganda: Neuen balinesischen Freunden von der Suche erzählen – mit Sicherheit kennt jeder jemanden, der gerade eine Wohnung vermietet.

Versicherung

Unbedingt notwendig ist eine weltweit gültige Reiseversicherung, die Diebstahl, Verlust und medizinische Notfälle abdeckt. Das Angebot an Versicherungspolicen ist groß, sie lassen sich meist auch online abschließen. Unbedingt darauf achten, dass im Falle eines medizinischen Notfalls auch der Krankentransport von Indonesien ins Heimatland abgedeckt ist.

Diebstahl ist ein großes Problem auf Bali und im restlichen Indonesien, von daher darauf achten, dass die Police den Ersatz teurer Wertgegenstände einschließt. Viele Versicherungspolicen machen Einschränkungen beim Ersatz von Laptops oder teurer Kameraausrüstung und ersetzen oft nur den aktuellen Wert, nicht den Neuwert.

Eine weltweit gültige Reiseversicherung findet sich unter www.lonelyplanet.com/travel-insurance. Man kann sie jederzeit online abschließen, erweitern oder Schadensansprüche geltend machen – selbst, wenn man noch auf Reise ist.

Visa

Ein einmonatiges Touristenvisum ist leicht erhältlich, schwieriger wird es, wenn man länger als 30 Tage bleiben will. Da sich die Bestimmungen schnell ändern können, sollte man sich rechtzeitig vor Reiseantritt auf den Websites des Auswärtigen Amtes über die aktuellen Bedingungen informieren.

Visatypen

Für Reisende gibt es drei Arten von Visa:

Visa vor der Einreise Reisende können ein Visum vor Reiseantritt beantragen, für einen Aufenthalt von 30 Tagen. Da sich die Details ständig ändern, empfiehlt es sich, in der nächstgelegenen indonesischen Botschaft oder beim Konsulat den aktuellen Stand hinsichtlich Bearbeitungsgebühren und Ausstellungszeit zu erfragen. Wichtig zu wissen: Dies ist die einzige Möglichkeit, ein 60-Tage-Besucher-Visum zu erhalten.

Visa bei der Ankunft (VOA) Reisende aus Deutschland, der Schweiz und Österreich erhalten bei der Ankunft in den großen Flughäfen und Häfen des Landes ein 30 Tage gültiges VOA-Visum (Visa on Arrival). Ein Visum kostet 528 000 Rp, zu zahlen in bar (keine Münzen) oder per Kreditkarte. Fremdwährungen werden akzeptiert, aber nur in Höhe der Visagebühren. Visaverlängerungen um 30 Tage sind möglich, dies muss allerdings sieben Arbeitstage vor Ablauf des ersten Visums geschehen. Es ist nicht möglich, sofort ein Visum für 60 Tage zu erhalten.

Ohne Visum Reisende aus Deutschland, Österreich und der Schweiz bekommen bei der Ankunft ein kostenfreies Besuchervisum für 30 Tage. Dieses Visum kann nicht verlängert werden! Wer sich vorab ein 60-Tage-Visum besorgt hat, muss darauf achten, dass er von der Einreisebehörde bei der Ankunft am Flughafen eine 60 Tage gültige Touristenkarte erhält.

Weitere Informationen sind bei allen Botschaften des Landes erhältlich.

Visumsverlängerung

Ein 30 Tage gültiges „Visa on Arrival" kann einmal verlängert werden (das gilt nicht für das kostenlose Visum). Das Prozedere ist komplex:

- Mindestens sieben Arbeitstage vor dem Auslaufen des Visums geht man in eine Ausländerbehörde, die in allen größeren Städten und Regionalhauptstädten zu finden ist. Im Süden von Bali ist das am besten das **immigrasi office** (☎ 0361-

935 1038; Jl Raya Taman Jimbaran; ⏲ Mo–Fr 8–16 Uhr) unweit von Jimbaran.

- Notwendige Unterlagen: Reisepass, Fotokopie des Reisepasses und eine Kopie des Flugtickets raus aus Indonesien (das Datum muss innerhalb der gewünschten 30 Tage liegen).
- Respektvolle Kleidung (d. h. für Männer das Tragen von langen Hosen)
- Bargeld in Höhe von 355 000 Rp (Gebühren)
- Möglicherweise muss man in den nächsten drei bis fünf Tagen nochmals wiederkommen, um Fingerabdrücke, Fotos oder anderes abzuliefern.

Wer sich diese Behördengänge ersparen will, kann für die Visumsverlängerung einen Agenten wie **ChannelOne** (Karte S. 92; ☎ 0878 6204 3224; www.channel1.biz; Jl Sunset 100X, Kerobokan) auf Bali beauftragen. Die Mitarbeiter übernehmen für eine Gebühr den größten Teil der bürokratischen Abwicklung.

Wer sein Visum überzieht, zahlt Strafen in Höhe von 300 000 Rp pro Tag und muss mit zusätzlichem Ärger rechnen.

Sosical/ Budaya-Visum

Wer zum Studium oder aus familiären Gründen länger im Land bleiben will, kann ein sogenanntes *sosial/budaya*-Visum (soziales/kulturelles Visum) beantragen. Dafür benötigt man das Antragsformular einer indonesischen Botschaft oder eines Konsulats und ein Empfehlungsschreiben oder eine finanzielle Absicherungserklärung durch eine Persönlichkeit in Indonesien bzw. eine Schule in Indonesien. Das Visum ist 3 Monate gültig, kann aber in einer Ausländerbehörde (Imigrasi) innerhalb Indonesiens für jeweils einen Monat (maximal bis zu 6 Monate) verlängert werden. Gebühren fallen an für die erstmalige Visumserteilung und für jede weitere Verlängerung.

Zeit

Bali unterliegt der Waktu Indonesian Tengah oder WIT (Zentralindonesische Standardzeit), die sieben Stunden vor der MEZ liegt. Java liegt eine Stunde hinter Bali zurück.

Wenn es also auf Bali 12 Uhr mittags ist, ist es in New York noch 23 Uhr des vorherigen Tages, 4 Uhr morgens in London, 5 Uhr morgens in Berlin, Wien und Bern und 13 Uhr in Tokio (ohne Berücksichtigung der Sommerzeit).

Zoll

Auf der Liste der verbotenen Einfuhrgüter stehen unter anderem: Drogen, Waffen, frisches Obst und alles, was auch nur im entferntesten mit Pornografie zu tun hat.

Erlaubt sind unter anderem folgende Güter:

- 200 Zigaretten (oder 50 Zigarren oder 100 g Tabak)
- eine „akzeptable Menge" Parfum
- 1 Liter Alkohol

Surfer mit mehr als zwei oder drei Brettern im Gepäck müssen unter Umständen eine Gebühr bezahlen. Das kann auch für andere Gegenstände gelten, von denen die Beamten mutmaßen, dass man sie in Indonesien verkaufen möchte.

Für fremde Währungen gibt es keinerlei Beschränkungen, aber die Einfuhr oder Ausfuhr von Rupiah ist auf 5 Mio. Rp begrenzt. Größere Summen müssen deklariert werden.

Verkehrsmittel & -wege

AN- & WEITERREISE

Die meisten Besucher erreichen diesen Teil Indonesiens mit dem Flugzeug. Insel-Hopper können aber auch eine der häufig verkehrenden Fähren zwischen dem Osten Javas und Bali, zwischen Bali und Lombok sowie zwischen vielen Destinationen in Nusa Tenggara nutzen.

Flüge, Mietwagen und Touren können online über lonelyplanet.com/bookings gebucht werden.

Anreise in die Region

Die zwei wichtigsten Ankunftsorte sind der Ngurah Rai International Airport auf Bali und der Lombok International Airport.

Reisepass

Der Pass muss mindestens sechs Monate über das Einreisedatum hinaus gültig sein. Bevor man den Schalter der Einwanderungsbehörde passiert, ist eine Migrationskarte auszufüllen, deren eine Hälfte bei der Ausreise zurückzugeben ist.

Flugzeug

Die Ausreisesteuer ist im Ticketpreis enthalten.

Bali

Ngurah Rai International Airport (http://bali-airport.com) liegt südlich von Kuta und ist der einzige Flughafen der Insel. Ab und zu taucht er bei Online-Flugbuchungen unter dem Namen „Denpasar" oder „Bali" auf.

Balis derzeitiger Terminal wurde 2013 eröffnet. Leider kommt es hier immer noch zu einer ganzen Reihe von Problemen:

- Exorbitant teure Preise für Getränke und Essen – selbst für Flughafenstandards.
- Das lang gezogene, schlangenförmige Gebäude zwingt abreisende Fluggäste, zwischen Läden hindurch einen langen, schmalen Weg zum Gate zu gehen.
- Lange Warteschlangen bei der Ein- und Ausreise und beim Zoll. Die Beamten bieten den Ungeduldigen gegen eine (nicht erlaubte) Gebühr von 750 000 Rp das Abkürzen der Wartezeit an.
- Nicht funktionierende Aufzüge.
- Aufdringliche Typen bieten im Ankunftsbereich dubiose Unterkünfte und Transportmöglichkeiten an.

Alle Flüge internationaler Fluggesellschaften führen über australische oder asiatische Hauptstädte, da die derzeitige Startbahn für Flugzeuge, die nonstop von/nach Europa fliegen könnten, zu kurz ist.

Inlandsflüge nach Bali aus anderen Landesteilen Indonesiens ändern sich ständig.

Die Formalitäten bei der Ankunft sind unkompliziert, auch wenn es manchmal etwas dauern kann, bis ganze Flugzeugladungen von Touristen die Schalter der Einwanderungsbehörde passiert haben. Nachmittags

VERKEHRSKNOTENPUNKTE

Ngurah Rai International Airport Zahlreiche nationale und internationale Flugverbindungen.

Lombok International Airport Internationale Flüge von und nach Kuala Lumpur und Singapur, Inlandsflüge nach Jakarta, Denpasar und zu anderen Flughäfen innerhalb Indonesiens.

Benoa Harbour (Bali) Pelni-Schiffe aus ganz Indonesien legen hier an.

Gilimanuk (West Bali) Fähren von und nach Java.

Padangbai (Bali) Bootsverbindungen nach Lombok und zu den Gili-Inseln.

REISEN & KLIMAWANDEL

Fast jede Art der motorisierten Fortbewegung erzeugt CO_2 (die Hauptursache für die globale Erwärmung), doch Flugzeuge sind mit Abstand die schlimmsten Klimakiller – nicht nur wegen der großen Entfernungen und der entsprechend großen CO_2-Mengen, sondern auch, weil sie diese Treibhausgase direkt in hohen Schichten der Atmosphäre freisetzen. Die Zahlen sind erschreckend: Zwei Personen, die von Europa in die USA und wieder zurück fliegen, erhöhen den Treibhauseffekt in demselben Maße wie ein durchschnittlicher Haushalt in einem ganzen Jahr.

Die englische Website www.climatecare.org und die deutsche Internetseite www.atmosfair.de bieten sogenannte CO_2-Rechner. Damit kann jeder ermitteln, wie viele Treibhausgase seine Reise produziert. Das Programm errechnet den zum Ausgleich erforderlichen Betrag, mit dem der Reisende nachhaltige Projekte zur Reduzierung der globalen Erwärmung unterstützen kann, beispielsweise Projekte in Indien, Honduras, Kasachstan und Uganda.

Lonely Planet unterstützt gemeinsam mit Rough Guides und anderen Partnern aus der Reisebranche das CO_2-Ausgleichs-Programm von climatecare.org. Alle Reisen von Mitarbeitern und Autoren von Lonely Planet werden ausgeglichen. Weitere Informationen gibt's auf www.lonelyplanet.com.

herrscht meistens der größte Andrang.

An der Gepäckausgabe bieten zahlreiche Träger an, das Gepäck zum Zollschalter und noch weiter zu transportieren. Es sind Fälle bekannt, in denen sie bis zu 20 US$ für ihre Dienste verlangt haben. Es ist also sinnvoll, vorher einen Festpreis zu vereinbaren. Der offizielle Preis beträgt 10 000 Rp pro Stück. Gepäckwagen sind immer umsonst.

Hinter dem Zoll warten die Tourveranstalter, die Schlepper und die Taxifahrer. Die Schlepper sollte man ignorieren, denn sie nützen niemandem außer sich selbst.

Nusa Tenggara (Including Lombok)

Lombok International Airport (www.lombok-airport.co.id) ist der wichtigste Ankunftsort im Westen von Nusa Tenggara. Hier kommen Flüge aus Kuala Lumpur und Singapur sowie aus Jakarta, Denpasar und anderen Orten innerhalb Indonesiens an. Offiziell ist auch El Tari in Kupang ein internationaler Flughafen, doch in Wirklichkeit bedient er nur den Osten von Nusa Tenggara.

Alle wichtigen Städte werden regelmäßig – und in zunehmendem Maße – von Flugzeugen angeflogen. Lombok und Kupang dienen als Drehkreuze, während Flughäfen wie der von Labuan Bajo auf Flores und der von Tambolaka auf Sumba zusätzliche Flüge anbieten, da diese Ziele immer beliebter werden.

Auf dem Landweg

Wer nicht mit dem Flugzeug anreist, kann alternativ nur mit dem Schiff nach Bali reisen.

Bus

Viele Busgesellschaften haben in ihren Preisen schon die Fahrt mit der Fähre von Bali nach Java eingerechnet, viele fahren über Nacht auf die Nachbarinsel. Die Buskarten sollte man mindestens einen Tag vor der geplanten Reise bei einem Reisebüro oder direkt an den Terminals in Denpasar (Ubang) oder Mengwi kaufen. Gut zu wissen: Die Preise für ein Flugticket sind meist genauso teuer wie die Buskarten.

Die verlangten Preise variieren bei den Busgesellschaften. Es lohnt sich, etwas mehr für einen guten Platz zu zahlen. Alle Busse haben Klimaanlagen. Busse fahren von Bali nach Yogyakarta (350 000 Rp, 20 Std.) und Jakarta (500 000 Rp, 24 Std.). Von Singaraja fahren Busse in den Norden von Bali.

Zug

Auf Bali fahren keine Züge, aber die **Staatliche Eisenbahngesellschaft** verkauft Tickets über Reiseagenturen in Denpasar. Von hier aus fahren Busse in den Osten Javas, wo sie in Banyuwangi Anschluss an Züge nach Surabaya, Yogyakarta und Jakarta haben, um nur einige Ziele zu nennen. Fahrpreis und Fahrtzeiten sind den Bussen vergleichbar, aber die klimatisierten Züge bieten selbst in der preiswertesten Klasse mehr Komfort. Hinweis: Google Translate funktioniert auf der Website gut.

Übers Meer

Pelni (www.pelni.co.id), die staatliche Schiffslinie, lässt große Fähren über lange Distanzen durch die indonesische Inselwelt kreuzen. Die Pelni-Fähren legen auf Bali im Hafen von Benoa an. Fahrpläne und Preise finden sich auf der Homepage von Pelni. In Tuban kann man sich im **Pelni-Ticketbüro** (Karte

S. 85; ☎0623 6175 5855, 0361-763963; www.pelni.co.id; Jl Raya Kuta 299; ⏲ Mo–Fr 8–12, 13–16, Sa 8–13 Uhr) nach den Routen erkundigen und die Fährtickets kaufen.

Das westlich von Bali gelegene Java erreicht man über Fähren, die zwischen Gilimanuk im Westen von Bali und Ketapang auf Java pendeln. Von Ketapang aus fahren Busse nach Jakarta.

UNTERWEGS VOR ORT

Auto & Motorrad

Mit einem gemieteten Auto oder Motorrad bzw. Moped eröffnen sich einem ganz andere Möglichkeiten auf Bali; das führt allerdings auch dazu, dass man die Minuten bis zur Rückgabe zählt. Die Verkehrsverhältnisse auf den Inseln können manchmal entsetzlich sein und die Hauptstraßen von Bali sind oft völlig verstopft.

Die meisten Besucher mieten kein Auto für die gesamte Reise, sondern nur für einen oder mehrere Tage zum Umherfahren. Nur wenige Verleihfirmen auf Bali gestatten es, dass man einen Mietwagen oder ein Motorrad nach Lombok mitnimmt.

Fahrten durch das gebirgige Nusa Tenggara dauern lang und man sollte sich angesichts all der Kurven, Schlaglöcher und Steigungen keinesfalls auf die geschätzten Fahrtzeiten von Google Maps verlassen. Mit dem Fahren geht es also nur langsam voran, aber dafür ist es schön. Auf Lombok, Sumbawa, Flores und Timor sind die Hauptstraßen gut befestigt, doch verlässt man die Highways, dann wird es anstrengend, vor allem zwischen Dezember und März, wenn der Regen auf Pisten aus Schotter und Dreck niedergeht.

Führerscheine

AUTO-FÜHRERSCHEIN

Für das Mieten eines Fahrzeugs wird ein internationaler Führerschein verlangt, den man im Heimatland unter Vorlage des nationalen Führerscheins bei der Zulassungsstelle erhält. Den nationalen Führerschein sollte man dennoch mit nach Bali nehmen. Wer diesen internationalen Führerschein nicht dabei hat, muss mit einem Bußgeld in Höhe von 50 000 Rp rechnen, wenn er von der Polizei angehalten wird (diese Summe wird dreimal verlangt, also auch wenn man mehrmals angehalten wird).

MOTORRAD-FÜHRERSCHEIN

Wer einen Motorradführerschein seines Heimatlandes hat, braucht ebenfalls das internationale Äquivalent – so vermeidet man jeglichen Ärger. Wer diesen Führerschein nicht besitzt, kann einen indonesischen erwerben – die Beschaffung eines solchen Papiers ist ein Abenteuer für sich.

Offiziell wird ein Bußgeld von 2 Mio. Rp gefordert, wenn man ohnekura Führerschein unterwegs ist, und das Motorrad kann sogar konfisziert werden. Inoffiziell wird vor Ort meist nur ein Bußgeld von etwa 50 000 Rp eingefordert, in der Regel darf man dann auch weiterfahren. Allerdings greift die abgeschlossene Versicherung nicht im Falle eines Unfalls, bei dem man nicht die notwendigen Papiere vorweisen kann.

Um einen balinesischen Motorradführerschein zu bekommen (ein Jahr gültig), geht man zur Polresta Denpasar Station (www.polrestadenpasar.org) nordwestlich von Kerobokan an der Straße nach Denpasar. Nötig sind der Ausweis, eine Kopie des Ausweises (die Seite mit dem Foto genügt) und ein Passfoto. Dann sollte man diese Hinweise beachten:

- Das Gedränge in der überfüllten Halle ignorieren.
- Hilflos erscheinen und einen uniformierten Beamten nach einer *motorcycle license* fragen.
- Sich zu einem freundlichen Englisch sprechenden Beamten geleiten lassen und 300 000 Rp bezahlen.
- Einen schriftlichen Test bestehen (auf Englisch mit den Antworten auf einer Mustertestseite).
- Den Führerschein mitnehmen.

Benzin

Bensin (Benzin) wird von der regierungseigenen Ölfima Pertamina verkauft und kostet nur 8000 Rp pro Liter (es wird subventioniert). Bali hat eine ganze Menge Tankstellen. Auf Lombok befinden sie sich jedoch nur in größeren Städten. Benzin für Motorräder wird oft am Straßenrand aus Wodkaflaschen angeboten.

Mietwagen

Beliebtester Mietwagen ist ein kleiner Geländewagen – er ist kompakt und gut für Fahrten auf Nebenstraßen geeignet. Automatikgetriebe ist hier unbekannt.

Reisebüros und Verleihfirmen in den Touristenorten verleihen Fahrzeuge, allerdings sind die Preise in den letzten Jahren deutlich gestiegen. Ein kleiner PKW mit Allradantrieb, unbegrenzten Kilometern und sehr begrenztem Versicherungsschutz kostet mindestens 200 000 Rp pro Tag.

Mietwagen im Voraus oder mit einem Reisepaket zu buchen ist sinnlos, da das mit Sicherheit teurer ist, als die Fahrzeuge vor Ort zu mieten. Egal in welcher Unterkunft man bleibt, alle, auch die allgegenwärtigen Straßenhändler, können einen Mietwagen beschaffen.

Motorrad

Motorräder sind ein beliebtes Fortbewegungsmittel – Einheimische fahren fast schon von der Geburt an auf dem Sozius mit. Eine fünfköpfige Familie, die fröhlich auf nur einem Motorrad sitzt, nennt man einen Bali-Minvan.

Der Mietpreis beträgt um die 60 000 Rp pro Tag, bei einer Wochenmiete kommt man günstiger weg. Im Preis sollte eine Minimalversicherung für das Fahrzeug enthalten sein, die aber weder den Mitfahrer noch den Verlust einschließt. Einige Maschinen haben Halterungen für Surfboards.

Vor der Unterschrift sollte man sicher sein, die Maschine und die Straßen- bzw. Verkehrsverhältnisse zu beherrschen. Das Fahren ist nicht ungefährlich – jährlich verlassen viele Besucher die Insel mit schweren Verletzungen. Lombok ist kein Ort, um das Motorradfahren erst zu lernen! Der Gebrauch eines Helms ist übrigens Pflicht.

Versicherung

Verleihfirmen und Privatbesitzer von Autos bestehen meist auf einer Versicherung für das Fahrzeug selbst; eine Minimalversicherung sollte jeder Mietvertrag enthalten – oft mit einer Eigenbeteiligung von wenigstens 100 US$ für ein Motorrad und 500 US$ für ein Auto (d. h. der Kunde zahlt die ersten 100/500 US$ eines jeden Schadens selbst).

Sinnvoll ist es, den Deckungsumfang der eigenen Fahrzeug-, Kranken- und Reiseversicherung zu überprüfen, besonders beim Mieten eines Motorrads.

Straßenverhältnisse

Vor allem rund um Ubud kann der Verkehr ein echter Horror sein, auch im fernen Padangbai im Osten oder in Gilimanuk im Westen geht es auf den Straßen ziemlich wild zu. Selbst die Fahrt zu den touristischen Hauptsehenswürdigkeiten kann eine Herausforderung darstellen: Die Straßen sind oft nur unzureichend ausgeschildert, die vorhandenen Straßenkarten sind meistens unzuverlässig und viele Straßen sind Einbahnstraßen, vor allem in Ubud. Abseits der Hauptrouten sind die Straßen schwer zu befahren, fast alle haben aber zumindest einen Belag.

Unbedingt Fahrten in der Nacht oder in der Dämmerung vermeiden: Viele Räder, Kutschen und sonstige Fahrzeuge haben kein Licht und nur wenige Straßen sind ausreichend beleuchtet.

Verkehrsregeln

Viele Reisende berichten übereinstimmend von nahezu wahnsinnigen einheimischen Autofahrern, was jedoch meist daran liegt, dass sie als Ausländer die lokalen Konventionen nicht verstehen. So bedeutet ein penetrantes Dauerhupen nicht: „Mach endlich Platz", sondern ist die typisch örtliche Version von: „Hi, hier bin ich."

➡ Immer nach vorne schauen – für alles, was einem vorn vor die Räder läuft oder fährt, ist man als Fahrer selbst verantwortlich. Autos, Motorräder und alle anderen Verkehrsteilnehmer vor einem haben Vorfahrt.

➡ Viele einheimische Fahrer schauen sich an einer Kreuzung überhaupt nicht um, wenn sie links abbiegen wollen – sie achten nur darauf, ob jemand hupt.

➡ Unbedingt jeden, der sich vor dem eigenen Fahrzeug befindet, durch Hupen auf sich aufmerksam machen – vor allem dann, wenn man überholen will.

➡ Immer links fahren.

Verkehrspolizisten

Einige Polizisten halten Autofahrer schon wegen geringster Kleinigkeiten an. Wenn man beispielsweise mit dem Vorderreifen die nur noch schwach erkennbare Linie eines Stoppschilds überfahren hat, wenn die Riemen des Motorradhelms nicht fest genug gezurrt sind oder wenn man eine der sich ständig ändernden und zudem schlecht erkennbaren Einbahnstraßenregelungen übersieht, wird man herausgewunken.

Der Beamte bittet dann zunächst um den Führerschein und die Fahrzeugpapiere und klärt einen dann über das schwere Vergehen gegen die Verkehrsordnung auf, das man gerade begangen hat. In solchen Situationen empfiehlt es sich, einen kühlen Kopf zu bewahren und nicht gleich mit Argumentieren anzufangen. Und auf keinen Fall ein Bestechungsgeld anbieten! Schließlich wird der Polizist vorschlagen, alles gegen eine Strafgebühr auf sich beruhen zu lassen. Wenn die Summe sehr hoch erscheint, erklärt man freundlich, nicht so viel Bargeld dabeizuhaben. In der Regel werden zwischen 10 000 und 100 000 Rp verlangt. Streitet man, erhöhen sich letztendlich die Forderungen.

Ein Auto mit Chauffeur mieten

Wer sich nicht mit öffentlichen Verkehrsmitteln herumschlagen will, aber auch nicht selbst fahren möchte, für den ist diese Form eine hervorragende Möglichkeit, Bali auf eigene Faust zu entdecken. Und wer zudem in einer Gruppe unterwegs ist, kommt auch noch vergleichsweise günstig weg. Auch auf Lombok lassen sich Autos mit Fahrer mieten, es gibt allerdings nicht sehr viele, die diesen Service anbieten.

Ein Fahrer ist schnell zu finden – man muss nur auf die immer wieder gestellte Frage „transport?" in den Straßen der Tourismushochburgen reagieren. Doch am besten spricht man einen Fahrer persönlich an oder bittet das Hotel um Vermittlung. Das ist generell am ratsamsten, denn so übernimmt auch das Hotel ein Stück Verantwortung. Weitere Punkte, die beachtet werden sollten:

- Auch wenn überall hervorragende Fahrer herumlaufen, empfiehlt es sich, mit mehreren zu verhandeln.
- Hilfreich sind Empfehlungen anderer Reisender.
- Es muss eine gewisse Sympathie zwischen Fahrer und Gast bestehen, auch sollte der Fahrer genügend Englisch beherrschen, um die Wünsche und Vorstellungen seiner Passagiere zu verstehen und mit ihnen darüber diskutieren zu können.
- Die Kosten pro Tag sollten sich zwischen 500 000 und 800 000 Rp bewegen.
- Das Fahrzeug – meist ist es ein älterer Toyota Kijang mit sieben Sitzen – sollte sauber sein.
- Die Fahrtroute sollte vorab besprochen werden.
- Dem Fahrer muss klar signalisiert werden, dass man weder zum Essen noch zum Shoppen in Touristenfallen gefahren werden will. (Gute Fahrer wissen, dass ihr Trinkgeld davon abhängt, ob sie sich an diese Vorgaben halten.)
- Die Fahrer bekommen ihr Mittagessen bezahlt; da viele gern anderswo essen, drückt man ihnen dafür 20 000 Rp in die Hand. Auch über Snacks und Getränke freut sich der Fahrer.
- Viele Fahrer bemühen sich sehr darum, ihren Kunden auf ganz überraschende Weise einen schönen Tag zu bereiten. Das sollte man mit einem entsprechenden Trinkgeld honorieren.

Bemo

Bemos sind normalerweise Minibusse oder Kleintransporter mit je einer Reihe niedriger Sitze auf jeder Seite. Bis zu zwölf Passagiere finden zur Not Platz.

Bali

Früher gehörten die Bemos zu den Hauptverkehrsmitteln. Seit immer mehr Menschen ein eigenes Moped oder Motorrad besitzen (was häufig preiswerter ist, als täglich Bemo zu fahren), haben die Bemos mehr und mehr an Bedeutung verloren. Die Fahrt ist auf jeden Fall recht langwierig und auch wenig bequem. Touristen sind von daher nur selten in Bemos anzutreffen.

Fahrpreise

Bemos befahren eine feste Route und die Preise sind ebenfalls festgesetzt (allerdings nicht schriftlich verankert). Das Minimum beträgt ungefähr 5000 Rp. Wer in ein noch unbesetztes Bemo einsteigt, sollte dem Fahrer klarmachen, dass er ihn nicht nur für sich allein mieten möchte.

Terminals & Routen

Die meisten Städte haben mindestens einen Terminal *(terminal bus)* für alle Arten öffentlicher Verkehrsmittel. Oft gibt es in größeren Städten mehrere Endstationen. Die Terminals können manchmal etwas verwirrend sein, aber die meisten Bemos und Busse haben Schilder, und die Einheimischen helfen in der Regel gerne.

Wer von einem Ende Balis zum anderen reisen will, muss oft über einen der zentralen Knotenpunkte fahren. Ein Beispiel: Wer von Sanur nach Ubud mit dem Bemo reist, muss zum Terminal Kereneng in Denpasar, dort in ein Bemo zum Terminal Batubulan umsteigen, um schließlich in Batubulan in ein drittes Bemo nach Ubud zu wechseln. Das ist nervtötend und zeitaufwendig – zwei der Gründe, warum so wenige Urlauber auf Bali mit Bemos unterwegs sind.

Lombok

Mandalika Terminal (Jl Pasar Bertais B8) liegt 3 km östlich des Zentrums von Mataram, weitere Terminals gibt es in Praya, Anyar und Pancor (unweit von Selong). Viele nutzen diese Abfahrtszentren, um von einem Teil Lomboks in den anderen zu gelangen; man kann Bemos aber auch vom Straßenrand aus anhalten. Feste Tarife sollten angezeigt sein und Kurztrips beginnen bei 5000 Rp. Der öffentliche Verkehr dünnt am späten Nachmittag aus und endet mit Einbruch der Dunkelheit.

Bus

Bali

ÖFFENTLICHE BUSSE

Größere Minibusse und normale Busse versorgen die längeren Strecken, insbesondere zur Anbindung von Denpasar, Singaraja und Gilimanuk. Sie fahren von denselben Bus-Terminals ab wie die Bemos. Da jedoch viele Moped fahren, dauert es oft lange, bis die Busse voll sind und abfahren können.

TRANS-SARBAGITA BUS

Trans-Sarbagita (Karte S. 74; ☎0811 385 0900; Jl Imam Bonjol; 3000 Rp; ⏲5–21 Uhr) verfügt über große klimatisierte Pendlerbusse, wie man sie in allen größeren Städten auf der ganzen Welt findet. Die Wartezeiten sind lang, die Fahrpläne nicht verlässlich und das Angebot ist eher auf Einheimische abgestellt. Für folgende vier Strecken ist es trotzdem ganz empfehlenswert: die Umgehungsstraße von Sanur nach Nusa Dua; von Denpasar nach Jimbaran; von Tabanan nach Bandara; von Mahendradata nach Lebih über Sanur.

Touristenbusse

Touristenbusse sind ein preiswertes und bequemes Fortbewegungsmittel. In größeren Touristengegenden sieht man Schilder, die einen solchen Service anpreisen. Ein durchschnittlicher Touristenbus ist klimatisiert und bietet Platz für 8 bis 20 Passagiere. Man kommt nicht so schnell voran wie mit einem eigenen Wagen plus Fahrer, und oft liegen die Haltestellen auch außerhalb des Zentrums, sodass ein weiteres Shuttle oder Taxi vonnöten ist. Trotzdem fährt man mit diesen Bussen weitaus besser als mit den öffentlichen Bemos oder Bussen. Häufig existieren keine Direktverbindungen, sodass man zum Beispiel auf dem Weg von Kuta nach Padangbai in Ubud umsteigen muss.

Kura-Kura Bus (Karte S. 74; ☎0361-757070; www.kura2bus.com; Jl Ngurah Rai Bypass, Erdgeschoss, DFS Galleria; Fahrten 20 000–80 000 Rp, 3-/7-Tagesticket ab 150 000/250 000 Rp;) Das innovative Unternehmen unter Leitung eines Expats deckt mit seinen Fahrten alle touristisch wichtigen Regionen in Südbali und Ubud ab. Die Busse sind mit WLAN ausgestattet und fahren bei Tageslicht und am frühen Abend. Der Takt variiert zwischen 20 Minuten und über 2 Stunden. Die Fahrpläne der Busse finden sich auf der Internetseite oder können über eine App abgerufen werden. Es gibt insgesamt 8 Linien, das Drehkreuz ist die Duty-free-Mall DFS Galleria.

Perama (☎0361-751170; www.peramatour.com) Das bedeutendste Touristenbus-Unternehmen mit Büros/Agenten in Kuta, Sanur, Ubud, Lovina, Padangbai und Candidasa sowie auf Gili T und Senggigi auf Lombok.

Lombok

Am **Mandalika Terminal** (Jl Pasar Bertais B8) in Mataram fahren Busse in zahlreiche Städte auf Bali, Sumbawa und Flores ab (inkl. Fähre). Bei einer längeren Fahrt bucht man die Tickets am besten ein bis zwei Tage im Voraus am Terminal oder bei einem Reisebüro.

Wenn man ohne Reservierung vor acht Uhr morgens am Terminal auftaucht, findet sich vielleicht noch ein freier Platz im gewünschten Bus, aber man sollte sich nicht darauf verlassen, vor allem nicht in den Ferien.

Es gibt Direktbusse von Denpasar auf Bali mit Anschluss an die Fähre von Padangbai nach Lembar und dann weiter zum Mandalika Terminal in Mataram (225 000 Rp). Auch gibt es Busse nach Bima inkl. Fähre von Lombok nach Sumbawa (225 000 Rp).

TOURISTEN-SHUTTLEBUSSE

Auf Lombok gibt es Touristen-Shuttlebusse zwischen den wichtigsten touristischen Zentren der Insel (Senggigi und Kuta) und den meisten touristischen Zentren in Südbali und auf den Gili-Inseln. Dabei handelt es sich in der Regel um eine Kombination aus Minibus und öffentlicher Fähre. Die Fahrkarten können direkt oder über einen Agenten gebucht werden.

Fahrrad

Eine steigende Zahl von Urlaubern erobert sich die Insel mit dem *sepeda* (Rad), viele nutzen das Fahrrad außerdem als Fortbewegungsmittel in den Städten und für Tagesausflüge.

Leihräder gibt es in den touristischen Zentren wie Sand am Meer, aber viele sind in schlechtem Zustand. Am besten fragt man in der eigenen Unterkunft nach einem vertrauenswürdigen Radverleih. Die Preise beginnen bei 30 000 Rp pro Tag.

Flugzeug

Es bestehen regelmäßige Flugverbindungen zwischen dem Ngurah Rai International Airport auf Bali und dem Lombok International Airport. Darüber hinaus fliegen regionale Airlines zahlreiche weitere Flughäfen in Nusa Tenggara an. Zu diesen Airlines gehören Garuda, Nam Air, Transnusa, Wings Air und Batik Air.

Regionalflüge

Regionale Airlines bedienen die folgenden Strecken:

Nach/Von Denpasar (Bali)
- Labuan Bajo (Flores)
- Kupang (Westtimor)
- Maumere (Flores)
- Tambolaka (Westsumba)
- Waingapu (Ostsumba)
- Bima (Ost-Sumbawa)

Nach/Von Lombok
- Bima (Ost-Sumbawa)
- Sumbawa Besar (West-Sumbawa)

Nach/Von Bajawa, Ende, Labuan Bajo & Maurere (Flores)
- Kupang (Westtimor)

Nach/Von Tambolaka & Waingapu (Sumba)
- Kupang (Westtimor)

Nach/Von Sumbawa
- Makassar (Sulawesi)
- Labuan Bajo (Flores)

Nach/Von Ba'a (Rote)
- Kupang (Westtimor)

Nach/Von Kupang (Westtimor)
- Alor Island

Nahverkehr

Ojek

In Städten und an Straßen kann man sich immer von einem *ojek* (Motorrad oder Mofa, das Passagiere gegen Bezahlung befördert) mitnehmen lassen. Offizielle *ojeks* sind heute selten geworden, da jede Privatperson mit einem Mofa diesen Service anbieten kann (man stellt sich einfach an den Straßenrand und schaut ratlos wie jemand, der nach einer Mitfahrgelegenheit sucht, und schon halten die Leute an). Auf ruhigen Landstraßen ist das ganz in Ordnung, aber in großen Städten ist es ein waghalsiges Unterfangen. *Ojeks* sind auf Lombok gebräuchlicher.

Über die Fahrpreise lässt sich verhandeln, aber rund

SICHER UNTERWEGS MIT DEM SCHIFF

Leider gibt es kaum Sicherheitsbestimmungen, sodass es immer wieder zu Unfällen kommt. 2016 wurden beispielsweise zwei Touristen getötet, als ihr Schnellboot zu den Gili-Inseln explodierte.

Die Mannschaften auf diesen Schiffen sind wenig oder gar nicht ausgebildet. Bei einem der Unfälle gab ein Kapitän zu, dass er in Panik geraten war und nicht mehr wusste, was mit seinen Passagieren passierte. Eine Rettung ist zumeist nicht in Sicht: Eine freiwillige Rettungstruppe in Ostbali berichtete beispielsweise, dass es noch nicht einmal ein Funkgerät gab.

Die Gewässer vor Bali sind oft rau. Obwohl die Inseln nicht weit auseinander oder gar in Sichtweite voneinander liegen, kann das Meer dazwischen oft so turbulent werden, dass es für die kleinen Schnellboote nicht mehr sicher ist.

Mit diesen Informationen im Hinterkopf ist es wichtig, dass jeder an seine eigene Sicherheit denkt, denn sonst tut es niemand.

Größer ist besser Auch wenn man unter dem Strich vielleicht eine halbe Stunde oder mehr länger unterwegs ist: Große Schiffe/Fähren sind auf dem offenen Meer besser als all die kleinen, übermotorisierten Schnellboote. Ganz abgesehen davon, dass die Fahrt in den kleinen Schnellbooten sehr unangenehm werden kann, wenn sie mit harten Schlägen von einem Wellental ins nächste fallen. Dazu kommen noch der Benzingestank und der alles überlagernde Lärm des Außenbordmotors. Generell sollte man alle Fahrzeuge unter 30 Sitzen meiden, mit Ausnahme der Fähren zwischen Nusa Lembongan und Nusa Penida.

Sicherheitsausrüstung prüfen Hat das Boot Schwimmwesten an Bord? Hauptsache, man weiß dann auch, wo sie sind und wie man sie anlegt. In Notfall wird sie niemand aushändigen. Auch sollte man nach den Rettungsbooten schauen. In manchen Werbeunterlagen werden Boote gezeigt mit automatisch aufblasbaren Rettungsbooten, die später wieder entfernt wurden, damit mehr Platz für Passagiere zur Verfügung steht.

Nicht überladen Einige Boote verlassen den Hafen mit mehr Passagieren an Bord als Sitzplätze vorhanden sind und die Gänge sind mit Gepäck zugestellt. Dies hat manchmal zur Folge, dass der Kapitän entgegenkommende Boote nicht mehr sieht – was wiederum 2017 zu einem Zusammenstoß zweier Boote vor Nusa Penida führte, bei dem ein Mensch starb und sechs weitere verletzt wurden. Wenn auf einem Boot zu viele Gepäckstücke oder Passagiere sind, dann sollte man es nicht nehmen.

Nach Notausgängen schauen Viele Kabinen haben nur einen engen Eingang, der im Fall eines Unglücks zur Todesfalle wird. Von daher ist es sicherer, auf dem offenen Deck zu bleiben. Allerdings kommt es bei Benzinexplosionen regelmäßig zu Verletzungen von Passagieren, die hinten auf dem Boot sitzen.

Seelenverkäufer meiden Ein Fischerboot, das mit zu vielen PS am Heck ausgerüstet wird, um auch etwas vom Touristenkuchen abzubekommen, ist eine vorprogrammierte Katastrophe.

Niemals auf dem Dach mitfahren Es sieht nach einem unbeschwerten Spaß aus, ist aber das genaue Gegenteil: Immer wieder fallen Passagiere ins Wasser, wenn die Boote in Wellentäler fallen. Viele Crewmitglieder sind nicht in der Lage, dann schnell und richtig zu reagieren. In der rauen See sind die in Not Geratenen mitunter schwer zu sehen und das Gepäck ist unwiderruflich verloren.

Auch Fähren sind nicht sicher Eine der großen Autofähren zwischen Padangbai und Bangsal auf Lombok fing 2014 Feuer und sank. Eine Fähre zwischen Gilimanuk auf Bali und Java kenterte und sank 2016.

Mit gesundem Menschenverstand Es gibt natürlich auch Boote guter Reedereien in den Gewässern vor Bali, aber die Mannschaften wechseln ständig. Wem etwas beim Service unzulänglich vorkommt, bevor er an Bord geht, der sollte eine andere Reederei wählen. In dem Fall sollte man sich die Fahrkarte erstatten lassen: Niemals das Leben wegen einer schon gekauften Fahrkarte riskieren!

30 000 Rp sind für 5 km normal.

In den stark entwickelten Regionen von Bali ist Go-Jek eine sehr beliebte App, mit der man ein Motorradtaxi bestellen kann – und so gut wie alles, was man sonst noch möchte. Man benötigt hierfür jedoch eine indonesische SIM-Karte, und manchmal wird es in sehr touristisch geprägten Gegenden schwer mit dem Auf- und Absteigen, denn die Fahrer liefern sich hier wahre Revierkämpfe.

Taxi

BALI

Taxis mit Taxametern sind in Südbali und Denpasar (aber nicht in Ubud) verbreitet. Sie sind ein wichtiges Fortbewegungsmittel und man kann sie normalerweise in belebten Gegenden einfach heranwinken. Mit ihnen hat man meist weniger Scherereien als mit Fahrern, die einfach nur „Transport" rufen und dann um den Preis feilschen.

➡ Das bei Weitem beste Taxiunternehmen ist **Blue Bird Taxi** (☎0361-701111; www.bluebirdgroup.com), das mit blauen Fahrzeugen und einem Licht auf dem Dach in Form eines stilisierten Hüttensängers (bluebird) auf Bali unterwegs ist. Die Fahrer sprechen in der Regel passabel Englisch und verwenden ein Taxameter während der Fahrt. Viele Expats nutzen ausschließlich dieses Unternehmen. Blue Bird hat eine nette App, über die man sich ein Taxi rufen kann. Achtung, es gibt natürlich viele Nachahmer. Zu erkennen sind die echten Taxis von Blue Bird an der Aufschrift „Blue Bird" auf der Windschutzscheibe und der Telefonnummer.

➡ Taxifahrten sind günstig: Von Kuta nach Seminyak zahlt man 80 000 Rp.

➡ Grundsätzlich sollte man Taxis meiden, bei denen der Fahrer sich weigert, das Taxameter einzuschalten – auch nach Einbruch der Dunkelheit, wenn viele Fahrer behaupten, dass nur noch Fixpreise gelten.

➡ Andere Taxifahrer versuchen mit dem Mangel an Alternativen, „kaputten" Taxametern oder preistreibenden Umwegen zu betrügen und bieten Ausflugsfahrten, Massagen oder Prostituierte an.

LOMBOK

Zuverlässige Taxis mit Taxameter bietet **Blue Bird Lombok Taksi** (☎0370-645000; www.bluebirdgroup.com) im Westen von Lombok. Die Moped-Taxi-App **Go-Jek** (www.go-jek.com) ist nützlich für preiswerte Kurztrips rund um Mataram und West-Lombok.

Schiff/Boot

Schnellboote verbinden Bali mit Lombok und Gili Trawangan auf den Gili-Inseln. Es gibt auch Verbindungen von Lombok auf die Gilis. Tauchkreuzfahrten sind eine beliebte Möglichkeit, um von Lombok nach Labuan Bajo auf Flores zu gelangen.

In der Regenzeit sind die Schiffsverbindungen oft weniger verlässlich, denn eine raue See kann zu tagelangen Ausfällen führen. Im Rest des Jahres verkehren die Schiffe nach Plan, es ist jedoch immer sicherer, sich vorab zu erkundigen und ein paar zusätzliche Reisetage einzuplanen.

Es bestehen folgende Fährverbindungen:

nach/von Lembar (Lombok)

➡ Padangbai (Bali)

nach/von Senggigi (West-Lombok)

➡ Gili Islands

➡ Padangbai (Bali)

➡ Nusa Lembongan (Bali)

➡ Sanur (Bali)

nach/von Labuan Lombok (Ost-Lombok)

➡ Poto Tano (Sumbawa)

➡ Bira (Sulawesi)

➡ Pulau Jampea (Sulawesi)

➡ Maluk (West-Sumbawa)

nach/von Lembar (West-Lombok)

➡ Padangbai (Bali)

nach/von Bangsal (Nord-Lombok)

➡ Gili Islands

➡ Seminyak (Bali)

➡ Senaru (Nord-Lombok)

nach/von Gili Islands

➡ Serangan (Bali)

➡ Padangbai (Bali)

➡ Jemeluk (Bali)

nach/von Ende (Flores)

➡ Waingapu (Sumba)

➡ Kupang (Westtimor)

nach/von Larantuka (Flores)

➡ Kalabahi (Alor-Archipel)

➡ Kupang (Westtimor)

nach/von Labuan Bajo (Flores)

➡ Sape (Sumbawa)

Waingapu (East Sumba)

➡ Sabu Island

Sape (Sumbawa)

➡ Tambolaka (Westsumba)

➡ Waikelo (Sumba)

innerhalb des Alor-Archipels

➡ Kalabahi-Pantar

nach/von Ba'a (Rote)

➡ Kupang

nach/von Sape (Sumbawa)

➡ Tambolaka (Westsumba)

➡ Waikelo (Sumba)

innerhalb von West Sumbawa

➡ Sumbawa Besar–Pulau Moyo

nach/von Kupang (Westtimor)

➡ Waingapu (Ost-Sumba)

➡ Kalabahi (Alor-Archipel)

Gesundheit

Auf Bali und in größeren Städten von Nusa Tenggara ist es für Urlauber kein Problem, leichtere Verletzungen oder unkomplizierte Erkrankungen medizinisch behandeln zu lassen. Bei schwerwiegenden Krankheitsbildern sollte man die Region aber besser verlassen.

Reisende fürchten sich oftmals vor ansteckenden Tropenkrankheiten, doch Infektionen sind seltener der Grund für ernste Krankheiten oder gar Todesfälle. Lebensbedrohlicher sind eher Vorerkrankungen wie Herzprobleme, aber auch Unfallverletzungen (besonders im Straßenverkehr). Grundsätzlich sind leichtere Beeinträchtigungen der Gesundheit, besonders Magen-Darm-Störungen, Sonnenbrand und andere typische Reisebeschwerden, auf Bali keine Seltenheit.

Wichtig ist es deshalb, einige Vorsichtsmaßnahmen zu beachten, besonders angesichts von Tollwut, Moskitostichen und tropischer Sonneneinstrahlung.

Die folgenden Hinweise sind allgemein gehalten und ersetzen in keinem Fall den fachkundigen ärztlichen Rat im Einzelfall.

VOR DER ABREISE

Alle Medikamente, die man unterwegs benötigt, sollten sich in ihrer klar beschrifteten Originalverpackung befinden. Ein beigefügter Arztbericht über vorhandene Erkrankungen und die übliche Medikation (inklusive lateinischen Namen) ist ebenfalls zu empfehlen. Wer Spritzen oder Nadeln mit sich führen muss, sollte auf jeden Fall eine ärztliche Bescheinigung dabei haben, die diese medizinische Notwendigkeit bestätigt. Bei Herzproblemen ist ein kurz vor der Reise geschriebenes EKG im Krankheitsfall von Nutzen.

Wer regelmäßig Medikamente einnehmen muss, sollte für den Fall des Verlusts oder Diebstahls am besten das Doppelte der erforderlichen Menge auf die Reise mitnehmen. Viele Medikamente kann man auf Bali rezeptfrei kaufen, aber mit neueren Medikamenten wie zum Beispiel Antidepressiva und Blutdruckmitteln oder mit der Pille könnte es schwierig werden.

EMPFOHLENE IMPFUNGEN

Spezielle Reisemedizinzentren sind oft die beste Informationsquelle. Dort gibt es alle nur erdenklichen Impfstoffe auf Lager und zudem wird man individuell je nach Reiseziel beraten.

Ärzte empfehlen folgende Impfungen:

- Tetanusauffrischung
- Hepatitis A
- Typhus
- Tollwut

Reiseapotheke

Empfohlene Ausstattung für die persönliche Reiseapotheke (speziellere Artikel kann man bei Bedarf auch leicht auf Bali bekommen):

- antibakterielle Salbe (z. B. Muciprocin)
- Antihistamine – es gibt viele zur Auswahl (z. B. Cetirizin für tagsüber und Promethazin für die Nacht)
- Antiseptikum (z. B. Betadine)
- Verhütungsmittel
- auf DEET basierendes Insektenschutzmittel
- Erste-Hilfe-Artikel wie Schere, Bandagen, digitales Fieberthermometer (auf keinen Fall ein Thermometer mit Quecksilber) und Pinzette
- Ibuprofen oder andere entzündungshemmende Mittel

- Steroidsalbe gegen allergischen/juckenden Hautausschlag (z. B. 1 % bis 2 % Hydrocortison)
- Sonnenschutzmittel und -hut
- Lutschtabletten gegen Halsschmerzen
- Mittel gegen Soor (vaginale Pilzinfektion) – z. B. Clotrimazol- Zäpfchen oder Diflucan-Tabletten

Versicherung

Wer nicht absolut sicher ist, dass die eigene Krankenversicherung auch für Indonesien gilt, sollte vor der Reise eine Auslandskrankenversicherung abschließen; am besten hat man die Police als Nachweis dabei. Empfehlenswert ist eine Versicherung, die auch für einen nötigen Krankentransport (der bis zu 100 000 US$ kosten kann) aufkommt.

Einige Versicherungen schließen ausdrücklich gefährliche Aktivitäten aus. Dazu können Tauchen, Motorradfahren und sogar Trekking gehören. Manchmal wird ein vor Ort erworbener Führerschein für Motorräder als nicht gültig eingestuft.

Weltweit geltende Reiseversicherungen gibt es unter www.lonelyplanet.com/bookings. Hier kann man Versicherungen jederzeit online abschließen, erweitern oder auch Ansprüche geltend machen – selbst wenn man schon unterwegs ist.

Webseiten

Es ist wie immer empfehlenswert, sich – falls vorhanden – vor Reisebeginn auf den Webseiten der zuständigen amtlichen Stellen im eigenen Land über Gesundheitsrisiken im Reiseland zu informieren.

Deutschland (www.bmg.bund.de; Bundesministerium für Gesundheit)

Österreich (www.bmg.gv.at; Bundesministerium für Gesundheit)

Schweiz (www.bag.admin.ch; Bundesministerium für Gesundheit)

USA (www.travel.state.gov) Im Internet gibt es eine Fülle an Ratschlägen zu Gesundheitsfragen auf Reisen.

World Health Organization (www.who.int/ith) Bringt ein tolles Buch mit dem Titel *International Travel & Health* heraus, das jährlich überarbeitet wird und kostenlos online erhältlich ist.

Centers for Disease Control & Prevention (www.cdc.gov) Gute allgemeine Informationen.

AUF BALI, LOMBOK & NUSA TENGGARA

Medizinische Versorgung

Bali

Im Süden Balis und in Ubud gibt es eigene Kliniken für Touristen und fast jedes Hotel kann einen Englisch sprechenden Arzt vermitteln.

Internationale Kliniken

Im Fall einer ernsten Krankheit sind Reisende am besten in der teuren Privatklinik **BIMC** (Karte S. 74; ☎0361-761263; www.bimcbali.com; Jl Ngurah Rai 100X; ⏱24 Std.) aufgehoben, die sich hauptsächlich um Touristen und auf Bali ansässige Ausländer kümmert. Man sollte sichergehen, dass die eigene Kranken- bzw. Reiseversicherung die Kosten übernimmt. In ganz schweren Fällen wird der Patient nach Singapur oder noch weiter ausgeflogen; hier kommt es besonders auf guten Versicherungsschutz an, denn diese Flüge können mehr als 50 000 US$ kosten.

Die BIMC liegt an der Umgehungsstraße direkt östlich von Kuta unweit der Bali Galleria. Es handelt sich um eine moderne Klinik unter australischer Leitung. Hier können medizinische Tests, Hausbesuche (auch im Hotel) und Verlegungen in andere Kliniken durchgeführt werden. Hausbesuche können 100 US$ oder mehr kosten. Eine Zweigniederlassung der Klinik gibt es in Nusa Dua.

Krankenhäuser

Es gibt zwei Krankenhäuser in Denpasar die eine ordentliche medizinische Versorgung bieten. Beide sind preisgünstiger als die internationalen Kliniken.

BaliMed Hospital (☎0361-484748; www.balimedhospital.co.id; Jl Mahendradatta 57) Liegt auf der Seite Denpasars, die Kerobokan zugewandt ist. Das private Krankenhaus ermöglicht eine ganze Reihe ärztlicher Leistungen. Eine Grundberatung kostet 220 000 Rp.

RSUP Sanglah Hospital (Rumah Sakit Umum Propinsi Sanglah; Karte S. 132; ☎0361-227911; www.sanglahhospitalbali.com; Jl Diponegoro; ⏱24 Std.) Das städtische Krankenhaus mit Englisch sprechenden Angestellten hat auch eine Notfallambulanz. Es ist das beste Krankenhaus auf der Insel, hat aber damit noch nicht den gleichen Standard wie Häuser in der westlichen Welt. Es ist mit einer Spezialabteilung für gut versicherte Ausländer, dem **Paviliun Amerta Wing International** (Karte S. 132; ☎0361-247250, 0361-32603, abgehend von der Jl Pulau Bali) ausgestattet.

Apotheken

Viele Arzneimittel, für die man im Westen ein Rezept benötigt, sind in Indonesien frei verkäuflich, darunter sogar starke Antibiotika.

Die Kette **Kimia Farma** (www.kimiafarma.co.id) ist zu empfehlen. Sie hat viele Filialen, faire Preise und hilfsbereites Personal. Die Apothekenkette **Guardian** findet man ebenfalls in Touristengegenden, aber die Auswahl ist nur begrenzt und die Preise sind oft schockierend hoch, selbst für Besucher aus hochpreisigen Ländern. Anderswo muss man vorsichtiger sein, da gefälschte und falsch gelagerte oder abgelaufene Medikamente durchaus häufig sind.

Lombok

Rumah Sakit Harapan Keluarga (☎0370-617 7009; www.harapankeluarga.co.id; Jl Ahmad Yani 9; ⊙24 Std.) ist das beste private Krankenhaus auf Lombok und der einzige Ort mit einer Dekompressionskammer. Es liegt östlich des Zentrums von Mataram und hat englischsprachige Ärzte.

Die auf Touristen spezialisierte Blue Island Medical Clinic verfügt über Außenposten in den wichtigsten Resortgebieten Lomboks, darunter **Kuta** (Karte S. 343; ☎0819-9970 5700; http://blueislandclinic.com; Jl Raya Kuta; ⊙24 Std.), und auf **Gili Trawangan** (Karte S. 358; ☎0819-9970 5701; http://blueislandclinic.com; Jl Raya Trawangan; ⊙24 Std.).

Infektionskrankheiten

AIDS/HIV

HIV ist ein großes Problem in vielen asiatischen Ländern, und Bali hat eine der höchsten Raten von HIV-Infektionen in ganz Indonesien. Das Hauptrisiko für die meisten Reisenden ist sexueller Kontakt mit Einheimischen, Prostituierten und anderen Urlaubern.

Das Ansteckungsrisiko durch Sexualkontakte kann durch die Benutzung eines Kondoms (*kondom*) erheblich gemindert werden. Man bekommt Kondome in Supermärkten, an Straßenständen und in Drogerien in Touristengegenden, aber auch in der *apotik* fast jeder Stadt (die teureren Marken sind besser).

Dengue-Fieber

Diese Erkrankung wird von Moskitos übertragen und gilt auf Bali als großes Problem. Da es keinen Impfstoff gegen Dengue-Fieber gibt, kann man sich nur davor schützen, indem man Moskitostiche meidet. Die Moskitos, die das Fieber übertragen, stechen bei Tag und Nacht; demnach sollte man eigentlich ständig Insektenschutz auftragen. Zu den Symptomen gehören hohes Fieber sowie heftige Kopf- und Gliederschmerzen (das Dengue-Fieber war früher unter dem Namen „Knochenbruchfieber" bekannt). Bei manchen Menschen entwickeln sich ein Hautausschlag und Durchfall. Es ist unbedingt notwendig, einen Arzt aufzusuchen, der die Diagnose stellt und den Verlauf überwacht.

Hepatitis A

Dieses Virus, das durch Nahrungsmittel und Wasser übertragen wird, kommt in der gesamten Region vor. Es befällt die Leber und verursacht eine Gelbsucht (gelbe Haut und Augen), begleitet von Übelkeit und Teilnahmslosigkeit. Bei Hepatitis A hilft keine spezielle Behandlung; es dauert einfach eine gewisse Zeit, bis die Leber sich wieder erholt hat. Alle Urlauber mit dem Ziel Südostasien sollten sich dagegen impfen lassen.

Hepatitis B

Hepatitis B ist die einzige durch sexuellen Kontakt übertragbare Krankheit, gegen die man sich impfen lassen kann.

Malaria

Das Risiko, sich Malaria zuzuziehen, ist in den ländlichen Gegenden Indonesiens am größten. Im Allgemeinen braucht man sich auf Bali oder in den touristischen

MOSKITOSTICHE VERMEIDEN

Reisende sollten folgende Maßnahmen ergreifen, um Moskitostiche zu vermeiden:

- Auf den unbedeckten Hautpartien ein DEET-haltiges Insektenschutzmittel auftragen. Nachts sollte man dieses abwaschen, wenn man unter einem Moskitonetz schläft. Natürliche Schutzmittel wie Zitronenöl können auch wirken, müssen aber öfter angewendet werden als DEET-haltige Produkte.
- Das Moskitonetz, unter dem man schläft, sollte mit Permethrin imprägniert werden.
- Man sollte Unterkünfte bevorzugen, die Fliegengitter und Ventilatoren (noch besser Klimaanlagen) haben.
- In sehr risikoreichen Gegenden sollte man die Kleidung mit Permethrin imprägnieren.
- Immer lange Ärmel und lange Hosen in hellen Farben tragen.
- Moskitospiralen benutzen.
- Im Zimmer Insektenspray versprühen, wenn man abends zum Essen ausgeht.

Wer in Malariagebiete reisen will, sollte sich vor der Reise in einer Klinik über die verschiedenen verschreibungspflichtigen Medikamente informieren, die das Risiko der Ansteckung reduzieren.

Gegenden auf Lombok keine Sorgen wegen Malaria zu machen. Vorsichtsmaßnahmen sind aber angeraten, wenn man sich in abgelegenen Gegenden aufhält oder Ausflüge unternimmt, bei denen man Bali verlässt.

Am besten, man kombiniert zwei Maßnahmen gegen Malaria: eine Vermeidung von Moskitostichen und Medikamente gegen Malaria. Die meisten Menschen, die sich mit Malaria anstecken, haben falsche oder keine Malariamedikamente eingenommen.

Tollwut

Tollwut ist eine Krankheit, die von infizierten Tieren durch Bisse oder Ablecken übertragen wird, meistens durch Hunde oder Affen. Hat man sich angesteckt, verläuft die Krankheit immer tödlich, wenn man den Impfstoff nicht unverzüglich bekommt. Auf Bali gab es 2008 einen großen Tollwutausbruch und immer noch sterben jedes Jahr Menschen an dieser Krankheit.

Um das Risiko zu senken, sollte man sich vor der Reise impfen lassen (drei Injektionen). Eine Auffrischung nach einem Jahr bietet dann einen zehnjährigen Schutz. Die Impfung ist auf Bali selbst praktisch nicht möglich, sodass man sie unbedingt vor Reiseantritt durchführen lassen sollte.

Tierbisse sind natürlich zu vermeiden. Dies gilt ganz besonders für Kinder!

Wurde man infiziert, ist die Behandlung im Falle einer vorherigen Impfung deutlich einfacher. Nach einem Biss oder Kratzer wäscht man die Wunde zunächst leicht mit Wasser und Seife aus, um dann ein jodhaltiges Antiseptikum aufzutragen. Ein Arztbesuch ist trotzdem ratsam.

Wer nicht geimpft ist, reinigt die Wunde und sucht sofort medizinische Hilfe auf, um sich ein Gegenmittel gegen Tollwut verabreichen zu lassen. Achtung: Auf Bali sind diese Gegenmittel meist vergriffen, sodass man sich am besten sofort auf den Weg nach Singapur macht.

TRINKWASSER

In ganz Indonesien sollte man niemals Leitungswasser trinken.

Wasser in Flaschen ist normalerweise unbedenklich und zudem überall erhältlich und günstig; man sollte beim Kauf aber darauf achten, dass der Dichtring noch intakt ist. Es ist sinnvoll, nach sicheren Auffüllstellen für Wasserflaschen Ausschau zu halten, um weniger Müll zu produzieren.

Eiswürfel in Restaurants sind meistens in Ordnung, wenn sie eine einheitliche Größe aufweisen und von einer zentralen Stelle hergestellt wurden (Standard in großen Städten und touristischen Gegenden). Eis, das von größeren Blöcken abgeschlagen wurde, sollte man meiden (häufiger in ländlichen Regionen).

Frische Säfte sollte man außerhalb von Restaurants und Touristencafés ebenfalls nicht zu sich nehmen.

Die Website **Refill My Bottle** (www.refillmybottle.com) gibt eine Übersicht zu Hotels und Restaurants auf Bali und Lombok, in denen man die eigene Wasserflasche kostenlos oder gegen eine geringe Gebühr nachfüllen kann.

Typhus

Diese ernste bakterielle Infektion wird durch Nahrungsmittel und Wasser verbreitet. Zu den Symptomen gehören ein schleichend steigendes, hohes Fieber, Kopfschmerzen und gegebenenfalls ein trockener Husten und Bauchschmerzen. Die Erkrankung wird beim Bluttest nachgewiesen und mit Antibiotika behandelt.

Vogelgrippe

Das H5N1-Virus, auch unter dem Namen Vogelgrippe bekannt, bleibt ein ernst zu nehmendes Risiko, wenn man in Südostasien unterwegs ist. In Indonesien sind ihm bisher mehr als 100 Menschen zum Opfer gefallen; die meisten Todesfälle gab es in Java.

Durchfallerkrankungen

Durchfallerkrankungen (der sogenannte „Bali belly") sind das bei Weitem häufigste Problem, mit dem Urlauber zu kämpfen haben – zwischen 30 % und 50 % der Ankömmlinge dürften innerhalb der ersten zwei Wochen daran erkranken. In über 80 % der Fälle wird dieser Durchfall von Bakterien verursacht, er lässt sich daher in der Regel mit Antibiotika bekämpfen.

Eine echte Reisediarrhoe liegt erst dann vor, wenn der Patient mehr als dreimal innerhalb von 24 Stunden wässrigen Stuhl hat und wenigstens an einem der anderen Symptome wie Fieber, Krämpfen, Übelkeit, Erbrechen oder allgemeinem Unwohlsein leidet.

Behandlung

Loperamid stoppt den Durchfall zwar, packt das Problem aber nicht an der Wurzel an. Der Wirkstoff kann allerdings helfen, wenn man zum Beispiel eine lange Busreise vor sich hat. Nicht anzuraten ist die Einnahme von Loperamid bei Fieber oder Blut im Stuhl! Man sollte rasch ärztlichen Rat einholen, wenn sich der Durchfall nicht mit den

ALKOHOLVERGIFTUNG

Es gibt immer wieder Berichte über Erkrankungen und Todesfälle unter Touristen und Einheimischen. im Zusammenhang mit *arak* (dem einheimischen Schnaps, der aus Palm- oder Rohrzucker destilliert wird), wenn dieser mit Methanol, einer giftigen Form des Alkohols, verpanscht wurde. Obwohl *arak* ein sehr beliebtes Getränk ist, sollte man es außerhalb von richtigen Restaurants und Cafés niemals annehmen.

üblichen Antibiotika stoppen lässt.

- Viel trinken; Elektrolytlösungen sind am besten.
- Antibiotika wie Norfloxacin, Ciprofloxacin oder Azithromycin töten die Bakterien schnell ab.

Giardiasis

Giardia lamblia ist ein Parasit, der unter Urlaubern recht verbreitet ist. Die Symptome sind Übelkeit, übermäßige Blähungen, Abgeschlagenheit und zeitweise Durchfall. Der Parasit verschwindet auch wieder, dies kann jedoch Monate dauern. Zur Behandlung stehen Tinidazol oder Metronidazol zur Verfügung.

Umweltrisiken

Bisse & Stiche

Während eines Aufenthaltes in Indonesien kann man schnell ein paar unliebsame Freunde finden.

Bettwanzen Sie verbreiten keine Krankheiten, aber ihre Bisse jucken. Sie leben in kleinen Spalten in Möbeln und Wänden und wandern nachts in die Betten, um sich vom Blut der Schlafenden zu ernähren. Man kann den Juckreiz mit einem Antihistamin behandeln.

Quallen Die meisten sind nicht gefährlich, sondern nur lästig. Quallenberührungen können extrem schmerzhaft sein, sind aber selten tödlich. Eine Erste-Hilfe-Maßnahme gegen Quallen besteht darin, die betroffene Stelle mit Essig einzureiben, um das Gift zu neutralisieren. Man sollte auf keinen Fall Sand oder Wasser auf die betroffene Stelle reiben. Schmerzmittel sind angebracht, und wer sich nach einer schmerzhaften Berührung in irgendeiner Form krank fühlt, sollte medizinischen Rat einholen.

Zecken Diese sind nach Wanderungen in ländlichen Gebieten häufig am Körper zu entdecken, besonders hinter den Ohren, auf dem Bauch und in den Achselhöhlen. Wenn sich nach einem Zeckenbiss ein Ausschlag rund um die Bissstelle bildet und gar Muskelschmerzen oder Fieber hinzukommen, sollte man einen Arzt aufsuchen.

Hautprobleme

Pilzbefall Es gibt zwei verbreitete Pilze, von denen Reisende befallen werden können. Der erste breitet sich besonders auf feuchten Hautpartien wie Leiste, Achselhöhlen und zwischen den Zehen aus. Es beginnt mit einem roten Fleck, der sich langsam ausdehnt und normalerweise auch juckt. Als Gegenmaßnahme sollte man die Haut trocken halten, nicht kratzen und eine fungizide Salbe wie z. B. Clotrimazol oder Lamisil auftragen. *Tinea versicolor* ist ebenfalls verbreitet– dieser Pilz verursacht kleine helle Flecken, besonders auf Rücken, Brust und Schultern. Arztbesuch empfohlen.

Schnitt- & Schürfwunden Da sich Schnitt- und Schürfwunden im tropischen Klima schnell entzünden, sollte man sie sorgfältig versorgen. Alle Wunden sofort mit sauberem Wasser auswaschen und antiseptisch behandeln. Bei ersten Anzeichen einer Entzündung den Arzt konsultieren! Taucher und Surfer sollten sich vor Schnittwunden durch Korallen hüten, denn diese können sich besonders leicht entzünden.

Hitze

Auf Bali ist es das ganze Jahr über heiß und feucht. Die meisten Menschen brauchen wenigstens zwei Wochen, um sich an das heiße Klima zu gewöhnen. Angeschwollene Füße oder Fußgelenke sind ganz normal, aber auch Muskelkrämpfe nach heftigem Schwitzen. Das kann man verhindern, indem man viel trinkt und sich in der Hitze körperlich nicht zu viel betätigt. Meiden sollte man vor allem folgende Phänomene:

Hitzeerschöpfung Zu den Symptomen gehören Schwächegefühl, Kopfschmerz, Reizbarkeit, Übelkeit oder Erbrechen, schweißnasse Haut, schneller, schwacher Puls und eine normale oder leicht erhöhte Körpertemperatur. In solchen Fällen unbedingt sofort aus der Hitze herausgehen, Luft zufächeln, kühle, feuchte Tücher auf die Haut legen, mit erhöhten Beinen flach hinlegen, Flüssigkeit mit einem Viertel Teelöffel Salz pro Liter zuführen. Die Erholung tritt meist rasch ein, aber man fühlt sich in der Regel noch einige Tage schwach.

Hitzschlag Ein ernster medizinischer Notfall. Die Symptome treten ganz plötzlich auf. Zu ihnen zählen Schwäche, Übelkeit, ein heißer, trockener Körper mit einer Körpertemperatur von über 41 °C, Schwindel, Verwirrtheitszustände, Koordinationsverlust, Anfälle und schließlich Kollaps und Bewusstlosigkeit. Ganz dringend ärztlich Hilfe in Anspruch nehmen! Abkühlung verschaffen, die Person aus der Hitze holen, Kleidung ausziehen, Luft zufächeln, kühle, feuchte Tücher oder Eis auf den Körper legen, besonders auf heiße Stellen wie Leistenbeuge und Achselhöhlen.

Hitzepöckchen Ein in den Tropen verbreiteter Hautausschlag, der durch Schweiß verursacht wird, welcher unter der Haut eingeschlossen ist. Daraus ergibt sich ein juckender

Hautausschlag mit winzigen Pöckchen. Die Behandlung besteht darin, dass man sich einige Stunden aus der Hitze in einen kühlen Raum begibt oder kalt duscht.

Sonnenbrand

Selbst an bedeckten Tagen entsteht leicht Sonnenbrand, besonders in der Nähe des Äquators. Und man will ja nicht wie die verrückten Touristen am Strand von Kuta enden, die von einem gegrillten Kotelett nicht zu unterscheiden sind! Stattdessen sollte man:

- Ein Sonnenschutzmittel mit hohem Lichtschutzfaktor benutzen (mindestens mit Faktor 30).
- Sich grundsätzlich nach dem Schwimmen erneut eincremen.
- Einen Hut mit großer Krempe und eine Sonnenbrille tragen.
- Nicht zur heißesten Zeit des Tages in der Sonne braten (zwischen 10 und 14 Uhr).

Tauchen

Taucher und Surfer sollten vor ihrer Reise spezielle Ratschläge zur medizinischen Notfallausstattung bei Korallenschnittwunden und tropischen Ohrenentzündungen sowie bei den ganz normalen Risiken dieser Sportarten speziell auf Bali einholen.

Die Krankenversicherung von Tauchern sollte Überdruckkrankheiten einschließen – spezielle Krankenversicherungen für Taucher lassen sich im Internet recherchieren.

Es gibt eine **Dekompressionskammer** für Taucher in Sanur, das mit dem Schnellboot von Nusa Lembongan aus erreichbar ist. Von Nordbali braucht man allerdings drei bis vier Stunden dorthin.

Frauen & Gesundheit

In Touristengegenden und großen Städten sind Binden und Tampons leicht erhältlich. Dies wird desto schwieriger, je ländlicher die Gegend ist.

Die vorhandenen Möglichkeiten der Empfängnisverhütung sind eventuell nur begrenzt, daher ist es ratsam, selbst genügend von dem bevorzugten Verhütungsmittel mitzubringen.

Sprache

Indonesisch oder Bahasa Indonesia, wie die Sprache vor Ort heißt, ist die Amtssprache Indonesiens. 220 Mio. Menschen sprechen sie, davon allerdings nur ca. 20 Mio. Muttersprachler. Die meisten Menschen auf Bali und Lombok sprechen neben Bahasa Indonesia noch einen Dialekt bzw. eine regionale Sprache, darunter vor allem Balinesisch und Sasak. Der Durchschnittsreisende braucht sich zwar um Balinesisch und Sasak keine Gedanken zu machen, doch kann es durchaus vergnüglich sein, einige Brocken davon zu lernen. Darum werden in diesem Kapitel einige Wörter der Regionalsprache mit aufgeführt. Aus praktischen Gründen sollte man sich aber zunächst aufs Erlernen von Bahasa Indonesia konzentrieren.

Die Aussprache des Indonesischen bereitet kaum Probleme. Jeder Buchstabe steht für einen Laut und die meisten Buchstaben werden ähnlich wie im Deutschen ausgesprochen. Das *c* spricht sich allerdings „tsch" und das j klingt wie „dsch". Das *kh* ist ein Kehlkopflaut (wie das deutsche „ch" in „Bach"). Die Kombination *ng*, die im Deutschen nur in oder am Ende von Wörtern steht („singen", „Ring"), kann im Indonesischen auch am Anfang erscheinen.

Die Silben sind im Allgemeinen gleich stark betont – eine wesentliche Ausnahme bildet das unbetonte *e* in Wörtern wie besar (groß); als Faustregel gilt jedoch, dass die zweitletzte Silbe betont wird.

In der Schriftsprache gibt es einige inkonsequente Schreibweisen von Ortsnamen. Zusammengesetzte Namen werden entweder in einem oder zwei Wörtern geschrieben, z.B. Airsanih oder Air Sanih, Padangbai oder Padang Bai. Wörter, die mit „Ker" beginnen, verlieren manchmal das e, z.B. Kerobokan/ Krobokan. Einige niederländische Varianten sind ebenfalls noch gebräuchlich, z. B. das tj statt des modernen c (z. B. Tjampuhan/ Campuan) und oe statt u (z. B. Soekarno/ Sukarno).

Unterschiedliche Anredepronomen, wie etwa das „Sie" oder „Du", werden sehr selten benutzt. Stattdessen wird das einheitliche *anda* verwendet.

NOCH MEHR GEFÄLLIG?

Ausführliche Informationen zur Sprache und nützliche Wendungen bietet das *Indonesian Phrasebook* von Lonely Planet. Man findet es unter **http://shop.lonelyplanet.com**.

GRUNDBEGRIFFE

Hallo.	*Salam.*
Auf Wiedersehen. (Für den, der geht)	*Selamat tinggal.*
Auf Wiedersehen. (Für den, der bleibt)	*Selamat jalan.*
Wie geht es Ihnen/ Dir?	*Apa kabar?*
Gut, und Ihnen/Dir?	*Kabar baik, Anda bagaimana?*
Entschuldigen Sie.	*Permisi.*
Pardon/Verzeihung/ Entschuldigung.	*Maaf.*
Bitte.	*Silahkan.*
Danke.	*Terima kasih.*
Keine Ursache.	*Kembali.*
Ja./Nein.	*Ya./Tidak.*
Herr/mein Herr	*Bapak*
Frau/meine Dame	*Ibu*
Wie heißen Sie?	*Siapa nama Anda?*
Ich heiße ...	*Nama saya ...*
Sprechen Sie Englisch?	*Bisa berbicara Bahasa Inggris?*
Ich verstehe nicht.	*Saya tidak mengerti.*

UNTERKUNFT

Haben Sie ein Zimmer frei?	*Ada kamar kosong?*
Wie viel kostet es pro Nacht/Person?	*Berapa satu malam/ orang?*

Ist das mit Frühstück?	*Apakah harganya ter masuk makan pagi?*
Ich schlafe auch gern gerne in einem Schlafsaal.	*Saya mau satu tempat tidur di asrama.*
Campingplatz	*tempat kemah*
Guesthouse	*losmen*
Hotel	*hotel*
Jugendherberge	*pemuda*
ein ... Zimmer	*kamar ...*
Einzel-	*untuk satu orang*
Doppel-	*untuk dua orang*
mit Klimaanlage	*dengan AC*
Bad	*kamar mandi*
Gitterbett (Kinder)	*velbet*
Fenster	*jendela*

WEGWEISER

Wo ist ...?	*Di mana ...?*
Welche Adresse hat ...?	*Alamatnya di mana?*
Könnten Sie das bitte aufschreiben?	*Anda bisa tolong tuliskan?*
Könnten Sie mir das zeigen (auf der Karte)?	*Anda bisa tolong tunjukkan pada saya (di peta)?*
an der Ecke	*di sudut*
an der Ampel	*di lampu merah*
hinter	*di belakang*
vor	*di depan*
weit entfernt (von)	*jauh (dari)*
links	*kiri*
nahe (bei)	*dekat (dengan)*
neben	*di samping*
gegenüber	*di seberang*
rechts	*kanan*
geradeaus	*lurus*

ESSEN & TRINKEN

Was können Sie empfehlen?	*Apa yang Anda rekomendasikan?*
Welche Zutaten sind in diesem Gericht?	*Hidangan ituisinya apa?*
Das war lecker.	*Ini enak sekali.*
Prost!	*Bersulang!*
Die Rechnung, bitte.	*Tolong bawa kuitansi.*

VERSTÄNDIGUNG

Wer sich im Indonesischen zurechtfinden will, kombiniert diese einfachen Wendungen mit eigenen Wörtern:

Wann fährt (der nächste Bus)?
Jam berapa (bis yang berikutnya)?

Wo ist (der Bahnhof)?
Di mana (stasiun)?

Wie viel kostet es (pro Nacht)?
Berapa (satu malam)?

Ich suche nach (einem Hotel).
Saya cari (hotel).

Haben Sie (eine Karte/einen Stadtplan)?
Ada (peta daerah)?

Gibt es hier (eine Toilette)?
Ada (kamar kecil)?

Darf ich (reinkommen)?
Boleh saya (masuk)?

Brauche ich (ein Visum)?
Saya harus pakai (visa)?

Ich habe (reserviert).
Saya (sudah punya booking).

Ich brauche (Hilfe).
Saya perlu (dibantu).

Ich hätte gern (die Speisekarte).
Saya minta (daftar makanan).

Ich möchte gern (ein Auto mieten).
Saya mau (sewa mobil).

Könnten Sie (mir helfen)?
Bisa Anda (bantu) saya?

Ich esse kein/e/en ...	*Saya tidak mau makan ...*
Milchprodukte	*susu dan keju*
Fisch	*ikan*
(rotes) Fleisch	*daging (merah)*
Erdnüsse	*kacang tanah*
Meeresfrüchte	*makanan laut*
Ein Tisch ...	*meja ...*
um (acht) Uhr	*pada jam (delapan)*
für (zwei) Personen	*untuk (dua) orang*

Wichtige Begriffe

Abendessen	*makan malam*
Bar	*bar*
Café	*kafe*
Essen	*makanan*

HINWEISSCHILDER

Buka	Geöffnet
Dilarang	Verboten
Kamar Kecil	Toiletten
Keluar	Ausgang
Masuk	Eingang
Pria	Männer/Herren
Tutup	Geschlossen
Wanitai	Frauen/Damen

Flasche	*botol*
Frühstück	*sarapan*
Gabel	*garpu*
Gericht	*piring*
Getränkekarte	*daftar minuman*
Glas	*gelas*
heiß	*panas*
Hochstuhl	*kursi tinggi*
Imbissstand	*warung*
kalt	*dingin*
Kinderspeisekarte	*menu untuk anak-anak*
Löffel	*sendok*
Markt	*pasar*
Messer	*pisau*
mit	*dengan*
Mittagessen	*makan siang*
ohne	*tanpa*
Restaurant	*rumah makan*
Salat	*selada*
Säuglingsnahrung (Muttermilchersatz)	*susu kaleng*
scharf/würzig	*pedas*
Schüssel	*mangkuk*
Serviette	*tisu*
Speisekarte	*daftar makanan*
Suppe	*sop*
Teller	*piring*
vegetarisches Essen	*makanan tanpa daging*

Fleisch & Fisch

Ente	*bebek*
Fisch	*ikan*
Fleisch	*daging*
Hühnchen	*ayam*
Karpfen	*ikan mas*
Krabbe/Garnele	*udang*
Lamm	*daging anak domba*
Makrele	*tenggiri*
Pute	*kalkun*
Rind	*daging sapi*
Schwein	*daging babi*
Thunfisch	*cakalang*

Obst & Gemüse

Ananas	*nenas*
Apfel	*apel*
Aubergine	*terung*
Banane	*pisang*
Blumenkohl	*blumkol*
Bohnen	*kacang*
Datteln	*kurma*
Gemüse	*sayur-mayur*
Gurke	*timun*
Karotte/Möhre	*wortel*
Kartoffel	*kentang*
Kohl	*kol*
Obst	*buah*
Orange	*jeruk manis*
Rosinen	*kismis*
Spinat	*bayam*
Wassermelone	*semangka*
Weintrauben	*buah anggur*
Zitrone	*jeruk asam*

Sonstige Nahrungsmittel

Brot	*roti*
Butter	*mentega*
Chili	*cabai*
Chilipaste	*sambal*
Ei	*telur*
Essig	*cuka*
Honig	*madu*
Käse	*keju*
Marmelade	*selai*

Nudeln	*mie*
Öl	*minyak*
Pfeffer	*lada*
Reis	*nasi*
Salz	*garam*
Sojasoße	*kecap*
Zucker	*gula*

Getränke

Bier	*bir*
Joghurt	*susu masam kental*
Kaffee	*kopi*
Kokosmilch	*santan*
Milch	*susu*
Palmwein	*tuak*
Rotwein	*anggur merah*
Saft	*jus*
Softdrink	*minuman ringan*
Tee	*teh*
Wasser	*air*
Weißwein	*anggur putih*

NOTFÄLLE

Hilfe!	*Tolong saya!*
Ich hab mich verirrt.	*Saya tersesat.*
Lassen Sie mich in Ruhe!	*Jangan ganggu saya!*
Es hat einen Unfall gegeben.	*Ada kecelakaan.*
Darf ich Ihr Telefon benutzen?	*Boleh saya pakai telpon genggamnya?*
Rufen Sie einen Arzt!	*Panggil dokter!*
Rufen Sie die Polizei!	*Panggil polisi!*
Ich bin krank.	*Saya sakit.*
Hier tut es weh.	*Sakitnya di sini.*
Ich bin allergisch gegen (Antibiotika).	*Saya alergi (antibiotik).*

SHOPPEN & SERVICE

Ich möchte gerne ... kaufen.	*Saya mau beli ...*
Ich schau mich nur um.	*Saya lihat-lihat saja.*
Darf ich das mal sehen?	*Boleh saya lihat?*
Das gefällt mir nicht.	*Saya tidak suka.*
Wie viel kostet das?	*Berapa harganya?*
Das ist mir zu teuer.	*Itu terlalu mahal.*
Können Sie den Preis nicht etwas nachlassen?	*Boleh kurang?*
Hier ist ein Fehler in der Rechnung.	*Ada kesalaha dalam kuitansi ini.*
Handy	*hanpon*
Internetcafé	*warnet*
Kreditkarte	*kartu kredit*
Post	*kantor pos*
Touristeninformation	*kantor pariwisata*
Unterschrift	*tanda tangan*
Wechselstube	*kantor penukaran mata uang asing*

UHRZEIT & DATUM

Wie spät ist es?	*Jam berapa sekarang?*
Es ist (zehn) Uhr.	*Jam (sepuluh).*
Es ist halb (sieben).	*Setengah (tujuh).*
morgens	*pagi*
nachmittags	*siang*
abends	*malam*
heute	*hari ini*
morgen	*besok*
gestern	*kemarin*
Montag	*hari Senin*
Dienstag	*hari Selasa*
Mittwoch	*hari Rabu*
Donnerstag	*hari Kamis*
Freitag	*hari Jumat*
Samstag	*hari Sabtu*
Sonntag	*hari Minggu*

FRAGEWÖRTER

Wann?	*Kapan?*
Warum?	*Kenapa?*
Was?	*Apa?*
Welches?	*Yang mana?*
Wer?	*Siapa?*
Wie?	*Bagaimana?*
Wo?	*Di mana?*

ZAHLEN

1	*satu*
2	*dua*
3	*tiga*
4	*empat*
5	*lima*
6	*enam*
7	*tujuh*
8	*delapan*
9	*sembilan*
10	*sepuluh*
20	*duapuluh*
30	*tigapuluh*
40	*empatpuluh*
50	*limapuluh*
60	*enampuluh*
70	*tujuhpuluh*
80	*delapanpuluh*
90	*sembilanpuluh*
100	*seratus*
1000	*seribu*

Januar	*Januari*
Februar	*Februari*
März	*Maret*
April	*April*
Mai	*Mei*
Juni	*Juni*
Juli	*Juli*
August	*Agustus*
September	*September*
Oktober	*Oktober*
November	*Nopember*
Dezember	*Desember*

VERKEHR

Öffentliche Verkehrsmittel

Boot (regional)	*perahu*
Bus	*bis*
Fahrradrikscha	*becak*
Flugzeug	*pesawat*
Minibus	*bemo*
Motorradrikscha	*bajaj*
Motorradtaxi	*ojek*
Schiff (allgemein)	*kapal*
Taxi	*taksi*
Zug	*kereta api*
Ich möchte nach ...	*Saya mau ke ...*
Wie viel kostet es nach ...?	*Ongkos ke ... berapa?*
Wann geht der Zug/Bus ...?	*Jam berapa berangkat?*
Wann kommt er in ... an?	*Jam berapa sampai di ...?*
Hält er in ...?	*Di ... berhenti?*
Wie heißt die nächste Haltestelle?	*Apa nama halte berikut nya?*
Sagen Sie mir bitte, wann wir in ... ankommen	*Tolong, beritahu waktu kita sampai di ...*
Bitte halten Sie hier.	*Tolong, berhenti di sini.*

der erste	*pertama*
der letzte	*terakhir*
der nächste	*yang berikutnya*
ein ... Ticket/Fahrkarte	*tiket ...*
1. Klasse	*kelas satu*
2. Klasse	*kelas dua*
einfach	*sekali jalan*
hin & zurück	*pulang pergi*

Bahnhof	*stasiun kereta api*
Fahrplan	*jadwal*
Fensterplatz	*tempat duduk dekat jendela*
Gleis	*peron*
Platz am Gang	*tempat duduk dekat gang*
storniert	*dibatalkan*
Fahrkartenschalter	*loket tiket*
verspätet	*terlambat*

Autofahren & Radfahren

Ich möchte bitte ... mieten ...	*Saya mau sewa ...*
Allradwagen	*gardan ganda*
Auto	*mobil*
Fahrrad	*sepeda*

Motorrad	*sepeda motor*
Benzin	*bensin*
Diesel	*solar*
Helm	*helem*
Kindersitz	*kursi anak untuk di mobil*
Monteur	*montir*
Pumpe (Fahrrad)	*pompa sepeda*
Tankstelle	*pompa bensin*

Ist dies die Straße nach ...?	*Apakah jalan ini ke ...?*
(Wie lange) Kann ich hier parken?	*(Berapa lama) Saya bolehparkir di sini?*
Das Auto/Motorrad ist kaputt.	*Mobil/Motor mogok.*
Ich habe eine Reifenpanne.	*Ban saya kempes.*
Ich habe kein Benzin mehr.	*Saya kehabisan bensin.*

REGIONALSPRACHEN

Balinesisch

Wie geht es Ihnen?	*Kenken kabare?*
Wie heißen Sie?	*Sire wastene?*
Ich heiße ...	*Adan tiange ...*
Ich verstehe nicht.	*Tiang sing ngerti.*
Wie viel kostet das?	*Ji kude niki?*
Danke.	*Matur suksma.*
Wie heißt das auf Balinesisch?	*Ne ape adane di Bali?*
Wo geht es nach ...?	*Kije jalan lakar kel ...*

Sasak

Wie heißen Sie?	*Saik aranm side?*
Ich heiße ...	*Arankah aku ...*
Ich verstehe nicht.	*Endek ngerti.*
Wie viel kostet das?	*Pire ajin sak iyak?*
Danke.	*Tampak asih.*
Wie heißt das auf Sasak?	*Ape aran sak iyak elek bahase Sasek?*
Wo geht es nach ...?	*Lamun lek ..., embe eak langantah?*

GLOSSAR

adat –Tradition, Bräuche und Verhaltensregeln

adharma – Übel, Unglück

aling aling – Tor in einer kleinen Mauer

alus – die Guten in einem arja-Drama

anak-anak – Kinder

angker – böse Macht

angklung – kleinere Form des gamelan

anjing – Hunde

apotik – Apotheke

arja – feine, opernähnliche Form des balinesischen Theaters; auch ein Bühnenstück mit Tanzeinlagen, vergleichbar bestimmten Formen der westlichen Oper

Arjuna – ein Held im Epos Mahabharata und ein häufig dargestellter Tempelwächter

bahasa – Sprache; Bahasa Indonesia ist die Staatssprache Indonesiens

bale – ein Pavillon mit offenen Seiten und steilem Strohdach

bale banjar – Versammlungsplatz eines Dorfes; ein Haus für Versammlungen und für Gamelan-Proben

bale tani – Wohnhaus einer Familie auf Lombok; siehe auch serambi

balian – Geistheiler und Kräuterdoktor

banjar – sämtliche verheiratete erwachsene Männer einer Dorfgemeinschaft

banyan – Banyan- oder Bengalische Feige, eine Art Ficusbaum, der oft als heilig angesehen wird; siehe auch waringin

bapak – Vater; ebenso eine höfliche Form, alte Männer anzureden; auch pak

Barong – mythische Löwen-Hund-Kreatur

Barong Tengkok – tragbare Gamelan-Instrumente für Hochzeiten und Beschneidungszeremonien auf Lombok

baten tegeh – verzierte Obst-, Reiswaffel- und Blumenpyramiden

batik – Batiktechnik beim Einfärben von Textilien: ein Teil des Stoffes wird mit Wachs bedeckt, dann wird gefärbt und anschließend das Wachs herausgeschmolzen. Die gewachsten Stellen bleiben ungefärbt. Dieser Vorgang wird wiederholt, sodass ein schönes Muster entsteht.

batu bolong – Stein mit Loch

belalu – schnell wachsender lichter Wald

bemo – beliebtes Verkehrsmittel auf Bali und Lombok; für gewöhnlich ein kleiner Minibus oder in ländlichen Gegenden auch ein kleiner Pick-up

bensin – Benzin

beruga – kommunales Versammlungshaus auf Bali; seitlich offener Pavillon auf Lombok

bhur – Welt der Dämonen

bhwah – Welt der Menschen

bioskop – Kino

Brahma – der Schöpfer; einer der drei Hindu-Götter

Brahmana – die Priesterkaste, die höchste Kaste der Balinesen; alle Priester sind Brahmanen, aber nicht alle Brahmanen sind Priester

bu – Mutter; Kurzform von ibu

bukit – Hügel; so heißt auch die südliche Halbinsel Balis

bulau – Monat

candi – Schrein, ursprünglich im Stil Javas verziert; auch bekannt als prasada

candi bentar – Eingangstor zu einem Tempel

cendrawasih –Paradiesvögel

cengceng – Zimbeln

cidomo – Ponykarren mit Autoreifen (Lombo)

cili – Darstellungen von Dewi Sri, der Reisgöttin

dalang – Puppenspieler und Geschichtenerzähler in einer wayang-kulit-Aufführung

Dalem Bedaulu – legendärer letzter Herrscher der Peng-Dynastie

danau – See

dangdut – Popmusik

desa – Dorf

dewa – Gottheit oder Geist

dewi – Göttin

Dewi Sri – Reisgöttin

dharma – gut

dokar – Ponykarren; auf Lombok bekannt als cidomo

Durga – Göttin des Todes und der Zerstörung und Gemahlin von Shiva

dusun – kleines Dorf

endek – eleganter Stoff, wie songket, mit vorgefärbten Durchschussfäden

Gajah Mada – berühmter Majapahit-Premierminister, der den letzten großen König Balis besiegte und die Macht der Majapahit über die ganze Insel ausdehnte

Galungan – großes balinesisches Fest; ein jährlich stattfindendes Ereignis im 210 Tage währenden balinesischen Kalender wuku

gamelan – traditionelles balinesisches Orchester, vorwiegend mit Schlaginstrumenten wie großen Xylophonen und Gongs; kann aus einem bis zu mehr als zwei Dutzend Musikern bestehen; bezeichnet auch einzelne Instrumente wie Trommeln; auch gong genannt

Ganesha – Shivas elefantenköpfiger Sohn

gang – Gasse oder Fußweg

Garuda – mythisches Mensch-Vogel-Wesen, Transportmittel des Vishnu; modernes Symbol für Indonesien und die staatliche Fluglinie

gedong – Schrein

genggong – Musikaufführung auf Lombok

gili – kleine Insel (Lombok)

goa – Höhle; auch gua geschrieben

gong – siehe gamelan

gong gede – großes Orchester; traditionelle Form des Gamelan mit 35 bis 40 Musikern

gong kebyar – moderne, volkstümliche Form eines gong gede mit bis zu 25 Instrumenten

gua – Höhle; auch goa geschrieben

gunung – Berg

gunung api – Vulkan

gusti – höflicher Titel für Mitglieder der Wesia-Kaste

Hanuman – Affengott, der eine wesentliche Rolle im Ramayana spielt

harga biasa – Standardpreis

harga turis – überhöhter Preis (für Touristen)

homestay – kleine, familiengeführte Unterkunft; siehe auch losmen

ibu – Mutter; auch höfliche Anrede für ältere Frauen

Ida Bagus – Ehrentitel für einen männlichen Brahmana

ikat – Stoff, bei dem ein Muster entsteht, indem die einzelnen Fäden vor dem Weben eingefärbt werden

Indra – Oberste Gottheit

jalak putih – Name der Einheimischen für den Balistar (Vogel)

jalan – Straße; abgekürzt zu Jl.

jepun – Wachsblumenbäume

jidur – große, zylinderförmige Trommeln, die in ganz Lombok gespielt werden

Jl. – jalan; Straße

kahyangan jagat – speziell ausgerichtete Tempel

kain – eine Stoffbahn, die über einem Sarong um die Hüfte gewickelt wird

kain poleng – schwarz-weiß karierter Stoff

kaja – Richtung Berge; siehe auch kelod

kaja-kangin – Ecke eines Innenhofes

kaki lima – Essenskarren

kala – Dämonengesicht, das man oft über den Eingangstoren von Tempeln sieht

Kalendar Cetakan – balinesischer Kalender, nach dem zahlreiche Aktivitäten geplant werden

kamben – eine Stoffbahn von songket, die bei offiziellen Anlässen um die Brust gewickelt wird

kampung – Dorf oder Nachbarschaft

kangin – Sonnenaufgang

kantor – Büro

kantor imigrasi – Einwanderungsbüro

kantor pos – Post (Gebäude)

Kawi – die klassische Sprache Javas; die Sprache der Dichtung

kebyar – eine Tanzart

Kecak – traditioneller balinesischer Tanz; der Tanz erzählt eine Geschichte aus dem Ramayana über Prinz Rama und Prinzessin Sita

kedais – Kaffeehaus

kelod – Richtungsangabe: von den Bergen zum Meer hin; siehe auch kaja

kelurahan – Gebiet im Zuständigkeitsbereich einer Gemeindeverwaltung

kemben – Oberbekleidung (für die Brust) für Frauen

kempli – Gong

kendang – Trommeln

kepala desa – Oberhaupt eines Dorfes

kori agung – Tor zum zweiten Innenhof eines Tempels

kota – Stadt

kras – die offensichtlich Bösen in einem arja-Drama

kris – traditioneller Dolch

Ksatriyasa – zweite balinesische Kaste

kuah – Himmelsrichtung des Sonnenuntergangs

kulkul – hohle Baumstammtrommel, die zum Künden von Gefahr oder zur Einberufung einer Versammlung benutzt wird

labuhan – Hafen; auch pelabuhan genannt

laki-laki – Junge

lamak – lange, gewebte Palmblattstreifen, die als Dekorationsmaterial bei Festivitäten und Feierlichkeiten benutzt werden

lambung – lange, schwarze Saronge, die von Sasak-Frauen getragen werden; siehe auch sabuk

langse – rechteckige Schmuckgehänge in Palästen oder Tempeln

Legong – klassischer balinesischer Tanz

legong – junge Mädchen, die den Legong aufführen

leyak – böser Geist, der durch die Anwendung schwarzer Magie die unglaublichsten Formen annehmen kann

lontar – speziell bearbeitete Palmblätter (als Schreibmaterial)

losmen – kleines balinesisches Hotel, oft in Familienbesitz

lukisan antic – antike Gemälde

lulur – Körpermaske

lumbung – Reisscheune mit rundem Dach; ein Architekturmerkmal auf Lombok

Mahabharata – eines der wichtigsten Heiligen Bücher der Hindus; das Epos erzählt vom Kampf zwischen den Pandavas und Korawas

Majapahit – die letzte große Hindu-Dynastie auf Java

mata air panas – natürliche heiße Quellen

meditasi – Schwimmen und Sonnenbaden

mekepung – traditionelle Wasserbüffel-Wettkämpfe

meru – Tempelschreine mit mehreren Dächern; der Name rührt vom hinduistischen Heiligen Berg Mahameru her

mobil – Auto

moksa – Freisein von irdischem Verlangen

muncak – Hirschferkel

naga – mythische Schlange

nusa – Insel; auch pulau genannt

Nusa Tenggara Barat (NTB) – West Nusa Tenggara; indonesische Provinz, die die Inseln Lombok und Sumbawa umfasst

nyale – aalartiger Fisch, der vor Kuta auf Lombok gefangen wird

Nyepi – jährliches Hauptfest im Hindu-Kalender saka; ein Tag der völligen Stille nach einer Nacht, in der böse Geister vertrieben wurden

ogoh-ogoh – riesige, monsterhafte Puppen beim Nyepi-Fest

ojek – Motorrad, mit dem zahlende Passagiere transportiert werden

open – großes, rotes Backsteingebäude

padi – die wachsende Reispflanze

padmasana – Tempelschrein, der einem leeren Stuhl ähnelt

pak – Vater; Kurzform von bapak

palinggihs – Tempelschreine, die aus einem einfachen kleinen Thron bestehen

panca dewata – Mittelpunkt und vier Himmelsrichtungen in einem Tempel

pantai – Strand

paras – ein weicher grauer Stein, der in der Bildhauerkunst verwendet wird

pasar – Markt

pasar malam – Nachtmarkt

pecalang – fliegende Händler

pedagang – fliegende Händler

pedanda – Hoher Priester

pelabuhan – Hafen; auch labuhan genannt

pemangku – Tempelwächter und Priester für Tempelrituale

perempuan – Mädchen

plus plus – eine Mischung aus Steuer und Bedienungsgeld in Höhe von 21 % in Unterkünften und Restaurants der Mittel- und Spitzenklasse

pondok – einfache Unterkunft oder Hütte

prada – Stoff, verschönert mit Blattgold, goldener oder silberner Farbe oder Gold- bzw. Silberfaden

prahu – traditionelles indonesisches Boot mit Auslegern

prasada – Schrein; siehe auch candi

prasasti – gravierte Kupferplatten

pria – Mann; männlich

propinsi – Provinz; Indonesien hat 27 propinsi, Bali ist eine propinsi, Lombok und die Nachbarinsel Sumbawa bilden die propinsi Nusa Tenggara Barat (NTB)

puasa – Fasten oder Fastenzeit

pulau – Insel; auch *nusa* genannt

puputan – Kampf des Kriegers bis zum Tode; eine ehrenvolle, aber selbstmörderische Todesart, wenn man auf einen unbesiegbaren Feind stößt

pura – Tempel

pura dalem – Tempel der Toten

pura desa – Dorftempel für alltägliche Zwecke

pura puseh – Tempel der Dorfgründer oder Dorfväter, der an die Gründung eines Dorfes erinnern soll

pura subak – Tempel der Gesellschaft der Reisbauer

puri – Palast

pusit kota – auf Straßenschildern, um das Stadtzentrum anzuzeigen

rajah – Herr oder Prinz

Ramadan – Fastenmonat der Moslems

Ramayana – eines der großen Heiligen Bücher der Hindus; die Geschichten bilden die Grundlage vieler balinesischer Tänze und Erzählungen

Rangda – verwitwete Hexe, die im balinesischen Theater und Tanz das Böse verkörpert

raya – Hauptstraße; z.B. bezeichnet Jalan Raya Ubud die Hauptstraße von Ubud'

RRI – Radio Republik Indonesia; Indonesiens staatlicher Rundfunksender

rumah makan – Restaurant; wörtlich „Ort fürs Essen"

sabuk – 4 m langer Schal, der den lambung fixiert

sadkahyangan – „Weltheiligtümer"; die allerheiligsten Tempel

saiban – Opfergabe für einen Tempel oder Schrein

saka – balinesischer Kalender, der auf dem Mondzyklus basiert; siehe auch wuku

Sasak – Einheimischer von Lombok; auch dessen Sprache

sate – Satay (Grillgericht)

sawah – Reisfeld; siehe auch subak

selat – Meerenge

sepeda – Fahrrad

sepeda motor – Motorrad

Shiva – der Schöpfer und Zerstörer; eine der drei großen Hindu-Gottheiten

songket – Stoff mit Silber- oder Goldfäden, mit einer speziellen Durchschuss-Technik handgewebt

stupas – Kuppelbauten für Buddha-Reliquien

subak – Dorfgenossenschaften, die Reisterrassen anlegen und unterhalten sowie gemeinsam das Wasser zur Bewässerung organisieren

Sudra – weit verbreitete Kaste, zu der die Mehrheit der Balinesen gehört

sungai – Fluss

swah – Welt der Götter

tahun – Jahr

taksu – gottgeweihter Übermittler des göttlichen Willens

tambulilingan – Hummeln

tanjung – Kap oder Landzunge

teluk – Golf oder Bucht

tika – ein Stück bedruckter Stoff oder geschnitztes Holz mit dem Bild des Pawukon-Zyklus

tirta – Wasser

toya – Wasser

trimurti – die Dreiheit der Hindu-Gottheiten

triwangsa – dreiteilige Kaste (Brahmana, Ksatriyasa und Wesia); triwangsa bedeutet „drei Leute"

TU – Telepon Umum; ein öffentliches Telefon

undagi – im Allgemeinen Priester-Architekten, die Gebäude entwerfen

Vishnu – der Erhalter; eine der drei großen Hindu-Gottheiten

wanita – Frau; weiblich

wantilan – großer *bale*-Pavillon für Versammlungen, Aufführungen und Hahnenkämpfe; oft in der Stadt- oder Dorfhalle

waria – weibliche Transvestitendarstellerin; Kombination der Wörter wanita und pria

waringin – Birkenfeige, eine Art Ficusbaum; siehe banyan

warnet – warung mit Internet-Zugang

wartel – öffentliches Telefonzentrum; Abkürzung aus warung telekomunika

warung – Imbissstand

wayang kulit – Lederpuppe, die als Schattenspielfigur verwendet wird; siehe auch dalang

Wetu Telu – typische Religion auf Lombok; ursprünglich aus Bayan, verbindet viele Ziele des Islam mit Aspekten anderer Glaubensrichtungen

Wesia – Militärkaste, hat die meisten Mitglieder unter den balinesischen Hochkasten

wuku – balinesischer Kalender, bestehend aus zehn verschiedenen Wochen, die ein bis zehn Tage lang sind; siehe auch saka

yeh – Wasser; auch Fluss

yoni – weibliches Symbol für den Hindu-Gott Shiva

Hinter den Kulissen

WIR FREUEN UNS ÜBER EIN FEEDBACK

Post von Travellern zu bekommen ist für uns ungemein hilfreich – Kritik und Anregungen halten uns auf dem Laufenden und helfen, unsere Bücher zu verbessern. Unser reiseerfahrenes Team liest alle Zuschriften genau durch, um zu erfahren, was an unseren Reiseführern gut und was schlecht ist. Wir können solche Post zwar nicht individuell beantworten, aber jedes Feedback wird an die jeweiligen Autoren weitergeleitet, rechtzeitig vor der nächsten Nachauflage.

Wer Ideen, Erfahrungen und Korrekturhinweise zum Reiseführer mitteilen möchte, hat die Möglichkeit dazu auf **www.lonelyplanet.com/contact/guidebook_feedback/new**. Anmerkungen speziell zur deutschen Ausgabe erreichen uns über **www.lonelyplanet.de/kontakt**.

Hinweis: Da wir Beiträge möglicherweise in Lonely Planet Produkten (Reiseführern, Websites, digitale Medien) veröffentlichen, ggf. auch in gekürzter Form, bitten wir um Mitteilung, falls ein Kommentar nicht veröffentlicht oder ein Name nicht genannt werden soll. Wer Näheres über unsere Datenschutzpolitik wissen will, erfährt das unter www.lonelyplanet.com/privacy.

DANK VON LONELY PLANET

Wir danken den Reisenden, die mit der letzten Ausgabe unterwegs waren und uns nützliche Hinweise, gute Ratschläge und interessante Begebenheiten übermittelt haben:

Michael Beukema, Alex Boladeras, Catherine Burns, Kim Cox, Michael Gillespie, Barbara Hardy, Laura Hartshorne, Linnea Hedlund, Pierre Jaeger, Emily Lois, Mark McKnight, Martina Míková, Jennie Murray, Robert Pilger, Summer Read, Daniel Ribas, Anniek Schellen

DANK DER AUTOREN

Virginia Maxwell

Vielen Dank an Ryan Ver Berkmoes für das Bali-Briefing, Hanafi Dharma für das fachkundige Fahren und Navigieren und Niamh O'Brien für die Überwachung der Sicherheitslage. Mein Unterstützer-Team, Peter und Max Handsaker, blieb ruhig, als es die Erdbebenberichte sah. Die beiden riefen mich regelmäßig über Skype an, um zu checken, wie es mir geht. Ohne sie könnte ich nicht als Reiseschriftstellerin arbeiten.

Mark Johanson

Vielen Dank an alle Menschen auf Lombok und Sumbawa, die mir die richtige Richtung gewiesen und mir geholfen haben, die Inseln nach dem Erdbeben zu befahren, auch wenn ihr Privatleben in Trümmern lag. Ich bin Rudy Trekker, Gemma Marjaya, Kelly Goldie und Andy Wheatcroft sehr dankbar, die mir unterwegs als unerschöpfliche Wissensquellen dienten. Ein besonderer Dank geht an meinen Partner Felipe Bascuñán für die Duldung meiner langen Abwesenheiten und an meinen Lektor Niamh O'Brien, der unermüdlich sicherstellte, dass es mir gut geht!

Sofia Levin

Erwin, Willy und Andy – vielen Dank für eure Verkehrslenkung unterwegs, aber vor allem für eure Freundschaft. An meinen Mann: Matt, dieser Job wäre ohne deine beständige Unterstützung und Ermutigung unmöglich, sowohl wenn ich weg bin, als auch an deiner Seite. Und an meine Eltern (alias meine größten Fans): Danke, dass ihr mir von Geburt an Neugierde, Appetit und Reisefieber eingeflößt habt.

MaSovaida Morgan

Ein herzlicher Dank an die wunderbaren Seelen, die mir während meiner gesamten Zeit auf Bali mit Rat und Tat zur Seite standen: Rob, Margie, Max, Kristy und die Outsite-Crew, Gigi und Annette, Ty und Jeff – und besonders an meinen lieben Bruder Bayu für diese effiziente und unvergessliche Reise.

QUELLENNACHWEIS

Die Daten in den Klimatabellen stammen von Peel MC, Finlayson BL & McMahon TA (2007), Aktualisierte Weltkarte der Köppen-Geiger-Klimaklassifikation, *Hydrology and Earth System Sciences*, 11, 1633-44.

Abbildung auf dem Umschlag: Pura Ulun Danu Bratan, Marco Bottigelli/AWL ©

ÜBER DIESES BUCH

Dies ist die 5. deutsche Auflage von *Bali, Lombok & Nusa Tenggara* basierend auf der mittlerweile 17. englischen Auflage. Virginia Maxwell hat sie kuratiert und zusammen mit Mark Johanson, Sofia Levin und MaSovaida Morgan recherchiert sowie geschrieben. Die vorhergehende Auflage wurde von Ryan Ver Berkmoes verfasst und von Kate Morgan redaktionell bearbeitet. Dieser Reiseführer wurde von folgenden Mitarbeitern betreut:

Projektredakteure Niamh O'Brien, Tanya Parker

Leitende Produktredakteurin Kate Chapman

Produktredakeurin Carolyn Boicos

Leitende Kartografin Julie Sheridan

Satz & Layout Mazzy Prinsep

Redaktionsassistenten Kate Daly, Melanie Dankel, Carly Hall, Lou McGregor, Maja Vatrić, Simon Williamson

Kartografin Rachel Imeson

Layoutassistentin Clara Monitto

Umschlagrecherche Wibowo Rusli

Dank an Andrea Dobbin, Andi Jones, Claire Naylor, Karyn Noble, Victoria Smith, Angela Tinson, Amanda Williamson

Register

5GX Bali 77

A

Aas 258, 261, 263
Abfall 498
Abiansemal 227
Air Panas Banjar 298
Air Sanih 287
Aktivitäten 26, 38
Alkohol 449
Alkoholvergiftung 504, 524
Alltagsleben 461
Alor-Archipel 422, **420**
Amed 255, 256, 259, **257**
Amlapura 251
Ankunft 19
Anreise 512
Antosari-Straße 283
Anturan 293
Apnoetauchen, *siehe Freediving*
Apotheken 521
Arak 504, 524
Architektur 483
Asan Munduk 277
Auto 505, 514
Autobetrug 505

B

Bahasa Indonesia 526
Bajawa 407
Balangan Beach 152, **154**, **9**, **120**
Bale 484
Bali Aga 248
Balian Beach 314
Bali Arts Festival 27, 131, 477
Bali Asli 253
Bali Barat National Park 306, 317, 494, **306**, **295**
Bali Bird Park 227
Bali Botanic Garden 277
Bali Kite Festival 142
Balinesische Namen 462
Bali Orchid Garden 140
Bali Reptile Park 227
Bali Safari Park 240
Bali Sea Turtle Society 73
Bali Spirit Festival 198
Balistar 494
Bali Treetop Adventure Park 277
Bambus 490
Bangli 234
Banutan 258, 259, 262
Banyuning 258, 260, 262
Banyuwedang 305
Barong 473
Barrierefreies Reisen 500
Batik 478, **478**
Batuan 226
Batu Bolong Beach 110
Batubulan 227
Batur Caldera Geopark 273
Batur Natural Hot Spring 273
Bau Nyale Festival 347
Bedugul 275
Bedulu 220
Belaraghi 409
Belimbingsari 317
Belongas Bay 352
Bemo 516
Bena 409
Benoa Bay Reclamation Project 449
Benzin 514
Berawa Beach 110
Betrug 505
Bettwanzen 524
Bevölkerung 449
Bewässerung 471
Bier 64
Big Tree Farms 227
Bildhauerei 481
Bingin 153
Bio-Rocks 303
Blahbatuh 225
Blue Lagoon 176
Bombenattentate 459
Bootstouren 396
  Bali Barat National Park 307
  Nusa Lembongan 171
Botschaften 500
Bücher 448
Budget 19
Bukit-Halbinsel 9, 22, 147
Bumbangku 349
Bunut Bolong 284
Bus 513, 516

C

Calabai 386
Campuan Ridge 198
Candidasa 247, **247**
Candikuning 276
Canggu 13, 109, 110, **112**, **12**
  Aktivitäten 111
  An- & Weiterreise 109, 116
  Ausgehen 115
  Essen 114
  Sehenswertes 111
  Shopping 22, 116
  Strände 110
  Unterkunft 111
Canyoning 51, 398
Cekik 317
Ceking-Terrassen 221
Celuk 226
Cemagi 311
Christentum 467
Coral Gardens 301
Crocodile Head 385
Crystal Bay Beach 180

D

Dalam Loka 383
Dalem Bedaulu 220
Danau Batur 271
Danau Bratan 275, **274**
Danau Buyan 278
Danau Tamblingan 278
Deepweek Festival 256
Delfine 126, 291, 390, 494
Dengue-Fieber 522
Denpasar 129, **132**
  Aktivitäten 130
  An- & Weiterreise 136
  Ausgehen 134
  Essen 131
  Feste 131
  Geschichte 129
  Sehenswertes 129
  Shoppen 135
  Unterkunft 131
  Unterwegs vor Ort 137
Diebstahl 505
Drachen 142, **27**
Dresscode 20
Drogen 505
Dukuh 140
Durchfall 523

E

Echo Beach 117, **112**
Einkaufen *siehe einzelne Ziele*
Ekas 350
Ende 411
Erdbeben 323, 337, 356, 448
Essen 14, 21, 58, 500 und einzelne Einträge, **14**, **60**, **63**
Etikette 21
Etikette, religiöse 464

F

Fähren *siehe einzelne Ziele*
Fahrrad 517

Karten **000**
Abbildungen **000**

- Feiertage 501
- Feilschen 21
- Feste & Events 26, 131, 326 *und einzelne Feste*
- Filme 448
- Fische 126, 495
- Flores 393, **420**
- Flugzeug 512, 517
- Frauen, balinesisch 464
- Frauen & Gesundheit 525
- Frauen unterwegs 501
- Freediving 22
- Freiwilligendienst 177, 501
- Führerscheine 514

G

- Gärten *siehe Parks*
- Galerien *siehe Museen*
- Galungan 28, **27**
- Gamelan 474
- Garuda Wisnu Kencana Cultural Park 151, **2**
- Gedong Kirtya Library 289
- Geführte Touren 44, 293
- Geld 18, 21, 502
- Geldautomaten 502
- Geldbetrug 505
- Gelgel 234
- Gelumpang 253
- Gendang Beleq 326
- Genggong 475
- Geografie 492
- Gerupuk 349
- Geschichte 450
- Gesundheit 520
- Getränke 64
- Gewürze 283
- Gianyar 229
- Giardiasis 524
- Gili Air 371, **373**, **34**
- Gili Asahan 335
- Gili Gede 22
- Gili Gede, Lombok 335
- Gili Goleng 336
- Gili-Inseln 17, 68, 353, **354**
  - An- & Weiterreise 355
  - Essen 353
  - Highlights 354
  - Reisezeit 353
  - Unterkunft 353
  - Unterwegs vor Ort 357
- Gili Kedis 336
- Gili Layar 335, 336
- Gilimanuk 318
- Gili Meno 368, **369**
- Gili Trawangan 357, **358**, **361**, **120**, **124**
  - Aktivitäten 359
  - An- & Weiterreise 368
  - Ausgehen 367
  - Essen 365
  - Sehenswertes 358
  - Shoppen 367
  - Unterkunft 362
- Glossar 532
- Goa Gajah 220
- Golf 162, 277
- Gunung Agung 237, 457
- Gunung Batukau 281
- Gunung Batur 269, 272, **270**
- Gunung Kawi 222, **196**
- Gunung Kelatakan 307
- Gunung Rinjani 337
- Gunung Seraya 256
- Gunung Tambora 386

H

- Hahnenkampf 467
- Haie 126, 494
- Handys 507
- Hautprobleme 524
- Heiler 203, 469
- Heirat 469, **466**
- Heiße Quellen 272
  - Air Panas 414
  - Air Panas Banjar 298
  - Air Panas Malanage 410
  - Air Panas Malange 409
  - Air Panas Soa 408
  - Yeh Sanih 287
- Hepatitis 522
- Hinduismus 464
- Hitze 524
- Hitzeerschöpfung 524
- HIV 522
- Höhlen 220, 241, 425
- Höhlenwandern 51, 398
- Holzschnitzerei 216
- Hunde 219, 493
- Hu'u 387

I

- Ikat 430, 439, 478
- Impfungen 520
- Impossibles Beach 157
- Indonesischer Unnabhängigkeitstag 26
- Infektionskrankheiten 522
- Internetzugang 503
- Islam 465

J

- Jasri Bay 252
- Jatiluwih 282
- Jelenga 381
- Jembrana 315
- Jemeluk 258, 262
- Jimbaran 16, 147, **149**, **16**
- Joshua District 312
- Jungutbatu Beach 168

K

- Kaffee 65, 283
- Kajak 345, 390
- Kalabahi 423
- Kalibukbuk 296
- Kampung Komodo 390
- Kecak 160, 473
- Kecak-Feuertanz 474
- Kefamenanu 432
- Kelimutu 413
- Kerobokan 102, **92**
- Kiadan Pelaga 276
- Kinder 54
  - 183
- Kindersextourismus 504
- Kintamani 273
- Kirchen 317
- Kitesurfen 51, 140
- Klettern 398
- Klima 26, 502
- Klimawandel 513
- Kloster 291
- Klungkung (Semarapura) 229, **232**
- Kochkurse 38
  - Banjar 221
  - Gelumpang 253
  - Gili Air 374
  - Gili Trawangan 362
  - Sanur 141
  - Singaraja 293
  - Tanjung Benoa 165
  - Ubud 195
- Koko Duren 341
- Kolorongo 414
- Komodo 389, 390
- Komodo National Park 16, 391, **16**, **45**, **420**
- Komodowaran 394, **16**
- Krankenhäuser 521
- Kreditkarten 502
- Kris 482
- Kultur 24, 461, 472
- Kuningan 28
- Kunst 183, 472
- Kunsthandwerk 107, 226, 477
- Künstler 222, 476, 479
- Kupang 425
- Kurse
  - Kochkurse 38, 141, 165, 195, 221, 253, 293, 362, 374
  - Kunst und Design 39, 193, 226
  - Musik 193
  - Schmuck 195
  - Sprachkurse 131, 193, 506
  - Textilien 193
- Kusamba 240
- Kuta 13, 14, 66, 70, **71**, **74**
  - Aktivitäten 77
  - An- & Weiterreise 72
  - Ausgehen 85
  - Essen 70, 81
  - Geld 88
  - Highlights 71
  - Medizinische Versorgung 88
  - Notfälle 88
  - Reisezeit 70
  - Sehenswertes 73
  - Shoppen 87
  - Strände 72, **12**, **14**, **119**, **120**
  - Unterkunft 70, 78
- Kuta-Cowboys 82
- Kuta (Lombok) 343, **343**
- Kuta Reef Beach 73

L

- Labuan Bajo 395
- Labuhan Aji 385
- Labuhan Lalang 306
- Labuhan Lombok 340
- Langzeitaufenthalte 201, 510
- Lebaran Topat 326
- Legian 72
  - Aktivitäten 77
  - Ausgehen 85
  - Essen 83
  - Medizinische Versorgung 88
  - Notfälle 88
  - Sehenswertes 73
  - Shoppen 87
  - Strand 72
  - Unterkunft 79
- Legong 474
- Lehan 258, 260
- Liberty, Schiffswrack 263, **124**
- Lipah 258, 260

Literatur 198, 480
Lombok 68, 319, **320**
An- & Weiterreise 322
Essen 319
Geschichte 322
Highlights 320
Reisezeit 319
Unterkunft 319
Unterwegs vor Ort 323
Lontar-Bücher 288
Lovina 290, **292**, **295**
Luftverschmutzung 497

M

Mads Lange's Tomb 77
Malaria 522
Malean Sampi 326
Malerei 475
Maluk 382
Manggis 246
Mangrove Point 301
Mangsit 328
Mantarochen 494, **124**
Marapu 467
Märkte 62
Candikuning Market 277
Canggu 22, 116
Denpasar 135
Ende 412
Gianyar 229
Jimbaran 147
Kalabahi 423
Kuta 81
Lovina 298
Mataram 327
Semarapura 233
Sukawati Market 226
Sumbawa Besar 384
Westtimor 427
Mas 223
Masbagik 342
Massage 47, 90, 103, 111, 130, 141, 162, 189, 293, 329, 362, 398
Mataram 324, **325**
Maubesi 433
Maumere 417
Mayura Water Palace 325
Medewi 316
Medikamente 520
Medizinische Versorgung 521

Karten **000**
Abbildungen **000**

Meeresfrüchte 16, 147
Meeresschildkröten 126, 300, 495
Meerestiere 494, **126**
Mietwagen 514
Mobiltelefone 18
Moni 414
Monumente
Bajra Sandhi Monument 129
Garuda Wisnu Kencana Cultural Park 151
Gunung Kawi 222
Puputan Monument 233
Moschee
Islamic Center Nusa Tenggara Bara 324
Masjid Kuno Bayan Beleq 339
Moskitostiche 522
Motorrad 514
Munduk 22, 277, 278
Museen & Galerien
Agung Rai Museum of Art 187
Batur Geopark Museum 271
BIASA ArtSpace 90
Dream Museum Zone 76
Kody & Ko 101
Komaneka Art Gallery 187
Lembaga Studi & Pelestarian Budaya Sumba 442
Mandala Mathika Subak 311
Museum Buleleng 289
Museum Gedung Arca 200
Museum Le Mayeur 139
Museum Manusa Yadnya 314
Museum Manusia Purbakala Gilimanuk 317
Museum Negeri Propinsi Bali 129
Museum Puri Lukisan 186, 194
Museum Rudana 223
Museum Semarajaya 233
Neka Art Museum 189
Neka Gallery 187
Nyoman Gunarsa Museum 233
Pasifika Museum 161
Setia Darma House of Mask & Puppets 223
Taman Wedhi Budaya 130
Tonyraka Art Lounge 223
Musik 474

N

Nachtleben 23
Nahverkehr 517
Nationalparks
Bali Barat National Park 306, 317
Gunung Rinjani National Park 338
Kelimutu-Nationalpark 413
Komodo National Park 16, 391
Taman Wisata Alam Kerandangan 330
Natur 492
Nemberala 434
Ngada 407
None 431
Nordbali 67, 285, **286**
An- & Weiterreise 287
Essen 285
Highlights 286
Reisezeit 285
Unterkunft 285
Notfälle 529
Nuabari 416
Nusa Ceningan 176
Nusa Dua 161, **163**
Nusa Lembongan 168, **169**
Nusa Penida 177, **11**
Nusa Tenggara 68, 378, **379**
An- und Weiterreise 380
Essen 378
Highlights 379
Reisezeit 378
Unterkunft 378
Unterwegs vor Ort 380
Nyepi 468

O

Öffnungszeiten 19, 503
Ogoh-Ogoh! 468
Ojek 517
Opfergaben 470, 481, **24**
Ortsrecht 470
Ostbali 67, 228, **230**
An- & Weiterreise 229
Essen 228
Highlights 230
Reisezeit 228
Unterkunft 228

P

Padangbai 243, **242**, **13**
Padang Padang 156
Paga 416
Palasari 317
Pancasari 277
Pancasila 386
Pantai Lakey 387
Pantai Padang Galak 142
Parasailing 167
Parks & Gärten
Bali Botanic Garden 277
Bali Orchid Garden 140
Bali Treetop Adventure Park 277
Garuda Wisnu Kencana Cultural Park 151, **2**
Mayura Water Palace 325
Puputan Square 130
Taman Tirta Gangga 252
Taman Ujung 251
Ubud Monkey Forest 188, **55**, **196**
Pasola 26
Pauleni Village 409
Ped 179
Peduli Alam Bali 262
Pejaten 313
Pejeng 200
Pemandian Kuda Desa 264
Pemuteran 300
Penulisan 269
Pererenan Beach 118
Peresean 326
Petulu 188
Pflanzen 495
Pilzbefall 524
Pita Maha 476
Ponjok 140
Post 503
Poto 384
Prancak Beach 110
Pranoto's Art Gallery 220
Preise 59
Preiskategorien 508
Pringgasela 342
Proyek Penyu 300
Prozessionen 9, **8**
Pulaki 302
Pulau Menjangan 300, 301, **125**
Pulau Moyo 22, 385
Pulau Serangan 140
Pupuan 283, 284
Pura Besakih 237, 239

Pura Goa Lawah 241
Pura Lempuyang 22
Pura Luhur Ulu Watu 17, 158, **17**, **485**
Pura Tanah Lot 312, **2**
Pura Tirta Empul 223
Pura Ulun Danu Bratan 276
Pura Taman Ayun 314, **24**
Puri Agung Karangasem 252
Puri Agung Semarapura 232
Puri Anyar Kerambitan 313

Q
Quallen 524

R
Radfahren 39
Ausrüstung 40
Bali 39
Danau Batur 272
Gili Air 374
Gili-Inseln 357
Gili Meno 369
Gili Trawangan 360
Lombok 40, **41**
Lovina 293
Nusa Lembongan 172
Ostbali 253
Ubud 192
Rafting 47
192
Rantung Beach 382
Ratenggaro 445
Rechtsfragen 503
Regionalflüge 517
Reiher 188
Reisanbau 59, 282, 406, 471, 497, **5**
Reiseapotheke 520
Reisepass 512
Reiseplanung 18, 20, 22, 26, 30, 38, 54, 58
Reiserouten 30
Reisezeit 18
Reisfelder 194, **5**
Reisterrassen 282, 340
Religion 449, 461
Rinca 389, 393
Rinjani *siehe Gunung Rinjani*
Rituale 467, **466**
Riung 410
Rote 434
Ruteng 404

S
Säfte 65
Sambal 59
Sampalan 178
Sanda 283
Sanghyang 474
Sangsit 288
Sanur 137, **138**, **27**
Aktivitäten 140
An- & Weiterreise 146
Ausgehen 145
Essen 143
Medizinische Versorgung 146
Sehenswertes 139
Shoppen 146
Strandpromenade 137
Unterkunft 141
Sape 389
Sasak 326, 348
Sasak-Küche 61
Sawan 290
Schattenspiel 475
Schattentheater 216
Schiffsfahrt 171, 513, 518, 519
Schmuck 482
Schnitzerei 480
Schnorcheln 17, 24, 38, 41, **17**
Flores 396
Gili Air 372
Gili-Inseln 372
Gili Meno 368
Gili Trawangan 359
Komodo 392
Lombok 328, 336
Mangrove Point 301
Nusa Lembongan 170
Nusa Tenggara 385
Ostbali 243, 255
Südbali 167
Schwarze Magie 467
Schwimmen 505
Schwule & Lesben 504
Sebatu 221
Seetang 176
Selang 258, 260
Selong Blanak 350
Semarapura, *siehe Klungkung*
Sembalun-Tal 340
Seminyak 15, 70, 89, **92**, **15**
Aktivitäten 90
An- & Weiterreise 102
Ausgehen 99
Essen 96
Gefahren & Ärgernisse 102
Sehenswertes 90
Shoppen 100
Strände 90, **21**, **31**
Unterhaltung 100
Unterkunft 91
Senaru 339
Senggigi 328, **329**
Seririt 299
Seventeen Islands Marine Park 410
Sextourismus 504
Shopping *siehe einzelne Ziele*
Sicherheit 504
Kinder 56
Schifffahrt 518
Schwimmen 505
Wandern 46
Sidemen 235
Sikka 412
Singaraja 288
Sire 338
Soe 430
Sonnenbrand 525
Spas 10, 47, **10**
Candidasa 249
Canggu 111
Kerobokan 103
Kuta 77
Labuan Bajo 398
Lovina 293
Sanur 141
Seminyak 90
Senggigi 329
Tanjung Benoa 165
Ubud 189
Sprache 18, 526
Sprachkurse 131, 193, 506
Strände 9, 23, 70, 119, 121
Balangan Beach 152, **9**, **120**
Banutan Beach 259
Batubelig Beach 103
Batu Bolong Beach 110
Berawa Beach 110
Bias Tugal 243
Bingin Beach 153
Blue Lagoon Beach 243
Bo'a 435
Bukit-Halbinsel 9, 121
Canggu 13, 110
Crystal Bay Beach 180
Double Six Beach 73
Dream Beach 170
Echo Beach 117
Gegar Beach 162
Gili Air 372
Gili-Inseln 121
Gili Meno 368
Gili Trawangan 357, **121**, **124**
Green Bowl Beach 160
Heaven Beach 350
Impossibles Beach 157
Jimbaran Beach 147
Jungutbatu Beach 168
Kerewe Beach 22
Kerobokan Beach 103
Kuta Beach 14, 72, **12**, **14**, **120**, **123**
Kuta (Lombok) 344
Kuta Reef Beach 73
Labuan Bajo 395
Legian Beach 73
Lombok 121
Lovina 291, **295**
Mawan 344
Nelayan Beach 110
Nusa Dua 161
Nusa Lembongan 168
Ostbali 240
Padangbai 243
Padang Padang 157, **13**
Paga 416
Pandawa Beach 162
Pantai Areguling 344
Pantai Dagong 350
Pantai Keramas 240
Pantai Ketewel 241
Pantai Klotok 241
Pantai Koka 416
Pantai Lakey 387
Pantai Lawar 383
Pantai Lebih 240
Pantai Masceti 240
Pantai Mawan 344
Pantai Mawi 351
Pantai Medewi 316
Pantai Pasir Putih 247
Pantai Patra Jasa 73
Pantai Penimbangan 288
Pantai Purnama 240
Pantai Seger 344
Pantai Selegimpak 169
Pantai Selong Blanak 351
Pantai Tanjung

Sanghyang 168
Pantai Ujung 252
Pemuteran Beach 300
Pererenan Beach 118
Prancak Beach 110
Pulau Do'o 436
Pulau Ndao 436
Rantung Beach 382
Sanur Beach 140
Seminyak 90, **21**, **31**
Sire 338
Suluban Beach 159, **122**
Sumba 436
Tanjung Aan 344
Tanjung Pasir 385
Tegalwangi Beach 147
Tuban Beach 73
Ulu Watu 158, **154**, **34**
Virgin Beach 247
Westsumba 445
Wodong 419
Straßennamen 96
Straßen- & Schwarzhändler 506
Straßenverhältnisse 515
Strom 506
Subak 311, 471
Subuk 283
Südbali 66, 127, **126**
An- & Weiterreise 129
Essen 127
Highlights 128
Reisezeit 127
Unterkunft 127
Südwest-Gilis 335
Südzentral-Sumba 438
Sukawati 226
Sumba 436, 480
Sumbawa 340, 380
Sumbawa Besar 383
Supersuck 123, 382
Surfen 13, 38, 123, **49**
Ausrüstung 53
Balangan 48, 152
Bali 47
Balian 48, 314
Batu Bolong 48
Bingin 48, 153
Ekas 52
Gerupuk 52, 349
Gili Air 374
Gili-Inseln 52
Gili Trawangan 360
Impossibles 49
Jelenga 381
Keremas 49
Kuta 77
Kuta Beach 123
Lombok 52, 345, 349
Lovina 292
Mawi 52, 351
Medewi 49
Nusa Ceningan 176
Nusa Dua 49, 162
Nusa Lembongan 50, 123, 170
Padang Padang 50
Pantai Lakey 387
Pantai Medewi 316
Rantung Beach 382
Rote 52
Sanur 50
Serangan 51
Südküste 51
Sumba 444
Sumbawa 52, **48**
Supersuck 123, 382
Tanjung Desert 52, 123, 334, **112**
Ulu Watu 51, 123, 158
Symon Studios 287

Karten **000**
Abbildungen **000**

T

Tabanan 311, 312
Tagesbudget 19
Taman Festival Bali 140
Taman Wisata Alam Kerandangan 330
Taman Wisata Tetebatu 341
Tambolaka 442
Tampaksiring 222
Tanjung Benoa 165, **166**
Tanjung Desert 52, 123, 334, **122**
Tanz 13, 15, 24, 160, 214, 472, **2**, **15**
Tauchen 17, 24, 38, 41, 125, **420**
Alor-Archipel 42, 422
Anker Wreck 301
Ausrüstung 42
Bali 41
Belongas Bay 352
Coral Gardens 301
Diving 368
Flores 396
Freediving 22, 256, 258, 359, 360
Gili Air 372
Gili-Inseln 41, 359, **17**
Gili Meno 368
Gili Trawangan 125, 359
Komodo 41, 392
Komodo & Rinca 125
Lombok 41, 328, 345
Lovina 292
Nusa Lembongan 170
Nusa Penida 11, 125, 177
Nusa Tenggara 385
Ostbali 243, 256
Padangbai 243
Pemuteran 301, 302
Pulau Menjangan 125
Pulau Moyo 385
Rinca 41
Sanur 141
Sicherheit 525
Sumbawa 42
Tulamben 125, 263
verantwortungsvoll 42
Tauchschulen 42
Taxi 519
Tegallalang 221
Tejakula 264
Telefon 506
Telefonnummern 19
Teluk Terima 307
Temkessi 433
Tempel 9, 17, 23, 73, 486
Gunung Kawi 222, **169**
Gunung Kawi Sebatu 221
Makam Jayaprana 306
Penataran Tempuyang 254
Pura Batu Bolong 290, 328
Pura Batumejan 111
Pura Batur 271
Pura Beji 288
Pura Besakih 237, **238**
Pura Bias Tugal 162
Pura Bukit Mentik 272
Pura Bukit Tageh 235
Pura Dalem Agung 189
Pura Dalem Balangan 152
Pura Dalem Jagaraga 288
Pura Dalem Penetaran Ped 179
Pura Dalem Penunggekan 234
Pura Dalem Prancak 111
Pura Dalem Sidan 229
Pura Dalem Ubud 214
Pura Dasar Batuan 226
Pura Desa Ubud 187, **196**
Pura Erjeruk 240
Pura Gede Luhur Batu Ngaus 311
Pura Gegar 162
Pura Gili Kencana 301
Pura Goa Lawah 241
Pura Gunung Lebah 189
Pura Jagatnatha 130
Pura Jagat Natha 289
Pura Kahyangan Jagat 225
Pura Kebo Edan 200
Pura Kehen 234
Pura Lempuyang 22
Pura Lingsar 324
Pura Luhur Batukau 281
Pura Luhur Ulu Watu 17, 158, **17**, **485**
Pura Maduwe Karang 287
Pura Maospahit 130
Pura Masceti 90, 240
Pura Mas Suka 161
Pura Meru 324
Pura Pancering Jagat 272
Pura Penataran 316
Pura Penataran Agung 237
Pura Penataran Sasih 200
Pura Petitenget 90
Pura Ponjok Batu 287
Pura Pulaki 302
Pura Puncak Penulisan 269
Pura Puseh Batuan 226
Pura Puseh Desa Batubulan 227
Pura Puseh Desa Blahbatuh 225
Pura Pusering Jagad 200
Pura Rambut Siwi 316
Pura Samuan Tiga 220
Pura Segara 240
Pura Silayukti 243
Pura Taman Saraswati 183, 194, 215, **31**
Pura Tanah Lot 312
Pura Tirta Empul 223, **27**
Pura Ulun Danu Batur 272
Pura Ulun Danu Bratan 276
Viharas Dharmayana Temple 77

Tempelfeste 73
Tenganan 248
Textilien 135, 193, 216, 226, 229, 384, 428, 430, 439, 478
Threads of Life Indonesian Textile Arts Center 193
Tibubiyu 313
Tiere 126, 172, 493, *siehe einzelne Arten*
Tierschutzgebiet 227
Tihingan 233
Timur 342
Tirta Gangga 252
Toiletten 507
Tollwut 523
Tololela 409
Töpferwaren 313
Tourismus 449, 455
Touristenbusse 516
Tourist Information 507
Toya Devasya 273
Trekking *siehe Wandern*
Trinkgeld 21
Trinkwasser 523
Tuban 81, **85**
Tuban Beach 73
Tukad Bangkung, Brücke 276
Tulamben 263, **124**
Turtle Island 140
Typhus 523

U

Ubud 11, 22, 26, 67, 181, **182**, **184**, **190**, **194**, **224**, **5**, **11**
Aktivitäten 189
An- & Weiterreise 219
Ausgehen 213
Essen 181
Feste 195
Gefahren & Ärgernisse 218
Geführte Touren 195
Geschichte 183
Highlights 182
Medizinische Versorgung 218
Reisezeit 181
Sehenswertes 183
Shoppen 216
Unterhaltung 214
Unterkunft 181, 198
Unterwegs vor Ort 219
Ubud Monkey Forest 188, **55**, **196**
Ubud Palace 183, 215, **11**
Ubud Writers & Readers Festival 28, 198
Ujung 259
Ulu Watu 158, **154**, **34**
Umalas 109
Umstellung der Rupiah 502
Umwelt 492
Umweltbewusst reisen 493
Umweltprobleme 150, 496
Umweltschutz 262, 303, 365, 449
Ungasan 160
Unterkunft 10, 20, 490, 507, 508, **10**
Unterwasserwelt 126, **126**
Usaba Sambah Festival 248

V

Veganer 62
Vegetarier 62
Vergnügungspark
5GX Bali 77
Bali Safari Park 240
Bali Treetop Adventure Park 277
Taman Festival Bali 140
Upside Down World 78
Waterbom Park 77
Verhaltensregeln 465
Verkehr & Fußwege 506
Verkehrsknotenpunkte 512
Verkehrsmittel 512
Verkehrspolizisten 515
Verkehrsregeln 515
Versicherung 510, 515, 521
Visa 18, 427, 510
Vögel 188, 227, 308, 493, **295**
Vogelgrippe 523
Vorwahl 507
Vulkanausbruch 237, 387
Vulkane
Gunung Agung 457
Gunung Inerie 407
Gunung Iya 411
Gunung Mbeliling 398
Gunung Meja 411
Gunung Rinjani 337
Gunung Tambora 386
Kelimutu 413

W

Wae Rebo 406
Währung 502
Waiara 418
Waikabubak 441
Waingapu 436
Waisenhäuser 506
Wallace-Linie 494
Wandern 38, 44, 270
Ausrüstung 46
Bali 45
Bali Barat National Park 307
Candidasa 249
Danau Tamblingan 279
Flores 46
Gili-Inseln 357
Gili Trawangan 360
Gunung Agung 238
Gunung Batukau 281
Gunung Batur 272
Gunung Inerie 407
Gunung Mbeliling 398
Gunung Rinjani 337
Gunung Tambora 387
Kelimutu 414
Komodo 390
Komodo & Rinca 46
Lombok 46, 330, 340
Moni 414
Munduk 279
Nusa Lembongan 172
Ostbali 253, 256
Rinca 393
Sumbawa 46
Tirta Gangga 253
Ubud 193
Wanokaka 444
Wasserfälle
Air Terjun Gangga 339
Air Terjun Gitgit 289
Air Terjun Jukut 341
Air Terjun Kelelawar 341
Air Terjun Moni 414
Air Terjun Oehala 428
Air Terjun Oenesu 425
Air Terjun Sindang Gila 339
Air Terjun Singsing 291
Air Terjun Tanggedu 437
Air Terjun Tiu Kelep 339
Air Terjun Tiu Pupas 339
Air Terjun Yeh Mampeh 265
Banyumala-Doppelwasserfälle 278
Banyu Wana Amertha 278
Mata Jitu Waterfall 385
Munduk 22, 278
Pujungan 284
Sekumpul Waterfall 290, **294**
Singsing Dua 291
Wasser, nachfüllen 199
Wassersport 140, 167, 345
Wasserverschmutzung 497
Wasserversorgung 497
Waterbom Park 77
Wawo Muda 407
Wayang Kulit 475
Webarbeiten 478, **421**
Webseiten 19, 521
Wechselkurse 19
Weekuri Lagune 441
Wein 64
Westbali 68, 309, **310**
An- & Weiterreise 311
Essen 309
Highlights 310
Reisezeit 309
Unterkunft 309
West-Lombok 324
Westsumba 440
Westtimor 424
Wetu Telu 338, 466
WLAN 503
Wodong 419

Y

Yeh Gangga 313
Yeh Pulu 220
Yeh Sanih 265, 287
Yoga 53
Amed 256
Gili Air 374
Gili Meno 369
Gili Trawangan 362
Kerobokan 103
Kuta (Lombok) 344
Sanur 141
Seminyak 90
Ubud 191

Z

Zecken 524
Zeit 18, 511
Zentrales Bergland 67, 267, **268**
An- & Weiterreise 269
Essen 267
Highlights 268
Reisezeit 267
Unterkunft 267
Zeremonien 467
Zoll 511
Zug 513

Kartenlegende

Sehenswertes
- Strand
- Vogelschutzgebiet
- Buddhistisch
- Burg/Schloss/Palast
- Christlich
- Konfuzianisch
- Hinduistisch
- Islamisch
- Jainistisch
- Jüdisch
- Denkmal
- Museum/Galerie/Hist. Gebäude
- Ruine
- Shintoistisch
- Sikh-Religion
- Taoistisch
- Weingut/Weinberg
- Zoo/Naturschutzgebiet
- andere Sehenswürdigkeit

Aktivitäten, Kurse & Touren
- Bodysurfing
- Tauchen/Schnorcheln
- Kanu/Kajak
- Kurse/Touren
- Sento-Bad/Onsen
- Ski fahren
- Schnorcheln
- Surfen
- Schwimbad/Pool
- Wandern
- Windsurfen
- andere Aktivität

Schlafen
- Unterkunft
- Camping

Essen
- Essen

Ausgehen & Nachtleben
- Ausgehen & Nachtleben
- Café

Unterhaltung
- Unterhaltung

Shoppen
- Shopping

Praktische Information
- Bank
- Botschaft/Konsulat
- Krankenhaus/Arzt
- Internet
- Polizei
- Post
- Telefon
- Toilette
- Tourist Information
- andere Information

Landschaft
- Strand
- Tor
- Hütte
- Leuchtturm
- Aussichtsturm
- Berg/Vulkan
- Oase
- Park
- Pass
- Picknickmöglichkeit
- Wasserfall

Bevölkerung
- Hauptstadt (National)
- Hauptstadt (Staat/Provinz)
- Stadt/Großstadt
- Ort/Dorf

Verkehrsmittel
- Flughafen
- Grenzübergang
- Bus
- Seilbahn
- Radfahren
- Fähre
- Metrohaltestelle
- Monorail
- Parkplatz
- Tankstelle
- S-Bahn-Haltestelle
- Taxi
- Bahnhof/Zugstrecke
- Tram
- U-Bahn-Station
- anderes Verkehrsmittel

Hinweis: Nicht alle hier aufgeführten Symbole sind in den Karten zu finden

Verkehrswege
- Mautstraße
- Autobahn
- Hauptstraße
- Landstraße
- Verbindungsstraße
- Piste
- unbefestigte Straße
- Straße in Bau
- Platz/Fußgängerzone
- Treppen
- Tunnel
- Fußgängerbrücke
- Wanderung
- Wanderung mit Abstecher
- Wanderpfad

Grenzen
- internationale Grenze
- Bundesstaat/Provinz
- umstrittene Grenze
- Regionale Grenze/Vorort
- Gewässergrenze
- Klippen
- Mauer

Gewässer
- Fluss, Bach
- periodischer Fluss
- Kanal
- Wasser
- Trocken-/Salz-/periodischer See
- Riff

Fläche
- Flughafen/Landebahn
- Strand/Wüste
- Friedhof (christlich)
- Friedhof (anderer)
- Gletscher
- Watt
- Park/Wald
- Sehenswertes (Gebäude)
- Sportanlage
- Sumpf/Mangroven

DIE AUTOREN

Virginia Maxwell

Region Ubud, Ostbali Virginia lebt in Australien, doch mindestens die Hälfte des Jahres ist sie auf der ganzen Welt unterwegs, um ihre Lonely-Planet-Veröffentlichungen zu aktualisieren. Ihr Hauptinteresse gilt dem Mittelmeer – für Lonely Planet hat sie über Spanien, Italien, die Türkei, Syrien, den Libanon, Israel, Ägypten, Marokko und Tunesien geschrieben. Doch auch zu Bali, Finnland, Armenien, den Niederlanden, den USA und Australien gibt es Veröffentlichungen von ihr. Instagram und Twitter: @maxwellvirginia.

Mark Johanson

Lombok, West-Nusa Tenggara Mark stammt aus Virginia und hat in den letzten zehn Jahren in fünf verschiedenen Ländern gelebt, während er für britische Zeitungen *(The Guardian)*, US-amerikanische Magazine *(Men's Journal)* und globale TV-Sender (CNN, BBC) aus aller Welt berichtete. Wenn er nicht gerade unterwegs ist, schaut er durch das Fenster seines jetzigen Zuhauses in Santiago de Chile gern auf die Gipfel der Anden. Homepage: www.markjohanson.com.

Sofia Levin

Ost-Nusa Tenggara Laut der in Melbourne lebenden Reise- und Gastrojournalistin Sofia lernt man fremde Kulturen am besten über das Essen kennen. Sie hat einen Pferdemagen und ist sehr geschickt darin, kulinarische Geheimtipps zu entdecken. Abgesehen davon, dass sie für Lonely Planet ihre Heimatstadt Melbourne immer wieder nach Neuigkeiten durchkämmt, ist sie Co-Autorin mehrerer Reiseführer und schreibt für Zeitungen und Reisemagazine des Medienhauses Fairfax. Wenn sie nicht gerade reist oder isst, betreibt sie die Text- und Medienagentur Word Salad und bringt mit ihrem Instagram-Pudel @lifeofjinkee die ganze Welt zum Lächeln. Instagram und Twitter: @sofiaklevin.

MaSovaida Morgan

Bali MaSovaida ist eine Reise- und Medienautorin, die das Fernweh in über 40 Länder auf allen sieben Kontinenten geführt hat. Vier Jahre lang war sie bei Lonely Planet als Redakteurin für Südamerika und die Antarktis zuständig, außerdem hat sie als Redakteurin für Zeitungen und NGOs im Nahen Osten und in Großbritannien gearbeitet. Instagram: @MaSovaida.

DIE LONELY PLANET STORY

Ein ziemlich mitgenommenes, altes Auto, ein paar Dollar in der Tasche und eine gute Portion Abenteuerlust – das war alles, was Tony und Maureen Wheeler 1972 für die Reise ihres Lebens brauchten, die sie durch Europa und Asien bis nach Australien führte. Die Tour dauerte einige Monate, und am Ende saßen die beiden – erschöpft, aber voller Inspiration – an ihrem Küchentisch und schrieben ihren ersten Reiseführer *Across Asia on the Cheap*. Innerhalb einer Woche hatten sie 1500 Exemplare verkauft. Lonely Planet war geboren.

Heute hat der Verlag Büros in Melbourne, London, Oakland, Franklin, Dublin, Delhi und Beijing mit mehr als 600 Mitarbeitern und Autoren. Und alle teilen Tonys Überzeugung, dass ein guter Reiseführer drei Dinge erfüllen sollte: informieren, bilden und unterhalten.

Obwohl die Autoren und Lonely Planet alle Anstrengungen bei der Recherche und bei der Produktion dieses Reiseführers unternommen haben, können wir keine Garantie für die Richtigkeit und Vollständigkeit dieses Inhalts geben. Deswegen können wir auch keine Haftung für eventuell entstandenen Schaden übernehmen.

Lonely Planet Global Limited
Digital Depot
The Digital Hub
Dublin D08 TCV4
Ireland

Verlag der deutschen Ausgabe:
MAIRDUMONT, Marco-Polo-Str. 1, 73760 Ostfildern
www.lonelyplanet.de, www.mairdumont.com
lonelyplanet-online@mairdumont.com

Chefredakteurin deutsche Ausgabe: Birgit Borowski

Übersetzung: Mayela Gerhardt, Christine Heinzius, Karin Hirmer, Eszter Kalmár, Holger Möhlmann

An früheren Auflagen haben außerdem mitgewirkt:
Dr. Dagmar Ahrens, Brigitte Beier, Dr. Birgit Beile-Meister, Petra Frese, Beatrix Gehlhoff, Marion Gieseke, Raphaela Moczynski, Dr. Annegret Pago, Dr. Thomas Pago, Christiane Radünz, Jutta Ressel, Ingrid Reuter, Beatrix Thunich, Dr. Heinz Vestner, Sigrid Weber-Krafft, Renate Weinberger, Linde Wiesner

Redaktion: Eszter Kalmár, Text, Bild, Satz; Sandra Penno-Vesper, Judith Borchert, Ellen Schwarz

Bali, Lombok & Nusa Tenggara
5. deutsche Auflage Oktober 2019, übersetzt von *Bali, Lombok & Nusa Tenggara 17th edition*, Juli 2019, Lonely Planet Global Limited

Printed in Poland

MIX
Papier aus verantwortungsvollen Quellen
FSC® C018236
FSC www.fsc.org